LES TÊTES

BRETAGNE – PAYS DE LA LOIRE

Éditions OUEST-FRANCE

Un palmarès inédit réalisé avec les journalistes d'Ouest-France

Cette édition des Têtes est enrichie pour la première fois d'un palmarès de ceux qui ont fait vivre l'activité économique dans l'Ouest en 2023.

Une présélection de 120 candidats

Après avoir présélectionné 120 candidats, un jury de journalistes des rédactions de l'agence API et de Ouest-France implantés dans les territoires, au plus près des usines, des sièges sociaux, des plateformes logistiques ou des bureaux, ont désigné les 18 actrices et acteurs économiques qui se sont particulièrement distingués dans l'année à travers six catégories :

Industrie

Innovation

RSE

International

Recrutement

Coup de cœur

Les critères pris en compte

✔ Avoir entrepris avec succès, dans l'année écoulée, une action significative dans sa catégorie

✔ Avoir son siège social dans l'une des deux régions, Bretagne ou Pays de la Loire

✔ Avoir fait l'objet d'un article dans *Ouest-France* et / ou API, autour d'une action concernant les catégories primées

✔ Avoir réalisé en tout ou partie son projet

Vous retrouverez au fil des pages les portraits de ces personnalités intercalés entre les 1118 fiches, mises à jour tout au long de l'année par notre équipe.

Une soirée spéciale sera organisée le 29 février 2024 et donnera l'occasion de mettre en lumière tous ces lauréats dont vous pourrez retrouver bientôt le portrait, à la fois sur les sites de Ouest-France et celui de l'agence API.

Bonne lecture !

L’Ouest a plus d’une « Tête » sur ses épaules !

On ne saluera jamais assez le dynamisme entrepreneurial et l’engagement de tous ceux qui aiment « faire » à l’Ouest. Le guide que vous tenez entre les mains en est une belle illustration. Depuis 1988, *Les Têtes* s’attachent à mettre en avant les parcours de celles et ceux qui font la dynamique économique de nos territoires, dans leurs sphères respectives : industries-services, sociales, administratives, éducatives, artistiques et sportives. L’occasion de souligner l’innovation, la résilience et le leadership qui caractérisent nos entrepreneurs locaux.

Les Têtes 2024 sont la version palpable d’un annuaire en ligne régulièrement mis à jour sur le site de l’agence API. Indispensable au business, complémentaire de l’abonnement aux infos proposées par notre agence, cette édition sera enrichie pour la première fois d’un palmarès. Un jury de journalistes API et Ouest-France y célèbre les acteurs/actrices économiques qui se sont distingués dans l’année à travers 6 catégories : industrie, innovation, RSE, international, recrutement, coup de cœur. Ce palmarès fera l’objet d’une soirée spéciale, fin février, organisée à Rennes en présence des lauréats.

Nous vous invitons désormais à explorer ces pages avec curiosité et à vous immerger dans le tissu économique foisonnant de notre région. Nous nous efforçons de rester à la pointe de l’actualité économique, mais l’évolution rapide de certains parcours professionnels peut nous échapper.

Alors, si vous êtes l’une de ces « Têtes » que nous avons omis de mentionner, n’hésitez pas à nous faire signe – nous sommes impatients de vous inclure dans la version en ligne, ainsi que dans nos prochaines éditions.

ARNAUD WAJDZIK
DIRECTEUR DE LA PUBLICATION DE L’AGENCE API

« Une CCI qui facilite la mise en réseau entre les acteurs économiques »

Interview de Jean-Philippe Crocq, président de la Chambre de commerce et d'industrie d'Ille-et-Vilaine. Une CCI dynamique qui œuvre au quotidien au service du développement des entreprises et du rayonnement économique du territoire.

Jean-Philippe Crocq, vous êtes président de la Chambre de commerce et d'industrie d'Ille-et-Vilaine. Quelles sont ses grandes missions ?

La CCI, c'est le premier réseau des entrepreneurs pour les entrepreneurs qui agit, avec ses collaborateurs, à l'accélération de la croissance économique locale. Nous sommes ce tiers de confiance qui aide l'entreprise, à chaque étape de son existence, à effectuer les bons choix selon sa situation et les réalités des marchés ; à sociabiliser avec d'autres sociétés dans sa situation ; à détecter de nouveaux marchés ; à acquérir de nouvelles compétences ; à anticiper les nouvelles étapes de son développement, etc. Nous portons chèrement la valeur travail et l'idée que cette valeur doit être animée car elle demeure le principe de toute réussite, individuelle ou collective.

Jean-Philippe Crocq © David Ferrière

La CCI est un formidable fédérateur, vous animez, valorisez et œuvrer à la dynamique des réseaux. Pouvez-vous précisez votre stratégie sur ce sujet ?

En effet, nous souhaitons favoriser l'action des clubs et réseaux d'entreprises. D'ailleurs, il en existe plus d'une centaine en Ille-et-Vilaine. Véritable source de création de valeurs, ils permettent de gagner plus rapidement en compétitivité. Ils représentent un formidable atout pour le développement économique des entreprises et des territoires. Ils contribuent à forger l'identité bretillienne et à en accroitre sa visibilité pour attirer de nouvelles activités et compétences. C'est pourquoi nous organisons plusieurs événements chaque année afin de valoriser les réseaux, de les faire travailler ensemble. L'objectif est également de les mettre en lumière afin que les chefs d'entreprise puissent mieux les connaître et les rejoindre.

Plus encore, la mise en relation des acteurs économiques bretons, qu'ils soient tournés vers le local, le national ou l'international, est le fruit de notre travail associatif constant avec Plato, B2E, BCI, le Club Breizh Silver Eco, le World Trade Center, Bretagne Compétitivité, Bretagne Supply Chain, Rebond, les plateformes Initiative, etc. C'est ce qui est le plus constitutif de ce que nous sommes intrinsèquement.

Quels sont, dans ce cadre, vos objectifs pour les années à venir ?

Renforcer nos réseaux et les relations que nous entretenons avec nos partenaires est notre priorité. Confrontés aux tensions qui jugulent notre société, les entrepreneurs et porteurs de projets doivent être accompagnés et sensibilisés. Nous le faisons déjà sur toutes les thématiques des transitions. Mais également sur le sujet du foncier, des coûts de l'énergie, sur les règles en termes d'environnement, mais nous devons aller encore plus loin.

Les chefs d'entreprise sont volontaires, mais ne peuvent pas tout supporter sans fonds et sans aide. Un entrepreneur seul est un entrepreneur vulnérable. Il doit pouvoir intégrer des réseaux en fonction de ses besoins. C'est là que nous intervenons, pour faciliter la mise en relation avec nos réseaux locaux ou régionaux d'entraide, de formation, nos réseaux business et syndicaux. De ce maillage du tissu entrepreneurial breton dépend notre capacité à nous développer et passer le cap des transitions à accomplir. Leur réussite est notre réussite.

Comment comptez-vous travailler avec eux ?

Nous travaillons à mettre en valeur les produits de nos partenaires avec une approche personnalisées selon nos cibles. Nos collaborateurs sont notre fer de lance dans cette démarche par leur connaissance fine du terrain dans des domaines transversaux. L'idée est d'être à la fois fédérateur des réseaux et de leur donner les infrastructures et appui nécessaires pour faciliter leur libre existence.

Un mot d'ordre pour 2024 ?

Le mot d'ordre, c'est l'enthousiasme !

LES INDUSTRIELS
de l'année

Nicolas **Cruaud**
ASSOCIÉ FONDATEUR DE NÉOLITHE

Bruno **Léger**
DIRECTEUR GÉNÉRAL DU GROUPE LIÉBOT

Basile **Ricquier**
ASSOCIÉ FONDATEUR DE 3D-TEX

Nicolas Cruaud

ASSOCIÉ FONDATEUR DE NÉOLITHE

LA PLANÈTE, LA (BELLE) AFFAIRE DU PÈRE ET DU FILS

Créée il y a trois ans, la société angevine Néolithe a développé un procédé unique pour transformer des déchets en cailloux. Et ça marche !

Il était une foi… celle de Nicolas Cruaud. Physique de rugbyman, visage rond et barbu, le jeune homme de 27 ans est persuadé qu'une partie de la solution aux maux de la planète – une partie, on s'entend – vient de l'industrie. Pas très étonnant de la part d'un polytechnicien… « C'est un des leviers pour y répondre, appuie-t-il. Et c'est ça qui m'intéresse. » Alors quand William, son papa, maçon et tailleur de pierre depuis 40 ans à Chalonnes-sur-Loire, près d'Angers, lui parle un jour de son idée, Nicolas, étudiant en deuxième année à Polytechnique, fonce. « Mon père avait théorisé un procédé pour transformer des déchets non-recyclables en granulats. C'était un pari ultra-risqué, mais le bénéfice qu'on pouvait en retirer d'un point de vue environnemental était tellement important que ça méritait de se pencher sur la question. » Pendant ses études, Nicolas, qui s'est donc penché sur la question, rencontre Clément Benassy. Il deviendra l'associé du père et du fils. Début 2020, le trio fonde la société Néolithe. Concrètement, la start-up produit des fossilisateurs qui transforment les déchets en poudre et les lient pour en faire des granulats de construction. Le tout, à Chalonnes, pour le siège, Avrillé, près d'Angers et, en 2025, à Beaulieu-sur-Layon, au sud de la capitale angevine. En trois ans d'existence, la start-up a connu une croissance fulgurante. D'aucuns parleraient de petit miracle. En 2021, elle comptait 35 salariés. L'année suivante : 70. Aujourd'hui, Néolithe, c'est près de 200 hommes et femmes au service d'une volonté : adapter l'outil industriel pour lutter contre la crise climatique. « Je suis un très grand optimiste, confesse volontiers Nicolas Cruaud. On part quand même d'un truc qui n'existait pas, dont la faisabilité technique n'avait pas été démontrée. Cela pouvait ne pas marcher, on a d'ailleurs été transparents avec nos investisseurs. Mais là, aujourd'hui, il se trouve que ça marche très bien. » Tellement bien que Néolithe a réussi, depuis sa création, à lever près de 83 millions d'euros. Et ce n'est pas fini. Nicolas, William et Clément envisagent de déployer en France d'autres usines de fossilisation. Plus grandes, plus efficientes. Forcément, cela implique de grands investissements mais Nicolas a toujours gardé l'essentiel : la foi.

PROPOS RECUEILLIS PAR
JEAN-PHILIPPE NICOLEAU

Né le 10 janvier 1996 à Angers

FORMATION école Polytechnique et Institut supérieur de l'aéronautique et de l'espace (Supaero) à Toulouse

PASSIONS environnement, politique, espace

RÉSEAUX PROFESSIONNELS grandes entreprises de construction, de l'énergie et de la chimie

DISTINCTIONS prix de l'Ecoresponsabilité aux Global Industrie Awards 2023

NÉOLITHE - 5 RUE DES ATELIERS
49290 CHALONNES-SUR-LOIRE

Pourquoi lui ?

- ✔ Il a concrétisé un procédé réellement impactant pour l'environnement
- ✔ Il a réussi trois levées de fonds pour développer son projet
- ✔ Il envisage, à terme, la création d'un millier d'emplois

Sa devise

“ L'ambition, c'est de répondre à la crise climatique ”

Ses dates clé

2020 fonde Néolithe avec son père et un associé

2021 sortie du premier fossilisateur de Néolithe

2022 projet de construction d'une usine de 11 ha à Beaulieu-sur-Layon

2023 réussit à lever 60 millions d'euros (83 millions depuis le début de l'aventure)

8 mars entre dans le classement 30 Under 30 du magazine *Forbes Europe* qui présente les 30 meilleurs jeunes dirigeants de l'industrie manufacturière européenne

Bruno Léger

DIRECTEUR GÉNÉRAL DU GROUPE LIÉBOT

« LA VOLONTÉ D'EMMENER LE MARCHÉ AVEC NOUS **VERS LA DÉCARBONATION** »

Bruno Léger développe la croissance du leader français de la fenêtre à l'international et trace le chemin vers la décarbonation.

Dans sa bouche, le mot fidélité revient souvent. Engagé depuis vingt ans au sein de K-Line et du groupe Liébot, leader français de la fenêtre, Bruno Léger s'apprête à passer la main. En 2025, il quittera la direction générale d'un groupe au chiffre d'affaires de 770 millions d'euros et 4500 collaborateurs. « Ma conviction c'est qu'il faut du temps pour bien connaître un secteur, livre Bruno Léger. Si je me retourne, je vois ce que l'on a créé : la première société de fenêtres en France, une dizaine d'usines, des milliers d'emplois… Il nous a fallu des années. » Lorsque ce Lyonnais débarque en Vendée, en 2003, il a déjà fait ses premières armes dans l'alu. Chez K-Line, il découvre deux atouts : « D'abord une innovation, avec une fenêtre très fine, qui laisse rentrer plus de lumière. Ensuite, la première usine de fenêtres aluminium en France. » Aux Herbiers, il trouve surtout un modèle familial vendéen, développé par André Liébot, à l'origine des innovations qui ont constitué le groupe éponyme, aujourd'hui organisé autour de la fenêtre industrielle avec les sociétés K-Line, WiBaie, MéO, Bipa et l'activité façade de Ouest Alu. « Dans cette réussite, il y a des équipes fidèles, décrit Bruno Léger. Il y a aussi ce binôme que nous avons formé avec André Liébot. On était toujours d'accord, avec la même vision. » L'ancien élève d'HEC loue les qualités du désormais ex-président du groupe, qui a cédé sa place à l'un de ses fils, Jean-Pierre Liébot, en 2023. « Dans les entreprises familiales, on décide, on prend des risques. Et quand vous décidez vite, au bout de 20 ans ça fait la différence. » Des décisions qui ont permis de développer « le rêve de l'alu pour tous », tout en continuant à innover. « Demain les matériaux seront décarbonés où ne seront pas, martèle Bruno Léger. Le Gouvernement a des ambitions fortes sur le sujet. » Le groupe Liébot aussi. À travers le projet Coralium (42 millions d'euros), porté avec le groupe Corre, présenté comme ce qui sera la première fonderie bas carbone de France, il pourra trier et recycler les déchets aluminium issus de la déconstruction. Mise en service prévue pour 2025. « Être leader dans notre domaine fait que l'on a la volonté d'emmener le marché avec nous vers la décarbonation », assure le dirigeant de 64 ans. Outre le volet RSE du groupe, Bruno Léger fait également du développement international, qui s'intensifie depuis les implantations en Espagne, Pologne, Italie et, depuis l'été 2023, Allemagne, l'une de ses priorités jusqu'à son départ.

PROPOS RECUEILLIS PAR
BENJAMIN CHAUVIRÉ

Né en 1960 à Lyon. Marié, quatre enfants, cinq petits-enfants

FORMATION HEC (1982)

PASSIONS la famille, la montagne, le bateau, le ski

RÉSEAUX PROFESSIONNELS président du Syndicat national de la construction des fenêtres, façades et activités associées (SNFA)

GROUPE LIÉBOT - 24 AV. DES SABLES 85501 LES HERBIERS CEDEX • TÉL. 02 51 66 86 36

Pourquoi lui ?

- ✔ Il développe le groupe Liébot à l'international
- ✔ Il est engagé dans la décarbonation
- ✔ Il a formé un binôme à succès avec André Liébot
- ✔ Il prône les résultats sur la durée

Sa devise

« Le bonheur n'est pas au bout du chemin, le bonheur c'est le chemin »

Ses dates clé

1989 premiers pas dans la menuiserie aluminium chez Technal. Il y restera dix ans, jusqu'à devenir directeur France

2003 directeur général de K-Line

2008 devient directeur général du groupe Liébot, tout en gardant la direction de K-Line

2021 devient directeur général du groupe Liébot exclusivement

Basile Ricquier

ASSOCIÉ FONDATEUR DE 3D-TEX

UNE NOUVELLE USINE EN 2026

En s'inspirant de la technologie 3D et en automatisant, il a réussi à relocaliser en France une industrie textile.

C'est en ayant travaillé plusieurs années en Asie, au Bangladesh et en Chine, dans le textile, que Basile Ricquier a eu l'idée de 3D-TEx. «J'ai pu voir les dérives et constater que cette industrie ne tournait pas rond.» Avec Marc Sabardeil, puis Gwendal Michel, ses deux associés, eux aussi bons connaisseurs de l'Asie, il va donc réfléchir au moyen de relocaliser en France, sachant que 98% des vêtements vendus en France sont produits hors de l'Hexagone. «On savait que le principal problème c'était le coût. Si on voulait relocaliser il fallait donc imaginer une méthode de fabrication qui permette de réduire les coûts.» D'où l'idée d'automatiser – l'usine tourne 24h/24 et 6j/7 – et de s'inspirer de la technologie 3D pour réussir à produire des pièces d'un seul tenant et réduire ainsi les pertes industrielles et donc les coûts. 3D-Tex était née. Depuis, l'entreprise malouine, qui bénéficie du soutien du groupe Beaumanoir (24,99% du capital), mais aussi de l'agglomération de Saint-Malo et de Réseau entreprendre, a démontré la pertinence de son modèle. Elle a clos son exercice 2022 sur un chiffre d'affaires de 1,5 M€ avec un résultat positif et se projette sur 8 M€ de revenus à horizon 2028. Une montée en puissance qui devrait être possible grâce à la nouvelle usine. Lauréate de l'appel à projets Première usine de France 2030, la société de Saint-Malo prévoit en effet d'investir 8 M€ dans un nouveau site, qui sera autonome d'un point de vue énergétique, pour tripler ses capacités de production. Le projet est prévu à horizon 2026. Car ce passionné de voile et de triathlon en est certain l'industrie textile française a la capacité à se renouveler. Et dans une logique vertueuse. «On essaie d'avoir une vision moderne de l'entreprise qui ne repose pas que sur sa performance économique mais aussi sociale et environnementale.» 50% des matières premières utilisées sont ainsi françaises, et parmi elles on compte 25% de fils recyclés, et 100% européennes. Il se dit aussi très fier d'avoir réussi à créer 40 emplois en France dans le textile, principalement des salariés en reconversion professionnelle, «à l'exception de quelques compétences clés». Aujourd'hui, l'entreprise travaille à 80% pour le prêt-à-porter (Beaumanoir et des marques engagées comme Faguo, le Slip français, TBS, Balzac Paris...) et à 20% pour l'industrie. Elle aimerait inverser ses chiffres et aller vers des produits à plus forte valeur ajoutée.

PROPOS RECUEILLIS PAR
FLORENCE LE NEVÉ

Né le 15 août 1978 à Saint-Cloud (92)

FORMATION Études de chimie ; école de commerce ICN (Metz)

PASSION la compétition, la voile, le triathlon

RÉSEAUX PROFESSIONNELS
Réseau Entreprendre, le Poool

3D-TEX - 13 RUE DES ROUGERIES
35400 SAINT-MALO • TÉL. 06 61 53 99 95

Pourquoi lui ?

- ✔ Il a démontré qu'il était possible de relocaliser en France des produis textiles
- ✔ Il a su fédérer autour de ce projet
- ✔ Il s'est appuyé sur un acteur clé du prêt-à-porter

Sa devise

“ *Rien n'est achevé, tout reste à construire* ”

Ses dates clé

2020 création de 3D-Tex à Saint-Malo

2021 début de la production

2023 ouverture d'un deuxième site

2026 une nouvelle usine pour tripler la capacité de production

patagonia
SEIKI

LES TÊTES DES CÔTES-D'ARMOR

TOURISME ET LOISIRS

Philippe **ABJEAN**

FONDATEUR DE L'ASSOCIATION LA VALLÉE DES SAINTS - FONDATEUR, PRÉSIDENT D'HONNEUR DES CHEMINS DU TRO BREIZ

FORMATION
Capes (1976) et agrégation de philosophie à Brest et à Poitiers; licence de théologie (Lyon, 1990)

DISTINCTIONS
Breton de l'année 2010; Grand collier de l'Hermine 2014

PASSIONS
l'écriture, la lecture, l'histoire et les voyages

PUBLICATIONS « Le royaume du silence » (Éd. Salvator, 2022); « Apprends-moi les mots qui réveillent un peuple » (Éd. Ar Gedour, 2022); « Un rêve de pierre. Du Tro Breiz à la Vallée des Saints » (Ed. Salvator 2020); « Main basse sur la Vallée des Saints », Philippe Abadie (Le Temps Editeur-An Amzer, 2020)

Une foi inébranlable comme le granit. Et l'amour de la Bretagne. C'est ce qui pousse sans doute Philippe Abjean à y faire naître des projets d'envergure, porteurs pour le catholicisme. En 2008, il crée l'association la Vallée des Saints, qui ambitionne d'accueillir à Carnoët un millier de statues-menhirs sculptées dans des blocs de granit de 4 m de haut. Près d'une soixantaine ont déjà été réalisées. Une action en prolongeant d'autres, il décide ainsi de relancer en 1994 le Tro Breiz, un vaste pèlerinage qui met sur les routes chaque année environ 2000 personnes. En cours également, un vaste mouvement national « Les Ouvriers du Bon Dieu », qui a pour mission de sauvegarder les centaines de chapelles et églises vouées à la démolition ou à la désaffectation. Philippe Abjean porte également des projets tels que la conception d'un « Grand village du monde » destiné à sauvegarder le patrimoine architectural et immatériel de la planète. Sur le plan professionnel, il enseigne la philosophie. Après un premier poste au Cameroun où il restera 5 ans, il revient en Bretagne où il enseigne au lycée Notre-Dame du Kreisker à Saint-Pol-de-Léon jusqu'à sa retraite. Il est désormais professeur de philosophie émérite. En 2019, il devient chargé de mission de la Délégation catholique pour la coopération au Cameroun. Il démissionne de l'association de la Vallée des Saints en janvier 2020, mais reste membre. La même année il publie 2 livres : « Un rêve de pierre. Du Tro Breiz à la Vallée des Saints » puis « Main basse sur la Vallée des Saints ». Il continue à publier des livres, fidèle à ses convictions et sans langue de bois...

ASSOCIATION LA VALLÉE DES SAINTS - QUÉNÉQUILLEC - 22160 CARNOËT • TÉL. 02 96 91 62 26

HÔTELLERIE-RESTAURATION

Nicolas **ADAM**

CHEF DU RESTAURANT LA VIEILLE TOUR

FORMATION
CAP et BEP cuisine (école hôtelière de Douvres la Delivrande)

DISTINCTIONS
médaille de bronze de la Défense nationale

PASSIONS le golf, la mer, la pêche, l'art, la photo et les oeuvres de Solange Adam

Le Normand Nicolas Adam a franchi le Couesnon pour devenir un Breton de coeur aux côtés de Solange, son épouse, alors institutrice à Broons et rencontrée dans un camping à Perpignan. C'est au bord du Légué, près de Saint-Brieuc, qu'il fait apprécier sa cuisine, fruit d'un parcours professionnel très varié et marqué par sa rencontre avec Patrick Pignol au Relais d'Auteuil à Paris. « Un déclic », dit-il. Puis ce seront quatre années à Portland (Oregon, USA) comme chef de cuisine dans un restaurant français. Son succès aux « States » ne l'empêche pas de revenir en France réaliser son rêve : « Ouvrir son propre restaurant pour laisser libre cours à sa sensibilité culinaire » aux côtés de sa femme. Ce sera La Vieille Tour à Plérin, qu'ils reprennent en 2003. Une opportunité qu'ils ne regrettent pas, vivant « à proximité de la mer, ce qui nous permet de travailler des produits frais exceptionnels ». Sa cuisine à la fois innovante et sobre a retenu l'attention des guides gastronomiques : trois toques Gault et Millau et une étoile Michelin
En 2017, il noue un partenariat avec la coop bio La Gambille, à Langueux et y propose ses recettes dès 2018.

RESTAURANT LA VIEILLE TOUR - 75 RUE DE LA TOUR - PORT DU LÉGUÉ - 22190 PLÉRIN • TÉL. 02 96 33 10 30

HÔTELLERIE-RESTAURATION

Mathieu **AUMONT**

CHEF ÉTOILÉ DU RESTAURANT AUX PESKED

FORMATION
lycées à Saint-Brieuc et à Dinard - BTS hôtellerie-restauration

DISTINCTIONS
1 étoile Michelin depuis 2006; Jeune Talent Breton (2009)

PASSIONS
les motos (Kawasaki 750 Zéphir et BMW 12100 R), les défis en tout genre (ski hors piste, saut en parachute...) et Eliot, son chien boxer, « le compagnon et protecteur fidèle de ses enfants ».

A 17 ans, après une saison au Gerbot d'Avoine à Saint-Quay- Portrieux, Mathieu Aumont intègre l'école hôtelière de Dinard tout en faisant des saisons l'été en Angleterre, puis à Saint-Quay-Portrieux au Ker Moor. Après son service national dans la marine, il revient au Ker Moor comme assistant de direction. En 2002, Sophie et Mathieu Aumont reprennent le restaurant le plus prestigieux de Saint-Brieuc, Aux Pesked (poisson en breton), en embauchant un cuisinier : le trio fonctionne et une étoile Michelin vient consacrer leur travail. Mais le chef de cuisine s'en va et Mathieu Aumont se met au défi de réaliser ce qu'il souhaitait depuis longtemps : cuisiner. Il gagne son pari et se voit attribuer de nouveau une étoile Michelin en 2006 et deux toques au Gault et Millau. Aujourd'hui, chef de cuisine et chef d'entreprise, il gère Aux Pesked, la Brasserie L'Arbalaise, la Maison du Phare... tout en aidant « ses jeunes » à s'installer : François Charroy caviste au port du Légué, Cécile et Aurore à L'Arbalaise. Il mène différentes actions autour de la gastronomie : fête de la Saint-Jacques à Montmartre, démonstration à l'Assemblée Nationale, etc... Souvent sollicité par les journalistes pour son expertise du terroir, il participe aussi à quelques émissions télévisées (Des racines et des ailes, par exemple) pour valoriser l'ensemble des producteurs et fournisseurs locaux.

RESTAURANT AUX PESKED - 59 RUE DU LÉGUÉ - 22000 SAINT-BRIEUC • TÉL. 02 96 33 34 65

DÉVELOPPEMENT ÉCONOMIQUE

Jean-Claude **BALANANT**

PRÉSIDENT DE LA CCI DES CÔTES-D'ARMOR

FORMATION Diplôme d'expertise comptable (DEC), Comptabilité et finance (1992-1995)

Jean-Claude Balanant a grandi dans le Trégor, et dirige le cabinet d'expert-comptable Cohesio à Plérin (SARL Paris-Denis-Balanant et associés), qui compte une centaine de salariés sur six sites. Il est également élu à l'ordre des experts-comptables.
Élu président de la CCI des Côtes-d'Armor en novembre 2021, il y effectue son troisième mandat. Il a en effet été élu, la première fois, sous la présidence de Dominique Lecomte. Lors des trois dernières années du mandat de Thierry Troesch, il était trésorier et président de la commission Plaines-Villes.

CCI DES CÔTES D'ARMOR - 16 RUE DE GUERNESEY - CS 10514 - 22005 SAINT-BRIEUC CEDEX 1 • TÉL. 02 96 78 62 00

FORMATION PROFESSIONNELLE

Laurent **BUCHON**

DIRECTEUR DU CNAM DE BRETAGNE

FORMATION Lycée de Loudéac - diplôme de l'Institut d'études politiques de Grenoble ; DEA de Sciences politiques

DISTINCTIONS Chevalier de l'ordre national du Mérite ; chevalier de l'ordre des Palmes Académiques

Laurent Buchon débute sa carrière professionnelle comme enseignant-chercheur à l'université de Bucarest (1991-1992) grâce à une bourse de mobilité européenne. Puis il est détaché au ministère des Affaires étrangères en tant que lecteur universitaire à l'ambassade de France en Roumanie (1992-1995). En 1995, il intègre le Conservatoire national des arts et métiers (Cnam) à Paris comme responsable des instituts. Il est nommé en 1998 chef de cabinet de l'administratrice générale de l'établissement, puis il rejoint le centre du Cnam en Aquitaine pour en assurer la direction de 2002 à 2010. Depuis janvier 2010, il est le directeur du Cnam de Bretagne. Implanté dans 9 villes (Saint-Brieuc, Rennes, Brest, Fougères, Vannes, Lannion, Lorient, Morlaix et Quimper), le Cnam de Bretagne forme plus de 1800 personnes par an et emploie près de 200 salariés dont 150 enseignants vacataires.
Laurent Buchon assume parallèlement la direction opérationnelle du pôle sécurité défense à Ploufragan et la gestion administrative de l'Institut national supérieur de l'éducation artistique et culturel (Inseac) à Guingamp. Au niveau national, il est représentant des directeurs régionaux au sein du conseil d'administration du Cnam et préside le comité d'appui stratégique.

CNAM BRETAGNE - AGCNAM - 2 RUE CAMILLE GUÉRIN - 22440 PLOUFRAGAN • TÉL. 09 72 31 13 12

INDUSTRIE NAUTIQUE

Jacques-Antoine **CESBRON**

PRÉSIDENT D'ANTHÉNEA

FORMATION BTS en froid climatisation (1972) ; ingénieur (1973) au lycée Raspail et à l'IFFI de Paris

DISTINCTIONS chevalier de la Légion d'honneur ; médaille Charles Tellier

PASSIONS la chorale, la voile, les raids en 4x4 et les voitures anciennes.

Trois générations se sont succédées : l'aventure Cesbron n'a pas pris une ride. Au contraire, elle se modernise. L'héritier de cette saga industrielle n'est autre que Jacques-Antoine Cesbron, le petit-fils du fondateur. Il intègre l'entreprise en 1974 comme technicien de bureau d'études et prend les commandes dès 1982. Le nouveau dirigeant entend pérenniser le travail de ses aînés : développer et rester indépendant. Sous son impulsion, la croissance s'accélère avec des créations d'agences et des rachats d'entreprises, d'abord sur le grand Ouest, puis sur l'hexagone. Ce fleuron de l'industrie du froid prend une dimension nationale et devient leader dans son domaine. L'Angevin vend son entreprise à Dalkia et cède sa place de président en mars 2015.
Adjoint au maire d'Angers, chargé de l'Economie et de l'Emploi, de 1995 à 2001 Jacques-Antoine Cesbron est président de Végépolys, le pôle de compétitivité dédié au végétal de 2011 à début 2017. Ses engagements dans l'économie ont été multiples, de la présidence de Qualicuisines, à la participation au bureau de la Snefcca, en passant par Envie Anjou, entreprise d'insertion dont il fut le premier président en 1993. Il a aussi représenté les pôles de compétitivité au Ceser des Pays de la Loire en 2016.
Désormais président d'Anthénea, habitat flottant et éco-responsable, l'entrepreneur porte financièrement ce projet depuis 2015. La commercialisation de ce loft « sur l'eau » est lancé en 2018. La production a commencé fin 2021 dans une usine ultra moderne de 3200 m2 à Lannion, au bord du Léguer. Les premiers exemplaires sont livrés au Qatar et à Oman au 2e semestre 2022.

ANTHÉNEA - 13 QUAI DU MARÉCHAL FOCH - 22300 LANNION • TÉL. 02 56 39 51 88

DÉPARTEMENT

Christian **COAÏL**

PRÉSIDENT DU CONSEIL DÉPARTEMENTAL DES CÔTES D'ARMOR - MAIRE DE SAINT-SERVAIS

FORMATION IUT de Rennes ; ICG de Nantes

PASSIONS le bricolage et la marche à pied.

Christian Coail a ancré son parcours professionnel dans le monde bancaire. Employé dans ce domaine depuis 1976, il occupe le poste de responsable de service en charge des collectivités locales, associations et tutelles au CRCA des Côtes d'Armor.
Parallèlement, il exerce plusieurs mandats électifs. Maire de Saint-Servais depuis

1989, après avoir été adjoint au maire (1983), Christian Coail assure actuellement la vice-présidence de la communauté de communes de Callac qu'il a fondée et présidée de 2002 à 2008. Elu conseiller général des Côtes d'Armor en 2008, il est vice-président jusqu'en avril 2015. Au sein du Département, il participe aux travaux de la commission du Service public, des finances et du développement durable. Il assure par ailleurs la présidence du groupe socialiste et républicain au sein de l'assemblée départementale depuis septembre 2018. En 2021, réélu conseiller départemental en juin, il est élu président du Département en juillet.

CONSEIL DÉPARTEMENTAL DES CÔTES D'ARMOR - HÔTEL DU DÉPARTEMENT - 9 PL. DU GÉNÉRAL DE GAULLE -BP 2371 - 22023 SAINT-BRIEUC CEDEX 1 • TÉL. 02 96 62 62 22

AGROALIMENTAIRE

Emmanuel **COMMAULT**

DIRECTEUR GÉNÉRAL DE COOPERL ARC ATLANTIQUE

FORMATION licence de philosophie (Paris I) ; MBA HEC ; ingénieur ICAM

Ingénieur de formation, Emmanuel Commault assure la direction générale de Cooperl Arc Atlantique depuis 2007. Il a travaillé auparavant chez Volvo France puis est devenu directeur général adjoint de Chopin Technologies (2003-2007), société parisienne spécialisée dans les instruments de laboratoire et le contrôle qualité des céréales. Le groupe coopératif Cooperl Arc Atlantique est spécialisé dans la production porcine, la transformation de viande de porcs et la production d'alimentation animale. Il emploie 7 400 personnes, regroupe 2 950 éleveurs et compte diverses filiales : Farm'Apro, Nucléus, Brocéliande, Siabel, Dénitral, Fertival et Socobati.

COOPERL - 21 RUE D'ARMOR - BP 60328 - 22403 LAMBALLE-ARMOR • TÉL. 02 96 30 70 00

NUTRITION ANIMALE

Rémi **CRISTOFORETTI**

DIRECTEUR GÉNÉRAL DE LA COOPÉRATIVE LE GOUESSANT - PRÉSIDENT DE L'ABEA

FORMATION Ecole Centrale de Lille (1989)

PASSIONS la photo, la lecture, la culture et l'Italie

D'origine italienne, ayant passé son enfance dans les Ardennes, Rémi Cristoforetti débute sa carrière en 1990 au sein du groupe Electrolux. Il y effectue plusieurs missions à l'étranger et occupe différents postes jusqu'en 1996 : responsable qualité, marketing puis industriel. Le Centralien rejoint ensuite le groupe agroalimentaire Guyomarc'h (devenu In Vivo, puis ADM) en tant que responsable industriel et s'occupe alors de la partie «food». Il assure par la suite la fonction de directeur général d'une entreprise de carrosserie industrielle, puis retourne chez Guyomarc'h pour prendre le poste de directeur des opérations en charge de l'accompagnement des sites en France et à l'international. En 2005 il intègre SPF Diana Pet Food comme directeur des opérations pour l'ensemble des filiales internationales de la division du groupe Diana. Il assure l'implantation et la construction de plus de dix filiales sur l'ensemble du globe.
Après avoir pris en charge la présidence de la division Pet Food et Aqua en 2014, Rémi Cristoforetti rejoint le groupe coopératif Le Gouessant en tant que directeur général adjoint en 2017. Il est nommé directeur général en juin de la même année. Le défi de la Coopérative est «d'accompagner la mutation du monde agricole au service d'une agriculture plurielle et durable». Il doit donc assurer le succès du réseau de fermes d'excellence et développer la marque Coopérative Bretonne Terres de Breizh, tout en tant structurant et accélérant les relais de croissance (Nutritionnel, Aquaculture, Data/IA, Insectes...). Membre du conseil d'administration de l'ABEA (Association Bretonne des Entreprises Agroalimentaires), il en est élu président pour 3 ans en juillet 2023. Il continuera de mener ses missions avec «exigence, excellence et respect».

SOCIÉTÉ COOPÉRATIVE AGRICOLE LE GOUESSANT - 1 RUE DE LA JEANNAIE MAROUÉ - BP 40228 - 22400 LAMBALLE-ARMOR • TÉL. 02 96 30 72 72

COMMERCE ET DISTRIBUTION

Alain **DAHER**

PRÉSIDENT DE LA SOCIÉTÉ BODEMER

DISTINCTIONS chevalier de la Légion d'honneur

Alain Daher a débuté sa carrière professionnelle dans le domaine de la communication/publicité, notamment chez Publicis Conseil, Horizon média à Boulogne-Billancourt et Marsteller International à Paris. En 1987, il change de voie et prend pied dans le monde de l'automobile, comme président du directoire de la société Sobredia (concession Fiat/Lancia et Alpha Roméo) à Cesson-Sévigné, puis il gère la société Arcadie (concession Renault) à Saint-Brieuc à partir de 1993. Six ans plus tard, il prend la direction générale, puis la présidence de la société Bodemer (Distribution Automobiles) et de ses filiales (1 700 salariés).
Alain Daher s'est par ailleurs investi de longue date dans le monde consulaire. Trésorier (1995-1998) puis président de la Chambre de commerce et d'industrie des Côtes d'Armor (2001-2010), il est élu président de la CCI Bretagne en 2011 puis démissionne fin 2015.

BODEMER SAS - 48B RUE DU PORT FAVIGO - 22000 SAINT-BRIEUC • TÉL. 02 96 68 17 90

BANQUE ET ASSURANCE

Olivier **DESPORTES**

PRÉSIDENT DU CRÉDIT AGRICOLE DES CÔTES D'ARMOR

FORMATION lycée des Cordeliers à Dinan, bac pro agricole (lycée agricole de Caulnes, 1985)

PASSIONS cuisiner et recevoir, les voyages, la mer et la natation

Perpétuant la tradition familiale agricole, Olivier Desportes crée son exploitation porcine à côté de celle de ses parents à Guenroc, en 1987. Il intègre un GAEC en 1994 avec deux voisins et, 2 ans plus tard, reprend l'exploitation parentale. Il s'occupe depuis de la partie porcine avec deux salariés, ses associés ayant en charge la partie culture et vaches laitières.
Très tôt investi dans des responsabilités extra professionnelle, le Costarmoricain intègre le syndicat des jeunes agriculteurs du canton de Caulnes dès 1987. L'envie de se battre pour le coopératif le suivra tout au long de son parcours. En 1998, il entre donc logiquement comme administrateur à la caisse locale du Crédit Agricole de Caulnes et va grimper tous les échelons. Choisi comme président en 2005, il devient administrateur-référent en élevage de la caisse régionale en 2008 puis membre du bureau en 2011. La même année, il est nommé vice-président de la caisse régionale. C'est en mars 2018 qu'il devient président du Crédit Agricole des Côtes d'Armor, à un moment clé puisqu'il s'agit de démarrer un nouveau projet d'entreprise. Olivier Desportes prend un mois plus tard la présidence tournante de Crédit Agricole en Bretagne pour 2 ans. Une fonction représentative pour cet homme de terrain qui reconnaît être entrepreneur avant tout. Doté d'un tempérament posé, il se dit toujours désireux d'être à l 'écoute, d'offrir « son expertise aux clients sociétaires ». Avec le souci constant d'allier bienveillance et performance, au service du collectif.

CRÉDIT AGRICOLE DES CÔTES D'ARMOR - LA CROIX TUAL - 9 RUE DU PLAN - PLOUFRAGAN - 22098 SAINT-BRIEUC CEDEX 9 • TÉL. 02 96 01 32 10

AGROALIMENTAIRE

Georges **GALARDON**

PRÉSIDENT DE GELAGRI

FORMATION lycée de Quintin

A l'issue de sa formation en agriculture, Georges Galardon intègre l'exploitation agricole familiale au Vieux-Bourg. En 1977, il s'installe avec son épouse à Sainte-Tréphine, avec pour activités la production de lait, de légumes et de céréales. De 25 ha, son exploitation passera à 180 ha. Il prend concomitamment à son installation des responsabilités extra-professionnelles au sein du mouvement agricole. En 1986, il est élu administrateur de Coopagri Bretagne dont il devient quelques années plus tard vice-président. Il participe ainsi à la fusion en 2010 de la coopérative avec Eolys et Cam 56 pour devenir Triskalia. Début juillet 2013, Georges Galardon devient président de la coopérative qui totalise 300 sites commerciaux et industriels. Elle fusionne avec le groupe d'aucy pour former la coopératice Eureden en 2020. Il laisse sa place de président en janvier 2021.
Georges Galardon est aujourd'hui président du conseil d'administration de Gelagri, président adjoint de Coop de France Ouest et membre du bureau de Coop de France. Il est également vice-président de la chambre d'agriculture des Côtes d'Armor, maire de Sainte-Tréphine depuis 1995, et vice-président de la communauté de communes du Kreiz-Breizh.

GELAGRI BRETAGNE - LA PORTE DE GAUSSON - 22600 SAINT-CARADEC • TÉL. 02 96 25 09 30

MÉCANIQUE ET MÉTALLURGIE

Robert **GLÉMOT**

PDG DE PROLANN-SÉISMOWAVE - PRÉSIDENT D'EDEN BRETAGNE

FORMATION Lycée Chaptal à Saint-Brieuc - BTS Fabrication mécanique

DISTINCTIONS Chevalier de l'ordre national du Mérite 2019

PASSIONS La botanique et l'histoire de la Bretagne.

Robert Glémot a commencé sa carrière en 1984 comme projeteur mécanicien au sein du Groupe Landanger à Chaumont en Haute-Marne. Il revient dans l'Ouest en intégrant l'entreprise Thalès à Angers, puis Waterman à Saint-Herblain avant de se voir proposer un poste de directeur d'usine au sein du Groupe Ballofet à Brive-la-Gaillarde. Sa carrière prend alors un virage. En 1998, son retour dans les Côtes d'Armor correspond en effet à son choix de devenir entrepreneur. Ce sera d'abord pour diriger la start-up Twinbay. Cinq ans plus tard, il acquiert Prolann, société sous-traitante de 1er niveau ensemblier et intégrateur dans le secteur aéronautique puis le bureau d'études Mulann (produits et solutions logicielles de test de cartes à puce), revendu en 2012.
En 2003, Robert Glémot intègre l'Union des industries et des métiers de la métallurgie des Côtes d'Armor (UIMM 22) et en sera le président de 2007 à 2012. En octobre 2010, il est élu président de l'Union patronale interprofessionnelle d'Armor (Upia/Medef Côtes-d'Armor), poste qu'il occupe jusqu'en 2012 avant de prendre la présidence d'Eden Bretagne, cluster des PME des secteurs de la défense et de la sécurité. En janvier 2014 il crée la société Seismo Wave, spécialisée dans l'étude et la commercialisation de capteurs infrasons et sismiques. Il a par ailleurs été vice-président Trégor à la CCI des Côtes d'Armor de 2016 à 2021.

PROLANN-SRMP - RTE DE TRÉGUIER - ROSPEZ - 22300 LANNION • TÉL. 02 96 46 16 10

INTERCOMMUNALITÉ

Sylvie **GUIGNARD**

1re VICE-PRÉSIDENTE DE SAINT BRIEUC AGGLOMÉRATION - ADJOINTE AU MAIRE DE LANGUEUX

PASSIONS la famille, la musique, la lecture, la randonnée, le jardinage et la vie associative.

Artisan depuis 1987, Sylvie Guignard s'investit depuis les années 2000 dans la sphère publique. Conseillère municipale de Langueux depuis 2008 puis adjointe au maire, elle est devenue conseillère régionale de Bretagne en 2010, réélue en 2015. Au sein de l'assemblée régionale, elle a été membre de la commission Environnement. Elue au conseil départemental des Côtes d'Armor en 2015, elle en devient vice-présidente, en charge de l'accompagnement des personnes âgées jusqu'aux élections de 2021. Elle est ensuite élue vice-présidente de Saint Brieuc Agglomération puis 1re vice-présidente en septembre 2022.

SAINT-BRIEUC ARMOR AGGLOMÉRATION - 5 RUE DU 71E RI - 22000 SAINT-BRIEUC • TÉL. 02 96 77 20 00

COMMUNE

Hervé **GUIHARD**

MAIRE DE SAINT-BRIEUC

Hervé Guihard est l'ancien secrétaire de section du Parti socialiste à Saint-Brieuc. Il quitte cette formation sous la présidence de François Hollande et adhérera à Place Publique, mouvement politique de gauche lancé en 2018. Impliqué dans des mouvements associatifs depuis ses 18 ans, il s'est longtemps engagé au sein de la Ligue des droits de l'Homme (LDH), dont il a présidé la section à Saint-Brieuc.
Il a suivi sa scolarité à Saint-Malo jusqu'au lycée. Son père, Jacques, y a été élu premier adjoint d'une municipalité socialiste en 1977. Briochin depuis une vingtaine d'année, Hervé Guihard est informaticien de formation, diplômé dans la gestion des collectivités territoriales. Il est directeur des moyens généraux au Service départemental d'incendie et des secours (SDIS) jusqu'à son élection à la mairie de Saint-Brieuc en 2020.

VILLE DE SAINT-BRIEUC - PL. DU GÉNÉRAL DE GAULLE - CS 2365 - 22023 SAINT-BRIEUC CEDEX 1 • TÉL. 02 96 62 54 00

CHIMIE-PHARMACIE

Marc **GUILLERMOU**

DIRIGEANT DE BIO3G

FORMATION BTS en techniques agricoles et gestion d'entreprise (Quimper, 1986); diplôme de responsable technico-commercial (1987)

DISTINCTIONS Trophée Média Courrier dans la catégorie Commerce 2016; prix spécial du jury aux Oscars des entreprises des Côtes d'Armor 2015; prix de l'entrepreneur 2014 région Ouest (catégorie innovation); 10e au palmarès Great place to work 2012 et 2013; Cleantech Open France 2012; trophée du prix Crisalide Eco-technologies 2012; prix du business vert région Grand Ouest; prix de l'entrepreneur de l'année 2010; entreprise Gazelle 2006 décerné par le ministre des PME

PASSIONS la nature et la rando équestre.

Marc Guillermou fait partie de ces entrepreneurs bretons distingués par diverses récompenses. En 1987, il fait ses premiers pas professionnels au sein du Groupe Cargill comme technico-commercial en nutrition animale, puis devient animateur des ventes pour le Groupe Purina (1989-1990) avant d'exercer comme consultant formateur en marketing direct pour PPMD (1990-1991). Chef des ventes au sein du Groupe Roullier de 1991 à 1994, il donne une nouvelle orientation à sa carrière en devenant en 1995 le gérant de la société MG Concept. Ce premier galop d'essai dans l'entrepreunariat ne sera pas le bon puisque la société dépose le bilan deux ans plus tard mais « on apprend toujours de ses échecs. ». En 1997, le Quimpérois rebondit et crée la société Bio3G, qui développe et commercialise des solutions biotechnologiques auprès d'agriculteurs et de professionnels des espaces verts pour optimiser l'agronomie. Elle compte aujourd'hui 400 salariés. En 2018, il opère un rapprochement avec le groupe Eléphant Vert tout en conservant la présidence de Bio3G.
En parallèle, Marc Guillermou s'investit dans les réseaux d'entrepreneurs locaux. Cadre animateur du groupe Plato à CCI des Côtes d'Armor depuis 2008, il participe au réseau Entreprendre Bretagne depuis 2009 (parrain de jeunes entrepreneurs). En 2014, il est président du Jury de la promotion « Les Entrepreneuriales en Bretagne » de l'année.

BIO3G - 7 RUE DU BOURG NEUF - CS 50022 - 22230 MERDRIGNAC • TÉL. 02 96 67 41 41

MÉDIAS

Erwann **HIREL**

RÉDACTEUR EN CHEF DU JOURNAL LE TRÉGOR

FORMATION lycée-collège Saint-Vincent-Providence à Rennes - licence de droit (1987); maîtrise de science administrative (1988); DEA d'études politiques (1990); doctorant en sciences politiques (1992), à la faculté de droit et de sciences politiques de Rennes 1; Académie des journalistes du Groupe Hersant Media (2007-2008)

PASSIONS les vieilles pierres, l'histoire des idées politiques, et les cultures bretonnes et d'outre-mer.

Il y a 25 ans, Erwann Hirel est tombé dans la presse écrite. De 1987 à 1992, il débute chez Ouest-France à Rennes comme journaliste vacataire avant de partir en Outre-mer. De 1993 à 2000, il exerce au Quotidien de la Réunion : il est journaliste au Quotidien du Dimanche (1993-1998), puis responsable de rubriques magazine (1998-2000). Entre 2000 et 2008, il occupe les fonctions de

journaliste et chef du service de secrétariat de rédaction au sein du journal France-Antilles Guadeloupe (Groupe Hersant Media). Depuis 2008, de retour dans l'Hexagone, il est rédacteur en chef du journal Le Trégor. Diffusé à près de 17 000 exemplaires, 1er du Grand Ouest, Le Trégor (Groupe Publihebdos) figure parmi les 10 premiers titres français de presse hebdomadaire.
Ancien administrateur du club de la presse de Rennes et de Bretagne, Erwann Hirel s'attache par ailleurs à transmettre le métier auprès d'étudiants en journalisme. Par ailleurs membre, depuis 1985, de la Société d'histoire et d'archéologie de l'arrondissement de Saint-Malo, il dédie son temps libre au patrimoine breton qu'il affectionne. Celui qui fut lauréat du concours général de l'enseignement catholique en langue bretonne (1983) avoue «empiler les livres (de préférence anciens) et les BD».

LE TRÉGOR - 26 RUE CIE ROGER BARBÉ - BP 80233 - 22300 LANNION CEDEX • TÉL. 02 96 46 67 67

HÔTELLERIE-RESTAURATION

Daniel **JAGUIN**

CHEF DU RESTAURANT LA MAISON DE MARIE

FORMATION CAP cuisine (1981)

DISTINCTIONS meilleur cuisinier de France (2010)

PASSIONS le vélo.

Après un apprentissage à l'hôtel des Genêts d'or au Yaudet dans les Côtes d'Armor (1979-1981), Daniel Jaguin entre comme commis de cuisine à l'hôtel suisse Vereina à Kloster, puis à l'hôtel Ti Al Lannec à Trebeurden (1982). Après une année au sein de la Marine nationale, il obtient le poste de chef de partie au Novotel de Val Thorens (1984) et surtout celui de commis de cuisine dans le restaurant triplement étoilé Les Prés d'Eugénie tenu par Michel Guérard (1984). C'est la découverte du top de la gastronomie. Un an plus tard, il poursuit son «apprentissage» comme chef de partie à l'hôtel Richemond à Genève (1984) et au Vivarois à Paris avec Claude Peyrot (1985). Retour au pays en 1986 où il prend en charge, aux côtés de sa grand-mère, la cuisine du restaurant-café-épicerie familial à Lannion. L'auberge devient un restaurant gastronomique : La Ville blanche est créée et déjà repérée dans les guides gastronomiques. Son frère Jean-Yves le rejoint en 1990 et, en 1996, c'est la consécration avec l'attribution d'une étoile Michelin.
En 2004, Daniel Jaguin prend un virage professionnel et affectif en quittant la maison familiale pour créer, avec son épouse Marie-Claude, La Clarté. Le restaurant obtient sa première étoile en 2006, dix ans après celle décernée à La Ville Blanche mais la perd en 2015. Le Guide Michelin le récompense toutefois d'un Bib Gourmand en 2016 et 2017. En 2018, les Jaguin transforment La Clarté en un nouveau lieu : La Maison de Marie. Ils prônent «le goût des bonnes choses dans une ambiance décontractée et chaleureuse».

RESTAURANT LA MAISON DE MARIE - 24 RUE GABRIEL VICAIRE - 22700 PERROS-GUIREC • TÉL. 02 96 49 05 96

ENSEIGNEMENT SUPÉRIEUR

Patrick **JÉZÉQUEL**

PRÉSIDENT DE L'UCO BRETAGNE NORD

FORMATION ingénieur Arts et métiers.

Au cours de sa carrière professionnelle, débutée à l'Association des Ouvriers en Instruments de Précision (AOIP), Patrick Jézéquel a notamment dirigé Anticipa Technopole Lannion Tregor et l'Agence de développement industriel du Tregor. Il est membre du conseil d'administration de l'UCO Bretagne Nord depuis 1993 et en est le président depuis 2008. L'UCO BN fait partie de l'UCO créée en 1373, refondée en 1875, et qui est une des plus anciennes universités du grand Ouest.

UCO BRETAGNE NORD - 37 RUE DU MARÉCHAL FOCH - CAMPUS DE LA TOUR D'AUVERGNE - 22200 GUINGAMP • TÉL. 02 96 44 46 46

DÉVELOPPEMENT ÉCONOMIQUE

Estelle **KERAVAL**

DIRECTRICE DE LA TECHNOPOLE ANTICIPA LANNION-TRÉGOR

FORMATION Master 2 d'Economie Management des activités de services (Université de Rennes 2, 2007)

DISTINCTIONS Chevalier de l'ordre national du Mérite 2019

PASSIONS la Bretagne, les activités nautiques

Dans l'ADN d'Estelle Keraval, il y a l'envie de faire avancer les choses, de se rendre utile. Investie auprès de son territoire et des entrepreneurs locaux, elle prend la direction de la Technopole Anticipa Lannion-Trégor en 2014, après sept ans passés à l'accompagnement des entreprises. Titulaire d'un master en économie, elle est embauchée à la technopole à l'issue d'un stage de 4 mois en 2007. D'abord en charge de l'accompagnement des entreprises industrielles en développement, elle se spécialise dans l'accompagnement de la création d'entreprises innovantes. Il s'agit pour Estelle Keraval de sa deuxième vie professionnelle, car, titulaire d'un BTS Assurances, elle a d'abord été conseillère clientèle pendant deux ans. N'ayant pas finalement trouvé sa voie dans ce secteur, elle reprend alors ses études dans l'objectif de travailler au développement économique de son territoire. Elle trouve dans ses fonctions l'épanouissement recherché : travailler au service d'un territoire innovant dans un cadre de vie idéal, en bord de mer. Le travail au sein d'une technopole telle que Lannion lui permet d'être au cœur des innovations numériques de demain, ce qui la passionne. En réseau avec les hommes et les femmes qui renouvellent sans cesse la richesse technologique de cet environnement atypique, elle est de ceux qui participent à l'essor de l'économie bretonne.

ADIT - TECHNOPOLE ANTICIPA LANNION GUINGAMP - ADIT - RUE AMPÈRE - 22300 LANNION • TÉL. 02 96 05 82 50

INTERCOMMUNALITÉ

Ronan **KERDRAON**

PRÉSIDENT DE SAINT-BRIEUC ARMOR AGGLOMÉRATION - MAIRE DE PLÉRIN-SUR-MER

FORMATION Etudes supérieures en Histoire à Brest

Attaché parlementaire de Maurice Briand, député de Guingamp, de 1990 à 1993, Ronan Kerdraon enseigne ensuite l'histoire-géographie en collège à Plouguesnant. En parallèle et dès les années 80, dans la foulée de l'élection François Mitterrand, il marque son engagement au sein du Parti socialiste. Au congrès de Liévin (1994), il devient secrétaire fédéral à la communication et prend la direction jusqu'en 2008 du journal « Le combat hebdo », hebdomadaire des socialistes des Côtes d'Armor. Arrivé à Plérin en 1990, Ronan Kerdraon s'investit dans la vie associative locale. Il sera notamment vice-président de l'Office municipal des sports et président de l'Office de tourisme. En 2001, il s'implique également dans la vie publique comme conseiller municipal de Plérin avant d'en devenir le maire en 2008. La même année, il est élu vice-président de Saint-Brieuc Agglomération en charge des transports et des modes de déplacement. En 2010, suite au décès de Jacqueline Chevé dont il était le suppléant, Ronan Kerdraon devient sénateur des Côtes d'Armor. Vice-président de la délégation sénatoriale à la prospective, il est alors membre de la commission des Affaires sociales et rapporteur du volet médico-social du Projet de loi de financement de la Sécurité sociale. Lors des élections sénatoriales de septembre 2014, il décide de ne pas se représenter pour se consacrer à ses mandats locaux.
En juillet 2020, il est élu président de Saint-Brieuc Armor Agglomération.

SAINT-BRIEUC ARMOR AGGLOMÉRATION - 5 RUE DU 71E RI - 22000 SAINT-BRIEUC • TÉL. 02 96 77 20 00

COMMUNE

Paul **LE BIHAN**

MAIRE DE LANNION - VICE-PRÉSIDENT DE LA COMMUNAUTÉ D'AGGLOMÉRATION LTC

FORMATION école de la Croix-Rouge à Brest et collège-lycée Le Likès à Quimper - Maths sup. et Maths spé. (lycée Chateaubriand à Rennes) ; ingénieur, spécialité électronique (Ecole Supérieure d'Ingénieur de Marseille, 1981)

PASSIONS le cinéma français

Après la fin de son service militaire en 1982, Paul Le Bihan postule chez Alcatel et est embauché en tant qu'ingénieur en développement sur des systèmes de télécommunication. Il y côtoie des collègues de travail engagés et, stimulé également par son milieu familial, il s'inscrit à la section du PS à Lannion au début des années 90. En 1995, le maire de Lannion, Alain Gouriou, le sollicite pour figurer sur sa liste lors des élections municipales. Il devient ainsi conseiller municipal puis, en 2001, il est choisi, lui, le spécialiste des chiffres, pour le poste d'adjoint aux Finances. Il reste en poste en 2008 lorsque le nouveau maire, Christian Marquet, est élu. Homme de dossiers, discret et pragmatique, Paul Le Bihan devient 1er adjoint en 2010 tout en restant adjoint aux Finances. Etape ultime et cohérente avec son parcours : il est élu maire de Lannion en octobre 2014, à la suite de la démission du maire. Il est réélu au 1er tour en mars 2020. Cette même année, il est élu vice-président de la Communauté d'Agglomération LTC (Lannion Trégor Communauté) en charge de l'Urbanisme et de l'Aménagement du Territoire. Côté loisirs, le temps lui manque pour pratiquer sa passion, la philatélie, mais il s'accorde quelquefois une petite récréation dans un emploi du temps chargé : il fait partie d'un club d'oenologie. Attaché à sa région, ce brestois de naissance remarque : « Ceux qui viennent à Lannion en repartent rarement »...

VILLE DE LANNION - PL. DU GÉNÉRAL LECLERC - BP 30244 - 22303 LANNION • TÉL. 02 96 46 64 22

INDUSTRIE ÉLECTRIQUE ET ÉLECTRONIQUE

Patrice **LE BOUDEC**

PRÉSIDENT DE PHOTONICS BRETAGNE – PRÉSIDENT D'IDIL FIBRES OPTIQUES

FORMATION Doctorat en physique (université de Rennes 1, 1993)

PASSIONS L'astronomie, le bowling, le golf

En 1989, Patrice Le Boudec effectue son service militaire en tant que scientifique du contingent au Laboratoire de Physique des Lasers à l'université Paris 13. Cette expérience va le pousser vers la recherche. Il effectue alors un doctorat à France Telecom et à l'Enssat à Lannion sur les lasers à fibre optique. Il entre ensuite chez Soptel, une société d'optique, pour monter une filiale à Lannion, autour des télécoms et de l'optique. La filiale créée en 1994, il y reste un an puis démissionne pour donner naissance à sa propre société, IDIL, en 1995. Il embauche ses premiers salariés en 1997 : ils sont aujourd'hui 40. Spécialisée en ingénierie dans le domaine des lasers, des technologies optiques et de la fibre optique, l'entreprise déploie des services techniques innovants en production, fabrique des systèmes et sous-systèmes sur mesure (entre autre pour le Commissariat à l'Energie Atomique). Son fondateur continue de faire grossir sa structure « lentement mais sûrement », de manière organique.
Passionné par le secteur où il évolue, Patrice Le Boudec co-fonde en 2003 Perfos (devenu Photonics Bretagne en 2015), une plateforme technique consacrée au développement de nouvelles fibres optiques et à la promotion de l'optique en Bretagne. Élu à sa présidence en septembre 2020, réélu en 2023, le chef d'entreprise a pour objectifs de faire reconnaitre la spécificité et les atouts de la Bretagne en matière d'optique et d'aider au développement de projets des sociétés de la région. Membre du Conseil de l'Enssat depuis 2007, il fait aussi partie du comité de rédaction de la revue française Photoniques. Et, à ses moments perdus, il part admirer les éclipses de soleil dans le monde entier...

IDIL FIBRES OPTIQUES - 4 RUE LOUIS DE BROGLIE - 22300 LANNION • TÉL. 02 96 05 40 20

DÉVELOPPEMENT ÉCONOMIQUE

Alain **LE BOUFFANT**

PRÉSIDENT DE LA TECHNOPOLE ANTICIPA - CO-PRÉSIDENT DU RÉSEAU INITIATIVE BRETAGNE

FORMATION École Nationale Supérieure de Mécanique et d'Aérotechnique (ISAE-ENSMA, 1983) ; DEA Energétique (Poitiers, 1983)

DISTINCTIONS médaille du Travail ; médaille d'argent du Comité de Bretagne de Rugby ; médaille d'argent de la Fédération Française de Rugby ; médaille de bronze de la Jeunesse et des Sports

PASSIONS le rugby (il préside le club de rugby de Perros-Guirec)

Bien que né dans l'Oise, Alain Le Bouffant se sent avant tout Breton et profondément attaché à la terre de ses ancêtres. Il entre en 1984 chez CIT Alcatel à Lannion en tant qu'ingénieur de production et intègre la R&D. Il devient ensuite ingénieur de développement hardware en 1986 et le restera jusqu'en 1998, après quelques missions d'expertise aux Etats-Unis. Il prend le poste de chef de projet harware en 1999 puis celui de responsable du développement en 2002. Il a alors 250 personnes sous sa responsabilité dans le monde entier. Il décide en 2008 d'aller découvrir le domaine du service clients et apprend un nouveau métier, toujours au sein d'Alcatel-Lucent. Il revient à la R&D en 2012 et, attiré par le mode Agile, il se forme pour devenir coach Agile Nokia.
Non content de s'adapter aux évolutions de son métier, préconisant « l'amélioration continue », Alain Le Bouffant s'investit dans le secteur de l'innovation. Représentant d'Alcatel au sein de Arc Bretagne Atlantique de 2011 à 2014, il est co-organisateur depuis 2011 du Challenge de l'Innovation à destination des écoles d'ingénieurs et des écoles de commerces bretonnes et ligériennes. Il participe en parallèle aux journées et colloques d'Anticipa avant d'en être nommé président en 2017. Il met désormais en œuvre ses principales missions : rendre le bureau du CA plus opérationnel et créer des groupes de réflexion « cross-filières » avec le numérique. Lui qui se trouve chanceux et fourmille d'idées n'a plus qu'à ouvrir le « champ des possibles… ». Il est par ailleurs co-président du Réseau Initiative Bretagne depuis 2021.

ADIT - TECHNOPOLE ANTICIPA LANNION GUINGAMP - ADIT - RUE AMPÈRE - 22300 LANNION • TÉL. 02 96 05 82 50

BIENS DE CONSOMMATION

Clarisse **LE COURT**

FONDATRICE ET CEO DE CLARIPHARM

FORMATION diplôme d'ergothérapie (Montpellier, 1999) ; DE de visiteuse médicale (Paris, 2002)

DISTINCTIONS lauréate d'or Prix Femme chef d'entreprise Prometteuse 2016 (Femmes de l'économie)

PASSIONS sa famille, les rencontres, entreprendre

La sensibilité au domaine paramédical de Clarisse Le Court remonte à… la maternelle. Une première expérience qui déterminera le reste de sa vie. Diplômée en ergothérapie, elle part se former en kinésithérapie à Marseille et entre dans une filiale de l'entreprise pharmaceutique Johnson and Johnson. Chargée de former des équipes de thérapeutes en Europe, elle se découvre une appétence pour le domaine commercial. Elle démissionne assez vite tout en sachant désormais qu'elle a envie de travailler dans le secteur des dispositifs médicaux. Elle décide alors de se former en tant que visiteuse médicale et effectue son contrat de qualification dans un laboratoire international en Bretagne, de 2000 à juillet 2002. Le métier ne lui correspond finalement pas et elle rejoint en octobre une PME spécialisée dans la chirurgie digestive. Elle part de zéro, en tant que commerciale, et évoluera jusqu'au poste de responsable grands comptes en 2011.
Mais Clarisse Le Court a une idée en tête : créer sa propre entreprise. Elle commence par devenir agent commercial indépendant en 2012 puis les séquelles d'un accouchement difficile seront le révélateur qui lui permet de donner naissance à Claripharm en 2013. La PME est spécialisée dans la conception et la commercialisation de dispositifs médicaux, produits cosmétiques et compléments alimentaires dédiés à la santé intime féminine. Après avoir consolidé sa société pour qu'elle continue à avancer, la dirigeante et son équipe ont encore beaucoup d'idées à développer, notamment dans la santé intime masculine. Avec l'atout de se définir comme « no limit » ! Une devise qui convient très bien à cette femme de réseaux (Entreprendre, APM de Lamballe, DRO) boostée à l'énergie.

CLARIPHARM - 9 RUE DES CROIX ROSES - 22400 SAINT-ALBAN • TÉL. 02 96 93 37 89

HÔTELLERIE-RESTAURATION

Christophe **LE FUR**

PROPRIÉTAIRE ET CHEF DE CUISINE DE L'AUBERGE GRAND'MAISON

FORMATION BEP cuisine à l'école hôtelière de Dinard

DISTINCTIONS maître cuisinier de France ; maître restaurateur

PASSIONS la gastronomie, la moto, le VTT et les voyages.

Après l'école hôtelière, Christophe Le Fur part à Paris en 1988 pour peaufiner son savoir-faire dans de grandes maisons, dont notamment le Clos Longchamp au Méridien Etoile à Paris, auprès de Jean-Marie Meulien (1988-1992). Il quitte ensuite cette grande cuisine pour faire valoir son savoir-faire en tant que cuisinier du recteur de la Sorbonne. Un recteur qui est appelé à recevoir à sa table des grands de ce monde, notamment des chefs d'Etat, le Dalaï-lama, Hillary Clinton, l'Empereur du Japon et bien d'autres. En 2004, l'appel du pays pousse Mireille et Christophe Le Fur à racheter un restaurant. Ce sera finalement L'Auberge Grand'Maison tenue pendant de longues années par Jacques Guillo, étoilé Michelin, maître cuisinier de France et ancien président de l'Union culinaire de Bretagne. La succession est difficile d'autant que l'étoile est partie avec son chef. Tout est à faire mais la ténacité porte ses fruits.
L'étoile est retrouvée en 2010 et le couple Le Fur pense alors développement. En 2010, ils créent un espace mitoyen au restaurant, L'Atelier de Cuis'in, un espace réservé à ceux qui souhaitent connaître quelques secrets de l'art culinaire. Christophe Le Fur est membre délégué régional de l'association

des Maîtres cuisiniers de France depuis 2009 et exporte son savoir auprès de nombreux chefs japonais. En 2016, le restaurant perd son étoile mais le chef part à sa reconquête… et la récupère en février 2018 !

HÔTEL-RESTAURANT L'AUBERGE GRAND'MAISON - 1 RUE LÉON LE CERF - 22530 MÛR-DE-BRETAGNE • TÉL. 02 96 28 51 10

INTERCOMMUNALITÉ

Vincent **LE MEAUX**

PRÉSIDENT DE GUINGAMP PAIMPOL AGGLOMÉRATION - MAIRE DE PLOUËC-DU-TRIEUX

FORMATION collège public Charles Brochen à Pontrieux et lycée public Auguste Pavie à Guingamp - maîtrise de droit public (faculté de droit et de science politique de Rennes, 2001)

DISTINCTIONS chevalier des Palmes académiques 2014

PASSIONS l'histoire, le cyclotourisme, les animations culturelles et festives locales.

Conseiller général à 26 ans et maire à 30 ans ! Autant dire que Vincent Le Meaux présente un parcours fulgurant, avec un engagement précoce en politique. Animateur fédéral du Mouvement des jeunes socialistes des Côtes d'Armor (1999-2001), puis délégué régional de Bretagne de ce mouvement (2001-2004), il est secrétaire fédéral du Parti socialiste des Côtes d'Armor chargé de la Communication, puis directeur de publication du journal « Le Combat » (2008). Sa trajectoire professionnelle se place aussi sous le signe de la Gauche. Assistant politique du groupe socialiste et apparentés au conseil général des Côtes d'Armor (2001-2003), il devient collaborateur du président du groupe de la gauche à la communauté d'agglomération briochine (2002), puis collaborateur parlementaire de la députée Marie-René Oget entre 2002 et 2009. Ces expériences lui donnent goût pour la chose publique. Maire de Plouëc-du-Trieux depuis 2008, Vincent Le Meaux est élu conseiller départemental des Côtes d'Armor en 2004. Vice-président de l'assemblée départementale de 2008 à avril 2015, il a présidé la commission du Service Public, des Finances et du Développement Durable (2011). Il devient le Premier secrétaire de la Fédération du Parti socialiste des Côtes-d'Armor en 2012.
Le Costarmoricain démissionne du Département en 2017 afin de se consacrer pleinement à ses administrés et à Guingamp Paimpol agglomération. Il est en effet devenu son président en 2017, après avoir été celui de Pontrieux communauté.
Il est réélu dès le 1er tour lors des municipales de 2020.

GUINGAMP-PAIMPOL AGGLOMÉRATION - 11 RUE DE LA TRINITÉ - 22200 GUINGAMP • TÉL. 02 96 13 59 59

ORGANISATIONS PROFESSIONNELLES

Serge **LE QUÉAU**

SYNDICALISTE - MEMBRE DE L'UNION RÉGIONALE SOLIDAIRES DE BRETAGNE, DU CESER BRETAGNE ET D'ATTAC

FORMATION lycée de Cornouaille à Quimper (BEPC)

PASSIONS la littérature.

PUBLICATIONS participation aux ouvrages « Syndicalement incorrect Sud PTT, une aventure collective » (Syllepse-1999) et « Balade en Bretagne nord - Sur les pas des écrivains » (Alexandrines-2011)

Le militantisme face à la précarité. C'est la voie qu'a empruntée Serge Le Quéau, il y a près de 40 ans. Retraité de La Poste, il a inscrit son parcours sous le signe de l'engagement syndical avec la CFDT. A Paris (1975-1977), puis dans les Côtes d'Armor (1978-1989), il sera aussi responsable de l'Union des fédérations de fonctionnaires (1983-1989). En 1989, il participe à la création du syndicat Sud en Bretagne. Il s'y investit comme secrétaire régional, puis devient membre du Bureau national de la Fédération Sud PTT (1992-1999). Serge Le Quéau s'engage aussi dans l'action associative. Co-fondateur de l'association « Agir ensemble contre le Chômage » des Côtes d'Armor (1993), membre fondateur, puis secrétaire de l'union départementale « Groupe de 10 » (devenu depuis « Solidaires »), il contribue à l'émergence de l'association altermondialiste Attac en France et en Côtes d'Armor (1998). Président la section départementale (2000-2002), il représente Attac France au premier Forum social mondial de Porto Alegre (2001) et fait partie actuellement du Conseil scientifique d'Attac France. Secrétaire de l'Union régionale « Solidaires » de Bretagne de 2007 à 2014, Serge Le Quéau est membre du Conseil économique, social et environnemental de Région Bretagne. Il est président de l'association paimpolaise Pierre Loti.

SOLIDAIRES CÔTES D'ARMOR - 1 RUE ZÉNAÏDE FLEURIOT - 22000 SAINT-BRIEUC • TÉL. 02 96 33 50 89

COMMUNE

Didier **LECHIEN**

MAIRE DE DINAN

FORMATION DESS de gestion administrative publique (Université de Bordeaux, 1986) ; doctorat en sciences politiques (Université Paris 1 Panthéon-Sorbonne, 1995)

DISTINCTIONS Chevalier des Palmes Académiques (2004) ; médaille de la Défense Nationale (1985)

PASSIONS La politique, la peinture, l'histoire, la lecture et le rugby.

Autant qu'il s'en souvienne, Didier Lechien s'est toujours intéressé à la politique. Son premier métier est celui d'attaché parlementaire auprès du sénateur Bernard Lemarié de 1986 à 1989. Puis il rejoint la CCI de Boulogne-sur-mer pour y occuper le poste d'attaché de direction de 1989 à 1994. Il se tourne ensuite vers l'enseignement et devient enseignant-chercheur en sciences politiques, spécialiste du fait religieux dans les relations internationales. Il intervient à ce titre au sein de diverses universités en France, mais aussi en Italie et aux Etats-Unis. Didier Lechien ne délaisse pas la chose publique pour autant. Dinannais, il devient adjoint au maire de la ville et est chargé des affaires sociales et scolaires de 1995 à 2001, puis des finances et du personnel de 2008 à 2014. Candidat aux élections municipales en 2014, il est élu maire de Dinan. Une ville qu'il juge « exceptionnelle » notamment par son patrimoine. Et ce qu'il aime dans ses fonctions, c'est « rendre service à ses concitoyens et se montrer disponible ». En 2018, avec René

Degrenne, alors maire de Léhon, il crée la Commune nouvelle de Dinan. A la tête d'une liste dans étiquette, il est réélu en 2020 avec 66 % des voix. Il rejoint Horizons, formation politique lancée par le Premier ministre Edouard Philippe, en 2021.
L'édile est également vice-président de Dinan Agglomération en charge du tourisme et du patrimoine et président de l'office de tourisme Dinan-Cap Fréhel. Il préside le conseil de surveillance du centre hospitalier René Pleven de Dinan depuis 2014 et est président de CŒUR Emeraude, association de préfiguration du Parc naturel régional Vallée de la Rance – Côte d'Emeraude. Au niveau national, il est vice-président de Sites et Cités de France depuis 2022.

VILLE DE DINAN - 21 RUE DU MARCHIX - 22104 DINAN • TÉL. 02 96 39 22 43

AUTOMOBILE

Frédéric **LOUIS**

CO-FONDATEUR D'ARMORIC HOLDING - PRÉSIDENT DE DISTRIPLIS

FORMATION École européenne de management et de commerce - EBS Paris-Madrid-Londres (1993)

PASSIONS la mer, la voile, la pêche, le tennis, la natation

Curieux et ouvert par nature, Fréderic Louis a toujours été attiré par la découverte d'autres cultures. Après son service militaire à la base sous-marine de Brest, il commence par travailler pour BTR Sealing System France, équipementier automobile britannique. En Normandie, tout d'abord, puis au siège à Paris en tant que contrôleur budgétaire de la division européenne. Mais c'est l'international qui l'intéresse et il rejoint en 1998 Bostik, filiale de Total spécialisée dans la chimie, pour s'occuper du contrôle financier. Du Brésil à l'Australie, il participe à des projets de développement et d'acquisition stratégiques, jusqu'en 2002. Au moment où il s'interroge sur la suite de sa carrière, on lui propose en 2003 de devenir directeur financier pour la division mobile security du groupe américain de véhicules blindés Centigon, à Lamballe.

Cette filiale revendue en 2007, Frédéric Louis profite de l'occasion pour se lancer avec deux autres cadres et reprend Essonne Sécurité en 2008 : c'est le début d'Armoric Holding, qui va grandir petit à petit. Aimant « les personnes, les projets et la technique », le dirigeant a en effet la volonté de constituer un groupe leader européen de carrosserie spécialisée. Il rachète donc ensuite les sociétés Guitton, Prolitol, Cermaa, Scoma, Novocar et, en 2017, Sides. Conscient des risques pris et fier des résultats obtenus, il espère encore faire progresser son groupe. Il ne manque pour cela ni d'énergie ni d'ambition, avec toujours le souci de donner à ses salariés « la possibilité de s'épanouir ». Il confie la gérance d'Armoric holding à Robert Hooper en 2019 mais reste l'actionnaire majoritaire.

ARMORIC HOLDING - ZI LES DINEUX - 22250 TRÉMEUR • TÉL. 02 96 84 65 63

MÉDIAS

Jérôme **MORINIÈRE**

DIRECTEUR DÉPARTEMENTAL OUEST-FRANCE CÔTES D'ARMOR

Jérôme Morinière occupe le poste de directeur départemental Ouest-France Côtes d'Armor depuis septembre 2023. Auparavant, il a passé huit ans dans l'Eure et en Seine-Maritime. Il y dirigeait des hebdomadaires et un pure player locaux, ainsi que la cellule « Enquêtes d'actu » pour le compte de Publihebdos – actu.fr, une filiale du groupe Ouest-France.
Désormais à la tête des sept rédactions dans le département, composées de quarante journalistes, il souhaite « donner la priorité à l'info concernante qui rend service aux lecteurs, aux belles histoires, aux initiatives locales, aux sujets relatifs au changement climatique, sans oublier le reportage et l'enquête » (source Ouest-France).

OUEST-FRANCE CÔTES D'ARMOR - 23 RUE JOUALLAN - 22000 SAINT-BRIEUC • TÉL. 02 96 68 51 00

DÉPARTEMENT

Christine **ORAIN GROVALET**

VICE-PRÉSIDENTE DU CONSEIL DÉPARTEMENTAL DES CÔTES D'ARMOR - 1RE ADJOINTE AU MAIRE DE PLOUFRAGAN

FORMATION Collège Charles Le Goffic et lycée Félix Le Dantec à Lannion - maîtrise d'administration économique et sociale à l'Université de Rennes 1 (1981)

PASSIONS La marche, le jardinage, et le chant.

Sur le plan professionnel, Christine Orain Grovalet effectue sa carrière au Conseil général des Côtes d'Armor. Fonctionnaire, elle a notamment exercé au service des Assemblées (1982-1997), à la Mission Internationale (2003-2006) et à la direction de l'Education (2006-2008). Elle a également occupé le poste d'assistante parlementaire de 1997 à 2003. En disponibilité depuis 2008, elle se consacre à ses mandats électifs. Première adjointe au maire de Ploufragan depuis 2008, elle est conseillère communautaire de Saint-Brieuc Armor Agglomération. Elle en a été la vice-présidente, en charge des politiques d'insertion, de la politique de la Ville. Elle exerce également un mandat de conseillère départementale depuis 2008. Vice-présidente en charge des sports, elle est désignée 8e vice-présidente déléguée à l'Insertion, à l'Économie sociale et solidaire, et à l'Égalité femmes-hommes en juillet 2021.
Parallèlement, Christine Orain Grovalet s'engage sur les sujets du féminisme, de l'emploi et du social au sein de conseils d'administration. Administratrice notamment du Centre d'information sur les droits des femmes et des familles (CIDFF22), de la Cité des Métiers de Ploufragan, elle a présidé le secours populaire des Côtes d'Armor de 1983 à 2001. Présidente de la Maison de l'emploi du pays de Saint-Brieuc depuis 2008, elle est également vice-présidente du Syndicat de gestion du pôle universitaire de Saint Brieuc.

CONSEIL DÉPARTEMENTAL DES CÔTES D'ARMOR - HÔTEL DU DÉPARTEMENT - 9 PL. DU GÉNÉRAL DE GAULLE -BP 2371 - 22023 SAINT-BRIEUC CEDEX 1 • TÉL. 02 96 62 62 90

ENERGIES RENOUVELABLES

Loïc **PICOT**

PDG D'IEL

FORMATION
lycée Dumont d'Urville à Caen - Institut national des sciences appliquées à Rennes (1999)

PASSIONS
les activités nautiques et l'Histoire.

Après un début de carrière comme ingénieur développement de 2002 à 2003, Loïc Picot crée avec un associé Initiatives & Energies Locales (IEL), spécialisée dans le développement, l'installation et l'exploitation de projets d'énergies renouvelables. Basée à Saint-Brieuc sa société bénéficie aujourd'hui d'une expertise reconnue.

IEL - INITIATIVES ET ENERGIES LOCALES
- 41 TER BD CARNOT - 22000 SAINT-BRIEUC
• TÉL. 02 30 96 02 21

ENERGIE

Dominique **RAMARD**

PRÉSIDENT D'ÉNERGIES 22 - MAIRE DE SAINT-JUVAT

FORMATION
Lycée-collège Notre-Dame-de-la-Victoire à Dinan - DAA « Politique économique de l'aménagement et de l'espace » (1999) au lycée Chateaubriand de Rennes et à l'Ecole nationale supérieure agronomique de Rennes (Agrocampus)

Professionnellement, Dominique Ramard a débuté en 2000 à Rennes comme chargé de mission à la Fédération régionale des coopératives d'utilisation de matériel agricole de l'Ouest. Entre 2005 et 2010, il exerce au Conseil régional comme chargé de mission pour le Groupe des élus Verts. Il se consacre depuis à ses mandats électifs. Maire de Saint-Juvat depuis 2008, il est vice-président de la Communauté de communes de Dinan, en charge de l'environnement. En 2010, il est élu conseiller régional de Bretagne. Délégué à l'énergie et au climat, il préside la commission Environnement jusqu'en 2015. Réélu, il est délégué à la transition énergétique, membre de la commission Développement durable, jusqu'en 2021.
Président de l'Établissement public foncier de Bretagne de février 2016 à mars 2022, Dominique Ramard est le président d'Énergies 22 depuis janvier 2019. Cette société d'économie mixte a été créée par le syndicat départemental de l'énergie pour impulser la production d'énergies renouvelables dans les Côtes-d'Armor.

SDE 22 - 53 BD CARNOT - BP 426
- 22004 SAINT-BRIEUC CEDEX 1
• TÉL. 02 96 01 20 20

ETAT

Stéphane **ROUVÉ**

PRÉFET DES CÔTES D'ARMOR

FORMATION
Maîtrise de droit public, D.E.A. de droit public ; ENA (Promotion Cyrano de Bergerac)

DISTINCTIONS
chevalier de la Légion d'honneur ; Officier de l'Ordre National du Mérite

Stéphane Rouvé a été successivement directeur de cabinet du préfet du Puy-de-Dôme (1999), secrétaire général de la préfecture des Alpes-de-Haute-Provence (2001) et chef de cabinet du ministre aux Collectivités territoriales (2005). Avant de poursuivre sa carrière au cabinet du ministère de l'Intérieur sous le quinquennat de Nicolas Sarkozy. Titularisé préfet en 2012, il est devenu préfet de la zone de défense Sud-est en 2013, avant de faire un retour à Paris pour diriger la décentralisation du stationnement payant en 2015. Il rejoint la préfecture de l'Aube en janvier 2020 puis est nommé deux ans après préfet des Côtes d'Armor, en fonction en avril.

PRÉFECTURE DES CÔTES D'ARMOR
- 1 PL. DU GÉNÉRAL DE GAULLE
- BP 2370 - 22023 SAINT-BRIEUC CEDEX 1
• TÉL. 02 96 62 44 22

ENSEIGNEMENT SUPÉRIEUR

Dominique **SENNEDOT**

PRÉSIDENT DE L'ITII DE BRETAGNE

FORMATION
ingénieur Ensieta (devenue Ensta Bretagne) 1982

DISTINCTIONS
chevalier de la Légion d'honneur (2005) et de l'Ordre national du Mérite (1999)

PASSIONS
la famille, le bricolage, le jardinage et les promenades en bord de mer.

Dominique Sennedot débute sa carrière d'ingénieur chez DCN Brest comme responsable Maintenance systèmes de navigation des sous-marins nucléaires lanceurs d'engins (SNLE) (1982-1987). Expert navigation des SNLE et chef du département Navigation à partir de 1987, il est nommé en 1995 chef de projet Systèmes de combat du porte-avions Charles-de-Gaulle puis, en 2001, responsable de la coordination armes/équipements navals. Quatre ans plus tard, il se voit proposer le poste de directeur du programme de construction des bâtiments de projection et de commandement (BPC) Mistral et Tonnerre. Enfin, de 2007 à 2013, il occupe la fonction de directeur du programme "Grand carénage" (maintenance) et modernisation des SNLE, l'un des chantiers majeurs du groupe. De 2013 à la mi-2017, Dominique Sennedot est le directeur général du site brestois de DCNS (devenu Naval Group). Il a par ailleurs été à la tête du Pôle Mer Bretagne Atlantique de 2013 à mars 2019. Il continue de s'investir au sein de ce pôle, qui regroupe plus de la moitié de l'excellence française en matière de sciences et techniques de la mer, en tant qu'administrateur. Elu, à l'été 2018, directeur du Campus des industries navales à Brest, il cède sa place en juillet 2021.
Il est actuellement président de l'Institut des techniques d'ingénieur de l'industrie de Bretagne.

ITII BRETAGNE - 7 RUE DU BIGNON
- LA PRUNELLE - BP 221 - 22192 PLÉRIN
• TÉL. 02 96 74 73 13

AGROALIMENTAIRE

Yann **TREBAOL**

PDG DE BREIZH COOKING ET DE L'ATELIER DU CUISINIER

FORMATION école hôtelière à Quimper (bac pro cuisine)

DISTINCTIONS lauréat national 2011 « prix stars et métiers » catégorie dynamique commerciale

PASSIONS le marketing.

Après avoir travaillé durant une vingtaine d'années comme cuisinier, « avec le souci de séduire et de satisfaire les palais les plus avertis », Yann Trébaol décide en 2003 de changer de cap. Il crée un petit atelier de cuisine à vocation expérimentale à Paimpol pour donner à son savoir-faire culinaire un autre débouché que la restauration. Après quatre années d'études et de mises au point, il développe l'entreprise sous l'enseigne « La Paimpolaise Conserverie », sur le concept des « tartinables de la mer ». Avec, comme première recette, le rouget barbet au saumon sauvage. La fabrication artisanale, la qualité et la fraîcheur de la gamme de produits naturels tapent dans l'oeil des épiceries fines les plus prestigieuses en France et à l'étranger. Yann Trébaol ne rechigne pas à multiplier les démarches commerciales et les rencontres professionnelles : « il faut sortir, aller au devant des gens, communiquer sur son produit, le faire goûter... ». Ce qui lui vaut le prix « Dynamique commerciale » décerné par Stars & Métiers en 2011. En 2012, Breizh Cooking (10 salariés) installe son unité de production à Paimpol et se lance dans les soupes et les tapas. Elle obtient le Label Produit en Bretagne. Tout en gardant ses valeurs artisanales, son dirigeant poursuit sa trajectoire ascendante et exporte jusqu'au Japon.

BREIZH COOKING - L'ATELIER DU CUISINIER - 5 RUE ANJELA DUVAL - 22500 PAIMPOL • TÉL. 02 96 22 08 06

MÉCANIQUE ET MÉTALLURGIE

Thierry **TROESCH**

DIRIGEANT DE ST INDUSTRIES

FORMATION Licence AES de l'Université de Poitiers (1980) ; 3e cycle en gestion des RH (Institut supérieur de formation à la gestion du personnel, CRCI Poitou Charentes, 1986)

DISTINCTIONS Chevalier de l'ordre du Mérite

PASSIONS l'industrie et l'Histoire

Après avoir effectué son service militaire en coopération au Liban, Thierry Troesch devient responsable caisse chez Carrefour à Poitiers en 1982. Il intègre un an après la société Sodexo, à Maurepas, comme adjoint au directeur du personnel Afrique. Puis il décide d'approfondir sa formation en réalisant un 3e cycle en gestion des ressources humaines à l'Isfogep et sort major de sa promotion. Rejoignant Alcatel comme chef de personnel à Orléans en 1987 puis à Eu, il prend ensuite les fonctions de directeur du site à Lannion. Il se lance en 2003, avec Alexandre Soto, dans la création d'une holding, ST Industries qui regroupe aujourd'hui UCN Méca, Armor Précision Méca, Breizh Usinage Services, Decarmor et ST Concept. Thierry Troesch s'implique dans son secteur d'activité et devient responsable de la commission formation de l'UIMM Bretagne de 2003 à 2006, avant d'être élu président du réseau en 2006. Vice-président de la CCI des Côtes d'Armor en charge de l'industrie, il est élu président en octobre 2016 et le restera jusqu'en novembre 2021. Il est par ailleurs chef de file France Industrie pour la Bretagne depuis 2018.

ST INDUSTRIES - ZA DE KERBIQUET - 22140 CAVAN • TÉL. 02 96 91 38 67

LES INNOVATEURS
de l'année

Nolwenn **Belléguic**

CO-FONDATRICE ET DIRECTRICE GÉNÉRALE DÉLÉGUÉE DE LHYFE

Nicolas **Salmon**

PDG ET COFONDATEUR D'AISPRID

Jean **Zanuttini**

PRÉSIDENT DE NÉOLINE

Nolwenn Belléguic

CO-FONDATRICE ET DIRECTRICE GÉNÉRALE DÉLÉGUÉE DE LHYFE

DE NOUVELLES USINES D'HYDROGÈNE VERT POUR LHYFE

Lauréate du prix EY de la scale-up en 2023, Lhyfe, pionnière dans la production d'hydrogène vert, poursuit une ascension fulgurante.

Une vie à 300 à l'heure, aussi rapide que le TGV dans lequel elle grimpe, après l'inauguration de la nouvelle usine Lhyfe, près de Toulouse. C'est désormais le quotidien de Nolwenn Belléguic. De la langue de Goethe au pouvoir de l'électrolyse, il n'y a qu'un pas dans le parcours de cette femme de 43 ans. Après son bac au lycée Carcouët à Nantes, Nolwenn Belléguic, germanophile, poursuit en fac d'allemand. La jeune étudiante se prédestine à l'enseignement, mais une première expérience en lycée lui fait l'effet d'un électrochoc. « Rester dans une salle de classe, ce n'était pas pour moi. Il fallait que ça bouge. J'ai annoncé à mes parents que j'arrêtais. » Après une année de petits boulots, cette férue de création s'inscrit en master innovation et gestion de projets européens à Polytech à Angers en 2002. Entre 2003 et 2004, elle fait son stage à Cologne en accompagnant une entreprise autour de sa stratégie. Retour en France, à Paris, où elle passe cinq ans chez BVA, l'institut de sondage. En 2010, elle revient à Nantes, au gré d'une opportunité professionnelle pour son mari, qui travaille dans la finance. « Sans réseau professionnel », Nolwenn Belléguic repart de zéro et crée sa société de conseil en stratégie d'entreprise. Quatre ans après, elle intègre le groupe TGS comme consultante. « C'est là que j'ai rencontré Matthieu Guesné qui développait l'antenne régionale du Commissariat à l'énergie atomique (CEA). » Le courant passe bien entre les deux et le futur PDG de Lhyfe lui présente son projet sur « un simple Power Point » : fabriquer de l'hydrogène grâce à l'électrolyse de l'eau, à partir d'électricité issue de l'énergie renouvelable. Nolwenn Belléguic, mère de deux enfants, est conquise. « C'est le projet que j'attendais : il coche les cases sociales, environnementales et technologiques. L'hydrogène vert, ce n'est pas la seule solution, mais c'est une grosse pièce du puzzle qui permet de décarboner les transports, les industries. » Depuis la création de la première usine à Bouin, la société, qui emploie aujourd'hui 200 personnes, enchaîne les projets et lance deux nouveaux sites à Bessières (Haute-Garonne) et à Buléon (Morbihan). Avec une capacité de production d'hydrogène cinq fois supérieure au premier site. « Même si nous avons ouvert Lhyfe au capital, nous conservons 30 % des parts avec les six autres cofondateurs et sommes majoritaires. » En 2024, trois autres sites sont déjà prévus en Allemagne, un en Suède, un en Espagne. Et Lhyfe vise déjà à traverser l'Atlantique pour ouvrir une usine au Canada.

PROPOS RECUEILLIS PAR
AGNÈS MÉTAYER

FORMATION maîtrise d'allemand (Nantes, 2001) ; Master innovation et gestion de projets européens (Polytech Angers, 2002).

PASSION la course à pied tout en écoutant des podcasts sur des entrepreneures ; les polars de Fred Vargas

LHYFE - 30 RUE JEAN JAURÈS
44000 NANTES - CONTACT@LHYFE.COM

Pourquoi elle ?

- ✔ Elle a cofondé Lhyfe.
- ✔ Elle développe l'hydrogène vert en France et à l'international.
- ✔ De nouvelles usines Lhyfe sont en cours de construction et en projet.

Sa devise

« Il faut écouter son intuition »

Ses dates clé

2019 création de Lhyfe

2020 première usine à Bouin en Vendée

2022 entrée en Bourse de Lhyfe avec 118 millions d'euros

2028 nouvelle usine à Montoir-de-Bretagne

Nicolas Salmon

PDG ET COFONDATEUR D'AISPRID

PRÉSERVER NOTRE **SOUVERAINETÉ ALIMENTAIRE**

Aisprid, jeune pousse de Saint-Malo, développe des robots pour les maraîchers.

Aisprid a été créée, en avril 2022, par trois jeunes ingénieurs bretons. La rencontre avec un producteur de fraises de Saint-Méloir-des-Ondes a été décisive. « Nous avons découvert la problématique du manque de main-d'œuvre », retrace Nicolas Salmon, PDG et cofondateur d'Aisprid. Les fondateurs d'Aisprid se creusent les méninges et s'arrêtent sur les robots. « C'était le bon moment. Les caméras 3D, l'IA permettaient de rendre possible le cœur de notre activité. » On ne développe pas un robot dans le monde du végétal comme dans une usine. Les machines doivent être capables « d'évoluer dans un environnement changeant et interagir avec la plante ». Plusieurs années de recherches ont été nécessaires pour concevoir un bras automatisé capable de réaliser des « opérations fines ». Les machines conçues par Aisprid sont également capables « de s'améliorer de semaine en semaine, grâce aux données collectées chez chaque producteur ». Les ingénieurs ont démarré leurs essais avec la récolte de fraises. Puis, ils se sont concentrés sur les tomates. La production en serre et son environnement standardisé offrent des conditions favorables aux robots. Le premier prototype de la start-up récoltait les tomates en grappes et réalisait de l'effeuillage de plants. Une tâche pénible qui demande autant de main-d'œuvre que la collecte. Aisprid décide de se focaliser sur ce marché. À la mi-2022, elle fabrique et conçoit un bras dédié à l'effeuillage. Dix robots d'effeuillage sont actuellement déployés chez des maraîchers en Ille-et-Vilaine, dans les Côtes-d'Armor et dans le Finistère. Le potentiel de développement est important dans le Grand Ouest qui concentre 60 % de la production française de tomates. « En 2024, nous devrions avoir 40 robots en fonctionnement. La start-up est passée de la phase recherche et développement à la production industrielle. Après une première levée de fonds de 4,6 millions d'euros en 2021, elle prévoit d'en opérer une seconde début 2024. « Nous avons besoin de trois fois plus pour accélérer et devenir les leaders mondiaux. » Conception et production se font à Saint-Malo. La start-up emploie une vingtaine de salariés : « Nous avons beaucoup de profils d'ingénieurs mais nous cherchons aussi des techniciens d'assemblage ou du personnel pour gérer la flotte de robots. » Pour l'instant, Aisprid se focalise sur l'effeuillage. À l'avenir, l'entreprise a prévu d'intensifier ses efforts de recherche vers la récolte et la descente des lianes de tomates. L'enjeu, en trouvant une parade à la pénurie de salariés dans l'agriculture, est « de préserver notre souveraineté alimentaire », conclut Nicolas Salmon.

PROPOS RECUEILLIS PAR
ISABELLE LÊ

Né le 20 septembre 1985 à Rennes

FORMATION INSA Rennes (2008) ; Certificate Of Quantitative Finance, Londres (2014)

PASSIONS Surf et sports nautiques

RÉSEAUX PROFESSIONNELS Vegepollys Valley, RobAgri, Le Poool, VillageByCA, La Ferme Digitale

DISTINCTIONS Etonnants créateurs Saint-Malo 2019, iLab 2021, Agretic 2021

AISPRID - 6 ALLÉE MÉTIS
35400 SAINT-MALO • TÉL. 02 57 64 07 95

Pourquoi lui ?

- ✔ Il répond à un besoin du marché
- ✔ Il veut s'ancrer davantage en Bretagne
- ✔ Il va continuer à recruter dans les années qui viennent

Sa devise

“ Rendre l'impossible possible ”

Ses dates clé

2020	création de la société
2020	premier prototype fonctionnel de robot de récolte de fraises
2021	levée de fonds de 4,6 M€ auprès de 3 fonds en capital risque
2022	démarrage la production en « pré-série » du robot d'effeuillage de plants de tomates. Passage de la start-up Deep-tech à l'étape de start-up industrielle
2024	annonce de la commercialisation officielle lors du Sival

Jean Zanuttini

PRÉSIDENT DE NÉOLINE

« IL YA 10 ANS, **L'IDÉE D'UN GRAND VOILIER** FAISAIT UN PEU RIGOLER. »

Après plus de dix ans d'efforts, cet officier de marine marchande a fait aboutir le projet pionnier d'un cargo à voile qui prendra la mer en 2025.

Derrière le calme, on mesure la détermination. À 41 ans, Jean Zanuttini est l'un de ces marins tenaces qui ont relancé l'espoir de refaire voguer les grands voiliers de commerce. Après maintes péripéties, le premier cargo à voile de Neoline, projet qu'il porte depuis près de dix ans, est en construction au chantier RMK Marine, près d'Istanbul. Ce navire roulier de 136 mètres, propulsé par les voiles Solidsail des Chantiers de l'Atlantique, prendra la mer mi-2025 pour relier Saint-Nazaire à l'Amérique du Nord. L'officier de marine, courte barbe et regard bleu, a pourtant grandi loin de la mer... en Alsace. « Je ne suis pas de ceux qui ont fait de la voile enfant avec leur grand-père », note ce rejeton de la classe moyenne. À 17 ans, Jean Zanuttini intègre l'École nationale supérieure maritime au Havre. Il rejoint ensuite la Compagnie maritime nantaise où il évoluera jusqu'au rang de second capitaine. Cette compagnie gère notamment le Belem, l'un des plus vieux trois mâts en navigation, sur lequel il embarque, à 23 ans. La poussée du vent est une révélation. « Je me suis dit qu'avec les technologies contemporaines, on pouvait faire mieux qu'un navire de 1896 », se souvient-il.

Avec dix autres mordus, il fonde, en 2007, La Compagnie de transport maritime à la voile (CMTV). L'ambition est de transporter du vin entre France et Irlande sur des voiliers traditionnels dont le Kathleen & May, une goélette centenaire ou le Bessie Ellen, un ketch anglais. « Mais avec la crise de 2008, beaucoup de cavistes irlandais ont mis la clé sous la porte et on n'a jamais gagné d'argent », relate Jean Zanuttini. « On a arrêté en 2010 mais on voulait toujours faire la démonstration que la voile de travail a un rôle à jouer au XXIe siècle. » Ainsi germe, dès 2011, le projet Neoline.

Entre-temps, Jean Zanuttini se fait architecte naval au sein du cabinet de Jean-Pierre Brouns. Puis, en 2012, le marin devient consultant sur les problématiques d'aménagement portuaire. Neoline évoluant en parallèle, il décide en 2015 de s'y consacrer pleinement. « J'ai fait le choix de moins gagner d'argent », ironise-t-il. « Il y a 10 ans, l'idée d'un grand voilier faisait un peu rigoler. » Depuis, d'autres projets entérinent sa vision. La complexité du projet sied à ce cérébral, adepte du jeu de Go, qui « déteste les systèmes de pensées trop simples ». Jean Zanuttini, qui se reconnaît dans les idées de Jean-Marc Jancovici, voit dans le retour des voiliers modernes l'un des compromis à trouver « entre la bougie et le nucléaire », l'une des solutions évitant le déclin environnemental « en gardant les attributs de la modernité ».

PROPOS RECUEILLIS PAR
EMMANUEL GUIMARD

Né en janvier 1982

FORMATION Lycée Couffignal de Strasbourg ; ENSM Le Havre

PASSIONS les jeux de société, dont le jeu de go, le piano...

NEOLINE - 8 RUE DU CALVAIRE
44000 NANTES • TÉL. 09 81 23 16 37

Pourquoi lui ?

- ✔ L'aboutissement d'un projet complexe
- ✔ Sa vision pionnière sur le vélique
- ✔ Sa capacité à fédérer et à convaincre
- ✔ Sa ténacité et sa conviction

Sa devise

“ J'ai la conviction que tout ne passe pas par la technologie pure mais aussi par l'aspect opérationnel ”

Ses dates clé

2003 Second capitaine à la Compagnie maritime nantaise

2011 lancement du projet Neoline

2015 se consacre pleinement à Neoline

2023 découpe de la première coupe du Neoliner

2025 date prévisionnelle de la mise à l'eau du voilier

LES TÊTES DU FINISTÈRE

INTERCOMMUNALITÉ

Bernadette **ABIVEN**

VICE-PRÉSIDENTE DE BREST MÉTROPOLE

DISTINCTIONS Chevalière de la Légion d'honneur (2014)

Enseignante en économie gestion, Bernadette Abiven exerce actuellement en BTS Tourisme au lycée brestois Estran Fénelon. Militante active, investie très tôt dans les mouvements associatifs, elle a été élue conseillère municipale de Brest en 1995, déléguée à l'insertion sociale. En 2001, elle devient adjointe au maire de Brest en charge de l'Action sociale. En 2008, elle est nommée 1re adjointe et vice-présidente de Brest métropole, en charge des ressources humaines puis des finances, en mars 2014. En décembre 2018, elle devient troisième adjointe, en charge de l'administration générale, des ressources humaines, et des élections. Elle prend en parallèle la fonction de 1re vice-présidente, en charge des ressources humaines et relations à l'usager. À partir de juillet 2020, elle redevient conseillère municipale et 8e vice-présidente de Brest métropole, en charge des ressources humaines, emploi et insertion.
Conseillère départementale du Finistère élue en avril 2015, déléguée à la coopération décentralisée et à la solidarité internationale, Bernadette Abiven ne se représente pas en 2021. Elle est par ailleurs administratrice de la Société Publique Locale « Eau du Ponant » et a présidé l'Ecole Européenne supérieure d'art de Bretagne (EESAB) de 2014 à 2017.

BREST MÉTROPOLE - 24 RUE COAT-AR-GUÉVEN - CS 73826 - 29238 BREST CEDEX 2 • TÉL. 02 98 33 50 50

PROTECTION DE L'ENVIRONNEMENT

Nadia **AMEZIANE**

CHEF DE LA STATION MARINE DE CONCARNEAU

FORMATION doctorat PHD Sciences de la vie et de la nature (Université Claude Bernard Lyon 1, 1989)

DISTINCTIONS chevalier de la légion d'honneur 2017

PASSIONS le chocolat, la botanique, la randonnée

PUBLICATIONS plusieurs publications scientifiques, de vulgarisation et rapports d'expertise

Nadia Ameziane revendique un goût pour la transmission et la médiation scientifique qui correspond en tout point à son tempérament vif et curieux. Passionnée par les fossiles et les minéraux, elle obtient un diplôme de minéralogiste puis se forme en communication et management. Elle commence donc sa carrière chez Angle Droit, une agence parisienne spécialisée dans les RH. Elle réalise bien vite que ça ne lui correspond pas et continue de publier, motivée à trouver un emploi dans la recherche. Elle travaille pour le CEA en tant qu'attachée de recherche puis réussit le concours de maître de conférences. Elle entre au Muséum national d'histoire naturelle en tant qu'enseignante-chercheuse au Jardin des plantes de Paris en 1991. Sa vie se partage entre l'enseignement, la recherche, l'expertise, la mise en valeur des collections, la diffusion des connaissances. Nommée responsable scientifique en 2005, Nadia Ameziane devient professeur en 2013 puis prend la fonction de chef de la station de Concarneau. Elle est aussi vice-présidente du conseil scientifique du Muséum.
Entre la Bretagne et Paris, ses tâches couvrent un large champ d'action. Avec son équipe, elle se doit en effet d'animer et rendre visible la station, nouer des contacts avec les entreprises, trouver des partenariats avec d'autres organismes de recherche mais aussi les collectivités. Tout en assurant des conférences et des missions de recherche en mer. Une diversité qui sied à la pétillante directrice surtout lorsqu'il lui permet « d'expliquer la nature aux plus jeunes » et de prôner l'intérêt de « l'innovation contrôlée dans un écosystème équilibré. »

STATION MARINE DE CONCARNEAU ET MARINARIUM DE CONCARNEAU - PLACE DE LA CROIX - BP 225 - 29182 CONCARNEAU • TÉL. 02 22 12 30 05

COMMUNE

Isabelle **ASSIH**

MAIRE DE QUIMPER - PRÉSIDENTE DE QUIMPER BRETAGNE OCCIDENTALE (QBO)

Membre du parti socialiste, Isabelle Assih est maire de Quimper depuis le 5 juillet 2020. Elle est arrivée en tête du premier et du second tour des élections municipales avec sa liste d'union de la gauche « Quimper ensemble ». Sa campagne politique s'est articulée autour de la solidarité et de l'écologie, de la justice sociale et de l'égalité homme femme. Elle est, dans l'histoire de la municipalité de Quimper, la première femme à être élue maire. Elle est également depuis le 29 mars 2015 conseillère départementale du Finistère sous l'étiquette du Parti socialiste. Le 16 juillet 2020, lors du conseil communautaire d'installation, elle est élue présidente de l'intercommunalité Quimper Bretagne Occidentale.

VILLE DE QUIMPER - HÔTEL DE VILLE ET D'AGGLOMÉRATION - 44 PL. SAINT CORENTIN - CS 26004 - 29107 QUIMPER • TÉL. 02 98 98 89 89

CONSTRUCTION NAVALE

Éric **BALUFIN**

DIRECTEUR DU SITE NAVAL GROUP DE BREST

FORMATION Ecole Polytechnique (1994-1997) ; Ensta (Ecole Nationale Supérieure de Techniques Avancées, 1999)

PASSIONS la voile, la photographie

Eric Balufin découvre le monde de la Marine pendant ses études à Polytechnique et se prend de passion pour les sous-marins. Il décide de se former en Génie maritime à l'Ensta puis intègre DCN (devenu Naval Group) en 1999. Basé à Toulon, il exerce diverses fonctions dont la dernière sera la direction des projets et des chantiers de la business unit toulonnaise. Il acquiert, entre autres, de précieuses compétences en management. Neuf ans plus tard, il saisit l'opportunité de prendre le poste de directeur des achats programmes, au siège de Naval Group à Paris. Il ajoute donc une nouvelle corde à son arc à travers cette fonction transverse qui le met en relation avec des fournisseurs à l'international.
Une autre mission passionnante lui est proposée en 2010 lorsqu'il rejoint le programme Scorpène pour la construction de sous-marins brésiliens. Directeur du projet Scorpène Brésil, il participe à la phase de lancement pendant 4 ans. Il s'occupe ensuite en tant que directeur de programme du même programme en transfert de technologie pour l'Inde, cette fois en phase de livraison puis en phase d'essais. C'est alors qu'Eric Balufin accepte le poste de directeur du plus gros établissement de Naval Group en France, à Brest, en septembre 2017. Conscient de sa responsabilité, à la tête de 3000 personnes, son objectif premier est de renforcer la performance industrielle du site auprès des clients français et internationaux. Travaillant dans une logique d'excellence et d'exigence, il se veut toujours à l'écoute de ses collaborateurs « afin d'orienter dans la bonne direction les axes de travail » et a le souci constant de s'impliquer dans le développement économique local.

NAVAL GROUP BREST - ROUTE DE LA CORNICHE - CS 72837 - 29200 BREST CEDEX 2 • TÉL. 02 29 05 20 00

HÔTELLERIE-RESTAURATION

Olivier **BELLIN**

PROPRIÉTAIRE ET CHEF DE CUISINE DE L'AUBERGE DES GLAZICKS

FORMATION lycée Le Paraclet (Quimper)

DISTINCTIONS chevalier des Arts et des Lettres ; 2 étoiles Michelin ; 4 toques Gault & Millau ; trophée 2022 Gault & Millau d'or pour la Bretagne

PASSIONS la cuisine, le patinage artistique, l'art en général, le sport et la haute couture.

PUBLICATIONS « Saveur blé noir en Finistère » (Romain Pages Editions) ; « Ecailles et coquilles, Poissons & crustacés » (Romain Pages Editions) ; « Bretagne » (Romain Pages Editions)

Les pieds ancrés dans « le pays bleu » Olivier Bellin symbolise cette Bretagne fortement attachée à son identité, mais sans complexes. C'est un enfant du Finistère. Il grandit près des fourneaux de sa grand-mère, puis de sa mère. Dans une auberge familiale créée en 1870 ! Et son enfance, il la sublime dans une cuisine qu'il a apprise au lycée Paraclet à Quimper. Il peaufinera son apprentissage de l'art culinaire dans les « bonnes maisons » : L'Hôtel de la Poste à Magesq (Landes) chez Jean Cousseau, à Paris chez Joël Robuchon comme commis garniture, puis chef rôtisseur à l'Auberge bretonne à La Roche-Bernard avec Jacques Thorel comme second. Retour au pays en 1998. L'Auberge des Glazicks est appréciée des critiques gastronomiques : une étoile Michelin en 2005, le prix du jeune talent Champérard, puis Pudlowsky (2007), quatre toques Gault et Millau (2009) et en 2010, une seconde étoile.
Une reconnaissance d'une « cuisine d'auteur » où Olivier Bellin joue des variations infinies autour du blé noir. Affranchi de toutes les conventions, il croise terre et mer, chevreuil et ravioles poire foie gras, chou-fleur et bulbe de capucine. Et redonne toute leur tonicité aux produits du potager sur mer qu'est la Bretagne. De la grande musique que les mélomanes peuvent goûter longuement, depuis la création d'un hôtel de huit chambres en 2012. Il entre dans le cercle fermé des grands chefs choisis par Air France pour élaborer des menus pour sa classe Affaires en février 2018. Puis, quelques mois plus tard, il ouvre un restaurant de « street food de la mer » à Paris. En 2021, l'Auberge des Glazicks est classée meilleure table de Bretagne dans La Liste et obtient quatre toques dans le Gault et Millau. Un an plus tard, le trophée Gault & Millau d'or pour la Bretagne lui est attribué.

RESTAURANT L'AUBERGE DES GLAZICKS - 7 RUE DE LA PLAGE - 29550 PLOMODIERN • TÉL. 02 98 81 52 32

COMMUNICATION ET MARKETING

Jakez **BERNARD**

PRODUCTEUR EXÉCUTIF À LABEL PRODUCTIONS

FORMATION lycée Le Likès à Quimper

PASSIONS les amis, la bonne table, l'Irlande, la Galice et bien sûr la Bretagne.

Jakez Bernard débute sa carrière dans l'audiovisuel. Responsable d'auditorium des ventes d'hifi et sono professionnelle à la SA Marzin de Quimper (1973-1979), puis ingénieur du son chez Bretagne Films, Félix et Nicole Le Garrec jusqu'en 1983, il acquiert ses premières expériences de producteur dans la société Keltia Musique à Quimper. Ingénieur du son et directeur technique à l'Atelier Régional Cinéma Bretagne de 1983 à 1988, il devient directeur général de Master Production en 1988 (correspondance TF1, LCI, CANAL+). En 1994, il crée et produit l'Héritage des Celtes avec Dan ar Braz (cinq disques d'or, trois doubles disques d'or, une vidéo d'or et deux victoires de la musique !). Passionné par la culture bretonne - il a été programmateur et secrétaire général du Festival de Cornouaille de 1984 à 1994 -, Jakez Bernard préside l'association Produit en Bretagne jusqu'en mars 2016. Le Quimpérois intègre l'équipe du Festival Interceltique de Lorient pour y animer la communication interne et institutionnelle en vue du cinquantième anniversaire de la manifestation prévu en 2020. Son projet n'étant pas retenu, il s'en désengage en mai 2017. Il est chargé en 2018 d'une mission par le maire de Quimper : assister la politique événementielle de la ville dans le but de faire venir des spectacles et créer des actions pour dynamiser la ville.

En 2020, il se lance dans le projet d'une formation de management, École B5, Skol ar Sell, qui se propose de former les « leaders bretons de demain ».

LABEL PRODUCTIONS - 24 RUE SAINT-MARC - 29000 QUIMPER • TÉL. 02 98 53 64 84

BANQUE ET ASSURANCE

Hélène **BERNICOT**

DIRECTRICE GÉNÉRALE DU CRÉDIT MUTUEL ARKÉA - COPRÉSIDENTE DE LA COMMUNAUTÉ DES ENTREPRISES À MISSION

FORMATION Sciences Po (Paris, 1996) ; diplôme d'expertise comptable (2000)

PASSIONS Sa famille, le footing, la lecture

PUBLICATIONS « La Fabrique de la décision » (Ed. du Cherche midi, 2022), co-écrit avec Anne le Goff

Malgré des parents médecins et une prédilection pour les maths, Hélène Bernicot choisit de faire Sciences-Po, pour découvrir d'autres voies. Elle y structure sa manière de voir le monde et de travailler. Diplômée très jeune, elle choisit de rentrer chez Mazars en 1996 pour y faire de l'audit. Une façon pour elle d'appréhender le secteur de l'entreprise. Elle devient manager à 23 ans, effectue des déplacements à l'étranger, peaufine son expérience. Puis, elle et son mari font un nouveau choix de vie lorsque celui-ci entre au Crédit Mutuel Arkéa, chez Fortuneo. Elle-même rejoint le groupe en 2004 en tant que contrôleuse de gestion. Très vite intégrée, adhérant aux valeurs du groupe, elle prend un poste dans le recrutement au siège en 2009. Nommée peu de temps après responsable des ressources humaines pour le groupe, elle travaille sur la mixité et la parité, en constituant un groupe pour réaliser cette mission. Celle-ci réussie, on lui propose la fonction de directrice du secrétariat général et de la communication institutionnelle en 2016. Elle s'occupe alors de la gouvernance du conseil d'administration et du pilotage de la gouvernance dans les filiales ainsi que de la communication sur la marque et la RSE. L'idée est de mettre en avant l'impact positif sur la société et l'environnement que cherche à avoir la banque.
Hélène Bernicot relève un nouveau défi en février 2020 en acceptant la responsabilité de directrice générale. Volontaire, comme à son habitude, elle s'enthousiasme à l'idée de porter une « vision dont elle partage les valeurs », entourée de « belles personnes », prête à donner le meilleur d'elle-même.
Après avoir intégré le Conseil d'administration de la Communauté des Entreprises à mission en juin 2023, elle est élue coprésidente de l'association.

CRÉDIT MUTUEL ARKÉA - 1 RUE LOUIS LICHOU - 29480 LE RELECQ-KERHUON • TÉL. 02 98 00 22 22

MÉDIAS

Rosemary **BERTHOLOM**

DIRECTRICE DÉPARTEMENTALE OUEST-FRANCE FINISTÈRE

FORMATION CFPJ Paris (2013)

DISTINCTIONS prix Varenne du jeune journaliste de la presse quotidienne régionale et départementale en 2014

PASSIONS la littérature du début et de la moitié du xxe siècle (Albert Camus, Françoise Sagan, Violette Leduc...), la sociologie et actualité des médias, la lecture de la PQR, PQN, PHR et autres revues spécialisées

Rosemary Bertholom a fait ses premiers pas à Ouest-France en qualité de correspondante. J'ai débuté lycéenne, à 17 ans, au service des sports à Lorient. Puis, comme correspondante justice à Rennes. C'est à ce moment-là que le journalisme est devenu une vocation et que la charte de Ouest-France a concrètement fait corps avec mes valeurs. L'humain est au cœur de mes préoccupations, avait-elle confié à Ouest-France.
Après avoir réalisé des études de droit et d'information-communication, Rosemary Bertholom obtient son diplôme de journaliste. Quelques mois après, à 24 ans, elle reçoit le prix Varenne du jeune journaliste de la presse quotidienne régionale et départementale. Un an plus tard, après avoir eu en charge la rubrique justice/faits divers à Quimper, elle est nommée cheffe d'agence à Carhaix où elle a notamment couvert la révolte des Bonnets rouges. Par la suite, cette passionnée de musique classique et d'art contemporain est nommée cheffe de rédaction à Guingamp et, en 2019, à Laval, avant de devenir directrice départementale jusqu'à sa nomination pour le même poste dans le Finistère, en septembre 2022.

OUEST-FRANCE FINISTÈRE - 24 BD DUPLEIX - BP 1129 - 29101 QUIMPER CEDEX • TÉL. 02 98 90 93 93

ASSOCIATIONS ET RÉSEAUX

Jean-Pierre **BIGORGNE**

PRÉSIDENT DE L'UNION DES ASSOCIATIONS POUR LA DÉFENSE DU LITTORAL

FORMATION lycée Jean Zay à Jarny - licence de physique (Université de Nancy 1, 1976)

PASSIONS les randonnées à pied ou à vélo, le cinéma, la musique et la lecture.

Cadre à France Télécom dès 1978, Jean-Pierre Bigorgne arrive en Bretagne en 1986 après huit ans passés à Rouen. En terre quimpéroise, il s'investit dans la vie associative. Trésorier d'une association de défense des droits humains de Kemper de 2003 à 2012, il est le président depuis 2006 de l'Union des Associations pour la Défense du Littoral (UADL) qui fédère des associations et unions d'associations de Bretagne et Pays de Loire. Ses engagements servent également la vie publique et notamment dans le domaine du développement durable. Il anime une vélo-école pour adultes au sein de l'association Kernavélo, co-préside l'Association pour le Développement de l'Economie Sociale et Solidaire (Adess) Cornouaille et est aussi trésorier de l'Espace Associatif de Kemper. Jean-Pierre Bigorgne a été vice-président de Quimper Communauté en charge des transports de 2008 à 2014. Deux dossiers majeurs pour l'avenir de l'agglomération ont été votés pendant ce mandat : la mise en place sur trois lignes d'un bus à haut niveau de service (BHNS) et le développement des modes « doux » de déplacement, à travers l'adoption d'un schéma vélo et la location de vélos à assistance électrique (VAE). Impliqué politiquement auprès d'Europe Ecologie-Les Verts, il s'est présenté à Quimper lors des élections législatives de 2017.

UNION DES ASSOCIATIONS POUR LA DÉFENSE DU LITTORAL - 12 ALLÉE DE CRÉAC'H IBIL - 29000 QUIMPER • TÉL. 02 98 53 50 46

TRANSPORT ET LOGISTIQUE

Vincent **BOLLORÉ**

PRÉSIDENT DU GROUPE BOLLORÉ - PDG DE BOLLORÉ SA

FORMATION lycée Janson-de-Sailly à Paris - Doctorat de droit à l'Université Paris X Nanterre

DISTINCTIONS commandeur de la Légion d'Honneur (2009)

PASSIONS les collections de BD (1945-1963).

Vincent Bolloré commence sa carrière en 1970 à la Banque de l'Union Européenne comme fondé de pouvoir puis intègre la Compagnie financière Rothschild au poste de directeur adjoint (1976-1981). 1981 marque un tournant : il reprend la papeterie familiale en difficulté et procède alors à une diversification des activités. En 1986, il prend le contrôle de la Scac, Société de services de transport et logistique, puis réalise une OPA sur le papetier Job. Il prend successivement le contrôle de Rhin-Rhône (1988), de l'armateur Delmas-Vieljeux (1991) et du groupe Rivaud (1996). Ses prises de participation successives et le développement de ses métiers ont transformé l'entreprise en un groupe international organisé en plusieurs pôles : transport et logistique, distribution d'énergie, stockage d'électricité, communication et médias. Président du Conseil d'administration de Havas (de 2005 à 2013), il est également, depuis juin 2014, Président du conseil de surveillance de Vivendi. Administrateur de nombreuses sociétés et banques, Vincent Bolloré porte attention à diverses associations. Il est notamment Fondateur et Président de la Fondation de la deuxième chance depuis 1998. Il passera officiellement le relais à la septième génération de Bolloré en février 2022.

Le dirigeant n'oublie pas ses racines bretonnes. C'est à Ergué Gaberic que sont fabriquées les batteries au lithium et super capacités électriques pour voitures électriques et hybrides.

BOLLORÉ PARTICIPATIONS - ODET - 29500 ERGUÉ-GABÉRIC • TÉL. 02 98 66 72 00

INTERCOMMUNALITÉ

Frédérique **BONNARD-LE FLOC'H**

VICE-PRÉSIDENTE DE BREST MÉTROPOLE

FORMATION ESC Brest; master en management (Institut des hautes études de développement et d'aménagement des territoires européens de l'ENPC, 2001); HEC Executive Education (Paris, 2011)

PASSIONS La «fabrique de la ville» et le street art

Entrepreneur de formation, Frédérique Bonnard-Le Floc'h est formatrice-consultante. Elle a travaillé dans la région lyonnaise avant d'arriver à Brest en 1999 pour cofonder avec son mari la boutique internet «uknow.fr», leader français de la vente de streetwear en ligne (2002-2011). A Brest, elle est aussi connue pour son engagement public. Sous bannière socialiste depuis les municipales de 2001, elle a fait partie de l'équipe parlementaire de la députée Patricia Adam (2002-2009). Depuis 2004, elle est vice-présidente de Brest métropole, en charge du commerce et de l'urbanisme commercial jusqu'en 2014 et depuis 2020 des coopérations territoriales et politiques contractuelles, et de la proximité territoriale du secteur Ouest. De 2008 à 2014, elle a présidé Brest métropole aménagement. Au plan national, l'élue a présidé le Comité d'ingénierie des territoires, think-tank de la Fédération des entreprises publiques locales. Membre du Ceser de Bretagne jusqu'en 2017, elle a siégé à la commission aménagement du territoire-environnement.

BREST MÉTROPOLE - 24 RUE COAT-AR-GUÉVEN - CS 73826 - 29238 BREST CEDEX 2 • TÉL. 02 98 33 50 50

ASSOCIATIONS ET RÉSEAUX

Malo **BOUËSSEL DU BOURG**

DIRECTEUR DE PRODUIT EN BRETAGNE

FORMATION lycée Saint-Vincent à Rennes - ESC Rouen (1982); chambre de commerce britannique (1982); master 2 de breton (Université Rennes 2, 2005)

DISTINCTIONS Elu Brittophone de l'année 2014 par France 3 Bretagne et l'Office Public de la Langue Bretonne

PASSIONS le haïku et la langue bretonne

PUBLICATIONS «Malnoë» (1996); «Feuillets d'Irlande» (1999); «Reun Menez Keldreg» (2007); «Kambr ar stered» (2007); «Douze travaux d'Isidore» (2008); «Gouloù Salomon» (2009)

Avant de prendre la direction en 2009 de l'association Produit en Bretagne, Malo Bouëssel du Bourg a occupé divers postes à responsabilités. Il a été notamment directeur Produits de grande consommation (PGC) chez Eurial jusqu'en 2004, puis directeur général des Vignerons Catalans entre 2004 et 2009. Produit en Bretagne est née en 1993 de l'initiative de quelques entrepreneurs bretons : Jean-Claude Simon (Even), Jean-Michel Bordais et Claude Pujol (Leclerc), Jean-Marie Le Gall (Saveol), Jean-Yves Chalm (Le Télégramme). Aujourd'hui l'association compte 420 entreprises, 110 000 personnes salariées et 5500 produits portant la marque. Malo Bouëssel du Bourg exerce également des responsabilités extraprofessionnelles. Féru de littérature et de poésie, il est membre de l'équipe d'animation de la revue littéraire en langue bretonne Al Liamm (Le Lien).

PRODUIT EN BRETAGNE - 2 AV. DE PROVENCE - 29200 BREST • TÉL. 02 98 47 94 88

PROTECTION DE L'ENVIRONNEMENT

Catherine **BOYEN**

DIRECTRICE DE LA STATION BIOLOGIQUE DE ROSCOFF

FORMATION collège-lycée à Nantes - doctorat (1987), Université de Nantes et Université Paris 6

DISTINCTIONS chevalier de la Légion d'honneur (2011) ; Prix J. Feldman de la Société française de phycologie (1987) ; chevalier des Palmes académiques (2006).

PUBLICATIONS plusieurs publications et chapitres d'ouvrages pour des revues à comité de lecture internationales (notamment pour la National Academy of Sciences)

Après un post-doc à l'Université de Santa Barbara en 1988, Catherine Boyen est recrutée en 1991 au CNRS à la Station Biologique de Roscoff. Elle travaille pendant 8 ans sur l'origine et l'évolution des génomes mitochondriaux chez les algues puis sur la génomique fonctionnelle de ces organismes. Membre du comité national de la recherche scientifique du CNRS (2002-2004), elle est ensuite nommée directrice de l'UMR 7139 CNRS-UMPC « Végétaux marins et Biomolécules », toujours à la Station Biologique. Après la fusion de deux laboratoires, elle dirige dès 2014 l'UMR 8227 CNRS-UMPC, Laboratoire de biologie intégrative des modèles marins (65 personnes et 8 équipes). Elle coordonne par ailleurs un projet Investissement d'Avenir, Idéalgue, et s'implique dans la coordination de programmes de génomique marine au niveau national et européen : GIS « Génomique marin », « Europôle mer », le réseau d'excellence européen « Marine Genomics Europe » (2004-2008). Membre du conseil Scientifique de la Fondation pour la recherche sur la biodiversité de 2008 à 2013, Catherine Boyen est membre du comité directeur du GIS Biogenouest depuis 2002. Elle coordonne également Euromarine, un consortium européeen qui fédère les laboratoires de recherche en science marine. Elle prend la tête de la SBR en janvier 2019.

STATION BIOLOGIQUE DE ROSCOFF - STATION BIOLOGIQUE DE ROSCOFF/CNRS - PLACE GEORGES TEISSIER - 29680 ROSCOFF • TÉL. 02 98 29 23 23

PROMOTION ET GESTION

Alban **BOYÉ**

PRÉSIDENT DU GROUPE TRECOBAT

FORMATION Deug de Sciences-éco (1990) ; First certificate of Cambridge (1990) ; Diplôme de l'Ecole Supérieure de Commerce de Brest, option management (1993)

PASSIONS Voyages, cyclisme et sports nautiques

Le parcours professionnel d'Alban Boyé suit une ligne cohérente à travers le monde du bâtiment. Il débute en 1994 en tant que responsable commercial d'une société de services aux entreprises, filiale du groupe Schlumberger, à Nantes. Il devient ensuite directeur régional pour Comptage Immobilier Schlumberger à Tours (société de services : comptage, télérelevé, maintenance immobilière et domotique) en 1998 puis pour le Centre Domoservices de 2002 à 2003. Il intègre l'entreprise Chaleur Maintenance à Paris (société spécialisée dans la maintenance de chaudières domestiques) comme directeur des opérations et, en 2005, il en devient le directeur général. C'est la rencontre avec le Pdg de Trecobat, Marcel Tréguer, en juin 2009 qui lui fait rejoindre le groupe en tant que directeur général : le challenge est « d'assurer la continuité et prendre la suite sur le projet capitalistique ». Ce qui est se traduit concrètement en avril 2021 lorsqu'il accède à la présidence du groupe. Dans le cadre des activités du groupe, Alban Boyé est également directeur général de Murebois et de MI Développement (holding du groupe), et président de Amenatys. Il est par ailleurs juge au tribunal de commerce de Brest, membre du Medef du Finistère et du conseil d'administration de Investir en Finistère. Il est aussi secrétaire de DRO (Dirigeants Responsables de l'Ouest) Finistère.

TRÉCOBAT - 2 PL. DE LA GARE - 29870 LANNILIS • TÉL. 02 98 04 01 82

HÔTELLERIE-RESTAURATION

Gurvan **BRANELLEC**

PDG D'OCEANIA HOTELS

FORMATION collège-lycée à Brest - IUT GEA option finances (Brest) ; ISG (Paris)

PASSIONS le sport.

Après plusieurs années aux Etats-Unis au sein du groupe Danone pour développer la marque Evian, Gurvan Branellec prend la responsabilité de directeur export de la plus ancienne maison de foie gras française, Feyel-Artzner à Strasbourg (1995-1999). Il rejoint ensuite au poste de directeur général, le groupe familial Sofibra (Société financière Branellec) créé par son père en 1975 et qui regroupe des hôtels sous les enseignes « Mascotte », « Oceania » et « B & B ». En 2003, après la vente de B & B, Gurvan Branellec prend la présidence du groupe pour insuffler un vent de renouveau à la marque Oceania. Sofibra devient Oceania Hotels en 2006 et le groupe entreprend un ambitieux programme de rénovation du parc.
Aujourd'hui, le groupe Oceania Hotels représente 31 hôtels, plus de 2 500 chambres dans toute la France et plus de 650 collaborateurs. Les projets sont nombreux mais toujours depuis Brest, le berceau de l'entreprise. Car, comme l'affirme Gurvan Branellec, « l'entreprise familiale reste très attachée à la Bretagne, sa région natale ». Comme le prouve son adhésion à l'association Produit en Bretagne...

OCEANIA HÔTELS - 5 RUE COLBERT - BP 41301 - 29213 BREST CEDEX 1 • TÉL. 02 98 44 10 26

ENSEIGNEMENT SUPÉRIEUR

Christian **BROSSEAU**

PROFESSEUR DES UNIVERSITÉS - VICE-PRÉSIDENT RECHERCHE ET INNOVATION DE L'UBO

FORMATION ingénieur Ensieg (Ecole nationale supérieure d'ingénieurs électriciens de Grenoble, 1984); Doctorat de physique (1989) à l'Université Joseph Fourier de Grenoble; post-doctoral research fellow (Université Harvard, 1989-1990); habilitation à diriger des recherches (1995)

DISTINCTIONS Fellow of the Optical Society of America; Fellow of the Institute of physics (Royaume-Uni); Fellow of The Electromagnetics Academy (USA); SPIE Stokes Award

PUBLICATIONS nombreuses publications scientifiques

Ingénieur diplômé de physique, Christian Brosseau forge son parcours professionnel dans l'enseignement et la recherche. Professeur des Universités, intervenant au sein du département de Physique de l'Université de Bretagne Occidentale (UBO), il est vice-président Recherche et Innovation en charge de la Commission recherche de l'UBO. Ses activités de recherche sont centrées sur l'étude des interactions entre les ondes électromagnétiques et les milieux hétérogènes. Il est chargé de mission sur l'axe Brest - Lorient - Vannes pour la Plateforme projets européens (2PE) - Bretagne. Christian Brosseau a dirigé l'école doctorale Sicma jusqu'à sa disparition en 2017.

UBO - UNIVERSITÉ DE BRETAGNE OCCIDENTALE - 3 RUE DES ARCHIVES - CS 93837 - 29200 BREST • TÉL. 02 98 01 60 00

CAPITAL-INVESTISSEMENT

Charles **CABILLIC**

CO-FONDATEUR D'EPOPÉE GESTION

FORMATION lycée Likès à Quimper et classe prépa au lycée Châteaubriant à Rennes - Ingénieur économiste (Ecole Centrale Nantes et Paris, 1995)

PASSIONS le tennis, la guitare, le pilotage avion, les sports mécaniques

Dès l'âge de 14 ans, Charles Cabillic commence à créer des jeux vidéos et des logiciels bureautiques. Avec son diplôme, il intègre Bossard Consultants à Paris, puis rejoint en 1997, le Crédit Mutuel Arkéa, où il est en charge de la banque en ligne. En 2005, il lance aC3, devenu le leader français de l'édition de logiciels et de sites pour les agences immobilières. Mais il veut aller encore plus loin. Avec Sébastien Le Corfec et Ronan Le Moal, il crée en 2012 la West Web Valley, société d'accélération et de financement de start-up, s'appuyant sur les chefs d'entreprises de Bretagne et Loire Atlantique (rebaptisée Xplore en 2023). L'objectif? Booster l'éclosion de start-up web et propulser les plus prometteuses au niveau international. Et le trio brestois ne manque pas d'idées, à l'image du lancement en juillet 2014 du West Web Festival. Dans la continuité, il crée en septembre 2020 avec Ronan Le Moal l'entreprise d'investissement Epopée Gestion et lève plus de 300 m€ auprès d'institutionnels et de PME/ETI pour investir dans les territoires de l'Ouest de la France, tant dans les startups que les PME. Puis il monte la société Green Aerolease, 1er opération mondial d'avions électriques, et rachète la compagnie aérienne Finistair. Il est aussi le créateur d'AlloVoisins, en 2013, plateforme de location et services entre particuliers réunissant aujourd'hui 4 millions de membres, et d'OpenFly, en 2019, plateforme de réservation d'avions privés pour PME. Par ailleurs, l'entrepreneur s'est associé à Alexis Drieux-Falgon et François Pouletty afin de créer la Digital School, à Brest, qui ouvre en septembre 2019.
Charles Cabillic a aujourd'hui cédé ses actions aC3 pour se consacrer au développement d'Epopée Gestion et du groupe W3 (AlloVoisins, OpenFly, Green Aerolease, Finistair, Tanki...).

ÉPOPÉE GESTION - ZONE DE PRAT PIP NORD - 110 RUE CHARLES NUNGESSER - 29490 GUIPAVAS • TÉL. 02 72 88 17 47

ENSEIGNEMENT SUPÉRIEUR

Christian **CADIOU**

DIRECTEUR DE RECHERCHE AU LABORATOIRE ICI EA 2652

FORMATION collège Charles de Foucault à Brest - maîtrise de sciences économiques (1977); DEA (1978), doctorat de 3e cycle (1980) et doctorat d'Etat (1988) en sciences de gestion à l'Université de Rennes 1; agrégé des Universités (Paris, 1991)

PASSIONS le bateau, la pêche, le voyage et la peinture.

PUBLICATIONS nombreux articles, notamment sur les mécanismes de l'entrepreneuriat

Christian Cadiou débute son parcours professionnel en 1983 comme maître de conférences à l'Université de Rennes 1 avant d'enseigner comme professeur à l'Université de Bretagne Occidentale (UBO) (1990-1993), puis de nouveau à l'Université de Rennes 1 (1994-1997). Il crée l'IAE de Bretagne Occidentale qu'il va diriger jusqu'en 2011. Parallèlement, il initie l'activité de recherche en sciences de gestion à l'UBO au sein du laboratoire ICI. Il crée et dirige la recherche à l'Ecole Supérieure de Commerce de Bretagne Brest (2002-2009). Professeur à l'UBO depuis 1997, Christian Cadiou exerce actuellement comme directeur de recherche au laboratoire ICI EA 2652. Ces responsabilités n'ont pas freiné sa volonté de s'investir au niveau associatif. Membre entre autres, durant dix ans (2001-2011), de l'Association des directeurs du réseau national des IAE, Christian Cadiou donne de son temps dans bien d'autres sphères, notamment bancaires. Siégeant au sein de nombreux conseils d'administration tels que ceux de la Compagnie Financière du Crédit Mutuel, d'Arkéa ou encore de Schelcher Prince Gestion, il est président du conseil de surveillance de

Federal Finance et est administrateur de plusieurs filiales du groupe Arkéa.

IAE DE BRETAGNE OCCIDENTALE
- 20 AV. VICTOR LE GORGEU - CS93837
- 29238 BREST CEDEX 3 • TÉL. 02 98 01 60 39

MATÉRIAUX POUR LE BÂTIMENT

Emmanuelle **CADIOU**

PRÉSIDENTE DE CADIOU INDUSTRIE

FORMATION Lycée Saint-Blaise à Douarnenez (bac S, 1995) - EGC (Nantes, 1998) ; master (Ecole supérieure de commerce de Bretagne, Brest, 2000)

DISTINCTIONS Chevalier de l'ordre national du Mérite 2014 ; Femme entrepreneur de l'année 2014 (Trophées de l'industrie)

PASSIONS l'entrepreneuriat, le design

Diplômée d'école de commerce, Emmanuelle Cadiou débute, en 2000, comme contrôleur de gestion dans le Groupe Bigard. Ingénieur commercial en systèmes d'information chez NCI Quimper (2001-2003), elle rejoint l'entreprise familiale Cadiou Industrie en tant que responsable du contrôle de gestion de 2003 à 2007. Quatre années à l'issue desquelles son père, Ronan Cadiou, lui transmet le flambeau. Depuis, la Finistérienne assure la présidence de Cadiou Industrie. Fondée en 1973 à Locronan, la société est spécialisée dans la menuiserie industrielle (conception et fabrication de portails de jardin en aluminium). Elle devient l'actionnaire majoritaire du groupe finistérien (600 salariés) en septembre 2021 afin de « préparer sereinement l'arrivée possible de la quatrième génération dans une dizaine d'années ». Outre ses responsabilités professionnelles, Emmanuelle Cadiou s'investit sur le terrain associatif, notamment au service du développement économique local. Elle prend en 2018 la présidence du Crepi Finistère, un club régional d'entreprises partenaires de l'insertion.

CADIOU INDUSTRIE - RTE DE DOUARNENEZ
- BP 4 - 29180 LOCRONAN • TÉL. 02 98 91 73 01

NUMÉRIQUE ET INFORMATIQUE

Jean-Christophe **CAGNARD**

PRÉSIDENT DU GROUPE ASTEN

FORMATION lycée de Saint-Marc à Brest - TOEFL (1981) ; GMAT (1982) ; EDC (Paris, 1983) ; INSEAD (Fontainebleau, 1993)

DISTINCTIONS Mérite militaire

PASSIONS « les sports nautiques avec une préférence pour la plongée, parce que le téléphone reste en surface, puis les sports mécaniques avec quelques rallyes dans le désert. Je sollicite aussi une guitare qui ne me rend pas toujours la vie facile (ni à mon public ?) mais l'histoire des Bardes incompris est longue en Bretagne ! »

Ingénieur commercial chez MTIO à Cholet (1984-1985), puis responsable commercial pour Thomson Logiciel à Nantes (1986-1987), Jean-Christophe Cagnard prend la direction d'agences de Thomson Answare de 1988 à 1990. Directeur de région Ouest chez Alcatel TITN-Answare (1991-1996), puis directeur général de 1997 à 2001, il acquiert le Groupe Asten en 2002 et en prend la présidence. Créé en 1995, le groupe décline son activité autour de l'informatique et du cloud, du retail et de l'inventaire.
Jean-Christophe Cagnard exerce par ailleurs diverses responsabilités extraprofessionnelles. Administrateur de l'Association des officiers de réserve et de Produit en Bretagne, il est président d'audience au Tribunal de commerce de Brest et siège au conseil d'administration de l'ESC de Brest. Il est aussi secrétaire adjoint à la CCI de Bretagne Ouest et trésorier au sein de la CCI régionale.

GROUPE ASTEN - 26 RUE GASTON PLANTÉ
- 29850 GOUESNOU • TÉL. 02 98 28 66 60

COMMUNE

Dominique **CAP**

MAIRE DE PLOUGASTEL-DAOULAS - VICE-PRÉSIDENT DE BREST MÉTROPOLE

FORMATION Diplômé de Sciences com (Nantes, 1993)

PASSIONS Les échecs, la mer, le cuisine, la Bretagne et les voyages.

Dominique Cap fait ses premières armes en tant que journaliste à Radio Force 7, radio libre de Saint-Malo. De 1995 à 1997, il devient attaché parlementaire de Jean-Yves Cozan, alors député du Finistère. Il rejoint ensuite le Parc naturel régional d'Armorique en tant que chargé de mission, poste qu'il occupe jusqu'en 2002. Son cheminement ne se fait pas sans engagement associatif. Il est tour à tour président du club de handball de Plougastel, membre d'Amnesty international et anime également des associations de quartier. Sans compter son engagement humanitaire dans des projets de développement au Pérou, en Algérie ou en Pologne. Sollicité, il ne tarde pas à s'investir en politique à Plougastel-Daoulas. Il se présente aux élections municipales de 1995 et est élu conseiller municipal de la ville. En 2001, il se représente et est élu maire. À 34 ans, il devient le plus jeune maire du Finistère. Réélu en 2008, 2014 et 2020, il se veut disponible pour les habitants de sa commune. Si Dominique Cap arrive à la mairie en sifflotant tous les matins, c'est parce qu'il aime sa fonction. Elle lui permet d'énoncer des idées nouvelles, de bâtir des projets et de contribuer ainsi au développement local.
Il est par ailleurs 4e vice-président de Brest Métropole, président de l'association des 7 calvaires monumentaux de Bretagne et membre du Conseil national du littoral et de la mer. Président de l'Association des maires du Finistère depuis 2014, il est aussi président de l'Association des maires et présidents d'EPCI de Bretagne (ARMB) depuis 2018.

VILLE DE PLOUGASTEL-DAOULAS
- RUE JEAN FOURNIER - BP 31
- 29470 PLOUGASTEL-DAOULAS
• TÉL. 02 98 37 57 57

BANQUE ET ASSURANCE

Julien **CARMONA**

PRÉSIDENT DU CRÉDIT MUTUEL ARKÉA ET DU CRÉDIT MUTUEL DE BRETAGNE

FORMATION École normale supérieure (1992) ; agrégation d'histoire (Université Paris-Sorbonne) ; ENA (1995/1997, promotion Marc Bloch)

PASSIONS La lecture (parmi ses auteurs préférés : Marcel Proust, Céline, Rousseau, Chateaubriand, Georges Perros, Louis Guilloux), la randonnée

Avec un père professeur, Julien Carmona attrape très vite la vocation et débute une carrière de professeur d'histoire-géographie en région parisienne. Ce littéraire « dans l'âme » décide cependant de se réorienter et est reçu au concours de l'ENA en 1995. Il intègre en 1997 le ministère des Finances où il pratique l'audit et le conseil pendant 4 ans. L'envie de pouvoir agir plus « concrètement » le pousse ensuite à rejoindre BNP Paribas en 2001, où il s'occupe des grandes entreprises. Puis, en 2004, on lui propose de devenir conseiller économique du président Jacques Chirac. Un poste où il s'efforce « d'améliorer les choses » mais où il constate à nouveau la difficulté de mettre des actions en place. Il décide donc d'entrer à la Caisse d'Épargne, dont les valeurs mutualistes lui correspondent. Mais la crise financière change la donne et il ne se reconnaît plus dans le nouveau projet du groupe. Curieux et entreprenant, il choisit alors de découvrir le métier d'assureur chez Scor SE en 2009. Il y reste trois ans comme directeur général délégué puis crée sa société de gestion d'actifs en 2012. Ce n'est pas un succès mais Julien Carmona rebondit en 2014 chez Nexity, au poste de directeur financier. Devenu directeur général délégué, sa route croise celle du Crédit Mutuel Arkéa. Son président, Jean-Pierre Denis, lui suggère de proposer sa candidature. Convaincu, il est élu administrateur du groupe en mai 2021 et élu président un mois plus tard. En juin 2022, Julien Carmona est également élu à la présidence du Crédit Mutuel de Bretagne. Installé désormais en Bretagne - où il est né et passait ses vacances enfant - il veille à défendre et faire vivre ce modèle de mutualité tout en soutenant le développement du groupe. Et la liberté d'entreprendre, plus que jamais.

CRÉDIT MUTUEL ARKÉA
- 1 RUE LOUIS LICHOU
- 29480 LE RELECQ-KERHUON
• TÉL. 02 98 00 22 22

MÉDIAS

Jean-Yves **CHALM**

ADMINISTRATEUR DU TÉLÉGRAMME

FORMATION lycées Ambroise Paré à Laval et Janson de Sailly à Paris - HEC (Jouy-en-Josas, 1968)

DISTINCTIONS Capitaine de frégate honoraire

PASSIONS la lecture.

Chargé d'études au Comité de développement du Centre Ouest Bretagne (Cidecob), Jean-Yves Chalm intègre Le Télégramme en 1974 comme journaliste, puis sept ans plus tard devient responsable du bureau parisien. En 1988, il prendra en plus la direction de Quotidiens associés qui est à l'origine de l'offre publicitaire globale de la PQR : PQR66. En 1993, il regagne le siège social où il est nommé secrétaire général, chargé de la publicité, du marketing, de la communication et des filiales. Il participe à la diversification des activités du Télégramme, dans le domaine du multimédia et d'Internet. En septembre 2000, il est promu directeur délégué du Télégramme, responsabilité à laquelle s'ajoute celle de PDG de Bretagne multimédia, holding des filiales multimédias du Télégramme. Il devient ainsi le premier président de RégionsJob, le premier site privé de recrutement en ligne en France. En 2007, il quitte Le Télégramme dont il devient administrateur en 2013. Retraité actif, il devient le conseil du groupe Télégramme au sein du pôle Images & Réseaux ainsi que du Syndicat de la presse quotidienne régionale et de collectivités territoriales.
Homme de réseaux, passionné d'innovation, Jean-Yves Chalm est l'un des fondateurs de l'association Produit en Bretagne. Il a présidé le conseil de développement du Pays de Morlaix dont il demeure membre. Il a lancé le Café des Sciences du Pays de Morlaix, puis les Cafés de l'emploi pour favoriser la rencontre entre employeurs et demandeurs d'emploi.

GROUPE TÉLÉGRAMME
- 7 VOIE D'ACCÈS AU PORT - BP 67243
- 29672 MORLAIX • TÉL. 02 98 62 11 33

BIOTECHNOLOGIES

Jean **CHAOUI**

FONDATEUR D'IMASCAP - VICE-PRÉSIDENT DE WHRIGT MEDICAL

FORMATION Lycée laïque de Damas - Ingénieur biomédical (Université de Damas) ; doctorat (Télécom Bretagne)

DISTINCTIONS Prix de l'innovation en génie biomédical (Société française de génie biologique et médical) ; prix des jeunes entreprises innovantes du concours Espoirs de l'économie (CCI de Brest)

PASSIONS Les voyages, le sport (le football, le tennis)

PUBLICATIONS Thèse sur la chirurgie augmentée de l'épaule ; une vingtaine de publications scientifiques dans des journaux et des congrès internationaux

Né à Damas, en Syrie, Jean Chaoui a, très jeune, voulu être chercheur. Il a longtemps hésité entre la médecine et les mathématiques, avant de trouver une discipline qui conjugue les deux : le génie biomédical. Lors de son premier projet de fin d'études à l'Université de Damas, il présente la première interface cerveau machine capable de contrôler une chaise roulante avec les signaux du cerveau. Il décide ensuite de poursuivre ses études en France, dont ses parents parlent la langue, et choisit Telecom Bretagne à Brest pour sa réputation. Lors de son master à Telecom Bretagne, il dépose son premier brevet. Il poursuit ensuite sur une thèse au sein du Laboratoire de traitement de l'information médicale (LTIM). Et c'est grâce à une labellisation de l'Agence nationale de recherche (ANR) que ses travaux de recherche aboutissent à un transfert industriel donnant naissance en 2009 à Imascap.
Depuis, Jean Chaoui a reçu le prestigieux MIT Technology Review, qui distingue dans chaque pays les 10 innovateurs les plus prometteurs de moins de 35 ans. Imascap a mis au point un système de localisation

permettant au chirurgien d'obtenir une vue 3D du patient, de ses gestes et de ses instruments. Et dans un laps de temps très court, sa solution a séduit les plus grands noms de la chirurgie orthopédique de l'épaule. Il réussit d'ailleurs un coup de maître en vendant Imascap à un grand groupe américain, Whrigt Medical, en décembre 2017. Il en devient vice-président Software Strategy and Development.

IMASCAP - 145 RUE DESCARTES - 29280 PLOUZANÉ • TÉL. 02 90 26 21 70

DÉVELOPPEMENT ÉCONOMIQUE

Jean-Paul **CHAPALAIN**

VICE-PRÉSIDENT DE LA CCI MÉTROPOLITAINE DE BRETAGNE OUEST

FORMATION collège-lycée prépa Saint-François-Xavier à Vannes - Ecole du bâtiment et des travaux publics; maîtrise de science de gestion (IGR)

DISTINCTIONS chevalier de la Légion d'honneur

PASSIONS la voile, le football et le golf.

En 1980 à Saint-Pol-de-Léon, Jean-Paul Chapalain, fils d'un entrepreneur du bâtiment, crée Matembal, entreprise de cartons d'emballage pour fruits et légumes. Il investit en 1986 dans l'hôtellerie avec l'hôtel Le Brittany à Roscoff, Relais & Châteaux et restaurant gastronomique étoilé au guide Michelin et reprend en 2002 avec son fils Jean-Marie, l'hôtel du centre à Roscoff, hôtel revendu en 2017. En 2018, en qualité de Président du Holding JYMP, il investit dans l'hôtel-restaurant et spa, Le Sainte Barbe au Conquet. Hôtel 4 étoiles, affilié MGallery. Le Finistérien fonde en 2007 la société Agrival spécialisée dans l'extraction de polyphénols à partir de coproduits de légumes régionaux, société qu'il cède à la Sica St-Pol-de-Léon en 2010.
En 2011, associé à l'industriel Jo Le Mer, il gagne les élections consulaires et devient le nouveau président de la Chambre de commerce et d'industrie de Morlaix. Une responsabilité qui l'incite à démissionner de ses responsabilités de juge au tribunal de commerce de Brest et de président de Triangle initiative. Après la fusion des CCI du Finistère en 2016, Jean-Paul Chapalain devient vice-président de la nouvelle Chambre de Commerce et d'Industrie métropolitaine de Bretagne ouest. Président de la délégation de Morlaix, il devient la même année secrétaire de la CCI Bretagne, fonction qu'il assure jusqu'en décembre 2021.

CCIMBO - DÉLÉGATION DE MORLAIX - AÉROPORT - CS 27934 - 29679 MORLAIX CEDEX • TÉL. 02 98 62 39 39

AGROALIMENTAIRE

Dominique **CICCONE**

DIRECTEUR GÉNÉRAL DE DISTRIVERT

FORMATION lycée Buffon à Paris - maîtrise de droit des Affaires (Université Panthéon/Assas Paris); DEA de droit privé (Université de Rennes)

DISTINCTIONS chevalier du Mérite agricole

PASSIONS la musique, la littérature et les voyages lointains

Après un court passage comme chargé d'affaires au Cetelem (groupe Paribas) en 1980, Dominique Ciccone déroule toute sa carrière dans la coopérative bretonne. Il entre chez Coopagri Bretagne en juin 1980 comme chargé du contentieux. Il est promu directeur administratif et juridique en 1992 puis secrétaire général en 1998. Il restera à ce poste pendant dix ans avant de prendre le poste de directeur général adjoint en mars 2009. Il sera nommé directeur général du groupe de Landerneau en 2010, avant sa fusion avec les coopératives bretonnes Cam 56 et Eolys sous la bannière Triskalia. Il devient directeur général du nouvel ensemble qui regroupe trois grands domaines d'activités : l'agriculture (céréales, légumes, aliments pour le bétail) et l'élevage (collecte de lait, porcs et de bovins), la fabrication et la commercialisation de produits agroalimentaires et la distribution dans le domaine du jardinage. Triskalia fusionne à son tour avec le groupe d'aucy en 2020 pour former la coopérative Eureden et Dominique Ciccone reste en tant que conseiller pour assurer la transition.
Ancien président d'Apex, de 2013 à 2018, centrale de franchise et de référencement des jardineries et des libre-service agricoles du groupe (Magasin Vert, Point Vert et Point Vert le Jardin), il est actuellement directeur général de Distrivert depuis 2003.

EUREDEN - 34 RUE FERDINAND BUISSON - KERVIDANOU 3 - 29300 MELLAC • TÉL. 02 97 54 88 88

MÉDIAS

Olivier **CLECH**

VICE-PRÉSIDENT DU PÔLE TV DU GROUPE TÉLÉGRAMME - DIRECTEUR DÉLÉGUÉ DU TÉLÉGRAMME EN CHARGE DU DÉVELOPPEMENT

FORMATION lycée Tristan Corbière à Morlaix - maîtrise de droit européen (faculté de droit de Rennes, 1983); IFP (Paris II, 1985)

Parcours 100 % breton pour ce Finistérien... c'est en effet au Télégramme qu'Olivier Clech a réalisé toute sa carrière : localier à Lorient (1985) et à Quimper (1988), il est nommé chef de la rédaction locale de Morlaix en 1989, Saint-Brieuc en 1992. Chef des rédactions détachées de 1995 à 1998, il prend ensuite la responsabilité de secrétaire général, puis de 1999 à 2014, de rédacteur en chef du Télégramme.
De novembre 2009 à décembre 2012, Olivier Clech est directeur et rédacteur en chef de Télévision Bretagne Ouest (Tébéo). L'année suivante, il est nommé directeur général du pôle TV du Groupe Télégramme, composé de Tébéo (Finistère) et Tébésud (Morbihan). En 2017, il devient vice-président du pôle TV et directeur délégué chargé du développement au Télégramme.

GROUPE TÉLÉGRAMME - 7 VOIE D'ACCÈS AU PORT - BP 67243 - 29672 MORLAIX • TÉL. 02 98 62 11 33

ASSOCIATIONS ET RÉSEAUX

Jean **COISNON**

PRÉSIDENT DE PRODUIT EN BRETAGNE

FORMATION BTS commerce international (lycée Kreisker, Saint-Pol-de-Léon, 2000) ; Brest Business School (2003)

PASSIONS La musique (il joue dans un groupe)

Pendant son alternance chez Actia, durant ses dernières années d'étude, Jean Coisnon est en charge des études marketing au niveau européen. On lui propose ensuite une mission d'animation du réseau France qu'il refuse car il a en tête l'idée de monter sa propre structure. Il rencontre alors 3 entrepreneurs qui souhaitent créer une agence de marketing et relations client. Il saisit cette opportunité et s'investit totalement dans le sujet, modélisant petit à petit l'offre et le positionnement d'AOC (Agence Orientée Client). Il en devient le seul associé en 2014. Désormais président de cette SAS, il s'occupe principalement de la stratégie de l'agence, du développement commercial et du management d'équipe. Il garde également la casquette de consultant pour accompagner ses clients en matière de stratégie d'entreprise, stratégie commerciale et digitale.
Investi par ailleurs dès 2010 chez Produit en Bretagne (480 membres environ), Jean Coisnon entre à la commission marketing puis, en 2013, dans le groupe de travail stratégique qui réfléchit à la prospective des 20 prochaines années. Il co-crée la Breizh Marketing Akademi, réseau breton de marketeurs, puis entre au conseil d'administration de Produit en Bretagne en 2019. On lui propose de prendre la tête de liste du Conseil d'Administration pour les élections et il présente ensuite son programme en février 2022. Elu président pour 3 ans, toujours passionné et porté par l'esprit d'équipe, il s'est fixé plusieurs objectifs : assurer une continuité sur des sujets stratégiques (notamment la RSE) et coconstruire le projet stratégique Produit en Bretagne 2033. La volonté globale étant de valoriser la Bretagne innovante au national dans l'idée d'attirer et de garder, sur ce terroir « en ébullition », toutes les compétences possibles.

PRODUIT EN BRETAGNE - 2 AV. DE PROVENCE - 29200 BREST • TÉL. 02 98 46 34 34

HÔTELLERIE-RESTAURATION

Nicolas **CONRAUX**

CHEF ÉTOILÉ DU RESTAURANT-HÔTEL LA BUTTE

FORMATION Ecole hôtelière de Strasbourg

DISTINCTIONS 1 étoile au Michelin (2014) ; 3 Toques au Gault et Millau (2014)

PASSIONS l'aviation et la musique

PUBLICATIONS Saveurs de famille (2012)

Enfant, Nicolas Conraux répétait inlassablement à ses parents qu'il voulait être directeur d'hôtel. Aujourd'hui, ce rêve s'est réalisé. Après des études à Strasbourg, un passage par l'Angleterre et la Suisse, il a posé ses valises en Bretagne en 2000. Il dirige depuis 2007, avec son épouse Solène, le restaurant-hôtel-spa La Butte à Plouider. Ils représentent la 3ᵉ génération à la tête de l'établissement fondé en 1952 par Jeanne-Yvonne Bécam, la grand-mère de Solène. Un succès couronné d'une étoile au Michelin en 2014. Si ses études lui ont permis de découvrir l'ensemble des métiers de l'hôtellerie et de la restauration, le chef s'est réellement formé à la cuisine avec ses beaux-parents à La Butte dès 2007. Une cuisine résolument locale pour celui qui défend les saveurs et les produits de sa terre d'adoption. Mais surtout une cuisine « simple et claire », avec deux ou trois goûts au maximum. A la carte ? Du homard, du pigeon, des légumes originaux et même, pour certains, cultivés spécialement pour Nicolas Conraux par des producteurs du Nord-Finistère. Sans oublier l'une des spécialités de la Butte : l'ormeau à la dulce et cheveux d'anges au jus de volaille... Un plat entre authenticité et modernité, comme la personnalité de ce chef étoilé, désigné Maître restaurateur en 2012 puis Maître Cuisinier de France en mars 2016.

LA BUTTE - 12 RUE DE LA MER - 29260 PLOUIDER • TÉL. 02 98 25 40 54

MÉDIAS

Hubert **COUDURIER**

DIRECTEUR DE L'INFORMATION DU TÉLÉGRAMME - PRÉSIDENT DE TÉBÉO ET TÉBÉSUD - ADMINISTRATEUR DU TÉLÉGRAMME - MEMBRE DU CONSEIL DE SURVEILLANCE DE CMI FRANCE

FORMATION lycée Tristan Corbière à Morlaix et lycée Chateaubriand à Rennes - licence de droit des affaires (facultés de droit de Rennes, 1981) ; maîtrise de sciences politiques (Paris II-Assas1982) ; Institut des Hautes Etudes Défense Nationale (IHEDN 45ᵉ session)

PASSIONS la lecture, la natation, le golf et le ski

PUBLICATIONS « PPDA, l'inconnu du 20 heures » (Robert Laffont-1996) ; « Le Monde selon Chirac » (Calmann Levy-1998) ; « Requiem pour les années Chirac » (Jacob Duvernet-2006) ; « Amours, ruptures et trahisons » (Fayard-2008) ; « Et les masques sont tombés » (Robert Laffont-2012) ; « Jean-Yves le Drian, le glaive du Président » (Plon-2017) ; « Valérie Pécresse - La guerrière » (L'Archipel-2022)

Hubert Coudurier fait ses premiers pas de journaliste à l'Agence France Presse en 1983, puis à la rédaction nationale de France 3 de 1985 à 1990. Il intègre ensuite le Télégramme comme chef du service politique. Nommé co-rédacteur en chef en 1993, il devient directeur de l'Information en 1999. Il est aussi chroniqueur à I-TV durant deux ans avant d'exercer les fonctions de directeur de l'Hebdo de Nantes de 2000 à 2001. Vice-président de Nantes 7 (2006-2008) aux côtés d'Antoine de Tarlé - DGA de Ouest-France après avoir été co-gérant avec lui de Master Production - il est désigné comme président de Télé Bretagne Ouest (Tébéo) en novembre 2009. Il est ensuite nommé président de Télé Bretagne Sud (TébéSud), en janvier 2013 à la reprise de Ty Télé par le groupe Télégramme.
Membre de l'Association de la presse diplomatique française, Hubert Coudurier participe au Prix de l'Humour en politique organisé par Le Press Club de France. Il a été par ailleurs administrateur de RTR, la régie des télévisions locales, puis de 366 TV depuis 2020. Depuis la même année, il est vice-président de Territoires TV. Il est également membre du conseil de surveillance de CMI France, présidé par Etienne Bertier, et membre du Comité Editorial de NEO, le

média des territoires lancé par Bernard de la Villardière et Stéphane Simon.

LE TÉLÉGRAMME - 30 PL. DES OTAGES - 29600 MORLAIX • TÉL. 02 98 62 11 33

MÉDIAS

Édouard **COUDURIER**

PDG DU GROUPE TÉLÉGRAMME

FORMATION lycée Tristan Corbière à Morlaix - maîtrise de droit privé (1984) ; DESS gestion (1985) aux facultés de droit de Rennes et de Paris II-Assas et à la faculté Paris I-La Sorbonne (Institut d'administration des entreprises)

Issu d'une famille d'hommes de presse, Edouard Coudurier a commencé sa carrière au Télégramme comme chargé de mission (1985-1988). Il prendra successivement les responsabilités de secrétaire général (1988), puis de directeur général adjoint (1993) avant d'être nommé directeur général du Télégramme en 1996. Avec son frère, Hubert, il a diversifié les activités du groupe, notamment dans le secteur nautique avec la société Pen Duick. Le groupe, dont il est désormais le PDG, est également propriétaire de la célèbre Route du Rhum.

GROUPE TÉLÉGRAMME - 7 VOIE D'ACCÈS AU PORT - BP 67243 - 29672 MORLAIX • TÉL. 02 98 62 11 33

BANQUE ET ASSURANCE

Philippe **COURGEON**

DIRECTEUR GÉNÉRAL ARKÉA IMMOBILIER CONSEIL

FORMATION lycée Charles de Foucauld et lycée de l'Harteloire à Brest - maîtrise de gestion (Ecole supérieure de gestion de Paris, 1985)

PASSIONS le football anglais en général et Liverpool en particulier, les sports nautiques et la géopolitique (au travers de lectures)

Philippe Courgeon ne marchera jamais seul*. Fidèle à l'hymne du kop du club de Liverpool, dont il est un grand fan, il fonde la réussite de tout projet professionnel sur le partage d'expériences et l'esprit collectif. Un principe de management qu'il applique depuis ses débuts dans la grande distribution (Rallye Super) de 1988 à 1992. Entré dans le groupe Crédit Mutuel Arkéa en 1992, il occupe, jusqu'en 2010, plusieurs fonctions de direction au sein de Financo, la filiale de crédit à la consommation : directeur de réseau (1992-1997), directeur commercial (1997-2004), directeur prévision gestion des risques (2004-2010). Il contribue ainsi à son rayonnement national depuis la Bretagne. Avec Europim dont il devient directeur général en 2010, Philippe Courgeon se voit proposer un nouveau challenge : le conseil et l'investissement immobiliers. Puis ce sera la direction générale d'Arkéa Immobilier Conseil qu'il assume à partir de 2013.

* You will never walk alone.

CRÉDIT MUTUEL ARKÉA - 1 RUE LOUIS LICHOU - 29480 LE RELECQ-KERHUON • TÉL. 02 98 00 22 22

COMMUNE

Karine **COZ ELLEOUET**

PREMIÈRE ADJOINTE AU MAIRE DE BREST

FORMATION Ingénieure (Ecole Nationale Supérieure d'Ingénieurs de Limoges, 1997)

Après avoir réussi le concours d'entrée d'ingénieure territoriale en 1998, Karine Coz Elleouet débute à Brest Métropole pour s'occuper du suivi de projets de reconstruction de stations d'épuration. Elle prend ensuite des fonctions de management et de responsabilité de service, puis intègre, fin 2010, l'équipe projet en charge de la création de la première Société Publique Locale dans le domaine de l'eau : Eau du Ponant SPL. Elle y est directrice clientèle et y a également géré la communication et les contrats de Délégation de Service Public avec les actionnaires.

Parallèlement, Karine Coz Elleouet s'est engagée dans la vie publique. Après avoir rejoint le Parti Socialiste en 2002, elle exerce le mandat d'adjointe au maire de Brest, en charge de la politique de la petite enfance, de 2008 à 2020. Co-présidente du Réseau Français de Villes Educatrices de 2014 à 2017, elle siège depuis 2016 en tant que personnalité qualifiée au Haut Conseil de la Famille de l'Enfance et de l'Âge. Depuis juillet 2020, elle est première adjointe au maire de Brest en charge de la coordination de l'action municipale et d'une délégation à l'égalité femme homme et à la lutte contre les discriminations.

VILLE DE BREST - 2 RUE FRÉZIER - BP 92206 - 29222 BREST CEDEX 2 • TÉL. 02 98 00 81 00

TEXTILE

Erwann **CREAC'H**

PDG D'A L'AISE BREIZH

FORMATION Lycée Notre Dame de Guingamp - CAP ET BEP de vente BTS action commerciale.

Fin des années 80, Erwan Créac'h et Xavier Richard, alias El Globos, se côtoient sur les premières éditions du festival Tamaris Rock à Morlaix. Ils se revoient en 1996 à Paris et délirent sur la Bretagne, qu'ils aiment bien quand elle est rigolarde et festive. D'où l'idée de créer des dessins mettant en exergue, avec une autodérision affichée, le penchant légendaire des bretons pour les soirées bien arrosées. Humour à consommer sans modération et qui se retrouve sur une série de tee-shirts vendus par Erwan Créac'h sur les marchés bretons. En 1999, c'est l'ouverture d'un premier magasin à Morlaix. Les tee-shirts « Bob Morlaix » ou « Chez Guevarrec » font un tabac. Mais que dire de la bigoudène bondissante ? Aujourd'hui 1 300 000 stickers ont été vendus devenant au fil des mois un signe de reconnaissance des Bretons partout dans le monde. Et les produits dérivés se multiplient, commercialisés par 200 revendeurs.

A l'aise Breizh n'est plus une pochade mais bel et bien une entreprise qui emploie 80 salariés. Et la bigoudène n'en finit pas d'être féconde : en 2009, Erwann Créac'h ouvre une brasserie « A l'Aise Breizh Café » à Vannes, puis une seconde à Brest qui s'ajoutent aux 21 magasins en Bretagne, détenus en propre par l'entreprise. En avril 2018, la société collabore avec la préfecture du Finistère pour une campagne de sensibilisation de la Sécurité routière.

A L'AISE BREIZH - ZA DE LANGOLVAS - BP 37329 - 29673 MORLAIX • TÉL. 02 98 63 85 75

MÉDIAS

Philippe **CRÉHANGE**

RÉDACTEUR EN CHEF DU MENSUEL DE RENNES

FORMATION St-Gabriel à St-Laurent-sur-Sèvre et St-Joseph à La Roche-sur-Yon - Licence Communication Ecole française des attachés de presse et des professionnels de la communication à Paris

PASSIONS la politique (en tant qu'observateur), les réseaux sociaux et nouveaux médias, la généalogie et le tennis

PUBLICATIONS co-auteur du Guide de la presse (2002)

Philippe Créhange débute sa carrière en 1997 à Saint-Ouen comme chargé de communication pour Le Parisien/Aujourd'hui en France avant de participer à la constitution de la société familiale ACI (logiciels de gestion d'entreprise) (1998-2000). Il revient ensuite vers la presse comme journaliste pour La Correspondance de La Presse, une lettre quotidienne spécialisée sur l'actualité des médias (2000-2003), puis journaliste du Parisien/Aujourd'hui en France (2003-2006). En 2010, il intègre Le Journal des Entreprises (JDE), mensuel économique édité par la société Manche Atlantique Presse. Responsable de l'édition Ille-et-Vilaine (2006), il devient rédacteur en chef adjoint en charge des hors-séries en 2010. Nommé rédacteur en chef du JDE en 2013 ainsi que rédacteur en chef de la Radio des entreprises lancée par le JDE, il rejoint le groupe Télégramme en mars 2016 en tant que grand-reporter. Parmi les moments marquants de son parcours, Philippe Créhange retient son reportage en 1996 pour le magazine Armées d'Aujourd'hui. Dans le cadre du service militaire, en Bosnie-Herzégovine, il suit alors les forces françaises du détachement Air à l'aéroport de Sarajevo.
Il devient chef du bureau rennais du quotidien Le Télégramme en avril 2016 et coiffe une casquette supplémentaire en devenant également rédacteur en chef du Mensuel de Rennes en novembre 2017.

LE TÉLÉGRAMME - 30 PL. DES OTAGES - 29600 MORLAIX • TÉL. 02 98 62 11 33

COMMUNE

François **CUILLANDRE**

MAIRE DE BREST - PRÉSIDENT DE BREST MÉTROPOLE

FORMATION IEP Paris (1984) ; docteur en droit (faculté de droit de Brest, 1989) ; Ecole nationale des impôts de Clermont-Ferrand

PASSIONS le sport et les biographies

François Cuillandre débute comme inspecteur des impôts (1980-1988) avant de devenir chargé de mission au cabinet de Louis Le Pensec, alors ministre des Dom-Tom. De 1993 à 1997, il est maître de conférences en droit public à l'Université de Bretagne Occidentale. Une carrière qui se déroule parallèlement à un engagement politique depuis 1977, date de son adhésion au PS. De l'étudiant adhérant à l'Unef au député-maire de Brest, l'ascension de François Cuillandre sera régulière au sein de sa famille politique. Et les responsabilités s'enchaîneront : député du Finistère (1997-2002), conseiller régional (1998-2001), premier secrétaire fédéral du PS dans le Finistère (1990-2000). Sans oublier son engagement à Brest, comme adjoint du maire Pierre Maille (1989-1998), puis conseiller municipal (1998-2001) avant qu'il ne prenne les rênes de la cité brestoise en 2001. Il devient cette même année président de la communauté urbaine, aujourd'hui Brest métropole.
Il est réélu maire en juin 2020.

VILLE DE BREST - 2 RUE FRÉZIER - BP 92206 - 29222 BREST CEDEX 2 • TÉL. 02 98 00 81 00

DÉPARTEMENT

Maël **DE CALAN**

PRÉSIDENT DU CONSEIL DÉPARTEMENTAL DU FINISTÈRE

FORMATION Sciences Po Paris (2003) ; HEC (2006) ; Sorbonne université (2006)

PASSIONS la voile

PUBLICATIONS La tentation populiste (Ed.de l'Observatoire, 2018) ; La vérité sur le programme du Front National (Ed. Plon, 2016) ; participation à : Une crise devenue française, Éric Woerth et la boîte à idées (Ed.de l'Archipel, 2015)

Originaire du Haut-Léon dans le Finistère, Maël de Calan a été analyste financier chez UBS, associé chez Butler Industries, directeur financier de ManRos Therapeutics à Roscoff et consultant chez McKinsey (jusqu'en 2021). Issu d'une famille engagée dans la vie publique depuis des décennies, il milite en politique dès ses 18 ans en entrant au RPR. Il a été responsable des jeunes de l'UMP, avant d'entrer au bureau politique du parti en 2013 et de devenir secrétaire national à la prospective. Il a également présidé la fédération départementale LR du Finistère. Candidat aux législatives en juin 2017, il quitte Les Républicains en juin 2019.
Le premier mandat de Maël de Calan date de 2014 lorsqu'il est élu conseiller municipal de Roscoff. Il sera réélu en 2020. Il est par ailleurs élu en 2015 conseiller départemental du canton de Saint-Pol-de-Léon. Elu président de l'Alliance pour le Finistère, rassemblant l'opposition de la droite et du centre au sein de l'assemblée, il se présente aux élections départementales de 2021. Et le Finistérien est élu le 1er juillet 2021.

CONSEIL DÉPARTEMENTAL DU FINISTÈRE - 32 QUAI DUPLEIX - 29196 QUIMPER CEDEX • TÉL. 02 98 76 20 20

SPORT PROFESSIONNEL

Michel **DESJOYEAUX**

NAVIGATEUR

FORMATION bac D

DISTINCTIONS Légion d'honneur (2005); Mérite maritime; marin de l'année FFVoile (2001, 2007 et 2009).

PUBLICATIONS coauteur de « L'enfant de la Vallée des Fous » (Gallimard); « Coureur des Océans »; « Vues de mer » (Odile Jacob 2009 et 2010)

Petit dernier d'une famille de 7 enfants, baigné tout jeune dans le monde du chantier naval familial de Kerleven, « Mich' Desj' » développe un sens aigu de la débrouillardise en construisant des rêves de bateaux. En 1983, c'est un été de navigation sur Pen Duick VI et une saison sur le catamaran de Philippe Jeantot qui lui ouvrent les horizons du large : un tour du monde en équipage avec Éric Tabarly lors de la Whitbread 1985. Michel Desjoyeaux deviendra le marin le plus titré de la course au large en solitaire : 2 Vendée Globe (2001, 2009), 3 Solitaire du Figaro (1992, 1998, 2007), 1 Route du Rhum (2002), 1 Transat AG2R (1992), 1 Transat anglaise (2004), le Record SNSM et une Transat Jacques Vabre (2007), une Istanbul Europa Race (2009). L'année 2011 marque un tournant et un retour aux sources : celles du trimaran océanique. En 2013, il est 7e de la Solitaire du Figaro et vainqueur de l'Artemis Challenge ainsi que de la Rolex Fastnet Race.
Michel Desjoyeaux est aussi un inventeur : il a mis au point une quille pendulaire et créé le premier bout-dehors orientable. Pour le Concarnois, la transmission est essentielle. Transmission de savoir-faire mais aussi de valeurs, à l'image de son père, résistant dans le mouvement de Philippe Vianney, fondateur de l'école de voile des Glénans. Il est désormais à la tête d'une écurie de course au large, « Mer Agitée » où il met au service des jeunes skippers sa riche expérience. En 2016, le « professeur » a rejoint comme consultant BFM Sport et RMC pendant la durée du Vendée Globe.

MER AGITÉE - TERRE-PLEIN DU PORT - PORT-LA-FORÊT - 29940 LA FORÊT-FOUESNANT • TÉL. 02 98 56 82 85

IMPRIMERIE

Christophe **DUDIT**

PDG DE CLOÎTRE IMPRIMEURS

FORMATION DUT en génie mécanique et productique (1996); spécialisation en Qualité de la production (1998)

PASSIONS rugby et rock'n'roll.

S'il avait un père imprimeur, c'est un peu par hasard que Christophe Dudit s'est retrouvé dans la profession. Il débute sa carrière en 1998 en tant que responsable qualité chez Armi, société bordelaise de réparation maritime et industrielle spécialisée en mécanique et chaudronnerie. Curieux par nature, il devient responsable informatique, puis chargé d'affaires. Ce qui le motive depuis toujours, c'est la notion de « travailler ensemble pour progresser ». Il aime fédérer les équipes, convaincu que seul, on va plus vite, mais qu'ensemble, on va plus loin.
En 2000, Christophe Dudit rejoint l'imprimerie Korus à Bordeaux. Responsable qualité et informatique, responsable achat puis responsable production, il prend la direction du site en 2005 et envisage de le racheter, mais le projet n'aboutit pas. En 2011, il entame le rachat de Cloître imprimeurs et en devient le président en 2012. Il s'inscrit dans une logique de transmission et de pérennisation de l'outil et des emplois dans la région. Le Finistère lui plaît car il y trouve une authenticité et des valeurs fortes qui lui correspondent et lui rappellent sa région d'origine, la Vendée. Vivre en Bretagne le rapproche aussi de l'Irlande, un pays qu'il affectionne car là-bas « il n'y a pas d'étranger, il n'y a que des amis que l'on n'a pas encore rencontrés ». De 2016 à 2020, il a été président national de Impriclub, société coopérative regroupant des imprimeurs français et espagnols.

CLOÎTRE - ZA CROAS AR NEZIC - 29800 SAINT-THONAN • TÉL. 02 98 40 18 40

DÉVELOPPEMENT ÉCONOMIQUE

Françoise **DUPRAT**

DIRECTRICE DU TECHNOPÔLE DE BREST

FORMATION Inseec (Bordeaux, 1988)

PASSIONS joue de la clarinette

Françoise Duprat commence sa carrière dans un cabinet de conseils en stratégie, spécialisé dans la transmission d'entreprises. Elle exerce en parallèle comme formatrice en communication puis part à Lomé au Togo où elle crée et gère un département librairie-papeterie pour un groupe d'import-export. C'est en 1998 qu'elle s'installe à Brest avec sa famille et en 1999 qu'elle entre au technopôle en tant qu'assistante de projets. Devenue chef de projets, elle se spécialise dans l'accompagnement à la création d'entreprises et l'aide au développement d'entreprises. Elle suit alors les projets innovants, notamment les start-up de l'incubateur Emergys. Elle gère ainsi un projet européen sur la pollution marine, contribue à la mise en place du pôle de compétitivité Mer Bretagne Atlantique. Elle prend la fonction de directrice adjointe en 2014.
Alliant compétences techniques, persévérance, énergie et curiosité, Françoise Duprat est nommée au poste de directrice du technopôle Brest-Iroise en 2017. Elle, qui apprécie de se « bouger pour le territoire », continue à accompagner la création d'entreprises, par goût, tout en manageant une quinzaine de salariés. D'un tempérament enjoué, aimant les relations humaines, elle s'occupe désormais plus particulièrement de stratégie et d'ingénierie financière. Au service des quelques 200 adhérents de la structure mais aussi du Finistère nord, une terre pétrie de solidarité et de valeurs qui « oblige à être meilleur pour être visible ».

TECHNOPOLE BREST IROISE - 525 AVENUE ALEXIS DE ROCHON - 29280 PLOUZANÉ • TÉL. 02 98 05 44 51

COMMUNE

Jacques **EDERN**

MAIRE DE SIBIRIL - PRÉSIDENT DE HAUT-LÉON COMMUNAUTÉ

FORMATION École d'agriculture du Nivot à Loperec - Institut des hautes études de droit rural et d'économie agricole (1984) ; DESS gestion des entreprises (La Sorbonne, Paris, 1985)

DISTINCTIONS chevalier de l'ordre national du Mérite 2016

PASSIONS les voyages.

Agriculteur de profession, Jacques Edern est maire de Sibiril depuis 2001 et vice-président de Haut-Léon communauté (ex communauté de communes du Pays Léonard). De 2004 à 2015, il siège à l'assemblée départementale où il participe aux travaux de la commission des Finances, de l'évaluation et du service public départemental. En 2020, il est de nouveau réélu maire puis est élu président de Haut-Léon communauté. Par ailleurs, Jacques Edern a présidé Vegenov BBV, centre de recherche autour du végétal.

VILLE DE SIBIRIL - 1 PL. DE LA MAIRIE - 29250 SIBIRIL • TÉL. 02 98 29 91 57

ETAT

Alain **ESPINASSE**

PRÉFET DU FINISTÈRE

FORMATION maîtrise d'Histoire contemporaine; ENA (promotion Copernic, 2002-2004)

DISTINCTIONS chevalier de la Légion d'honneur; chevalier de l'Ordre du mérite; officier du Mérite agricole

Après l'ENA, Alain Espinasse commence sa carrière au ministère de l'Intérieur en tant qu'administrateur civil. Il devient sous-préfet, directeur de cabinet du préfet de l'Ain en 2002 puis sous-préfet en mission auprès du préfet de la région Provence-Alpes-Côte d'Azur en 2004. Il sera ensuite secrétaire général pour les préfectures de la région Rhône-Alpes, en Eure-et-Loir, en Basse-Normandie et en Essonne. Il devient préfet de l'Indre en 2014. Deux ans plus tard, il prend la fonction de secrétaire général adjoint du ministère de l'Intérieur puis rejoint la préfecture de Haute-Savoie en 2020. Il signera l'arrêté de protection du Mont-Blanc au cours de son passage à la tête de la préfecture. Il occupe ensuite le poste de directeur de cabinet de la présidente de l'Assemblée nationale, Yaël Braun-Pivet, en 2022. Alain Espinasse est nommé préfet du Finistère en août 2023.

PRÉFECTURE DU FINISTÈRE - 40-42 BD DUPLEIX - 29320 QUIMPER CEDEX • TÉL. 02 98 76 29 29

AGROALIMENTAIRE

Gilles **FALC'HUN**

PDG DU GROUPE SILL

FORMATION maitrise de droit (faculté de droit, Rennes) ; ingénieur de l'Ensaia (Ecole nationale supérieure d'agronomie et des industries alimentaires de Nancy)

DISTINCTIONS Officier du mérite agricole ; chevalier de la Légion d'honneur (2015) ; Entrepreneur de l'année 2015 (Prix EY-L'Express)

PASSIONS Le sport en général, le football et particulièrement le Stade Brestois

Après avoir obtenu son diplôme de l'Ecole nationale supérieure d'agronomie et des industries alimentaires, Gilles Falc'hun revient au Pays des Abers. Il entre alors comme cadre à la Sill, l'entreprise, cofondée par son père en 1962 et issue du regroupement de deux beurreries familiales : Falc'hun à Bourg-Blanc et Léon à Plouvien. Devenue aujourd'hui un groupe laitier fédérant plusieurs PME, la Sill emploie près de 1000 salariés, essentiellement en Bretagne mais aussi à l'international. L'actuel PDG est pour beaucoup dans ce développement. La Bretagne comme port d'attache, le monde comme horizon, tel est le crédo de Gilles Falc'hun, qui préside depuis 2012, Bretagne commerce international. « Nous travaillons depuis plus de 15 ans à l'international. Cela n'a pas été évident à mettre en place. Mais aujourd'hui, aller vers les pays émergents, c'est indispensable ! » Précurseur, le Finistérien l'a aussi été il y a 25 ans en fondant, avec d'autres dirigeants, l'agence de développement économique du Pays des Abers. « En se regroupant, nous avons montré depuis longtemps le dynamisme de notre bout de Bretagne, et obtenu des financements », souligne-t-il avec malice. S'il voit loin, le dirigeant n'oublie pas sa commune d'origine. Maire de Bourg-Blanc de 1983 à 2008, il est toujours élu au conseil municipal.
Réélu président du directoire de Bretagne Commerce international (BCI) en 2018, il cède sa place en octobre 2021.

SILL - LE RADEN - 29860 PLOUVIEN • TÉL. 02 98 40 90 30

COMMERCE ET DISTRIBUTION

Gwenaëlle **FICHOU**

PRÉSIDENTE D'AUTODISTRIBUTION FICHOU

FORMATION DUT gestion des entreprises et administration (IUT de Brest, 1994)

PASSIONS faire du wingfoil, du yoga, de la course à pied pour se ressourcer, jardiner

Rien ne prédisposait cette sportive de haut niveau à prendre un jour la responsabilité d'une entreprise spécialisée dans la vente et la distribution de pièces auto-poids-lourds : Autodistribution Fichou. A part, sans nul doute, un tempérament et une énergie hors du commun qui ne fait jamais rien lâcher à Gwenaëlle Fichou. Après ses titres sportifs, elle effectue son DUT pour aider son mari qui reprend la société familiale. Elle exerce des emplois de comptable à la Brittany ferries puis chez Magic surf, entre 1995 et 2000. Devenue dirigeante à la suite du décès de son mari en 2014, elle ne cesse depuis de relever des défis et de lutter contre les à priori... Sa première action est de moderniser l'entreprise, tout en rassurant les équipes et en s'appuyant sur leur savoir-faire. Femme de caractère, elle n'hésite cependant pas à se faire aider par un consultant en management. Avec son envie de changer les mentalités, elle met au point une ligne de conduite claire :

les salariés doivent travailler avant tout pour eux et non pas «pour faire plaisir à la patronne». Son rôle à elle est d'ouvrir leurs perspectives. Elle informatise l'entreprise, essaie «d'apporter de l'efficience», instaure de nouvelles règles et met en place des actions RSE.
Huit ans plus tard, Gwenaëlle Fichou continue à prendre des décisions «contre vents et marées», passant l'essentiel de son temps dans sa société et s'efforçant toujours de ramener de l'énergie positive. Loin de se reposer sur ses lauriers, elle veut garder le cap, dans une remise en cause permanente. A la fois fière d'avoir fait progresser l'effectif de 40 personnes et d'avoir mis ses enfants «sur de bons rails». Nourrie également par son amour de la mer, elle a réussi à transformer une difficulté en opportunité.

FICHOU - 20 RUE GUSTAVE ZÉDÉ - ZI KERGONAN - BP 24 - 29801 BREST CEDEX 9 • TÉL. 02 98 42 42 42

AGROALIMENTAIRE

Freddie **FOLLÉZOU**

DIRIGEANT D'OCÉANIQUES RESTAURATION

FORMATION autodidacte

PASSIONS la mer, la voile, le football

Freddie Follézou débute très tôt dans la vie professionnelle : à 16 ans, il est engagé comme manutentionnaire dans le laboratoire pharmaceutique SmithKline. Il évolue ensuite dans des fonctions logistiques, tout en suivant, à 17 ans, une formation à la création d'entreprise. Devenu chargé des approvisionnements en emballages de lignes de fabrication mais désireux de revenir à ses origines bretonnes, il postule chez Tipiak en 1987. Il est recruté pour assurer la transition de la production de conserves vers les plats cuisinés surgelés. Formé en informatique, il s'occupe de la gestion et de l'informatisation de cette production. Son Cdd se transforme en Cdi et il devient le bras droit du directeur de production. Il est débauché en 1990 pour prendre en charge l'usine Terrines de l'Océan à Carhaix. Deux ans plus tard, il réalise enfin son rêve en rachetant l'entreprise et la fait évoluer pour devenir Océaniques Restauration. Employant 13 salariés, elle est spécialisée dans la fabrication de terrines végétales et de la mer, salades et marinades pour les professionnels de la restauration.
En 2020, Freddie Follézou est élu vice-président de Lorient Agglomération, chargé du développement économique et de l'emploi ainsi que président d'AudéLor (Agence d'urbanisme, de développement économique et Lorient Technopôle). Il devient également président de la Commission Mer & Littoral qui gère les fonds européens destinés à soutenir la pêche, l'aquaculture et la conchyliculture et membre du Groupement Interportuaire «Pêche de Bretagne». En janvier 2023, il renonce à ses mandats électifs pour «raisons personnelles».

OCÉANIQUES - 7 RUE PLÉVEN - PA DE KERVOASDOUÉ - 29270 CARHAIX-PLOUGUER • TÉL. 02 98 93 19 19

INTERCOMMUNALITÉ

Tristan **FOVEAU**

VICE-PRÉSIDENT DE BREST MÉTROPOLE

FORMATION Master 2 de droit public (université de Lille, 2014) ; Certificat d'aptitude à la profession d'avocat (2017)

Tristan Foveau débute professionnellement en 2015 comme consultant juridique à la direction des libertés publiques et des affaires juridiques (DLPAJ) du ministère de l'Intérieur. Il exerce ensuite, de février 2016 à mars 2017, les fonctions de chef adjoint du cabinet du garde des Sceaux, ministre de la Justice. Depuis 2017, il est consultant en droit et métier de la sécurité intérieure au sein du groupe Sopra Steria où il mène diverses missions de conseil en transformation numérique pour les ministères des Armées et de l'Intérieur. Tristan Foveau a également contribué à fonder en 2017 le cercle de réflexion sur les politiques publiques «L'Hétairie».
Depuis juin 2020, le Brestois est vice-président de Brest métropole en charge de la gestion durable des déchets et des opérateurs d'énergie. Il est nommé président de PEBreizh, le Pôle énergie Bretagne, en novembre de la même année.

BREST MÉTROPOLE - 24 RUE COAT-AR-GUÉVEN - CS 73826 - 29238 BREST CEDEX 2 • TÉL. 02 98 33 50 50

PÊCHE ET AQUACULTURE

Yves **FOËZON**

DIRECTEUR DES PÊCHEURS DE BRETAGNE

FORMATION DESS gestion d'entreprise (université du Maine, 1997) ; master IAE formation en ingénierie juridiques financière IGRIAE (Institut de Gestion de Rennes, 2002)

PASSIONS la famille, le golf

Etudiant, Yves Foëzon se destinait à travailler dans le milieu de l'insertion après un premier contact probant mais c'est vers l'économie sociale qu'il se dirige finalement. Il devient secrétaire général de l'Association régionale du développement de la coopération maritime Morbihan et Loire Atlantique en 1998. Sa mission principale est alors de monter des dossiers financiers pour des structures de la filière pêche. Le secteur l'intéresse et il a l'opportunité de prendre la fonction de directeur adjoint puis directeur de Proma, une coopérative maritime de producteurs, de 2000 à 2010. Il choisit ensuite de faire un master pour se spécialiser en stratégie. Après une première fusion d'organisations de producteurs, il occupe le poste de directeur adjoint de PMA de 2010 à 2014. Celle-ci fusionnant avec une 3e coopérative, il en reste le directeur adjoint puis, après la création de Pêcheurs de Bretagne, il est nommé directeur en juillet 2016.
Dans un cadre de travail fait de contraintes et de règles, Yves Foëzon se doit d'être pragmatique, réactif, toujours en anticipation et... diplomate. Les relations avec les marins ne sont pas toujours faciles mais il apprécie leur authenticité et partage leurs valeurs. Passionné par son métier, le Costarmoricain doit effectuer la «synthèse des réalités locales, transmettre les messages

communautaires, avec le souci de trouver de nouveaux équilibres économiques tout en préservant les océans». Totalement engagé dans la défense des adhérents de la plus importante organisation de pêcheurs en Europe.

LES PÊCHEURS DE BRETAGNE
- 7 RUE FÉLIX LE DANTEC - CREAC'H GWEN
- BP 61225 - 29102 QUIMPER • TÉL. 02 98 10 11 11

SANTÉ

Irène **FRACHON**

MÉDECIN PNEUMOLOGUE AU CHU DE BREST

FORMATION docteur en médecine, spécialité pneumologie (1988) ; DEA (greffe de tissu et transplantation d'organes)

DISTINCTIONS prix Ethique 2011 (association Anticor) ; prix Prescrire 2011 ; prix Tartuffe 2010 par l'Observatoire de la Censure

PASSIONS la musique

PUBLICATIONS « Mediator 150 mg. Combien de morts ? » (Editions Dialogues-2010)

Irène Frachon se spécialise dans l'hypertension pulmonaire artérielle après un apprentissage dans le centre de référence national de l'hôpital Antoine Béclère à Clamart. En 1996, elle intègre le service pneumologie du CHU de Brest. Elle se fait connaître par son combat farouche dans l'affaire du Médiator. Dès 2007, elle constate que ses patients traités au benfluorex (principe actif du médicament coupe-faim Médiator) souffrent, dans des proportions anormales, de valvulopathie (maladie des valves cardiaques) aux conséquences possiblement mortelles. Irène Frachon avait déjà été alertée de la dangerosité d'une molécule de la même famille, la dexfenfluramine (connue sous son nom commercial Isoméride), retirée en 1997. Ses travaux aboutiront au retrait du médicament décidé par l'Agence française de sécurité sanitaire des produits de santé fin 2009. Mais son combat contre les laboratoires Servier n'est pas fini et c'est pour le faire connaître qu'elle écrit un livre « Mediator 150 mg. Combien de morts ? » en 2010. C'est la Caisse nationale d'assurance maladie qui donnera de l'ampleur à « l'affaire du Mediator » et le scandale, devenu public, prend une tournure judiciaire et politique.

La ténacité d'Irène Frachon a payé. En 2015, elle met en ligne « le manifeste des 30 », qui demande aux professionnels de santé de « reconsidérer leur liens » avec le groupe pharmaceutique Servier. Un film sur sa vie, « La fille de Brest », sort à l'automne 2016. Et le procès du Mediator s'ouvre en septembre 2019 : les laboratoires Servier sont reconnus coupables de « tromperie aggravée » et « homicides et blessures involontaires » en mars 2021.

HÔPITAL DE LA CAVALE BLANCHE
- BD TANGUY PRIGENT - BP 824
- 29609 BREST CEDEX • TÉL. 02 98 34 78 26

RECHERCHE MÉDICALE

Claude **FÉREC**

PROFESSEUR ÉMÉRITE EN GÉNÉTIQUE MÉDICALE DE L'UNIVERSITÉ DE BRETAGNE OCCIDENTALE

FORMATION lycée Anatole Le Braz à Saint-Brieuc - diplôme d'Etat de pharmacien (faculté de pharmacie de Rennes, 1976) ; doctorats de médecine (1988) et de sciences (1990) ; HDR (1992) aux facultés de médecine de Brest et Paris

DISTINCTIONS chevalier de la Légion d'honneur

PASSIONS la course à pied et la chasse à la bécasse.

PUBLICATIONS participation à l'ouvrage de J. Vailly « Naissance d'une politique de la génétique : Dépistage, biomédecine, enjeux sociaux » (PUF)

Tout en préparant sa thèse à l'Université Pierre et Marie Curie, Claude Férec a l'opportunité de créer un laboratoire de biologie moléculaire au Centre de Transfusion Sanguine de Brest. Nommé maître de conférences des universités en 1994, puis professeur des universités, praticien hospitalier en génétique en 1997, il voit son laboratoire bénéficier d'une première reconnaissance de l'Inserm en 1996 au travers d'un Contrat de recherche, transformé en Unité mixte en 2001. En 2008, elle se recrée en UMR_U613 et depuis 2012 en Unité Inserm U1078 « Génétique, Génomique Fonctionnelle et Biotechnologies ». Le labo emploie 80 personnes. Les travaux de Claude Férec portent sur l'étude des maladies génétiques (hémochromatose, pancréatite héréditaire...) et tout particulièrement la mucoviscidose. Après avoir, de 1985 à 1989, participé à la course pour l'identification du gène, ses travaux et ceux de son équipe ont porté sur l'identification des mutations du gène CFTR et plus de 200 mutations originales ont été trouvées pour la première fois dans son laboratoire. Comprendre les bases moléculaires des maladies génétiques, envisager de corriger un jour ces mutations sont parmi les enjeux de la recherche réalisée par Claude Férec et son équipe. Il passe le relais en 2017 mais reste chercheur au sein de l'unité.

Il est actuellement référent à l'intégrité scientifique de l'UBO, directeur scientifique de l'EFS Bretagne et conseiller scientifique régional de l'Inserm Bretagne.

UMR 1078 - GÉNÉTIQUE, GÉNOMIQUE FONCTIONNELLE ET BIOTECHNOLOGIES
- GGB - UFR MÉDECINE
- 22 AVENUE CAMILLE DESMOULINS
- 29238 SSREST CEDEX 3 • TÉL. 02 98 01 72 81

SPORT PROFESSIONNEL

François **GABART**

NAVIGATEUR

FORMATION collège-lycée en Charente - INSA de Lyon (2007)

DISTINCTIONS chevalier de la Légion d'honneur (2013)

PASSIONS la voile, le kayak, le vélo, le surf, le ski et la nature

L'appel du grand large, François Gabart l'a eu à l'âge de 7 ans. Sa famille embarque pour une année sabbatique sur l'Océan Atlantique et le jeune garçon contracte de manière irréversible le virus de la voile. Dès son retour en France, et durant dix ans, il pratique le dériveur et prend part à diverses compétitions de haut niveau. De 2001 à 2005, sur Tornado, il suit la préparation olympique en équipe de France. Et son choix s'affirme : devenir skipper professionnel. Entre 2005 et 2007, le Charentais vit ses premiers bords en course au large et

intègre le Pôle France Finistère Course au large. 2010 est un nouveau cap : champion de France de course au large en solitaire, il est sélectionné par Michel Desjoyeaux pour courir la Barcelona World Race. 4e de la Transat Jacques Vabre 2011, puis vainqueur de la Transat B to B, sa première course en solitaire en Imoca, François Gabart devient le plus jeune vainqueur du Vendée Globe en janvier 2013. Il gagne la Route du Rhum en 2014 en établissant un nouveau record de l'épreuve de sa catégorie et remporte avec Pascal Bidégorry la Transat Jacques Vabre en 2015. Le skipper du maxi-trimaran Macif arrive 1er de la transat anglaise en mai 2016, sa première course en solitaire sur un trimaran. En 2017, il remporte la transat The Bridge (Saint-Nazaire - New-York) en juin et pulvérise le record du tour du monde en solitaire en décembre ! Il arrive 2e de la Route du Rhum en novembre 2018, idem 4 ans plus tard sur son nouveau bateau, l'Ultim SVR – Lazartigue. Il gagne la Rolex Fastnet Race en juillet 2023 et bat le record de la course.
Créateur par ailleurs de l'écurie de course au large Merconcept en 2006, il lance le projet Vela début 2023 : concepteur et armateur de voiliers-cargos pour un transport maritime 100 % à la voile.

MERCONCEPT - 5 QUAI EST
- 29900 CONCARNEAU • TÉL. 02 98 98 90 29

ENERGIES RENOUVELABLES

Herveline **GABORIEAU**

DIRECTRICE GÉNÉRALE DE FRANCE ENERGIES MARINES

FORMATION diplôme d'ingénieure systèmes énergétiques (Insa, 1997) ; doctorat en sciences thermiques (université technique de Berlin et université technologique de Nancy, 2000)

PASSIONS les activités sportives et la randonnée en particulier ; les échanges humains

A la fois ingénieure et scientifique, Herveline Gaborieau commence son parcours en tant qu'ingénieure R & D au sein du groupe Valeo en 2001. Puis elle évolue dans des responsabilités d'experte et responsable de pôles dans la division systèmes thermiques en Sarthe. Elle rejoint ensuite une des sociétés du groupe allemand GEA, à Nantes, au poste de responsable R & D pour créer l'activité de développement de nouvelles générations d'échangeurs thermiques en 2007. Elle est promue directrice R & D d'une ligne de produits en 2011 avant de prendre la direction R & D du segment échangeurs thermiques du groupe. Toujours portée par son intérêt pour l'industrie, les sciences, l'innovation, elle choisit de relever un nouveau défi en intégrant en 2013 l'IRT Jules Verne, dans sa phase de création, comme directrice des programmes et des projets.
Cette corde rajoutée à son arc, Herveline Gaborieau devient responsable du développement et de la valorisation chez France Énergies Marines en 2016. Elle est nommée directrice générale adjointe en 2022 puis directrice générale en janvier 2023. Déterminée, elle remplit désormais sa feuille de route pour accompagner l'essor de la filière industrielle de l'éolien en mer. Très consciente des enjeux, la dirigeante apprécie de construire ce projet avec toutes les parties prenantes : elle définit la stratégie de l'institut avec les sociétés qui se développent sur ce marché et les experts scientifiques nationaux, accompagne une équipe en forte croissance, mène des actions de communication et de mise en valeur des entreprises locales pour faire connaître la filière. Elle se déplace également dans toute la France pour aider les structures à prendre « les bonnes décisions » en misant sur le collectif. Des missions fédératrices qui lui correspondent totalement.

FRANCE ÉNERGIES MARINES
- BÂTIMENT CAP OCÉAN
- 525 AV. ALEXIS DE ROCHON
- 29280 PLOUZANÉ • TÉL. 02 98 49 98 69

CULTURE

Igor **GARDES**

DIRECTEUR DU FESTIVAL DE CORNOUAILLE

FORMATION DEA de musicologie en arts du spectacle, option musicologie (Université de Rennes, 1997)

PASSIONS La musique, la pêche et la cuisine.

Organiste, Igor Gardes s'est toujours dit qu'il préférait aider et promouvoir les musiciens, plutôt que de devenir musicien professionnel lui-même. Peu après ses études, il intègre donc l'équipe de la compagnie Un Théâtre Pour la Musique (TPM) en tant qu'assistant de production. En 1999, il rejoint la Scène nationale de Quimper au titre de chargé de production. Porté par sa passion pour la musique, et notamment pour la musique bretonne et celtique, il monte progressivement les échelons. Il occupe le poste d'administrateur du Festival Ouest Nord-Ouest, puis celui d'administrateur de la Scène nationale. En 2012, il quitte Quimper pour Rennes. Il devient alors administrateur général adjoint de l'Orchestre Symphonique de Bretagne de novembre 2012 à décembre 2013. Puis, Igor Gardes relève un nouveau défi. Recruté par le Festival de Cournouaille en janvier 2014, il prend la direction de l'organisation quimpéroise. Il veut continuer de mettre en œuvre la rencontre entre les musiciens et le public, dans une région qu'il affectionne. Ce fils de gendarme, qui a beaucoup voyagé, s'est créé des attaches fortes en Bretagne.

FESTIVAL DE CORNOUAILLE
- 5 BIS RUE DE KERFEUNTEUN - BP 71315
- 29103 QUIMPER CEDEX • TÉL. 02 98 55 53 53

DÉVELOPPEMENT ÉCONOMIQUE

Jean-François **GARREC**

PRÉSIDENT DE LA CCIMBO - DÉLÉGATION DE QUIMPER

FORMATION collège-lycée à Saint-Evarzec - CAP Charcutier-Traiteur

DISTINCTIONS chevalier de l'Ordre du Mérite Maritime (2017) de la Légion d'honneur (2011) et de l'Ordre national du Mérite (2004) ; « Mérite au développement durable » Premier Prix européen de l'innovation industrielle (2006) ; médaille du travail « Grand Or » (2008) ; Médaille d'honneur régionale, départementale et communale (1998)

PASSIONS l'économie locale, la gastronomie et les Antilles.

PUBLICATIONS « Entreprendre en Cornouaille » (tomes 1 et 2 - 2011 et 2012)

Apprenti charcutier dès 14 ans à Quimper, Jean-François Garrec occupe, à partir de 1968, divers postes dans l'agroalimentaire en fabrication et commercialisation. 1986 marque un tournant. L'autodidacte crée la société Gartal/Maréval à Saint-Evarzec qu'il cède en 1995. Il reprend alors la Biscuiterie Filet Bleu, en liquidation judiciaire. L'installation à Saint-Evarzec, dans une usine ultra moderne, dynamise l'entreprise. En 2010, il se retire de la présidence. Il est aujourd'hui président d'une holding familiale, propriétaire de PME en agroalimentaire (biscuiterie, crêperie) qu'il aide à se développer. Conseiller municipal de Saint-Evarzec (1977-1995), il a été membre du Comité régional du tourisme (1992-1998), conseiller régional (1992-2004), président du Conseil de surveillance de la Mirceb et de l'Adria (1991-2004) et président du lycée agricole de Bréhoulou à Fouesnant (1991-2004). Sa carrière évolue avec la prise de responsabilités consulaires. En 2004, il devient le président de la CCI Quimper Cornouaille, mandat renouvelé en 2011. Il siège au bureau et au comité directeur de CCI France. Il devient, en 2012, président du Cefac. Premier vice-président de la CCI Bretagne, il en est élu président en janvier 2016. Réélu en décembre de la même année, il est aussi vice-président de la CCIMBO. Il laisse la place en 2021 puis est élu président de la délégation de Quimper en juillet 2022.
Jean-François Garrec s'engage par ailleurs sur le terrain du soin. Il est membre du Comité de soutien de la Fédération leucémie espoir (2010).

CCIMBO - DÉLÉGATION DE QUIMPER - 145 AVENUE DE KÉRADENNEC - 29330 QUIMPER CEDEX • TÉL. 02 98 98 29 29

SANTÉ

Martine **GILARD**

PROFESSEUR DE MÉDECINE EN CARDIOLOGIE AU CHU DE BREST - PRÉSIDENTE DE LA SOCIÉTÉ FRANÇAISE DE CARDIOLOGIE

FORMATION collège-lycée à Clermont Ferrand - internat des hôpitaux de Brest; certificats de cardiologie et de radiologie (Paris)

DISTINCTIONS Victoire de la Médecine (2009); chevalier de la Légion d'honneur (2010)

PASSIONS la médecine, les sports et les voyages

PUBLICATIONS articles médicaux, chapitres d'ouvrages médicaux que l'on peut trouver sur le site « Pubmed »

Elle est de ceux qui font faire des bonds à la médecine. Professeur de cardiologie au CHU de Brest depuis 2007, après avoir exercé comme praticien hospitalier, Martine Gilard se retrouve sous les feux de la rampe en 2009. Le professeur remporte en effet la Victoire de la Médecine pour ses travaux menés conjointement avec le professeur Jacques Boschat et toute l'équipe du département de Cardiologie du CHU de Brest. Leur projet, particulièrement innovant, mettait en lumière les apports de la tomographie par cohérence optique. Cette technique d'imagerie médicale permet de visualiser l'intérieur et l'épaisseur des artères coronaires grâce aux rayons infrarouges.
Martine Gilard devient membre du Conseil national professionnel de cardiologie et de la Société européenne de cardiologie en 2009. En charge des groupes et filiales du bureau de la Société française de cardiologie dès 2012, elle est élue présidente en janvier 2018.

HÔPITAL DE LA CAVALE BLANCHE - BD TANGUY PRIGENT - BP 824 - 29609 BREST CEDEX • TÉL. 02 98 34 73 73

DÉVELOPPEMENT ÉCONOMIQUE

Michel **GOURTAY**

PRÉSIDENT DU TECHNOPOLE BREST-IROISE - VICE-PRÉSIDENT DE BREST MÉTROPOLE

FORMATION Études secondaires à Brest - études supérieures à Quimper et à l'Université de Rennes

Chef des ventes, puis directeur d'établissement d'une filiale du groupe BSN entre 1974 et 1980, Michel Gourtay occupe durant trois ans le poste de secrétaire général d'une société de mécanique et négoce technique. Président du centre des jeunes dirigeants (CJD) de Brest de 1983 à 1984, il est nommé en 1983 directeur général de la Chambre de commerce et d'industrie de Brest. Il coordonne les équipes d'animation économique et de conseils vers les entreprises, gère des équipements tels que le port et l'aéroport de Brest. La CCI est également chargée de la gestion d'établissements de formation (Ifac/sup'Ifac, ESC Bretagne Brest, CIEL Bretagne et Cefortech).
Michel Gourtay prend sa retraite en 2014 et poursuit son engagement dans la région brestoise en devenant 3e vice-président de Brest Métropole, chargé de l'économie. Il est élu en janvier 2018 président du technopole Brest Iroise et « continuera de développer des partenariats pour la structure au-delà du territoire brestois et à soutenir la re-labellisation de la French Tech Brest + ».

TECHNOPOLE BREST IROISE - 525 AVENUE ALEXIS DE ROCHON - 29280 PLOUZANÉ • TÉL. 02 98 05 44 51

AGROALIMENTAIRE

Christian **GRINER**

DIRECTEUR GÉNÉRAL DU GROUPE EVEN

FORMATION Lycée du Parc (Lyon) - diplôme de l'Institut National Agronomique Paris Grignon (1982)

PASSIONS Les voyages en vélo; la lecture et notamment les livres sur la montagne

C'est peut-être son oncle, cultivateur en Haute-Savoie, qui a transmis son intérêt pour l'agriculture à Christian Griner. Ambitionnant de travailler dans le développement agricole, celui-ci entame sa carrière comme chercheur à l'INRA tunisienne. Deux ans plus tard, il rejoint le Niger en tant qu'enseignant-chercheur à la faculté d'agronomie de Niamey. Son mariage avec une Bretonne en 1990 marque le début de son installation et de son investissement dans la région. Il rejoint alors le Cetiom (Centre Technique Interprofessionnel des Oléagineux Métropolitains) à Rennes avant de faire son entrée en 1992 dans le monde coopératif chez Coopagri Bretagne (future Triskalia puis Eureden). Il commence par soutenir le déploiement de la culture du colza, l'agrofourniture, puis devient en 1998 directeur de l'environnement et des relations coopératives. Il prend en charge la filiale laitière de la coopérative de 2004 à 2009. Laïta est créée cette année-là et, dans le cadre de son montage, il intègre le groupe Even au poste de directeur des ressources humaines. C'est en 2016 qu'il prend la direction générale de Laïta, direction qu'il transmettra en 2021, ayant pris celle du groupe en octobre 2020. Christian Griner apporte depuis son aide à la construction et au développement du projet Even, au service des agriculteurs adhérents et de leur revenu laitier. Passionné par les enjeux de transformation de l'alimentation, respectant davantage l'Homme et le territoire, il se sent plus que jamais porté par le travail collectif, le «coopératif». Avec la motivation d'accompagner plus de 6000 salariés sur le long terme, il veille à œuvrer avec le maximum d'écoute, de sensibilité, d'humilité et d'agilité.

GROUPE EVEN - TRAON BIHAN - CS 40003 - 29260 PLOUDANIEL • TÉL. 02 29 62 50 03

ENSEIGNEMENT SUPÉRIEUR

Bruno **GRUSELLE**

DIRECTEUR GÉNÉRAL DE L'ENSTA BRETAGNE

FORMATION DEA en combustion détonique (université de Poitiers, 1995) ; ingénieur en pyrotechnie (Ensta Bretagne, 1995) ; Institut des Hautes Études de défense nationale (IHEDN, 2019)

Bruno Gruselle entame sa carrière au sein de la direction du renseignement militaire en 1995. Il rejoint la délégation aux affaires stratégiques, au ministère de la Défense, en 1998. Chargé de mission, il y sera chef du bureau de 2003 à 2005. Il est par la suite chargé de recherches à la Fondation pour la recherche stratégique jusqu'en 2008, en charge des questions sur la défense anti-missiles, la contreprolifération et le cyber. Il est chargé de mission au sein de la délégation à la prospective et la stratégie, place Beauvau, les deux années suivantes. Devenu maître de recherche à la Fondation pour la recherche stratégique (FRS) en 2010 - notamment sur les questions de prolifération - l'ingénieur en chef de l'armement est nommé en 2013 conseiller diplomatique adjoint au cabinet du ministre de la Défense, Jean-Yves Le Drian. En 2016, Bruno Gruselle devient conseiller technique puis conseiller pour les affaires industrielles dans ce même cabinet. Il rejoint l'ENSTA Bretagne en tant que directeur adjoint en juin 2017 avant de prendre la tête de l'établissement en juillet 2020. Dans cette nouvelle mission, il prévoit de «resserrer les liens avec de nombreux partenaires, notamment avec IMT Atlantique, afin de continuer à développer le rayonnement national et international de l'école et de son centre de recherche».

ENSTA BRETAGNE - 2 RUE FRANÇOIS VERNY - 29806 BREST CEDEX 9 • TÉL. 02 98 34 88 00

CULTURE

Jacques **GUERIN**

DIRECTEUR DE QUAI OUEST MUSIQUES

FORMATION l'école de la vie... ténacité, conviction et énergie !

DISTINCTIONS partager ses passions avec ses potes...

PASSIONS La musique, le sport et général et le football en particulier

Originaire de Guérande, Jacques Guérin «atterrit» sur le sol brestois en 1978 pour y faire son service civil auprès de jeunes issus des quartiers. Il devient coordinateur du club Loisirs et action jeunesse, puis intègre l'équipe de Rock sur la Blanche jusqu'en 1989. Guidé par sa passion pour la musique, il prend alors la direction du Centre de création musicale de Brest. En 1992, il rejoint l'équipe de Grains de Folie. Puis, il prend un nouveau virage en 1994. Il crée Quai ouest musiques, agence de production de spectacles qu'il dirige toujours aujourd'hui. Avec cette agence artistique, Jacques Guérin se donne pour mission de faire découvrir de nouveaux artistes d'ici et d'ailleurs et des sons éclectiques. Il fait ainsi de sa passion son métier, tout en contribuant à la préservation des métiers du spectacle. En 2000, il donne naissance à un nouveau projet avec ses amis de la région brestoise : le Festival du bout du monde. Homme de terrain, il veut construire un événement autour des musiques du monde. Il enracine ce festival sur la presqu'île de Crozon, une terre singulière à ses yeux, qui l'accueille depuis près de vingt ans. Lui qui voulait jadis devenir footballeur professionnel se considère aujourd'hui comme un «artisan du spectacle».

QUAI OUEST MUSIQUES - QUAI DE LA DOUANE - 29200 BREST • TÉL. 02 98 44 93 15

COSMÉTIQUE ET PARFUMERIE

Sébastien **GUILLOTIN**

PRÉSIDENT DE LESSONIA

FORMATION Master 1 Biologie des populations (université de Rennes, 2006) ; master 2 Innovation dans la biologie (Istia Angers, 2007)

PASSIONS La course à pied

Passionné par la biologie et la spéciation, Sébastien Guillotin choisit de ne pas s'orienter vers la recherche. Il effectue son premier stage au centre de biotechnologie de Bretagne (futur Capbiotek) en 2007 en tant qu'assistant ingénieur d'affaires. Il décide ensuite d'enrichir son expérience en intégrant Naturex, aux États-Unis, à la fonction de chargé de comptes commercial pendant un an. Puis, en 2008, il rejoint Lessonia - qui conçoit des produits cosmétiques pour les autres et fabrique des ingrédients naturels pour les professionnels de la cosmétique - comme commercial. Deux ans plus tard, il ouvre le bureau commercial de Hong-Kong et en prend la responsabilité. Il revient en 2012 en France pour prendre la direction commerciale des produits finis de la société finistérienne, puis de la direction commerciale générale. Il monte encore les échelons jusqu'à devenir directeur général en 2020.

A la tête d'un effectif de 230 salariés, Sébastien Guillotin s'occupe plus particulièrement de la branche commerciale-production et s'appuie sur une équipe de managers «dévoués et très moteurs». Il lance Cosmaé en 2021, à destination des particuliers, et en prend la présidence. Insufflant son agilité, il vise à faire bouger l'industrie pour y apporter plus de naturalité. Heureux de travailler dans une entreprise à taille humaine, avec une vision sur le long terme, il l'accompagne avec enthousiasme dans sa forte croissance et son organisation. Il veille également à agir en synergie avec les acteurs locaux. Toujours déterminé à œuvrer «au service du bien-être de la société», il devient président de Lessonia en mars 2023.

LESSONIA - CROAS AR NEIZIC - 29800 SAINT-THONAN • TÉL. 02 98 07 23 65

AGROALIMENTAIRE

Jean-Paul **GUILLOU**

PDG DES BISCUITS BIO ROC'HELOU

FORMATION collège Saint-Joseph et lycée Notre-Dame-du-Mur à Morlaix (bac D, 1974)- faculté de médecine de Rennes

PASSIONS la voile, notamment la course et la croisière au large, la voiture sur circuit, le VTT et l'informatique.

Après deux ans passés à la société Tribal-lat au poste d'assistant à la gestion des stocks (1978-1979), Jean-Paul Guillou prend la direction commerciale de l'entreprise créée par son père, Paul Guillou. Il lui succède en 1996 lors de son départ en retraite et rachète la société. Fondée en 1950, «Biscuits Roc'Helou» est une fabrique de biscuits et de pâtisseries bretonnes exclusivement à base d'ingrédients issus de l'agriculture biologique. Ce fut la 1re biscuiterie bretonne à prendre l'orientation des biscuits biologiques et ce dès 1984! Depuis 2007, elle développe aussi le volet restauration collective en proposant aux écoles ou entreprises des biscuits biologiques sous emballages individuels. Elle compte neuf salariés.
Jean-Paul Guillou a également été élu de la CCI de Morlaix pendant 2 mandats de 2000 à 2010, où il était président de la commission des marchés publics.

BIO ROC HELOU - ZI DE KERBRIANT - 29610 PLOUIGNEAU • TÉL. 02 98 67 71 41

AGROALIMENTAIRE

Christian **GUYADER**

PDG DE GUYADER GASTRONOMIE - PRÉSIDENT DE GROIX ET NATURE

FORMATION lycée Saint-Louis à Châteaulin - DES viande à l'Institut du lait, des viandes et de la nutrition (Ilvenuc Caen, 1980) et maîtrise de sciences de gestion (Institut de gestion de Rennes, 1983)

DISTINCTIONS chevalier de l'ordre national du Mérite 2019

PASSIONS la mer et en particulier la voile en régates.

PDG du groupe Guyader Gastronomie depuis 1993, Christian Guyader est entré dans l'entreprise familiale en 1982 en tant que directeur de production, poste qu'il a occupé jusqu'en 1988 avant de devenir directeur général. Guyader Gastronomie anime, gère et développe les activités des entreprises du groupe à la marque Guyader, Bretagne Saumon et Maxim's Traiteur de Paris (licence). Le Quimpérois crée en 2000 Groix et nature, conserverie artisanale sur l'île de Groix, dont il assure la présidence.
Christian Guyader a, en outre, pris de tout temps des responsabilités extraprofessionnelles. Il a notamment présidé le Syndicat des industries charcutières du Finistère (SFIC), le CJD de Quimper et le Medef Finistère (2007-2010). Le cofondateur, en 1987, du Club d'Entreprises de Cornouaille (qui regroupe aujourd'hui près de 50 chefs d'entreprises) est aujourd'hui un des membres du comité opérationnel de Produit en Bretagne, membre du directoire de BDI (Bretagne développement innovation) et membre du directoire de BCI (Bretagne commerce international). Il a présidé le Centre culinaire contemporain de 2015 à début 2018.
Marin accompli, il donne naissance à Guyader sailing team en 2016, qui soutient deux jeunes sportifs bretons. Lui-même cours en catégorie Dragon. Après sa victoire dans l'Atlantic Rally for Cruisers en décembre 2017, le Finistérien s'élance sur son TS42 pour la Route du Rhum 2018 : il se classe 11e dans la catégorie RhumMulti en décembre. L'histoire se prolonge avec un nouveau bateau en 2020 et une victoire dans la course Spi Ouest-France en catégorie Multi 2000. Son équipage et lui arrivent 4e de la Rolex Fastnet Race en juillet 2023.

GUYADER GASTRONOMIE - RUE DE KERROC'H - 29510 LANDRÉVARZEC • TÉL. 02 98 57 91 22

ETUDES ET INGÉNIERIE INDUSTRIELLES

Frédéric **GUÉNA**

DIRECTEUR DE SOFRESID BREST

FORMATION ingénieur en architecture navale (ENSTA, 2000) ; master scientifique en ingénierie offshore (université de Cranfield, Angleterre)

PASSIONS course à pied en club, activités nautiques

Se destinant à devenir ingénieur, Frédéric Guéna avait déjà dans l'idée de trouver un emploi dans le domaine maritime, l'offshore plus précisément. La complexité des projets développés, la place conséquente de l'ingénierie et l'innovation constante des technologies l'attirent particulièrement. A la fin de sa période de service militaire en tant que scientifique du contingent à l'université de Cranfield, il rentre en France. En février 2002, il a l'opportunité d'intégrer Sofresid, filiale de Saipem, comme ingénieur projets. On lui propose la responsabilité du service ingénierie 6 ans plus tard et, à la suite du départ du directeur de l'établissement, il prend le poste en 2010. En charge d'une équipe de 75 collaborateurs (ingénieurs et techniciens), il dirige l'ensemble des activités de l'entreprise : démarches commerciales, pilotage des projets, maitrise des budgets. Le Brestois, attaché à son identité bretonne, aime travailler en mode collaboratif. Il apprécie aussi la variété des clients et des projets : navires militaires, civils ou offshores, EMR (hydrolien, éolien offshore), plateformes pétrolières et structures sous-marines, développement de sites industriels ou encore les travaux maritimes.
Président de la commission oil and gaz au sein de Bretagne Pôle Naval, Frédéric Guéna est élu président en juin 2018. Il y assure des missions, nombreuses mais «motivantes», comprennant l'aide à la formation, les mises en relation et la veille

commerciales, l'organisation d'évènements. Après avoir contribué au développement de l'activité des 190 entreprises adhérentes au cluster, il passe la main en mai 2022.

SOFRESID ENGINEERING
- ZONE PRAT PIP NORD
- 50 RUE ANTOINE DE SAINT-EXUPÉRY
- 29490 GUIPAVAS • TÉL. 02.98.30.48.08

COMMUNE

Yann **GUÉVEL**

ADJOINT AU MAIRE DE BREST - VICE-PRÉSIDENT DE BREST MÉTROPOLE

FORMATION Ecole nationale d'ingénieurs de Brest

Né à Brest, y ayant grandi et fait ses études, diplômé de l'ENIB, Yann Guével exerce professionnellement comme ingénieur. En 1998, il débute chez CSEE Transport, basé aux Ulis, au poste d'ingénieur en développement logiciel. Puis exerce des fonctions identiques chez Softeam à Rennes à partir de 2000. Depuis 2005, il est ingénieur en R & D chez Alcatel-Lucent Enterprise à Brest. Engagé sur son territoire, d'abord dans le monde associatif puis syndical, il adhère ensuite au Parti Socialiste. Il en est actuellement le premier secrétaire du comité de ville de Brest. En 2008, il est élu sur la liste conduite par François Cuillandre aux élections municipales et exerce jusqu'en 2014 le mandat d'adjoint au maire de Brest, en charge des équipements socioculturels et du patrimoine. De 2014 à juin 2020, il est d'abord adjoint au maire en charge du quartier des quatre moulins puis adjoint en charge de la tranquillité urbaine et vice-président de Brest Métropole en charge de l'énergie et du plan climat. C'est au titre de cette délégation qu'il est président d'Energen'ce, l'agence locale pour l'énergie et le climat jusqu'en octobre 2020. Yann Guével est depuis juillet 2020 adjoint au maire de Brest en charge des finances, de l'animation du pacte citoyen et de la finance solidaire ainsi que vice-président de Brest Métropole en charge des finances. Il est également président de la société publique locale Les ateliers des capucins.

VILLE DE BREST - 2 RUE FRÉZIER - BP 92206
- 29222 BREST CEDEX 2 • TÉL. 02 98 00 81 00

ASSOCIATIONS ET RÉSEAUX

Jean-Jacques **HÉNAFF**

PRÉSIDENT D'HONNEUR DE JEAN HÉNAFF SA

FORMATION Saint-Yves à Quimper et école préparatoire Stanislas de Paris - ESSEC (1960) ; Ecole technique de la conserve ; boursier Fulbright, Oregon University (USA)

DISTINCTIONS chevalier de la Légion d'honneur, du Mérite et du Mérite agricole ; titulaire du Collier de l'Hermine.

Jean-Jacques Hénaff est âgé de 25 ans lorsqu'il intègre la société familiale fondée par son grand-père Jean en 1907. Alors attaché de direction, il apprend pendant neuf ans tous les rouages de la célèbre fabrique de pâtés de porc en conserve. En 1972, il en devient le PDG et, en 1977, crée la holding Soficodi. Ses succès l'amènent à assumer des fonctions extra-professionnelles d'importance : conseiller du commerce extérieur de la France (1980-1986), président de l'Union interprofessionnelle patronale du Finistère (1987-1990), membre de la commission industrie-commerce du CNPF, ancien Medef, de 1986 à 1992 et membre de la commission Relations avec la distribution de l'Association nationale des industries agro-alimentaires (Ania).
Jean-Jacques Hénaff est président du conseil de surveillance de Jean Hénaff SA de 2010 à 2017, président d'honneur depuis. Il est par ailleurs membre du Club des Trente et membre fondateur de l'Institut du Locarn.

CLUB DES TRENTE

HÔTELLERIE-RESTAURATION

Lionel **HÉNAFF**

CHEF DE CUISINE DE L'ALLIUM

FORMATION CAP de cuisinier (1988)

DISTINCTIONS 1 étoile Michelin (2001 et 2016) ; prix de la Cuisine de la mer Gault et Millau 2016 ; Gault & Millau d'or Grand Ouest 2018

PASSIONS la nature, la mer, les poissons (il se présente comme « un fou du produit ») et la photo.

Lionel Hénaff a le métier de cuisinier dans le sang. Et ce bouillant jeune homme fait ses premières pluches de pommes de terre dans un restaurant de la périphérie rennaise, La Braise. Il quitte ensuite sa Bretagne pour les cuisines du Royal à Deauville. Il fait ensuite des « saisons », à Courchevel, en Dordogne et à Sainte-Anne la Palud au sein de la brigade du célèbre Hôtel de la Plage. C'est là qu'il rencontre son épouse, Frédérique. En 1996, la verte Irlande l'accueille mais le pays n'est pas loin : Lionel Hénaff est chef du Ty Armor, restaurant tenu par un Breton, près de Galway. Deux ans plus tard, retour en France, à Tain L'Hermitage dans la Vallée du Rhône. Oubliées les Guiness, c'est un « chaud » vignoble qu'il découvre ? Cette riche expérience ne durera qu'un an. En 1988, à Quimper, les parents de Frédérique créent le restaurant « La Roseraie » auquel s'associent leur fille et Lionel en 1999. C'est le coup d'envoi d'une belle aventure gastronomique. En 2001, ils décrochent une première étoile au guide Michelin. Le guide Gault & Millau leur accorde trois toques mais l'aventure se termine en 2012.
Frédérique et Lionel Hénaff rebondissent alors à deux pas du centre-ville de Quimper en 2015. Leur restaurant gastronomique, l'Allium, obtient 3 toques au Gault & Millau quelques temps après son ouverture. En février 2016, c'est une étoile au Michelin qui vient couronner leurs efforts et leur cuisine. Puis, en 2018, le Gault & Millau d'or Grand Ouest, l'équivalent du chef de l'année Grand Ouest.

RESTAURANT L'ALLIUM
- 88 BD DE CREAC'H GWEN
- 29000 QUIMPER • TÉL. 02 98 10 11 48

AGROALIMENTAIRE

Loïc **HÉNAFF**

PRÉSIDENT DU DIRECTOIRE DE JEAN HÉNAFF SA - CONSEILLER RÉGIONAL

FORMATION lycée Jean-Marie Le Bris à Douarnenez - prépa HEC La Tour d'Auvergne à Paris ; Université de Birmingham (Grande-Bretagne) ; Ecole supérieure de commerce de Bretagne à Brest

Après une période militaire en tant qu'enseigne de vaisseau auprès du préfet maritime de l'Atlantique à Brest, Loïc Hénaff commence sa carrière en 1996 au sein de l'entreprise Kraft Jacobs Suchard France comme chef de secteur dans la division chocolat. Deux ans plus tard, il est nommé assistant développement Export puis responsable marketing et développement Export. En 2001, il rejoint le groupe Cadbury Schweppes Australia à Melbourne comme manager en charge du développement des nouveaux produits, puis comme chef de marque senior (2001-2004). Il revient en France, à Montrouge, chez Cadbury France comme chef de marque confiserie. En 2005, fort de cette expérience dans un groupe international, Loïc Hénaff intègre l'entreprise familiale. Il occupe successivement les postes de directeur marketing, directeur marketing & ventes avant de se voir confier la direction générale puis la présidence du directoire. Depuis 1990, les conserveries Hénaff sont devenues Jean Hénaff SA. Leur plus célèbre produit, « la petite boîte bleue », est toujours en tête des meilleures ventes dans sa catégorie. En mars 2016, Loïc Hénaff est élu à la présidence de Produit en Bretagne, association qui regroupe 470 entreprises de la région. Il est réélu pour un second mandat de 2019 à 2022. Il en est aujourd'hui le vice-président. Il est également conseiller régional.

JEAN HÉNAFF SA - KER HASTELL - 29710 POULDREUZIC • TÉL. 02 98 51 53 53

COMMUNE

Jacqueline **HÉRÉ**

ADJOINTE AU MAIRE DE BREST

FORMATION lycées Guisthau et de la République à Nantes (bac, 1973)

DISTINCTIONS médaille de bronze de la Jeunesse et des Sports

PASSIONS la découverte de la nature, les randonnées, les travaux manuels et le bricolage

Contrôleur à la Direction des services Fiscaux depuis 1974, Jacqueline Héré a été en poste à Colombes (1974-1977), à Nantes (1977-1980), puis à Brest à partir de 1980. Elle a pris des responsabilités syndicales au sein du SNADGI-CGT impôts ainsi que politiques au Parti communiste. Elle a été notamment membre du comité fédéral, membre du bureau de la section du Pays de Brest et responsable du Collectif Femmes. Depuis 1995, Jacqueline Héré est une élue de Brest. Conseillère municipale déléguée aux sports de 1995 à 2001, elle est adjointe au maire sur le quartier de Bellevue depuis 2001 et reconduite dans ses fonctions en 2014 et 2020. Elle est également vice-présidente de Brest Métropole, chargée de la Démocratie et de la Citoyenneté.

VILLE DE BREST - 2 RUE FRÉZIER - BP 92206 - 29222 BREST CEDEX 2 • TÉL. 02 98 00 81 00

AGROALIMENTAIRE

Alexis **JACQUAND**

DIRECTEUR GÉNÉRAL DE PETIT NAVIRE

FORMATION EDHEC Business school (promotion 1994)

PASSIONS Passionné de lecture, critique de bande dessinée

Son diplôme en poche, Alexis Jacquand entame sa carrière comme export manager chez Danone en 1995. Il rejoint Kraft Foods en 1996 en tant que responsable marketing et ventes pour la section café. En 2001 il devient directeur du marketing pour la section fromage et café en Espagne et s'installe à Madrid. Il est de retour dans l'hexagone en 2004 afin de prendre la direction de marques café pour la France. Puis il entre chez Mondelez International en 2007 comme directeur de catégories de produits. D'abord en Suisse, à Zurich, puis en Chine, à Shanghaï, de 2014 à 2017. La même année, il est nommé directeur général Afrique et Moyen-Orient du groupe Savencia. C'est en juin 2019 qu'Alexis Jacquand prend les fonctions de directeur général chez Petit Navire. Il supervise désormais la stratégie globale de l'entreprise, experte des produits de la mer, et ses différentes fonctions commerciales. Il rejoint également le comité de direction Europe de la maison-mère de la marque, Thai Union. Pour lui, « Cette nouvelle aventure s'annonce challengeante et passionnante. »
Le dirigeant est par ailleurs impliqué dans des Think Tanks sur la question de l'alimentation durable, comme le Think Tank agroalimentaire Les Echos Le Parisien. Il est aussi membre de l'association Territoires zéro chômeur de longue durée à Paris.

PETIT NAVIRE - ZI DE POULDAVID - 4 RUE PONT DINOU - 29177 DOUARNENEZ CEDEX • TÉL. 01 53 77 53 60

COMMUNICATION ET MARKETING

Thierry **KERDILES**

DIRECTEUR GÉNÉRAL DE PUBLICIS ACTIV

FORMATION Lycées Charles de Foucauld à Brest et Saint-François à Lesneven - Faculté de sciences économiques de Brest ; Ecole supérieure de la publicité de Paris (1986) ; IAA (International Advertising Association, 1986)

PASSIONS Son métier, sa famille, ses amis, le football, la gastronomie et le bon vin, la Bretagne et les voyages.

Thierrv Kerdiles évolue dans l'univers creatif depuis plus de trente ans. Il débute en 1986 comme concepteur-rédacteur à l'agence Singulier à Paris, puis intègre le Groupe

Publicis. A partir de 1987 il occupe les postes de concepteur-rédacteur puis directeur de la création. En 2008, le Brestois est nommé directeur associé et directeur de la création Publicis Activ (Bordeaux-Brest-Nantes-Strasbourg-Nancy).
Il est nommé directeur général de Publicis Activ en juin 2021 : l'agence compte 70 personnes entre Brest, Nantes et Bordeaux. Membre des agences créatives de Publicis en France, Publicis Activ accompagne principalement des ETI et PME, en design, publicité, digital, social marketing opérationnel et publishing. L'agence est certifiée du label ACC Afnor RSE agence active depuis juillet 2021.

PUBLICIS ACTIV BREST - ESPACE GRAND LARGE - CS 61 811 - QUAI DE LA DOUANE - 29218 BREST • TÉL. 02 98 33 81 09

TOURISME ET LOISIRS

Marc **LABBEY**

PRÉSIDENT DE L'EPCC CHEMIN DU PATRIMOINE EN FINISTÈRE

FORMATION collège-lycée à Cherbourg - ingénieur (études à Caen et Brest)

DISTINCTIONS chevalier des Palmes académiques

Ingénieur à la DCN de Brest, Marc Labbey s'est engagé dans la vie publique en devenant conseiller municipal de Brest en 1989. Dès cette date, il est adjoint au maire de Brest chargé de l'Urbanisme. De 1995 à 2001, il met toute son énergie au service de la Communauté urbaine (devenue Brest Métropole Océane) dont il est le premier vice-président. Il y présidera notamment la commission Action économique. De 2001 à 2014, Marc Labbey est vice-président de Brest Métropole Océane, délégué à l'enseignement supérieur, la recherche et l'innovation. De 1998 à 2004, il a été également conseiller régional, participant aux travaux de la commission Aménagement du territoire. De 2004 à 2010, il est membre du nouvel exécutif régional présidé alors par Jean-Yves Le Drian, vice-président en charge du développement économique. Elu conseiller général dans le canton de Brest - Saint-Marc en 2011, il est vice-président de l'assemblée départementale jusqu'en juin 2021. Membre de la Commission permanente, il a présidé la commission Enfance, Jeunesse et Famille. Il est président de l'EPCC Chemin du patrimoine en Finistère.

EPCC CHEMINS DU PATRIMOINE EN FINISTÈRE - 21 RUE DE L'ÉGLISE - BP 34 - 29460 DAOULAS • TÉL. 02 98 25 84 39

BIOTECHNOLOGIES

Éric **LAPORTE**

DIRECTEUR GÉNÉRAL DE LABOCÉA

FORMATION lycée de Fumel - doctorat vétérinaire (Ecole nationale vétérinaire de Toulouse, 1990) ; doctorat Université Pierre et Marie Curie (1993) ; Ecole Nationale Supérieure de Chimie de Paris ; diplôme de management ICG (IFG-1998)

DISTINCTIONS chevalier du Mérite agricole

PASSIONS la photographie, la table et le vin, les jardins et vergers, et le patrimoine historique.

Eric Laporte démarre sa carrière à l'Ecole nationale vétérinaire de Toulouse comme assistant chargé d'enseignement. Docteur vétérinaire, il devient ingénieur chercheur, puis occupe le poste de délégué général de Zoopole développement (1993-1999) sur le technopôle de Saint-Brieuc - Ploufragan avant de diriger le laboratoire départemental vétérinaire du Finistère. Rebaptisé Idhesa Bretagne Océane début 2007, le laboratoire poursuit sa croissance avec un nouveau regroupement en 2014 avec le laboratoire public du Conseil départemental des Côtes d'Armor. Avec plus de 400 spécialistes en chimie et biologie, Labocéa constitue désormais le plus important laboratoire public territorial d'analyses en France.
Membre du Comité de direction du Conseil départemental du Finistère ainsi que du Conseil départemental de l'environnement et des risques sanitaires et technologiques du Finistère, Eric Laporte est par ailleurs conseiller d'étude d'entreprises dans le cadre de l'executive MBA de l'Institut Français de Gestion.

LABOCEA FINISTÈRE - ZA DE CREACH GWEN - 22 AV. DE LA PLAGE DES GUEUX - 29334 QUIMPER CEDEX • TÉL. 02 98 10 28 88

COMMERCE ET DISTRIBUTION

Robert **LASCAR**

PRÉSIDENT DU GROUPE OMNIUM

FORMATION lycée de l'Harteloire à Brest et Institut Saint-Sauveur à Redon

PASSIONS le golf.

En 1971, Robert Lascar se lance dans les affaires et devient PDG, à 26 ans, du groupe familial Eurodif, propriétaire d'une dizaine de magasins dans l'Ouest. Le groupe, devenu aujourd'hui le Groupe Omnium, s'est développé par acquisitions. Détenteur des enseignes éponymes Burton of London, Devred 1902 et Bouchara, Omnium est spécialisé dans l'activité de vente textile à travers plus de 300 magasins en France. Membre du Club des Trente, Robert Lascar préside l'association Mécénat Bretagne. Cette association vise à préserver et à enrichir le patrimoine breton. Depuis la montée en Ligue 1 du club de football « Stade Brestois 29 », Robert Lascar est partenaire du club.

GROUPE OMNIUM - 25 AV. DU BARON LACROSSE - BP 197 - 29804 BREST CEDEX 9 • TÉL. 02 98 41 23 45

HÔTELLERIE-RESTAURATION

Loïc **LE BAIL**

CHEF DU RESTAURANT RELAIS & CHÂTEAUX LE BRITTANY

FORMATION CAP cuisinier

DISTINCTIONS maître restaurateur (2009)

PASSIONS la pêche, le jardinage et les balades en sous bois « surtout à l'automne, pour les champignons ».

Voilà encore un émule de Patrick Jeffroy, le célèbre chef de Carantec ! C'est dans ses cuisines que Loïc Le Bail a fait ses premiers pas d'apprenti puis, quelques années plus tard, obtenu la première étoile du restaurant en tant que second. Il fait ensuite la tournée des fourneaux étoilés : à Bruxelles, chez Senderens, Savoy et Gagnaire pour qui il garde une très grande admiration. En 1990, Loïc Le Bail rejoint Roscoff et le Brittany, créé de toutes pièces quinze ans plus tôt et devenu membre, en 2006, des Relais & Châteaux. Sa cuisine marie la terre avec l'océan, qui constitue d'ailleurs le panorama des convives : le poisson et les crustacés y sont rois, pêchés par des producteurs locaux. Le talent du Quimperlois est couronné d'une étoile Michelin en 2007. Ce chef du terroir est membre de la Confrérie de l'oignon de Roscoff depuis 2011 et de la Confrérie des toqués de la pomme de terre (Quimper) depuis 2012.

HÔTEL-RESTAURANT BRITTANY & SPA - BD SAINTE-BARBE - 29680 ROSCOFF • TÉL. 02 98 69 70 78

AGROALIMENTAIRE

Serge **LE BARTZ**

PRÉSIDENT D'EUREDEN

PASSIONS La famille, les voyages

L'agriculture est bel et bien une histoire de famille pour Serge Le Bartz, qui a repris l'exploitation de ses parents à Lignol en 1984. Il est installé sur une exploitation de 140 hectares dédiée à la production légumière et céréalière ainsi qu'à une activité volaille, qu'il gère avec son épouse et deux salariés. Serge Le Bartz est engagé depuis 1991 dans le monde coopératif - une suite logique par rapport à ses activités - curieux de voir « ce qui se passe ailleurs » et porté également par son envie de défendre l'intérêt de tous, au-delà de son propre intérêt. Il commence donc par devenir administrateur de la coopérative de légumes du Groupe Cecab (UFM). Petit à petit, il prend d'autres responsabilités, au niveau local et national. De 2009 à 2015, il est élu de la chambre d'agriculture du Morbihan et sera administrateur du Cenaldi-Unilet de 2005 à 2016. Il est actuellement administrateur de la Coopération agricole depuis 2015 et trésorier depuis 2019.
Président du groupe d'aucy (ex-Cecab) dès 2014, Serge Le Bartz mène en parallèle un grand projet, initié en 2017 et qui aboutit en 2020, fruit d'un travail de co-construction : le rapprochement des coopératives Triskalia et d'aucy pour devenir Eureden. Il est depuis président de la nouvelle coopérative, une « fierté et un challenge », « un beau projet pour la Bretagne » dans un monde agricole en mutation permanente dans lequel « il est nécessaire de défendre les intérêts des agriculteurs et de l'agroalimentaire bretons ». Très souvent sur le terrain, il continue à porter cette ambition avec humilité, cherchant perpétuellement à répondre aux demandes du consommateur, et à la vision des jeunes exploitants. L'histoire ne fait que commencer...

EUREDEN - 34 RUE FERDINAND BUISSON - KERVIDANOU 3 - 29300 MELLAC • TÉL. 02 97 54 88 88

HÔTELLERIE-RESTAURATION

Philippe **LE BIGOT**

CHEF CUISINIER DU M

FORMATION CAP et BEP cuisine (Lycée hôtelier de Trégunc)

PASSIONS la cuisine, les voyages et le fitness

Avant de retrouver sa terre bretonne, Philippe Le Bigot a beaucoup voyagé, peaufinant son art culinaire dans un restaurant gastronomique de La City de Londres, puis à Paris chez Jacques et David Martin. De 1999 à 2004, il travaille pour la Thalasso & Spa resort de Carnac avant de prendre ensuite le poste de chef au Mercure Simson Beach à Saint-Martin puis, toujours aux Antilles, au Christopher à Saint-Barthélemy. En 2008, il s'associe à Bruno Diabaoui pour acheter le restaurant brestois « Le Rossini », une belle maison de caractère en centre ville, entourée d'un parc, qui se voit rebaptisée Le M. Rigueur, patience, travail expliquent le succès du M et l'obtention en 2012 d'une étoile Michelin et de 2 toques Gault & Millau. « Une très belle récompense », reconnait-il. Mais il doit la céder en mars 2022...

RESTAURANT LE M - 22 RUE COMMANDANT DROGOU - 29200 BREST • TÉL. 02 98 47 90 00

BANQUE ET ASSURANCE

Bernard **LE BRAS**

DIRECTEUR DU PÔLE PRODUITS DE SURAVENIR

FORMATION collège-lycée Saint-François à Lesneven - Prépa HEC au lycée Chateaubriand de Rennes et au lycée Henri IV de Paris ; HEC Paris (1981) ; membre diplômé de l'Institut des Actuaires Français (1988)

PASSIONS le tennis, le golf, la voile et le jardinage

Tout au long de son parcours professionnel, Bernard Le Bras a contribué au développement de l'activité de l'assurance-vie en France mais aussi en Belgique et au Luxembourg, via notamment la création d'entités spécialisées et l'essor de nouveaux canaux de distribution, Internet en tête. Il commence sa carrière en intégrant AGF à Paris comme chef de marché Epargne-retraite au département Marketing (1983-1987), puis comme responsable du département Produits chez Gan Vie (1987-1990). Bernard Le Bras prend alors chez Winterthur France, le poste de directeur de l'assurance-vie. Entré au Crédit Mutuel en 1995, il a d'abord oeuvré pour le groupe Nord-Europe au poste de directeur général de La Pérennité (compagnie d'assurance-vie) puis président du pôle Assurances avant de rejoindre Arkéa en 2011, à la tête de la compagnie Suravenir. En mai 2016, il entre au comité exécutif du Crédit Mutuel Arkéa et prend la responsabilité de l'ensemble des filiales fabricantes du groupe.
Il laisse la présidence du directoire de Suravenir en février 2022 mais reste directeur du

pôle produits et membre du comité exécutif du Crédit Mutuel Arkéa.

SURAVENIR - 232 RUE DU GÉNÉRAL PAULET - 29802 BREST CEDEX 9 • TÉL. 02 98 34 65 00

DÉVELOPPEMENT ÉCONOMIQUE

Philippe **LE CARRE**

DIRECTEUR GÉNÉRAL DE LA CCI DE QUIMPER-CORNOUAILLE

FORMATION maîtrise d'océanographie biologique (Université des sciences de Brest, 1986); diplôme d'ingénieur halieute (Ecole nationale supérieure d'agronomie de Rennes ENSAR, 1989); DESS «certificat d'aptitude à l'administration des entreprises» (IAE de Nantes, 1990)

PASSIONS La voile, la mer, la lecture et les voyages.

Philippe Le Carre ne cache pas son intérêt pour le monde maritime, intérêt qui a guidé son orientation professionnelle. Après avoir étudié, notamment, l'océanographique biologique, il commence à travailler à l'Ifremer Brest. Il y occupe le poste de chargé d'études en 1989. Il exerce en tant que responsable d'une usine de production de poisson en Guadeloupe en 1991 et 1992, puis devient chargé de mission au Centre d'études et de promotion des activités maritimes à Sète en 1993.
Douze ans plus tard, Philippe Le Carre a besoin de renouveau. Il décide alors de rejoindre la CCI de Quimper Cornouaille qui gère de nombreux ports de pêches en Bretagne. Il y exerce différentes missions. Tout d'abord adjoint au directeur des équipements gérés par la CCI, il devient directeur du développement maritime et territorial en 2006, puis directeur du département concessions et développement maritime en 2009. Homme de terrain, il apprécie ses fonctions qui sont diversifiées et concrètes. Elles lui permettent notamment de contribuer à la vie de son territoire et à la création d'emplois. En 2014, il est promu directeur général de la CCI de Quimper Cornouaille.

CCIMBO - DÉLÉGATION DE QUIMPER - 145 AVENUE DE KÉRADENNEC - 29330 QUIMPER CEDEX • TÉL. 02 98 98 29 29

CAPITAL-INVESTISSEMENT

Sébastien **LE CORFEC**

ASSOCIÉ D'ÉPOPÉE GESTION - DIRECTEUR ÉCOSYSTÈME ET SOURCING D'XPLORE

FORMATION BTS Informatique (développeur d'applications) à Saint-Louis (Chateaulin, 1999)

PASSIONS La Bretagne, le handball, le kayak, le golf, le quad...

La créativité est au coeur du parcours de Sébastien Le Corfec, entrepreneur né et «fou de web». Il commence par collaborer avec le Benchmark group qui donnera naissance au site copainsdavant.com. A 21 ans, il crée sa 1re société, evernet.fr, spécialisée dans la mise en oeuvre de stratégie web et la création de site internet (revendu en 2019). Attiré par l'univers du Green IT et de l'éco-mobilité, il cofonde roulezmalin.com en 2005, la 1re plateforme de co-voiturage, qu'il revendra en 2008. Il participe également à la création du 1er réseau social immobilier français, cocoonhome.com. Le Finistérien co-fonde en 2015 ZIP. fr avec Charles Cabillic et dirigera la société avant de la revendre en 2019.
C'est à la fin 2011 que Sébastien Le Corfec s'intéresse de plus près à l'accélération de start-up. Il rejoint l'actionnariat du magazine Bretons et lance la plateforme de financement participatif entre bretons «startup-club.fr», prémisse de la West Web Valley (devenue Xplore en 2023). Et fonde l'incubateur/accélérateur privé pour start-up web avec Charles Cabillic et Ronan Le Moal fin 2012. Le West Web Festival («web, business & music») nait en 2014 et remporte un succès immédiat. L'accélérateur et le fonds West Web Valley est finalisé en 2016 et les West Web Awards suivent en 2017. C'est aujourd'hui 18 start-up en portefeuille (Shopopop, Ecotree, Advalo, Mr Suricate...). En 2020, il est rejoint à 100 % par Ronan Le Moal pour la création de la société de gestion Épopée dans le but d'accueillir de nouveaux véhicules d'investissement : pour l'innovation, pour les PME, pour l'immobilier, et un fonds mobilité durable. Il crée également le podcast «L'Epopée de...» dédié au grands entrepreneurs bretons. Il est actuellement directeur écosystème et sourcing d'Xplore.

ÉPOPÉE GESTION - ZONE DE PRAT PIP NORD - 110 RUE CHARLES NUNGESSER - 29490 GUIPAVAS • TÉL. 02 72 88 17 47

CUIR ET HABILLEMENT

Jean-Guy **LE FLOCH**

PRÉSIDENT D'ARMOR-LUX

FORMATION lycée Laënnec à Pont-Labbé - ingénieur Centrale Paris; master of Sciences (Université de Standford, Californie); diplôme d'expert comptable

DISTINCTIONS chevalier de la Légion d'honneur 2010, collier de l'Hermine 2009, Prix Spécial PME 2012 (Les Echos), Trophée Ethique et Gouvernance 2010, officier de la Légion d'honneur 2021

PASSIONS La Bretagne, le vélo et la pêche

Issu d'une famille d'instituteurs, Jean-Guy Le Floch fait ses études secondaires au lycée Laënnec à Pont-Labbé, puis Math «sup» et Math «spé» au lycée Chateaubriand à Rennes. C'est là qu'il rencontre Michel Gueguen avec qui il reprendra quelques années plus tard la Bonneterie d'Armor. Il commence sa carrière chez Bull à Angers en 1979 et rencontre Vincent Bolloré en 1982. Après quelques années passées à Scaër dans le Finistère, il rejoint Paris pour occuper successivement les fonctions de directeur financier, puis de directeur général du groupe. A 40 ans, le désir d'entreprendre et de revenir en Bretagne est trop fort. Il rachète la Bonneterie d'Armor avec son ami d'enfance, Michel Gueguen en 1993. Il occupe aujourd'hui les fonctions de président d'Armor Développement, la holding du groupe et fait du développement à l'international une de ses priorités.
Jean-Guy Le Floch est par ailleurs ambassadeur du fonds de dotation du CHU de Brest, Innoveo.
Depuis le décès de Michel Guéguen cette année, la direction est reprise et partagée par Yannick Le Floc'h (à la distribution),

Thomas Guéguen (e-commerce) et Philibert Carminati (directeur financier). Jean-Guy Le Floc'h reste néanmoins au conseil de surveillance.

ARMOR LUX - ZI KERDRONIOU OUEST
- 21 RUE LOUISON BOBET
- 29556 QUIMPER CEDEX 9 • TÉL. 02 98 90 05 29

BANQUE ET ASSURANCE

Anne **LE GOFF**

DIRECTRICE GÉNÉRALE DÉLÉGUÉE DU CRÉDIT MUTUEL ARKÉA

FORMATION Lycée Tristan Corbière à Morlaix - titre d'actuaire (1996) au lycée Kerichen et à l'Euro-Institut d'Actuariat de l'UBO (Brest), diplôme du Centre des Hautes Etudes d'Assurances (Cnam-2007)

PASSIONS Les voyages (passionnée notamment par les îles et la découverte des capitales)

PUBLICATIONS « La Fabrique de la décision » (Ed. du Cherche midi, 2022), co-écrit avec Hélène Bernicot

Anne Le Goff rejoint le Crédit Mutuel Arkéa en 1996. Actuaire puis responsable de l'actuariat au sein de Suravenir, la filiale d'assurance-vie, elle intègre, à partir de 2006, les fonctions centrales du groupe. Après avoir occupé des responsabilités dans le domaine du contrôle et de la maîtrise des risques, elle prend en charge le cabinet de la présidence du groupe. Nommée secrétaire générale en 2011, elle s'occupe de l'organisation de la vie institutionnelle du groupe coopératif et mutualiste, ainsi que de la communication institutionnelle et les actions de Responsabilité Sociétale. Anne Le Goff préside la Fondation Universitaire Rennes 1 de 2012 à 2014. En 2016, elle entre en avril au comité exécutif, en charge des fonctions supports au développement, puis, prend le poste de directrice générale déléguée en juin.

CRÉDIT MUTUEL ARKÉA
- 1 RUE LOUIS LICHOU
- 29480 LE RELECQ-KERHUON
• TÉL. 02 98 00 22 22

SERVICES À LA PERSONNE

Jean-Luc **LE GOFF**

COMMANDANT DE L'ABEILLE BOURBON

FORMATION Ecole d'apprentissage maritime (EAM) de l'Aber Wrach ; Ecole nationale supérieure maritime (ENSM) de Nantes et de Saint-Malo

Capitaine/Chef mécanicien

DISTINCTIONS Mérite maritime

PASSIONS La voile, le judo

Descendant d'une famille de marins, la mer était une évidence pour Jean-Luc Le Goff. Il a 16 ans lorsqu'il effectue son premier embarquement comme novice pour convoyer des grumes sur la côte africaine pour le compte de la Cie Delmas. A 18 ans, il reprend sa formation pour devenir chef mécanicien. Il fait ses armes dans la marine marchande, d'abord sur une compagnie desservant les Iles du Ponant, puis pour Shell à l'Ile de la Réunion comme 3e officier mécano puis lieutenant. Il intègre ensuite une société de remorquage normande. Lors d'une vacation à la Cie Pen ar Bed, à Brest, il tente sa chance aux Abeilles. Il y fait ses débuts en 1988 comme mécanicien, d'abord pour du remorquage portuaire, puis sur l'Abeille supporter à Lorient, navire de surveillance et de récupération d'épaves, comme lieutenant mécanicien et sur l'Abeille Languedoc basé à La Pallice. Il gravit tous les échelons dans la compagnie jusqu'en décembre 2013. Retour en terre bretonne où il prend le commandement de l'Abeille Bourbon, le plus gros des 5 abeilles du groupe Bourbon, chargé de la sécurité du rail d'Ouessant et des côtes bretonnes. Papa et mari à mi-temps, il alterne 35 jours à la maison et 35 jours en alerte permanente avec 12 hommes d'équipage à son bord. Il partage le commandement avec Thierry Choquet.

ABEILLE BOURBON
- QUAI COMMANDANT MALBERT - 29200 BREST

BIENS DE CONSOMMATION

Jean-Pierre **LE GOFF**

PRÉSIDENT DE CIRANOE - PRÉSIDENT DE HENRIOT-QUIMPER

FORMATION lycées Michelet et Saint-Louis à Paris (bac S 1971) - master spécialité mécanique (1976) ; ingénieur spécialité hydrodynamique navale ; DEA (1977) à l'ENSM (devenue Ecole centrale de Nantes)

PASSIONS la création et la négociation.

Jean-Pierre Le Goff commence sa carrière en 1978 à la Direction des recherches, études et techniques (Dret) au ministère de la Défense à Paris. Concomitamment, il sera « visiting scientist » en 1983 à l' U.S. Naval de Monterey en Californie. En 1986, il crée et dirige la société de recherche navale Sirehna à Nantes. Située sur le campus de l'Ecole centrale de Nantes, elle compte dans son portefeuille clients des industriels (navale, pétrole, installations portuaires, défense...). Fin 2010, Jean-Pierre Le Goff quitte la société après l'avoir revendue à DCNS. Il s'occupe dorénavant de sa holding Ciranoe qui possède des participations dans plusieurs PME : Sitia (bancs d'essai/robotique à Nantes), le bureau d'architectes navals Mauric (Marseille et Nantes) et la faïencerie Henriot à Quimper.
Par ailleurs Jean-Pierre Le Goff s'est investi dans de nombreuses instances régionales (Oseo, EMC2), nationales (Grenelle de la mer, Navire du futur...) et européennes (plus de 60 participations à des projets dont Evimar, CRONet days...).

HENRIOT-QUIMPER - 2 PL BERARDIER
- 29000 QUIMPER • TÉL. 02 98 90 09 36

INTERCOMMUNALITÉ

Roger **LE GOFF**

MAIRE DE FOUESNANT-LES-GLÉNAN - PRÉSIDENT DE LA COMMUNAUTÉ DE COMMUNES DU PAYS FOUESNANTAIS

FORMATION CAP (CEG de Fouesnant)

DISTINCTIONS chevalier de la Légion d'honneur ; médailles de la Jeunesse et des Sports et du Travail ; Mérite maritime.

Cadre dans l'entreprise Viafrance jusqu'en 1996, Roger Le Goff s'est engagé depuis de nombreuses années dans la vie locale. Conseiller général de 1985 à 2004 et vice-président de l'assemblée départementale de 1988 à 1998, il s'investit aussi pour la vie et les projets de sa commune. Conseiller municipal de Fouesnant dès 1983, il en est le maire dès 1989. Il a présidé la SAEM de Port La Forêt (1988-1998), Nautisme en Finistère (1989-1998), les Ateliers protégés (1989-1998) et le Sivom (1989-1998). Il est élu président de la communauté de communes du Pays fouesnantais (CCPF) en 1994. Première station touristique du Finistère, dotée d'une quinzaine de plages de sable blanc et de trois stations balnéaires (Beg-Meil, Cap-Coz et Mousterlin), Fouesnant-les-Glénan compte près de 10 0000 habitants.
Roger Le Goff est réélu largement dès le 1er tour des municipales de 2020. Il est également réélu président de la CCPF quelques mois plus tard.

CC DU PAYS FOUESNANTAIS
- 11 ESPACE DE KEROURGUÉ - CS 31046
- 29170 FOUESNANT • TÉL. 02 98 51 61 27

BIENS D'ÉQUIPEMENT

Joseph **LE MER**

PRÉSIDENT DE SERMETA

FORMATION DCAN à Brest - Diplôme d'aptitudes managériales (IHEDN)

DISTINCTIONS victoire des autodidactes 2016 Grand Ouest (prix Mazars-Harvard Business ; Breton de l'année (Victoires de la Bretagne 2014) ; chevalier de la Légion d'honneur (2013) ; Inventeur européen de l'année (2009)

PASSIONS les sports mécaniques, les bateaux, les automobiles, le pilotage d'avion et d'hélicoptère.

A 21 ans, Joseph Le Mer se lance dans les affaires et monte les entreprises Le Mer, spécialisées dans le chauffage, le sanitaire et la métallerie à Saint-Thégonnec (1966-1968). Il fonde la société Seagem (devenue Geminox) et en devient le PDG en 1968. Il intègre ensuite la société Chaffoteaux et Maury comme directeur scientifique et technique (1987-1991). En 1993, il devient le PDG de la société Sermeta, puis le directeur général de Giannoni-France. En 2014, Carlyle France cède ses parts : la famille Le Mer accroît sa participation, devient la principale actionnaire dans le groupe, reprend le nom de Sermeta et Joseph devient le président. Joseph Le Mer s'est aussi impliqué dans la vie publique. Conseiller général du Finistère (1979-1992), il a été le maire de Saint-Thégonnec de 1983 à 1989 et assure la vice-présidence de la CCI de Morlaix dès 2010. En 2009, la Commission européenne et l'Institut européen des brevets décernent le premier prix des Inventeurs européens à ce passionné d'innovation qui déclare alors : « Ce sont les retombées positives de ces inventions sur l'environnement de notre planète, sur le développement économique et social de notre région qui ont été récompensées et qui m'honorent « Il est de nouveau récompensé en 2016 dans un concours qui met en avant l'esprit entrepreneurial, l'innovation, ainsi que les projets et parcours des dirigeants récompensés.

SERMETA - AÉROPÔLE CENTRE
- 29600 MORLAIX • TÉL. 02 98 62 34 34

CAPITAL-INVESTISSEMENT

Ronan **LE MOAL**

PRÉSIDENT DE FRENCH TECH BREST+ - PRÉSIDENT DU CONSEIL DE SURVEILLANCE DE MARGO BANK

FORMATION lycée Kerichen à Brest - HEC (1995)

PASSIONS l'oenologie (en particulier les grands crus bordelais) et le sport (course à pied, cyclisme, natation).

Ronan Le Moal a intégré le Crédit Mutuel de Bretagne en 1995 au sein de l'Organisation générale, avant de devenir responsable du contrôle de gestion en 2000. Nommé en 2001 directeur technique et financier de Suravenir, filiale d'assurance-vie et de prévoyance, il devient en 2005 le directeur général de Symphonis qui fusionne en 2007 avec la filiale de courtage en ligne Fortuneo. Président des directoires de Fortuneo et de Procapital Securities Services, la filiale de services titres à destination des établissements financiers, le Brestois est nommé directeur général du groupe en 2008. Il prend la présidence du comité exécutif du Crédit Mutuel Arkéa en mai 2016. Il démissionne en février 2020 et devient le président du conseil de surveillance de Margo Bank (Paris), une nouvelle banque pour les petites et moyennes entreprises, en juin. Il rejoint également le comité stratégique de la société brestoise Eco Tree, qui développe une solution d'achats d'arbres sur Internet. Puis il co-fonde en septembre de la même année une société de gestion, Epopée, associé à Charles Cabillic. Celle-ci investit dans le capital des entreprises (digital, PME/ETI) du grand ouest tout en leur apportant un support opérationnel (stratégique, marketing, commercial, RH) pour accélérer leur croissance.
Co-fondateur de West Web Valley, AlloVoisins et Air Affaires, Ronan Le Moal est par ailleurs depuis janvier 2017 président de French Tech Brest+, qui fédère les acteurs de l'économie numérique et des startups de Brest, Quimper, Lannion et Morlaix.

ÉPOPÉE GESTION - ZONE DE PRAT PIP NORD
- 110 RUE CHARLES NUNGESSER
- 29490 GUIPAVAS • TÉL. 02 72 88 17 47

PROTECTION DE L'ENVIRONNEMENT

Erwan **LE MÉNÉ**

PRÉSIDENT-FONDATEUR D'ECO TREE

FORMATION IPSA, école d'ingénieurs de l'air et de l'espace (Paris, 2006) ; MBA management (IAE Paris - Sorbonne business school, 2010)

PASSIONS Le sport, le trail

Avec son parcours académique « standard », rien ne prédestinait vraiment Erwan Le Méné à fonder une entreprise de gestion forestière. Mis à part un caractère audacieux et la volonté de « faire de grandes choses » pour la société... Après son école d'ingénieur, il entame une carrière de banquier à la Société générale en 2006. Il décide ensuite de retrouver la Bretagne, dans laquelle plongent ses racines familiales, et rejoint le Crédit Mutuel Arkéa en 2012 pour s'occuper des fusions acquisitions et du portefeuille de participations du groupe. Il rencontre alors beaucoup d'entrepreneurs, de start-up et, par le biais de son métier, est amené à s'intéresser d'encore plus près aux questions de climat, de biodiversité. Lui vient ainsi l'idée d'EcoTree : impliquer les dirigeants, leur apporter une solution qui incarne l'engagement de leur entreprise dans l'écologie, la lutte contre le réchauffement climatique et la préservation de la biodiversité. Et quoi de plus engagé que la restauration de la forêt française, dans une démarche locale et traçable ?
Après un parcours intrapreneur, Erwan le Méné confonde donc EcoTree en 2015. Fier de ses salariés qui « veulent changer le monde » et heureux de leur offrir un métier qui a du sens, il tient aussi à faire le lien entre la pratique sportive et la performance au travail. C'est qu'il faut tenir la cadence car l'enjeu de croissance est fort : devenir N° 1 européen des Nature based solutions (solutions basées sur la Nature). Assurant une fonction business de représentation ainsi que les relations investisseurs, le dirigeant est conscient d'être au bon moment au bon endroit. Satisfait plus que jamais d'œuvrer dans un domaine où la croissance est bénéfique et positive.

ECOTREE - 110 RUE CHARLES NUNGESSER - 29490 GUIPAVAS • TÉL. 06 44 64 01 20

MENUISERIE INDUSTRIELLE

Alain **LE NOUY**

PDG DU GROUPE LE NOUY

FORMATION diplômé en industrie du bois

DISTINCTIONS lauréat breton des trophées INPI de l'innovation (2009)

Alain Le Nouy dirige avec son frère François la société familiale, créée en 1956 à Briec par leur père, René Le Nouy. Ils en ont pris les rênes au début des années 90, en devenant respectivement PDG et directeur général. Ils avaient exercé jusque là différentes responsabilités au sein de l'entreprise. Rayonnant aujourd'hui dans le grand Ouest et le Sud-ouest de la France, celle-ci est devenue le fabricant généraliste indépendant de menuiserie et fermetures dans la région Ouest.

LE NOUY - ZI DE ROSCULEC N° 1 - BP 14 - 29510 BRIEC • TÉL. 02 29 40 14 14

COMMERCE ET DISTRIBUTION

Denis **LE SAINT**

PRÉSIDENT DU GROUPE LE SAINT - PRÉSIDENT DU STADE BRESTOIS

FORMATION IUT Commerce (Quimper)

PASSIONS football et handball

Président du Stade Brestois depuis mai 2016, Denis le Saint est à la tête d'une entreprise qui pèse 800 millions de chiffre d'affaires, spécialisé dans la vente de fruits et légumes et de produits de marée. Il la dirige aux côtés de son frère, Gérard Le Saint.
« Nous avons toujours été passionnés par le sport. Denis a pris la présidence du Stade brestois. Moi, c'est le Brest Bretagne handball. On est sur les survêtements du Stade brestois depuis 20 ans. Quand on est partenaires, nous sommes fidèles », expliquaient-ils à Ouest-France en 2016.

RÉSEAU LE SAINT - 160 RUE ROBERTO CABAÑAS - 29490 GUIPAVAS • TÉL. 02 98 84 58 20

DÉVELOPPEMENT ÉCONOMIQUE

Olivier **LE STRAT**

FONDATEUR DE IJINUS SAS - PRÉSIDENT DE LA TECHNOPOLE QUIMPER-CORNOUAILLE

FORMATION Institut Supérieur de Design (Valenciennes, 1993)

PASSIONS La voile, les sports extrêmes, le jardinage

Olivier Le Strat pourrait avoir servi de modèle au personnage de Géo Trouvetou tant le plaisir d'inventer et de découvrir fait partie de sa personnalité... Après des études à Brest puis dans le Nord, dans une école réputée qui met en avant la technique et la créativité, il se fait connaître par ses projets novateurs. Avec 3 étudiants de l'ISD il présente un hydroglisseur futuriste lors de la semaine de la vitesse à Brest en 1991. Il a déjà dans l'idée de créer sa société mais l'expérience lui fait défaut. L'ingénieur développe donc des systèmes de pieds de mâts pour la société Nautix (devenu depuis son sous-traitant principal). Il entre ensuite chez Serpe-IESM en 1996 et conçoit des produits d'ingénierie comme les balises Argos. Mais la société vendue, il n'a pas envie de poursuivre, fidèle au dirigeant auprès de qui il a tant appris. Il est l'heure d'entreprendre et, sur une idée d'Alain Glon, il fonde Ijinus (innovation en breton) en 2003. Spécialisée dans l'instrumentation connectée dans les domaines de l'industrie, l'énergie et l'environnement, Ijinus intègre le groupe parisien Claire en 2019. Son fondateur devient alors directeur général adjoint du groupe.
Suivi depuis le début de son projet par la Technopole de Quimper-Cornouaille, Olivier Le Strat est élu président de la technopole en 2015 et réélu à 2 reprises pour 5 ans depuis. Sa mission complète celle qu'il mène en tant que dirigeant : mettre

l'innovation au service de l'économie. Tourné résolument vers l'avenir, entouré d'une équipe de passionnés, il se ressource en «gratouillant la terre». Sa devise? «Il ne faut rien s'interdire, il faut tout s'autoriser».

TECHNOPOLE QUIMPER CORNOUAILLE
- 2 RUE FRANÇOIS BRIANT DE LAUBRIÈRE
- CREAC'H GWEN - 29000 QUIMPER
• TÉL. 02 98 10 02 00

CULTURE

Jean-Michel **LE VIOL**

PRÉSIDENT DU FESTIVAL «CORNOUAILLE»

FORMATION Institution du Likès à Quimper (bac mathématiques et techniques) - faculté des sciences de Brest

DISTINCTIONS Chevalier dans l'Ordre national du Mérite 2019

PASSIONS la danse et la musique bretonne, le jardinage et les mots croisés.

Collaborateur d'architecte (1969-1973), puis cuisiniste de 1973 à 2009, Jean-Michel Le Viol a été propriétaire de deux magasins d'agencement de cuisines et de cadeaux. Il préside l'ensemble «Eostiged Ar Stangala» (treize fois champion de Bretagne de danse) et préside l'association Festival de Cornouaille depuis 1993, après en avoir été le secrétaire général pendant huit ans. Le «Cornouaille», créé en 1923 à Quimper, s'inscrit dans le paysage culturel breton comme un rendez-vous incontournable. 6 jours de fête, 200 000 visiteurs, 1 000 bénévoles, 140 concerts et spectacles, un budget de près de 1 500 000 € : un des rendez-vous majeurs de la culture bretonne.
Prochaine échéance : le centenaire du festival!

FESTIVAL DE CORNOUAILLE
- 5 BIS RUE DE KERFEUNTEUN - BP 71315
- 29103 QUIMPER CEDEX • TÉL. 02 98 55 53 53

COMMUNE

Patrick **LECLERC**

MAIRE DE LANDERNEAU - PRÉSIDENT DE LA COMMUNAUTÉ DE COMMUNES DU PAYS LANDERNEAU-DAOULAS

FORMATION ESSCA (Angers, 1992)

PASSIONS La Bretagne et la musique actuelle

Patrick Leclerc dit avoir effectué beaucoup les métiers. Étudiant à l'Essca, il travaille en alternance pour Pizza Del Arte de 1990 à 1992. Il contribue à l'implantation de magasins de la chaîne, ce qui l'emmène à Paris et dans le sud de la France. À l'issue de ses études, il souhaite revenir dans sa région, la Bretagne, qui lui est très chère. Une terre qu'il apprécie pour sa culture… et ses nombreux entrepreneurs. En 1992, il reprend la discothèque familiale à Landerneau. Il crée en parallèle le Comptoir des produits bretons et ouvre trois magasins dans le Finistère. C'est aussi dans les années 90 qu'il devient président de l'Office de tourisme et de l'Agence de développement économique et touristique du pays de Landerneau-Daoulas. En 2008, il se présente aux élections municipales de Landerneau dans le but de dynamiser la ville. Il est élu maire. Durant son mandat, Patrick Leclerc occupe le poste de vice-président de la communauté de communes du pays Landerneau-Daoulas. En mars 2014, il se présente à nouveau aux municipales et est réélu au premier tour. Le mois suivant, il accède au poste de président de la communauté de communes avec la volonté de renforcer l'attractivité du territoire. Aujourd'hui, il remplit aussi les fonctions de vice-président du pays de Brest en charge de l'économie et du tourisme.
Il est réélu largement au 1er tour des municipales de 2020 puis président de la communauté de communes quelques mois plus tard.

VILLE DE LANDERNEAU
- 2 RUE DE LA TOUR D'AUVERGNE
- 29800 LANDERNEAU • TÉL. 02 98 85 43 00

COMMUNICATION ET MARKETING

Gilles **LOZAC'HMEUR**

GÉRANT DES SOCIÉTÉS L'OZ PRODUCTION ET DES EDITIONS L'OZ

FORMATION lycée Le Likès à Quimper - Deug de droit (faculté de droit de Rennes); DUT technico-commercial (IUT de Quimper)

PASSIONS le nautisme et la moto.

Directeur d'exploitation chez Hachette (1986), directeur de l'expansion chez Briker (1991), puis directeur régional de Loxam, Gilles Lozac'hmeur est gérant des sociétés L'OZ Production et des Editions L'OZ depuis 1995. À la tête de L'OZ Production, label de disques indépendant breton, il a produit 80 albums parmi lesquels Didier Squiban, Yann-Fanch Kemener, l'Orchestre Symphonique de Bretagne, Arvest, Dan Ar Braz, Siam, Le Swing du Lundi, Louise Ebrel, le Bagad Men Ha Tan, Yann Raoul, Pascal Lamour, Darcan, Manu Lann Huel, Melaine Favennec et bien d'autres. L'OZ Production a produit et organisé des spectacles en France (Fêtes de la Musique Ville de Lorient, Ville de Rennes, Tournée des Chapelles, Fêtes maritimes Brest et Douarnenez) et à l'étranger (Allemagne, Suisse, Japon, Pologne, Chine, Mexique, Etats-Unis).
C'est aujourd'hui la société OZ Live dont il est président qui crée, diffuse, produit spectacles et événements. Il n'est donc guère étonnant de retrouver Gilles Lozac'hmeur président de l'association professionnelle Musiques de Bretagne/Music from Brittany.

L'OZ PRODUCTION - 1 RTE DES CHAUMIÈRES
- 29340 RIEC-SUR-BELON • TÉL. 02 98 06 50 55

BANQUE des
TERRITOIRES
Caisse des Dépôts
GROUPE
Construire ensemble les territoires de demain
Crédits photos : © iStock – ShutterStock

ORGANISATIONS PROFESSIONNELLES

Christine **LOZACHMEUR**

PRÉSIDENTE DU MEDEF FINISTÈRE

Finistérienne de naissance, mère de deux enfants, Christine Lozachmeur a vécu une partie de sa vie entre la Nouvelle-Calédonie, le sud de la France et Brest, son port d'attache définitif. Après des études en marketing appliqué et en administration et gestion des entreprises, elle a exercé des fonctions de directrice de communication au sein de grands groupes. En 2015, après avoir été associée durant 5 ans, elle décide de se lancer dans l'entreprenariat en créant l'Agence Concept, un cabinet de conseil en marketing et communication, qui compte aujourd'hui 2 implantations (Brest et Rennes). Elle devient présidente du Medef du Finistère en novembre 2021.

MEDEF FINISTÈRE - IMMEUBLE LE CAP VERT - 5 RUE FÉLIX LE DANTEC - 29000 QUIMPER • TÉL. 02 98 90 60 47

CHIMIE-PHARMACIE

Stéphane **LOZACHMEUR**

DIRIGEANT DE CAPSULARIS ET SEANOVA

FORMATION formation en biologie marine au conservatoire national des Arts et Métiers

DISTINCTIONS Prix Pierre Potier (2011)

PASSIONS tout ce qui touche à la mer, la plongée et la voile.

Passionné par le monde maritime, formé aux Arts et Métiers, qui lui a donné le goût de la recherche et du développement, Stéphane Lozachmeur effectue son stage de fin de formation à l'Ifremer. C'est là qu'il rencontre Gildas Breton, avec qui il fonde Polaris en 1994. Finistérien pur beurre, il n'a pas beaucoup hésité quand il s'est agi de créer son entreprise dans un domaine proche de la nutrition : ce sera la Bretagne et Pleuven. Il privilégie le développement à proximité de la mer et estime que le monde marin est très loin d'avoir livré tous ses secrets : un champ d'investigation immense qui s'ouvre devant Polaris. L'entreprise s'est peu à peu spécialisée pour devenir un expert mondial des lipides nutritionnels et santé (notamment dans la production et la formulation des acides gras polyinsaturés et surtout les Oméga 3).
Evincé de ses fonctions de président en mars 2015, Stéphane Lozachmeur rebondit et reprend à son compte, en avril 2016, Capsularis, l'une des business unit de la société, spécialisée dans l'enrobage d'huiles essentielles, de probiotiques et de minéraux. Il développe depuis « l'activité traditionnelle de microencapsulation en proposant des offres adaptées aux secteurs de la santé et de la nutrition ». Il crée également la même année Seanova (20 salariés), dédiée à l'innovation, la recherche et développement R & D et la formulation dans le même domaine des lipides nutritionnels marins.

CAPSULARIS - 7 CHEMIN DU KILOURIN - 29170 PLEUVEN • TÉL. 02 98 50 41 60

BANQUE ET ASSURANCE

Benoît **LUCAS**

DIRECTEUR GÉNÉRAL DU CRÉDIT AGRICOLE DU FINISTÈRE

FORMATION ESCP (Paris 2000) ; MBA du CHEA (Paris Dauphine, 2019)

PASSIONS la course à pied

Fidèle parmi les fidèles, Benoît Lucas a déroulé toute sa carrière au sein du Crédit Agricole. Il explique ce choix par l'envie de répondre à des enjeux clés pour lui : être utile à son territoire, faire le lien entre l'économie et le social, l'économie et l'environnement. Il démarre donc au Crédit Agricole des Côtes-d'Armor en 1985, occupant plusieurs postes dans le réseau. En 2003, il est nommé directeur marketing organisation et communication du Crédit Agricole Sud Rhône-Alpes à Grenoble avant d'en devenir directeur commercial en 2005. A partir de 2008, il rejoint la Caisse de Centre-Loire à Orléans en tant que directeur général adjoint. Puis, en 2013, il intègre le Groupe CAMCA, assureur de spécialités du Groupe Crédit Agricole, en tant que directeur général à Paris.
Benoît Lucas est nommé le 1er septembre 2020 directeur général du Crédit Agricole du Finistère. Il manage désormais 1500 personnes, au plus proche des localités, des bassins de vie et de ses 90 agences de proximité. Il assume des fonctions de représentation auprès des corps constitués, échange avec eux, ainsi qu'avec les 560 administrateurs des caisses locales. Comme ses 38 homologues, directeurs généraux de Caisses Régionales, il consacre une part de son temps à prendre des décisions et administrer des filiales au niveau national. Il est référent par ailleurs sur les sujets d'accès aux soins primaires et d'accompagnement du vieillissement à l'échelle du Groupe Crédit Agricole. Dans cette période pleine d'imprévus, qu'il trouve enthousiasmante, il cultive sa capacité d'adaptation. Et, à la taille du Groupe, il essaie de « trouver les moyens d'apporter des solutions à tous les sujets sociétaux pour les adapter au territoire ».

CRÉDIT AGRICOLE DU FINISTÈRE - 7 RTE DU LOC'H - 29555 QUIMPER CEDEX 9 • TÉL. 02 98 76 01 11

AMÉNAGEMENT ET URBANISME

Stéphane **MABY**

DIRECTEUR GÉNÉRAL DE BREST'AIM

FORMATION Licence d'espagnol (université de Nantes, 1995) ; master 2 en marketing (TBS Sup de co, 1998) ; master 1 (Sciences-Com Audencia, 2004)

PASSIONS La lecture, le cinéma, le théâtre

C'est en travaillant pour les festivals des Allumés et Fin de siècle pendant ses études à Nantes que Stéphane Maby découvre son appétence pour la gestion de projets. Elle ne le quittera plus, tout au long d'une carrière qui commence par un stage… au Guatemala. Responsable clientèle au sein de la Saur en

1999, pour les Côtes d'Armor puis La Baule, il rejoint La Nantaise des eaux en 2004 au même poste. Il devient ensuite directeur des services supports avant de prendre la fonction de directeur général adjoint chez Alteau en 2010, à Lyon. La société revendue, il saisit l'opportunité d'entrer chez Brest'aim en 2011 en tant que secrétaire général. L'occasion aussi de revenir au bord de la mer, une proximité essentielle à ses yeux.
Nommé directeur délégué Mer en 2017, Stéphane Maby a la sensation d'avoir « bouclé la boucle » dans cette mission au service du public. Il supervise la partie Mer, la marque Brest'aim events (offre de tourisme d'affaires), assume la direction générale d'OIDR (filiale de restauration), et dirige Océanopolis Acts, le fonds de dotation à vocation sociale. Il peut ainsi déployer toute son expérience, avec les valeurs et l'éthique qui caractérisent sa démarche. Également directeur d'Océanopolis dès 2017, il travaille à co-construire « l'Océanopolis de demain », toujours porté par son sens de l'anticipation et son « imagination fertile. ». Il s'agit pour le dirigeant d'offrir des loisirs mais aussi de partager une conscience et des connaissances au profit d'un objectif noble : la préservation de la Terre et des océans.
Il devient directeur général de Brest'aim en octobre 2020 et cède donc ensuite la place à la direction du pôle Mer et à Océanopolis. Il conçoit avec ses équipes le plan stratégique 2022- 2027, qui place la RSE au cœur des enjeux.

BREST'AIM - 3 RUE DUPLEIX - BP 91039 - 29210 BREST CEDEX 1 • TÉL. 02 98 00 96 00

COMMUNE

Bernadette **MALGORN**

CONSEILLÈRE MUNICIPALE ET COMMUNAUTAIRE DE BREST

FORMATION collège-lycée à Morlaix, au Tchad, au Mans et à Rennes - licence en sciences économiques (1971) ; maîtrise d'histoire (1972) aux universités de Rennes 1 et Rennes 2 ; ENA (Promotion Léon Blum, 1975)

DISTINCTIONS commandeur de l'Ordre national du Mérite ; chevalier du Mérite maritime ; officier de la Légion d'honneur, des Palmes académiques et du Mérite agricole

PASSIONS Ouessant, la marche à pied, la natation et la Grèce.

Bernadette Malgorn débute dans la carrière préfectorale en tant que directrice de cabinet de préfet, puis rejoint la Cour des comptes des Communautés européennes comme chef de cabinet de Pierre Lelong. Nommée secrétaire générale pour les affaires régionales de Lorraine (1982-1986), elle a en charge les restructurations industrielles. En 1986, elle est appelée auprès de Philippe Séguin, ministre des Affaires sociales comme directrice adjointe de cabinet. Deux ans plus tard, elle est nommée sous-préfète de Dieppe, puis secrétaire générale de la préfecture de Moselle (1990-1991). Préfète du Tarn-et-Garonne en 1991, elle rejoint Philippe Séguin, président de l'Assemblée nationale, en 1993 et dirige son cabinet. En 1996, elle devient la première femme préfète de région, en Lorraine, avant de revenir en Bretagne pour exercer les mêmes fonctions en 2002. A partir de 2006, elle est secrétaire générale du ministère de l'Intérieur. Nommée en 2009 conseillère maître à la Cour des Comptes, elle y exerce jusqu'en 2018. Bernadette Malgorn préside de 2004 à 2014 l'ONZUS, siège au Conseil d'orientation pour l'emploi et est membre du CNAPS. Élue conseillère régionale en 2010, elle préside le groupe « Droite & Centre de Bretagne » rassemblant 19 élus, jusqu'en 2015. Élue au Conseil municipal et communautaire de Brest en 2014, elle conduit le groupe d'opposition « Rassemblement pour Brest ». Réélue dans l'opposition aux municipales de 2020, elle préside le groupe « Brest, c'est Vous ! »

VILLE DE BREST - 2 RUE FRÉZIER - BP 92206 - 29222 BREST CEDEX 2 • TÉL. 02.98.47.64.96

TRANSPORT ET LOGISTIQUE

Christophe **MATHIEU**

PRÉSIDENT DU DIRECTOIRE DE BRITTANY FERRIES

FORMATION université Paris 1 Panthéon-Sorbonne (1991) ; Insead (2005)

Christophe Mathieu a grandi à Lille mais c'est en Bretagne qu'il déroule toute sa carrière. Volontaire du service national en entreprise, la compagnie Brittany Ferries l'embauche au bout de ses dix-huit mois de service comme chef d'escale, un poste qu'il occupera plus de cinq ans à Plymouth en Grande-Bretagne. Il occupe donc les fonction de chef d'escale et de Yield manager de 1996 à 1999. Avant de retraverser la Manche pour rejoindre le siège du groupe, à Roscoff, comme contrôleur de gestion. La direction élargit ses missions en 2006 en y ajoutant celle de responsable des études stratégiques. Il est nommé au directoire en 2009, puis en prend la présidence en 2016, tout en dirigeant le pôle Stratégie et Commercial, Administration, Finances.

BRITTANY FERRIES - PORT DU BLOSCON - CS 60072 - 29688 ROSCOFF CEDEX • TÉL. 02 98 29 28 00

BIOTECHNOLOGIES

Laurent **MEIJER**

CHERCHEUR EN BIOLOGIE CELLULAIRE ET PHARMACOLOGIE - PRÉSIDENT ET DIRECTEUR SCIENTIFIQUE DE PERHA PHARMACEUTICALS ET DE MANROS THERAPEUTICS

FORMATION collège-lycée à Tripoli (Lybie) et à Bruxelles - DUES (1973) ; maîtrise de biologie animale (1975) ; DEA de biologie cellulaire (1976) ; doctorat de 3e cycle (université de Lille, 1978) ; doctorat d'Etat de sciences (université Paris VI, 1983)

DISTINCTIONS médailles de bronze et d'argent du CNRS ; nombreux prix dont le Grand Prix Emile Jungfleisch 2009 (Institut de France, Académie des Sciences) ; Prix Charles Mentzer 2012 (Société de Chimie Thérapeutique) ; Prix Eloi Collery 2016 (Académie Nationale de Médecine) ; Victoires de la Bretagne 2016.

PASSIONS la démarche et la vulgarisation scientifique, les organismes marins et leur apport à l'humanité, la peinture, l'art roman, la littérature, la philosophie bouddhiste, la lecture du Monde

PUBLICATIONS plus de 350 articles publiés ; 6 livres édités ; 43 brevets

Laurent Meijer a passé une grande partie desa carrière au sein du CNRS. Attaché

de recherches (1979-1983), puis chargé de recherches, il devient directeur de recherches DR2 en 1989, DR1 en 1998, avant d'être nommé DR de classe exceptionnelle en 2010. De 2001 à 2004, il a été '» Visiting Professor» à l'Université Rockefeller de New York. Il dirige l'unité CNRS UPS-2682 Molécules et Cibles Thérapeutiques à la Station Biologique de Roscoff (2003-2008), puis l'USR3151 jusqu'en 2011. Le chercheur doit sa notoriété à ses travaux sur une famille d'enzymes, les protéines kinases, impliquées dans tous les événements physiologiques et dans la plupart des pathologies humaines. Mais aussi à la découverte, l'optimisation et la caractérisation de nombreux inhibiteurs pharmacologiques de ces kinases. La plus connue, la roscovitine, a fait et fait l'objet de nombreuses études cliniques contre différents types de cancers, la mucoviscidose, la polyarthrite rhumatoïde, le syndrome de Cushing.
Détaché du CNRS depuis 2011, Laurent Meijer est fondateur, président et directeur scientifique de ManRos Therapeutics et de Perha Pharmaceuticals («From Sea to Pharmacy»). Créée en 2007 à Roscoff, ManRos Therapeutics a pour objectif le développement de médicaments pour le traitement de la mucoviscidose. Perha Pharmaceuticals se focalise sur le développement de candidats médicaments pour corriger les déficits cognitifs associés à la trisomie 21 et la maladie d'Alzheimer, par les Leucettinibs, une nouvelle classe d'inhibiteurs de kinases; prévenir les pertes auditives induites par les produits ototoxiques et le bruit; ralentir le développement de la polykystose rénale.

MANROS THERAPEUTICS - HÔTEL DE RECHERCHE - CENTRE DE PERHARIDY - 29680 ROSCOFF • TÉL. 06 08 60 58 34

HÔTELLERIE-RESTAURATION

Mathieu **MENGUY**

CHEF ET CO-GÉRANT DU RESTAURANT L'AMBROISIE

FORMATION bac pro maintenance aéronautique (2005, Morlaix), CAP Cuisinier (IFA de Brest, 2008)

DISTINCTIONS 2 toques Gault & Millau

PASSIONS footballeur et cycliste amateur, il aime la voile et les films de Michel Audiard

Mathieu Menguy s'est un peu cherché avant de succomber à l'hérédité familiale : la cuisine. Après avoir obtenu son bac avec mention, il s'engage dans les fusiliers marins mais la vie militaire ne lui convient pas. Sa marraine et sa grand-mère lui conseillent alors d'aller voir le chef Patrick Jeffroy, à Carantec. Il y fait son apprentissage, formé à la dure école d'un restaurant 2 étoiles. Il devient meilleur apprenti de France en 2008, 3e meilleur jeune chef français en 2010 au concours Transgourmet. Etant passé par tous les postes chez son mentor, il rejoint Alain Passard pendant 1 an puis Bru, à Eygalières, pendant une autre année. Il retourne ensuite en Bretagne, désireux de multiplier les expériences pour élargir ses compétences. Après un bref passage à l'Estaminet à Morlaix, il est engagé au manoir de Kerhuel. Il y développe l'affaire jusqu'à le faire référencer dans le Gault et Millau et obtient sa 1re place de chef en 2013. Mathieu Menguy se sent enfin prêt à gérer son propre restaurant et rachète l'Ambroisie avec sa compagne, Morgane Despretz, en mars 2017.
Partisan d'une cuisine simple et épurée, respectueuse du rythme de la nature le chef développe sa propre philosophie en lien avec les producteurs locaux. Il pousse l'exigence jusqu'à n'utiliser que des légumes bio du Finistère sud et veut développer un potager participatif en biodynamie. Son éthique dans la vie comme dans son approche culinaire est à son image, honnête et humaniste. Son prochain projet? Regagner l'étoile perdue en 2018...

L'AMBROISIE - 49 RUE ELIE FRÉRON - 29000 QUIMPER • TÉL. 02 98 95 00 02

ENSEIGNEMENT SUPÉRIEUR

Alexis **MICHEL**

DIRECTEUR DE L'ENIB - ECOLE NATIONALE D'INGÉNIEURS DE BREST

FORMATION Agrégation de mathématiques (1990) et doctorat (1992) à l'université de Bordeaux 1

PASSIONS Les langues

Fervent partisan du partage et de l'échange, Alexis Michel débute sa riche carrière comme maître de conférences à l'université de Bordeaux. Il reçoit ensuite en 1993 une bourse européenne pour effectuer des recherches en théorie des nombres à l'université de Cambridge. Il reprend son poste à Bordeaux en 1995 puis saisit une opportunité qui l'emmène à l'Institut français d'Athènes en 2001, comme attaché scientifique. Cette première expérience dans le réseau culturel français lui donne le goût de la diplomatie publique. Il rentre en France en 2007 et devient directeur du Centre de culture scientifique, technologique et industrielle du Rhône. Tout en participant à des projets européens, il s'investit dans le dialogue entre science et société. Lui qui aime découvrir de nouveaux pays, repart en 2013 comme conseiller culturel adjoint à l'ambassade de France en Turquie. Quatre ans plus tard, les Affaires étrangères lui propose le poste de conseiller pour la science et la technologie à Moscou. Après cette expérience riche, Alexis Michel rejoint en 2017 Istanbul comme recteur adjoint de l'université Galatasaray. Puis, l'envie de revenir vers l'enseignement supérieur français croise celle de l'Enib qui veut s'ouvrir à l'international. Il prend ainsi la direction de l'école en septembre 2019 avec un noble projet en tête: «former des ingénieurs citoyens pour une ingénierie responsable».

ENIB - TECHNOPÔLE BREST-IROISE - 945 AV. DU TECHNOPOLE - 29280 PLOUZANÉ • TÉL. 02 98 05 66 00

DÉVELOPPEMENT ÉCONOMIQUE

Philippe **MONBET**

DIRECTEUR DU PÔLE MER BRETAGNE ATLANTIQUE

FORMATION Doctorat en océanographie (Institut universitaire européen de la mer-IUEM, UBO, 2001)

PASSIONS Le surf, l'architecture et le bricolage

Passionné par le monde maritime, Philippe Monbet suit les traces de son père et devient océanographe comme lui. Un métier qu'il allie à une pratique du surf en compétition dès l'adolescence et lui permet de contribuer

à une meilleure compréhension de l'environnement ainsi qu'à sa préservation. Après sa thèse, il entre à l'Ifremer en 2001, à Brest pour des activités de recherche puis à Port en Bessin. Il rejoint l'Ineris en 2004 et rédige des recommandations sur la mesure de polluants pour le ministère de l'Environnement. Il effectue ensuite plusieurs séjours post-doctoraux entre 2004 et 2008, essentiellement en Australie à l'Australian Institute of Marine Science - AIMS (Townsville) et à Monash University (Melbourne), mais aussi en Angleterre à Plymouth University sur les phénomènes d'eutrophisation en milieu côtier.
Il retrouve l'Ifremer en 2009 pour assurer le suivi de la qualité de l'eau près des centrales nucléaires en bord de mer pour EDF. Un an plus tard, Philippe Monbet intègre le Pôle mer Bretagne Atlantique en tant que chargé de projets européens, en ingénierie de projets et environnement. Il est mis à disposition à temps partiel de l'Institut France énergies marines à partir de 2013 pour travailler sur ces mêmes sujets. Le Brestois devient directeur adjoint du Pôle en 2017 et en prend la direction en septembre 2022. Tout en manageant son équipe, il s'occupe encore de l'international et accompagne surtout les 400 adhérents. Lui qui aime l'action et les découvertes s'épanouit dans cette fonction où il participe au développement des innovations de demain pour le maritime (décarbonation, souveraineté, lutte contre le changement climatique). Avancer, certes, mais vers une économie bleue «respectueuse de l'environnement et soucieuse de son impact».

PÔLE MER BRETAGNE ATLANTIQUE - 525 AV. ALEXIS DE ROCHON - 29280 PLOUZANÉ • TÉL. 02 98 05 63 17

NUMÉRIQUE ET INFORMATIQUE

Guy **MORDRET**

DIRIGEANT D'ANAXIMANDRE

FORMATION docteur en biologie (Université de Colombie Britannique et Rennes, 1993); MBA (ESC Rennes, 2015)

PASSIONS la mer, la voile, le jardinage

PUBLICATIONS co-auteur de plusieurs articles scientifiques; auteur d'une étude sur la filière bioinformatique en Bretagne pour la Meito (2011)

C'est en tant que scout marin que Guy Mordret découvre la Bretagne. Séduit, il passera sa maîtrise d'océanographie à Brest en 1988 puis effectue son doctorat à la Station biologique de Roscoff. En 1993, après deux ans et demi de perfectionnement à Vancouver - qui lui permet de devenir bilingue -, il obtient le titre de docteur en biologie à Rennes. Revenu à Roscoff pour effectuer son post-doctorat en 1995, il travaillera sur le cycle cellulaire dans le cadre de la recherche fondamentale contre le cancer. Mais, aucun poste ne se présentant, il entreprend alors de se former en informatique et sera recruté par Cloître Imprimeur. Un an plus tard, riche de cette nouvelle expériences, il fonde Anaximandre à Landerneau en 1998. Agence de communication scientifique et technique, elle propose désormais des services de développement logiciel en ligne. En 2005, Guy Mordret ajoute une corde à son arc en devenant expert en bio-informatique auprès de la Commission européenne. Fourmillant d'idées et de projets, le scientifique-entrepreneur co-fonde Courants Porteurs en 2004, un réseau de PME bretonnes. Il fait par ailleurs partie du comité de pilotage de Capbiotek et fut président d'Entreprendre Landernau Daoulas, et du club Bretagne Biosciences de 2015 à 2022. Créateur de la société Dielfenn, dans le domaine des Big Data Sciences, il lance sa chaîne YouTube à destination des TPE en décembre 2020 : «Ma vie de patron».
Guy Mordret s'engage aussi sur le terrain politique en étant conseiller municipal PS depuis 2008 à Plouider, conseiller communautaire de la CC Pays de Lesneven et suppléant de la députée Chantal Guittet.

ANAXIMANDRE - PARC D'INNOVATION DE MESCOAT - ESPACE THÉBAULT - 29800 LANDERNEAU • TÉL. 02 98 30 35 15

CAPITAL-INVESTISSEMENT

Steven **MORIO**

VICE-PRÉSIDENT DE FINISTÈRE ANGELS

FORMATION ESMISAB - Ecole Supérieure de Microbiologie et de Sécurité Alimentaire de Brest (1996)

PASSIONS Jouer au handball (championnat et loisir); piloter un hélicoptère

Après un cursus en biologie-chimie, Steven Morio devient ingénieur en microbiologie et en sécurité alimentaire en 1996. Il entre ensuite dans un laboratoire à Rosporden, où il reste 6 mois, puis intègre Hypred à Saint-Malo comme conseiller technique et commercial. En 1999, il prend le poste de responsable d'exploitation d'une agence d'Aber propreté à Brest. Puis il devient responsable qualité en agro-alimentaire pour 2 usines au sein du groupe Jean Floch en 2002. Trois ans plus tard, il est nommé successivement directeur adjoint et directeur de celle de Loudéac. En parallèle, il crée en 2004 avec un ami la société SMV, spécialisée dans la viande, à Carhaix, et la rejoint en 2006. Steven Morio décide de revendre ses parts en 2015 pour se lancer dans le business angel et crée la holding Gouenec Mad. Son but est d'investir dans des sociétés locales et innovantes en entrant au capital de façon minoritaire ou majoritaire pour amener son expérience, son réseau. A ce jour, après être entré au capital d'une trentaine de société - y compris Logistique air service (50 salariés) à Guipavas dont il s'occupe - il reste au capital de 17.
Ce Finistérien attaché à son territoire, né par hasard en Charente, entre dans l'association des Finistère Angels en 2015. Très vite membre du conseil d'administration, il est élu président en 2022 pour un mandat de 2 ans. Il est chargé d'animer les 10 plénières annuelles, d'assurer le suivi et le reporting des 20 dossiers correspondants. L'enjeu est de «prendre des risques, sans témérité» et d'aider les chefs d'entreprise mais aussi, bien sûr, de «gagner de l'argent». Une activité qu'il assume avec sa bonne humeur habituelle et qui complète celle de dirigeant, tout en répondant idéalement à son insatiable besoin d'action et de découverte. Il est désormais vice-président

FINISTÈRE ANGELS - 1 PL. DU 19E RI - CS 63825 - 29238 BREST CEDEX 2 • TÉL. 02 98 00 38 18

EXPERTISE COMPTABLE ET AUDIT

Jean-Loïc **MOULLEC**

ASSOCIÉ, DIRECTEUR BRETAGNE OCÉAN DE KPMG

FORMATION lycée Saint-Charles à Saint-Brieuc - expert-comptable (Institut commercial supérieur de Paris, 1995)

PASSIONS la voile.

C'est en 1991 que Jean-Loïc Moullec intègre KPMG à Saint-Brieuc. Accompagnant les sociétés cotées et les grands groupes, le cabinet KPMG intervient aussi auprès des PME, TPE, artisans, commerçants, du secteur public et des acteurs de l'ESS dans les activités d'audit, d'expertise-comptable et de conseil. Il se voit confier, en 1999, la direction du bureau de Lorient. Quatre ans plus tard, il est promu à Quimper associé-directeur du pôle Bretagne Océan (Finistère et Morbihan), en charge du marché des PME, des groupes familiaux et de l'économie sociale et solidaire (ESS). Le Pôle Bretagne Océan compte plus de 200 collaborateurs répartis sur les sites de Quimper, Brest, Lorient, Quimperlé et Vannes. Jean-Loïc Moullec s'investit par ailleurs au service de la profession comptable et du développement économique local. Il fait partie de nombreux réseaux bretons parmi lesquels la Compagnie régionale des experts-comptables de Bretagne (1996) et la Compagnie régionale des commissaires aux comptes de Rennes (2000). Membre du bureau de la Compagnie régionale des experts judiciaires (2004), il a été président de la Compagnie régionale des experts-comptables judiciaires de 2014 à 2019. Ancien adhérent de la Jeune chambre économique (1995-1999), du CJD (1999-2007) et du Rotary, il participe aux travaux de l'Association pour le progrès du management depuis 2011.

KPMG BRETAGNE OCÉAN
- 9 BIS RUE DU PRÉSIDENT SADATE
- 29556 QUIMPER CEDEX 09
• TÉL. 02 98 64 54 00

MÉDIAS

Gurvan **MUSSET**

DIRECTEUR DE FRANCE BLEU BREIZH IZEL

FORMATION Brevet fédéral de cyclisme ; Deug d'histoire géo, licence d'Ethnologie et civilisation de la Bretagne et des pays celtiques à l'université de Bretagne Occidentale (UBO - 1988)

DISTINCTIONS plusieurs Priziou (prix annuels de la création en langue bretonne)

PASSIONS le cyclisme, la voile, la moto, les voyages et bien évidemment la Bretagne !

PUBLICATIONS « La Drôle d'histoire de la route du rhum » (Ligne Pourpre) ; « La Bretagne du vélo » (Coop Breizh) ; « Larnavily, 50 ans de cyclo-cross » ; « Les carnets de Jojo, en Finistère et Morbihan » (Des Dessins Et Des Mots) avec Didier Le Gorrec.

Prof d'EPS et bretonnant, Gurvan Musset est repéré par France 3 qui lui commande des « piges » en breton pour le journal « An taol lagad ». Dès lors, toute sa carrière va tourner autour du triptyque sport-langue bretonne-audiovisuel, et il entame les allers et retours entre télé et radio. Il rejoint Radio France Bretagne Ouest (1992) où se confirme sa passion pour le sport en Bretagne. Il enchaîne les collaborations à la radio avant d'être appelé à Eurosport en 1998 pour commenter tous les matches de la Coupe du Monde... en breton ! Recruté par France 3 Bretagne en 1998, il revient à Lorient pour participer à la création de TV Breizh en 2000 où il crée le magazine des sports. Il sera ensuite responsable des programmes de Radio France Bretagne Ouest à Quimper. Retour à la « case télé » en 2003 comme responsable des sports à France 3 Bretagne, puis rédacteur en chef de France 3 Iroise, de 2006 à 2013. Gurvan Musset crée en 2009 le site sportbreizh.com, aujourd'hui incontournable dans le monde du cyclisme. Après un tour d'Europe en famille, il est nommé rédacteur en chef adjoint de France 3 Bretagne en charge de la culture, du sport et des grands événements. En avril 2014, Gurvan Musset revient à Quimper à la direction de la radio France Bleu Breizh Izel. Son objectif ? Placer la station au coeur de la vie de la pointe bretonne !

FRANCE BLEU BREIZH IZEL
- 155 BD CRÉAC'H GWEN - 29000 QUIMPER
• TÉL. 02 98 55 29 29

COMMUNE

Yohann **NEDELEC**

ADJOINT AU MAIRE DE BREST

FORMATION collège Camille Vallaux au Relecq-Kerhuon - Ecole de La Croix-Rouge ; Université de Bretagne Occidentale de Brest

CAP de vente relation clientèle (1996) ; BEP de vente action marchande (1996) ; bac en science technologique du tertiaire, (mention bien) (1998) ; brevet de technicien supérieur (2000) ; licence AES (2002)

PASSIONS son métier de navigant, l'athlétisme et les Etats-Unis.

Quand il quitte la terre finistérienne, c'est bien souvent pour embarquer à bord d'un navire de la Brittany Ferries. Depuis 2005, Yohann Nédélec y exerce comme personnel navigant après avoir débuté sa carrière professionnelle comme employé de banque (2001-2005). Il reprend la barre du Relecq-Kerhuon et devient maire en 2008 après avoir été conseiller municipal dans l'opposition socialiste (2001-2008). Deuxième vice-président de Brest métropole, Yohann Nédélec a été par ailleurs conseiller régional de 2007 à 2010. Il décrit sa commune comme une « ville dynamique, verte et bleue, et pleinement inscrite dans l'agglomération brestoise ». Ayant participé à modifier en profondeur l'image du Relecq-Kerhuon, son maire se réjouit de son essor démographique depuis 2008. A son actif, l'élu compte aussi la création d'un festival d'arts de la rue, « Les Pique-Niques Kerhorres » et la construction d'une médiathèque primée par le programme régional d'urbanisme durable Eco Faur. Administrateur du centre de gestion du Finistère depuis 2008, il en a été nommé président en juillet 2014. Il est par ailleurs 1er secrétaire fédéral du PS finistérien depuis mars 2018.

Il ne se représente pas aux élections municipales de 2020 pour soutenir le maire de Brest, François Cuillandre. Ce dernier réélu, il est nommé adjoint au Maire du quartier de Brest Centre, de la Tranquillité publique et de la politique animale en ville.

VILLE DE BREST - 2 RUE FRÉZIER - BP 92206 - 29222 BREST CEDEX 2 • TÉL. 02 98 00 81 00

ENSEIGNEMENT SUPÉRIEUR

Pascal **OLIVARD**

PRÉSIDENT DE L'UNIVERSITÉ DE BRETAGNE OCCIDENTALE (UBO)

FORMATION lycée Saint-Joseph à Lorient - docteur en électronique (1996), maître de conférence (1998) et professeur des universités en Physique (2013)

DISTINCTIONS officier des Palmes académiques; chevalier dans l'ordre national du Mérite

PASSIONS la cuisine, le cinéma et la marche.

Pascal Olivard commence sa carrière en tant qu'ingénieur d'études durant deux ans avant d'être recruté en qualité de maître de conférences. Il s'investit au sein de l'UBO et devient vice-président étudiant (1992-1994) puis doyen de l'UFR des sciences et techniques (2001-2007). Il s'implique également au sein de la CDUS (Conférence des doyens et des directeurs des UFR scientifiques françaises) comme secrétaire de 2005 à 2007. Membre du bureau de la Conférence internationale des responsables des universités et institutions à dominante scientifique et technique des pays d'expression française, de 2006 à 2007, le Morbihannais se voit confier la présidence de l'UBO en 2007. Réélu en 2012, il cède sa place en 2016. Pendant son mandat, il est vice-président de la commission «Formation et insertion professionnelle» de la CPU (Conférence des présidents d'universités) et membre du conseil d'administration du Fonds pour l'Innovation dans l'Industrie de l'IUMM. Fortement engagé sur le territoire, il sera aussi président du P2EB (Pôle entrepreneuriat étudiant en Bretagne), vice-président du technopole Brest Iroise et président du réseau Noé (correspondant Europe des établissements bretons). Président de l'Université Européenne de Bretagne de 2012 à janvier 2016, Pascal Olivard est élu président de la nouvelle entité Université Bretagne Loire (UBL) en avril de la même année. En janvier 2017, il est élu président de la commission «regroupements et politiques de sites» de la CPU et intègre son conseil d'administration.
Il quitte l'Université Bretagne Loire en janvier 2019 puis se lance dans la bataille des municipales à Brest en mars 2020. En décembre, il est élu président de la fondation de l'UBO. Trois ans plus tard, en janvier, il est de nouveau élu président de l'UBO.

UBO - UNIVERSITÉ DE BRETAGNE OCCIDENTALE - 3 RUE DES ARCHIVES - CS 93837 - 29200 BREST • TÉL. 02 98 01 60 00

MÉDIAS

Samuel **PETIT**

RÉDACTEUR EN CHEF DU TÉLÉGRAMME

FORMATION Lycée Saint Remi à Charleville-Mézières - Institut d'Etudes politiques de Strasbourg; Ecole supérieure de journalisme de Lille

Après des débuts à l'Union de Reims, Samuel Petit fait l'essentiel de sa carrière au sein du quotidien breton. Localier, journaliste aux informations générales puis responsable du service Economie, il a ensuite assuré la responsabilité de la rédaction du Journal des entreprises. Il est rédacteur en chef du Télégramme depuis 2014.

LE TÉLÉGRAMME 56 - 7 VOIE D'ACCÈS AU PORT - 29600 MORLAIX • TÉL. 02 98 62 11 33

DÉVELOPPEMENT ÉCONOMIQUE

Léa **POPLIN**

DIRECTRICE GÉNÉRALE DE LA CCI DU FINISTÈRE

FORMATION master en droit public (université Cergy Pontoise, 2005)

PASSIONS la nature, la lecture

Poussée par son sens de l'intérêt général, Léa Poplin passe les concours de la fonction publique et réussit celui de l'école nationale de l'administration pénitentiaire en 2006. Elle devient directrice de la maison d'arrêt de Lille dès 2007. Tenace et volontaire, elle s'investit dans un travail «partenarial», comme elle aime, toujours en relation avec l'humain. Après 3 ans dans le Nord, elle rejoint une grosse structure en région parisienne puis devient cheffe de la sécurité et de la détention de la Région Ile de France en 2012. Elle travaille alors sur la formation du personnel et expérimente les extractions judiciaires. Cette «meneuse d'hommes» est nommée directrice de la maison d'arrêt de la Seine-Saint-Denis (près de 1200 détenus), afin de «redresser la situation». Son combat est alors d'envisager la prison différemment et elle met en place le module de respect, qui est devenu un programme national. Puis, approchée par les préfets de Seine-Saint-Denis, elle entre dans le corps préfectoral en 2018. Une nouvelle carrière s'ouvre à elle, qui débute dans le Loir-et-Cher, en tant que sous-préfète. Son chemin passe ensuite successivement par le Finistère et les Côtes d'Armor.
C'est en novembre 2022 que Léa Poplin est nommée directrice générale de la CCI du Finistère. Sa principale mission est de poursuivre la fusion des CCI historiques (Brest, Morlaix, Quimper). Choisie pour sa capacité à manager des équipes, elle souhaite fédérer au profit d'un intérêt supérieur : le développement économique des entreprises et du territoire. Elle apprécie par ailleurs l'hybridité des sujets qui lui sont confiés, cherchant, comme à son habitude, à créer des «liens et des passerelles». Tout en n'oubliant pas de profiter des «trésors de la Bretagne»...

CCI DU FINISTÈRE - 1 PL DU 19E RÉGIMENT D'INFANTERIE - CS 63825 - 29238 BREST CEDEX 2 • TÉL. 02 98 00 38 00

ETAT

François **POUILLY**

DIRECTEUR DÉPARTEMENTAL DE LA PROTECTION DES POPULATIONS DU FINISTÈRE

FORMATION Statistiques appliquées à la médecine option épidémiologie (CESAM) (1970) ; DEA d'épidémiologie (Université de Reims-Champagne-Ardenne, 1992) ; docteur vétérinaire (Ecole nationale vétérinaire d'Alfort, 1993)

DISTINCTIONS Chevalier de l'Ordre du Mérite agricole.

Après avoir effectué son service national à la direction des services vétérinaires de Saône-et-Loire de 1990 à 1991, François Pouilly occupe le poste d'assistant d'enseignement et de recherche contractuel au sein de l'Ecole nationale vétérinaire d'Alfort (ENVA), au centre d'applications de Champignelles (1991-1993). Vétérinaire inspecteur élève pendant un an, il est ensuite nommé chef du service de santé et protection animales à la direction départementale des services vétérinaires de Saône-et-Loire, assurant également les missions d'inspecteur des installations classées pour la protection de l'environnement (ICPE). En 2003, il poursuit son parcours professionnel dans la Vienne comme adjoint de la directrice départementale des services vétérinaires, chargé de la coordination régionale. Quatre ans plus tard, il occupe son premier poste de directeur départemental des services vétérinaires des Ardennes, devenu en 2010 directeur départemental de la cohésion sociale et de la protection des populations. Puis, en décembre 2011, François Pouilly prend la fonction de directeur départemental de la Protection des Populations (DDPP) du Morbihan avant d'être nommé, en 2018, directeur régional adjoint de l'alimentation, de l'agriculture et de la forêt de la région Normandie.

Il retrouve la Bretagne en février 2021, à la tête de la Direction départementale de la Protection des Populations du Finistère.

DDPP DU FINISTÈRE - 2 RUE DE KÉRIVOAL - 29000 QUIMPER • TÉL. 02 98 64 36 36

INDUSTRIE ÉLECTRIQUE ET ÉLECTRONIQUE

Hervé **PRIGENT**

VICE-PRÉSIDENT MARKETING POWER SYSTEMS CHEZ KOHLER CO

FORMATION DUT/licence génie électrique (université de Brest, 1995) ; MBA (ESC Rennes, 2014)

PASSIONS sa famille, le golf

De stagiaire à président… c'est ainsi qu'Hervé Prigent s'amuse à résumer son parcours professionnel. Il incarne aussi de belle manière le proverbe « la valeur n'attend point le nombre des années ». Sa carrière s'articule autour d'une drôle de passion, née dans les serres de ses parents dans le Nord Finistère : les groupes électrogènes. Il trouve donc son bonheur chez SDMO où il rentre en stage en 1994. Il y reviendra tous les étés, avant son service militaire dans la Marine Nationale. A son retour, en 1996, il est recruté au service commercial en tant qu'ingénieur projets pour les centrales EJP sur toute la France. Il occupe successivement les fonctions de responsable grands comptes, adjoint au directeur commercial France puis expérimente un nouveau domaine en 2003 : le marketing. Responsable du département, il en prend la direction en 2007. Enrichi de cette nouvelle expérience « produit », il est nommé directeur général adjoint en 2012. Il décide l'année suivante de faire un MBA puis devient directeur général en 2014. Son ascension ne s'arrête pas là puisqu'il accède à la présidence en 2017, avec la fierté d'être le premier Breton à ce poste, qu'il occupera jusqu'en 2019.

Le Finistérien est actuellement vice-président Marketing Power Systems chez Kohler Co depuis 2018.

KOHLER SDMO - 270 B RUE DE KERERVERN - 29490 GUIPAVAS • TÉL. 02 98 41 41 41

TOURISME ET LOISIRS

Nathalie **PÉRON-LECORPS**

DIRECTRICE DÉLÉGUÉE MER DE BREST'AIM - DIRECTRICE D'OCÉANOPOLIS

FORMATION EM business school (Strasbourg, 1989) ; Master en Développement durable & Organisation (Paris Dauphine, 2008) ; Certification Objectif Conseil d'Administration (EM Lyon, 2021)

PASSIONS Les voyages, les sports d'extérieur, les événements culturels, la nature

Animée par son goût des contacts, de la découverte, de l'observation, Nathalie Péron-Lecorps choisit une formation qui « puisse lui ouvrir des portes ». Elle effectue ses stages à l'étranger et démarre ensuite un parcours varié, qui commence chez Kronenbourg en 1989. Cheffe de secteur alimentaire, elle décide d'évoluer vers le merchandising et entre chez Sony en 1991 comme responsable du développement merchandising. Après s'être occupée de trade-marketing, l'envie de manager la fait rejoindre Reebok en tant que responsable promotion des ventes et merchandising. Elle devient directrice marketing en 2003 avant de partir en 2007, poussée par le besoin de donner plus de sens à son travail. Elle reprend des études et se voit confier la direction marketing de la Halle aux chaussures au sein du groupe Vivarte. Pendant les 5 ans de cette « belle aventure », elle initie des actions en matière de RSE, ouvre le 1er site marchand, etc… Elle rejoint en 2012 la direction marketing de la coopérative Atol. Les opticiens. Dix-huit mois plus tard, elle est approchée pour prendre la direction générale de PicWicToys à Lille. Elle mène la transformation de l'enseigne de jouets mais le désir de faire converger ses compétences avec sens incite Nathalie Péron-Lecorps – d'origine bretonne - à répondre à une annonce de Brest'Aim. Elle est embauchée en janvier 2021 comme directrice déléguée Mer de la SEM et directrice d'Océanopolis, directrice également du fond de dotation Océanopolis Act. Chargée de mettre une nouvelle stratégie en place, avec une forte dimension RSE, elle s'occupe des activités maritimes à vocation touristique et culturelle. Avec le sentiment gratifiant de se lever tous les matins pour une belle cause : « changer le regard sur l'océan ».

OCÉANOPOLIS - BREST'AIM
- PORT DE PLAISANCE DU MOULIN BLANC
- BP 91039 - 29200 BREST • TÉL. 02 98 34 49 02

MATÉRIAUX POUR LE BÂTIMENT

Clément **QUÉGUINER**

PRÉSIDENT DU GROUPE QUÉGUINER

FORMATION Licence de droit (UBO, 2011) ; master spécialisation Entreprenariat et innovation (Brest Business School, 2013)

PASSIONS Guitariste et batteur amateur ; les voyages ; le Stade Brestois 29 ; la voile

Clément Quéguiner n'avait pas prévu au départ de reprendre la direction de l'entreprise familiale. Passionné de musique, il se dirige vers l'événementiel et devient chargé des mécénats et des partenariats au Festival des Vieilles Charrues, où il était déjà bénévole. Après son contrat d'alternance, et 6 mois passés à l'université d'Aberdeen (Ecosse) dans le cadre de ses études, il entre chez Brest'Aim en février 2014. Chargé de partenariat pour le projet de construction de la Brest Arena, sa mission prend fin à l'inauguration de celle-ci en octobre 2014. Le jeune homme se lance ensuite dans le projet de création d'un laboratoire de recherche sur la leucémie avec Leucémie Espoir, association dont le Groupe Quéguiner est partenaire. Le projet n'aboutit pas mais le rapproche du groupe qui, en 2015, est à la croisée des chemins : soit il est vendu, soit il est repris par les enfants de Claude Quéguiner, lui-même fils du fondateur.
C'est finalement Clément qui relève le défi. Il rejoint l'entreprise en tant que secrétaire général puis, en novembre 2016, prend la direction de la distribution pour les enseignes du groupe. Moins de 5 ans plus tard, en janvier 2020, il devient président. Fier de perpétuer une histoire familiale, des métiers et une vision, Clément Quéguiner prévoit de continuer les actions de développement en Bretagne et Loire-Atlantique. Appliqué, à l'écoute, il porte également avec ses équipes de nouvelles idées dans les domaines digitaux, sociaux et de la logistique. Le dirigeant compte pérenniser l'histoire de l'entreprise avec « audace et exigence ». Il est par ailleurs élu à la CCI de Morlaix et membre de l'association des Vieilles Charrues.

GROUPE QUÉGUINER - 45 RUE CLÉMENCEAU
- CS 30300 - 29403 LANDIVISIAU CEDEX
• TÉL. 02 98 68 44 00

DÉVELOPPEMENT ÉCONOMIQUE

Claude **RAVALEC**

PRÉSIDENT DE LA CCI MÉTROPOLITAINE BRETAGNE OUEST (CCIMBO)

FORMATION CAP Charcutier - Traiteur (CMA Quimper, 1985) ; Brevet Professionnel Charcutier - Traiteur (CEPROC Paris, 1987) ; Brevet de Maitrise Charcutier (CMA Quimper, 1992)

DISTINCTIONS Chevalier dans l'ordre des Palmes académiques (2005)

PASSIONS La voile, la plongée sous-marine, le vélo, la musique (piano/accordéon diatonique)

Claude Ravalec a été élu président de la CCI métropolitaine Bretagne ouest (CCIMBO) le 6 juillet 2022. Membre du réseau consulaire depuis 2004, il a précédemment exercé les mandats de président de la CCI Quimper Cornouaille et de vice-président de la CCIMBO, 5e chambre de Commerce et d'Industrie de France en termes de volume d'affaires (80 m€ de chiffres d'affaires et 800 salariés en 2021).
Depuis 1994, Claude Ravalec dirige, avec son frère Arnaud, l'entreprise familiale de charcuterie-traiteur implantée à Bénodet, Pont-l'Abbé et Quimper, qui compte 46 salariés. Il siège au Comité de direction de l'Office de Tourisme de Bénodet et préside l'association La Charcuterie Gourmande qui valorise les savoir-faire artisanaux et participe au dynamisme des centres-villes et des quartiers commerçants. De tempérament enthousiaste, il développera de nouveaux projets tout en faisant avancer le collectif « avec et dans le respect de chacun ».

CCI DU FINISTÈRE
- 1 PL DU 19E RÉGIMENT D'INFANTERIE
- CS 63825 - 29238 BREST CEDEX 2
• TÉL. 02 98 00 38 00

PROTECTION DE L'ENVIRONNEMENT

Anne **RENAULT**

DIRECTRICE SCIENTIFIQUE DE L'IFREMER

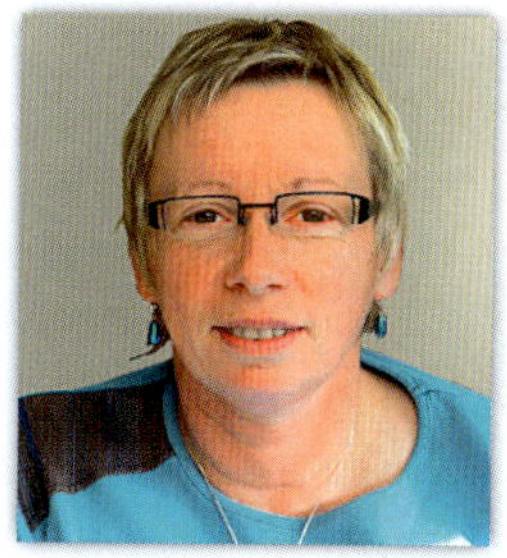

FORMATION collège-lycée à Poitiers - doctorat en physique de la matière condensée (Université Joseph Fourier de Grenoble, 1986)

DISTINCTIONS chevalier de l'Ordre national du Mérite ; chevalier de la Légion d'honneur 2016

PASSIONS le sport et la mer.

Parcours atypique pour Anne Renault qui a mené de front des études scientifiques et la pratique du sport de compétition : athlétisme, natation et sports collectifs. Une dualité qu'elle a poursuivie lorsqu'elle intègre le CNRS puisqu'elle y est aussi entraîneur de l'équipe de volley-ball de sélections régionales et d'une équipe évoluant en nationale III (1984-1999). Elle a également été membre du bureau de la Fédération française de volley-ball (1992-1996). En 2001, elle donne une nouvelle orientation à sa carrière en prenant une direction de recherche sur le campus de Beaulieu de l'université de Rennes 1. Physicienne, spécialisée en biophysique, ses recherches portent sur l'auto-assemblage des protéines aux interfaces. En 2002, elle est nommée directrice du GMCM (Groupe matière condensée et matériaux), jusqu'à sa fusion avec le Palms qui donne naissance à l'Institut de Physique de Rennes qu'elle dirigera de 2008 à 2011. En 2010, elle est nommée déléguée scientifique Aeres. Anne Renault est responsable de deux CPER bretons (interface physique biologie et matériaux). Elle est coprésidente du Gis Bresmat et est à l'origine, en 2012, d'une fédération CNRS autour des matériaux regroupant les unités des Pays de Loire, de Bretagne et des deux Normandie.
En juillet 2012, elle est nommée directrice de la mission interdisciplinaire au CNRS. Cinq ans plus tard, elle prend les fonctions de directrice scientifique de l'Ifremer. Elle y est chargée d'organiser et d'animer la prospective scientifique et technologique de l'établissement.

IFREMER - CENTRE DE BRETAGNE
- CENTRE IFREMER BRETAGNE
- ZI POINTE DU DIABLE - CS 10070
- 29280 PLOUZANÉ • TÉL. 02 98 22 40 40

BIOTECHNOLOGIES

Morgane **ROUSSELOT**

PRÉSIDENTE-FONDATRICE DE SEABELIFE

FORMATION Ingénieure en chimie (ENS de chimie de Mulhouse, 2002) ; doctorat en biochimie (Université Pierre et Marie Curie - Sorbonne Université, 2006)

DISTINCTIONS Prix Entrepreneure des Trophées des femmes de l'industrie 2022 L'Usine nouvelle

PASSIONS Ses enfants, l'ultra-trail, sa Bretagne, le GR34, « les voyages pour découvrir les merveilles de la nature », le milieu marin

Les sciences, la mer, la liberté, les challenges… Voici les moteurs qui animent le parcours de Morgane Rousselot. Formée en chimie à l'ENS, elle entreprend sa thèse en biologie sur la structure d'une hémoglobine d'origine marine et entre à l'Institut de biologie marine de Roscoff en 2002. Son directeur de thèse, Franck Zal, a déjà l'idée de créer une société et ils co-fondent Hemarina en 2007. Elle réalise alors un important travail technique et scientifique pour pouvoir utiliser à terme l'hémoglobine comme transporteur d'oxygène à visée thérapeutique chez l'être humain. Ils finissent par produire un 1er lot pour essai clinique en 2014. Mais la Finistérienne, férue d'entreprenariat, a envie de se lancer sur un sujet moins mature. Elle rejoint donc Tolerys à Genève en 2015 pour structurer la société autour d'un brevet sur le vaccin BCG. Les résultats ne permettant pas de lever des fonds, elle rejoint sa Bretagne natale en 2016 où elle devient responsable contrôle qualité dans le domaine de la fabrication d'ingrédients naturels d'origine végétale chez Agrival pendant un an, puis au sein du Laboratoire Gilbert en charge de l'assurance qualité. Elle saisit l'opportunité de retourner à la Station biologique de Roscoff en 2018.
Morgane Rousselot co-fonde en 2019 la société SeaBeLife, dont elle est PDG. Le but est de développer des candidats-médicaments visant à bloquer la mort cellulaire, dans l'objectif de protéger les organes affectés par des pathologies sévères sans alternatives thérapeutiques efficaces. Les tests sur l'Homme sont prévus pour 2024. La PDG mène le projet tambour battant car l'enjeu est crucial : il ne s'agit rien de moins que « d'améliorer la qualité de vie des patients touchés par des pathologies sévères, et également des soignants ».

SEABELIFE - STATION BIOLOGIQUE DE ROSCOFF - PLACE GEORGES TEISSIER - 29680 ROSCOFF • TÉL. 02 98 29 23 48

BANQUE ET ASSURANCE

Philippe **ROUXEL**

DIRECTEUR GÉNÉRAL DU CRÉDIT MUTUEL DE BRETAGNE - PRÉSIDENT D'INVESTIR EN FINISTÈRE

FORMATION lycée Notre-Dame à Guingamp - classe préparatoire à HEC au lycée Chateaubriand à Rennes et à Audencia Nantes

PASSIONS le club d'En Avant de Guingamp, les romans policiers et les Beatles.

Philippe Rouxel est un fidèle de la maison « Arkéa ». Entré en 1992 au contrôle de gestion de la fédération du Crédit Mutuel de Bretagne, son parcours a rapidement emprunté la voie commerciale. En Bretagne tout d'abord comme directeur de la Caisse locale de Quimper Penhars (1996-1999) puis dans la fédération du Sud-Ouest (CMSO), notamment comme directeur commercial (2007-2010). 2010 marque son retour sur ses terres bretonnes comme directeur du CMB pour le Finistère. Il a alors en charge l'exploitation et le développement des 105 caisses locales. Il est nommé directeur général du Crédit Mutuel de Bretagne en mai 2016 et prend ses fonctions en août.
En juin 2023, il est élu président d'Investir en Finistère.

CRÉDIT MUTUEL DE BRETAGNE
- 1 RUE LOUIS LICHOU
- 29480 LE RELECQ-KERHUON
• TÉL. 02 98 00 22 22

TRANSPORT ET LOGISTIQUE

Alain **ROUÉ**

PRÉSIDENT DU RÉSEAU OCÉLORN

FORMATION Licence de transport

DISTINCTIONS Médaille de la Défense Nationale 1983

PASSIONS Le sport (football, tennis, équitation)

Après son service militaire dans la Marine, Alain Roué entre en 1984 dans l'entreprise de ses parents, les Cars de l'Elorn, basée à Landivisiau. Il y apprend la mécanique, la conduite d'autocars dans toute l'Europe puis évolue dans la partie commerciale et technique. Il obtient sa licence de transport en 1989 et devient co-gérant de la société. A 30 ans, Alain Roué rachète l'entreprise familiale puis il enchaîne les opérations de croissance externe en rachetant et créant plusieurs sociétés. Le réseau Océlorn rassemble aujourd'hui 12 sociétés indépendantes dans le Finistère et les Côtes d'Armor dont My Loc, société fondée en 2020 et dédiée à la location, vente, achat de véhicules et autres.
Cet ancien marathonien au tempérament engagé s'investit par ailleurs dans la vie sociale et active de son département : conseiller municipal de Landivisiau de 1989 à 2001, conseiller consulaire à la CCI de Morlaix en 2004 puis élu à la CCI de Brest, il est membre de la CCI Métropolitaine Bretagne Ouest depuis 2021. Alain Roué est aussi membre du Medef Bretagne depuis cette même année, vice-président du Conseil de surveillance du Stade Brestois et vice-président de Rennes Formation Ouest (centre de formation). Il s'implique également dans sa profession. Élu vice-président de la Fédération Nationale des Transports de Voyageurs du Finistère en 1998, il est élu en 2020 président de la FNTV Bretagne pour trois ans. Ce sportif et entrepreneur dans l'âme portera de nouveaux projets afin d'anticiper les enjeux du secteur : mobilité durable, formation, emploi, enjeux environnementaux.

OCÉLORN - 48 ROUTE DE SAINT-POL
- ZA DU VERN - 29400 LANDIVISIAU
• TÉL. 02 98 68 40 00

AGROALIMENTAIRE

Fabien **RUSSIAS**

DIRECTEUR GÉNÉRAL DE LAÏTA

FORMATION Classes préparatoires «math sup bio» et «math spé bio» (lycée Blaise Pascal, Clermont-Ferrand) - diplôme d'ingénieur agronome (Institut National Agronomique de Paris Grignon - Agro Paris Tech, 2000); École Nationale de Génie Rural - Agro Paris Tech (2001); Institut Supérieur de l'Agro-Alimentaire - ISAA (2001)

PASSIONS Le bricolage, le jardinage, la musique, l'Histoire de l'Art

Son tropisme agricole, dû à ses origines familiales rurales, incite Fabien Russias à s'intéresser très tôt à l'industrie agroalimentaire. Après des stages chez Unigrains, au ministère de l'Agriculture, à la FAO, il entre en 2001 au ministère de l'Industrie à Amiens. Adjoint au directeur régional de l'industrie, de la recherche et de l'environnement, il est chargé de mission auprès du préfet de Picardie pour le développement économique et la recherche. Mais c'est décidément par le monde de l'entreprise qu'il est attiré et il décide en 2003 de rejoindre le groupe Even en tant que directeur des projets, chargé de mission auprès de la direction générale dans différents domaines. Six ans plus tard, lors de la création de la filiale laitière du groupe, Laïta, il intègre son comité de direction. Il est nommé directeur de la logistique et des achats, auquel s'ajoutent les Produits secs marchés cotation et internationaux en 2014. C'est en juillet 2021 que Fabien Russias prend la direction générale de Laïta (3000 salariés en France).
Conscient de ses responsabilités et des enjeux de cette industrie capitalistique où il évolue avec sa rigueur coutumière, il n'hésite pas à aller sur le terrain pour «bien expliquer ce que l'on fait et ce que l'on va faire». L'ambition clé est de valoriser au mieux l'ensemble des composants du lait auprès des clients. Et, dans une ère d'instabilité des marchés et de l'environnement, le dirigeant veille à rester pragmatique. Toujours passionné par le coopératif, l'agro-alimentaire et le monde agricole – son «ADN» - il se sent plus que jamais en adéquation avec ses missions.

LAÏTA - GROUPE EVEN - 4 RUE BECQUEREL - CS 30302 - 29200 BREST • TÉL. 02 29 62 51 19

TOURISME ET LOISIRS

Michel **SALAÜN**

PRÉSIDENT DU GROUPE SALAÜN

FORMATION IUT transports et logistique

DISTINCTIONS chevalier de l'Ordre national du Mérite 2005; chevalier de l'Ordre national de la Légion d'honneur 2021

PASSIONS les voyages et les voyages!

Le Groupe Salaün plonge ses racines dans le Centre-Finistère, à Pont-de-Buis où, en 1932, Michel Salaün, grand-père de l'actuel président, fit rouler son premier car et transporta ses premiers passagers. Son petit-fils et homonyme, Michel Salaün, est resté fidèle à sa terre d'origine. Il a fait de l'attachement à ces racines familiales et historiques le creuset dans lequel sont nées et demeurent toutes les valeurs qui donnent force et originalité au Groupe: une proximité sans cesse renforcée avec la clientèle (167 agences de voyages aujourd'hui en France et en Belgique), le partage de la passion du voyage et le souci d'une prestation de qualité.
Sous l'impulsion de Michel Salaün, l'entreprise va rapidement prendre son envol et ne cesser de se développer. L'entreprise d'autocars devient agence de voyages spécialisée dans les voyages pour groupes constitués (1986) puis l'un des tour-opérateurs nationaux les plus importants. Il regroupe aujourd'hui près de 550 collaborateurs et sa production est commercialisée dans plus de 3200 agences de voyages sur toute la France.

SALAÜN HOLIDAYS - 38 RUE DE QUIMPER - 29590 PONT-DE-BUIS-LES-QUIMERCH • TÉL. 02 98 73 05 77

HÔTELLERIE-RESTAURATION

Frédéric **SEBILLEAU**

CHEF CUISINIER

FORMATION Autodidacte

PASSIONS la cuisine et la Bretagne.

Cabillauds, bars et les incontournables homards ont trouvé à Pont-Aven un maître cuisinier pour les mettre en valeur. Rien d'ostentatoire dans la cuisine de Frédéric Sébilleau. Son créneau: une cuisine sur des bases classiques réactualisées avec des bons produits et du goût. Au menu par exemple un pigeon enveloppé dans une feuille de choux avec du foie gras et des épices douces, du homard grillé ou des crêpes soufflées. Pas de nom compliqué. Pas de clinquant. «Je fais la cuisine que j'aimerai manger». Fort de son apprentissage chez quelques grandes tables françaises notamment chez Taillevent, à la Tour d'Argent et dans le Relais Louis XIII à Paris, Frédéric Sébilleau a intégré en 1985 le restaurant familial Le Moulin de Rosmadec, en plein centre de Pont-Aven, tenu depuis 1958 par son père Pierre et déjà étoilé. Il le reprend en 2000 et donne une leçon de cuisine contemporaine dans cet étonnant moulin du XVe siècle. Son art culinaire lui vaut deux toques au GaultMillau et une étoile Michelin qu'il gardera 25 ans. «On vient chez nous pour manger, pas pour faire des expériences», indique malicieusement le chef étoilé. Et le virus est familial: sa fille travaille comme demi-chef de rang à l'hôtel George-V, à Paris.
Mais le Quimpérois souhaite prendre «un peu de temps pour lui et sa famille»: il met en vente Le Moulin de Rosmadec en septembre 2017 et rend donc son étoile Michelin fin octobre. Il poursuit sa belle trajectoire au sein du «Sur le pont», l'établissement que son frère Franck avait ouvert et qui est distingué Bib gourmand 2017.

LE BISTROT SUR LE PONT - 11, PLACE PAUL GAUGUIN - 29930 PONT-AVEN • TÉL. 02 98 06 16 16

ASSOCIATIONS ET RÉSEAUX

Lénaïc **SEGALEN**

PRÉSIDENTE DE CINAV - CAMPUS DES INDUSTRIES NAVALES

FORMATION Master en économie et politique et européenne (Institut d'études européennes IEE-ULB, Bruxelles, 2004)

PASSIONS La voile, le yoga, le paddle

Attirée de longue date par l'économie, la politique, Lénaïc Segalen entreprend donc des études dans ces domaines. Sa maîtrise en économie-gestion obtenue en 2002, elle décroche un stage à Washington dans un cabinet de politique agricole. Cette expérience sert de «déclencheur» et elle décide de postuler à Bruxelles à l'IEE-ULB. Après un stage à la commission européenne, où elle découvre le lobbying, de 2004 à 2005, elle trouve un emploi à la FDSEA de l'Ariège. Il s'agit d'accompagner son président à l'élection de la chambre d'agriculture départementale. Elle rejoint ensuite Lyon et trouve un poste de chargée de recrutement anglophone dans un cabinet du réseau MRI en 2007. Elle apprend le métier, découvre le monde de l'entreprise avant de s'installer à Brest en 2010. Elle entre chez Naval group en tant que chargée de recrutement puis sera responsable RH de 2012 à 2018. On lui propose alors la même fonction chez Naval énergie, où elle retrouve un environnement international. Devenue DRH en 2018, elle accompagne le développement de cette nouvelle filiale puis gère le PSE sur le premier semestre 2021. En juillet, elle réintègre Naval group et est nommée présidente de l'association CINav.

A ce poste, Lénaïc Segalen réunit toutes ses expériences de parcours afin de faire connaître les métiers des industriels de la mer. Elle qui aime défricher, innover, est portée par le sentiment d'œuvrer avec son équipe pour l'utilité publique dans le secteur de l'emploi. Investie dans une mission «où rien n'est jamais gagné», elle assure aussi bien la direction de projets que la responsabilité financière et de gouvernance, et, bien sûr, un rôle de représentation primordial sur le territoire. Une fierté et un honneur qu'elle revendique aussi en tant que femme.

CAMPUS DES INDUSTRIES NAVALES - CINAV - 245 COURS AIMÉ CÉSAIRE - QUARTIER D'AFFAIRES LES CAPUCINS - 29200 BREST • TÉL. 02 21 03 00 43

ENSEIGNEMENT SUPÉRIEUR

Dai **SHEN**

DIRECTEUR GÉNÉRAL DE BREST BUSINESS SCHOOL – DIRECTEUR GÉNÉRAL DE DEMOS

FORMATION Lycée à Pékin - DEA informatique et électronique (université Paris-Diderot, 1992); Mastère Spécialisé en management des systèmes d'information (Essec-ENCT, 1998); Trium Executive MBA (HEC-LES-NYU, 2006)

DISTINCTIONS Chevalier des Palmes académiques 2019

PASSIONS La littérature; le ping-pong; les voyages et les rencontres; la gastronomie et les arts culinaires

Dai Shen entre en 1993 chez Demos, spécialiste de la formation professionnelle, comme chef de projet en informatique. Il s'occupe alors des formations auprès des salariés et managers d'entreprise, accompagne la croissance de la société et son expansion au niveau international. Sa double culture est un atout précieux dans sa progression, qui l'emmène jusqu'à la direction régionale Asie. En 2010, il décide de rejoindre l'EM Lyon, en tant que directeur général délégué en charge de la formation exécutive et du campus asiatique. Baigné dans l'univers de l'enseignement supérieur dès son plus jeune âge grâce à ses parents, professeurs et traducteurs de français, il est en effet convaincu qu'il faut une synergie forte entre les écoles de management et les écoles de formation continue. De 2013 à 2015, il est directeur exécutif éducation et campus internationaux à France Business School puis directeur exécutif éducation et responsable de l'incubateur franco-chinois à Neoma Business School de 2015 à 2016. Il développe le campus de Shanghai et le nombre de formations continues.

Fort de ses expériences, Dai Shen prend en 2016 la direction général du groupe Demos avant d'être nommé directeur général de BBS (Brest business school) en décembre 2017. Il aide l'école, en difficulté, à redresser la tête et apprend à aimer sa nouvelle région. Il revient en 2020 chez Demos pour s'occuper de la direction générale, heureux de pouvoir désormais relier 2 mondes complémentaires. Persévérant, il lui reste désormais à perpétuer l'axe stratégique d'internationalisation de BBS, développer la digitalisation des programmes, renforcer les liens avec les entreprises. Avec l'aide de ses collègues bretons dont il apprécie «l'ouverture d'esprit, la discrétion, la force de travail et l'esprit conquérant»

BREST BUSINESS SCHOOL - 2 AV. DE PROVENCE - CS 23812 - 29200 BREST • TÉL. 02 98 34 44 44

DÉVELOPPEMENT ÉCONOMIQUE

Gilles **TELLIER**

DIRECTEUR DES CONCESSIONS AÉROPORTUAIRES DE LA CCIMBO - DIRECTEUR GÉNÉRAL DE LA SEALAR

FORMATION Collège et lycée Watteau à Valenciennes - Brevet de pilote professionnel avion et vol aux instruments (1988); DUT transports et logistique (IUT de Lille 3, 1990); Certificat de compétences en management opérationnel (2004)

PASSIONS L'avion et la voile

Les compagnies aériennes et le secteur aéroportuaire sont deux filières proches dans l'esprit du voyageur lambda. Pourtant peu de professionnels passent de l'une à l'autre. Gilles Tellier fait figure d'exception. Après avoir occupé différents postes d'exploitation au sein de plusieurs compagnies aériennes, dont la direction adjointe de l'exploitation de Britair, il choisit en 2006 de prendre la direction de l'aéroport de Limoges. «C'était un challenge. J'avais envie d'élargir mon périmètre professionnel.» Suivra une incursion au Cambodge où il dirigera, entre 2011 et 2013, l'aéroport de Phnom Penh. «Diriger un aéroport, c'est devoir gérer les mêmes problématiques, qu'il y transitent 200 000 ou 2,5 millions de passagers: les aspects techniques, le volet commercial, la gestion des risques…», explique Gilles Tellier, qui gère de 2014 à

février 2020 les aéroports de Rennes et Dinard. Comme beaucoup dans ce secteur, il est aussi un passionné de pilotage. Avec son brevet professionnel décroché en 1988, le pilote totalise plus de 1500 heures de vols à son actif, et a notamment volé pour l'Armée de l'air lors de son service militaire.
Après une brève mission aux Emirats arabes unis pour diriger les quatre aéroports régionaux d'Abu Dhabi de mars à septembre 2020, il prend la direction des concessions aéroportuaires de la CCIMBO (Brest, Quimper, Morlaix) en octobre. Il devient également directeur général de la Sealar (Société d'Exploitation et d'Action Locale des Aéroport Régionaux) qui gère les aéroports de Poitiers, Vannes et Le Havre. L'ambition est de « développer une nouvelle vision de l'aérien dans les régions, afin de faire émerger un transport aérien raisonné et durable, économiquement et environnementalement. »

CCI DU FINISTÈRE
- 1 PL DU 19E RÉGIMENT D'INFANTERIE
- CS 63825 - 29238 BREST CEDEX 2
• TÉL. 02 98 00 38 00

CULTURE

Jean-Jacques **TOUX**

CO-PROGRAMMATEUR DES VIEILLES CHARRUES - SECRÉTAIRE DE LA FÉDÉRATION INTERNATIONALE DE FESTIVALS DE CONCERT !

FORMATION collège-lycée à Châteaulin - BTS action commerciale ; diplôme de visiteur médical ; faculté d'histoire de l'université de Brest

PASSIONS la musique !

En 1992, avec des amis étudiants (dont Christian Troadec), Jean-Jacques Toux lance l'idée d'un festival « Les Vieilles charrues », version terrienne des Vieux gréements qui se déroulent cette même année à Brest. Les concerts entre copains à Landeleau, près de Carhaix, attirent sans cesse de nouveaux spectateurs (5000 en 1994). Décision est prise de créer un véritable festival de musique à Carhaix. Avec des têtes d'affiches internationales (The Blues Brother's, The Silencers), nationales (Leforestier, Lavilliers, Birkin) et bretonnes (Miossec). Pendant toute cette période, il est bénévole au sein de l'association Vieilles charrues et responsable de la programmation artistique du festival. Sur le plan professionnel, il est visiteur médical puis travaille au Poher hebdo, dirigé alors par Christian Troadec, également président de l'association Vieilles charrues. En 1997, Jean-Jacques Toux devient salarié à temps partiel de l'association en tant que programmateur et responsable du dispositif « les Jeunes Charrues en Concert » (tremplin). En 2000, il est embauché à plein-temps en tant que responsable de la programmation du festival. « Au-delà de ces emplois, les Vieilles Charrues ont créé dans la région l'équivalent de 100 postes à l'année », rappelle Jean-Jacques Toux. Depuis 2008, il est secrétaire de la fédération internationale De Concert !

ASSOCIATION LES VIEILLES CHARRUES
- AUX DÉPENDANCES DE PERSIVIEN
- 29834 CARHAIX-PLOUGUER
• TÉL. 02 98 99 25 45

COMMUNE

Hosny **TRABELSI**

ADJOINT AU MAIRE DE BREST - CONSEILLER DÉPARTEMENTAL DU FINISTÈRE

FORMATION DEA Images et Mer à Nantes

PASSIONS le handball (ancien handballeur) et la musique

Enseignant en physique-chimie au lycée Estran Fénelon à Brest, Hosny Trabelsi a pris de nombreuses responsabilités associatives. Au milieu des années 90, jeune professeur au lycée Saint-Joseph de Landerneau, il devient président de l'Amitié franco-tunisienne de Brest et lance un jumelage avec un lycée tunisien, à Zarzis. Militant socialiste (membre de la commission nationale de la sécurité au PS), il participe à divers conseils d'administration oeuvrant pour la cohésion et l'harmonie de quartier. En 2001, Hosny Trabelsi entame un premier mandat municipal quand François Cuillandre lui propose de faire partie de son équipe, avec la responsabilité d'adjoint au maire de Brest en charge du quartier de l'Europe. Conseiller communautaire, reconduit en 2014 et 2020, il effectue son quatrième mandat à la mairie de quartier de l'Europe et de la coordination de l'action municipale.
Il est également conseiller départemental du canton Brest 5 Kérichen-Saint-Marc depuis mars 2015.

VILLE DE BREST - 2 RUE FRÉZIER - BP 92206
- 29222 BREST CEDEX 2 • TÉL. 02 98 34 26 30

RECHERCHE

Paul **TRÉGUER**

PROFESSEUR ÉMÉRITE À L'UNIVERSITÉ DE BRETAGNE OCCIDENTALE - MEMBRE DE L'ACADÉMIE EUROPÉENNE DES SCIENCES

FORMATION ingénieur de l'ENSCR - École nationale supérieure de chimie de Rennes (1965) ; certificat d'aptitude à l'administration des entreprises (IAE de Rennes 1966) ; doctorat d'état en océanographie (Université de Brest UBO, 1976)

DISTINCTIONS Chevalier (2007) puis Officier de la légion d'Honneur (2017) ; Médaille Georges Millot (sciences de l'univers) de l'Académie des sciences (2013) ; Docteur honoris causa de l'Université du Québec (2014) ; Officier de l'Ordre national du Québec (2015) ; Chevalier de l'Ordre du Mérite Maritime (2016) ; Fellow de l'American Geophysical Union (2016) ; Fellow de Association for the Science of Limnology and Oceanography (2016)

PASSIONS modélisme, aventures polaires

PUBLICATIONS « Trois marins pour un pôle » (Quae - 2010) ; « La vie sous la glace : une oasis au pôle Sud » (Quae - 2013) ; « Journal d'un océanographe - sur le rebord du monde » (Elytis, 2018) ; « Conquêtes antarctiques » (CNRS éd., 2018) ; « Océans - évolution des concepts » (ISTE, 2020) ; « Dans les pas de deux géants » (Librinova, 2020)

Ingénieur au centre de recherche d'Électricité de France (près de Fontainebleau), Paul Tréguer devient assistant à la Faculté des Sciences de Brest en 1967, maître-assistant, maître de conférences puis professeur à l'UBO. Océanographe, il développe la biogéochimie marine et l'étude du cycle du silicium dans l'océan au niveau international à partir des années 1980. En France, il est responsable du programme Antares

(1988-2000) du CNRS. Il développe en parallèle en 1991 le concept d'Institut Universitaire Européen de la Mer (Observatoire des Sciences de l'Univers) créé à Brest. Il en est son directeur jusqu'en 2007. De 2005 à 2008 Paul Tréguer est le directeur scientifique de Eur-Oceans, Réseau Européen d'Excellence sur les impacts du changement global sur les écosystèmes marins. De 2014 à 2016 il est membre du Steering Committee du Consortium Euromarine.
Professeur émérite de l'UBO depuis 2007, Paul Tréguer préside de 2007 à 2012 le Groupement d'Intérêt Scientifique Europôle Mer. De 2012 à 2017, il préside le Conseil de Prospective et d'Orientation Stratégique du Pôle Mer Bretagne Atlantique. De 2013 à 2015 Il est membre du Conseil scientifique du « Mediterranean Institute of Oceanography ». Elu à l'Académie Européenne des Sciences (EurASc) en juin 2014, il est élu au Presidium en mars 2015. En octobre 2020 il est l'initiateur du Frontier Forum Chine - Europe sur les progrès des sciences et technologies de l'océan (académies chinoises et européenne des sciences, CAS et EurASc).

IUEM - INSTITUT UNIVERSITAIRE EUROPÉEN DE LA MER - TECHNOPÔLE BREST-IROISE - RUE DUMONT D'URVILLE - 29280 PLOUZANÉ • TÉL. 06 08 48 07 50

CULTURE

Jérôme **TRÉHOREL**

DIRECTEUR GÉNÉRAL DU FESTIVAL DES VIEILLES CHARRUES

FORMATION DUT en techniques de commercialisation (IUT de Saint-Brieuc - 1997) ; Diplôme européen d'études supérieures de communication (Rennes - 1998)

DISTINCTIONS chevalier de la Légion d'honneur 2023 ; officier de l'ordre des Arts et Lettres 2020 ; médaille de l'INRS (Institut National de Recherche et de Sécurité) 2018

PASSIONS Le rock anglais, le sport, l'actualité et la mer

Durant ses études, Jérôme Tréhorel se découvre un vif intérêt pour la communication. Il effectue un premier stage de 9 mois dans ce domaine à France 3 Rennes. Il profite de son service militaire pour travailler au sein du service presse et communication de la Direction générale de l'armement, une entité du ministère de la Défense, à Paris. Puis, en 1998, il concilie sa passion pour la communication et la musique en rejoignant bénévolement le service de presse des Vieilles Charrues. De 1998 à 2001, il est en charge de diverses missions de promotion pour le compte d'entreprises ou institutions. C'est en 2001 que Jérôme Tréhorel décroche sa première mission salariée au sein des Vieilles Charrues. En 2002, il rejoint le club de volley de Saint-Brieuc et s'occupe, entre autres, du sponsoring et de la gestion de l'espace VIP. À cette époque, il intervient bénévolement pour La Route du Rock à Saint-Malo et continue à travailler pour les Vieilles Charrues. A partir de 2004, le Costarmoricain partage son temps entre le festival Les Tombées de la nuit à Rennes et le festival carhaisien. Lorsque qu'en 2009 les co-présidents lui proposent de reprendre le service partenariat et mécénat des Vieilles Charrues, il saisit l'opportunité. En 2010, il devient responsable du pôle presse communication, partenariat et mécénat puis, il accepte « avec honneur » la direction générale du festival fin 2012.
Engagé en faveur de la prévention des risques professionnels, il reçoit en 2017 une médaille de l'INRS pour la prévention des maladies professionnelles et des accidents du travail.

ASSOCIATION LES VIEILLES CHARRUES - AUX DÉPENDANCES DE PERSIVIEN - 29834 CARHAIX-PLOUGUER • TÉL. 02 98 99 25 45

INTERCOMMUNALITÉ

Bertrand **UGUEN**

DIRECTEUR GÉNÉRAL DES SERVICES DE BREST MÉTROPOLE ET DE LA VILLE DE BREST

FORMATION collège-lycée à Brest - maîtrise de droit (1981) ; DEA sciences politiques (1983) ; DEA droit public (1985) à l'Université de Bretagne Occidentale et à l'Université de Paris X Nanterre

Juriste de formation, Bertrand Uguen débute sa carrière professionnelle comme assistant parlementaire (1982-1987), puis devient secrétaire général de la mairie de Plourin-lès-Morlaix, tout en étant chargé de cours en droit public et sciences politiques à l'UBO. De 1991 à 1999, il est directeur général des services d'Alfortville et occupe ce même poste, entre 1999 et 2002, à Saint-Brieuc. Il est alors recruté comme directeur général adjoint chargé des Services techniques (Espace public -Environnement) à Brest Métropole Océane. Depuis 2007, il est le directeur général des services de la Métropole et de la Ville de Brest.
Pour Bertrand Uguen, l'une des réussites de la collectivité est la Maison Commune, concept stratégique novateur fédérant la métropole et les Entreprises Publiques Locales. Le Brestois est également chargé d'enseignement à l'Université de Bretagne Occidentale depuis 2003.

BREST MÉTROPOLE - 24 RUE COAT-AR-GUÉVEN - CS 73826 - 29238 BREST CEDEX 2 • TÉL. 02 98 33 50 31

INTERCOMMUNALITÉ

Éric **VANDENBROUCKE**

DIRECTEUR DU DÉVELOPPEMENT ÉCONOMIQUE ET INTERNATIONAL DE BREST MÉTROPOLE

FORMATION Ingénieur, diplômé de l'Institut Catholique d'Arts et Métiers de Lille (1992) et de l'Ecole Nationale Supérieure du Pétrole et des Moteurs (1993)

PASSIONS le tir sportif

Entré à l'Institut Français du Pétrole en 1994, Eric Vandenbroucke est envoyé au sein d'une compagnie pétrolière canadienne, CS Resources, comme ingénieur gisement. Embauché par l'IFP, il devient chargé de valorisation et s'occupe des technologies de forages et de production. Sa 1re mission est de rechercher des entreprises dans des zones d'exploitation pétrolière pour placer les technologies innovantes de l'Institut. Il les aide ensuite à faire la promotion de cette technologie. Basé en France, il sillonne alors le monde, de l'Asie au Moyen Orient, en passant par l'Europe et l'Amérique du Nord. C'est en 2000 qu'Eric Vandenbroucke est mis à la disposition du Technopôle Brest Iroise afin de développer l'innovation dans le secteur de l'off shore pétrolier. Il est ensuite invité par l'association à la rejoindre en tant qu'adjoint au directeur en 2003 et prend la fonction de directeur en 2014. Vrai Finistérien d'adoption, il avoue « n'avoir en tête que l'intérêt du territoire et son développement ». Très à l'aise dans son rôle de pivot, fédérateur, il se passionne pour le montage de projets (French Tech, Campus mondial de la mer) qui mettent en valeur la coopération territoriale bretonne.

En septembre 2017, il est mis à disposition de Brest métropole en qualité de Directeur du développement économique et international et adjoint au directeur du pôle développement économique et urbain. Sa mission principale ? Concevoir, piloter et mettre en œuvre la politique de développement économique et international de la métropole, pour une durée de 4 ans.

BREST MÉTROPOLE
- 24 RUE COAT-AR-GUÉVEN - CS 73826
- 29238 BREST CEDEX 2 • TÉL. 02 98 33 50 50

BANQUE ET ASSURANCE

Jacques **VERLINGUE**

PDG DU GROUPE ADELAÏDE

FORMATION collège-lycée à Quimper - maîtrise de gestion (Nantes, Paris, 1978)

PASSIONS les beaux arts de façon générale et le Musée de la faïence à Quimper en particulier, la mer et le sport (voile, course à pied et ski).

Jacques Verlingue rejoint l'entreprise familiale en 1978. En 1994, il prend la tête de Verlingue, courtier en assurances spécialisé dans la protection des entreprises. Membre fondateur du réseau international Worldwide Broker Network, Verlingue conseille, négocie et gère les programmes d'assurances de plus de 1 000 entreprises. En 1996, Jacques Verlingue crée la société Génération, courtier en assurances spécialisé dans la gestion des régimes complémentaires santé et prévoyance. En mai 2014, l'expansion se poursuit avec la création de Coverlife, société de courtage d'assurances spécialisée dans la distribution d'assurances santé et prévoyance destinées aux particuliers. Verlingue, Génération et Cocoon font partie du groupe Adelaïde que Jacques Verlingue préside. « Chacune de ces sociétés affiche de fortes ambitions en termes de développement », souligne-t-il. « Elles soutiennent aussi les associations Defigena dans le cadre de la recherche contre la mucoviscidose, et Energie Jeunes qui participe à la lutte contre le décrochage scolaire dans les Zones d'Education Prioritaire. »

De juillet 2012 à novembre 2018, Jacques Verlingue préside le conseil d'administration de l'IGR-IAE de Rennes, avec la volonté de transmettre « l'esprit entrepreneurial à la nouvelle génération ». Il passera lui-même d'ailleurs les rênes du groupe Adelaïde à son fils Benjamin, actuel directeur général délégué au développement, en 2024.

ADELAÏDE - 12 RUE DE KEROGAN
- 29000 QUIMPER • TÉL. 02 98 76 44 44

BIOTECHNOLOGIES

Franck **ZAL**

PDG ET FONDATEUR D'HEMARINA

FORMATION lycée Buffon à Paris - Doctorat d'Océanologie biologique (1996) et Habilitation à diriger des recherches (2001) à l'Université Paris 6 Pierre et Marie Curie ; EMBA (ESC Rennes, 2014)

DISTINCTIONS médaille de bronze du CNRS (2001) ; prix Deloitte 2013 ; prix Born GLobal Entrepreneur de l'année région Ouest EY 2013 ; prix de l'Innovation 2015 des grande Ecoles ; trophée CCI France International 2017 ; prix national de la startup de l'année EY 2018 ; Breton de l'année 2018

PASSIONS sa famille, le bricolage, le jardinage, la mer et la nature.

Recruté au CNRS en tant que chargé de recherche en 1999, Franck Zal obtient son habilitation à diriger des recherches en 2001. En 2003, il devient responsable de l'équipe « Ecophysiologie : adaptation et évolution moléculaires » de Roscoff. Il a étudié les relations structure-fonction des pigments respiratoires marins au CNRS à l'université de Santa Barbara (USA) et à l'université d'Anvers (Belgique). Les résultats de ces recherches ont été publiés et protégés par une dizaine de brevets, formant ainsi la base de la technologie de la société Hemarina, cofondée en 2007 avec Morgane Rousselot. Hemarina emploie aujourd'hui près de 30 salariés entre Morlaix et Noirmoutier, site d'élevage de sa matière première (les vers arénicoles). Ses recherches ont abouti à isoler une molécule issue du ver marin qui a les mêmes propriétés que les globules rouges humains. La molécule extraite du ver marin et purifiée permet d'augmenter la durée de préservation des greffons en attente de transplantation. L'entreprise développe par ailleurs notamment un pansement oxygénant pour soigner les plaies chroniques, un gel oxygénant pour lutter contre les maladies parodontales ainsi qu'un substitut aux globules rouges.

Vice-président de France Biotech de 2011 à 2012, Franck Zal fonde Bretagne Biosciences, qu'il préside jusqu'en 2015. Il est aujourd'hui président de Biotech Santé Bretagne, vice-président d'Atlanpôle Biothérapies et siège au conseil de surveillance d'Inserm Transfert depuis 2015.

HEMARINA - AÉROPÔLE CENTRE
- 29600 MORLAIX • TÉL. 02 98 88 14 02

SPACE
17.18.19
SEPT. 2024
RENNES - FRANCE
Le SPACE, acteur du développement économique du territoire régional
AU CŒUR DE TOUS LES ÉLEVAGES
+ de 1200 exposants et 90 000 visiteurs de 122 pays
+ de 90 millions d'euros de retombées économiques sur le territoire
Phidéel
LE SALON INTERNATIONAL DE L'ÉLEVAGE
space.fr
#SPACE2024 @SPACERennes

LES DIRIGEANTS RESPONSABLES
de l'année

Célie **Couché**

FONDATRICE ET PRÉSIDENTE DE BOUT' À BOUT'

Clément **d'Audiffret**

DG DE MULLIEZ-FLORY (RENAISSANCE TEXTILE)

Armel **de Lesquen**
et Tanguy **de Gélis**

DIRIGEANTS DE FAMILEO

Célie Couché

FONDATRICE ET PRÉSIDENTE DE BOUT' À BOUT'

ELLE REDONNE **UN COUP DE JEUNE À LA CONSIGNE**

Célie Couché est l'une des figures du retour en force de la bonne vieille consigne des bouteilles et contenants en verre.

L'an passé, le projet Bout' à bout', que Célie Couché a lancé à Nantes sous forme associative en 2016, avant de le transformer en entreprise en 2022, a inauguré la plus grande usine de lavage de contenants en verre de France. Un outil capable de laver et remettre en circulation jusqu'à 60 millions de bouteilles et bocaux par an. Le projet, qui a mobilisé un investissement de 3 M€ et été appuyé par une levée de fonds de 7,3 M€, concrétise un engagement de longue date. « J'ai toujours été sensible aux problématiques sociales et environnementales. Lorsque j'ai passé un an au Japon pour y étudier le rapport au travail chez les jeunes de ce pays, cela a pris une autre ampleur : venant de la campagne, je me suis retrouvée dans un environnement hors-sol, avec tous ces emballages, cette lumière. Cela me heurtait au quotidien. Il fallait agir. » C'est à Nantes qu'elle choisit de poser son sac à dos et de mener sa réflexion. « La ville m'avait séduite lorsque j'y avais manifesté contre le nucléaire ou contre Notre-Dame-des-Landes. J'y ai découvert une vraie dynamique citoyenne et me suis rapprochée des réseaux locaux. » Adepte de l'achat en vrac et du zéro déchet, elle constate qu'elle n'arrive pas à résoudre l'impact lié à la consommation de boissons et liquides. Convaincue du potentiel du réemploi, elle se lance alors dans un gros challenge : il s'agit de reconstruire toute une filière, depuis la collecte des bouteilles jusqu'à la prise en compte de flacons à usage unique de plus en plus légers et fragiles ou de procédés de lavages rendus plus difficiles par l'utilisation généralisée d'étiquettes adhésives… « Il fallait tout repenser pour apporter de la qualité aux producteurs et industriels qui s'engagent dans la consigne. Il ne faut pas les décevoir ! » Le projet tâtonne, évangélise et fini par décoller, aidé par la prise de conscience environnementale du grand public et par le contexte légal de la loi anti gaspillage dite « Agec ». « D'un métier peu rentable, on a trouvé des solutions et un modèle économique qui nous a permis de convaincre et de nous transformer en entreprise. » Ambitionnant désormais d'ouvrir d'autres sites de lavage en France, Célie Couché s'inscrit dans la durée. « Je trouverais dommage de gâcher l'expérience et la connaissance technique acquises en partant de zéro sur un autre projet. Je sais pourquoi je me lève le matin », explique cette habitante d'un habitat participatif. Un havre de 5 hectares qui lui permet de s'ancrer lorsque la stratégie et le financement prennent trop de place dans sa vie de dirigeante.

PROPOS RECUEILLIS PAR
SÉBASTIEN PAYONNE

Née à Armentières (59) en juin 1994

FORMATION double licence en sociologie et philosophie (université de Lille) ; master en sociologie du risque et des vulnérabilités sociales (université de Caen-Normandie) ; master 2 en politique environnementale et développement durable (Institut catholique de Paris)

PASSIONS danse (afrojazz, salsa)

BOUT' À BOUT' - 10 RUE DU NOUVEAU BÊLE - 44470 CARQUEFOU

Pourquoi elle ?

- ✔ Un projet industriel d'envergure nationale sur le marché en émergence du réemploi
- ✔ Une action qui touche l'ensemble de la filière, du producteur au consommateur
- ✔ Des défis techniques résolus
- ✔ Un parcours cohérent, testé sous forme associative avant de prendre son envol en tant qu'entreprise

Sa devise

“ Je ne lâche pas l'affaire ”

Ses dates clé

2016 créations de Bout' à bout' sous forme associative

2017 Prix de l'innovation sociale et solidaire de Nantes métropole

2022 Bout' à bout se transforme en entreprise

2023 levée de fonds de 7,3 M€ auprès d'investisseurs privés et publics et inauguration d'une usine de 2 500 m² à Carquefou

Bout'à Bout'
Bout'à Bout'
Bout'à Bout'

Clément d'Audiffret

DG DE MULLIEZ-FLORY (RENAISSANCE TEXTILE)

L'UNION AU SERVICE DE **LA RENAISSANCE DU TEXTILE**

Clément d'Audiffret, dirigeant du groupe Mulliez-Flory, œuvre à la transformation de la filière textile.

Le Groupe HDM dont fait partie Mulliez-Flory associé aux sociétés TDV Industries (Mayenne) et aux Tissages de Charlieu (Loire) ont cofondé Renaissance Textile, une plateforme industrielle de recyclage textile de France. Après un passage dans le e-commerce, l'ingénieur de formation voulait renouer avec une activité industrielle. C'est chose faite en mai 2020 lorsqu'il rejoint Mulliez-Flory, le spécialiste du vêtement de travail. « C'est un peu un retour aux sources pour moi qui ai grandi à Mortagne-sur-Sèvre », fief de Mulliez-Flory, s'amuse le dirigeant de 38 ans. Le diplômé d'HEC a « toujours voulu diriger une entreprise ». L'un de ses premiers chantiers a été de formaliser la raison d'être du groupe : « faire du textile une source de fierté », retrace Clément d'Audiffret. « Cela passe par la conception de beaux vêtements qui font la fierté de nos clients mais aussi par une plus grande circularité dans le secteur », souligne Clément d'Audiffret. « Nous savons que le textile est très polluant, surtout au moment de la création de la fibre », indique le dirigeant de la PME. « C'est en transformant les vêtements en fin de vie en fibres que l'on peut avoir le plus d'impact », ajoute-t-il. Après des tests pour recycler les vêtements usagés, « Nous nous sommes dit que nous devions monter le projet à plusieurs », souligne le dirigeant du groupe de 230 salariés en France. Il s'associe alors aux dirigeants de TDV Industries (Mayenne) et de Tissages de Charlieu (Loire) pour créer Renaissance Textile. L'usine d'effilochage de vêtements sort de terre du côté de Changé (Mayenne). Le trio d'industriels a déjà investi 10 millions d'euros et vise 25 millions d'ici 2025. « C'est une prise de risque importante » reconnaît celui qui croit au projet et estime qu'il valait la peine d'être lancé. Pour mettre toutes les chances de leur côté, les industriels veulent convaincre un maximum d'acteurs du textile de rejoindre l'aventure. « Nous sommes ouverts à tous les partenariats pour produire plus de fibre recyclée », lance le patron. Renaissance Textile peut encore accroitre sa production. Mulliez-Flory se mobilise pour collecter 100 % des milliers de tonnes de textile qu'il met sur le marché chaque année, contre déjà 30 % aujourd'hui ! L'entreprise, qui habille les grands acteurs du transport, de l'automobile, de la grande distribution ou de la santé, multiplie les tests pour intégrer toujours plus de fibres recyclées. « Nous sommes au début du chemin », s'enthousiasme le père et fils de famille nombreuse.

PROPOS RECUEILLIS PAR
MATHILDE GOLLA

Né en 1985

FORMATION diplôme de l'école nationale supérieure d'Arts et métiers puis d'HEC (2008)

GROUPE MULLIEZ FLORY - RTE DE SAINT-AUBIN - 49710 SÈVREMOINE • TÉL. 02 41 63 78 10

Pourquoi lui ?

- ✔ Il dirige une entreprise en transition
- ✔ Il a cocréé une solution pour recycler en masse du textile
- ✔ Il pratique l'écologie industrielle en misant sur le collectif

Sa devise

“ La force du collectif”

Ses dates clé

2020 rejoint Mulliez-Flory

2021 raison d'être de Mulliez-Flory

2022 création de Renaissance Textile

2025 3 lignes de production sur l'usine de Renaissance Textile

Armel de Lesquen et Tanguy de Gélis

DIRIGEANTS DE FAMILEO

RECRÉER DES LIENS ENTRE LES GÉNÉRATIONS

Tanguy de Gélis et Armel de Lesquen ont fondé Famileo en 2015, à Saint-Malo. L'entreprise, rentable depuis trois ans, a éprouvé son modèle économique.

Famileo, c'est une gazette papier à destination des grands-parents, alimentée par les membres de la famille, enfants, petits-enfants... Ces derniers partagent, en quelques clics via un téléphone portable ou un ordinateur, anecdotes, photos et souvenirs. Le journal personnalisé est envoyé par la Poste ou imprimé par les maisons de retraite abonnées au service. Ses fondateurs se sont rencontrés «par des amis d'amis», retrace Armel de Lesquen dans les locaux de l'entreprise qui dominent le port de Saint-Malo. L'un travaillait dans le groupe Roullier (fabricant d'engrais basé à Saint-Malo), l'autre chez LVMH. C'est en entendant une réflexion de sa grand-mère, lui disant aimer recevoir des cartes postales de la famille, que Tanguy de Gélis a eu l'idée de départ de la start-up : créer du lien entre les séniors et leurs proches connectés. «On a beaucoup discuté, notamment avec des spécialistes du grand âge», poursuit Armel de Lesquen. Après un an de rencontres et d'échanges, les deux hommes fondent leur société. Des maisons de retraite de Saint-Malo constituent leurs premiers clients. La BPI (Banque publique d'investissement), Initiative Pays de Saint-Malo, la pépinière d'entreprise Le Cap et l'agglomération de Saint-Malo les soutiennent. «Nous gardons un très bon souvenir de nos débuts.» Famileo emploie 60 salariés et continue à recruter. La gazette est présente en Espagne, au Royaume-Uni, en Belgique, en Suisse. Elle s'est aussi implantée au Canada et aux États-Unis où elle a une filiale : «Nous avons là-bas une centaine de maisons de retraite clientes.» Aujourd'hui, 2500 maisons de retraite adhèrent à Famileo. 210000 grands-parents reçoivent une gazette et 1,5 million d'utilisateurs se servent de l'application. «Le potentiel du marché reste énorme», glisse Armel de Lesquen. L'entreprise est rentable depuis trois ans. Son chiffre d'affaires récurrent, généré par les abonnements, s'élève à 13 millions d'euros. Au fil du temps, les dirigeants ont dressé plusieurs constats. «L'âge moyen des destinataires (82 ans) baisse d'année en année. Nous avons refondu le format de la gazette pour rajeunir la cible.» Alors que l'on parle beaucoup de la montée de l'individualisme, de l'isolement des personnes âgées, «il y a de l'amour entre les générations. Les petits-enfants écrivent beaucoup». Quels sont les objectifs des dirigeants ? «Être heureux. Continuer l'aventure avec nos collaborateurs et contribuer à changer le monde, à petits pas.»

PROPOS RECUEILLIS PAR
ISABELLE LÊ

TANGUY DE GÉLIS
Né le 15 juin 1979 à Angers
FORMATION Sciences Po Paris (2004)
PASSIONS trail, montagne, piano

ARMEL DE LESQUEN
Né le 3 août 1979 à Paris
FORMATION Audencia Nantes (2005)
PASSIONS course à pied, natation, voyages
RÉSEAUX D'ENTREPRENEURS
Sommet du Bien Commun

FAMILEO - 4 AV LOUIS MARTIN
35400 SAINT-MALO • TÉL. 02 99 19 29 56

Pourquoi eux?

- Ils ont cofondé Famileo
- Leur gazette crée du lien entre les générations
- Famileo est partie à la conquête de l'Amérique

Leur devise

“ Il n'y a pas d'Amour sans preuves d'Amour”

Leurs dates clé

2015 création de Famileo
2019 début de l'aventure internationale avec l'ouverture d'un bureau à Barcelone
2022 ouverture d'un bureau à Boston

LES TÊTES DE L'ILLE-ET-VILAINE

RÉGION

Delphine **ALEXANDRE**

VICE-PRÉSIDENTE DE LA RÉGION BRETAGNE

FORMATION Bac D (lycée Dupuy de Lôme, Lorient) - diplôme d'orthophonie (UFR de Médecine, Nantes, 1993) ; DU neurospsychologie du développement cognitif (Paris Descartes, 2001)

PASSIONS La photographie, les voyages, la lecture, la philosophie, la famille et les copains

C'est son intérêt pour la relation de soins et le fonctionnement cérébral qui conduit Delphine Alexandre à devenir orthophoniste. Elle commence à exercer en 1993 à Nîmes, puis à Paris (1995-2001), Sophia-Antipolis et, enfin, Tanneron. Elle part en 2011 accomplir un projet nourri de longue date : le tour du monde en famille, en apportant son aide aux pays qu'elle traverse, à travers des associations oeuvrant dans le développement durable, sur un volet social ou environnemental. Son intérêt pour les peuples premiers est toujours vif et elle séjourne d'ailleurs régulièrement dans des tribus autochtones. Animée par les valeurs de fraternité, de travail collectif au service du bien commun, elle se réinstalle dans sa ville natale, Lorient, en 2012 et reprend son métier.
Issue d'une famille de militants, sa réflexion mûrit jusqu'à ce qu'elle rejoigne le Parti Communiste en 2013. Elle se présente aux municipales de 2014 à Lorient sur une liste d'union car, pour elle, « la croisée des regards fait la richesse de la pensée ». Elle devient conseillère municipale et communautaire d'opposition. Elle le reste lors des nouvelles élections en 2020. Un an plus tard, Delphine Alexandre est élue à la Région Bretagne, toujours sur une liste d'union, avant d'être désignée vice-présidente à la Santé, eau et biodiversité. Présidente du groupe communistes et progressistes, elle est aussi présidente de l'ABB, l'Agence Bretonne de la Biodiversité. Consciente de l'importance cruciale des enjeux de l'eau, elle continue à s'engager pour la justice sociale, la préservation et le partage des ressources. La Lorientaise travaille toujours en tant qu'orthophoniste 1 à 2 jours par semaine en zone prioritaire, car cela « ancre dans le réel son action politique ».

RÉGION BRETAGNE
- 283 AVENUE DU GÉNÉRAL PATTON - CS 21101
- 35711 RENNES CEDEX 7 • TÉL. 02 99 27 10 10

ENSEIGNEMENT SUPÉRIEUR

David **ALIS**

PRÉSIDENT DE L'UNIVERSITÉ DE RENNES

FORMATION DEA (IAE Aix-en-Provence, 1992) ; docteur ès Sciences (Essec, 1997)

DISTINCTIONS officier de l'ordre des Palmes académiques

PUBLICATIONS co-auteur de « Risques et souffrance au travail : Nouvelles contraintes, nouveaux remèdes » (Ed. Dunod, 2010)

Diplômé de l'ESC Tours en 1991 et de l'IAE d'Aix-en-Provence, David Alis entre à l'Essec en 1992 et sera diplômé en 1997, après avoir été assistant à l'IAE de Lille entre 1995 et 1997. C'est en Bretagne, à l'IGR-IAE de Rennes 1, qu'il prend son premier poste de maître de conférences en 1998. Il deviendra professeur agrégé spécialiste de la gestion des ressources humaines en 2001. Il est ensuite nommé directeur général de l'IAE de Rennes (IGR-IAE) et vice-président du réseau des IAE, en charge de la commission recherche, en 2004. Enseignant chercheur en gestion, il mène en parallèle des recherches au Crem (Centre de recherche en économie et management), laboratoire de gestion associé au CNRS, notamment sur le développement de la flexibilité dans les organisations. Il coordonne deux recherches pour la Dares (Direction de la recherche du ministère du Travail) et écrit un livre avec deux autres co-auteurs sur les risques et la souffrance au travail en 2010. David Alis est par ailleurs membre du conseil d'administration de l'AGRH (Association francophone de gestion des ressources humaines) et membre élu de la SFM (Société française de management). Il est également membre des comités scientifiques des revues Personnel Review, Finance-Contrôle-Stratégie (FCS) et Management et Avenir. En 2008, il devient premier vice-président de Rennes 1 puis vice-président du conseil d'administration, en charge des ressources humaines en 2012. Il est élu président en mars 2016, puis réélu pour un second mandat en juin 2020. En mai 2023, il est élu à la présidence du nouvel établissement créé au 1er janvier 2023, fruit du rapprochement entre l'Université de Rennes 1 et ses établissements-composantes.

UNIVERSITÉ DE RENNES
- CAMPUS DE BEAULIEU
- 263 AV. DU GÉNÉRAL LECLERC - CS 74205
- 35042 RENNES • TÉL. 02 23 23 35 35

SANTÉ

Véronique **ANATOLE-TOUZET**

DIRECTRICE GÉNÉRALE DU CENTRE HOSPITALIER UNIVERSITAIRE DE RENNES

FORMATION Institut d'Etudes Politiques (Paris, 1981) ; Ecole Nationale de la Santé Publique (Rennes 1983) ; HEC Management (1996–1997)

DISTINCTIONS chevalier de l'ordre national du Mérite ; officier de la Légion d'honneur 2021

PASSIONS l'hôpital public, la voile et la natation, l'Art, la musique

Directrice générale du CHU de Rennes depuis mars 2015, Véronique Anatole-Touzet a fait un choix de carrière qu'elle apprécie tous les jours. Tout lui plait dans ce métier « d'engagement et d'exigence » aux multiples champs d'intervention et au service des patients. De la gestion des relations humaines à la stratégie, en passant par les finances et la mise en œuvre des processus qualité, elle est dans le concret… et n'a pas peur des responsabilités. Elle commence son parcours en tant qu'élève directeur à l'Assistance Publique-Hôpitaux de Paris au Centre Hospitalier de Sainte-Anne (1984), puis chargée de Plan Directeur à la direction de la Stratégie de l'AP-HP (1986). Elle devient directrice des Finances et du Système d'information au CHU de Bicêtre (1989) pour diriger ensuite le département « Prospective et Emploi » en 1994. Elle est nommée en 1998 directrice-adjointe du Centre Hospitalier Intercommunal d'Evreux et de Vernon puis directrice en 2000. Véronique

Anatole-Touzet accède à son premier poste de directrice générale au Centre Hospitalier Régional de Metz-Thionville en 2007. Elles ne sont que deux à ce poste à cette époque… A la tête désormais d'un des plus grands CHU français, sur un territoire qu'elle trouve dynamique et solidaire, elle souhaite développer l'excellence du CHU (soins, enseignement et recherche) et l'inscrire dans le développement économique de la région en le modernisant grâce à un grand projet immobilier. Sa volonté est d'ouvrir encore d'avantage l'établissement et de favoriser les interactions avec les différents partenaires. Son rôle de présidente du fonds Nominoë vient encore renforcer cet état d'esprit…

CHU DE RENNES - 2 RUE HENRI LE GUILLOUX - 35033 RENNES CEDEX 9 • TÉL. 02 99 28 43 21

DÉVELOPPEMENT ÉCONOMIQUE

Michel **AOUSTIN**

PRÉSIDENT DE LA CHAMBRE DE MÉTIERS ET DE L'ARTISANAT DE BRETAGNE

FORMATION
Examen de Fin d'Apprentissage Artisanal (EFAA) pour la profession de pâtissier (CMA de Loire-Atlantique, 1977)

DISTINCTIONS
médaille de bronze (2005) et d'argent (2010) de la reconnaissance artisanale

Depuis toujours, Michel Aoustin mène de front deux passions : son métier de boulanger pâtissier et la formation, la transmission du savoir-faire. C'est d'ailleurs en tant que formateur qu'il démarre sa carrière. Après avoir été lui-même apprenti il sera, à tout juste 20 ans, professeur vacataire au Centre de Formation d'Apprentis de la CMA 44. Il exerce ensuite le métier de boulanger pâtissier pendant plusieurs années avant de reprendre une entreprise à Carentoir en 1987. Soucieux de la haute qualité de son travail, il sera reconnu Maître Artisan en 2009.
Ayant toujours eu à cœur de défendre et promouvoir son métier, Michel Aoustin s'engage, dès 1990, au sein de la Fédération Départementale de la Boulangerie du Morbihan. Il en sera le trésorier de 1999 à 2010. Cette implication dans la défense des intérêts des artisans le conduira tout naturellement à intégrer la Chambre de Métiers et de l'Artisanat du Morbihan. Il en devient secrétaire adjoint et président de la commission de la formation continue en 2005. Fortement impliqué dans les dossiers de la CMA, notamment pour tout ce qui concerne la formation et l'apprentissage, il est élu 1er vice-président dès 2010. En février 2017, cet homme de dialogue et de conviction est élu président de la CMA56 puis, en juin, 1er vice-président de la Chambre Régionale de Métiers et de l'Artisanat de Bretagne. Il préside par ailleurs la commission de la formation professionnelle de la CRMAB depuis 2016. Fier de la reconnaissance de ses pairs, il a pour principaux objectifs « la défense de la place de l'artisanat et de l'apprentissage ».
En 2021, il est élu président de la CMA de Bretagne lors d'élections anticipées en juin, ainsi que de la CMA 22 par interim jusqu'à fin octobre. Il est réélu en novembre de la même année.

**CMA DE BRETAGNE
- CONTOUR ANTOINE DE SAINT-EXUPÉRY
- CAMPUS DE KER LANN - CS 87226
- 35172 BRUZ**

ORGANISATIONS PROFESSIONNELLES

Jean-François **APPRIOU**

PRÉSIDENT DE LA COOPÉRATION AGRICOLE OUEST

FORMATION
Bac D au lycée de Pommerit-Jaudy

PASSIONS La randonnée et la découverte de paysages « tant ruraux que maritimes » ; les expositions d'art

Jean-François Appriou est agriculteur à Plabennec, dans le Finistère, en production porcine et laitière depuis 1983. Il s'est engagé dans le mouvement coopératif dès 1991 au sein du groupe Triskalia, dont il est administrateur et chargé des dossiers environnement et innovation. Acteur de territoire et « chercheur de solutions de développement économique », il devient président de la commission environnement de La Coopération Agricole Ouest en 2016. Syndicat des entreprises coopératives des Pays de la Loire, Bretagne et Normandie, La Coopération Agricole Ouest comprend 150 Coopératives, Unions et Sica adhérentes.
Jean-François Appriou est élu président de LCA Ouest en 2018. Il place son mandat sous l'ambition de la transmission du modèle coopératif et le dynamisme économique, convaincu des atouts de l'Ouest de la France en matière agroalimentaire.

**LA COOPÉRATION AGRICOLE OUEST
- TECHNOPÔLE ATALANTE CHAMPEAUX
- ROND-POINT MAURICE LE LANNOU - CS 14226
- 35042 RENNES CEDEX • TÉL. 02 90 09 45 10**

COMMUNE

Nathalie **APPÉRÉ**

MAIRE DE RENNES - PRÉSIDENTE DE RENNES MÉTROPOLE

FORMATION
Bac (Lorient, 1993) - Institut d'études politiques (1996) ; DEA en action publique locale (faculté de droit de Rennes)

Professionnellement, Nathalie Appéré a opté pour le conseil aux collectivités, puis le développement social local. Jusqu'en 2008, elle a notamment dirigé l'EPI de Saint-Jacques-de-la-Lande avant de se consacrer à la vie publique. C'est à Rennes qu'elle commence à militer, ses premiers engagements politiques datant de l'élection présidentielle de 1995. Adhérente du Mouvement des Jeunes socialistes, puis au Parti socialiste, elle y prend des responsabilités départementales. En 2001, elle rejoint l'équipe municipale d'Edmond Hervé qui lui confie, en qualité d'adjointe au maire de Rennes, la politique associative de la ville. Directrice de campagne de Daniel Delaveau en 2008, elle devient première adjointe de Rennes et vice-présidente de Rennes Métropole, en charge de la cohésion sociale. Au niveau national, Nathalie Appéré a été vice-présidente du Conseil national des Villes de 2010 à 2013. Suppléante dès 2002 de Philippe Tourtelier, député socialiste d'Ille-et-Vilaine, elle est élue députée de la 2e circonscription en juin 2012. A l'Assemblée nationale, elle co-préside le groupe d'études « Villes et banlieues » et est membre de la Commission des lois.
Elle est élue maire de Rennes en mars 2014 et conseillère communautaire de Rennes Métropole. Vice-présidente de l'Association

des maires de grandes villes de France (AMGVF), elle est nommée à la présidence du conseil d'administration de l'Agence nationale de l'habitat (Anah) en 2015. Elle ne se représente pas aux législatives de 2017. Elle est réélue maire puis élue présidente de Rennes Métropole en 2020 et cède sa place à la tête de l'Anah.

VILLE DE RENNES - HÔTEL DE VILLE - CS 63126 - 35031 RENNES CEDEX • TÉL. 02 23 62 10 10

RECRUTEMENT

Jérôme **ARMBRUSTER**

PRÉSIDENT ET CO-FONDATEUR D'HELLOWORK

FORMATION HEI - Hautes Etudes d'Ingénieur (Lille, 1993) ; DEA en acoustique (Ircam Paris, 1994)

PASSIONS fan de glisse, kite-surfer

Après 18 mois passés à Berlin dans le cadre du service national où il travaille alors dans le traitement d'images, l'intelligence artificielle et le machine learning, Jérôme Armbruster commence son parcours professionnel comme chef de projet dans le secteur pétrolier. Il reste 3 ans de plus en Allemagne, à Leipzig, embauché par Teluco, entreprise basée à Rennes et spécialisée dans le domaine des logiciels de gestion documentaire. Mais le désir de créer son entreprise est ancré en lui et l'idée surgit lorsque son ami d'enfance, Guillaume Semblat, évoque les difficultés de recrutement dans sa société. Il le rejoint à Rennes et, avec Gwénaëlle Quénaon-Hervé, ils donnent naissance à OuestJob en 2000. Ils proposent un site de recrutement et un accompagnement fondés sur la mise en relation des entreprises et des candidats. Un an plus tard, OuestJob devient RegionsJob et se déploie dans toutes les régions. Jérôme Armbruster prend la présidence de la société rebaptisée HelloWork en 2018. En charge du pôle dédié à la croissance externe, il a également pour mission de développer l'entreprise à l'international. L'ex-ingénieur en acoustique co-fonde à Rennes en 2019 l'école Stage 301, destinée aux jeunes et aux demandeurs d'emploi qui veulent se former aux métiers du numérique. Acteur digital de référence de l'emploi, du recrutement et de la formation en France, HelloWork emploie désormais 410 collaborateurs. Passionné par la création de produits et services, son président a choisi de déléguer et fait confiance à ses équipes. Il aime ainsi à souligner que « le patron a un rôle à jouer, mais il n'a pas à être le seul moteur de son entreprise. »

HELLOWORK GROUP - 2 RUE DE LA MABILAIS - 35000 RENNES • TÉL. 02 23 44 80 44

HÔTELLERIE-RESTAURATION

Jérôme **AUMONT**

CHEF DE CUISINE AU COQUILLAGE / CHÂTEAU RICHEUX

FORMATION collège Sainte-Thérèse à Saint-Pierre-sur-Dives - CAP et BEP hôtellerie restauration ; niveau BP professionnel au lycée professionnel Jean Jooris à Dives-sur-Mer et à l'ICEP (CFA des CCI de Caen et Pays d'Auge)

PASSIONS le ski, la randonnée et la musique.

Tout en suivant des cours à l'ICEP, Jérôme Aumont commence son apprentissage au restaurant Le Pavé d'Auge à Beuvron (1996-1998). Il poursuit en intégrant le restaurant L'Espérance de Marc Meneau où il officie comme 1/2 chef de partie. En 2000, c'est la rencontre décisive avec Olivier Roellinger, le célèbre chef de Cancale. Il est alors sous-chef dans les non moins célèbres Maisons de Bricourt. En 2008, l'aventure triplement étoilée s'achève. Une nouvelle vie commence pour Olivier Roellinger. Jérôme Aumont, le fidèle second, prend alors du galon au restaurant du Château Richeux. Grande villa des années 20 qui se dresse face au Mont Saint-Michel, elle abrite onze chambres et deux appartements. Le restaurant Le Coquillage qui complète ce lieu de rêve se trouve à quelques kilomètres, à Saint-Méloir-des-Ondes. Le chef de cuisine normand vous y attend, avec deux étoiles Michelin (la 2e depuis 2019) à son menu. Il travaille désormais avec le chef Hugo Roellinger.

LES MAISONS DE BRICOURT - LE BUOT - 35350 SAINT-MÉLOIR-DES-ONDES • TÉL. 02 99 89 64 76

COMMERCE ET DISTRIBUTION

Isabelle **BAUR**

PRÉSIDENTE DU DIRECTOIRE DE SCARABÉE BIOCOOP

FORMATION formation par correspondance d'ingénieur en agronomie tropicale (1983)

PASSIONS l'environnement, la nature, la poterie, la lecture, la cuisine, etc.

Isabelle Baur mène sa vie tambour battant et son riche parcours témoigne de son penchant naturel pour la découverte et le partage. Après une enfance « extraordinaire » passée en Afrique auprès de parents qui lui ont donné le goût de l'aventure, elle commence très tôt sa carrière professionnelle. Elle travaille pour la Banque de France, un comptoir commercial, Caterpillar et, enfin, les épices Ducros. A 28 ans, elle rentre en France, à Mulhouse, où elle accouche de son 3e enfant. Elle trouve un emploi de commerciale chez Derichebourg, s'occupe ensuite d'animation pour personnes âgées. Après avoir suivi une formation informatique, elle est recrutée par une entreprise taïwanaise de matériel informatique, PCU, et finit par devenir commerciale France. Mais la société est liquidée et c'est alors qu'elle rencontre l'architecte spécialisé dans l'éco-logement Mathieu Winter. Déjà sensibilisée à l'écologie, elle construit sa maison et acquiert des connaissances sur l'environnement, le bio-climatique. Une expérience qui va tout changer. Isabelle Baur crée en 1996 sa société informatique Opti'Miss mais c'est dans le bio qu'elle veut s'investir.
Elle postule en 1999 comme responsable de magasin au Scarabée Biocoop à... Cesson-Sévigné ! Embauchée, elle découvre avec enthousiasme les valeurs du réseau, entre au directoire et devient présidente de la coopérative en 2003. En charge du développement et de l'innovation, elle participe pendant 9 ans au conseil d'administration de Biocoop. Elle propose un fonctionnement holacratique à la coopérative puis le met en place. Fourmillant d'idées et de projets, celle qui est aussi présidente de région du conseil consultatif du Crédit coopératif, souhaite ouvrir plus largement la gouvernance et

recueillir l'avis des consommateurs. Pas question de se reposer sur ses lauriers...

SCARABÉE BIOCOOP
- 132 RUE EUGÈNE POTTIER - 35000 RENNES
• TÉL. 02 99 67 38 63

MÉDIAS

Fabrice **BAZARD**

DIRECTEUR GÉNÉRAL DE OUEST-FRANCE - PRÉSIDENT D'ADDITI

FORMATION lycée Buffon à Paris - ingénieur ENSI (Ecole supérieure d'ingénieurs de Caen, 1988) ; DESS (Institut d'administration des entreprises de Caen, 1989) ; Centre d'études supérieures de banque (Paris, 1996)

PASSIONS la musique et le tennis

Après avoir exercé au sein de Kléber Industrie (1988-1991) et d'Eurofactor (1991-1998), Fabrice Bazard entre en 1998 au Crédit Mutuel Arkéa. Il se voit notamment proposer le poste de directeur informatique avant de diriger le groupement informatique du Crédit Mutuel (GICM). Directeur général délégué, il pilote les activités B to B du groupe de 2008 à 2012. En octobre 2012, l'ingénieur quitte la banque et rejoint Ouest-France au poste de directeur du développement des activités numériques du groupe Sipa et de directeur des services numériques et des systèmes d'Informations. Il assume par ailleurs la présidence de AcommeAssure.com de 2016 à 2017.
En juin 2023, Fabrice Bazard intègre le directoire et devient directeur général de Ouest-France. Il est nommé également président d'Additi et pilote la direction des Services Informatiques ainsi que le pôle Projets et méthodes

OUEST-FRANCE - SERVICE COURRIER
- COORDINATEUR - 10 RUE DU BREIL
- 35051 RENNES CEDEX 9 • TÉL. 02 99 32 60 00

INTERNATIONAL

Eric **BEATY**

ATTACHÉ COMMERCIAL AU CONSULAT DES ETATS-UNIS POUR LE GRAND-OUEST - PRÉSIDENT DU COMITÉ DE JUMELAGE RENNES-ROCHESTER

FORMATION Nacogdoches High School (Texas-USA) - bachelor of arts (1979) ; master of arts (1982) ; master of science (1996) à Rice University Houston (USA) et Aston University Birmingham (Royaume-Uni)

DISTINCTIONS prix de l'Exportateur 2011 remis par Barack Obama

PASSIONS le sport (golf), les voyages, les histoires européenne et américaine, et l'économie politique.

PUBLICATIONS « McCarthyism revisited » (1991) ; « Ozzie and Harriett move to the suburbs » (1993) ; « La Médiatisation de la politique américaine » (1999)

Eric Beaty débute à l'Université de Rennes 2 en 1981 comme lecteur spécialisé dans la civilisation et l'histoire des Etats-Unis. Il travaille ensuite comme adjoint au directeur des études aux Chambres de commerce et d'industrie de Rennes et Laval. De 1986 à 2000, il prend la direction à Rennes de l'Institut franco-américain, centre binational fondé en 1961. Ancien professeur associé à l'Université de Rennes 1, il a été administrateur du Pôle Langues de l'Université de Rennes 2 Haute Bretagne. Dès 1999, Eric Beaty participe à la création du Consulat américain pour l'Ouest de la France où il travaille comme attaché économique et commercial depuis 2000. Son travail consiste principalement à mettre en place des partenariats entre entreprises américaines et françaises. Outre ses fonctions consulaires et administratives, il donne une vingtaine de conférences par an sur les relations franco-américaines. Il a déjà participé à l'organisation de treize visites présidentielles en France et aussi à de nombreuses visites de membres parlementaires américains. Depuis 1987, il préside le comité de jumelage Rennes-Rochester (Etat de New-York).

CONSULAT DES ETATS-UNIS GRAND OUEST
- 30 QUAI DUGUAY-TROUIN - 35000 RENNES
• TÉL. 01 43 12 48 70

COMMERCE ET DISTRIBUTION

Roland **BEAUMANOIR**

PDG DU GROUPE BEAUMANOIR

FORMATION formation en sciences économiques

DISTINCTIONS « Homme de l'année » au palmarès des Enseignes d'Or (2009) ; « Entrepreneur de l'année 2009 » au palmarès des BFM Awards

PASSIONS le football.

Que de chemin parcouru depuis le premier magasin en périphérie de Saint-Brieuc, en 1981 ! Ce self made man qu'est Roland Beaumanoir a construit, de rachat en rachat, un petit empire du textile qui compte aujourd'hui 2700 points de vente (dont plus de 1200 à l'international). Le véritable accélérateur de développement a été, en 1985, la création de Cache Cache, centrale d'achat pour indépendants devenue une marque et une enseigne (plus de 1500 magasins dans le monde aujourd'hui). Les acquisitions successives donnèrent peu à peu de l'ampleur au groupe : Patrice Bréal (2003), Scottage (2005), Morgan (2009), La City (2011) auxquelles il faut ajouter la création de Bonobo (2006). Le groupe fait vivre désormais 5 marques : Cache Cache, Bréal, Morgan, Bonobo et Vib's (concept multimarques). En complément de l'activité de distribution, le Groupe Beaumanoir (plus de 14300 collaborateurs) a créé, en 2002, une filiale logistique, C Log, dont le centre principal d'expédition est à Pleudihen-sur-Rance, et possède une activité e-business, assurée par Korben.
Fan de ballon rond, Roland Beaumanoir est membre du conseil d'administration du club de football de l'US Saint-Malo après en avoir été le président.

GROUPE BEAUMANOIR
- 10 IMP. DU GRAND JARDIN - LA MOINERIE
- 35400 SAINT-MALO • TÉL. 02 99 19 98 98

ENSEIGNEMENT SUPÉRIEUR

Geoffroy **BELHENNICHE**

DIRECTEUR D'UNILASALLE RENNES - ÉCOLE DES MÉTIERS DE L'ENVIRONNEMENT

FORMATION Ingénieur agronome (AgroCampus Ouest, 2000) ; DEA économie de l'environnement et des ressources naturelles (AgroParisTech, 2001) ; Licence et Maîtrise de philosophie des Universités de Paris X et Rennes I (2006)

PASSIONS La littérature (en général et la SF en particulier), la photo, le chant choral

Attiré par le fonctionnement du vivant, Geoffroy Belhenniche décide d'effectuer ses études à AgroCampus Ouest. Devenu ingénieur agronome, il commence son parcours professionnel en 2002 au sein de BNP Paribas. Il y est chargé d'affaires Agriculture puis chargé d'affaires Entreprises dans la région ouest. Cinq ans plus tard, il rejoint l'école d'ingénieurs en agriculture Esitpa à Rouen pour prendre un poste d'enseignant-chercheur en économie-gestion. Il enseigne également l'éthique professionnelle. Il devient ensuite responsable du département économie-gestion puis secrétaire général. De 2016 à mi-2018, à l'occasion du rapprochement entre LaSalle Beauvais et l'Esitpa, il est directeur des Relations Entreprises du groupe UniLaSalle.
C'est en septembre 2018 que Geoffroy Belhenniche est nommé directeur d'UniLaSalle Rennes. Il porte désormais 2 casquettes : directeur de l'école rennaise et directeur du développement durable pour l'ensemble du groupe (400 salariés). Sur le terrain pour rencontrer les entreprises, les collectivités, il cherche à faire concorder diplômes et besoins de la société. Environnementaliste convaincu, il se rend au travail à vélo et fait en sorte d'activer 2 leviers principaux en faveur du développement durable : mettre en œuvre une démarche soutenable au sein d'Unilasalle mais aussi préparer les élèves aux enjeux du changement climatique. Ce partisan du collaboratif, qui cultive l'optimisme et l'enthousiasme, est aussi président du campus de Ker Lann à Bruz. Le prétexte rêvé pour créer des ponts, faire des liens entre environnement et action sociale et mettre en pratique le « principe du colibri » cher à son cœur. En 2022, il est nommé co-président du label DD&RS (Développement Durable et Responsabilité Sociétale) pour un mandat de 2 ans.

INSTITUT POLYTECHNIQUE UNILASALLE - CAMPUS DE RENNES - CAMPUS DE KER LANN - 1 AV. ROBERT SCHUMANN - 35170 BRUZ • TÉL. 02 99 05 88 00

ETAT

Sophie **BERGOGNE**

PRÉSIDENTE DE LA CHAMBRE RÉGIONALE DES COMPTES DE BRETAGNE

FORMATION Sciences Po (Paris, 1985) ; ENA (2000)

DISTINCTIONS Chevalier de l'Ordre du mérite 2015

Après l'ENA, Sophie Bergogne exerce comme magistrate et rejoint la chambre régionale des comptes de Midi-Pyrénées à Toulouse (2000-2006) puis celle de Provence-Alpes-Côte-d'Azur à Marseille (2007-2011). Dans le cadre d'une mobilité professionnelle elle rejoint, entre 2011 et 2014, l'administration préfectorale de Guadeloupe en tant qu'adjointe au secrétaire général pour les affaires régionales (SGAR). On lui propose ensuite le poste de présidente de section à la chambre de Noisiel, en Ile-de-France, en 2014.
Sophie Bergogne est affectée à la présidence de la chambre régionale des comptes de Bretagne à compter du 1er février 2017. Elle est également nommée conseillère référendaire à la Cour des comptes. Au-delà des travaux qu'elle a menés avec cette dernière dans des enquêtes nationales, elle a mené plusieurs audits dans différents pays dans le cadre du commissariat aux comptes d'agences de l'ONU.

CHAMBRE RÉGIONALE DES COMPTES DE BRETAGNE - 3 RUE ROBERT D'ARBRISSEL - 35042 RENNES CEDEX • TÉL. 02 99 59 72 72

CULTURE

Etienne **BERNARD**

DIRECTEUR DU FRAC BRETAGNE

FORMATION DEA esthétique et sciences de l'art (Paris 1 Panthéon Sorbonne, 2004)

PASSIONS « geek de l'art »

Etienne Bernard commence sa carrière au Festival international de l'Affiche et du Graphisme de Chaumont en tant qu'assistant du délégué général en 2003. Quatre ans plus tard, il en prend la tête avant de rejoindre l'école supérieure des Beaux-Arts de Nantes en 2010. Il y est nommé responsable de recherche, chargé d'enseigner mais aussi de coordonner et développer une plateforme de recherche basée à Marfa, aux Etats-Unis, suite logique de ses recherches sur la photo américaine de paysage menées pendant ses études. Avant cette prise de poste, il écrit dès 2004 pour divers magazines d'art (Zéro deux, Beaux-Arts magazine, Art Forum) et assure 4 à 5 commissariats d'exposition par an en France et à l'étranger. Le désir d'assumer d'autres responsabilités le pousse à postuler à Brest en 2013, où il prend la direction du centre d'art contemporain Passerelle. En 2018, il est co-commissaire des Ateliers de Rennes - Biennale d'art contemporain qui se déroule dans différents lieux dont le Frac Bretagne, ce qui suscite en lui l'envie d'y travailler. C'est chose faite en juillet 2019 lorsqu'Etienne Bernard en devient le directeur.
Son projet intitulé « Faire archipels » met l'accent sur une plus grande ouverture de l'établissement. Adepte de la co-construction, son directeur prône la diversité culturelle et l'égalité femme-hommes dans la programmation, les acquisitions de la collection et le fonctionnement du Frac Bretagne.

FONDS RÉGIONAL D'ART CONTEMPORAIN DE BRETAGNE - 19 AV. ANDRÉ MUSSAT - CS 81123 - 35011 RENNES CEDEX • TÉL. 02 99 37 37 93

BANQUE ET ASSURANCE

Laetitia **BERNARD**

DIRECTRICE HARMONIE MUTUELLE DE LA RÉGION BRETAGNE

FORMATION
ISTEC - Ecole Supérieure de Commerce et de Marketing (Paris, 2006)

PASSIONS
Profiter de ses enfants, le trail, la nature

Fille de commerçants lannionnais, Laetitia Bernard a héritée de la fibre familiale. Durant ses études à l'ISTEC, elle entre chez Sage pour effectuer son alternance en 2004 comme chargée d'études marketing. Elle y est embauchée en 2006 au poste de chargée d'études et de programmes marketing clients. Mais son souhait d'être en contact avec les clients l'incite à devenir ingénieure commerciale en 2007 chez Arval (Location Longue Durée automobile) à Créteil. Puis elle retrouve en 2010 sa Bretagne natale, à Arval Rennes. Après une expérience décisive comme adhérente, elle choisit ensuite d'intégrer Harmonie Mutuelle en 2015 en tant que chargée d'affaires entreprises pour l'Ille-et-Vilaine. Sa fonction lui plait, orientée vers le conseil et l'accompagnement dans la qualité de vie au travail et l'approche santé. Un an plus tard, elle évolue comme responsable d'animation commerciale pour les départements 35 et 22. En avril 2021, dans le cadre d'une promotion interne, elle est nommée directrice pour la région Bretagne qui comporte plus de 500 collaborateurs. Ses missions principales sont d'accompagner les 120 personnes travaillant au développement commercial sur les marchés agences, entrepreneurs et entreprises, et d'assurer le rayonnement d'Harmonie Mutuelle sur le territoire breton. Elle collabore également avec les 270 élus qui contribuent à l'animation de celui-ci. Engagée, elle considère que son métier a du sens à travers les combats qu'elle porte en faveur «d'actions positives sur la santé des individus et de la société».
Elle est par ailleurs, depuis février 2022, déléguée départementale 35 Produit en Bretagne, dans le cadre d'Harmonie Mutuelle. Elle y participe à maintenir les emplois dans la région ainsi qu'à développer des circuits courts et la consommation locale.

HARMONIE MUTUELLE BRETAGNE
- 8 BD DE BEAUMONT - CS 51227
- 35012 RENNES CEDEX • TÉL. 09 80 98 08 80

ETAT

Cyrille **BERROD**

CHEF D'ETAT-MAJOR INTERMINISTÉRIEL DE ZONE PRÉFECTURE DE LA ZONE DE DÉFENSE ET DE SÉCURITÉ OUEST

FORMATION
Master en risques industriels et environnement (École des Mines d'Alès); DESS en gestion publique (Université Paris-Dauphine); EMBA management public (Science Po Rennes); auditeur de l'Institut National des Hautes Etudes de la Justice et de la Sécurité (INHESJ, 24e session) et du Centre des Hautes Études du Ministère de l'Intérieur (7e promotion)

DISTINCTIONS Chevalier de l'Ordre national du Mérite; Chevalier de la Légion d'Honneur

PASSIONS La voile, la course à pied et le rugby (il est président du Rugby Club Vannes)

PUBLICATIONS Dispersion des gaz industriels (Air Liquide); Déconcentration des missions du SDIS (ENSOSP); Etude relative aux services d'incendie et de secours (Université Paris-Dauphine); Perspectives des Services d'Incendie et de Secours (Sciences Po – Rennes)

L'inspecteur général Cyrille Berrod débute sa carrière professionnelle en 1996, à Laon dans l'Aisne, en qualité de capitaine, chef de corps communal. Il poursuit son évolution professionnelle à Vienne (38) en qualité de commandant, chef de groupement territorial puis de lieutenant-colonel, directeur départemental adjoint de l'Orne en 2006. Directeur départemental, commandant le corps départemental des sapeurs-pompiers de Corrèze de 2008 à 2011, il est ensuite affecté sur les mêmes fonctions de direction dans le Morbihan. Le Sdis du Morbihan compte 65 centres d'incendie et de secours, avec un état-major opérationnel regroupant le Centre de traitement de l'alerte et le Centre opérationnel départemental d'incendie et de secours (Codis). Il compte dans ses rangs 380 sapeurs-pompiers professionnels, plus de 2 500 pompiers volontaires, 250 jeunes sapeurs-pompiers et 120 personnes employées au sein des services administratifs et techniques. Convaincu que le rôle des sapeurs-pompiers constitue un service d'urgence de proximité irremplaçable dans le secours à personne, Cyrille Berrod a déployé dans ce département une prise en charge des victimes via la technologie numérique. Le Contrôleur Général a ainsi piloté la gestion opérationnelle de plusieurs événements marquants comme le naufrage à Erdeven d'un navire de commerce (TK Bremen), le crash d'un avion de chasse sur le secteur de Pluvigner en septembre 2019 et l'engagement des sapeurs-pompiers lors de la crise de la Covid-19.
Devenu Chef d'Etat-Major en avril 2022, l'inspecteur général est en charge de la préparation et la mise en œuvre des moyens de renfort et d'appui lors de la gestion de crise et de la conduite de l'état-major interministériel de la Zone ouest de défense et de sécurité.

ZONE DE DÉFENSE ET DE SÉCURITÉ OUEST
- 12 RUE DE CORBIN - 35000 RENNES
• TÉL. 02 99 84 43 50

ENERGIE

Jean-Philippe **BERTON**

DÉLÉGUÉ RÉGIONAL D'EDF BRETAGNE

FORMATION
Docteur Ingénieur (INSA Lyon, 1991)

PASSIONS
rouler en vespa, la randonnée

Né en Allemagne, Jean-Philippe Berton alterne ses premières années d'études entre la France et son pays natal. Cette double culture lui apprend très tôt le «sens de l'écoute, du dialogue, et la richesse des différences». Sa carrière débute en tant qu'ingénieur d'études au service Recherche et Développement d'EDF puis dans les services d'expertise et d'ingénierie d'EDF à Lyon. Sept ans plus tard, il choisit de se rendre sur le terrain pour s'engager auprès des clients, des élus et des parties prenantes des territoires. Très attaché justement à la dimension territoriale, il rejoint l'association Régions de France en 2016 comme conseiller en charge des affaires économiques, puis délégué général adjoint. C'est l'occasion pour lui de travailler avec nombre d'acteurs en région pour porter des sujets de réforme comme celle de l'export, des pôles de compétitivité ou encore de la mission Territoires d'Industrie. Jean-Philippe Berton rejoint la Bretagne en tant que délégué régional d'EDF en mai 2020. Heureux de venir travailler sur «cette terre de caractère, authentique», il se met au service du territoire breton, portant les valeurs et actions d'EDF : une entreprise qu'il est fier de représenter car «citoyenne et actrice de la transition énergétique au cœur des territoires».

EDF - DÉLÉGATION RÉGIONALE BRETAGNE - 5 AVENUE BELLE FONTAINE - TSA 43935 - 35510 CESSON-SÉVIGNÉ • TÉL. 02 99 14 34 70

NUMÉRIQUE ET INFORMATIQUE

Matthieu **BEUCHER**

FONDATEUR ET PRÉSIDENT DU CONSEIL D'ADMINISTRATION DE KLAXOON

FORMATION ingénieur Telecom (Enssat Lannion, 2003) ; Master neural network (Université d'Ulm – Allemagne, 2004)

DISTINCTIONS lauréat Réseau Entreprendre et Label Innotech 2011

PASSIONS la voile, les cultures et les civilisations

Dès son choix d'études, Matthieu Beucher annonce la couleur : la technique l'intéresse mais aussi l'ouverture sur l'entreprise, sur l'humain et sur le monde. L'idée d'entreprendre le titille déjà mais il préfère d'abord s'armer des bons outils. Son parcours commence à l'international avec Daimler AG en tant qu'ingénieur R&D. Un projet passionnant : apprendre aux voitures à conduire, au sein d'un laboratoire de recherche en intelligence artificielle. A son retour en France en 2005 il souhaite étoffer sa connaissance de l'industrie et rejoint Valeo en tant que responsable de production dans une usine à Dijon. Il y fait l'apprentissage du «lean management», s'intéresse aux façons d'améliorer les performances de l'entreprise grâce à l'humain. Il rejoint le groupe Alten en 2007 pour développer un pôle de conseil destiné aux industriels. L'envie d'aller plus loin dans la démarche d'accompagnement grandit. Convaincu de l'importance du partage des connaissances, Matthieu Beucher fonde Regards à Rennes en 2009. Le jeune dirigeant a la volonté de changer la manière d'apprendre. Et cela passe pour lui par l'interaction… raison pour laquelle il donne naissance à Klaxoon en 2015, après 3 ans de R&D. Récompensée par plusieurs prix dans le monde entier, la solution bouscule les pratiques de travail en groupe et séduit à l'international. La société compte actuellement 250 salariés.
Féru d'innovation, curieux, bouillonnant d'idées mais la tête sur les épaules, ce fils de professeurs, désormais basé à Boston, est bien décidé à construire un leader mondial du partage des connaissances en gardant ses racines bretonnes.

KLAXOON - 3 AV. BELLE-FONTAINE - 35510 CESSON-SÉVIGNÉ • TÉL. 02 22 74 06 70

PROMOTION ET GESTION IMMOBILIÈRE

Olivier **BIANCARELLI**

CO-DIRECTEUR GÉNÉRAL PROMOTION ET AMÉNAGEMENT DU GROUPE GIBOIRE

FORMATION Maîtrise de Droit (université Paris-Sorbonne, 1993) ; Institut d'Etudes politiques de Paris (1996) ; ENA (promotion Averroes, 2000)

PASSIONS Les arts martiaux, la chasse

Il aurait voulu être policier mais l'engagement d'Olivier Biancarelli dans le service public prendra finalement un autre cap : la préfectorale. Il est plongé dans le grand bain des responsabilités dès 2000 en devenant sous-préfet en Savoie. Après avoir lutté contre les narco-trafiquants en Martinique, puis s'être occupé de développement économique en Aveyron, ses savoir-faire sont repérés et il prend le poste de conseiller technique au ministère de l'Intérieur fin 2005 auprès de Nicolas Sarkozy. Il rejoint ensuite l'équipe de campagne de ce dernier et le suit à l'Elysée deux ans plus tard. On lui confie plusieurs postes de conseiller mais il aspire à une expérience plus managériale, afin d'assouvir son goût pour la «transformation» et les challenges. Il est engagé chez GDF Suez en juin 2012, en tant que secrétaire général adjoint. Il développe les nouveaux métiers vers la transition environnementale sur les 5 continents puis occupe successivement la direction générale adjointe d'Engie et la direction générale de sa filiale Tractebel.
Olivier Biancarelli décide de partir en 2020 et lui, qui a passé «25 ans à 200 km», choisit de revenir à une vie plus locale. Le fil rouge de sa carrière l'ayant toujours relié aux territoires et à l'urbanisme, ce n'est donc pas par hasard qu'il rencontre la famille Giboire. Un «coup de cœur» réciproque qui lui fait intégrer l'entreprise familiale en 2021, comme co-directeur général Promotion et Aménagement. Il développe le groupe depuis avec François Giboire, chacun mutualisant leurs compétences dans une dynamique collective. Il s'agira dans les prochaines années de conduire le groupe dans sa transition environnementale, de l'agrandir géographiquement et de l'ouvrir sur de nouveaux métiers. Une nouvelle page à écrire…

GROUPE GIBOIRE - 2 PL. DU GÉNÉRAL GIRAUD - 35000 RENNES • TÉL. 02 23 42 42 42

ENSEIGNEMENT SUPÉRIEUR

Olivier **BIAU**

DIRECTEUR DE L'ECOLE NATIONALE DE LA STATISTIQUE ET DE L'ANALYSE DE L'INFORMATION (ENSAI)

FORMATION École nationale de la statistique et de l'analyse de l'information (Ensai, 1994) ; licence d'économie (Paris IX Dauphine, 1994) ; DEA de microéconomie (Université Montpellier I, 1995) ; École nationale de la statistique et de l'administration économique (Ensae, 2003)

PASSIONS Bize-Minervois (village de l'Aude où il a grandi), les balades et randonnées en famille, la musique, le rugby

PUBLICATIONS articles publiés dans des revues académiques (Économie et Prévision, Économie et Statistique, Journal of Business Cycle Measurement and Analysis) sur l'utilisation des enquêtes de conjoncture, les modèles de prévision et la modélisation économique ; publications Insee sur les dynamiques économique et démographique des territoires de la région Provence Alpes Côte d'Azur et de la région Bretagne.

Un parcours sous le signe de la statistique et de l'économie… Olivier Biau débute sa carrière à l'Insee en 1996 comme chargé d'enseignement à l'École nationale de la statistique et de l'analyse de l'information (Ensai). En 1999, il est nommé chef de la section Prix à la consommation au département de la Conjoncture au sein de la direction générale de l'Insee. Après sa scolarité à l'Ensae, il retourne en 2003 au département de la Conjoncture comme administrateur et prend la responsabilité de la section Industrie à la division Enquêtes de conjoncture. Il devient en 2006 adjoint au chef du département des Politiques de l'emploi à la direction de l'animation de la recherche, des études et des statistiques (Dares) du ministère du Travail. Puis, en 2009, il occupe la fonction d'expert national détaché auprès de la Commission européenne (Bruxelles), au sein de l'unité en charge des prévisions et des enquêtes de conjoncture de la direction générale Affaires économiques et financières (DG ECFIN). Il rejoint l'Insee Provence-Alpes-Côte d'Azur en septembre 2011 en tant que directeur régional adjoint et chef du Service études et diffusion.
C'est en 2015 qu'Olivier Biau arrive en Bretagne, en charge de la direction régionale de l'Insee. Deux ans plus tard, il prend la tête de l'Ensai. Rattachée au Ministère de l'économie, de l'industrie et du numérique, l'Ensai forme des experts qualifiés, ingénieurs statisticiens et cadres statisticiens de la fonction publique. Son directeur est nommé inspecteur général de l'Insee en 2021.

ENSAI - RUE BLAISE PASCAL - BP37203 - 35172 BRUZ • TÉL. 02 99 05 32 32

ENSEIGNEMENT SUPÉRIEUR

Laurent **BIRONNEAU**

DIRECTEUR DU SERVICE DE FORMATION CONTINUE ET ALTERNANCE (SFCA) DE L'UNIVERSITÉ DE RENNES

FORMATION Doctorat en Sciences de gestion (Université de Rennes 1, 1999)

D'étudiant à dirigeant, Laurent Bironneau a déroulé sa trajectoire au sein de l'université de Rennes 1. D'abord doctorant, il y est recruté en 1999 comme maître de conférences sur un poste à l'Institut de Gestion de Rennes (IGR-IAE). A partir de 2004, il joue un rôle significatif dans le pilotage de l'Institut en devenant directeur adjoint, puis directeur général en 2008 et cela jusqu'en 2018 (durée maximale possible dans les statut de l'IAE). Il est administrateur de l'IGR-IAE depuis 2001 et membre de son conseil scientifique depuis 2006. Nommé Professeur des Universités en 2016, il est chercheur permanent au Centre de recherche en économie et management (UMR CNRS 6211). Ses travaux portent essentiellement sur la gestion des systèmes de production et le pilotage des chaînes logistiques sous condition de durabilité. A l'Université de Rennes 1, Laurent Bironneau a été membre élu de plusieurs commissions : conseil d'administration de 2004 à 2008, commission Finance de l'Université depuis 2005. Il assure par ailleurs la co-présidence de l'association Score IAE-Message, fédérant les 38 sites universitaires français qui mettent en oeuvre les épreuves du Score IAE-Message.
Laurent Bironneau est nommé directeur du CFA interuniversitaire de Bretagne (CFA UB) en janvier 2015 (CFA commun des 4 universités bretonnes), et ce jusqu'en décembre 2019, date de sa dissolution. Il prend ensuite la direction du Service de Formation Continue et d'Alternance (SFCA) de l'université de Rennes 1 et de son CFA interne. En 2020, il devient, en complément de cette direction, vice-président Formation continue et Alternance de l'université de Rennes 1, délégué auprès du VP de la Commission Formation et Vie Universitaire.

UNIVERSITÉ DE RENNES - CAMPUS DE BEAULIEU - 263 AV. DU GÉNÉRAL LECLERC - CS 74205 - 35042 RENNES • TÉL. 02 23 23 35 35

AGROALIMENTAIRE

Régis **BOIRON**

PDG DES CRAQUELINS DE SAINT-MALO

FORMATION DESS en gestion et finances à l'Université Paris Dauphine

DISTINCTIONS Les craquelins de Saint-Malo ont le label « Entreprise du Patrimoine Vivant » (2014)

PASSIONS la voile et le squash.

Quand on est issu d'une lignée d'entrepreneurs, il est parfois difficile d'échapper à la fibre familiale. Régis Boiron a bien connu l'aventure de la société « Les Vergers Boiron » à Valence, créée par son grand-père. Il s'en est éloigné pour suivre une autre carrière, qui l'a mené à diverses responsabilités à Sofaris, l'Anvar avant de prendre la direction générale d'Oséo Bourgogne (2004-2008). A 40 ans, il choisit de devenir entrepreneur en reprenant en 2009 les Craquelins de Saint-Malo. Une marque emblématique créée en 1923 et une « barque », que des générations de Bretons ont consommée. Les craquelins sont labellisés « Produit en Bretagne » mais Régis Boiron veut désormais faire connaître son produit hors du grand Ouest et vise l'international. Pour cela, il développe la gamme des « craquelins », notamment avec des produits bio ou diététiques. Le dirigeant diversifie l'activité de son entreprise vers marché de la pâtisserie surgelée et les entremets pour les professionnels (60 % de l'activité) puis, en 2018, la biscuiterie.

LES CRAQUELINS DE SAINT-MALO - 1 RUE CALYPSO - 35430 SAINT-JOUAN-DES-GUÉRETS • TÉL. 02 99 81 92 89

MÉDIAS

Philippe **BOISSONNAT**

RÉDACTEUR EN CHEF DE OUEST-FRANCE

FORMATION Licence de Lettres modernes (Université Paris I Panthéon-Sorbonne, 1987) ; diplôme du Centre de formation et de perfectionnement des journalistes (1990)

PASSIONS le journalisme et la musique classique

Philippe Boissonnat est lycéen lorsqu'il effectue ses premiers stages en journalisme chez Bayard Presse. Curieux de tout, ce fils de journaliste (l'éditorialiste Jean Boissonnat) s'aperçoit au fil des stages que ce métier est fait pour lui. Il continue ainsi à travailler pour différents titres de Bayard Presse jusqu'en 1990. Il prête ensuite sa

plume à Famille magazine durant cinq ans. En 1995, il entre chez Ouest-France et est nommé journaliste à Vannes où il exerce pendant cinq autres années. Parisien d'origine, il découvre alors la Bretagne.
Son métier de journaliste le mène dans plusieurs villes de l'Ouest. Il occupe le poste de chef de rédaction durant quelques années à Redon, puis à Saint-Lô. Il devient successivement directeur départemental à Saint-Lô, à Caen et à Rennes. Toujours à Rennes, Philippe Boissonnat remplit dès 2011 les fonctions de rédacteur en chef de jour de Ouest-France. En 2014, il accède à la direction des rédactions départementales et locales. Il est également chargé de suivre la carrière des 550 journalistes de l'entreprise. Aujourd'hui, la passion du journalisme le fait toujours vibrer. Ce qu'il aime, c'est aller à la rencontre des gens, raconter les événements et rendre clair ce qui est parfois complexe.
Dans le cadre de la réorganisation de l'encadrement des rédactions du groupe Sipa-Ouest-France, il est nommé rédacteur en chef le 1er septembre 2022, en charge de la réflexion éditoriale, aux côtés de trois autres rédacteurs en chef : Sébastien Grosmaitre, Laetitia Greffié et Edouard Reis Carona.

OUEST-FRANCE - SERVICE COURRIER - COORDINATEUR - 10 RUE DU BREIL - 35051 RENNES CEDEX 9 • TÉL. 02 99 32 60 00

MÉDIAS

Fanette **BON**

RÉDACTRICE EN CHEF DU MARIN

FORMATION
master d'Histoire contemporaine ; IPJ Paris Dauphine

La journaliste Fanette Bon est diplômée d'un master d'Histoire contemporaine, validé entre Caen et les Etats-Unis. Elle a ensuite été formée à l'Institut pratique du journalisme à Paris et intègre Ouest-France en 2013. Journaliste localière à la rédaction de Caen pendant deux ans, elle devient cheffe d'agence à Falaise en 2015. Elle rejoint la rédaction nationale au siège de Ouest-France à Rennes en 2018, où elle pilote l'actualité agricole et agroalimentaire au sein du service économie.
Fanette Bon est nommée le 2 mai 2023, à 36 ans, rédactrice en chef du marin par la direction d'Infomer (groupe Ouest-France). Le journal le marin est spécialisé dans l'économie maritime. Il compte près de 5 000 abonnés en France. Infomer, la filiale maritime du groupe Ouest-France, organise également deux grands évènements nationaux annuels : les Assises de l'économie de la mer et les Assises de la pêche et des produits de la mer.

INFOMER - 10 RUE DU BREIL - 35051 RENNES CEDEX 9 • TÉL. 02 30 21 23 00

COMMUNE

Philippe **BONNIN**

VICE-PRÉSIDENT DU CONSEIL DÉPARTEMENTAL D'ILLE-ET-VILAINE - MAIRE DE CHARTRES-DE-BRETAGNE

FORMATION
lycée de Bressuire - ingénieur en agriculture (ESA Angers-1979) ; docteur ès sciences économiques (Université de Grenoble II-1985)

Expert agro-économiste, Philippe Bonnin travaille pour l'organisation des Nations Unies FAO - Rome, le ministère de la Coopération et pour l'Ademe entre 1981 et 1985. Il prend ensuite le chemin de l'enseignement et devient adjoint à la direction du Département des sciences sociales de l'Ecole d'ingénieurs en agriculture et agro-alimentaire (ESITPA) dans l'Eure (1985-1988). Ingénieur consultant et formateur pendant deux ans, il est nommé, en 1990, au poste de directeur du développement économique de la Communauté de communes de Châteaubriant en Loire-Atlantique. Philippe Bonnin est aussi un élu local. En 1995, il devient le premier magistrat de Chartres-de-Bretagne (7 500 habitants). Réélu en 2001, 2008, 2014 et 2020, il a été vice-président de Rennes District puis de Rennes Métropole de 1995 à 2008. Conseiller départemental d'Ille-et-Vilaine, élu en 2004 dans le canton de Bruz puis réélu en 2011, il est actuellement vice-président chargé de l'Economie, de l'emploi, de l'innovation, de l'enseignement supérieur et de la recherche.

VILLE DE CHARTRES-DE-BRETAGNE - HÔTEL DE VILLE - ESPLANADE DES DROITS DE L'HOMME - 35131 CHARTRES DE BRETAGNE • TÉL. 02 99 77 13 00

MÉDIAS

Olivier **BONSART**

PRÉSIDENT DU CONSEIL DE SURVEILLANCE DE PUBLIHEBDOS

FORMATION
collège-lycée à Rennes et Paris - HEC (Jouy-en-Josas, 1977)

Diplômé de l'Ecole des hautes études commerciales (HEC), Olivier Bonsart démarre sa carrière en tant que conseiller en gestion industrielle à la CCI d'Angers (1979-1981). En 1981, il rejoint Ouest-France où il fait l'essentiel de sa carrière. Il est responsable marketing avant de devenir directeur de la recherche et du développement du quotidien (1986-1999). Dans le même temps, il assure la direction générale de Publihebdos (groupe Ouest-France) de 1982-1995. En 1999, il est nommé directeur délégué Ouest France puis, dès 2007, directeur délégué du groupe Sipa/Ouest-France. En 2012, il devient président et directeur de la publication de 20 Minutes France et le restera jusqu'à fin 2018. Il est président du conseil de surveillance de Publihebdos.
Désormais à la retraite, Olivier Bonsart est par ailleurs administrateur de l'Institut d'études politiques de Rennes, président de la Commission de la vente du SPQR (Syndicat de la presse quotidienne régionale) et « member of International Board » de l'INMA.

PUBLIHEBDOS - 261 RUE DE CHÂTEAUGIRON - 35000 RENNES • TÉL. 02 99 32 58 58

CULTURE

Jean-Roch **BOUILLER**

DIRECTEUR DU MUSÉE DES BEAUX-ARTS DE RENNES

PASSIONS La littérature contemporaine, la randonnée et le jardinage

PUBLICATIONS Catalogues d'expositions, nombreux articles, co-directions d'ouvrages

C'est en remontant dans son enfance, auprès d'un père conservateur de musée, que l'on peut trouver les racines de la passion de Jean-Roch Bouiller pour l'art et les musées. Porté par elle, il suit en parallèle des études d'histoire de l'art et d'anthropologie. Après avoir réussi le concours de l'Institut National du Patrimoine en 1997, il devient conservateur des monuments historiques en 2000. Il entame alors sa carrière à la DRAC de Provence-Alpes-Côte d'Azur. Le poste et ses missions sont riches et lui plaisent puis il finit sa thèse et prend une nouvelle fonction en 2008 : conservateur chargé des collections contemporaines à la Cité de la céramique à Sèvres, jusqu'en 2012. La mission est là aussi prenante, intervenant dans une période de fusion entre le musée et la manufacture de Sèvres. En 2011, il devient responsable du secteur art contemporain du Musée des civilisations de l'Europe et de la Méditerranée (Mucem) à Marseille. Il participe de nouveau à un défi : la préparation de l'ouverture du musée. Jean-Roch Bouiller contribue à la conception des expositions permanentes et temporaires jusqu'en 2018.
Mais l'envie d'intégrer un musée d'arts et de diriger une équipe lui fait postuler à la direction du Musée des beaux-arts de Rennes en 2019. Fasciné par la créativité et « l'espièglerie » de l'art contemporain, attaché au travail collectif, il est motivé par l'inscription de l'établissement dans son territoire. Il réfléchit ainsi au devenir du musée grâce à des projets structurants : l'ouverture d'une nouvelle salle d'exposition dans le quartier de Maurepas, l'externalisation des réserves et, à plus long terme, la rénovation-agrandissement du bâtiment. Avec un leitmotiv : « envisager le musée non comme un réceptacle mais un lieu d'expérimentation permanente ».

MUSÉE DES BEAUX-ARTS DE RENNES - 20 QUAI ÉMILE ZOLA - 35000 RENNES • TÉL. 02 23 62 17 45

BANQUE ET ASSURANCE

Lionel **BOUQUET**

DIRECTEUR GÉNÉRAL DE NOVELIA

FORMATION Lycée Jeanne d'Arc à Clermont-Ferrand - ingénieur de l'Ecole Centrale Paris et Chatenay-Malabry (1992) ; actuaire (Centre d'Etudes Actuarielles de Paris, 2000)

PASSIONS La voile et le windsurf

Lionel Bouquet débute sa carrière professionnelle comme chargé de mission pour le compte du groupe Mazars, spécialisé dans l'audit, l'expertise-comptable et le conseil aux entreprises. Il la poursuit aux AGF comme auditeur interne avant de rejoindre le groupe Axa comme responsable de l'actuariat et gestionnaire de projet. Directeur technique de la Mutualité Française de 2003 à 2007, il intègre ensuite Suravenir, la filiale d'assurance-vie et de prévoyance du Crédit Mutuel Arkéa. Il y occupe les fonctions de directeur technique, en charge des départements Investissements, actuariat et maîtrise d'ouvrage. Début 2013, Lionel Bouquet est nommé directeur général de Novelia, autre filiale du groupe, spécialisée dans le courtage en assurances. La société, dont le siège est à Rennes, exerce son activité dans la couverture de risques d'entreprise, la conception de produits grand public et l'assurance affinitaire pour de grands comptes professionnels.

NOVÉLIA - 30 BD DE LA TOUR D'AUVERGNE - 35000 RENNES • TÉL. 02 90 01 15 70

ORGANISATIONS PROFESSIONNELLES

Serge **BOUREAU**

PRÉSIDENT DE L'UNION RÉGIONALE DES SCOP DE L'OUEST - CO-FONDATEUR DE LA COOPÉRATIVE MACORETZ

FORMATION CAP en menuiserie (Nantes, 1979) ; formation pour les dirigeants (1998) et master 2 pour les dirigeants de PME (2012) à l'IFG Paris

PASSIONS La marche à pied, le travail sur soi et la méditation.

Natif du pays de Retz, Serge Boureau débute sa carrière dans le domaine du bois. En 1981, il devient menuisier, puis responsable d'atelier de menuiserie. « J'ai tout fabriqué : des fenêtres aux escaliers », raconte-t-il. Sensible au Mouvement Rural de la Jeunesse Chrétienne, c'est là qu'il entend parler des Scop et qu'il conçoit le projet coopératif qui parle déjà de Transformation Sociétale et de « Vivre et travailler au pays ». Projet de sens et entrepreneurial, qui prendra le nom de Macoretz - Maison Coopérative de Retz - le 1er octobre 1986, il s'agit avant tout d'un projet collectif où tous les salariés peuvent être maîtres de leur avenir. Serge Boureau suit une formation commerciale en 1990 pour devenir responsable commercial de Macoretz. Lorsque la coopérative passe du statut de SARL à celui de SA en 1998, il se voit proposer le poste de président-directeur. Désirant se perfectionner, il n'hésite pas alors à s'inscrire à l'IFG pour suivre une formation destinée aux dirigeants. De 2006 à 2016, il occupe la présidence des Ecossolies, l'association d'économie sociale et solidaire. Depuis mai 2014, il est président de l'Union régionale des Scop de l'Ouest. Une autre façon pour lui de faire rayonner ses valeurs. « En tant qu'entreprise, nous devons être forts et crédibles sur notre marché, mais nous devons nous questionner sur le sens à donner à notre action ». Se fondant sur ces valeurs, Serge Boureau transmet son mandat de PDG et sa fonction de directeur général en 2019. Il devient directeur général adjoint et s'occupe de la direction des ressources humaines ainsi que de l'agencement jusqu'à son départ en retraite en 2021.

UNION RÉGIONALE DES SCOP DE L'OUEST
- 7 RUE ARMAND HERPIN LACROIX - CS 73902
- 35039 RENNES • TÉL. 02 99 35 19 00

ETAT

Jean-Christophe **BOURSIN**

SECRÉTAIRE GÉNÉRAL POUR LES AFFAIRES RÉGIONALES DE LA PRÉFECTURE DE BRETAGNE

FORMATION lycée Carnot à Dijon - ingénieur des travaux publics de l'Etat (ENTPE de Vaulx-en-Velin 1987) ; ingénieur des ponts, des eaux et forêts (ENPC de Marne-la-Vallée, 2000)

DISTINCTIONS chevalier de l'Ordre national du Mérite

PASSIONS les activités en famille et parcourir la campagne nantaise en VTT.

A la sortie de ses études, et durant une dizaine d'années, Jean-Christophe Boursin a occupé divers postes d'encadrement dans des directions départementales de l'équipement. Entre 2000 et 2005, il est chargé de mission auprès du préfet de région Pays de la Loire au secrétariat général pour les affaires régionales, puis auprès du directeur régional de l'équipement. Directeur général délégué du Laboratoire central des ponts et chaussées (devenu IFSTTAR) à Bouguenais de 2006 à 2007 - il assure en parallèle la vice-présidence du pôle de compétitivité génie civil ouest-, il exerce comme secrétaire général pour les affaires régionales du Languedoc-Roussillon de 2007 à 2012.
Jean-Christophe Boursin, dont la citation préférée est «Si vous pensez que l'aventure est dangereuse, essayez la routine... Elle est mortelle» (Paulo Coelho) prend, en mars 2013, la direction départementale des territoires et de la mer de la Loire-Atlantique, service regroupant les anciennes DDE, DDAF et affaires maritimes. Il est nommé secrétaire général pour les affaires régionales des Pays de la Loire, pour une durée de trois ans, en juin 2017 et le restera jusqu'en 2020. Puis il est nommé secrétaire général pour les affaires régionales auprès du préfet de la région Bretagne, préfet de la zone de défense et de sécurité Ouest, préfet d'Ille-et-Vilaine, en mars 2023, pour une durée de quatre ans.

SGAR - 3 AVENUE DE LA PRÉFECTURE
- 35026 RENNES CEDEX 9 • TÉL. 02 99 02 10 35

ENSEIGNEMENT SUPÉRIEUR

Patrick **BOUTHEMY**

DIRECTEUR DU LABEX COMIN LABS - CHERCHEUR À L'INRIA

FORMATION collège-lycée à Quimper - ingénieur Télécom-Paris ; thèse docteur-ingénieur (université Rennes 1, 1982) ; habilité à diriger des recherches (1989)

PASSIONS le cinéma, la lecture, le jazz, le patrimoine, la gastronomie et les sports collectifs.

PUBLICATIONS environ 200 articles dans des revues et des congrès internationaux

Spécialiste mondial de l'imagerie numérique, Patrick Bouthemy est recruté à l'Inria en 1984 comme chargé de recherche, après deux ans passés à l'INRS Télécommunications à Montréal. Il devient directeur de recherche en 1989. En 1996, il crée l'équipe-projet Vista (Vision spatio-temporelle et apprentissage) et en assure la responsabilité jusqu'en juin 2007. Il est co-président du principal congrès international en vision par ordinateur. Expert en traitement vidéo pour la MRIS-DGA, ses travaux ont fait l'objet de collaborations avec de nombreux industriels. Il a apporté des contributions à la modélisation statistique et l'analyse du mouvement dans des séquences d'images avec des applications dans les domaines de la vidéo numérique, la vision robotique, l'imagerie météorologique, sonar et médicale. Il s'intéresse désormais à l'imagerie cellulaire en collaboration avec l'institut Curie. Directeur de l'Inria Rennes-Bretagne (2007-2011), administrateur du pôle Images et Réseaux et du PRES de l'Université européenne de Bretagne (UEB), il a participé au montage de l'IRT B-Com. Directeur de l'Irisa de 2007 à 2010, il est, depuis avril 2014, directeur du labex Comin Labs, laboratoire d'excellence sur les sciences et technologies de l'information et de la communication rassemblant 1100 chercheurs entre la Bretagne et Nantes.

CENTRE INRIA DE L'UNIVERSITÉ DE RENNES
- CAMPUS UNIVERSITAIRE RENNES BEAULIEU
- 263 AV. DU GÉNÉRAL LECLERC
- 35042 RENNES CEDEX • TÉL. 02 99 84 71 00

CULTURE

Jean-Louis **BROSSARD**

DIRECTEUR ARTISTIQUE - COFONDATEUR ET CODIRECTEUR DE L'ASSOCIATION TRANS MUSICALES

FORMATION lycée Rabelais à Saint-Brieuc - PCEMI médecine ; Deug de psychologie à l'UHB

DISTINCTIONS Officier de l'Ordre des Arts et des Lettres

PASSIONS la musique, la cuisine, la littérature d'anticipation, la mer et la montagne.

Un père professeur de musique et dix ans d'études de violon classique... Jean-Louis Brossard se passionne pour le rock et ses études ne parviendront pas à le détourner d'un sacerdoce musical qu'il poursuit par l'écoute du «Pop Club» et nourrit par l'achat intensif de vinyles importés. En 1977, il rejoint Hervé Bordier en intégrant avec Béatrice Macé l'association Terrapin devenue par la suite ATM (Association Trans Musicales), qui porte sur les fonts baptismaux en 1979 les Rencontres Trans Musicales de Rennes. L'événement donne une ampleur au formidable foisonnement musical de Rennes, incarné à l'époque, notamment, par Marquis de Sade, Etienne Daho ou les Nus. Plus de trente ans après, les Trans Musicales demeurent un lieu de découvertes musicales. Ce bouillonnement constant fait la particularité de cette manifestation qui attire 60 000 spectateurs. C'est à Rennes que se sont produits, pour la première fois en France, Stephan Eicher, Arno, Etienne Daho, Lenny Kravitz, Ben Harper, Björk, Daft Punk, Amadou et Mariam, Too Many Djs, The Ting Tings, Django Django, Sallie Ford... Déterminée à ce que le festival ne se limite pas pour les Rennais à un unique rendez-vous annuel avec les musiques dites actuelles, l'ATM reprend en 1987 la gestion de l'Ubu, devenu depuis un haut lieu de diffusion musicale. Les Trans

Musicales reçoivent le Lifetime Achievement Award en 2016.

RENCONTRES TRANS MUSICALES DE RENNES
- 10, 12 RUE JEAN GUY- - CS 73912
- 35039 RENNES CEDEX • TÉL. 02 99 31 12 10

HÔTELLERIE-RESTAURATION

Véronique **BRÉGEON**

PROPRIÉTAIRE DE LECOQ-GADBY

FORMATION collège Saint-Vincent de Rennes - maîtrise de droit du travail et de la sécurité sociale à la Sorbonne; CAP de restauratrice de dorures au Château de Versailles

DISTINCTIONS chevalier de l'Ordre national du Mérite; médaille de bronze de l'enseignement technique

PASSIONS le tennis, chiner, l'art de vivre et la nature.

PUBLICATIONS « Lecoq Gadby, une institution rennaise » (2000)

Une institution! LeCoq-Gadby fête en 2022 ses 120 ans, se développant sous la houlette d'une femme, comme ce fut le cas pendant la quasi totalité de son histoire. Aujourd'hui, c'est Véronique Brégeon, descendante du pionnier Pierre Gadby, qui est aux manettes. Cette juriste a été doreuse dans les ateliers de restauration du Château de Versailles et experte en objets d'art pour les compagnies d'assurances. En 1993, la disparition de ses parents l'incite à reprendre le flambeau. Elle va apporter sa touche et donner un sacré coup de jeune à LeCoq-Gadby qui va compter deux hôtels 4 étoiles et le restaurant La Coquerie, distingué en 2008 d'une étoile Michelin. « Nous recevons le monde des arts et du spectacle, sensibles à l'engagement environnemental de notre maison. Toute l'équipe cherche à mettre en avant la convivialité, la simplicité au service du beau et du bon et si possible du bio », explique Véronique Brégeon.
En juillet 2017 la Coquerie ferme pour deux ans et le site historique de la rue d'Antrain est dédié àl'hébergement (hôtel écologique) et au bien-être (spa). La célèbre maison à colombages bleus devient une maison de cuisine et l'activité traiteur est renforcé d'un laboratoire. Aujourd'hui référencé par le Couvent des Jacobins, sollicité dans toute la Bretagne pour des mariages écologiques où se rencontrent vaisselle vintage et produits locaux de saison, Le Coq-Gadby vit à l'heure du développement durable. C'est désormais la 5e génération, avec Charles Brégeon, qui fait vivre l'expérience Le Coq-Gadby.

LECOQ-GADBY - 156 RUE D'ANTRAIN
- 35700 RENNES • TÉL. 02 99 38 05 55

VÉHICULES INDUSTRIELS

Julien **BUREL**

PRÉSIDENT DU DIRECTOIRE DE LA HOLDING FABIEN BUREL - VICE-PRÉSIDENT D'AXEMA

FORMATION lycée Notre-Dame des Marais à Fougères - master Finances (EDC Paris-Ecole des dirigeants et créateurs d'entreprise, 1995); DESS CAAE (IGR Rennes, 1997)

En 1936, Fabien Burel, forgeron à Domagné, crée un semoir à traction animale : le « Sulky ». C'est la naissance d'une entreprise qui s'est aujourd'hui fait un nom dans le machinisme agricole. A la fabrication des semoirs s'ajoute, en 1949, celle des distributeurs d'engrais. En 1967, Jacques Burel prend la direction de l'entreprise. Il décide en 1983 d'orienter l'entreprise vers une politique de qualité totale reconnu par l'obtention de la certification ISO 9001 en 1983. Au fil des ans, l'entreprise se développe en innovant et en créant de nouveaux produits. Julien Burel, le fils de Jacques, intègre la société familiale en 1998, occupant successivement les postes de directeur marketing (1999-2005) et de directeur marketing et commercial (2006-2011). En juillet 2011, le représentant de la 3e génération arrive aux commandes. Il est désormais président du directoire de la Holding Fabien Burel depuis décembre 2018.
Julien Burel est élu vice-président d'Axema, le syndicat français des acteurs industriels de la filière des agroéquipements et de l'agroenvironnement, en avril 2023.

BUREL PRODUCTION - PA DE LA GAULTIÈRE
- CS 20005 - 35220 CHÂTEAUBOURG
• TÉL. 02 99 00 84 92

ETAT

Thierry **BURLOT**

PRÉSIDENT DE L'OFFICE FRANÇAIS DE LA BIODIVERSITÉ

FORMATION Maitrise de géologie (Université de Rennes)

PASSIONS Son métier, les relations humaines et le jardinage.

Passionné par les territoires et la protection de l'environnement, Thierry Burlot intègre en 1983 la direction départementale de l'agriculture et de la forêt en tant que technicien environnement. Il est chargé des questions portant sur la préservation des ressources en eau. En 1990, il occupe les mêmes fonctions au sein du conseil général des Côtes d'Armor. Toujours attiré par le devenir des territoires et des hommes qui les occupent, il veut participer au développement de sa commune, Pléguien, à laquelle il est très attaché. Il y exerce dès 1983 des fonctions de conseiller municipal et l'est toujours aujourd'hui, après avoir été maire de 1989 à 1999. Thierry Burlot a par ailleurs présidé la communauté de communes de Lanvollon-Plouha de 1995 à 2014. Conseiller régional dès 2004, il est réélu en 2010, sur la liste de la Bretagne solidaire, chargé de l'environnement, puis de l'environnement et de l'aménagement du territoire en 2012. Son credo reste le même : il souhaite trouver des compromis entre développement économique et protection de l'environnement. L'élu est persuadé que cette dernière n'est pas un frein au développement d'un territoire, mais plutôt « une plus-value ». Il est nommé 12e vice-président chargé de l'environnement, la biodiversité et les déchets en décembre 2015. Deux ans plus tard, il est élu président du comité de bassin Loire-Bretagne puis réélu en février 2021. Le Brestois est également président de l'association Cercle français de l'eau depuis septembre 2019, de l'Office français de la biodiversité ainsi que de l'Agence bretonne de la biodiversité depuis janvier 2020.
Candidat sans étiquette aux Régionales de juin 2021, il est relevé de ses délégations à la Région en mars. La même année, il est

réélu en octobre à la présidence du Comité de Bassin Loire-Bretagne.

OFB - DIRECTION RÉGIONALE BRETAGNE
- 84 RUE DE RENNES - 35510 CESSON-SÉVIGNÉ
• TÉL. 02 23 45 06 06

MÉCANIQUE ET MÉTALLURGIE

Benoit **CABANIS**

RÉFÉRENT INDUSTRIE ET TRÉSORIER ADJOINT DE LA CCI D'ILLE ET VILAINE - MEMBRE DU BUREAU DE LA CCI DE BRETAGNE - PDG DE CABSOC

FORMATION Institut Supérieur de Gestion (ISG Paris, 1986)

PASSIONS le bord de mer

Responsable Logistique chez JPG Mobilier de Bureau de 1986 à 1989, Benoît Cabanis devient ensuite directeur du contrôle de gestion chez Transport Graveleau - société de Transport de Messagerie de la famille Graveleau, aujourd'hui filiale du Groupe allemand Dachser - jusqu'en 1995. De 1996 à 1998, il est directeur général de BHS, spécialisé dans le négoce de produits phytosanitaires à destination des professionnels des espaces verts et des particuliers. Animé par « l'esprit d'entreprendre, la volonté de faire avancer les choses, la liberté de parole », il crée Cabsoc Group en 1999 à Châteaubourg. Importateur de composants et exportateur d'équipements mécatroniques, le groupe réunit désormais 5 PME indépendantes, expertes et complémentaires, proposant une offre globale qui couvre les métiers et marchés de l'hydraulique en France et à l'étranger : Socah Hydraulique, Luce Hydro, EDH, ID System, Socah Connectic.
Investi sur son territoire, Benoît Cabanis est référent Industrie et trésorier adjoint de la CCI d'Ille et Vilaine, membre du Bureau de la CCI de Bretagne.

CABSOC GROUP - ZI DU PLESSIS BEUCHER
- RUE CROIX GUILLEMET
- 35220 CHÂTEAUBOURG • TÉL. 02 99 00 84 24

CULTURE

Michel **CABARET**

DIRECTEUR DE L'ESPACE DES SCIENCES À RENNES - BIOLOGISTE

FORMATION Lycée agricole de Chartres - maîtrise sciences et techniques aménagement et mise en valeur des régions (1982) ; DEA option écologie-pédologie (université de Rennes 1, 1983)

DISTINCTIONS Chevalier de l'Ordre National du Mérite (2019) ; Grand prix de l'information scientifique de l'Académie des Sciences (2012) ; Officier des Palmes Académiques (2010) ; Prix Jean Perrin de la Société Française de Physique (2008) ; Prix Diderot (2003) de l'Association des Musées et Centres de Culture Scientifique Technique et Industrielle (AMCSTI)

PASSIONS La course à pied (marathonien)

PUBLICATIONS Revue Sciences ouest et collection « Espace des sciences » aux éditions Apogée (60 ouvrages)

Ancien chercheur de l'Université Rennes 1, Michel Cabaret a travaillé dans le domaine de la biologie du sol. Après son DEA, il est chercheur invité à l'Université Laval à Québec puis il rejoint l'École vétérinaire de Dakar où durant deux ans, il est expert associé Unesco. Il est recruté à l'Espace des sciences en 1987 et développe son activité auprès du grand public dans le centre Colombia mais les surfaces sont trop limitées. C'est ainsi que l'Espace des sciences rejoindra dès 1994 le projet des Champs libres porté par Edmond Hervé. Conçu par l'architecte Christian de Portzamparc, il ouvre ses portes en 2006. Le succès est au rendez-vous : avec plus de 230 000 visiteurs par an, l'Espace des sciences devient le centre de sciences le plus fréquenté en région, après la Cité des sciences et le Palais de la découverte à Paris. De multiples expositions, des conférences, les Mardis de l'Espace des sciences, animées par des grands scientifiques, un planétarium et des ateliers d'expérimentation dans le Laboratoire de Merlin, attirent un large public.
Michel Cabaret est également directeur de la revue Sciences ouest, d'une collection de livres de vulgarisation publiés chez Apogée et de la chaîne Youtube qui compte plus de 120 000 abonnés. Il pilote pour le compte de la Région Bretagne le Pôle Bretagne Culture Scientifique qui rassemble Océanopolis, la Cité des télécoms, la Maison de la mer, le planétarium de Bretagne, les Petits Débrouillards de Bretagne et la fondation Tara Océan. Il est enfin chroniqueur quotidien à France Bleu Armorique avec « La science en question ». Il est à l'origine d'un projet qui conférera un nouveau rayonnement à l'Espace des sciences avec l'ouverture d'un établissement dans la Manufacture des tabacs de Morlaix.

ESPACE DES SCIENCES - LES CHAMPS LIBRES
- 10 COURS DES ALLIÉS - 35000 RENNES
• TÉL. 02 23 40 66 40

INTÉRIM, PORTAGE SALARIAL ET GROUPEMENTS D'EMPLOYEURS

Béatrice **CAILLIBOT**

DIRECTRICE GÉNÉRALE DE RÉGIONAL INTÉRIM

FORMATION Diplôme d'études comptables et financières DECF (Rennes, 1992)

DISTINCTIONS Prix Women Equity 2018 (met à l'honneur les 50 meilleures performances de PME dirigées ou co-dirigées par des femmes en France)

PASSIONS Les activités nautiques dont le longe-côte et le paddle

Après son bac, passé à Laval, Béatrice Caillibot part à Rennes pour y effectuer son DUT. Elle trouve une alternance dans le cabinet d'experts-comptables Métayer en 1993 et passe ses unités de valeurs en tant que comptable. Assez vite, elle accède à des missions de commissaire aux comptes pour d'importantes sociétés. Elle acquiert de nouvelles compétences mais il lui manque le côté opérationnel. C'est pourquoi en 1999, après la naissance de son premier enfant, elle rejoint la société d'aménagements d'espaces de travail Ouest Bureau où elle occupe un poste très polyvalent de responsable administrative et financière. Sept ans plus tard, elle est mise en relation avec Marc Poulain, fondateur et président de Régional Intérim et R Intérim. Le groupe, créé en 2003, a besoin de se développer et

Béatrice Caillibot relève le challenge, dans un domaine qu'elle ne connait pas. Elle apprend les spécificités du travail temporaire, prend rapidement les fonctions de DRH puis est nommée directrice générale en 2012.
Le groupe compte désormais 240 salariés et 75 agences, pratiquant « la culture de l'humain et de la collaboration de proximité ». Des valeurs chères à la dirigeante, qui tient à connaître et faire évoluer les salariés au sein de l'entreprise. Discrète et investie pleinement dans un métier qui « l'anime tous les jours », elle veille à assurer ses missions de management et de stratégie au plus près des équipes. Avec les atouts de sa personnalité comme la bienveillance, l'énergie… et la bonne humeur !

RÉGIONAL INTÉRIM - 25 RUE DE LA MÉTRIE - 35760 MONTGERMONT • TÉL. 02 99 14 60 10

DÉPARTEMENT

Eric **CANDAS**

DIRECTEUR DÉPARTEMENTAL DU SDIS 35

FORMATION lycée Jean-Moulin à Saint-Amand-Montrond (18) - DUT Hygiène et sécurité (IUT Saint-Denis Paris XIII, 1987) ; Master II Droit de la sécurité civile (Montpellier, 2005)

DISTINCTIONS Chevalier de la Légion d'Honneur 2014

PASSIONS la course à pied et la spéléologie.

Originaire du Cher, Eric Candas a débuté son parcours professionnel comme lieutenant en 1988 à Orléans. Il devient chef du Centre de secours principal d'Orléans Centre en 1995, puis chef du Centre de secours principal d'Orléans Nord en mai 2000 avant d'être nommé chef de groupement « Opérations » au SDIS du Loiret à Orléans (2001-2007). En 2007, il rejoint le SDIS de Haute-Garonne en tant que directeur adjoint. Le Colonel Hors-Classe Candas prend le commandement du Corps départemental des sapeurs-pompiers du Finistère en septembre 2011 puis, en juin 2017, celui d'Ille-et-Vilaine, à Rennes. Il est nommé contrôleur général le 1er septembre 2019.

SDIS 35 - 2 RUE DU MOULIN DE JOUÉ - 35701 RENNES CEDEX 07 • TÉL. 02 99 87 58 26

BÂTIMENT ET TRAVAUX PUBLICS

Yves **CARDINAL**

PRÉSIDENT DU COMITÉ DE SURVEILLANCE DE NGE BÂTIMENT

FORMATION DUT génie civil

PASSIONS la famille, les amis, la course à pied, le golf, la nature

Depuis sa création en 1969, la petite entreprise de maçonnerie de Mermel a bien grandi. Cardinal édifice, c'est aujourd'hui 650 salariés et un regroupement de 12 PME du BTP. Cette évolution a été portée par Yves Cardinal. Entré à 20 ans dans l'entreprise familiale pour y seconder ses parents, il dirige le groupe depuis 1982, au décès de son père. Quatre ans plus tard, en 1986, il remporte un appel d'offre pour la réalisation de la mairie de Bruz. Un chantier qui va faire entrer la PME dans une autre dimension. « Pour assumer ce chantier, j'ai du acquérir du matériel, recruter… Et on a continué petit à petit. J'ai toujours eu envie de voir si l'on arrivait à atteindre la marche supérieure. » Trente ans plus tard, Cardinal édifice réalise le gros oeuvre du Polygone Riviera à Cagnes-sur-mer, considéré comme le second plus gros chantier de France. « Un chantier aussi important ? Des salariés qui vont travailler en avion ? Je n'y aurai jamais cru. » A la tête d'un groupe, le dirigeant met un point d'honneur à conserver la souplesse et la simplicité d'une PME et à toujours chercher le positif dans les situations difficiles. Ainsi, face à un impayé, il se lance en 2009 dans l'hôtellerie à Bruz. Il récupère le bâtiment, rachète le golf attenant, et ouvre à son compte le domaine de Cicé-Blossac. Une vraie culture d'entrepreneur…
Cardinal Edifice intègre NGE en 2016 et Yves Cardinal rejoint en 2017 son conseil de surveillance. Il participe toujours à la mise en œuvre du projet stratégique du nouvel ensemble (14 500 collaborateurs). Cardinal Edifice devient NGE Bâtiment en 2022.

NGE BÂTIMENT - ZA MERNEL - BP 7 - 35330 MAURE-DE-BRETAGNE • TÉL. 02 99 34 90 86

BANQUE ET ASSURANCE

Jean-Yves **CARILLET**

DIRECTEUR GÉNÉRAL DU CRÉDIT AGRICOLE D'ILLE-ET-VILAINE - PRÉSIDENT D'UNEXO

FORMATION Collège-lycée à Rennes - ingénieur ESA d'Angers ; 3e cycle de management supérieur en banque et assurance

DISTINCTIONS Chevalier du mérite agricole ; chevalier de la confrérie du Tastevin

PASSIONS les trek, les trails, la moto, la BD, les véhicules de collection, l'aéronautique, l'apiculture

Après avoir marié formation d'ingénieur en agriculture et sociologie, travaillé sur les moteurs de la prise de décision, pratiqué le journalisme, Jean-Yves Carillet met le cap sur le domaine bancaire en Bretagne puis Champagne - Bourgogne. Après 8 années passées en tant que directeur général du Crédit Agricole des Côtes d'Armor, il est nommé en 2019 directeur général en Ille-et-Vilaine. Attaché à l'engagement sociétal de l'entreprise autour de l'emploi, de l'inclusion et de l'accompagnement des transitions, il l'est également au « développement d'une culture managériale inscrivant l'entreprise dans une trajectoire d'entreprise responsable ».
Au plan national, le dirigeant est secrétaire général adjoint du bureau fédéral du Crédit Agricole et de la SAS La Boetie, organes faîtiers du groupe, directeur général de la SAS CA logement et territoire, président du comité plénier de contrôle interne, du comité Agilor et rapporteur du comité logement. Il est aussi administrateur de LCL, de CACI, de CAPS, de CAImmo, de CASIM, d'Adicam, d'IDIA. Au plan régional, le Brétillien est président d'Unexo, société de capital investissement du grand ouest, directeur général de la SAS Village by CA, administrateur d'Acticam, société de fusion-acquisition. Il a été secrétaire

général du Crédit Agricole en Bretagne de juillet 2020 à 2022. Hors groupe, Jean-Yves Carillet est président du Comité Régional Action Logement, de Bretagne Jeunesse Entreprise et des Oscars des Entreprises, administrateur d'Arcade VYV et membre du club des Trente.

CRÉDIT AGRICOLE D'ILLE-ET-VILAINE
- 4 RUE LOUIS BRAILLE
- 35136 SAINT-JACQUES-DE-LA-LANDE
• TÉL. 02 99 03 35 35

RÉGION

Patrick **CARÉ**

PRÉSIDENT DU CESER DE BRETAGNE

FORMATION bac scientifique (1971) - docteur en pharmacie (Besançon, 1977)

DISTINCTIONS chevalier de l'Ordre national du Mérite (2007) ; chevalier de la Légion d'honneur (2011)

PASSIONS les voyages, le golf, la gastronomie et la musique.

Patrick Caré intègre les Laboratoires Boiron en 1980 comme directeur adjoint à Nantes avant de créer un établissement à Rennes en 1982. Directeur régional (1984-1989), il se voit alors confier la création d'une direction Ouest et Nord (Bretagne, Pays de la Loire, et une partie de la Normandie et du Centre). En parallèle, il agit pour la communauté des chefs d'entreprises en tant que président du CJD de Rennes (1995-1997), président du Medef Ille-et-Vilaine (1999-2005) puis du Medef Bretagne (2004-2013). Membre du conseil exécutif du Medef national (2005-2010 et depuis 2012), il rejoint le bureau national du conseil exécutif du Medef en tant que vice-président du pôle mandats, branches et territoires et président du comité des régions en charge du suivi de la réforme territoriale en juillet 2013. En avril 2016, Patrick Caré devient président du comité des régions et membre du comité statutaire. Il sera président national de l'APEC de novembre 2017 à 2019, après en avoir été son vice-président national dès avril 2016.
Elu vice-président délégué du Ceser de Bretagne en 2004, membre du collège I (Entreprises et activités professionnelles non salariées), il en devient président en janvier 2018. Il est réélu en 2021 pour trois ans. Il est également secrétaire du Ceser de France et vice-président des Ceser de l'Atlantique et du RTA (Réseau Transnational Atlantique).

CESER DE BRETAGNE
- 7 RUE DU GÉNÉRAL GUILLAUDOT - CS 26918
- 35069 RENNES CEDEX • TÉL. 02 99 87 18 75

BANQUE ET ASSURANCE

Benoît **CATEL**

DIRECTEUR GÉNÉRAL DE LA BANQUE POPULAIRE GRAND OUEST - PRÉSIDENT DE LA FÉDÉRATION BANCAIRE FRANÇAISE (FBF) BRETAGNE

FORMATION École supérieure de commerce de Lille (1983) ; IEP Paris (1985) ; titulaire du DESCF (Diplôme d'études supérieures comptables et financières)

Ayant débuté sa carrière à la Compagnie Bancaire en 1987, Benoit Catel intègre en 1994 le Groupe BPCE et évolue au sein des Caisses d'Épargne Ile-de-France et Côte d'Azur, dans divers métiers bancaires : finance, comptabilité, risques, développement commercial. En 2006, il rejoint l'organe central du Groupe en tant que directeur général du marché des collectivités locales, du logement social et de l'économie sociale. Trois ans plus tard, il prend la direction générale de la Banque de la Réunion, puis, en 2012, celle de la Volksbank Romania. Il devient directeur général du Crédit Coopératif en novembre 2019. C'est en 2023 que le conseil d'administration de la Banque Populaire Grand Ouest lui confie sa direction générale, sur la proposition de sa présidente, Catherine Leblanc. Il prend donc ses fonctions le 1er juin 2023 à la Banque Populaire Grand Ouest, qui représente 905 000 clients et 3 057 salariés en Bretagne, Normandie et Pays de la Loire, avec 2,8 Md€ de capitaux propres. Son projet ? « Contribuer, avec l'ensemble des collaborateurs, à l'ambitieux projet de la Banque Populaire Grand Ouest et du Crédit Maritime : être au service du développement du Grand Ouest et de ceux qui y vivent et y entreprennent ».
Benoit Catel est également président de la Fédération bancaire française (FBF) Bretagne depuis le 1er juin 2023.

BPGO - BANQUE POPULAIRE GRAND OUEST
- 15 BD DE LA BOUTIÈRE - CS 26858
- 35768 SAINT-GRÉGOIRE • TÉL. 02 99 29 79 79

ORGANISATIONS PROFESSIONNELLES

Eric **CHALLAN BELVAL**

PRÉSIDENT DE L'UE35-MEDEF D'ILLE-ET-VILAINE

FORMATION diplôme en biologie-écologie (université Rennes 1) ; Institut de gestion de Rennes (IGR)

DISTINCTIONS nommé Chevalier dans l'Ordre National du Mérite

Président de la Feuille d'Erable (60 salariés, 3 m€ CA), Eric Challan Belval a débuté sa carrière dans la reconnaissance vocale. Il crée ensuite un centre de documentation à Nantes, puis intègre Bretagne Ateliers, où il va rester 7 ans en tant que responsable méthodes. Il rejoint ensuite en 2007 La Feuille d'Erable, spécialisée dans le recyclage et la récupération, comme directeur salarié avant d'en devenir président associé.
Il adhère à l'UE35 en 2014, intègre le comité directeur puis le bureau en 2018 et occupe les fonctions de président du Club des entreprises inclusives d'Ille-et-Vilaine en avril 2019. Il devient le 15e président de l'UE35 - Medef (Mouvement des entreprises de France) Ille-et-Vilaine le jeudi 16 décembre 2021. Eric Challan Belval souhaite inscrire sa mandature dans « un capitalisme humaniste ».

MEDEF ILLE-ET-VILAINE
- 2 ALLÉE DU BÂTIMENT - BP 71657
- 35016 RENNES CEDEX • TÉL. 02 99 87 42 97

ENSEIGNEMENT SUPÉRIEUR

François **CHATEL**

PRÉSIDENT DE RENNES SCHOOL OF BUSINESS

FORMATION lycée Chateaubriand à Rennes - prépa HEC; ICN

PASSIONS le golf

C'est en 1988 que François Châtel intègre le cabinet KPMG au sein du département Conseil PME/PMI pour la région Bretagne. En 1990, il est promu responsable régional de ce même département et en 1993, il en prend la direction nationale. Cinq ans plus tard, il se voit confier la responsabilité du département système d'information du cabinet et représente la France dans les instances européennes et mondiales de KPMG pendant dix ans. En 2005, il est promu directeur du pôle Haute-Bretagne (Ille-et-Vilaine et Côtes d'Armor), basé à Rennes, en charge du marché des PME/PMI, des groupes familiaux et de l'économie sociale et solidaire (ESS). Il prend sa retraite en 2014. Il devient en 2015 administrateur du Crédit Mutuel Arkéa, où il est président du comité des risques et du contrôle interne et administrateur de plusieurs véhicules d'investissement (Arkéa Capital Partners, Arkéa Capital Managers). Il est président du conseil de surveillance d'Arkéa Banque Entreprises et Institutionnels de mai 2017 à mai 2021.
François Châtel s'investit par ailleurs fortement au service du développement économique de la Bretagne à travers différents réseaux. Membre du jury d'HEC-Entrepreneurs et du Comité consultatif départemental de la Banque de France, il préside l'association «Les Oscars d'Ille-et-Vilaine» jusqu'en 2016. Il en est désormais trésorier et président d'honneur. Il est par ailleurs président de Rennes School of Business (ex-ESC Rennes) depuis 2013 et fait partie du conseil d'administration du Fonds Nominoë depuis 2017.

RENNES SCHOOL OF BUSINESS
- 2 RUE ROBERT D'ARBRISSEL - CS 76522
- 35065 RENNES CEDEX • TÉL. 02 99 54 63 63

DÉPARTEMENT

Jean-Luc **CHENUT**

PRÉSIDENT DU CONSEIL DÉPARTEMENTAL D'ILLE-ET-VILAINE

FORMATION Collège public à Saint-Aubin d'Aubigné et lycée Emile Zola à Rennes - maîtrise en administration économique et sociale (1983); DEA aménagement (1984) à l'Université de Haute-Bretagne Rennes

PASSIONS La course à pied, le jardinage et la pêche à la ligne

Jean-Luc Chenut entame son parcours professionnel comme chargé d'études en urbanisme à la Ville de Saint-Herblain en 1986 avant d'exercer les responsabilités de directeur général des services de la Ville de Le Rheu (1990-1999), puis de directeur des ressources humaines au sein d'Archipel Habitat à Rennes (1999-2008). Depuis, ce cadre de la Fonction publique territoriale est en détachement pour exercer pleinement ses mandats politiques: conseiller général délégué au Sport en 2008, président de la commission «Egalité des chances» de 2012 à 2015, et vice-président de Rennes métropole chargé des Finances jusqu'en 2015. Elu maire du Rheu en 2001, réélu en 2008 et 2014, il a donné l'impulsion pour la réalisation sur sa commune de différents équipements publics, notamment une salle multisports, une école maternelle, un espace jeunesse et une école de musique. Mais Jean-Luc Chenut doit démissionner lorsqu'il est élu président du conseil départemental d'Ille et Vilaine en avril 2015 mais reste conseiller municipal. Il est réélu président du département en juillet 2021.
Il est par ailleurs, depuis 2018, vice-président de la commission finances de l'Assemblée des départements de France (ADF), qui réunit les présidents de tous les départements français.

CONSEIL DÉPARTEMENTAL D'ILLE-ET-VILAINE
- HÔTEL DU DÉPARTEMENT
- 1 AV. DE LA PRÉFECTURE - CS 24218 - 35042 RENNES CEDEX • TÉL. 02 99 02 35 35

RÉGION

Loïg **CHESNAIS-GIRARD**

PRÉSIDENT DE LA RÉGION BRETAGNE

FORMATION DESS en finance d'entreprise (Université de Rennes 1)

Ancien chargé d'affaires entreprises au LCL (2002-2010), Loïg Chesnais-Girard se consacre à ses mandats électifs depuis son élection comme conseiller municipal de Liffré en 1995. Devenu adjoint au maire délégué à l'Urbanisme, l'économie et l'environnement en 2001, il est élu en 2008 maire de Liffré et président de Liffré-Cormier Communauté. Elu conseiller régional en 2010. délégué à l'Innovation et à l'Economie solidaire et sociale, il préside la commission Economie de la Région Bretagne qui a notamment pour missions de soutenir les projets des entreprises, d'aider les filières de l'économie bretonne à se structurer ou encore de favoriser l'innovation. En 2012, il devient vice-président, chargé de l'Economie et de l'innovation. Il le reste lors des élections de 2015. Avant de s'investir dans la vie publique, le Lannionnais était déjà très actif sur le plan associatif. En 1993, il avait co-créé l'association «Pourquoi-pas?» (organisation d'événements), dont il fut le président jusqu'en 1999.
En juin 2017, il succède à Jean-Yves Le Drian à la tête de la Région Bretagne et doit abandonner son mandat de maire. Il cède également en 2020 la présidence de Liffré-Cormier Communauté lorsqu'il est élu président du groupe de contact chargé, au sein du Comité des Régions de l'UE, de maintenir le lien entre les collectivités des 27 et du Royaume-Uni. Il sera réélu en 2022 pour 3 ans. Réélu également président de la Région Bretagne en juillet 2021, il est nommé en septembre président de la commission Agriculture, Alimentation, Forêt & Pêche de l'association Régions de France. Il fonde et devient président cette même année du parti politique Souffle Breton. Le président breton est élu à la tête de la Conférence des Régions Périphériques et Maritimes en novembre 2023.

RÉGION BRETAGNE
- 283 AVENUE DU GÉNÉRAL PATTON - CS 21101
- 35711 RENNES CEDEX 7 • TÉL. 02 99 27 10 10

SANTÉ

Bruno **CLÉMENT**

DIRECTEUR DE L'INSTITUT NUTRITION, MÉTABOLISMES ET CANCER

FORMATION collège-lycée à Vannes - Doctorat de biologie cellulaire et moléculaire, à Nantes et Rennes

DISTINCTIONS chevalier de l'Ordre national du Mérite 2002 ; lauréat de l'Académie nationale de médecine 2017

PASSIONS la recherche, la rencontre et la découverte.

Après son doctorat, Bruno Clément effectue plusieurs séjours aux NIH de Bethesda (USA). Chargé de recherche Inserm en 1985 à l'Unité de Recherche Hépatologique créée à Rennes par le Pr. Bourel, il devient directeur de recherche en 1992. Il anime l'équipe « Microenvironnement et progression tumorale » de l'Unité-620, dirigée par le Pr. Guillouzo. Chargé de mission puis directeur-adjoint du département Bio-ingénierie au ministère de la Recherche (1998-2003), il participe à la mise en oeuvre de la Loi sur l'Innovation par le lancement d'actions incitatives en faveur des biotechnologies en santé et le programme national et européen pour les collections biologiques. Chef de mission auprès du directeur général de l'Inserm, il a été directeur scientifique d'Inserm-Transfert, filiale de valorisation de l'Inserm (2003-2007). Il dirige l'Unité mixte de recherche Inserm/Université de Rennes 1 « Foie, Métabolismes et Cancer », créée en 2010, jusqu'en 2016. Depuis 2017, il est à la tête de l'Institut « Nutrition, Métabolismes et Cancer » (Inserm-Inra-Univ Rennes) NuMeCan.

CHU DE RENNES - 2 RUE HENRI LE GUILLOUX - 35033 RENNES CEDEX 9 • TÉL. 02 99 28 43 21

DÉVELOPPEMENT ÉCONOMIQUE

François **CLÉMENT**

DIRECTEUR GÉNÉRAL DE LA CCI BRETAGNE

FORMATION lycée Jean XXIII à Metz - Deug sciences éco. (faculté de droit et sciences économiques de Nancy, 1984) ; IEP (Grenoble, 1987) ; licence de sociologie (faculté des lettres et sciences humaines de Montpellier, 1989) ; DEA de sciences politiques (1989)

PASSIONS la moto, la BD, la lecture, la randonnée et la musique baroque.

François Clément débute professionnellement en 1987 comme chargé de mission de Pégase Conseil, boutique de gestion à Montpellier. De 1989 à 1991, il est responsable de l'information au service de la communication de Montpellier Agglomération avant de mettre le cap sur la Bretagne. Chargé de mission, puis directeur de l'Agence de développement économique de Landivisiau dans le Finistère (1991-1997), il dirige la communauté de communes du Pays de Landivisiau entre 1995 et 1997. Il prend ensuite la tête du Conseil économique et social régional de Bretagne. A partir de 1999, il exerce des responsabilités consulaires. Entre 1999 et 2003, il dirige le département Etudes et Projets à la CCI de Lille Métropole avant d'intégrer la CCI de Quimper Cornouaille. Directeur du département Prospective et Développement territorial (2003-2006) et directeur général adjoint (2005-2006), François Clément assure la direction générale de la CCI de Quimper Cornouaille de 2006 à 2014 et sera administrateur de l'Union des ports de France de 2012 à 2015. Il est nommé directeur général de la CCI Bretagne en janvier 2015.

CCI DE BRETAGNE - CAP COURROUZE
- 1A RUE LOUIS BRAILLE
- SAINT-JACQUES DE LA LANDE - BP 50514
- 35005 RENNES • TÉL. 02 99 25 41 41

RECHERCHE MÉDICALE

Jean-Louis **COATRIEUX**

CHERCHEUR - ECRIVAIN

FORMATION ingénieur INPG (Grenoble, 1970) ; DEA en traitement de l'information (1971) ; doctorat sciences (1973) ; doctorat d'Etat ès Sciences (1983) à Rennes 1

DISTINCTIONS IEEE Millenium Award et IEEE Career Achievement Award (2006) ; Docteur Honoris Causa, SouthEast University, Chine (2001) ; Prix de l'Amitié, Chine (2014)

PASSIONS la littérature et le football.

PUBLICATIONS plus de 200 articles scientifiques en revue et en littérature : « Tango-Monde » (avec Mariano Otero), « A les entendre parler », « La vie à chercher », « Là où la rivière se repose » (Ed. La Part Commune) ; « Appelons-la Marie » et « Quand le corps fait défaut » (Ed. Riveneuve) ; « Secoue-toi Bretagne » (Ed. Apogée) ;

« J'ai eu la chance de pouvoir me remettre en question en changeant plusieurs fois de sujets », remarque Jean-Louis Coatrieux, dont les contributions théoriques et appliquées en traitement du signal, en imagerie médicale et en modélisation sont internationalement connues. Lui, dont la famille originaire de Saint-Nicolas-du-Pélem et de Locuon, enseigne à l'IUT de Rennes de 1970 à 1986. Mais le virus de la médecine le contamine rapidement : il soutient, en 1983, une seconde thèse d'Etat sur ses travaux en électromyographie. Jean-Louis Coatrieux cofonde et codirige alors le laboratoire Signaux et Images en médecine, à l'Université de Rennes I (1983-1990) puis est nommé responsable d'équipe dans l'Unité Inserm 335 à Rennes (1990-1993). Il prend ensuite la direction du laboratoire Traitement du Signal et de l'Image à Université de Rennes I (1993-2003) qu'il cumule avec le poste de directeur de l'EPI puis de l'Emi 9934 (1999-2003). Ce chercheur a prodigué son savoir à Télécom-Bretagne à Brest, à Supélec à Rennes et au New Jersey Institute of Technology à New York. Il est aujourd'hui un dénicheur de mots : l'homme d'images est devenu homme de lettres.
Il publie « Enfants de 68 » (Ed. La part commune) en 2018, qu'il qualifie d'histoire humaine ».

LTSI - INSERM U1099 - UNIVERSITÉ DE RENNES 1 - 35042 RENNES CEDEX • TÉL. 02 23 23 62 20

COMMUNE

Olivier **COGEN**

DIRECTEUR GÉNÉRAL DES SERVICES DE CESSON-SÉVIGNÉ

FORMATION
Maîtrise de droit (Paris X, 1995); DESS politiques publiques locales (devenu master professionnel en gestion des collectivités territoriales, Paris X, 1997)

Attaché territorial principal

Après avoir réussi le concours d'attaché territorial, Olivier Cogen débute sa carrière en 1998 en tant qu'adjoint au secrétaire général de la commune de Linas. Fonction qu'il remplit jusqu'en 2000. Il occupe ensuite le poste de responsable achats-marchés publics de Montesson de 2000 à 2002. Puis, il prend successivement la direction générale des services de plusieurs communes. Il se tourne vers des villes de taille humaine, car il y apprécie la diversité des tâches à effectuer et le contact avec les élus. Ainsi, il exerce en tant que directeur général des services à Marines de 2002 à 2007, à Guémené-Penfao de 2007 à 2013, à Plérin de 2013 à 2017 et, depuis, à Cesson-Sévigné.
En venant s'installer dans l'Ouest, ce breton d'origine né en région parisienne, a peut-être senti l'appel des racines... Une chose est sûre : il a misé sur la qualité de vie.

VILLE DE CESSON-SÉVIGNÉ - 1 ESPLANADE DE L'HÔTEL DE VILLE - 35510 CESSON-SÉVIGNÉ • TÉL. 02 99 83 52 00

ENERGIE

David **COLIN**

DIRECTEUR TERRITORIAL RÉGIONAL GRDF BRETAGNE

FORMATION
Doctorat d'informatique industrielle (université de Lille, 1995)

PASSIONS
Faire du vélo, du trail

Après l'obtention de son doctorat, David Colin entre chez Alcatel à Marcoussis en 1995 comme ingénieur télécom, spécialisé dans le traitement de l'image. Un an plus tard, il rejoint EDF/GDF au poste d'ingénieur d'études électricité puis devient responsable des chargés d'affaires. Il découvre la partie commerciale, pendant 3 ans, à Poitiers. Il y sera responsable des ventes dans le domaine du tertiaire jusqu'à fin 2004. Il s'installe ensuite à Rennes, nommé chef d'agence commerciale chez GDF. C'est en 2009 qu'il prend la fonction de chargé de portefeuille senior au sein de GRDF. Directeur territorial pour l'Ille-et-Vilaine et les Côtes d'Armor de 2012 à 2015, puis directeur commercial entreprises de la région Ouest (Bretagne, Pays de la Loire, Centre Val de Loire), il se voit confier la direction régionale Bretagne début 2021.
David Colin assume désormais d'importantes missions, qu'il trouve « très motivantes et passionnantes », car elles accompagnent les enjeux énergétiques et environnementaux de notre époque. Il doit en effet aider à développer la place du gaz dans le mix énergétique proposé en Bretagne, notamment le gaz vert, et développer l'usage du bioGNV. Il doit aussi accompagner des montages de projets d'ampleur de production de gaz renouvelable et déployer l'indépendance énergétique du territoire. S'appuyant sur ses équipes et toujours à l'écoute, le manager tient à fédérer le monde économique, politique et agricole local autour des projets de méthanisation raisonnée. Ce Nordiste amoureux de la Bretagne sera attentif à être le garant du modèle spécifique que GRDF défend, désireux de démontrer que « le gaz renouvelable produit dans nos territoires a une place importante dans la transition énergétique de la France ».

GRDF BRETAGNE - 24 BD DU SCORFF - CS 84226 - 35740 PACÉ CEDEX • TÉL. 02 99 03 52 03

ORGANISATIONS PROFESSIONNELLES

Marie-Laure **COLLET**

PRÉSIDENTE DU GROUPE KALICEA - VICE-PRÉSIDENTE DE L'APEC

FORMATION
DEA de musicologie (Rennes II); DESS de gestion et d'administration des entreprises (IGR/IAE de Rennes); Certificat de consultant européen en recrutement (ECSSA, 2012)

DISTINCTIONS Chevalier de la Légion d'honneur 2023; Trophée d'argent Femme chef d'entreprise (Prix des femmes de l'Economie pour la région Ouest 2016); Médaille de l'ONAC via l'ARPAH en 1996

PASSIONS Les sports, notamment ceux pratiqués en famille, la musique, la lecture, les voyages économiques et culturels... et bien sûr les moments de partage avec les amis

PUBLICATIONS Contributions à diverses publications (ouvrages collaboratifs ou articles RH via le web)

Marie-Laure Collet accompagne depuis plus de 20 ans les dirigeants dans leurs réflexions liées à l'organisation et à la recherche de compétences. Ses expériences opérationnelles en entreprises, en début de carrière, l'amènent à se tourner vers le conseil et le développement des RH. Spécialiste de l'adéquation des profils et des besoins des organisations, elle a fondé Abaka (désormais adossé au groupe Interaction) sur l'expertise de l'approche directe et de l'accompagnement sur mesure pour les entreprises et les salariés, en déclinant des prestations RH sur un positionnement premium. C'est dans cette même dynamique qu'elle crée en 2016 Calder & Partners, cabinet de conseil intervenant auprès des organes de gouvernance et qu'elle rachète la plateforme collaborative de recrutement par cooptation et recommandation, MyJob. Company en 2018. Ces trois marques constituent le groupe Kalicea qu'elle préside.
Convaincue qu'une responsabilité sociale, sociétale et environnementale se manifeste par des engagements concrets, Marie-Laure Collet est investie au sein d'associations et organisations qui œuvrent pour l'emploi, l'innovation et la prospective territoriale ainsi que pour la mixité et l'inclusion en entreprise. Elle est vice-présidente du Medef de Bretagne, présidente des Mandats, et elle est cheffe de file de la Fédération Syntec dans sa région.

Ex- vice-présidente de Produit en Bretagne, elle anime le groupe Breizh Innov au sein du Breizh Lab. Elle est également administratrice de l'IEP de Rennes et de l'IGR, mécène de la Fondation Rennes 1. En 2021, elle devient présidente Bretagne - Pays de Loire d'Entrepreneurs pour la Planète et, en décembre, elle est élue présidente de l'APEC pour un mandat de deux ans. Elle est désormais vice-présidente.

FÉDÉRATION SYNTEC - DÉLÉGATION DE LA RÉGION BRETAGNE
- 15 AV. GERMAINE TILLION - CS 40814
- 35208 RENNES CEDEX 2 • TÉL. 06 17 71 88 71

INTERCOMMUNALITÉ

Manuel **CONTIN**

DIRECTEUR DE CABINET DE LA MAIRE DE RENNES ET DU PRÉSIDENT DE RENNES MÉTROPOLE

FORMATION lycée Bertrand d'Argentré à Vitré - Institut d'études politiques de Rennes (2001) ; master 2 Etudes supérieures de communication et relations publiques (ISERP de Levallois-Perret, 2003)

PASSIONS « lecteur patenté et ancien sportif »

Né par hasard en Bourgogne, Manuel Contin grandit à Vitré et fait l'essentiel de son parcours, jusqu'à aujourd'hui, à Rennes. Il réussit le concours de Sciences-Po juste après son bac, attiré par la formation généraliste proposée, une manière pour lui d'explorer plusieurs champs à la fois. Il hésite alors entre le journalisme et la communication. Entre 2000 et 2004, il alterne les CDD, les piges et les stages à Ouest France, « dimanche Ouest-France », Le Rennais, etc. Mais c'est lors d'un stage à la direction de la communication de la Ville de Rennes en 2003 qu'il fait son choix lorsqu'on lui propose de remplacer temporairement la rédactrice en chef. Il est recruté ensuite sur un poste d'attaché de presse, qui vient d'être créé. Puis il prend la responsabilité du service de presse de la Ville en 2007. La mutualisation des services Rennes/Rennes Métropole ayant lieu en 2010, il prend la direction de l'ensemble du service de presse. A l'été 2013, il devient directeur général de l'information et de la communication puis, en 2014, rejoint le cabinet de Nathalie Appéré et Emmanuel Couet.

Enfin, en juillet 2015, Manuel Contin est nommé directeur du cabinet de la maire de Rennes et du président de Rennes Métropole. Discret mais enthousiaste, il estime avoir fait le bon choix : celui de s'inscrire « dans un temps long sur un territoire qu'il aime ». Il apprécie de travailler pour deux collectivités à fort dynamisme où les rythmes et les visions se complètent. Chaque jour, il doit jongler entre le tempo rapide de la vie trépidante de la ville et le travail structurant sur le long terme : une oscillation stimulante pour celui qui a fait de son métier une passion.

RENNES MÉTROPOLE
- 4 AV. HENRI FRÉVILLE - CS 93111
- 35031 RENNES CEDEX • TÉL. 02 99 86 60 60

COMMUNICATION ET MARKETING

Valérie **COTTEREAU**

PRÉSIDENTE ET CO-FONDATRICE D'ARTEFACTO

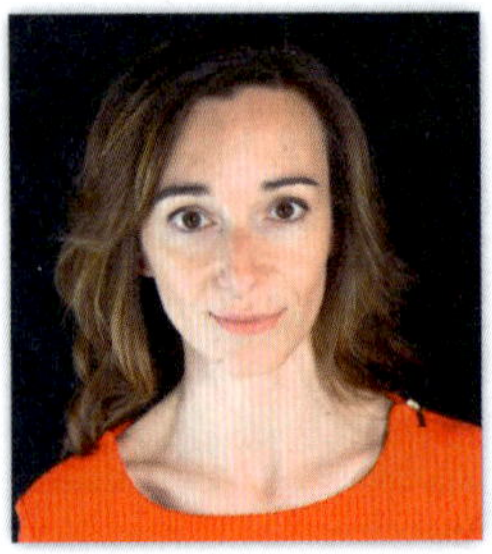

FORMATION Ecole d'architecture de Rennes (1996)

DISTINCTIONS Chevalier de l'ordre national du Mérite (2019 ; Prix de la maîtrise des sciences et technologies (Oscars d'Ille et Vilaine, 2013)

PASSIONS L'architecture, l'art contemporain, l'urbanisme et la culture de la ville

A l'heure où la 3D s'est démocratisée, Valérie Cottereau se souvient des premières images de synthèse réalisées à la fin de ses études à l'école d'architecture de Rennes : « 1993-1995, c'était le début de l'image, d'Internet, avec une émulation autour de ces sujets. » Des premières images produites pour des confrères à la création d'Artefacto, il n'y a qu'un pas pour la jeune architecte. Ou plutôt un métro... celui de Rennes. La Semtcar lui confie alors un premier contrat : des vues 3D pour permettre aux Rennais de mieux comprendre le projet. Valérie Cottereau fonde Artefacto deux ans après avoir obtenu son diplôme, en 1998. « L'architecte est un chef d'orchestre, comme le chef d'entreprise. La création d'une société est toujours liée à un concours de circonstance et à un écosystème. » Ainsi, les pôles de compétitivité lui permettront d'intégrer des consortiums de R&D. Des projets qui feront d'Artefacto, une structure, à la croisée des chemins entre technologie et création de contenus en réalité augmentée, où l'usage prime avant tout.

Invitée à des conférences internationales, Valérie Cottereau participe aussi au plan Réalité Augmentée de la nouvelle France industrielle. Impliquée dans son réseau professionnel, elle est par ailleurs membre du directoire de Rennes School of Business et membre du conseil de surveillance du groupe Ouest-France.

ARTEFACTO - 2 RTE DU GACET - 35830 BETTON
• TÉL. 02 23 46 46 60

CAPITAL-INVESTISSEMENT

Georges **COUDRAY**

PRÉSIDENT DU CONSEIL D'ADMINISTRATION DE SOFIOUEST

FORMATION Institution Saint-Vincent de Rennes - pharmacien ; certificats d'études supérieures (chimie, biologie, hématologie, immunologie) aux universités de Rennes, Strasbourg et Paris

DISTINCTIONS chevalier de la Légion d'honneur ; officier de l'Ordre national du Mérite

PASSIONS la voile, le tennis et le ski.

Biologiste de métier, Georges Coudray devient président de la caisse du Crédit mutuel de Saint-Malo (1979). Il est élu vice-président de la caisse fédérale du Crédit mutuel de Bretagne (1982-1987) avant de prendre la présidence de la Fédération du CMB (1991-2008). Il assure respectivement la présidence de la caisse interfédérale et la vice-présidence déléguée de la confédération du Crédit mutuel. A la tête du Centre international du Crédit mutuel (2003-2011), aujourd'hui président honoraire du Crédit mutuel Arkéa et du Crédit mutuel de Bretagne, Georges Coudray a pris en charge l'association Ark'ensol. Celle-ci est le « bras solidaire » du groupe de bancassurance. Une traduction de son

engagement en faveur du développement économique des territoires et de l'amélioration du cadre de vie de leurs habitants. Plusieurs dispositifs concernent la création d'emplois dont Ark'ensol Créavenir. Cette association intervient sous forme de dons et de prêts d'honneur au bénéfice de créateurs ou de repreneurs de petites entreprises.
Georges Coudray est aujourd'hui administrateur de Sipa (société holding du groupe Ouest-France), et président du CA de Sofiouest. En 2017, il est élu à la tête du réseau Si tous les ports du monde (dont il fut le premier président) pour une année. Il en reste aujourd'hui trésorier.

SOFIOUEST - 38 RUE DU PRÉ BOTTÉ - 35100 RENNES • TÉL. 01 44 71 80 15

CUIR ET HABILLEMENT

Hervé **COULOMBEL**

PRÉSIDENT DE ROYAL MER

FORMATION Master en marketing (IGR-IAE de Rennes, 1985)

DISTINCTIONS Chevalier de la Légion d'honneur 2023

PASSIONS Jogging, guitare

A voir le parcours riche et varié d'Hervé Coulombel, nul doute que celui-ci n'est pas du genre à cultiver l'ennui... Son diplôme de marketing en poche et son service militaire effectué, il est engagé comme assistant de direction dans un laboratoire photographique rennais. Un an plus tard, il a l'opportunité d'intégrer le bureau anglais de l'entreprise malouine Trans Yachting. Il restructure l'antenne puis rentre en France et rejoint le fabricant de chaussures Noël à Vitré en 1988. Responsable du service export, il retourne en Angleterre pour développer la filiale et prend ensuite la direction Europe de la division Outdoor. Après un court séjour chez Aigle, il prend la direction générale de l'unité rennaise de Brenor Froid Industriel à Bédée, dans la perspective de racheter l'entreprise. Ce projet ne se réalise pas et Hervé Coulombel décide de monter son propre cabinet d'accompagnement des entreprises bretonnes à l'export en 1997.

Mais l'idée de reprendre une société le titille toujours et en 2004 il rachète avec son frère la société Lambert Créations, spécialiste des robes de mariée. Il fait fabriquer sur place, à Montgermont, et découvre un autre domaine du textile en prenant en 2007 la direction de Maille Création en Mayenne. Puis il découvre la marque belge Maison Ullens en 2012, en devient Pdg et se partage alors entre Rennes et Bruxelles, tout en sillonnant le monde. L'envie de continuer à œuvrer dans la maille de qualité, et au sein de sa chère Bretagne, lui fait reprendre Royal Mer Bretagne en 2016. Avec ses associés, ils modernisent la PME, innovent, tout en gardant les savoir-faire, et redressent l'entreprise. Ils se fixent désormais comme principal objectif le déploiement de la notoriété de la marque Royal Mer.

ROYAL MER - 40 RUE LEVAVASSEUR - 35800 DINARD • TÉL. 02 40 33 63 65

ROBOTIQUE

Yanne **COURCOUX**

DIRECTRICE GÉNÉRALE DE TIBOT TECHNOLOGIES

FORMATION études secondaires à Saint-Malo - Bachelor of arts (Brock University Canada, 1994) ; IEP Paris (1997)

PASSIONS l'équitation, la natation, la voile et la plongée.

Yanne Courcoux a 12 années d'études et de travail à l'étranger (Allemagne, Australie, Canada, Etats-Unis, Royaume-Uni, Thaïlande) derrière elle et plus de 10 ans d'expérience dans des PME/TPE en forte croissance du secteur des TIC (Téléport de Paris, Albert Inc., TeleCity Redbus Group) où elle occupa des postes de business development et de relations investisseurs. Après un passage en Affaires européennes, elle devient, en 2006, une des associées d'un cabinet de conseil en financement de l'innovation (Econet consultants). Elle est alors chargée d'appuyer les programmes de stimulation de l'entrepreneuriat et de l'innovation pour les start-ups et centres de R&D universitaires ainsi que du développement des compétences numériques pour le compte de grands groupes comme Microsoft, EADS ou encore Apple. De 2012 à 2016, Yanne Courcoux est déléguée de la Meito (Mission pour l'Electronique, l'Informatique et les Télécommunications de l'Ouest). Elle devient ensuite directrice générale de Tibot Technologies, société spécialisée dans la robotique avicole.

TIBOT - 21 RUE DE L'OSERAIE - 35510 CESSON-SÉVIGNÉ • TÉL. 02 30 96 48 00

CAPITAL-INVESTISSEMENT

Jean-Luc **CREACH**

DIRECTEUR GÉNÉRAL D'UNEXO

FORMATION MBA (Audencia, Nantes) ; Certified Public Accountant CPA (Arizona State University) ; DESS de gestion de patrimoine (Aurep, Clermont-Ferrand)

PASSIONS La gastronomie et les voyages

Jean-Luc Creach commence sa carrière professionnelle en 1988 en tant qu'auditeur chez Ernst & Young puis chez Schlumberger. Recruté dans l'équipe Corporate Finance chez Air France en 1991, il y reste trois ans avant de rejoindre Ingenor Finance / Ingepar, société d'ingénierie financière comme cadre puis directeur général. En 2000, il intègre MDT, société anglaise spécialisée en ingénierie financière, en tant qu'associé, membre fondateur et dirigeant pour la France. Il a notamment en charge le développement et le management de l'équipe française. Il rejoint Crédit Agricole Corporate & Investment Bank en 2010 en tant que chargé de mission. Il y mène une réflexion sur la stratégie de CA-CIB sur le segment des Mid Cap françaises en région. En décembre 2010, il est nommé directeur de succursale DRF Champagne-Ardenne à Reims, puis en mai 2011, directeur DRF de Crédit Agricole Bretagne Banque d'Affaires. 18 mois plus tard, Jean-Luc Creach prend en charge la direction générale d'Unexo, société de capital investissement qui accompagne les entreprises du Grand Ouest dans leurs projets de développement, de réorganisation de leur capital ou dans des reprises en LBO. Il préside également Acticam, la filiale de fusion-acquisition du Crédit Agricole pour le Grand Ouest de la France et est un des administrateurs de BJE (Bretagne Jeunes Entreprises).

UNEXO - 7 BIS BD. DE LA TOUR D'AUVERGNE - CS 86505 - 35065 RENNES CEDEX • TÉL. 02 99 67 20 14

DÉVELOPPEMENT ÉCONOMIQUE

Jean-Philippe **CROCQ**

PRÉSIDENT DE LA CCI D'ILLE-ET-VILAINE - PRÉSIDENT DU GROUPE KERALIA

FORMATION diplôme d'audioprothèse (Ecole Joseph Bertin, Fougères, 1999) ; Rennes School of Business (2005)

Audioprothésiste de formation, Jean-Philippe Crocq commence sa carrière chez Audilab en septembre 1999 et y restera jusqu'en juillet 2002. Il s'investit ensuite dans le groupe familial Serafel (devenu Keralia en 2021) fondé en 1971 par son père Jean-Claude Crocq et développé autour de l'aménagement de bâtiments d'élevage, le traitement de l'eau, l'hygiène et l'environnement. Il devient donc en août 2002 président de la PME Ocene (75 salariés) spécialiste en traitement de l'eau, dosage, recyclage, valorisation des filières élevages et végétales à Louvigné-du-Désert. Il devient également gérant associé du groupe (190 collaborateurs), avant d'en devenir le président en 2021.
Jean-Philippe Crocq s'investit aussi sur son territoire, tout d'abord au CJD, à la CCI de Fougères Saint-Malo ensuite puis à la CCI Ille-et-Vilaine en 2016 : il sera en charge des questions foncières et immobilières pendant 2 mandats successifs. Il se lance en tant que candidat en octobre 2021 et est élu président de la CCI d'Ille-et-Vilaine pour 5 ans en novembre.

CCI ILLE-ET-VILAINE - 2 AV. DE LA PRÉFECTURE - CS 64204 - 35042 RENNES CEDEX • TÉL. 02 99 33 66 66

RÉGION

Forough **DADKHAH**

VICE-PRÉSIDENTE DE LA RÉGION BRETAGNE

FORMATION licence Lettres modernes (1989) ; master 2 Ethnologie (1993) ; master 2 Développement local (2004) à l'Université de Bretagne occidentale à Brest

PASSIONS La politique et la lecture.

Forough Dadkhah a une dizaine d'années, quand la révolution islamique éclate en Iran. À cette époque déjà, elle se passionne pour la politique et affirme une sensibilité de gauche. Lorsqu'elle part vivre dans le Finistère, ce goût ne la quitte pas. Elle s'implique au sein d'une association étudiante, puis d'une association qui lutte contre le sida. C'est dans une libraire de Brest qu'elle décroche son premier emploi. Elle peut ainsi s'adonner à une autre passion : la lecture. Elle occupe ensuite un poste de chargée de cours à l'Université de Bretagne occidentale, puis de chargée d'étude dans une société mixte d'aménagement.
Militante dans l'âme, Forough Dadkhah est rattrapée par la politique. En 2007, elle devient chargée de mission de Pierre Maille, président du conseil général du Finistère. Elle embrasse la fonction d'attachée parlementaire auprès de Patricia Adam, députée du Finistère et présidente de la commission Défense et forces armées à l'Assemblée nationale, en 2009. Passionnée, elle aime se pencher sur les textes de lois, suivre les débats parlementaires, mais aussi recevoir des personnes ou organisations en difficulté. Outre son activité, elle est conseillère régionale depuis 2004. Elle est chargée de la commission sur la formation en 2010, puis de la commission des affaires internationales en 2012. Elle est nommée 4e vice-présidente, déléguée à l'Europe et l'international en décembre 2015 puis, réélue en 2021, elle devient vice-présidente à l'emploi, la formation et l'orientation.

RÉGION BRETAGNE - 283 AVENUE DU GÉNÉRAL PATTON - CS 21101 - 35711 RENNES CEDEX 7 • TÉL. 02 99 27 10 10

RECHERCHE

Jean-Raynald **DE DREUZY**

DIRECTEUR DE L'OBSERVATOIRE DES SCIENCES DE L'UNIVERS DE RENNES

FORMATION Ecole Polytechnique (1992) ; doctorat en sciences de la Terre et de l'environnement (Université de Rennes 1, 1999)

PUBLICATIONS Parmi les dernières publications : Leray, S., J.-R. de Dreuzy, L. Aquilina, O. Bour, T. Labasque, "Contribution of age data to the characterization of complex aquifers" (Journal of Hydrology, 2012. 464 : p. 54-68) / J. Marçais, J.-R. de Dreuzy, J. Erhel, « Dynamic coupling of subsurface and seepage flow within a complementary framework » (Advances in water Resources, 2017. 109, 94-105)

Jean-Raynald de Dreuzy se qualifie lui-même de « matheux », revendiquant une rigueur intrinsèque au caractère scientifique. Mais cet ingénieur et hydrophysicien recherche avant tout à mettre ses compétences au service de la société, de l'humain et de l'environnement. Sa carrière de chercheur commence dans le domaine de la climatologie puis évolue vers l'hydrogéologie, un domaine qu'il trouve passionnant « en termes de méthodes et d'enjeux ». L'excellence de l'environnement rennais en matière de Recherche le décide à faire sa thèse en Bretagne. Il poursuit en post-doc à l'Institut Weizmann en Israël de 2000 à 2001 et rejoint le CNRS comme chargé de recherche pour travailler sur les ressources en eau. Après un détachement au CSIC - principal organisme public de recherche en Espagne – et à l'université polytechnique de Barcelone entre 2009 et 2013, il est nommé directeur de recherche.
C'est en octobre 2017 que Jean-Raynald de Dreuzy est choisi pour prendre la direction de l'Observatoire des Sciences de l'Univers de Rennes. A la tête de cette composante de l'université de Rennes 1, le scientifique assure des missions transversales, fédérant plusieurs unités de recherche. Avec un objectif qui lui tient à cœur : développer une nouvelle intelligence, « une intelligence

environnementale pour répondre aux enjeux de la transition écologique».

OSUR - UNIVERSITÉ DE RENNES 1
- CAMPUS BEAULIEU - BÂT 15 - 35042 RENNES
• TÉL. 02 23 23 52 22

SOCIAL

William **DE ZORZI**

DIRECTEUR GÉNÉRAL DE L'URSSAF BRETAGNE

FORMATION DECF (Gaston Berger, Lille); EN3S-École supérieure de sécurité sociale (Saint-Etienne, 1997)

PASSIONS faire du vélo, marcher, les sorties culturelles

Obtenir son diplôme d'expert-comptable n'était pas le but de sa vie mais William de Zorzi a toujours porté un vif intérêt à la sphère économique. Il commence sa carrière en 1984 en tant que contrôleur de gestion dans une entreprise d'agro-alimentaire près de Lille. Il reprend ses études et obtient le diplôme de cadre de la Sécurité Sociale avec option «inspecteur du recouvrement» en 1985. Il accède à cette fonction à l'Urssaf de Lille dès 1986. Il exerce ce métier pendant 10 ans, de Dunkerque à Lille, au contact du monde de l'entreprise, sur le terrain. Il passe ensuite le concours interne de l'EN3S en 1997 puis est affecté à la CAF de Lille 18 mois après. Il y occupe plusieurs postes avant d'en prendre la direction adjointe pendant 6 ans. Il est nommé en 2008 directeur de l'Urssaf Touraine à Tours puis directeur de la CAF de la Somme. C'est en octobre 2019 que William de Zorzi devient directeur général de l'Urssaf Bretagne. Et commence par y mener une mission d'importance : l'intégration d'une partie des salariés du RSI, effective au 1er janvier 2020. Cet «impatient maîtrisé» trouve passionnant d'interagir pour «simplifier la vie de l'usager», mais également de faire parler les données et les donner à voir. Il s'intéresse également à l'innovation dans les offres de service, et au co-développement, avec ses collègues d'autres régions. Et le travail ne manque pas avec les 7 sites que comprend l'Urssaf en Bretagne...

URSSAF BRETAGNE - PARC ALCYONE
- 1 RUE ANDRÉ ET YVONNE MEYNIER
- 35000 RENNES • TÉL. 02 23 46 84 20

SPORT PROFESSIONNEL

Jacques **DELANOË**

PRÉSIDENT DU CONSEIL D'ADMINISTRATION DU STADE RENNAIS - FONDATEUR DE LA FONDATION IGR-IAE

FORMATION collège Saint-Vincent de Rennes (bac en 1977) - Deug sciences économiques; maîtrise de sciences de gestion (IGR de Rennes)

PASSIONS la photographie du XIXe siècle, le jardinage, le football en rouge et noir et les cabriolets anciens.

PUBLICATIONS «Les Pionniers de la photographie» (1996); «Petit dico déconnant à usage de tous ceux qui n'ont pas peur des mots» (1997); «Conquereuil ou l'enfant roi» (1998); «Les Reflets du zoo humain» (1999); «Pensées d'outre-tombe» (2000)

Dès la fin de ses études, Jacques Delanoë se lance dans la communication en créant sa société qui deviendra RSCG Rennes. En 1992, il devient PDG de RSCG Grand Ouest puis en 1994 d'Etoile Bleue. En 2000, Etoile Bleue et Unicom fusionnent pour créer Euro RSCG & Cie, ce qui constitue alors la plus importante agence dans l'ouest. En 2007, Jacques Delanoë est à la manoeuvre pour une nouvelle fusion avec les activités de marketing relationnel et opérationnel d'Euro RSCG 4D. Il prend alors la présidence du nouvel ensemble baptisé Euro RSCG 360 (groupe Havas). En 2010, il tourne la page pour revenir à Rennes comme conseil en communication de plusieurs grands chefs d'entreprises et hommes politiques. Deux ans plus tard, l'ancien publicitaire, proche de la famille Pinault, devient administrateur du Stade rennais FC puis président du conseil d'administration en novembre 2017. Très présent dans le monde entrepreneurial rennais, Jacques Delanoë est fondateur de la Fondation IGR-IAE créée en 2009 pour épauler l'école universitaire de gestion rennaise. Il en a été le président jusqu'en 2017. Animateur du Club 35 de l'Union des Entreprises d'Ille-et-Vilaine, il est membre du comité de la marque Bretagne, administrateur du fonds de dotation Nominoë du CHU de Rennes et administrateur du fonds de dotation YAO! pour la jeunesse bretonne.

STADE RENNAIS FC - ROAZHON PARK
- LA PIVERDIÈRE - CS 53909 - 35000 RENNES

BANQUE ET ASSURANCE

Christophe **DELFERIER**

DÉLEGUÉ RÉGIONAL DU CRÉDIT COOPÉRATIF BRETAGNE, PAYS DE LA LOIRE ET NORMANDIE

FORMATION HEC (1993, Liège); master en Gestion de patrimoine & Banque Privé (université Paris-Dauphine, 2017)

PASSIONS joueur de tennis et cavalier

A peine diplômé, Christophe Delferier entre à la banque JP Morgan Fleming Fund Management au Luxembourg. Il y occupe différentes fonctions dans la gestion d'actifs jusqu'en 1995 puis part chez Cerabank (KBL) Private Banking en tant que responsable du service Fund Administration OPC. Un an et demi plus tard, il est promu auditeur senior et prend en charge l'audit des filiales européennes du Groupe KBL (Angleterre, France, Monaco, Suisse et Irlande). Il quitte la banque pour rejoindre Ernst & Young France - Audit et Conseil à Paris, en charge de plusieurs missions de conseil en stratégie, organisation, risques et audit interne. En 2004, Christophe Delferier intègre la banque Crédit Coopératif comme directeur de l'audit interne pour six années. Ce «compétiteur dans l'âme», attaché à la cohésion d'équipes, devient successivement directeur de la filière Crédits Moyen Long Terme en 2010 et des Produits et services bancaires en 2011. Il entre au comité de direction en 2015 avant de se lancer un défi personnel en reprenant ses études en 2016 et obtenir un master avec mention en Gestion de Patrimoine à Dauphine.
En février 2019, il prend la direction de la délégation régionale de l'Ouest de la banque. A ce poste, il a pour objectif principal de développer l'activité des 9 centres d'affaires (110 collaborateurs) en Pays de la

Loire, Bretagne et Normandie mais aussi l'ouverture d'une e-@gence à Rennes. Porté par les valeurs de « partage, d'éthique et de transparence » de son entreprise, et par les liens noués avec les clients, il se dit plus que jamais motivé à « faire de la banque autrement ». En alliant toujours, telle une marque de fabrique personnelle, convivialité, bienveillance et performance.

CRÉDIT COOPÉRATIF - DÉLÉGATION RÉGIONALE OUEST - 6 BD DE BEAUMONT - BAT HARMONIE MUTUELLE - CS 86404 - 35064 RENNES CEDEX • TÉL. 01 47 24 97 41

AÉRONAUTIQUE

Philippe **DELISLE**

DIRECTEUR GÉNÉRAL DE SABENA TECHNICS DNR - CEO DE SABENA TECHNICS ASIA LTD

FORMATION lycées Blaise Pascal et Jean Mermoz à Abidjan (Côte d'Ivoire) - ingénieur aéronautique (Ecole supérieure des techniques aéronautiques et de construction automobile-Estaca, 1994)

PASSIONS l'aéronautique, le pilotage d'avion, le rugby, les voyages et la découverte des cultures.

Donner des ailes à l'aérien... C'est en quelque sorte la mission de Philippe Delisle qui a gravi tous les échelons chez Sabena Technics, spécialiste de la maintenance aéronautique : directeur du service client (2005-2006), directeur industriel (2000-2005) puis directeur général adjoint (2006-2014), il est nommé Président de Sabena Technics DNR et CEO de Sabena technics Asia Ltd en juillet 2014. Auparavant, cet ingénieur aéronautique avait débuté sa carrière chez JCB-Aéro en tant que responsable du bureau d'études (1994-1996). Il rejoint Air Liberté Industries aux postes de responsable du bureau d'études, de 1996 à 1998, et de directeur technique de 1998 à 2000.
Il devient directeur général de Sabena Technics en septembre 2019.

SABENA TECHNICS DNR - AÉROPORT DE DINARD-PLEURTUIT SAINT-MALO - BP 90154 - 35801 DINARD CEDEX • TÉL. 02 99 82 72 00

EVÉNEMENTIEL ET CONGRÈS

Marcel **DENIEUL**

PRÉSIDENT DU SPACE

FORMATION collège-lycée Saint-Vincent à Rennes - classes préparatoires au lycée Chateaubriand à Rennes ; Ingénieur agronome, spécialité Gestion de l'exploitation agricole (Ecole nationale supérieure agronomique de Rennes, 1976)

DISTINCTIONS Officier du mérite agricole

PASSIONS la randonnée en montagne et les chemins côtiers

Président du Space et du GIE Elevages de Bretagne, secrétaire adjoint de la Fédération Nationale des Producteurs de Lait, membre du Board de la Fédération Internationale Laitière, Marcel Denieul cumule les responsabilités nationales et internationales. L'éleveur laitier, président de la chambre d'agriculture d'Ille-et-Vilaine jusqu'en février 2019, a progressivement gravi les échelons depuis son entrée à la FDSEA d'Ille-et-Vilaine en 1992. Mais c'est l'amour de son métier, et surtout l'envie de faire valoir l'ensemble des compétences de la filière agricole de l'Ouest qui portent depuis toujours ses convictions. Le supporter du Stade Rennais n'oublie pas pour autant son activité première : il est toujours l'un des dix associés du Gaec de la Seiche à Janzé où il s'est installé en 1979. Une configuration de travail et de management coopératif qu'il apprécie. Travailler collectivement, faire avancer les choses, Marcel Denieul se veut proactif. Il a ainsi mis en place un programme collaboratif d'économie d'énergie dans les élevages lors du pré-refroidissement du lait. « Nous avons travaillé avec les fabricants d'équipements et les installateurs. L'idée a séduit la Région Bretagne et l'Ademe. 1800 fermes sont aujourd'hui équipées, ce qui représente 20% du lait breton. » Mettre en avant les compétences des entreprises à l'international, c'est aussi l'un des objectifs du président du Space.

SPACE - RUE MAURICE LE LANNOU - CS 54239 - 35042 RENNES CEDEX • TÉL. 02 23 48 28 80

COMMUNICATION ET MARKETING

Jocelyn **DENIS**

PRÉSIDENT DE DIGITALEO

FORMATION ESCEM de Tours - Poitiers, master en marketing international Université de Leicester (UK)

DISTINCTIONS Prix Ernst & Young de l'entreprise d'avenir de la région Ouest en 2012, Deloitte Technology Fast 50 en 2010 et 2011, Prix Palmarès employeur Région Job reçu en 2013, Prix Entreprise & Convivialité 2014

PASSIONS Les sports collectifs et notamment le football, le basket, le nautisme

Jocelyn Denis démarre sa carrière au sein de Kraft Foods avant de devenir chef de produit chez Ubisoft. Mais il a toujours eu envie d'entreprendre. En 2004, changement de vie complet. La crise le conduit à quitter Ubisoft, et c'est dans son grenier qu'il a le déclic. « Les opérateurs envoyaient des SMS pour notifier les dépassements de forfait. Mais je sentais que les SMS pouvaient servir davantage en marketing relationnel. J'ai commencé avec une application pour les concessions automobiles. » Digitaleo est né. Aujourd'hui, la PME rennaise édite des solutions de marketing relationnel pour tous les canaux accessibles via un smartphone. Très vite, l'entrepreneur, qui croit au management participatif, investit dans l'humain jusqu'à constituer aujourd'hui une équipe de soixante personnes. « Entreprendre, c'est apprendre en marche accélérée. Il faut être tenace, écouter les clients, mais aussi savoir prendre du recul et assumer ses erreurs pour mieux rebondir. » Des conseils que Jocelyn Denis partage aujourd'hui avec des jeunes entrepreneurs notamment via le réseau Entreprendre Bretagne et le fond Yao. Originaire du Maine-et-Loire où il a joué au Cholet Basket, le dirigeant continue de supporter et parrainer son club de coeur. En tant que breton d'adoption, il est également supporter du Stade Rennais avec qui son entreprise a signé un partenariat pour la saison 2014/15.

DIGITALEO - 20 AV. JULES MANIEZ - LA FABRIQUE - 35000 RENNES • TÉL. 02 56 03 67 00

MATÉRIAUX POUR LE BÂTIMENT

Renan **DENIS**

PDG DE HDM (HOLDING DENIS MATÉRIAUX)

FORMATION collège-lycée à Rennes - Science Eco Rennes ; ESCP Paris

PASSIONS la voile.

Après avoir exercé comme sales trader, Renan Denis a travaillé dans la finance, à Londres chez JP Morgan (1997-2000) puis chez Oddo Securities à Paris (2000-2005). Mais l'attachement à l'entreprise familiale fut le plus fort. En 2005, il prend la coprésidence de la Holding Denis matériaux avec sa soeur Rachel tandis que son père Désiré assure la présidence du conseil de surveillance. Créée en 1979 par ce dernier, l'entreprise Denis Matériaux emploie aujourd'hui plus de 500 personnes et compte plus d'une trentaine d'agences ainsi que 6 usines (Préfa béton, Bois et Menuiserie). La Holding Denis matériaux compte 7 filiales.
A la suite d'une réorganisation du capital du groupe en novembre 2021, Renan Denis devient PDG du groupe de Guignen pour «assurer la pérennité» de cette entreprise familiale indépendante.

DENIS MATÉRIAUX - PA LES BIGNONS - 35580 GUIGNEN • TÉL. 02 99 26 56 36

MATÉRIAUX POUR LE BÂTIMENT

Rachel **DENIS-LUCAS**

ACTIONNAIRE ET ADMINISTRATRICE DE DENIS MATÉRIAUX

FORMATION prépa HEC au lycée Chateaubriand de Rennes ; Ecole de commerce EME de Lyon ; Institut technologique de Monterrey (Mexique) ; Certificat Administratrice ESSEC Women Board Ready.

DISTINCTIONS chevalier de la Légion d'honneur 2017 ; lauréate d'or du prix Femme chef d'entreprise 2015 (Femmes de l'économie) ; femme du Négoce 2014 (Le Moniteur des TPB)

Un acteur de poids dans le négoce de matériaux. Créée en 1979 par Désiré Denis, l'entreprise Denis Matériaux emploie aujourd'hui plus de 500 personnes et compte une trentaine d'agences, avec un frère et une soeur à sa tête : Renan et Rachel Denis, enfants du fondateur. Après avoir occupé les postes de direction de la filiale Rosle de Emile Henry France (société commercialisant des ustensiles de cuisine à une clientèle de détaillants) de 1993 à 1994 puis de direction commerciale USA de Emile Henry USA (1998-2001), l'attachement à l'entreprise familiale motive le retour de Rachel Denis-Lucas. En 2010, elle prend la coprésidence de Denis Matériaux avec son frère tandis que son père assure la présidence du conseil de surveillance. En plus d'une trentaine d'années, l'entreprise a su se développer en misant sur la croissance interne et externe. Le groupe Denis matériaux compte deux activités : le négoce en matériaux de construction (32 agences en Bretagne-Normandie) et la fabrication de matériaux de construction (4 usines de produits béton). Très engagée professionnellement, Rachel Denis-Lucas est présidente du Syndicat départemental des négociants de matériaux en construction et elle a fait partie du conseil d'administration d'IDEA 35.
A la suite d'une réorganisation du capital du groupe en novembre 2021, la dirigeante laisse les rênes opérationnelles du groupe à son frère Renan. Actionnaire et administratrice du groupe, elle continue à gérer et développer l'enseigne carrelage Esprit Casa de Denis Matériaux.

DENIS MATÉRIAUX - PA LES BIGNONS - 35580 GUIGNEN • TÉL. 02 99 26 56 36

EXPERTISE COMPTABLE ET AUDIT

Kristell **DICHARRY**

PRÉSIDENTE DE LA COMPAGNIE RÉGIONALE DES COMMISSAIRES AUX COMPTES (CRCC) OUEST ATLANTIQUE

FORMATION IHECF (Rennes, 1997) ; diplôme d'expert-comptable (2005)

PASSIONS les voyages, pratique la natation

Kristell Dicharry commence sa carrière dans l'audit chez Mazars à Rennes, tout en préparant son diplôme. Elle est sollicitée en 2000 par PWC, où elle restera 13 ans. Elle prend tout d'abord en charge de grands groupes d'audit puis le pilotage de l'audit auprès des PME pour les bureaux de Rennes et Saint-Malo de 2005 à 2010. Elle intervient ensuite auprès des équipes du Risk Management pour réaliser des contrôles d'activité au sein du réseau national et international tout en continuant à gérer les dossiers d'audit de la région. Elle a l'opportunité en 2014 de devenir associée dans un cabinet régional, Heleos, pour y piloter l'activité audit. Sollicitée pour rejoindre Grant Thornton à Saint-Grégoire, elle intègre le cabinet d'audit en 2017 en tant qu'associée. Spécialisée dans l'agro-alimentaire, le secteur hospitalier et l'audit des PME/ETI en général, elle y assure depuis 2020 la responsabilité régionale de l'audit grand Ouest.
Très investie par ailleurs dans sa profession, Kristell Dicharry est élue présidente de la CRCC de Rennes fin 2019. Passionnée par son métier de commissaire aux comptes, elle s'y implique depuis 2014. D'abord membre de la Commission des Etudes Comptables, elle prend la vice-présidence en 2016 et intègre le bureau de la CNCC en 2017. Bien décidée à représenter et défendre sa profession, elle est confirmée dans sa fonction de présidente de la CRCC Ouest Atlantique (regroupant depuis le 1er novembre 2020 les CRCC de Rennes, Poitiers et Angers). Au sein de la CNCC, elle préside la commission jeunes et attractivité depuis 2019.

GRANT THORNTON - PARC EDONIA, BATIMENT G - RUE DE LA TERRE VICTORIA - CS 26822 - 35760 SAINT-GRÉGOIRE • TÉL. 02 99 84 28 28

DÉVELOPPEMENT ÉCONOMIQUE

Guillaume **DIEUSET**

DIRECTEUR GÉNÉRAL DE SEMBREIZH

FORMATION Diplôme d'Ingénieur Génie civil et urbanisme (Insa de Rennes, 1994) ; ESCP Europe (2016)

PASSIONS Les sports nautiques, la campagne finistérienne

Après son bac, obtenu à Quimper, Guillaume Dieuset s'inscrit à l'Insa, poussé par son goût pour la conception et la réalisation. Il se passionne à la fois pour la partie génie civil et la partie bâtiment. Il effectue son stage de fin d'année chez OTH à Rennes, avant d'y être recruté après son service militaire. L'ingénieur travaille pendant 2 ans sur des études de structures de bâtiment, sa spécialité. Il évolue ensuite vers des fonctions de chef de projet, coordonnant son équipe avec les architectes. A 30 ans, en 2001, il prend la direction de l'agence rennaise. Sa carrière, jusque-là technique, s'enrichit de compétences commerciales et de gestion pendant qu'il «défriche» le territoire breton grâce à plusieurs projets emblématiques.
OTH est intégré en 2009 au groupe Egis (10 000 personnes) et Guillaume Dieuset prend la présidence d'Egis bâtiments Centre-Ouest (Bretagne, Pays de la Loire, Normandie, Centre Val de Loire). Il entre au comité de direction du groupe Egis puis est nommé président d'Egis bâtiments Nord et Grand Est. Navigant entre Rennes, Strasbourg, Lille et Paris, il s'occupe également des relations avec les architectes à l'international. Il souhaite cependant retrouver «ses racines, le terrain et le mode agile» et postule ainsi à la Sem Régionale en 2016. Recruté comme directeur général, il met en place le nouveau plan stratégique de la Sem - spécialisée dans les opérations d'aménagement et développement - devenue SemBreizh en 2017. Avec l'engagement qui le caractérise, il continuera à s'occuper du patrimoine régional, des centralités, tourisme, maritimité et développement économique sur tout le territoire breton.

SEMBREIZH - 13 RUE DU CLOS COURTEL - 35510 CESSON-SÉVIGNÉ • TÉL. 02 99 12 72 00

RÉGION

Antoine **DOSDAT**

MEMBRE DU CESER DE BRETAGNE

FORMATION ingénieur INA (Institut national agronomique Paris-Grignon et Paris 6, 1980)

PASSIONS les vieilles pierres et les vieilles voitures.

PUBLICATIONS plus de 50 articles scientifiques

Ce spécialiste de l'aquaculture est entré en 1980 au Cnexo (devenu depuis Ifremer) comme Volontaire à l'Aide Technique en Polynésie Française. De 1988 à 1991, Antoine Dosdat dirige la Sodab, spécialisée dans la production de poissons d'élevage, filiale du groupe Gourvennec. En 1992, il est nommé chef de laboratoire à l'Ifremer Brest où il mène des recherches sur la nutrition, le traitement de l'eau et l'impact de l'aquaculture sur l'environnement. En 2005, il est nommé directeur des relations européennes et internationales au sein de l'Ifremer à Paris. Six ans plus tard, Antoine Dosdat est de retour en Bretagne à la direction générale du Centre Ifremer de Bretagne à Brest, le plus grand centre de l'Ifremer. A travers ses différents départements, le Centre conduit des recherches, gère et anime les équipes basées en Bretagne (Brest, Saint-Malo, Concarneau, Lorient et La Trinité-sur-Mer). Il mène ses programmes de recherche en partenariat avec des organismes nationaux, européens et internationaux. Au niveau régional, il contribue activement à la coopération avec les industriels et organismes de recherche à travers le pôle de compétitivité Mer Bretagne dont Antoine Dosdat est le secrétaire. Il a présidé également l'Europôle Mer. Il quitte l'Ifremer en janvier 2021 mais reste conseiller économique, social et environnemental au Ceser de Bretagne, membre de la commission Économie et innovation et de la section Mer et littoral.

CESER DE BRETAGNE - 7 RUE DU GÉNÉRAL GUILLAUDOT - CS 26918 - 35069 RENNES CEDEX • TÉL. 02 99 87 18 75

AGROALIMENTAIRE

Solenn **DOUARD**

DIRECTRICE GÉNÉRALE D'OLGA

FORMATION DEUG Sciences-Eco (université Paris-Est Créteil – UPEC, 1996); magistère de Finance d'entreprise (université Paris 1 Panthéon-Sorbonne, 1999)

PASSIONS Les activités associatives en général, la nutrition, la cuisine, l'environnement, l'intelligence collective

Influencée par une histoire familiale entrepreneuriale, Solenn Douard sait très tôt qu'elle veut «vivre l'entreprise». Elle entre comme auditrice chez Deloitte en 1999 à Paris et effectue des missions spéciales, développant son sens de la gestion de projet, sa capacité d'adaptation. En 2003, la Bretonne rejoint Sofodis à Fougères en tant que directrice financière. Elle structure le groupe, pilote la cession au groupe Carrefour en 2007 puis s'engage dans le family office, Enthéos, avec les ex-dirigeants. Elle crée la structure et gère ensuite les opérations. La crise de 2008 représente pour elle le début d'une réflexion sur le sens de son engagement. Elle décide en 2011 de faire une pause où elle s'occupe d'associations et de projets sur l'environnement. Elle rencontre à cette occasion Olivier Clanchin le président de Triballat-Noyal (devenu Olga), qui lui propose de rejoindre ses équipes.
Solenn Douard entre donc comme secrétaire générale en 2012, s'investissant dans la restructuration du groupe. Après le rachat de Cereco en 2017, qu'elle pilote, elle en est nommée directrice générale, assumant une double fonction. Elle y déploie une approche managériale différente, qui permet le succès de la reprise et l'appelle à prendre la direction générale d'Olga en 2018. Elle met en place de nouveaux process de décision et responsabilité, apporte également des méthodes de pilotage de la performance et fait évoluer le rôle de manager-dirigeant vers un rôle de mentor, au service des équipes. S'appuyant sur cette nouvelle dynamique, elle réécrit avec son collectif la raison d'être et la vision de l'entreprise, change le nom du Groupe et plus que jamais prône un modèle d'entreprise où les éléments clefs de création de valeur reposent «sur la valeur humaine et la réalisation de soi».

OLGA - 2 RUE JULIEN NEVEU - BP 93106 - 35531 NOYAL-SUR-VILAINE CEDEX • TÉL. 02 99 04 11 11

NUMÉRIQUE ET INFORMATIQUE

Raphael **DOYEN**

PRÉSIDENT DU GROUPE CRÉATIVE

FORMATION Efrei Paris - école d'ingénieurs généraliste en informatique et technologies du numérique (1996)

PASSIONS les voyages orientés nature, les marathons, la cuisine (il est propriétaire du Bistrot des Remparts à Rennes)

Diplômé en informatique et électronique, Raphaël Doyen se voyait bien travailler dans l'industrie. Après son service militaire, effectué en tant que scientifique du contingent, il entre comme ingénieur chez IS3I aux Ulis, en 1997. Il a bientôt l'opportunité de devenir ingénieur commercial, un croisement entre son métier et ceux de la vente et du marketing qui lui plait. Puis on lui confie la responsabilité de créer une agence en 1999 à Rennes. Sa mission accomplie, il rejoint Akka Technologies (ex-société Coframi) en 2003 en tant que directeur d'agence puis directeur régional. Mais l'envie de tenter sa chance, de «monter son entreprise», le titille de plus en plus. Il franchit le pas en 2008 avec un associé et fonde Créative, une société d'expertise et de conseil en technologies avancées dans le numérique. Elle obtient dès sa création le label de «jeune entreprise innovante» grâce aux projets de recherche et d'innovation menés en interne. Projets que Raphaël Doyen décrit comme «l'ADN» même du groupe Créative. En 2012, une agence est créée à Nantes, un modèle de développement qu'il continue à faire croître avec ses équipes.
Très attaché à la notion de durabilité, sous toutes ses formes, le dirigeant applique la RSE avec conviction, veillant à offrir un cadre de vie agréable à ses 300 collaborateurs. Et toujours désireux de traiter avec les mêmes égards salariés, fournisseurs et clients. Bien intégré dans son écosystème, il est membre d'Entreprendre Bretagne depuis 2008 et joue désormais le rôle de parrain. Cela n'a rien d'un hasard : la philosophie d'entraide et d'inscription dans le temps de ce réseau correspond tout-à-fait à sa propre éthique...

GROUPE CRÉATIVE - CAP COURROUZE - 1A RUE LOUIS BRAILLE - 35136 SAINT-JACQUES-DE-LA-LANDE • TÉL. 02 99 27 20 65

BANQUE ET ASSURANCE

Jean-Yves **DUPUY**

DIRECTEUR DE RÉGION GRAND OUEST DE SOCIÉTÉ GÉNÉRALE

FORMATION master 2 en organisation des entreprises (université Paris-Dauphine, 1984) ; Essec (1986)

Jean-Yves Dupuy intègre la Société Générale dès 1986. Il y occupe différents postes au sein de filiales d'affacturage et de crédit à la consommation avant de rejoindre en 2000 la banque de détail Société Générale. Il y exerce des fonctions de direction jusqu'à en devenir le directeur des ressources humaines en 2012. Trois ans plus tard, il prend la fonction de délégué général de la délégation régionale Grand Sud-Ouest. En avril 2022, il est nommé au poste de délégué général de la région Grand Ouest. Cette délégation couvre tous les départements de la Bretagne, du Pays de la Loire, et une partie du Centre-Val de Loire et de la Normandie. La région Grand Ouest, marque issue de la fusion du réseau Société Générale et des banques du groupe Crédit du Nord, est créée en janvier 2023 et il en devient le directeur.
Ancien conseiller du Commerce Extérieur de la France de 2016 à 2022, il a été par ailleurs vice-président puis président, de 2018 à 2023, de la Fédération Bancaire Française Comité des Banques Nouvelle Aquitaine.

SOCIÉTÉ GÉNÉRALE DIRECTION RÉGIONALE GRAND OUEST - 38 BIS RUE DE RENNES - CS 27635 - 35576 CESSON-SEVIGNÉ CEDEX • TÉL. 02 23 45 56 00

TOURISME ET LOISIRS

Angéline **DURET**

DIRECTRICE GÉNÉRALE DE DESTINATION RENNES

FORMATION Deug d'Histoire (faculté de Poitiers, 1997) ; DUT Sciences de l'information (IUT de Tours, 1999)

PASSIONS La course à pied, la marche, la lecture, la cuisine

Après son DUT, Angéline Duret devient chargée d'études documentaires dans le secteur bancaire puis dans un cabinet d'avocats à Paris. Elle s'installe à Rennes en 2004 et trouve bientôt un emploi, d'abord pour un remplacement, comme conseillère technique dans le cabinet du maire Edmond Hervé. Elle passe ensuite des concours et devient attachée territoriale. Le maire étant élu sénateur en 2008, elle occupe brièvement un autre poste avant que celui-ci ne lui propose d'être sa collaboratrice parlementaire. Elle accepte cette aventure humaine pour un mandat et apprend énormément sur le terrain. Devenue attachée principale, elle est recrutée en 2014 par le président de Rennes Métropole, Emmanuel Couet, en tant que conseillère technique puis directrice adjointe de cabinet. Elle accompagne ainsi la création de Destination Rennes et y entre en tant que secrétaire générale en 2020.
Après avoir conduit la SPL vers la certification ISO20121, elle est nommée directrice générale en octobre 2022. Depuis, Angéline Duret conduit la feuille de route 2023/2025, orientée vers la durabilité, avec une équipe «très motivée «de 80 salariés sous sa responsabilité. Il s'agit d'embarquer les parties prenantes (hôteliers, restaurateurs, etc.) et de faire reconnaitre Rennes comme une destination urbaine à part entière, à travers un nouveau discours d'attractivité. Elle s'attachera également au développement des coopérations avec les territoires voisins et à la refonte de l'écosystème digital. Un projet totalement en adéquation avec la volonté des actionnaires. Appréciant infiniment de travailler avec un collectif, cette «grande bosseuse «continuera à porter les valeurs qui sont chères, telles l'équité et la transversalité.

DESTINATION RENNES - 28 BD DU COLOMBIER - CS 26410 - 35000 RENNES • TÉL. 02 99 45 90 50

MÉDIAS

Louis **ÉCHELARD**

CO-GÉRANT DU GROUPE SIPA-OUEST-FRANCE

FORMATION Lycées de La Mennais à Ploërmel et de l'Assomption à Rennes - ingénieur ESEO (Ecole supérieure d'électronique de l'ouest d'Angers); IAE (Institut d'administration des entreprises de Nantes)

DISTINCTIONS Chevalier de la Légion d'honneur (2015)

PASSIONS L'art contemporain et le design

A l'issue de ses études nantaises, Louis Echelard intègre en 1974 le Crédit Mutuel de Bretagne en tant que contrôleur de gestion. En 1982, il se voit proposer la direction informatique de la banque et, à ce poste, va accélérer le développement des offres multimédias. En 1989, il est chargé de la réorganisation complète des agences bancaires. Des choix technologiques innovants dans le monde bancaire lui valent, en 1994, d'être promu directeur général adjoint. En 2002, il est nommé directeur général de la Compagnie Financière du Crédit Mutuel, structure holding du Groupe Crédit Mutuel Arkéa, où sont rassemblés les métiers de diversification dans l'assurance, la gestion de patrimoine, le courtage en ligne et les activités de banque d'entreprise.
En avril 2006, Louis Echelard quitte le groupe Arkéa pour rejoindre le Groupe Sipa/Ouest-France en tant que directeur général de Sipa, la holding du groupe, et devient cogérant à partir de mai 2018. Il est également président du directoire de Ouest-France depuis 2016, après avoir été vice-président et directeur général délégué (2007 à 2014), puis vice-président du directoire et directeur général (2014 à 2016). Il n'est pas candidat à sa propre succession en tant que président du directoire mais reste néanmoins co-gérant après la fin de son mandat, en juin 2023.

SIPA OUEST-FRANCE - 10 RUE DU BREIL - 35000 RENNES • TÉL. 02 99 32 60 00

ASSOCIATIONS ET RÉSEAUX

Marie **ELOY**

PRÉSIDENTE DE BOUGE TA BOITE ET FEMMES DES TERRITOIRES - FONDATRICE DE FEMMES DE BRETAGNE

FORMATION Maîtrise de droit public (1997, Université de Rennes 1); «Advanced diploma in Law» (Université de Nottingham, 1998); Ecole de journalisme Celsa (Paris, 2000)

DISTINCTIONS Chevaleresse de l'ordre du Mérite 2021; lauréate Réseau Entreprendre 2017; entrepreneur de l'année, catégorie Engagement sociétal région Ouest (prix EY / L'Express 2015); prix Dauphine (2004) et prix Festival des droits de l'homme (2005) pour ses reportages à RFI

PUBLICATIONS Participation au Tedx Lorient 2015 : «Et si on osait croire en soi ?»

Originaire du Nord, ce sont lors de ses vacances familiales à Dinard que Marie Eloy attrape le virus de la Bretagne. Elle s'installe à Rennes pour y étudier le droit. Après un détour par le Royaume-Uni, elle poursuit ses études à Paris et devient journaliste chez RFI. De 2000 à 2007, elle tente de «comprendre le monde» à travers ses reportages. Sensibilisée aux problèmes d'éducation, elle présente également une émission sur les droits de femmes. Les prémisses de sa future vie sont déjà là. Elle s'installe à Lamor-Baden, puis traverse une période personnelle difficile tout en se lançant dans l'aventure entrepreneuriale en co-créant une école Montessori en 2011. Ancienne parachutiste amateur, elle ne craint pas de se jeter dans le vide... Découvrant à cette occasion l'importance de l'entraide – emblématique pour elle de l'identité bretonne – elle cherche à mettre en lien les femmes.
Marie Eloy crée donc le réseau social Femmes de Bretagne en septembre 2014. L'aboutissement d'un cheminement cohérent et fécond. Le réseau compte plus de 5500 membres (Bretagne et Loire-Atlantique) et sa fondatrice structure son projet afin qu'il s'étende à la France entière. Avec l'aide de «toutes les bonnes volontés, y compris masculines» Pour cette Bretonne de cœur, toutes les femmes doivent oser, entreprendre, partager leurs compétences et, enfin, se sentir légitimes. Toujours dans cette logique, elle fonde le réseau Bouge ta boite, réseau business féminin en 2017. Il est désormais présent dans 40 villes en France. Animatrice, conférencière, intervenante régulière sur Europe 1 et chroniqueuse sur la chaine Bsmart, elle transmet la présidence de Femmes de Bretagne en octobre 2020.

BOUGE TA BOÎTE - LE SEIZE - 16 ESPLANADE DU CHAMPS DE MARS - 35000 RENNES • TÉL. 02 22 66 98 61

SPORT PROFESSIONNEL

Servane **ESCOFFIER**

CO-FONDATRICE ET DIRECTRICE GÉNÉRALE DE BE RACING - CO-FONDATRICE DE RÉSEAU MER ENTREPRENDRE

FORMATION Institution de Saint-Malo - Bachelor Commerce International, double diplôme Français/Anglais (Sup de Co La Rochelle); Bachelor of Arts in International Business studies (Plymouth Business School)

DISTINCTIONS 1re en équipage Skippers d'Islande (2006); 3e Route du Rhum (2006); Plus jeune skipper française ayant réalisé un tour du monde en course sans assistance et sans escale (2007); 5e Barcelona World Race (2007); 7e Route du Rhum en Ultim (2010); Vainqueur Spi Ouest France (2013); 7e Transat Jacques Vabre (2017); 5e Tour de l'Europe (2021)

PASSIONS La voile, l'entreprenariat, la Nature, les collaborations, l'équitation

Servane Escoffier, à la fois entrepreneuse et navigatrice, a toujours consacré sa vie à la mer. Elle grandit dans une famille de navigateurs avec comme référence son père, Bob Escoffier, et commence la compétition à 16 ans. En 2003, elle réalise sa première course au large aux côtés de son père, la Transat Jacques-Vabre, où elle arrive 12e. Elle multiplie ensuite les courses au large et détient aujourd'hui un impressionnant palmarès. En 2007, elle est même devenue, à 26 ans, la plus jeune skipper française à boucler un tour du monde en course sans assistance et sans escale. Plus récemment, elle a repris le large en équipage lors du Tour d'Europe à la Voile en 2021 à bord du nouvel imoca Bureau Vallée.

C'est lors de ces expériences en mer qu'elle rencontre Louis Burton, navigateur lui aussi, qui deviendra son mari et le père de ses enfants. Cette rencontre marque un tournant tant dans sa vie personnelle que professionnelle. Leurs passions communes les mènent en effet à lancer un projet ensemble. Ainsi, elle co-fonde en 2011 l'écurie de course au large Be-Racing à Saint-Malo. La création de cette structure lui permet alors de concrétiser de multiples projets ainsi que de concilier business et passion. Be Racing, au-delà d'être une entreprise permettant de porter des projets de courses au large tel que Louis Burton autour du monde, regroupe également d'autres activités diversifiées. Le projet Espoir par exemple, soutenu par le réseau d'entreprises Mer Entreprendre, a pour vocation de permettre à de jeunes talents de concourir lors des épreuves de course au large et ainsi de vivre de leur passion. A ce jour, Be Racing développe donc 3 projets : Louis Burton autour du Monde avec Bureau Vallée, Mer Entreprendre et le projet Espoir et MonAtoutEnergie.fr.

BE RACING - QUAI DE TERRE NEUVE - 35400 SAINT-MALO • TÉL. 02 99 46 31 97

TOURISME ET LOISIRS

Frédéric **ESPUGNE-DARSES**

DIRECTEUR DU COUVENT DES JACOBINS ET DES RENCONTRES PROFESSIONNELLES

FORMATION BTS Action commerciale (Bordeaux, 1991) ; licence de Management événementiel (1993)

PASSIONS Le football et le rugby

Frédéric Espugne Darses aurait pu devenir manager de restaurant mais il s'oriente finalement vers le monde événementiel. Sa trajectoire débute en 1995, lorsqu'il intègre la structure Congrès et Expositions de Bordeaux en tant que commercial. Il est alors chargé de recruter des exposants pour un événement professionnel concernant le vin. Quatre ans plus tard, il devient chef de projet global de ce salon et participe à son expansion à l'international. En 2010, il prend la direction commerciale de l'ensemble des salons professionnels de Congrès et Expositions de Bordeaux pour des filières d'excellence de la région. Il reste également quatre ans à ce poste avant d'être promu à la direction du pôle Production d'Evénements, grand public et professionnel. Une fonction qui rassemble ce qui l'anime : le relationnel, dans toute sa diversité, l'absence de routine, le développement commercial, le marketing. Et qui lui fait acquérir des « compétences à 360° « en ce qui concerne l'événementiel.
Cependant, comme Frédéric Espugne Darses aime à se mesurer à la nouveauté, marchant à l'adrénaline, il saisit l'opportunité d'un nouveau challenge en septembre 2022. Il postule en effet à l'offre d'emploi de directeur du Couvent des Jacobins et des Rencontres Professionnelles pour Destination Rennes. Engagé, il dirige à la fois le lieu et le bureau des congrès, représentant les autres structures et prestataires. Sur sa feuille de route est inscrite la singularité du positionnement de la ville, reconnue désormais comme destination d'affaires importante. Un label que ses équipes et lui doivent trouver en élaborant une stratégie basée sur des valeurs d'innovation et de durabilité. Et une 2e phase qu'il porte avec enthousiasme.

DESTINATION RENNES - 28 BD DU COLOMBIER - CS 26410 - 35000 RENNES • TÉL. 02 99 45 90 50

ENSEIGNEMENT

Emmanuel **ETHIS**

VICE-PRÉSIDENT DU HAUT CONSEIL DE L'ÉDUCATION ARTISTIQUE ET CULTURELLE - RECTEUR DE LA RÉGION ACADÉMIQUE DE BRETAGNE

FORMATION DUT en génie civil et génie climatique (université de Reims) et en gestion des entreprises et des administrations (université de Lille 3) ; maîtrise en Sciences et techniques de communication (université d'Avignon) ; doctorat en sociologie (Ecole des hautes études en sciences sociales) ; habilitation à diriger des recherches (université Stendhal – Grenoble 3)

DISTINCTIONS Commandeur des Palmes académiques 2015 ; officier des Arts et Lettres 2014 ; chevalier de la Légion d'honneur 2014 ; chevalier de l'ordre national du Mérite 2008

PASSIONS le cinéma (« fenêtre d'ouverture sur le monde ») ; la littérature

PUBLICATIONS Une quinzaine d'ouvrages dont le dernier en 2018 « Sociologie du cinéma et de ses publics » (Ed. Armand Colin)

Devenu maitre de conférences en 1997 à l'université d'Avignon puis professeur des universités en 2003, sociologue des arts et de la culture, Emmanuel Ethis se spécialise dans l'étude des publics de la culture. Porté par son appétence à « embarquer les collectifs pour atteindre des objectifs communs », il devient président de l'université d'Avignon en 2007. En 2013, il prend la suite de Didier Lockwood à la vice-présidence du Haut Conseil de l'Éducation Artistique. Nommé recteur-chancelier de l'académie de Nice en juillet 2015, il traverse une série d'événements dramatiques locaux qui le fera se questionner sur les missions d'éducation et de transmission qui sont le fil rouge de sa vie professionnelle.
Fervent défenseur des « pédagogies explicites », un nouveau challenge en perspective lui fait accepter la responsabilité du rectorat de la Région académique Bretagne en avril 2019. C'est d'ailleurs en Bretagne qu'il portera, en lien avec l'Etat, le Cnam et les collectivités territoriales, le projet d'un lieu unique en France : l'Inseac (l'Institut national supérieur de l'éducation artistique et culturelle), qui ouvre ses portes en 2021 à Guingamp. En tant que recteur chancelier des universités de Bretagne habité par l'idée d'un « service public créatif », il porte les réformes prioritaires de l'enseignement supérieur, développe les relations avec les entreprises dans le cadre de la formation professionnelle. Il veille au développement de la culture et des langues régionales, si prégnantes en Bretagne. En tant que vice-président du HCEAC, il est vigilant à « donner à chacun l'accès aux arts et à la culture » avec ce défi toujours à relever du véritable partage démocratique des « codes culturels ».

RECTORAT DE RENNES - 96 RUE D'ANTRAIN - CS 10503 - 35705 RENNES CEDEX 7 • TÉL. 02 23 21 77 77

TRANSPORT ET LOGISTIQUE

Magali **EUVERTE**

DIRECTRICE RÉGIONALE SNCF TER EN BRETAGNE

FORMATION Ingénieure (Ecole nationale des Ponts et chaussées, Paris, 2001); MBA (Collège des ingénieurs de Montréal, Canada, 2001)

PASSIONS Sa famille et ses amis, la lecture et le vélo

PUBLICATIONS Management du service et conduite du changement - Le cas de la SNCF (Vuibert, 2010)

Magali Euverte aime travailler en équipe sur le concret, les projets innovants. C'est ainsi qu'après une mission de consulting chez Ultramar, à Montréal, elle entre chez SNCF en 2001. Directrice d'une équipe d'aiguilleurs sur la ligne C du RER, elle devient dirigeante d'unité opérationnelle à la gare de l'Est, pour préparer l'arrivée du TGV en 2007. Elle découvre et apprécie alors le domaine de la relation clients, attentive à répondre aux besoins de tous. En 2008, elle prend la direction de l'Université du Service SNCF. Travaillant sur les comportements en gare et dans le train, elle pilote et anime 10 campus partout en France, tout en intervenant auprès des entreprises. Une mission enrichissante qui lui fera co-écrire un livre : « Management du service et conduite du changement : le cas de la SNCF ». Après un break familial d'un an sur un bateau, elle prend en charge en 2011 la direction du cabinet de Barbara Dalibard, alors directrice générale de TGV.
Puis, Magali Euverte est nommée directrice opérationnelle de TER Aquitaine pour préparer l'offre TER à l'arrivée de la LGV en 2017. Un autre défi de taille l'attend ensuite : la direction de Keolis Allemagne à Düsseldorf, une PME entreprise ferroviaire dans un monde en concurrence. Après cette expérience enrichissante, elle rejoint la Normandie en 2020 en tant que directrice adjointe des lignes normandes. C'est en mai 2022 qu'elle accède au poste de directrice régionale de TER en Bretagne et coordinatrice pour les 5000 collaborateurs du groupe SNCF dans la région. Ravie d'utiliser son expérience au service de ce territoire, un enjeu important l'attend : collaborer avec la Région afin de faciliter la mobilité collective en Bretagne pour encourager les déplacements bas carbone.

SNCF VOYAGEURS - DIRECTION RÉGIONALE TER BRETAGNE - 26 BD BEAUMONT - BP 90527 - 35005 RENNES CEDEX • TÉL. 06 15 77 54 17

PROMOTION ET GESTION IMMOBILIÈRE

François **ÉVEILLARD - PINSON**

DIRECTEUR GÉNÉRAL DE PIGEAULT IMMOBILIER

FORMATION lycée Saint-Martin à Rennes - niveau maîtrise en droit des affaires/droit des sociétés (Faculté de droit de Rennes)

PASSIONS les hôtels, la cuisine française et italienne, le ski nautique et le Stade Rennais.

Après des études de droit, François Eveillard intègre le groupe Pigeault Immobilier en 1991 pour développer les activités de revente et location-gestion. En 2008, après la reprise de LFI (La Française Immobilière) par Jean-Pierre Pigeault, il participe au redéploiement et à la dynamisation du réseau. Parallèlement, il développe une activité de commerçant avec le rachat du magasin Impulsion (bijouterie fantaisie et accessoires de mode) au Centre Colombia à Rennes et l'ouverture d'une autre boutique en centre ville sous la même enseigne. Il s'investit alors dans le GIE des commerçants du CC Colombia dont il sera le président (2004-2008) et au sein du Carré Rennais. Responsable réseau LFI La Française Immobilière, son activité commerçante est désormais recentrée sur un magasin au centre Grand Quartier à Saint-Grégoire. En janvier 2023 il devient directeur général de Pigeault Immobilier.
François Eveillard est par ailleurs un élu de la CCI Rennes depuis 2005. Vice-président « Commerce tourisme et territoire » dès 2011, il participe notamment au développement de deux axes stratégiques 2012-2015 permettant de décrypter les modes de consommation des nouvelles générations, en accompagnant les commerçants et les collectivités dans la mise en oeuvre de démarches d'anticipation et d'innovation. Il a présidé la Commission commerce de la CCI Bretagne et participé à la mise en place du schéma sectoriel. Il siège désormais dans la catégorie Commerce de la CCI d'Ille-et-Vilaine depuis 2016.

PIGEAULT IMMOBILIER - 25 RUE DE LA MONNAIE - 35000 RENNES • TÉL. 02 99 31 58 44

ASSOCIATIONS ET RÉSEAUX

Nolwenn **FEBVRE**

PRÉSIDENTE DE L'ASSOCIATION DES P'TITS DOUDOUS

FORMATION Diplôme d'infirmière anesthésiste (Rennes, 2001)

DISTINCTIONS Chevalier de l'ordre national du mérite 2021

PASSIONS La planche à voile, le sport en général

Nolwenn Febvre commence sa carrière d'infirmière à l'hôpital Necker en 1995 dans le service de réanimation neuro-chirurgicale. Elle décide ensuite d'obtenir un diplôme en anesthésie puis revient travailler à Rennes en 2001, au bloc des urgences du CHU. A partir de 2008, elle se spécialise en anesthésie pédiatrique et va être confrontée à l'insupportable : la détresse des enfants. Mais comme elle ne se résout pas à renoncer à son métier, elle pense à une solution toute simple : offrir des doudous aux enfants opérés. Elle contacte la société Moulin Roty qui lui envoie des doudous et elle constate que la distribution effectuée ensuite fait du bien aux enfants, aux soignants, aux parents. Elle crée donc une association en 2011 avec 2 collègues, puis, pour trouver un modèle de financement, a l'idée de récupérer les fils de cuivre provenant de bistouris électriques pour les revendre. Mais les doudous ne suffisent pas et l'inventive bretonne décide de proposer des jeux sur tablettes pour les enfants. Elle collabore avec les soignants et la société Niji et le projet est concrétisé en 2014. Puis elle présente une étude le concernant au congrès annuel d'anesthésie-réanimation. Sollicitée par d'autres hôpitaux, elle partage le modèle et une centaine d'associations naissent.

En 2017, Nolwenn Febvre crée l'association nationale des P'tits Doudous reconnue d'intérêt général. Partagée entre la Bretagne et Paris, l'infirmière coordonne désormais les projets, aide les réseaux et les fédère, fidèle à sa devise : «quand on ne joue pas, on ne gagne pas». Infatigable, elle continue de réfléchir à la stratégie, tout en mesurant sa chance de faire des «rencontres incroyables» et constatant les résultats encourageants sur le terrain. Une belle aventure, pleine de sens, qui se poursuit...

ASSOCIATION NATIONALE DES P'TITS DOUDOUS - 11 RUE DU BOIS DE SOEUVRES - LA PALMERAIE - 35770 VERN-SUR-SEICHE • TÉL. 06 45 69 17 10

ENSEIGNEMENT SUPÉRIEUR

Brice **FELDEN**

PROFESSEUR DE BIOCHIMIE - DIRECTEUR DE L'UNITÉ INSERM U835

FORMATION pharmacien ; docteur en biologie moléculaire et structurale ; professeur des Universités agrégé, à Nancy, Strasbourg et aux USA

DISTINCTIONS lauréat du Grand prix scientifique de l'Académie nationale de Médecine pour ses travaux sur les ARN en 2009

PASSIONS la nature, la musique et les voyages

PUBLICATIONS articles de vulgarisation dans le magazine «Pour la Science»

Après quelques années aux Etats-Unis, Brice Felden est de retour en France fin 1999. Il donne alors un nouvel élan au laboratoire de biochimie pharmaceutique de Rennes 1 qui, quatre années plus tard, obtient le label d'équipe Inserm, gage d'excellence scientifique. Un an plus tard, c'est la première découverte importante, quand les chercheurs de la jeune équipe Inserm mettent en évidence une douzaine d'ARN (acides ribonucléiques) exprimés par deux bactéries pathogènes (Staphylocoques dorés, S. dorés et Escherichia coli, E. coli), ARN totalement inconnus jusqu'alors. Nouveau coup de théâtre en 2008 : certains ARN identifiés possèdent un rôle majeur dans le déclenchement des infections staphylococciques sur des modèles animaux. Ces connaissances fondamentales et appliquées en cours d'acquisition pourraient déboucher, à terme, sur de nouveaux outils diagnostiques performants et rapides ainsi que de nouvelles générations d'antibiotiques anti-staphylococciques.
Brice Felden est membre junior de l'Institut Universitaire de France depuis 2004 et membre du conseil scientifique de l'espace des Sciences de Rennes depuis 2009. Il est consultant pour le grand groupe pharmaceutique Hoffmann La Roche (Basel, Suisse) depuis janvier 2014.

FACULTÉ DES SCIENCES PHARMACEUTIQUES ET BIOLOGIQUES - 2 AVENUE DU PR LÉON BERNARD - 35043 RENNES CEDEX • TÉL. 02 23 23 48 51

COMMUNE

Louis **FEUVRIER**

MAIRE DE FOUGÈRES - VICE-PRÉSIDENT DE FOUGÈRES AGGLOMÉRATION

FORMATION Lycée Jean Guéhenno à Fougères - diplôme d'ingénieur de l'École supérieure d'électricité (Supelec Paris, 1974)

Lors de ses études à l'École supérieure d'électricité, Louis Feuvrier milite déjà au sein d'associations étudiantes. Il se mobilise pour les valeurs de progrès et de solidarité. Il effectue ensuite sa carrière professionnelle chez EDF et Gaz de France. Il ressent vite le besoin de s'investir dans la vie locale pour contribuer au développement de Fougères et de son pays, territoire où il est né et auquel il est très attaché. De 1983 à 2007, il est premier adjoint au maire de Fougères. Il est élu maire de la commune en 2007, puis réélu en 2014. En parallèle, il préside Fougères Communauté de 1983 à 2014. À ce titre, il s'engage dans plusieurs projets d'envergure : la réalisation du barreau routier reliant l'A84 à Fougères, la mise en place d'actions de développement économique et la restructuration du centre hospitalier de la ville. Élu au conseil départemental d'Ille-et-Vilaine de 1994 à 2015, il sera vice-président en charge de l'Equilibre et de l'Aménagement du territoire, de BioAgropolis et du Très Haut Débit. Louis Feuvrier est réélu maire de Fougères en 2020 ainsi que vice-président de Fougères Agglomération, en charge des finances et des formations.

VILLE DE FOUGÈRES - 2 PORTE SAINT-LÉONARD - BP 60111 - 35301 FOUGÈRES CEDEX • TÉL. 02 99 94 88 00

RÉGION

Laurence **FORTIN**

VICE-PRÉSIDENTE TERRITOIRES, ÉCONOMIE ET HABITAT DE LA RÉGION BRETAGNE - PRÉSIDENTE DE SEMBREIZH

Vice-présidente du conseil régional de Bretagne, en charge des territoires, de l'économie et de l'habitat depuis 2021, Laurence Fortin est cadre bancaire territoriale de profession. Élue conseillère régionale en 2010, elle est l'ancienne maire de la commune de La Roche-Maurice et ex-deuxième vice-présidente de la Communauté de Communes du Pays de Landerneau-Daoulas. Elle est par ailleurs présidente de SemBreizh depuis juin 2019. SemBreizh est l'activateur des territoires de Bretagne.

RÉGION BRETAGNE - 283 AVENUE DU GÉNÉRAL PATTON - CS 21101 - 35711 RENNES CEDEX 7 • TÉL. 02 99 27 10 10

COMMUNICATION ET MARKETING

Nicolas **FRAPPIER**

DIRIGEANT DE CONCEPT IMAGE

FORMATION
ESC Rouen (1992)

PASSIONS
théâtre, golf, tennis, voile

Nicolas Frappier entame sa vie professionnelle chez Lacie (constructeur informatique) en tant qu'ingénieur commercial. Mais il a déjà une idée en tête : créer son entreprise. Il lui faudra attendre encore quelques années pour acquérir quelques clés indispensables à ce projet. En 1996, il devient donc directeur marketing Europe chez Pinnacle Systems, où il aura l'opportunité de travailler sur le déploiement de vidéos sur Internet, une nouveauté à l'époque. Gagné par le virus du web, il intègre une start-up éditrice de logiciel en 2000. Il se retrouve au chômage un an après et met à profit cette période pour, enfin, monter sa société en 2002, Concept Image. Petit à petit, en commençant par Paris puis Lyon, il développera un réseau de 5 agences, confiées à des amis. C'est en 2006 que Nicolas Frappier fait le choix de la Bretagne en revendant son agence parisienne et en se concentrant sur celle de Rennes. Lui qui a des attaches familiales dans le Morbihan, se sent bien dans cette région qu'il trouve « accueillante, solidaire et ouverte ». Sur sa lancée, il fonde Duplik it en 2007, société de duplication de CD, DVD et clés USB qu'il dirige toujours.
Comédien amateur, il trouve aussi son épanouissement dans l'échange et l'enrichissement que lui procure ses engagements associatifs. Très attaché à promouvoir l'entreprenariat, notamment auprès des jeunes, il a été membre d'Entreprendre pour Apprendre Bretagne de 2013 à 2015, et du CJD. Il a l'envie de transmettre, de « désacraliser » la création d'entreprise. Membre de l'APM depuis 2012, c'est son investissement sans faille dans Réseau Entreprendre Bretagne dès 2005 qui lui ouvre les portes de sa présidence de 2015 à juin 2018.

CONCEPT IMAGE - 48 RUE PAUL LANGEVIN - 35000 RENNES • TÉL. 02 99 38 09 23

ARCHITECTURE

Xavier **FRAUD**

PRÉSIDENT DE L'ATELIER ARCAU FRAUD/VEYRON & ASSOCIÉS - MEMBRE DE L'ACADÉMIE D'ARCHITECTURE.

FORMATION
collège-lycée à Vannes - diplôme d'architecte dplg de l'École d'architecture de Rennes (1979)

DISTINCTIONS
Vainqueur de l'édition 2002 de la Transquadra - Prix Architecture Bretagne (2006 et 2012) ; Pyramide d'argent Bretagne Prix GRdF (2010) ; Award World Architecture Festival Civic & Communauty (2012) ; Prix CAUE 56 maison individuelle 2e prix (2012) ; Prix National AMO, prix GrDF (2012) ; Pyramides d'argent Prix d'Argent Bretagne Prix de l'esthétique immobilière (2013) ; Award Smartgrid Réseaux « Kergrid » à Vannes (2013) ; Pyramide d'Argent Pays de la Loire Prix de l'esthétique immobilière (2014)

PASSIONS l'Architecture, la Bretagne, la mer et les bateaux.

PUBLICATIONS Le Chérif de N'Gazidja (Éd. de l'Harmattan, 2002) ; Beyond Context - l'architecture de l'atelier Arcau (2014)

Jeune diplômé, Xavier Fraud commence par travailler aux côtés de Jean-Marc Baradeau à la réhabilitation d'une ZAC à Rennes. En 1980, il s'envole pour la Guadeloupe où il devient aide technique volontaire à l'Association guadeloupéenne pour le développement et l'amélioration de l'habitat. Il en conserve un goût pour le voyage et la découverte de l'autre. Mais la Bretagne lui manque. En 1981, il retourne à Vannes et crée l'atelier arcau avec Yvon Cornichet. Curieux, il s'engage dans d'autres missions et participe ainsi à la fondation d'Architectes Sans Territoire. Il est alors membre du CJD de Bretagne. De 1992 à 1994, il rejoint le groupe des Architectes Conseillers d'Ille-et-Vilaine. Il devient ensuite conseiller, puis vice-président régional de l'Ordre des Architectes de Bretagne (1996-2000). Une période qui lui permet de tisser des relations solides avec la profession. En 2004, le travail de l'atelier arcau est salué à l'occasion de la remise, par le Ministre de la Culture, du prix national Grand public pour le Clos du château à Vannes. En 2010, il est choisi par ses pairs pour développer un nouveau projet pour la Maison de l'Architecture et des espaces de Bretagne. Il en assure la présidence jusqu'en 2017.
Xavier Fraud est par ailleurs membre de l'Académie d'Architecture depuis 2015.

LA MAISON DE L'ARCHITECTURE ET DES ESPACES EN BRETAGNE - 8 RUE DU CHAPITRE - 35000 RENNES • TÉL. 02 99 79 18 39

MÉDIAS

Matthieu **FUCHS**

DIRECTEUR GÉNÉRAL DE LA STRATÉGIE DU GROUPE SIPA-OUEST-FRANCE

FORMATION
Externat des enfants nantais - DESS management de la presse écrite (Institut des études politiques de Rennes) ; faculté de sciences économiques de Nantes

PASSIONS La voile, la lecture, les voyages et la musique.

Matthieu Fuchs commence sa carrière professionnelle chez Dun & Bradstreet, entreprise spécialisée dans l'information économique et financière (1994-1996). Il rejoint ensuite le groupe Sipa-Ouest-France. D'abord à SPIR Communication puis en tant que directeur du développement du groupe de presse hebdomadaire Publihebdos. Il est ensuite nommé directeur délégué de Dimanche Ouest France et des suppléments puis, directeur général des Journaux de Loire, regroupant Le Courrier de l'Ouest, Le Maine Libre et Presse Océan. En 2009, il succède à Jean-Louis Monjaret, comme PDG de cette entité dont Sipa Ouest France est le propriétaire depuis 2005. Les trois journaux diffusent dans le Maine-et-Loire, les Deux-Sèvres, la Sarthe et la Loire-Atlantique. En septembre 2015, il est nommé président du nouvel ensemble regroupant Precom et Ouest-France Multimédia (740 salariés). C'est en octobre 2016 que Mathieu Fuchs devient vice-président du directoire et directeur général de Ouest-France.
Il quitte le directoire en juin 2023 pour occuper la nouvelle fonction de directeur de la stratégie pour le groupe Sipa-Ouest-France. Il siège également au conseil de surveillance d'Additi.

OUEST-FRANCE - SERVICE COURRIER - COORDINATEUR - 10 RUE DU BREIL - 35051 RENNES CEDEX 9 • TÉL. 02 99 32 60 00

RÉGION

Bernard **GAILLARD**

VICE-PRÉSIDENT DU CESER DE BRETAGNE

FORMATION instituteur (Ecole normale des instituteurs de Rennes, 1972) ; licence de psychologie (Université de Bordeaux, 1984) ; doctorat de psychologie clinique (Université Rennes II, 1995) ; directeur d'établissement d'action spécialisée (1997)

PASSIONS Les voyages, la photographie, la peinture, la culture et la nature.

PUBLICATIONS parmi les plus récentes : « La médiation : théories et pratiques » (L'Harmattan, 2007) ; « La psychologie criminologique » (In Press, 2008) ; « Adolescents qui dérangent » (L'Harmattan, 2009) ; « Adolescents délinquants » (L'Harmattan, 2011) ; « Violences institutionnelles, analyse et intervention » (Champ social, 2014) ; « Quelques leçons sur les épidémies » (L'Harmattan, 2021)

Bernard Gaillard débute sa carrière en tant qu'instituteur et secrétaire de mairie en 1976. Puis, en 1982, il décide d'étudier la psychologie et devient psychologue scolaire dans une zone d'éducation prioritaire de Saint-Malo en 1989. Il donne par ailleurs des formations dans des maisons d'arrêt et cherche à aider des jeunes en rupture, dans une mission pédagogique et éducative. Devenu chargé de cours à l'université, il choisit en 1997 de se former au métier de directeur d'établissement spécialisé. Il dirige ensuite un collège d'enseignement adapté de la banlieue rennaise durant un an. L'ancien instituteur rejoint finalement l'Université Rennes II pour y occuper un poste de maître de conférences en psychologie clinique, pathologique et criminologique. Il y ouvre le premier DESS en criminologie de France en 1998. Il devient également expert devant les tribunaux et collabore avec des centres de recherche étrangers.
En 2007, il prend sa retraite, mais n'en reste pas moins actif. Il est président de Criminonet, association nationale de prévention sur la cyber-criminalité et la gestion de la violence. Désigné en 2010 personne qualifiée de la Conférence régionale de la santé et de l'autonomie (CRSA), il en a été président en 2013 et 2014. Il a été également président de CRSA Bretagne jusqu'en novembre 2021. Membre du conseil de surveillance de l'Hôpital de Saint-Malo, il préside par ailleurs la commission Société, environnement et qualité de vie du Ceser de Bretagne en tant que personne qualifiée.

CESER DE BRETAGNE
- 7 RUE DU GÉNÉRAL GUILLAUDOT - CS 26918
- 35069 RENNES CEDEX • TÉL. 02 99 87 18 75

ENSEIGNEMENT SUPÉRIEUR

Francis **GALIBERT**

PROFESSEUR ÉMÉRITE EN BIOCHIMIE - CHERCHEUR À L'INSTITUT DE GÉNÉTIQUE ET DÉVELOPPEMENT

FORMATION pharmacien ; CES de sérologie, nutrition et génétique (1962 et 1963) ; master de biologie (1965) ; doctorat en sciences de la vie (1970), aux facultés de pharmacie, de médecine et sciences de Paris

DISTINCTIONS chevalier de la Légion d'Honneur ; médaille d'argent du CNRS ; prix Rosen de cancérologie (1976)

PASSIONS la musique classique, la lecture, le golf, le ski et le kitesurf.

Pharmacien et biologiste moléculaire de formation, Francis Galibert passe deux ans comme stagiaire postdoctoral dans le laboratoire du Dr Sanger à Cambridge en Angleterre. Dans les années 70, il participe à l'élaboration de la méthodologie de séquençage de l'ADN, qui a transformé en profondeur l'étude du génome humain. Outre la mise au point des premières méthodes de séquençage de l'ADN, on lui doit notamment le séquençage du génome du virus de l'Hépatite B ainsi que le développement du premier vaccin recombinant contre l'HBV. Au début des années 90, de retour d'un congrès aux Etats-Unis, il commence à s'intéresser à la génétique du chien et aux potentialités des recherches dans ce domaine. Deux équipes rennaise et américaine travaillent alors conjointement à établir une cartographie du génome canin et participent en 2005 à l'établissement de son séquençage. A travers l'analyse des capacités olfactives élevées chez les chiens, Francis Galibert vise notamment à comprendre pourquoi certaines races canines sont plus douées que d'autres. Professeur de biochimie à la faculté de médecine de Rennes (1993-2001), il est chercheur à l'Institut génétique et développement de Rennes. En 2008, il a été élu membre de l'Académie Nationale de médecine dont il préside depuis octobre 2014 la commission « Biologie ».

FACULTÉ DE MÉDECINE DE RENNES
- 2 AVENUE DU PR LÉON BERNARD - CS 34317
- 35043 RENNES CEDEX • TÉL. 06 08 24 72 43

ORGANISATIONS PROFESSIONNELLES

Jean-Michel **GALLE**

PRÉSIDENT DE LA FBTP D'ILLE ET VILAINE - PRÉSIDENT DE GALLE SAS

FORMATION ingénieur (INSA Lyon GCU 1996) ; ESJDB (2000)

PASSIONS le cinéma, la musique électro, les spectacles humoristiques

Jean-Michel Galle rejoint l'entreprise familiale Galle SAS (spécialisée en couverture-bardage, plomberie-chauffage et génie climatique) à 24 ans, en commençant une période de deux ans de formations techniques et managériales par 6 mois en immersion sur différents chantiers, avec les salariés. Il reprend l'entreprise basée à Romagné - qui fête ses 120 ans en 2024 - en décembre 2000, représentant la 4e génération.
Membre CJD Rennes de 2004 à 2013, il a l'occasion de suivre de nombreuses formations en management, stratégies et gestion personnelle. Il s'implique de plus en plus dans la vie économique locale via les réseaux comme la CCI, et dans la fonctionnement de la filière du BTP via la FBTP35. Il est ainsi désormais président de la Délégation CCI des Marches de Bretagne depuis décembre 2021 et président de la FBTP d'Ille et Vilaine depuis juillet 2023. Créatif et rassembleur, la devise de Jean-Michel Galle est : « tout seul on va plus vite, ensemble on va plus loin ».

FFB 35 - 3 ALLÉE DU BÂTIMENT - BP 91623
- 35016 RENNES CEDEX • TÉL. 02 99 38 28 28

INTÉRIM, PORTAGE SALARIAL ET GROUPEMENTS D'EMPLOYEURS

Loïc **GALLERAND**

DIRIGEANT - CRÉATEUR D'INTERACTION

FORMATION BTS Technico-commercial (lycée Joliot Curie, Rennes, 1978)

PASSIONS la nature et sa protection

Loïc Gallerand est né dans une famille de quatre enfants, avec un père chef de produit toiture chez un grand fabricant de clôtures et portails métalliques et une mère travaillant comme conseillère de vente dans la distribution de produits d'entretien. Après la fin de ses études, il découvre le secteur du travail temporaire en 1984. Sept ans plus tard, il crée Interaction, toujours à Rennes, un réseau d'agences d'intérim et de recrutement, généralistes ou spécialisées dans les domaines suivants : bâtiment, travaux publics, industrie, transports, agro-alimentaire, logistique, tertiaire, hôtellerie-restauration et le recrutement des cadres. Aujourd'hui, le réseau comprend 200 agences et cabinets de recrutement dans toute la France, avec la volonté de poursuivre son expansion sur l'ensemble du territoire. Loïc Gallerand s'avoue « passionné » par le fait de vouloir faire grandir ses 1000 « co-acteurs » ou collaborateurs en favorisant la proximité et en supprimant les obstacles à la bonne relation. Il tient à s'engager plus que tout auprès de ses équipes sa devise comme socle de valeur pour Interaction : « liberté d'être et de grandir ensemble ».
En 2023, le Groupe Interaction a pris un grand virage digital avec des solutions de cooptation d'intérimaires. Il s'est aussi orienté vers le sourcing international en Roumanie, Pologne, Portugal, Maroc avec une présence opérationnelle.

INTERACTION (GROUPE)
- 233 RUE DE CHÂTEAUGIRON - 35000 RENNES
• TÉL. 02 99 86 33 91

RÉGION

Anne **GALLO**

VICE-PRÉSIDENTE DE LA RÉGION BRETAGNE - PRÉSIDENTE DU COMITÉ RÉGIONAL DU TOURISME DE BRETAGNE

FORMATION BTS en commerce international (lycée Jean Macé à Rennes, 1992) ; DEUG d'anglais (Université de Bretagne Sud, 1992)

PASSIONS Le fitness, la natation, le ski, la lecture et être en famille

L'une des forces d'Anne Gallo, c'est sa capacité d'adaptation. Encore étudiante, elle fait ses premières armes chez Kiabi en tant que conseillère de vente et continue d'y travailler à la fin de ses études. En faisant ce choix, elle peut continuer de vivre en Bretagne. En 1999, elle rejoint un cabinet d'architecture à Séné et y exerce à titre d'assistante de direction. Puis elle prend les fonctions de responsable de l'administration et des ventes dans une société d'informatique à Plescop (2002-2009). Elle devient ensuite responsable des études et des concours à l'École supérieure de commerce de Brest jusqu'à son élection à la mairie de Saint-Avé. Anne Gallo n'est pas élue par hasard. Souhaitant servir l'intérêt général, elle s'est toujours investie dans la vie associative de sa commune. Volontaire, elle a envie de faire avancer les choses. Conseillère municipale de 2001 à 2008, puis conseillère déléguée à l'eau et à l'assainissement, elle devient maire en 2014. Elle est réélue en 2020.
Conseillère communautaire de Vannes agglomération et vice-présidente de l'association des petites villes de France, elle est élue depuis 2015 au conseil régional de Bretagne. Nommée 12e vice-présidente, déléguée au tourisme et aux voies navigables, elle est réélue en 2021, vice-présidente au tourisme, nautisme et patrimoine. Présidente du Comité régional du tourisme de Bretagne depuis 2016, elle fait également partie du syndicat mixte Baie du Mont-Saint-Michel en tant que 2e vice-présidente.

RÉGION BRETAGNE
- 283 AVENUE DU GÉNÉRAL PATTON - CS 21101
- 35711 RENNES CEDEX 7 • TÉL. 02 99 27 10 10

CAPITAL-INVESTISSEMENT

Daniel **GALLOU**

PRÉSIDENT DE BREIZH UP - ADMINISTRATEUR DE CITÉ MARINE

FORMATION lycée professionnel Le Lykès (Quimper, 1974)

PASSIONS les voyages ; l'amélioration de l'environnement

Issu d'une famille de 7 enfants avec une mère agricultrice et un père instituteur, Daniel Gallou entre très tôt à « l'école de la vie ». Impatient de devenir autonome, il suit une formation hôtelière, fait des saisons puis rejoint Paris. Sa carrière démarre très vite dans de prestigieux restaurants et le métier lui plait. Il découvre Rungis et l'univers des produits de la mer et, de retour en Bretagne, il choisit d'exercer dans l'industrie de première transformation de poissons. Puis il décide d'associer cette expérience à celle qu'il s'est forgée dans l'art culinaire. Lui qui ne pense qu'à devenir entrepreneur depuis ses 15 ans, commence à développer avec sa sœur Michelle des produits « convenience » en 1990 et crée le concept du poisson frais pané à destination de la GMS et du Food Service. Cette innovation donne naissance à Cité Marine à Concarneau en 1990 et il fait construire sa première usine 5 ans plus tard. Après des années de croissance et d'innovations, le groupe Cite Marine, revendu au groupe japonais Nissui, compte aujourd'hui 1000 salariés et 4 sites de production. Resté administrateur, Daniel Gallou l'accompagne dans son développement en Europe.
Très concerné par les questions environnementales, il s'est par ailleurs (ré-)engagé dans l'industrie hôtelière avec son fils par le biais de sa holding GaFiPe, dans une logique de transmission des savoirs. Cet « amoureux fou de l'entreprise » est choisi en 2015 pour prendre la présidence de Breizh up, le fonds régional de co-financement des entreprises qui accompagne les jeunes entreprises innovantes bretonnes. Tout pour plaire à cet homme de l'ombre qui préfère faire briller les autres...

BREIZH UP - 283 AV. DU GÉNÉRAL PATTON
- 35700 RENNES • TÉL. 02 23 28 81 34

NUMÉRIQUE ET INFORMATIQUE

Emmanuelle **GARNAUD-GAMACHE**

DIRECTRICE GÉNÉRALE DE B<>COM

FORMATION DESCAF - diplôme d'études supérieures commerciales, administratives et financières (ESC Toulouse, 1991) ; MBA Direction générale d'entreprise (Universidad de Deusto, San Sebastian, Espagne, 1991) ; formation d'administrateur Cegos Formation, 2022

PASSIONS le sport (course/yoga/paddle et surf) ; l'art et la culture en général, la lecture et le cinéma en particulier

De missions en missions, Emmanuelle Garnaud-Gamache a toujours suivi un même fil rouge qui l'enthousiasme : le développement et l'innovation. Après son double diplôme, elle s'envole pour le Canada et intègre en 1993 le groupe média Infopresse, à Montréal, en tant que directrice marketing et ventes. Une expérience enrichissante dans une période de transformation numérique, à l'issue de laquelle elle lance la filiale Infopresse Télé et devient associée, assurant l'animation et la production d'émissions pour plusieurs chaînes. En parallèle, elle fonde sa propre maison de production et de conseil, Bilbao productions, dès 2001. Elle y approfondit sa connaissance de la production audiovisuelle et de la création de contenus (télé, web, radio ou presse) tout en développant la conception d'évènements B to B ainsi que le conseil en stratégie marketing et positionnement de marque, sa première spécialité.
De retour en France fin 2009, elle devient directrice de la communication du Pôle Images & Réseaux. Au sein de cet écosystème technologique, elle participe au projet de création de l'institut de recherche technologique bcom et à son lancement. Emmanuelle Garnaud-Gamache est alors nommée directrice du développement international de l'IRT en 2013, en charge des partenariats internationaux, de l'intelligence économique, de la prospective et de la gestion de la marque. Dix ans plus tard, elle prend la direction générale par intérim. Son objectif ? Faire de bcom une référence dans le monde de la tech et du numérique responsable.

B<>COM - ZAC DES CHAMPS BLANCS - 1219 AV. DES CHAMPS BLANCS - 35510 CESSON-SÉVIGNÉ • TÉL. 02 56 35 88 00

AGRICULTURE ET HORTICULTURE

Chantal **GASCUEL**

DIRECTRICE DE RECHERCHE À L'INRA DE RENNES

FORMATION Ecole Nationale Supérieure Agronomique de Montpellier, spécialisation à Rennes (1981) ; Thèse de l'Ecole des Mines de Paris (1984) ; Habilitation à Diriger les Recherches de l'Université de Rennes (1998)

DISTINCTIONS chevalier de la Légion d'honneur 2015 ; officier du Mérite agricole 2011

PASSIONS la montagne, le théâtre et la littérature, les voyages

PUBLICATIONS 93 publications internationales, multiples communications. Coordination d'ouvrages : « Sous les pavés la terre. Connaître et gérer les sols urbains » (C. Cheverry et C. Gascuel, Ed. Omnisciences, 2009) ; « Comment réconcilier agriculture et littoral ? Vers une agroécologie des territoires » (C. Gascuel, L. Ruiz, Ed. Quae, 2015)

Chantal Gascuel a toujours été attirée par la Nature et les Sciences et en a finalement fait son métier. Après une prépa à Lille puis l'ENSA, elle rédige sa thèse sur le « fonctionnement hydrologique des bassins versants » : l'eau et les espaces agricoles, déjà, dont elle deviendra spécialiste. En 1990, elle séjourne à Dakar à l'Institut de Recherche pour le Développement (IRD). Elle y fait l'expérience de l'interdisciplinarité, chère à ses yeux. Intéressée par les effets des changements globaux, dont le changement climatique, elle enrichit encore son parcours de recherche par une année passée en 2007 à Vancouver à l'Université de British Colombia. Entre temps, elle dirige une unité de recherche de 90 personnes, l'UMR SAS (Inra, Agrocampus Ouest), de 2004 à 2010. Elle développe la structure, favorisant son ouverture à l'international, l'intégration de différentes disciplines, la mise en place d'observatoires pour comprendre les évolutions de l'environnement en lien avec les agrosystèmes. Chantal Gascuel a également contribué à la constitution d'une fédération de recherche en environnement à Rennes, participant à son animation depuis les années 2000. Parallèlement à son implication dans le développement de recherches sur l'eau dans les espaces agricoles, elle a apporté son expertise à plusieurs organismes scientifiques. Directrice de recherche à l'Inra de Rennes, directrice adjointe de l'OSUR, elle est aussi adjointe scientifique à la direction scientifique environnement, en charge des dossiers sur les sols et les eaux à l'Inra. En 2016, elle est choisie comme experte dans le cadre de la Mission Régionale de l'Autorité Environnementale.

UMR SAS (SOL AGRO ET HYDROSYSTÈME SPATIALISATION) - 65 RUE DE SAINT-BRIEUC - CS 84215 - 35042 RENNES CEDEX • TÉL. 02 23 48 52 27

CONSEIL

Yvonnick **GAUTIER**

AVOCAT SPÉCIALISTE DE LA PROCÉDURE D'APPEL

FORMATION lycée Saint-Sauveur à Redon - master 1 en droit des affaires (1978) ; master 2 en droit judiciaire privé (1980) ; certificat d'aptitude à la profession d'avoué à la Cour (1983), à la faculté des sciences juridiques de Rennes

PASSIONS le nautisme

Membre de la Chambre nationale des avoués (1996-1999), Yvonnick Gautier préside la Chambre régionale des avoués près la Cour d'appel de Rennes, de 1998 à 1999, après avoir été membre du bureau (1986-1997). De 1984 à 2011, il occupe les fonctions d'avoué à la Cour d'appel de Rennes. Cogérant de la SCP Gautier-Lhermitte depuis 1984, il exerce depuis 2012 à la Cour comme avocat spécialiste de la procédure d'appel. Parmi ses nombreux engagements extraprofessionnels, Yvonnick Gautier a été notamment secrétaire de la Jeune Chambre Economique de Rennes (1984) et membre fondateur du Rotary club Rennes Du Guesclin (1989), qu'il a présidé de 2006 à 2007. Depuis 2009, il copréside le réseau Legal Trans Juris dont il est à l'origine.

Administrateur de la CAF d'Ille-et-Vilaine, il a été membre du Conseil économique social et environnemental régional de Bretagne (2011-2013), représentant la section régionale de la Chambre nationale des professions libérales (CNPL).

MAÎTRE YVONNICK GAUTIER - 4 RUE LE BASTARD - 35000 RENNES • TÉL. 02 99 79 45 46

PROMOTION ET GESTION IMMOBILIÈRE

François **GIBOIRE**

DIRECTEUR GÉNÉRAL PROMOTION ET AMÉNAGEMENT DU GROUPE GIBOIRE

FORMATION EDC Paris Business School (spécialisation entreprenariat, 2012); master 2 Gouvernance des Entreprises Familiales et Patrimoniales (IAE Bordeaux, 2012)

PASSIONS La nature, la chasse, la mer

L'immobilier, François Giboire y baigne depuis toujours. Enfant, son père, Michel, l'emmenait sur les chantiers et il lui a ainsi transmis sa passion pour le métier. Il lui propose d'ailleurs d'entrer dans le groupe familial, à la fin de ses études, pour se former dans le secteur de la promotion. Après avoir envisagé d'intégrer une autre société, il s'aperçoit qu'il a la chance d'avoir les «tenants et les aboutissants» sous la main, un atout qu'il ne peut retrouver ailleurs. Il rejoint l'entreprise familiale en 2013 à Rennes, puis la business unit de Nantes en tant que responsable de programmes. Il devient ensuite responsable du développement pour accompagner l'ouverture d'une agence de promotion du groupe à Paris en 2017. Cinq ans plus tard, il est nommé codirecteur général de l'activité promotion immobilière et aménagement du groupe, en binôme avec Olivier Biancarelli.
Heureux de retrouver la Bretagne, François Giboire prévoit de reprendre les rênes en douceur dans les prochaines années, sous le mentorat de son père. Appréciant d'être sur le terrain, en proximité avec tous les partenaires et les 250 collaborateurs, il se dit fier d'avoir la responsabilité d'être le garant du nom Giboire et de ses valeurs. Il envisage l'avenir avec «prudence et optimisme», persuadé que l'ouverture sur d'autres régions ouvrira des opportunités. Le développement de nouveaux métiers connexes (co-working, hôtellerie) et l'implication forte dans la transition écologique de l'entreprise (matériaux, mobilités) font aussi partie de la stratégie. Des projets qui lui tiennent à cœur et qu'il «co-mènera» sereinement, confiant dans la solidité du groupe.

GROUPE GIBOIRE - 2 PL. DU GÉNÉRAL GIRAUD - 35000 RENNES • TÉL. 02 23 42 42 42

PROMOTION ET GESTION IMMOBILIÈRE

Laurent **GIBOIRE**

PRÉSIDENT DU DIRECTOIRE DE LA SOCIÉTÉ GIBOIRE

FORMATION collège de l'Adoration et lycée Saint-Vincent à Rennes - maîtrise de droit immobilier; diplôme de l'Institut de la construction et de l'habitat aux facultés de droit de Rennes et Montpellier

PASSIONS la chasse à la bécasse

Laurent Giboire préside actuellement le directoire de l'entreprise Giboire. Issu de la troisième génération, il est également directeur général d'OCDL, filiale de promotion immobilière du Groupe. Basé à Rennes depuis plus de 85 ans, le Groupe Giboire Immobilier (160 collaborateurs) intervient sur l'ensemble des métiers de l'immobilier (administration de biens, gestion et location; agences immobilières; promotion immobilière et aménageur foncier; conseil en gestion patrimoniale et investissement). Outre ses responsabilités professionnelles, Laurent Giboire s'investit sur d'autres terrains. Chargé de communication de la chambre de Bretagne de la Fnaim depuis 2005, membre de Fnaim Entreprises, il a été trésorier de la chambre de commerce et d'industrie d'Ille-et-Vilaine (ex Rennes) de 2011 à 2021 et il est actuellement président du conseil stratégique de la SEARD, société gestionnaire de l'aéroport rennais. Le sport breton a aussi appris à le connaître puisqu'il a co-présidé le Rennes volley 35 jusqu'en 2015.

GIBOIRE ENTREPRISE ET COMMERCE - 2 PL. DU GÉNÉRAL GIRAUD - 35000 RENNES • TÉL. 02 23 42 43 44

RECHERCHE MÉDICALE

Reynald **GILLET**

PROFESSEUR DES UNIVERSITÉS - CHERCHEUR - DIRECTEUR DE L'INSTITUT DE GÉNÉTIQUE ET DÉVELOPPEMENT DE RENNES

FORMATION lycée Le Verrier à Saint-Lô - maîtrise de sciences biologiques et médicales; DEA de pharmacologie; doctorat de pharmacie; doctorat en biologie moléculaire; habilitation à diriger les recherches, à l'Université de Reims

DISTINCTIONS membre honoraire de l'Institut Universitaire de France (promotion 2011)

PASSIONS la course à pied (marathon, ultra-fond)

PUBLICATIONS auteur d'une cinquantaine de publications internationales

Après son doctorat, Reynald Gillet prend la direction de Cambridge où il intègre le prestigieux Medical Research Council. Il y côtoie Venkatraman Ramakrishnan (Prix Nobel de chimie 2009). En 2003, retour en France où il devient enseignant-chercheur au laboratoire de biochimie de l'UFR de Pharmacie, puis en 2008 en tant que professeur, à l'UFR Sciences de la Vie et de l'Environnement de l'Université de Rennes 1. Il est spécialiste de la synthèse protéique et plus particulièrement de l'étude structurale des ribosomes. Pour lui, «comprendre leur fonctionnement est d'un intérêt particulier en santé humaine puisque la moitié des antibiotiques utilisés en clinique a pour cible le ribosome bactérien».
Reynald Gillet effectue une partie de ses enseignements à l'Université de Hanoï au Vietnam et collabore régulièrement avec des équipes en France et en Europe. Il est depuis 2017 directeur de l'Institut de Génétique et Développement de Rennes (IGDR, UMR CNRS 6290) au sein de laquelle il dirige l'équipe «Ribosomes, bactéries et Stress». L'IGDR accueille aujourd'hui

200 chercheurs au sein de 21 équipes de recherche et œuvre à l'intersection de la recherche, de l'éducation et de la santé. En Bretagne, l'IGDR est le principal institut de recherche dédié à la recherche fondamentale en biologie.

IGDR - INSTITUT DE GÉNÉTIQUE ET DE DÉVELOPPEMENT DE RENNES - FACULTÉ DE MÉDECINE - 2 AV. DU PROFESSEUR LÉON BERNARD - CS - 35043 RENNES CEDEX • TÉL. 02 23 23 49 52

BANQUE ET ASSURANCE

Christophe **GODEL**

DIRECTEUR RÉGIONAL BRETAGNE CHEZ LCL

FORMATION prépa HEC (lycée Chateaubriand, Rennes, 1995) ; DUT Techniques de commercialisation (université d'Angers, 1998) ; formation interne (bachelor professionnel de l'Ifcam, 2006 et ITB-Institut technique de banque, 2012)

PASSIONS le sport en général, la course à pied (qu'il pratique) et le football, la mer

Christophe Godel a commencé sa carrière en 1998 au Crédit Agricole de Vendée en tant qu'assistant clientèle puis assistant conseil et conseiller commercial. Il devient chargé de clientèle professionnels à Noirmoutier et Beauvoir-Sur-Mer en 2002 avant de prendre la direction adjointe de l'agence de La Chataigneraie dans le Sud-Vendée en 2006. Puis il est nommé directeur d'agence multi-marchés, toujours en Sud-Vendée, en 2010. Trois ans plus tard, il rejoint la caisse régionale Atlantique Vendée, en charge de l'activité collecte pour les agences du territoire. En avril 2014, on lui confie également l'activité bancaire (facturation clients, entrée en relation, échanges interbancaires, moyens de paiements), sur les sites de Nantes et La Roche-sur-Yon. Cet amateur de pêche en mer à l'esprit entrepreneur prend la responsabilité de la direction régionale Bretagne-Mayenne de LCL, filiale du Crédit Agricole, en octobre 2018. Une mobilité interne qui s'inscrit dans son parcours de cadre dirigeant, qu'il a débuté en 2017 et qui se poursuivra en 2019.

Désormais à la tête de 47 agences commerciales, réparties sur 5 départements, 253 salariés et plus de 120 000 clients, Christophe Godel a une mission principale : développer la banque sur les marchés des particuliers et des professionnels. Lui qui se définit comme « exigeant et humain », s'épanouit dans la gestion des ressources humaines, le management, l'accompagnement des projets des clients, la déclinaison et la contribution à la stratégie de LCL et du Groupe. Avec toujours l'ambition durable de « renforcer le métier de banquier de proximité ».

LCL BRETAGNE - 4 RUE DE LA MONNAIE - 35000 RENNES • TÉL. 02 99 78 54 15

COMMUNICATION ET MARKETING

David **GODEST**

PRÉSIDENT-FONDATEUR DE DOLMEN - CO-FONDATEUR ET PRÉSIDENT DE TREEBAL

FORMATION INA Paris-Grignon AgroParisTech (1998) ; Mastère en management des NTIC (Telecom ParisTech et HEC School of Managment, 2001)

DISTINCTIONS Breton digital de l'année 2019 (West Web Award)

PASSIONS la pratique assidue du triathlon, la Bretagne

David Godest est né en Normandie par accident, ses racines, son cœur, sa vie sont en Bretagne. Un de ses objectifs premiers est d'ailleurs « de la servir », elle et ses habitants… Avec une partie de sa famille travaillant dans l'univers agricole et bon en sciences, il oriente tout d'abord ses études dans ce domaine. L'ingénieur agronome découvre l'univers du digital lors de son premier emploi en 1999. Il est alors en Argentine, dans une entreprise bretonne filiale du groupe Roullier et il cherche à rester connecté avec son pays. Il pressent déjà la révolution digitale qui s'annonce et revient compléter son parcours académique entre HEC et Télécom Paris. Après deux ans passés chez Optogone à Brest en tant que directeur des affaires financières, il part faire le tour du monde. Puis il entre chez Yves Rocher en 2003. Mais ce sportif invétéré à l'esprit foncièrement indépendant s'est fait une promesse : à 35 ans, il créera sa structure. Il trouve enfin l'idée qui lui permet de fonder Dolmen, tout seul, en 2011 à Rennes : l'édition d'une plate-forme de marketing client à destination des acteurs du commerce de proximité et des collectivités, en France et à l'international.
A la tête de son entreprise, David Godest se revendique CEO : « Chief Encouragement Officer ». Son rôle est principalement « d'embarquer une équipe, la motiver pour faire se transformer son domaine d'activité ». Prônant l'agilité, il s'applique à montrer une vision, en se projetant sur l'avenir qu'il souhaite plus respectueux de l'environnement et proche du local. Lui qui est intéressé par la chose publique – il a failli faire Sciences-Po et s'est présenté à des municipales – tient à conserver sa liberté et son pouvoir de décider. En restant bien sûr ouvert sur le monde, comme tous les Bretons !

DOLMEN - WHOORKS - 28 BOULEVARD DU COLOMBIER - 35000 RENNES • TÉL. 02 99 12 15 75

BANQUE ET ASSURANCE

Sabine **GOLTAIS**

RESPONSABLE DES ACTIONS SOLIDAIRES RÉGION BRETAGNE-NORMANDIE CHEZ HARMONIE MUTUELLE

FORMATION Sup de Co Toulouse, option Finance (1994)

Jeune diplômée, Sabine Goltais trouve formateur de multiplier les expériences professionnelles. Après un stage dans une entreprise en Allemagne, elle décide d'approfondir sa connaissance dans la banque mais trouve l'environnement trop rigide. Séduite malgré tout par le domaine du financement et passionnée par les voitures, elle entre chez Sovac en 1995 à Besançon. Elle anime pendant 4 ans le réseau des vendeurs automobiles dans plusieurs agences régionales. Basée à Tours, elle rencontre son futur mari à Rennes et décide de se rapprocher de lui. Elle est recrutée par

Mutouest (devenue Harmonie Mutuelle), convaincue par son futur patron sur les atouts des valeurs mutualistes. Sabine Goltais découvre alors un nouvel univers et commence à s'intéresser aux valeurs de l'Economie Sociale et Solidaire. Elle devient responsable des actions solidaires en 2013 avec pour mission de permettre au plus grand nombre d'accéder à une complémentaire santé via l'ACS-P. Un poste qui correspond parfaitement à ses qualités d'écoute et de conseil. Elle sensibilise ainsi les entreprises d'insertion, les collectivités, les structures en lien avec la précarité ou avec le médico-social, sur la santé de leurs salariés/usagers. En 2015, deux étudiants souhaitant mettre en lumière le vieillissement la contacte pour la création d'un gérontopôle en Bretagne. Non seulement elle accepte mais elle en prend la présidence en juillet 2016, avec l'aval de sa directrice, jusqu'en juin 2019.

HARMONIE MUTUELLE BRETAGNE
- 8 BD DE BEAUMONT - CS 51227
- 35012 RENNES CEDEX • TÉL. 09 80 98 08 80

ORGANISATIONS PROFESSIONNELLES

Aude **GOULON**

DÉLÉGUÉE RÉGIONALE DE LA FÉDÉRATION SYNTEC

FORMATION maths sup/maths spé (Lycée Saint-Louis Paris, 1993), Ingénieure de l'Ecole Nationale des Mines de Nancy (1996), DEA de Physique et Chimie de l'Université de Nancy (1996)

PASSIONS les voyages lointains, la découverte de l'histoire et des cultures, grande cinéphile

Fille d'un chef d'entreprise et d'une professeur d'éco-droit, Aude Goulon se destinait à être enseignante chercheuse dans un domaine scientifique. Mais, dotée d'un appétit de nouveauté et d'ouverture, elle se rend compte que le monde de la recherche risque d'être trop fermé. Elle entre alors chez Accenture comme consultante junior dans la maîtrise d'œuvre de projets en 1997. Elle découvre le SIRH (Système d'information de gestion des ressources humaines) et y trouve sa spécialité. Elle s'oriente ensuite vers la maîtrise d'ouvrage puis devient consultante senior chez PWC à Londres (1998-2000). Devenue manager, elle décide pourtant de se mettre à son compte en 2001 en tant que chef de projet free-lance, à la fois en maîtrise d'œuvre et maîtrise d'ouvrage. Mais sa soif d'apprendre est la plus forte et, quand Alcatel-Lucent la contacte en 2005 pour prendre un poste de Directrice SIRH, Aude Goulon saisit à nouveau sa chance et l'opportunité de «passer côté client». Elle occupe plusieurs fonctions, toujours dans le domaine de la transformation des systèmes et des processus RH puis de la transformation organisationnelle. Elle prend en parallèle une mission d'HR Business Partner et, en 2013, on lui offre le poste d'adjoint au DRH France. Sa double casquette d'ingénieure et de responsable RH attire l'attention de Technicolor qui lui propose, en 2015, de devenir DRH Europe et de reprendre la direction du site de Rennes. Elle prend la responsabilité des ressources humaines pour l'Inde et l'APAC en 2017 puis celle de l'international en 2019. Elle devient responsable des ressources humaines Europe, Moyen-Orient, Afrique et Asie pour Bridor en janvier 2021 puis elle est nommée déléguée régionale de la Fédération Syntec en décembre.

FÉDÉRATION SYNTEC - DÉLÉGATION DE LA RÉGION BRETAGNE
- 15 AV. GERMAINE TILLION - CS 40814
- 35208 RENNES CEDEX 2 • TÉL. 06 17 71 88 71

ENSEIGNEMENT SUPÉRIEUR

Vincent **GOUËSET**

PRÉSIDENT DE L'UNIVERSITÉ RENNES 2

FORMATION classes préparatoires et études de géographie à Bordeaux (1981-1985) ; agrégation (1986) ; doctorat de géographie (université Bordeaux Montaigne, 1992) ; Habilitation à Diriger des Recherches (université Rennes 2, 2002)

DISTINCTIONS Chevalier des Palmes Académiques 2020

PUBLICATIONS nombreux articles dans des revues, chapitres d'ouvrage, ouvrages, rapports, communications dans des congrès, direction de thèses. Accès ici : https://bit.ly/3lvnzUZ

Charentais d'origine bretonne et fils de paysan, Vincent Gouëset nourrit dès l'enfance une passion pour la géographie. Son attraction pour l'espagnol et l'Amérique latine remonte, elle, à ses années de lycée. Porté par ces deux tropismes, il part en coopération en Colombie de 1988 à 1992. Il y fait sa thèse sur les questions urbaines de ce pays puis rentre en France, où il est recruté comme maître de conférence à l'université Rennes 2 en 1993. Il enseigne alors la géographie générale et sociale, ainsi que l'Amérique latine et les questions de mobilité urbaine. Directeur-adjoint du département de géographie de 1994 à 1998, il soutient son HDR sur les questions urbaines en Amérique latine en 2002 et devient professeur en 2003. Il endosse alors des responsabilités dans le labo CNRS Espaces et Sociétés (ESO), d'abord à la tête du site de Rennes puis de l'ensemble de l'UMR (Angers, Caen, Le Mans, Nantes, Rennes). Une responsabilité qui lui permet de se familiariser avec le fonctionnement de la recherche à l'université. Il prend ensuite un congé sabbatique en 2018 et repart en Colombie pour monter le projet ANR Modural sur les mobilités durables (2020-2023).
En janvier 2023, Vincent Gouëset est sollicité pour l'élection du futur président de l'université Rennes 2. Reconnaissant envers le système public, dans lequel il s'est engagé avec conviction, il relève ce défi. Élu en mai, cet optimiste de nature assume la fonction «d'homme-orchestre» qui revient au président. Il s'est donné plusieurs objectifs, partagés avec son équipe : développer la formation et la recherche, ouvrir à l'international cette université à l'identité forte, tout en s'ancrant sur le site rennais. Il veillera également à garantir les meilleures conditions de travail et de vie étudiante.

UNIVERSITÉ RENNES 2 - CAMPUS VILLEJEAN
- 35043 RENNES CEDEX • TÉL. 02 99 14 10 00

MÉDIAS

Laetitia **GREFFIÉ**

RÉDACTRICE EN CHEF À OUEST-FRANCE

FORMATION DEA (master 2) d'études politiques ; DESS (master) de gestion de la presse

Diplômée en politique et gestion de la presse, des expériences en presse agricole et culturelle vont convaincre Laëtitia Greffié de poursuivre dans le journalisme. Elle intègre Ouest-France en 1993 d'abord en CDD. L'expérience est concluante et elle sera nommée successivement cheffe d'agence, cheffe de rédaction, directrice départementale à deux reprises (Côtes d'Armor et Finistère). Elle devient en 2011 rédactrice en chef déléguée de Ouest-France avant d'intégrer le pool des quatre rédacteurs en chef, aux côtés de Philippe Boissonnat, Sébastien Grosmaitre et Edouard Reis Carona, en 2022. Elle est chargée particulièrement de l'actualité nationale et internationale.

OUEST-FRANCE - SERVICE COURRIER - COORDINATEUR - 10 RUE DU BREIL - 35051 RENNES CEDEX 9 • TÉL. 02 99 32 60 00

ENSEIGNEMENT SUPÉRIEUR

Patrick **GROS**

DIRECTEUR DU CENTRE INRIA DE L'UNIVERSITÉ DE RENNES

FORMATION Ingénieur diplômé de l'École Polytechnique (1988) et de l'ENSTA Paris (1990) ; DEA université Paris XI (1990) ; doctorat en informatique (INP Grenoble, 1993) ; Habilitation à diriger des recherches (Institut polytechnique de Grenoble - Grenoble INP, 1998)

PUBLICATIONS A coordonné : « L'indexation multimédia : Description et recherche automatiques » (Hermès Sciences, 2007) et, avec Petros Maragos et Alexandros Potamianos, « Multimodal Processing and Interaction - Audio, Video, Text » (Springer, 2008)

Après sa thèse en informatique, Patrick Gros est embauché comme chercheur CNRS en 1993 au sein du LIFIA (Labo d'informatique fondamentale et intelligence artificielle) de Grenoble. Il passe ensuite un an, en 1996, à l'institut de robotique de l'université Carnegie Mellon à Pittsburgh. Il rejoint Rennes et le laboratoire IRISA en 1999 où il devient directeur de recherche Inria en 2006. Il crée une équipe-projet en 2002 autour des techniques d'exploitation des données multimédia et travaille sur des archives télévisuelles avec l'INA, TF1 et Arte. Il dirige cette équipe jusqu'en 2014 avant d'être nommé à la tête du centre de recherche Inria (Institut national de recherche en sciences et technologies du numérique) Grenoble Rhône-Alpes à Grenoble et Lyon. Il occupe ce poste pendant 5 ans puis devient le directeur du centre de recherche Inria de l'Université de Rennes en novembre 2020.
Avec 700 personnes sous sa responsabilité, les missions principales de Patrick Gros sont de gérer le centre et de développer ses activités. Elles consistent également à établir et consolider les contacts avec de nombreux sites de recherche autour de thèmes communs (cybersécurité, numérique et santé, numérique et environnement). Soutenant la dynamique de l'enseignement supérieur et de la recherche, Inria collabore par ailleurs avec les universités et grandes écoles de Rennes pour créer un établissement public expérimental : la future université de Rennes. Administrateur de l'IRT Bcom, membre du conseil d'école de l'Ensai et du conseil scientifique de Centrale Nantes, le directeur de l'Inria se plait à donner une direction, une énergie, « dans un environnement complexe ». Veillant toujours à garder un dialogue permanent avec les chercheurs et attentif à l'impact de leurs travaux.

CENTRE INRIA DE L'UNIVERSITÉ DE RENNES - CAMPUS UNIVERSITAIRE RENNES BEAULIEU - 263 AV. DU GÉNÉRAL LECLERC - 35042 RENNES CEDEX • TÉL. 02 99 84 71 00

MÉDIAS

Sébastien **GROSMAITRE**

RÉDACTEUR EN CHEF DE OUEST-FRANCE

FORMATION lycée Saint-Joseph à Lamballe - licence et maîtrise information/communication (Université catholique de Vannes, UCO Angers et à la Faculté de droit) ; DESS management des entreprises (Institut d'administration des entreprises de Rennes)

PASSIONS les activités multisports (course à pied, football, squash, raids sportifs, plongée, voile, pêche) et multiculturelles (littérature, cinéma, concerts).

Doté d'une solide formation, Sébastien Grosmaître s'oriente vers le journalisme en entrant comme journaliste vacataire à Ouest-France en 1991. Sa volonté de progresser le pousse à quitter le quotidien de l'ouest pour le magazine L'Entreprise (groupe L'Expansion) en 1995 puis La Nouvelle République à Bourges en 1996.
Il réintègre Ouest-France en 1997 comme chef d'agence à Sablé-sur-Sarthe. Trois ans plus tard, il revient sur ses terres natales, dans les Côtes-d'Armor, comme chef de rédaction à Guingamp (2000-2004), puis chef d'édition Côtes-d'Armor (2004-2006) et enfin chef de rédaction à Saint-Brieuc (2006-2009).
Après trois années passées à Angers au titre de directeur départemental du Maine-et-Loire, Sébastien Grosmaître revient à Saint-Brieuc pour y occuper les mêmes responsabilités. En septembre 2014, il est nommé au sein de la rédaction en chef de jour, au siège du journal Ouest-France, plus particulièrement en charge des informations régionales et locales ainsi que de l'éducation aux médias. Il prend la fonction de rédacteur en chef délégué aux informations régionales et locales en septembre 2016.
Six ans plus tard, il devient l'un des quatre rédacteurs en chef de Ouest-France à la suite d'une réorganisation, avec la responsabilité de l'information locale et régionale. Il anime l'équipe des directeurs départementaux et des cheffes des services régions Bretagne, Normandie et Pays-de-la-Loire, ainsi que de l'interactivité.
Sébastien Grosmaitre fait partie d'un pool de quatre rédacteurs en chef aux côtés de Laetitia Greffié, Philippe Boissonnat et Edouard Reis Carona.

OUEST-FRANCE - SERVICE COURRIER - COORDINATEUR - 10 RUE DU BREIL - 35051 RENNES CEDEX 9 • TÉL. 02 99 32 60 00

CAPITAL-INVESTISSEMENT

Jérôme **GUERET**

DIRECTEUR GÉNÉRAL DE GO CAPITAL

FORMATION ESC Bordeaux ; Executive MBA de l'ESCP Paris

Jérôme Gueret a débuté sa carrière dans le groupe Orange en 1996, en management marketing et commercial. Il a cofondé en 2000 l'incubateur Inventmobile à Paris, pour le groupe Orange, dédié à l'amorçage d'entreprises innovantes en technologies mobiles, avant de prendre en charge le développement marketing de la TV-IP pour le groupe France Télécom. En 2005, il choisit l'entrepreneuriat et devient actionnaire et directeur général de Ribo France, une entreprise technologique fabriquant des pompes à chaleur. Il revendra cette société en 2008 au groupe EDF EN et en assurera la direction générale jusqu'en 2011. Jérôme Gueret rejoint l'équipe de Go Capital en mai 2012. Basé à Nantes, il assure la présence de Go Capital Pays de la Loire pour gérer les investissements dans les projets innovants de la région. Membres du directoire, il devient actionnaire et directeur général en juin 2020.

GO CAPITAL
- 1 RUE LOUIS BRAILLE - LA COURROUZE
- HALL A - 35136 SAINT-JACQUES-DE-LA-LANDE
• TÉL. 02 99 35 04 00

NUMÉRIQUE ET INFORMATIQUE

Claude **GUILLEMOT**

PDG DE GUILLEMOT CORPORATION - DIRECTEUR GÉNÉRAL DÉLÉGUÉ D'UBISOFT ENTERTAINMENT

FORMATION maîtrise en sciences économiques (Université de Rennes 1, 1981) ; spécialisation en informatique industrielle (ICAM de Lille)

PASSIONS le pilotage d'avions et la technologie

Aîné de cinq garçons, Claude Guillemot a créé en 1984, avec ses quatre frères, le Groupe Guillemot Corporation. La société conçoit, fabrique et commercialise des accessoires de loisirs interactifs dans plus de cent quarante pays. Les marques sont Hercules, pour les périphériques numériques (DJ et musique numérique), et Thrustmaster, pour les accessoires de jeux PC et consoles (gamepads, volants, joysticks, casques Gaming). En 1986, les cinq frères fondent le Groupe Ubisoft Entertainment, concepteur et éditeur de jeux interactifs pour PC et consoles. Puis, en 2000, la société Gameloft, un leader dans l'édition de jeux vidéo téléchargeables pour smartphones.
Président Directeur Général de Guillemot Corporation, Claude Guillemot est directeur général délégué d'Ubisoft Entertainment. Il a par ailleurs présidé pendant plusieurs années le Club des Trente, le think tank des grands entrepreneurs bretons. Depuis 2009, le Rennais préside l'association Passeport Armorique pour Entreprendre : l'association fournit aux étudiants entrepreneurs sélectionnés un parrain chef d'entreprise local qui les aidera à faire aboutir leur projet.

GUILLEMOT CORPORATION - UBISOFT
- PLACE DU GRANIER - BP 97143
- 35571 CHANTEPIE CEDEX • TÉL. 02 99 08 08 80

HÔTELLERIE-RESTAURATION

Sylvain **GUILLEMOT**

CHEF ET PROPRIÉTAIRE DE L'AUBERGE DU PONT D'ACIGNÉ

FORMATION Les Hautes Ourmes à Rennes; CAP de cuisine; bac professionnel avec mention à Rennes

DISTINCTIONS une étoile au Michelin depuis 2005; 4 toques au Gault & Millau (2013); Gault et Millau d'or de la région Ouest (2019)

PASSIONS la cuisine, la musique et les arts.

PUBLICATIONS « Beurre ou Ordinaire ? » (Ed. Menu Fretin, 2010)

Comme tant de grands chefs, C'est auprès de sa mère qu'est née sa passion pour la cuisine. Mais sa formation, Sylvain Guillemot l'a fait notamment auprès de Jacques Thorel de l'Auberge Bretonne à la Roche Bernard (1988-1990) et Alain Passard à l'Arpège à Paris (1992-1995). Dans ce célèbre temple de la gastronomie parisienne, Sylvain Guillemot et son épouse Marie-Pierre travaillent ensemble, elle en salle, lui en cuisine. Et c'est d'un commun accord qu'ils décident en 1995 de s'installer près de Rennes. C'est le début de l'aventure de l'Auberge du pont d'Acigné qui au fils des ans, est devenu un incontournable en Bretagne. Les critiques gastronomique apprécient également la créativité sans fioritures excessives de Sylvain Guillemot : deux étoiles au guide rouges Michelin 2013, 4 toques au Gault & Millau, 2 points au Bottin Gourmand, un 16 au guide Champérard, sans oublier un titre de « jeune chef de l'année » dans le Pudlo Bretagne 2010. Il perd une étoile en février 2016 mais cela ne l'empêche pas de continuer à s'investir pour la gastronomie bretonne. Il est d'ailleurs membre depuis 2012 de Tables et saveurs de Bretagne, après en avoir été le président. En 2019, il est lauréat du Gault et Millau d'or de la région Ouest.

RESTAURANT L'AUBERGE DU PONT D'ACIGNÉ
- LE PONT D'ACIGNÉ
- 35530 NOYAL-SUR-VILAINE
• TÉL. 02 99 62 52 55

CULTURE

Claude **GUINARD**

DIRECTEUR DU FESTIVAL LES TOMBÉES DE LA NUIT

FORMATION sociologie

Après des études en sociologie, Claude Guinard commence sa carrière en 1987 comme directeur de la communication de plusieurs institutions culturelles bretonnes, dont Le Grand 8 (Maison de la culture de Rennes et Centre dramatique national de Bretagne sous la direction de Pierre Debauche), le Festival du Pays de Bécherel ou encore l'Ubu Club. De 1990 à 1994, il est nommé directeur de la communication et responsable de la programmation musique du Théâtre national de Bretagne à Rennes (sous la direction d'Emmanuel de Véricourt). En 1995, il devient directeur du Théâtre l'Aire Libre à Saint-Jacques-de-la-Lande près de Rennes. Ce lieu de résidence dans le domaine du théâtre et des musiques actuelles lui permet d'accompagner de nombreuses créations en salle et hors les murs. Depuis 2003, Claude Guinard est directeur artistique de l'association Les Tombées de la Nuit, avec la complicité de Philippe Kauffmann, ancien programmateur des Halles de Shaerbekk en Belgique. Il a pu y suivre les projets de différents artistes français et internationaux tels que Zur, la Cie Opus, Victor B, Allegro Barbaro, Michel Risse, Lod, Carabosse, Laïka, Groupenfonction, Théâtre de l'Arpenteur, 26000 Couverts, Jean-Philippe Goude, La Linéa, Julie Desprairies, Dominique A, Circus Ronaldo...

FESTIVAL DES TOMBÉES DE LA NUIT
- 13 SQUARE LUCIEN ROSE - 35000 RENNES
• TÉL. 02 99 32 56 56

ETAT

Philippe **GUSTIN**

PRÉFET D'ILLE-ET-VILAINE ET DE BRETAGNE

FORMATION Doctorat d'histoire sociale (université de Franche-Comté, 1991) ; CAPES interne d'histoire-géographie (1992) ; ENA (promotion Nelson Mandela, 2001) ; auditeur de la 17e session de l'Institut national des hautes études de sécurité 2006

DISTINCTIONS chevalier de la Légion d'honneur ; Chevalier des Palmes académiques

PUBLICATIONS Plusieurs ouvrages publiés dont le dernier : France-Allemagne : relancer le moteur de l'Europe (Lemieux éditeur, 2016)

Philippe Gustin a commencé par enseigner, en Haute-Saône à partir de 1979, puis en Allemagne, en Hongrie et en Autriche. Il intègre l'ambassade de France en Autriche, en qualité d'attaché culturel, directeur du bureau de coopération linguistique, éducative et universitaire. Cette expérience l'a certainement conforté dans le choix de donner un virage à sa carrière en intégrant l'École nationale d'administration (dont il sort diplômé en 2001). Il devient sous-préfet de Cosne-Cours-sur-Loire (Nièvre) la même année, avant d'être promu secrétaire général de la préfecture de Mayotte en 2003. En 2007, il est conseiller auprès de Christine Lagarde, alors ministre de l'Économie, en charge des restructurations, des mutations économiques et de l'outre-mer. Il est ensuite nommé secrétaire d'État en charge de l'industrie et de la consommation en 2008. Deux ans plus tard, il devient directeur de cabinet au sein du ministère de l'Education nationale, de la jeunesse et de la vie associative. Ambassadeur de France en Roumanie entre 2012 et 2014, il prend la fonction de directeur général des services départementaux de l'Eure en 2015. Délégué interministériel à la reconstruction de Saint-Barthélemy et de Saint-Martin en 2017, c'est en 2018 qu'il est nommé préfet de Guadeloupe. Il dirige ensuite le cabinet du ministère des Outre-mer en 2020 puis celui du ministère des Armées en 2022. Philippe Gustin prend les rênes de la préfecture d'Ille-et-Vilaine et de Bretagne en août 2023.

PRÉFECTURE DE LA RÉGION BRETAGNE
- 3 AV. DE LA PRÉFECTURE
- 35026 RENNES CEDEX 9 • TÉL. 08 21 80 30 35

RECHERCHE

Martine **HAUSBERGER**

DIRECTRICE DE RECHERCHE CNRS À L'UMR ETHOS

FORMATION collège-lycée à Arras - doctorat d'éthologie à Lille et à Rennes

DISTINCTIONS médaille de bronze du CNRS (1990)

PASSIONS les animaux en général, la nature et les voyages

PUBLICATIONS une dizaine d'ouvrages dont les plus récents sont : « Aux origines du dialogue humain : parole et musique », coauteur, (Odile Jacob/Collège de France-2009) ; « Nutrition et alimentation des chevaux », coauteur, (Ed. Quae-2012)

Depuis le début de sa carrière en 1979, Martine Hausberger poursuit des études sur la communication vocale chez les oiseaux, notamment chez l'étourneau (1979 à maintenant). Elle a ainsi démontré l'existence de dialectes chez ces oiseaux et leur capacité à s'intégrer dans leur environnement. Pour analyser leur chant, elle utilisait une représentation des sons par l'image (sonogrammes). Directrice de recherche au CNRS, elle a aussi été la responsable de l'UMR 6552 EthoS (spécialisée dans l'étude du comportement animal) de 1999 à 2013. Dans les années 90, elle a initié des recherches pionnières sur le comportement du cheval domestique afin d'améliorer le développement de sa relation à l'homme et ses conditions de vie et d'élevage. Elle est responsable du DU Ethologie du cheval à l'Université de Rennes, directrice de l'équipe Pegase (PErception, coGnition, Attention, Socialité et Evolution). Globalement elle promeut au sein du laboratoire d'éthologie les études comparatives du comportement, y compris les comparaisons homme/animal.
Secrétaire de la commission cheval de l'EAAP (European association for animal production ou Fédération européenne de zootechnie), elle est notamment membre de la Commission scientifique spécialisée et de la Commission cheval à l'Inra. Elle est aussi responsable du GDR d'Ethologie (réseau national des chercheurs en éthologie) et du GIS interdisciplinaire régional « Cerveau-Comportement-Société ».

LABORATOIRE D'ÉTHOLOGIE ANIMALE ET HUMAINE - UNIVERSITÉ DE RENNES 1 - CAMPUS DE BEAULIEU
- 263 AV. DU GÉNÉRAL LECLERC, BÂTIMENT 25
- 35042 RENNES CEDEX • TÉL. 02 23 23 68 10

COMMUNE

Marc **HERVÉ**

1ER ADJOINT À LA MAIRE DE RENNES - CONSEILLER DÉPARTEMENTAL D'ILLE-ET-VILAINE

FORMATION Lycée René Descartes à Rennes - Institut d'études politiques (Toulouse, 2005) ; master 2 en finances locales (faculté d'économie de Rennes 1, 2006)

PASSIONS La pêche en mer, le football et le cinéma

Lauréat du concours d'attaché territorial, Marc Hervé est recruté en 2006 au Conseil régional comme chargé d'études budgétaires. Des fonctions professionnelles exercées jusqu'en 2011, date à laquelle il choisit de se consacrer pleinement à ses mandats politiques. Militant socialiste depuis 2005, il devient conseiller municipal de Rennes en charge de l'eau en 2008. Durant cette période, il préside le Syndicat mixte de production d'eau potable du bassin rennais (SMPBR). A la suite des élections municipales de mars 2014, il devient adjoint au Maire de Rennes, délégué aux finances, à l'administration générale, aux relations

économiques, au commerce et à l'artisanat. Il est par ailleurs conseiller communautaire de Rennes Métropole, délégué au Commerce puis, depuis 2020, conseiller délégué aux formes urbaines. Conseiller départemental d'Ille-et-Vilaine depuis 2011, réélu en 2015 et 2021, Marc Hervé est chargé du contrat de projet État-Région et du suivi des fonds européens.
Il est nommé 1er adjoint à la maire de Rennes après les élections municipales de 2020, en charge de l'urbanisme.

VILLE DE RENNES - HÔTEL DE VILLE - CS 63126 - 35031 RENNES CEDEX • TÉL. 02 23 62 14 80

CULTURE

Michel **HOMMELL**

PROPRIÉTAIRE DU MANOIR DE L'AUTOMOBILE ET DES VIEUX MÉTIERS DE LOHÉAC

FORMATION collège-lycée à Nancy

PASSIONS l'automobile, l'architecture et la vie de village

L'automobile, c'est l'histoire de sa vie. Une vie menée tambour battant qui le fait participer à des rallyes, notamment pendant trois ans à la Coupe Renault 8 Gordini. Michel Hommell crée donc un magazine dédié aux sports mécaniques, Echappement, en 1968. Un succès qui lui permettra peu à peu de constituer un groupe de presse avec plus de 30 magazines orientés vers les loisirs. En 1976, il fait sensation en créant la première épreuve française de rallye-cross en Bretagne, à Lohéac, village qui va connaître une renaissance. Sa passion de l'automobile lui fait acheter de nombreux véhicules au point de vouloir en faire un musée. Ce sera encore dans la commune brétillienne, en 1988, qu'il ouvre le Manoir de l'automobile avec 14 000 m² d'exposition et plus de 400 modèles. Michel Hommell poursuit un autre rêve : construire des voitures de course. Toujours et encore à Lohéac, dans l'ancienne laiterie du village, il crée une usine d'où sortira, deux ans plus tard, en 1992 son premier modèle, la Berlinette Échappement présentée au Mondial de l'automobile. Deux autres modèles seront créés en 1999 et 2001. Mais les difficultés économiques obligeront Michel Hommell à cesser l'aventure en 2005. Il reste très investi à Lohéac et continue à faire vivre le « Le Manoir de l'automobile et des vieux métiers », l'un des plus beaux musées dédiés à l'automobile et à son environnement.

MANOIR DE L'AUTOMOBILE - 4 RUE DE LA COUR NEUVE - 35550 LOHÉAC • TÉL. 02 99 34 02 32

SPORT PROFESSIONNEL

Emmanuel **HUBERT**

MANAGER GÉNÉRAL DE L'ÉQUIPE CYCLISTE ARKÉA-SAMSIC

FORMATION bac pro Vente (Fougères) - brevet d'état des Activités du cyclisme (Fédération Française de Cyclisme, Montry)

PASSIONS sa compagne, le cyclisme, la chasse

Emmanuel Hubert débute sa carrière cycliste à Fougères, sa ville d'adoption. Quatre ans plus tard, il rejoint le Cyclo-club rennais puis ce sera le Centre Louison Bobet, le VC Pontivy et l'ASPTT Paris. Il devient professionnel et sera, en 1994, champion de France du contre-la-montre par équipes avec l'équipe du comité Île-de-France. Il dispute le championnat du monde sur route amateur et intègre l'équipe Gan en fin de saison 1994 comme stagiaire. Recruté par lLe Groupement en 1995, il rallie ensuite une équipe de la Fédération française de cyclisme, avec laquelle il gagne le Tour de l'Ain et une étape du Tour de l'Avenir. Il poursuit pendant deux ans chez Gan et met un terme à sa carrière de coureur en 1997. Après avoir obtenu son brevet d'état en 1998, il s'occupe des relations publiques pour Amaury Sport Organisation.
Emmanuel Hubert quitte, temporairement, les vélos et la Bretagne pour devenir attaché commercial, notamment pour les Laboratoires Fenioux, spécialiste des compléments alimentaires et produits naturels. Mais, démarché par Agritubel en 2004 pour monter une équipe, il est nommé directeur sportif tout en assurant la partie relations publiques. Après la dissolution de l'équipe en 2009, il devient directeur sportif de Bretagne-Schuller en 2010 (devenue Bretagne-Séché Environnement). Il reprend à son compte le management et la présidence fin 2013 de l'équipe renommée Fortuneo-Vital Concept en 2016, Fortuneo-Samsic en 2018 puis Arkéa-Samsic. Se partageant entre la Corse et la Bretagne, ce manager-né se définit comme « itinérant à 75 % », porté par l'amour de son métier. Proche de la nature, il adore la chasse. Mais toujours dans les règles de l'art et avec respect, des principes qui ont toujours guidé sa vie.

ARKÉA-SAMSIC - 6 RUE EDOUARD BRANLY - 35170 BRUZ • TÉL. 02 90 78 44 95

SERVICES À LA PERSONNE

Nicolas **HUCHET**

FONDATEUR BIONICOHAND ET ASSOCIATION MY HUMAN KIT

FORMATION BEP MSMA (Maintenance des Systèmes Mécaniques Automatisés) et Bac professionnel EDPI (Etudes et Définitions de Produits Industriels) par la voie de l'apprentissage (1999-2004, Angers et Besançon) ; Certificat d'ingénieur du son City & Guilds 1820 Part 1 & 2 (2006, Tralee, Irlande)

DISTINCTIONS Victoire de la Bretagne 2014 catégorie action individuelle ; innovateur social de l'année MIT - 35 ans France 2015 ; Maker of Merit : Maker Faire Rome 2013, Maker Faire Bay Area 2014, Maker Faire Paris 2014, Maker Faire New York 2015

PASSIONS Technologie/partage/handicap ; percussions/musique/cirque ; cultures et langages ; philosophie/psychologie/écriture

Appareillé d'une prothèse de main myo-électrique (qui fonctionne grâce aux impulsions de l'avant-bras), l'idée de fabriquer sa propre main s'est imposée à Nicolas Huchet en 2012, quand il pousse la porte du premier « fab lab » de Rennes, le LabFab, un atelier de fabrication numérique ouvert à tous et consacré aux projets collaboratifs. Il y découvre l'open source, la fabrication digitale. Puis il conçoit, avec une imprimante 3D et de l'électronique bon marché, un prototype de main bionique open source qu'il peut commander avec des capteurs musculaires. Le succès international du projet le pousse à créer l'association My Human Kit dont le but est la création d'aides techniques aux handicaps pour et avec les personnes concernées en utilisant les méthodes du Do It Yourself. Entre 2013 et 2015, Nicolas Huchet est successivement sélectionné aux TEDx Rennes, Paris et Madrid, reconnu Breton de l'année et promu innovateur social de l'année par le MIT. L'association est lauréate du Google Impact Challenge 2015.

MY HUMAN KIT - 2 AV. DU BOIS LABBÉ - CS44238 - 35042 RENNES CEDEX • TÉL. 07 68 32 83 21

MÉDIAS

Yann-Armel **HUET**

DIRECTEUR DÉPARTEMENTAL OUEST-FRANCE ILLE-ET-VILAINE

PUBLICATIONS « L'âme du Cotentin », avec François Simon (Ed. Orep)

Rennais d'origine, Yann-Armel Huet est diplômé d'un master de philosophie, pacsé et père d'un petit garçon. Passionné de dessin, ce journaliste de 45 ans est entré chez Ouest-France en 2007 et a notamment travaillé à Coutances (Manche), Caen (Calvados), Redon (Ille-et-Vilaine), Quimper (Finistère), Pontivy et Lorient (Morbihan).
Avant de devenir en 2022 directeur départemental en Ille-et-Vilaine, il occupait depuis 2017 les fonctions de chef de la rédaction de Rennes, adjoint du directeur départemental.

OUEST FRANCE ILLE-ET-VILAINE - 38 RUE DU PRÉ BOTTÉ - 35051 RENNES CEDEX 9 • TÉL. 02 99 29 69 00

RECHERCHE

Gabrielle **INGUSCIO**

DÉLÉGUÉE RÉGIONALE DU CNRS BRETAGNE-PAYS DE LA LOIRE

FORMATION maîtrise de psychologie (université Louis Pasteur de Strasbourg, 1984) ; EAD (Paris, 1985)

PASSIONS les voyages, la famille

Tout au long de son chemin professionnel, Gabrielle Inguscio a toujours recherché les approches transverses, créant des passerelles entre les personnes, les structures. Ce qui l'enthousiasme, reconnaît-elle, c'est « la mise en place des dispositifs et leur développement » ainsi que la dimension humaine du management. Responsable de la communication interne et de la formation de S.T. Dupont dès 1986, elle intègre le groupe SCIC (gestion de logements sociaux) en 1989. Elle y sera responsable de l'emploi/formation en Ile-de-France, puis de la mobilité/recrutement et, enfin, des ressources humaines en direction régionale après avoir été formée en droit du travail à l'Essec (1995). Elle réussit ensuite le concours d'administrateur de l'ANPE et part pour l'Isère. Directrice d'agence de 1999 à 2003, elle prend la responsabilité de l'antenne départementale du CNFPT pendant 1 an.
C'est en 2005 que Gabrielle Inguscio rejoint l'ENSA de Grenoble en tant que directrice adjointe et connaît un premier contact avec le CNRS. Séduite par l'organisme de recherche, elle postule et est recrutée au poste de responsable des ressources humaines pour la délégation Alpes en 2009. De 2013 à 2016, elle occupe les fonctions de directrice des services d'appui pour l'INRA en Auvergne-Rhône-Alpes puis Versailles-Grignon et Nord-Picardie-Champagne. Mais, fuyant le « risque de s'enfermer dans des certitudes », elle choisit de réintégrer le CNRS. Elle est ainsi nommée déléguée régionale pour la circonscription Bretagne et Pays de la Loire en juillet 2017. Avec 68 personnes sous sa responsabilité et de nouvelles missions à assurer, elle est dans son élément.

CNRS BRETAGNE ET PAYS DE LA LOIRE - 1 RUE ANDRÉ ET YVONNE MEYNIER - PARC ALCYONE - CS 26936 - 35069 RENNES CEDEX • TÉL. 02 99 28 68 68

MÉDIAS

Vincent **JARNIGON**

PRÉSIDENT DU DIRECTOIRE D'INFOMER

FORMATION DUT journalisme (IUT de Lannion, 1996) ; niveau maîtrise Programmes de communication, journalisme et domaines apparentés (université de Rennes 2, 2000)

PASSIONS l'Histoire, la politique, l'économie, le sport (vélo et foot)

Vincent Jarnigon évolue depuis le début de sa carrière, en 1996, dans le groupe Ouest-France. Journaliste généraliste dans plusieurs rédactions en Bretagne, il devient journaliste spécialiste police/justice à la rédaction de Vannes en 2000. Deux ans plus tard il prend la direction de l'agence Ouest-France à Loudéac puis celle de Dinan en 2005. Il est ensuite nommé chef de la rédaction de Lorient en 2008 avant celle de Rennes en 2011. Il grimpe un échelon supplémentaire lorsqu'on lui confie la direction départementale d'Ille-et-Vilaine en 2017, avec 60 journalistes pour 5 rédactions sous sa responsabilité.
Après avoir rejoint Infomer en septembre 2022 en tant que directeur délégué, Vincent Jarnigon en est désormais président du directoire depuis le 4 novembre. Infomer, filiale maritime du groupe Ouest-France, édite le Marin, Voiles et Voiliers et le Chasse Marée. Elle organise également trois évènements d'envergure : les assises de l'économie de la mer, les assises de la pêche et les assises des Outre-Mer.

INFOMER - 10 RUE DU BREIL - 35051 RENNES CEDEX 9 • TÉL. 02 30 21 23 00

PROMOTION ET GESTION IMMOBILIÈRE

Daniel **JEULIN**

CRÉATEUR DE CAP MALO ET D'ESPACE PERFORMANCE

FORMATION autodidacte

DISTINCTIONS oscar du jeune dirigeant ; victoire des autodidactes ; oscar du manager

PASSIONS le golf et les chevaux.

Daniel Jeulin a débuté sa carrière en 1970 comme vendeur de photocopieurs dans la société Agfa Gevaert, puis responsable des ventes Bretagne à Canon France. En 1979, il décide de créer sa propre société Repro Conseil, basée à Rennes et présidera cette filiale de Konica Minolta (devenue KMBS). Il est aujourd'hui conseiller du président. En 1990, il se lance dans le secteur de l'immobilier en créant un concept de centre d'affaires novateur : Espace Performance Rennes, Nantes, Angers, Cholet. Neuf ans plus tard, le Rennais met en place un nouveau projet, Cap Malo, un espace de plus de 100 000 m2 regroupant commerces, loisirs et restauration aux portes de Rennes, sur la route de Saint-Malo. Outre le développement de la promotion immobilière de bureaux, il réalise depuis 2006 plusieurs centaines de logements sur les bassins rennais et nantais. Il est également cogérant de Jadco Invest, holding du groupe Jeulin. Ses enfants codirigent actuellement le groupe Jeulin : Céline Jeulin dans le développement de l'hôtellerie et de l'événementiel, Arnaud Jeulin dans la promotion immobilière sur le Grand Ouest.
Depuis des années, Daniel Jeulin s'engage aussi activement dans l'univers sportif puisqu'il préside l'association sportive Rennes Cap Malo et est à l'origine, en 2011, du Marathon Vert de Rennes. En 2017, il crée une course d'un genre nouveau, le Rennes Urban Trail.

GROUPE JEULIN
- ESPACE PERFORMANCE ALPHASIS
- BÂT. N - 35760 SAINT-GRÉGOIRE CEDEX
• TÉL. 02 99 23 16 46

AGROALIMENTAIRE

Olivier **JULIENNE**

DIRECTEUR GÉNÉRAL EN CHARGE DE L'IMMOBILIER DU GROUPE ROULLIER

FORMATION Maîtrise de sciences-économiques (université de Rennes 1, 1987) ; École Supérieure de Commerce de Bordeaux (1989)

Olivier Julienne débute sa carrière en 1989 à la direction industrielle de Yamaha Motors, en France, puis en Italie. De 1993 à 2001, il prend successivement la fonction de directeur logistique chez Stihl France, puis de directeur Achats chez MTS France (Groupe Merloni). Il entre dans le Groupe Roullier courant 2001 pour mettre en place la coordination des Achats Monde. Avec une forte expérience complémentaire de direction de PME de 2006 à 2012, Olivier Julienne a occupé les postes de DRH stratégique Groupe, puis de directeur du développement de la filiale d'agrofourniture Innovabio. Il assume la responsabilité de directeur général adjoint du Groupe Roullier de 2018 à avril 2021. Il prend ensuite la fonction de directeur général en charge de l'immobilier.

GROUPE ROULLIER
- 27 AV. FRANKLIN ROOSEVELT
- 35408 SAINT-MALO CEDEX
• TÉL. 02 99 20 67 20

BIENS D'ÉQUIPEMENT

Vincent **JUNG**

DIRECTEUR GÉNÉRAL DE RAISON HOME

FORMATION Lycée Saint-Exupéry à Fameck (bac D, 1982) - Deug de sciences économiques (1985) ; Gestion des unités touristiques (équivalent licence, 1986) ; ICG gestion et management stratégique (1999) ; master II en marketing opérationnel international (2011) à l'université de droit de Nancy et à l'université Paris Ouest

PASSIONS La bande dessinée, la science-fiction, le squash et le ski

Depuis plusieurs années, Vincent Jung évolue dans le marché de l'ameublement. Tout d'abord responsable marketing au sein du groupe Maîtres & Tradition, il assure ensuite la direction régionale du groupe Salm pour l'enseigne Cuisines Schmidt, puis est nommé directeur des ventes de Cuisinella. Le réseau se développe en un temps record dans un contexte pourtant peu favorable. Les compétences de Vincent Jung sont alors repérées par la marque française de cuisine Arthur Bonnet, où il devient directeur de marque chargé des pôles commerce et marketing. En septembre 2018, il rejoint le groupe Fournier, fabricant et distributeur de cuisines gérant les enseignes Mobalpa, So Cooc et Pérenne. Directeur d'enseigne Mobalpa et directeur général des magasins succursales, il orchestre le nouveau positionnement de la marque. Puis, en 2021, il est recruté en tant que directeur général de Raison Home, franchise d'agencement d'intérieur (ou Home Design) qui propose des cuisines, salles de bain, dressing et rangement sur mesure.
Si Vincent Jung a tiré son épingle du jeu au niveau professionnel, il a aussi marqué des points sur les terrains. De nombreuses récompenses viennent couronner son parcours de footballeur au niveau régional, notamment lors de la demi-finale de la coupe de Lorraine et des 64e de finale de la coupe de France. Cinq années à diriger des exploitations Pierre & Vacances dans des stations touristiques ont révélé sa passion du ski. Amateur de bandes dessinées et de films de science-fiction, il aime mettre sa

curiosité et sa créativité au service de ses loisirs comme de son métier !

RAISON HOME - 11 RUE DU BOIS DE SOEUVRES - LA PALMERAIE - 35770 VERN-SUR-SEICHE • TÉL. 02 99 27 75 14

FORMATION PROFESSIONNELLE

Marc **KEMPF**

DIRECTEUR GÉNÉRAL D'ASKORIA

FORMATION Ecole nationale supérieure d'agronomique, spécialité mathématiques et informatique (Rennes, 1983) ; Institut français de gestion (Nantes, 1993)

PASSIONS Belle-Île-en-Mer, la musique baroque, le clavecin français et le vin.

Marc Kempf a eu plusieurs vies professionnelles et c'est dans la sphère informatique qu'il débute sa carrière. En 1982, il est recruté par Aria, start-up spécialisée dans le secteur agricole à Amiens et exerce à titre de directeur technique. Il rejoint en 1986 la société d'informatique Cril, où il devient successivement chef de projet, directeur de l'agence de Rennes, puis directeur régional Ouest à Nantes. Investi dans son travail, Marc Kempf grimpe vite les échelons. Ce qui l'intéresse, c'est «créer des collectifs et les faire grandir», tout en progressant lui-même. À 30 ans, il accède au poste de directeur général adjoint de Cril. Aimant la nouveauté, il caresse très vite un autre projet : celui de reprendre une société. En 1994, c'est chose faite. Son associé et lui rachètent une entreprise spécialisée dans les cheminées. Cette riche aventure dure jusqu'en 2004. À cette époque, Marc Kempf a besoin d'un nouveau souffle. Il découvre alors l'Afpa et la formation professionnelle. Lorsqu'il a l'opportunité de devenir directeur d'un centre de formation à Doué-La-Fontaine, il la saisit. Il occupe ce poste jusqu'en 2007, puis est nommé directeur de la région Centre à Orléans. Quelques années plus tard, il souhaite revenir vivre en Bretagne et obtient le poste de directeur régional de l'Afpa en 2011. Il rejoint ensuite Askoria, organisme de formation professionnelle dédié aux métiers de l'intervention sociale, en tant que directeur général en 2015.

ASKORIA - 2 AV. DU BOIS LABBÉ - CS44238 - 35042 RENNES CEDEX • TÉL. 09 99 59 41 41

ETAT

Alain **KERHOAS**

1ER VICE-PRÉSIDENT DU TRIBUNAL DE GRANDE INSTANCE DE RENNES

FORMATION collège-lycée à La Rochelle - maîtrise de droit privé mention études juridiques étrangères et DEA de droit pénal, aux facultés de droit de Poitiers et de Montréal (Québec)

PASSIONS la poésie, la littérature, la montagne et le rugby.

En 1993, Alain Kerhoas débute sa carrière professionnelle dans la juridiction de Niort comme juge d'instance. De 1999 à 2005, il exerce en tant que substitut du procureur au tribunal de La Rochelle, avant d'intégrer le parquet de Nantes au poste de vice-procureur. A Rennes, de 2007 à 2009, il a été le président de la formation de jugement de la Juridiction interrégionale spécialisée (Jirs), spécialisée en matière de criminalité organisée, de délinquance financière et d'affaires nécessitant des investigations importantes. Vice-président du tribunal de Niort de 2009 à 2012, il préside de 2012 à 2018 le tribunal de grande instance de Saint-Nazaire. Ayant atteint la durée maximum pour un président de TGI, il rejoint la Juridiction inter-régionale spécialisée (Jirs) de Rennes.

TRIBUNAL JUDICIAIRE DE RENNES - 7 RUE PIERRE ABELARD - BP 73127 - 35031 RENNES CEDEX • TÉL. 02 99 65 37 37

PROMOTION ET GESTION IMMOBILIÈRE

Hervé **KERMARREC**

PRÉSIDENT DE KERMARREC IMMOBILIER - PRÉSIDENT DU MEDEF DE BRETAGNE

FORMATION collège Saint-Hélier et lycée de la Salle à Rennes - BTS actions commerciales (1994) ; diplôme de l'Institut d'études économiques à la construction et l'habitation (1997) ; ESC Rennes (2000)

DISTINCTIONS chevalier de la Légion d'honneur 2021

PASSIONS la lecture (son épouse est libraire...) et le golf.

Diplômé de l'ESC de Rennes, de l'institut d'études économiques appliqué à la construction et l'habitat de Nantes (ICH), Hervé Kermarrec débute sa carrière en qualité de négociateur immobilier à Nantes. Après trois années passées à se former dans différentes agences de ce groupement, il décide de rejoindre l'entreprise familiale en 1997 et s'attache à la développer. Il est le président depuis 2007 du groupe qui compte aujourd'hui 140 collaborateurs répartis à travers 20 agences sur le Grand Ouest.

Après avoir présidé le Medef d'Ille-et-Vilaine durant cinq années, Hervé Kermarrec a été élu à la présidence du Medef Bretagne en février 2020. Membre du conseil exécutif, il est aussi membre du bureau du Medef. En 2023, il est réélu en mars président et membre du bureau du conseil exécutif en juillet.

KERMARREC ENTREPRISES - 13 RUE DE LA SAUVAIE - CS 86309 - 35063 RENNES CEDEX • TÉL. 02 23 30 23 30

DÉVELOPPEMENT ÉCONOMIQUE

Fabienne **KERZERHO**

DIRECTRICE GRAND OUEST DE L'ASSOCIATION POUR LE DROIT À L'INITIATIVE ÉCONOMIQUE (ADIE)

FORMATION collège-lycée à Orléans - DESS gestion des PME (IGR de Tours et Université du Québec)

PASSIONS la danse, la lecture, le patrimoine et « sa Bretagne ».

Conseillère pédagogique aux éditions Nathan à Lyon en 1994, Fabienne Kerzerho retrouve son Morbihan natal comme responsable d'un espace patrimonial et d'insertion (1996-2000). Puis, elle prend les fonctions de chargée de mission à l'Association pour le droit à l'initiative économique (Adie) dans les Côtes-d'Armor. Depuis 2008, elle est à la tête de l'Adie Bretagne - Pays de la Loire - Normandie. L'Adie est une association reconnue d'utilité publique qui aide des personnes exclues du marché du travail et du système bancaire à créer leur entreprise et donc leur propre emploi. Elle a été créée en 1989 par Maria Nowak en adaptant à la France le principe du microcrédit, mécanisme financier qui a fait ses preuves en Asie, Afrique et Amérique Latine.

ADIE GRAND OUEST
- 105 A AV. HENRI DE FRÉVILLE - 35200 RENNES
• TÉL. 09 69 32 81 10

ASSOCIATIONS ET RÉSEAUX

Marie **KIEFFER**

DÉLÉGUÉE GÉNÉRALE DE L'ABEA - ASSOCIATION BRETONNE DES ENTREPRISES AGROALIMENTAIRES

FORMATION Maitrise de Sciences de Gestion, Gestion d'entreprises (IAE de Tours, 2001) ; Master 2 Développement des ressources humaines (IAE de Poitiers, 2002) ; formation en Droit social (Ecole Nationale de la Magistrature, 2018)

PASSIONS L'œnologie, pour « le partage et le rapport à la terre » ; les jeux de plateaux où « l'imaginaire est roi »

Inspirée par les valeurs du métier de ses parents, infirmiers, Marie Kieffer décide de s'orienter vers l'accompagnement mais plutôt dans un environnement économique. Étudiante en ressources humaines, elle effectue son stage chez Auchan en 2002 et s'occupe de l'actionnariat salarié. Plongée rapidement dans le grand bain, elle fait face et est rapidement embauchée comme responsable recrutement et formation. Cinq ans plus tard, elle saisit l'opportunité d'ouvrir le service recrutement formation d'une filiale de La Poste. Il devient temps ensuite pour elle de quitter Paris et elle entre chez Sodiaal en 2012, afin d'harmoniser socialement les structures de collecte de lait d'Entremont qui viennent d'être rachetées. Elle découvre, conquise, la Bretagne et le milieu de l'agriculture. Pour poursuivre dans la fonction RH « très exigeante humainement », elle devient en parallèle conseillère prud'hommale en 2018. Elle est nommée la même année responsable du pôle social et agroalimentaire à l'ABEA (Association bretonne des entreprises agroalimentaires - 200 entreprises adhérentes). En 2020, elle reprend l'animation du réseau et devient déléguée générale.
Investie, enthousiaste, Marie Kieffer se dit portée par le collectif, représentant les industries agroalimentaires de la région sur de multiples sujets liés à la performance industrielle, l'environnement, le capital humain. Elle monte des programmes pour « mettre le pied à l'étrier des sociétés » ou accélérer des dynamiques, optimiser les process. Et se retrouve totalement dans cette fonction qui lui permet d'apporter sa contribution aux enjeux de la société ainsi que sa participation à ses transitions.

ABEA
- 8 RUE JULES MAILLARD DE LA GOURNERIE
- 35000 RENNES • TÉL. 02 99 31 55 25

HÔTELLERIE-RESTAURATION

Arnaud de **LA CHESNAIS**

PRÉSIDENT DU DIRECTOIRE DES ORMES DOMAINE ET RESORT

FORMATION ISCA de Rennes

DISTINCTIONS médaille de la défense nationale ; médaille de bronze et d'argent du tourisme

PASSIONS les arbres, les châteaux, les autres, les voyages, les animaux, l'hélico et les sports extrêmes.

PUBLICATIONS « Tous les chemins mènent aux Ormes » d'Yvonnick de La Chesnais

Les Ormes Domaine et Resort (ex Domaine des Ormes) est l'un des principaux parcs d'hôtellerie et de loisirs du Grand Ouest. Succès bâti à la fin des années 70 quand Yvonnick et Catherine de La Chesnais, alors agriculteurs, décident d'ouvrir leur propriété aux touristes. Ce sera le « Castel Camping », inauguré en juin 1977. En 35 ans, le Château des Ormes n'a cessé de croître pour offrir des activités et des hébergements originaux de qualité. En 2001, Yvonnick et Catherine transmettent la gestion opérationnelle à leurs trois enfants dont Séverine et Sonia, co-dirigeantes du Directoire que préside Arnaud. Celui-ci est entré dans l'entreprise familiale en 1992, devenant un des artisans du développement du groupe : camping de la Ville Huchet à Saint-Malo (1999) depuis repris par son beau- frère Gael du Jonchay, acquisition d'un restaurant à Dol-de-Bretagne, création d'une piscine à vagues, élévation de maisons en bois « Cottage Hutte ». En 2006 il crée « Eclosion » société de construction de cabanes dans les arbres qui disparaitra en 2014 face à la concurrence des pays de l'Est. La Cabane en l'Air, 1er réseau français de commercialisation d'hébergements insolites, créé aussi en 2006, est toujours actif. Membre de l'Association pour le management (APM), officier de réserve, Arnaud de La Chesnais prend part également à la vie publique : il est conseiller municipal d'Epiniac depuis 2001. En 2016, une pièce d'eau avec un téléski nautique par câble est créée sur le domaine.

LES ORMES - DOMAINE & RESORT - LES ORMES - 35120 EPINIAC • TÉL. 02 99 73 53 00

DÉVELOPPEMENT ÉCONOMIQUE

Béatrice **LACHALARDE MONTAY**

VICE-PRÉSIDENTE EN CHARGES DES SERVICES DE LA CCI D'ILLE ET VILAINE ET PRÉSIDENTE DE LA DÉLÉGATION DE SAINT-MALO

FORMATION DESS DPMRH - Direction du Personnel Management Ressources Humaines (IGS Paris, 1991)

DISTINCTIONS chevalier de la Légion d'Honneur 2012 ; membre honoraire du Conseil de Prud'hommes de Saint-Malo

Béatrice Lachalarde Montay est vice-présidente en charges des Services de la CCI d'Ille-et-Vilaine, présidente de la Délégation de Saint-Malo et membre du Bureau de la CCI régionale. Elle est également membre du Conseil de Surveillance de Rennes School of Business, membre élue du Directoire de Bretagne Commerce Internationale. Elle est par ailleurs vice-présidente de l'association Epaminondas depuis 2010 (aide à la scolarisation des enfants au Cameroun) et membre de la Fondation Un avenir ensemble (soutien scolaire en milieu défavorisé) depuis 2013.
Directrice Générale du Groupe Guisnel de 1998 à 2021, elle est désormais retraitée. Présidente du Conseil de Prud'hommes de Saint Malo de 2003 à 2018, Béatrice Lachalarde Montay a été conseiller du Commerce Extérieur de 2015 à 2021, membre 3e Bureau du Comité Directeur de l'Union des Entreprises 35, administrateur des Services de Santé au Travail, administrateur du Groupement Employeurs Atouts Pays de Rance de 1999 à 2016, puis à nouveau depuis 2022.

CCI ILLE-ET-VILAINE - 2 AV. DE LA PRÉFECTURE - CS 64204 - 35042 RENNES CEDEX • TÉL. 02 99 33 66 66

FINANCES

Stéphane **LAFARGUE**

DIRECTEUR DU DÉVELOPPEMENT COMMERCIAL ET TERRITORIAL À LA BANQUE DES TERRITOIRES BRETAGNE

FORMATION licence professionnelle d'assurances (1995) à Nanterre et à Saint-Germain-en-Laye

PASSIONS les loisirs verts, la lecture et le cyclisme.

Après des études commerciales orientées « banque/assurances », et un début de parcours professionnel en 1995 chez Axa Assurances comme responsable d'une agence à Rambouillet, Stéphane Lafargue intègre début 2002 la Caisse des dépôts et consignations. Ses débuts à la CDC sont notamment marqués par le lancement d'un Fonds dédié à l'emploi des personnes handicapées dans les fonctions publiques d'Etat, hospitalière et territoriale, pour les régions Centre, Bretagne et Pays de la Loire. De fin 2010 à septembre 2020, Stéphane Lafargue est directeur territorial des services bancaires en région Pays de la Loire. S'appuyant sur une équipe et en partenariat avec le réseau des Finances publiques des départements de la région, il gère alors et développe les relations avec les clientèles du métier bancaire de la Caisse des dépôts (notaires, administrateurs et mandataires judiciaires, greffiers des tribunaux de commerce, huissiers de justice, organismes sociaux et institutionnels d'intérêt général). Directeur territorial Vendée de 2019 à septembre 2020, il devient ensuite directeur régional adjoint - directeur du développement commercial et territorial à la direction régionale Bretagne de la Banque des Territoires.

CAISSE DES DÉPÔTS - BANQUE DES TERRITOIRES - DIRECTION RÉGIONALE BRETAGNE - 19 B RUE DE CHÂTILLON - CS 36518 - 35065 RENNES CEDEX • TÉL. 02 23 35 55 55

MÉCANIQUE ET MÉTALLURGIE

Daniel **LAFRANCHE**

DIRECTEUR GÉNÉRAL DE TALENDI

FORMATION collège-lycée à Saint-Brieuc - ingénieur des Arts et Métiers (ENSAM Paris Tech, 1983) ; master stratégie d'entreprise (ICG, 1997)

DISTINCTIONS Prix « MBA Ecofi » décerné par l'IEP de Rennes (2012) ; Trophée « Les Espoirs du Management » (2009) ; Médaille Citoyenne du département « Ils et Elles font l'Ille-et-Vilaine » (2022)

PASSIONS la voile, le VTT et la course à pied

Son combat ? L'emploi des personnes handicapées. Après avoir travaillé une quinzaine d'années comme ingénieur d'affaires, puis directeur industriel au sein de l'entreprise York International, Daniel Lafranche intègre Bretagne Ateliers en 1998, séduit par la culture de l'entreprise. En 2000, il en devient le directeur général adjoint puis quatre ans plus tard, le directeur général. Bretagne Ateliers, devenu Talendi (talents et diversité) en 2022, est l'une des plus importantes Entreprises Adaptées (EA) industrielles de France, située en Ille-et-Vilaine et dans les Côtes d'Armor. Elle a reçu en 2018 la labellisation Vitrine Industrie du Futur et, en 2019, le Trophée lumière de l'entreprise inclusive.

TALENDI - ZA DE LA TOUCHE TIZON - RUE DU COMTE DE DION - CS 89232 - 35092 RENNES CEDEX 9 • TÉL. 02 23 27 02 70

DÉVELOPPEMENT ÉCONOMIQUE

Vincent **LAMANDE**

PRÉSIDENT DE LA SATT OUEST VALORISATION

FORMATION maîtrise de sciences économiques (1990) ; DEA économie industrielle (1992) ; doctorat d'économie en partenariat avec Schneider Electrics (Université Grenoble 2, 1998)

PASSIONS la cuisine, le kayak et les balades

PUBLICATIONS plus de trente publications. La dernière : « Enhancing technology transfer at universities through collaboration with patent offices, Best practices and emerging need » (pub. Office européen des Brevets-Expert Group-2012)

Vincent Lamande est depuis 2012 le président de la SATT Ouest Valorisation, filiale mutualisée des établissements de recherche présents en Bretagne et Pays de la Loire, qui répond aux besoins d'innovation des entreprises, et investit massivement dans des projets deeptech en phase avec les enjeux sociétaux.
Titulaire d'un doctorat d'économie de l'Université de Grenoble, il cumule 24 ans d'expérience dans les domaines de l'innovation, du transfert de technologie et des relations entre la recherche publique et l'entreprise. Il a occupé des postes de consultant à l'international, dont deux années d'expatriation en Russie pour le compte de la Commission Européenne. En 2003, il rejoint la Bretagne à l'Université de Bretagne Occidentale puis occupe, pendant sept ans, le poste de directeur adjoint de Bretagne Valorisation - dispositif mutualisé de transfert de technologie - avant de diriger la SATT Ouest Valorisation. Également, impliqué dans les réseaux de valorisation en France et à l'étranger, il a été président du réseau C.U.R.I.E., et membre de l'association européenne des professionnels du transfert de technologie ASTP. Il intervient régulièrement auprès de l'Académie Européenne des Brevets et de l'Office Mondial de la Propriété Intellectuelle. Il est également vice-président de la fondation d'entreprise Banque Populaire Grand Ouest.

OUEST VALORISATION
- 14C RUE DU PÂTIS TATELIN
- MÉTROPOLIS 2 - CS 80804
- 35700 RENNES CEDEX • TÉL. 02 99 87 56 25

ENERGIE

Jean-Philippe **LAMARCADE**

DIRECTEUR RÉGIONAL ENEDIS BRETAGNE

FORMATION Ecole nationale supérieure des Mines de Saint-Etienne (1997) ; Ecole nationale supérieure des Pétroles et moteurs (1999

Jean-Philippe Lamarcade a débuté sa carrière professionnelle en 1999 à EDF GDF Services, en tant que chef d'exploitation des réseaux de distribution de gaz. Il devient ensuite business Developper, responsable de la communication et des relations publiques à la Direction Asie Pacifique d'EDF en 2006. Puis, 3 ans plus tard, il est nommé adjoint au directeur, délégué raccordements et développements chez ERDF GRDF à Nancy. En 2011, il rejoint EDF PEI, filiale du Groupe EDF, pour développer la production d'énergies et piloter la rénovation d'installation de production en France. EN 2013, il prend le poste de directeur adjoint à EDF Corse. C'est en avril 2018 que Jean-Philippe Lamarcade est nommé directeur régional Enedis Bretagne.

ENEDIS BRETAGNE
- HALLE VILAINE - 64 BD VOLTAIRE - CS 76504
- 35065 RENNES CEDEX • TÉL. 09 69 32 18 79

ASSOCIATIONS ET RÉSEAUX

Laurence **LAMBERT**

PRÉSIDENTE DU COMITÉ BRETAGNE DE LA FONDATION DE FRANCE

FORMATION maitrise de langue (université de Rennes, 1974) ; DESS Sciences de gestion (1975) et DEA Marketing (1976) à l'IGR-IAE de Rennes ; cycle international (Ecole Supérieure de Commerce de Paris, 1986) ; Cesa communication (HEC, 2001)

PASSIONS peindre, jouer du piano, les activités de plein air (golf, jardinage, bateau)

Diplômée en langues, en sciences de gestion et commerce international, Laurence Lambert entre à la CCI de Rennes où elle a l'opportunité de lancer un centre de formation en langues étrangères et de participer à la création d'un réseau européen avec d'autres CCI. Puis, dès 1990, elle intègre l 'équipe de l'ESC Rennes School of Business nouvellement créée. Tout est à inventer et c'est ce qu'elle trouve stimulant. A commencer par son propre poste de directrice de la Communication et des Relations avec les entreprises. Elle s'occupe ensuite des partenariats avec les universités étrangères avant de prendre la direction de la Formation continue puis des Relations internationales. Il s'agit alors de développer de nouvelles collaborations avec près de 200 universités étrangères, en matière de recherche, d'enseignement et d'échanges d'étudiants. Professeur de management, elle est nommée directrice des Programmes de l'Ecole et prendra sa retraite en 2016. Mais pas question pour la Malouine de rester inactive... Elle, qui a été assesseur au tribunal pour enfants de Rennes de 1996 à 2000 et conseillère municipale de 2000 à 2007, est toujours attachée à participer de manière active et directe aux enjeux sociétaux. Laurence Lambert s'investit donc en tant que bénévole dans la Fondation de France – qui finance les projets d'associations ou d'institutions pour de multiples causes. Sa mission principale est de faire connaître la Fondation, tout en participant à la sélection des projets portés au service des personnes, de l'innovation sociale et du dynamisme du territoire

FONDATION DE FRANCE GRAND OUEST
- 8 RUE DU PRÉ BOTTÉ - 35000 RENNES
• TÉL. 02 99 38 24 22

TÉLÉCOMMUNICATIONS

Franck **LAMOUROUX**

DIRECTEUR RECHERCHE & DÉVELOPPEMENT CHEZ EXFO SOLUTIONS

FORMATION école Sainte-Marie La Croix à Antony - maîtrise de physique & applications (1994) ; master of science (1995) ; mastère dispositifs et techniques de communication (1996), à la faculté d'Orsay, à l'Université de Sussex en Angleterre et à l'Ecole nationale supérieure des télécommunications de Paris

PASSIONS le golf, le cinéma, la chasse et l'oenologie.

La première partie de sa carrière (1998-2006), Franck Lamouroux l'effectue chez Alcatel en Allemagne, en France et au Japon. Il occupe successivement les postes de responsable de l'introduction des aspects opérationnels (1998), de coordinateur Hardware du produit A935 MFSTM (1999) et de chef de service du centre de compétences System, engineering & documentation (2001). Responsable R&D de 2002 à 2003, il exerce ensuite comme chef de projet technique sur le RNC (Radio Nelwork Controller) d'EvoliumTM.

A partir de 2005, Franck Lamouroux est directeur de la ligne produit et des programmes infrastructure cellulaire GSM 2G avant d'être recruté en 2007 par Thomson. Il y exerce à la fois le rôle de directeur du site de Rennes et de la recherche en France. De 2010 à 2014, il est directeur de la recherche et de l'innovation pour le Groupe Technicolor, leader technologique mondial dans le secteur du Media & Entertainment. Il rejoint ensuite Huawei Technologies à Paris puis prend la fonction de vice-président de l'organisation Produits chez Astellia (devenu Exfo) en janvier 2017. Il est actuellement directeur R&D du Département « Monitoring Wireless Protocol & NFV Infrastructure » d'Exfo Solutions.

EXFO SOLUTIONS
- 2 RUE JACQUELINE AURIOL
- 35136 SAINT-JACQUES-DE-LA-LANDE
• TÉL. 02 99 04 80 60

ENSEIGNEMENT SUPÉRIEUR

Christian **LE BART**

CHERCHEUR - POLITOLOGUE

FORMATION licence de droit (1983) ; DEA d'études politiques (1985) ; doctorat de science politique (1989) à l'Université de Rennes

PUBLICATIONS nombreuses publications, dont les dernières : « Petite sociologie des Gilets jaunes » (PUR - 2020) ; « Les émotions du pouvoir » (A. Colin - 2018) ; « Johnny H, construction d'une icône » (Les petits Matins - 2018).

Depuis plus de trente ans, Christian Le Bart fait de la science politique son terrain de recherche de prédilection, analysant la gouvernance locale, l'identité politique ou encore le discours dans ce champ. Avec un DEA en études politiques, il débute comme allocataire de recherches à l'Université de Rennes 1 en 1985. Successivement assistant associé (1987-1988), allocataire d'enseignement et de recherche (1988-1989), puis attaché temporaire d'enseignement et de recherche (ATER) à l'Université de Rennes 2 (1989-1990), il exerce comme maître de conférences en science politique sur ce même site universitaire de 1991 à 2004. Professeur de science politique à Rennes 2 entre 2004 et 2005, Christian Le Bart enseigne cette discipline à l'Institut d'études politiques de Rennes depuis 2006. Chercheur au laboratoires ARENES-CNRS, il en a été directeur de 2006 à 2010. Il a également dirigé la Maison des sciences de l'Homme en Bretagne de janvier 2011 à mai 2016.

IEP SCIENCES PO RENNES
- 104 BD DE LA DUCHESSE ANNE
- 35700 RENNES • TÉL. 02 99 84 39 39

ASSOCIATIONS ET RÉSEAUX

Gaël **LE BOHEC**

PRÉSIDENT D'ENTREPRENDRE POUR APPRENDRE BRETAGNE - DIRECTEUR GÉNÉRAL D'HOPINNOV

FORMATION ingénieur généraliste (ICAM, Carquefou, 2000)

PASSIONS la course à pied, les voyages

PUBLICATIONS « Et si l'enfant était au coeur ? 70 propositions pour l'épanouissement des élèves à l'école » (Ed. Point d'Orgue, 2021)

Gaël Le Bohec entame sa carrière en 2000 par un stage à l'usine d'Evian en tant que chef de projet en démarche environnementale. Six mois plus tard il intègre le groupe Johnson et Johnson où il restera 2 ans. Il rejoint ensuite l'usine de parfums de luxe de L'Oréal dans l'Oise pour s'occuper de la production puis devient responsable de la partie maintenance, utilités et sécurité, hygiène, environnement en 2005. Il retrouve l'Ouest en 2008 et prend en charge l'encadrement de la production pour le fabricant de dispositifs médicaux Medline à Chateaubriant. En 2011, c'est la responsabilité de l'ensemble des flux physiques qui lui est confiée. Au contact des clients, l'ingénieur réalise qu'il existe un manque dans la gestion et l'organisation de leurs stocks : il crée en 2015 son entreprise, Optilog Santé, pour y pallier. Il fait le choix en juin 2017 de se mettre en retrait, après avoir été élu député La République en Marche d'Ille-et-Vilaine. Adhérent dès 2016, le Breton s'est en effet engagé par envie de « changer la politique et d'améliorer la vie des Français ». Il fait alors partie de la commission des affaires culturelles et de l'éducation et s'attache plus particulièrement à la transformation de l'administration. Il fait le choix de ne pas se représenter en 2022, au nom de l'alternance.

Homme d'engagements et de terrain, il continue à défendre ses sujets de prédilection : la santé et l'Education. En octobre 2022, il créé HopInnov, une société qui propose une solution numérique dans le domaine de la santé. Le mois d'après, il devient président bénévole de l'association Entreprendre Pour Apprendre Bretagne. Pour lui, elle doit permettre aux jeunes

Bretons de «prendre confiance en soi, d'oser, de se challenger et vivre une expérience entrepreneuriale en équipe».

ENTREPRENDRE POUR APPRENDRE BRETAGNE
- CCI DE RENNES
- 2 AVENUE DE LA PRÉFECTURE
- 35000 RENNES • TÉL. 06 09 3529 87

RÉGION

Agnès LE BRUN

PRÉSIDENTE DE LA DÉLÉGATION FRANÇAISE DU COMITÉ EUROPÉEN DES RÉGIONS - CONSEILLÈRE RÉGIONALE DE BRETAGNE

FORMATION lycée Tristan Corbière à Morlaix - maîtrise et CAPES (1985) de Lettres classiques au lycée Chateaubriand et à l'Université de Haute Bretagne à Rennes

DISTINCTIONS chevalier de l'Ordre national du Mérite

PASSIONS la littérature, la musique, l'Histoire, la politique et le développement de la Bretagne.

Professionnellement, Agnès Le Brun est professeur de lettres classiques classe exceptionnelle, titulaire du concours de chef d'établissement du second degré. Elle s'investit dans la vie publique à partir de 2001, année de son élection en tant que conseillère municipale d'opposition de Morlaix. Sept ans plus tard, elle est élue maire de cette commune de 16000 habitants et conseillère générale du Finistère. Une de ses fiertés est, dit-elle, «d'avoir assaini la situation financière de la ville». Vice-présidente de la Communauté d'agglomération de Morlaix, en charge de l'enseignement supérieur, elle se présente en 2009 sur la liste de la majorité présidentielle aux élections européennes, en 4e position. A la suite de la démission de Christophe Béchu, elle devient en janvier 2011 députée européenne et choisit alors d'abandonner son mandat de conseillère générale du canton de Morlaix. Au sein de l'Assemblée européenne, Agnès Le Brun sera membre titulaire de la commission de l'Agriculture et du développement rural - elle travaillera notamment sur la réforme de la politique agricole commune (PAC) - jusqu'en juillet 2014. Elle est élue conseillère régionale de Bretagne en 2015. L'ancienne édile morlaisienne a été par ailleurs vice-présidente, membre du bureau exécutif et rapporteure de la commission Europe de l'Association des Maires de France (AMF) de 2011 à 2014, puis rapporteure de la commission Education. Membre de la délégation française du Comité européen des régions, elle en est élue présidente en juin 2022.

RÉGION BRETAGNE
- 283 AVENUE DU GÉNÉRAL PATTON - CS 21101
- 35711 RENNES CEDEX 7 • TÉL. 02 99 27 10 10

RÉGION

Isabelle LE CALLENNEC

MAIRE DE VITRÉ - PRÉSIDENTE DE VITRÉ COMMUNAUTÉ - CONSEILLÈRE DÉPARTEMENTALE D'ILLE-ET-VILAINE

FORMATION Lycée l'Assomption à Rennes - Descaf (Sup de Co Amiens, 1989); DESS communication des collectivités locales (Celsa Sorbonne Paris IV, 1993); diplôme de l'Institut des hautes études de la sécurité et de la justice (2018) / Lieutenant-colonel de la réserve citoyenne

PASSIONS Le squash (championne de Bretagne par équipe).

PUBLICATIONS Participe avec 12 personnalités politiques à la rédaction de «Chapitre2012.fr», premier recueil numérique politique.

Isabelle Le Callennec entre dans la vie active en 1989 comme responsable commerciale d'une société de production audiovisuelle à Paris. En 1992, elle prépare un diplôme de communication des collectivités locales et effectue son stage au conseil général d'Ille-et-Vilaine, présidé alors par Pierre Méhaignerie. Quelques mois plus tard, celui qui est aussi député-maire de Vitré l'embauche comme chef de cabinet puis assistante parlementaire et elle sera ainsi sa collaboratrice pendant 19 ans. Sur le plan politique, son engagement a débuté au Centre des démocrate sociaux en 1993. Elle prend goût à la politique au point de se présenter avec succès aux cantonales de 2008. Membre de l'équipe municipale de Pierre Méhaignerie jusqu'en 2012, elle siège dans les commissions affaires sociales et sport/jeunesse. A Vitré communauté, elle est déléguée à l'emploi, l'insertion et la prévention de la délinquance. En 2012, elle est élue députée LR de la 5e circonscription d'Ille-et-Vilaine et siègera à la commission des affaires sociales jusqu'en 2017. En octobre 2017, elle intègre Action logement immobilier comme directrice sécurité et cohésion sociale. Elle est est élue maire de Vitré en mars 2020 et, en juillet, présidente de Vitré communauté, une agglomération de 82000 habitants. Elue présidente des Républicains d'Ille-et-Vilaine en 2016, Isabelle Le Callennec a été porte-parole du parti de 2014 à 2015. Elle est ensuite nommée déléguée générale adjointe des Républicains puis vice-présidente en décembre 2015. Elle est membre du Bureau politique et membre de la Commission nationale d'investiture

RÉGION BRETAGNE
- 283 AVENUE DU GÉNÉRAL PATTON - CS 21101
- 35711 RENNES CEDEX 7 • TÉL. 02 99 27 10 10

ENSEIGNEMENT SUPÉRIEUR

Ronan LE COADIC

PROFESSEUR DE CULTURE ET DE LANGUE BRETONNES À L'UNIVERSITÉ RENNES 2

FORMATION licences d'histoire et d'AES (1983); maîtrise de science politique (1984); diplôme de Sciences-Po Paris (1986); DEA de sociologie politique (Paris 1 Sorbonne); Capes et agrégation de sciences sociales (ENS Fontenay-Saint-Cloud, 1989); doctorat de sociologie (UBO, 1997); Habilitation à diriger des recherches (Rennes 2, 2002)

PUBLICATIONS parmi les plus récents : «Bretons, Indiens, Kabyles : des minorités nationales? «(2009) ,» Identités et société de Plougastel à Okinawa «(2007) , «Brezhoneg Goueloù» (2010) , «De la domination à la reconnaissance : Antilles, Afrique et Bretagne» (2013), «Bretagne : migrations et identité» (2017)

Professeur de culture et langue bretonnes à l'Université Rennes 2, Ronan Le Coadic mène, depuis plusieurs années, des activités de recherche, de vulgarisation et de bénévolat associatif sur trois thèmes profondément corrélés à ses yeux : l'étude de la Bretagne contemporaine, la conceptualisation des situations minoritaires, et l'analyse de cas concrets de minorités nationales ou ethniques à travers le monde. Pour développer sa réflexion, bâtir un réseau international de chercheurs et informer le grand public, il s'appuie, notamment, sur Ermine (Équipe de recherche sur les minorités nationales et les ethnicités - CRBC Rennes 2), un groupe de recherche qu'il a fondé en 2004. Il est, par ailleurs, le président-fondateur de l'association Mignoned Anjela, qui publie régulièrement les œuvres de la poétesse Anjela Duval. Très attaché à la Bretagne, il a été, de 1991 à 1992, directeur adjoint des programmes en langue bretonne à FR3 Bretagne, puis, de 1993 à 1999, directeur éditorial de TES (maison d'édition pédagogique en langue bretonne). Il est en outre vice-président du jury de l'agrégation de langues de France, en charge du breton.

UNIVERSITÉ RENNES 2 - CAMPUS VILLEJEAN - 35043 RENNES CEDEX • TÉL. 02 99 14 10 00

HÔTELLERIE-RESTAURATION

Louis **LE DUFF**

PRÉSIDENT FONDATEUR DU GROUPE LE DUFF

FORMATION lycée de la Croix-Rouge à Brest - Ecole supérieure de commerce d'Angers ; Université de Sherbrooke (Montréal-Canada)

ESSCA ; MBA de Sherbrooke

DISTINCTIONS prix d'Excellence du dirigeant d'entreprise franco-québécois (2015) ; chevalier de la Légion d'honneur (2012) et de l'ordre national du Mérite (2011) ; Entrepreneur de l'année, par les BFM Awards (2011)

PASSIONS le football, le cyclisme, les voyages et la lecture.

PUBLICATIONS « Créez votre entreprise - Réussir en toute franchise », « Entreprendre et réussir », « Enfin Patron », « Les Meilleures recettes des Meilleurs Ouvriers de France » Tomes 1 & 2

En 1974, Louis Le Duff rentre du Canada. Il revient sur ses terres bretonnes et devient professeur à l'Ecole supérieure de commerce de Rouen et à l'IUT de Rennes, tout en créant parallèlement une société de restauration collective, Restaurel. Elle lui permet d'avoir suffisamment de trésorerie pour ouvrir en 1976 la première Brioche Dorée à Brest. La success story commence. Depuis cette date, le Groupe ne cesse de grandir et il est présent désormais dans plus de 60 pays avec diverses marques : les pains et viennoiseries Bridor, les restaurants et boulangeries Brioche Dorée, Del Arte, Fournil de Pierre, La Madeleine, Bruegger's, Mimi's Café et l'enseigne de restauration B to B spécialiste du bio Recettes de la Ferme des Loges.
En juillet 2017, Louis Le Duff s'engage dans le fonds Nominoë-CHU de Rennes, qui réunit entrepreneurs bretons et professionnels de santé autour des nouvelles thérapeutiques. En octobre de la même année, les MOF (Meilleurs Ouvriers de France) qui travaillent au sein du groupe et lui-même, reçoivent le diplôme des Cuisiniers de France en octobre 2017. Une belle reconnaissance de la part de cette association prestigieuse, réunissant les grands noms de la gastronomie française.

GROUPE LE DUFF - 52 AV. DU CANADA - 35700 RENNES • TÉL. 02 99 22 23 24

CONSEIL

Yann **LE MEUR**

ECRIVAIN, MUSICIEN ET CHEF D'ENTREPRISE

FORMATION 3e cycle économie publique (faculté des sciences économiques de Rennes 1, 1981)

PASSIONS la lecture, l'écriture, la musique du monde

PUBLICATIONS parmi les dernières : « Délivrenous du mal » (roman, Ed. Coop Breizh, 2015) ; « La gavotte des montagnes noires » (essai, Kendalc'h, 2017) ; « Décrypter les finances publiques locales », avec Alain Guengant (Ed. du Moniteur 2018)

Difficile de coller une étiquette à Yann Le Meur tant la vie de ce Finistérien infatigable échappe à toute monotonie ou conformité. Pour payer ses études d'économie, cet amoureux de la culture traditionnelle bretonne se fait sonneur de bombarde. Il cofonde un festival de musique & danse en 1977, enregistre un album et sera sacré champion de Bretagne en duo en 1986. Et il joue toujours actuellement. Mais c'est la dimension entière du patrimoine culturel breton qui lui tient à cœur. C'est pour cela qu'il monte un journal en breton parlé puis une radio associative dans les années 80. En 2017, avec son fils Goulc'hen (réalisateur), il sort un film-documentaire « Kalon Dardoup », accompagné d'un web-documentaire (vidéo, photo, audio, écrit) dédié au terroir de ses ancêtres, celui de Châteauneuf-du-Faou.
Non content d'avoir acquis une notoriété avérée dans le milieu culturel, Yann Le Meur aime aussi partager ses grandes connaissances en matière de finances locales. Après être passé par la Caisse des Dépôts, il fonde son entreprise Ressources Consultants Finances en 1991. Elle est spécialisée en finances locales et en ingénierie informatique d'aide à la décision. Amoureux de la pédagogie, le Pdg-écrivain est aussi chargé d'enseignement à la Faculté de sciences économiques de Rennes 1. Ses cours portent bien sûr sur les finances publiques locales, dont il est un spécialiste reconnu. Quand sa vie professionnelle se calme, le week-end, le dirigeant remet sa sensibilité et son imagination au service de son travail d'écriture. « Une question d'organisation » dit-il... Et de passion !

RESSOURCES CONSULTANTS FINANCES - 16 RUE DE PENHOËT - 35000 RENNES • TÉL. 02 99 78 09 78

ORGANISATIONS PROFESSIONNELLES

Olivier **LE NÉZET**

PRÉSIDENT DU COMITÉ NATIONAL DES PÊCHES - PRÉSIDENT DU COMITÉ RÉGIONAL DES PÊCHES MARITIMES ET DES ELEVAGES MARINS DE BRETAGNE

FORMATION école de pêche au lycée maritime d'Etel (1985) ; diplôme de Capitaine 200 au Centre Européen de Formation Continue Maritime (CEFCM) de Lorient

DISTINCTIONS chevalier de l'ordre du Mérite maritime (2011), chevalier de l'ordre national du Mérite (2015) et chevalier de la Légion d'honneur (2019)

PASSIONS le badminton

Comme il le dit lui-même avec humour, Olivier Le Nézet est « tombé tout petit dans la marmite», en l'occurrence dans l'univers maritime... Il embarque comme matelot en 1985 puis prend le commandement du chalutier de son père avant de l'acheter, à 23 ans. Il commandera ensuite plusieurs navires de pêche, dans le golfe de Gascogne ou en Manche, avant d'être stoppé net en 2007. Atteint d'un cancer rare, il frôle la mort et sera déclaré inapte à la navigation en 2009. Mais il en faut davantage pour abattre cet homme de caractère qui confectionne des filets pour ses amis, s'investit dans le domaine de la pêche en eaux profondes, transposant sa passion de «marin embarqué à marin à terre». Il est élu président du Comité Local des Pêches Maritimes et des Elevages Marins (CLPMEM) de Lorient-Etel en 2009. Puis début 2012, il prend la présidence du Comité Départemental des Pêches Maritimes et des Elevages Marins (CDPMEM) du Morbihan. Deux mois plus tard Olivier Le Nézet est élu président du Comité Régional des Pêches Maritimes et des Elevages Marins (CRPMEM) de Bretagne. Réélu 2 fois à ces deux fonctions, «investi à 1000%», le patron breton sillonne le terrain 365 jours par an pour atteindre ses objectifs. Parmi les principaux : renforcer la sécurité en mer, assurer le renouvellement de la flotte et des marins pêcheurs, développer l'économie maritime et lutter contre sa privatisation, créer une stratégie mer-littoral. Il est élu président du Comité national des pêches en juillet 2022. Le Morbihannais ne lâche rien et a par ailleurs créé Blue Fish en 2013, une association européenne de promotion de la pêche durable et responsable qui fédère tous les acteurs de la filière en Europe. Il est président d'IDmer et de la Sem Lorient-Keroman depuis 2020.

CRPMEM DE BRETAGNE
- 1 SQUARE RENÉ CASSIN - 35700 RENNES
• TÉL. 02 23 20 95 95

ENSEIGNEMENT SUPÉRIEUR

Anne-Marie **LE POURHIET**

PROFESSEUR DE DROIT PUBLIC À L'UNIVERSITÉ RENNES 1 - VICE-PRÉSIDENTE DE L'ASSOCIATION FRANÇAISE DE DROIT CONSTITUTIONNEL

FORMATION Collège et lycée à Brest - Maitrise de droit à l'Université de Bretagne Occidentale (Brest) ; DEA de droit public (1977) puis doctorat de 3e cycle (1978) et doctorat d'État (1985) à l'Université Paris 1- Panthéon-Sorbonne ; admission au concours d'agrégation de droit public en 1988.

DISTINCTIONS Chevalier de la Légion d'honneur

PASSIONS Le cinéma, la musique classique et le jazz, les voyages et le jogging

PUBLICATIONS Nombreux articles et ouvrages juridiques dont, en particulier : un manuel de Droit constitutionnel (Ed. Economica, 10e édition, 2020) et un ouvrage «Les Ordonnances» (Lextenso éditions, 2011)

Anne-Marie Le Pourhiet débute son parcours professionnel en 1979 comme assistante à l'Université Paris I Panthéon-Sorbonne, puis exerce comme maître de conférences au sein de cette même université de 1986 à 1988. Professeur à la Faculté de droit de Martinique (1988-1990 et 1994-1998) et à l'Université de Caen (1990-1994), elle enseigne le droit public depuis 1998 à l'Université Rennes 1. Elle est vice-présidente de l'Association française de droit constitutionnel depuis 2006.
Elle est aussi membre de plusieurs organismes scientifiques : la Société d'histoire du droit (depuis 2013), l'Association française de droit des collectivités locales (depuis 2013), le Comité supérieur d'études juridiques de la Principauté de Monaco (depuis 2012).

FACULTÉ DE DROIT ET DE SCIENCES POLITIQUES DE RENNES
- 9 RUE JEAN MACÉ - CS 54203
- 35042 RENNES CEDEX • TÉL. 02 23 23 76 03

CAPITAL-INVESTISSEMENT

Alain **LE ROCH**

PRÉSIDENT DE KREIZIG

FORMATION lycée Colbert à Lorient - BTS en électronique ; maîtrise de physique à Rennes et à la faculté de sciences de Nantes

Enseignant (1968-1970), ingénieur puis responsable d'une division à la société Fisher Scientific (1972-1978), Alain Le Roch a créé AES Laboratoire en 1980. La société de biotechnologie est devenue un des leaders mondiaux dans les solutions adaptées aux contrôles rapides des contaminants bactériens dans les produits de consommation. La technologie ultra-rapide d'AES équipe tous les grands groupes mondiaux des industries agro-alimentaire, cosmétique et pharmaceutique. Alain Le Roch cède son groupe à BioMérieux en 2010.
Le Breton est également connu pour s'être investi dans l'univers du football. Actionnaire majoritaire et dirigeant du FC Lorient de 2001 à 2009, il a participé au sauvetage des «Merlus» et à leur pérennisation en Ligue 1. Soit une centaine d'emplois préservés et la victoire en coupe de France en 2001 ! Actuellement, Alain Le Roch est président de Kreizig. Ce fonds d'investissement, qu'il a créé en 2012, soutient des entrepreneurs et des sociétés innovantes dont les produits et services représentent de réelles avancées technologiques telles que NG Biotech (test covid19). Il est également administrateur du fonds Nominoë-CHU de Rennes.

KREIZIG - 2 RUE DE LA MABILAIS
- 35000 RENNES • TÉL. 02 23 22 01 02

TRANSPORT ET LOGISTIQUE

Gaëlle **LE ROUX**

DIRECTRICE TERRITORIALE GARES ET CONNEXIONS CENTRE OUEST

FORMATION classes préparatoires littéraires au lycée Guist'hau (Nantes, 1995) ; IEP Bordeaux 2e année ; maîtrise de géographie urbaine (Faculté de Bordeaux III, 1997) ; mastère d'aménagement et de maîtrise d'ouvrage urbaine (Ecole Nationale des Ponts et Chaussées, 1999)

PASSIONS lire, et en particulier de la bande dessinée, faire du vélo

Formée à la gestion de grands projets publics, Gaëlle Le Roux trouve son premier emploi à Lille en 1999 à la Soreli, filiale de la Caisse des dépôts et consignations. Puis elle intègre la direction des gares SNCF à Paris et s'occupe des projets de pôles multimodaux régionaux. Voyageuse invétérée, elle souhaite ajouter cette dimension à son métier et devient chargée d'affaires Afrique-Moyen Orient au sein de SNCF International. Sa volonté de vivre à l'étranger devenant obsessionnelle, elle postule au programme de l'ONU des Jeunes Experts Associés (JEA/JPO). Sélectionnée, elle est recrutée en 2006 par l'UNOPS (le bureau des Nations-Unies pour les services d'appui aux projets). Elle deviendra, au fil de ses 3 années passées en Afrique, directrice de cabinet du directeur régional au Kenya. Elle retient de cette période le plaisir d'être au service de personnalités engagées dans des zones difficiles et d'évoluer dans un milieu multiculturel. En 2009, elle rejoint l'équipe de projet de conduite du changement au siège monde à Copenhague.
Gaëlle Le Roux retrouve la SNCF en 2010 au poste de conseiller diplomatique auprès du président. Une rencontre déterminera en 2013 son retour à Nantes : celle avec Stéphanie Dommange, la directrice régionale. Elle est nommée directrice des Affaires territoriales cette même année. Elle mène en 2016 une mission de conduite de projet de transformation au sein de SNCF Mobilités Pays de la Loire puis devient directrice de l'Etablissement de Services Voyageurs TER en Pays de la Loire en avril 2017. Elle prend le poste de dirigeante de la transformation (CTO) en septembre 2018 avant de devenir directrice territoriale Gares et Connexions Centre Ouest à Rennes.

SNCF GARES ET CONNEXIONS BRETAGNE - CENTRE VAL DE LOIRE - PAYS DE LA LOIRE - 107 AVENUE HENRI FRÉVILLE - 35200 RENNES

BANQUE ET ASSURANCE

Catherine **LEBLANC**

PRÉSIDENTE DU CONSEIL D'ADMINISTRATION DE BANQUE POPULAIRE GRAND OUEST

FORMATION lycée Marie Curie à Sceaux - doctorat d'Etat en droit (faculté de droit de Paris XI, 1980)

DISTINCTIONS chevalier de l'Ordre national du Mérite

PASSIONS la transmission des connaissances, les diversités culturelles, le théâtre classique, les arts graphiques et paysagers, le jazz (modern jazz, west coast...) et les randonnées.

PUBLICATIONS « De successions en succès, investigations au coeur de six sagas d'entreprises familiales » (Management & Prospective, octobre 2014)

Attachée de direction au sein de la Fédération nationale de la mutualité française (1980), Catherine Leblanc poursuit son itinéraire professionnel au Centre national d'information sur les droits de la femme (1982-1983), puis à la Chambre de commerce et d'industrie de Paris. De 1983 à 2000, elle y travaillera à la direction des Etudes puis comme DRH et directrice du développement du Centre de perfectionnement aux affaires d'HEC (devenu depuis Executive MBA). Elle intègre l'Essca, école de management à Angers, Paris, Budapest et Shanghai, qui prépare des étudiants et responsables d'entreprises à la gestion. Tout d'abord comme directeur académique et de la recherche (2000-2006), puis directrice générale du groupe. Elle est par ailleurs, de 2014 à février 2016, adjointe au maire d'Angers, en charge du tourisme, relations internationales et rayonnement de la ville et préside Angers Expo Congrès. Catherine Leblanc quitte l'ESSCA en juin 2017 et reste Conseil Stratégique de l'Institution. A la demande de la gouvernance, elle accepte d'assurer l'intérim de la direction générale en avril 2018 et ce jusqu'à la nomination du nouveau directeur le 1er décembre de la même année.
Par ailleurs vice-présidente du Conseil d'Administration de la Banque Populaire Grand Ouest, administratrice depuis 2010, elle est élue à l'unanimité présidente du Conseil d'Administration en mai 2019.

BPGO - BANQUE POPULAIRE GRAND OUEST - 15 BD DE LA BOUTIÈRE - CS 26858 - 35768 SAINT-GRÉGOIRE • TÉL. 02 99 29 79 79

AGRICULTURE ET HORTICULTURE

Yann **LECOINTRE**

DIRECTEUR GÉNÉRAL D'INNOVAL

FORMATION ingénieur en agriculture (ISA Lille, 1986) ; master de l'ESSEC (IGIA Paris, 1987)

PASSIONS sa famille, la mer, la voile, l'aviation légère

Yann Lecointre n'a pas fait sa carrière dans la Marine, comme son père, mais son parcours professionnel s'apparente à une navigation au long cours, traversée de coups de vents. Elle commence à Pretoria, où il effectue son service dans un poste d'expansion économique. De retour en Bretagne, il se lance en tant que commercial pour Cuisimer et participe au lancement de la marque Coraya. Il rencontre alors René Gad, qui devient son mentor, et embarque avec lui sur le projet Narvik pour 10 ans. Chef de produit puis directeur industriel, il verra l'effectif passer de 30 à 600 salariés et fait son « apprentissage de la matière humaine ». Il part peu après le rachat de la société en 1998 et rejoint Daniel Gallou, autre personnalité qu'il admire, chez Cité Marine. Mais un autre challenge l'attend chez Madrange où il est appelé à prendre la direction industrielle en 2000. Le temps d'approfondir encore son métier de manager, Yann Lecointre est ensuite recruté par Euralis (spécialiste du foie gras) en 2004. Nommé directeur général en 2006, il prend ensuite le même poste chez Cité Marine en 2008. Pendant 4 ans, il participe à la forte phase de croissance de l'entreprise et à son intégration au groupe japonais Nissui. Homme de défi, il part relever celui du redressement du groupe Mariteam dont il prend la présidence.

C'est en mai 2015 qu'il est recruté pour prendre la direction générale du groupe Evolution puis d'Innoval en 2021. Lui qui n'aime rien tant que mettre les équipes en collaboration et pratiquer un management participatif, a comme objectif de développer le groupe au national et à l'international. Encore une mission passionnante pour ce Lorientais que la «gloriole» n'intéresse définitivement pas.

INNOVAL - RUE ERIC TABARLY - 35530 NOYAL-SUR-VILAINE • TÉL. 02 30 06 15 15

MÉDIAS

François-Xavier LEFRANC

PRÉSIDENT DU DIRECTOIRE ET DIRECTEUR DE LA PUBLICATION DE OUEST-FRANCE

FORMATION journaliste (Université de Tours, 1983)

PASSIONS l'information, le numérique, l'actualité, la course à pied

François-Xavier Lefranc n'a pas eu à faire un choix difficile pour ses études : aussi loin qu'il s'en souvienne, il a toujours été attiré par le journalisme. Un métier qui reflète son intérêt pour la vie des gens, son goût des contacts. En 1985, après son service militaire, il entre donc à Ouest-France en tant que journaliste. Après quelques mois au siège, il intègre les rédactions de Quimper en 1985 puis Lisieux en 1987. Il est nommé chef d'agence à Vire en 1989 et devient successivement directeur départemental dans l'Orne en 1992, dans la Manche en 1994. François-Xavier Lefranc retrouve le siège en 2003 pour prendre le poste de rédacteur délégué pour Dimanche Ouest France. Il le restera 5 ans avant d'être nommé directeur de l'information régionale et locale (équivalent à un poste de rédacteur en chef adjoint). Nommé aux fonctions de coordonnateur des contenus print et numériques en 2013, il prend celle de rédacteur en chef en 2014 puis de directeur de la rédaction en 2016, avec 560 journalistes et 60 bureaux en Bretagne, Pays de la Loire et Normandie. Très attaché à son entreprise et à ses valeurs, il trouve exaltant de « porter ses projets novateurs, dans un monde des médias bousculé ». Passionné par l'information locale et internationale, il trouve aussi dans le numérique des opportunités fabuleuses de développement. Il devient membre du directoire du groupe SIPA Ouest-France en 2020. Nommé directeur des rédactions le 1er septembre 2022, il a sous sa responsabilité un collège de quatre rédacteurs en chef. Référent éditorial des dirigeants des filiales Informer et Api, il assure également la responsabilité des moyens et du budget général de la rédaction.
Il devient président du directoire et directeur de la publication de Ouest-France le 22 juin 2023.

OUEST-FRANCE - SERVICE COURRIER - COORDINATEUR - 10 RUE DU BREIL - 35051 RENNES CEDEX 9 • TÉL. 02 99 32 60 00

BIENS D'ÉQUIPEMENT

Pierre-Yves LEGRIS

PRÉSIDENT DU CONSEIL DE SURVEILLANCE DU GROUPE LEGRIS INDUSTRIES

FORMATION HEC Lausanne.

Pierre-Yves Legris est entré dans le Groupe Legris Industries en 1981, où il a successivement assuré la direction de Legris SA à partir de 1987, puis celle de la branche Fluides Industriels à partir de 1990, avant d'être nommé vice-président directeur général de Legris Industries SA en 1993, puis président du directoire en 1994. Actuellement, il assure la présidence du conseil de surveillance. Né de l'entreprise familiale créée en 1948, le Groupe Legris Industries (toujours détenu majoritairement par la famille Legris) est devenu en un demi-siècle le leader mondial dans les connexions industrielles. Le Groupe réunit aujourd'hui 5 activités : l'industrie des matérieux de construction avec Keller (Laggenbeck - Allemagne), l'industrie agroalimentaire et la chimie des spécialités avec Clextral (Firminy), l'alimentation électrique haute puissance avec Schiederwerk (Nüremberg - Allemagne), la coupe de précision des métaux avec MEP Group (Pergola - Italie) et les couronnes d'orientation pour l'éolien avec Laulagun Bearings (Idiazabal - Espagne).

GROUPE LEGRIS INDUSTRIES - 20 QUAI DUGUAY TROUIN - CS 86443 - 35064 RENNES • TÉL. 02 99 87 11 20

HÔTELLERIE-RESTAURATION

Julien LEMARIÉ

CHEF ÉTOILÉ DU RESTAURANT IMA

FORMATION Institution libre de Combrée - CAP (1996), BEP et brevet professionnel cuisine (2001) aux CFA de Laval et Saint-Malo

DISTINCTIONS 1 étoile Michelin 2018 ; « Grand de demain » Gault & Millau 2018 ; 1 étoile verte Michelin 2021

Est-ce son apprentissage chez Delaunay à Saint-Malo qui lui a donné le goût du Grand large ? On peut le supposer car, pendant une décennie, Julien Lemarié va parfaire son art culinaire à l'étranger. D'abord en qualité de chef de partie pâtisserie au Gordon Ramsay à Londres (2001-2003) puis, toujours dans la capitale britannique, au Savoy grill comme chef pâtissier et sous-chef de cuisine jusqu'en 2005. Il s'envole alors vers le Japon, mais toujours au sein du Groupe Gordon Ramsay, et toujours avec la même responsabilité qu'il exerce au Conrad Tokyo, étoilé Michelin. En 2009, il rejoint le Hyatt Regency Hotel et la cuisine Troisgros comme chef pâtissier. Un an plus tard, il prend pour la première fois la toque de chef de cuisine au Raffles Hôtel à Singapour. L'aventure asiatique se termine en 2011 : Julien Lemarié fait la saison en tant que chef de cuisine au 1947, restaurant 2 étoiles du Cheval Blanc à Courchevel. La boucle est bouclée : il retrouve l'Ouest en juin 2012 en succédant à Pierre Legrand à la Coquerie, restaurant de Lecoq-Gadby. Avec pour mission d'apporter toute son expérience à la notoriété culinaire de l'institution rennaise étoilée. C'est ce qu'il fera jusqu'en avril 2016 avant de mûrir le projet d'ouvrir son propre restaurant. Et Ima (« maintenant » en japonais) ouvre à l'été 2017 à Rennes.
Voler de ses propres ailes lui sied manifestement bien puisque le chef obtient une étoile Michelin en janvier 2018. Il ouvre un nouveau restaurant en 2020, Imayoko,

à côté d'IMA. Avec une cuisine «moins sophistiquée, mais toujours aussi soignée». Un an plus tard, il obtient une étoile verte pour son engagement éco-responsable pour IMA.

RESTAURANT IMA
- 20 BOULEVARD DE LA TOUR D'AUVERGNE
- 35000 RENNES • TÉL. 02 23 47 82 74

NUMÉRIQUE ET INFORMATIQUE

François **LEPRINCE**

PRÉSIDENT DU RÉSEAU ENTREPRENDRE BRETAGNE – CO-FONDATEUR ET DIRIGEANT ASSOCIÉ D'ALKANTE

FORMATION Licence en géographie-aménagement (université de Rennes); DEA Structures et Dynamiques Spatiales (université Joseph Fourrier – Institut de Géographie Alpine, Grenoble, 1997)

PASSIONS Faire de la voile (secteur maritime en général) et du vélo, jouer du piano

Passionné de géographie, François Leprince fonde à la fin de ses études une association pour vulgariser l'usage de l'information dans ce domaine. Ce précurseur cherche alors à exploiter les outils du web pour manipuler et valoriser les données au travers de la géomatique. L'association Géonet devient entreprise en 2000 et rejoint un groupe rennais du numérique. Après la faillite de celui-ci en 2002, il décide, avec le directeur informatique et futur associé Guillaume Ortis, de donner naissance à une entreprise spécialisée dans le numérique, l'ingénierie logicielle et la géomatique en 2003 : Alkante.
Attiré également par l'enseignement et la recherche – sa société emploie d'ailleurs beaucoup d'universitaires et de docteurs – le dirigeant devient enseignant chercheur à l'université de Rennes 2 en 2001. Il y est désormais professeur des universités associé, au sein du master SIGAT (Système d'informations géographiques et analyse des territoires).
François Leprince devient membre du Réseau Entreprendre Bretagne, après en avoir été l'un des premiers lauréats en 2003, motivé par l'idée d'accompagner le développement économique de la région. Il est ensuite élu vice-président pour l'Ille-et-Vilaine en 2016 puis président du Réseau Entreprendre Bretagne en juin 2022. Très impliqué, le Rennais s'attache désormais à appliquer son programme politique à travers 3 grandes lignes : faire adhérer davantage d'entrepreneurs investis pour le développement économique de la Bretagne, accompagner de plus en plus de lauréats et notamment des porteurs de projet à impact, aller chercher des projets de création ou de reprise dans des territoires bretons moins favorisés. De quoi alimenter le goût pour l'innovation, le challenge et le «défrichage» de cet entrepreneur dans l'âme.

ALKANTE - 4 RUE ALAIN COLAS
- 35530 NOYAL-SUR-VILAINE
• TÉL. 02 99 22 25 70

MÉDIAS

Maud **LEVRIER**

MEMBRE DU DIRECTOIRE DE OUEST-FRANCE

FORMATION universiteit van Amsterdam (2007); SciencesPo (2009)

Après la fin de ses études, Maud Lévrier débute comme analyste chez Accenture en 2008 puis devient chargée d'études chez Fédérec en 2010, en région parisienne. Elle intègre le Syndicat de la Presse Quotidienne Départementale en 2012 au poste de secrétaire générale afin d'y piloter principalement l'organisation et la stratégie pour le marché de la presse et des médias. Elle prend la direction de l'Union de la Presse en Région deux ans plus tard et, là aussi, s'occupera du pilotage de l'organisation et de la stratégie du secteur et de l'animation du réseau de la PQR.
Maud Lévrier rejoint la Bretagne et le groupe SIPA Ouest-France en juillet 2019 pour occuper la fonction de directrice déléguée Intrasipa au siège, à Rennes. Elle prend alors en main le pilotage de la société de moyens du groupe et celui des politiques transversales. Elle devient membre du directoire en juin 2023. Au Pôle Transformation, Numérique et Distribution, elle assure désormais la direction des activités numériques de Ouest-France : ouest-france.fr, applications Ouest-France, francelive.fr. Mais aussi la direction de la logistique et de la distribution.

OUEST-FRANCE - SERVICE COURRIER
- COORDINATEUR - 10 RUE DU BREIL
- 35051 RENNES CEDEX 9 • TÉL. 02 99 32 60 00

MÉDIAS

Vincent **LORANT**

MEMBRE DU DIRECTOIRE ET DIRECTEUR EXÉCUTIF D'EDILARGE - EDITIONS OUEST-FRANCE

Vincent Lorant est membre du directoire et directeur exécutif d'Edilarge-Editions Ouest-France depuis juillet 2021. Sa mission : accompagner l'évolution éditoriale de la maison et son rapprochement avec le quotidien Ouest-France, son actionnaire principal. Auparavant, il était directeur marketing à Ouest-France depuis 2017.

EDITIONS OUEST-FRANCE - 10 RUE DU BREIL
- 35051 RENNES CEDEX 9 • TÉL. 02 99 32 60 00

AGRICULTURE ET HORTICULTURE

Sylvie **LORTAL**

DIRECTRICE DE RECHERCHES À L'INRAE

FORMATION ingénieur agronome ENSAM (Montpellier, 1986) ; doctorat (Université Rennes 1, 1989) ; Habilitation à Diriger des Recherches (1998)

DISTINCTIONS American dairy science award (2011)

PASSIONS la littérature, la musique, le théâtre et l'amitié... et la vie avec Arlequin ! Elle adore aussi voir son fils dans ses combats d'escrime ancienne

« J'ai toujours été fascinée par les micro-organismes. Ils sont microscopiques et pourtant cruciaux dans la conservation des aliments, la dépollution, la digestion dans le tractus intestinal ou encore dans la production de métabolites ». Sylvie Lortal y consacre sa carrière. Recrutée en 1987 dans l'UMR « Science et technologie du lait et de l'oeuf » à l'Inra de Rennes, Sylvie Lortal commence par y faire sa thèse puis effectue plusieurs missions à l'étranger. Elle prend la responsabilité de l'équipe de microbiologie en 1991, puis la direction de l'UMR (130 personnes) en 2004. Elle lance la création d'un Centre de ressources microbien pour préserver la biodiversité des flores d'intérêt alimentaire et coordonne un projet européen sur le sujet. Elle soutient parallèlement une dynamique de symposiums internationaux dans le domaine de la connaissance et de la transformation du lait.
Sur le plan humain, Sylvie Lortal s'investit par conviction dans une politique de développement de l'intelligence et de la créativité collectives. « Rien ne résiste à un collectif qui s'entend et qui sait mettre en commun sa réactivité et son intelligence ». Elle quitte la direction de l'UMR mais conserve ses activités de recherche portant sur la compréhension des mécanismes d'interaction entre bactéries et matrices laitières, la biodiversité microbienne et les vertus des aliments fermentés. En 2014, elle participe à la mise en place des premières Rencontres internationales sur le lait, vecteur de développement.

INRAE DE RENNES
- DOMAINE DE LA MOTTE - BP 35327
- 35653 LE RHEU CEDEX • TÉL. 02 23 48 51 00

INTERCOMMUNALITÉ

Gilles **LURTON**

MAIRE DE SAINT-MALO - PRÉSIDENT DE SAINT-MALO AGGLOMÉRATION

FORMATION lycée Jacques Cartier à Saint-Malo - maîtrise administration économique et sociale (faculté d'administration économique et sociale de l'Université de Rennes)

Engagé aux côtés de René Couanau dès 1982, Gilles Lurton devient son attaché parlementaire en 1988. Membre du Centre des Démocrates Sociaux, de l'UDF puis de l'UMP à sa création en 2002, il est aujourd'hui membre du parti Les Républicains. En 1995, il se présente aux élections municipales de Saint-Malo sur la liste menée par René Couanau. Conseiller municipal de 1995 à 2008, il devient adjoint au maire, s'intéressant prioritairement à la politique des quartiers et au logement social jusqu'en mars 2014. Elu conseiller général d'Ille-et-Vilaine en mars 2011, il se présente un an plus tard aux législatives dans la 7e circonscription et l'emporte avec plus de 51 % des voix. Ce mandat de député l'incite à démissionner de ses responsabilités départementales mais il reste conseiller municipal de Saint-Malo et conseiller communautaire à Saint-Malo Agglomération. Réélu député en juin 2017 avec 56,21 % des voix, il est Secrétaire de la Commission des Affaires Sociales à l'Assemblée nationale et co-président de la Mission d'évaluation et de contrôle des lois de financement de la sécurité sociale.
Gilles Lurton est élu maire de Saint-Malo puis président de Saint-Malo agglomération en 2020 et renonce donc à son mandat de député.

SAINT-MALO AGGLOMÉRATION
- 6 RUE DE LA VILLE JÉGU - BP 11
- 35260 CANCALE • TÉL. 02 23 15 10 85

ASSOCIATIONS ET RÉSEAUX

Bertier **LUYT**

CONSULTANT - PRÉSIDENT DE DIGITAL SAINT-MALO

FORMATION bac - autodidacte

DISTINCTIONS Lauréat du concours Entreprendre Saint-Malo 2015 - Prix « Coup de Coeur » du Prêt d'honneur pour l'amorçage du Réseau Entreprendre Bretagne

PASSIONS Maker Movment, La création sous toutes ses formes

PUBLICATIONS « L'impression 3D » co-écrit avec Mathilde Berchon (Eyrolles - 2013)

Après un parcours dans la musique, Bertier Luyt choisit le design et l'agencement. Autodidacte, il utilise Google SketchUp, logiciel de conception architecturale. Son expertise est reconnue en 2010 lorsqu'il est invité à partager son savoir en matière de modélisation 3D et de fabrication digitale chez Google Sketchup, puis à la Maker Faire de New-York, en 2011. Convaincu que la fabrication numérique est le moteur de la nouvelle révolution industrielle, il lance en 2012 Le FabShop, start-up bretonne, apporteuse de solutions de fabrication digitale. Il lance fin 2013 le SWF : l'impression 3D écologique à base d'algues. Sa philosophie : « soyons des producteurs optimistes, pour mieux répondre aux enjeux de notre société ». Le FabShop ferme ses portes en 2016. Toujours avant-gardiste, Bertier Luyt organise en 2013 pour la première fois en France un Mini Maker Faire, à Saint-Malo. Il fonde et préside de 2013 à 2016 la société Maker Events qui organise des événements Maker-Faire sur tout le territoire. En 2017, il co-fonde Digital Makers Meeetup avec Samuel Bernier en janvier. En mars, il devient directeur général de l'accélérateur de startups américain Techstars Paris puis, en 2018, mentor des startups de la promotion 2018 Techstars Paris. Il est élu président de Digital Saint-Malo, l'association des professionnels et des usagers du numérique de la côte d'Émeraude et du pays de Saint-Malo, la même année. L'entrepreneur est désormais consultant indépendant, partageant son temps entre Paris et la Bretagne.

DIGITAL SAINT-MALO - C/ INSTITUT SUPÉRIEUR DE DESIGN - 20 RUE THÉODORE MONOD - 35400 SAINT-MALO • TÉL. 02 23 52 59 54

RÉGION

Béatrice **MACÉ**

VICE-PRÉSIDENTE DE LA RÉGION BRETAGNE - COFONDATRICE DES RENCONTRES TRANS MUSICALES

FORMATION Bac (1975) au lycée d'Etat de Dinan - Deug de lettres classiques et licence de linguistique générale (1979) ; Master 1 en sciences du langage à Rennes 2 (2009)

DISTINCTIONS Officier des Arts et Lettres 2012

PASSIONS plein de choses !

Béatrice Macé arrive à Rennes en 1975 pour y suivre des études de lettres classiques et de linguistique générale. En 1979, elle cofonde, avec Jean-Louis Brossard et Hervé Bordier, les Rencontres Trans Musicales de Rennes. L'événement est un catalyseur, qui donne de l'ampleur au formidable foisonnement musical d'une ville qui s'éveille au rock. Trente six ans après, les Trans Musicales demeurent un lieu d'échanges et de découvertes musicales, sans à priori ni chapelles. Ce bouillonnement constant fait la particularité, le charme et l'impact de cette manifestation qui attire jusqu'à 60 000 spectateurs pour environ 100 groupes. Décidée à ce que le festival ne soit pas à nouveau l'unique rendez-vous des Rennais avec les musiques dites actuelles, l'ATM gère aussi l'UBU qui est devenu un haut lieu de diffusion musicale à l'année. Depuis, l'ATM accompagne l'émergence de talents locaux et propose une mise en proximité de l'univers culturel vers tous les publics. Une telle expérience a valu à Béatrice Macé d'être élue présidente de la Fédurok, fédération de lieux de musiques amplifiées/actuelles (1997-2001) et de diriger un groupe de travail au sein de la Commission nationale des Musiques Actuelles (1997). En 2012, l'ATM est la première structure de spectacles à se voir certifiée Iso 20121 pour son système de management responsable. Elle reçoit le Lifetime Achievement Award en 2016.
La Costarmoricaine se lance en politique en 2021 et se présente aux régionales. Élue, elle est nommée vice-présidente déléguée à la Culture, les droits culturels et l'éducation artistique et démissionne des Trans Musicales.

RÉGION BRETAGNE - 283 AVENUE DU GÉNÉRAL PATTON - CS 21101 - 35711 RENNES CEDEX 7 • TÉL. 02 99 27 10 10

COMMUNE

Pierre-Yves **MAHIEU**

MAIRE DE CANCALE - PRÉSIDENT DU PAYS DE SAINT-MALO - 1ER VICE-PRÉSIDENT DE SAINT-MALO AGGLOMÉRATION.

FORMATION Institut des hautes études de droit rural et d'économie agricole (Paris, 1982) ; Essec (2004)

DISTINCTIONS Officier du mérite agricole (2002)

PASSIONS Le sport, l'histoire et la politique.

C'est au Centre fiscal agricole d'Ille-et-Vilaine à Rennes que Pierre-Yves Mahieu entame sa carrière en 1983. Il y exerce en tant que conseiller fiscal et de gestion. Cinq ans plus tard, il évolue au sein du centre et en devient le directeur. En 1992, il s'attelle à un nouveau défi. Il prend la direction de la coopérative Sipefel, un regroupement de coopératives légumières de la marque Prince de Bretagne (qui prendra par la suite le nom de Terres de Saint-Malo). Puis, nouveau tournant en 2004 : il rejoint la Chambre d'agriculture d'Ille-et-Vilaine à Rennes pour y occuper la direction générale.
Désireux de soutenir l'économie locale et le développement des petites communes, Pierre-Yves Mahieu décide de s'engager en politique. Très tourné vers la mer et le littoral, il veut valoriser leur potentiel de développement. Il se présente ainsi aux élections municipales et est élu maire de Cancale en 2008, puis réélu en 2014. Il devient aussi vice-président de Saint-Malo agglomération et vice-président du Pays de Saint-Malo. Fin 2014, il décide de quitter la direction générale de la Chambre d'agriculture d'Ille-et-Vilaine pour se consacrer à son mandat de maire. Pierre-Yves Mahieu préside aussi le conseil de surveillance du centre hospitalier de Cancale. Il est élu conseiller départemental du canton de Saint- Malo 1 en mars 2015.
Il est réélu maire en mars au 1er tour lors des municipales de 2020 et prend la présidence du Pays de Saint-Malo en août.

VILLE DE CANCALE - 48 RUE DU PORT - 35260 CANCALE • TÉL. 02 99 89 60 15

SANTÉ

Matthieu **MALLÉDANT**

PDG - FONDATEUR DE HOPPEN

FORMATION Ingénieur en informatique (IFSIC, 2003)

PASSIONS Les régates (il a été vice-champion de France en 2019)

Passionné d'informatique, Matthieu Mallédant entreprend des études en la matière puis entre chez Orange en 2003 à Rennes comme ingénieur. Il prend en main le domaine pionnier du sans-fil pour le lancement de la première LiveBox puis celui des logiciels embarqués des LiveBox. De 2006 à 2010, il mène différentes missions dont les audits sur des réseaux de collecte européens, avant rachat. Mais le Rennais a besoin de relever d'autres défis et de s'impliquer pour être utile aux autres. Sensibilisé aux questions de santé dans sa vie personnelle, il fonde Télécom Santé en 2011 avec Sébastien Duré. L'idée est de proposer une innovation : des écrans tactiles offrant différents services aux personnes hospitalisées. Pendant 3 ans, ils développent leurs solutions dans les hôpitaux privés et constatent qu'il serait utile de déployer des applications à destination du personnel soignant. C'est un nouveau succès. Mais, toujours dans le désir d'offrir « plus de confort, de gain de temps et de qualité de vie dans toutes les structures de soins et de santé, publics et privés », ils rachètent les principaux loueurs de télévisions dès 2019 afin de pouvoir proposer leurs solutions dans les hôpitaux publics.
Les objectifs d'Hoppen – le nom de l'entreprise désormais – et de Matthieu Mallédant sont d'aller « un cran plus loin »

régulièrement grâce au phygital. L'impatient et visionnaire patron est fier de s'appuyer sur une «super équipe solidaire», avec une partie en R&D à Rennes et du personnel d'accueil spécialisé dans les établissements. Il s'agit donc maintenant de poursuivre le développement, autour de l'accompagnement des patients et des soignants, en élargissant le spectre d'accueil et de conquérir d'autres pays. L'aventure est loin d'être terminée!

HOPPEN - 3 AV. DE BELLE FONTAINE - 35510 CESSON-SÉVIGNÉ • TÉL. 02 30 31 01 40

TOURISME ET LOISIRS

Thierry **MARQUER**

PDG ET FONDATEUR DE L'ORANGE BLEUE

FORMATION diplôme d'état de coach sportif

PASSIONS sa famille, l'entreprise

Non formaté pour l'école, Thierry Marquer tâtonne quelques années avant de trouver sa voie. Apprenti coiffeur dès 16 ans à Rennes, il se dirige ensuite vers le commercial. Mais il n'y retrouve pas ses valeurs. Puis ce grand passionné de sport croise la route d'un coach sportif, ancien camarade de collège, qui lui donne envie de se lancer. Il prend des cours du soir et obtient son diplôme de coach sportif avant d'exercer dans des centres de fitness rennais. Lui, qui a toujours eu la fibre entrepreneuriale, a alors l'intuition d'un nouveau marché à construire. Il crée le concept d'un club privé sportif, à prix accessibles, à la périphérie des grandes villes. Il s'associe avec une coach sportive, Julie Benoît, et ils ouvrent une 1re salle en 1996 à Vern-sur-Seiche. Les débuts sont difficiles mais, 10 ans plus tard, 6 centres ont vu le jour en Ille-et-Vilaine.
Il est alors temps pour le chef d'entreprise de se trouver un nouveau challenge. Après sa rencontre avec Bertrand Roué en 2006, tous deux commencent à créer de nouveaux clubs en dupliquant ce modèle original. Un centre de formation est également ouvert. Aujourd'hui, 400 clubs fonctionnent en France et Thierry Marquer envisage de doubler le parc en 5 ans en Espagne, Maroc et Portugal. Cet inquiet, porté par son sens de l'anticipation et son goût du travail en équipe, prend toujours autant de plaisir à ce qu'il fait. Homme de terrain, il fait travailler 180 personnes et se focalise désormais sur les choix stratégiques de sa société. Et, comme à son habitude, il ne se «fixe pas de limite dans ses objectifs»

L'ORANGE BLEUE - 4 RUE NIKOLA TESLA - RTE DE LORIENT - 35000 RENNES • TÉL. 02 99 14 60 64

MÉDIAS

Christel **MARTEEL**

CHEFFE DU SERVICE BRETAGNE À OUEST-FRANCE

FORMATION licence d'Histoire (université de Poitiers, 1996)

PASSIONS les voyages, le cinéma, la cuisine, le sport (marche, Pilate, paddle, ski)

Après ses études et 6 mois en césure au Sénégal, pour une mission auprès des villageois de Rufisque près de Dakar, Christel Marteel devient correspondante à la Charente Libre à Cognac en 1998. Elle, qui «aime les gens» et aussi «comprendre, décrypter», fait partie un an plus tard de la sélection jeunes reporters d'Europe à Europe 1. Elle effectue un CDD de remplacement au Télégramme de 2000 à 2002 puis s'occupe du Journal de l'été pour la chaîne TV-Breizh et mène différentes missions pour la société de production audiovisuelle Morgane Production. Soucieuse d'être là «où se joue le théâtre du monde», elle intègre Médecin du Monde en tant que journaliste bénévole de 2004 à 2005 : elle y fera un reportage en Haïti, à Port-aux-Princes, après la chute du président Aristide.
C'est en 2006 que Christel Marteel commence son parcours chez Ouest-France, à la rédaction de Brest. Titularisée en 2008, elle obtient un poste à la rédaction d'Auray avant d'en devenir la cheffe de rédaction en 2010 et part occuper ce même poste à Lorient en 2011. Elle prend successivement les fonctions de cheffe de service, adjointe au rédacteur en chef du Dimanche Ouest-France en 2015, directrice départementale du Morbihan en 2017 puis cheffe du service Bretagne en 2020. Elle continue depuis à travailler avec les valeurs qui lui tiennent à coeur : le respect, la loyauté, l'honnêteté. Attentive aux autres, déterminée, pour elle l'actualité, l'urgence et la nécessité de ne rien lâcher sont des «moteurs puissants» pour avancer.

OUEST-FRANCE - SERVICE COURRIER - COORDINATEUR - 10 RUE DU BREIL - 35051 RENNES CEDEX 9 • TÉL. 02 99 32 60 00

MÉCANIQUE ET MÉTALLURGIE

Frédéric **MARTIN**

PRÉSIDENT DU DIRECTOIRE DE L'ENTREPRISE MX

FORMATION Ecole normale supérieure de Saint-Cloud; Ecole nationale polytechnique de géologie (ENPG) de Nancy; DEA de génie des systèmes industriels (Université de Nancy)

PASSIONS les sports de glisse, le VTT et la musique.

Après deux ans chez Usinor Sacilor, Frédéric Martin rejoint en 1989 Renault Truck-Volvo Truck. Jusqu'en 2003, il y exerce successivement en tant que directeur d'usine, directeur des achats et directeur général de la business unit Powertrain (chaîne cinématique). De 2003 à 2008, il poursuit sa carrière au sein de Manitou à Ancenis en Loire-Atlantique comme directeur général en charge des opérations du groupe. Depuis 2009 à Acigné, il assure la présidence du directoire de MX (450 personnes), spécialisé dans la conception, la fabrication et la distribution d'équipements de manutention pour tracteurs agricoles.
Ancien membre du Centre des jeunes dirigeants (CJD), Frédéric Martin est par ailleurs membre des Dirigeants responsables de l'Ouest (DRO) et préside le World Trade Center (WTC) de Rennes Bretagne jusqu'en 2015. En 2017, il est élu à la présidence d'Axema, association française des acteurs de la filière des agroéquipements au service de l'agriculture, de l'élevage et

des espaces verts, pour un mandat de deux ans.

M-EXTEND - 19 RUE DE RENNES - BP 83221 - 35690 ACIGNÉ • TÉL. 02 99 62 52 60

INTERCOMMUNALITÉ

Christophe **MARTINS**

VICE-PRÉSIDENT DU CONSEIL DÉPARTEMENTAL D'ILLE-ET-VILAINE - PRÉSIDENT DE MONFORT COMMUNAUTÉ - MAIRE D'IFFENDIC

FORMATION Deug, licence et maîtrise en Administration économique et sociale; DESS Aménagement du territoire (mention TB)

PASSIONS L'engagement politique, le sport, l'histoire et la culture.

D'abord consultant en finances locales (1995-1996), Christophe Martins occupe différents postes en collectivités au grade d'attaché territorial entre 1996 et 2006. Il décide ensuite de se consacrer pleinement à ses mandats électifs. Adjoint aux finances du maire d'Iffendic (4300 habitants) à partir de 2001, il a été élu premier magistrat de la ville en 2006 et ré-élu en 2014. On lui doit notamment depuis la création d'un centre d'art contemporain en milieu rural «L'Aparté» à Trémelin, sur sa commune. Conseiller départemental élu dans le canton de Montfort en 2008, il est vice-président aux infrastructures, routes, fer, aéroport puis en charge des finances, des infrastructures et du fonds de solidarité territoriale en 2015. Réélu en 2021, il devient vice-président en charge des Finances, Transport, Ferroviaire en 2021. Christophe Martins préside le Groupe radical social démocrate et républicain du conseil départemental depuis 2011.
Membre du bureau de l'Association des Maires d'Ille et Vilaine et membre de l'Association Des Communautés de France, il est réélu en 2020 dès le 1er tour à la mairie d'Iffendic et à la présidence de Montfort Communauté. Il est aussi vice-président du Syndicat départemental d'énergie 35 et administrateur du SDIS 35 depuis 2014.

MONFORT COMMUNAUTÉ - HÔTEL MONTFORT COMMUNAUTÉ
- 4 PL. DU TRIBUNAL - CS 30150
- 35162 MONTFORT-SUR-MEU CEDEX
• TÉL. 02 99 09 88 10

HABITAT SOCIAL

Mireille **MASSOT**

PRÉSIDENTE D'AIGUILLON CONSTRUCTION

FORMATION Bac (1970)

DISTINCTIONS Officier des Palmes académiques; chevalier de l'Ordre National du Mérite

PASSIONS Le sport, la lecture et le cinéma

Munie de son seul BAC obtenu en juin 1970, Mireille Massot est nommée institutrice remplaçante en septembre de la même année. Conseillère pédagogique, rééducatrice en psycho-pédagogie, c'est en 1991 qu'elle devient coordinatrice de ZEP, d'abord dans le quartier de Maurepas, puis dans les quartiers du Blosne et de Villejean quelques années plus tard. En 1995, elle devient conseillère municipale et la délégation «Populations spécifiques» lui est confiée: l'objectif est de créer les conditions d'un environnement positif, favorable à l'épanouissement de la personne. En 1998, élue conseillère générale de Rennes Sud-Est, elle devient élue en charge du quartier Poterie-Landry-Francisco Ferrer. Elle est réélue conseillère municipale en 2001 et élue vice-présidente à Rennes Métropole avec une délégation Insertion par l'activité économique. Elle sera aussi présidente de la Mission locale du Bassin d'emploi de Rennes jusqu'en 2008. Réélue conseillère générale en 2004, le département change de majorité et elle devient première vice-présidente (jusqu'en 2015). D'abord en charge des collèges et accueil du jeune enfant puis de la protection de l'enfance, ce sont les personnes en situation de handicap et les personnes âgées qui l'occuperont dès 2011.
Depuis 2015, Mireille Massot poursuit son engagement social et solidaire comme bénévole pour l'association Unafam (Union Nationale de Familles et Amis de personnes Malades et/ou handicapées psychiques). Elle représente cette association à France Assos Santé. Cela lui vaudra d'entrer au Ceser au sein de la commission Société, environnement, qualité de vie, où elle proposera une étude concernant la santé mentale et le bien être des jeunes en Bretagne. Elle est nommée à la présidence d'Aiguillon construction en avril 2022.

AIGUILLON CONSTRUCTION
- 171 RUE DE VERN - BP 50147 - 35201 RENNES CEDEX 2 • TÉL. 02 99 26 44 44

ORGANISATIONS PROFESSIONNELLES

Yves-Marie **MAURER**

PRÉSIDENT DE L'ORDRE DES ARCHITECTES DE BRETAGNE

FORMATION architecte DPLG (ENSA Bretagne Rennes, 1984)

PASSIONS la voile

Le goût de la mer et de la navigation lui est venu lors de vacances en Bretagne... et ne l'a jamais quitté. Voilà pourquoi Yves-Marie Maurer devient, après son bac, charpentier de marine. Il apprend le métier chez Aubin à Rezé puis exerce à titre personnel, construisant ses propres bateaux. Après la naissance de son premier fils en 1978, il décide de reprendre des études d'architecte. L'agence Maurer et Orsi naît en 1985 à Rennes puis il crée sa propre agence en 2002. Dès le début, sa préoccupation dans la conception de projets va vers les personnes qui vont habiter l'espace. Il complète ce souci de l'humain ensuite par une réflexion sur le bioclimatique. L'agence compte désormais 10 salariés. Spécialisée dans les bâtiments publics et les logements collectifs, notamment pour les personnes âgées, elle a été primée 5 fois.
Architecte conseil de l'Etat depuis 1999, attaché à transmettre une vraie culture architecturale et à faire connaître sa profession, Yves-Marie Maurer s'implique dans les réseaux professionnels. Secrétaire général de la Maison de l'Architecture de Bretagne de 2008 à 2010, président du Crepa Bretagne de 2012 à 2015, il est secrétaire général de l'ARAPL Bretagne - Pays de la Loire

depuis 1997. Dans la logique de cet investissement, il se présente aux élections de l'Ordre des architectes en novembre 2017 et devient président. Cette fonction lui permet de bénéficier d'une marge de manœuvre plus large afin de défendre ses pairs. Lui qui est aussi président du Théâtre de l'Arpenteur à Rennes depuis 2010, cherche avant tout à s'inscrire «dans la continuité de la chaine humaine».

ORDRE RÉGIONAL DES ARCHITECTES DE BRETAGNE
- 1 RUE MARIE ET SIMONE ALIZON - BP 70248
- 35102 RENNES CEDEX 3 • TÉL. 02 99 79 12 00

NUMÉRIQUE ET INFORMATIQUE

Franck **MAZIN**

PRÉSIDENT DU DIRECTOIRE DE SODIFRANCE

FORMATION maîtrise de sciences économiques option finances (1983); DESS marketing (1984) à Paris et à l'Université de sciences économiques d'Aix-Marseille II

PASSIONS les sports nautiques, les voyages et la découverte de civilisations, la macro-économie.

Franck Mazin a débuté comme ingénieur commercial chez Rank Xerox, puis responsable marketing et chef du service marketing à l'aéroport de Marseille Provence où il a acquis une expérience de négociation commerciale auprès d'une clientèle de grands comptes au niveau international. Administrateur de Sodifrance SA depuis 1993, il est devenu président du directoire de Sodifrance en 1999, à la disparition de son père, Francis Mazin, qui avait fondé Sodifrance Ouest en 1986. Société de conseil et services informatiques, Sodifrance compte plus de 1000 salariés. Franck Mazin est par ailleurs vice-président de Syntec Numérique, administrateur de l'Ecole des Mines de Nantes.

SOPRA STERIA RENNES LA BRETÈCHE - PARC D'ACTIVITÉ LA BRETÈCHE
- AVENUE ST VINCENT - 35760 SAINT-GRÉGOIRE
• TÉL. 02 99 23 46 00

COMMUNICATION ET MARKETING

Olivier **MERIL**

PRÉSIDENT DE MV GROUP

FORMATION autodidacte

DISTINCTIONS Victoire de l'Autodidacte Grand Ouest 2018 (Harvard Business School club de France et Mazars); Champion de la croissance 2018; Prix des Ressources Humaines 2016 et 2018

PASSIONS voyages en famille, cours de cuisine, vélo et footing

Autodidacte, Olivier Méril entre comme commercial chez Précom à Rennes en 1989, où il restera 20 ans. Nommé chef de pub à Quimper en 1993, il se retrouve directeur de Precom Saint-Nazaire à seulement 26 ans. Ayant remis l'agence sur les rails, il devient directeur de l'agence de Vannes en 2001. On lui propose ensuite, en 2005, de créer la filiale Precom Multimédia. Il s'investit totalement dans ce projet, qu'il conçoit de A à Z. La découverte d'Internet est une révélation et sa passion pour ce média déterminera la suite de sa vie professionnelle. Le chiffre d'affaires progresse, des collaborateurs sont régulièrement recrutés jusqu'en 2009. Mais, pour lui, le groupe ne va pas assez vite et il a envie d'entreprendre, de liberté. Il décide donc de partir et se met en quête d'une entreprise à racheter, en lien avec la communication, le marketing, le digital... Il a rapidement l'opportunité de racheter en 2010 Yumens (ex-Mediaveille), agence de 10 personnes spécialisée en acquisition et conversion. Le dirigeant se met au travail d'arrache-pied et une nouvelle aventure humaine, qu'il qualifie «d'exceptionnelle» débute: 10 ans après, MV Group pèse 41 millions de chiffre d'affaires et emploie 300 collaborateurs.
Pragmatique et direct, fédérateur, Olivier Méril prend plaisir à la vie trépidante qui est la sienne. Président depuis 2010 de MV Group, holding des 8 filiales - dont Mediaveille devenu Yumens en 2021 – il est également à l'origine de projets novateurs tels que MV Cube, un accélérateur de Startups, PME et ETI; l'École Digitale de la Nouvelle Chance, une école d'inclusion pour former les personnes éloignées de l'emploi aux expertises digitales et 301, l'école dans l'entreprise pour former aux métiers de demain.

MV GROUP - 801 AV. DES CHAMPS BLANCS
- 35510 CESSON-SÉVIGNÉ • TÉL. 02 99 14 59 09

ORGANISATIONS PROFESSIONNELLES

Yoann **MERY**

DIRECTEUR DE LA COOPÉRATION AGRICOLE OUEST

FORMATION ESITPA (Rouen, 1996)

PASSIONS Le golf, la voile, la musique

Ingénieur agricole, Yoann Méry commence sa carrière comme conseiller auprès d'agriculteurs, puis prend la responsabilité d'un service d'assainissement et d'environnement dans une collectivité locale du littoral breton. De retour en Ille-et-Vilaine, il devient chargé de mission chez Coop de France Ouest, pour les dossiers relatifs aux problématiques environnementales des filières agricole et de transformation. En 2017 il est nommé directeur du syndicat des entreprises coopératives agricole et agroalimentaire des Pays de la Loire, Bretagne et Normandie (devenu La Coopération Agricole Ouest avec près de 110 coopératives, Unions et Sica adhérentes. Depuis, il tisse les liens entre les coopératives et les acteurs territoriaux, «promouvant un modèle économique vertueux qui contribue au développement et au rayonnement des productions alimentaires du grand Ouest».
Yoann Méry est par ailleurs vice-président du Comité de Bassin Loire Bretagne (collège des usagers économiques) et administrateur de l'Agence de l'Eau Loire Bretagne.

LA COOPÉRATION AGRICOLE OUEST
- TECHNOPÔLE ATALANTE CHAMPEAUX
- ROND-POINT MAURICE LE LANNOU - CS 14226
- 35042 RENNES CEDEX • TÉL. 02 90 09 45 10

HÔTELLERIE-RESTAURATION

Luc et Isabelle **MOBIHAN**

PROPRIÉTAIRES DU RESTAURANT LE SAINT-PLACIDE

FORMATION Luc : Ecole hôtelière Sainte-Anne à Saint-Nazaire ; CAP de cuisine (1983) et BTH (1984) Isabelle : Centre d'apprentissage de Vannes ; bac pro restauration (1987)

DISTINCTIONS 1 étoile Michelin 2007

PASSIONS Luc : le cyclisme et le golf - Isabelle : l'oenologie.

Luc Mobihan est né à la gastronomie en réalisant le far familial. « Un de mes meilleurs souvenirs gourmands », se remémore-t-il. Mais le métier, il l'a appris dans différentes maisons, notamment comme second à l'Amphitryon à Lorient, chez Véronique & Jean-Paul Abadie (1988-1991). Période inoubliable pour lui puisque le restaurant décroche sa première étoile Michelin en 1990. Après quelques mois passés à l'auberge des Templiers au Bézards dans le Loiret, il intègre la cuisine du château de Sully en Normandie comme chef et obtient une étoile Michelin en 1996. En 1999, il raccroche les casseroles, épuisé par ce début de carrière. Un break de quatre ans pendant lequel il sera responsable recherche pour un grand groupe agroalimentaire breton. Mais l'amour de la cuisine le rattrape, et en 2003, Isabelle et Luc Mobihan créent Le Saint-Placide à Saint-Malo. Après des travaux en 2006, Le Saint-Placide est en course pour les distinctions. Le résultat ne se fait pas attendre : une étoile Michelin, le titre de « révélation de l'année » au Guide Pudlo (2007) et trois toques GaultMillau. En 2013, Luc Mobihan a reçu le prix Bernard Loiseau qui récompense les meilleurs chefs européens étoilés au Michelin lors du Festival culinaire annuel réalisé par la chaîne Constance.

RESTAURANT LE SAINT-PLACIDE
- 6 PLACE DU PONCEL
- SAINT-SERVAN-SUR-MER - 35400 SAINT-MALO
• TÉL. 02 99 81 70 73

ENSEIGNEMENT SUPÉRIEUR

Pascal **MOGNOL**

PRÉSIDENT DE L'ÉCOLE NORMALE SUPÉRIEURE DE RENNES

FORMATION élève (1986) puis docteur (1994) de l'École normale supérieure de Cachan ; agrégé de Génie Mécanique (1989) ; Habilité à Diriger les Recherches de l'Université de Nantes en Génie Mécanique (2005)

DISTINCTIONS nombreux prix pour ses articles dans des revues internationales à comité de lecture

PUBLICATIONS participation à 5 ouvrages, plus de 190 articles et communications

Son doctorat en poche, Pascal Mognol devient maître de conférences en 1995 à l'École normale supérieure de Cachan. Après une année à la délégation CNRS à l'IRCCyN (Institut de recherche en communications et cybernétique de Nantes) en 2006, il est nommé professeur des universités à l'ENS Cachan en 2007. Cette même année, il passe un semestre en Suisse en tant que professeur invité à l'École polytechnique fédérale de Lausanne et prend ensuite la direction du département Mécatronique de l'antenne de Bretagne de l'ENS Cachan. Parallèlement, on lui propose la responsabilité de l'équipe de recherche MOPP (Modélisation et optimisation des process de production) à l'IRCCyN en 2010, poste qu'il assumera jusqu'en 2016. Ses activités de recherche portent sur la « fabrication additive » : il mène de nombreux projets scientifiques autour de ce sujet et a déposé 7 brevets. N'hésitant pas à proposer son expertise à travers divers mandats nationaux et régionaux, il intervient régulièrement dans des congrès et séminaires.
En 2012, Pascal Mognol est nommé délégué à la recherche pour la création de l'École normale supérieure de Rennes, puis vice-président Recherche en 2014, lors de la transformation de l'école en une ENS de plein exercice. Très attaché à l'école et investi dans son développement, il est choisi comme administrateur provisoire en 2015. Il accède à la fonction de président en 2016 et son mandat est renouvelé en 2021.

ENS RENNES - 11 AV. ROBERT SCHUMAN
- CAMPUS DE KER LANN - 35170 BRUZ
• TÉL. 02 99 05 93 00

ETAT

Lionel **MORIN**

DIRECTEUR DE DGA MAÎTRISE DE L'INFORMATION

FORMATION Ingénieur général de l'armement de première classe (Ecole polytechnique, X90 et Ecole nationale supérieure des techniques avancées Paris, 1995) ; auditeur de la 49e session nationale « Armement - Economie de défense » de l'IHEDN.

DISTINCTIONS Officier de l'ordre national du Mérite ; chevalier de la Légion d'honneur

A sa sortie d'école en 1995, Lionel Morin intègre la DCN à Indret comme architecte, responsable des études, du développement et des essais du système MESMA. Il continue sa carrière en 1999 à l'état-major du Commandement des Opérations Spéciales, à Taverny, en tant qu'officier de liaison DGA. Il y occupe des fonctions de responsable études et développement de nouveaux équipements, et effectue de la veille technologique pour les forces spéciales françaises ainsi qu'une mission opérationnelle au Kosovo. Il rejoint ensuite le Service des Programmes Navals de la DGA à Paris comme architecte d'ensemble des Frégates Multi-Missions en 2003 puis devient responsable des architectes bâtiments de surface. Trois ans plus tard, il est nommé adjoint finances, en charge de la programmation budgétaire, du directeur de l'unité de management Opérations Navales. Puis, en 2009, il est affecté à la direction des opérations comme directeur du programme de frégates de défense aérienne Horizon. Il prend en 2012 la responsabilité du segment de management Frégates et devient directeur du programme des frégates FREMM. Il est nommé en 2014 directeur adjoint de l'unité de management Espace et Systèmes d'Information Opérationnels de la direction des opérations.
En 2016, Lionel Morin prend la direction du centre d'analyse technico-opérationnelle de défense, à Arcueil, rattaché à la direction de la stratégie. Il retrouve fin 2018 l'unité de management Espace et Systèmes d'Information Opérationnels en tant que directeur. En février 2021, il est nommé directeur

de DGA Maîtrise de l'information à Bruz, un site qui accueille plus de 1700 personnes.

DGA MI - - - 35170 BRUZ • TÉL. 02 99 42 90 11

ENSEIGNEMENT SUPÉRIEUR

Pierre **MORIN**

DIRECTEUR GÉNÉRAL DES SERVICES DE L'ÉCOLE NORMALE SUPÉRIEURE (ENS) DE RENNES

FORMATION Maîtrise de droit public (université de Rennes 1, 1994) ; master en marketing territorial (ESC Normandie Caen, 1996) ; Cycle préparatoire ENA (2015)

Pierre Morin commence sa carrière en tant que directeur de cabinet du président du conseil départemental d'Ille-et-Vilaine Jean-Louis Tourenne en 2004, jusqu'en 2010. Il devient ensuite directeur de la communication à Veolia Environnement Centre Ouest à Rennes. Deux ans plus tard, il est recruté comme collaborateur parlementaire par la députée PS d'Ille-et-Vilaine Marie-Anne Chapdelaine. Il le restera jusqu'à la fin du mandat de celle-ci en 2017. Par ailleurs conférencier et intervenant dans des universités et grandes écoles dès 2012, il crée sa société de consulting en stratégies d'organisation, de communication et de formations en 2017. Pierre Morin prend la direction des affaires générales et de la communication à la CCI du Finistère de février 2018 à septembre 2019. Avant de devenir directeur de cabinet de Jean-Luc Chenut, président du conseil départemental d'Ille-et-Vilaine, fin 2019.
Son parcours se poursuit à la direction générale des services de l'école normale supérieure (ENS) de Rennes en septembre 2023.

ENS RENNES - 11 AV. ROBERT SCHUMAN - CAMPUS DE KER LANN - 35170 BRUZ • TÉL. 02 99 05 93 00

BANQUE ET ASSURANCE

Jérôme **MOY**

PRÉSIDENT DE GROUPAMA LOIRE BRETAGNE

FORMATION Bac Construction mécanique (lycée Joliot Curie à Rennes, 1992) - BTS Analyses et conduite des systèmes d'exploitation (lycée La Lande Du Breil à Rennes, 1994)

PASSIONS Le bricolage

Fils d'agriculteurs, Jérôme Moy se passionne pour la technique, les sciences et se destine à l'industrie. Mais un boulot d'été, dans une laiterie, va confirmer son intérêt héréditaire pour l'agriculture. Il convainc son père, passe son BTS et s'installe en production laitière en 1997, après avoir monté une société avec ses parents. Il crée en 1998 un élevage avicole, toujours à Paimpont. Après le départ en retraite de son père, en 2005, il lance un nouveau projet et s'associe avec son oncle. Le Gaec Brocéliande nait en 2006, regroupant 3 exploitations (260 ha) et produisant du lait et de la volaille, avec 5 associés et 1 salarié.
Influencé par l'engagement de sa famille, le Brétillien s'investit par ailleurs très tôt dans ses organisations professionnelles. De 2000 à 2002, il est président de son canton chez les Jeunes Agriculteurs. Après avoir été administrateur du groupement de producteurs Gaevol, il en assure la vice-présidence depuis 2009. C'est en 2012 que Jérôme Moy, sollicité par sa mère, elle-même administratrice, devient administrateur de sa caisse locale Groupama. Il est élu président en 2015, coopté pour intégrer la fédération d'Ille-et-Vilaine puis la fédération régionale en 2018. Il est élu à la tête du conseil d'administration de Groupama Loire Bretagne, qui couvre la Bretagne, la Loire-Atlantique et le Maine-et-Loire, en mai 2020. Un nouveau challenge pour lui, qui adore la nouveauté et la conduite de projets. Motivé par la possibilité « d'agir en groupe », de partager des valeurs humaines, il se voit comme un chef d'orchestre qui permet aux sociétaires de « construire leur vie en confiance ». Sa feuille de route ? S'adapter et relancer la dynamique mutualiste après la crise… tout en assurant des gardes sur son exploitation le week-end !

GROUPAMA LOIRE BRETAGNE - 23 BD SOLFÉRINO - CS 51209 - 35012 RENNES CEDEX • TÉL. 02 99 29 57 57

BANQUE ET ASSURANCE

Nicolas **NAFTALSKI**

DIRECTEUR GÉNÉRAL DE GROUPAMA LOIRE BRETAGNE

FORMATION Maîtrise de sciences de gestion (1998, Paris 9) ; MBA (HEC et New York University, 2006)

Nicolas Naftalski débute son parcours comme contrôleur financier dans une filiale d'Eiffage en Allemagne. Son expertise consolidée, il prend un poste d'auditeur chez Deloitte en 1999 et effectue des missions de commissariat aux comptes ou d'audit financier, pour des sociétés d'assurance. Il apprécie de découvrir ainsi les entreprises puis décide de comprendre le cœur de métier de ses clients en entrant comme consultant chez CSC-Peat Marwick en 2001. Cette expérience acquise, son goût pour l'international lui fait passer un MBA pour parfaire sa formation et prendre du recul. Après 16 mois passés entre Paris et New-York, il est recruté par Groupama en 2007 en tant qu'auditeur pour toutes les entités du groupe à Paris. Deux ans plus tard, on lui propose le contrôle de gestion puis la gestion d'actifs des filiales en Turquie. Il devient directeur financier avant d'occuper en 2014 un poste identique à Groupama Centre Manche. Promu directeur général adjoint en 2017, il assure ensuite cette même responsabilité dans une filiale à Rome.
En mai 2021, Nicolas Naftalski est nommé directeur général de Groupama Loire Bretagne à Rennes, dans une région qu'il connait bien et d'où sa mère est originaire. A la tête de 2 350 collaborateurs répartis dans les 4 départements bretons, la Loire-Atlantique et le Maine-et-Loire, il anime ses équipes en lien avec le conseil d'administration et représente la région auprès du comité exécutif du groupe. Engagé dans

les actions de prévention sur le territoire et les enjeux portant sur les transitions, il souhaite aller plus loin dans l'accompagnement des clients et le développement durable. Toujours au service des sociétaires, et de « la société toute entière ».

GROUPAMA LOIRE BRETAGNE
- 23 BD SOLFÉRINO - CS 51209
- 35012 RENNES CEDEX • TÉL. 02 99 29 57 57

ENSEIGNEMENT SUPÉRIEUR

Erik **NEVEU**

SOCIOLOGUE - POLITISTE - PROFESSEUR ÉMÉRITE À SCIENCES-PO RENNES

FORMATION collège-lycée à Lorient - licence en droit ; DES de droit public et de science politique ; doctorat (1981) ; agrégation de science politique (1982), à l'Université de Rennes

DISTINCTIONS A renoncé en 2012 à son statut d'officier des Palmes académiques pour protester contre « l'asphyxie du service public de l'enseignement supérieur ».

PASSIONS Comprendre le monde et les « autres » ; cotiser à construire un monde moins injuste ; courir, nager, photographier ; les bons repas entre amis ; musiques et romans, musées de peinture... en voyageant c'est encore meilleur...

PUBLICATIONS parmi les plus récents : « Globalizing Issues. How Claims, Frames and Problems Cross Borders » , avec M Surdez, Eds, (Palgrave, Londres, 2020) ; « Activists Forever ? Long-Term Consequences of Political Activism », avec O Fillieule (Ed. Cambridge University Press, 2019) ; « Une société de communication ? » (6e édition, Ed. Montchrestien, Paris, 2020)

Nommé professeur des Universités en 1982, Erik Neveu prend en charge la formation à la recherche « Etudes Politiques » à Rennes 1 (1985-1992). Il devient doyen de la faculté de droit de Rennes (1987-1992) puis, en 1993, prend la direction du Centre de recherches sur l'action politique en Europe (CRAP, devenu ARENES en 2016). Passé à l'IEP de Rennes peu après sa création en 1992, il en sera directeur de 2004 à 2009, contribuant à fonder le réseau des six IEP de région et leurs concours communs. Il y est désormais professeur émérite. Le polititiste a, par des publications en anglais, son engagement dans l'European Consortium for Political Research et l'organisation de manifestations scientifiques, contribué à rendre Rennes visible sur la carte européenne de la recherche en sciences sociales. Ce souci de valoriser le local sans être provincial s'est aussi traduit dans la co-animation de la Collection Res Publica : avec cent-vingt titres de science et sociologie politique, elle participe du travail collective qui a fait des Presses Universitaires de Rennes la maison d'édition académique numéro un en France. Erik Neveu est également un passeur de recherches et de théories. Il a contribué à introduire en France la tradition des « Cultural Studies », des apports anglophones sur les mobilisations collectives. Symétriquement, ses recherches, traduites en douze langues ont diffusé internationalement des auteurs et recherches françaises originale.

IEP SCIENCES PO RENNES
- 104 BD DE LA DUCHESSE ANNE
- 35700 RENNES • TÉL. 299686545

COMMUNICATION ET MARKETING

Gwenaël **ODIE**

DIRECTEUR DES PARTENARIATS ÉVÈNEMENTIELS GROUPE OUEST FRANCE - RESPONSABLE DE LA PUBLICITÉ DES MÉDIAS API ET LE MARIN

FORMATION école de commerce Grenoble

PASSIONS les sports, la politique, la BD, les nouvelles technologies

Gwenaël Odie entre dans le groupe Ouest-France en 2002 au sein d'une filiale (Cap Vente) en charge du développements des abonnements BtoC. Il devient directeur des ventes pour cette même filiale en responsabilité des abonnements Sud-Ouest, basé à Bordeaux pendant 4 ans. De retour dans l'Ouest en 2008, il intègre la régie publicitaire du groupe Ouest-France en tant que commercial sur le marché automobile à Nantes. Il bascule ensuite dans l'univers digital dès 2010 comme chef de produit web auto, puis chef de produit web pub co avant de devenir référent digital à la régie. C'est en 2018 qu'il prend la direction commerciale du marché institutionnel et collectivités. Le groupe lui confie des missions additionnelles en 2022 avec la direction des partenariats évènementiels ainsi que la responsabilité de la publicité des médias API et le marin.

ADDITI - 10 RUE DU BREIL - 35000 RENNES
• TÉL. 02 99 26 45 45

ENSEIGNEMENT SUPÉRIEUR

Jean **OLLIVRO**

GÉOGRAPHE - PRÉSIDENT DE BRETAGNE PROSPECTIVE

FORMATION collège-lycée à Guingamp - études supérieures à Rennes

DISTINCTIONS Ordre de l'Hermine ; prix des Grands écrivains de l'Ouest 2001.

PUBLICATIONS Parmi les derniers : « Quand la vitesse change le monde » (Editions Apogée-2006) ; « La machine France. Le centralisme ou la démocratie ? » (Edition du Temps-2006) ; « Projet Bretagne » (Editions Apogée-2010) ; « La Nouvelle économie des territoires » (Editions Apogée-2011) ; « L'unité bretonne. Construisons-là ensemble » (Edition du Temps, 2014) ; « Dessine-moi la Bretagne » (Coop Breizh, 2014) ; « De la mer au méritoire. Faut-il aménager les océans ? » (2016) ; Collectif : « Les pays de Bretagne, racines de notre futur » (2021)

Professeur à l'Université Rennes 2 depuis 1994 et à l'Institut d'études politiques de Rennes depuis 1998, Jean Ollivro est « le » spécialiste breton de l'aménagement du territoire et du développement régional. Ses thèmes de prédilection sont la vitesse, les transports et naturellement la Bretagne. Car le Costarmoricain est un militant convaincu d'une région Bretagne à cinq départements, incluant donc la Loire-Atlantique. Il est d'ailleurs l'un des initiateurs de l'Appel à la Bretagne Toute Entière (2009). Jean Ollivro est également président de l'association Bretagne prospective/Breizh Diawel depuis 2004. Ce think tank breton est consacré aux enjeux du développement local et régional en Bretagne. Il mène une activité de production d'idées nouvelles, de réalisation d'études et d'élaboration de projets.

UNIVERSITÉ RENNES 2 - CAMPUS VILLEJEAN - 35043 RENNES CEDEX • TÉL. 02 99 14 10 00

SPORT PROFESSIONNEL

Jacqueline **PALIN**

PRÉSIDENTE DU COMITÉ RÉGIONAL OLYMPIQUE ET SPORTIF (CROS) DE BRETAGNE

FORMATION collège-lycée à Landerneau - Ecole Normale de Nantes, Capes de Sciences de la vie et de la terre (faculté de Rennes)

DISTINCTIONS médaille d'or de la Fédération française de basket (2000) ; chevalier de la Légion d'honneur (2009) ; médaille d'or du ministère de la Jeunesse et des sports (2011) ; ballon de Cristal 2018

PASSIONS éclectiques : voyages, expositions...

Enseignante en région parisienne avant de revenir sur sa terre natale, Jacqueline Palin s'engage très vite au service des autres. Elle sera par exemple en charge du foyer du lycée de l'Harteloire à Brest. Issue d'une génération où le sport féminin ne se pratiquait pas beaucoup, elle découvre le basket par le biais de ses enfants dans les années 70. Dès lors, son engagement associatif ne faiblira pas. Du club de basket de Landerneau, elle accède au comité du Finistère puis à la ligue où elle dirigera la commission technique à partir de 1990. Elle est élue présidente de la ligue de Bretagne de basket en 1996 et sera la première femme à la tête d'une ligue régionale. À ce titre, elle accède au comité directeur de la Fédération française. Elle est aussi présidente du CA du Creps de Dinard (2004/2009). Retraitée de l'éducation nationale en 1999, elle milite pour l'égalité des chances des femmes dans le sport. Et met en place une université d'automne pour accompagner les mamans sportives.
Membre actif du Conseil breton du sport, Jacqueline Palin accède à la présidence du Cros de Bretagne en mars 2013. Elle sera la première femme à la tête d'un comité régional olympique et sportif en France. Les objectifs de la présidente depuis lors : poursuivre le travail sur la formation aux métiers du sport, le sport-santé et le rapprochement avec le monde économique. Elle est réélue en mars 2018.

CROS DE BRETAGNE - MAISON DES SPORTS - 13 BIS AV. DE CUCILLÉ - 35065 RENNES CEDEX • TÉL. 02 99 54 67 87

ENSEIGNEMENT SUPÉRIEUR

Romain **PASQUIER**

DIRECTEUR DE RECHERCHE AU CNRS - PROFESSEUR À SCIENCES-PO RENNES

FORMATION Lycée Joseph Loth à Pontivy - Institut d'études politiques de Rennes (1994) ; Institut universitaire européen de Florence (Italie)

DISTINCTIONS Prime d'excellence scientifique du CNRS (2010) ; Prix Bretagne jeune chercheur (2005) ; 1er prix de thèse du Comité des Régions de l'Union européenne (2001)

PASSIONS Tennis, chasse sous-marine, voyages

PUBLICATIONS Réussir la Région, Institut de la décentralisation, Paris, (2014) - La gouvernance territoriale, Paris LGDJ, (2013) - Le pouvoir régional. Mobilisations, décentralisation et gouvernance en France, paris, Presses de Sciences Po, (2012).

Jeune, Romain Pasquier voulait devenir journaliste. Mais, reçu au concours de l'IEP de Rennes, il va très vite se passionner pour la science politique et choisir de faire de cette discipline son métier. Après avoir obtenu son diplôme, il décide ainsi de poursuivre dans cette voie et obtient en 2000 son doctorat avec une thèse sur «la capacité politique des régions en France et en Espagne». Puis, lauréat de la bourse Jean Monnet, il part un an à l'Institut européen de Florence avant d'être recruté en 2002 au CNRS, dont il est aujourd'hui directeur de recherche. Trilingue (français, anglais, espagnol), ce chercheur, régulièrement invité dans des universités étrangères, est aujourd'hui le représentant officiel de la France à l'association internationale de Science-Po. Mais il est aussi très impliqué dans la vie régionale. Passionné par la question des régions et du rapport des régions à l'Etat il a ainsi été au coeur des débats en France sur la régionalisation en 2014. Il est à l'origine, avec le conseiller régional Daniel Cueff, de la création d'un blog sur l'Assemblée de Bretagne, collectivité territoriale unique fusionnant le conseil régional et les conseils départementaux. Pour lui il y a urgence à changer de modèle car «la mondialisation rend complètement obsolète notre organisation jacobine».

IEP SCIENCES PO RENNES - 104 BD DE LA DUCHESSE ANNE - 35700 RENNES • TÉL. 02 99 84 39 39

RÉGION

Isabelle **PELLERIN**

VICE-PRÉSIDENTE DE LA RÉGION BRETAGNE - VICE-PRÉSIDENTE DE RENNES MÉTROPOLE

FORMATION Doctorat en sciences de la vie et de la santé (1992) ; DEA de biochimie, biologie cellulaire et moléculaire (1989) ; licence et maîtrise de biochimie (1988) à l'Université de Franche-Comté

DISTINCTIONS Auditrice à l'Institut des hautes études pour la science et les technologies (IHEST)

PUBLICATIONS Nombreuses publications scientifiques

Avant de s'engager en politique, Isabelle Pellerin s'est impliquée professionnellement dans la recherche en génétique. Après un DEA de biochimie, biologie cellulaire et moléculaire, elle intègre l'Inserm U198 à Besançon (1989-1992), puis effectue un stage post-doctoral de deux ans aux Etats-Unis au Center for advanced biotechnology and medecine (CABM). De 1994 à 2000, elle exerce en tant que maître de conférences puis comme professeur à l'Université de Rennes I, responsable de l'équipe Génétique des pathologies du développement (GPD) jusqu'en 2008.
Isabelle Pellerin se consacre depuis pleinement à ses responsabilités politiques. Conseillère municipale de la Ville de Rennes, déléguée à la vie étudiante de 2008 à 2014, elle est vice-présidente de Rennes Métropole, déléguée à l'enseignement supérieur, à la recherche et à l'innovation. Son rôle : «accompagner de manière pertinente les chercheurs et les enseignants chercheurs du territoire pour leur permettre d'avancer efficacement dans leurs programmes de

recherche, qu'ils soient fondamentaux ou finalisés.» Son objectif : «contribuer à faciliter l'acquisition des connaissances et à favoriser l'innovation technologique et sociale.» En 2015, elle est élue conseillère régionale de Bretagne et devient 10e vice-présidente, chargée des lycées. Elle le demeure après les élections régionales de 2021.

RÉGION BRETAGNE - 283 AVENUE DU GÉNÉRAL PATTON - CS 21101 - 35711 RENNES CEDEX 7 • TÉL. 02 99 27 10 10

DÉVELOPPEMENT ÉCONOMIQUE

Jean-Luc **PERROT**

DIRECTEUR DU PÔLE VALORIAL

FORMATION maîtrise en aménagement du territoire; DESS en sciences économiques

PASSIONS les épices.

PUBLICATIONS co-auteur de «L'agro-alimentaire, enjeux et ruptures en Bretagne» (Apogée-2002)

Jean-Luc Perrot a débuté sa carrière professionnelle en 1990 à l'Institut technique de l'aviculture (Itavi) comme chargé d'études économiques. Consultant de 1991 à 1996 au sein du cabinet conseil Menillo Consultants, spécialisé dans les produits de la mer, il est ensuite en charge de l'animation de l'Observatoire des industries agro-alimentaires de Bretagne. En 2007, il intègre Valorial au poste de directeur adjoint avec pour mission d'accompagner le développement et la structuration de ce pôle de compétitivité récemment créé. En 2010, il se voit confier la direction de Valorial qui rassemble aujourd'hui 400 adhérents (industriels, centres de recherche et établissements d'enseignement supérieur).

VALORIAL
- 8 RUE JULES-MAILLARD-DE-LA-GOURNERIE
- ATALANTE CHAPPEAUX - 35000 RENNES
• TÉL. 02 99 31 53 05

COMMERCE ET DISTRIBUTION

François **PICARD**

PRÉSIDENT DU GROUPE COBREDIA

FORMATION Collège-lycée à Brest - ISCAM (Institut Supérieur du Commerce Automobile du Mans)

PASSIONS Le développement du territoire et des réseaux bretons

C'est en 1955 que l'aventure automobile familiale commence. A l'époque, le grand-père de l'actuel dirigeant implante l'une des premières concessions automobiles Volkswagen et Mercedes-Benz de France à Brest. Son fils, Jacques Picard, prend ensuite les rênes de la société et la développe en créant Cobredia en 1966. En 2004, le groupe compte 11 sites lors de sa transmission à la troisième génération qui accélère son développement : le distributeur dispose actuellement de 60 sites en Bretagne.
François Picard a intégré Jeanneau aux Herbiers en 1994 en tant que cadre commercial avant de rejoindre le groupe familial en 1999. Après le départ de son frère Ronan fin 2017, il devient président du groupe qui compte aujourd'hui près de 1300 salariés répartis sur 59 sites. Le Brestois a aussi pris des responsabilités extraprofessionnelles : élu à la CCI de Brest de 2010 à 2021, il a été président du CJD de Brest de 2008 à 2010 puis du CJD Bretagne de 2012 à 2014.

COBREDIA - 243-245 RUE DE CHÂTEAUGIRON - 35000 RENNES • TÉL. 02 99 32 70 70

PROMOTION ET GESTION IMMOBILIÈRE

Jean-Pierre **PIGEAULT**

PRÉSIDENT DU PARC DES EXPOSITIONS DE RENNES - CO-PRÉSIDENT DU GROUPE PIGEAULT IMMOBILIER

FORMATION lycée de l'Assomption à Rennes - Ecole de Commerce d'Angers (ESSCA)

PASSIONS le tennis, le foot, la gastronomie et le vin.

Dans l'immobilier depuis 1973, Jean-Pierre Pigeault a su développer un groupe réunissant l'ensemble des métiers de l'immobilier à partir du siège historique situé rue de la Monnaie à Rennes et en créant différentes filiales : La Française Immobilière (réseau d'agences immobilières sur le bassin rennais), SERI-Ouest (promoteur-constructeur), Rennes Habitat (bureau d'études en maisons individuelles), Les Maisons Alexandre (constructeur de maisons individuelles). Ce qui permet à son groupe d'avoir une activité développée sur le Grand Ouest. Parallèlement, Jean-Pierre Pigeault est le propriétaire depuis 1991 du Parc des expositions de Rennes, situation rarissime en France où de telles structures sont en général du ressort des collectivités territoriales.
Il est actuellement co-président de Pigeault immobilier avec son fils Jean-Marie.

PIGEAULT IMMOBILIER
- 25 RUE DE LA MONNAIE - 35000 RENNES
• TÉL. 02 99 31 58 44

DÉVELOPPEMENT ÉCONOMIQUE

Mario **PIROMALLI**

CHEF D'ENTREPRISE ET FONDATEUR DU FONDS DE DOTATION YAO

FORMATION Ecole d'hôtellerie de Strasbourg, Hamburger University de McDonald's (Chicago)

DISTINCTIONS Médaille de bronze et d'argent de la jeunesse et des sports ; Prix croissance aux Oscars d'Ille-et-Villaine (2010) ; Lauréat des victoires des autodidactes dans l'Ouest (2005)

PASSIONS Les voyages, la découverte du monde et des cultures, les richesses du monde.

Autodidacte, Mario Piromalli est aujourd'hui à la tête de 22 restaurants McDonald's en Ille-et-Vilaine. « Entré comme équipier à Strasbourg, j'ai gravi les marches petit à petit. C'est la société qui m'a donné ma chance et m'a formé », explique le dirigeant, fils d'immigrés italiens. Après différents postes de management au sein de l'enseigne, ce travailleur acharné aspire à l'entrepreneuriat. « En 1988, on m'a proposé de reprendre, en franchise, le seul restaurant à Rennes qui ne marchait pas. Avec l'insouciance de la jeunesse, mais la volonté du chef d'entreprise, j'ai accepté. » Plus que tout, l'entrepreneur est attaché aux valeurs humaines. « Elles prennent l'importance que l'on veut bien y consacrer. Les machines ont des limites, les hommes n'en ont pas. » Le chef d'entreprise accompli entend aujourd'hui aider d'autres jeunes à entreprendre. « Deux de mes ex-salariés sont aujourd'hui franchisés et j'essaie aussi de mettre en lumière des artistes locaux. Il y a tellement de génie sur notre territoire ! » On retrouve cette démarche avec le fonds de dotation Yao, que Mario Piromalli a lancé en 2013. Yao, « En route ! » en breton, vise à mettre en relation des jeunes ayant des projets entrepreneuriaux avec des chefs d'entreprises chevronnés.

YAO - 20 RUE D'ISLY - 35700 RENNES

MÉDIAS

Olivier **PORTE**

MEMBRE DU DIRECTOIRE ET DIRECTEUR DU PÔLE MARKETING ET DÉVELOPPEMENT DU GROUPE OUEST-FRANCE

FORMATION maîtrise de droit (université de Versailles, 1994) ; ELSCA (Paris, 1995) ; executive MBA (HEC Paris, 2003)

PASSIONS la vigne (il a créé une petite activité viticole dans les Landes)

Olivier Porte a commencé sa carrière en 1996 chez Dekuple (ex-ADLPartner), opérateur de data-marketing leader du recrutement d'abonnements en France, en tant que directeur commercial et Internet. Il devient directeur général adjoint, directeur business développement et directeur commercial en 2006 avant de prendre la direction des activités Data et activités Presse et Nouveaux Médias de 2013 à 2015. Il est alors membre du comité de direction. C'est en 2016 qu'il rejoint le groupe Ouest-France au poste de directeur marketing et commercial, membre du comité de direction générale. Quatre ans plus tard, il prend la présidence des éditions Ouest-France puis, en 2022, celle de la société Latitude magazine. Actuellement directeur du pôle marketing et développement, il est membre du directoire depuis 2023.

OUEST-FRANCE - SERVICE COURRIER - COORDINATEUR - 10 RUE DU BREIL - 35051 RENNES CEDEX 9 • TÉL. 02 99 32 60 00

INDUSTRIE ÉLECTRIQUE ET ÉLECTRONIQUE

Pascal **PORTELLI**

PRÉSIDENT DU DIRECTOIRE DE DELTA DORE

FORMATION École Polytechnique (1993) ; Ecole Nationale des ponts et chaussées (1996) et master à Stanford (1996)

PASSIONS l'astronomie, l'astrophysique, les sports nautiques, le golf

Pascal Portelli garde un souvenir ému de son premier emploi, en 1994 : chef de projet adjoint pour la construction du Stade de France. L'aventure, passionnante et formatrice, prend fin en 1996 lorsqu'il entre à la direction du Trésor du ministère des Finances. Il devient alors adjoint au chef de bureau chargé du financement des entreprises. Il s'occupe ensuite de la privatisation de grandes sociétés. En 2001, l'ingénieur des Ponts quitte la sphère publique pour Thomson Multimédia. Tout d'abord à San Francisco, puis au siège en 2003, à la Direction financière d'une business unit. Il intègre le département Maison connectée puis, à sa demande, évolue sur des postes stratégiques à partir de 2004. Après la direction commerciale de cette division aux Etats-Unis, on lui propose en 2008 la direction de la division Box-internet-modem haut débit, avec 700 personnes sous sa responsabilité. En 2015, Pascal Portelli prend en charge l'intégration de Cisco Connected Device - une activité de 2 milliards de dollars de chiffre d'affaires - au sein de Technicolor.
Il accepte un nouveau challenge en 2017 en rejoignant Delta Dore, spécialiste du pilotage du confort et des énergies dans les maisons et les bâtiments, en tant que directeur des opérations. Choisi pour prendre la succession du président du directoire, c'est en mai 2018 qu'il accède à cette fonction. Heureux de participer à « la transition énergétique », toujours volontaire et ouvert à la nouveauté, le dirigeant est prêt à accompagner et accélérer le développement de l'entreprise, notamment à l'international.

DELTA DORE - LE VIEUX CHÊNE - 35270 BONNEMAIN • TÉL. 02 99 73 45 17

RÉGION

Pierre **POULIQUEN**

VICE-PRÉSIDENT DE LA RÉGION BRETAGNE

FORMATION Lycée Colbert Lorient - Niveau DUT génie maintenance et industriel (IUT Lorient)

DISTINCTIONS Médaille de bronze Jeunesse et Sport (2012)

PASSIONS Le sport, les relations humaines

Investi depuis ses 15 ans dans le monde associatif et le sport, Pierre Pouliquen n'a cessé depuis d'œuvrer dans ces domaines qui lui tiennent à cœur. Sa carrière professionnelle commence en 1998 quand il intègre La Poste en tant que salarié de droit privé. Président d'un club de hand-ball, sympathisant du Parti Socialiste, il décide de se lancer en politique et est élu en 2001 au Faouët. Il sera adjoint aux Sports et à la vie associative. C'est en 2008 qu'il est élu au second tour conseiller général du Morbihan du canton du Faouët (il le restera jusqu'en 2014). Il demande alors à se mettre en disponibilité puis se présente en 2010 aux élections régionales. Elu, il se voit confier la délégation à l'économie du sport et la présidence de la commission aménagement. Pierre Pouliquen est choisi comme premier Secrétaire du Parti Socialiste du Morbihan en 2012 et le restera jusqu'en 2015. Battu aux élections municipales du Faouët en 2014, il devient conseiller municipal et conseiller communautaire de Roi Morvan Communauté. Lui qui reconnaît n'avoir «jamais rien calculé» et toujours «privilégié l'intérêt général», est réélu à la Région en décembre 2015. Il est actuellement 13e vice-président chargé des sports, de la jeunesse et de la vie associative, réélu en 2021.

Depuis 2016, il est nommé président du campus de l'excellence sportive Bretagne (CESB) et du CFA. Quand il lui reste un peu de temps, il suit les entraînements de son fils dans le club de football où il est dirigeant...

RÉGION BRETAGNE
- 283 AVENUE DU GÉNÉRAL PATTON - CS 21101
- 35711 RENNES CEDEX 7 • TÉL. 02 99 27 10 10

COMMUNICATION ET MARKETING

Gwenaëlle **QUENAON-HERVÉ**

VICE-PRÉSIDENTE DE LE POOL - DIRECTRICE BRIGHT - RIVACOM

FORMATION Master en droit fiscal et droit des affaires (université de Rennes, 1997) ; MAE (IGR Rennes 1998)

PASSIONS S'impliquer dans des associations professionnelles et des startups

Pendant ses études juridiques, Gwénaëlle Quénaon-Hervé se sent attirée par le management, la partie humaine d'une entreprise. Elle s'inscrit ensuite à l'Institut d'études judiciaire pour passer l'examen de l'école d'avocat. Mais son ancien maitre de stage la contacte en octobre 1999 car il veut créer un site web de recrutement. Séduite par ce projet novateur, elle accepte et co-fonde la société en janvier 2000 avec Guillaume Semblat et Jérôme Armbruster, tout en suivant ses cours. RegionsJob (futur Hellowork) est ainsi mis en ligne en mars 2000 et le succès est immédiat. Elle s'occupe de la partie web et communication du portail, qui a pour ambition de démocratiser la recherche d'emploi sur internet. A destination des ingénieurs et des informaticiens au départ, il s'adresse désormais à tous les métiers. 16 ans et 180 salariés plus tard, la Finistérienne a besoin d'un nouveau challenge, d'explorer d'autres domaines. Elle entreprend alors un tour du monde avec sa famille puis se lance dans le conseil en création d'entreprises en 2017. A la fois mentor et business angel, Gwenaëlle Quénaon-Hervé aide les entrepreneurs à faire des choix. De juillet 2020 à juin 2022, elle est présidente du Poool, un mandat bénévole où elle s'est efforcé «d'accompagner, de transmettre, de favoriser l'innovation des entreprises avec un impact positif sur la société et l'emploi». Elle en reste vice-présidente.

En 2020, une année décidément très prolifique, elle a rejoint le groupe Rivacom en octobre pour prendre la tête du pôle expert brand content et digital. Là encore, une mission de développement idéale pour cette manageuse dans l'âme.

RIVACOM RENNES - 31 PL. DU COLOMBIER
- 35009 RENNES CEDEX • TÉL. 02 99 79 60 89

RÉGION

Michaël **QUERNEZ**

1ER VICE-PRÉSIDENT DE LA RÉGION BRETAGNE - MAIRE DE QUIMPERLÉ - PRÉSIDENT DE LA FÉDÉRATION FRANÇAISE DES PORTS DE PLAISANCE (FFPP)

FORMATION Lycée de Kerneuzec à Quimperlé - Hypokhâgne (lycée de Cornouaille, Quimper) ; Licence d'histoire ; maîtrise d'information et communication (1995) ; DESS de communication politique et sociale (1996), à l'Université de Rennes 2 et à la Sorbonne-Paris

Michaël Quernez est connu depuis une vingtaine d'années pour son implication dans la vie publique. Notamment à Quimperlé : premier adjoint au maire de la ville (2001-2008), il a présidé la communauté de communes du Pays de Quimperlé de 2002 à 2008. Conseiller départemental du Finistère élu dans le canton de Quimperlé en 2008, il sera 1er vice-président du Conseil départemental, en charge de l'Insertion, l'emploi, le développement et l'attractivité, jusqu'en juin 2021. Il est président de Finistère Tourisme depuis 2009 et président de Nautisme en Finistère depuis 2015 (fusionnés dans l'Epic Finistère 360e). Élu à la tête de l'Association des Ports de Plaisance de Bretagne (APPB), qui rassemble 73 ports de Bretagne et de Loire-Atlantique, en décembre 2017, il préside le syndicat mixte Pêche et plaisance de Cornouaille. Il est élu président de la Fédération française des ports de plaisance (FFPP) en janvier 2021.

Elu maire de Quimperlé en mars 2014, réélu en 2020, Michaël Quernez est aussi conseiller communautaire de la communauté de communes du Pays de Quimperlé (CocoPaq). C'est en juin 2021 qu'il est élu à la Région Bretagne et en juillet qu'il est nommé premier vice-président, délégué au climat et aux mobilités.

RÉGION BRETAGNE
- 283 AVENUE DU GÉNÉRAL PATTON - CS 21101
- 35711 RENNES CEDEX 7 • TÉL. 02 99 27 10 10

INTERCOMMUNALITÉ

Laurence **QUINAUT**

DIRECTRICE GÉNÉRALE DES SERVICES DE RENNES ET DE RENNES MÉTROPOLE

FORMATION collège Marcel Pagnol et lycée Richelieu de Rueil-Malmaison - maîtrise de droit public à l'Université Paris X-Nanterre (1995) ; Institut d'études politiques de Paris (1997)

Laurence Quinaut trace son parcours professionnel au sein des collectivités locales. En 2000, elle intègre la Ville de Besançon où elle exerce rapidement des responsabilités. Elle est notamment directrice générale adjointe du pôle Petite enfance, éducation, politique de la ville avant de rejoindre la Bretagne. Recrutée par le Conseil général d'Ille-et-Vilaine, elle occupe les postes de directrice générale adjointe du pôle Education, jeunesse, culture et sport (2004-2008), puis de directrice générale adjointe du pôle Ressources (2008-2011) et, enfin, de directrice générale des services (2011-2014). Elle a été vice-présidente de l'Association des directeurs généraux des grandes collectivités (ADGGC).
Nommée en tant que secrétaire générale de la ville de Rennes et de Rennes métropole en 2014, Laurence Quinaut devient directrice générale des services en 2017.

RENNES MÉTROPOLE - 4 AV. HENRI FRÉVILLE - CS 93111 - 35031 RENNES CEDEX • TÉL. 02 99 86 60 60

EVÉNEMENTIEL ET CONGRÈS

Anne Marie **QUÉMÉNER**

COMMISSAIRE GÉNÉRALE DU SPACE

FORMATION diplôme de traducteur anglais et espagnol (Institut de Perfectionnement en Langues Vivantes d'Angers, 1992) ; 3e cycle Commerce international (ESC Rennes, 1993)

PASSIONS l'Espagne, le cinéma, la lecture

Entre le SPACE et Anne Marie Quéméner, l'histoire dure depuis 1993 : c'est dire comme la Commissaire Générale maîtrise son sujet... Après une enfance passée à Plusquellec dans la ferme familiale, elle fait ses études à Angers puis à Rennes. A la recherche d'un stage, elle intègre la petite équipe du SPACE pour mettre en place les relations presse. L'ambition des fondateurs du Salon est alors d'en faire un événement international. Grâce à sa double formation, la jeune femme contribue au développement de la notoriété du Salon puis, en 2010, elle prend la responsabilité de l'international et de la communication. Persévérante, déterminée et passionnée, Anne Marie Quéméner est nommée Commissaire Générale six ans plus tard. Le positionnement à l'international du SPACE, 2e Salon mondial dédié aux professionnels de l'élevage, est toujours l'axe stratégique qui guide ses missions. Son sens de l'écoute, son esprit d'équipe et sa résistance au stress l'aident à continuer à tracer le sillon du SPACE. Tout en étant attentive à être en phase avec les attentes des éleveurs, lors de « ce temps fort de communication et d'inspiration pour la communauté des productions animales ». Elle reconnaît être fière de contribuer à la transmission d'idées nouvelles aux agriculteurs, gardant toujours le souci de la qualité et de la convivialité. D'un grand professionnalisme et toujours enthousiaste, elle voit l'avenir « grand ouvert ».

SPACE - RUE MAURICE LE LANNOU - CS 54239 - 35042 RENNES CEDEX • TÉL. 02 23 48 28 80

EVÉNEMENTIEL ET CONGRÈS

Benoit **QUÉRO**

PRÉSIDENT ET FONDATEUR DE SPECTACULAIRES

FORMATION deug AES Rennes 2 (1977)

PASSIONS les arbres, le végétal, les rencontres, la peinture

C'est lors d'un petit boulot d'étudiant que Benoît Quéro découvre le milieu de la construction de décors et décide d'en faire son métier. Il apprend sur le tas et devient régisseur pour différentes compagnies de théâtre et festivals du Grand Ouest. Petit à petit, au fil des rencontres – dont celle avec Henri Alekan, grand maître de la lumière du cinéma français - il affine son savoir-faire et son projet. Au delà de la technique, ou de la mise en œuvre de la technique, il réalise qu'il faut avoir quelque chose à dire d'essentiel. Pris au jeu d'un métier qui nécessite un regard à la fois sur l'artistique, la technique et l'humain, tourné à la fois vers le passé et l'avenir, il crée Spectaculaires sous forme associative. Un an plus tard, en 1987, l'entreprise née et embauchera une personne par an jusqu'à aujourd'hui. Les débuts sont difficiles mais il a l'intuition d'introduire des techniques de théâtre pour mettre en valeur le patrimoine et cultive l'idée de label avec l'appellation Allumeurs d'images. Un pluriel qui définit la façon dont Benoît Quéro envisage son parcours et son action : comme « un art qui se partage ». Il aime faire partie d'une bande où les générations se croisent, complémentaires et créatives, dans un effet d'entrainement vivifiant. Amoureux de la peinture et de sa lumière, inspiré par le végétal, cet « ingénieur-poète » a le sens du contact même s'il avoue un fort caractère. Il compte continuer à écrire son parcours avec toujours le même objectif : proposer des spectacles de qualité pour tous, stimuler l'imaginaire, offrir un supplément d'âme...

SPECTACULAIRES - 21 AV. COSSINADE - 35310 SAINT-THURIAL • TÉL. 02 99 87 07 07

TRANSPORT ET LOGISTIQUE

Serge **RAMBAULT**

PRÉSIDENT DE LE ROY LOGISTIQUE - PRÉSIDENT DE BRETAGNE SUPPLY CHAIN

FORMATION brevet d'études professionnelles agricoles (Bressuire, 1975) ; DUT Gestion des entreprises (Limoges, 1980)

PASSIONS sa famille, apprendre, l'histoire, les biographies

On peut être un professionnel de la logistique et s'interroger sur les mystères de l'infini. Aimer le jeu de la compétition et être conscient de la fragilité de l'existence. C'est le cas de Serge Rambault, arrivé dans le secteur du transport pour rester près de sa petite amie... En stage chez Transports Grimaud, à Bressuire, il fait la 1re rencontre décisive de sa carrière avec le fondateur de l'entreprise. Celui-ci lui confie la gestion de plusieurs sociétés du groupe. De Thouars à Limoges, de Lyon à Orléans, il apprend son métier. Puis il décide de partir à la découverte d'autres horizons et entre chez UPS à Paris. Il y fait ses preuves jusqu'à devenir directeur régional des agences du Sud-Ouest et du Sud-Est. Il est ensuite recruté par la multinationale British Oxygen Company (BOC). Il gère alors depuis Londres les filiales du groupe en France, en Pologne et aux Pays-Bas. En 1998, il fait sa 2e rencontre professionnelle déterminante, avec Jacques Le Roy. Ils décident de racheter avec un 3e associé la filiale française du groupe et il s'installe en Bretagne. Serge Rambault est désormais président du directoire avec Frank Le Roy. Passionné et curieux de la réussite des autres, il s'investit dans des activités extra-professionnelles. Membre du conseil de la Banque de France depuis 2013, ancien président de l'Esli (École Supérieure de Logistique Industrielle) à Redon, il est élu président du cluster Bretagne Supply Chain en 2011. Ce convaincu du credo de la JCE, qui a toujours su saisir sa chance, aime à répéter cette devise (inspiré par Jean d'Ormesson) : finalement « on ne sait presque rien sur presque tout » et vice-versa...

LE ROY LOGISTIQUE - 4 RUE DES GOUTAIS - 35136 SAINT-JACQUES-DE-LA-LANDE • TÉL. 02 99 00 41 41

ENERGIE

Sébastien **RAMOS**

DÉLÉGUÉ RÉGIONAL BRETAGNE ENGIE

FORMATION DEA Sciences et techniques de l'environnement (ENPC - ENGREF- Paris XII, 1993) ; master en Marketing (Institut français de gestion, 2003) ; master en Innovation et intelligence économique (IGR de Rennes, 2009) ; auditeur IHEDN - 197e session (2014)

PASSIONS L'Histoire, l'histoire des civilisations et la Grèce antique

Sébastien Ramos fait ses premières armes à l'Ademe en Guyane en tant qu'ingénieur d'études de 1994 à 1995. Recruté par Sita France un an plus tard, il exerce à titre de responsable Projet et marché national jusqu'en 2002. Il occupe ensuite le poste de responsable grand compte chez Degremont (filiale de Suez Environnement, spécialiste du traitement de l'eau) de 2002 à 2011. Ce qu'il aime, c'est « créer des projets et fédérer des équipes autour de ceux-ci ». En 2011, il rejoint GDF Suez (devenu Engie), dont il devient le délégué régional Bretagne. Aimant le contact, il apprécie le fait de mettre en réseau différents acteurs et de créer ainsi des passerelles entre les compétences. Parmi les questions sociétales, celle de l'insertion professionnelle des jeunes le touche. Il œuvre dans ce sens depuis plusieurs années et a été président de la Fondation Agir Contre l'Exclusion (Face) à Rennes jusqu'en 2016. Acteur du développement du territoire et non spectateur, Sébastien Ramos porte un fort intérêt à l'intelligence économique. Il est d'ailleurs membre de Novincie, l'Institut pour la pratique de l'innovation et l'intelligence économique.

ENGIE DÉLÉGATION RÉGIONALE BRETAGNE - AV. CONSTANT MÉREL - 35131 CHARTRES-DE-BRETAGNE • TÉL. 02 99 23 12 12

HÔTELLERIE-RESTAURATION

Serge **RAULIC**

PRÉSIDENT DES THERMES MARINS DE SAINT-MALO

FORMATION Collège des Cordeliers à Dinan - math sup et math spé (lycée Chateaubriand de Rennes) ; ingénieur (Ecole nationale de l'aviation civile de Toulouse ; diplôme de l'Institut d'administration des entreprises (IGR)

Serge Raulic débute sa carrière en tant que responsable de la Société d'études en thalassothérapie (filiale du groupe Sofitel) aux côtés de Louison Bobet et participe à la création du centre de thalassothérapie du Touquet. En 1976, il est nommé directeur de la thalasso de Quiberon. Il rachète les Thermes Marins de Saint-Malo en 1981 et entreprend de nombreux programmes de rénovations et d'innovations. Depuis, il a développé son activité dans différents domaines mais le bien-être reste le pilier du groupe avec le centre des Thermes Marins de Saint-Malo et les centres urbains de remise en forme Aquatonic® de Rennes, Paris Val d'Europe et Nantes. Serge Raulic a créé également une ligne de cosmétiques « Thermes Marins de Saint-Malo » en accompagnement de cette activité, distribué en France et à l'international.
Avec une gamme d'hébergement hôtels et résidences du 2 au 5 étoiles (Le Grand Hôtel des Thermes, le Nouveau Monde, l'Antinéa, Les Marins, Le Jersey, le B&B Saint-Malo Sud, la Reine Marine, la Villa des Thermes et le Neptunia), l'hôtellerie est l'autre pilier majeur du groupe. Celui-ci compte aussi un golf avec le Saint-Malo Golf Resort, une blanchisserie industrielle, une activité de chocolats. Enfin, il s'exporte également puisque plusieurs Thermes Marins et Aquatonic® ont été implantés dans le monde (Japon, Bali, Koweit, Egypte, Nouvelle Calédonie) et d'autres projets sont en cours.

GROUPE RAULIC INVESTISSEMENTS - 100 BD HÉBERT - 35400 SAINT-MALO • TÉL. 02 99 40 75 75

ORGANISATIONS PROFESSIONNELLES

Annie **RAULT**

PRÉSIDENTE D'ARTIS INTÉRIM - PRÉSIDENTE DE PRISM'EMPLOI BRETAGNE

FORMATION équivalent école de commerce (Saint-Brieuc) ; capacité en gestion (IGR Rennes, 1970)

PASSIONS le ski, les voyages, la nature

Arrivée à Rennes pour travailler dans le commerce de gros, Annie Rault ouvre plusieurs magasins, passe son certificat et n'a qu'un seul désir : monter sa propre entreprise. Elle entre dans le secteur de l'intérim en 1979 en devenant gérante d'une agence Quick Médical Service à Rennes. Puis l'agence est reprise par le groupe Adia et elle est chargée de développer d'autres agences en Bretagne. Cette travailleuse acharnée réussit ce challenge et fidélise une large clientèle. Mais en 1992 une crise survient dans le secteur de l'intérim, qui fait fermer les agences qu'elle avait créées. Sur la suggestion de ses clients fidèles, elle se jette à l'eau en 1994 pour donner naissance à Artis intérim. La première année est difficile mais la Costarmoricaine n'a pas peur des obstacles et sa société devient petit à petit un groupe solide : 3 agences spécialisées en Industrie, Bâtiment, Second-oeuvre et Tertiaire, pour un effectif ETP de 450 à 500 intérimaires. A l'écoute de ses clients, elle a ensuite développé le cabinet de recrutement et de formation 2RF... un projet réussi de plus à l'actif de cette femme d'affaires volontaire, qui avoue ne pas savoir «rester sans rien faire». Annie Rault a su transmettre sa passion et son «envie de gagner» à ses deux fils, qui travaillent désormais avec elle.

Impliquée dans l'écosystème rennais, elle fait partie d'un club d'investissement, participe au Medef local et Bretagne, est élue à la CCI de Rennes. Elle est par ailleurs présidente du réseau des professionnels de l'intérim Prism'Emploi en Bretagne depuis 2001, réélue en 2017 et 2019.

PRISM'EMPLOI BRETAGNE
- CHEZ ARTIS INTÉRIM
- 39 TER BD DE LA LIBERTÉ - 35000 RENNES
• TÉL. 02 23 40 14 14

COMMERCE ET DISTRIBUTION

Christophe **RAULT**

PRÉSIDENT D'OBERTHUR

FORMATION DESS marketing (université Dauphine, 1987)

PASSIONS sa famille

Avant de trouver sa voie dans la papeterie, c'est chez Nestlé que Christophe Rault entame sa carrière. Commercial pendant 1 an, il prend rapidement la direction d'une force de vente dans le domaine de la restauration hors foyer. Attaché à sa Bretagne natale, il y revient et intègre Lyreco en 1992 comme responsable des ventes de l'ensemble des départements de la région. Il va animer une équipe de 12 personnes et gérer les grands comptes jusqu'en 1997. Cette année-là, il est approché pour prendre la direction commerciale des Editions Oberthur. Il accepte cette fonction à laquelle se rajoutera celle de directeur marketing en 1999 puis, en 2004, devient directeur général de l'entreprise centenaire. C'est en 2009 que Christophe Rault devient pdg, après avoir racheté une partie du capital. Créatif mais très rigoureux, c'est lui qui va impulser et développer la production de produits de rentrée de classe. Oberthur compte aujourd'hui 130 salariés en CDI et édite toujours l'almanach du facteur. Mais l'entreprise s'est surtout spécialisée dans la papeterie et la maroquinerie scolaire vendus sous licences de marque (Tann's, IKKS, Kickers, Freegun, etc..). Toujours en recherche d'innovation, son dirigeant fuit la routine en surfant sur les phénomènes de mode. Et le prochain développement prévu concerne principalement la gamme de bagagerie business en cuir et pour le voyage, avec Tann's.

Quand il ne cherche pas «la croissance avec le couteau entre les dents», le Breton sait aussi cultiver son jardin secret en se consacrant à des associations caritatives. Mais là, la discrétion reste de mise...

OBERTHUR - ZI SUD-EST
- RUE DES CHARMILLES - BP 91413
- 35514 CESSON-SÉVIGNÉ CEDEX
• TÉL. 02 99 26 01 99

MÉDIAS

Edouard **REIS CARONA**

RÉDACTEUR EN CHEF DE OUEST-FRANCE

FORMATION maîtrise de sociologie (université de Caen, 1992)

PASSIONS le sport, les voyages, l'information, l'innovation, les séries

Edouard Reis Carona débute comme correspondant de presse à la rédaction de Ouest-France Caen tout en menant des études de sociologie et en étant auteur pour une maison d'édition de guide de villes. Fan de sport, il devient journaliste vacataire au service des sports de Ouest-France Caen. En 1994, Europe 1 lui propose le poste de correspondant sports en Normandie, et il continue à travailler pour Ouest-France Sports. Il est embauché à Ouest-France en 1996 et devient chef départemental des sports en Vendée, tout en couvrant des événements comme grand reporter. Un an plus tard, il rejoint les Côtes d'Armor en tant que chef départemental des sports.

En 1999, Edouard Reis Carona est nommé chef départemental des sports à Ouest-France Rennes. Il est alors également le correspondant rennais du magazine France Football et de l'AFP. En 2004, on lui propose de devenir chef de la rédaction locale de Rennes et pendant 4 ans il dirige la première rédaction locale du journal, assurant la couverture de l'actualité politique. Il est également adjoint au directeur départemental.

En 2008, le journaliste est nommé directeur départemental Ouest-France dans le Morbihan. Poste qu'il occupera jusqu'en 2012 avant de rejoindre, au siège du journal à Rennes, la rédaction en chef. D'abord à la direction des informations régionales comme adjoint au directeur en charge du contenu des locales. Puis, à partir de 2013, comme rédacteur en chef délégué en charge de l'édition du soir qu'il a lancée.

En septembre 2022 il est nommé rédacteur en chef de Ouest-France. Il coordonne les projets numériques, l'infographie/data, l'interaction avec les lecteurs et supervise les activités et les moyens du service des sports. Depuis juin 2023, il est également membre du comité de direction de Ouest-France.

Edouard Reis Carona fait partie d'un pool de quatre rédacteurs en chefs aux côtés de Laetitia Greffié, Sébastien Grosmaitre et Philippe Boissonnat.

OUEST-FRANCE - SERVICE COURRIER - COORDINATEUR - 10 RUE DU BREIL - 35051 RENNES CEDEX 9 • TÉL. 02 99 32 60 00

HÔTELLERIE-RESTAURATION

Grégory **RENOU**

PDG DU GROUPE CONVIVIO

FORMATION
Essca Angers (1998)

PASSIONS
joueur de foot amateur

Arrivé en Bretagne en 1980, Grégory Renou fait perdurer, avec son frère Jocelyn, l'aventure familiale du groupe Convivio, spécialiste de la restauration collective et la restauration évènementielle. Entré dans l'entreprise en 1998 pour structurer le service de gestion, il «fait ses gammes» pendant cinq ans en travaillant dans la plupart des services (gestion, informatique, commercial, suivi clientèle, etc.). Il accompagne le développement de la PME qui continue de se structurer et double le nombre de ses salariés. Une étape importante l'attend en 2004 : le groupe reprend sa totale indépendance et commence à s'étendre géographiquement sur le grand tiers ouest de la France, de la baie de Somme à la Gironde. Adjoint à la direction générale durant 4 années, Grégory Renou prend les rênes de Convivio en 2008 lorsque Jean-Paul Renou décide de prendre définitivement sa retraite. La transmission se fait naturellement avec ses deux fils, puisque Jocelyn est entré en 2007 en charge plus particulièrement de la partie construction (bureaux, cuisines centrales, restaurants). «Fort de ses racines et de ses valeurs», le PDG (il l'est officiellement devenu en 2015), accompagné de ses équipes, met toute son énergie à l'extension et la structuration du groupe qui compte désormais 3500 salariés. Membre de l'Association Pour le Management de Rennes, ancien membre du CJD, il aime exercer un vrai travail managérial. Et cultiver professionnellement ses fondamentaux : «la simplicité, la convivialité et l'efficacité».

CONVIVIO - 12 RUE DU DOMAINE - 35137 BÉDÉE • TÉL. 02 99 06 18 78

CULTURE

Matthieu **RIETZLER**

DIRECTEUR DE L'OPÉRA DE RENNES

FORMATION
master de l'ICN Business School de Nancy (2003) ; master en management public de l'IAE de Nancy (2003)

PASSIONS la course à pied

La passion de Matthieu Rietzler pour la musique s'est d'abord exprimée à travers sa pratique du piano pendant une dizaine d'années. Sa volonté n'est toutefois pas d'être un artiste, mais plutôt d'accompagner ceux-ci dans leurs projets et faciliter leur rencontre avec le public. Il décide donc d'aiguiller sa carrière professionnelle vers le management, la gestion de projets culturels. Et c'est ce qu'il fera depuis lors, avec ardeur et ténacité. Tout commence par un stage en 2000 à l'opéra de Nancy où il s'occupe de développer les relations avec le public. Il rejoint l'opéra du Rhin à Strasbourg en 2004, chargé de la création du département Jeune public et Action culturelle. Devenu responsable de ce département, il intègre ensuite l'opéra de Lille en tant que secrétaire général en 2008. Quatre ans plus tard, il prend la même fonction au sein de la Maison de la danse de Lyon dans le cadre de la mise en place du projet de la nouvelle directrice, Dominique Hervieu.
C'est en octobre 2018 que Matthieu Rietzler prend la direction de l'opéra de Rennes et sa feuille de route est claire : poursuivre le travail en cours pour ouvrir davantage la vénérable institution au public et sur le territoire. Sans oublier d'assouvir son goût pour la transmission puisque, après s'être occupé de centres de vacances musicaux de 1999 à 2007, il enseigne la médiation et le marketing culturels à Sciences-Po Lille et Lyon depuis 2013. Il a été par ailleurs président de Reseo, le réseau européen pour la sensibilisation à l'opéra et à la danse, de 2006 à 2008. Sensibilité, culture et partage, trois récurrences dans un parcours bien rempli...

OPÉRA DE RENNES - PLACE DE LA MAIRIE - CS 63126 - 35031 RENNES CÉDEX • TÉL. 02 23 62 28 00

DÉVELOPPEMENT ÉCONOMIQUE

Jean-Pierre **RIVERY**

PRÉSIDENT DE LA CCI BRETAGNE

FORMATION
maîtrise de biochimie (faculté de sciences de Rennes) ; ingénieur agronome (Ensaia Nancy, 1983)

Après avoir enseigné à l'école d'ingénieurs agro d'Oran, Jean-Pierre Rivery rejoint en 1985 SPI, filiale du groupe Diana, spécialisée dans les ingrédients carnés destinés aux industriels de l'agro-alimentaire où il développe l'activité de l'entreprise à l'international. En 1988, il prend la direction commerciale des zones Europe du Sud, Amérique Latine et Afrique du Sud. Nommé directeur commercial et marketing Monde en 1992, il est à l'origine en 1997 de la création de SPF, une filiale de Diana. Il met en place un centre de recherche sur le site d'Elven et crée une nouvelle activité, Panelis, tournée vers la mesure de l'appétence des aliments pour chiens et chats. Jean-Pierre Rivery préside la division Pet Food et l'activité Aqua de Diana (2010 à 2014). Il sera aussi vice-président exécutif du groupe Diana jusqu'au rachat en 2014 par l'allemand Symrise.
Engagé dans le développement économique local, il a été président du Medef 56 (2014-2017) et d'IDmer, le centre technique de la filière pêche et produits de la mer (2012-2018). Il a également été vice-président des Conseillers du commerce extérieur de la France. Administrateur de Polaris Nutritional Lipids, après en avoir été président de 2015 à 2018, il préside la holding Picama SAS depuis décembre 2015. Celle-ci soutient le développement d'entreprises bretonnes positionnées sur l'alimentation animale. Choisi comme secrétaire-adjoint de la CCI du Morbihan en novembre 2016, il prend la présidence de la délégation de Vannes de la CCI en mars 2018 puis, en

décembre 2021, il est élu président de la CCI Bretagne.

CCI DE BRETAGNE - CAP COURROUZE
- 1A RUE LOUIS BRAILLE
- SAINT-JACQUES DE LA LANDE - BP 50514
- 35005 RENNES • TÉL. 02 99 25 41 41

AGROALIMENTAIRE

Anne-Sophie **ROBIN**

DIRECTEUR GÉNÉRAL CHEZ BOUCHERS SERVICES

FORMATION BTS Force de vente (lycée Colbert, Reims, 2008) ; master 2 IFAG (Lyon et Paris, 2008)

PASSIONS la famille et les amis, la course à pied

Son bac en poche, Anne-Sophie Robin voulait déjà perpétuer l'aventure familiale en prenant la direction de Bouchers Services, créée par ses parents en 1979. Il faut préciser qu'elle y pensait dès l'âge de 12 ans ! Ces derniers lui conseillent toutefois de poursuivre ses études pour avoir tous les atouts de son côté. Après son BTS, elle choisit l'Ifag puis entre enfin en 2008 dans l'entreprise, spécialisée dans les métiers de la deuxième transformation de la viande. Ajointe de direction pendant 2 ans à Guingamp, elle va sur les chantiers en binôme avec le directeur commercial rencontrer les salariés opérateurs de production. L'expérience révèle son appétence pour la gestion de l'humain et elle commence à mettre en place notamment la politique formation avant de créer la fonction de directrice des ressources humaines. Elle se forme et prend le poste en 2010. Le champ des possibles lui est ouvert et elle élabore une vraie politique RH, met en place la standardisation des systèmes et fait évoluer la société à grands pas.
Anne-Sophie Robin reprend la direction générale fin 2015 et recrute un directeur adjoint. Le partage des missions lui semble indispensable, elle qui apprécie le travail d'équipe, le fait de « se challenger les uns les autres ». Elle continue d'apprendre et de se former, participant à la vie des réseaux professionnels bretons (UE35, FCE, APM) d'une part et de structurer l'entreprise d'autre part. Enthousiaste et dynamique, prônant la sincérité, la valeur travail et le bon sens, elle a la volonté de suivre l'exemple de sa mère, toujours présente à ses côtés. Avec une devise : « garder les pieds sur terre tout en ayant la tête dans les étoiles ».

BS - IMM. LE MABILAY - 2 RUE DE LA MABILAIS
- 35000 RENNES • TÉL. 02 99 02 52 80

HÔTELLERIE-RESTAURATION

Olivier **ROELLINGER**

CHEF CUISINIER, PROPRIÉTAIRE DES MAISONS DE BRICOURT

FORMATION bac C - Maths Sup ; préparation des Arts et Métiers

DISTINCTIONS chevalier de la Légion d'honneur et commandeur des Arts et des Lettres

PASSIONS la voile et la littérature.

PUBLICATIONS une douzaine d'ouvrages dont les plus récents : « Epices & Roellinger » (Imagine & Co-2012) ; « Le magicien des épices » (France 5)

Olivier Roellinger est une des grandes figures gastronomiques bretonnes. Un des premiers chefs à avoir suscité l'émergence d'une cuisine de qualité dans la région. Et c'est peut-être par l'absence du joug d'une tradition culinaire trop marquée que sa créativité a pu éclater. « Sans parti pris, mais avec le goût de la découverte et la saveur épicée de l'aventure inscrits dans les gènes de ce bout de terre qui avance vers le large », dit Olivier Roellinger. Il obtient sa première étoile en 1984, la deuxième en 1988, 19 sur 20 au guide Gault et Millau de 1990. En 2006, il est le seul promu à la troisième étoile. Il ouvre une nouvelle page de sa vie en 2008, pour raisons de santé. Pas question pour autant de renoncer à son univers cancalais. Aujourd'hui, Olivier Roellinger gère avec son épouse le cottage Les Rimains, Les Gîtes Marins - école dédiée à la cuisine corsaire -, des entrepôt d'épices et un salon de thé dans la Maison du Voyageur, et une pâtisserie Le Grain de Vanille. Mais son grand « oeuvre » s'appelle le Château Richeux, auquel est associé le restaurant 2 étoiles Le Coquillage produisant une cuisine marine, potagère aux parfums d'épices qui tend vers une simplicité « saine, élégante, généreuse et joyeuse ». En 2016, la famille Roellinger y ajoute La ferme du Vent qui abrite cinq « Kled », des résidences hôtelières haut de gamme et se lance dans les cosmétiques bio en 2017. Olivier Roellinger est aussi vice président de l'association des Relais & Châteaux et membre du prestigieux Royal Yacht Squadron.

LES MAISONS DE BRICOURT - LE BUOT
- 35350 SAINT-MÉLOIR-DES-ONDES
• TÉL. 02 99 89 64 76

ORGANISATIONS PROFESSIONNELLES

Marcel **ROGEMONT**

DÉPUTÉ HONORAIRE - PRÉSIDENT DE LA FÉDÉRATION NATIONALE DES OFFICES PUBLICS DE L'HABITAT

FORMATION lycée Henri IV à Paris - Institut de gestion de Rennes

PASSIONS les jeux d'échecs et l'équitation.

Chargé de recherche à l'Office social et culturel de Rennes de 1974 à 1978, Marcel Rogemont a ensuite intégré l'association pour la promotion de l'action sociale de Rennes. Conseiller municipal de Rennes de 1977 à 2001, il a été adjoint au maire, délégué au personnel (1978-1983), délégué aux Finances et au personnel (1983-1995) et délégué à la culture (1995-1997) au sein de l'équipe municipale emmenée par Edmond Hervé. Ancien conseiller régional (1992-1998), Marcel Rogemont est député de la 3ᵉ circonscription d'Ille-et-Vilaine (1997-2002), réélu en 2007 et 2012. A l'Assemblée nationale, il est membre de la commission des affaires culturelles et de l'éducation. Il ne se représente pas en 2017.
Depuis 1998, il est conseiller départemental du canton Rennes Centre Ouest. Président du conseil d'administration du bailleur social Neotoa jusqu'en septembre 2021, il est depuis 2017 président de l'ARO, l'association régionale des organismes de logement social en Bretagne. Il est élu à la tête de la

Fédération nationale des offices publics de l'habitat en décembre 2018.

ARO HLM BRETAGNE
- 39 RUE JULES LALLEMAND - 35000 RENNES
• TÉL. 02 99 35 02 75

SERVICES AUX ENTREPRISES

Christian **ROULLEAU**

FONDATEUR ET DIRECTEUR GÉNÉRAL DE SAMSIC

FORMATION études en automatisme au lycée La Fontaine-des-Eaux à Dinan

DISTINCTIONS Prix de l'entrepreneur de l'année région ouest EY et national 2019

PASSIONS sa famille, le marathon et la randonnée (1600 km à pied en 8 semaines sur les chemins de Saint-Jacques de Compostelle).

PUBLICATIONS «Oser ou la force d'entreprendre» (Ed. Le Cherche Midi, 2022)

Avant de créer son propre groupe de nettoyage industriel, Christian Roulleau travaille quatorze ans au Groupe Services France (GSF), qu'il a intégré en 1972 après une expérience de deux ans chez Alsthom comme dessinateur (1970-1972). Passé par plusieurs postes de direction, régionaux puis nationaux, il a une bonne expérience du management lorsqu'il fonde Samsic en 1986. A tel point que la société se hisse vite parmi les premiers acteurs du nettoyage industriel. Avec plus de 300 établissements en Europe (Belgique, Luxembourg, Suisse, Espagne, Portugal, Royaume-Uni et Serbie), le groupe Samsic (sponsor principal du Stade Rennais) emploie 90 000 personnes.
Christian Roulleau est également membre du Club des Trente et cofondateur de Bretagne Atlantique Ambitions (BAA), soutenant la recherche médicale rennaise et ses équipes d'excellence. Il transmet les rênes de Samsic à son gendre en janvier 2018 et devient directeur général. Il se consacre désormais à sa Family Office Roulleau (FOR BZH) où il développe, entre autres, un pôle immobilier et d'autres activités dans des secteurs très diversifiés comme l'hôtellerie, le vignoble, le soutien aux start-up...

SAMSIC - 6 RUE DE CHÂTILLON
- LA RIGOURDIÈRE - 35510 CESSON-SÉVIGNÉ
• TÉL. 02 99 86 92 90

AGROALIMENTAIRE

Daniel **ROULLIER**

PRÉSIDENT DE LA HOLDING DU GROUPE ROULLIER

FORMATION autodidacte

L'histoire du groupe Roullier débute en 1959 à Saint-Malo, lorsque Daniel Roullier achète un dépôt d'algues calcaires dont il pressent le potentiel pour l'amendement agricole. Depuis, le fondateur du groupe Roullier lui a toujours fait emprunter les chemins les plus novateurs et ambitieux pour répondre aux défis alimentaires mondiaux. Spécialiste de la nutrition végétale, animale et humaine, il développe ses activités dans le monde. Plus de 55 ans après sa création, le groupe est devenu une véritable aventure humaine et industrielle qui réunit 7 000 collaborateurs dont plus de 66 % à l'international. En 2011, Daniel Roullier transmet l'ensemble de ses actions à ses enfants et petits-enfants. Il devient président du conseil de surveillance du groupe pour se consacrer au développement à l'international. En janvier 2018, il prend la présidence de la société familiale propriétaire du groupe.

GROUPE ROULLIER
- 27 AV. FRANKLIN ROOSEVELT
- 35408 SAINT-MALO CEDEX
• TÉL. 02 99 20 65 20

PROMOTION ET GESTION IMMOBILIÈRE

Bruno **ROUX**

DIRECTEUR GÉNÉRAL DU GROUPE BLOT IMMOBILIER

FORMATION bac hôtelier (Douvres la Délivrance)

PASSIONS la cuisine et la mer

De la restauration à l'immobilier, la carrière de Bruno Roux a suivi son appétence pour les métiers de service, le terrain, l'humain. Après plusieurs expériences en tant que salarié dans la restauration, le Normand et son épouse achètent un restaurant près de la baie du Mont-Saint-Michel, alors qu'il n'a que 21 ans. C'est en le revendant, 6 ans plus tard, qu'il s'oriente vers l'univers de l'immobilier, dans une agence, à Saint-Lô. En 1998, il intègre le Groupe Blot, dans la transaction de fonds de commerce sur la Côte d'Emeraude. Il devient successivement négociateur, responsable de secteur, directeur du service fonds de commerce, avant de s'associer avec David Blot en 2011. Il est nommé directeur général du Groupe Blot en janvier 2021. Blot Immobilier (500 personnes) est constitué de 50 agences en Bretagne et Pays de Loire et dispose d'une couverture sectorielle de la Normandie à la Charente-Maritime.
Discret par nature mais bon vivant, Bruno Roux est un «dirigeant de terrain», pratiquant le dialogue social et connaissant les différents métiers du groupe. Fidèle à sa société, il en apprécie le profil familial, qui «facilite les décisions et le quotidien», le tout inscrit dans le temps long. Dirigeant opérationnel, il gère la stratégie commerciale, financière et sociale, avec une approche pragmatique pour embarquer les équipes. Le Malouin d'adoption s'épanouit dans ce métier qui «évolue constamment», lui qui aime fonctionner en mode projet, sans peur des remises en cause. Dans les prochaines années, son objectif est de continuer la transformation digitale et le développement du Groupe dans le Grand Ouest, tout en considérant les enjeux humains, économiques, mais aussi écologiques et durables. Avec une priorité

(qui est aussi celle de Blot) : l'humain avant tout.

BLOT IMMOBILIER - 93 AV. HENRI FRÉVILLE - CS 50815 - 35208 RENNES CEDEX 2 • TÉL. 02 99 79 33 34

COMMERCE ET DISTRIBUTION

Jacques **ROYER**

PRÉSIDENT DU DIRECTOIRE DU GROUPE ROYER

FORMATION
lycée Juliot Curie à Rennes - DEA Sciences de Gestion (1973) et Doctorat de Sciences de Gestion (1975) à Rennes 1

PASSIONS
La chasse, les voyages, la course à pied

Professeur d'économie en 1971, Jacques Royer rejoint son frère Alain en 1976 dans l'entreprise familiale de négoce en chaussures, créée 30 ans plus tôt par leur père. En 1983, il prend la direction du groupe. Dès lors, l'entreprise ne va cesser de se développer. En 1991, le groupe distribue sa première marque américaine. En 2001, il signe un contrat de licence avec Converse. 2007 marque le changement avec la mise en place d'une nouvelle stratégie axée sur l'acquisition de marques propres : Kickers, puis Stephane Kélian et Charles Jourdan, Mod'8 et Aster et enfin Von Dutch. En 2010, le groupe signe un contrat de licence et de distribution avec la marque New Balance pour la France, l'Allemagne et le Benelux. En 2011, il rachète la marque Luxat et reprend le contrat de licences Pare Gabia. Aujourd'hui, le Groupe Royer (800 salariés, dont plus de 300 à Fougères) est l'un des leaders européens de la distribution de chaussures. Jacques Royer est également président de l'Union des importateurs de chaussures et vice-président de la Fédération française des entreprises de gros, importation-exportation en chaussures, jouets et textiles.

GROUPE ROYER - ZI L'AUMAILLERIE - 1 RUE EUGÈNE FREYSSINET - 35133 JAVENÉ • TÉL. 02 99 94 82 82

COMMUNICATION ET MARKETING

Jean-François **RUHLMANN**

DIRECTEUR GÉNÉRAL DÉLÉGUÉ D'ADDITI

FORMATION
licence Sciences éco et sociales (université de Strasbourg, 2001) ; master 2 communication globale (Iscom Paris, 2003)

PASSIONS
fan de culture urbaine, collectionneur de sneakers, pratique le tennis et la natation

Jean-François Ruhlmann se définit comme un manager très opérationnel, adepte de l'intelligence collective et de la coopération. Lui, qui hésitait entre commercial et avocat, a pu peaufiner ces inclinations tout au long d'une carrière qui débute en 2002 chez DI groupe, filiale media de LVMH. Chef de pub puis directeur de publicité financière, il entre chez Boursier.com en 2006 pour diriger la publicité digitale. Deux ans plus tard, il rejoint La Tribune en tant que directeur commercial print/digital. Après un bref passage chez 20 Minutes, il intègre le pôle publicitaire digital et data de TF1 en 2010, où il occupera différents postes de direction jusqu'à atteindre celui de directeur général adjoint digital. Avec la paternité, l'envie de se rapprocher de ses racines (sa grand-mère est Douarnenisienne) le fait postuler en 2019 chez Additi, filiale à 100 % du groupe SIPA Ouest France spécialisée dans la publicité et la communication. Il prend en charge la direction commerciale et marketing des Business units puis est nommé directeur général adjoint en 2021, responsable des activités commerciales, production, publishing et marketing multi canal.
En juin 2023, Jean-François Ruhlmann accède au poste de directeur général délégué du groupe Additi, gérant les ressources humaines et la partie administrative et financière ainsi que les activités opérationnelles d'Additi média. Il s'attèle à poursuivre le projet de transformation engagé en 2022 par cette entité et à développer les activités de diversification du groupe Additi. Ses principales missions : accroître les revenus numériques et les activités commerciales liées à la régie, accompagner les nouveaux usages, mieux répondre aux problématiques de communication multicanale des annonceurs. L'enjeu premier étant de conforter le groupe Additi dans sa position « d'acteur majeur de la communication » et de « soutenir le modèle économique de Ouest France pour lui permettre de mener à bien sa mission d'information en toute indépendance ».

ADDITI - 10 RUE DU BREIL - 35000 RENNES • TÉL. 02 99 26 45 45

BANQUE ET ASSURANCE

Abdoulaye **SALL**

DIRECTEUR CIC GRANDES ENTREPRISES BRETAGNE

FORMATION
Master 2 Banques et Assurances (Université Auvergne 1)

PASSIONS
Basket, Handball, natation et voyages

Abdoulaye Sall a consacré les 15 années de sa vie professionnelle à l'accompagnement des Entreprises au sein de CIC Ouest. Il intègre la banque en 2005 en tant que Chargé d'Affaires Entreprises à Gien puis Montargis où il prend la direction de l'agence Entreprises. En 2013, il rejoint la direction des Grandes Entreprises pour occuper un poste de Chargé d'Affaires pour le secteur de la Bretagne. Début 2020, il est nommé Directeur de l'agence CIC Grandes Entreprises Bretagne, basée à Cesson Sévigné et composée d'une équipe de 9 personnes.

CIC OUEST BRETAGNE - 40 RUE DU BRAY - BP 81822 - 35510 CESSON-SÉVIGNÉ • TÉL. 02 40 12 99 22

ORGANISATIONS PROFESSIONNELLES

André **SERGENT**

PRÉSIDENT DE LA CHAMBRE D'AGRICULTURE DE BRETAGNE

FORMATION
Baccalauréat agricole et BTS en productions animales au lycée de Nivot à Lopérec (Finistère) en 1982

DISTINCTIONS
Chevalier du Mérite agricole

PASSIONS
Son métier, la découverte de l'agriculture dans le monde et le football.

Tout jeune déjà, André Sergent a un rêve : celui de reprendre l'exploitation familiale de Beuzec Cap Sizun. Il accomplit son service militaire, puis décroche en 1985 son premier emploi dans une société de distribution d'aliments du bétail située en Ille-et-Vilaine. En 1986, il rejoint la coopérative Coopagri, devenue aujourd'hui Triskalia, en tant que technicien d'élevage en production porcine. Il occupe ce poste durant quelques années. Puis, en 1990, se présente l'occasion tant attendue de reprendre l'affaire de ses parents. Avec son épouse, son fils, son frère et cinq salariés, il exploite aujourd'hui 200 hectares de terres avec deux productions principales : un troupeau de vaches laitière et un élevage de porcs. En 2001, André Sergent est élu vice-président de la chambre d'agriculture du Finistère. Il prend vite goût à son rôle de représentant qui lui permet d'échanger avec la profession, les élus des collectivités territoriales et de prendre de la hauteur par rapport à son quotidien. En 2013, il accède à la présidence de la chambre d'agriculture du Finistère. Il devient alors vice-président de la Chambre régionale d'agriculture de Bretagne où il a en charge le dossier « recherche et développement ». A ce titre il siège au comité consultatif de la recherche et du développement technologique (CCRRDT) du Conseil régional de Bretagne.

Il est élu à la présidence de la chambre d'agriculture de Bretagne pour 6 ans en mars 2019.

CHAMBRE D'AGRICULTURE DE BRETAGNE - TECHNOPOLE ATALANTE-CHAMPEAUX - RUE MAURICE LE LANNOU - CS 74223 - 35000 RENNES • TÉL. 02 23 48 27 50

EMPLOI

Frédéric **SEVIGNON**

DIRECTEUR RÉGIONAL DE PÔLE EMPLOI BRETAGNE

FORMATION
bac scientifique - 2 années de droit à Perpignan (1980)

PASSIONS
la nature et les voyages, les Pyrénées-Orientales

Frédéric Sévignon quitte son Sud natal en 1983 pour travailler aux Assedic à Paris. Une opportunité qui se transformera en véritable intérêt pour le domaine de l'emploi et des ressources humaines. Il grimpe petit à petit les échelons, prend son 1er poste de directeur d'agence en 1992 avant de devenir coordinateur réseau en 1999. Il rejoint la Bretagne en 2003 en tant que responsable de la fonction Allocataires puis sous-directeur en charge de la production. Après un passage par la Basse-Normandie de 2007 à 2008 comme secrétaire général, il revient à sa demande à Paris. C'est en effet la période de la fusion Assedic-Anpe, et il trouve important d'être là à ce moment primordial, au sein de l'Instance nationale provisoire. Il prend ensuite en 2009 le poste de Directeur de l'établissement au siège de Pôle emploi, organisant l'intégration de plus de 1000 collaborateurs. Cette mission passionnante accomplie, il rejoint la région Midi-Pyrénées fin 2011. Devenu directeur régional adjoint en charge des fonctions supports puis des opérations en 2013, il accepte un nouveau challenge en 2016. Il met en effet son sens du dialogue et son expérience au service de la direction régionale adjointe Occitanie, nouvellement créée, afin de prendre en charge la performance sociale pour les 4700 salariés. C'est en août 2017 qu'on lui propose de retrouver la Bretagne pour occuper la fonction de directeur régional de Pôle emploi. Un retour qui convient tout à fait à cet ancien escrimeur amateur qui ne trouve rien de plus enrichissant que « la flexibilité », une véritable occasion « d'expérimenter et partager ».

PÔLE EMPLOI BRETAGNE - 36 RUE DE LÉON - CS 75301 - 35053 RENNES CEDEX 9 • TÉL. 02 99 67 82 00

COMMUNICATION ET MARKETING

David **SHAPIRO**

DIRECTEUR GÉNÉRAL ADJOINT D'ADDITI

FORMATION
Exécutive MBA (EMBA) de l'IMD Business School, master spécialisé (MSc) de l'ESCP Business School

David Shapiro bénéficie d'une grande expérience dans la création, le redressement et le développement d'entreprises. Il a exercé à la fois dans des grands groupes mondiaux et à la tête de nouveaux challengers (ETI et start-up). Depuis plus de 20 ans, il mène des initiatives de transformation stratégique et participe à la croissance de nouvelles activités proposant aux clients BtoB et BtoC des solutions technologiques de pointe et des services numériques pour relever leurs principaux défis. Il a occupé des fonctions de direction avec une responsabilité complète de P&L (Profil&Loss) sur une zone géographique couvrant la France, l'Europe, les États-Unis et l'Asie-Pacifique.

Il entre chez Additi, filiale spécialisée dan les médias et la communication du groupe Sipa Ouest-France, en avril 2022 au poste de directeur général adjoint. En tant que président ou gérant des filiales d'Additi, David Shapiro accompagne les directeurs opérationnels de Medialex, Régie Radio Régions, les radios du Groupe (Hit West, Océane, Sweet FM Normandie et Clazz), Affiouest et Dans Nos Coeurs. Il siège également au conseil de surveillance de l'agence API, filiale du Groupe, et au comité stratégique de Saooti. Il rejoint en février 2023 le conseil d'administration des Indés Radios en tant qu'administrateur et vice-président.

ADDITI - 10 RUE DU BREIL - 35000 RENNES • TÉL. 02 99 26 45 45

CULTURE

Yves **SUTTER**

PDG DE SOREDIC - DIRECTEUR GÉNÉRAL DE CINÉVILLE - PRÉSIDENT DU SYNDICAT DES CINÉMAS DE L'OUEST

FORMATION Maitrise des Sciences de Gestion (Paris-IX Dauphine, 1987)

PASSIONS Le cinéma bien sûr, les voyages

Au début de l'histoire professionnelle d'Yves Sutter, il y a son investissement dans une salle de cinéma associative de Courbevoie en tant que bénévole. Il cherche rapidement à «faire le lien» entre cet univers qui le passionne et ses études : c'est ainsi qu'il intègre le département distribution d'UGC comme stagiaire en 1986. Il y effectuera plusieurs passages au cours des 5 années suivantes. En 1992, il s'associe avec le distributeur indépendant CTV International et crée Lolistar, société spécialisée dans le placement des films auprès des salles de cinéma. Pendant dix ans, il négociera ainsi avec les cinémas pour offrir la meilleure exposition possible aux films qu'on lui confie. Mais le métier de ses interlocuteurs l'intéresse de plus en plus et il saisit en 2003 une opportunité unique, celle d'intégrer un important groupe régional, Soredic, dont il devient directeur d'exploitation.

Installé désormais à Rennes, Yves Sutter évolue au sein du groupe qui se restructure. En 2005, les filiales Cinéville (exploitation de salles) et Cinédiffusion (programmation de films et grossiste en confiserie) sont créées et il prend la direction générale de Cinéville et ses 13 cinémas. Sept ans plus tard, il devient Pdg de Soredic, devenue holding, qu'il enrichit de nouvelles filiales : Cireo (régie publicitaire locale) et Loopiland (plaines de jeux pour enfants). La culture et les loisirs, deux domaines complémentaires aux yeux du pragmatique dirigeant qui s'investit plus que jamais pour transmettre un jour la direction d'un groupe «en aussi bonne santé qu'à son arrivée». Un engagement qu'il prolonge au sein de la Fédération Nationale des Cinémas Français, dont il est secrétaire général depuis 2015, et du Syndicat des Cinémas de l'Ouest, qu'il préside depuis 2016.

SOREDIC - CINEVILLE - 1 RUE CHARLES VANEL - LE VAL D'ORSON - 35770 VERN-SUR-SEICHE • TÉL. 02 99 83 01 40

AGROALIMENTAIRE

Christian **TACQUARD**

PRÉSIDENT DU CONSEIL D'ADMINISTRATION DU GROUPE GALAPAGOS

FORMATION autodidacte

DISTINCTIONS Victoire nationale autodidactes 2007 ; Prix de l'entrepreneur de l'année 2011 pour l'Ouest ; Prix de la croissance Oscar Ille et Vilaine 2014 ; chevalier de la Légion d'honneur 2015

Il fait danser les Gavottes aux Etats-Unis ! Christian Tacquard a en effet réussi à internationaliser les célèbres petites crêpes dentelle fabriquées à l'usine de Dinan. Un succès qui démarre par «un coup de foudre». Celui qu'il ressent en découvrant en 1990 la biscuiterie appartenant alors à Food Trends. Il connaît bien le monde de la distribution dans lequel il a débuté sa carrière avant de devenir agent commercial spécialisé en agroalimentaire. Au bout d'un an de négociation, l'acquisition des «Gavottes» est effective. La stratégie de Christian Tacquard est axée sur le développement et la croissance externe. Peu à peu, le holding Galapagos qu'il a créé va intégrer Buhler, les Galettes Pleyben et la pâtisserie Gaillard. En 2007, il fonde avec Bruno Caron, propriétaire notamment des sandwichs Daunat, la société Goûters Magiques. Deux ans plus tard, c'est l'acquisition d'Alpina Savoie puis, en 2012, celle des Traou Mad. Aujourd'hui, le groupe poursuit son développement à l'international.

Ancien président de l'ABEA (Association bretonne des entreprises agroalimentaires), Christian Tacquard est aujourd'hui membre du bureau du Pacte Mondial, lancé par l'ONU, qui regroupe des entreprises s'engageant sur des principes touchant les droits de l'homme, les normes du travail, l'environnement et la lutte contre la corruption. Il est aussi adhérent du réseau Yao ! réseau d'accompagnement à la création d'entreprise. Il a été président du réseau Entreprendre Bretagne de 2018 à 2022.

GROUPE GALAPAGOS - LE MABILAY - 2 RUE DE LA MABILAIS - 35000 RENNES • TÉL. 02 57 24 00 90

ETAT

Joël **TALEDEC**

PRÉSIDENT DU TRIBUNAL DE COMMERCE DE SAINT-MALO

FORMATION lycée Victor Grignard à Cherbourg bac (1969) - attestation capacité en transport routier (1975)

PASSIONS le bateau, la lecture et la famille.

Joël Taledec débute sa carrière professionnelle en 1970 comme chef de l'agence Transfruit à Southampton (GB). Il devient responsable international, puis directeur commercial transports de la société Mahe à Arnage (1972-1976). Puis il crée l'entreprise Omnium des Transporteurs d'Armorique à La Gouesnière en 1977, qu'il dirige jusqu'à sa cession en 1995 au groupe Norbert Dentressangle. L'entrepreneur reprend en 1996 Sumalo Marine, spécialisé dans le négoce de bateaux de plaisance, qu'il cédera en 2005. Il gère depuis 2007 Saint-Malo Manutention, société de manutention portuaire, dirige la Caisse des congés payés du port de Saint-Malo ainsi que le Groupement d'employeurs main-d'oeuvre (Gemo). Depuis la fin des années 80, Joël Taledec a exercé nombre de responsabilités extra-professionnelles. Dont celle de président du syndicat patronal professionnel de transports Unostra Bretagne (1986-1995) et président du Rotary Saint-Malo Jacques Cartier (2009-2010). Administrateur de l'Union nationale des industries de la manutention (Unim) depuis 2008, il préside le tribunal de commerce de Saint-Malo Dinan depuis 2010.

TRIBUNAL DE COMMERCE DE SAINT-MALO - GREFFE DU TRIBUNAL - 49 AVENUE ARISTIDE BRIAND - 35400 SAINT-MALO • TÉL. 02 99 20 00 90

ENSEIGNEMENT SUPÉRIEUR

Karin **TARTE**

DIRECTEUR DE L'UMR 1236 - CHEF DU SERVICE D'IMMUNOLOGIE, THÉRAPIE CELLULAIRE ET HÉMATOPOÏÈSE AU CHU DE RENNES

FORMATION collège-lycée à Valbonne Sophia Antipolis - thèse de pharmacie/DES de Biologie médicale (2001) ; thèse d'Université (1999) ; Habilitation à diriger les recherches (2005) à l'université de Montpellier

PASSIONS la lecture de romans et les marchés !

Depuis son DEA réalisé en 1995, Karin Tarte a focalisé ses recherches sur la compréhension des principales étapes de la différenciation des cellules produisant des anticorps et sur les cancers qui en découlent. Elle travaille d'abord sur le myélome au sein de l'université Inserm U475 à Montpellier. Elle participe également aux travaux de l'unité de thérapie cellulaire du CHU de Montpellier. Karin Tarte arrive en 2003 à Rennes et prend la tête d'une équipe de recherche appelée MILYB (microenvironnement et lymphome) devenue en 2008 Unité Inserm U 917 puis en 2017, l'UMR U1236. L'unité MIcroenvironment, Cell differentiation, iMmunology And Cancer (MICMAC) associe l'Université de Rennes1, l'Inserm et l'Etablissement Français du Sang. Karin Tarte dirige, en tant que professeur d'université praticien hospitalier, le service d'immunologie, thérapie cellulaire et hématopoïèse du CHU de Rennes et enseigne l'immunologie aux étudiants de médecine. Elle est également responsable du laboratoire SITI, structure mixte CHU-EFS, de visibilité nationale et internationale.

FACULTÉ DE MÉDECINE DE RENNES
- 2 AVENUE DU PR LÉON BERNARD - CS 34317
- 35043 RENNES CEDEX • TÉL. 02 23 23 45 12

BIENS D'ÉQUIPEMENT

Erwan **TATON**

PRÉSIDENT DU CONSEIL DE DIRECTION DU GROUPE LEGRIS INDUSTRIES

FORMATION collège-lycée à Campostal - HEC

Erwan Taton a d'abord exercé des fonctions financières au sein de groupes industriels dans différents secteurs d'activité (textile, pharmacie, agro-alimentaire). En 1995, il rejoint le groupe Legris Industries, groupe industriel diversifié créé en 1948 et toujours détenu majoritairement par la famille Legris. Il devient successivement directeur du contrôle de gestion (1997), directeur administratif et financier (1999) et membre du directoire à partir de 2001. Il quitte le groupe breton en 2004 pour prendre la responsabilité de directeur financier et juridique de Fret SNCF avant de rejoindre Editis, début 2005, comme directeur financier groupe et membre du directoire. En 2009, Erwan Taton est de retour au sein du Groupe Legris Industries en tant que président du directoire. Le Groupe réunit aujourd'hui 5 activités : l'industrie des matérieux de construction avec Keller (Laggenbeck - Allemagne), l'industrie agroalimentaire et la chimie des spécialités avec Clextral (Firminy), l'alimentation électrique haute puissance avec Schiederwerk (Nüremberg - Allemagne), la coupe de précision des métaux avec MEP Group (Pergola - Italie) et les couronnes d'orientation pour l'éolien avec Laulagun Bearings (Idiazabal - Espagne).

GROUPE LEGRIS INDUSTRIES
- 20 QUAI DUGUAY TROUIN - CS 86443
- 35064 RENNES • TÉL. 02 99 87 11 20

DÉVELOPPEMENT ÉCONOMIQUE

Alain **TERPANT**

DIRECTEUR GÉNÉRAL DE BRETAGNE DÉVELOPPEMENT INNOVATION - DÉLÉGUÉ RÉGIONAL DE FRANCE HYDROGÈNE

FORMATION ingénieur diplômé de Telecom Bretagne (1993)

PASSIONS la voile, le rugby, les voyages, les langues

Depuis son entrée chez France Telecom en 1993, jusqu'à sa nomination à la tête de BDI en juin 2018, le parcours d'Alain Terpant conjugue à la fois entreprises et territoires. Doué en langues, il effectue sa 3e année d'études en Allemagne puis part 2 ans en coopération à Prague chez l'opérateur téléphonique. Il rejoint ensuite Nortel Network en région parisienne. Il occupe différents postes de support technique avant-vente (réseaux de téléphonie mobile) avant de prendre la tête de cette direction. Puis il décide en 2002 de s'occuper du développement business Europe d'une start-up, toujours dans la téléphonie mobile, Proquent Systems. C'est en 2005 qu'il a l'opportunité d'intégrer Antenenessa à Brest pour développer une ligne d'appareils de mesure de rayonnement en lien avec la santé, qu'il commercialise à l'international. Il est recruté en 2009 par Emerson Network Power en tant que responsable du segment telecom pour la France et s'installe à Saint-Malo.
Alain Terpant donne un nouveau cap à sa carrière, désireux de travailler pour la puissance publique dans la région qu'il a choisi pour vivre, en 2013. Il devient responsable de la filière numérique au sein de BDI puis directeur de la transition énergétique, écologique et du numérique. Désormais directeur général de l'agence économique régionale, cet adepte du consensus et du collectif doit mener à bien les grands programmes structurants du territoire. Tout en accompagnant la modernisation des entreprises et en rendant possible le développement de nouveaux projets. Une feuille de route motivante pour un dirigeant passionné...

Il est nommé délégué régional de France Hydrogène pour la Bretagne en décembre 2020, réélu en 2023.

BRETAGNE DÉVELOPPEMENT INNOVATION - 1C - 1D AV. DE BELLE FONTAINE - 35510 CESSON-SÉVIGNÉ • TÉL. 02 99 84 53 00

NUMÉRIQUE ET INFORMATIQUE

Emmanuel **THAUNIER**

VICE-PRÉSIDENT DU CESER DE BRETAGNE

FORMATION collège-lycée à Paris - DEA en banque et finance (Université Paris 1 Panthéon Sorbonne, 1990)

PASSIONS le rugby.

Emmanuel Thaunier fait ses premières armes dans le domaine de l'audit marketing chez AVL Incorporate à New York. Il rejoint ensuite Concept SA en qualité de directeur associé, puis prend la présidence de Teletec, et ce, jusqu'à la création d'E-solutions en 2000, société informatique spécialisée dans l'édition de plateformes collaboratives. Cet ancien vice-président national du Centre des jeunes dirigeants (CJD) a été membre de la CCI Rennes de 2004 à 2010, avant d'être élu à sa tête. Il déclare inscrire sa présidence «dans le cadre de la mutualisation, du partage, de la solidarité et de la complémentarité des CCI bretonnes». Également vice-président de la CCI Bretagne, il effectue un dernier mandat à la tête de la CCI d'Ille-et-Vilaine (qui rassemble les anciennes CCI de Rennes et Saint-Malo Fougères) de 2016 à 2021.
Depuis 2017, Emmanuel Thaunier est élu comme vice-président du Ceser de Bretagne, membre de la commission Formation, emploi et éducation et de la section Prospective.

E-SOLUTIONS - 11 RUE LUZEL - 35000 RENNES • TÉL. 02 30 02 31 60

RECHERCHE

Nicolas **THÉLY**

PROFESSEUR DES UNIVERSITÉS EN ART, ESTHÉTIQUE ET HUMANITÉS NUMÉRIQUES - DIRECTEUR DE LA MAISON DES SCIENCES DE L'HOMME EN BRETAGNE

FORMATION licence de Philosophie (Université Blaise Pascal, Clermont-Ferrand, 1995); maîtrise de Philosophie & étude cinématographique (Université Paris 8, 1997); doctorat en Sciences de l'art (Université Paris 1 - Panthéon Sorbonne, 2001); Habilitation à diriger des recherches en Esthétique (Université Rennes 2, 2009)

PASSIONS l'art contemporain

PUBLICATIONS 11 ouvrages publiés; plus d'une dizaine d'articles dans des revues à comité de lecture

Après sa thèse sur L'image sous le régime de la surveillance, Nicolas Thély devient maître de conférences à l'université Paris 1 Panthéon Sorbonne, dans l'UFR Arts et sciences de l'art. Directeur adjoint du Laboratoire des Arts et des Médias jusqu'en 2011, il intègre ensuite l'université de Rennes 2 en tant que professeur des universités en art, esthétique et humanités numériques. Enseignant-chercheur au laboratoire Arts : Pratiques et Poétiques, il participe au conseil scientifique de l'université Rennes 2 de 2012 à 2015. Ses travaux de recherche portent sur les pratiques émergentes dans l'art contemporain et les réseaux sociaux ainsi que sur les méthodes et outils numériques de recherche en art, esthétique et design. Il a assuré une activité de critique d'art dans la presse écrite (Le Monde, Les Inrockuptibles) pendant plusieurs années. Il participe également à de nombreuses manifestations en tant que conférencier.
Associé au GIS M@rsouin (Môle armoricain de recherche sur la société de l'information et les usages d'Internet) depuis 2012, Nicolas Thély est membre de l'association Humanistica (association francophone des humanités numériques). En septembre 2015, il prend la direction du département Art, Création, Culture, Patrimoine de l'université Bretagne Loire. Il est directeur de la Maison des sciences de l'homme en Bretagne depuis avril 2016.

MSHB - MSHB - UNIVERSITÉ RENNES 2 - 2 AV. GASTON BERGER - CS 24307 - 35043 RENNES CEDEX • TÉL. 02 22 51 44 00

AGROALIMENTAIRE

Roparz **TILLY**

PRÉSIDENT DE LA CRÊPE DE BROCÉLIANDE

FORMATION autodidacte - ICG (2003)

PASSIONS la famille, les amis et les activités professionnelles.

Roparz Tilly est issu d'une famille d'entrepreneurs très connue dans le domaine de la volaille, Tilly Sabco dans le Finistère, et c'est dans la société familiale qu'il fait ses premiers pas dans la vie active. Après la vente de l'entreprise à Bourgoin, il poursuit sa carrière dans ce groupe (1989-2000), puis chez Doux Père Dodu à Quimper (2001-2002). Il reprend Crêperie d'Armor (22) (2004-2008), puis La Crêpe de Brocéliande (35) en 2004. L'entreprise fabrique des crêpes et galettes fraîches natures et garnies, conventionnelles et biologiques. Roparz Tilly restructure l'entreprise et la rend de nouveau bénéficiaire. Ses produits sont commercialisés sous ses propres marques et sous marques de distributeurs. En 2015, il se voit récompensé du prix de la persévérance dans le cadre des «Victoires des autodidactes».

LA CRÊPE DE BROCÉLIANDE - 8 RUE PIERRE LEGAULT - 35360 BOISGERVILLY • TÉL. 02 99 06 55 07

MÉDIAS

Philippe **TOULEMONDE**

DIRECTEUR GÉNÉRAL ADJOINT DE OUEST-FRANCE - PRÉSIDENT DU CONSEIL DE SURVEILLANCE D'API

FORMATION institution libre de Marcq-en-Baroeul - Ecole de management de Lyon (1982)

PASSIONS l'actualité, le ski nautique, le golf et la chasse.

Ingénieur commercial grands comptes chez Burroughs à Paris (1983-1985), Philippe Toulemonde intègre Havas Rennes et devient directeur de Media Ouest (1985-1987), puis directeur de la régie publicitaire d'Ouest-France (1987-1989). Un poste qu'il conservera quand Precom est créé. En 1991, il franchit une nouvelle étape en devenant directeur général, responsable des filiales Europe Régies Ouest, Medialex, Hebdos Communication, Affiouest, Precontact et Cap Vente (1991-2007) puis co-gérant de Precom. Dans le cadre de la réorganisation du management du groupe en 2000, Philippe Toulemonde adjoint à ses précédentes responsabilités celle de directeur délégué d'Ouest-France, en charge du développement des nouveaux médias. En 2007, il est nommé directeur général adjoint en charge du développement. Il est membre du directoire de la Société Ouest-France de juin 2014 à juin 2023. Il devient à cette même date président du conseil de surveillance de l'agence API.

SIPA OUEST-FRANCE - 10 RUE DU BREIL - 35000 RENNES • TÉL. 02 99 32 60 00

NUMÉRIQUE ET INFORMATIQUE

Jérôme **TRE-HARDY**

CO-FONDATEUR DE MAPLATINE.COM - CONSEILLER RÉGIONAL DE BRETAGNE

FORMATION classes préparatoires en Biologie (lycée Chaptal, Paris, 1997) ; ENSIA (AgroParisTech, 2000) ; HEC (2002)

PASSIONS la voile, la plongée en apnée et la chasse sous-marine, la musique, la lecture

Attiré par l'étude du vivant, Jérôme Tré-Hardy commence par se spécialiser en microbiologie. Finalement peu formaté pour la vie en laboratoire, il préfère reprendre des études en marketing. Une fois doté de cette double compétence, il effectue des stages chez Nestlé, puis Unilever et Danone. C'est en 2002 qu'il rejoint une agence de marketing liée à la grande distribution. Deux ans plus tard, il parfait son expérience chez Altadis dans le trade-marketing, monte en compétence et part chez Gameloft en 2007. L'ingénieur au goût du contact revendiqué a sans cesse « besoin de se nourrir » Il est vite débauché par la société américaine Glu Mobile en 2008 et négocie son installation en Bretagne, d'où sa famille est originaire. Il devient alors gérant de la filiale française et a en charge la moitié de l'Europe. Puis, ce fan de Hi-Fi rencontre son futur associé Franck Thareault fin 2010 et ils créent un site dédié à l'analogique, maPlatine.com en 2011. La société deviendra leader sur son marché 6 ans plus tard. En parallèle, il est approché en 2015 par l'investisseur Novingest et les accompagne depuis dans leur stratégie d'investissements.
Souhaitant par ailleurs à son tour « redonner ce qu'on lui a donné », il s'investit dans la plateforme Initiative Rennes puis dans la French Tech. Il prend la présidence du réseau rennais de 2016 à juin 2019. Président de Le Poool de juin 2018 à septembre 2020, il a cherché à aller encore plus loin « pour faire émerger l'innovation ». Il y reste présent au sein du comité de direction. Un autre challenge l'attend en 2021 lorsqu'il se présente aux Régionales. Élu sur la liste de l'Alliance Progressiste des Socialistes et Démocrates de Bretagne, il est délégué à la cybersécurité, au numérique, aux données et à Korrigo services.

MAPLATINE.COM
- 33 BD DE LA HAIE DES COGNETS
- 35136 SAINT-JACQUES-DE-LA-LANDE
• TÉL. 02 99 65 41 63

RÉGION

Christian **TROADEC**

VICE-PRÉSIDENT DE LA RÉGION BRETAGNE - PRÉSIDENT DE POHER COMMUNAUTÉ - MAIRE DE CARHAIX

FORMATION licence d'histoire à Brest

PASSIONS la pêche en mer et le foot

PUBLICATIONS « Carhaix Résistance, l'histoire de la lutte pour l'hôpital »

Étonnant parcours que celui de Christian Troadec… Auxiliaire de rédaction au Télégramme (1988-1992), il devient chef de rédaction à Lannion en 1992. En 1996, il démissionne pour créer son propre journal, Le Poher Hebdo. 1999, nouveau virage puisqu'il vend Le Poher au Télégramme et achète… la brasserie Coreff. Très attaché à ses racines et au dynamisme du centre-Bretagne, il crée l'association Les Vieilles charrues en 1992 pour une « fête champêtre » devenue le plus grand festival de musique français. Ce succès permet de créer une technopole culturelle à Carhaix, avec un lycée Diwan, une antenne universitaire de l'UBO, l'office de la langue bretonne… Fort de cette implantation locale, Christian Troadec sera élu maire de Carhaix en 2001, réélu en 2008. Il préside également Poher Communauté. Homme déterminé, il défend avec succès le maintien des services de maternité et de chirurgie de l'hôpital de Carhaix. De 2004 à 2010, il est conseiller régional. Pris par ses engagements électifs, il cède la brasserie Coreff en 2008. La même année, il lance le mouvement « Nous te ferons Bretagne » pour les élections régionales de 2010. Il échoue et crée deux ans plus tard le mouvement Bretagne et Progrès. En mars 2011, il est élu conseiller départemental du canton de Carhaix.

Figure emblématique des Bonnets rouge, il est réélu maire de Carhaix aux municipales de 2014 puis de 2020. Il est également réélu président de Poher communauté cette année-là.
Élu au conseil régional de Bretagne en juin 2021, il est nommé vice-président délégué aux Langues de Bretagne et Bretons du Monde.

RÉGION BRETAGNE - 283 AVENUE DU GÉNÉRAL PATTON - CS 21101 - 35711 RENNES CEDEX 7 • TÉL. 02 99 27 10 10

DÉVELOPPEMENT ÉCONOMIQUE

Sébastien **VALLET**

DIRECTEUR GÉNÉRAL DE LA CCI D'ILLE-ET-VILAINE

FORMATION
DEA de Droit Public (université Rennes 1, 2001) ; Executive Certificate dirigeant de PME à HEC Paris (2018)

Diplômé en Droit, Sébastien Vallet suit une formation de directeur territorial à l'Ecole nationale d'application des cadres territoriaux de Nancy avant d'obtenir un Executive Certificate à HEC Paris. Passé par plusieurs collectivités et structures consulaires, il a notamment été directeur général de la CCI de l'Yonne entre juin 2014 et février 2019. En parallèle, il assure un intérim à la CCI Bourgogne en tant que directeur régional délégué Information économique, Prospective et Etudes, de 2014 à 2016, puis de directeur général Transition Numérique et Représentation des entreprises à la CCIR Bourgogne-Franche-Comté.
En mars 2019, il rejoint le Conseil régional des Pays de la Loire pour restructurer la DGA formation-emploi comme directeur général Orientation, formation et emploi et prendra en charge le pilotage stratégique de quatre directions. Il suivra également le projet de construction du quartier hospitalo-universitaire à Nantes. Il devient le nouveau directeur général de la CCI Ille-et-Vilaine en mai 2022.

CCI ILLE-ET-VILAINE - 2 AV. DE LA PRÉFECTURE - CS 64204 - 35042 RENNES CEDEX • TÉL. 02 99 33 66 66

HABITAT SOCIAL

Jean-Pierre **VAUZANGES**

PRÉSIDENT D'ESPACIL HABITAT

FORMATION
Université Claude Bernard (Lyon, 1981) ; ENSTA ParisTech (1983)

PASSIONS
la mer et les bateaux, pratique l'aviron, le golf et la randonnée, fan de musique

Attiré depuis toujours par la mer, Jean-Pierre Vauzanges aurait pu devenir officier de Marine. Il choisit finalement de devenir ingénieur civil du Génie Maritime (architecte naval) et entre en 1983 au chantier Normed à Dunkerque. Il y est en particulier responsable au bureau d'études du déploiement de nouvelles technologies numériques. En 1985, il rejoint la filiale française de Computer Vision, qui développe et commercialise des outils de CFAO. Après un passage chez GECI International, société d'ingénierie de hautes technologies, il rejoint le Groupe Bull pour s'occuper des marchés Aéronautique, puis Banque et Assurance. N'ayant pas peur de prendre des risques et poussé par une grande curiosité, il a l'opportunité en 1995 d'intégrer le Groupe AGF (Allianz) en tant que directeur général adjoint de Mondial Assistance France. Jean-Pierre Vauzanges en devient rapidement le directeur général puis le président. Devenu assureur mutualiste, un métier qu'il apprend vite à aimer, il rejoint en 2001 Groupama en Normandie puis en Rhône-Alpes-Auvergne. 2004 marque son entrée au Crédit Agricole. Directeur général adjoint de Pacifica, il est nommé en 2007 directeur général d'Eurofactor. Il intègre plus tard le comité exécutif du Groupe mais, préférant le terrain, il rejoint en 2010 la Caisse régionale de Charentes-Périgord comme directeur général. Cet amoureux de la Bretagne, une région qu'il connaît bien, devient directeur général du Crédit Agricole d'Ille-et-Vilaine en 2014. Il sera président du Comité Régional Bretagne de la Fédération des Banques Françaises de mars 2018 à mai 2019.
Président de l'ESH La Rance depuis juin 2018, Jean-Pierre Vauzanges est nommé président d'Espacil Habitat en juin 2019. Son mandat est reconduit pour 3 ans en juillet 2022.

ESPACIL HABITAT - 1 RUE DU SCORFF - CS 54221 - 35042 RENNES CEDEX • TÉL. 02 99 27 20 00

TOURISME ET LOISIRS

Philippe **VIGNAUD**

DIRECTEUR DU GRAND AQUARIUM DE SAINT-MALO

Après un début de carrière au grand aquarium de Saint-Malo, Philippe Vignaud prend la direction en 2005 du parc zoologique Planète sauvage créé en 1992 sous le nom de Safari africain, avec 90 personnes en équivalent temps plein sous sa responsabilité. Attaché à proposer des prestations inédites, il ouvre en 2019 un espace hôtelier au coeur même du parc animalier : Planete Safari Lodge. Il s'investit par ailleurs dans des programmes de recherche et de conservation avec des partenaires scientifiques tels que l'Université de Rennes, le CNRS, Oniris etc.
Il retrouve en octobre 2019 le grand aquarium de Saint-Malo pour en prendre la responsabilité.

GRAND AQUARIUM DE SAINT-MALO - AV. DU GÉNÉRAL PATTON - BP 27 - 35400 SAINT-MALO • TÉL. 02 99 21 19 00

ENSEIGNEMENT SUPÉRIEUR

Pierre **WEILL**

CO-PRÉSIDENT DE L'ASSOCIATION BLEU-BLANC-COEUR - TITULAIRE DE LA CHAIRE « ALIMENTS ET BIEN MANGER » DE L'UNIVERSITÉ DE RENNES 1

FORMATION lycée à Mulhouse - ingénieur agronome Ensaia (Ecole nationale supérieure d'agronomie et des industries alimentaires de Nancy, 1978)

PASSIONS l'écriture et le sport.

PUBLICATIONS « Tous gros demain » (2007) ; « Mon assiette, ma santé, ma planète » (2009) ; « Mangez, on s'occupe du reste » (2014)

De son enfance alsacienne, Pierre Weill a gardé « l'envie de faire un métier en lien avec le monde agricole et l'alimentation ». Après un séjour en Israël et une mission de coopération en Afrique, il arrive au début des années 80 en Bretagne. En 1985, il entre comme ingénieur chez Prodex/Vetagri qui connaît des difficultés sept ans plus tard. Il participe alors à la reprise de l'entreprise (sous l'enseigne Valorex) et en devient le président en 2003. Valorex (125 salariés) développe des technologies industrielles destinées au traitement des graines de lin, lupin et féverole pour la nutrition animale et humaine. En 2000, il co-crée l'association Bleu-Blanc-Coeur qui rassemble une filière « ayant fait le choix de militer pour une agriculture à vocation santé en réintroduisant, à la base de nos chaînes alimentaires, la graine de lin et d'autres sources végétales d'oméga 3 comme l'herbe ou la luzerne ». D'avril 2012 à juillet 2020, il est le président de Valorial. Ce pôle de compétitivité agroalimentaire a pour mission d'identifier, de monter et d'accompagner des projets de R&D collaboratifs et innovants.
En juin 2020, Pierre Weill devient titulaire de la nouvelle chaire créée par la fondation de l'université de Rennes 1, « Aliments et bien manger ».

FONDATION UNIVERSITÉ DE RENNES
- 2 RUE DU THABOR - CS 46510
- 35065 RENNES CEDEX • TÉL. 02 23 23 37 54

ENSEIGNEMENT SUPÉRIEUR

Danièle **YVERGNIAUX**

DIRECTRICE GÉNÉRALE DE L'EESAB (ECOLE EUROPÉENNE SUPÉRIEURE D'ART DE BRETAGNE) BREST - LORIENT – QUIMPER - RENNES

FORMATION licence histoire de l'art (1982), maitrise information communication (1985) à l'Université de Rennes 2

PASSIONS les grands voyages

PUBLICATIONS textes pour catalogues d'artiste, notices biographiques

Dès le début de sa carrière, Danièle Yvergniaux montre une prédilection pour la conception et le montage de projets artistiques. Pour son premier poste, en 1986, en tant que responsable de la mission Arts plastiques à l'Office départemental de développement culturel des Côtes d'Armor, elle conçoit et met en œuvre un programme de développement des arts plastiques. Elle devient directrice d'un nouveau centre d'art contemporain dans la Nièvre, le Parc Saint-Léger, en 1998. Tout est à faire et c'est justement cela qu'elle trouve motivant et enthousiasmant. Après avoir participé à des jurys d'école, et y avoir pris goût, elle décide de postuler dans des écoles d'art. En 2006, elle est choisie comme directrice de l'Ecole supérieure d'art de Quimper. Ce nouvel aspect de son travail la passionne car elle y trouve une vraie liberté de création. C'est aussi le moment d'une importante réforme pour les écoles d'art et elle participe à la réflexion et au processus qui va conduire à la création de l'EESAB. Sa nomination en tant que directrice générale de l'EPCC en 2015 apparaît donc comme un aboutissement logique. Aux commandes depuis avril 2016, elle s'applique à accomplir sa mission dans l'échange avec ses équipes, tout en étant en lien avec le territoire et en développant l'international. Une tâche ambitieuse qui n'est pas pour déplaire à celle qui se définit comme « tenace » Membre active de l'ANdEA, association nationale des écoles supérieures d'art, dont 7 ans comme membre du bureau (vice-présidente), Danièle Yvergniaux est aussi membre du bureau de l'association a.c.b., Art Contemporain en Bretagne, association réunissant 48 structures de création, de diffusion, d'édition et de formation dans le domaine des arts visuels.

EESAB - DIRECTION GÉNÉRALE
- 34 RUE HOCHE - 35000 RENNES
• TÉL. 02 23 62 22 64

LES INTERNATIONAUX de l'année

Bénédicte Jézéquel
PRÉSIDENTE FONDATRICE DE SILVADEC À ARZAL

Laurent Marbach
PDG DE GROLLEAU

Jean-François Morizur
PDG DE CAILABS

Bénédicte Jézéquel

PRÉSIDENTE FONDATRICE DE SILVADEC À ARZAL

L'INTERNATIONAL COMME TERRAIN DE JEU

Leader du bois composite en Europe, la société prévoit la création d'un second site de production en Bavière. Il devrait être opérationnel à horizon 2026.

Si Bénédicte Jézéquel est devenue entrepreneure ce n'est sans doute pas un hasard. «Mon père était chef d'entreprise. Il avait la passion de l'entrepreneuriat», éclaire la présidente de Silvadec, leader européen du bois composite pour les terrasses, clôtures et façades. La dirigeante reconnaît d'ailleurs qu'il l'a beaucoup aidée au démarrage. Diplômée de l'école de chimie de Rennes, elle démarre sa carrière chez Lexmark aux États-Unis. Elle évoque «une expérience fabuleuse». Mais elle avoue s'être rapidement «sentie à l'étroit». «J'ai besoin de liberté, de circuits de décision plus courts.» Elle rentre donc en France et rejoint une entreprise de la plasturgie dans le Rhône. Lors d'un voyage professionnel aux États-Unis, elle découvre une technologie qui n'est pas encore déployée en Europe. Elle décide alors de franchir le pas avec Philippe Crez qui devient son associé. On est au début des années 2000 et elle n'a que 32 ans mais elle est déterminée. Ingénieure chimiste de formation, elle a en effet le goût de l'innovation et perçoit très vite le potentiel du bois composite. Et elle avoue aimer les challenges. Encore faut-il opérer le transfert de cette technologie. «Nous avons négocié un contrat de licence.» Et pour le site, cette Brestoise d'origine n'hésite pas une seconde : cap sur l'Ouest et Arzal. «Nous avons eu un très bon accueil de la communauté de communes qui nous a fait construire un bâtiment adapté à nos besoins.» C'est le début de l'aventure avec quelques subventions pour démarrer et le soutien de la BPGO. Aujourd'hui, Silvadec emploie 110 salariés pour un chiffre d'affaires de 40 M€. Pour monter en régime, Bénédicte Jézéquel prévoit aujourd'hui de créer un second site de production en Bavière. Il devrait être opérationnel à horizon 2026. Mais comme pour toute innovation, il a fallu convaincre. «Nous avons dû faire un gros travail d'évangélisation.» Jusqu'à ce qu'elle décroche en 2003 une médaille d'or de l'innovation à Batimat. «Cela nous a ouvert des portes.» En un an, le chiffre d'affaires passe de 200 k€ à 2 M€. Pour avancer, cette mère de 3 enfants s'est nourrie de réseaux. «Ce sont des moments importants de partage et de confrontation d'idées.» Tout en préservant au maximum sa vie de famille et en gardant du temps pour voyager. Une autre passion de son père. Son prochain défi ? Une usine de recyclage de déchets plastiques en coopération avec la société Acteco, à Nantes, spécialisée dans le négoce de déchets.

PROPOS RECUEILLIS PAR
FLORENCE LE NEVÉ

Née le 23 octobre 1967 à Brest. Mariée. Trois enfants

FORMATION École nationale supérieure de chimie de Rennes (1991)

RÉSEAUX PROFESSIONNELS Membre d'APM et conseillère du commerce de France

DISTINCTIONS Prix de la «femme entrepreneur» 2018 (Trophées des femmes de l'industrie L'Usine Nouvelle)

PASSION les voyages

SILVADEC - PARC ACTIVITÉS ESTUAIRE
56190 ARZAL • TÉL. 02 97 45 09 00

Pourquoi elle ?

- ✔ Elle a introduit une nouvelle technologie en France
- ✔ Elle lance une nouvelle usine en Allemagne
- ✔ Une nouvelle usine en prévision en France dans le recyclage de déchets plastiques

Sa devise

“ La vie est composite ! ”

Ses dates clé

2001 création de Silvadec

2003 ouverture de l'usine à Arzal et médaille d'or de l'innovation à Batimat

2021 20 ans de Silvadec

2023 projet de création d'une usine de recyclage de déchets plastiques

2026 une nouvelle usine en Allemagne

Laurent Marbach

PDG DE GROLLEAU

Né en 1963

FORMATION diplômé de Esigelec, école d'ingénieur généraliste (1986)

GROLLEAU - 135 CHEMIN DU MOULIN DE LA BUIE - 49310 MONTILLIERS • TÉL. 02 41 75 88 22

DÉFENSEUR **DES USINES À LA CAMPAGNE**

Chez Grolleau, quand une activité s'éteint, une autre s'éveille.

« On est flexibles : si on s'est trompés, on est capables de rebondir », lance Laurent Marbach, à la tête de l'entreprise basée à Montilliers (Maine-et-Loire). Le numéro un des armoires urbaines est en constante évolution. « On ne fabrique plus du tout la même chose qu'il y a 10 ans », souligne le membre du bureau de l'UIMM (Union des industries et métiers de la métallurgie) du Maine-et-Loire. Le natif de l'Est a commencé sa carrière dans le secteur des télécoms, chez Alcatel notamment, avant de prendre la direction de Grolleau en 2006. À l'époque, Grolleau est une filiale de l'Américain Flextronics. La mission de Laurent Marbach est de transformer le groupe, alors trop dépendant des stations GSM. Malgré d'importants moyens « on avait gardé l'esprit d'une PME, avec un côté village Gaulois ! », s'enthousiasme le chef d'entreprise de 60 ans. Grolleau conserve son métier historique et son savoir-faire industriel mais il trouve de nouveaux usages à ses boîtes robustes en aluminium. En 2010, Laurent Marbach rachète le groupe et en accélère la diversification. Après le GSM et l'ADSL, cap sur le très haut débit, les bornes de recharge électriques ultra-rapides et les data centers. « Nous accompagnons les grandes mutations technologiques », s'enthousiasme l'ingénieur de formation. « Pour voir plus grand », avance ce père de 3 enfants et grand-père de 4 petits enfants, Grolleau est introduit en Bourse. Le groupe, qui a réalisé 31 millions de chiffre d'affaires en 2022, lève ainsi près de 8 millions d'euros. Un montant qui permet au patron de mettre en œuvre son plan stratégique « sans dépendre des décisions des banques », souligne celui qui a débuté sa carrière dans les bureaux d'études. Et Laurent Marbach veut développer son groupe à l'international. Il s'est récemment allié à l'italien OMP Mechtron « qui a des activités complémentaires aux nôtres ». Grolleau devrait contrôler son allié d'ici 2027 et doubler de taille. « À deux, nous serons plus forts », affirme l'élu de la Chambre de Commerce et d'Industrie du Maine-et-Loire. Malgré cette percée à l'international, le groupe et ses 200 collaborateurs restent ancrés en milieu rural. « Notre âme est liée à notre enracinement », souligne Laurent Marbach. « C'est notre force », estime ce défenseur des usines à la campagne. Mais aussi un frein car le groupe peine à recruter. Une difficulté accrue par l'implantation en milieu rural de la société mais « on va continuer à former en interne », assure le chef d'entreprise.

PROPOS RECUEILLIS PAR
MATHILDE GOLLA

Pourquoi lui ?

- Il est à la tête d'une entreprise qui sait rebondir
- Il a su s'adapter en innovant
- Son entreprise fabrique de A à Z des produits sur-mesure
- Il est installé en territoire rural

Sa devise

“ Nous sommes des guerriers ”

Ses dates clé

2006 DG de Grolleau

2010 rachat de Grolleau

2021 introduction à la Bourse de Paris

2023 Grolleau monte au capital de l'Italien OMP Mechtron

Jean-François Morizur

PDG DE CAILABS

LE COFONDATEUR DE CAILABS EST **PORTÉ PAR LE GOÛT DU DÉFI**

Défi. Le mot colle à la peau de Jean-François Morizur, le cofondateur et PDG de Cailabs, deep-tech rennaise spécialisée dans la photonique.

«J'ai besoin de sortir de ma zone de confort. Ça me nourrit», raconte le trentenaire. À l'école, déjà, il s'ennuie. «J'avais le profil du bon en maths», résume celui qui a grandi près d'Elbeuf. Très bon, même. Assez pour intégrer l'École normale supérieure (ENS), et décrocher un doctorat en physique quantique. Sa thèse terminée, le normalien quitte le monde de la physique où le chemin s'annonce pourtant prometteur. «Je suis parti dans un cabinet de stratégie. Ça n'avait rien à voir, mais j'avais besoin de sortir de ma zone de confort, encore.» Sa nouvelle activité lui plaît. Mais son destin le rattrape. «Mon directeur de thèse m'a appelé en me disant qu'Alcatel-Lucent était intéressé.» Car la technologie unique de manipulation de la lumière que Jean-François Morizur a inventée est un diamant brut. Tout en respectant l'importance de la recherche, l'ingénieur aspire à autre chose. «Avoir un impact, réel.» Autrement dit : développer sa technologie et l'utiliser dans des produits concrets et commercialisables. «Ça voulait dire créer une boîte.» Pas évident, en 2013. «Je me suis dit que si je n'arrivais pas à lever des fonds en un an, j'arrêterais.» Le défi est relevé, avec un million d'euros levé. Cailabs est née. Spécialisée dans la photonique, l'entreprise conçoit et fabrique des produits autour de la forme de la lumière. Télécommunications, lasers industriels, communications sol-satellites traversant l'atmosphère... Les secteurs d'utilisation de cette technologie innovante sont aussi vastes que pointus. «Ça peut permettre de réduire les émissions de CO_2, ou de transmettre des données dans des zones de conflit. C'est ça qui nous passionne : avoir un impact sur des vraies problématiques.» En dix ans, le PDG n'a pas perdu une miette de son enthousiasme. Longtemps, le passionné de voile a cherché comment incarner son rôle de capitaine. «J'ai délégué la partie technique. Aujourd'hui, je gère les équipes, le relationnel, la stratégie.» Cailabs emploie aujourd'hui 92 personnes. Plus que les réussites ou les échecs qui jalonnent immanquablement une telle aventure, Jean-François Morizur se passionne pour le chemin. «Il y a des hauts, et des très bas. Des moments où on est au fond du trou, à ne pas savoir si on pourra payer les salaires. Mais ça finit par passer.» Cailabs met aujourd'hui le cap à l'international, porté par son savoir-faire unique en matière de stations sol de communication optique. En 2022, la deep tech a levé 30 millions d'euros pour les industrialiser.

PROPOS RECUEILLIS PAR
CHARLOTTE HEYMELOT

Né le 7 janvier 1986 à Suresnes. Marié. Deux enfants

FORMATION doctorat en Physique Quantique (École Normale Supérieure)

RÉSEAUX PROFESSIONNELS CEO-CF, membre du conseil d'administration de Photonics Bretagne, vice-président et membre du conseil d'administration de France Deeptech, European Photonics Industry Consortium, Young European Entreprise Syndicate for #Space

DISTINCTIONS Choiseul100 2023, Prix Montgolfier des Arts Physiques 2022, Forbes 30 under 30 Europe, Science & Healthcare 2016

CAILABS - 1 RUE NICOLAS JOSEPH CUGNOT - 35000 RENNES • TÉL. 06 27 61 58 06

Pourquoi lui ?

- ✔ Il a inventé une technologie unique de manipulation de la lumière
- ✔ Cailabs a levé 30 millions d'euros en 2022 pour industrialiser ses stations sol de communication optique

Sa devise

“Sa devise est de ne pas en avoir...”

Ses dates clé

2011 entrée au Boston Consulting Group

2013 création de Cailabs

2015 premier record du monde de débit sur fibre avec KDDI

2022 levée de 30 M€ pour l'industrialisation des stations sol de communication optique Cailabs

LES TÊTES DE LOIRE-ATLANTIQUE

COMMUNE

Bertrand **AFFILÉ**

MAIRE DE SAINT-HERBLAIN - VICE-PRÉSIDENT DE NANTES MÉTROPOLE

FORMATION Capes de Sciences économiques et sociales (1989) ; agrégation (1994)

PASSIONS course à pieds, lecture (romans historiques, policiers, bandes-dessinées et surtout Hugo Pratt)

Bertrand Affilé a passé son enfance au sein d'une famille militante très engagée dans la lutte syndicale et le monde associatif. En 1969, ses parents s'installent au Village-Expo de Saint-Herblain. C'est dans cette ville, riche de son histoire, qu'il effectue toute sa scolarité avant de rejoindre les bancs de l'université. Pendant de nombreuses années, ce passionné de sport pratique en parallèle le basket dans trois des clubs de la commune. À la fin de ses études, il devient enseignant au lycée Appert et se syndique à l'Union nationale des Syndicats autonomes pour pouvoir assurer la défense de ses collègues. Il est alors déjà très impliqué dans la vie de sa commune et prend même part à la création de l'association « La Passerelle de Preux », dont il devient président. C'est au début des années 2000 qu'il commence à se tourner plus sérieusement vers la politique. Et la politique, c'est de famille ! Son grand-oncle, Raymond Brétéché, a en effet été maire SFIO de la ville du Trait et vice-président du conseil général de la Seine-Maritime dans les années 1960. Adhérent du PS, Bertrand Affilé devient adjoint à la culture de 2001 à 2008 à Saint-Herblain, puis premier adjoint de 2008 à 2014. Elu maire mais désireux de garder le contact avec la vie professionnelle, il continue d'enseigner les sciences économiques et sociales sur un mi-temps de professeur agrégé. Il est également depuis vice-président de Nantes Métropole, en charge des stratégies de mobilité et des déplacements. Il est adjoint de la Ville de Nantes, délégué à l'enseignement supérieur et à la recherche de 2016 à 2020.
Il est réélu maire en 2020.

VILLE DE SAINT-HERBLAIN - 2 RUE DE L'HÔTEL DE VILLE - BP 50167 - 44802 SAINT-HERBLAIN CEDEX • TÉL. 02 28 25 20 00

ENERGIE

Jean-Luc **ALLUARD**

DIRECTEUR RSE ET DÉVELOPPEMENT DURABLE ENEDIS PAYS DE LA LOIRE

FORMATION lycée Ozanam à Lille - BTS mécanique option automatisme (1982) ; ingénieur ICAM Lille (1985)

DISTINCTIONS chevalier dans l'ordre national du Mérite en (2015)

PASSIONS « J'aime la moto et j'aspire à pouvoir me promener sur les petites routes de Mayenne ».

En 1988 Jean-Luc Alluard intègre EDF GDF Services à Auxerre comme chef de la section Postes sources. Deux ans plus tard, il est nommé au Creusot comme chef d'agence clientèle. Il rejoint en 1994 EDF GDF Services Paris Aurore comme adjoint au chef d'agence, chargé des relations clientèles. Nouveau départ en 1997, avec comme responsabilité la direction des ressources humaines à EDF GDF Services Savoie, puis en 2001 le poste de chef du service Etudes et travaux, et collectivités locales chez EDF GDF Services Corrèze Cantal. Il poursuit sa progression au sein de l'entreprise en occupant le poste de DRH et financier à EDF Ile de la Réunion (2004-2008) puis comme directeur adjoint à ERDF Unité réseau électricité Midi Pyrénées. D'avril 2011 à décembre 2019, Jean-Luc Alluard est le directeur territorial d'Enedis (ex ERDF) Mayenne. Très attaché à une implication concrète dans la vie du territoire, il est un élu de la CPAM Mayenne et de la CARSAT Pays de la Loire. Ce membre du bureau de la mission locale Mayenne et président du CRAPS Mayenne (Club de réflexion sur l'avenir de la protection sociale) a également participé à la mise en place en Mayenne de la filière Ordi 2.0, opération de ramassage et de reconditionnement d'ordinateurs auprès des professionnels afin de leur redonner une nouvelle vie au profit des citoyens éloignés de l'internet. Il assure désormais le pilotage de la RSE et du développement durable pour la direction régionale des Pays de la Loire.

ENEDIS - DIRECTION RÉGIONALE PAYS DE LA LOIRE - 13 ALLÉE DES TANNEURS - 44040 NANTES • TÉL. 02 51 78 50 00

COMMUNE

Rodolphe **AMAILLAND**

MAIRE DE VERTOU - CONSEILLER DÉPARTEMENTAL DE LOIRE-ATLANTIQUE

FORMATION lycée Notre-Dame de Toutes-Aides à Nantes (bac ES, 1995) - brevet d'Etat d'éducateur sportif (2000)

PASSIONS le sport, notamment le tennis et le golf

L'avantage lorsque l'on est un sportif entraîné, c'est de pouvoir jouer avec brio sur différents terrains. Educateur sportif (1995-2008), Rodolphe Amailland fréquente les courts de tennis jusqu'à accéder à la division nationale 4. Avec la même passion, il exerce depuis 2009 les fonctions de responsable commercial Ouest pour le groupe Jean Becker, spécialisé dans la construction de sols sportifs. Parallèlement, il s'investit au sein du conseil municipal de la Ville de Vertou de 2001 à 2008. Depuis, il a gravi les marches électorales. Maire-adjoint chargé des travaux et de la proximité, il a été élu maire en 2014, réélu 6 ans plus tard au 1er tour. Il est également conseiller départemental de Loire-Atlantique depuis 2011 et président de l'association des maires du vignoble depuis octobre 2020.

VILLE DE VERTOU - 2 PLACE SAINT-MARTIN - CS 22319 - 44120 VERTOU • TÉL. 02 40 34 43 00

COMMUNICATION ET MARKETING

Marion **ANDRO**

CO-PRÉSIDENTE DE L'AGENCE B SIDE - CO-PRÉSIDENTE DES DIRIGEANTS RESPONSABLES DE L'OUEST NANTES-ATLANTIQUE

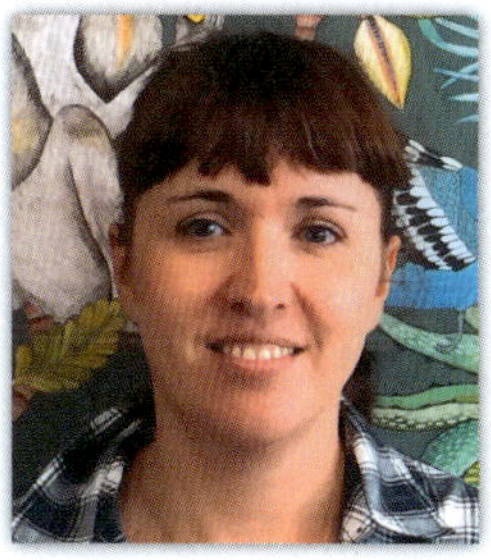

FORMATION maîtrise LCE anglais (1997); licence études audiovisuelles et cinématographiques (1997) à l'Université Lumière Lyon 2 et Austin College (USA); 3e cycle management de la communication (Sciences Com Nantes, 1999)

PASSIONS La pop rock anglaise (Supergrass, The Kinks) et la Tropicalia brésilienne (Gal Costa, Os Mutantes), le vélo, la littérature américaine, les petits plats et les grands vins, les amis et les rencontres

Voici une des figures féminines emblématiques de la com' à Nantes. Après avoir été pendant trois ans responsable d'édition à Angie à Paris (1999-2002), Marion Andro intègre Alphacoms comme chef de projet en 2002. Elle en devient la directrice associée six ans plus tard et reprend l'entreprise en 2013 avec son associée Ingrid Berthé. Agence de conseil et d'ingénierie en communication corporate, Alphacoms devient B Side en 2019. Elle emploie 22 personnes. «Créatrices d'emplois et de richesses, porteuses d'innovation, les entreprises ont le pouvoir de transformer le monde qui les entoure», soutiennent les dirigeantes «Chez B Side, nous sommes convaincus que la communication corporate a un rôle à jouer pour encourager, accompagner et promouvoir ce rôle sociétal positif. En aidant les entreprises à créer le dialogue avec leurs publics, nous les invitons à chercher en elles-mêmes ce qui les rend inspirantes et à engager le changement».
Habitante de Trentemoult, Marion Andro apprécie la proximité de la Loire et s'investit dans nombre de cercles nantais. Elue à la CCI Nantes Saint-Nazaire de 2010 à 2021 et administratrice d'Exponantes de 2016 à 2021, elle est dirigeante participante à la Convention des Entreprises pour le Climat. Membre du conseil d'administration des Dirigeants responsables de l'Ouest Nantes-Atlantique, elle en est élue co-présidente en novembre 2022.

B SIDE - 41 BD DE LA PRAIRIE AU DUC - IMMEUBLE MEDIACAMPUS - 44200 NANTES

SANTÉ

Karim **ASEHNOUNE**

PRÉSIDENT DE LA CME DU CHU DE NANTES

FORMATION Université Necker enfants malades (1987/1993); interne des hôpitaux de Paris (1994/1998)

PASSIONS La gastronomie, l'oenologie, la lecture

L'envie de soigner s'est manifestée dès l'adolescence dans la vie de Karim Asehnoune… et elle est toujours très présente aujourd'hui. Après son cursus d'interne dans différents CHU parisiens, il débute comme chef de clinique - assistant des hôpitaux au CHU de Bicêtre en 1998. Diplômé en anesthésie réanimation chirurgicale, il se spécialise en immunologie afin de préparer une thèse de Sciences à l'institut Pasteur à Paris et à l'université du Colorado aux USA. Il obtient son doctorat en Sciences en 2006 à la faculté de médecine de Paris-Sud.
Il rejoint le CHU de Nantes en 2006 pour succéder au professeur Pinaud. Il devient professeur des Universités de la faculté de médecine de Nantes en 2009, chef de service puis chef du pôle Médecine intensive, anesthésie, réanimation et blocs opératoires en 2018. Karim Asehnoune réalise son projet de recherche, dépose des brevets, rencontre des startups qui évoluent dans la biotechnologie et s'épanouit dans le management de son équipe de 60 personnes. Il commence alors à s'investir dans la stratégie médicale du CHU et est élu vice-président de la CME (Commission médicale d'établissement) en 2018. Deux ans plus tard, il en prend la présidence. Il conduit le projet médical d'établissement en lien avec le directeur général du CHU et intervient essentiellement auprès des 1000 médecins que celui-ci emploie. A la fois coordinateur et directeur médical, il participe à l'élaboration des projets de service avec les chefs de pôles et veille à la bonne prise en charge des patients. Heureusement pour lui, dans des conditions parfois difficiles, il bénéficie de traits de caractère qui lui permettent de mener à bien ses missions : l'enthousiasme et l'énergie, la résistance au stress et la faculté de savoir trancher.

CHU DE NANTES - 5 ALLÉE DE L'ILE GLORIETTE - 44093 NANTES CEDEX 1 • TÉL. 02 40 08 33 33

MÉDIAS

Laurence **AUBRON**

FONDATRICE ET DIRIGEANTE D'EURADIO

FORMATION collège à Couëron, lycées Guist'hau et Vial à Nantes - licence en Langues, littérature et civilisation étrangères en anglais à l'université de Nantes

DISTINCTIONS officier de l'Ordre national du Mérite 2018

PASSIONS ses enfants, la radio, les voyages, la musique, le cinéma, la lecture, le surf (eau ou neige!) et le ski

Après un an passé aux Etats-Unis et des études universitaires en anglais, Laurence Aubron entre dans la radio locale, Jet Fm. Elle passera 10 années comme journaliste et coordonnatrice d'antenne (1995-2005). L'échec du référendum sur la constitution européenne la révolte. Naît alors le concept d'une radio européenne. Pendant des mois, elle se démène pour convaincre du bien-fondé de son projet. Et sa ténacité finit par payer. En mai 2007, c'est la création d'Eur@dionantes, radio-école locale européenne, diffusée à la fois par voie hertzienne (101,3 FM), en RNT et par internet (www.euradionantes.eu). Ses programmes sont dédiés à une information européenne de proximité. Soutenue par les collectivités territoriales (Ville, Métropole, Département, Région), Eur@dionantes emploie sept salariés et accueille des étudiants venant de toute l'Europe. Près de 200 jeunes journalistes sont déjà passés par la radio nantaise. Cette initiative a été récompensée par le prix de l'initiative européenne (2007), une Mention spéciale au Prix Louise Weiss du journalisme européen 2009, le Prix du citoyen européen 2014 et la Médaille d'honneur de la Ville de Nantes en 2015. Devenue Euradio, la radio «associative, citoyenne et indépendante» dispose désormais de 15 fréquences en France et 1 en Belgique, à Bruxelles. Une jolie réussite pour sa fondatrice!

EURADIO - 19 RUE JEANNE D'ARC - 44000 NANTES • TÉL. 02 40 20 48 00

TOURISME ET LOISIRS

Stéphane **AUFFRET**

PRÉSIDENT DE L'OCÉARIUM DU CROISIC

FORMATION lycée technique de Guérande - BEPA (aquaculture)

PASSIONS les voyages, la musique, le tennis, le bateau, la moto et le monde de la mer...

PUBLICATIONS « Océarium du Croisic » (Ouest-France-2008)

Aquarium de New-England (Etats-Unis) comme responsable tropical en 1980, aquarium de Nouméa comme soigneur-technicien en 1981... Quand il rejoint l'entreprise familiale en 1982, Stéphane Auffret a déjà une petite idée en tête... C'est ainsi qu'en 1992 l'aquarium du Croisic déménage et devient l'Océarium tout en restant une entreprise indépendante et familiale. La belle aventure commence. Aujourd'hui, l'Océarium du Croisic reçoit environ 250 000 visiteurs chaque année ce qui en fait un des sites les plus visités des Pays de la Loire. Trésorier de l'Union européenne des aquariums, Stéphane Auffret est également membre de la CCI Nantes Saint-Nazaire, administrateur du Crédit Maritime Atlantique-Vendée et consultant auprès du ministère de l'Ecologie.

OCÉARIUM - AV. SAINT GOUSTAN - 44490 LE CROISIC • TÉL. 02 40 23 02 44

INTÉRIM, PORTAGE SALARIAL ET

Daniel **AUGEREAU**

FONDATEUR DU GROUPE SYNERGIE

FORMATION études secondaires à Nantes - autodidacte

DISTINCTIONS officier de l'Ordre national du Mérite

PASSIONS le cheval, l'action politique et la lecture.

En 1998, Daniel Augereau était primé aux Victoires des autodidactes. Une récompense nationale pour un parcours professionnel d'exception. D'abord conducteur de travaux adjoint en 1965 chez Sartec Engineering, il est nommé deux ans plus tard directeur régional de la Société d'Assistance Technique Aéronautique. En 1969, il crée Europe Technique Assistance, devenue le Groupe Synergie, un des leaders en France de la gestion des ressources humaines. PDG du groupe et de ses filiales, implanté dans 14 pays, Daniel Augereau est aussi administrateur du Prisme (professionnels de l'intérim, services et métiers de l'emploi) et conseiller du commerce extérieur de la France. En juin 2021, il cède la présidence du directoire. Il occupe désormais au sein du groupe, dans le cadre d'un mandat de trois ans, le poste de conseiller stratégique auprès du directoire et de son président.

Le dirigeant s'est par ailleurs passionné pour la vie politique. Militant gaulliste, conseiller régional de 1986 à 2010, il a notamment exercé à la Région les fonctions de vice-président et de rapporteur général du Budget. Féru d'équitation, il a fondé l'Association des éleveurs de chevaux de courses de l'Ouest et s'est vu confier en 2011 une importante mission concernant l'organisation de l'institution des courses de chevaux en France. Il est d'ailleurs vice-président de France Galop depuis 2015, chargé de sa modernisation.

SYNERGIE - 10 RUE DES GENÊTS - 44700 ORVAULT • TÉL. 02 51 83 40 00

NUMÉRIQUE ET INFORMATIQUE

Gaël **AVENARD**

PRÉSIDENT DU RÉSEAU ENTREPRENDRE ATLANTIQUE – PRÉSIDENT DE CONSERTO

FORMATION Lycée Grand Air à La Baule - Deug Sciences-éco (université de Nantes, 1997) ; ESC Rennes - Rennes school of business (2000)

PASSIONS Les sports de voile et de glisse

Issu d'une famille de créateurs d'entreprise et d'indépendants, Gaël Avenard décide de suivre cette même voie. Pendant son école de commerce, il s'intéresse plus spécifiquement au développement numérique et démarre sa carrière chez l'éditeur de logiciel Isilog comme ingénieur commercial en 2001. Puis il rejoint le groupe Hélice informatique afin de prendre une direction d'agence puis la direction Ouest, jusqu'en 2007. L'envie de monter sa société en informatique le titille mais le hasard lui fait recroiser la route d'un ami de l'ESC qui vient de créer Néo-Soft, spécialisé en conseil informatique. Il intègre alors la société dont la croissance est forte, devient directeur général pour créer une filiale de 150 personnes. L'aventure est « superbe » mais, après avoir rencontré son futur associé, Nicolas Plougastel, il décide de créer sa structure. C'est chose faite en 2013, avec la naissance de Conserto, entreprise experte dans la réalisation d'applications et de prestations dans le numérique. Son président poursuit son développement depuis, dans toute la France, toujours avec l'envie d'apporter des solutions alternatives et avec le soutien de ses 530 salariés.

Désireux d'être toujours « nourri intellectuellement » et de partager, Gaël Avenard est par ailleurs membre du Réseau Entreprendre depuis 2016, après en avoir été lauréat. Il rejoint le conseil d'administration en 2020 avant d'être élu président en avril 2022. Lui, qui incarne tout à fait le parcours d'un chef d'entreprise, s'est fixé plusieurs objectifs pour son mandat : poursuivre l'intégration des notions d'impact et de RSE, accroître l'attractivité de l'association et, bien sûr, accompagner au mieux les entrepreneurs dans leur développement. Il fait aussi partie des réseaux NAPF, ADN Ouest et APM.

CONSERTO - 4 BD DU ZÉNITH - 44800 SAINT-HERBLAIN • TÉL. 02 40 92 11 01

ENSEIGNEMENT SUPÉRIEUR

Dominique **AVERTY**

VICE-PRÉSIDENT EN CHARGE DU CA, RESSOURCES HUMAINES ET FINANCIÈRES, DIALOGUE SOCIAL À NANTES UNIVERSITÉ

FORMATION Doctorat en sciences des matériaux (Nantes, 1992) ; DEA sciences des matériaux (Nantes, 1988) ; Licence et Maîtrise d'électronique, électrotechnique, automatique ; DUT Mesures Physiques

DISTINCTIONS Chevalier dans l'ordre des Palmes Académiques (2015)

PASSIONS Course à pied (marathon)

Jeune docteur en sciences des matériaux, Dominique Averty décroche rapidement un poste de maître de conférences à l'Université de Nantes. Dès 1993, il enseigne ainsi la physique et l'électronique. En tant qu'enseignant-chercheur, il a tout le loisir d'être au contact des étudiants tout en se livrant à des activités de recherche passionnantes. Il est chercheur à l'Institut d'électronique et de télécommunications de Rennes (site de Nantes) où il s'intéresse aux propriétés électriques et aux applications de matériaux multifonctionnels. Il s'implique peu à peu dans la vie de l'Université. En 2001, il est élu au conseil de gestion de la Faculté des Sciences et des Techniques et y siège jusqu'en 2005. Il rejoint aussi le conseil scientifique de l'Université de 2004 à 2008. Puis, en 2009, il devient directeur du département de physique de la Faculté des Sciences et des Techniques. « Une expérience formatrice », se souvient-il. Lorsqu'on lui propose d'assurer la vice-présidence en charge de la formation et de la vie universitaire, il accepte et est nommé en octobre 2014. S'il craignait de s'éloigner de l'enseignement, Dominique Averty trouve de nombreux attraits dans ses nouvelles fonctions. Il a désormais une vision de l'ensemble des formations de l'Université et rencontre chaque jour des collègues enseignants-chercheurs passionnés et passionnants de tous horizons. « J'ai découvert l'université dans sa pluralité, sa complexité », s'enthousiasme-t-il. Sans compter qu'à ce poste aussi, il peut rendre service à la communauté. Une mission qui lui est chère.

En 2020, il devient professeur des universités et premier vice-président en charge des Ressources humaines et financières, ainsi que du dialogue social puis en charge du CA, ressources humaines et financières, dialogue social à Nantes université.

NANTES UNIVERSITÉ - 1 QUAI DE TOURVILLE - BP 13522 - 44035 NANTES CEDEX 1 • TÉL. 02 40 99 84 63

ENSEIGNEMENT SUPÉRIEUR

Jean-Baptiste **AVRILLIER**

DIRECTEUR DE CENTRALE NANTES - PRÉSIDENT DE L'ALLIANCE CENTRALE - AUDENCIA - ENSA NANTES

FORMATION lycée Louis le Grand à Paris -Ecole polytechnique ; ingénieur Mines (Ecole nationale supérieure des Mines de Paris)

Jean-Baptiste Avrillier commence sa carrière en 2002 comme chef de division à la DRIRE Ile-de-France. Trois ans plus tard, il est nommé chef de projet Infrastructures à l'Agence française de développement avant de prendre en 2006 le poste de directeur adjoint de cette structure à New Delhi (Inde). De retour en France en 2008, il est nommé chef de la mission Méthode assurance qualité des projets à la Direction générale de la modernisation de l'Etat. Après avoir exercé des responsabilités au sein du ministère de l'Economie (directeur de cabinet DGCCRF puis directeur régional adjoint à Nantes), il accède au poste de commissaire au redressement productif pour la région Pays de la Loire. Après avoir été également directeur adjoint de la Direccte Pays de la Loire en charge du pôle Economie-Emploi-Entreprises, il est nommé directeur opérationnel de l'initiative NExT en septembre 2018. NExT vise à regrouper et transformer en profondeur l'écosystème d'enseignement supérieur et de recherche à Nantes.
Il devient directeur de Centrale Nantes le 5 juillet 2020 pour un mandat de cinq ans renouvelable. Un an plus tard, Jean-Baptiste Avrillier prend la fonction de président de l'alliance Centrale-Audencia-Ensa Nantes.

CENTRALE NANTES - 1 RUE DE LA NOË - BP 92101 - 44321 NANTES CEDEX 3 • TÉL. 02 40 37 16 00

DÉVELOPPEMENT ÉCONOMIQUE

Jean-François **BALDUCCHI**

DÉLÉGUÉ GÉNÉRAL D'ATLANPOLE

FORMATION études secondaires à Paris, Vienne (Isère) et Coëtquidan - lycée Chateaubriand de Rennes (classes préparatoires) ; ingénieur (Ecole Centrale de Paris, 1978) ; doctorat en mathématiques appliquées à l'économie et à la gestion (1981)

PASSIONS l'aéronautique, la natation, la randonnée, l'opéra et le cinéma

PUBLICATIONS co-rédacteur du rapport Beylat-Tambourin sur l'innovation et la valorisation de la recherche en France (2013)

Cet ingénieur a commencé sa carrière comme chercheur au centre de mathématiques appliquées et d'automatique de l'Ecole des Mines de Paris, à Fontainebleau, en 1979. Deux ans plus tard, Jean-François Balducch intègre le groupe Total où il exerce diverses responsabilités opérationnelles au siège et à l'étranger dans l'exploration production et le gaz de 1981 à 1991. Il crée en 1992 « Futura, Corse technopole » à Bastia avant de prendre quatre ans plus tard les responsabilités de délégué général d'Atlanpole. De 1999 à 2006, il a également présidé le réseau national de l'innovation (Retis) puis l'European Business et Innovation Centers Network (EBN) entre 2004 et 2007. De 2007 à 2016, il représente les pôles de compétitivité et les technopoles au sein du Conseil économique social environnemental régional (Ceser). Il siège actuellement aux conseils d'administration des pôles de compétitivité Images & réseaux (trésorier), Mer Bretagne Atlantique, et Atlanpole Biothérapies (en tant que vice-président exécutif). Il est membre du bureau de l'Association françaises des pôles de compétitivité.

Après avoir siégé à plusieurs reprises au Board, entre 1998 et 2014, Jean-François Balducchi a été président de l'IASP - réseau mondial des hubs d'innovation, technopoles, clusters, incubateurs et écosystèmes d'innovation - de 2014 à 2016. Un cap toujours maintenu sur l'innovation pour cet ancien pilote de réserve de l'Armée de l'Air et ancien membre de l'aéroclub de Nantes.

ATLANPOLE - CHÂTEAU DE LA CHANTRERIE - 95 ROUTE DE GACHET - BP 90702 - CHÂTEAU DE LA CHANTRERIE - 44307 NANTES CEDEX 3 • TÉL. 02 40 25 13 13

MÉCANIQUE ET MÉTALLURGIE

Olivier **BARET**

PRÉSIDENT DE SFCMM

FORMATION École Nationale Supérieure de Mécanique de Nantes (1989) ; Diplôme de Maître Praticien en PNL Humaniste (2008)

PASSIONS Voyage, moto, golf

Olivier Baret commence des études de médecine, les arrête, commence à travailler puis suit les cours du soir avant de faire Centrale. Il intègre ensuite le groupe familial, que son père a créé dans les années 60. Il le restructure entre la fin des années 80 et 2000, en regroupant toutes les activités industrielles sous l'enseigne SFCMM. Il crée une nouvelle entité, Contrôle et Mesure Laser, issue de leur expérience recueillie dans l'aéronautique. En 2015, il fête les 50 ans de l'entreprise et SFCMM est désormais spécialisée dans le cintrage et la découpe de tubes et de profilés en métal (un des acteurs principaux français). Entrepreneur humaniste et manager dans l'âme, il est désormais associé avec la totalité de l'encadrement. Dans cette logique, il a fondé Ad'Hexo en 2007, une société qui accompagne les TPE ET PME dans des missions de back-office. Avec son associé, ils proposent et animent des formations et des groupes de travail.
Ex-formateur au CJD (1996-2007) et président de la section de Nantes de 2004 à 2006, membre du réseau Entreprendre depuis 2000, Olivier Baret apprécie la richesse des réseaux. Il adhère tout naturellement à celui de Bamboo, association de business angels nantais qui s'investit dans la création ou la reprise d'entreprises locales. C'est pour lui en effet un aspect primordial : créer de la richesse pour le territoire. Président de 2015 à juin 2018, cette autre corde à son arc n'est sûrement pas la dernière... cette petite flamme qu'on appelle l'esprit d'entreprise ?

SFCMM - 15 RUE ROBERT SCHUMAN - BP 287 - 44803 SAINT-HERBLAIN CEDEX • TÉL. 02 51 80 67 00

HÔTELLERIE-RESTAURATION

Jean-Charles **BARON**

CHEF DE LA MAISON BARON-LEFÈVRE

FORMATION CAP de cuisine (1983).

Apprenti au restaurant de l'Europe à Cholet, Jean-Charles Baron va effectuer un tour de France des restaurants pour parfaire sa formation : commis au Beach Plazza à Monaco (1984-1985), chef de partie au Chantecler à Nice (1985-1986), second de cuisine au restaurant Les Frégates à Veulette-sur-Mer (1986-1987). Il travaillera aux côtés de Jacques Chibois à Cannes, Jacques Maximin à Vence et Juan-les-Pins, et fera l'ouverture de « La Brasserie de l'Alma » à Bruxelles comme chef de cuisine (1993) avant de rejoindre « Les Salons de l'Arc de Triomphe » à Paris. En novembre 1995, Jean-Charles et Isabelle s'installent à « La Toile à beurre » à Ancenis. C'est leur première affaire. Rapidement le bouche-à-oreille fait la notoriété de l'établissement et de ses hôtes.
Neuf ans plus tard, ils créent, près de la Cité des congrès, la Maison Baron-Lefèvre. Avec un concept de grande brasserie gourmande à laquelle est associée une petite épicerie fine. L'ancien entrepôt revit et résonne des bruits de fourchettes. Le restaurant devient vite une référence nantaise, couronnée en 2009 d'un GaultMillau d'or Bretagne Pays de la Loire. Un encouragement qu'ils vont vite concrétiser. Tout d'abord en créant une SARL à vocation maraîchère pour cultiver les légumes utilisés en restauration. Ensuite en ouvrant, en 2010, « Les Pellières » à Saint-Herblain (revendu depuis), en 2014, le restaurant-salon de thé « La Passagère » passage Pommeraye et, fin 2017, « Baron Lefèvre cuisinier et traiteur » rue Copernic à Nantes. Les gourmands sont gâtés !

MAISON BARON-LEFÈVRE - 33 RUE DE RIEUX - 44000 NANTES • TÉL. 02 40 89 20 20

CULTURE

Jérôme **BARON**

DÉLÉGUÉ GÉNÉRAL DU FESTIVAL DES 3 CONTINENTS - PRÉSIDENT DU CINÉMATOGRAPHE

FORMATION lycée Albert Camus à Nantes - DEA d'études cinématographiques et audiovisuelles (1996) ; DEA identités linguistiques, images nationales et transferts culturels (1998), master réalisation documentaire de création (1998-2004), aux universités de Poitiers, Paris 8 Saint-Denis, Paris 3 Sorbonne-Nouvelle et Nantes

PASSIONS la littérature et le football.

PUBLICATIONS nombreux articles ; coordination et rédaction du numéro de la revue 303 consacré à l'oeuvre de Jacques Demy (n° 114-printemps 2011)

Après de nombreux petits boulots et plusieurs années passées comme ouvrier dans la métallurgie pour financer ses études et recherches, Jérôme Baron s'oriente vers l'enseignement (master réalisation documentaire de création à Poitiers). Il enseigne aujourd'hui l'histoire et l'esthétique du cinéma dans la classe préparatoire Cinésup au lycée Guist'hau à Nantes et en BTS audiovisuel au lycée Léonard de Vinci à Montaigu. Il assure depuis 2010 la direction artistique et la direction générale du Festival des 3 Continents, après en avoir été le programmateur (2004-2009). Créé en 1979 par Alain et Philippe Jaladeau, ce festival a été la première manifestation cinématographique internationale dédiée aux cinémas d'Afrique, d'Asie et d'Amérique Latine. Jérôme Baron est par ailleurs le président de l'association qui gère Le Cinématographe depuis 2001, salle nantaise classée Art et essai, patrimoine et recherche, jeune public.

LES 3 CONTINENTS - 7 RUE DE L'HÉRONNIÈRE - BP 43302 - 44033 NANTES CEDEX 1 • TÉL. 02 40 69 74 14

ORGANISATIONS PROFESSIONNELLES

Frédérique **BARTEAU**

DÉLÉGUÉE GÉNÉRALE DU MEDEF PAYS DE LA LOIRE

FORMATION maitrise de Sciences économiques ; DEA « intégration économique et financière » (université de Poitiers)

Frédérique Barteau est la déléguée générale du Medef Pays de la Loire depuis 2017. Auparavant, elle était depuis 2016 directrice de l'Institut entrepreneurs et leaders d'opinion (Ielo) émanation du Medef. Après une première expérience professionnelle dans la formation et la communication, elle avait rejoint en 2002 le groupe automobile familial (concessionnaire Alfa Roméo) créé par son père, avant d'en prendre la direction générale en 2005 à la suite du départ à la retraite de ce dernier. Elle dirige le groupe vendéen de 2005 à 2016 puis le cède au groupe Jean Rouyer automobiles.

MEDEF PAYS DE LA LOIRE - WHOME
- 8 AVENUE JACQUES CARTIER
- 44800 SAINT-HERBLAIN

RÉGION

Geraldine **BEALU**

VICE-PRÉSIDENTE DU CESER PAYS DE LA LOIRE - GÉRANTE DU CABINET MARK. AVENIR

FORMATION lycée Europe R. Schumann à Cholet - BTS action commerciale (1988) ; CESS marketing/communication (1989) ; certificat d'agrément en évaluation des compétences comportementales & méthodologies PerformanSe (2004) ; certification Business Model Canvas (2013)

PASSIONS la connaissance de soi, la nature humaine, la vie

PUBLICATIONS 2 rapports pour le Ceser : Les dispositifs anti-crise et leurs effets (2010) - Comment s'exerceront les métiers de demain ? (2016)

Géraldine Béalu a inscrit sa trajectoire professionnelle dans l'industrie textile et l'univers de la mode. Elle a d'abord occupé divers postes dans le groupe Salmon Arc en ciel (1989-2001) : responsable administrative et commerciale, assistante du directeur marketing, responsable ADV et chef de marque Sucre d'Orge. Elle intègre en 2002 le groupe Mulliez comme directrice marketing achat. Changement de cap en 2005. Co-fondatrice du cabinet de recrutement Cadr'Avenir à Nantes (2003-2004), elle crée à Cholet le cabinet de conseil Mark. Avenir, spécialisé dans l'accompagnement marketing créatif et la stratégie client. En 2020, le cabinet fait le pivot et s'oriente dans la stratégie clients internes et l'accompagnement de la transition des organisations. Depuis 2023, la dirigeante est également directrice générale des Entrep' (réseau national d'entraînement à la création d'entreprise) et directrice du développement régional du Chaudro.io.
Géraldine Béalu exerce aussi des responsabilités extra-professionnelles. Très investie dans sa région, elle est élue CCI Maine et Loire et membre titulaire de la CCIR qu'elle représente au Ceser en tant que vice-présidente. Administratrice du Réseau Entreprendre Pays de la Loire, elle en est présidente d'avril 2017 à septembre 2020.

CESER PAYS DE LA LOIRE
- 1 RUE DE LA LOIRE - HÔTEL DE RÉGION
- 44966 NANTES • TÉL. 02 28 20 55 80

ASSOCIATIONS ET RÉSEAUX

Aurélie **BEAUPEL**

CO-PRÉSIDENTE D'INITIATIVE PAYS DE LA LOIRE - DIRIGEANTE D'AURÉLIE BEAUPEL CONSEIL

PASSIONS la danse contemporaine (qu'elle pratique depuis ses 3 ans)

Aurélie Beaupel voulait devenir vétérinaire mais elle choisit finalement de se former en Histoire. Après de nombreux « petits boulots », elle intègre Photos Services. Curieuse et avide d'apprendre, elle commence à s'intéresser à la culture numérique, découvre l'intelligence collective puis se forme au code, crée ses premiers sites internet. Son savoir naissant, et son dynamisme, lui ouvrent les portes de Houra.fr en 2000. Elle y entre comme webmaster éditoriale au tout début du webmarketing. Trois ans plus tard, elle s'installe en Vendée pour une année sabbatique. Elle s'attache au territoire et décide de se mettre à son compte, principalement « pour être libre ». Elle monte sa société dans la communication digitale et webmarketing et cette pionnière est rapidement identifiée comme spécialiste de la communication numérique et des réseaux sociaux. Son entreprise devient d'ailleurs centre de formation en la matière dès 2015. Passionnée, enthousiaste, Aurélie Beaupel essaie de monter constamment en compétences et c'est ainsi qu'elle se spécialise désormais dans le conseil en transformation numérique et la cybersécurité.
C'est en 2014 qu'on propose à cette dirigeante engagée de rejoindre le Réseau Initiative en tant qu'experte numérique bénévole. Marraine au sein d'Initiative Vendée Bocage puis vice-présidente, impliquée sur le volet diversité, elle entre au conseil d'administration d'Initiative France en 2021 avant d'accepter la co-présidente d'Initiative Pays de la Loire en 2023. Dans son mandat, elle met beaucoup d'ambition pour le réseau, désireuse de le mettre en lumière et d'emmener les 11 associations locales vers plus d'innovation. Nul doute que son énergie et sa réactivité naturelles l'aideront à accomplir au mieux ses missions...

INITIATIVE PAYS DE LA LOIRE
- MAISON DE LA CRÉATION ET DE LA TRANSMISSION D'ENTREPRISES
- 8 RUE BISSON - 44100 NANTES
• TÉL. 02 72 56 80 95

ETAT

Anne **BEAUVAL**

DIRECTRICE DE LA DREAL PAYS DE LA LOIRE

FORMATION Diplômée de Polytechnique (1997) et du Corps des Mines (2000)

Diplômée de Polytechnique et du Corps des Mines, Anne Beauval commence sa carrière en tant que responsable de la division environnement industriel et sous-sol et adjointe au directeur à la Direction régionale de l'industrie, de la recherche et de l'environnement (DRIRE) de Bretagne entre 2000 et 2003. De 2003 à 2008, elle est directrice de la recherche à l'Ecole des Mines de Douai, où elle anime le développement de la notoriété et de la reconnaissance scientifique de l'établissement. Responsable de l'activité contractuelle et des relations industrielles, elle relance notamment un incubateur technologique sur le développement durable. En 2008, Anne Beauval quitte l'univers de l'enseignement et de la recherche et, après une formation générale dans le domaine du nucléaire, devient chargée de mission auprès du directeur de la Centrale nucléaire de Gravelines pour déployer un système de management intégré sur le site. Elle dirigera ensuite pendant deux ans le service de sécurité, radioprotection et médical de la centrale.
Nommée à la tête de l'Ecole des Mines de Nantes en 2012, elle devient la directrice déléguée de la nouvelle entité IMT Atlantique en janvier 2017. Elle est élue présidente de la Conférence des Directeurs des Grandes Ecoles des Pays de la Loire en février de la même année. La Polytechnicienne prend la direction régionale de l'environnement, de l'aménagement et du logement de la région Pays de la Loire (Dreal) pour 4 ans à compter du 17 janvier 2022.

DREAL PAYS DE LA LOIRE - 5 RUE FRANÇOISE GIROUD - CS 16326 - 44263 NANTES CEDEX 2 • TÉL. 02 72 74 73 00

INDUSTRIE ÉLECTRIQUE ET ÉLECTRONIQUE

Vincent **BEDOUIN**

PDG DE LACROIX - VICE-PRÉSIDENT DU COMITÉ STRATÉGIQUE DE FILIÈRE FRANÇAISE INDUSTRIE ÉLECTRONIQUE - PRÉSIDENT DE WE NETWORK

FORMATION Diplôme de l'EM Lyon (Ecole de Management de Lyon)

PASSIONS Innovation, comics, bonsaïs, yoga, football, famille

Après des études en finance et marketing, Vincent Bedouin débute sa carrière dans le secteur des Télécoms et Multimedia chez Vivendi Universal Net comme chef de produit en 2001 puis responsable Grands Comptes. Il s'y forge une expérience professionnelle fondée sur l'équilibre entre l'innovation, le stratégique et l'opérationnel. Trois ans plus tard, il entre chez Lacroix Group que son père Jean a fait progresser et grandir. Il débute chez Lacroix Electronics comme responsable Marketing Stratégique puis, en 2006, il prend la direction de cette activité qui est alors en difficulté. Avec l'appui d'équipes «engagées et professionnelles», il double le chiffre d'affaires en moins de dix ans. Il est nommé directeur général de Lacroix Group en septembre 2013 et rejoint son frère Nicolas qui y est directeur financier. En octobre 2015, il devient président du Directoire et assure le développement du groupe autour de la mission d'équipementier technologique international qui s'organise autour de trois activités : Lacroix City, Lacroix Environnement et Lacroix Electronics.
En avril 2017, Vincent Bedouin est élu président de WE Network, le cluster qui cherche à rapprocher les acteurs de la filière électronique du Grand Ouest. Il sera membre organisateur du World Electronic Forum 2017. Un an plus tard, il prend la vice-présidence du Comité Stratégique de Filière française (CSF) dédié à l'industrie électronique, nouvellement créé. C'est en juillet 2018 que le dirigeant devient Président-Directeur général de Lacroix.

LACROIX - 17 RUE OCÉANE - BP 30358 - 44800 SAINT-HERBLAIN • TÉL. 02 72 25 59 59

AGROALIMENTAIRE

Pascal **BEILLEVAIRE**

PRÉSIDENT DE LA FROMAGERIE BEILLEVAIRE

FORMATION BEP agricole

PASSIONS tout ce qui touche à la mer et à la campagne, le jogging, le vélo et la chasse.

En 2020, la fromagerie Beillevaire a fêté ses 40 ans après avoir vu le jour en 1980 à Machecoul, sous l'impulsion de Pascal Beillevaire. Agriculteur à ses débuts, comme ses parents, le jeune homme fait d'abord les marchés pour vendre le lait et la crème de la production familiale. Mais il part bientôt sur les routes de France, accompagné de son épouse Claudine, afin de débusquer les meilleurs fromages de chaque terroir et les proposer à leur clientèle. Aujourd'hui, la fromagerie est devenue célèbre dans toute la région et a bien grandi. Employant 260 personnes (500 en tout), elle fabrique et vend plus de 200 produits laitiers différents. Au-delà des chiffres, son dirigeant se réjouit de permettre aux agriculteurs locaux d'exister dignement grâce aux ponts établis entre eux et les consommateurs.
Ses convictions, Pascal Beillevaire les fait aussi vivre au travers de son engagement dans la vie publique. Ancien adjoint au maire de Machecoul, il reste conseiller municipal. Il est également vice-président de la Communauté de communes de la région de Machecoul, en charge du développement économique. Depuis 2013, il consacre son énergie à l'expansion de son entreprise à l'international et à sa diversification. Préparant sa transmission, il nomme son fils Fabrice directeur général de la Fromagerie Beillevaire en septembre 2021.

BEILLEVAIRE - ZI LA SEIGLERIE - BP 75 - 44270 MACHECOUL • TÉL. 02 40 02 33 98

ENERGIE

Véronique **BEL**

DIRECTRICE CLIENTS-TERRITOIRES DE GRDF BRETAGNE, PAYS DE LA LOIRE ET CENTRE VAL DE LOIRE

FORMATION École d'ingénieurs des Mines de Nancy (1995)

PASSIONS Le dessin, le vélo

C'est dans l'environnement du recyclage de véhicules que Véronique Bel entame sa carrière d'ingénieure en 1995. Sa volonté est déjà de travailler dans des secteurs nécessaires à la vie quotidienne. L'énergie en faisant partie, elle entre chez Gaz de France, à la direction de la R&D en région parisienne,

comme cheffe de projet. Elle y occupe différents postes d'expertise puis prend en charge le domaine de la télérelève de 2001 à 2005, au sein du principal gestionnaire de réseau de distribution de gaz (qui deviendra GRDF). Elle est alors chargée des relations avec les fournisseurs de gaz à GRDF. Elle prend la responsabilité d'une agence commerciale en Île-de-France en 2009. Elle est ensuite nommée directrice du projet mobilité pour le déploiement du GNV au niveau national en 2014 puis, en 2019, directrice territoriale Île-de-France. Elle conduira la stratégie de développement des gaz verts dans la région francilienne. Ses responsabilités s'étendent par la suite en devenant directrice adjointe de la direction Clients-Territoires d'Île-de-France.
Début 2022, Véronique Bel prend la fonction de directrice Clients-Territoires de GRDF pour la région Centre Ouest (Bretagne, Pays de la Loire, Centre Val de Loire) avec 300 personnes sous sa responsabilité. Nourrie par son parcours partagé entre l'opérationnel et la stratégie, elle est sur le terrain pour comprendre les enjeux et «faire avancer tout le monde en même temps». Sa mission principale est d'alimenter et satisfaire 1.6 million de clients tout en les accompagnant dans la transition énergétique avec le développement des gaz verts et l'utilisation de solutions plus économes en énergie. Et, au final, avoir la satisfaction de contribuer à construire un monde plus sobre...

GRDF CENTRE OUEST
- 7 MAIL PABLO PICASSO - TSA 82906
- 44230 NANTES CEDEX • TÉL. 02 51 86 72 16

COSMÉTIQUE ET PARFUMERIE

Benjamin **BELLET**

PRÉSIDENT DE SARMANCE

FORMATION DESS en gestion de projet (IAE Lille, 1998)

PASSIONS Les amis et la famille, le jogging

Diplômé en Histoire de l'art et en gestion de projets, Benjamin Bellet commence sa carrière à l'office du tourisme de Lille en 1999 en tant que chargé de développement et promotion. Il est promu directeur marketing en 2001 et intègre en parallèle l'équipe de Lille 2004 Capitale européenne de la culture comme coordinateur tourisme. Après un tour du monde en 2005, il rejoint les Pays de la Loire pour s'occuper de l'événement culturel Estuaire en 2006. Un an plus tard, il prend le poste de directeur marketing au sein de Nantes Culture Patrimoine, la structure qui gère les Machines de l'Île et le château des Ducs de Bretagne. La responsabilité qui lui est confiée en 2011 – la direction du développement à l'international pour le Voyage à Nantes - lui fait découvrir alors l'univers du vignoble nantais.
Benjamin Bellet est recruté par la ministre du Tourisme, Sylvia Pinel, comme conseiller tourisme en 2013 puis reprend sa liberté et décide de lancer sa société en 2014. Avec le vigneron Jérôme Bretaudeau, il co-fonde Sarmance. Conçue au départ comme produit d'accueil dans des hôtels et lieux touristiques, elle est aujourd'hui la première et unique marque de cosmétique issue de vignes bio. Une spécificité à laquelle est très attaché le dirigeant, convaincu plus que jamais de l'importance de «prendre soin de la nature». Très présent sur le terrain, il se préoccupe de tisser des liens solides avec ses clients, avec les vignerons, toujours attentif à leurs retours. Cultivant la singularité et la qualité de ses produits, cet amateur de voile et de rugby est bien déterminé à rester à l'écoute des terroirs qui l'inspirent pour continuer à développer Sarmance.

SARMANCE - 1 BD D'ALATRI - 44190 GÉTIGNÉ
• TÉL. 09 67 33 70 25

PROMOTION ET GESTION IMMOBILIÈRE

Luc **BELOT**

DIRECTEUR GÉNÉRAL ADJOINT DE RÉALITÉS - VICE-PRÉSIDENT DE MAYERS

FORMATION lycée Duplessis-Mornay à Saumur - DESES en économie sociale (universités d'Angers et du Maine, 2000)

PASSIONS le hockey sur glace (il coache l'équipe de ses fils, joue en loisirs et ne manque pas un match des Ducs d'Angers).

En parallèle à ses études, Luc Belot s'est engagé dans des organisations étudiantes qui lui ont valu d'être élu vice-président de l'université d'Angers (1996-1998). Il croise alors la route du sénateur Daniel Raoul, membre du conseil d'administration de l'Université. Des liens se tissent. Rapidement, le jeune universitaire commence à travailler avec lui comme assistant parlementaire. Conseiller municipal de la Ville d'Angers et président de conseil consultatif de quartier (2001-2008), le Niortais est de nouveau candidat en 2008. Il devient un des adjoints au maire en charge de l'éducation et de l'enfance. Une thématique qui lui tient à coeur. A cette époque, le changement des rythmes scolaires fait débat. Il en est d'ailleurs l'initiateur et sera auditionné par Luc Châtel, ministre de l'Education nationale. A partir de 2011, il a été également en charge du dossier Transport et de l'aménagement numérique du territoire puis, en 2015, il est nommé rapporteur du projet de loi relatif à l'Open Data.
Luc Belot est élu en juin 2012 député de la 1re circonscription de Maine-et-Loire et quitte son poste d'adjoint au maire. Non réélu en 2017, il devient consultant en gouvernance et stratégie numérique des territoires, expert auprès des services du Premier ministre sur les fonds d'innovation. Il donne des conférences en Europe et dans le monde sur ces sujets. En mai 2018, il est nommé directeur général de Hub 5, la filiale en charge de l'innovation et du développement au sein du groupe Réalités, où il est également directeur Innovation et grands projets urbains. Il devient directeur général délégué aux Grands Projets en septembre 2021. Puis, en 2023, il devient directeur général adjoint du groupe et vice-président de Mayers (ex-Réalités Buildtech).

REALITES - 1 IMP. CLAUDE NOUGARO
- 44800 SAINT-HERBLAIN • TÉL. 02 40 75 50 91

ENSEIGNEMENT SUPÉRIEUR

Alain **BERNARD**

PROFESSEUR HONORAIRE À L'ECOLE CENTRALE DE NANTES

FORMATION Agrégation de Génie mécanique (1982); doctorat en Productique - CFAO Mécanique (École Centrale des Arts et Manufactures de Paris, 1989); Habilitation à Diriger des Recherches (Université Nancy I, 1996)

DISTINCTIONS Academic Career Award (2009) en Fabrication Additive; Prix Nantes métropole de la conférence internationale de l'année 2014 (CIRP GA); membre de l'Académie des Technologie; officier des Palmes académiques

PUBLICATIONS Plus de 150 articles en journaux et ouvrages - Co-auteur de « Le prototypage rapide », avec Georges Taillandier (Ed. Hermès Lavoisier, 1998);); co-auteur de « Fabrication additive » avec Claude Barlier (Ed. Dunod, 2015 + 2e édition 2020)

Dès le début de ses études supérieures, Alain Bernard a eu envie de s'orienter vers l'enseignement et la technologie. Il effectue sa thèse à l'ENS Cachan, au sein duquel il contribue à créer et à animer le Laboratoire Universitaire de Recherche en Production Automatisée (LURPA) de 1983 à 1990. Ensuite, maître de conférences à Centrale Paris, il contribue à développer le laboratoire productique-logistique et crée et anime le Centre de compétence en développement rapide de produit. En 1996, il devient professeur des universités à l'Ecole Supérieure d'Informatique et Applications de Lorraine (aujourd'hui Télécom Lorraine) et au Centre de Recherche en Automatique de Nancy. Il arrive à Nantes en 2001 pour développer au sein de l'Ecole Centrale, le génie industriel et l'ingénierie virtuelle, l'un des grands axes de sa recherche. Il prend alors la tête du département Ingénierie des produits et systèmes industriels et le restructure. Puis il devient directeur de la recherche de l'école (2006-2012). Il crée son équipe de recherche au sein de l'IRCCyN - devenue aujourd'hui l'équipe IS3P (Ingénierie des Produits et Systèmes Industriels : Produits, Processus, Performances) - au sein du Laboratoire des Sciences du Numérique de Nantes (LS2N UMR CNRS 6004).
Alain Bernard est souvent invité comme conférencier plénier en tant que pionnier du prototypage rapide et chercheur reconnu en ingénierie de conception et sur la gestion du cycle de vie des produits (PLM). Il a été également conseiller scientifique pour les Sciences pour l'Ingénieur et les écoles d'ingénieurs auprès de la direction générale de l'Enseignement Supérieur et de l'Insertion Professionnelle. Ancien vice-président de France Additive de 1993 à 2023, il est élu membre de l'Académie des technologies en mars 2019.

CENTRALE NANTES - 1 RUE DE LA NOË - BP 92101 - 44321 NANTES CEDEX 3 • TÉL. 06 12 82 06 94

RÉGION

Lydie **BERNARD**

3E VICE-PRÉSIDENTE DU CONSEIL RÉGIONAL DES PAYS DE LA LOIRE - VICE-PRÉSIDENTE DE LA CHAMBRE D'AGRICULTURE DE LA VENDÉE

Vice Présidente de la Chambre d'Agriculture de la Vendée, Lydie Bernard est agricultrice à Saint-André-Treize-Voies. Elle s'est installée en 1984 avec sa soeur via le Gaec La Relance, qui compte aujourd'hui trois associés. Elle préside le syndicat professionnel Atlantic Conseil Elevage (éleveurs laitiers bovins et caprins en Vendée et Charente-Maritime). Membre de l'UDI, elle est élue aux régionales de 2015 sur les listes de Bruno Retailleau et nommée 6e vice-présidente du conseil régional des Pays de la Loire, en charge de l'agriculture, l'agroalimentaire, la forêt et la pêche. Elle devient 4e vice-présidente en octobre 2017 et préside la commission Agriculture, agro-alimentaire, forêt, pêche et mer (fonds européens dédiés). Puis, réélue en juin 2021, elle est nommée 3e vice-présidente du conseil régional, présidente de la commission Agricultures, agro-alimentaire, alimentation, forêt, pêche et mer.

RÉGION PAYS DE LA LOIRE - HÔTEL DE RÉGION - 1 RUE DE LA LOIRE - 44966 NANTES CEDEX 9 • TÉL. 02 28 20 50 00

ENSEIGNEMENT SUPÉRIEUR

Carine **BERNAULT**

PRÉSIDENTE DE NANTES UNIVERSITÉ

FORMATION Doctorat en propriété intellectuelle (université de Nantes, faculté de droit et des sciences politiques, 2000)

DISTINCTIONS Chevalière de l'ordre national du Mérite 2021

PASSIONS La création artistique, le cinéma, les arts en général

PUBLICATIONS Parmi les derniers : Traité de la propriété littéraire et artistique, 5e éd. - A. Lucas-Schloetter et C. Bernault (LexisNexis, 2017); Open access et droit d'auteur - C. Bernault (Larcier, 2016)

Carine Bernault a fait le choix d'une carrière universitaire car elle avait envie de s'investir dans la recherche, attirée par les enjeux du partage de la connaissance portés par le service public. Elle reconnait avoir la chance d'avoir toujours pu enseigner dans sa discipline, le droit d'auteur. Se considérant comme « une éternelle étudiante », en raison de son besoin constant d'apprendre, elle s'implique dès le début de sa carrière dans la vie et l'organisation de la faculté de droit et des sciences politiques. Maitre de conférences en 2002, elle est directrice adjointe de l'institut de recherche en droit privé (IRDP) de 2005 à 2006. Elle devient experte en propriété intellectuelle auprès du Sous-directeur des Technologies de l'Information et de la Communication pour l'Education (SDTICE) en 2008. A la fin de cette expérience, en 2012, elle assume plusieurs responsabilités : nommée 1re vice-doyenne de la faculté, elle crée et prend la direction du DU Propriété intellectuelle en formation à distance. Sollicitée par le CNC (Centre National du cinéma et de l'image animée) – sa thèse portait sur le droit d'auteur appliqué à la création audiovisuelle - elle devient membre de la commission du contrôle de la réglementation.
Professeur des universités en droit privé en 2013, Carine Bernault se voit confier la direction de l'IRDP en 2014, jusqu'en 2017. Elle devient cette année-là vice-présidente en charge de la réforme de l'université, puis 1re vice-présidente en 2019 avant d'être élue présidente en juillet 2020. Elle travaille désormais, outre ses missions quotidiennes, sur plusieurs projets stratégiques

dont la création de l'université européenne EUniWell et celle de Nantes université en 2022. Elle en est d'ailleurs élue présidente fin 2021.

NANTES UNIVERSITÉ - 1 QUAI DE TOURVILLE - BP 13522 - 44035 NANTES CEDEX 1 • TÉL. 02 40 99 83 83

AÉRONAUTIQUE

Ouassim **BERRAIES**

RESPONSABLE DES ACTIVITÉS PIÈCES ET SOUS-ENSEMBLES D'AIRBUS ATLANTIC

FORMATION Docteur en micro-électronique (université Paul Sabatier de Toulouse, 1994)

PASSIONS L'Histoire et la géopolitique, la plongée sous-marine, la mer

Passionné par la recherche et la découverte, Ouassim Berraies devient chercheur au LAAS-CNRS de Toulouse en 1998. Puis, désireux de se forger une expérience différente et plus rythmée, il choisit de retourner en Tunisie pour prendre un poste de direction dans l'industrie. Un challenge qui le poussera à enchaîner plusieurs expériences managériales en tant que directeur général ou directeur général adjoint dans des multinationales industrielles. C'est en 2012, après avoir dirigé le site de Valeo, qu'il rejoint le site tunisien de STELIA Aerospace comme directeur général. Il prend également en charge la coordination du parc aéronautique local.
Toujours prêt à s'engager dans le changement et les nouveaux projets, il se voit ensuite proposer la responsabilité de l'usine STELIA Aerospace de Saint-Nazaire. Motivé par la richesse d'activités et la réputation d'excellence de celle-ci – qu'il connaissait déjà - Ouassim Berraies en devient donc le directeur d'établissement et le directeur industriel en septembre 2018. Il travaille à poursuivre le développement du site et à l'adapter aux évolutions du marché aéronautique. Une dynamique et une stratégie pragmatique de transformation dans laquelle il se reconnaît nettement. Exigeant mais manifestant une appétence réelle pour les relations humaines, cultivant «la confiance, l'honnêteté et la loyauté» avec ses équipes, il apprécie de les faire avancer avec lui. Ce qu'il fait jusqu'en 2022, où il devient responsable des activités pièces et sous-ensembles pour Airbus Atlantic (Saint-Nazaire, Maroc, Tunisie, Portugal).

AIRBUS ATLANTIC - RUE DE L'AVIATION - 44340 BOUGUENAIS

ENSEIGNEMENT SUPÉRIEUR

Claude **BERROU**

MEMBRE DE L'ACADÉMIE DES SCIENCES - PROFESSEUR ÉMÉRITE À IMT ATLANTIQUE

FORMATION prépa au lycée Kérichen de Brest; Ecole nationale supérieure d'électronique et de radioélectricité de Grenoble (ENSERG, 1975)

DISTINCTIONS chevalier de la Légion d'honneur; officier des palmes académiques; médaille Ampère; Golden Award for technological innovation; médaille Richard Hamming; grand prix France Télécom; prix Marconi

PASSIONS «la théorie de l'information dans l'évolution, en particulier dans l'émergence de la conscience».

PUBLICATIONS «Codes et turbocodes» (Springer-2007); «Petite mathématique du cerveau» avec V. Gripon (Odile Jacob-2012)

En 1978, Claude Berrou est recruté par France Télécom pour contribuer à la mise en place de l'Ecole nationale supérieure des télécommunications de Bretagne (ENST) à Brest. Après plusieurs années passées à la création de nombreux cours de physique et d'électronique, il met en place le laboratoire de conception de circuits intégrés de l'ENST Bretagne et initialise un axe de travail sur l'interaction algorithme/silicium.
Mais Claude Berrou est avant tout l'inventeur des turbocodes. La présentation de cette classe de «codes correcteurs», avec le concours d'Alain Glavieux, lors de l'International Conference on Communications en 1993, fait franchir une nouvelle étape au codage de l'information et aux télécoms de pointe. Ces turbocodes sont un standard pour les systèmes de téléphonie mobile de troisième et quatrième générations. Son inventeur a déposé plusieurs brevets sur ces systèmes, en copropriété par France Telecom, TDF et l'Institut Télécom. Outre de nombreux prix et récompenses, ses travaux lui ont valu d'être élu membre titulaire de l'Académie des Sciences en 2007. Il est actuellement professeur émérite à l'IMT Atlantique à Brest.

IMT ATLANTIQUE - 4 RUE ALFRED KASTLER - CS 20722 - 44307 NANTES CEDEX 3 • TÉL. 02 51 85 81 00

SANTÉ

Gilles **BERRUT**

PRATICIEN HOSPITALIER ET PROFESSEUR DES UNIVERSITÉS DE NANTES - PRÉSIDENT HONORAIRE DU GÉRONTOPÔLE DES PAYS DE LA LOIRE

FORMATION Docteur en Médecine (Faculté de Médecine d'Angers, 1992); Habilitation à Diriger des Recherches (Université d'Angers, 2001); Capacité de Gérontologie (Université d'Angers, 2002); Professeur des Universités-Praticien Hospitalier (médecin interne option Gériatrie et Biologie du Vieillissement, 2002)

DISTINCTIONS médaille de la Défense Nationale (1985); chevalier de la Légion d'honneur (2012)

PASSIONS le jazz (il a été pianiste dans le groupe Hot Antic Jazz Band)

PUBLICATIONS nombreux articles dans des revues scientifiques à comité de lecture; «Les papys qui font boom» (2018) et «La longévité, une chance pour tous» (2019) aux Ed. Solar; «Le vieillissement à la croisée des projets», avec Audrey Dufeu (Éd. du Cerf)

«Un gériatre existe parce qu'il y a une équipe». Gilles Berrut se définit comme médecin avant tout, situant son cœur de métier auprès des personnes âgées. Et c'est bien de cœur dont il s'agit quand il évoque son cheminement, ses expériences, ses motivations. Dès ses études de médecine, il souhaite que son exercice médical ait une dimension sociale. Puis, un temps aide-soignant dans un service de «chroniques», il y trouve sa vocation et décide de devenir praticien hospitalier en Médecine interne. Responsable d'une antenne d'ATD Quart Monde (dont il est toujours membre) dans les années 90, il fait toujours le lien entre «social» et médecine pour pratiquer la gériatrie. Devenu gériatre en 1994, il cherche à développer des réseaux de gérontologie. Il crée une unité d'évaluation

gériatrique en 1989, une des premières de France et le premier CLIC à Angers. Devenu professeur agrégé, chef de service, il participe en 2003 au schéma régional d'organisation sanitaire, pour le volet personnes âgées. Une période qu'il juge féconde et qui fait germer en lui l'idée d'un gérontopôle. Sollicité au CHU et à l'Université de Nantes, il saisit l'opportunité en 2007. Il participe à l'écriture du plan Alzheimer la même année, puis à sa mise en place dans la région de Nantes. Toujours convaincu de l'utilité d'un gérontopôle, il propose un projet croisant la recherche, la formation, le développement économique et territorial à la Région... et l'association Gérontopôle des Pays de la Loire voit le jour en 2010. Il le préside jusqu'en 2017, restant président honoraire.
Quand il se retourne sur son riche parcours, Gilles Berrut retient surtout qu'il a toujours été entouré de soignants « fabuleux, dévoués, à la compétence extraordinaire » et, bien sûr, qu'il faut « penser aux personnes âgées ». Le coeur toujours pour cet humaniste irréductible qui ne se prend décidément pas au sérieux...

CHU DE NANTES - 5 ALLÉE DE L'ILE GLORIETTE - 44093 NANTES CEDEX 1 • TÉL. 02 40 08 33 33

HÔTELLERIE-RESTAURATION

Vincent **BERTHOMEAU**

PROPRIÉTAIRE ET CHEF DE CUISINE DE L'ABÉLIA

FORMATION collège-lycée à la Ferrière - CAP cuisine

PASSIONS le sport en général, le foot en particulier, les cigares, les fleurs et le jardin, la pêche à pied et les longues balades en bord de mer.

Ce Sablais d'origine a logiquement poussé les portes du « Beau rivage » pour son apprentissage en brevet professionnel (1986-1988). Vincent Berthomeau enchaîne ensuite comme chef de partie chez « Laurent » (Paris 8e-1989) et au « Petit Bedon » (Paris 16e-1990). Toujours à Paris, il gravit les échelons de la gastronomie en devenant second au « Bistrot Lauriston » (1991-1992), créé par Guy Savoy et William Ledeuil, puis chef de cuisine au « Bistrot Niel » (1993-1995), propriété alors de Bruno Gensdarmes et de nouveau Guy Savoy. En 1995, retour vers l'Ouest, où avec son épouse Pascale, il reprend le restaurant nantais « L'Esquinade » (1995-2005). Sa réputation ne cesse de croître et il investit un nouveau lieu, un ancien hôtel particulier 1900 situé boulevard des Poilus, pour en faire le restaurant « L'Abelia ». Dans ce cadre bourgeois bien rehaussé de décorations contemporaines, le gastronome déguste une cuisine élégante et maîtrisée. Salué par la critique gastronomique (2 toques Gault et Millau), l'établissement emploie 12 salariés et 5 apprentis.

L'ABÉLIA - 125 BOULEVARD DES POILUS - 44000 NANTES • TÉL. 02 40 35 40 00

EXPERTISE COMPTABLE ET AUDIT

Alain **BERTHOUD**

DIRECTEUR RÉGIONAL DE KPMG SUR LA RÉGION OUEST

FORMATION IEP de Toulouse (1986) ; maîtrise en droit en des affaires (1987) et DESS en droit fiscal (Université de Toulouse, 1989) ; diplôme d'expertise comptable (1991)

PASSIONS Ski et golf

Digne représentant d'une troisième génération d'expert-comptable / commissaire aux comptes, Alain Berthoud rejoint en 1991 le cabinet familial implanté à Rodez – siège du cabinet d'origine - et Toulouse. Il contribue à le faire prospérer pendant vingt ans, employant plus de 80 collaborateurs. Puis il prend la décision de se rapprocher de KPMG, premier groupe français d'audit, d'expertise comptable et de conseil en France, et l'intègre en qualité d'associé en 2011. Directeur de pôle au sein de la direction régionale de Toulouse, il intervient assez rapidement au-delà de ses fonctions opérationnelles dans des cercles de qualité tournés vers le « family business ». Evoluant entre la région Sud-Ouest et Paris, il collabore au sein du Centre d'excellence de KPMG dédié aux Groupes Familiaux, cellule nationale et internationale, dont la mission est de regrouper et partager les savoir-faire et les meilleures pratiques professionnelles à l'attention de ces entreprises. Trois ans à peine après son intégration, Alain Berthoud est nommé au conseil de surveillance de KPMG. En octobre 2015, il prend le poste de directeur régional de la Région Ouest, rayonnant sur un territoire allant de Brive à Brest et de La Rochelle au Mans. Désormais installé à Nantes, il apprécie la région.

KPMG DIRECTION RÉGIONALE OUEST - 7 BD ALBERT EINSTEIN - BP 41125 - 44311 NANTES CEDEX 3 • TÉL. 02 28 24 10 10

COMMUNICATION ET MARKETING

Ingrid **BERTHÉ**

DIRECTRICE ASSOCIÉE DE L'AGENCE B SIDE

FORMATION IEP section Politique et Société (Rennes, 1999) ; DESS en stratégies de communication internationale (2000) à l'University of Reading (Royaume-Uni) et à l'Université de Bourgogne à Dijon

DISTINCTIONS Lauréate Réseau Entreprendre 2014

PASSIONS Les voyages, les langues étrangères, le jardinage, la danse (modern jazz, tango,...), les lectures « et plus globalement, la découverte d'horizons et d'univers nouveaux »

Après avoir exercé comme responsable de projets au sein de Fortiter / Nuages Blancs à Paris (2000-2002), Ingrid Berthé intègre Alphacoms à Nantes en 2003. Durant cinq ans, elle y exerce en tant que responsable de projets avant d'en devenir, avec Marion Andro, la directrice associée. Fille de cadre de la fonction publique, elle se dit d'ailleurs fière « d'avoir relevé le défi de la reprise d'entreprise et gagné sa légitimité en tant que dirigeante « Depuis 2012, elle est aussi co-gérante de la holding Arezzo. Agence de communication corporate, Alphacoms est renommée B Side en 2019 et adopte le statut de société à mission en 2020, faisant ainsi partie des 100 premières entreprises à mission en France. Elle emploie 22 personnes et s'est donnée pour mission de « militer et agir pour une communication utile, qui amplifie le pouvoir de transformation des entreprises, au service d'une économie positive

La Sarthoise d'origine s'investit aussi dans divers cercles et instances nantais et nationaux. Elle est membre de la section de Nantes du CJD depuis 2009, vice-présente de cette section de 2016 à 2018, vice-présidente de la région Pays de la Loire de 2018 à 2020 et actuellement déléguée nationale Performance Globale. Elle est également membre de la Communauté des Entreprises à Mission et de la Convention des Entreprises pour le Climat. La vocation de l'engagement de la dirigeante a évolué : il s'agit désormais « d'agir et influencer, à tous les endroits et niveaux, pour accélérer la prise de conscience, au sein du monde économique, de la responsabilité des entreprises face aux grands enjeux actuels, notamment dans la lutte contre le changement climatique, et pour les mettre en action le plus possible. »

B SIDE - 41 BD DE LA PRAIRIE AU DUC - IMMEUBLE MEDIACAMPUS - 44200 NANTES

ORGANISATIONS PROFESSIONNELLES

Corinne **BESNARD**

PRÉSIDENTE DU MEDEF LOIRE-ATLANTIQUE

Corinne Besnard est présidente du Medef de Loire-Atlantique depuis mai 2022. Elle est la première femme à présider l'organisation patronale départementale. Elle a été également la première femme 1re vice-présidente de la CCI Nantes Saint-Nazaire, en charge de l'industrie et des services de 2016 à 2021. Elle a été par ailleurs trésorière de la CCI Pays de la Loire et présidente de Femmes Chefs d'Entreprises en Loire-Atlantique, une délégation qu'elle a co-créé en 2014. Corinne Besnard pilote depuis 2009 la PME Créatic Emball Services, qui fait travailler 250 personnes dans le monde sur 3 continents (Asie, Afrique, Europe). La PME basée aux Sorinières conçoit, produit et gère en sous-traitance l'approvisionnement en emballages sur-mesure pour PME ou grands groupes.

Parmi les priorités évoquées dans son programme : revoir les modes de gouvernance au sein du CA et du bureau. « Je veux une plus grande représentativité des branches avec un conseil d'administration fort », a-t-elle expliqué à API. La dirigeante souhaite aussi développer la formation en relation avec les filières, soutenir la compétitivité des entreprises dans le cadre d'une économie responsable, les accompagner dans leurs transitions humaines, numériques et industrielles. Corinne Besnard se donne également comme mission de soutenir les entreprises dans leur développement à l'international et dans leur démarche d'innovation pour produire sur notre territoire dans tous les secteurs, de façon concurrentielle, durable et décarbonée.

MEDEF LOIRE-ATLANTIQUE - 168 RTE DE SAINT JOSEPH - 44300 NANTES • TÉL. 02 40 20 11 80

PROMOTION ET GESTION IMMOBILIÈRE

Olivier **BESSIN**

DIRECTEUR GÉNÉRAL ADJOINT D'AETHICA

FORMATION maîtrise d'histoire contemporaine et de relations internationales (université du Mans, 1994) ; DEA Sciences-politiques européennes (Paris 3 la Sorbonne Sciences Po, 1995) ; master 2 Management public territorial (INET, université de Versailles Saint-Quentin-en-Yvelines, 2011)

PASSIONS l'Histoire politique, l'Europe, l'actualité, le VTT

Après son DEA, Olivier Bessin se plonge dans « le métier de l'aménagement du territoire » à la préfecture de la Sarthe puis à celle de la Région Pays de la Loire. Il est en charge des questions de financement européen dans le cadre du développement urbain et industriel de 1997 à 2001. Il entre ensuite à l'Agence de développement économique du Mans Métropole pour une mission d'accompagnement d'entreprises dans le montage de projets européens. Devenu directeur de l'aménagement du territoire à Nantes Métropole de 2002 à 2008, il décide d'un « transfert d'Ouest en Est » pour devenir directeur des relations européennes et internationales pour la Ville et la Communauté urbaine de Strasbourg. Ses fonctions le passionnent mais la volonté de revenir dans sa région est la plus forte. Il est alors nommé Directeur général du Syndicat mixte aéroportuaire, structure de coopération inter-collectivités à l'échelle du grand Ouest, constituée pour accompagner la réalisation de l'aéroport Notre-Dame-des-Landes. C'est le 1er septembre 2016 qu'Olivier Bessin, qui se qualifie d' « entrepreneur de l'action publique locale », rejoint les équipes de Loire-Atlantique développement comme nouveau Directeur général. Homme de dialogue et de partenariat, il a choisi de s'inspirer de la devise européenne « l'unité dans la diversité » et de la méthode de Jean Monnet « la politique des petits pas », pour faire de Loire-Atlantique développement « le couteau suisse de l'ingénierie » au service de tous les territoires du département.
Après cette mission, il rejoint en février 2023 le groupe de promotion immobilière nantais Aethica en tant que directeur général adjoint Territoires et partenariats pour les régions Bretagne, Centre Val de Loire et Pays de la Loire.

AETHICA - 32 RUE LA NOUE BRAS DE FER - 44200 NANTES • TÉL. 02 40 20 21 00

BANQUE ET ASSURANCE

Pierre **BESSÉ**

PDG DE BESSÉ

FORMATION Externat des enfants nantais - master de droit privé (faculté de droit, 1987) ; DESS IAE (Institut d'administration des entreprises de Nantes, 1988)

PUBLICATIONS « La perte d'exploitation : comment, pourquoi deux entreprises sur trois disparaissent à la suite d'un sinistre ? » (Ed.L'Assurance Française-1991) - Enquête réalisée en collaboration avec PWC « Les dirigeants d'ETI face à la menace cyber » (mars 2018) ; Crise Cyber : quel impact sur la valorisation des entreprises non cotées ? (2020), Risques cyber analyse de la sinistralité : quels enseignements ? (2022)

Entré en 1988 au sein du cabinet éponyme, Pierre Bessé a exercé tour à tour diverses responsabilités qui l'ont mené finalement

aux commandes. Il est, depuis 2010, le président du groupe de courtage Bessé. Fondé au début des années soixante et leader dans ses spécialisations (distribution automobile, industrie agroalimentaire, activité maritime et logistique, énergie et biens d'équipement, immobilier et construction, protection sociale), Bessé se situe aujourd'hui dans le top 10 des groupes de conseil et de courtage en assurances et a été plébiscité pour la 3e édition consécutive au Baromètre des Risk Managers.
Pierre Bessé est par ailleurs membre du Club des Trente.

BESSÉ - 46 BIS RUE DES HAUTS-PAVÉS - 44000 NANTES • TÉL. 02 40 41 49 00

CULTURE

Jean **BLAISE**

DIRECTEUR DE LA SPL « LE VOYAGE À NANTES »

FORMATION collège-lycée à Paris et Bordeaux - licence de lettres modernes (Bordeaux, 1974)

DISTINCTIONS chevalier de l'Ordre national du Mérite et des Arts et des lettres

PASSIONS l'écriture, la lecture et les voyages.

L'histoire retiendra peut-être que sa carrière a commencé en 1974 à la direction du Centre culturel de Saint-Médard-en-Jalles puis ce sera celle de Chelles en 1976 et, en 1979, le Centre d'action culturelle départemental de la Guadeloupe. Mais synthétiser la carrière de Jean Blaise, c'est avant tout faire un long « voyage à Nantes » où, dès 1982, il s'impose comme un des moteurs de l'action culturelle dans la métropole. D'abord directeur de l'éphémère Maison de la culture, il crée ensuite le Centre de recherche pour le développement culturel (CRDC) avec lequel il aboutira en 2000 à la création de la scène nationale Le lieu unique. Jean Blaise est un directeur qui ne veut pas s'enfermer dans des schémas trop cloisonnés. Il fait exploser les murs avec « Les Allumées » (1990-1995), happening détonnant dédié à la création internationale, puis avec « Fin de siècle » (1997-2000). Nantes redécouvre des lieux insolites et un goût pour l'art festif. La Ville de Paris lui confie la direction artistique de la première Nuit Blanche (2002) mais c'est sur les bords de Loire qu'il initiera en 2007 son plus grand projet : Estuaire Nantes< >Saint-Nazaire, biennale d'art contemporain. Jean-Marc Ayrault lui confie alors en 2010 une mission encore plus ambitieuse : donner de la cohérence et du sens à un parcours patrimonial et touristique. Le succès du « Voyage à Nantes » ne se dément pas depuis et, en 2014, le ministère de la culture le choisit pour présider une mission nationale sur le thème « Art et Espace public ».
En 2017, il devient directeur artistique pour la mairie du Havre afin d'organiser le 500e anniversaire de la ville.

LE VOYAGE À NANTES - 1-3 RUE CRUCY - 44000 NANTES • TÉL. 02 51 17 48 51

ASSOCIATIONS ET RÉSEAUX

Éric **BLANCHARD**

PRÉSIDENT DE LIGERIAA

FORMATION Enitiaa (Ecole nationale d'ingénieurs des techniques des industries agricoles et alimentaires) à Nantes (1996)

PASSIONS la randonnée sportive, la natation, l'œnologie

Passionné de sport, Eric Blanchard s'intéresse très tôt au bien-être en général et au bien-être alimentaire en particulier. Porté par son goût pour l'innovation, il se spécialise dans le génie des procédés et la nutrition pendant son cursus. Après un stage chez Miko à Saint-Herblain, il entre à la Laiterie de Montaigu en 1997 comme ingénieur de production. Un an plus tard, il intervient dans l'organisation et la mise en place de la R&D. Responsable de la R&D puis de la Qualité, il prend la direction industrielle en 2008 puis la direction générale en 2010. La même année, il devient associé-président de LISA. RD, société de conseil et d'ingénierie dédiée aux expertises commerciales et techniques du secteur de la nutrition spécialisée. Au départ outil au service de la Laiterie, il la dote de services et compétences lui permettant d'agir sur tous les continents. Il reprend ensuite la partie consulting de LISA. RD pour créer la société Nutrixperts, totalement indépendante et dédiée aux services de conseil dans le domaine de la nutrition spécialisée à l'international.
Eric Blanchard s'implique également dans les réseaux de sa profession. Ambitionnant de développer des projets avec les acteurs économiques du territoire, les centres de recherche et les établissements d'enseignement supérieur, le dirigeant s'investit dans la création de Cap Aliment en 2009. Il est élu président en mai 2019 de ce centre de ressources dédié à l'innovation alimentaire, dissous fin 2021. Ayant participé par ailleurs en 2004 à la naissance de Ligeriaa (fédérant les entreprises agroalimentaires des Pays de la Loire), il en devient vice-président puis président en 2015. Il est réélu en 2021 pour 3 ans.

LIGERIAA - TECHNOCAMPUS ALIMENTATION - 2 IMP. THÉRÈSE BERTRAND-FONTAINE - CS 92369 - 44323 NANTES CEDEX 3 • TÉL. 07 87 17 19 71

RÉGION

Anne **BLANCHE**

VICE-PRÉSIDENTE DU CESER PAYS DE LA LOIRE - ADMINISTRATRICE INDÉPENDANTE

FORMATION Lycée La Mennais à Ploërmel - Toulouse Business School - TBS (1980) ; DEC expertise-comptable (1992)

PASSIONS Ses enfants, les voyages, le jardinage, la lecture et la pêche à pied.

PUBLICATIONS Mémoire sur « La certification des comptes des institutions du régime d'assurance-chômage - Pour un guide de contrôle des comptes des Assedics » (éditions Malesherbes) ; Co-auteure de l'ouvrage « Vous avez dit gouvernance ? » (Napf/Audencia, 2015) et « Ouverture de la gouvernance aux salariés – Pourquoi pas vous ? » (Napf GO)

Anne Blanche a débuté sa carrière en 1980 comme auditeur au cabinet Petiteau Scacchi et Associés, qui fusionne en 1985 avec Price Waterhouse. De 1985 à 1996, elle est manager chez Price Waterhouse avant de devenir associée de la société d'audit et d'expertise-comptable PSAudit (1996-1997), puis associée du cabinet Deloitte et associés en 2000. Elle a été administrateure de Deloitte France de 2010 à 2017 et a présidé le comité Qualité-Risques. Elle cesse ses activités au sein de Deloitte à l'été 2017 pour donner un tour plus professionnel aux

sujets de gouvernance qui la passionnent en devenant administrateure indépendante (membre de CA, comités stratégiques et comités d'audit).
Anne Blanche est par ailleurs membre de NAPF GO, dont elle co-anime la commission gouvernance, de REA (Réseau Entreprendre Atlantique), de Boss to Boss et du conseil consultatif de la Banque de France. Elle est également administrateure d'EPA (Entreprendre pour Apprendre Pays de la Loire). Elle a été membre du Centre des jeunes dirigeants (CJD) de 1993 à 2006, élue à la CCI et CCIR de 2016 à 2021. Elle siège au Ceser es qualité de représentante du Medef Pays de la Loire, elle y est membre de la commission N° 1 « Finances et perspective » et rapporteure du budget et vice-présidente depuis février 2018.

CESER PAYS DE LA LOIRE
- 1 RUE DE LA LOIRE - HÔTEL DE RÉGION
- 44966 NANTES • TÉL. 02 28 20 55 80

SANTÉ

Gilles **BLANCHO**

DIRECTEUR DE L'INSTITUT DE TRANSPLANTATION UROLOGIE NÉPHROLOGIE (ITUN) - PROFESSEUR DES UNIVERSITÉS - PRATICIEN HOSPITALIER AU CHU DE NANTES

FORMATION collège Jules Simon à Vannes et lycée Jules Verne à Nantes - doctorat de médecine (1991) ; doctorat de sciences (1995) à Nantes, Bordeaux et Paris

PASSIONS la mer, l'oenologie et le rugby.

Après des études de médecine tournées vers la néphrologie, Gilles Blancho a exercé différentes fonctions au sein du milieu hospitalier. Interne des hôpitaux (1986-1991), assistant de recherche à Harvard medical school Boston (1991-1993), chef de clinique-assistant des hôpitaux (1993-1997), puis chercheur à l'Inserm (1997-1999) et praticien hospitalier au CHU de Nantes de 1999 à 2005. Professeur des Universités et praticien hospitalier en immunologie depuis 2005, Gilles Blancho dirige aujourd'hui l'Institut de Transplantation - Urologie - Néphrologie (Itun). Basé dans le centre hospitalier de Nantes, l'Itun associe les services de néphrologie et urologie et le laboratoire Inserm (U 1064) dirigé par le Dr Ignacio Anegon. Gilles Blancho a pris aussi la direction du projet d'Institut Hospitalo-Universitaire dit « prometteur » au Cesti (Centre Européen des Sciences de Transplantation et Immunothérapie) dans le cadre des grands projets des investissements d'avenir. Il a été par ailleurs conseiller pour la recherche en santé auprès du président de l'Université de Nantes.

CESTI - CHU JEAN MONNET
- 30 BD JEAN MONNET - 44093 NANTES
• TÉL. 02 40 08 74 10

ENSEIGNEMENT SUPÉRIEUR

Annie **BLANDIN-OBERNESSER**

PROFESSEUR DE DROIT À IMT ATLANTIQUE - MEMBRE DU CNNUM

FORMATION Licence d'allemand (Paris 3, 1984) ; maitrise de russe (Inalco, 1984) ; Sciences-Po Paris (1987) ; docteur en droit, HDR en droit (Université de Rennes 1, 1994)

DISTINCTIONS Chevalier des palmes académiques 2016

PASSIONS L'élevage de poneys Connemara, le piano

PUBLICATIONS Nombreuses publications à retrouver sur : https://cv.archives-ouvertes.fr/annie-blandin

Bercée dès l'enfance par ses « 2 langues maternelles », le français et l'alsacien, Annie Blandin-Obernesser se passionne très tôt pour les langues. Et puis elle découvre le droit international public et le droit communautaire à Sciences-Po. Elle devient alors enseignant-chercheur à IMT Atlantique (nom actuel de l'établissement) en 1989 tout en effectuant sa thèse sur le régime juridique communautaire des services de télécommunications. D'abord responsable de l'option Ingénieur d'affaires, elle est nommée responsable de la filière Ingénierie des services des affaires en 2005. Depuis 2019, elle est co-responsable d'une nouvelle voie de spécialisation, Plateformes numériques : infrastructures et marchés. Annie Blandin s'occupe des formations, assumant la partie technique et managériale et s'investit dans des projets collaboratifs sur le territoire breton.
Titulaire d'une chaire européenne Jean Monnet, Union européenne et société de l'information, obtenue en 2011, elle fait beaucoup de recherche académique et contractuelle, organise des colloques et dirige des thèses et les travaux de post-doctorants. « Pluriactive », elle apprécie d'enseigner tout en s'attachant à son thème de recherche sur la régulation du numérique. Une spécialité qui lui vaut d'être nommée en 2018 au Conseil national du Numérique pour étudier en particulier les enjeux et les perspectives de la transition numérique, notamment en lien avec l'environnement. A l'écoute des autres, portée par des valeurs de confiance et un lien fort avec la nature et les animaux, Annie Blandin-Obernesser continue à éviter de belle manière ce qu'elle redoute le plus : la routine...

IMT ATLANTIQUE - 4 RUE ALFRED KASTLER
- CS 20722 - 44307 NANTES CEDEX 3
• TÉL. 02 51 85 81 00

CULTURE

Catherine **BLONDEAU**

DIRECTRICE DU GRAND T

FORMATION lycée de Montivilliers - classes préparatoires au lycée Fénelon à Paris ; agrégation de lettres modernes et doctorat en littérature française (université de Rouen)

DISTINCTIONS médaille du Mérite culturel « Gloria artis » du ministère de la Culture de la République de Pologne

PASSIONS le théâtre et la littérature, les paysages, les sports de plein air et la gastronomie entre amis.

PUBLICATIONS « Débutants » (2020) et « Blanche » (2021) aux Editions Mémoire d'encrier

Catherine Blondeau vit et travaille à Nantes où elle dirige Le Grand T, théâtre de Loire-Atlantique, depuis 2011. Auparavant, elle a occupé diverses fonctions : maître de conférences en littérature et arts du spectacle à l'Université de Rouen, directrice de l'Institut français d'Afrique du Sud à Johannesburg, attachée culturelle à Varsovie, et conseillère artistique du festival Automne en Normandie. Son premier roman «Débutants», sorti en 2020, a été très bien accueilli par la critique et par le public. Elle publie son récit «Blanche» en 2021.

LE GRAND T - 84 RUE DU GÉNÉRAL BUAT - BP 30111 - 44001 NANTES CEDEX 1 • TÉL. 02 51 88 25 25

MÉDIAS

Dominique **BLOYET**

RÉDACTEUR EN CHEF ADJOINT DE PRESSE OCÉAN - AUTEUR

FORMATION lycée Jules Verne à Nantes - faculté de droit de Nantes; auditeur de la 147e session régionale de l'Institut des hautes études de la défense nationale IHEDN (2001)

DISTINCTIONS médaille de bronze de la Société des arts sciences et lettres de Paris; médaille d'or de la Société du mérite et dévouement français

PASSIONS l'écriture, l'histoire, l'art moderne, Gauguin, Edmond Rostand (Cyrano de Bergerac), Exbrayat, Victor Hugo, la pêche à pied, l'entre-deux mers, les pâtes à l'amatriciana selon la recette de Lino Ventura, la Bretagne à cinq départements, l'Ile d'Yeu et Noirmoutier, l'univers maritime et la nature en général

PUBLICATIONS une quinzaine d'ouvrages traitant de l'histoire de la Résistance et de la mémoire des villes de Nantes et Saint-Nazaire; un polar; une monographie sur le marché de Talensac

Beaucoup de voies mènent au journalisme, y compris des chemins de traverse. Autodidacte, Dominique Bloyet entre en effet dans la vie active comme vacataire à la Poste (1981-1983), puis exerce divers emplois (dont un passage dans une école de sous-officiers d'active). Il entre par la petite porte à Presse Océan comme laborantin-courantin à la rédaction de La Roche-sur-Yon en 1987. Il monte une à une les marches du journal, assurant l'actualité sociale à la rédaction de Nantes (1988-1991), travaillant à la rédaction de Couëron (1991-1994), puis à la vie des quartiers de Nantes (1994-2003). Nommé sous-chef de service de la rédaction de Nantes en 2003, il en prend la direction pendant deux ans avant de devenir chef d'édition en 2008. Depuis le 1er juin 2010, il est rédacteur en chef adjoint du quotidien nantais.

PRESSE-OCÉAN - 2 QUAI FRANÇOIS MITTERRAND - 44200 NANTES • TÉL. 02 40 44 24 47

INTERCOMMUNALITÉ

Johann **BOBLIN**

PRÉSIDENT DE LA COMMUNAUTÉ DE COMMUNES DE GRAND LIEU - MAIRE DE LA CHEVROLIÈRE

Formateur en économie et finance, Johann Boblin a été élu maire de La Chevrolière lors des élections municipales de 2008, réélu en 2014. Il est élu la même année président de la communauté de communes de Grand Lieu (38469 habitants), dont il était vice-président et président du Pays de Grand Lieu, Machecoul et Logne. Après la dissolution du syndicat de pays, il devient vice-président du Pôle d'Equilibre Territorial et Rural du Pays de Retz, en charge de l'économie.
Il est par ailleurs élu à la Région Pays de la Loire depuis décembre 2015, conseiller régional en charge des routes, des transports scolaires et inter-urbains.
En 2020, Johann Boblin est réélu maire, au premier tour des élections municipales en mars, puis président de la CC de Grand Lieu en juin.

COMMUNAUTÉ DE COMMUNES DE GRAND-LIEU - PAE DE TOURNEBRIDE - 1 RUE DE LA GUILLAUDERIE - CS30003 - BP 3 - 44118 LA CHEVROLIÈRE • TÉL. 02 51 70 91 11

SANTÉ

Rachel **BOCHER**

DIRECTRICE DU PÔLE DE PSYCHIATRIE AU CHU DE NANTES - PRÉSIDENTE DE L'INTERSYNDICAT NATIONAL DES PRATICIENS HOSPITALIERS

FORMATION lycée Guist'hau à Nantes - doctorat de médecine (1980); spécialiste en psychiatrie (1985), à la faculté de médecine de Nantes

DISTINCTIONS officier dans l'Ordre national du Mérite (2017); chevalier de la Légion d'honneur

PASSIONS l'écriture, le cinéma et le bateau.

PUBLICATIONS nombreuses publications scientifiques sur la douleur, le suicide, l'adolescence en difficulté, la psychiatrie française etc.

En Rachel Bocher cohabitent la psychiatre, la syndicaliste et la femme politique. Car avant d'incarner la vie publique nantaise, elle est, dans la Cité des Ducs, une des figures majeures du corps médical. Psychiatre de formation, diplômée en 1985 après un doctorat de médecine, elle exerce comme psychiatre des hôpitaux avant de devenir chef de service au CHU de Nantes en 1995. A la tête du pôle de psychiatrie, on lui doit notamment la création d'une consultation de la douleur chronique au CHU, d'une unité pour adolescents en crise et d'une Hospitalisation à domicile (HAD) en psychiatrie.
Rachel Bocher marque aussi par ses engagements, notamment syndicaux. Présidente de l'Intersyndicat national des praticiens hospitaliers (INPH), elle s'emploie à défendre âprement l'hôpital public et le système de santé français. Elle s'investit de même en tant que conseillère métropolitaine. Ex-adjointe au maire de Nantes, déléguée au Tourisme, à l'accueil des nouveaux Nantais et à la francophonie, elle a présidé la Cité des congrès de 2014 à 2020.

CHU DE NANTES - 5 ALLÉE DE L'ILE GLORIETTE - 44093 NANTES CEDEX 1 • TÉL. 02 40 08 33 33

ARCHITECTURE

Jacques **BODREAU**

PRÉSIDENT DES CESER DE L'ATLANTIQUE ET DU CESER DES PAYS DE LA LOIRE - GÉRANT DE BODREAU ARCHITECTURE

FORMATION Institution Saint-Gabriel à Saint-Laurent-sur-Sèvre - architecte DPLG (Ecole d'architecture de Nantes, 1978) ; master aménagement et maîtrise d'ouvrage urbaine (Ecole nationale des ponts et chaussées, 1979) ; Institut de contrôle de gestion (1992)

PASSIONS L'opéra, l'art contemporain, le golf

Créateur d'un cabinet d'architecture en 1981, Jacques Bodreau a été ensuite PDG de Boplan Ingénierie de 1995 à 2010. Il a assuré aussi la vice-présidence Europe de SNC Lavalin, un des leaders mondiaux de l'ingénierie construction, entre 2005 et 2010. Aujourd'hui, Bodreau Architecture, composé d'une dizaine d'architectes, intervient dans l'aménagement intérieur, commerce, équipement, industrie, logistique, résidentiel, tertiaire et urbanisme. Son dirigeant est également gérant de Boréale Développement, société créée en 2006 pour le développement d'opérations immobilières dans les domaines de l'aménagement, des entreprises et du résidentiel.

Ancien élu à la CCI Nantes Saint-Nazaire et administrateur du Medef 44, Jacques Bodreau a par ailleurs présidé le Centre des jeunes dirigeants (CJD) à Nantes de 1989 à 1990. Conseiller du Ceser des Pays de la Loire depuis 2013, il est élu président le 1er février 2018 puis réélu en 2021. La même année, il est nommé président de l'association des Ceser de l'Atlantique, qui rassemble ceux de Normandie, Bretagne, Pays de la Loire et Nouvelle-Aquitaine.

BODREAU ARCHITECTURE
- 18 RUE DE LA PETITE SENSIVE - CS 71217
- 44312 NANTES CEDEX 3 • TÉL. 02 51 89 50 51

PROMOTION ET GESTION IMMOBILIÈRE

Frédéric **BOISSET**

DIRECTEUR GÉNÉRAL PROMOTION FRANCE OUEST DE BOUYGUES IMMOBILIER

FORMATION Maîtrise en droit des Affaires (Université de Caen (1999) ; IAE Caen, DESS CAAE, Business Administration and Management General (2000)

PASSIONS ski, sports nautiques.

Diplômé en droit des affaires, Frédéric Boisset se forge plusieurs expériences en parallèle de ces études lors de « boulots d'été », notamment dans le domaine de la promotion immobilière. Fraichement sorti de l'école, il entre chez Bouygues Immobilier à Caen en 2000, comme responsable du développement. Cinq ans lui suffiront pour en prendre la direction. En 2009, cet « accro » du contact humain prend la direction régionale Nord-Ouest, qui regroupe le Nord-Pas-De-Calais, les deux Normandie et la Picardie. Pour ce manager, rien n'est plus important que l'équité au travail. « Entre collaborateur, il doit y avoir une relation de confiance mutuelle. Notre travail est passionnant mais prenant et le bien-être va de pair avec la performance », explique Frédéric Boisset. En 2013, il quitte le nord de la France, nommé comme directeur régional Atlantique de Bouygues Immobilier. Il prend en charge la Bretagne, la Loire-Atlantique et le nord de la Vendée. La concurrence présente dans la région devient un nouveau défi pour ce compétiteur, qui a pratiqué le saut d'obstacle au niveau national étant plus jeune. Mais désormais, proximité de la mer oblige, il aspire à des activités de loisir plus marines, comme la pêche et le bateau.

En juin 2019, il est nommé directeur général Logement France Ouest et directeur commercial et marketing Logement France. Il devient directeur général promotion Ouest et directeur commercial et de l'expérience client en septembre 2020 puis directeur général promotion France Ouest. Il fait désormais partie du Comex

BOUYGUES IMMOBILIER BRETAGNE
- PAYS DE LA LOIRE - CENTRE
- 32 PLACE VIARME - BP 69025
- 44090 NANTES CEDEX 1 • TÉL. 02 40 12 29 19

CULTURE

Éric **BOISTARD**

DIRECTEUR DE STEREOLUX

DISTINCTIONS Chevalier des arts et lettres (2014)

PASSIONS son métier, l'art numérique, la musique, le spectacle, l'architecture, les ouvrages d'art et le design.

Après avoir organisé ses premiers concerts de musiques actuelles dès 1984, en Loire-Atlantique et Vendée, Eric Boistard rejoint le CRDC en 1987 et y travaille neuf ans. Responsable des Arts nouveaux (musiques actuelles, danse contemporaine, expositions graphiques), il participe à l'aventure du festival Les Allumées. En 1995, il prend la direction de L'Olympic qui révèle au public nantais des artistes référents et régionaux. Les festivals Energ'hip hop et Scopitone jalonnent l'histoire de L'Olympic qui ferme en 2011. Place à Stereolux, qui se déploie sur deux champs, musiques actuelles et arts numériques, avec cinq axes de programmation : Musiques, Arts Numériques, Laboratoire Arts & Technologies, Action culturelle et Jeune Public. Stereolux diffuse et soutient la création des formes artistiques d'aujourd'hui et de demain. Il développe une forte activité en direction des scolaires et des publics précaires et, via son Labo, fait collaborer artistes, laboratoire de recherche et entreprises. Stereolux accueille chaque année environ 120 000 spectateurs.

Eric Boistard a fait partie du groupe de réflexion auprès de la Ville de Paris qui a posé les grandes lignes du projet de la Gaîté Lyrique (arts numériques). Il s'est aussi investi dans la structuration du secteur des musiques actuelles comme président (2001-2007) de la Fédération nationale de lieux musicaux (Fédurok/Fedelima). En 2005, il cofonde le Syndicat des musiques actuelles (SMA) dont il fut vice-président. Ancien administrateur du Centre national des variétés (2008-2019), il a fait partie du comité de préfiguration du Centre National de la Musique qui a été créé le 1er janvier 2020.

STEREOLUX - 4 BD LÉON-BUREAU
- STEREOLUX / ASSOCIATION SONGO
- 44200 NANTES • TÉL. 02 51 80 60 80

TRANSPORT ET LOGISTIQUE

Pascal **BOLO**

ADJOINT À LA MAIRE DE NANTES - PRÉSIDENT DE LA SEMITAN

FORMATION Collège Le Hérault à Saint-Herblain et lycée La Colinière à Nantes - Licence en droit (faculté de droit de Nantes, 1984) ; Ecole nationale des Impôts de Clermont-Ferrand

PASSIONS Le football, la bande dessinée et la guitare

Ce Nantais de souche a d'abord poursuivi sur la voie tracée par ses études : Pascal Bolo a été inspecteur des Impôts à la direction des Services fiscaux de Loire-Atlantique (1987-1997), puis à la direction régionale des Impôts des Pays de la Loire. Militant syndicaliste pendant ces années, conseiller municipal de Saint-Herblain (1989-1995), il est devenu en 1997 chargé de mission au cabinet du député-maire de Nantes, puis directeur de cabinet en 1999. C'est en 2001 qu'il est nommé conseiller auprès de Jean-Marc Ayrault. Il est choisi comme adjoint au maire de Nantes, chargé des Finances, de l'évaluation des politiques publiques et du dialogue citoyen ainsi que du quartier Nantes Nord en 2008. Conseiller départemental de Loire-Atlantique depuis 2004, il est réélu en 2011 et 2015. En 2014, il devient 1er adjoint à la Maire de Nantes, chargé des finances, de l'évaluation des politiques publiques, du développement économique et de l'emploi, ainsi que du quartier Nantes Nord. Après les municipales de 2020, il devient adjoint à la Sécurité, tranquillité publique (2 domaines auxquels il renoncera en 2023), finances, évaluation des politiques publiques, affaires générales, domaniales et juridiques. Il devient aussi 11e vice-président de Nantes Métropole.
Ancien président de la Semminn (SEM Marché d'Intérêt National de Nantes) de 2015 à 2021, Pascal Bolo préside actuellement la Société d'économie mixte des transports de l'agglomération nantaise (Semitan) et est aussi vice-président du Sdis 44, en charge des finances, depuis 2023.

SEMITAN - 3 RUE BELLIER - 44000 NANTES • TÉL. 02 51 81 77 00

ASSOCIATIONS ET RÉSEAUX

Hervé **BONAMY**

VICE-PRÉSIDENT DU SECOURS CATHOLIQUE - PRÉSIDENT DU SECOURS CATHOLIQUE DE LOIRE-ATLANTIQUE

FORMATION Université Catholique de Lille - BAFD (1976) ; certificat d'aptitude à l'enseignement du 1er degré (1985) ; licence en sciences de l'éducation (1990)

DISTINCTIONS chevalier des Palmes académiques

PASSIONS le football, le bricolage et le chant choral.

Hervé Bonamy a enseigné plusieurs années avant de devenir, en 1988 à Lille, adjoint du directeur diocésain chargé du 1er degré. Il a ensuite été nommé directeur diocésain de la Mayenne (1998), puis directeur interdiocésain de la Haute-Garonne et de l'Ariège (2008). Parallèlement, il a été secrétaire général du CAEC de la région Midi-Pyrénées et président national des Directeurs diocésains (2008-2010). Il siège à la commission permanente et au Comité national de l'enseignement catholique comme 1er Vice-président de 2010 à 2012. Hervé Bonamy est nommé directeur diocésain de l'Enseignement catholique de Loire-Atlantique en avril 2012 par Mgr James, évêque de Nantes. Parmi ses multiples missions, il a celles de promouvoir l'Enseignement Catholique du diocèse en mettant en oeuvre son Projet d'Education Chrétienne dans chaque établissement, de mettre en oeuvre avec ses différents acteurs les orientations définies par le CODIEC, d'assurer la tutelle des établissements sous son autorité, de nommer les chefs d'établissements ou encore d'organiser, avec le directeur de l'Institut supérieur Ozanam, la formation des enseignants. I
Il part à la retraite en août 2017 et prend en septembre la présidence du Secours catholique de Loire-Atlantique. Il devient aussi vice-président du Secours catholique au niveau national.

SECOURS CATHOLIQUE - DÉLÉGATION DE LOIRE-ATLANTIQUE - 3 CHEM DE LA CENSIVE DU TERTRE - 44300 NANTES CEDEX 3 • TÉL. 02 40 29 04 26

ENERGIE

Marion **BONNETAIN**

DIRECTRICE TERRITORIALE ENEDIS LOIRE-ATLANTIQUE

FORMATION Magistère d'Economie et DEA d'Economie Mathématique et Econométrie (Paris I Panthéon-Sorbonne, 1992) ; auditrice de l'institut des hautes études en développement et aménagement des territoires en Europe (IHEDATE, 2015)

PASSIONS Les voyages, les sports de glisse (surf, kite-surf, planche à voile), la natation et la marche

Après 7 années comme cheffe de projet dans les systèmes d'information, Marion Bonnetain intègre le groupe EDF en 2000 comme attachée au responsable du système d'information, à Paris. De 2002 à 2012, elle part en Italie pour occuper différents postes à responsabilités dans le domaine de la finance. Le parcours de cette femme dynamique et pétillante s'effectuera au sein de plusieurs filiales des Groupes EDF et GDF SUEZ, spécialisées dans les secteurs du marché concurrentiel de l'électricité. Pendant cette période, elle aura des mandats d'administrateur de filiales de production en Italie. En 2012, elle rejoint la direction financière d'Enedis à Paris la Défense puis, en 2015, elle prend la fonction de chargée de missions à la direction régulation et affaires juridiques d'Enedis. Elle est également nommée vice-présidente de l'Association des Distributeurs d'Electricité en France (ADEeF).
C'est en avril 2018 qu'elle rejoint les Pays de la Loire en tant que Directrice territoriale Enedis Loire-Atlantique. Exigeante, elle se fixe désormais trois grandes priorités : l'accompagnement de l'accélération de la transition énergétique et numérique dans le département, le renforcement de la responsabilité sociale et sociétale d'Enedis dans les territoires et le renouvellement des contrats de concession.

ENEDIS - DIRECTION TERRITORIALE LOIRE-ATLANTIQUE - 2 RUE DE LA CONRAIE - 44700 ORVAULT • TÉL. 02 28 27 54 89

RECHERCHE MÉDICALE

Pierre **BOUDRY**

DIRECTEUR DE BIOGENOUEST

FORMATION Ingénieur en agriculture (Institut Supérieur d'Agriculture de Lille, 1987); D.E.A. Ressources génétiques et amélioration des plantes (universités Paris VI et XI, Institut National Agronomique, 1990); Thèse de doctorat (université Paris VI, 1994); Habilitation à Diriger des Recherches (université de Lille 1, 2003)

PASSIONS La musique, les plantes, le jardinage

Chercheur au sein de l'Ifremer depuis 1994, Pierre Boudry développe des recherches en génétique, génomique et physiologie des bivalves marins, principalement sur des espèces exploitées par la pêche ou l'aquaculture. Ses travaux ont porté principalement sur la génétique des populations (diversité, différenciation et adaptation locale) et sur l'amélioration génétique (domestication et sélection) des bivalves. Avec plus de 150 publications dans ces domaines, il a été désigné comme le chercheur le plus productif en termes de publications scientifiques sur les huîtres à l'échelle internationale pour la période 1991-2014. Au-delà de son métier de chercheur, il devient en 2011 responsable de l'unité de recherche Physiologie Fonctionnelle des Organismes Marins au sein du département Ressources Biologiques et Environnement de l'Ifremer sur le Centre Bretagne à Plouzané. Puis, en 2012, directeur-adjoint de l'UMR Lemar. Pierre Boudry est nommé président du conseil de groupement du réseau Biogenouest en 2020 et en prend la direction au premier janvier 2021.
Il est par ailleurs depuis 2015 co-éditeur-en-chef de la revue Aquatic Living Resources, assistant éditeur de la revue Aquaculture International depuis 2019 et président de la maison d'édition scientifique Editions Quae depuis 2023.

GIS BIOGENOUEST - BÂTIMENT IRS2 NBT (4E ÉTAGE) - 22 BD BENONI GOULLIN - 44100 NANTES • TÉL. 02 23 48 54 07

AMÉNAGEMENT ET URBANISME

Hassen **BOUFLIM**

DIRECTEUR GÉNÉRAL DE NANTES MÉTROPOLE AMÉNAGEMENT

Architecte de formation, Hassen Bouflim consacre sa carrière à l'aménagement du territoire et au développement urbain. Il a exercé pendant près de 20 ans différentes responsabilités dans plusieurs entreprises publiques locales d'aménagement de l'Ile-de-France. Son parcours démarre en 1996 lorsqu'il intègre la Sidec, la SEM d'aménagement de la Seine-Saint-Denis, en tant que chargé d'opérations. Il se poursuit en 2000, toujours dans la même fonction, à la Sadev, SEM d'aménagement du Val-de-Marne. En 2002, il entre dans une des principales sociétés d'économie mixte de la Ville de Paris, la Semavip. Recruté comme responsable de projet sur une grande opération d'aménagement – Clichy-Batignolles – il devient directeur de l'aménagement en 2005.
Après un bref passage à l'EPA Orsa (Orly Rungis - Seine Amont), il saisit l'opportunité de quitter la région parisienne pour prendre la direction générale de la SPL d'aménagement Saremm à Metz en 2012. Quatre ans plus tard, il découvre la région Ouest lorsqu'il se voit confier la direction de l'aménagement à Nantes Métropole Aménagement en septembre 2016. Devenu directeur général délégué en décembre 2016, il est ensuite nommé directeur général de la structure par le conseil d'administration en octobre 2017.

NANTES MÉTROPOLE AMÉNAGEMENT - 2-4 AV. CARNOT - BP 50906 - 44000 NANTES • TÉL. 02 40 41 01 30

COMMERCE ET DISTRIBUTION

Michel **BOUREL**

PDG DU GROUPE WITRADIS, RÉSEAU CAVAVIN - PRÉSIDENT DE LA FÉDÉRATION FRANÇAISE DE LA FRANCHISE

Michel Bourel entame sa carrière professionnelle chez Flaminaire Bic & Waterman en 1964. Il y sera dessinateur industriel, programmeur, analyste et responsable de service avant de quitter l'entreprise en 1984. Un an plus tard, il fonde la SA Witradis et ouvre sa première cave à La Baule. C'est en 1996 que la franchise Cavavin, née d'un regroupement de cavistes, prend de l'ampleur, avec la création notamment de la plate-forme d'approvisionnement à Guérande. Négociant, principalement en vins et champagne, la société a ouvert son capital aux grandes familles viticoles pour la production. Elle s'appuie sur le réseau commercial Cavavin, devenu le leader des réseaux de cavistes sous franchise dans son secteur en France et à l'international. Désormais président du conseil d'administration, cet autodidacte revendiqué – il a représenté le Grand Ouest aux victoires des autodidactes de Harvard Business Club en 2002 – continue à transmettre à ses 40 salariés les valeurs qui lui sont chères: «le travail des produits du terroir, l'amour des produits viticoles et la mise en avant du savoir-faire français».
Engagé dans sa branche professionnelle, il co-fonde le Syndicat Cavistes Professionnels en 2011 dont il est vice-président jusqu'en 2014. Il s'investit par ailleurs au sein de la Fédération Française de la Franchise. Devenu administrateur en 2007, il prend la vice-présidence de 2011 à 2016, en charge des adhérents. Il est ensuite élu président, réélu en avril 2018. La Fédération représente 670 000 salariés et 170 adhérents.

CAVAVIN - 18 AV. DU MARCHÉ - 44500 LA BAULE • TÉL. 02 51 75 06 70

FINANCES

Olivier **BOURHIS**

DIRECTEUR TERRITORIAL À LA DIRECTION RÉGIONALE DE LA CAISSE DES DÉPÔTS PAYS DE LA LOIRE

FORMATION Diplôme d'études supérieures comptables et financières (1999)

PASSIONS la mer, le jazz, le tennis et le cyclisme.

Son terrain de prédilection : l'audit comptable et financier. Exerçant depuis 2000 à la Caisse des Dépôts (CDC), Olivier Bourhis y a occupé divers postes. Adjoint au responsable du back office comptable à la direction des Ressources humaines (2000-2006), il a ensuite conduit des projets informatiques à la Direction des retraites et de la solidarité à Angers (2006-2009). Depuis 2009, à la Direction régionale de la Caisse des Dépôts en Pays de la Loire, il exerce comme directeur territorial en charge des entreprises et du développement économique. Sa mission : développer et promouvoir l'offre de financement du groupe Caisse des Dépôts en faveur des entreprises et de l'économie sociale et solidaire. Olivier Bourhis est également administrateur, représentant la CDC au capital de sociétés de capital investissement et de SEM.

CAISSE DES DÉPÔTS
- BANQUE DES TERRITOIRES PAYS DE LA LOIRE
- 2 AV. CARNOT - CS 94118
- 44041 NANTES CEDEX 1 • TÉL. 02 41 20 23 74

PROTECTION DE L'ENVIRONNEMENT

Walter **BOUVAIS**

ENTREPRENEUR ET CO-FONDATEUR D'OPEN LANDE - CONFÉRENCIER

A l'issue de ses études de journalisme, Walter Bouvais intègre la rédaction de L'Expansion comme rédacteur reporter (1998-2000), puis rejoint Transfert (2000-2001). Il choisit alors de vivre l'existence d'un journaliste free-lance en collaborant à plusieurs titres (Novethic, Les Echos, Le Monde 2, L'Expansion) (2001-2003). Début 2004 marque la création par Walter Bouvais, David Solon, Gregory Fabre et Matthieu Ollivier de Terra Economica, magazine numérique et print du développement durable. L'aventure de ce média « média, humaniste et engagé » qui explorait « les chemins de transition vers un monde durable » s'arrête en mars 2016. L'éditeur crée ensuite sa propre société, Androids & Sheep, en octobre 2016. Son credo : « faire bouger les lignes, principalement avec des mots ».
En avril 2018, Walter Bouvais se lance sur un nouveau projet, aux côtés de 3 autres personnes : Open Lande, une « Fabrique de projets évolutionnaires ». L'idée est d'accueillir en résidence des porteurs de projets, d'horizons divers, autour de la transition écologique. Il co-écrit avec Cyril Dion le film « Animal » qui sort sur les écrans fin 2021.

OPEN LANDE - 10 RUE DE L'ÎLE MABON
- 44200 NANTES

PROMOTION ET GESTION IMMOBILIÈRE

François-Régis **BOUYER**

PRÉSIDENT DU CONSEIL DE SURVEILLANCE DU GROUPE BÂTISSEURS D'AVENIR

FORMATION Lycées Saint-Stanislas et Clemenceau à Nantes - Ecole supérieure de commerce de Paris

PASSIONS La voile, la chasse et le golf, le développement de la ville de Nantes et de la région et la passion pour « tout ce qui vole et tout ce qui flotte ».

Double casquette pour le nantais François-Régis Bouyer. Celle du chef d'entreprise du bâtiment et celle de « pacha » du Maillé-Brézé. Il est en effet le fondateur de Bâti Nantes, en 1982, entreprise de promotion immobilière (et de rénovation) qui construit des immeubles de logements et des parcs tertiaires sur les Pays de la Loire, la Bretagne (Bâti Armor), Lyon et Paris. En créant Nantes Marine Tradition, dont il est le président, en 1983, il a permis l'arrivée dans le port de Nantes de ce qui est actuellement le seul musée naval à flot avec le Maillé-Brézé.
François-Régis Bouyer a par ailleurs siégé au Conseil économique, social et environnemental régional (Ceser) au titre de la Chambre régionale de la Fédération des promoteurs immobiliers. Administrateur du Medef 44 et du Medef Pays de la Loire, il est actuellement président du conseil de surveillance du groupe Bâtisseurs d'avenir.

BATI NANTES - 1 TER MAIL PABLO PICASSO
- CS 94364 - 44000 NANTES CEDEX
• TÉL. 02 40 37 90 00

COMMUNE

Jean-Michel **BRARD**

MAIRE DE PORNIC - PRÉSIDENT DE LA COMMUNAUTÉ D'AGGLOMÉRATION PORNIC AGGLO PAYS DE RETZ

FORMATION BTS Productique à Angers

PASSIONS le domaine maritime et la pêche loisir

Ses études terminées, Jean-Michel Brard souhaite se tourner vers le professorat. Heureux de pouvoir transmettre ses connaissances au plus grand nombre, il devient alors enseignant au lycée Saint-Jean-Baptiste de La Salle en 1990. Après avoir passé son Capet avec succès, il est titularisé. L'établissement scolaire, qui souhaite créer un centre de formation par apprentissage pour les jeunes, lui demande de prendre part au projet. En 1998 il devient directeur de l'établissement et d'un centre de formation continue pour adultes, spécialisé dans la chimie et l'informatique.
Parallèlement à sa carrière professionnelle, Jean-Michel Brard s'intéresse peu à peu à la vie politique. À la demande du maire de Pornic, il devient en 1995, à 27 ans, conseiller municipal chargé de la jeunesse. En 2001, il est élu adjoint aux travaux. Il fait alors un choix difficile et décide de quitter l'enseignement en 2003, pour se consacrer

entièrement à sa ville. Il y devient immédiatement très actif dans la vie économique locale et ouvre même plusieurs commerces. Dans le même temps, il prend également la présidence de la chaîne de magasins Ambiance et Styles, dont il détient toujours un magasin en Loire-Atlantique. Profondément passionné par le contact humain et la gestion de sa collectivité, il décide en 2014 de se présenter aux municipales. Il est élu maire de Pornic et devient président de la communauté de communes de Pornic ainsi que du comité syndical d'Atlantic'eau. La communauté de communes de Pornic devient la communauté d'agglomération Pornic Agglo Pays de Retz le 1er janvier 2017 et le Pornicais en est élu président le 5 janvier suivant. Il est réélu dans ses deux mandats en 2020.

VILLE DE PORNIC - PL. DE LA MAIRIE - BP 1409 - 44214 PORNIC CEDEX • TÉL. 02 40 82 88 06

PROMOTION ET GESTION IMMOBILIÈRE

Bernard **BREMOND**

PRÉSIDENT-FONDATEUR DU GROUPE BRÉMOND

FORMATION lycée Livet à Nantes

C'est en 1973 à Vigneux-de-Bretagne que Bernard Brémond, actuel PDG du groupe, crée avec Daniel Berthelot l'entreprise Berthelot-Brémond, spécialisée alors dans la construction de maisons individuelles. En 1986, il crée Athos, dont le siège social est à Vigneux-de-Bretagne. Il est l'actuel gérant de la société familiale, le groupe Brémond, qui a pris progressivement une dimension nationale jusqu'à devenir aujourd'hui un acteur majeur dans la réalisation de grands projets urbains (Saint-Denis, Ivry Confluences et l'Île-de-Nantes).
Bernard Bremond a par ailleurs lié un partenariat avec les Machines de l'île à Nantes.

GROUPE BRÉMOND - LIEU-DIT LAND ROHAN - 44360 VIGNEUX-DE-BRETAGNE • TÉL. 02 40 57 15 98

ENSEIGNEMENT SUPÉRIEUR

Michel **BRIAND**

DIRECTEUR D'ÉTUDES ÉMÉRITE À L'IMT ATLANTIQUE

FORMATION lycée Harteloire à Brest - math sup au lycée de Kérichen de Brest ; math spé au lycée Chateaubriand de Rennes ; Ecole centrale Paris

PASSIONS la photo, la lecture et la voile.

PUBLICATIONS « Le multimédia dans la ville » ; « Les Espaces publics multimédia » ; « Logiciel libre et collectivités locales »

A sa sortie de Centrale, Michel Briand participe en 1974 à la fondation des CLIN, comités locaux d'information sur le nucléaire à Brest. Déjà très sensible à l'écologie, il poursuit ses actions en faveur de l'environnement et anime le comité anti-marée noire de Brest ainsi que plusieurs collectifs pour la sécurité des transports en mer. Co-fondateur des associations « Avel Pen ar Bed » et « Penfeld ouverte », il adhère aux Verts du Pays de Brest en 1989. Devenu leur porte-parole en 1992, il devient adjoint au maire chargé de la démocratie locale et du numérique de la Ville de Brest puis vice-président de Brest Métropole Océane, délégué à l'Economie sociale et solidaire et à l'Aménagement numérique du territoire jusqu'en 2014. Une délégation en phase avec son goût pour les nouvelles technologies. A partir de 1996, il est notamment élu vice-président de l'association des villes câblées, puis vice président de Mégalis. L'initiateur des Papi (points d'accès publics à internet) à Brest, est membre en 2001 de la mission interministérielle pour l'accès public à internet. Il organise en 2004 le Forum des usages coopératifs sur l'écrit public qui en est, en 2022, à sa 10e édition.
Ancien président du collectif des réseaux d'accès public Créatif, Michel Briand est membre du Conseil national du Numérique de 2013 à 2016. Il anime actuellement des réseaux autour de l'appropriation sociale du numérique, des pratiques collaboratives de l'innovation sociale ouverte, de la transition et des communs (a-brest.net, bretagne-creative.fr). Directeur d'études émérite à l'IMT Atlantique, il co-anime le site contributif Innovation-pedagogique.fr. Lors du confinement de 2020, il a développé des espaces collaboratifs en riposte à la crise avec le CNFPT : Ripostecreativeterritoriale.xyz.

IMT ATLANTIQUE - 4 RUE ALFRED KASTLER - CS 20722 - 44307 NANTES CEDEX 3 • TÉL. 02 51 85 81 00

DÉVELOPPEMENT ÉCONOMIQUE

Agnès **BROQUET**

DIRECTRICE DU TOURISME DURABLE DE LOIRE-ATLANTIQUE DÉVELOPPEMENT

FORMATION lycée Pierre et Marie Curie à Châteauroux - DUT (IUT de La Rochelle, 1988) ; maîtrise des sciences et techniques information et communication (Institut des sciences de l'information et de la communication - Isic, Bordeaux, 1992)

PASSIONS la lecture sous toutes ses formes, la découverte des capitales européennes et les voyages en famille.

Agnès Broquet débute sa carrière en tant que responsable de communication interne pour la Ville de La Roche-sur-Yon en 1993. Six ans plus tard, elle se voit confier la direction de la communication à la mairie de Blois avant de prendre, en 2001, les mêmes responsabilités au sein de la mairie du 13e arrondissement de Paris. En 2004, elle prend les fonctions de directrice de la communication du conseil général de Loire-Atlantique. Très sensible à l'égalité des droits, Agnès Broquet a accompagné la création d'une charte sur la parité femme-homme au conseil général de Loire-Atlantique en 2010. En février 2015, elle est nommée directrice de la Société publique locale de Loire-Atlantique développement, et, à ce titre, responsable du développement touristique et économique, de l'aménagement, urbanisme et énergie ainsi que de la gestion de deux équipements en délégation de service public (la Maison du Lac à Bouaye et le circuit de Loire-Atlantique à Fay-de-Bretagne).

LOIRE-ATLANTIQUE DÉVELOPPEMENT - 2 BD DE L'ESTUAIRE - CS 96210 - 44262 NANTES CEDEX 2 • TÉL. 02 40 20 20 44

ORGANISATIONS PROFESSIONNELLES

Jacques **BROUSSEAU**

PRÉSIDENT DE LA CNAMS - VICE-PRÉSIDENT DU CESER PAYS DE LA LOIRE ET DE L'U2P PAYS DE LA LOIRE

FORMATION lycée Notre-Dame de la Tourtelière à Pouzauges et lycée Pierre Masson à Nantes - BP coiffure ; BM coiffure ; maître artisan

PASSIONS le tennis et le footing.

Une tête du secteur de la coiffure. Ayant son propre salon à La Garnache en Vendée, Jacques Brousseau s'emploie depuis des années à représenter et défendre les intérêts de la profession. Il a été notamment président des coiffeurs en Vendée, en Pays de la Loire et vice-président de la fédération nationale de la coiffure. Il a dirigé la Fédération Nationale de la Coiffure / Union Nationale des Ecoles de Coiffure (FNC/UNEC) des Pays de la Loire et vice-président de la Fédération nationale de la coiffure, en charge de l'économie, jusqu'en 2019,
Au sein de l'Union des entreprises de proximité (U2P) des Pays de la Loire - dont il a été le président de 2011 à 2014 - Jacques Brousseau représente actuellement la Confédération nationale de l'artisanat des métiers et des services (Cnams) en tant que vice-président. Il est également vice-président du Conseil économique social environnemental régional (Ceser) des Pays de la Loire.

CNAMS PAYS DE LA LOIRE - 3 RUE VASCO DE GAMA - 44800 SAINT-HERBLAIN • TÉL. 02 40 71 06 54

CONSEIL

Jérôme **BRUET**

PDG DU GROUPE JKB

FORMATION collège Gaston Serpette et lycée Livet à Nantes - licence IE (IUFM des Pays de la Loire) ; major national concours de l'enseignement (1997)

DISTINCTIONS Prix Ernst & Young de l'entrepreneur de l'année catégorie « Entreprise d'avenir » pour la région Ouest (2010)

PASSIONS la planche à voile en loisir et en compétition (2e en 2009 et 3e en 2010 du circuit régional de funboard).

PUBLICATIONS « Capital learning : la formation au service de la perfomance de l'entreprise » ; « Optimiser le capital pédagogique : le nouvel enjeu stratégique des services RH » ; « Intégrer le digital learning : la mutation technologique des services formation ».

Après un début de carrière comme enseignant (1998-2000), puis comme formateur spécialisé en pédagogie interactive et pluridisciplinaire à l'IUFM (2000-2002), Jérôme Bruet crée en 2002 son entreprise à La Chapelle-sur-Erdre : e-doceo. La société nantaise s'affirme comme le leader du marché français de l'édition de logiciels dédiés à la formation à distance. Et son fondateur crée de nombreuses innovations en matière de logiciels de formation. C'est notamment le cas d'« e-doceo content manager », logiciel pour créer et gérer des formations à distance. Il est également le concepteur de l'application mobile SkillCatch, un outil servant à capturer en vidéo les « talents » et les mettre sur un espace online gratuit pour les partager. Avec 150 salariés, des agences dans douze pays d'Europe et du monde, le dirigeant peut être fier de son parcours. Il décide de fusionner avec Talensoft, spécialisé dans les applications cloud dédiées aux ressources humaines, en juin 2016. Il sera ensuite vice-président de la nouvelle entité, Talensoft Learning.
Co-fondateur de plusieurs autres entreprises leaders de la Edtech en France, Jérôme Bruet fonde Scalability now en 2020. Ce cabinet d'expertise et de conseil aide les entreprises du logiciel et des nouvelles technologies dans leur développement. Il accompagne notamment plusieurs jeunes start-upeurs nantais de la EdTech. Il fait partie de la holding Groupe JKB avec 8 autres marques.

SCALABILITY NOW - 8 RUE DE FIONIE - 44240 LA CHAPELLE-SUR-ERDRE

AMÉNAGEMENT ET URBANISME

Jocelyn **BUREAU**

PRÉSIDENT DU CONSEIL D'ADMINISTRATION DE LOIRE OCÉAN MÉTROPOLE AMÉNAGEMENT

FORMATION lycée Carcouët à Nantes - maîtrise de droit (faculté de droit de Nantes, 1995)

PASSIONS la lecture et la voile.

De 1992 à 1995, Jocelyn Bureau assure la présidence de la Mutuelle nationale des étudiants de France (Mnef) avant de devenir collaborateur de cabinet du maire de Saint-Herblain (1997-2000), directeur adjoint du cabinet (2000-2001), puis assistant parlementaire. Il est actuellement chargé de développement territorial chez un opérateur en énergies vertes. Dans le même temps, le Nantais s'engage dans la vie publique. Ancien membre du conseil fédéral du Parti socialiste 44, il devient conseiller municipal de Saint-Herblain en 2008, puis adjoint à la Citoyenneté et à la jeunesse en 2011. Il est désormais délégué à l'urbanisme.
Ancien conseiller régional, membre de la commission Transports et infrastructures jusqu'en décembre 2015, il est, en tant que conseiller communautaire, président du conseil d'administration de Loire Océan Métropole Aménagement.

LOIRE OCÉAN MÉTROPOLE AMÉNAGEMENT - 34 RUE DU PRÉ-GAUCHET - BAT. 2 - 7E ÉTAGE - 44821 NANTES • TÉL. 02 40 92 95 30

EVÉNEMENTIEL ET CONGRÈS

Jean-Luc **CADIO**

PRÉSIDENT D'EXPONANTES

FORMATION collège-lycée à Arradon et Vannes - CAP serveur ; CAP cuisinier ; BTS gestion hôtelière ; diplôme IAE de Saint-Nazaire

PASSIONS basket, golf

Cuisinier de formation, Jean-Luc Cadio a consacré sa carrière au secteur alimentaire. Tout d'abord sur le paquebot France et pour Brittany ferries en début de carrière comme serveur et chef de cuisine. Il opte ensuite pour la franchise pendant dix ans (Chantegrill) avant de racheter Berjac et de créer le groupe Cadegau en 1992 puis la société Kerviande en 1996. Il sera président des deux structures : jusqu'en 2017 pour Kerviande, début 2019 pour Cadegau.
Le dirigeant a par ailleurs été élu pendant trois mandats à la CCI Nantes Saint-Nazaire dont il a été le vice-président en charge du commerce de 2004 à 2016. Il a présidé le Réseau Entreprendre Atlantique, où son implication a porté ses fruits : le nombre d'adhésions a doublé et le concept a gagné du terrain dans les départements voisins du Maine-et-Loire et de la Vendée. Ancien président du Centre de gestion agréé de Loire-Atlantique, Jean-Luc Cadio est actuellement membre de la société d'investissement Bamboo et a présidé le club de basket de l'Hermine de 2015 à 2019. Il est élu à la tête de la CPME de Loire-Atlantique en mars 2017, réélu en 2020, il laisse sa place en février 2022, nommé président d'Exponantes par le conseil d'administration.

EXPONANTES - RTE DE SAINT-JOSEPH - 44300 NANTES • TÉL. 02 40 52 08 11

EVÉNEMENTIEL ET CONGRÈS

Denis **CAILLE**

DIRECTEUR GÉNÉRAL DE LA CITÉ DES CONGRÈS

FORMATION lycée Camus à Nantes - maîtrise d'économie d'entreprise et DESS en gestion des collectivités publiques (facultés de sciences économiques de Nantes et de droit de Strasbourg) ; Ecole de commerce de La Rochelle (formation au commerce international)

PASSIONS les peintures, les voyages, le tennis et les livres anciens.

Depuis le début de sa carrière, Denis Caille sert l'attractivité des territoires. D'abord chargé de mission développement technologique à l'Agence de développement économique de Belfort (1991-1996), il prend la direction du service économique au sein des Communautés d'agglomération de Royan, puis de Rochefort-sur-mer (1996-2001). Après trois années à exercer comme directeur adjoint, puis directeur de Montpellier Méditerranée Technopole (Montpellier Agglomération) entre 2001 et 2004, Denis Caille rejoint l'Ouest. Il intègre alors Nantes Métropole en tant que directeur général adjoint à l'attractivité et au développement international (2004-2011). De septembre 2011 à mai 2016, il est directeur général délégué de l'Agence Régionale Pays de la Loire territoires d'innovation, structure opérationnelle de développement économique de la Région Pays de la Loire. Il prend en juin de la même année le poste de directeur général adjoint de la Cité des Congrès avant de devenir son directeur général en septembre 2017.

CITÉ DES CONGRÈS DE NANTES - 5 RUE DE VALMY - BP 24102 - 44041 NANTES CEDEX 1 • TÉL. 02 51 88 20 56

BANQUE ET ASSURANCE

Emmanuelle **CAILLÉ**

DIRECTRICE RÉGIONALE MUTUALITÉ FRANÇAISE PAYS DE LA LOIRE

FORMATION maitrise d'économie du développement (UQAM Montréal, 1997) ; Dess économie développement local et emploi (Université de Nantes, 1998)

PASSIONS les voyages

Du Canada au Sénégal, en passant par le Mexique, le parcours d'Emmanuelle Caillé déroule le même fil rouge : faciliter l'accès des personnes aux soins, à la santé. Désirant travailler dans l'humanitaire, elle se forme donc au développement économique au Canada puis effectue des stages en Amérique du Sud. De retour en France pour effectuer son Dess, elle commence à travailler aux Mutuelles de Loire-Atlantique dans le service Innovation sociale et prévention. Elle intègre l'ONG Nantes Guinée en 1999 pour accompagner le développement de dispositifs de micro-assurances santé en Guinée, où elle s'installera pendant 4 ans. Une conjonction d'opportunités lui permet ensuite de prendre la direction d'un lodge, dans une réserve naturelle au Sénégal pendant 5 ans. A la recherche de nouveaux challenges professionnels, elle rentre en France et prend pendant deux ans la direction de l'ONG Essentiel.
En 2013, Emmanuelle Caillé est à la tête de la Mutualité Française Pays de la Loire en qualité de directrice régionale, sur un territoire riche d'un passé mutualiste très ancré. Parallèlement au déploiement des activités de prévention promotion santé et de contractualisation avec les professionnels de santé, elle a pour mission de développer la posture de la Mutualité en matière d'influence et de défense des intérêts des organismes mutualistes présents en Pays de la Loire. Un poste aux résonances politiques et relationnelles qui sied bien à la Nantaise.

MUTUALITÉ FRANÇAISE PAYS DE LA LOIRE - 29 QUAI FRANÇOIS MITTERRAND - 44200 NANTES • TÉL. 02 40 41 27 14

ENERGIE

Henri-Bruno **CALMELS**

SECRÉTAIRE GÉNÉRAL EDF DÉLÉGATION RÉGIONALE PAYS DE LA LOIRE

FORMATION Ingénieur en Génie thermo-énergétique (INSA Rouen, 1990)

PASSIONS le chant choral, la randonnée en montagne, l'aviron et la photo.

Henri-Bruno Calmels entre en 1991 chez EDF où il effectue depuis son parcours professionnel. C'est à la Direction de la Recherche et du Développement qu'il a fait ses débuts sur des programmes orientés vers les prescripteurs du tertiaire notamment de la grande distribution. En 1995, il rejoint le Service Grand Tertiaire où il se consacre aux conseils sur les impacts économiques et énergétiques des programmes de développement des grandes et moyennes surfaces alimentaires. Cette connaissance sectorielle lui permet de rejoindre Nantes en 1998 où il prend en charge jusqu'en 2003 une équipe d'ingénieurs commerciaux tertiaires. Sa connaissance du terrain le conduit à aller exercer à Paris la fonction de chef de produit sur les nouveaux contrats de fourniture d'énergie pour les entreprises à la direction Marketing. La période est cruciale puisque, dès 2004, les

entreprises françaises ont la possibilité de choisir leur fournisseur d'électricité.
Henri-Bruno Calmels est de retour à Nantes en 2006 en tant que directeur commercial du marché des entreprises sur les Pays de la Loire, la Bretagne et la Basse Normandie). Désireux d'appréhender les enjeux du marché des collectivités qu'il connait moins, il prend les responsabilités de directeur du développement territorial en 2013. C'est en septembre 2014 qu'il prend ses fonctions de secrétaire général à la délégation régionale EDF Pays de la Loire. Sa grande expérience lui permet d'assumer la responsabilité de l'image du groupe au côté du délégué régional tout en assurant la coordination des métiers dans la région. Région où il s'est bien intégré puisqu'il est devenu un membre assidu du CAN de Nantes, lui qui fait de l'aviron depuis l'âge de 12 ans.

EDF - DÉLÉGATION RÉGIONALE PAYS DE LA LOIRE - 65 RUE DE LA PERVERIE - 44000 NANTES • TÉL. 02 40 67 42 23

AÉRONAUTIQUE

Stéphane **CAMPION**

DIRECTEUR DU SITE D'AIRBUS MONTOIR-DE-BRETAGNE

FORMATION Estaca - École Supérieure des Techniques Aéronautiques et de Construction Automobile (Montigny-le-Bretonneux, 1992) ; DEA en Mécanique, Acoustique et Matériaux (université de technologie de Compiègne, 1993)

PASSIONS Les balades dans la nature, la voile

Très tôt passionné d'aéronautique, avec un père ingénieur dans ce même domaine, Stéphane Campion entre à l'Aérospatiale en 1993 comme scientifique du contingent. Sur le site des Mureaux, il travaille pour le bureau d'études dédié aux lanceurs civils et missiles stratégiques avant d'y être embauché. Pendant 10 ans, l'ingénieur s'occupe entre autres du développement des lanceurs Ariane 5 et du véhicule orbital ATV et gravit les échelons jusqu'au poste de chef de département. Il change de métier, mais pas de division, en prenant en 2005 la responsabilité des activités d'intégration et test du lanceur Ariane 5. Il se partage alors entre la France et la Guyane. En 2007, il intègre le secteur de l'aéronautique des avions commerciaux à la Sogerma, filiale d'Airbus, à Rochefort et Bordeaux. Arrivé comme directeur industriel, il repart directeur des opérations aérostructures en 2014. Il rejoint cette même année une autre filiale, Aérolia, pour préparer sa transformation en Stelia Aerospace en 2015. Directeur industriel au siège, à Toulouse, il est en charge des sites de production et des filiales.
C'est en avril 2021 que Stéphane Campion est nommé au sein de la maison mère pour prendre la direction de l'usine Airbus de Saint-Nazaire puis Montoir-de-Bretagne en 2022. Un site spécialisé dans l'assemblage et l'équipement des sections avant et centrales des avions de toute la gamme Airbus. Son directeur apprécie « d'interagir avec les compagnons » et admire la « technicité du produit ». Au contact, sur le terrain, il prépare l'avenir en engageant les démarches d'amélioration et de développement du site, notamment en matière de décarbonation. Tout en s'assurant, prioritairement, de la sécurité des équipes et de « la bonne livraison en qualité, temps et heure ».

AIRBUS ATLANTIC MONTOIR-DE-BRETAGNE - ZONE DE CADRÉAN - BP 77 - 44550 MONTOIR-DE-BRETAGNE • TÉL. 02 28 54 80 00

DÉVELOPPEMENT ÉCONOMIQUE

Sergio **CAPITAO DA SILVA**

DIRECTEUR GÉNÉRAL D'ID4MOBILITY

FORMATION DESS matériaux avancés et management de projets (CNAM, 2003) ; executive MBA (Audencia, 2012)

PASSIONS La famille, l'info économique et technologique, le sport (football, course à pied, ...)

Sergio Capitao effectue son stage fin d'études chez l'Oréal dans la division packaging produits grand public, puis devient responsable du développement industriel pour la marque Gemey Mebelline à Saint-Ouen. Il rejoint Altran, société de conseil pour équipementiers automobiles, en tant qu'ingénieur pour une mission à Rennes chez Visteon puis Faurecia en région parisienne. Il est ensuite nommé responsable des projets internationaux en 2004 chez Autoneum et parcourt alors le monde. Le besoin de diversité, et de se poser, lui fait rechercher un poste dans le nord-ouest, région qu'il avait appréciée. C'est ainsi qu'il entre en 2007 au pôle de compétitivité ID4CAR (devenu ID4Mobility en 2023) pour diriger les programmes de R&D. Cinq ans plus tard, il décide d'acquérir des connaissances complémentaires en passant son MBA avant de prendre la fonction de directeur général en 2015. De 2013 à 2018, il s'occupe également du lancement puis de la direction, à temps partiel, de la plateforme Excelcar à Rennes.
Homme de challenge au profil de développeur, Serge Capitao apprécie de pouvoir s'investir dans une structure qui « donne de la valeur ajoutée pour le bien commun », dans la volonté d'être toujours efficace. Au quotidien, il anime les collectifs, définit la stratégie avec la gouvernance, identifie les opportunités et donne un cap. Il crée les conditions de rencontres et de débats pour donner naissance à des innovations, « dans le respect et l'intérêt de tous ». Des valeurs qu'il applique par ailleurs, à sa façon discrète, comme membre du Ceser de Bretagne où il est rapporteur, en 2021, d'une étude sur « Les coopérations entre et avec les entreprises ».

ID4MOBILITY - 40 RUE LA TOUR D'AUVERGNE - 44200 NANTES • TÉL. 02 52 59 59 19

SANTÉ

Bertrand **CARIOU**

DIRECTEUR DE L'INSTITUT DU THORAX

FORMATION Doctorat en endocrinologie et métabolisme (Nantes, 2003) ; thèse de sciences (Paris XI, 2003) et habilitation à diriger les recherches (Nantes, 2008).

DISTINCTIONS Prix Apollinaire Bouchardat de recherche en diabétologie (2009) ; Prix Auguste Loubatières de la Société Francophone du Diabète (2017)

PUBLICATIONS Plus de 90 publications scientifiques

Bertrand Cariou débute sa carrière en tant qu'assistant-chef de clinique au service d'endocrinologie, maladies métaboliques et nutrition du CHU de Nantes en novembre 2006. Il y exerce trois ans avant de devenir professeur des universités et praticien hospitalier en endocrinologie au CHU de Nantes en septembre 2009. Poste qu'il occupe toujours aujourd'hui. Ayant réalisé une thèse de sciences, Bertrand Cariou est aujourd'hui chef d'une équipe Inserm-CNRS dont les travaux portent sur des investigations moléculaires des dyslipidémies. Grâce à ses fonctions, il se situe à l'interface entre le soin prodigué aux patients et la recherche fondamentale et clinique. Il trouve très enrichissant de « côtoyer deux mondes professionnels en essayant de développer des synergies ». Son objectif est d'avoir une meilleure compréhension des mécanismes des maladies afin de proposer des traitements innovants aux patients.
Expert en diabétologie et maladies métaboliques, Bertrand Cariou rédige des articles sur le sujet et intervient dans de nombreux symposiums. En janvier 2015, il est élu directeur de l'Institut du thorax. Il coordonne également le projet de Recherche Hospitalo-Universitaire CHOPIN (CHOlesterol Personalized INnovation).

L'INSTITUT DU THORAX - IRS-UN 8 QUAI MONCOUSU - BP 70721 - 44007 NANTES CEDEX 1 • TÉL. 02 28 08 01 10

TOURISME ET LOISIRS

Gérard **CARNOT**

DIRECTEUR GÉNÉRAL D'ODYSSÉE VOYAGES ET ULTRAMARINA

FORMATION lycée Auguste Brizeux à Quimper - hypokhâgne au lycée Guisth'au à Nantes, BTS tourisme à l'université et au lycée Carcouët

PASSIONS les voyages bien évidemment et la plongée sous-marine.

Après une première expérience dans l'hôtellerie à Roscoff dans le Finistère (jobs d'été pendant 4 périodes de 3 mois), puis au sein de l'hôtel Pullman de Nantes (1988-1989), Gérard Carnot prend la direction d'une agence de voyages à Angers (1989-1990). C'est alors qu'il intègre Ultramarina comme forfaitiste-vendeur (1990-1993). Il participe alors au lancement de la marque Australie à la carte (1991). Nommé chef d'agence, il prend en 1994 la direction générale d'Ultramarina (Groupe Odyssée). Gérard Carnot va alors accélérer le développement de l'entreprise avec les ouvertures d'agences à Paris (1995), Bordeaux (1999), Marseille (2000), Genève (2001) et Lyon (2002). Fin 2011, il rachète l'enseigne Espace Mandarin en 2003 et lance Safaris à la carte (2011). Une croissance qui récompense un positionnement de la société sur les voyages sur mesure axés autour de niches, dont la plongée dans toutes les mers du monde, et sur la découverte des îles (Australie, Maldives, Nouvelle-Zélande, Nouvelle Calédonie, Pacifique Sud, Tahiti, Fidji, etc.).

ULTRAMARINA - 2 TER RUE DES OLIVETTES - CS 33221 - 44032 NANTES CEDEX 01 • TÉL. 02 40 89 74 89

DÉVELOPPEMENT ÉCONOMIQUE

Stéphane **CASSEREAU**

DIRECTEUR GÉNÉRAL DE L'IRT JULES VERNE

FORMATION lycée Renaudeau à Cholet - Ecole polytechnique (1985) ; Ecole des Mines de Paris (1988)

PASSIONS le VTT, la marche à pied et le bridge

Après ses études à Paris, Stéphane Cassereau revient dans sa région natale en 1988 pour occuper son premier poste. Chargé de mission développement économique auprès du préfet et responsable de la division industrielle de la Drire des Pays de la Loire pendant deux ans, il rejoint ensuite l'Ecole des Mines de Nantes où il sera successivement directeur des études (1990-1994), puis directeur adjoint (1994-1995). La direction de la Drire de Lorraine lui étant proposée, il part pour l'Est de la France et y restera six ans avant de réintégrer, en 2001, les Pays de la Loire où il a assumé la direction de l'Ecole des Mines de Nantes.
Depuis avril 2012, Stéphane Cassereau est directeur général de l'IRT Jules Verne. De 2011 à mars 2018, il a été président du Comité consultatif régional de la recherche et du développement technologique.

IRT JULES VERNE - 1 MAIL DES 20 000 LIEUES - 44340 BOUGUENAIS • TÉL. 02 55 11 21 00

CONSTRUCTION NAVALE

Laurent **CASTAING**

DIRECTEUR GÉNÉRAL DES CHANTIERS DE L'ATLANTIQUE

FORMATION Ecole polytechnique ; Ensta option génie maritime (1985)

PASSIONS la mer, la voile et le métier d'ingénieur

Issu d'une famille de médecins, Laurent Castaing brise la tradition familiale, porté par sa passion de la voile. Architecte naval, il intègre les Chantiers de l'Atlantique à la fin de ses études. Il y restera de 1985 à 1990, puis part pour La Rochelle, toujours chez Alstom mais dans le ferroviaire. Il sera chef d'atelier puis, pendant cinq ans, chargé du bureau d'études. Il poursuit sa carrière en prenant ensuite la direction de l'établissement GEC-Alsthom Transport du Creusot. En 1998, il retrouve, avec bonheur, les Chantiers de l'Atlantique où on lui confie le poste de directeur industriel puis directeur général adjoint. Laurent Castaing devient directeur adjoint du Port autonome de Nantes-Saint-Nazaire en 2005 avant de rejoindre Le Havre en 2008. Président du directoire du grand port maritime du Havre, il y conduira la réforme portuaire. Sa solide connaissance des chantiers nazairiens et de la construction navale lui vaut d'être choisi comme directeur général de la société STX France SA en 2012. Il est confirmé au poste de directeur exécutif lors de sa reprise par l'italien Fincantieri. STX reprend son nom de Chantiers de l'Atlantique en juillet 2018. Son dirigeant est reconduit dans ses fonctions par décret du président de la République en septembre 2023.

CHANTIERS DE L'ATLANTIQUE - AV. ANTOINE BOURDELLE - CS 90180 - 44613 SAINT-NAZAIRE CEDEX • TÉL. 02 51 10 91 00

AUTOMOBILE

Bruno **CATHELINAIS**

PRÉSIDENT DU CONSEIL DE SURVEILLANCE DU GROUPE PILOTE

FORMATION Lycée Saint-Louis à Saint-Nazaire - Oregon State University (1977) ; Sup de Co Nantes (1978) ; DECS (1979)

PASSIONS L'entreprise et sa famille.

Diplômé de l'Ecole supérieure de commerce de Nantes, Bruno Cathelinais débute son parcours chez Manitou BF. Entre 1979 et 1983, il se voit confier plusieurs responsabilités dont celle de gérer le service administratif et financier d'une filiale du groupe à Poitiers. Il intègre la société vendéenne Sicof, filiale d'Elf Aquitaine, en 1983 comme contrôleur de gestion. Il occupera par la suite le poste de directeur administratif et financier. En 1989, c'est à bord de Bénéteau qu'il choisit de poursuivre son parcours. Il y exerce en tant que directeur administratif et financier (1989-1994) avant d'assurer durant dix ans la direction générale du groupe, devenu leader de la plaisance mondiale. De 2005 à 2015, le Nantais est président du directoire.
Ancien membre de la CCI de Vendée, Bruno Cathelinais est nommé président du conseil de surveillance du groupe Pilote en avril 2019. Sa mission est désormais de mettre toute son expérience au service de la stratégie de développement du groupe, en France et à l'international.

GROUPE PILOTE - RTE DU DEMI-BOEUF - 44310 LA LIMOUZINIÈRE • TÉL. 02 40 32 16 00

DÉVELOPPEMENT ÉCONOMIQUE

Gilles **CAVÉ**

PRÉSIDENT DE LA CRESS DES PAYS DE LA LOIRE

FORMATION lycée public de Châteaubriant - CAP d'instituteur à l'Ecole normale d'instituteurs de Savenay (1972)

DISTINCTIONS médaille d'argent de la jeunesse, de l'éducation populaire et des sports

PASSIONS le chant, l'oenologie et le cinéma.

Gilles Cavé est un ardent défenseur de la laïcité et d'une économie sociale. Après avoir débuté dans l'enseignement public en 1972, il entre à la Fédération des amicales laïques en 1977 comme délégué départemental Ufolep, puis Usep. De 1982 à 1998, il est secrétaire général, puis dirige la Fal 44. Un poste qu'il occupe de nouveau de 2002 à début 2015, après avoir été secrétaire national de la Ligue de l'enseignement et directeur national de l'Ufolep Usep à Paris (1998-2002). Président de la Conférence permanente des coordinations associatives (CPCA) des Pays de la Loire de 2007 à 2012, puis vice-président, Gilles Cavé s'investit aussi pour une économie sociale et solidaire. Il a été notamment responsable de l'Union des syndicats et groupements d'employeurs représentatifs de l'économie sociale (2006-2011). Il a par ailleurs été conseiller municipal d'opposition à Carquefou.
Membre du conseil d'administration de la FAL 44, il est secrétaire général de la Ligue d'enseignement des Pays de la Loire. Administrateur puis vice-président de la CRESS (Chambre régionale de l'économie sociale et solidaire) des Pays de la Loire, il est élu président en novembre 2020.

CRESS PAYS DE LA LOIRE - 42 RUE DES HAUTS PAVÉS - 44000 NANTES • TÉL. 02 40 74 02 49

ENERGIE

Jean-Francois **CERLES**

DÉLEGUÉ POUR LE MARCHÉ D'AFFAIRES GRDF OUEST

FORMATION lycée à Versailles - classes préparatoires maths sup maths spé (Paris) ; ENSEM (Ecole Nationale Supérieure d'Electricité et de Mécanique, Nancy, 1997) ; IAE de Paris (Institut d'Administration des Entreprises, 1998)

PASSIONS course à pied, le golf, l'aviation

Après avoir obtenu son diplôme d'ingénieur généraliste, Jean-François Cerles effectue son service en tant qu'aspirant dans l'Armée de l'air à Villacoublay. Un choix qui n'est pas un hasard pour ce petit-fils de pilote d'essais qui a lui-même obtenu son brevet de pilote privé très tôt… Mais c'est Gaz de France qu'il choisit d'intégrer dès 1998, fortement intéressé par les enjeux liés à l'énergie. Il devient chef de projet à Nancy, s'occupant de la partie « grandes infrastructures ». En 2001, il prend en charge régionalement l'ouverture des marchés de l'énergie pour la grande industrie puis, en 2004, il bascule vers la partie commerciale. Il prend en effet le poste de chef de vente à Metz, manageant une équipe de commerciaux pour développer la distribution de gaz en Lorraine.
Jean-François Cerles est nommé responsable du bureau d'études de GRDF pour l'Est de la France en 2007. Riche de toutes ces expériences, c'est en 2011 qu'il découvre Nantes en tant que directeur territorial pour les Pays de la Loire. Appréciant de travailler dans un domaine qui le passionne toujours autant, il est en relation constante avec les acteurs du territoire. Toujours heureux de représenter un fleuron de l'économie française en région, il est nommé délégué pour le Marché d'Affaires Centre Ouest en novembre 2019. Il a en charge l'accompagnement des acteurs de l'immobilier, de l'aménagement et de l'industrie dans la transition énergétique pour promouvoir des technologies gaz innovantes.

GRDF CENTRE OUEST - 7 MAIL PABLO PICASSO - TSA 82906 - 44230 NANTES CEDEX • TÉL. 02 51 86 72 16

CULTURE

Gérald **CHABAUD**

DIRECTEUR DES ESCALES DE SAINT-NAZAIRE - PRÉSIDENT DU PÔLE DES MUSIQUES ACTUELLES DES PAYS DE LA LOIRE

FORMATION
DESS gestion et dévelop-pement des PME-PMI à l'université de Reims

PASSIONS
Musique, voyages

Son diplôme en poche, Gérald Chabaud exerce dans un premier temps le métier d'instituteur pendant 7 ans (1982-1988). En parallèle, il se consacre à sa passion, la musique. Il est alors bassiste dans un groupe angevin appelé les Thugs. Pendant un an, il fait d'ailleurs de sa passion un métier, puisqu'il exerce en tant que professionnel durant l'année 1989. Et puis un jour, sac sur le dos et cartes en poche, il part faire le tour du monde pendant deux ans. Ce voyage lui permet alors de s'ouvrir complètement au monde qui l'entoure. De retour en France en 1992, il prend la direction d'un foyer de jeunes travailleurs, avant de se rapprocher de ses premières amours, la musique, en codirigeant dès 1994 la salle de concerts Le Chabada à Angers. De 2000 à 2014, il exerce la fonction de directeur de la salle de concerts la Cartonnerie à Reims.
Gérald Chabaud est nommé le 2 février 2015 à la tête de l'association Les Escales à Saint-Nazaire qui regroupe le festival de musique du monde et la salle de concert le VIP. Il est élu en 2017 président du Pôle des Musiques Actuelles des Pays de la Loire.

LES ESCALES DE SAINT-NAZAIRE - 24 RUE D'ANJOU - 44600 SAINT-NAZAIRE • TÉL. 02 51 10 00 00

CONSEIL

Sébastien **CHADOURNE**

PRÉSIDENT DE CELENCIA - PRÉSIDENT DE BOSS TO BOSS

FORMATION
ESC La Rochelle (1995)

PASSIONS le golf, la voile, le ski

A peine diplômé, Sébastien Chadourne est embauché par une petite entreprise rochelaise, spécialisée dans les produits de la mer. Il travaille pour elle depuis Londres pendant 16 mois puis rejoint en 1997 une société anglaise, Datamonitor, afin d'effectuer des études de marché dans le domaine bancaire. Analyste et commercial pour l'Europe du Sud, il devient ensuite compte clé en France et en Belgique puis responsable de la zone Europe du Sud. Altran le contacte en 2000 et lui propose de le former pour prendre la direction générale d'une de ses filiales à l'étranger. Mais cette promesse n'est pas tenue et il décide de tenter l'aventure de l'entreprenariat avec 3 associés en 2004. Il prend des parts dans un petit cabinet parisien de conseil en difficulté, Keaton et développe l'activité dans l'Ouest. Ils sont rachetés par le groupe Alten fin 2006 mais Sébastien Chadourne aspire à plus d'indépendance et choisit de démissionner pour créer Celencia en 2008. Le cabinet de conseil en organisation spécialisé dans le tertiaire financier comprend désormais 82 salariés et 4 bureaux (Nantes, Niort, Paris, Lyon).
Soucieux de faire avancer la valeur humaine de l'entreprise, le dirigeant entre au CJD en 2011. Il en prend la présidence de 2016 à 2018 avec un projet qui lui tient à cœur : la « disruptive attitude » ou comment s'interroger en permanence sur son métier pour le faire avancer. Il entre au capital du réseau collaboratif Boss to Boss en juillet 2018 et en devient gérant puis président en 2021. En juin 2019, il participe à la création d'Inspire, association engagée sur les problématiques de la santé globale des entrepreneur(e)s.

CELENCIA - BÂTIMENT B - 3 RUE HENRI GUILLAUMET - 44700 ORVAULT • TÉL. 02 40 85 87 90

COMMUNICATION ET MARKETING

Frédéric **CHAIGNE**

CO-PRÉSIDENT DE LMWR

FORMATION
Essca ; Universidad de Empresariales (Espagne-1990)

DISTINCTIONS
les dernières en date : Prix du meilleur impact presse Prisma 2014 ; Oscar de l'emballage 2014 ; Prix de la meilleure communication agricole 2015 ; Grand prix du public « meilleure communication touristique » 2015 ; Trophée de la communication 2016

Le diplôme de l'Essca en poche, Frédéric Chaigne passe deux années en Espagne, à l'Université de Saragosse puis à Madrid au marketing de Cetelem. Acquérant le goût de l'entrepreneuriat et du conseil, il poursuit sa vie professionnelle chez Publicis, une des références publicitaires majeures, à Londres puis à Paris. A la coordination internationale de nombreuses marques pendant huit ans, il renforce alors son expertise stratégique. En 1998, il s'associe avec Emmanuel Miani à la tête de LM Y&R. De leur complicité, et complémentarité, naîtra en 2010 un nouveau projet d'agence de communication collaborative. Avec une philosophie baptisée « le work'n roll », ils favorisent l'expansion de l'agence dans l'Ouest, en France et à l'international (68 collaborateurs). Ils renomment l'agence LMWR en 2017. Le duo poursuit son travail de conquête et d'ouverture « en gardant toujours l'audace en tête ».
Côté loisirs, Frédéric Chaigne aime les voyages « pour l'ouverture d'esprit et la remise en cause des idées préconçues », la photographie contemporaine « pour garder un point de vue avisé sur la société » et l'aviron. Père et mari comblé, il reconnait que sa femme et ses filles sont « ses plus belles sources d'inspiration ».

LMWR - 4 RUE DOBRÉE - 44100 NANTES • TÉL. 02 40 12 29 50

AGROALIMENTAIRE

Olivier **CHAILLOU**

PRÉSIDENT DE TERRENA

FORMATION
BTS en production végétale (lycée des Établières, 1992)

PASSIONS
La famille et les amis, la musique

Perpétuant l'histoire familiale, Olivier Chaillou est agriculteur et a repris la ferme de ses parents à Brissac-Loire-Aubance. Il y travaille avec quatre associés et deux salariés. Après une expérience en polyculture et élevage en Australie pendant un an, il se voyait bien repartir pour d'autres aventures… mais son père lui propose de reprendre l'exploitation en 1995 et il ne l'a jamais regretté. Il commence par s'impliquer à la Caval puis devient administrateur en 2005 quand elle fusionne avec la Cana pour devenir Terrena. Il rejoint ensuite le Bureau et est nommé vice-président du Groupe et président de son Pôle Végétal Spécialisé en 2015. Imprégné par les valeurs de coopération et de collaboratif, il est élu président en décembre 2018. Une responsabilité qui lui prend 90 % de son temps et qu'il assume avec fierté et détermination. Porté « par l'humain » - les 15 000 salariés de la coopérative - il se préoccupe toujours d'agir avec efficacité pour défendre et représenter ses pairs agriculteurs.
Olivier Chaillou cherche également à faire reconnaître la qualité de l'agriculture française à sa juste valeur. Ce motard amateur aime apprendre, découvrir, mais aussi mener les débats dans une perspective de prise de décision « réfléchie ». Car il se définit également comme un entrepreneur qui se bat pour que son groupe coopératif, polyvalent et diversifié, soit compétitif. Homme de défis et d'action, il s'ingénie à mettre en place le projet agricole et coopératif de Terrena, implantée sur l'ouest du territoire français. Tout en rêvant à terme d'un projet national et fédérateur de politique agricole. L'individualisme ne l'intéresse définitivement pas…

TERRENA - LA NOËLLE - BP 20199
- 44155 ANCENIS CEDEX • TÉL. 02 40 98 90 00

BÂTIMENT ET TRAVAUX PUBLICS

Édouard **CHAMBON**

PRÉSIDENT DU GROUPE LANG

FORMATION
collège Loquidy et Externat des enfants nantais - ingénieur Centrale Nantes (prépa au lycée Clemenceau à Nantes)

PASSIONS
le Guide des Toqués et le marathon.

Edouard Chambon débute sa carrière en 1991 comme ingénieur travaux dans le groupe Bouygues, puis chez Quille de 1992 à 1996. Il est recruté ensuite comme directeur génie civil chez Lang et devient directeur général de la société en 2001 puis du groupe en 2004. Fin 2012, il prend la présidence du groupe Lang, organisé en quatre activités (construction, génie civil, promotion et transaction immobilière, et plomberie-génie climatique).
Outre ses responsabilités professionnelles, Edouard Chambon s'investit pour soutenir la vie économique locale. Membre du CJD, il préside le Geiq BTP 44 (groupement d'employeurs pour l'insertion et la qualification) de 2009 à 2017.

LANG CONSTRUCTION - ROUTE DE TREFFEAC
- 44604 SAINT-NAZAIRE CEDEX
• TÉL. 02 40 22 55 43

ORGANISATIONS PROFESSIONNELLES

Jean-Paul **CHAPRON**

DÉLÉGUÉ RÉGIONAL PAYS DE LOIRE SYNTEC NUMÉRIQUE - PRÉSIDENT DU CONSEIL DE SURVEILLANCE D'ASI

FORMATION
Math Sup, Math Spé P (Lycée Clémenceau de Nantes) ; Ingénieur INSA option Informatique (Rennes)

PASSIONS la voile

Après un diplôme d'ingénieur Insa en 1980, Jean-Paul Chapron entre chez IBM fin 1983. Durant 17 ans, il exerce 6 métiers différents au sein de l'entreprise : tout d'abord ingénieur technico commercial puis ingénieur commercial industrie, ingénieur d'affaire CFAO (conception et fabrication assistée par ordinateur), puis spécialiste du logiciel Catia de Dassault Système. Il est détaché pendant deux ans chez un partenaire d'IBM, puis responsable relation partenaire centre ouest. En 2000, il prend en charge la division des start up (division Net Génération) comme ingénieur d'affaires. La même année en septembre, il rejoint ASI, entreprise d'informatique, en tant que directeur d'agence Pays de Loire. Quand le dirigeant fondateur décide de vendre la société en 2008, il saisit sa chance et monte un projet de reprise avec 3 associés salariés et des financiers. En février 2017, il prend la majorité du capital de la société en y associant une vingtaine de ses cadres. Puis, en janvier 2023, il transmet les rênes à 2 co-présidents tout en restant actionnaire minoritaire.
Impliqué sur les valeurs de la RSE (Responsabilité sociales des entreprises), il est membre des Dirigeants responsable de l'Ouest (DRO) et adhérent au « Global Compact ». Donnant de son temps et de ses compétences dans de nombreux réseaux patronaux et professionnels, il est membre du Medef Loire Atlantique et du réseau Entreprendre Atlantique. Mandataire régional de la Fédération Syntec et délégué régional de Syntec Numérique à Nantes, il est membre d'ADN'Ouest (Association des décideurs du numérique) après en avoir été administrateur. En 2021, il participe à la Convention des entreprises pour le climat.

FÉDÉRATION SYNTEC - DÉLÉGATION DE LA RÉGION PAYS DE LA LOIRE - C/O ASI
- ZAC AR MOR - 4 IMP. JOSÉPHINE BAKER
- 44800 SAINT-HERBLAIN • TÉL. 02 40 92 52 52

AGROALIMENTAIRE

Dominique **CHARGÉ**

PRÉSIDENT DE LA COOPÉRATION AGRICOLE - PRÉSIDENT DE L'INSTITUT AGRO - VICE-PRÉSIDENT DE TERRENA

Dominique Chargé est éleveur de vaches laitières et de volailles à La Rouxière en Loire-Atlantique dans le cadre d'un Groupement agricole d'exploitation en commun (GAEC) qui compte trois associés. Il est également administrateur et membre (vice-président) du bureau de Terrena, groupe coopératif de 11000 salariés. En 2003, il est élu président de la filière laitière de Terrena. Il devient président de Laïta, première coopérative laitière de l'Ouest de la France, issue du regroupement des activités laitières des groupes coopératifs Coopagri, Even et Terrena, en 2009. En 2010, il est élu président de la Fédération nationale des coopératives laitières (FNCL). Il en laissera les rênes, ainsi que ceux de la présidence de Laïta, en juin 2017.
Vice-président de Coop de France (la Coopération agricole) et président de la section agroalimentaire, Dominique Chargé est élu président en décembre 2018 pour un mandat de trois ans.
Il est par ailleurs, depuis 2013, président du conseil d'administration de l'Institut Agro (ex-Agrocampus Ouest) et, depuis 2015, président du Conseil spécialisé Lait de FranceAgriMer.

TERRENA - LA NOËLLE - BP 20199 - 44155 ANCENIS CEDEX • TÉL. 02 40 98 90 00

BÂTIMENT ET TRAVAUX PUBLICS

Emmanuelle **CHARIER**

PRÉSIDENTE DU CONSEIL DE SURVEILLANCE DE CHARIER

FORMATION
Certificat d'aptitude à la profession d'avocat (Institut de formation de Rennes, 2004); certificat d'administratrice d'ETI (IFA-Audencia, 2020)

PASSIONS
Passionnée d'Histoire et de grands espaces

Elle se destinait au métier d'avocat et Emmanuelle Charier commence sa carrière en tant que juriste chez Fidal. Mais son entrée dans l'entreprise familiale pour remplacer temporairement la responsable juridique va la faire changer d'avis. L'évolution de l'entreprise Charier impliquant en effet un 2e poste de responsable juridique, elle passe des entretiens et est recrutée. Elle prend alors en charge l'approche juridique du foncier et de l'immobilier, et la partie corporate et gouvernance. Elle participe à la création de la Foncière Charier en 2012 (actifs immobiliers de l'entreprise et de la famille) et partage son temps entre ses diverses responsabilités. Elle devient présidente de la Foncière en 2020, rejoint le Conseil de surveillance de l'entreprise en parallèle, et obtient ensuite son certificat d'administratrice d'ETI. C'est en 2021 qu'elle est élue vice-présidente du Conseil de surveillance de Charier puis, fin avril 2022, présidente.
Emmanuelle Charier incarne avec fierté la cinquième génération, après Pierre-Marie, son grand-cousin. Très attachée aux valeurs familiales de «pérennité, d'exemplarité, de bienveillance» et à la transmission, elle représente donc désormais le Conseil de surveillance. Le rôle de celui-ci est de contrôler la gestion opérationnelle de la société et de suivre la stratégie sur le long terme, en veillant à la solidité et au développement de l'entreprise et à sa raison d'être. Elle alterne cette fonction de gouvernance avec celle, très opérationnelle et ancrée dans les réalités du quotidien, de présidente de la Foncière. La dirigeante participe par ailleurs aux évènements Family Business Network, un réseau qui réunit les actionnaires familiaux.

CHARIER - 2 BIS RUE DES MEUNIERS - 44220 COUËRON • TÉL. 02 40 17 14 14

BÂTIMENT ET TRAVAUX PUBLICS

Pierre-Marie **CHARIER**

VICE-PRÉSIDENT DU CONSEIL DE SURVEILLANCE DE CHARIER

FORMATION
Lycée St-Stanislas à Nantes - ESLSCA de Paris

PASSIONS
La chasse, les courses hippiques et le golf

Après un début de carrière chez Colas comme cadre administratif (1977-1979), Pierre-Marie Charier intègre l'entreprise où il occupera notamment la responsabilité de PDG. Créée en 1897 par Constant Charier, celle-ci s'est développée autour de six métiers : carrières et recyclage de matériaux, grands terrassements, routes et travaux urbains, génie civil, déconstruction et désamiantage, espaces verts et paysage.
Nommé président du conseil de surveillance en 2005, il passe le relais en juin 2022 à la 5e génération : Emmanuelle Charier. Il reste vice-président du conseil de surveillance. Parmi les motifs de fierté du dirigeant figurent la mise en place du contrat d'intéressement aux résultats pour l'ensemble du personnel (1990), la pérennité de l'entreprise Charier (120 ans en 2017) et le recrutement du président du directoire, extérieur à la famille Charier, en 2013.
Parallèlement, Pierre-Marie Charier s'investit via des responsabilités extra-professionnelles. Président de Cigo (Carrières Indépendantes du Grand Ouest) jusqu'en 2022, il est président honoraire du Family Business Network, association d'entreprises familiales et préside Entreprendre & Golfer. Par ailleurs membre élu de la Fédération des Courses de l'Ouest, il est commissaire de courses hippiques à Châteaubriant et Machecoul.

CHARIER - 2 BIS RUE DES MEUNIERS - 44220 COUËRON • TÉL. 02 40 17 14 14

HÔTELLERIE-RESTAURATION

Vincent **CHARPIN**

PDG DE BEPUBLIC

FORMATION
European Business School à Paris, Londres et Madrid; Institut permanent des développeurs

PASSIONS
entreprendre, la pêche en mer et la nature

Vincent Charpin débute en 1990 au sein du Groupe Alcatel, d'abord à la direction financière internationale, puis à la direction commerciale export comme chef de la zone Europe de l'est (1992-1994). Il passe ensuite à l'Ouest... A la suite du rachat de Sprint international par Alcatel, il prend en charge une partie de la zone Amérique latine de la filiale américaine. En 1995, il prend la direction d'Uniti, société parisienne de services spécialisée en réseaux et télécommunications. En une douzaine d'années, il développe la PME, en créant notamment 3 agences, à Paris, Avignon et... Nantes. Cet entrepreneur né cède Uniti en 2007 et réinvestit son capital dans un nouveau groupe, BePublic. Celui-ci fédère plusieurs entreprises dont les points communs

sont « l'attachement à Nantes, à son esprit d'échange et d'ouverture, à ses produits festifs et gastronomiques ». On y retrouve Le Domaine du Petit Plessis, le restaurant le V, Carli Traiteur et la chocolaterie Carli.
En parallèle de ces activités professionnelles, Vincent Charpin s'est toujours impliqué dans les réseaux de dirigeants d'entreprises notamment en tant que président du CJD à Paris (2000-2002), à la Ficome (Paris) et au sein de Réseau Entreprendre. Conseiller technique à la CCI Nantes-Saint-Nazaire et administrateur d'Exponantes, il entre au bureau du Medef de Loire-Atlantique en 2010. Il le préside de mars 2013 à avril 2016. En octobre 2016 il est élu président du Medef des Pays de la Loire puis lance en novembre IELO (Institut d'Entrepreneurs & Leaders d'Opinion), cercle de réflexion et d'influence. Il ne se représente pas en 2019.

GROUPE BEPUBLIC - LE PETIT PLESSIS - 44980 SAINTE-LUCE-SUR-LOIRE • TÉL. 02 40 08 99 81

CHIMIE-PHARMACIE

Jean-François **CHATAL**

CHERCHEUR ET PROFESSEUR ÉMÉRITE EN MÉDECINE NUCLÉAIRE - CO-FONDATEUR D'ATLAB PHARMA ET NAOGEN PHARMA

FORMATION collège Saint-Stanislas à Nantes et Saint-Louis à Saint-Nazaire - licence de sciences (1963) ; doctorat de médecine (1973) ; CES de médecine nucléaire ; doctorat de biologie humaine (1986), à la faculté des sciences de Rennes et à la faculté de médecine de Nantes

DISTINCTIONS médaille du Centre Antoine Béclère délivrée lors des journées française de radiologie (2013)

PUBLICATIONS 204 publications dans des revues internationales de médecine nucléaire

Actuellement conseiller médical au Cyclotron Arronax et directeur médical de la société Naogen Pharma, Jean-François Chatal est professeur émérite de classe exceptionnelle en Médecine nucléaire à l'Université de Nantes. Durant sa carrière, il a dirigé les départements de Médecine nucléaire du Centre hospitalier universitaire de Nantes et du Centre René Gauducheau. En 1975, il a fondé une équipe de recherche Inserm dédiée à l'utilisation diagnostique et thérapeutique d'anticorps monoclonaux radiomarqués en cancérologie. Il a également initié, avec deux autres collègues, le projet d'installation à Nantes d'un cyclotron de haute énergie et haute intensité appelé Arronax. Dédié à la production de radionucléides innovants pour la recherche en Médecine nucléaire en Europe, le cyclotron a été installé en 2008.
Depuis, Jean-François Chatal a cofondé Atlab Pharma dont il a été le directeur des affaires médicales jusqu'en 2018. Il est actuellement membre du conseil scientifique international de cette société. Il a créé également en janvier 2017, avec Sébastien Avila, Naogen pharma. Après en avoir été président jusqu'en mars 2020, il reste chef des Affaires Médicales, directeur R&D. Une filiale, Naogen Onco a été créée en 2018 pour le développement industriel d'un agent radiopharmaceutique pour le traitement du cancer de la vessie.

NAOGEN PHARMA - PÔLE BIO OUEST - RUE DU MOULIN DE LA ROUSSELIÈRE - 44817 SAINT-HERBLAIN CEDEX • TÉL. 06 07 74 98 76

ROBOTIQUE

Patrick **CHEPPE**

PDG DU GROUPE EUROPE TECHNOLOGIES - VICE-PRÉSIDENT CCI NANTES ST-NAZAIRE ACCÉLÉRATION DES ENTREPRISES INDUSTRIELLES ET ANIMATION DE L'ÉCOSYSTÈME LOCAL

FORMATION ingénieur (1989) ; DEA (1990) ; doctorat en mécanique et matériaux (1992) à Paris, Polytech Nantes et à l'Ecole centrale de Nantes (ECN)

DISTINCTIONS Entrepreneur de l'année 2013 Région Ouest (Prix Ernst & Young) ; Prix Oseo Excellence 2012

PASSIONS les sports et l'aviation.

Ancien ingénieur dans l'industrie, notamment chez Airbus, Patrick Cheppe est un acteur innovant des Pays de la Loire. Avec, à son palmarès, différentes créations d'entreprises : Sonats en 1993, la holding Europe Technologies en 1998, AIC en 2006, Oratech Innovation en 2010, Empowering Technologies, implantée aux Etats-Unis en 2010 et sa soeur jumelle en Chine en 2018. Il a également effectué 5 reprises de sociétés avec MPS en 2002, la société Sonimat en 2004, Gebe2 Productique en 2014, Servisoud en 2018 et Prodess en 2019. Sans oublier l'intégration comme marque commerciale de Gobio, pour l'activité d'exosquelette, en 2017. Il est actuellement PDG de Europe Technologies, basé à Carquefou (400 salariés).
Patrick Cheppe assure par ailleurs diverses responsabilités extra-professionnelles. Président d'EMC2 de 2016 à 2018, il a également présidé le Medef de Loire-Atlantique d'avril 2016 à mai 2022, son mandat ayant été renouvelé en 2019. Il a été membre du bureau du conseil exécutif du Medef, l'instance de décision du Medef national. Membre de la CCI Nantes-Saint-Nazaire depuis 2011, il est actuellement vice-président, en charge de l'accélération des entreprises industrielles et animation de l'écosystème local.

EUROPE TECHNOLOGIES - 2 RUE DE LA FONDERIE - 44475 CARQUEFOU CEDEX • TÉL. 02 51 70 04 94

MÉCANIQUE ET MÉTALLURGIE

Carine **CHESNEAU**

PDG DE LAMBERT MANUFIL

FORMATION lycée Carcouët à Nantes - maîtrise de sciences économiques franco-espagnole (1996) ; DESS gestion comptable et financière (1997), à l'IUP de sciences économiques de Nantes et à l'IAE de Bordeaux

DISTINCTIONS Trophée « Femme chef d'entreprise » Pays de la Loire (2012) ; chevalier dans l'ordre national du Mérite (2015)

PASSIONS la lecture, notamment d'ouvrages historiques, la planche à voile et la famille.

C'est en Espagne que Carine Chesneau fait ses premiers pas professionnels, comme analyste financière assistante à l'Institut des finances de Valence (1995-1996). Elle revient ensuite en France, recrutée par Transconseil à Bordeaux en tant que consultant junior en cession et transmission d'entreprises

(1997-1999), puis par la société Calberson (groupe Geodis) comme contrôleur de gestion pour la région Sud-Ouest des transports (1999-2002). La suite de son parcours, elle l'écrit en famille. Elle rejoint l'entreprise nantaise Lambert Manufil, une institution industrielle fondée en 1924 par son arrière-grand-père, Paul Lambert. D'abord responsable commerciale et directrice administrative et financière, elle prend en 2009 la suite de son père aux commandes de l'entreprise spécialisée en tréfilerie (fil d'acier, clous et clôtures métalliques). Et relève ce qu'elle décrit comme un « merveilleux challenge ». Les résultats de l'entreprise, basée désormais à Couëron, ont d'ailleurs été salués en 2010 lors de la 1re édition des Chênes du Grand Ouest, au cours de laquelle la dirigeante s'est vu remettre le grand Prix de l'entreprise familiale.
Carine Chesneau est très engagée auprès du CJD (Centre des Jeunes Dirigeants) qu'elle a rejoint en 2010. Présidente du CJD Nantes (2014-2016) puis présidente du CJD Région des Pays de la Loire (2016-2018), elle est membre du Comex et trésorière nationale du CJD France. Elle est également membre de DRO (Dirigeants Responsables de l'Ouest), administratrice de la Banque Populaire du Grand Ouest et vice-présidente du Fonds de Dotation pour l'Arbre aux Hérons.

GROUPE LAMBERT - 101 QUAI JEAN-PIERRE FOUGERAT - 44220 COUËRON • TÉL. 02 40 38 35 47

SERVICES À LA PERSONNE

Antoine **CHEUL**

CO-FONDATEUR ET PRÉSIDENT DE SHOPOPOP

FORMATION Bachelor 1, marketing et management international, (Asia Pacific Institute of Management, 2011) ; management et gestion des entreprises en alternance (IDRAC 2012) ; MSC Entrepreneurship (Purdue university, EM Lyon, Zhejiang University 2013)

PASSIONS L'entreprenariat... et la rénovation de sa maison !

Antoine Cheul cultive depuis longtemps une fibre sociale, un sens de l'entraide qui lui fait monter une association (Coup de Pouce), afin que des adolescents rendent service, en milieu rural. Il n'a alors lui-même que 16 ans. Il entre dans la vie professionnelle lors d'un VIE à Bangalore en 2013 et crée Namaste student, en parallèle, sa première société. Ce n'est pas un succès mais celui-ci viendra avec la deuxième, Shopopop, qu'il confonde avec Johan Ricaut et 2 autres associés en 2015, à 24 ans... Le principe de service de co-transportage lui a été inspiré en Inde, auquel les entrepreneurs en herbe rajoutent de la technologie et l'usage du drive. Ils partent de zéro, avec « naïveté mais optimisme » et c'est à partir de 2017 que Shopopop perce vraiment. Les co-créateurs ont voulu mettre en place une organisation au plus près des équipes (150 salariés) et donner une dimension prédominante sur l'impact : livraison des derniers kilomètres, réduction des émissions de CO_2, etc. tout en évitant le greenwashing !
Ambitieux pour son entreprise, Antoine Cheul a la volonté d'appliquer leur vision à d'autres pays, créer des sociétés européennes, disposant pour l'instant de bureaux et de commerciaux. Participant à la Convention des Entreprises pour le Climat, il cherche à pratiquer une économie régénérative. Une vision du futur qui lui fait participer à la création de Premier étage en 2022, un pool d'investisseurs entrepreneurs qui accompagnent et financent « les premiers pas des start-up de l'Ouest ». Le Breton, installé dans la campagne guingampaise, s'investit également dans le Réseau Entreprendre de Loire-Atlantique (siège de Shopopop), fidèle à ses valeurs et ses convictions : solidarité et transmission.

SHOPOPOP - 1 TER MAIL PABLO PICASSO - 44000 NANTES • TÉL. 02 49 88 13 13

PROMOTION ET GESTION IMMOBILIÈRE

Yoann **CHOIN-JOUBERT**

PDG DE RÉALITÉS

FORMATION DEA de sciences politiques (Rennes, 1999)

PASSIONS Son entreprise

Yoann Choin-Joubert débute sa carrière en tant que consultant chez PriceWaterhouseCoopers (PWC) à Rennes en 2000. Au lendemain du passage aux 35 heures, il conseille les collectivités locales. Toujours pour le compte de PWC, il rédige ensuite des business plan de start-ups. C'est ainsi que le consultant diplômé en sciences politiques découvre le monde de l'entreprise. Il développe des compétences économiques et juridiques qui vont lui permettre de se lancer dans l'aventure entrepreneuriale. En 2002, il quitte PWC et crée, avec d'autres partenaires, la société de conseil Bird consulting à Nantes. Un an plus tard, il quitte l'entreprise pour fonder Réalités, « partenaire du développement des territoires », grâce à une double casquette maitrise d'ouvrage / maitrise d'usage. Pour lui, être entrepreneur est un mode de vie, un tempérament. « J'aime la polyvalence des fonctions. L'entrepreneur touche à la fois au commerce, au marketing, à la communication mais aussi aux finances, au droit et aux ressources humaines », explique-t-il. Ce qu'il aime par-dessus tout, c'est le management et « animer les équipes, les pousser à atteindre un objectif, les faire progresser et progresser avec elles. » Sous son impulsion, Réalités concrétise en 2021 son engagement au service de l'intérêt général en devenant une entreprise à mission, une première pour un maître d'ouvrage en France.
Outre sa mission de PDG, Yoann Choin-Joubert a également été juge au tribunal de commerce et s'est investi dans des associations sportives. Il est depuis 2021 actionnaire principal et président du Nantes Atlantique Handball. Il a aussi créé le club féminin omnisport Les Neptunes de Nantes, en lui donnant l'ambition d'œuvrer pour l'épanouissement des sportives de haut niveau.

REALITES - 1 IMP. CLAUDE NOUGARO - 44800 SAINT-HERBLAIN • TÉL. 02 40 75 50 91

EMPLOI

Martine **CHONG-WA NUMERIC**

DIRECTRICE RÉGIONALE DE PÔLE EMPLOI PAYS DE LA LOIRE

FORMATION Diplôme d'état d'assistante de service social (Ecole de l'Assistance Publique Hôpitaux de Paris, 1984) ; maîtrise en Administration Economique et Sociale (université de Créteil Paris 12, 1988)

PASSIONS Faire de la peinture, la marche à pied

Dans sa première partie de carrière, Martine Chong Wa Numéric intervient en tant qu'assistante sociale au sein de l'AP-HP (Assistance Publique-Hôpitaux de Paris). Après avoir obtenu une maîtrise AES, elle rejoint la Martinique en 1991, dans le cadre d'un projet familial. Elle dirige une union d'associations agissant sur la question du handicap. Elle crée ensuite le poste de déléguée régionale de l'Agefiph, fonction qu'elle occupe de 1993 à 1999. Elle y développe son appétence pour l'accompagnement professionnel des personnes. En 2000, elle a l'opportunité de devenir directrice régionale adjointe de l'ANPE Martinique, avant d'être recrutée en 2003 à l'Assédic comme chargée de mission. Elle prend la direction régionale de l'Assédic Martinique en 2004 et découvre un nouveau contexte professionnel, de nouveaux acteurs, la «richesse du paritarisme». En 2008, à la création de Pôle Emploi, elle est retenue pour créer Pôle emploi en Martinique. Elle y développe des compétences en négociation et «résilience», fière a posteriori d'avoir construit ce «service public de référence».
Martine Chong Wa Numéric est nommée 6 ans plus tard directrice régionale du Pôle Emploi Languedoc-Roussillon, directrice régionale de Haute-Normandie en 2015 puis de la Normandie en 2016 lors de la réunion des régions. C'est en février 2021 qu'elle prend la tête de Pôle Emploi Pays de la Loire. Un nouveau challenge et beaucoup de travail à accomplir sur le terrain avec ses équipes (2500 collaborateurs). Enthousiaste, «exigeante et bienveillante», elle entend poursuivre la transformation dans le cadre du projet stratégique de Pôle emploi, en agissant aux côtés des décideurs régionaux pour la relance. Et toujours au service des demandeurs d'emploi et des employeurs des Pays de la Loire.

PÔLE EMPLOI PAYS DE LA LOIRE - 1 RUE DE LA CALE CRUCY - 44179 NANTES CEDEX 4 • TÉL. 02 40 38 49 77

COMMERCE ET DISTRIBUTION

François-Xavier **CHUPIN**

GÉRANT DE KAPPA FRANCE - PRÉSIDENT DE SPORT FINANCE

FORMATION Ecole supérieure de commerce de Paris (ESCP, 1977)

PASSIONS le running, le football, le tennis et le golf

Après une expérience de chargé de mission chez Arthur Andersen (1978-1983), François-Xavier Chupin assure la codirection du groupe Pindière à Cholet (1983-2003) jusqu'au démantèlement du fabricant de chaussures. Malgré un marché du textile en piètre forme, François-Xavier Chupin décide de relancer la marque de sportswear Kappa en France, dont la licence est alors possédée par AEF. Un pari risqué mais pas impossible. Il crée la holding Sport Finance à Saint-Herblain puis mise sur une stratégie : renforcer la visibilité de la marque. Pari réussi aujourd'hui. La holding a également enrichi son portefeuille de licences les marques suivantes : MLB (Major League de Base Ball avec la franchise NYY des New York Yankee) en vêtements et chaussures ; Les Voiles et Les Ailes de Saint- Tropez, collections sportwear liée aux évènements du même nom ; Prince (tennis) et Canterbury, la marque N° 1 au monde dans l'univers du rugby. François-Xavier Chupin a par ailleurs ouvert des filiales de distribution en Suisse, à Madrid en Espagne et Manchester en Angleterre, tout en multipliant les contrats de distribution en Europe.
Début 2019 la société Basicnet, propriétaire de la marque Kappa, prend 60 % du capital de Sport Finance qui devient Kappa Europe pour en faire la plateforme de développement de la marque en Europe et en Afrique.

SPORT FINANCE - 41 RUE BOBBY SANDS - 44800 SAINT-HERBLAIN • TÉL. 02 40 92 82 82

AGRICULTURE ET HORTICULTURE

Jean-Pascal **CHUPIN**

PDG DE FLORENTAISE

FORMATION Saint-Joseph du Loquidy à Nantes - Institut supérieur de gestion de Paris (ISG 1984)

PASSIONS les voyages, le jardin et… ne rien faire.

Très jeune, Jean-Pascal Chupin prend les rênes de l'entreprise familiale, à la suite du décès de son père en 1984. Dès lors, il ne va cesser d'innover pour devenir leader français des supports de culture. A la fois pour les professionnels (horticulteurs et pépiniéristes représentent 40 % de son activité) et pour le grand public, via la plupart des grandes enseignes de jardinage et de bricolage. Florentaise travaille aussi sur les matériaux de substitution misant notamment beaucoup sur l'hortifibre, fibre de bois fabriquée à partir de déchets de bois de scieries. Et sur la terre noire de Brière, ce qui lui vaut d'être la seule société écolabellisée en CEE.
Très engagé dans les réseaux d'entrepreneurs nantais, Jean-Pascal Chupin a passé 13 ans au CJD (Centre des Jeunes Dirigeants). Il rejoint en 2009 le réseau de dirigeants Idea (Innovation, Dirigeant, Éthique, Action) et le préside de 2013 à 2015.

FLORENTAISE - LE GRAND PÂTIS - 44850 SAINT-MARS-DU-DÉSERT • TÉL. 02 40 77 44 44

RÉGION

Antoine **CHÉREAU**

1ER VICE-PRÉSIDENT DU CONSEIL RÉGIONAL DES PAYS DE LA LOIRE

FORMATION Externat des enfants nantais à Nantes (bac C, 1989) - maîtrise de philosophie à l'Institut supérieur de philosophie à l'université de Louvain (Belgique)

PASSIONS La voile, la nature et le patrimoine

Entre 1996 et 2000, Antoine Chéreau est chargé de mission au cabinet du président du conseil général de Vendée. Elu maire de Montaigu en 2001, il deviendra, en janvier 2019, le premier maire de la commune nouvelle Montaigu-Vendée. Puis, élu sur la liste de son successeur Florent Limouzin lors des municipales de 2020, il est élu président de la communauté d'agglomération Terres de Montaigu la même année. Il est également vice-président d'Intercommunalités de France (ex ADCF) en charge des questions de mobilité.
Conseiller régional depuis 2004, il est réélu sur les listes de Bruno Retailleau en 2015, et est nommé vice-président de la Région Pays de la Loire, en charge de l'éducation, des lycées et du civisme. Il est élu par la suite président de l'Orchestre National des Pays de la Loire (ONPL) en janvier 2016. C'est en octobre 2017 qu'il est nommé 1er vice-président de la Région Pays de la Loire, auprès de la nouvelle présidente, Christelle Morançais. Réélu à ses côtés lors des élections régionales de 2021, il est aujourd'hui le premier vice-président, en charge de la commission Territoires, ruralité, environnement, transition écologique et énergétique, eau, logement, infrastructures numériques, sécurité et santé.
Président par ailleurs du conseil de surveillance du Centre hospitalier Départemental de la Vendée (La Roche-sur-Yon - Montaigu - Luçon) depuis 2004, Antoine Chéreau est président de la Fédération Hospitalière Régionale des Pays de la Loire depuis décembre 2019.

RÉGION PAYS DE LA LOIRE - HÔTEL DE RÉGION - 1 RUE DE LA LOIRE - 44966 NANTES CEDEX 9 • TÉL. 02 28 20 50 00

TRANSPORT ET LOGISTIQUE

Fabrice **COLTELLONI**

DIRECTEUR RÉGIONAL DES VENTES AIR FRANCE GRAND OUEST

FORMATION École Supérieure de Commerce de Tours (Excelia, 1996)

PASSIONS les voyages, l'histoire, le cinéma, la musique

Passionné par les cultures du monde et les voyages, Fabrice Coltelloni décide d'effectuer son VIE auprès de la direction commerciale et marketing d'Air France à Rome en 1996. Il rejoint la direction commerciale du siège d'Air France deux ans plus tard, pour prendre en charge la politique tarifaire sur les réseaux longs courriers de la compagnie. En 2006, il intègre les équipes ventes à la direction grands comptes au poste de chargé d'affaires grands comptes du marché France. Il prend ensuite la responsabilité d'un portefeuille des comptes stratégiques (périmètre international et France) à la direction des comptes globaux. Son expérience lui permet d'être nommé en 2013 directeur des ventes Air France-KLM au sein de la délégation régionale Italie, à Milan.
De retour en France en 2017, il retrouve le siège d'Air France-KLM où il participe à la création du nouveau département de support aux forces de ventes pour l'organisation commerciale des deux compagnies, jusqu'en 2019. Cette année-là, il prend la direction de la politique agences de voyages pour l'ensemble des marchés d'Air France et KLM. Mesurant sa chance de profiter d'une diversité d'opportunités offertes par son groupe, Fabrice Coltelloni rejoint en septembre 2023 les équipes du marché France en tant que directeur des ventes marché et de la délégation régionale Grand Ouest. Enthousiasmé par ce nouveau challenge - accompagner la transformation du groupe - il s'attachera aussi à des objectifs plus précis : «faire correspondre efficacement l'ensemble des forces des réseaux et produits et services Air France-KLM aux besoins des clients, en relation avec les partenaires du territoire».

DIRECTION RÉGIONALE AIR FRANCE - 1 RUE PIERRE LATÉCOÈRE - BÂT. SIERRA - 44340 BOUGUENAIS • TÉL. 02 51 25 02 50

ASSOCIATIONS ET RÉSEAUX

Philbert **CORBREJAUD**

FONDATEUR ET PRÉSIDENT DU FONDS DE DOTATION TALENTHUM®

FORMATION CAP en électromécanique (Saint-Gabriel à Saint-Laurent-sur-Sèvre, 1979) ; ingénieur CNAM (Nantes, 1998) ; PhD - doctorat en « Business Coach & Management » (université de Californie FCE, 2020)

DISTINCTIONS Trophée de la formation continue 1999 (Les Echos) ; médaille du progrès 1999

PASSIONS La marche, les voyages

PUBLICATIONS « Libérez vos talents. Personne ne le fera à votre place ! « (Ed. Eyrolles, 2021)

Enfant de Noirmoutier, bon à l'école, Philbert Corbrejaud était pourtant destiné à être maçon comme son père. Il entre toutefois comme apprenti chez Michelin, à Cholet, en 1979 puis devient ouvrier à la chaine à la CPIO, filiale de Renault. Deux ans plus tard, empêché d'évoluer faute de diplômes, il décide de prendre des cours du soir. Il intègre l'Apave de l'Ouest en 1984 où il est formé comme inspecteur électricien junior. Quatre ans plus tard, il reprend à nouveau des cours du soir et rejoint Aviatube, filiale de Péchiney. Sans possibilité d'évoluer, encore une fois, il effectue un 3e cycle au CNAM de Nantes en 1991 puis démissionne en 1993. C'est chez Sermo industries, à Saint-Hilaire-de-Loulay, qu'il finit par obtenir son diplôme d'ingénieur. Responsable qualité, il est nommé directeur de la compétitivité du groupe en 1997, ayant gagné la confiance de son patron et mentor. A la retraite de celui-ci, Philbert Corbrejaud crée Maâtura, cabinet de conseil, de formation et coaching, désireux de développer son appétence pour le management.
Vingt et un ans plus tard, il cède la société à ses 5 associés pour se consacrer à ce qui le passionne : la révélation et le développement des talents cachés. Cet innovateur-né, qui n'a cessé de se réinventer tout au long de sa carrière, fonde en 2018 l'association Cedef (Cercle des Enfants Dirigeants d'Entreprises Familiales). Son but est de la développer, ainsi que l'activité de mentorat, pour partager les expériences et les savoir-faire, notamment auprès des «sans diplômes». Avec enthousiasme et ténacité, il s'attache désormais à aider les «gens ordinaires à faire de l'extraordinaire». C'est d'ailleurs l'objectif de son livre qui paraît en septembre 2021 : «Libérez vos talents».

TALENTHUM® - 13 PL EDOUARD NORMAND - RÉSIDENCE ALLÉE FÉLIBIEN - 44000 NANTES • TÉL. 02 51 17 89 38

COMMUNICATION ET MARKETING

Manuel **CORNET**

PRÉSIDENT DE NOUVELLE VAGUE

FORMATION hypokhâgne (lycée Berthollet d'Annecy) ; khâgne (lycée St-Sernin de Toulouse) ; maîtrise de philosophie ; Deug de lettres modernes et de philosophie (Université Pierre Mendès France de Grenoble) ; 3e cycle (Sciences com Nantes)

PASSIONS la philosophie, lire, marcher, yoga, les questions sans réponse, le cinéma, la science-fiction et les sujets éthiques et RSE en entreprise

Après un an dans l'enseignement comme professeur de français et de philosophie en 1990, Manuel Cornet donne un autre visage à sa carrière. Il se tourne vers la publicité comme concepteur-rédacteur puis intègre notamment le Groupe BDDP à Nantes comme chef de publicité, à partir de 1994. Il devient directeur de clientèle d'ALS Tonic (1997-1999), agence bordelaise du groupe, dont il assure rapidement la direction. Puis il rejoint TBWA/Nouvelle Vague comme directeur général adjoint. Pendant cette période, il participe à un Groupe d'entraînement et de réflexion au management des entreprises (2002-2010).

Depuis 2013, Manuel Cornet est président de Nouvelle Vague, née de la fusion entre Nouvelle Vague, agence issue du conseil et de la création et G-nova, pure player digital. L'agence a adopté une démarche transversale, Réponse Bleue, qui consiste à « pousser l'intention de faire du bien à la planète et aux hommes », partout où elle agit avec ses clients. Son dirigeant précise : « Nous avons la conviction farouche qu'aucun business ne sera plus durable s'il n'est pas soutenable et vertueux. C'est un chemin RSE pris en toute humilité. Il trouve sa source dans une conscience aigüe du défi environnemental et humain qui se pose à notre génération. Nous savons que ce chemin relève souvent du geste du colibri. Il n'en est que plus impérieux. ».

De 2012 à 2014, il a présidé l'Union des conseils en communication (UCC) de l'Ouest, créée en 2010. Il est membre de l'APM depuis 2013 et de Planet'RSE depuis 2019.

NOUVELLE VAGUE - 8 RUE DE RIEUX - 44000 NANTES • TÉL. 02 51 86 08 00

TRANSPORT ET LOGISTIQUE

Boris **COUILLEAU**

PDG - FONDATEUR DE LA SCOP TITI FLORIS

FORMATION prépa HEC ; Audencia (Nantes, 2001)

PASSIONS fan de sport en général

Avant d'entamer ses études, Boris Couilleau n'a pas de vision précise de sa future vie professionnelle. Créatif par essence, il sait juste qu'il a envie de monter des projets. Pendant son cursus, Adidas lui confie la responsabilité de ses animations au cours de la coupe du monde de foot 1998. Sa carrière débute cependant par un stage comme analyste financier chez Portzamparc, mais l'expérience n'est pas concluante. Il décide de devenir contrôleur de gestion puis rejoint Paris en tant que consultant de KPMG Consulting. Son choix de vie familiale l'amène à revenir à Nantes où il occupe brièvement en 2004 un poste de contrôleur de gestion à la Caisse d'Épargne. Mais ce petit-fils d'entrepreneur – son grand-père dirigeait une société de transport de marchandises – a l'envie de créer sa propre entreprise. Après un passage chez VAD, spécialiste du transport pour handicapés, il peaufine son projet dans le même domaine et fonde Titi Floris en 2006 avec un associé. Sous le statut scop, car le concept correspond à son désir « d'entreprendre autrement », avec du sens et de façon « citoyenne ».

Porté par le succès de Titi Floris, spécialisé dans le transport de personnes à autonomie ou mobilité réduite, Boris Couilleau travaille sur d'autres projets. Toujours dans l'idée d'apporter un service de qualité à destination de publics fragiles, il a donc développé, avec d'autres acteurs du territoire et de l'ESS, les structures suivantes : le restaurant inclusif La Fraterne, la coopérative d'habitats partagés seniors Hacoopa, la coopérative Citiz Nantes qui développe un nouveau service d'autopartage, une autre pour créer un tiers-lieu ESS à Laval (Level). Une coopérative pour créer des gîtes adaptés à tous, Gîtes pour tous, doit aussi voir le jour.

TITI FLORIS - FORUM TITI - 7 RUE LOUIS BLÉRIOT - 44700 ORVAULT • TÉL. 02 40 76 38 44

ARCHITECTURE

Patrice **COUPECHOUX**

PRÉSIDENT DU GROUPE COUPECHOUX

FORMATION Ecole des beaux-arts de Nantes

PASSIONS « sa chérie » mais aussi les bons vins, les cigares, les bons livres, la politique et la marche dans le Lubéron...

Patrice Coupechoux est président d'un groupe fondé il y a 50 ans, le groupe Coupechoux. L'entreprise est spécialisée dans l'aménagement des espaces publics et privés en France et à l'étranger. Elle fut leader international d'agencement d'officines avec la société Mobil'm, et son usine de production (cédée en 2017). Aujourd'hui, elle est transmise à son fils Antoine sous la marque IDM et s'est recentrée sur l'aménagement et l'équipement de médiathèques, d'universités, de campus, de bureaux, et la diffusion de mobiliers contemporain pour les particuliers.

Chef d'entreprise passionné, Patrice Coupechoux est également mécène : pour les anneaux de Buren, le « Zebra Crossing » d'Angela Bulloch, « Air » de Rolf Julius ainsi que pour les expositions de Pierre Paulin, Ron Arad et Le Corbusier. Sponsor de plusieurs courses à voile, il a gagné, entre autres, la course du Figaro avec Michel Desjoyaux. Il a par ailleurs la fierté d'avoir inauguré en 2009 avec le maire de Nantes Jean-Marc Ayrault et le président de la CCI Jean-François Gendron, son siège social : Manny. Immeuble dessiné par le cabinet Tetrarc dont le style architectural et l'implantation sur l'île de Nantes dans le quartier de la création, témoignent de la volonté de Patrice Coupechoux « d'innover en permanence ». Véritable prouesse architecturale, l'immeuble Manny est un élément phare du Voyage à Nantes et un repère fort dans la ville.

IDM - 19 RUE DE LA NOUE BRAS DE FER - BP 76324 - 44200 NANTES CEDEX 2 • TÉL. 02 40 16 97 44

CULTURE

Jean-Luc **COURCOULT**

AUTEUR - METTEUR EN SCÈNE ET FONDATEUR DE LA COMPAGNIE ROYAL DE LUXE

FORMATION collège-lycée à Saint-Brieuc - Institut de formation des comédiens animateurs (faculté des lettres d'Aix-en-Provence) et ateliers de pratiques théâtrales (Théâtre du Centre, dirigé par Jean Digne)

DISTINCTIONS Grand prix du théâtre décerné par le ministère de la Culture (1996) ; chevalier des Arts et des Lettres (2013)

PASSIONS l'histoire, la photo et la cuisine.

Jean-Luc Courcoult a sans doute beaucoup appris des petits boulots avant de vivre de ses mises en scène et de créer l'oeuvre de sa vie : Royal de Luxe. Cette compagnie de théâtre de rue est aujourd'hui considérée comme pionnière du théâtre de rue dans le monde. La compagnie développe différentes formes de théâtre comme le théâtre « de rue », « de place », « de vitrines » et autres situations imaginaires. Le premier spectacle « Le Cap Horn » date de 1979. Suivront de nombreux spectacles et performances à savoir « Le Bidet cardiaque » (1983), « Roman-photo » (1985) ou « L'autobus à la broche » (1986). Premier point d'orgue de la compagnie : « La véritable histoire de France », présentée en France, en Europe et en Amérique latine (1990-1992).
A partir de 1993, Jean-Luc Courcoult créé la saga des « Géants », des spectacles à l'échelle d'une ville entière qui s'étendent sur trois à quatre jours. Les Géants sont manipulés - telles des marionnettes - par des dizaines de Lilliputiens, devenus la signature directement identifiable de la compagnie. « Grand Géant » parfois « Scaphandrier » ou « Campesino », « Petit Géant noir », « Petite Géante », « La Grand-mère », accompagnés d'un bestiaire de « Girafes » et du chien « Xolo », ces créations sillonnent le monde. De nombreuses villes ont déjà accueilli ces contes urbains au langage universel, réunissant des millions de spectateurs. En 2019, il investit le quartier Bellevue à Nantes pour un projet artistique qui se développe sur cinq ans.

ROYAL DE LUXE - 1 QUAI DU CORDON BLEU - 44100 NANTES • TÉL. 02 40 20 44 85

AGROALIMENTAIRE

Christophe **COUROUSSÉ**

DIRECTEUR DU DÉVELOPPEMENT AGRICOLE DE TERRENA

FORMATION ingénieur en agriculture (ESA d'Angers, 1994)

PASSIONS l'Histoire, les civilisations

Fils de maraîchers nantais, le parcours de Christophe Couroussé témoigne de son fort attachement au développement du monde agricole. Sa carrière commence au Laboratoire d'Études et de Recherches en Économie de l'Inra de Nantes en 1995. Spécialisé dans la Politique agricole commune (PAC), il effectue une étude pour le compte de Terrena, en pleine crise de la vache folle. Il intègre ensuite la coopérative pour s'occuper de la communication avec les agriculteurs en 1997. Il accompagne la naissance de Terrena puis fait émerger, dès 2008, La Nouvelle Agriculture®. Un concept très structurant pour la stratégie du groupe et qui lui tient a cœur car il promeut une agriculture attentive aux enjeux environnementaux et nutritionnels. En 2008, Christophe Couroussé intègre le comité de direction et devient en 2011 directeur de la communication et du marketing stratégique. Il prend la direction générale du pôle Volaille de Terrena en mars 2016 puis la présidence du directoire.
Motivé par l'envie de démontrer la compétitivité et la valeur humaine de l'agro-alimentaire français à l'international, l'ingénieur nantais tient également à mettre en valeur son innovation. En octobre 2020, il est nommé directeur du développement agricole de Terrena. Sa fonction englobe le développement de la marque Nouvelle agriculture mais aussi les fonctions « innovation et data », RSE, qualité, marketing groupe, Terrena force de vente, relations adhérents et communication groupe. Il rejoint en même temps le comité de pilotage de la coopérative.

TERRENA - LA NOËLLE - BP 20199 - 44155 ANCENIS CEDEX • TÉL. 02 40 98 90 00

ORGANISATIONS PROFESSIONNELLES

Véronique **CROUÉ-GUELLERIN**

PRÉSIDENTE DE L'UNION NATIONALE DES ASSOCIATIONS DE TOURISME ET DE PLEIN AIR DES PAYS DE LA LOIRE (UNAT)

FORMATION maitrise de STAPS (Université catholique de l'Ouest à Angers, 1987)

PASSIONS La lecture (Virgil Gheorghiu, Joyce Maynard, Carol Oates) et les voyages.

Véronique Croué-Guellerin débute sa carrière à l'Éducation Nationale où elle enseigne l'éducation physique et sportive dans les collèges et lycées privés de Nantes de 1986 à 1992. Elle pratique par ailleurs le Tennis de Table, sport pour lequel elle atteindra les niveaux nationaux. Elle décide de réorienter sa carrière, démissionne de l'Education Nationale où sa carrière était tracée, pour suivre une formation d'encadrement commercial à la Chambre de Commerce et d'Industrie de Nantes. Elle rejoint la Biscuiterie Nantaise mais continue à être intéressée par la formation et rejoint le Centre de Formation de la CCI en 1994 pour exercer différentes fonctions : responsable pédagogique de l'École Atlantique de Commerce (EAC) puis directrice de formation professionnelle. Elle intervient en parallèle dans plusieurs établissements dont l'Université Catholique de l'Ouest et l'UFRAPS à Nantes. En 1998, elle devient responsable régionale Ouest et Sud-Ouest de l'UCPA (Union Nationale des Centres de Plein Air -Association 1901), dont l'objectif est de promouvoir l'accessibilité aux vacances et loisirs sportifs pour tous. Puis elle prend le poste de responsable nationale BtoB /CSE en janvier 2021.
Depuis juin 2015, Véronique Croué-Guellerin est présidente de l'UNAT (Union Nationale des Associations de Tourisme et de plein air des Pays de la Loire), qui représente près de 80 sites d'hébergements

touristiques. Elle est réélue en janvier 2021. Au service d'une mission d'intérêt général, l'UNAT rassemble, représente et défend les acteurs touristiques de l'économie sociale et solidaire qui s'engagent en faveur du droit aux vacances pour tous.

UNAT DES PAYS DE LA LOIRE
- 7 QUAI DE VERSAILLES - 44000 NANTES
• TÉL. 02 40 48 92 63

COMMUNICATION ET MARKETING

Gilles **D'HERMIES**

DIRECTEUR DE GENICADO

FORMATION collège Saint-Stanislas et Externat des enfants nantais à Nantes (bac littéraire, 1972) - faculté de droit à Nantes

PASSIONS la mer (jamais loin), le bateau, les voitures et les motos anciennes auxquelles il voue une « vraie tendresse », le jazz de Melody Gardot, le blues de Lucky Peterson et les contrepèteries.

Parcours éclectique pour Gilles d'Hermies qui entre dans la vie active au ministère de la Justice comme délégué à la Liberté Surveillée (1976-1980), puis bifurque vers le monde de l'édition (1980-1987). Il poursuit dans la gestion énergétique en tant que directeur de l'agence nantaise Montenay (1987-1989) avant d'être recruté à un poste de directeur commercial dans le secteur automobile (1990-1995). Nouveau changement de cap l'année suivante, le Nantais reprend la société Genicado (1,5 M€ de CA, 9 collaborateurs, spécialisée dans les objets & textiles personnalisés, cadeaux d'affaires, etc.). Enrichie d'une agence rennaise, l'entreprise accélère son développement en 2014 avec le rachat de CM Publicité (vêtements de travail) à Rennes. La transmission familiale s'effectue en juillet 2017, lorsque le dirigeant vend la société à ses deux fils. Il reste consultant pour les accompagner quelques années encore. Actuellement le Groupe DH Development représente 65 personnes (Nantes, Rennes, Paris) pour un CA consolidé de de 15 M€.
Ses responsabilités entrepreneuriales n'empêchent pas Gilles d'Hermies d'assurer conjointement ses rôles d'élu à la CCI Nantes Saint-Nazaire et Pays de la Loire, et administrateur de la CPME.

GENICADO - ZAC DE LA BOULAIS
- 27 RUE DU LEINSTER
- 44240 LA CHAPELLE-SUR-ERDRE
• TÉL. 02 40 49 03 11

ASSOCIATIONS ET RÉSEAUX

Safia **D'ZIRI**

PRÉSIDENTE D'ADN OUEST

FORMATION Maîtrise Sciences de l'ingénieur (1994) et DESS Systèmes d'information (1995) à l'université Pierre et Marie Curie – Paris V

DISTINCTIONS Chevalier de l'Ordre National du Mérite

PASSIONS Le zéro déchet, cuisiner, jardiner, le théâtre et le cinéma

C'est en voulant comprendre comment le monde fonctionne que Safia D'Ziri devient ingénieure. Attirée également par le domaine de la culture, elle choisit de rentrer à l'Institut National de l'Audiovisuel (INA) en 1995 afin de travailler sur la mise en ligne d'œuvres jusque-là inaccessibles pour le public. De développeuse web à cheffe de projet puis responsable technique Internet, cette pionnière du web participe à la transformation numérique de l'INA notamment en réussissant l'ouverture des archives de la radio et télévision au grand public. Ceci lui vaut d'être nommée en 2004 directrice des systèmes d'information. Reconnue comme spécialiste en management du numérique des médias, Safia D'Ziri rejoint l'AFP en tant que directrice des systèmes d'information et des moyens généraux. Des raisons familiales l'appellent ensuite à Nantes et elle postule en 2013 comme directrice des solutions numériques au Département de Loire-Atlantique. Fonction qu'elle exerce toujours avec la volonté de « créer de la valeur » pour les usagers : elle crée ainsi un laboratoire des usages numériques pour les collégiens, et lance un programme pour offrir aux citoyens une plateforme de démarches en ligne.
Son implication chez ADN Ouest commence en 2015. Elle entre au conseil d'administration pour refondre la stratégie marketing, et accepte en 2021 de prendre la présidence de l'association (650 entreprises adhérentes en Pays de la Loire et Bretagne). Elle continuera à développer les projets comme l'Observatoire Régional du Numérique, le fond de dotation ADN Solidarity ou l'accélérateur d'innovation ADN Booster. Ses priorités? Accentuer la prise en compte du poids écologique de la filière, et promouvoir la mixité. Toujours en associant « humanisme, intelligence collective et convivialité ».

ADN OUEST - CCI NANTES - SAINT NAZAIRE
- 16 QUAI ERNEST RENAUD - CS 90517
- 44100 NANTES • TÉL. 02 40 44 61 06

MÉCANIQUE ET MÉTALLURGIE

Chiara **DANIELI**

DIRECTRICE GÉNÉRALE DU GROUPE BOUHYER - VICE-PRÉSIDENTE CCI NANTES ST-NAZAIRE, « INTERNATIONAL ».

FORMATION Études d'économie en gestion d'entreprise (université de Turin, 1989)

PASSIONS Le golf et la plongée sous-marine, la cuisine

Animée depuis l'enfance par son attirance pour l'international, Chiara Danieli vise dès le départ une carrière en entreprise. Elle entre en 1990 chez Fiat Revi comme auditrice junior puis senior et sillonne le monde. Dix ans plus tard, riche d'une expérience solide en méthodes d'analyse – qui lui sert toujours aujourd'hui – elle demande un poste opérationnel. Elle devient DAF pour Iveco Financial Services et effectue encore bon nombre de voyages à l'international. En 2005, elle se lance un nouveau défi en décidant de racheter une entreprise. Elle déniche la perle rare en France et achète avec son associé la société Groupe Bouhyer en 2007. « Une chance unique » pour elle de s'installer à Nantes et en tant que directrice générale.
Très active dans sa région, Chiara Danieli est vice-présidente de la CCI de Nantes, en charge du développement international, vice-présidente d'International Ouest Club IOC (club export en région des Pays de la Loire piloté par des chefs d'entreprises à l'international) et référente industrielle du dispositif Territoire d'industrie pour Ancenis depuis fin 2018. La dirigeante est également membre du conseil d'administration du Medef 44 et du conseil d'administration de l'Université de

Nantes. Ce qui l'intéresse dans ces mandats est de faire entendre la voix des entreprises, de défendre le libre marché, pour «rendre possible l'épanouissement de chacun dans le monde économique». Pragmatique et sans préjugé, la Franco-italienne trilingue se bat aussi pour la parité hommes-femmes et fait partie du Réseau APM depuis 2016. Dans son quotidien de manager, elle s'efforce d'être toujours à l'écoute, que ce soit pour ses collaborateurs, clients, ou fournisseurs.

GROUPE BOUHYER - 358 RUE DE LA FONDERIE - BP 69 - 44152 ANCENIS SAINT-GÉRÉON CEDEX • TÉL. 02 40 09 19 00

ORGANISATIONS PROFESSIONNELLES

Axel **DAVID**

DIRECTEUR DE L'USH DES PAYS DE LA LOIRE

FORMATION Maîtrise d'Institut Universitaire Professionnalisé d'Aménagement et de Développement Territorial - IUPADT (2000) et DESS-Master Administration Locale à l'Université de Pau et des Pays de l'Adour (2002)

PASSIONS cuisiner, les repas entre amis, passer du temps avec ses enfants

Investi dans des associations de développement local dans sa ville natale, Axel David prend goût à la conduite de projets collectifs. En 2000, il a l'opportunité d'entrer en stage à la communauté d'agglomération de Pau-Pyrénées, qui est en train de se créer. Il devient chargé d'études et suit une formation en droit en parallèle. Diplômé, il entre à la communauté d'agglomération périgourdine en 2002 à Périgueux en tant que responsable adjoint du service Habitat. Deux ans plus tard, il rejoint l'Arosh (Associations Régionales des Organismes Sociaux pour l'Habitat) Aquitaine et Poitou-Charentes à Bordeaux. Chargé de mission jusqu'en 2006, il prend la direction de l'Arosh Poitou-Charentes en 2007 à Poitiers. Il anime alors un réseau de 24 organismes et 1500 salariés. Il saisit l'opportunité de devenir directeur de l'Habitat du bailleur social poitevin Sipea Habitat en 2013. Il décide de partir en 2017, lors de la fusion de celui-ci avec Logiparc, et candidate au poste de directeur de l'USH des Pays de la Loire. Choisi par l'organisme, il prend ses fonctions le 1er février 2017.

Axel David se définit avec humour comme un «gentil animateur» du mouvement HLM, au service de l'intérêt général. Pragmatique et tenace, son parcours témoigne des opportunités qu'il a su saisir, variant avec bonheur entre l'opérationnel et les fonctions de direction. Il apprécie plus que jamais de «porter des projets avec les organismes HLM au service des locataires et des territoires», et de contribuer au changement tout en faisant perdurer le mouvement.

USH - UNION SOCIALE POUR L'HABITAT DES PAYS DE LA LOIRE - 1 AV. DE L'ANGEVINIÈRE - BAL N° 109 - 44800 SAINT-HERBLAIN • TÉL. 02 40 94 87 59

IMPRIMERIE

Hubert **DE BOISREDON**

PDG D'ARMOR GROUP

FORMATION école Passy-Buzenval à Rueil-Malmaison - Ecole Sainte-Geneviève de Versailles; HEC (1986)

DISTINCTIONS chevalier de la Légion d'honneur 2017; chevalier de l'Ordre national du Mérite - Prix de l'Entrepreneur de l'année 2013 pour la région Ouest (EY); Prix du Stratège de l'année 2018, catégorie ETI-PME (Les Échos)

PASSIONS le sport, la chasse et les voyages en famille.

PUBLICATIONS «L'Esprit souffle, suis-le. Itinéraire d'un dirigeant engagé» (Ed. Mame, 2021)

Hubert de Boisredon fait ses premiers pas d'entrepreneur au Chili. Il crée la société de capital risque du Banco del Desarrollo, puis fonde la banque de micro-crédits Contigo (1989-1993). De retour en France, il est recruté par Rhône-Poulenc comme responsable marketing ventes, puis directeur d'un centre de profit de produits industriels (1993-1997). Il est ensuite promu directeur général adjoint de Rhodia au Japon (1997-1999), puis devient à Hong Kong directeur Asie-Pacifique de la division Pharma et Agro de Rhodia. Directeur général mondial des Ingrédients Pharmaceutiques de Rhodia à Lyon (2002-2004), il poursuit sa carrière au sein d'Armor : directeur général (2004-2008), puis PDG du groupe depuis 2008. Hubert de Boisredon mise sur le développement durable et l'innovation sociétale. Il co-signe en 2015 avec Grégory Martin, secrétaire général CFDT Midi-Pyrénées, un plaidoyer en faveur de «la confiance dans le dialogue social pour faire de l'entreprise un vrai bien commun.» Co-fondateur de l'Association des Décideurs Responsables de l'Ouest, membre de la commission nationale ETI du Medef et administrateur du Medef44, membre du conseil d'administration national d'IMS-Entreprendre dans la Cité, administrateur de Nantes Atlantique Place Financière et du conseil de la Banque de France pour la région Pays de la Loire, président du Cercle de l'entrepreneuriat populaire Nantes-Atlantique et membre du conseil de surveillance du groupe Lacroix, Hubert de Boisredon est également membre du Club des Trente et responsable du groupe des dirigeants de l'association chrétienne Fondacio à Nantes. En 2021, il confonde en mars Eotekum, un cabinet de conseil en management et publie un livre en septembre.

ARMOR GROUP - 20 RUE CHEVREUL - CS 90508 - 44105 NANTES CEDEX 4 • TÉL. 02 40 38 40 00

INDUSTRIE ÉLECTRIQUE ET ÉLECTRONIQUE

Olivier **DE LA CHEVASNERIE**

DIRIGEANT DE SYGMATEL

FORMATION lycée Marie de Champagne à Troyes - ingénieur électrotechnicien (Esme Sudria Paris, 1990)

PASSIONS la mer et la montagne.

Ingénieur électrotechnicien de formation, Olivier de La Chevasnerie a fait ses armes professionnelles au sein d'importantes sociétés du secteur. Il a notamment travaillé pour Sogetrel, entreprise spécialisée dans les télécoms, dont il a dirigé une filiale jusqu'en 2004. Il crée alors Sygmatel à Saint-Herblain, qu'il dirige depuis. Employant désormais 320 salariés, le groupe compte quatre sociétés réparties sur le grand Ouest et spécialisées dans les métiers de l'électricité des courants forts et faibles. Il rachète la société Instant

Electronique en 2016 et Modif en 2018. Membre du Réseau Entreprendre Atlantique depuis 2009, Olivier de La Chevasnerie s'est très vite impliqué dans l'association de chefs d'entreprise, dont il a rejoint le conseil d'administration en 2011. L'association vise à favoriser la réussite de créateurs et repreneurs de PME en Loire-Atlantique par l'octroi de prêts d'honneur et un accompagnement personnalisé. Il en sera le président d'avril 2012 à avril 2016. La même année, il prend la présidence de l'Association nationale des Entrepreneuriales (ANLE). C'est en juin 2018 qu'il est élu président du Réseau Entreprendre, fonction qu'il assumera jusqu'en 2022.

SYGMATEL - ZONE MALABRY ERDRE ACTIVE 2
- 12 RUE DE SAINTONGE
- 44240 LA CHAPELLE-SUR-ERDRE
• TÉL. 02 40 86 71 13

tout en devenant en 2010 coordinateur et porte-parole des Places Financières Régionales jusqu'en 2019. Personnage actif de l'économie, il est, entre-autres, membre du Medef 44 et de plusieurs Sofica. Président d'Audencia Group de décembre 2014 à juin 2015, il est engagé comme membre associé et délégué consulaire à la CCI Nantes-Saint Nazaire. On le voit aussi parfois sur un court de tennis ou dans le Morbihan à traquer le bar...
Son mandat de président arrivant à échéance en mai 2019, il reste administrateur et devient président d'honneur de la nouvelle société Portzamparc SA, issue de la fusion entre Portzamparc Société de Bourse et B*capital.

PORTZAMPARC - 13 RUE DE LA BRASSERIE
- CP 38629 - 44186 NANTES CEDEX 4
• TÉL. 02 40 44 94 00

économique, puis en 2005, comme responsable du pôle de développement local.
Mais Nicolas Debon désire retrouver une « échelle plus humaine » et prend la fonction de directeur général adjoint en charge du développement économique à Saint-Nazaire en 2008. Ses objectifs atteints, il se voit confier le même poste à Nantes Métropole en 2011, avec l'attractivité internationale en sus. Ce passionné de handball, compétiteur dans l'âme, relève un nouveau défi en septembre 2017 lorsqu'il est nommé directeur général de Nantes Saint-Nazaire Développement. « Formaté pour l'ambition », mais avec bienveillance, il porte les valeurs d'entraide et du collectif qu'il cultive au sein du réseau Germe. Tout en se vouant à sa mission professionnelle : inciter les entreprises à s'installer sur le territoire ligérien.

NANTES SAINT-NAZAIRE DÉVELOPPEMENT
- 16 RUE DE CORNULIER - CS 10314
- 44000 NANTES • TÉL. 02 40 35 44 54

FINANCES

Philippe **DE PORTZAMPARC**

ADMINISTRATEUR ET PRÉSIDENT D'HONNEUR DE PORTZAMPARC SA

FORMATION Saint-Stanislas à Nantes (bac B, 1970) - diplôme universitaire de technologie, option finance-comptabilité (IUT gestion de Nantes, 1972)

PASSIONS la placomusophilie, la scripophilie, le tennis, la pêche, la chasse et le Morbihan

PUBLICATIONS coauteur de « Bourse : Investissez dans les valeurs moyennes ! » (Gualino Editeur-2005) ; « Le guide en toques » (2007 et 2012)

C'est le « Monsieur Bourse » de l'Ouest et même le seul en France qui ne soit pas parisien ! Cela dit, ses compétences sont reconnues nationalement puisque c'est souvent Philippe de Portzamparc que les médias sollicitent pour évoquer les marchés financiers. Après avoir débuté sa carrière en 1975 au Crédit industriel de l'Ouest, à la Direction de l'étranger, il a été à partir de 1980 fondé de pouvoir d'agent de change avant de devenir PDG de Portzamparc SA. Fondateur, en 1990, et président de 1997 à 2006 de NAPF (Nantes Atlantique Place Financière), il en est resté membre du Bureau,

DÉVELOPPEMENT ÉCONOMIQUE

Nicolas **DEBON**

DIRECTEUR GÉNÉRAL DE NANTES SAINT-NAZAIRE DÉVELOPPEMENT

FORMATION ENITA Clermont-Ferrand (1996)

PASSIONS Le sport (handball, badminton, course à pied, golf)

« Matheux » de nature, intéressé par l'agronomie, Nicolas Debon a finalement opté pour le développement économique local. Un domaine qu'il découvre lors de ses études et qu'il va faire sien dès 1996. Objecteur de conscience, il devient formateur dans un centre de formation pour adultes à Bar-le-Duc. Il monte des projets d'ingénierie liés au développement rural tout en enseignant les statistiques et la production agricole. Il rejoint ensuite la chambre d'agriculture de Quimper en 1998 en tant que chef de projet Diversification et s'occupe de la marque bienvenue à la ferme. L'ingénieur en techniques agricoles part en 2000 diriger une agence de développement économique et touristique, Ouest Cornouaille Promotion. Trois ans plus tard, il profite d'une opportunité pour rejoindre la communauté urbaine du Grand Lyon. Tout d'abord comme coordinateur de l'action

ASSOCIATIONS ET RÉSEAUX

Catherine **DEBORDE**

DIRECTRICE DE RÉSEAU ENTREPRENDRE ATLANTIQUE

FORMATION maitrise de droit des Affaires (faculté de Nancy, 1992), DESS de direction et gestion des ressources humaines (IAE Nancy, 1993)

PASSIONS amatrice de bière, fan de polars et de la littérature du sud des Etats-Unis

Catherine Deborde se définit comme une fan de l'entreprise et, ce, dès la fac. Elle commence à travailler à 22 ans dans les ressources humaines chez IFBM (Kronenbourg) à Nancy. Puis elle entre dans un cabinet de courtage en assurances pour créer l'activité assurance de personnes et, pendant 6 ans, apprendra beaucoup au contact de toutes sortes d'entreprises. Licenciée économique en 2000, elle rejoint la mutuelle Préviade pour s'occuper du back-office de la relation clients. Deux ans plus tard elle suit son mari, muté à Nantes, et se relance en prenant la direction du Service de Santé au Travail en 2004 à Saint-Nazaire. Elle devient directrice de centres de profit pour Sodexo quatre ans après. Son

appétit d'action s'épanouit entre la Loire Atlantique, la Vendée et le Maine-et-Loire. Référente handicap, formatrice, elle développe l'activité de la structure et découvre le monde de la très grande entreprise. La Nantaise saisit l'opportunité d'un plan de départ volontaire en 2014 et prend ensuite la direction générale de Baticef - organisme de conseil, formation et expertise technique dans le bâtiment - jusqu'à sa fermeture en 2017.
Pendant une mission de transition au sein d'une filiale du groupe Suez, Catherine Deborde répond à l'annonce de Réseau Entreprendre Atlantique début 2018. Recrutée, elle se dit heureuse d'être à ce poste qui correspond à qui elle est, ce qu'elle sait faire et ce qu'elle aime faire. Avec ses collaborateurs et 300 membres bénévoles, elle aide à mettre en situation de réussite des primo-entrepreneurs ou repreneurs ainsi que des entrepreneurs en croissance, créateurs d'emplois, en insistant sur « leur incontournable impact positif ». Et après son mandat ? Elle se lancera sûrement à son tour dans l'aventure de la création/reprise d'entreprise...

RÉSEAU ENTREPRENDRE® ATLANTIQUE - CCI NANTES SAINT-NAZAIRE - 16 QUAI ERNEST RENAUD - 44100 NANTES • TÉL. 02 72 56 80 40

ENSEIGNEMENT SUPÉRIEUR

Laurence **DEFLESSELLE**

DIRECTRICE GÉNÉRALE D'ONIRIS

FORMATION Ecole Nationale Vétérinaire d'Alfort (1991-1994) ; Ecole Nationale des Services Vétérinaires (Lyon, 1995) ; Doctorat en médecine vétérinaire (Prix de thèse 1996)

DISTINCTIONS Chevalier de l'ordre national du Mérite (2011)

PASSIONS L'équitation et l'élevage d'animaux d'agrément

Laurence Deflesselle est inspectrice en chef de santé publique vétérinaire. De 1996 à 2008, elle met en œuvre l'ensemble des politiques publiques nationales agricoles et environnementales au sein de la Direction Départementale des Services Vétérinaires (DDSV) du Finistère puis de la Direction Départementale des Territoires et de la Mer (DDTM) de 2008 à 2014. Elle rejoint la Direction départementale de la cohésion sociale et de la protection des populations (DDCSPP) de la Mayenne en 2015. Elle y gère notamment, fin 2017, une crise sanitaire de grande ampleur liée à des laits infantiles. En juin 2019, elle devient directrice départementale interministérielle de la Direction Départementale de la Protection des Populations (DDPP) d'Indre-et-Loire.
Nommée en tant que directrice générale d'Oniris, l'école nationale vétérinaire, agroalimentaire et de l'alimentation Nantes Atlantique par décret du Président de la République, elle prend ses fonctions le 16 novembre 2020. L'expérience de terrain de Laurence Deflesselle, à la fois en santé publique vétérinaire, en appui économique aux filières agroalimentaires et en développement durable, au contact des milieux socio-professionnels - principalement en Bretagne et dans les Pays-de-Loire - font résonance avec les ambitions portées par Oniris. En effet, la principale mission de l'École est de former les vétérinaires, techniciens et ingénieurs, « pour la santé et l'alimentation de demain ». Elle devient présidente de l'Alliance Agreenium, l'Alliance de la formation et la recherche pour l'agriculture, l'alimentation, l'environnement et la santé globale, en janvier 2023.

ONIRIS - ÉCOLE NATIONALE VÉTÉRINAIRE, AGROALIMENTAIRE ET DE L'ALIMENTATION NANTES ATLANTIQUE - 101 ROUTE DE GACHET - CS 40706 - 44307 NANTES CEDEX 3 • TÉL. 02 40 68 78 43

RÉGION

Laurent **DEJOIE**

6E VICE-PRÉSIDENT DE LA RÉGION DES PAYS DE LA LOIRE - PRÉSIDENT DE L'ASSOCIATION DU NOTARIAT FRANCOPHONE

FORMATION Collège Saint-Stanislas à Nantes - maîtrise de droit (1978) ; DESS de droit notarial (1980) ; diplôme supérieur de notariat (1983) aux facultés de droit de Nantes et de Rennes

DISTINCTIONS Officier de la Légion d'honneur (2016)

PASSIONS Le vélo et la généalogie.

PUBLICATIONS « Les enfants fantômes », coécrit avec Abdoulaye Harissou et préfacé par Robert Badinter (Ed. Albin Michel-2014)

Laurent Dejoie est notaire à Vertou depuis 1984. Sa carrière est à la fois professionnelle et politique. Président du Congrès national des notaires en 1998, il a ensuite présidé le Conseil supérieur du notariat français de 2004 à 2006. Depuis 2007, il préside l'Association du notariat francophone et siège au conseil de direction de l'Union Internationale du Notariat. Il est également président de la Mission Internationale du Conseil Supérieur du Notariat depuis 2016.
En 1995, il est élu maire de Vertou (réélu en 2001 et 2008) mais ne se représente pas en 2014. Vice-président de Nantes Métropole jusqu'en 2014, il a été président de l'Association des Maires du Vignoble de 2001 à 2014. Laurent Dejoie est élu conseiller régional en 2010, membre de la commission des Finances. Vice-président de la Région des Pays de la Loire en charge des finances et des ressources humaines d'octobre 2017 à juin 2021, il devient ensuite 6e vice-président et conserve la présidence de la commission des finances. Trésorier par ailleurs de la Fédération Départementale des Républicains de Loire-Atlantique depuis 2019, il accède à la présidence en novembre 2023.

RÉGION PAYS DE LA LOIRE - HÔTEL DE RÉGION - 1 RUE DE LA LOIRE - 44966 NANTES CEDEX 9 • TÉL. 02 28 20 50 00

CULTURE

François **DELAROZIERE**

DIRECTEUR ARTISTIQUE DE LA COMPAGNIE « LA MACHINE »

FORMATION lycée agricole d'Aix Valabre - diplôme national supérieur d'expression plastique (Ecole d'art et d'architecture de Marseille/ Luminy)

PASSIONS les musiques, l'architecture, les arts plastiques, le dessin, la plongée et le vivant.

PUBLICATIONS chez Actes Sud : « Royal de Luxe 1993-2001 », « Le Grand Répertoire - Machines de spectacle », « Carnet de croquis et réalisations » , « La Machine Spectacle », « L'Esprit du Cheval-Dragon » , « Les Machines de l'Ile », « Le Manège Carré Sénart » , « Les Mécaniques Savantes « « Le Carrousel des

Mondes Marins», «Les Animaux de la Place», «Bestiaire, machines et ornements»

Pendant ses études aux Beaux-arts, François Delaroziere crée son propre atelier d'artiste et produit ses premiers prototypes pour des décorations de magasins. Il croise la route de plusieurs compagnies de théâtre dont Royal de Luxe. De 1991 à 2006, il collabore avec le Royal pour la conception de machines (le Géant, le Rhinocéros, le Petit Géant...). En 1999, il crée l'association «La Machine», matrice de toutes ses créations. Il devient Nantais à partir de 2003, au moment de l'exposition «Le Grand Répertoire» sur l'Ile de Nantes. On lui doit notamment «Le Dîner des Petites Mécaniques», «La Symphonie Mécanique», «L'Expédition Végétale», «Les Mécaniques Savantes» et «Long Ma Jing Shen», mettant en scène un cheval-dragon (Long Ma) et une araignée (Kumo). Il conçoit et réalise, en collaboration avec Pierre Orefice, les Machines de l'Ile dont Le Grand Eléphant inauguré en 2007, fut le premier volet avant le Carrousel des Mondes Marins (2012) et l'Arbre aux Hérons, prévu pour 2021. On retrouve aussi ce concept de machine de ville animant l'espace urbain avec Le Manège Carré Sénart et «Les Animaux de la Place» à La Roche-sur-Yon. Enseignant au département scénographie de l'Ecole d'architecture de Nantes, François Delaroziere donne des conférences en Europe et dans le monde entier. Il prépare actuellement pour la ville de Calais un projet touristique et culturel mettant en scène, dès 2019 et planifié sur 8 ans, plusieurs types de créatures dans différents lieux emblématiques.

COMPAGNIE LA MACHINE - 2 BD LÉON BUREAU - 44200 NANTES • TÉL. 02 40 47 58 08

ASSOCIATIONS ET RÉSEAUX

Philippe **DELAUNAY**

COPRÉSIDENT DE 60 000 REBONDS GRAND-OUEST

FORMATION BEP micromécanique; CAP mécanique; bac F10 en microtechniques; DU de technologie - génie thermique et énergie spécialité techniques aérospatiales (université Paris 10 de Nanterre)

DISTINCTIONS Trophées INPI de l'Innovation 2012

PASSIONS L'international, la vie de famille, le sport et la nature

La première partie de son parcours professionnel, Philippe Delaunay l'a effectuée notamment comme directeur export pour différents fabricants de matériel de laboratoire. Début 2003, il crée sa propre société à Blain, toujours dans le négoce de matériel de laboratoire à l'export. Cinq ans plus tard, Awel change de dimension. L'entreprise ne se contente plus de commercialiser mais décide de créer son bureau d'études et de fabriquer également ses propres produits, des gammes d'automates de laboratoires utilisés dans le milieu hospitalier, la recherche ou la bioproduction. Awel est ensuite reprise en juillet 2015.
Philippe Delaunay crée alors son activité de consultant et le cabinet Hildegard. Il s'engage bénévolement dans l'association 60 000 Rebonds Grand-Ouest dès 2018 et intègre le Conseil d'Administration l'année suivante. Il en élu coprésident en juin 2022.

60 000 REBONDS GRAND OUEST - MCTE - 8 RUE BISSON - 44100 NANTES • TÉL. 02 72 56 80 84

ENSEIGNEMENT

Frédéric **DELEMAZURE**

DIRECTEUR DIOCÉSAIN DE L'ENSEIGNEMENT CATHOLIQUE DE LOIRE-ATLANTIQUE

FORMATION Licence de sciences-économiques et sociales (faculté catholique de Lille, 1983); formation de chef d'établissement (Lille, 1988)

DISTINCTIONS Chevalier dans l'ordre des Palmes académiques

PASSIONS La lecture, la marche et le football (supporter des équipes de Lille et de Nantes)

Après sa formation de chef d'établissement, Frédéric Delemazure devient enseignant en sciences économiques et sociales et occupe plusieurs postes à responsabilités dans des établissements scolaires lillois. En 1993, il est nommé directeur du collège et lycée Maitrise de Massabielle, abritant 1025 élèves à Pointe-à-Pitre en Guadeloupe. Revenu en métropole, il prend successivement de 2000 à 2013 les fonctions de chef d'établissement pour l'ensemble scolaire Notre-Dame à Reims (1250 élèves) et pour le Lycée Industriel et Commercial Privé de Tourcoing (5000 élèves). Il est nommé en 2013 directeur diocésain de l'Enseignement Catholique de Seine-Saint-Denis où il coordonne 29 écoles, 20 collèges et 18 lycées (d'enseignement général, technologique, professionnel et supérieur) accueillant au total 25 000 élèves. C'est en septembre 2019 qu'il est nommé par Monseigneur James, évêque de Nantes, directeur diocésain de l'Enseignement Catholique de Loire-Atlantique. Le diocèse comptabilise 103 000 élèves dans le département.
Frédéric Delemazure est parallèlement membre du Bureau national des Directeurs diocésains.

DDEC - DIRECTION DIOCÉSAINE DE L'ENSEIGNEMENT CATHOLIQUE DE LOIRE-ATLANTIQUE - CENTRE OZANAM - 15 RUE LEGLAS-MAURICE - BP 44104 - 44041 NANTES CEDEX 1 • TÉL. 02 51 81 64 00

VÉHICULES INDUSTRIELS

Michel **DENIS**

DIRECTEUR GÉNÉRAL DE MANITOU

FORMATION
Classes préparatoires au lycée Hoche à Versailles ; Ecole Centrale de Lyon (1989) ; Essec (1992)

PASSIONS
La musique (formation de pianiste), le sport

Sorti de l'Ecole Centrale Lyon, Michel Denis effectue son service national au Brésil. Là-bas, il est chargé de favoriser le développement des entreprises françaises. Cette expérience, dans une partie du monde qu'il affectionne particulièrement, lui apporte beaucoup et lui servira pour la suite de sa carrière. De retour en France, il reprend ses études à l'Essec. Diplômé, il trouve son premier emploi dans le domaine du conseil en 1992, chez Gemini Consulting, où il développe une expertise dans la stratégie environnementale. Ce poste « passionnant » lui permet notamment de traiter en direct avec les directions générales sur des problématiques majeures pour les entreprises. Deux ans plus tard, il entre chez Dalkia comme directeur développement et production électrique. En 1996, le fabricant de systèmes de réfrigération et de climatisation Johnson Controls fait appel à lui pour prendre la direction générale France. Il travaille alors en B2B, sur un métier technique, sans perdre le lien entre le terrain et le client. Il y découvre notamment le management opérationnel appliqué en continu. En 2003, il est recruté comme directeur général chez Fraikin et pilote alors une grande entreprise pour la première fois. Puis, en 2014, c'est Manitou qui le choisit pour le mettre aux commandes du groupe. Et Michel Denis ne s'est pas fait prier, séduit par cette société à taille humaine, internationale et avec une vision sur le long terme. Tout pour lui plaire ! Il est reconduit dans ses fonctions par le conseil d'administration fin 2017 puis fin 2021 pour quatre ans de plus.

MANITOU GROUP - 430 RUE DE L'AUBINIÈRE - BP 10249 - 44150 ANCENIS • TÉL. 02 40 09 10 08

EVÉNEMENTIEL ET CONGRÈS

Corinne **DENUET**

DIRECTRICE GÉNÉRALE DU PALAIS DES CONGRÈS ET DES FESTIVALS JACQUES CHIRAC - ATLANTIA

FORMATION
lycée Emile Zola à Rennes - faculté de droit de Rennes ; master en management stratégique des entreprises (Institut français de gestion -IFG de l'université Paris X)

DISTINCTIONS
Lauréate d'argent nationale catégorie Directrice commerciale des Trophées Femmes de l'économie 2016

Originaire de Paris, Corinne Denuet est en charge du développement, de la communication et des relations extérieures de la Cité des Congrès de Nantes de 2002 à 2013. Cette fonction lui a valu son entrée au Club français du tourisme d'affaires (CFTAR) au sein d'Atout France (2004-2008 et 2011-2013) et, en décembre 2012, le pilotage de la commission Congrès. Elle était auparavant directrice des ventes au sein du groupe Barrière à Paris (1998-2001). Chargée de la gestion des grands comptes chez 3M France (1985-1997), elle a 23 ans lorsqu'elle reçoit le prix Mercure de la plus jeune responsable commerciale du réseau national en grande distribution. Corinne Denuet est désormais, depuis 2014, directrice générale du palais des congrès de La Baule. Ses missions : développer l'attractivité événementielle de la destination de La Baule. Après la création de nouveaux festivals en 2021, l'année 2022 est orientée sur l'offre de nouvelles expériences hybrides et sensorielles sur la destination et la création d'un espace nouvelle génération « Vue Mer » de 300 m2 au cœur du Casino de La Baule.
Membre du bureau France Congrès évènements, la dirigeante est par ailleurs présidente de l'association Ouest Congrès (9 centres des congrès en Bretagne, Pays de la Loire et Poitou Charentes) depuis 2018.

PALAIS DES CONGRÈS ET DES FESTIVALS JACQUES CHIRAC - ATLANTIA - 119 AV. DU MAL DE LATTRE DE TASSIGNY - CS 50230 - 44505 LA BAULE CEDEX • TÉL. 02 40 11 51 51

RECHERCHE MÉDICALE

Pascal **DERKINDEREN**

PROFESSEUR DE NEUROLOGIE AU CHU DE NANTES - RESPONSABLE DE L'ÉQUIPE SYSTÈME NERVEUX ENTÉRIQUE ET MALADIE DE PARKINSON À L'INSERM

FORMATION
collège-lycée à Luzarches - maîtrise de sciences biologiques et médicales (1994) ; DEA de pharmacologie moléculaire et cellulaire (1995) ; doctorats de médecine et de pharmacologie moléculaire et cellulaire (1997 et 1999) ; professeur des Universités (2004), à la faculté de médecine Saint-Antoine Paris VI

DISTINCTIONS Victoire de la médecine 2010

PASSIONS la natation et le billard français.

A l'issue de ses études, Pascal Derkinderen exerce comme interne des hôpitaux de Paris (1991-1996), puis effectue un premier assistanat en neurologie clinique dans le service du Professeur Vidailhet, à l'Hôpital Saint-Antoine. Une expérience réitérée au CHU de Nantes (2001-2003) avant qu'un stage post-doctoral sur les mécanismes cellulaires de la maladie d'Alzheimer ne l'éloigne à l'Institut de psychiatrie du King's College de Londres. Nommé professeur de neurologie à son retour, il rencontre en 2007 Michel Neunlist, alors chargé de recherche à l'Inserm et directeur de l'unité Inserm U913. Cette unité de recherche nantaise est une des rares en France à travailler sur les neurones du tube digestif, qui en compte près de 100 000 ! Or, il est établi que ces neurones sont touchés durant la maladie de Parkinson d'où la collaboration logique entre l'Inserm U913 et le service de neurologie et de gastro-entérologie, qui vise à mieux comprendre le rôle et les conséquences de l'atteinte des neurones digestifs dans cette maladie. Fin 2010, Pascal Derkinderen a été récompensé pour ses recherches dans ce domaine.

INSERM UNITÉ 1235 - CHU DE NANTES - BOULEVARD JACQUES MONOD - 44093 NANTES CEDEX 1 • TÉL. 02 40 16 51 99

BANQUE ET ASSURANCE

Franck **DESCHODT**

DIRECTEUR DU MARCHÉ ENTREPRISES DE CIC OUEST

FORMATION Faculté de Droit (Université Pierre Mendés France, Grenoble 1994)

PASSIONS la pratique du triathlon en format longue distance ; la gastronomie, « valeur de convivialité et de bien-vivre ensemble »

Petit-fils d'artisan et fils d'entrepreneurs, Franck Deschodt réalise un début de carrière dans le réseau bancaire en tant que directeur d'agence sur le marché des Particuliers et des Professionnels au sein de la Banque Populaire Savoisienne à Chambéry puis à Annecy. Il rejoint le groupe CIC en 2001 à la Banque Régionale de l'Ouest en tant que directeur d'agence multi-sites à Montargis puis CIC Ouest en 2008 sur la région Poitou Charente Limousin où il exerce les fonctions de responsable de secteur puis de directeur d'agence Entreprises. Il rejoint ensuite la région Centre pour occuper la fonction de directeur de la région Val de France et, en 2018, devient directeur adjoint du Marché Entreprises. Au 1er janvier 2021, cet ancien sportif de haut niveau en natation reprend la direction du Marché Entreprises CIC Ouest à Nantes. Il est notamment en charge de l'animation du réseau d'agences Entreprises et de l'encadrement des équipes d'experts en appui du réseau et au service de la clientèle Entreprises (financements spécialisés, salle des marchés, gestion d'actifs, flux, international, ingénierie sociale, factoring, crédit-bail mobilier et immobilier). Le marché Entreprises représente 22 agences Entreprises dont une agence spécialisée dans le financement des professionnels de l'immobilier, 305 collaborateurs et 28 000 entreprises clientes sur 22 départements de Bretagne, Pays de la Loire, Centre - Val de Loire, et pour partie, Nouvelle-Aquitaine et Normandie.

CIC OUEST - 2 AV. JEAN-CLAUDE BONDUELLE - BP 84001 - 44040 NANTES CEDEX 1 • TÉL. 02 40 12 91 91

PROMOTION ET GESTION IMMOBILIÈRE

Christophe **DESFOSSÉS**

PDG DU GROUPE BÂTISSEURS D'AVENIR - VICE-PRÉSIDENT DE LA FÉDÉRATION DES PROMOTEURS IMMOBILIERS DES PAYS DE LA LOIRE

FORMATION ISEG (Paris, 1986) ; Audencia (Nantes, 2000)

PASSIONS cuisiner, le golf, le tennis et le ski.

Son diplôme de l'école de commerce en poche, Christophe Desfossés intègre France expansion, une entreprise de promotion immobilière, en tant qu'attaché de direction. Il développe ensuite sa carrière de promoteur immobilier chez Marignan, filiale du Crédit Foncier de France pendant 4 ans en tant que directeur de programmes, puis au sein du Groupe Gambetta (Crédit immobilier de France) qu'il implante à Nantes pendant les années 1996 à 2002. C'est durant cette période qu'il retourne sur les bancs de l'école. Fort d'un nouveau diplôme et de son expérience, Christophe Desfossés rejoint la société Bâti-Nantes créée par François-Régis Bouyer, son associé, et développe l'activité sur l'ensemble de la région Ouest à travers les sociétés Bâti Nantes, Bâti Armor et Bati aménagement. Il est nommé président de la Fédération des Promoteurs Immobiliers des Pays de la Loire en 2014, une fonction qui lui permet de défendre les intérêts de la profession et de promouvoir celle-ci notamment auprès des élus et des collectivités locales. Son mandat s'achève en septembre 2017 mais il reste vice-président.
Christophe Desfossés s'investit par ailleurs dans la vie associative régionale. Il est membre du Réseau Entreprendre et de l'association nantaise « Un parrain, un emploi ».

BATI NANTES - 1 TER MAIL PABLO PICASSO - CS 94364 - 44000 NANTES CEDEX • TÉL. 02 40 37 90 00

MÉDIAS

Jérôme **DESRUY**

RÉDACTEUR EN CHEF ET DIRECTEUR D'ANTENNE DE TÉLÉNANTES

FORMATION Licence en sciences politiques (université Jean Moulin, Lyon 3, 1998)

PASSIONS L'Histoire en général, la lecture, les bonnes séries, le ski, les balades en bord de mer

La vocation journalistique de Jérôme Desruy ne date pas d'hier puisqu'il s'occupait déjà du journal de l'école quand il était en primaire... Attiré par l'actualité politique et le Droit, il se spécialise dans ces domaines après son Deug d'Histoire. Il entre en parallèle chez Radio Scoop à Lyon en 1998 où il a l'opportunité de créer la rédaction. Celle-ci grandit et le nombre de journalistes passe petit à petit de 1 à 20. Poussé par l'envie d'un nouveau projet, il tente l'expérience à TV Tours Val de Loire (groupe La Nouvelle République) en 2011. Un média jeune, un nouveau territoire : des critères de changement qui l'attirent fortement. Nommé rédacteur en chef et directeur d'antenne, il a sous sa responsabilité 21 personnes dont 10 journalistes. Résolu à résoudre les problèmes de visibilité et d'audience, il réorganise la rédaction et le service technique, refaçonne la grille des programmes. Tout en se servant de son expérience en radio, avec une vision plus stratégique.
Ce défi relevé, Jérôme Desruy se sent prêt pour un autre challenge. Il répond donc à l'offre d'emploi de Télénantes et, recruté, arrive à Nantes en juillet 2019. Il travaille pendant 1 an sur sa transformation en chaine d'information - avec une « équipe aguerrie et motivée » - qui prend forme fin 2020. Oeuvrant toujours dans le but d'être efficace, d'offrir « de l'information le mieux possible » aux téléspectateurs, tout en écoutant leurs demandes, il s'attelle à son nouvel objectif : asseoir la notoriété de Télénantes en tant que chaine d'information locale.

TÉLÉNANTES - MEDIACAMPUS - 41 BD DE LA PRAIRIE-AU-DUC - BP 20313 - 44203 NANTES CEDEX 2 • TÉL. 02 51 86 77 77

EXPERTISE COMPTABLE ET AUDIT

Olivier **DESTRUEL**

ASSOCIÉ - RESPONSABLE DES ACTIVITÉS AUDIT DE PWC POUR L'OUEST

FORMATION
Classe préparatoire HEC (lycée Hoche à Versailles, 1992) ; HEC (Paris, 1995)

PASSIONS
L'Histoire, jouer au tennis, les voyages

Sorti d'HEC Paris, école choisie pour son cursus généraliste et son ouverture à l'international, Olivier Destruel entre en stage chez PwC (Price Waterhouse à l'époque) en 1995. Et il y déroule sa carrière jusqu'à aujourd'hui. Auditeur junior puis senior, il se spécialise dans l'industrie. Il part en 2000 à Philadelphie pour s'occuper d'un client qu'il suivra pendant 13 ans : Saint-Gobain. L'expérience et le pays lui plaisent mais il revient tout de même à Paris en 2002 en tant que senior manager. Pour parfaire sa formation, il obtient son diplôme d'expert-comptable en 2006. Il devient associé en 2007, en charge de clients internationaux et de groupes familiaux industriels. Lui, qui apprécie le contact et la transmission, donne ensuite des formations de méthodologie d'audit dans toute la France, de 2008 à 2012. Puis il a l'opportunité de venir à Nantes, en tant qu'associé, et prend en charge une clientèle opérant notamment dans les secteurs de l'agroalimentaire ou la distribution.
C'est en 2013 qu'Olivier Destruel est nommé directeur de la région Grand Ouest. Il supervise jusqu'en 2021 l'ensemble des activités de PwC (avocats, audit, conseil, expertise) en Bretagne, Pays de la Loire et Normandie. Désormais responsable des activités audit de PwC pour l'Ouest, il a été coordinateur des métiers de PwC France dans le Grand Ouest de 2021 à 2022. Toujours curieux d'apprendre et à l'écoute, l'important est pour lui d'encore et toujours « faire la différence ». Son principal objectif est d'accompagner la transformation digitale des clients tout en formant les équipes à de nouveaux outils.

PWC RÉGION OUEST - 34 PLACE VIARME
- BP 90928 - 44009 NANTES CEDEX 01
• TÉL. 02 51 84 36 36

COMMERCE ET DISTRIBUTION

Christian **DIGOIN**

PRÉSIDENT DU CONSEIL D'ADMINISTRATION DE SAS DMD HOLDING

FORMATION
lycée Massena à Nice - prépa HEC ; Descaf (Ecole supérieure de commerce de Nice, (devenue Skema Business school, 1983)

PASSIONS
le tennis, le théâtre et le cinéma.

C'est en 1983 que Christian Digoin entre chez Ford France comme conseiller de gestion financière. Pendant seize ans, il va gravir les échelons comme responsable régional Pays de la Loire, responsable gestion du réseau, directeur régional Paris-Nord-Ouest et chef de produits gamme véhicule particuliers. En 1992, il est nommé directeur des ventes, puis directeur marketing France (1994-1996) et enfin directeur général, en charge de l'activité commerciale véhicule. En 1999, Christian Digoin donne une nouvelle orientation à sa carrière. Alain Mustière l'appelle auprès de lui comme directeur général associé du groupe régional automobile, géré par la SA DMD. Nommé à la tête du directoire en 2005, il prend la présidence du Conseil d'administration de la société en juin 2010, succédant ainsi à Alain Mustière.
Son ancrage nantais se matérialise aussi par ses responsabilités de juge au tribunal de commerce de Nantes de 2001 à 2011, de délégué consulaire aux CCI Pays de la Loire et Nantes Saint-Nazaire et d'administrateur du Medef 44. Il est également président de la commission européenne du Conseil national des professionnels de l'automobile (CNPA). Le groupe DMD (Digoin Mustière Développement) regroupe 19 concessions qui commercialisent en Loire-Atlantique, Morbihan, Ile et Vilaine, Côtes d'Armor, Finistère et Maine et Loire des véhicules de marques Ford, Hyundai, Suzuki, Land Rover, Jaguar et Infiniti.

DMD GROUPE - 365 RTE DE VANNES
- 44800 SAINT-HERBLAIN • TÉL. 02 40 16 11 42

PROTECTION DE L'ENVIRONNEMENT

Raphaël **DINELLI**

DIRECTEUR DE LA FONDATION OCÉAN VITAL - CONFÉRENCIER

FORMATION
bac (1986) - DUT techniques de commercialisation (IUT de Bordeaux, 1988)

Avant de devenir navigateur, Raphaël Dinelli a occupé le poste de directeur commercial chez O Cedar, puis au sein de la société Berchet. Après 20 années de navigation, des transatlantiques et quatre tours du monde, il constate les réalités des profonds changements climatiques et décide d'agir en étant éco-constructeur de sa maison bioclimatique et en testant des panneaux solaires sur son bateau lors du Vendée Globe (2004 et 2008). En 2007, il franchit une nouvelle étape en créant la fondation d'entreprises Océan Vital. Il dirige cette fondation labellisée « Plateforme régionale de l'innovation », reconnue par le Pôle de compétitivité régional (EMC2) et soutenue par des partenaires scientifiques, institutionnels et privés. Le bateau-laboratoire Fondation Océan Vital a décroché la 10e place lors du Vendée Globe 2008-2009. Il relève un autre défi en effectuant un vol transatlantique en 2018 à bord de l'avion hybride (biocarburant et photovoltaïque) qu'il a conçu : Eraole. Il est toujours le pilote d'essai de cet avion.
Raphaël Dinelli est aussi chercheur-enseignant et conférencier reconnu en énergies renouvelables et en habitat bioclimatique. Ambassadeur du « Défi pour la Terre » de la Fondation pour la Nature et l'Homme, il enseigne sur les ENR dans le cadre du Master Ingénieur Éco-Innovation & Nouvelles Technologies de l'Énergie - Icam de Nantes.

OCÉAN VITAL - ALL DU CHAFFAULT
- 44340 BOUGUENAIS • TÉL. 02 51 96 02 66

ETAT

Bertrand **DIRINGER**

PRÉSIDENT DE LA CHAMBRE RÉGIONALE DES COMPTES PAYS DE LA LOIRE

FORMATION maîtrise d'histoire (Strasbourg, 1980) ; licence de journalisme et techniques de l'information (Strasbourg, 1982) ; maîtrise en droit public (Strasbourg, 1984) ; ENA (promotion Jean Monnet, 1990)

DISTINCTIONS Chevalier de l'ordre national du Mérite 2021

PASSIONS voyage, musique (classique, opéra, jazz), roman, randonnée, jogging

Bertrand Diringer a commencé sa carrière au ministère de l'Éducation nationale en tant que professeur certifié. En février 1990, à sa sortie de l'ENA, il est nommé conseiller de chambre régionale des comptes et rejoint la chambre de Languedoc-Roussillon. Après une période de détachement auprès du tribunal administratif de Montpellier, il réintègre la chambre de Languedoc-Roussillon en 2002. Cette même année, il est délégué dans les fonctions de commissaire du Gouvernement. En janvier 2007, il est promu président de section à la CRC Provence-Alpes-Côte d'Azur.

C'est en octobre 2010 que Bertrand Diringer est nommé conseiller référendaire à la Cour des comptes et président de la CRC de Guadeloupe-Guyane-Martinique. Quatre ans plus tard, en décembre, il est désigné dans les fonctions d'avocat général à la Cour des comptes avant d'être promu en mars 2017 conseiller maître à la Cour des comptes. Il est nommé président de la CRC Pays de la Loire à compter du 1er janvier 2019. Toujours très attaché à la notion d'intérêt général, il continue à mener ses missions avec « détermination et persévérance ».

CHAMBRE RÉGIONALE DES COMPTES PAYS DE LA LOIRE - 25 RUE PAUL BELLAMY - BP 14119 - 44041 NANTES CEDEX 1 • TÉL. 02 40 20 71 10

BÂTIMENT ET TRAVAUX PUBLICS

Abdenour **DJADOUR**

DIRECTEUR RÉGIONAL EUROVIA ATLANTIQUE - PRÉSIDENT ROUTES DE FRANCE PAYS DE LA LOIRE

FORMATION ingénieur (Institut National des Sciences Appliquées de Rennes, 1995)

PASSIONS L'histoire du 20e siècle et le sport.

Issu d'une famille de commerçants, Abdenour Djadour en est le premier à décrocher son baccalauréat et à entreprendre des études supérieures. Son bac en poche, c'est un peu par hasard qu'il se tourne vers l'ingénierie et le génie civil. Il est accepté à l'INSA à Rennes et quitte le Sud-Ouest pour la Bretagne. Lors d'un stage de 3e année au sein de l'école, il découvre l'univers des travaux publics et a un déclic. La construction lui plait. Une fois diplômé, Abdenour Djadour intègre Viafrance en 1995 à Saint-Brieuc en tant qu'ingénieur travaux. En 1997, il remplit cette même fonction à Nantes et continue après la fusion entre Viafrance et Cochery Bourdin Chaussé (qui donne naissance à Eurovia).

Outre les aspects techniques de la construction, l'ingénieur apprécie beaucoup l'aspect commercial et les notions de vente et d'achat que celle-ci implique. Sans compter les relations humaines, également au coeur du métier, « les échanges avec les ouvriers, les chefs de chantier et autres professionnels ».

En octobre 2014, il franchit un nouveau cap et devient directeur régional d'Eurovia Atlantique. Dans le prolongement de son activité, il est élu président du Syndicat professionnel régional de l'industrie routière des Pays de la Loire (devenu Routes de France Pays de la Loire) en juin 2015. Puis il prend la présidence de la Fédération départementale des TP 44 en 2016, jusqu'en 2020.

EUROVIA - 20 RUE DE BEL AIR - BP 10205 - 44472 CARQUEFOU CEDEX • TÉL. 02 51 85 27 01

ENSEIGNEMENT SUPÉRIEUR

Alexandre **DOLGUI**

DIRECTEUR DU DÉPARTEMENT AUTOMATIQUE, PRODUCTIQUE ET INFORMATIQUE DE L'ECOLE DES MINES DE NANTES - PROFESSEUR DE CLASSE EXCEPTIONNELLE

FORMATION ingénieur en systèmes de traitement de l'information et de gestion (1983) et thèse de 3e cycle (1986) à l'Institut Radiotechnique de Minsk ; Ph.D. (diplôme d'Etat) en cybernétique et en gestion de production assistée par ordinateur (Académie des Sciences de Biélorussie, Institut de Cybernétique, 1990) ; Habilitation de Docent, grade permettant de diriger des recherches en ex-URSS (Ministère Ens. Sup. de Russie, 1992) ; HDR en France (Université de Technologie de Compiègne, 2000)

DISTINCTIONS Fellow de l'Institute of Industrial and Systems Engineers (IISE) 2020 ; distinction de l'Académie chinois des Sciences (2013) ; prix du Comité national français de l'IFAC, fédération internationale de l'automatique (2011) ; prix du meilleur article de l'année de la revue IIE Transactions aux Etats-Unis (2008)

PUBLICATIONS plus de 700 publications et communications scientifiques

Né près du site de la bataille de la Bérézina, Alexandre Dolgui est loin d'avoir été influencé par ce triste symbole ! Ingénieur, docteur et professeur, il arrive en France en 1992, motivé par l'apprentissage du français. En poste à Minsk, il est professeur invité à l'INRIA et l'Université de Metz puis recommence son cursus en France. Il devient ATER en 1994 à l'Ecole des Mines de Nancy puis en 1995 à l'IUT de Roanne. Il s'installe définitivement en France et, de 1996 à 2003, il travaille pour l'Université de Technologie de Troyes. Il y est maître de conférences puis professeur des universités 2e classe, responsable de l'option Gestion systémique de production. Naturalisé en 2002, il intègre l'Ecole des Mines de Saint-Etienne en 2003 au poste de professeur 1re classe, directeur du centre G2I, du laboratoire LSTI et du département MSGI. Nommé professeur de classe exceptionnelle en 2011, il prend la direction déléguée de la recherche de l'Institut Henri Fayol et la direction adjointe du Limos, UMR CNRS 6158. En parallèle, il est professeur invité au Canada, en Italie

et en Chine. Membre de plusieurs sociétés savantes et conseils scientifiques, impliqué dans 25 revues internationales, Alexandre Dolgui est, depuis 2012, éditeur en chef du prestigieux International Journal of Production Research. Attiré par l'environnement dynamique de la recherche nantaise et par la perspective de gérer une équipe conséquente, il se voit confier la direction du Département Automatique, Productique et Informatique de l'Ecole des Mines en octobre 2015.
En 2020, il est le premier Français à être nommé Fellow de l'Institute of Industrial and Systems Engineers (IISE), le plus haut rang de cette société savante en génie industriel.

IMT ATLANTIQUE - 4 RUE ALFRED KASTLER - CS 20722 - 44307 NANTES CEDEX 3 • TÉL. 02 51 85 81 00

INSERTION

Alexandra **DOUILLARD MIAILHE**

DIRECTRICE GÉNÉRALE DE SAPRENA

FORMATION BTS Commerce international (Ecole Grand Jean, Strasbourg, 1998) ; Ecole supérieure de commerce et de management ESCEM (Tours, 2001) ; CNAM (Angers, 2011)

PASSIONS La lecture, la marche, la course à pied

Quand une personne pense que l'on a toujours «quelque chose à apprendre de l'autre», il ne faut pas s'étonner de la retrouver à la tête d'une société qui emploie des salariés en situation de handicap... C'est le cas d'Alexandra Douillard Miailhe, directrice générale de Saprena depuis 2017. Poussée par son appétence pour le contact humain et sa recherche de sens, elle commence par présider un foyer d'urgence pendant ses études. Après son apprentissage, chez Bull Integris, elle commence sa carrière en 2001 comme ingénieure commerciale chez un éditeur de base de données d'informations financières. Elle rejoint Nantes puis devient responsable d'inspection chez Gan Prévoyance en 2007. Mais ce n'est décidément pas sa voie et elle décide de reprendre des études deux ans plus tard pour diriger des établissements médico-sociaux. Elle effectue des stages de direction dans des Esat, EHPAD et IEMFP et peaufine son expérience. C'est en 2012 quelle prend la responsabilité de l'Esat Catouest à l'Adapei Loire-Atlantique.
Désormais à la tête de la SCIC de 495 salariés proposant des prestations de services (espaces verts, propreté), prestations industrielles (conditionnement, logistique) et prestations de restauration, Alexandra Douillard Miailhe aime répondre tous les jours à sa mission. Enthousiaste et positive par nature, elle trouve «fantastique» de se battre pour avancer, innover, rebondir et voir les salariés s'épanouir au travail. Fière d'avoir apporté une nouvelle dynamique prospective à l'entreprise en la structurant dans ce sens et de l'aider à se développer, désormais aussi au national. Avec toute son énergie, la dirigeante continue à apprendre au quotidien à travers différents réseaux (DRO, UNEA). Le train-train n'est décidément pas sa tasse de thé...

SAPRENA - 8 RUE DES COTEAUX DE GRANDLIEU - CS 9112 - 44830 BOUAYE • TÉL. 02 40 32 52 22

RECHERCHE MÉDICALE

Brigitte **DRENO**

PROFESSEUR EN DERMATOLOGIE - CHEF DU SERVICE DERMATOLOGIE DU CHU DE NANTES

FORMATION collège-lycée au Mans - spécialiste en dermatologie ; maîtrise d'immunologie ; habilitation à diriger des recherches (Angers et Nantes)

DISTINCTIONS chevalier de la Légion d'honneur ; victoires de la médecine 2005

PASSIONS la famille, l'opéra et la peinture.

PUBLICATIONS «Acné : des conseils au quotidien» (coll. John Libbey)

Praticien hospitalier en dermatologie depuis 1993, Brigitte Dreno, qui a été présidente de la société française de dermatologie (2004-2006), a monté l'unité de Thérapie cellulaire et génique du CHU de Nantes et la dirige depuis sa création en 1993. Elle est aussi coordinatrice du CIC de biothérapie Inserm 0305, depuis son origine en 2005. Elle a créé en 2008 la branche biothérapie de la peau de ce CIC, au sein de laquelle elle développe avec l'AFM un programme de mise au point d'un pansement biologique cutané à base de kératinocytes foetaux. Directrice de la Fédération de cancérologie du CHU de Nantes, Brigitte Dreno appartient à un groupe de recherche sur le mélanome et l'immunothérapie au sein de l'U 892. Ses travaux dans le domaine lui ont permis d'obtenir le prix des Victoires de la médecine 2005 en cancérologie. Elle est vice-présidente du groupe de thérapie cellulaire et génique de l'Afssaps, experte auprès de l'Inca et membre du Conseil stratégique de l'Institut «Immunologie, hématologie, pneumologie» de l'Inserm. Elle est responsable du réseau multidisciplinaire national sur le mélanome créé à la demande de l'Inca. A la faculté de médecine, Brigitte Dreno a par ailleurs le titre de vice-doyen Recherche. En 2014, elle est élue membre correspondant de l'Académie nationale de médecine.
Elle pilote depuis 2019 le programme de recherche SUccESS qui vise à développer un pansement favorisant la régénération de la peau sur les zones brûlées.

CHU DE NANTES - UTCG - UTCG - INSTITUT DE BIOLOGIE - 9 QUAI MONCOUSU - 44093 NANTES CEDEX • TÉL. 02 40 08 47 91

DÉVELOPPEMENT ÉCONOMIQUE

Stéphane **DROBINSKI**

DIRECTEUR GÉNÉRAL DE LA CCI DE NANTES-SAINT-NAZAIRE

FORMATION IEP Grenoble (1991) ; MBA Neoma Business School (1993)

PASSIONS la plaisance, l'Afrique, les voyages

C'est à Prague, dans un cabinet de conseil, que Stéphane Drobinski entame sa carrière en 1993. Il y est chargé du développement commercial auprès de sociétés françaises. Une série d'opportunités l'emmène tout d'abord à la CRCI de Champagne-Ardennes, en 1995, où il est nommé directeur du service Action internationale. Puis (déjà) à la CCI des Côtes d'Armor en 1997, toujours

comme responsable de l'Action internationale mais aussi des Affaires européennes. Il prend la tête des Services aux entreprises en 2001. Porté par son appétence pour les projets de développement, il décide de reprendre en 2008 une entreprise dans le second œuvre BTP. Il fait progresser l'activité commerciale puis la cède en 2014. Il reprend son parcours consulaire à la CCI de Nantes-Saint-Nazaire où il devient responsable du département Industrie innovation services. Quatre ans plus tard il retrouve la CCI des Côtes d'Armor, cette fois-ci en tant que directeur général.
Impliqué dans plusieurs réseaux, Stéphane Drobinski a été président du Centre des jeunes dirigeants des Côtes-d'Armor de 2006 à 2008, puis du CJD Bretagne de 2008 à 2010. Il y a retrouvé les valeurs qui lui sont chères comme l'entraide, la solidarité et l'humanisme. Tout comme chez les Scouts et les Guides de France, où il s'implique en tant que responsable. Ayant par ailleurs créé le club Stratégie achats à Nantes, pour améliorer les relations entre grands groupes et TPE/PME, son objectif est de poursuivre ces « dynamiques business » dans les Côtes d'Armor. Une ambition que son tempérament volontariste l'aide à réaliser. Il retrouve son poste de directeur général à la CCI de Nantes-Saint-Nazaire en juillet 2022.

CCI NANTES SAINT-NAZAIRE - 16 QUAI ERNEST RENAUD - 44105 NANTES • TÉL. 02 40 44 60 00

COMMERCE ET DISTRIBUTION

Hélène **DUBERNET**

VICE-PRÉSIDENTE ENTREPRENEURIAT DE LA CCI NANTES SAINT-NAZAIRE

Hélène Dubernet dirige Mini Maxi, une entreprise de vente de chaussures en petites et grandes pointures pour femmes et hommes avec trois boutiques physiques à Nantes, Tours et Lille. Elle a repris cette entreprise en 2011 après une formation en école de commerce et un parcours professionnel dans la grande distribution et la sécurité.
La vice-présidente Entrepreneuriat de la CCI Nantes Saint-Nazaire a été accompagnée par cette dernière dans la reprise et le développement de son entreprise. Elle souhaite désormais, en retour, accompagner les entrepreneurs du territoire en leur proposant « un outil adapté à leurs besoins et à leurs attentes dans un environnement en forte évolution ».

CHAUSS'MINI MAXI - 14 QUAI DE LA FOSSE - 44000 NANTES • TÉL. 02 40 69 27 52

COMMUNE

Véronique **DUBETTIER-GRENIER**

MAIRE DE CARQUEFOU - CONSEILLÈRE DÉPARTEMENTALE DE LOIRE-ATLANTIQUE

FORMATION
École de commerce de Chambéry (1983)

PASSIONS
Le sport, la natation et la lecture

Après avoir effectué des études de commerce, Véronique Dubettier-Grenier travaille dans la petite, puis la grande distribution. Elle exerce en Haute-Savoie, alors que son mari travaille à Marseille. Assez vite, elle doit faire un choix pour concilier vie professionnelle et vie personnelle. Elle décide de mettre en suspens sa carrière pour préserver sa famille. Après avoir sillonné une partie de la France, de Lorient à Lyon, en passant par la région parisienne, le couple s'installe en 1997 à Carquefou. Véronique Dubettier-Grenier est charmée par la qualité de vie de cette commune. « Carquefou, c'est la ville à la campagne, avec une activité culturelle riche », remarque-t-elle. Elle s'investit rapidement dans la vie associative et prend en charge la trésorerie, puis la vice-présidence de deux associations sportives.
À l'associatif succède l'implication dans la vie publique. Approchée par le maire, elle devient en 2008 première adjointe, en charge de la famille et de l'éducation. Pour elle, dont le père a été élu, servir l'intérêt public est une grande cause. Elle n'hésite donc pas à prendre davantage de responsabilités et, en 2014, se présente comme tête de liste aux élections municipales. Elle est élue maire en mars. Un an plus tard, en mars 2015, elle devient également conseillère départementale de Loire-Atlantique, réélue en 2021. Elle est réélue maire au premier tour des municipales de 2020.

VILLE DE CARQUEFOU - RUE DE L'HÔTEL DE VILLE - BP 60139 - 44471 CARQUEFOU CEDEX • TÉL. 02 28 22 22 22

MÉDIAS

Claire **DUBOIS**

CHEFFE DU SERVICE RÉGION PAYS DE LA LOIRE À OUEST-FRANCE

FORMATION
Institut d'Etudes Politiques (Aix en Provence, 1998) ; Institut Pratique du Journalisme (Paris, 2000)

PASSIONS
marcher en forêt ou à travers les rues des grandes villes, regarder des séries, aller au théâtre, jouer du piano, refaire le monde entre amis et, passionnément, lire...

Claire Dubois aime rencontrer les autres, raconter leur histoire, observer le monde « qui tourne plus ou moins rond ». Curieuse par tempérament, l'info est son métier et sa passion. Elle commence sa carrière de journaliste à La Provence, de juillet à septembre 2000, puis elle devient présentatrice et reporter à la radio BFM et à l'agence de presse radiophonique AFP audio de 2000 à 2002. Elle rejoint RMC comme présentatrice en 2003 avant de prendre le poste de présentatrice et adjointe à la cheffe de rédaction à M6 Nantes un an plus tard.
Elle rejoint Ouest-France comme reporter à Ancenis en 2007 puis est nommée cheffe de cette agence en 2010. Elle rejoint Saint-Nazaire en 2013 pour assumer les fonctions de cheffe de rédaction. Elle sera ensuite successivement adjointe au chef de rédaction de Nantes de 2017 à 2022, cheffe de rédaction de Nantes de 2022 à 2023 et désormais cheffe du service région Pays de la Loire. Dans la démarche de responsabilité qui a toujours caractérisé pour elle le groupe Ouest-France, Claire Dubois cherche sans cesse, avec les équipes qu'elle

anime, à produire « une information juste et utile ». Faire encore et toujours du journalisme « ancré dans le quotidien et la réalité vécue par nos concitoyens ».

OUEST-FRANCE LOIRE ATLANTIQUE
- 2 QUAI FRANÇOIS MITTERRAND - BP 80319
- 44203 NANTES CEDEX 2 • TÉL. 02 40 44 69 69

COMMERCE ET DISTRIBUTION

Monique **DUCHÊNE**

PRÉSIDENTE DE LA FÉDÉRATION DE LA VENTE DIRECTE (FVD) PAYS DE LA LOIRE-CENTRE-VAL DE LOIRE – PRÉSIDENTE D'ASTHÉYA

FORMATION
Ecole supérieure de commerce de Brest (1984)

PASSIONS
Les autres, la lecture, le Qi gong, le golf, la mer, jardiner

PUBLICATIONS
ouvrages scolaires (éditions Foucher)

C'est au Buckinghamshire College, en Angleterre, que Monique Duchêne entame son parcours. De janvier à avril 1984 elle y effectue un remplacement en tant que prof de Français puis revient à Brest, où elle commercialise des espaces publicitaires pour Le Télégramme. Un an plus tard, elle entre chez Brit Air comme chef d'escale à Londres. Elle devient ensuite chargée de pub, de promotion et de relations publiques pour la compagnie en 1987. Puis elle se lance dans l'aventure entrepreneuriale avec son mari en ouvrant le magasin Le Comptoir irlandais à Nantes en 1990. Motivée par l'envie de transmettre, elle donne des cours d'anglais dans un centre de formation en parallèle. La concession vendue à un groupe, la Brestoise décide d'enseigner la communication et la vente, ses domaines de prédilection, au sein du groupe ENC. Entrée en 1992, elle s'occupe du développement, ouvre de nombreuses formations et écrit plusieurs ouvrages scolaires.
Monique Duchêne devient présidente de l'Association nationale des Professeurs de Vente (APV) et sa route croise alors celle de la Fédération de la vente directe (FVD). Captivée par ce nouveau domaine, elle rejoint en 2009 la société Swipe pour réorganiser et animer le réseau de 500 vendeurs. Elle entre à la commission formation de la FVD en 2010 avant d'en prendre la présidence en 2011. C'est en 2014 que cette férue de projets et de relations humaines crée sa propre entreprise, Asthéya, spécialisée dans la vente à domicile de thés. Elle veille à ce qu'il y fasse « bon vivre », attentive au bien-être de ses 4 salariés et 260 vendeurs. Élue présidente de la FVD Pays de la Loire en 2019, elle a pour principale mission la valorisation des métiers de la vente directe. Animer, développer et mettre en valeur, tout ce qu'elle aime faire...

ASTHEYA - 3 RUE GUTENBERG
- PARC D'ACTIVITÉS DE TOURNEBRIDE
- 44118 LA CHEVROLIÈRE • TÉL. 02 40 05 56 05

ENERGIE

Marc **DUNET**

DIRECTEUR RÉGIONAL BRETAGNE TOTAL ÉNERGIES

FORMATION
ingénieur (Ecole Supérieure du Bois) ; mastère de l'ESSEC

PASSIONS
le sport, les voyages

Marc Dunet est salarié de TotalEnergies depuis 1990. Il y a occupé différents postes, tant en France qu'à l'international. Ainsi, de 1991 à 1995, il est responsable logistique puis directeur régional de ventes pour l'activité Lubrifiants au Mexique à Guadalajara. Puis, de 1996 à 2000, il occupe la même fonction à Lyon. En 2000, il devient directeur général des activités Marketing Service pour la région Grèce et pays Balkans (Bulgarie, Albanie, Macédoine du Nord, Chypres, Malte), basé à Athènes. Cinq ans plus tard, il prend la direction générale des activités Marketing Service pour la région Scandinave et Nordique (Danemark, Suède, Norvège, Finlande, Islande), basé à Copenhague. De 2009 à 2019 il sera directeur commercial de la filiales régionale CPO (Compagnie Pétrolière de l'Ouest) à Rennes, puis Nantes, responsable de la distribution d'énergie pour le grand ouest (Bretagne, Pays de la Loire, Sud Normandie, Charentes). Directeur marketing et ventes à la Direction Marketing France, basé à Paris, responsable de toute l'animation des ventes et du marketing de l'ensemble des filiales en France de 2019 à 2021, il est nommé en janvier 2022 directeur régional Bretagne pour TotalEnergies au périmètre de la compagnie TotalEnergies, pour toutes ses activités (Amont, Aval, Chimie, Renouvelables, plastiques, ...).
Marc Dunet a désormais pour mission de « nourrir un dialogue résolument tourné vers les territoires, de tisser des liens avec ses parties prenantes, d'expliquer la transformation de la Compagnie et de renforcer son rôle sociétal au travers des actions de sa Fondation d'entreprise et de ses trois dispositifs d'appui aux start-up et PME. »

TOTALENERGIES MARKETING SERVICES
- DIRECTION RÉGIONALE
- 5 IMP. DE L'ESPÉRANTO - BP 80179
- 44802 SAINT-HERBLAIN CEDEX
• TÉL. 02 40 67 46 00

NUMÉRIQUE ET INFORMATIQUE

Christophe **DUPONT-HUIN**

DIRIGEANT DE PROSELIS

FORMATION
lycée Saint-Marc à Orléans (bac D 1993) - BTS action commerciale (1999) ; formation Copernic du Centre des jeunes dirigeants (2010), à l'université d'économie d'Orléans

PASSIONS la voile.

PUBLICATIONS coauteur de « Quelles perspectives pour les jeunes dans les Pays de la Loire ? » (CES Pays de la Loire-2006)

Ingénieur commercial pour Xerox-concessionnaire de 1997 à 2000, Christophe Dupont-Huin devient ingénieur d'affaires pour Pentalog (2000-2001) avant d'assurer les fonctions de responsable du développement de l'activité Informatique réseaux aux entreprises à la Secob (2001-2003). En 2003, il crée Proselis, entreprise de services spécialisée dans les solutions réseaux et la sécurité informatique. En 2004, l'entreprise a pris des engagements extra-professionnels en adhérant au Centre des jeunes dirigeants (CJD) Saint-Nazaire Loire et mer, dont il fut le président. Il sera également président du CJD des Pays de la Loire pour le mandat 2014-2016. Christophe Dupont-Huin est par ailleurs membre du Club des Entreprises Estuaire et Sillon et accompagne ponctuellement les membres du Réseau Entreprendre.

PROSELIS - 1 RUE DE LA TAMISE - ZA PORTE ESTUAIRE - 44750 SAVENAY • TÉL. 02 40 56 29 00

ENERGIE

Michel **DURAND**

DIRECTEUR DE L'UNITÉ DE PRODUCTION CORDEMAIS - LE HAVRE D'EDF

FORMATION Ingénieur (Ecole Nationale des Arts et Métiers de Paris, 1993) ; master II 3e cycle, management général (ESSEC, 2012-2013)

Michel Durand a effectué jusqu'ici toute sa carrière à EDF. Il y a débuté en 1993, dans la production nucléaire, à la centrale de Belleville-sur-Loire. Il rejoint en 2003 EDF SEI (Départements d'Outre-Mer et Corse), d'abord en Guadeloupe comme responsable Ingénierie, puis en Guyane comme chef du pôle Thermique. Il intègre trois ans plus tard la délégation Production de SEI, à Paris, pour animer les politiques d'exploitation.

En 2008, Michel Durand rejoint TIRU, filiale d'EDF et 3e groupe européen spécialisé dans la valorisation énergétique des déchets ménagers, au poste de directeur régional. Il est ensuite nommé en 2010 directeur général délégué de TIRU. L'ingénieur revient à EDF SEI en 2014, cette fois en tant que directeur, en Martinique puis en Guyane. C'est le 1er septembre 2022 qu'il prend la direction de l'Unité de Production de Cordemais-Le Havre.

UNITÉ DE PRODUCTION EDF DE CORDEMAIS - CENTRALE THERMIQUE DE CORDEMAIS - BP 13 - 44360 CORDEMAIS • TÉL. 02 40 44 30 44

SOCIAL

Pascal **DUTRONC**

DIRECTEUR GÉNÉRAL DE L'ASSOCIATION LES EAUX VIVES NANTES

FORMATION MSG spécialité Finance/ Fiscalité (Université Paris Dauphine, 1987)

PASSIONS voile, course à pied, piano, chant

Pascal Dutronc débute sa carrière en tant que contrôleur financier chez Action Contre la Faim de 1987 à 1989 et occupe le même poste chez Dun & Bradstreet de 1989 à 1991. Puis il devient directeur opérationnel international à l'UCPA en 1992 et crée 20 sites d'activités en Europe méditerranéenne, en Asie et à Cuba. Il cumule cette fonction avec celle de directeur financier à l 'international. Promu directeur du développement en 1996, il devient directeur général adjoint-directeur des opérations en 1999. C'est en 2007 qu'il rejoint l'univers de la santé en prenant le poste de directeur général au sein de l'hôpital privé de la Louvière (groupe Générale de Santé) à Lille. Pascal Dutronc devient ensuite directeur de l'hôpital Saint-Vincent de Paul (groupement hospitalier de l'Institut catholique de Lille) en 2012. En septembre 2016, il est nommé directeur général délégué du réseau des 6 établissements nantais du groupe Elsan : les cliniques Brétéché, Jeanne d'Arc, Sourdille et Saint-Augustin, la maternité Santé Atlantique (ex-polyclinique de l'Atlantique) et l'établissement Roz Arvor. Un challenge motivant pour un dirigeant impliqué qui souhaite « accompagner ce développement en faveur des patients tout en soutenant la cohésion des équipes soignantes ». Dans le cadre de la restructuration d'Elsan en juin 2018, il prend en charge la direction territoriale de Nantes jusqu'en novembre 2018. Il se lance ensuite dans une autre aventure humaine en prenant la direction générale de l'association Les Eaux Vives, membre du réseau Emmaüs France. Celle-ci porte le programme immobilier Les 5 Ponts à Nantes qui réunit bureaux, logements et hébergement pour les sans-abri et voit le jour en 2021.

LES EAUX VIVES - LE CÔTEAU - 2 RUE DE PONTCHÂTEAU - 44260 SAVENAY • TÉL. 02 51 80 91 24

ENSEIGNEMENT SUPÉRIEUR

Philippe **DÉPINCÉ**

DIRECTEUR DE POLYTECH NANTES

FORMATION D.E.A Automatique-Informatique Industrielle, diplôme d'ingénieur spécialité robotique (1990) et doctorat Génie Mécanique (1993) à l'École Centrale de Nantes et à l'université de Nantes; Habilitation à Diriger des Recherches (HDR), spécialité Génie Mécanique (2005)

DISTINCTIONS Chevalier des Palmes académiques

PASSIONS La batterie et le chant

Philippe Dépincé a été nommé directeur de Polytech Nantes le 1er janvier 2019. Un poste en forme de point d'orgue d'une carrière bien remplie qui commence à l'École centrale de Nantes en 1994. Tout d'abord maître de conférence, l'enseignant-chercheur sera directeur du département Ingénierie produits et systèmes industriels de 2000 à 2001. Il commence à s'intéresser au domaine de la communication et crée en 2004 une option professionnelle autour du management de projets. Il en sera responsable jusqu'en 2012 et s'occupe dès 2007 de la direction de la formation. Devenu professeur des universités en 2008, cet homme de projets à l'esprit créatif et « très collaboratif » est détaché au sein d'Audencia business school en 2012. Il est alors chargé de la direction du programme Grande école. Après cette mission, il retrouve son poste de directeur du département Ingénierie produits et systèmes industriels à l'École Centrale en 2017. Désormais à la tête de l'école d'ingénieurs polytechnique universitaire, Philippe Dépincé exerce toujours ses activités de recherche – dans le domaine de l'aide à la décision - au sein du Laboratoire des Sciences du Numérique de Nantes (LS2N). En tant que directeur, son objectif prioritaire est l'intégration de Polytech au sein d'un des 4 pôles de la future université de Nantes en 2020. Il porte également l'ambition d'accentuer le rayonnement de l'établissement en France et à l'international, visant toujours « l'excellence ». Dans un environnement en pleine mutation, le Finistérien accepte volontiers le défi, qu'il souhaite relever avec l'ensemble de ses équipes pour continuer à « oser rêver ».

POLYTECH NANTES - RUE CHRISTIAN PAUC - CS 50609 - 44306 NANTES CEDEX 3 • TÉL. 02 40 68 30 01

COMMUNICATION ET MARKETING

Jean **ELUERE**

PRÉSIDENT DE L'AGENCE ELUÈRE

FORMATION
Licence de sciences économiques (faculté de Nantes, 1982)

PASSIONS
Sa famille, le bateau, le ski, l'équitation

Jean Eluère commence son parcours en agence de publicité chez Graphic Indentité en 1983 à Nantes en tant que chef de pub. Il entre en 1985 dans le groupe Havas à Rennes comme chef de groupe. Deux ans plus tard, il est nommé responsable de l'agence de Toulouse puis revient à Nantes en 1989, cette fois-ci chez RSCG, au poste de directeur conseil. Il devient directeur adjoint avant de rejoindre l'agence Leroy-Hamel pour s'occuper du développement. Il aurait pu ainsi continuer d'exercer dans différentes sociétés mais ce Nantais «pur beurre» a surtout très envie de créer la sienne. Il se jette donc à l'eau en 1993 et fonde l'agence Eluère avec Paule Gaillard. Pendant les quinze premières années, il s'implique beaucoup dans la création et la rédaction, passionné par ce métier de conseil et porté par l'esprit d'entreprise. Adhérent du Medef, du réseau Entreprendre, Jean Eluère veut porter haut les valeurs de l'entreprenariat et la notion de responsabilité qu'il implique. D'un tempérament farouchement indépendant, il aime cependant travailler en équipe, accompagner les clients et avancer avec eux, toujours avec pragmatisme. Depuis 2017, il a recentré le travail de l'agence sur la stratégie de marque, cherchant à partager sa vision et ses analyses tout en restant dans l'ombre. Lui, qui reconnaît être exigeant, vise avant tout à exercer une influence positive pour partager in fine le succès. Toujours en équilibre entre «les contraintes du métier et le plaisir de la réussite».

AGENCE ELUÈRE ET ASSOCIÉS - 5 RUE JEAN-JACQUES ROUSSEAU - 44000 NANTES • TÉL. 02 40 69 04 26

MATÉRIAUX POUR LE BÂTIMENT

Benoît **ERAUD**

PRÉSIDENT DU GROUPE INVEST

FORMATION
Externat des enfants nantais et école Saint-Michel-des-Perrais de Parignier-le-Pollin - collège Tettenhall de Wolverhampton (Angleterre)

PASSIONS
le bateau, les croisières en mer Méditerranée, notamment en Corse et en Sardaigne, l'équitation et les vieilles voitures.

Responsable des Etablissements Eraud, PDG de la SA Bugal qu'il a créée en 1978, Benoît Eraud assure la présidence-direction générale d'Invest participations depuis cette même année. Le groupe Invest participations est une holding spécialisée dans l'acquisition et la prise de participation majoritaire dans des entreprises spécialisées dans le travail de l'aluminium. Il compte environ 500 salariés répartis dans les sociétés Bugal Horizal à Bourgoin Jallieu, Soliso Europe à Nantes et Cibox à Valence.

GROUPE INVEST - 2 RUE FERNAND PELLOUTIER - BP 32603 - 44326 NANTES CEDEX 03 • TÉL. 02 51 89 23 06

SANTÉ

Gérard **ESTIVAL**

PRÉSIDENT DE CONSELLIUM - PRÉSIDENT DES ŒUVRES DE PEN-BRON

FORMATION
lycée Paul Lapie à Courbevoie - expertise-comptable à l'Ecole supérieure libre des sciences commerciales appliquées puis à l'Intec de Paris (1972)

PASSIONS la lecture, le golf et l'équitation.

Après avoir été associé d'un cabinet régional Foreo, devenu Befec Price Waterhouse, Gérard Estival devient en 1996 président du cabinet PSAudit. De 1997 à 2007, il est associé dirigeant de Deloitte / In Extenso, un des leaders français de l'audit, de l'expertise-comptable et du conseil. Il a animé les activités dans l'Ouest et a participé au développement de ce cabinet, qui emploie 1200 personnes en Bretagne, Pays de la Loire et Poitou-Charentes. Gérard Estival s'est également impliqué au service de la profession comptable et du développement économique de la région. Membre du Conseil régional de l'ordre des experts-comptables (1984-1990), il a été président de la Compagnie régionale des commissaires aux comptes (1995-1996), membre du bureau national (1995-2000) et président de la commission nationale de communication. Il a été élu en 1997 à la CCI de Nantes Saint-Nazaire, où il a occupé le poste de vice-président jusqu'en 2010. Président de Nantes Atlantique Place Financière (NAPF) jusqu'en 2014, il a contribué également à la création du Réseau entreprendre Atlantique et du réseau Atlantique business angels booster (Abab). Gérard Estival a été président d'Audencia Group de 2006 à 2014.
En retraite en 2006 de Deloitte, il exerce une activité de consultant dans la société Consellium dont il est le président. Il est membre du club APM Nantes Métropole. Il prend la présidence des Œuvres de Pen-Bron en 2020. L'association reconnue d'utilité publique depuis 1893 compte aujourd'hui 18 établissements et services répartis sur toute la Loire-Atlantique (700 salariés). Les œuvres de Pen-Bron accompagnent au quotidien plus de 600 patients et usagers.

ŒUVRES DE PEN-BRON - 10 RUE GAËTAN RONDEAU - 44262 NANTES • TÉL. 02 40 69 77 48

TRANSPORT ET LOGISTIQUE

Frédéric **ÉTÈVE**

DIRECTEUR TERRITORIAL SNCF RÉSEAU BRETAGNE-PAYS DE LA LOIRE

FORMATION
Ingénieur option Génie civil, urbanisme et transports (Centrale Paris, 1995)

PASSIONS
la lecture, la marche, les arts, jardiner

Lycéen doué en sciences, Frédéric Étève choisit une école d'ingénieurs généraliste et prend goût aux problématiques

d'aménagement du territoire et de transports. Après avoir effectué son service national à Istanbul, il commence en 1998 son parcours à Marseille à SNCF Infra, « un secteur qui a du sens ». Il occupe des postes de dirigeant à la fois d'unités opérationnelles et de fonctions transverses. Il rejoint la Bretagne comme contrôleur de gestion en 2004 et devient directeur de l'agence logistique en 2008, directeur d'opérations délégué en 2010. Il est nommé ensuite chef de pôle de la maîtrise d'ouvrage mandatée SNCF Infra puis à 50 % chef de service des projets d'investissement chez RFF jusqu'en 2015. Il se consacre aux projets d'infrastructure menés en Bretagne et Pays de la Loire avec notamment l'arrivée de la LGV et d'un grand programme de régénération du réseau structurant et des lignes fines du territoire.
A la création de SNCF Réseau, Frédéric Étève prend la direction de l'agence Projets avant d'être promu à la tête de la direction territoriale Bretagne - Pays de la Loire en avril 2023. Il est désormais chargé de représenter l'entreprise, de gérer les grands comptes clients sur les deux régions et d'assurer la maîtrise d'ouvrage des projets d'investissement. Proactif et enthousiaste, le Rennais veille à être à l'écoute du territoire, de ses besoins. Il y répond en cherchant à renforcer toujours plus la performance du gestionnaire d'infrastructure « fort de l'engagement et du savoir-faire de ses équipes ». Il souhaite ainsi permettre au plus grand nombre de bénéficier de solutions de mobilité décarbonée « efficaces et attractives », et poursuivre une politique ambitieuse de réduction de l'empreinte environnementale des projets que réalise SNCF Réseau.

SNCF RÉSEAU - BRETAGNE PAYS DE LA LOIRE - IMMEUBLE LE HENNER - 1 RUE MARCEL PAUL - BP 34112 - 44004 NANTES CEDEX 1 • TÉL. 02 49 09 52 37

ENSEIGNEMENT SUPÉRIEUR

Paul **FATTAL**

OCÉANOGRAPHE - PROFESSEUR DES UNIVERSITÉS À L'UNIVERSITÉ DE NANTES

FORMATION études secondaires à Beyrouth - docteur en géographie, HDR (2006) à l'Université de Nantes

DISTINCTIONS chevalier des Palmes académiques

PASSIONS l'art et la musique.

PUBLICATIONS « Pollution des côtes par les hydrocarbures » (PU Rennes, 2008)

La préservation des océans et littoraux : un fil conducteur dans le parcours de Paul Fattal. Professeur des universités depuis 2007, après avoir exercé comme directeur d'une société privée, puis comme enseignant chercheur à l'Université de Nantes, il a dirigé l'Institut de géographie et d'aménagement régional (Igarun) de l'université de Nantes de 2009 à 2014. Membre du laboratoire Géolittomer (Unité Mixte de Recherche 6554 du CNRS) il a assuré la direction, de 2011 à 2014, du Laboratoire international associé (LIA) INEE-CNRS-RBFR de l'Université fédérale du Sud de la Russie. Mission du laboratoire LIA : étudier les pollutions pétrolières touchant les milieux aquatiques pour évaluer les rythmes de dégradation naturelle des polluants et les vulnérabilités induites sur les milieux naturels et les activités socio-économiques.
Enseignant la géographie physique, la géographie de la mer et l'environnement, les travaux de recherche de Paul Fattal portent sur la géomorphologie littorale et sous-marine et l'érosion côtière ainsi que la pollution pétrolière des mers. Expert au sein du comité scientifique de la direction régionale de l'Environnement au moment du naufrage de l'Erika, il a participé activement à tenter de réduire les impacts des nettoyages menés sur les côtes. Il a aussi réalisé une étude sur les impacts des nettoyages pour le ministère de l'Environnement (programme Liteau). Il est vice-président Qualité et développement durable de l'université de Nantes de 2013 à 2020.

NANTES UNIVERSITÉ - 1 QUAI DE TOURVILLE - BP 13522 - 44035 NANTES CEDEX 1 • TÉL. 02 40 99 83 83

FORMATION PROFESSIONNELLE

Najette **FELLACHE**

DIRECTRICE GÉNÉRALE DE SPEACH ET DE WEET

FORMATION Licence professionnelle des Nouvelles Technologies (UFR Nantes, 2003) ; DEST Management et gestion d'entreprise (CNAM, 2005) ; formation de manager commercial (Cap Gemini, 2006)

DISTINCTIONS Trophée Femme du numérique 2015 ; prix Entreprise Prometteuse des Femmes de l'économie 2014

PASSIONS L'e-education et les technologies du web, les trecks en montagne, le parapente, le saut en parachute, le Pilates

Najette Fellache commence sa carrière en 2003 en tant que Manager consultant formateurs TIC chez Sogeti Capgemini à Nantes. Elle prend ensuite en 2007 la responsabilité de secteur Pays de la Loire et Poitou-Charente chez Softeam Cadextan, où elle accompagne les entreprises vers la réalisation de leurs projets. Elle leur propose également conseils et formations autour des nouvelles technologies de l'information. Après un séjour à San Francisco, où elle découvre l'univers des Mooc, elle cofonde en 2013 avec Jeremy Rouet, puis Kamel Fellache, une plateforme pour créer et diffuser des formations vidéo interactives, dont elle est la directrice générale : SpeachMe. Le concept de la start-up est la création d'un nouveau format de transmission de la connaissance : le « speach » (speech+teach), une sorte de « capsule pédagogique » pour que chacun puisse créer son Mooc.
Dans un monde du numérique encore fortement dominé par la gent masculine, Najette Fellache décide de co-fonder la même année l'association Women at Nantes, qui fédèrent près de 250 entrepreneuses, consultantes et porteuses de projet nantaises. Administratrice d'Atlantic 2.O entre 2012 et 2014, très active sur les réseaux sociaux et reconnue dans le secteur de l'économie numérique, elle a reçu le Trophée Femme du numérique en 2015 (l'Usine Nouvelle). Ses compétences valent à cette jeune femme pleine d'enthousiasme et de projets d'être nommée membre du Conseil national du numérique début 2016. Elle ouvre un bureau à Los

Angeles en août 2018 puis à San Francisco où elle vit actuellement. Elle crée en 2021, Weet, un système de messagerie vidéo asynchrone.

SPEACH - 32 BD VICTOR HUGO - 44200 NANTES • TÉL. 02 53 35 32 61

JURIDIQUE

Nicolas **FERAUD**

AVOCAT ASSOCIÉ, CO-DIRECTEUR RÉGIONAL DE FIDAL VAL DE LOIRE OCÉAN

FORMATION 3e cycle maîtrise de droit des affaires (université de Grenoble, 1988) ; diplôme de juriste conseil d'entreprise DJCE (université de Poitiers, 1989)

PASSIONS la course à pied, les sports nautiques (il est moniteur d'apnée)

Après avoir passé une partie de sa jeunesse à Grenoble, Nicolas Féraud rejoint Nantes en 1988 pour effectuer un stage chez Fidal. Il part ensuite faire son service militaire dans la Marine et voyage autour du monde, avant de se voir proposer un poste de conseil stagiaire en 1991, toujours chez Fidal. Il travaille ensuite pour le bureau de La Roche-sur-Yon puis de Niort avant de prêter serment en 1994. Il intègre alors le bureau de La Rochelle en tant qu'avocat en droit fiscal et gravit petit à petit les échelons. Nommé directeur associé en 2009, il prend la direction du bureau rochelais en 2015. Il développe pendant 4 ans un important portefeuille clients, se spécialisant dans les dossiers de transmission d'entreprise et levées de fonds et de gestion du patrimoine.
C'est une autre échelle qui attend Nicolas Féraud en septembre 2019, lorsqu'il est promu co-directeur régional Val de Loire – Océan, avec plus de 200 collaborateurs sous sa responsabilité. Cet amateur de peintures marines a comme première mission d'assurer un recrutement conséquent d'avocats pour développer l'activité régionale du cabinet. Ce qui enchante l'adepte de l'intelligence collective qu'il est, amateur fervent du travail en équipe. Il trouve par ailleurs important de participer « à la vie de la cité » au travers de plusieurs réseaux et associations professionnels. Satisfait de s'impliquer tous les jours dans son nouveau défi.

FIDAL NANTES - IMM. DELTA GREEN - 6 IMP. SERGE REGGIANI - 44800 SAINT-HERBLAIN • TÉL. 02 40 14 26 85

MATÉRIAUX POUR LE BÂTIMENT

Grégory **FLIPO**

DIRIGEANT DE TMC INNOVATION - CO-PRÉSIDENT D'ENTREPRENDRE POUR APPRENDRE PAYS DE LA LOIRE

FORMATION École de commerce de Grenoble (GEM, 1987)

PASSIONS La course à pied, la voile, le ski

Issu d'une famille d'industriels du textile du Nord, Grégory Flipo a toujours rêvé d'être un jour à son compte. Après une prépa HEC à Douai, il effectue son service comme officier de réserve en République centrafricaine. Il entre ensuite chez Sonépar, leader de la distribution de matériel électrique. Il y occupera différents postes à Lyon, Annecy, Paris puis Nantes en 1996. Nouveau défi en 2000 : il devient directeur général de Socolec au Mans (190 personnes). Après avoir contribué à redresser cette société, il décide de tenter l'aventure de l'entreprenariat en 2006. Il reprend TMC Innovation, spécialisé dans les mâts d'éclairage public et basé aux Sorinières. Il rebâtit l'entreprise, mise sur l'innovation et bénéficie de l'aide du Réseau Entreprendre Atlantique où il avait adhéré en 2003. Sensibilisé aux valeurs de l'engagement, Grégory Flipo devient administrateur du Réseau en 2013, dans une logique de réciprocité qu'il trouve évidente. Attaché à être « connecté avec le territoire », l'entrepreneur a été membre du CJD (2001-2010) et fait partie des Dirigeants Responsables de l'Ouest. Il a présidé également le Réseau de Développement de l'Innovation Pays de la Loire de 2011 à 2016. En décembre 2022, il est élu co-président d'Entreprendre pour apprendre Pays de la Loire. Bien à sa place dans une entreprise à taille humaine, il vise à créer durablement « de la valeur humaine, produits et financière ». Président du Réseau entreprendre Atlantique de 2016 à 2019 il se dit très fier d'avoir « représenté une forme d'engagement et de solidarité » auprès de ceux qui créent ou reprennent une entreprise. Il en reste administrateur ainsi que d'EPA (Entreprendre pour apprendre).

TMC INNOVATION - 19 RUE DE LA PETITE MEILLERAIE - 44840 LES SORINIÈRES • TÉL. 02 40 80 14 00

IMPRIMERIE

Thierry **FORGES**

VICE-PRÉSIDENT DE LA FÉDÉRATION EBEN - PRÉSIDENT DE DOCUWORLD GROUP

FORMATION ESSCA Angers (1986) ; MBA (Henley Management College, Royaume-Uni, 1997)

PASSIONS le golf, la brocante et la déco, les voyages de découverte

Thierry Forges se destinait à la finance mais un stage chez Xerox révèle ses qualités de vendeur. Et son appétence pour le management. Entré comme vendeur terrain en 1986 chez le fabricant américain, il devient chef de ventes un an plus tard puis directeur des marchés stratégiques en 1991. Nommé directeur du développement du marketing numérique aux Etats-Unis, il prépare de 1993 à 1995 le lancement d'un produit numérique « révolutionnaire ». Après cette expérience « humainement enrichissante », il revient en Europe du Nord pour prendre la direction du réseau de distribution de la société en 1995. Devenu membre du Comité Exécutif de Xerox France en 1997, il se voit confier la responsabilité de l'ensemble de l'activité « Graphic Arts » de la société en France en 1999. C'est là qu'il découvre le marché qui lui donne envie de monter sa propre société. Lui, qui aime « construire » et se dit animé par une grande curiosité, quitte donc Xerox pour commencer une seconde vie. Il reprend l'entreprise de reprographie Helio et fonde le groupe d'impression numérique Docuwest en 2001. Pour affirmer sa présence au niveau national, il crée en 2013 une entité connexe, Réseau Docuworld. Fin 2019 Docuworld Group diversifie son offre avec une division Éditions et prend

également une participation majoritaire dans Bookelis, l'un des leaders en France de l'auto édition web
Administrateur dès 2012 du S.I.N (Syndicat de l'Impression Numérique), Thierry Forges est élu président en 2017. Lors du regroupement avec la fédération EBEN - qui réunit l'ensemble des entreprises du monde du bureau - il en devient l'un des 6 administrateurs et vice-président. Il est plus particulièrement en charge de la démarche RSE pour l'ensemble de la fédération sur le territoire.

DOCUWORLD GROUP
- ZAC DU MOULIN DES LANDES
- 2 RUE GUTENBERG
- 44980 SAINTE-LUCE-SUR-LOIRE
• TÉL. 02 51 13 39 39

BANQUE ET ASSURANCE

Lionel **FOURNIER**

DIRECTEUR SANTÉ ET ECOLOGIES CHEZ HARMONIE MUTUELLE - DIRECTEUR DU DÉVELOPPEMENT DURABLE DU GROUPE VYV

FORMATION Licence Droit et Techniques des Assurances (faculté de droit de Poitiers, 1991) ; Executive master Trajectoires Dirigeants à Sciences-Po Paris (2016)

PASSIONS cycliste amateur ; les séjours en Grèce

Etre né à Niort, patrie des mutuelles d'assurance, a sûrement influencé Lionel Fournier, dont la mère travaillait dans l'une de ces mutuelles... Il se spécialise dans le droit pendant ses études mais choisit d'être commercial pour son premier poste : il ne se voyait pas « enfermé dans un bureau ». Son parcours professionnel reflète le caractère de cet homme de terrain, qui se définit plus comme un bâtisseur qu'un gestionnaire. Après une brève expérience à Cognac, il intègre en 1993 la Mutuelle Intégrance, spécialisée dans le domaine du handicap. À 23 ans, il se voit confier l'antenne Poitou-Charentes puis le secteur Sud-Ouest.
L'envie de progresser et d'apprendre lui fait rejoindre Harmonie Mutualité en 1999 à La Roche-sur-Yon. Responsable du développement du secteur des particuliers Anjou-Vendée, il devient responsable de région en 2008. Un nouveau challenge l'attend avec la mise en place d'une nouvelle organisation du développement après la fusion intervenue dans la mutuelle. Il continue de grimper les échelons en prenant le poste de directeur du développement de la région Centre-Ile-de-France en 2012. Le chantier est énorme – une fusion de 3 mutuelles à l'échelle nationale - mais ça n'est pas pour lui déplaire... Lui qui apprécie accompagner les « collaborateurs dans la transformation et leur montée en compétence », demande à revenir dans l'Ouest en 2015. Directeur de la Région Atlantique Harmonie Mutuelle, il pilote l'activité de la mutuelle (800 personnes) avant de devenir directeur Santé et Ecologies en janvier 2021. Il prend la direction du développement durable du Groupe Vyv en mars 2022.
Il a par ailleurs été président de Dirigeants responsable de l'Ouest (DRO), association référente en matière d'économie responsable dans le grand Ouest, de 2017 à fin 2022.

HARMONIE MUTUELLE PAYS DE LA LOIRE
- 29 QUAI FRANÇOIS MITTERRAND
- 44273 NANTES CEDEX 2 • TÉL. 02 40 41 19 40

DÉVELOPPEMENT ÉCONOMIQUE

Joël **FOURNY**

PRÉSIDENT DE CMA FRANCE - PRÉSIDENT DE LA CHAMBRE DE MÉTIERS ET DE L'ARTISANAT DE RÉGION DES PAYS DE LA LOIRE

FORMATION Baccalauréat de modelage mécanique, spécialisation maquettiste

PASSIONS la marche, la musique et les activités culturelles en famille.

Passionné de dessin et d'activités manuelles, Joël Fourny s'imagine bien devenir ébéniste mais il choisit finalement de devenir artisan modeleur mécanique. Un métier qui nécessite en permanence d'être créatif. Il fonde à 24 ans son entreprise à Issé et la dirige depuis. La Société industrielle de modelage mécanique (Simm) emploie 7 salariés et fabrique modèles et moules pour des pièces destinées à l'industrie.
Il s'implique par ailleurs dans les réseaux professionnels. Membre du Cese des Pays de la Loire de 2010 à 2015, il siège à la commission Aménagement du Territoire puis à la commission Formation. Il préside la Fédération des artisans et petites entreprises de la métallurgie (FNAPEM) depuis 2011 et siège au sein du Conseil national des villes depuis 2015. Il est également le président de la Commission nationale du développement économique à l'APCMA. Cependant, le grand engagement qui l'anime depuis 1999, c'est auprès de la Chambre de métiers et de l'artisanat qu'il le vit. Administrateur de la CMA de Loire-Atlantique, puis président en 2010, il devient vice-président de la CMAR des Pays de la Loire. Il est élu président en novembre 2016. Ses objectifs pour la CMAR ne varient pas - promouvoir, défendre les acteurs de l'Artisanat – et ses priorités se portent avant tout sur l'apprentissage, la formation professionnelle et l'emploi. Des défis à relever pour accompagner au mieux les 58 000 entreprises de la région
En juin 2020, Joël Fourny est élu à la présidence du réseau national CMA France, dont il était vice-président depuis 2016. Il est réélu en 2021 à la tête de la chambre régionale, tout en exerçant son mandat national.

CHAMBRE DE MÉTIERS ET DE L'ARTISANAT DES PAYS DE LA LOIRE
- 6 BD DES PÂTUREAUX
- 44985 SAINTE-LUCE-SUR-LOIRE
• TÉL. 02 51 13 31 39

ASSOCIATIONS ET RÉSEAUX

Philippe **FOURQUET**

PRÉSIDENT NATIONAL DE 60 000 REBONDS

FORMATION Collège-lycée à Calais - maîtrise de droit privé (faculté de droit d'Amiens, 1976) ; IEP de Paris (section économique et financière, 1978) ; expert-comptable / commissaire aux comptes (1988/1989)

PUBLICATIONS « Coopératives agricoles : guide pratique de l'information financière » (Expert comptable Media - 3e édition en 2015).

Philippe Fourquet intègre Ernst et Young en 1983 et, trois ans plus tard, rejoint le bureau de Nantes qui vient d'être créé. Associé dès 1990, la direction du Pôle Ouest (Pays de la Loire, Bretagne, Basse-Normandie et

Poitou-Charentes) lui est confiée en 2001. Ses premières années à la tête de ce pôle sont consacrées à la poursuite de l'ancrage et du développement régional sur le marché des PME. En 2004, la croissance d'Ernst et Young dans l'Ouest le conduit à créer un nouveau bureau à Rennes. Entre 2007 et 2010, il se voit également confier des missions spécifiques de développement et de management auprès des autres bureaux régionaux et notamment dans la région Nord. Fin 2010, il est nommé responsable Marché entrepreneurs Ernst et Young France puis devient consultant externe («senior partner advisor»). De 2015 à avril 2019, il apporte son expertise dans le secteur des coopératives agricoles. Agréé réviseur coopératif depuis 2016, il effectue des audits auprès de banques coopératives et mutualistes.
Philippe Fourquet s'investit par ailleurs dans l'association 60 000 Rebonds, qui a pour objectif d'accompagner les entrepreneurs ayant connu la liquidation de leur entreprise à rebondir dans un nouveau projet professionnel. Il en est le président Grand Ouest et le secrétaire général national jusqu'en octobre 2022. Puis il est élu président national en mai 2023.
Il est aussi trésorier de l'association française d'entrepreneurs Citizen Entrepreneurs depuis mars 2016 et membre de la direction collégiale de l'association Femmes des Territoires.

60 000 REBONDS GRAND OUEST - MCTE - 8 RUE BISSON - 44100 NANTES • TÉL. 02 72 56 80 84

BOIS ET AMEUBLEMENT

Jakez **FRANÇOIS**

PDG DES HARPES CAMAC - COMPOSITEUR

FORMATION Externat des enfants nantais à Nantes et institut Saint-Dominique à Saint-Herblain - conservatoires nationaux de musique de Nantes, Tours et Boulogne-Billancourt

PASSIONS la musique évidemment, la gastronomie et les voyages.

PUBLICATIONS oeuvres musicales pour harpe en répertoire contemporain, celtique ou jazz

Jakez François a intégré Camac production (aujourd'hui Harpes Camac) à 22 ans comme testeur-régleur de harpes. Quelques années plus tard, il devient directeur général puis reprend l'entreprise en 2000 à la suite du décès du fondateur, Joël Garnier. La société fabrique et commercialise des harpes destinées pour moitié au marché français, l'autre partie étant exportée en Europe, aux Etats-Unis et en Asie. Sous sa direction, elle étend son réseau commercial en Europe (Camac Italie, Camac Russie et Camac Berlin) ainsi qu'en Asie. Créé à l'initiative de son PDG en 2005, le festival des Harpes Camac se tient chaque année dans une ville différente de France. En parallèle, de nombreuses éditions de ce festival sont organisées à l'étranger (Etats-Unis, Europe, Asie). En 2012, un grand festival international de harpe était organisé à Ancenis sous la direction artistique de Jakez François pour célébrer les 40 ans de l'entreprise. Ce festival se déroule désormais tous les deux ans à Ancenis, en partenariat avec les Harpes Camac.
Harpiste de formation, compositeur et improvisateur, Jakez François a donné des concerts dans tous les pays où la harpe est jouée. Ses pièces modernes sont interprétées par des harpistes de réputation internationale. Sous sa direction, la société Harpes Camac a reçu le label Entreprise du Patrimoine Vivant.

HARPES CAMAC - LA RICHERAIS - BP 15 - 44850 MOUZEIL • TÉL. 02 40 97 24 97

DÉVELOPPEMENT ÉCONOMIQUE

Hugues **FRIOUX**

TRÉSORIER DE LA CCI NANTES-SAINT-NAZAIRE - ARTISAN COMMERÇANT

FORMATION CAP coiffure mixte (1990) ; mentions complémentaires (1991) ; brevet professionnel coiffure mixte (1992)

PASSIONS le bricolage et la course à pied.

Une des figures du coeur de Nantes. Propriétaire depuis 1994 du salon de coiffure pour hommes « Le Coiffeur », Hugues Frioux s'investit au service de la vie économique locale. En 2008, il est vice-président de Plein Centre, association des commerçants du centre-ville de Nantes, avant d'en assurer la présidence de 2009 à 2012. Puis il prend celle de l'association PromoNantes, créée en 1974 à l'initiative de la Jeune Chambre économique et qui se donne pour vocation de poser des réflexions, d'observer et d'être force de proposition sur différents dossiers nantais, qu'ils soient économiques, sociaux ou culturels.
En 2016, Hugues Frioux est élu à la CCI de Nantes Saint-Nazaire en tant que secrétaire du Bureau puis vice-président et trésorier à partir de novembre 2021.

CCI NANTES SAINT-NAZAIRE - 16 QUAI ERNEST RENAUD - 44105 NANTES • TÉL. 02 40 44 60 00

NUMÉRIQUE ET INFORMATIQUE

Mickaël **FROGER**

ENTREPRENEUR ET INVESTISSEUR - COFONDATEUR DE LENGOW ET DE MIMBI

FORMATION bac en comptabilité/gestion (1999)

PASSIONS la chasse sous-marine et l'apnée.

Mickael Froger n'a pas 20 ans quand il débute comme développeur chez M6 Web. Il est alors en charge des mises en place et développements des sites M6.fr, Capital.fr, Turbo.fr, M6Net.fr et Grainesdestars.fr. Webmaster/chef de projets Web chez Europe2/RFM (Groupe Lagardère) de 2000 à 2002, il crée et gère ensuite durant deux ans Synetik Développement, webagency spécialisée dans le développement de sites E-commerce et Intranet CRM. Chef de projets Web chez LeGuide.com (2004-2006), puis pour 2xmoinscher.com (2006-2007), il occupe le poste de responsable technique chez AdFever/BuyFever avant de créer Lengow en 2009 à Nantes. Sa seconde plus grande fierté (sa fille étant la première) est d'avoir « créé plus d'une cinquantaine d'emplois en CDI ». Investi et incontournable dans la sphère numérique nantaise, Mickael Froger est président d'Atlantic 2.0 de septembre 2013 à septembre 2015, après en avoir été administrateur.
En 2021, il crée Mino capital, spécialisé dans la gestion de portefeuilles, et investit dans

le studio venture Founders Future. Puis il quitte Lengow en octobre 2022 et fonde Mimbi, un an plus tard. Via une plateforme SAAS, Mimbi doit permettre entre autres d'organiser ses données (catalogue produits, chiffre de ventes...) et d'obtenir des recommandations pour optimiser les performances de ses campagnes de pub.

MIMBI - 10 IMP. DU CHÂTEAU - 44115 BASSE-GOULAINE

MÉDIAS

Patrice **GABARD**

GRAND REPORTER - CHEF DU BUREAU RÉGIONAL GRAND OUEST DE RTL

FORMATION lycée de Grand Air à La Baule (bac D) - licence de sociologie à la faculté des lettres et sciences humaines de Nantes

PASSIONS la voile, le tennis de table et les découvertes terrestres : Etats-Unis, Canada, Costa Rica, Mexique, Brésil, Sénégal, Mali, Burkina Faso, Côte d'Ivoire, Turquie, Croatie, Bosnie-Herzégovine, Slovénie, Italie, Allemagne, Espagne, Islande.

PUBLICATIONS biographie du navigateur Franck Cammas «J'ai mis les voiles pour gagner» (Ed. City-2014) ; «Destination RTL » (La Martinière)

Patrice Gabard commence sa carrière journalistique en 1987 en réalisant de nombreuses piges (sports et informations générales) pour Ouest France (Saint-Nazaire, Nantes, Ancenis, Vannes), France Inter (multiplex football), France Bleu Loire Océan, France 3 Ouest et JDD (pages Ouest). En 1991, après un périple journalistique de 6 mois au Canada, il rejoint Saint-Lô (Manche) comme reporter-présentateur des journaux et des émissions politiques (1991-1993) à Radio Manche (radio de l'hebdomadaire La Manche Libre). Retour à Nantes en 1993, pour collaborer à RTL comme pigiste sports (notamment pour les matchs du FCN) mais également à France Bleu Armorique (Rennes), à l'AFP (au sein du desk régional à Rennes). En 1995, suite à la création des décrochages régionaux dans les principales villes françaises, Patrice Gabard sera le reporter et le présentateur des journaux d'informations de RTL Nantes (1996-1999). Il devient alors grand reporter et correspondant Grand Ouest. Rayon d'action : les deux régions Pays de la Loire et Bretagne, plus quelques escapades dans les Deux-Sèvres et la Charente-Maritime. Depuis 2000, Patrice Gabard est le consultant voile de RTL. Il a d'ailleurs écrit une biographie de Franck Cammas.

RTL BUREAU RÉGIONAL GRAND OUEST - 33 RUE SAINT-VINCENT - 44330 LE PALLET • TÉL. 02 40 80 95 48

CULTURE

François **GABORY**

DIRECTEUR CULTURE ET ADMINISTRATEUR GÉNÉRAL DE LA FOLLE JOURNÉE DE NANTES

FORMATION collège Saint-Stanislas et lycée Chavagnes à Nantes - Deust en administration de la culture (1994) ; maîtrise en management et organisations des entreprises culturelles (1997) ; maîtrise AES (1999) ; certification de directeur de Maison des jeunes et de la culture (2002), aux Universités de Limoges, Dijon-Bourgogne et de Rennes 2

DISTINCTIONS chevalier des Arts et des Lettres 2021

PASSIONS le territoire ligérien, le FCNA, le ski et la course à pied.

François Gabory a marqué nombre de territoires culturels. Au niveau professionnel, il débute comme coordinateur artistique dans le club de Jazz «Le Pannonica» à Nantes (1994-1996). Administrateur général du Jazz Club de Dunkerque (1997-1998), chargé d'action culturelle à la communauté de communes de Nozay (2000-2002), il dirige la Maison des Jeunes et de la Culture de la Plaine du Ronceray au Mans de 2002 à 2007. Cette année-là, il prend la direction du Jardin de Verre à Cholet, qu'il décrit ainsi :» Ouverture aux modes d'expression actuels, aux cultures du monde et aux choix esthétiques les plus divers, Le Jardin de Verre est un lieu de rencontres avec tout ce que le spectacle vivant irradie d'invention, de poésie, de pensée, de jeunesse et de liberté «Il rejoint la Cité des Congrès de Nantes en février 2022 en tant que directeur de la culture et administrateur général de la Folle Journée de Nantes. Le Nantais a par ailleurs exercé et exerce diverses responsabilités extra-professionnelles. Président de MaMa Productions (1992-2000) et de Magnéto (2005-2008), fondateur du festival ligérien «A suivre de Près ?» en 2004, il préside le Collectif régional du Jazz en Pays de la Loire depuis 2007. Il est également le président du Réseau Chaînon/FNATV, organisateur du Festival Le Chaînon manquant.

LA FOLLE JOURNÉE - 44 RUE DE STRASBOURG - 44000 NANTES • TÉL. 02 85 52 88 99

BIENS DE CONSOMMATION

Gérard **GARNIER**

PRÉSIDENT-FONDATEUR D'ALGAM

FORMATION Deug d'anglais (Université de Rennes)

DISTINCTIONS lauréat Digital Change 2017

PASSIONS la musique et le golf, le graphisme

Au tout début du parcours de Gérard Garnier, il y a bien sûr la musique. Celle des Andes plus précisément, pour laquelle il a, très jeune, le coup de foudre. Après ses études d'anglais, il s'inscrit à la chambre des métiers de Dinan et apprend à fabriquer des instruments «modestes». Il se passionne pour le métier et crée en 1971 sa société, Algam, qui compte très vite 50 personnes (230 aujourd'hui). Il commence à importer, notamment des USA, pour pérenniser l'entreprise, aidé par sa maîtrise de l'anglais. La petite entreprise grossit jusqu'à devenir le distributeur d'instruments de musique N° 1 en France, proposant un large choix d'instruments de musique et de produits audio, vidéo et d'éclairage. En 2003, il retrouve ses origines de fabricant et rachète Lâg, une marque de guitares française. Désormais épaulé par son fils Benjamin qui l'a rejoint en 2009, il n'est pas question de retraite pour Gérard Garnier, qui se dit justement motivé par les multiples projets qu'ils portent ensemble. Que ce soit à Thouaré (création prochaine d'une manufacture) ou à l'international. Sa passion est son métier, lui qui se qualifie de «Président Designer Général». Toujours curieux du monde qui l'entoure, aimant la recherche et le développement, il se nourrit des rencontres qu'il fait en parcourant la planète. Sa prochaine acquisition reflète bien l'amour qu'il porte à l'artisanat élevé à son plus haut niveau : les pianos Pleyel, la quintessence du savoir-faire français.

ALGAM - PA DES PETITES LANDES - 2 RUE DE MILAN - 44484 THOUARÉ-SUR-LOIRE • TÉL. 02 40 18 37 00

ARCHITECTURE

Emmanuelle **GAUDEMER**

ASSOCIÉE ET DIRECTRICE DU DÉVELOPPEMENT DU GROUPE AIA - VICE-PRÉSIDENTE DE SANTÉ FONDATION AIA

FORMATION Préparation HEC (1989) ; Diplôme d'Ingénieur en marketing (Istec, 1994) ; Diplôme 3e cycle spécialisation marketing et commerce international (ISCE, 1992) ; Dess Gestion et Economie des établissements de Santé (Cnam – J de Kervasdoué, 1998).

PASSIONS le sport

Son premier emploi, Emmanuelle Gaudemer le trouve en 1995 à Paris (où elle a fait ses études) dans un laboratoire pharmaceutique, à la direction du service clients. Un signe du destin car ses parents travaillaient dans le domaine de la santé. Elle décide de suivre les cours du Cnam en parallèle dans l'optique de s'occuper d'une clinique. La vie en décide autrement puisqu'elle y rencontre le fondateur d'AIA qui la persuade de le suivre à Nantes. Elle prend donc la fonction, en 1998, de responsable du développement du groupe AIA qui emploie 120 personnes à l'époque (600 aujourd'hui). Elle découvre avec grand intérêt l'architecture et l'ingénierie, affine ses connaissances sur la ville, le territoire. Puis, avec l'œil d'un maître d'ouvrage, elle structure et développe l'activité du groupe dans le domaine de la santé. Associée depuis 2003 au sein de la direction générale du groupe AIA, Emmanuelle Gaudemer devient membre fondateur de la Santé Fondation AIA en 2012. Elle y est dans son élément, mêlant son expérience et sa volonté à une démarche citoyenne dont l'objectif est la prospective sur l'hôpital de demain et la santé sur le territoire. Elle devient vice-présidente en 2021.
Membre associée de la CCI Nantes Saint-Nazaire dès 2011, très active dans le cadre de la CCI internationale et régionale, elle a porté le projet Export & Santé. Présidente de l'Ecole de design, choisie pour son dynamisme et ses idées, de juin 2015 à décembre 2021, Emmanuelle Gaudemer est par ailleurs membre du conseil scientifique du Gérontopôle des Pays de la Loire, très engagée dans la dynamique de la Silver économie.

AIA LIFE DESIGNERS - 7 BD DE CHANTENAY - CS 80525 - 44105 NANTES CEDEX 4 • TÉL. 02 40 38 13 13

ENSEIGNEMENT SUPÉRIEUR

Chantal **GAUTHIER**

DOYEN DE LA FACULTÉ DES SCIENCES ET TECHNIQUES DE NANTES

FORMATION études de biologie (université de Poitiers 1991)

PASSIONS la lecture, le jardinage, la marche, la cuisine, les loisirs créatifs

Chantal Gauthier a construit son parcours professionnel autour de son appétence pour la biologie et la médecine. Après sa thèse, elle entre comme ATER au département Sciences de la vie à l'université de Nantes. Elle devient maître de conférence en 1992 et s'implique dans la recherche avec réussite : elle fera en effet une co-découverte scientifique importante en 1996. Nommée professeur en Sciences de la vie en 2007, elle s'investit dans la formation et prend la co-responsabilité d'un master 2. Cinq ans plus tard, elle reprend l'ensemble d'une mention de master en biologie-santé, tout en continuant ses recherches. Attachée aux valeurs de transmission et de partage, elle est coordonnatrice de la filière entreprise « santé-biotechnologies » de l'université de Nantes depuis 2014. Elle intègre le conseil scientifique de la faculté en 2013 puis décide de se présenter au conseil de gestion en 2017. Elue, elle est ensuite élue doyen en 2018. Elle démissionne de la commission scientifique de la Fondation pour la Recherche Médicale pour se consacrer à ses missions.
Très volontaire, Chantal Gauthier apprécie de jongler avec les différentes casquettes que lui font porter ses responsabilités de doyen. De la gestion financière et administrative à la gestion immobilière, en passant par les ressources humaines et la formation, elle avance avec ses équipes « sans jamais regarder en arrière ». Pour elle, la clé du succès consiste à valoriser les étudiants mais aussi le personnel de la faculté. Elle a été par ailleurs co-préfiguratrice du pôle sciences et technologie de la Nouvelle université de Nantes (NUN) en 2017 et 2018. L'engagement n'est pas pour elle un vain mot… Elle est ainsi réélue en 2023 pour un mandat de 5 ans, à la majorité absolue au premier tour de scrutin.

FACULTÉ DES SCIENCES ET DES TECHNIQUES - 2 RUE DE LA HOUSSINIÈRE - BP 92208 - 44322 NANTES CEDEX 3 • TÉL. 02 51 12 52 00

MÉDIAS

Bruno **GEOFFROY**

RÉDACTEUR EN CHEF DE PRESSE OCÉAN

FORMATION licence de philosophie ; licence histoire ; École de journalisme de Paris

Bruno Geoffroy est nommé rédacteur en chef de Presse Océan en octobre 2023 après une mission d'intérim à Nantes. Il a fait ses débuts journalistiques à Libération Champagne à Troyes, de 1992 à 1995, avant de travailler au Quotidien de la Réunion et d'en être nommé, dix ans plus tard, le rédacteur en chef, jusqu'en 2008. Il rejoint le Courrier de l'Ouest en 2009 en tant que directeur départemental des Deux-Sèvres puis comme rédacteur en chef, en poste à Angers, en 2012.

PRESSE-OCÉAN - 2 QUAI FRANÇOIS MITTERRAND - 44200 NANTES • TÉL. 02 40 44 24 00

COMMUNICATION ET MARKETING

Thomas-Georges **GEORGELIN**

DIRECTEUR ASSOCIÉ IMAGESCRÉATIONS

FORMATION Externat des Enfants Nantais - maîtrise de gestion (Université d'Auvergne, 1991) ; B.A. Honors UCE Birmingham Business School (1994) ; 3e cycle Audencia Group SciencesCom (1995)

PASSIONS Ses trois filles et son entreprise

PUBLICATIONS 1er Guide collection Business & Leisure sur le sultanat d'Oman (Saatchi & Saatchi)

Un mémoire d'étude sur l'élaboration du 1er baromètre français de métropole régionale ouvre à Thomas Georgelin les portes d'une première expérience professionnelle chez Nantes Atlantique Développement. Il y mènera un audit sur la Cité des Congrès et le parc municipal nantais des structures culturelles. Une rencontre, avec le directeur général du groupe Crédit Mutuel, le fait changer d'univers professionnel. Après un an d'une mission interne sur la stratégie de distribution du groupe bancaire, il créée avec Olivier Robé, rencontré 2 ans plus tôt sur les bancs de SciencesCom, une filiale 100% internet. Start-up incubée avant l'heure, Images Créations est née, agence digitale web & mobile. 20 ans plus tard, elle est l'une des acteurs majeurs de son secteur et développe depuis une dizaine d'année une activité complémentaire dans l'imagerie de synthèse (3D immobilière et industrielle). Thomas Georgelin est par ailleurs élu à la CCI de Nantes-Saint-Nazaire – où il est référent sur le numérique - et, en tant que tel, membre du conseil d'administration de l'Agence Nantes Saint-Nazaire Développement et administrateur de Télénantes. La notion d'entreprenariat le porte, acteur engagé sur son territoire et heureux de l'être. Il a par ailleurs, cofondé l'UCC, premier syndicat professionnel des agences conseil en communication. Comme il le reconnaît lui-même, il ne faut jamais « s'endormir sur ses lauriers » et les 2 associés ont plusieurs projets d'actualité : déménager leur agence en centre ville de Nantes, l'ouverture prochaine d'une filiale au Canada. Ils lancent en 2016 une application innovante dans le domaine du nautisme, ShareMySea.

IMAGES CRÉATIONS - 67 RUE NICOLAS APPERT - 44000 NANTES • TÉL. 02 40 50 77 66

SERVICES AUX ENTREPRISES

Alexandre **GERARD**

PRÉSIDENT D'INOV-ON

FORMATION Audencia Bachelor (Nantes, 1994) ; Coach d'organisation (HEC Paris, 2015)

PASSIONS Les organisations collaboratives et la transformation sociétale

PUBLICATIONS « Le patron qui ne voulait plus être chef » (Ed. Flammarion, 2017) ; « L'aventure Chrono Flex – Sur le chemin des entreprises libérées » (Ed. Cueilleuse d'histoires, 2016)

Après son service militaire, Alexandre Gérard entre en 1995 chez Chrono Flex à sa création. Au fil des années, de nouvelles activités apparaissent, il crée plus d'une dizaine de sociétés et le groupe Inov-On nait. Mais, en 2009, la crise arrive et tout s'effondre : la société perd 34% de son chiffre d'affaires. « Percuté par la chute, la peur, les licenciements » après 15 ans de direction « command & control », le dirigeant effectue une profonde remise en question. C'est à ce moment-là, en 2010, qu'il rencontre Jean-François Zobrist, ancien patron emblématique de la fonderie Favi, et Isaac Getz, co-auteur de « Liberté et Cie ». Inspiré par leurs modèles, il engage ses équipes dans une démarche de « libération » avec l'objectif de créer un environnement « vrai et nourricier, qui permette aux équipiers de s'épanouir et de s'engager ». Un chemin entrepris depuis plus de 10 ans qui révèle une transformation qu'il estime « incroyable »...

En 2012, Alexandre Gérard fait un tour du monde en famille d'un an et confie les clés de l'entreprise à ses collaborateurs. Il partagera cette expérience dans un livre : « Le patron qui ne voulait plus être chef ». Puis il adosse en 2021 le pôle historique du groupe Inov-On au groupe familial Monnoyeur, afin de lui ouvrir les portes de l'international. Il se consacre désormais à ses deux passions. La transformation des organisations d'une part, en accompagnant avec son équipe des dirigeants qui s'engagent dans des transformations collaboratives en Europe. Et la transformation sociétale, à travers l'éco-domaine de la Fontaine à Pornic, où, toujours en équipe, il expérimente les principes de l'économie régénérative et de la permaculture.

INOV-ON - 13 RUE OLYMPE DE GOUGES - 44800 SAINT-HERBLAIN • TÉL. 02 51 80 00 00

MENUISERIE INDUSTRIELLE

Fabienne **GERMAIN**

COGÉRANTE DU GROUPE M.Y.G

FORMATION lycée Simone Weil à Saint-Etienne - diplôme d'études supérieures de la marine marchande (Ecole nationale de la marine marchande du Havre, 1989) ; MBA HEC (Paris, 1992)

PASSIONS le sport, notamment le fitness, le VTT et les randonnées équestres, les voyages (plus de 40 pays visités) et la lecture de polars.

Parcours maritime pour Fabienne Germain qui, à 22 ans, fut la première femme officier sur les navires câbliers de France Télécom. Chargée de mission pour MTTM (1997-2001), elle est ensuite responsable des achats, puis chef de projet « accélération du changement » pour Alstom Marine, chantiers de l'Atlantique (2001-2005). Depuis 2005, elle est cogérante du groupe Myg, qu'elle a cofondé avec son mari. Avec un rayonnement international, les entreprises du groupe sont spécialisées dans la fabrication de panneaux de cloisons, la réalisation d'agencement et de revêtement de sols, en particulier dans la construction navale.

Fabienne Germain a fait partie du Centre des jeunes dirigeants (CJD) de 2005 à 2014, et du Ceser des Pays de la Loire de 2008 à 2015.

M.Y.G - 53 RUE MARCEL BRUNELIÈRE - 44270 MACHECOUL • TÉL. 02 40 78 53 15

RECHERCHE MÉDICALE

Jean-François **GESTIN**

DIRECTEUR DE RECHERCHE INSERM DE NANTES - CO-FONDATEUR DE CHELATEC

FORMATION doctorat en chimie ; HDR à l'Université de Nantes

DISTINCTIONS prix d'aide à la création d'entreprises innovantes (2000 et 2001) ; prix Startwest catégorie Chercheur-créateur (2001)

PASSIONS la voile, le VTT et la cuisine.

Après des débuts dans la parfumerie chez Lautier Florasynth, Jean-François Gestin oriente sa carrière vers la chimie au service du médical. Un revirement lié à sa rencontre avec le Pr Jean-François Chatal. Après des expériences chez CIS bio International et au Brookhaven National Laboratory à Long Island (Etats-Unis), il revient avec deux brevets en poche. En 1990, il obtient le concours de chargé de recherche Inserm et développe la chimie des radiotraceurs au service de la médecine nucléaire. La rencontre avec le Pr Harvey Turner lui permet alors d'expérimenter des projets de recherche industriels en Australie. Fin 2000, avec Anthony Loussouarn, il crée Chelatec. Spécialisée en marquage radioactif à façon et en recherche préclinique, la société de R&D propose l'évaluation prédictive du potentiel médicamenteux de molécules. Directeur de recherche Inserm à Nantes, Jean-François Gestin codirige en parallèle le groupe chimie-radiopharmacie avec le Pr Alain Faivre-Chauvet. L'équipe à laquelle il appartient, ayant pour thématique la recherche en oncologie nucléaire, collabore avec celle en charge du cyclotron Arronax. Début 2011, Jean-François Gestin crée Isotop4Life, filière radiopharmaceutique visant à fédérer différents acteurs autour du nucléaire pour la santé.

INSERM GRAND OUEST - 63 QUAI MAGELLAN - BP 32116 - 44021 NANTES CEDEX 1 • TÉL. 02 40 35 06 69

AMÉNAGEMENT ET URBANISME

Yves **GILLET**

PRÉSIDENT DU GROUPE KERAN

FORMATION Saint-Joseph du Loquidy à Nantes - DUT génie civil (1975) ; MST aménagement et mise en valeur des régions (1979) à l'IUT de Saint-Nazaire et aux universités de Rennes et Nanterre

PASSIONS la course à pied, le golf, les voyages et l'art contemporain.

Ingénieur à la DDE (1975-1977), puis à la Chambre d'agriculture de Loire-Atlantique (1979-1980), Yves Gillet crée en 1982 l'entreprise SCE, société de conseil et d'ingénierie en aménagement du territoire et gestion de l'environnement. En 2003, il fonde le Groupe SCE, devenu Keran en 2014, holding qui regroupe l'entreprise originelle SCE, Groupe Huit (développement urbain dans les pays du Sud), Créocéan (océanographie et environnement littoral et marin), Naomis (acquisition de données et systèmes d'information liés à l'aménagement), mais aussi plusieurs filiales à l'étranger. Keran emploie 600 collaborateurs et affiche un CA de 58 millions d'euros en 2021. Son emblématique patron cède une partie de ses parts ainsi que la direction opérationnelle en juin 2022.
Très présent dans la vie sociale et économique du département, Yves Gillet participe à de nombreux événements en Loire-Atlantique : on lui doit notamment l'organisation de la Solidaire du Chocolat, course à la voile entre Nantes-Saint-Nazaire et le Mexique (2 éditions : 2009 et 2012). Il contribue aux projets The Bridge en 2017, puis The Arch (prévu en 2022 et 2023), en tant que vice-président. Soucieux de faire partager son expérience internationale, il est administrateur de l'International Ouest Club (ex WTCNA). Il est également engagé au sein du Réseau entreprendre Atlantique et de Dirigeants Responsables de l'Ouest (DRO). Il est fondateur et vice-président de Ruptur, association d'entrepreneurs de Loire-Atlantique et de Vendée désirant agir dans le domaine de « l'économie bleue », depuis mars 2018.

KERAN - 4 RUE VIVIANI - CS 26220 - 44662 NANTES CEDEX 2 • TÉL. 02 51 17 29 30

ORGANISATIONS PROFESSIONNELLES

Pierre-Antoine **GIOVANNONI**

PRÉSIDENT DE LA FÉDÉRATION RÉGIONALE DES VIGNERONS INDÉPENDANTS DES PAYS DE LA LOIRE

FORMATION Deug de droit (1994) ; Technicien supérieur viticulture-oenologie (Montreuil-Bellay-1997)

PASSIONS jazz, musique classique, vins, bricolage, jardinage, la bande dessinée, les nouvelles technologies

À la sortie du lycée, Pierre-Antoine Giovannoni ne se destine pas au métier de vigneron et fait même quelques années de droit à la faculté d'Angers. Mais, alors qu'un poste de clerc de notaire lui est proposé, il réalise son attachement grandissant pour le domaine viticole de la famille de sa femme, les Gélineau. Fort de cette évidence, il ne validera jamais sa licence et commencera à travailler aussitôt dans le vignoble pour obtenir quelques années plus tard son brevet de technicien supérieur en viticulture et œnologie. Il reprend alors avec passion le flambeau en tant que vigneron indépendant dans le domaine du château de la Viaudière (33 hectares de vignes), à Champ-sur-Layon. Son épouse Agnès, orthophoniste, le rejoint sur le domaine en 2013 pour devenir à son tour viticultrice.
L'engagement syndical de Pierre-Antoine Giovannoni est finalement reconnu par la profession puisque, en juillet 2014, il est élu président de la Fédération régionale des vignerons indépendants des Pays de la Loire. Il prend le poste de président du Syndicat des vignerons indépendants de l'Anjou et de Saumur en début d'année 2015. Il œuvre à la promotion et la défense des vignerons indépendants, cultivateurs, récoltants et vendeurs jusqu'en début d'année 2018. Vice-Président de la Confédération Nationale des Vignerons Indépendants de 2016 à 2023, il est réélu à la présidence de la Fédération régionale des vignerons indépendants des Pays de la Loire en 2018 puis en 2021 il devient co-président, délégué à l'activité syndicale, du Syndicat des

vignerons indépendants de l'Anjou et de Saumur.

FÉDÉRATION RÉGIONALE DES VIGNERONS INDÉPENDANTS DES PAYS DE LA LOIRE - CHÂTEAU DE LA FRÉMOIRE - 44120 VERTOU • TÉL. 02 40 80 14 74

ENSEIGNEMENT SUPÉRIEUR

Arnaud **GODEVIN**

DIRECTEUR DE L'ECOLE SUPÉRIEURE DU BOIS ET DES MATÉRIAUX BIOSOURCÉS

FORMATION lycée Fernand Léger à Dunkerque - classe prépa technologique à Béthune; ingénieur Enstib d'Épinal

Arnaud Godevin a intégré l'Ecole supérieure du bois en 1999 en tant que directeur adjoint en charge des études. Il participe notamment à la mise en place des grands projets de l'école, tant dans le domaine de la pédagogie que dans le développement des réseaux locaux, nationaux et internationaux. En 2007, il prend la direction de cette école fondée en 1934 et installée depuis 1993 à Nantes. En 2013, sous son impulsion, l'ESB lance Bois HD, une plateforme régionale d'innovation, pour répondre aux attentes des entreprises en termes de transfert de technologie. En 2015, ce sont près de 3000 m2 de nouveaux bâtiments qui sont mis en service pour la formation (étudiants et apprentis), la recherche et le développement.

ESB - ECOLE SUPÉRIEURE DU BOIS ET DES MATÉRIAUX BIOSOURCÉS - RUE CHRISTIAN PAUC - ATLANPOLE - BP 10605 - 44306 NANTES CEDEX 3 • TÉL. 02 40 18 12 12

BOIS ET AMEUBLEMENT

Pascaline **GORRÉE**

PRÉSIDENTE DU DIRECTOIRE DE LA SOCIÉTÉ BOURDAUD

FORMATION lycées de La Perverie et du Loquidy à Nantes - classe préparatoire au lycée Clemenceau; ingénieur (Ecole supérieure du bois de Nantes); master de marketing (Essec de Cergy-Pontoise)

DISTINCTIONS chevalier de l'Ordre national du Mérite

PASSIONS la lecture, la musique et ses enfants.

En 1990, Pascaline Gorrée entre dans la vie active comme responsable marketing et commercial chez International Paper, en charge de la gamme des papiers spéciaux et des papiers de sécurité. En 1998, suite au décès brutal de son frère, elle intègre la société familiale Bourdaud, créée en 1936 par son grand-père. Spécialisée dans le sciage et la transformation des bois issus des forêts françaises, cette scierie, est une des plus importantes en France. Pascaline Gorrée gère actuellement la société avec son époux Bruno, directeur général. Elle est par ailleurs vice-présidente d'Atlanbois, en charge du secteur de la scierie.

BOURDAUD SA - LA GRANDE HAIE - 44170 NOZAY • TÉL. 02 40 79 43 32

IMPRIMERIE

Dominique **GOUBAULT**

PRÉSIDENT DE GOUBAULT IMPRIMEUR

FORMATION collèges et lycées Saint-Stanislas, Le Loquidy et l'Externat des enfants nantais à Nantes - école de commerce Inseec de Bordeaux

PASSIONS la voile (deux transats avec des copains chefs d'entreprise) et l'économie locale («je suis persuadé que la dimension entraide fera grandir les hommes dans un principe de réciprocité, surtout si c'est gratuit et amical»).

Tour à tour vendeur de copieurs chez Xerox, puis vendeur spécialisé, chef de ventes et directeur des ventes, Dominique Goubault apprend dans cette entreprise très exigeante la performance commerciale. En 1998, il crée Gin Tonic, Goubault impressions numériques. En 2000, il rachète à son père Michel l'entreprise familiale centenaire, créée en 1897 par son arrière grand-père. Imprimeur nantais pur jus, il mise sur un haut niveau de qualité (certification Iso 9001). Son imprimerie est résolument tournée vers le développement durable depuis 2003, notamment avec des certifications Iso 14001 et forestières. Pour Dominique Goubault, l'entreprise est «engagée dans la cité», auprès des écoles, des associations pour rendre l'économie compréhensible et plus humaine. Un engagement personnel également : président jusqu'en 2012 de Réseau Entreprendre Atlantique, il en est désormais administrateur. Il est également membre des Dirigeants responsables de l'Ouest (DRO) et président de l'Association Progrès du Management (APM) Le Grand Huit, créé en 2014.

GOUBAULT IMPRIMEUR - 8 RUE DE THESSALIE - BP 4429 - 44240 LA CHAPELLE-SUR-ERDRE • TÉL. 02 51 12 75 75

AGRICULTURE ET HORTICULTURE

Benoît **GOURMAUD**

PDG D'ORVIA

FORMATION Collège Saint-Gabriel à Saint-Laurent-sur-Sèvre - Deug de sciences économiques (université de droit et de sciences économiques de Nantes, 1982); Ecole d'administration et direction des affaires (EAD) de Paris (1984)

PASSIONS le football, le jogging, le ski, la plaisance et la pêche en mer

Après une entame de carrière chez Davigel comme adjoint au directeur commercial (1984), Benoît Gourmaud est nommé responsable commercial du «Couvoir de la Seigneurtière» (1985-1995). Située à Saint-André-Treize-Voies, cette société d'accouvage (production de poussins d'un jour) est orientée vers la production et la commercialisation d'espèces multiples (dinde, canard, poule, oeufs). Il en assure la direction générale (1996-1998) avant d'en devenir le propriétaire. Aujourd'hui, Orvia est un groupe de sociétés spécialisées dans la génétique de palmipèdes et l'accouvage qui fait travailler 600 salariés et partenaires éleveurs. Il dispose de 6 implantations en France et d'une présence en Hongrie, Chine, Espagne et Vietnam.

GROUPE ORVIA - 14 BD DE LA PRAIRIE AU DUC - 44200 NANTES • TÉL. 02 85 52 89 00

BANQUE ET ASSURANCE

Nicole **GOURMELON**

DIRECTRICE GÉNÉRALE DU CRÉDIT AGRICOLE ATLANTIQUE VENDÉE

FORMATION Cesa Management stratégique (HEC), Institut Technique de Banque (Conservatoire des Arts et Métiers, 1989)

DISTINCTIONS chevalier du Mérite agricole 2012

PASSIONS la natation, la course à pied, faire de la moto, la culture en général, les séries policières

Elle pensait devenir commissaire de police mais Nicole Gourmelon a finalement trouvé dans la banque une vraie façon de «s'intéresser à l'autre» et de l'aider. Elle commence sa carrière au Crédit Agricole à Landerneau en 1982 et fera tous les métiers du réseau jusqu'en 1998, puis effectue le parcours de cadre dirigeant du groupe. Elle intègre la Caisse régionale de Charente Périgord comme directrice commerciale, Entreprises, Marketing et Communication en 1999. Trois ans plus tard, elle rejoint la Caisse régionale d'Aquitaine au moment de sa fusion avec la Caisse régionale de la Gironde, du Lot et Garonne, des Landes et une partie du Gers. Elle y occupe la fonction de directrice financière, Marketing Stratégique et Communication jusqu'en 2004. Elle part ensuite pour la Normandie pour prendre le poste de directrice générale adjointe avant de prendre la même fonction chez Predica en 2009, également directrice générale de Dolcea Vie.
Nicole Gourmelon se voit confier la direction générale de la Caisse régionale de Normandie en 2011. Elle y travaille beaucoup à l'interne car elle estime que, pour avoir des clients satisfaits, «il faut des salariés fiers de leur entreprise et bien dans leur métier». Sa mission accomplie, elle accepte le poste de directrice générale du Crédit Agricole Atlantique-Vendée en janvier 2019. Mandataire sociale, elle agit comme une cheffe d'entreprise avec ses 2200 collaborateurs, ayant toujours à cœur d'être utile et d'apprendre pour transmettre. Enjouée et bienveillante par nature, elle sait être exigeante «afin que les projets des clients soit facilités» tout en veillant à garder le sens des responsabilités de la banque.
Elle a été présidente du Comité régional des banques FBF Pays de la Loire de 2020 à 2022.

CRÉDIT AGRICOLE ATLANTIQUE VENDÉE - 140 ROUTE DE PARIS - 44949 NANTES CEDEX 9 • TÉL. 02 40 30 55 55

DÉVELOPPEMENT ÉCONOMIQUE

Olivier **GOUTAL**

DIRECTEUR RÉGIONAL PAYS DE LA LOIRE ET BRETAGNE DIRECTION RELATIONS FRANCE ET DÉVELOPPEMENT RÉGIONAL DE TOTALENERGIES

FORMATION Master 2 Business administration and management (université Paris Dauphine, 1986)

PASSIONS L'art sous toutes ses formes et le sport (la course, le vélo, le golf)

Olivier Goutal entame sa vie professionnelle chez BNP Paribas en 1989 comme chargé de clientèle entreprise puis responsable du pôle entreprise, à Marne-la-Vallée. Manifestant une prédilection pour le domaine des affaires et pour l'international, il entre chez Total en 1992 en tant qu'auditeur interne à Paris. Il devient ensuite directeur financier pour Total Hongrie puis, lorsque a lieu la fusion avec Fina, il rejoint Bruxelles. Il s'y occupe des process de TotalFina Petrochemicals avant de devenir secrétaire général de Total Especialidades Argentina en 2000. En 2004, il rejoint la direction des lubrifiants à Paris pour prendre en charge sa stratégie au niveau mondial. Trois ans plus tard, il prend la tête de l'activité lubrifiants pour les États-Unis et le Canada puis, en 2012, se voit confier les produits de spécialité pour la zone Asie. Nommé ensuite directeur des nouveaux modèles au sein de Total Marketing & Services, Olivier Goutal travaille notamment sur les évolutions d'organisation liées aux nouvelles énergies.
C'est en juillet 2020 qu'on lui confie la mission de directeur régional Pays de la Loire - Bretagne au sein de la direction Relations France et Développement régional de TotalEnergies. Sa principale mission consiste à soutenir la création d'emplois durables en aidant financièrement les PME en création, reprise ou développement, et à soutenir leurs actions à l'international en mettant le réseau de TotalEnergies à leur disposition.

TOTALENERGIES DÉVELOPPEMENT RÉGIONAL - ZAC DU SOLET - 5 IMP. DE L'ESPÉRANTO - 44802 SAINT-HERBLAIN CEDEX • TÉL. 02 40 67 47 23

RÉGION

Eric **GRELIER**

VICE-PRÉSIDENT DU CONSEIL RÉGIONAL DES PAYS DE LA LOIRE

FORMATION lycée du Fresne à Sainte-Gemmes-sur-Loire - brevet de technicien agricole général (1981); diplôme en gestion commercialisation des produits horticoles (1984) à l'université d'Angers et au centre de formation d'Ecully

PASSIONS le sport, notamment les matches de rugby, les concerts classiques et la cuisine en famille pour recevoir des amis.

Responsable du développement pour l'enseigne «Vive le jardin» au début de son parcours professionnel (1985-1990), Eric Grelier devient pendant cinq ans consultant. Une période où il mûrit un projet qui verra le jour en 1995. Il fonde alors la société Cinor (Concept Investissement Organisation) pour apporter aux fleuristes une expertise en matière de gestion, de communication et d'approvisionnement. Deux ans plus tard, il crée l'enseigne de «boutiques fleurs» Oya avec l'ouverture d'un premier magasin à Angers. Suivront d'autres à Brest, Nantes, Saint-Brieuc, Cholet, Tours, Laval... Un groupement de fleuristes, Arum, voit également le jour, réunissant rapidement une

cinquantaine de magasins indépendants. En 2011, le rapprochement avec Le Jardin des Fleurs donne naissance à un nouveau groupe, Flora Nova (125 magasins), dont il devient le directeur général. Il quitte l'entreprise pour créer ByFlox en mars 2020 : son concept est d'aider les fleuristes à développer leur chiffre d'affaires en ligne.
Vice-président de la CCI du Maine-et-Loire dès 2010, en charge de l'entrepreneuriat et du commerce, Eric Grelier est élu président en novembre 2016. Il devient également vice-président de la CCI Pays de la Loire. En février 2018, il prend les rênes du Salon des vins de Loire à Angers. Élu aux régionales de 2021 et nommé 10e vice-président, il est élu à la présidence de Solutions&Co en septembre et ne se représente pas aux élections de la CCI en octobre.

RÉGION PAYS DE LA LOIRE - HÔTEL DE RÉGION - 1 RUE DE LA LOIRE - 44966 NANTES CEDEX 9 • TÉL. 02 28 20 50 00

BIOTECHNOLOGIES

Franck **GRIMAUD**

DIRIGEANT DE VALNEVA - PRÉSIDENT D'ATLANPOLE BIOTHERAPIES

FORMATION licence de droit et d'économie à Poitiers; MBA à Ottawa University (Canada)

PASSIONS sa famille, l'art contemporain, la lecture et... Valneva.

Franck Grimaud entame sa carrière à Nantes dans une société de conseil comme consultant en organisation et management. Deux ans plus tard, il s'envole pour l'Afrique et le nord Mali où, pour le compte de l'Union européenne, il participe à la gestion de la reconstruction de barrages et d'écoles. En 1995, il intègre le Groupe Grimaud, n° 2 mondial de la sélection génétique animale, en tant que responsable du développement de filiales en Chine, Malaisie et Thaïlande. Il travaille également au lancement du laboratoire de vaccins vétérinaires au sein de ce groupe. Le dirigeant est le co-fondateur et directeur général de Vivalis, devenue Valneva, qu'il co-dirige depuis sa création en 1999. Membre du directoire, son mandat est renouvelé en juillet 2018 pour 4 ans. Formée en 2013 par la fusion de Vivalis SA et Intercell AG, Valneva est une société de biotechnologie européenne spécialisée dans le développement, la production et la commercialisation de vaccins innovants dont la vision est de protéger la vie des populations contre les maladies infectieuses.
Franck Grimaud est élu président du pôle de compétitivité Atlanpole Biotherapies en février 2018.

VALNEVA - 6 RUE ALAIN BOMBARD - 44821 SAINT-HERBLAIN CEDEX • TÉL. 02 28 07 37 10

AGROALIMENTAIRE

Hubert **GROUÈS**

PRÉSIDENT DU CONSEIL D'ADMINISTRATION DE TIPIAK

FORMATION HEC; Insead

Directeur du marketing et des ventes à Cofna (1975-1983), Hubert Grouès prend en charge la direction marketing (1983-1990) et les ventes à la Biscuiterie nantaise avant de rejoindre Tipiak en 1991 où il occupe successivement les fonctions de directeur général puis de PDG depuis 1992. Cotée en Bourse (NYSE Euronext compartiment C) depuis 1988, Tipiak fabrique et commercialise des produits agro-alimentaires (plats céréaliers, aides culinaires, plats cuisinés surgelés, produits cocktail salés et sucrés et croûtons).
Hubert Grouès est reconduit dans ses fonctions de PDG pour 5 ans en juin 2018. Il cède donc la direction générale le 1er avril 2023 et se concentre désormais sur la présidence du conseil d'administration.

TIPIAK - 1 RUE DU CHÊNE LASSÉ - CP 1011 - 44806 SAINT-HERBLAIN CEDEX • TÉL. 02 28 03 09 30

ENSEIGNEMENT SUPÉRIEUR

Christian **GUELLERIN**

DIRECTEUR GÉNÉRAL DE L'ECOLE DE DESIGN NANTES ATLANTIQUE - PRÉSIDENT HONORAIRE DE L'ASSOCIATION CUMULUS - PRÉSIDENT DE FRANCE DESIGN ÉDUCATION

FORMATION prépa HEC au lycée Descartes à Tours; ISG (Paris, 1983); MBA (IUA de San Francisco, 1987)

DISTINCTIONS Consul honoraire de la République d'Estonie

PASSIONS Klein, Malevitch, Bill Evans et John Coltrane.

PUBLICATIONS coauteur de « La gestion, c'est simple » (1995); « La prévision, c'est simple » (1996); « Designers : carrières et professionnalisation » (2010)

Après avoir été directeur de l'Ipac (1988), puis directeur du développement et de l'alternance à la direction de la formation (1995) à la CCI de Nantes, Christian Guellerin devient directeur de l'Ecole de design Nantes Atlantique en 1998. Pour lui, le designer est un manager de projets qui réfléchit les évolutions socio-économiques. Il participe au développement de l'entreprise tant sur le plan tactique que stratégique. Membre de la Conférence des grandes écoles, l'Ecole de design a ouvert en 2006 le 1er Centre de formation des apprentis de la création et de l'innovation. En 2008 sont créées une antenne en Chine, puis une en Inde (2010). L'Ecole de design Nantes Atlantique ecompte plus de 70 partenariats dans le monde. Président honoraire de Cumulus, la plus importante association internationale d'universités et d'écoles de design, art et media, il est actuellement président de France design éducation. Il est par ailleurs membre du Conseil international de Tongji University (Shanghai).
Christian Guellerin est l'auteur de nombreux articles sur le design et sur la pédagogie en France et à l'étranger. Il devient membre du board de l'ISM (International School of Management) en 2014. En 2015, il fait partie de la liste des «50 qui font l'innovation en France», article paru dans la newsletter IT Industrie Technologie de l'Usine Nouvelle.

ÉCOLE DE DESIGN NANTES ATLANTIQUE - 61 BD DE LA PRAIRIE AU DUC - 44200 NANTES • TÉL. 02 51 13 50 70

AGROALIMENTAIRE

Vincent **GUERLAIS**

CHOCOLATIER

FORMATION CAP et brevet de maîtrise en pâtisserie/chocolaterie (Chambres des métiers et de l'artisanat de Nantes et d'Angers)

DISTINCTIONS 1er prix Challenge des Ducs à Nantes (1997 et 1998) ; 1er prix Romorantin (1998) ; lauréat de l'award du meilleur chocolatier français décerné par les Croqueurs de chocolat (de 2008 à 2012)

PASSIONS la pâtisserie, le chocolat et les sports nautiques.

Un apprentissage dès 14 ans lui permet d'effectuer très jeune ses premiers stages en pâtisserie. Après une formation auprès de grands professionnels de la confiserie (Chiquet à Nantes et Galloyer à Angers), Vincent Guerlais crée avec son épouse sa première boutique, en 1997, rue Franklin à Nantes. L'homme est pressé et, dix ans plus tard, il s'est fait un nom dans la Cité des Ducs et même bien au delà. En 2007, il devient membre de l'association Relais desserts international qui regroupe plus de 80 pâtissiers dans le monde. 2008 le consacre : il est l'un des 10 lauréats nationaux de l'award du meilleur chocolatier de France, décerné par l'association des Croqueurs de chocolat. Après avoir créé la même année un labo showroom de 650 m² à La Chapelle-sur-Erdre, il exporte son savoir-faire en Asie et participe au premier salon du chocolat à Shanghaï.
Il continue à se développer et ouvre des nouvelles boutiques, notamment dans la gare de Nantes. Il est également l'initiateur du Concours du meilleur macaron amateur, dont la dimension est nationale avec l'organisation de finales régionales. Qu'est-ce qui explique l'engouement pour l'art gourmand de Vincent Guerlais ? Une maîtrise des classiques et une créativité qui « agitent les papilles » de ses clients : les guerlingots, le mètre chocolatier, Les p'tits beurre en chocolat, la buche haute couture, les cupcakes… En 2015, il choisit de s'impliquer aussi dans la lutte contre la mucoviscidose en participant à deux opérations spéciales. Secrétaire de l'association Relais Desserts, il en est élu président en octobre 2018. Il reprend en 2022 la Délégation de service public (DSP) du Manoir de la Châtaigneraie à Sucé-sur-Erdre, pour un nouveau projet « gourmand ».

VINCENT GUERLAIS - 4 RUE DE LORRAINE - 44240 LA-CHAPELLE-SUR-ERDRE • TÉL. 02 40 48 02 59

HÔTELLERIE-RESTAURATION

Mathieu **GUIBERT**

CHEF ET PROPRIÉTAIRE DU RESTAURANT ANNE DE BRETAGNE

FORMATION BEP, bac techno, BTS (Sainte-Anne, 2001) ; maîtrise Gestion Hôtelière et Touristique (MIS Esthua Angers, 2003)

DISTINCTIONS Espoir de l'Année 2008 (magazine Le Chef) ; 2e prix Bocuse d'Or 2010

PASSIONS la musique, la course à pied

L'univers de la gastronomie fait partie de l'ADN de Mathieu Guibert. Aussi loin qu'il s'en souvienne, il a toujours voulu être cuisinier et s'en donne très tôt les moyens. Il poursuit donc ses études tout en effectuant des stages et des saisons. C'est après l'une d'elles qu'il rejoint l'Hôtel Meurice et le chef Yannick Aléno en 2003. Il apprend, occupant l'un après l'autre tous les postes de chef de partie. Mais il a en lui cette envie de voir autre chose et de progresser. Il prend le poste de chef de partie en juillet 2006 au Pavillon Ledoyen et y reste jusqu'en octobre 2007. Après ces maisons illustres, Mathieu Guibert souhaite enrichir son expérience d'autres compétences. Il retourne chez Franck Putelat à Carcassonne - chez qui il avait fait une saison - en tant que sous-chef. Il participe au projet mené avec La Petite Maison, tout en tentant des concours. Une aventure différente l'appelle en 2010 et il devient second de cuisine de Philippe Mille au Domaine Les Crayères à Reims. Il part à la reconquête des étoiles mais arrivé à un tel niveau, l'idée de s'installer à son compte commence à s'imposer. C'est alors qu'il est mis en relation avec le couple Vételé et découvre leur établissement doublement étoilé, dans ce Pays de Retz où il a grandi. Il part en février 2016, fait quelques formations, et commence sa nouvelle vie en mai. Après avoir racheté le restaurant, il le ré-ouvre en février 2017, désormais chef et propriétaire. Respectueux du prestige hérité, il souhaite prendre la suite « petit-à-petit »…et conserve depuis avec panache les 2 étoiles !

HÔTEL RESTAURANT ANNE DE BRETAGNE - PORT DE LA GRAVETTE - 163 BVD DE LA TARA - 44770 LA PLAINE-SUR-MER • TÉL. 02 40 21 54 72

CULTURE

Bertrand **GUILLET**

DIRECTEUR DU CHÂTEAU DES DUCS DE BRETAGNE

FORMATION Ecole du Louvre (1989) ; Ecole Nationale du Patrimoine (1992)

PASSIONS le nautisme (voiliers anciens), le patrimoine encore et toujours

Lycéen, déjà, Bertrand Guillet rêvait de faire l'Ecole du Louvre. Mais c'est son goût pour l'Histoire, le patrimoine, qui l'emmènera à faire la carrière qui est la sienne. Il commence par effectuer des missions en France et à l'étranger pour le ministère de la Culture puis rejoint le Château des Ducs de Bretagne en 1993. Directeur adjoint jusqu'en 2008, il prendra ensuite la direction par intérim du monument historique-musée avant d'être nommé directeur en 2011. Egalement conservateur en chef, il anime une équipe de 70 personnes et doit répondre aux divers enjeux stratégiques en lien avec les multiples facettes du lieu. Bertrand Guillet jongle en effet avec des enjeux culturels (mise en place de différents évènements), scientifiques, en collaborant avec des réseaux de chercheurs et bien sûr touristiques.
Ce qui lui tient particulièrement à cœur, c'est de développer « l'appropriation du site par un public intergénérationnel », de faire que le Château soit « en résonnance avec la cité ». Dans son rôle de commissaire d'expositions, il cherche aussi à proposer plusieurs regards à travers 2 typologies : l'exposition de territoire et celle de civilisation. Possédant une connaissance très poussée du site et investi totalement dans sa fonction, il aime à résumer ainsi ses missions intangibles : conserver, préserver et diffuser.

CHÂTEAU DES DUCS DE BRETAGNE - 4 PL. MARC ELDER - 44000 NANTES • TÉL. 02 51 17 49 00

COMMUNICATION ET MARKETING

Valentin **GUILLOIS**

PRÉSIDENT DU DIRECTOIRE - GROUPE THE LINKS

FORMATION Ingénieur Agro (ENSAT, 1999) ; Mastère ESSEC (2000)

PASSIONS Sa famille, la voile légère, le tennis, les voyages

C'est un stage chez Saupiquet qui donne à Valentin Guillois le goût du marketing. Diplômé d'Agro-Toulouse, il décide de se former à l'ESSEC et sera recruté par L'Oréal directement sur le campus. Il se retrouve à Bombay pour 2 ans, afin de piloter une étude de marché sur la pharmacie et la dermatologie pour la marque Vichy. Puis il rejoint le siège parisien en tant que chef de produit au marketing international, avant de devenir, 2 ans et demi plus tard, chef de zone export pour l'Europe du Nord. Il s'occupe alors du développement business et marketing des points de vente Duty-Free. Cet amoureux de l'Asie est ensuite nommé responsable du bureau du travel retail de L'Oréal, à Hong Kong. Il sillonne l'Asie, de l'Inde à la Corée jusqu'à l'Australie, de 2007 à 2014. Cette année-là marque un tournant : il est temps de rentrer en France. L'occasion pour sa femme, magistrate, de retravailler et pour lui de tenter enfin l'entreprenariat.
Il rejoint donc le groupe The Links, agence rassemblant plus de 200 personnes, en tant que chargé du marketing et du management. Il devient président du Directoire lors de sa création en 2016, aux côtés de son frère Timothée, basé à Paris et de Bruno de Prin, le DAF. Ensemble, ils ambitionnent de donner encore plus de valeur ajoutée à leurs clients en « cultivant leur écosystème des meilleurs spécialistes marketing et communication ». Membre du CJD et du Medef, le jeune président se dit ravi de participer au développement du territoire régional. Motivé plus que jamais pour impulser une accélération pérenne au groupe The Links, digne de « l'héritage solide » qui est le sien.

GROUPE THE LINKS - 13 RUE CRUCY - BP 20903 - 44009 NANTES CEDEX 1 • TÉL. 02 51 88 78 00

COMMUNICATION ET MARKETING

Vincent **GUILLOIS**

PRÉSIDENT DU CONSEIL DE SURVEILLANCE DU GROUPE THE LINKS - VICE-PRÉSIDENT DE ATLANTIC BUSINESS ANGELS BOOSTER (ABAB)

FORMATION Saint-Vincent à Rennes - Essca d'Angers (1971)

PASSIONS la création d'entreprises, la pêche en mer et la famille.

Chargé d'études marketing, chef de produits puis chef de groupe à Générale Alimentaire de 1972 à 1977, Vincent Guillois entre ensuite chez Bridel. De 1977 à 1980, il y assure la direction marketing. En 1980, il crée l'agence de publicité Unicom à Nantes (groupe Euro RSCG) puis G et A Links, premier centre d'appel nantais, en 1983. Devenue The Links, la société a connu depuis un fort développement en agrégeant plusieurs métiers tels que la publicité, le web, les études de marché ou encore la formation des forces de vente. Passionné par la création, Vincent Guillois a donné le jour au club des Marguerites qui compte une trentaine de responsables des plus grands centres d'appels nantais. Président fondateur d'un club d'entreprises, il s'est employé à fédérer les patrons les plus en vue du quartier EuroNantes. Vice-président de ABAB (Atlantic Business Angels Booster), il met son enthousiasme au service de la création et du financement de start-up innovantes dans la région. Des passions que ce grand professionnel créatif aime faire partager aux élèves des grandes écoles et de l'université.

GROUPE THE LINKS - 13 RUE CRUCY - BP 20903 - 44009 NANTES CEDEX 1 • TÉL. 02 51 88 78 00

AUTOMOBILE

Patrick **GUILLOUX**

PRÉSIDENT DU DIRECTOIRE DU GROUPE PILOTE

FORMATION Ingénieur (ESEO Angers, 1992) ; Dess Finances (IHFI Institut de Haute Finances Paris, 2013)

PASSIONS La famille et les amis, le sport, la voile et le foot en particulier

A peine diplômé, Patrick Guilloux part en coopération à Cologne au sein du ministère de l'Économie et des Finances en tant que responsable informatique dans un poste d'expansion économique. Sa carrière démarre dans la filiale française de Solectron, géant de la sous-traitance électronique, fin 1993. Il est embauché comme acheteur de composants électroniques à Bordeaux. Puis, très vite, lui qui aime voyager, partage son temps entre la France, le Japon, l'Allemagne et les Etats-Unis. Il exerce des métiers relatifs à la supply chain et au commerce mais l'explosion de la bulle Internet met un terme à l'aventure. De retour en France en 2002, il devient directeur achat d'une division électronique Système d'accès de Valeo. Repéré par un chasseur de têtes, il entre en 2004 chez le groupe vendéen Beneteau. Cet acteur mondial de l'industrie nautique le nomme directeur des achats. Promu directeur financier en 2011, il repart sur la Côte Est des Etats-Unis en 2015 pour y prendre en main la direction des Opérations. Patrick Guilloux gère alors 850 personnes, réparties entre le siège à Annapolis et deux usines.
Début 2018, il rencontre Colette et Philippe Padiou, du groupe Pilote, qui recherchent un dirigeant. Séduit par des valeurs communes – simplicité, fidélité, amour du travail bien fait – et la qualité de l'entreprise spécialisée dans les véhicules de loisir, il est nommé président du directoire en août de la même année. Reconnaissant envers tous les mentors de son parcours, l'enthousiaste Breton s'est lancé dans l'action pour réaliser ses objectifs : anticiper les besoins du marché en matière de gammes et développer le groupe en France et à l'international.

GROUPE PILOTE - RTE DU DEMI-BOEUF - 44310 LA LIMOUZINIÈRE • TÉL. 02 40 32 16 00

COMMERCE ET DISTRIBUTION

Carl **GUYADER**

DIRECTEUR RÉGIONAL DE PASSIONFROID OUEST - GROUPE POMONA

FORMATION Essca d'Angers

Entré en 1987 chez Pomona, entreprise centenaire spécialisée dans la distribution livrée de produits alimentaires frais secs et surgelés auprès des professionnels des métiers de bouche, Carl Guyader est nommé en 2000 à la tête de la région Ouest après avoir effectué plusieurs métiers au siège et au sein de différentes entités opérationnelles en province. Il dirige l'une des plus importantes affaires du groupe avec une équipe de près de 400 personnes.

Le dirigeant est par ailleurs «créateur de partenariats inédits en BtB, d'événements hors normes, de concepts de restauration et d'expériences VIP» avec les Vieilles Charrues, le Hellfest, le Festival du Cinéma et de Musique de Film de la Baule, Du Rock dans les Cuisines, UK on the Rocks, Masters Gourmands. Il a également lancé Estran, projet collectif qui traitera de l'art de vivre en bord de mer.

PASSIONFROID OUEST - ZAC DE LA HAUTE FORÊT - 29 RUE VÉGA - BP 40137 - 44478 CARQUEFOU • TÉL. 02 40 18 27 27

ENSEIGNEMENT SUPÉRIEUR

Jeanpierre **GUÉDON**

PROFESSEUR DES UNIVERSITÉS À POLYTECH NANTES - CO-FONDATEUR DE OUEST MEDIALAB

FORMATION école-lycée aux Sables d'Olonne - Deug math-physique (1983); maîtrise math-info (1985); DEA automatique et informatique appliquée (1987); doctorat informatique (1990); diplôme de manipulateur de produits nucléaires (1991); HDR (2001) aux universités d'Angers et de Nantes et à l'Ecole centrale de Nantes

PASSIONS la peinture, la lecture, l'écriture et le jardinage.

PUBLICATIONS plus d'une centaine d'articles scientifiques

Après sa thèse, Jeanpierre Guédon travaille à la Food and drug administration (FDA) en imagerie médicale (1991-1992), puis devient maître de conférences (1994-2001). Responsable de l'option réseaux du département informatique à Polytech Nantes (1998-2003), il dirige ce département de 2004 à 2006. Chef de l'équipe de recherche «Image vidéo communication» de l'Institut de recherche en communications et cybernétique de Nantes (IRCCyN) (2003-2005), il est nommé directeur des études de Polytech Nantes (2006-2009). C'est dans cet établissement qu'il met au point la Transformée Mojette, un programme utilisé en imagerie médicale et cloud computing (1995), et son dérivé ludique, un sudoku dénommé jeu Mojette© (2010). Si ce chercheur reconnu enseigne toujours à Polytech Nantes, il est aussi responsable du recrutement et de la classe préparatoire. Il est également responsable pour l'Université de Nantes de l'innovation et des entreprises pour la filière STIC de l'université de Nantes. Il a également co-fondé en 2012 et présidé Ouest Medialab, le premier cluster des médias en France.

POLYTECH NANTES - RUE CHRISTIAN PAUC - CS 50609 - 44306 NANTES CEDEX 3 • TÉL. 02 40 68 32 00

HÔTELLERIE-RESTAURATION

Jean-Yves **GUÉHO**

GÉRANT ET CHEF ÉTOILÉ DE L'ATLANTIDE 1874 - MAISON GUÉHO

FORMATION CAP et BEP cuisine (LEP Jean Guehenno, Vannes)

DISTINCTIONS 1 étoile Michelin; Gault & Millau d'or 2010 et 2020

PASSIONS faire du vélo tous les dimanches matins.

Jean-Yves Guého fait partie de ces hommes pour qui leur destinée ne pouvait être différente de la voie qu'ils ont suivie. «Je n'ai jamais eu envie de faire autre chose», dit-il sans hésitation quand il évoque son enfance. Le chef Jacques Thorel alors installé à l'hôtel d'Escale sur l'Ile d'Arz l'initie aux rudiments de la cuisine. Aidé par son mentor, il fait son apprentissage et décroche une place de commis de cuisine à Colmar. Il y reste de 1980 à 1981 avant d'intégrer la célèbre Auberge de l'Ill, dirigée par Marc Haeberlin. Grâce à lui, Jean-Yves Guého part à La Nouvelle Orléans comme chef dans un hôtel Méridien. Deux ans après, ce sera le Méridien Hong Kong puis le Méridien Montparnasse de 1990 à 1997. En 1998, Jean-Yves Guého se rapproche de sa terre natale en reprenant le restaurant nantais L'Atlantide, ancré dans le paysage gastronomique, fort de son étoile Michelin et de quatre toques Gault&Millau. Il crée Le 1 (18 salariés) avec Yannick Curty, le propriétaire de La Cigale. Tous deux reprennent aussi en 2012 la Brasserie Félix. En fin d'année 2015, il installe son Atlantide sur la butte Sainte-Anne, dans la Maison de l'Hermitage, avec sa fille Noémie et toute son équipe. Il a réalisé son projet : «Une maison gourmande pensée telle une maison à l'atmosphère contemporaine où une cuisine généreuse et respectueuse des produits sera proposée».

Il remporte pour la 2e fois le Gault & Millau d'or en mars 2020.

L'ATLANTIDE - MAISON GUEHO - BUTTE SAINTE-ANNE - 5 RUE DE L'HERMITAGE - 44100 NANTES • TÉL. 02 40 73 23 23

HÔTELLERIE-RESTAURATION

Eric **GUÉRIN**

DIRECTEUR ET CHEF DE CUISINE DE LA MARE AUX OISEAUX

FORMATION lycée Saint-Adjutor à Vernon (Eure) - CAP restaurant et cuisine au lycée hôtelier Jean Drouant à Paris

DISTINCTIONS Chevalier de l'Ordre National du Mérite (2012); 1 étoile Michelin

PASSIONS la vie, l'art, la nature, la photo, les voyages, la décoration, l'autre, l'échange et le partage…

PUBLICATIONS « Eric Guérin, Migrations : voyages, émotions, cuisine » (La Martinière, 2015); « Chemins croisés » (Ed. Ulmer, 2020)

Eric Guérin entame son apprentissage dans quelques-unes des plus belles maisons de Paris. A La Tour d'argent (1988-1989), puis chez Taillevent pendant deux ans avant d'entrer au ministère de la Défense comme cuisinier privé de Pierre Joxe (1992-1993)! Après ce court séjour sous les ors de la République, il prend de la hauteur en intégrant le Jules Verne, le restaurant de la Tour Eiffel. Peut-être est-ce l'évocation de l'écrivain nantais qui le pousse à quitter Paris et à s'installer en pleine Brière à Saint-Joachim en 1995… Il reprend l'Auberge du Parc et la rebaptise La Mare aux Oiseaux. « Un lieu de rêve au charme inclassable », selon ses termes, sis sur l'île de Fedrun, porté par la cuisine inventive d'un chef qui aime raconter des histoires d'homme et ses propres souvenirs de voyages au bout du monde à travers les plats. Des histoires retenues par le Guide Michelin qui lui accorde une étoile en 2000. En 2010, il crée une deuxième salle de restaurant, et ouvre un jardin paysager où sont nichés 5 suites et un espace bien-être. Bien-être : un mot qu'il fait sien et qu'il fait partager. En 2012, Eric Guérin ouvre « Le Jardin des Plumes » à Giverny. Il souhaite en faire une « pépinière de talents » avec d'anciens seconds de la Mare aux Oiseaux. Cette généreuse stratégie est payante puisqu'ils obtiennent une étoile Michelin en 2015. Il laissera les clés au chef en 2020.
Par ailleurs, la notoriété d'Eric Guérin lui permet d'intervenir dans l'émission Top Chef depuis 2014. Il reprend le Café du Musée du Musée d'Arts de Nantes en 2017.

RESTAURANT LA MARE AUX OISEAUX - 223 FÉDRUN - 44720 SAINT-JOACHIM • TÉL. 02 40 88 53 01

MENUISERIE INDUSTRIELLE

François **GUÉRIN**

PDG DE CETIH

FORMATION Ensam (Paris, 1986); Sup de co (Escp Paris, 1988)

DISTINCTIONS Prix EY de l'Entrepreneur de l'année pour la Région Ouest 2023

PASSIONS L'Art en général et notamment la musique, la lecture, les randonnées à pied ou en ski, le vin nature/biodynamie et la vigne, le golf

Avec une volonté de découvrir, François Guérin développe une sensibilité aux sciences qui l'emmène à devenir ingénieur généraliste. Il se forme ensuite à la gestion d'entreprise car déjà germe en lui l'idée d'être dans « le cockpit de l'avion ». A la fin de son stage dans une filiale de la Générale des eaux à Londres, il est recruté comme ingénieur d'affaires. En parallèle, il devient co-actionnaire d'une PME en 1991. Il entre chez Valeo en 1992 à Paris en tant que responsable grands comptes puis développe une nouvelle unité de production intégrant les standards du lean manufacturing. Attiré par l'Ouest et Nantes, il décide de rejoindre son ancien directeur en 1996 chez Draftex, où il prend la direction commerciale. Après son rachat par Trelleborg en 2000, il est promu à la direction générale d'une division, Fluids Solutions. De 2000 à 2008, le groupe lui confie progressivement d'autres sociétés et il dirige ainsi une branche d'activité de 5000 personnes réparties sur 12 pays.
Mais cet environnement ultra concurrentiel ne répond plus à ses attentes : François Guérin souhaite retrouver l'entreprenariat et un projet associant « sens et valeurs ». Il rencontre en 2008 Yann Rolland, PDG de Bel'm (500 salariés), qui lui confie le poste de directeur général. Il trouve dans Bel'M un modèle d'entreprise responsable où peuvent ainsi s'exprimer ses convictions. Il poursuit et structure notamment une démarche RSE qui va irriguer l'ensemble des activités. Bel'M grandit et devient Cetih (1500 salariés). En juillet 2021, au moment où elle devient entreprise à mission, il prend la fonction de PDG pour consolider un modèle de croissance soutenable et équitable. Il contribue à développer cette vision d'une économie plus responsable en présidant le collectif Dirigeants Responsables.

CETIH - ZI DE LA SEIGLERIE - 2 RUE GUSTAVE EIFFEL - BP 41 - 44270 MACHECOUL-SAINT-MÊME • TÉL. 02 40 78 57 55

BANQUE ET ASSURANCE

Mireille **HABY**

DIRECTRICE GÉNÉRALE DE CIC OUEST

FORMATION Ingénieur des Techniques Agricoles / Option économie et gestion (ENITA Bordeaux, 1991)

PASSIONS La randonnée

Entrée en 1993 dans le Groupe Crédit Mutuel, Mireille Haby, d'origine alsacienne, va y connaître un parcours complet. Au plus près du terrain avec un premier poste de directrice de caisse à Lyon, elle va ensuite évoluer au sein des directions des engagements des Fédérations Centre-Est Europe et Antilles Guyane. En octobre 2015, elle devient directrice générale adjointe de la Fédération et de la Caisse Régionale du Crédit Mutuel Savoie-Mont Blanc dont elle prendra la direction un an plus tard. Forte de cette expérience au sein de Crédit Mutuel Alliance Fédérale, elle est nommée, le 1er janvier 2021, directrice générale de CIC Ouest, filiale du Groupe. Ses différents postes à responsabilité lui permettent d'avoir une connaissance globale de la banque et de la relation clients.
Au plus près du terrain, Mireille Haby s'appuie sur les 2500 collaborateurs et le réseau des 300 agences de CIC Ouest pour porter son engagement au cœur des territoires comme elle l'a toujours priorisé au cours de sa carrière. Très impliquée dans la dynamique du groupe, elle occupe différents mandats au sein de ses entités. Présidente du conseil d'administration de Paysurf (spécialiste européen du paiement en ligne pour les places de marché), elle est, entre autres, membre du directoire CM-CIC Caution Habitat, du conseil de curveillance EIP (filiale informatique du groupe) et contrôleur de gestion chez CCS (Centre de conseil

et services, GIE au service des Fédérations et banques du groupe).

CIC OUEST - 2 AV. JEAN-CLAUDE BONDUELLE - BP 84001 - 44040 NANTES CEDEX 1 • TÉL. 02 40 12 91 91

RECHERCHE MÉDICALE

Ferid **HADDAD**

PROFESSEUR DES UNIVERSITÉS - DIRECTEUR DU GIP ARRONAX

FORMATION Doctorat en physique nucléaire (Nantes, 1993).

PUBLICATIONS Publications d'articles scientifiques.

En primaire déjà, Ferid Haddad s'intéresse à la science. Il choisit finalement d'étudier la physique et plus particulièrement la physique nucléaire. Ce qui l'attire, c'est « l'infiniment petit ou l'infiniment grand ». Après avoir obtenu un doctorat en physique nucléaire, il effectue un post-doctorat à l'université américaine Texas A&M. De retour en France en 1995, il décroche un poste de maitre de conférences à l'Université de Nantes et y enseigne la physique. Il est affilié au laboratoire Subatech et y effectue des recherches en physique subatomique. L'enseignement et la recherche sont deux activités qui lui plaisent beaucoup. « L'enseignement nécessite de bien comprendre des notions complexes pour pouvoir les transmettre. Quant à la recherche, c'est un questionnement permanent. Elle maintient constamment un esprit vif et en éveil », explique-t-il.
En 2004, Ferid Haddad commence à se rapprocher du projet Arronax à la demande de son directeur Jacques Martino. Deux ans plus tard, il travaille exclusivement pour ce projet (qui consiste à installer et opérer un cyclotron de haute énergie et haute intensité pour des applications médicales et en radiochimie) et la production d'isotopes radioactifs pour des applications médicales. Dans ce contexte, il s'enrichit au contact de chercheurs issus d'autres disciplines. « Cette pluridisciplinarité est intéressante. Il nous faut parfois vulgariser notre travail, comme lorsqu'on se retrouve face à des étudiants », remarque-t-il. Le GIP Arronax collabore aussi étroitement avec plusieurs industriels du secteur des radiopharmaceutiques. Ferid Haddad succède à Jacques Barbet à la direction du GIP en juin 2014.

GIP ARRONAX - 1 RUE ARONNAX - CS 10112 - 44817 SAINT-HERBLAIN CEDEX • TÉL. 02 28 21 21 21

AMÉNAGEMENT ET URBANISME

Amaury **HANOTAUX**

DIRECTEUR GÉNÉRAL DU MIN NANTES MÉTROPOLE

FORMATION Prévention et maîtrise des risques (Institut technologique européen de sécurité de Châtellerault, 2007) ; master 2 Gestion des risques et de la sécurité des patrimoines industriels et immobilier (université d'Angers, 2008) ; formation dirigeant d'entreprise (HEC, 2020/2021)

PASSIONS Sa famille, les livres historiques, construire des maquettes de bateaux en bois

Fils de militaire, Amaury Hanotaux se voyait bien entrer dans l'armée après le bac mais son chemin de vie l'amène à devenir directeur technique et sécurité adjoint chez Unibail Rodamco à Vélizy 2. Un an et demi plus tard, en 2010, il intègre Rouen Docks 76 en tant que directeur technique et sécurité. Il rejoint le centre de Saint-Sever, toujours à Rouen, en 2014. Il participera à la restructuration du site et, à ce poste, il sera le référent des autres centres Wereldhave en France. Il supplée ensuite la directrice des 2 sites, tout en assurant ses propres fonctions. C'est en 2018 qu'il rejoint les Pays de la Loire, son épouse, bretonne, ayant décroché un poste à Saint-Nazaire. Il postule et est embauché comme directeur d'exploitation au MiN, participant à son déménagement 5 mois plus tard. Il fait démarrer le nouveau site, entame une formation à HEC et prend le poste de directeur général en septembre 2020, en pleine période Covid.
Se définissant comme « hyper curieux », fonctionnant en mode projet et détestant la routine, Amaury Hanotaux s'attèle à un travail de restructuration complète de la SEMMINN. Il recrute au fur et à mesure son équipe de direction et met en place une nouvelle dynamique, face à des enjeux de taille. Tout en veillant à répondre aux exigences de la métropole et des locataires du MiN, il continue à déployer la stratégie et la communication, dans l'optique de mieux faire connaitre la structure en BtoB. Parmi ses objectifs, figurent également le développement de la politique RSE et environnementale, le rayonnement dans le grand ouest et la construction d'un nouveau bâtiment.

MIN NANTES MÉTROPOLE - 71 BD ALFRED NOBEL - 44400 REZÉ • TÉL. 02 51 72 90 50

NUMÉRIQUE ET INFORMATIQUE

Anne **HAUTIN**

DIRECTRICE DE LA BUSINESS UNIT OPEN NANTES

FORMATION Ecole Polytechnique Féminine école d'ingénieurs, Option Mécanique des Matériaux et des Structures (Sceaux, 1993)

PASSIONS faire du vélo, les voyages-découvertes

Attirée par le secteur de la construction et du bâtiment, Anne Hautin devient ingénieure matériaux. Dans le cadre de sa formation à l'EPF, elle intègre un bureau d'études en 1993, Case Poclain. Mais le poste ne correspond pas à son besoin de contacts humains et elle décide de se réorienter dans l'ingénierie commerciale. Elle est embauchée chez Europstat (devenu Umanis) en 1995, en charge de la vente d'un logiciel puis entre chez Sinorg. Elle y sera responsable du compte de la SNCF. Après un bref passage dans une société informatique, filiale de British Telecom, elle quitte volontairement Paris avec sa famille et intègre CGI pour développer le compte SNCF en 2001. Elle évolue ensuite au sein du groupe et occupe les fonctions de responsable commerciale chez Logica puis directrice commerciale du secteur Public. C'est en 2012 qu'elle accède à la direction de l'agence nantaise du groupe canadien CGI, un des leaders mondiaux dans les services en technologies de l'information. Elle devient aussi directrice adjointe de la Business Unit grand Ouest (façade Atlantique).

En janvier 2020, elle rejoint le Groupe Open, acteur de référence des Entreprises de Services du Numérique, pour diriger la Business Unit de Nantes avec l'objectif « d'accompagner ses clients dans la déclinaison de ses enjeux IT et de développer les compétences de ses équipes ».
Elle qui adore son métier, mêlant le management au business, comble son appétence pour l'échange et le partage. Femme de réseau, elle est membre d'ADN Ouest et fait partie du bureau du Syntec. Une dirigeante résolument en action sur tous les fronts !

OPEN NANTES - 11 RTE DE CLISSON - 44200 NANTES • TÉL. 02 40 35 06 70

MÉDIAS

Thomas **HENG**

DIRECTEUR DÉPARTEMENTAL OUEST-FRANCE LOIRE ATLANTIQUE

FORMATION Ecole de journalisme de Bordeaux (1997)

DISTINCTIONS Prix du Prestival 2019 (festival de journalisme de Château Gontier)

PASSIONS La lecture, le cinéma, cuisiner, marcher dans la nature

Fasciné par l'univers de la presse depuis tout petit, Thomas Heng passait beaucoup de temps dans les bureaux de Sud-Ouest, à Bordeaux, où son père était journaliste. Celui-ci lui avait d'ailleurs interdit de le devenir... Trop tard ! Piqué par le virus de l'information, il commence par effectuer ses stages chez Ouest-France. Attiré par « la sensibilité et l'humanité « émanant de la charte des faits divers dudit groupe - conforme à ses propres valeurs et à l'honnêteté intellectuelle qu'il cultive - il entre chez Ouest-France Angers en 1996. Il passe ensuite par Quimperlé puis est recruté à Nantes en 1997 pour s'occuper des faits divers. Après son service militaire, il rejoint la rédaction du Mans et prend en charge les affaires de justice pendant un an. Un rapprochement familial lui fait intégrer la rédaction de Rennes avant qu'il ne retrouve Nantes en 2007, pour relater des faits divers, des faits de société, et tenir une chronique judiciaire.
Adjoint au chef de rédaction, Thomas Heng devient chef de rédaction en 2021 puis directeur départemental en septembre 2022. Il a désormais sous sa responsabilité plus de 80 personnes avec 5 rédactions en Loire-Atlantique. Toujours investi dans son métier, il jongle entre management, relations avec le monde économique, écoute des lecteurs. L'éditorial reste plus que jamais au cœur de ses activités et il veille à le développer tout en le protégeant. Dans un contexte de méfiance vis-à-vis des médias, il a le désir de « s'épanouir quand même dans son travail « Il est porté en cela par sa sincérité, son humanisme ainsi que par l'esprit collectif intrinsèque au groupe. Au contact permanent des équipes sur le terrain, il veut leur permettre de travailler correctement et « montrer sans choquer «

OUEST-FRANCE LOIRE ATLANTIQUE - 2 QUAI FRANÇOIS MITTERRAND - BP 80319 - 44203 NANTES CEDEX 2 • TÉL. 02 40 44 69 69

RÉGION

Philippe **HENRY**

8E VICE-PRÉSIDENT DU CONSEIL RÉGIONAL DES PAYS DE LA LOIRE - PRÉSIDENT DE LA CC DU PAYS DE CHÂTEAU-GONTIER

FORMATION Lycée Saint-Michel à Château-Gontier (bac scientifique en 1989) - diplôme de 4e année commerce international option finances (Ecole de commerce international Weller, Rennes)

PASSIONS Être au service des autres dans ses responsabilités de tous les jours

Responsable commercial chez Spopack à temps partiel, Philippe Henry s'est engagé depuis plus de 15 ans dans la vie publique. Conseiller municipal de Château-Gontier à partir de 1995, il prend les rênes de la ville six ans plus tard. Il est élu maire de la commune nouvelle de Château-Gontier-sur-Mayenne en décembre 2018 et maire délégué de Château-Gontier. Premier vice-président de la Communauté de communes du Pays de Château-Gontier dès 2001, il en est actuellement le président. Il adhère à l'UDI en 2013. Conseiller général de la Mayenne dès 2004, Philippe Henry en devient le vice-président en 2011 et préside la commission Routes, Très haut-débit et Habitat. Il est président de Mayenne Habitat de 2014 à 2015, vice-président depuis 2016. Elu au conseil régional des Pays de la Loire en décembre 2015, il démissionne de l'assemblée départementale. Il préside depuis 2016 le groupe UDI à la Région ainsi que Gigalis, le syndicat mixte qui déploie le réseau régional très haut débit en fibre optique. Il est nommé 7e vice-président de la Région en octobre 2017, en charge des Infrastructures numériques de la commission Transports, mobilité, infrastructures.
En 2020, il est réélu maire au premier tour des municipales et président de la Communauté de communes du Pays de Château-Gontier. Puis, réélu aux régionales de juin 2021, il est nommé 8e vice-président du conseil régional.

RÉGION PAYS DE LA LOIRE - HÔTEL DE RÉGION - 1 RUE DE LA LOIRE - 44966 NANTES CEDEX 9 • TÉL. 02 28 20 50 00

COMMUNICATION ET MARKETING

Julien **HERVOUËT**

CO-FONDATEUR ET DIRECTEUR GÉNÉRAL D'IADVIZE

FORMATION DUT services et réseaux de communication et master en sciences de gestion, à l'Université du Maine et à l'IAE de Toulouse

DISTINCTIONS Entrepreneur de l'année E&Y (2014) ; Prix Jeune Entrepreneur Catégorie Numérique La Tribune (2015)

PASSIONS la course à pied (marathon et trail) et la chasse sous-marine.

PUBLICATIONS « Et si on humanisait l'achat en ligne ? »

Julien Hervouët est une figure emblématique de l'écosystème numérique nantais. Diplômé d'un DUT services et réseaux de communication à Laval et d'un Master en Sciences de gestion, il débute sa carrière comme directeur produit chez Zlio, une plateforme de création de boutiques en ligne. Il crée iAdvize avec Jonathan Guero en 2010, soutenu par Kima Ventures et quatre business angels. La mission d'iAdvize : « humaniser l'expérience digitale grâce à une plateforme conversationnelle alliant le meilleur du messaging, de l'humain et de l'intelligence artificielle, de manière rentable et à grande échelle». En 2015, la start-up rachète le nantais Bringr, spécialiste du monitoring des réseaux sociaux. La même année, Julien Hervouët est nommé pour trois ans président de La Cantine, association qui regroupe les acteurs de l'innovation numérique en Pays de la Loire. En octobre 2017, iAdvize lève 32 millions d'euros et se lance aux États-Unis. Implantée à Nantes, Londres, Düsseldorf et Boston, l'entreprise compte 250 collaborateurs et travaille pour plus de 2000 marques. En septembre 2019, iAdvize a reçu le label Next40, récompensant 40 start-ups françaises d'envergure mondiale. Une belle reconnaissance pour le dirigeant et ses équipes.

IADVIZE - 9 RUE NINA SIMONE - EURONANTES GARE - BÂTIMENT B - 44000 NANTES • TÉL. 02 85 52 65 45

BIOTECHNOLOGIES

Maryvonne **HIANCE**

VICE-PRÉSIDENTE D'OSE IMMUNOTHERAPEUTICS - VICE-PRÉSIDENTE DE FRANCE BIOTECH

FORMATION ingénieur Ecole polytechnique féminine de Sceaux (EPF, 1972); Institut national des sciences et techniques nucléaires de Grenoble (INSTN, 1973)

DISTINCTIONS officier de la Légion d'honneur (2016); trophée de l'Entrepreneur Femme en Santé (France Biotech, 2015)

PASSIONS la musique classique et les arts visuels

Maryvonne Hiance a débuté en 1973 comme physicienne nucléaire aux Hôpitaux de Villejuif et Thionville. Ingénieur nucléaire chez Framatome (1973-1976), elle est ingénieur responsable pour sa filiale Atea de 1977 à 1987. Responsable de l'interface Recherche industrie à Atlanpole de 1987 à 1990, elle devient directrice générale de Sangstat Atlantique et présidente de Lynatech, sociétés affiliées à Sangstat Medical Corp (1990-1994) tout en étant associée et directrice générale de Demeter Innovation (1991-1993). Associée et directrice générale de Stratégic Ventures (1994-1997), elle prend la présidence en 1997, puis la direction générale (1999-2003) de DrugAbuse Sciences. Elle est cofondatrice, entre 2002 et 2005, de Tietronix-Optics à Lannion avec le spationaute Jean-Loup Chrétien. Cofondatrice de TcLand et de TcL Pharma, elle y assure la direction des opérations jusqu'en 2008.
Maryvonne Hiance devient ensuite présidente d'Effimune, spécialisée dans la découverte et le développement de nouveaux médicaments pour la régulation du système immunitaire dans les domaines de la transplantation et des maladies auto-immunes. Elle a participé par ailleurs à la création du Conseil stratégique de l'Innovation (CSI). Vice-présidente du pôle Atlanpole Biothérapies, elle a co-fondé et présidé l'Ecole de design des Pays de la Loire. En mai 2016, à la suite de la fusion d'Effimune avec Ose Pharma, elle devient vice-présidente de la nouvelle entité, Ose Immunotherapeutics. Elle est élue présidente de France Biotech en juin de la même année et elle cède la place en septembre 2019. Elle reste vice-présidente et continue à accompagner le développement de l'association.

OSE IMMUNOTHERAPEUTICS - 22 BD BENONI GOULLIN - 44200 NANTES • TÉL. 02 28 29 10 10

NUMÉRIQUE ET INFORMATIQUE

Vincent **HOUDOU**

PRÉSIDENT-FONDATEUR DE GULFSTREAM COMMUNICATION

FORMATION lycée Sacré-Coeur de Mayenne - DUT carrières sociales (1983); Deug de sociologie (1985); licence information et communication (1986) à l'Université de Tours et à l'Université de Rennes; Ircom (Angers, 1987)

Après avoir été consultant pour Sacchi Conseil (1988), en free-lance (1989), puis chez Communic'Action (1990-1992), Vincent Houdou crée IC COM en 1993, qui deviendra Gulfstream Communication en 2009. Il dirige depuis cette agence de communication regroupant 90 collaborateurs sur trois sites: Nantes, Paris et Laval. «Sa particularité est d'avoir su intégrer une large palette de métiers tels que la publicité, la promotion des ventes, les relations presse et le web pour apporter à ses clients des réponses créatives plus originales», précise le dirigeant. Sensibilisé par ailleurs au monde du handicap, Vincent Houdou s'y implique depuis plusieurs années.

DIGITAL GARDEN - 2 RUE EUGÈNE VARLIN - LES DORIDES - 44100 NANTES • TÉL. 02 72 64 72 80

TRANSPORT ET LOGISTIQUE

Bruno **HUG DE LARAUZE**

PDG DE IDEA GROUPE - PRÉSIDENT HONORAIRE DE LA CCI PAYS DE LA LOIRE

FORMATION lycée de Troyes - licence en droit à l'université de Pittsburgh (USA), à la faculté de droit de Paris II-Assas, à l'Ecole supérieure de commerce de Lyon et à l'EM Lyon

PASSIONS le développement du territoire et des entreprises, la famille, la lecture, la voile et le bricolage.

Après avoir occupé différents postes de gestion, de direction du personnel et de marketing-vente au sein de Ford France, Bruno Hug de Larauze intègre la CCI de Nantes et Saint-Nazaire en 1991. Durant trois ans, il occupe les fonctions de directeur marketing et communication, puis de directeur du service aux entreprises. En 1996, il opère un nouveau virage professionnel en prenant la direction générale de MTTM La Fraternelle, devenu IDEA Groupe en janvier 2012 et dont il est aujourd'hui le PDG. Société logistique portuaire et industrielle indépendante de Nantes et Saint-Nazaire, IDEA Groupe s'est développé par la création de centres de distribution ou de prestations industrielles via des filiales avec des partenaires industriels et commerciaux.
Successivement président du CJD de Nantes, de l'Union maritime et de la CCI de Saint-Nazaire, Bruno Hug de Larauze est élu président de la CCI Pays de la Loire en 2011. De 2016 à 2017, il est président du Club des Trente, think tank d'entrepreneurs bretons. En décembre 2016, il passe le relais à la présidence de la CCI des Pays de la Loire et

reste président honoraire. Il prend la tête du conseil d'administration du fond de dotation dédié au projet L'Arbre aux hérons en 2017. Deux ans plus tard, il fait son entrée au conseil d'administration de l'Institut français des administrateurs, l'IFA.

GROUPE IDÉA - 3 BD DE CADRÉAN
- BP 55 - 44550 MONTOIR-DE-BRETAGNE
• TÉL. 02 40 90 08 09

EXPERTISE COMPTABLE ET AUDIT

Jean-Marc **HUILIZEN**

CO-FONDATEUR ET ASSOCIÉ DU GROUPE AUDITIA - PRÉSIDENT DU CILSN

FORMATION lycée Dupuy de Lôme à Lorient - Deug de mathématiques; maîtrise de sciences de gestion; diplôme d'expertise-comptable; diplôme 3e cycle en droit de l'entreprise aux universités d'Angers, de Rennes et à l'université Panthéon-Assas

PASSIONS sa famille et les voyages.

Jean-Marc Huilizen a débuté sa carrière au sein du cabinet Secovec (1981-1986) avant d'intégrer le cabinet Gamez. En 1989, il devient associé et dirigeant de cette structure qui prend le nom de cabinet Gamez-Huilizen. En 2004, il crée le groupe Auditia - qui a pour activité le commissariat aux comptes et l'expertise-comptable - désormais installé à Saint-Nazaire, Guérande, Pornic, Pontchâteau et Nantes. Président du Centre d'initiatives locales (CIL) de Saint-Nazaire, Jean-Marc Huilizen s'est aussi engagé dans le monde consulaire. Vice-président de la CCI Saint-Nazaire (2004-2010) avant la fusion des chambres du département, il devient ensuite vice-président de la CCI Nantes Saint-Nazaire chargé du développement des entreprises, puis premier vice-président de novembre 2016 à 2021.

AUDITIA - 4 RUE DE L'ÉTOILE DU MATIN
- BP 60159 - 44613 SAINT-NAZAIRE CEDEX
• TÉL. 02 40 70 40 08

ENERGIES RENOUVELABLES

Pascal **JANOT**

CO-FONDATEUR ET PRÉSIDENT DE SUNOLOGY

FORMATION maths sup-spé au lycée Turgot de Limoges - Ecole nationale supérieure des arts et métiers (Ensam, 1985)

PASSIONS la famille, le golf et le rugby

Après cinq années passées chez Andersen Consulting (1987-1992) en tant que consultant en organisation industrielle, Pascal Janot rejoint, comme directeur Ingénierie, Saunier Duval ECCI (1992-1996). Il y occupe successivement les fonctions de directeur de production (1996-1998), puis de directeur général (1998-2007). Durant cette période, il réorganise en profondeur le site industriel de Nantes et pilote notamment le projet d'implantation de Saunier Duval en Chine. En 2001, à la suite du rachat de Saunier Duval par le groupe familial allemand Vaillant (12 000 personnes), il devient le directeur des opérations du groupe (2002-2004), responsable des treize sites de production à travers le monde, puis directeur industriel en charge du développement produits et des achats (2004-2007) et membre du comité exécutif en 2007.
Avec deux autres cadres dirigeants de Vaillant, Pascal Janot crée fin 2008 la société Systovi (100 salariés), spécialisée dans la conception et la fabrication de systèmes photovoltaïques intégrés aux bâtiments. Ensemble, ils développent le concept de la toiture active puis, en 2018, décident de revendre leurs parts à l'entreprise Cetih. Il crée alors Janot Conseils pour accompagner les repreneurs et pour réaliser des missions d'amélioration de la performance industrielle auprès de différents groupes. En septembre 2019, il se lance dans un nouveau projet avec Vincent Arrouet et ils mettent en ligne un site marchand dédié à la commercialisation de systèmes solaires : Sunology. En parallèle, il sera directeur Qualité Groupe du groupe Atlantic jusqu'en janvier 2023.

SUNOLOGY - 5 PASSAGE ROBIN
- 44000 NANTES • TÉL. 06 89 04 62 89

CONSTRUCTION NAVALE

Jean-Yves **JAOUEN**

DIRECTEUR DES OPÉRATIONS DES CHANTIERS DE L'ATLANTIQUE

FORMATION lycée Tristan Corbière à Morlaix - classes préparatoires au lycée Kerichen de Brest; ingénieur (Ecole nationale supérieure d'électricité et de mécanique Ensem de Nancy)

PASSIONS la voile.

Après avoir commencé sa carrière au sein du Groupe Jeumont-Schneider comme ingénieur pour la mise en service d'équipements nucléaires (1985-1988), Jean-Yves Jaouen intègre les chantiers de l'Atlantique comme chargé d'affaires, avant d'exercer successivement les responsabilités de responsable d'atelier de fabrication coque, puis de directeur industriel armement. Depuis 2009, il est le directeur des opérations du chantier naval spécialisé dans la conception et la réalisation de navires complexes tels que les navires militaires et les paquebots de croisières (dont le célèbre Queen Mary 2).

CHANTIERS DE L'ATLANTIQUE
- AV. ANTOINE BOURDELLE - CS 90180
- 44613 SAINT-NAZAIRE CEDEX
• TÉL. 02 51 10 91 00

ENSEIGNEMENT SUPÉRIEUR

Pascal **JAOUEN**

DIRECTEUR HONORAIRE DU GEPEA - PRÉSIDENT DU CSI D'ALGOSOURCE

FORMATION Docteur en génie des procédés (Ecole Centrale de Nantes – ex ENSM & Université de Nantes, 1988); diplômé de Grenoble INP (1985)

DISTINCTIONS Professeur d'Université de classe exceptionnelle; médaille de la Ville de Saint-Nazaire

PASSIONS La mer, l'histoire de la Bretagne, la musique rock & folk

PUBLICATIONS + de 300 publications scientifiques et conférences

Pascal Jaouen est un spécialiste des biotechnologies marines. Maître de conférences puis professeur à la Faculté des Sciences de Nantes (2001-2011), il y crée et dirige un master en Bioprocédés et Biotechnologies Marines. Il enseigne ensuite à l'Ecole Polytech, site de Gavy, et devient le 1er directeur du département Génie des Procédés et Bioprocédés. Il pilote en parallèle à 2 reprises son processus d'habilitation par la Commission des Titres d'Ingénieurs. Administrateur de l'Université de Nantes de 2016 à 2020, il oeuvre au plan inter-régional notamment en tant que vice-président du pôle de compétitivité Mer Bretagne Atlantique pour y développer les biotechnologies bleues. Il est directeur de l'Institut Universitaire Mer et Littoral – IUML/CNRS de 2004 à 2016, et prend ensuite, en 2017, la tête du GEPEA, le grand laboratoire de recherche en ingénierie dont il devient directeur honoraire en mai 2018. En 2017, il est chairman du congrès de l'International Society for Applied Phycology à Nantes et est élu administrateur de la Société Française Génie des Procédés. Depuis décembre 2017 il est membre de l'Assemblée Régionale Mer et Littoral (ARML) et participe aux travaux des CESER de l'Atlantique sur l'innovation et l'économie maritime. Il a été chairman du Congrès SFGP 2019 (industrie du futur et transitions environnementales et énergétiques) et membre du comité d'experts de l'exposition universelle La Mer XXL 2019, à Nantes.
Par ailleurs, Pascal Jaouen est l'un des 3 initiateurs de la plateforme publique de Recherche et Développement sur les microalgues AlgoSolis à Saint-Nazaire. Il est également conseiller et associé d'AlgoSource depuis 2012. En 2020 il est nommé président du conseil scientifique et de l'innovation de cette PME positionnée « Biotechs ».

GEPEA-UMR CNRS 6144
- 37 BD DE L'UNIVERSITÉ - BP 406
- 44600 SAINT-NAZAIRE

ASSOCIATIONS ET RÉSEAUX

Franz **JARRY**

DÉLÉGUÉ GÉNÉRAL D'ADN OUEST

FORMATION Maîtrise Informatique Appliquée à la Gestion des Entreprises (Université de Nantes, 1997) ; DESS Génie Informatique (1998)

PASSIONS les voyages et la plongée sous-marine

Franz Jarry bat en brèche tous les clichés sur les informaticiens... Toujours dans l'action et désireux de transmettre, sa carrière professionnelle démarre chez Sigma Informatique en 1998. Ingénieur, sa mission est d'intégrer les nouvelles technologies dans les systèmes d'information. Il travaille ensuite pendant deux ans à Paris pour la société de services Micropole Univers en tant que responsable des relations grands partenaires. De retour en Pays de Loire en 2003, il intègre Système U où il s'attache à développer l'informatique de l'entreprise. Investi pendant près de 11 ans, il sera successivement chef de projet, manager puis membre du comité de direction en charge de l'innovation et de l'architecture des Systèmes d'Information. Changer de fonctions ne lui fait pas peur, il aime cette dynamique et accompagner ainsi l'essor du groupe. En 2014, il a l'opportunité de prendre la direction des opérations chez Alyotech France ; il pilote alors l'ensemble de l'activité Systèmes d'Information et anime une équipe pluridisciplinaire de 400 collaborateurs. Franz Jarry affirme qu'il a toujours suivi deux fils rouges. L'un concerne ses activités d'enseignement (Ecole Polytechnique Féminine, ESC, Université de Nantes,...) qu'il n'a jamais arrêté depuis 2001. Il préside d'ailleurs actuellement le conseil de perfectionnement de la MIAGE de l'Université de Nantes. Son 2e fil rouge, depuis 2007, est son implication dans les réseaux du numérique, dont ADN Ouest, principale association des professionnels informatiques dans l'Ouest de la France. Il s'y investit de plus en plus jusqu'à ce que l'Association des Décideurs du Numérique de l'Ouest ouvre le poste de délégué général. Elu, il prend ses fonctions en octobre 2015. Son rôle sera de piloter l'ensemble des actions de l'association et de coordonner les différents acteurs de la filière numérique dans le Grand Ouest. Il prend les fonctions de directeur général d'ADN Booster, accélérateur de projets innovants du grand ouest, en juillet 2018.

ADN OUEST - CCI NANTES - SAINT NAZAIRE
- 16 QUAI ERNEST RENAUD - CS 90517
- 44100 NANTES • TÉL. 02 40 44 61 06

BANQUE ET ASSURANCE

Luc **JEANNEAU**

PRÉSIDENT DU CRÉDIT AGRICOLE ATLANTIQUE VENDÉE

FORMATION études supérieures agricoles

DISTINCTIONS Mérite agricole.

Agriculteur et producteur de pommes de terre à Noirmoutier-en-l'île depuis 1985, Luc Jeanneau a pris des responsabilités au sein de sa profession en devenant, en 2001, président de la coopérative de pommes de terre de Noirmoutier. Une fonction qu'il occupe jusqu'en 2011. La coopérative regroupe 35 artisans-cultivateurs, soit la quasi-totalité des producteurs de l'île pour une surface cultivée de 450 hectares. La production annuelle moyenne est de 11 000 tonnes de pommes de terre (dont la célèbre bonnotte), étalée d'avril à septembre.
Luc Jeanneau est aussi un sociétaire actif du Crédit Agricole Atlantique Vendée. Depuis 1990, il est administrateur de la Caisse locale de Noirmoutier et, depuis 2002, administrateur de la Caisse régionale. En 2011, il accède à la présidence du Crédit Agricole Atlantique Vendée.

CRÉDIT AGRICOLE ATLANTIQUE VENDÉE
- 140 ROUTE DE PARIS - 44949 NANTES CEDEX 9
• TÉL. 02 40 30 55 55

PROMOTION ET GESTION IMMOBILIÈRE

Olivier **JEHANNET**

DIRECTEUR GÉNÉRAL DE RÉALITÉS MAÎTRISE D'USAGE

FORMATION IESEG (école de commerce de Lille, 2007); dirigeant fédéral 2e degré (2013)

DISTINCTIONS champion de France de décathlon et 8e au championnat d'Europe catégorie junior en 2003

PASSIONS Le sport en général, les voyages et la Bretagne

Du judo à l'athlétisme, en passant par le football, Olivier Jehannet est un véritable «spécialiste» du sport. Quand il s'installe à Nantes avec ses parents en 1992, il joue d'abord au basket puis se tourne vers l'athlétisme. Après avoir rencontré l'ancien perchiste Dany Proust, il rejoint le Stade Nantais Athlétic Club en 1995. Il s'essaie alors au saut à la perche et décroche le titre de champion de France en salle dans la catégorie cadet en 2000. Il s'épanouit ensuite dans les épreuves combinées. «J'aime l'esprit de groupe. Il faut savoir se motiver les uns les autres et affronter les épreuves ensemble», dit-il. Blessé à plusieurs reprises, Olivier Jehannet, qui envisageait une carrière sportive, doit renoncer à ce projet… Soit! Mais il reste désireux de s'impliquer au sein du Stade Nantais pour donner «l'opportunité à son prochain de se révéler au travers de la pratique du sport». Après avoir donné un coup de pouce sur les manifestations, pour l'animation du site internet ou la gestion du matériel, il devient tour à tour membre du comité directeur, puis trésorier, et finit par présider l'organisation en 2011. Il se lance dans une nouvelle aventure en 2012 en participant activement à la création du Nantes Métropole Athlétisme et en prend la présidence jusqu'en 2019. Quatre ans plus tard, il devient président délégué du club féminin de handball et de volley-ball Les Neptunes de Nantes.
Dans sa vie professionnelle, Olivier Jehannet entreprend et développe également des projets puisqu'il est directeur général de Réalités Hub 5, de 2017 à 2019, de MedCorner City de 2020 à juin 2022. Il est depuis juillet de cette même année directeur général des usages au sein de Réalités.

REALITES - 1 IMP. CLAUDE NOUGARO - 44800 SAINT-HERBLAIN • TÉL. 02 40 75 50 91

HABITAT SOCIAL

Olivier **JOACHIM**

DIRECTEUR RÉGIONAL D'ACTION LOGEMENT PAYS DE LA LOIRE

FORMATION Ipag (Paris, 1991); formation en management immobilier (Cnam-ICH Nantes, 2014)

PASSIONS le vélo, le badminton, la voile

Après son école de commerce, Olivier Joachim entre en 1993 chez Sigma Petrofina en tant que chargé de développement commercial. Il devient responsable des comptes-clés pour la région parisienne puis, en 1998, saisit l'opportunité d'intégrer l'ICF Habitat La Sablière. Il crée le poste de responsable marketing et communication avant de prendre la direction de ce service. Il découvre petit à petit l'univers du logement et y prend goût. Il s'installe dans l'Ouest en 2003 en rejoignant le Covecol (comité vendéen de coordination des organismes d'aide au logement) à La Roche-sur-Yon. Sa mission est alors de développer la structure en intégrant de nouveaux services aux entreprises et aux salariés, puis d'accompagner son regroupement avec d'autres CIL pour former le CIL Mieux se Loger. Il est nommé directeur interrégional de cet organisme pour les Pays de la Loire et Poitou-Charentes en 2010. Là encore, il prépare la fusion, celle des équipes et des activités des 5 filiales HLM.
En 2014, Mieux Se Loger est absorbé par Solendi et il prend la fonction de directeur France Ouest pour la Bretagne et les Pays de la Loire. A Angers, puis Nantes, Olivier Joachim se charge de la transition et du développement de l'activité immobilière. Il entre en 2015 dans l'équipe de préfiguration qui prépare la naissance d'Action Logement… et donc une nouvelle fusion. Celle-ci réalisée, il est nommé directeur régional Action Logement Pays de la Loire en 2017. Motivé au quotidien par l'utilité sociale des activités de sa structure, il s'efforce de répondre au mieux aux besoins des 6000 entreprises adhérentes et de leurs salariés. Jamais blasé par son métier car plus que jamais «au service de l'humain et de l'attractivité des territoires».

ACTION LOGEMENT - 1 ALLÉE DES HÉLICES - CS 56331 - 44263 NANTES CEDEX 2 • TÉL. 02 40 20 13 50

BIENS D'ÉQUIPEMENT

Yuna **JOSSE**

DIRECTRICE GÉNÉRALE DE SAUNIER DUVAL NANTES

Yuna Josse est devenue en janvier 2023 la directrice générale du site industriel nantais Saunier Duval spécialisé dans les technologies de chauffage et d'eau chaude (1100 salariés). Elle a rejoint le site nantais en septembre 2021. Ingénieure Insa Lyon en génie mécanique, elle a évolué durant 16 années chez Airbus où elle a occupé plusieurs postes de direction dont celle des projets industriels, de la production et du transfert de fabrication. La dirigeante continuera à mener l'évolution du site.

SAUNIER DUVAL - 17 RUE DE LA PETITE BARATTE - BP 41535 - 44315 NANTES CEDEX 3 • TÉL. 02 40 68 10 10

AGROALIMENTAIRE

Magalie **JOST**

CO-DIRIGEANTE DE NATURE ET ALIMENTS - VICE-PRÉSIDENTE D'INTERBIO

FORMATION DUT option agronomie (Auch, 1996); ingénieur en techniques agricoles (Enita Bordeaux, 2000)

DISTINCTIONS Prix Entreprise responsable des Trophées des Femmes de l'économie Pays de la Loire (2012)

PASSIONS l'agriculture biologique, la cuisine, la famille, le triathlon

Déjà préoccupée par les questions écologiques, Magalie Jost effectue son stage de fin d'études en coopération au Cameroun (2000-2001). Elle intègre l'IRD (Institut de Recherche pour le Développement) puis

le Cirad, l'organisme de recherche agronomique et de coopération internationale pour le développement durable des régions tropicales et méditerranéennes. Elle reprend ensuite ses études, obtient un DEA mais ne souhaite plus continuer dans la Recherche. Elle devient donc enseignante en techniques agricoles au CFPPA de Chartres (2001-2005) avant de rejoindre la Caisse centrale de la Mutualité de Santé Agricole, où elle travaille sur le risque chimique sur la santé des agriculteurs et salariés. Elle change de cap en 2008 en reprenant la société Nature et Aliments, en association avec Sybile Chapron, l'ancienne responsable de production. Il s'agit de pérenniser une entreprise familiale centenaire, des engagements, dans le bio et dans le domaine social. Ensemble, elles font évoluer l'entreprise en faisant construire une usine en 2011 et en créant de nouveaux produits. Dix ans plus tard, elles changent leurs statuts pour devenir Entreprise à Mission.
Administratrice d'Interbio des Pays de la Loire dès 2009, Magalie Jost devient sa présidente en juin 2016. Elle y assure un rôle de liaison entre les différents maillons de la filière Biologique tout en cherchant à diffuser un message qui lui tient à coeur : le bio ne se limite pas à des indicateurs agricoles, mais participe aussi au développement économique du territoire. Elle cède la présidence en juillet 2019 mais reste vice-présidente. Elle est aussi co-présidente de l'association Entrepreneurs Bio des Pays de la Loire et fait partie du CA du Synabio pour « porter la voie des petites entreprises bio ».

NATURE ET ALIMENTS - 3 RUE NICOLAS APPERT - 44400 REZÉ • TÉL. 02 40 73 65 97

ENERGIE

Jean-Jacques **JOUANGUY**

DIRECTEUR TERRITOIRES SARTHE - ANJOU - MAYENNE CHEZ ENEDIS

FORMATION ingénieur (École centrale de Nantes, 1987) ; Executive MBA ICG (Institut Français de Gestion de Paris, 1999)

PASSIONS Ce qui est lié à la mer.

En 1988, fraichement diplômé de l'École Centrale de Nantes, Jean-Jacques Jouanguy intègre Gaz de France à Arras en tant qu'ingénieur. En 1991, il évolue vers des fonctions de manageur en devenant responsable de la division travaux électricité d'EDF à Lille, puis en 1995 adjoint du service clientèle et commercial d'EDF-GDF Services Reims Champagne. S'il s'intéresse aux aspects techniques, comme l'impose son métier d'ingénieur, il n'en est pas moins attiré par les relations humaines et l'aspect social lié au management. Et, en 1999, il accède à un poste de Directeur des ressources humaines en Moselle. « J'aime la complexité inhérente à tous collectifs humains car c'est la richesse de cette diversité qui permet la performance de l'entreprise », dit-il. En 2002, il accède à des responsabilités de dirigeant et devient adjoint au directeur de l'unité clients d'EDF-GDF Normandie puis à partir de 2008, Directeur Général de Geredis Deux Sèvres, PME de distribution d'électricité. Il exerce ce mandat social jusqu'en 2014, année où un nouveau défi se profile pour lui. En juillet 2014, Jean-Jacques Jouanguy réintègre l'entreprise ERDF (devenu Enedis) et est nommé Directeur d'ERDF en Sarthe. Dans le même temps, il prend la présidence du Centre de Transfert de Technologie du Mans (CTTM), centre d'études et de R&D situé sur le campus de l'université du Maine, spécialisé en acoustique & vibrations, ingénierie des matériaux, biomédical et productique. Il est par ailleurs élu de la CCI territoriale de la Sarthe et de la CCI régionale des Pays de la Loire
Il prend la responsabilité du suivi des directions des territoires Sarthe - Anjou - Mayenne pour Enedis en juillet 2019.

ENEDIS - DIRECTION RÉGIONALE PAYS DE LA LOIRE - 13 ALLÉE DES TANNEURS - 44040 NANTES

INTERNATIONAL

Ronan **JOURDAIN**

DIRECTEUR INTERRÉGIONAL OUEST DE BUSINESS FRANCE

FORMATION lycée Passy-Buzenval de Rueil-Malmaison - Master gestion, cycle multinational Etats-Unis et Japon (1991), DESS commerce international (1994)

PASSIONS la famille, les relations internationales

Ronan Jourdain accompagne depuis une vingtaine d'années des entreprises françaises dans leur développement international. Après avoir fait ses débuts dans les départements marketing et suivi de projets de GEC Alstom, Cofica (Compagnie Bancaire) et Philips (1991-1995), il occupe les fonctions d'attaché sectoriel (1996) et de chef de secteur au CFCE (2000) puis de chef de service à Ubifrance (2004) au sein du département Industries. Il devient ensuite chef du pôle Infrastructures - Industrie et directeur du bureau de Montréal d'Ubifrance Amérique du Nord (2010-2014). Ronan Jourdain est nommé directeur Interrégional - délégué Ouest – Business France à Nantes en septembre 2014 puis directeur interrégional en 2017 (Bretagne, Centre-Val-de-Loire, Pays de la Loire et Normandie). Business France est l'agence nationale au service de l'internationalisation de l'économie française.

BUSINESS FRANCE - C/O CCIR PAYS DE LA LOIRE - 16 QUAI ERNEST RENAUD - BP 70515 - 44105 NANTES CEDEX 4 • TÉL. 02 40 44 62 49

COMMERCE ET DISTRIBUTION

Fabien **JOURON**

DÉLÉGUÉ RÉGIONAL PAYS DE LA LOIRE GROUPE LA POSTE

FORMATION Classes préparatoires sup et spé (Lycée Lakanal, 1990) ; diplôme d'ingénieur, sciences, techniques d'architectures et du bâtiment à l'ETP (École spéciale des Travaux Publics, du bâtiment et de l'industrie, Paris)

PASSIONS sportif et amateur de peinture (art moderne, street art)

Ingénieur de formation, Fabien Jouron décroche son premier emploi chez Sicra en 1994 : il est chargé de la rénovation de bâtiments anciens, souvent inscrits à l'inventaire des Monuments historiques. En 1998, il rejoint Paris Habitat, comme responsable de la gestion du parc immobilier d'une antenne de la société, un patrimoine composé de plus de 10 000 logements. Il est nommé directeur de projet construction et de restructuration urbaine de Paris

Habitat en 2001 et s'occupe alors de développement de logements sociaux. En 2003, il entre au groupe La Poste. Pendant 11 ans, il évolue à différents postes à responsabilités au sein de l'entreprise. D'abord responsable optimisation et développement du parc immobilier, il devient ensuite directeur local de l'immobilier et gère une équipe de 40 collaborateurs. Il prend ensuite la direction opérationnelle des quatre filières d'activités de Poste Immo sur la région Bretagne, avant de devenir directeur de la gestion et de la maîtrise d'ouvrage national en 2012 (1Mds€ de charges immobilières et 450M€ de travaux par an).
Depuis septembre 2014, il est délégué régional du groupe La Poste dans la région des Pays de la Loire. Pour lui, son entreprise, « dont les métiers sont basés sur le service public et la proximité », participe à la dynamique des territoires et accompagne les transitions locales.

DÉLÉGATION RÉGIONALE DU GROUPE LA POSTE POUR LES PAYS DE LA LOIRE - 4 RUE PRÉSIDENT HERRIOT - BP 89045 - 44090 NANTES CEDEX 1 • TÉL. 06 73 87 09 55

SOCIAL

Robert **JOUSSET**

VICE-PRÉSIDENT DE L'URSSAF DES PAYS DE LA LOIRE - PRÉSIDENT DE DE L'URSSAF DE VENDÉE

FORMATION lycée Savary de Mauléon aux Sables d'Olonne - DUT option génie électrique (IUT de génie électrique d'Angers, 1979) ; ingénieur à l'Enseirb / Ecole nationale supérieure d'électronique et d'informatique de Bordeaux (major de promotion en 1982) ; certificat d'aptitude à l'administration des entreprises (IAE de Nantes, 1983)

PASSIONS la voile, le golf et les Antilles, notamment la Guadeloupe.

Avant de devenir chef d'entreprise, Robert Jousset a débuté comme formateur à l'Ecole supérieure de l'armée de terre (Eseat) à Rennes. Il intègre le service informatique du Crédit agricole de Vendée (1984-1986), puis la société de viennoiseries La Mie Câline pour la mise en place de systèmes informatiques de gestion (1987-1989). Ce féru de numérique crée ensuite sa première entreprise, Alizés Informatique (1990), puis rachète plusieurs entreprises du secteur informatique et internet. Il vend ce groupe en 2012 et est actuellement le PDG de Notus.
Robert Jousset multiplie par ailleurs les engagements extra-professionnels : ancien président de la Cgpme de Vendée (2010-2014), il est vice-président de la CCI Vendée depuis 2010 et membre de la CCI Région de 2010 à 2012. Il est également vice-président de l'Urssaf des Pays de la Loire depuis 2012, président de l'Urssaf de Vendée depuis 2005.

URSSAF DES PAYS DE LA LOIRE - 3 RUE GAËTAN RONDEAU - 44933 NANTES CEDEX 9 • TÉL. 39 57

TRANSPORT ET LOGISTIQUE

Olivier **JUBAN**

DIRECTEUR RÉGIONAL DE SNCF MOBILITÉS TER PAYS DE LA LOIRE

FORMATION Mastère 2 Transports et logistiques (Ecole Supérieure des Transports, 1994) ; Executive MBA Management (HEC, 2000)

PASSIONS Ses enfants, le golf, l'œnologie et la convivialité

Né en Normandie mais originaire de Saint-Malo, Olivier Juban « tombe par hasard » dans le secteur du transport après avoir effectué son service dans la logistique des Armées. Il est embauché en 1986 dans la partie exploitation d'une entreprise de transport international qui possède un département ferroviaire. Il y découvre les différents modes de transport, notamment au service de la filière agro-alimentaire. Ambitieux et entrepreneur, il décide de faire son mastere en cours du soir dès 1991. Son diplôme obtenu, il a l'opportunité d'entrer dans la foulée dans le Groupe SNCF, chez Logistra (devenue Forwardis) pour diriger et redresser cette filiale spécialisée dans le vrac solide. Il devient en 2007 directeur du Pôle d'Activités Agriculture & Produits de Carrières de SNCF Geodis. Lui qui aime « à faire évoluer les mentalités dans un monde qui change » continue sa mission de réorganisation et de regroupement en intégrant SNCF Logistics à Clichy-la-Garenne en 2011.
Olivier Juban prend la tête de la division Sol&Rail de Fret SNCF jusqu'en 2016 puis part exercer la même fonction chez Autochem à Lyon où il s'occupe d'autres marchés (comme la chimie, la logistique automobile, etc..). C'est à Lyon qu'il fait la connaissance du DG de TER, Frank Lacroix, qui lui propose début 2019 le poste de directeur régional de SNCF Mobilités TER des Pays de la Loire, qu'il rejoint volontiers en mars 2019. Ce fils de négociant en vin, « littéraire dans un monde d'ingénieurs », s'applique à accompagner ses équipes dans la transformation, toujours au service des clients. Sa mission principale, à la hauteur de son optimisme et de sa ténacité, lui demandera beaucoup de pédagogie : anticiper l'avenir en faisant plus - et mieux - de trains tout en étant économe des deniers publics.

SNCF MOBILITÉS - DIRECTION RÉGIONALE TER PAYS DE LA LOIRE - 131 BD ERNEST DALBY - BP 34112 - 44041 NANTES CEDEX 1 • TÉL. 02 55 58 39 86

BANQUE ET ASSURANCE

Simone **KAMYCKI**

DIRECTRICE RÉGIONALE DE LA BANQUE DE FRANCE PAYS DE LA LOIRE

FORMATION diplôme d'expertise comptable (université de Grenoble, 1987)

PASSIONS dessiner et peindre, faire du tennis, de la randonnée et du paddle

Depuis 1988, Simone Kamycki déroule le fil de sa carrière à la Banque de France. Après quelques expériences en entreprise et une velléité de se lancer dans l'enseignement, elle passe le concours de la Banque de France, où elle avait effectué son stage d'étudiante. Le concours réussi, elle entre donc dans la succursale-école de cadres à Saint-Etienne en 1991 pour 1 an. Elle enchaîne ensuite une dizaine de postes dans des structures départementales et régionales, en lien avec des missions particulières. Elle devient directrice départementale puis, en 2020, elle prend

la fonction de cheffe de cabinet à la direction générale des services à l'économie et du réseau au siège à Paris. Elle devient directrice départementale puis est affectée en Corse comme directrice régionale en août 2022 avant d'être nommée directrice régionale des Pays de la Loire en décembre de la même année.
Depuis Nantes, qu'elle connaissait déjà en tant qu'adjointe au directeur régional (2014-2018), Simone Kamycki pilote les établissements départementaux qui proposent chacun des services spécifiques. Au siège régional, tous les services sont représentés : services aux entreprises et aux particuliers, services fiduciaires, activités transverses pour l'ensemble de la région (informatique, budget, etc..). En contact permanent avec les directions de ces entités, la dirigeante apprécie également d'être au service des publics, prônant toujours « l'esprit collectif et la loyauté ». Elle intervient dans tous les réseaux pour l'offrir les ressources de sa structure, en fonction de l'actualité ou des sujets qu'on lui demande de traiter. Ces responsabilités, et le perpétuel mouvement qui les accompagne, conviennent parfaitement à cette adepte de l'innovation qui aime à se considérer comme « le maillon d'une chaîne ».

BANQUE DE FRANCE PAYS DE LA LOIRE - 14 RUE LA FAYETTE - CS 20725 - 44007 NANTES CEDEX 1 • TÉL. 02 40 12 53 53

SPORT PROFESSIONNEL

Waldemar **KITA**

PRÉSIDENT DU FC NANTES

FORMATION
diplôme d'opticien optométriste ; titulaire d'un diplôme d'entraîneur de football

Waldemar Kita arrive à 15 ans en France, après la mort de son père, colonel dans l'armée polonaise. Il crée en 1986, la société Cornéal, devenue vingt ans plus tard un important groupe spécialisé dans l'ophtamologie et la médecine esthétique. Il le vend en 2006 à la société américaine Allergan. Il crée en 2007 la société Vivacy à Archamps. En décembre 2022, les laboratoires Vivacy sont vendus à Bridgepoint pour environ 900 M€. L'homme d'affaires est par ailleurs cofondateur et propriétaire avec deux autres industriels de la première compagnie aérienne d'affaires française, la compagnie ValJet - La Baule Aviation (30 avions, 150 employés, 60 M€ de chiffre d'affaires en 2021).
Passionné par le football, Waldemar Kita est propriétaire du club suisse du FC Lausanne-Sport de 1998 à 2001. Il tente de racheter le FC Nantes en 1998 mais il n'en deviendra finalement propriétaire et président qu'en août 2007, en le rachetant à Socpresse.

FC NANTES - CENTRE SPORTIF JOSÉ ARRIBAS - BP 31124 - 44311 NANTES CEDEX 3 • TÉL. 08 92 70 79 37

BIOTECHNOLOGIES

Olivier **KITTEN**

PRÉSIDENT D'AFFILOGIC

FORMATION
ingénieur en bio-ingénierie ; DEA en spectrométrie, à Centrale Paris et aux Universités de Paris VII et de Rennes

DISTINCTIONS
lauréat Réseau Entreprendre 2010 ; lauréat du Concours national d'aide à la création d'entreprise innovante (2010)

PASSIONS le basket (supporteur de Pau-Orthez) et le jazz.

Olivier Kitten a successivement oeuvré dans la recherche publique comme doctorant (Inserm à Rennes), puis dans l'industrie pharmaceutique pour développer des produits de thérapie génique (Rhône-Poulenc Rorer Gencell). Il arrive à Nantes dans une première start-up de biotechnologie (Atlangène Applications) avant d'intégrer Atlanpole comme chargé de mission en 2002. Il est à l'initiative du pôle de compétitivité national spécialisé sur la biothérapie, Atlanpole Biotherapies en 2005, dont il devient le coordinateur. Responsabilité qu'il partage avec la promotion et le développement industriel de la filière biotechnologies de santé en Pays de la Loire jusqu'en 2009. Il fonde ensuite Affilogic, société de biotechnologie née de sa rencontre avec deux chercheurs, Frédéric Pecorari (CNRS) et Charles Tellier (Université de Nantes). Affilogic est spécialisée dans la recherche et le développement de molécules notamment pour l'industrie pharmaceutique. Elle développe les Nanofitines, protéines utilisables comme alternatives aux anticorps et capables de se lier à une cible biologique (bactérie, autre protéine, etc.) permettant ainsi de la détecter, de la capturer ou de la cibler au sein d'un organisme. L'ambition d'Olivier Kitten est désormais d'avoir des produits en clinique et d'être un « partenaire récurrent de la moitié des entreprises du top 10 des big Pharma mondiales ».

AFFILOGIC - 24 RUE DE LA RAINIÈRE - 44300 NANTES

DÉVELOPPEMENT ÉCONOMIQUE

Stéphane **KLEIN**

PRÉSIDENT DU PÔLE EMC2

FORMATION
Classes préparatoires (Lycée Clémenceau à Nantes, 1988) ; CentraleSupélec (Paris - Saclay, 1991)

PASSIONS
La lecture, le cinéma, le sport (triathlon et voile)

Ligérien pur sucre, petit-fils et fils de raffineurs (Elf/Total), Stéphane Klein s'est inscrit dans la tradition familiale en consacrant sa carrière à l'industrie. Diplôme d'ingénieur en poche et après un passage comme Aspirant dans la Marine lors de son service militaire, il démarre chez Esso en 1992, en tant que chef de projet informatique. Il entre aux Chantiers de l'Atlantique à Saint-Nazaire (Alstom Marine) en 1995. Le début d'un parcours qui le conduira du poste de chef de projet électricité à la responsabilité du département Etudes Electricité, puis du poste de responsable Etudes Navire à la prise en charge de la direction R&D. Il se découvre alors une passion pour la filière navale, qu'il explique à la fois par la rigueur qu'exige la gestion de projets complexes tout autant que « par l'innovation permanente qu'il faut mettre en œuvre pour rester compétitif ». Fort de cette motivation, il rejoint Naval Group en 2017 pour relever un autre défi passionnant : diriger le programme de R&D compétitivité et de transformation numérique du groupe.

Impliqué au niveau national, en tant que président du Comité Numérique des Industries de la Mer depuis 2019, Stéphane Klein est aussi un acteur actif du territoire à travers son engagement au pôle EMC2, où il est administrateur depuis 2007. A ce titre, il participe en 2010 au lancement de l'IRT Jules Verne, en tant qu'administrateur, ainsi qu'à la rédaction du Manifeste pour une Industrie Eco-responsable en 2020. Il est élu président du pôle en juillet 2021 avec pour mission de conduire le programme Trajectoire 2025 dont l'objectif est de soutenir la transformation des industries, conformément aux orientations du Manifeste.

PÔLE EMC2 - ZI LE CHAFFAULT - CHEMIN DU CHAFFAULT - 44340 BOUGUENAIS • TÉL. 02 28 44 36 00

ETUDES ET INGÉNIERIE BTP

Alban **LAPIERRE**

PRÉSIDENT DU GROUPE ALTYN

FORMATION Ingénieur Environnement et Santé (Université de Lille, 1996) ; DESS Gestion d'entreprises (IAE d'Aix-en-Provence, 1997)

PASSIONS Le sport, les voyages, sa famille et son entreprise

Issu d'une famille d'agriculteurs et d'artisans du bâtiment mayennais, deux objectifs s'imposent très tôt chez Alban Lapierre : travailler dans le secteur de l'environnement et créer son entreprise. Il décide dans un premier temps de «s'équiper d'outils techniques», avec un diplôme d'ingénieur, puis d'outils de management, avec un DESS. Afin d'acquérir d'autres compétences pour donner forme à ses ambitions, il entre ensuite chez Veolia en 1997 à Nanterre en tant qu'ingénieur d'études. Deux ans plus tard, il poursuit son parcours chez Sita, filiale de Suez, comme consultant interne en charge de déployer un logiciel ERP. Il y acquiert une précieuse expérience avant d'intégrer Sita Normandie-Picardie à Rouen pour devenir responsable du contrôle de gestion et finaliser son déploiement. Il y reste deux ans et, dès la mi-2003, il mature son projet entrepreneurial. Il quitte alors son emploi et, désireux de retourner dans l'Ouest, s'installe à Nantes.
Alban Lapierre concrétise son envie d'entreprendre en 2004, convaincu de l'importance de la transition énergétique et de ses enjeux liés au secteur du bâtiment. Il travaille tout seul chez lui jusqu'en 2006 puis embauche son premier salarié. À une époque où le thème de la transition énergétique est encore confidentiel, Alterea croît de manière régulière, organique, pour atteindre un effectif de 50 salariés en 2012. Alterea Groupe rassemble 450 personnes et 4 sociétés - Alterea, Cyrisea, Alteresco et Becia - qui couvrent l'ensemble de la chaîne de valeur du bâtiment. Son dirigeant se consacre à ses sujets de prédilection : le management, l'organisation et le développement commercial. Plus que jamais homme de projets, il s'intéresse désormais à l'expansion externe de son groupe, qui prend le nom d'Altyn en 2022.

ALTYN - 26 BD VINCENT GÂCHE - 44275 NANTES • TÉL. 02 40 74 24 81

BIENS D'ÉQUIPEMENT

Thierry **LAUNOIS**

PDG DE JVD

FORMATION Lycée Marcel Roby à Saint-Germain-en-Laye - classes préparatoires HEC à Lakanal à Sceaux et à l'EM Lyon ; Insead

Thierry Launois fait ses premiers pas professionnels dans les télécoms. Recruté en 1994 par le Groupe Sagem, il exerce comme commercial au sein de la Direction des grands comptes. Il intègre ensuite Telecom Italia en 1997 pour participer au lancement de Neuf Telecom en tant que directeur régional Ile-de-France. A l'issue de la fusion entre Neuf Telecom et Cegetel, en 2005, il assure la direction commerciale Wholesale de la nouvelle entité, avant de diriger la Business unit Grandes entreprises de Neuf Cegetel de 2007 à 2009. Suite au rachat de Neuf Cegetel par SFR, Thierry Launois, en charge de la direction Paiement et Nouveaux marchés, organisait le développement de SFR sur ses nouveaux relais de croissance. D'avril 2011 à mai 2014, le Varois assure la présidence de Vecteur Plus, leader français dans le domaine de la veille commerciale à Bouguenais, près de Nantes. En juin 2014, il est nommé président de la division Signalisation du groupe Lacroix et, en 2015, directeur général de la nouvelle entité Lacroix City.
Il change de secteur en octobre 2016 pour diriger la société JVD, fabricant et distributeur en équipements hôteliers et produits d'hygiène sanitaire pour les collectivités, basée à Rezé.

JVD SA - 3 RUE DES BRÈCHES - 44406 REZÉ CEDEX • TÉL. 02 40 75 98 20

ENSEIGNEMENT SUPÉRIEUR

Pierre **LAYROLLE**

DIRECTEUR DE RECHERCHES 1RE CLASSE À L'INSERM

FORMATION doctorat de sciences, biomatériaux (Institut National Polytechnique de Toulouse, 1994)

DISTINCTIONS Etoile de l'Europe 2015 ; prix Ambassadeur Nantes, Destination Congrès 2014 ; prix Jean Leray de la Société Européenne des Biomatériaux 2007

PASSIONS le ski hors piste

PUBLICATIONS auteur de 200 publications et inventeur de 15 brevets

Fils d'une infirmière et d'un ingénieur Pierre Layrolle semblait prédestiné au biomédical... Il clôture avec brio ses études en recevant le prix de la meilleure thèse et effectue ensuite son post-doctorat au Japon. Il y travaille pour le ministère de l'industrie, toujours passionné par la recherche sur les «pièces de rechange du corps humain» (des biocéramiques pour l'os en l'occurrence). Puis il est recruté aux Pays-Bas, où il occupe les fonctions de cadre dans une jeune entreprise d'ingénierie tissulaire, Isotis. Manageant une équipe de 12 personnes, il y développe trois dispositifs médicaux innovants. De retour en France en 2002, il est appelé par le Centre de Transfert de Technologie du Mans en tant que responsable de département. Mais il fait finalement le choix de l'Inserm en 2003, attiré par la liberté d'y développer ses thématiques. Nommé directeur

de recherches, il rejoint le laboratoire de la faculté de chirurgie dentaire pendant 6 ans puis celui de la faculté de médecine. Sa carrière prend alors un tournant majeur en 2010 puisque Pierre Layrolle est choisi pour coordonner le projet européen Reborne (Régénération des défauts osseux utilisant de nouvelles approches d'ingénierie biomédicale). C'est une réussite et le projet se poursuit tandis qu'il coordonne désormais le projet Maxibone.
Le chercheur est par ailleurs aussi entrepreneur, ayant co-créé en 2010, Biomédical Tissues, spécialisée dans la fabrication de membranes synthétiques en nanofibres pour la régénération tissulaire guidée. Plusieurs pistes, une finalité commune : l'amélioration de la santé humaine.

UFR DE MÉDECINE - PÔLE SANTÉ NANTES - 1 RUE GASTON VEIL - BP 53508 - 44035 NANTES CEDEX 1 • TÉL. 02 72 64 11 43

BIOTECHNOLOGIES

Ronan **LE BOT**

PRÉSIDENT D'ATLANTIC BONE SCREEN - DIRECTEUR GÉNÉRAL D'ATLANCHIM PHARMA - PRÉSIDENT D'ATLANTHÉRA

FORMATION lycée Guist'hau à Nantes - doctorat de pharmacie (2004) aux facultés de pharmacie de Nantes et de Nancy

PASSIONS le bricolage et la cuisine.

«Aux âmes bien nées, la valeur n'attend point le nombre des années». La maxime de Corneille peut s'appliquer à Ronan Le Bot qui, depuis 2005, a acquis plusieurs casquettes de dirigeant dans le secteur de la santé. A commencer par la présidence, depuis 2005 donc, d'Atlantic Bone Screen. La CRO préclinique («Contract Research Organization») est spécialisée dans la découverte et l'évaluation de futurs médicaments pour le traitement des pathologies ostéoarticulaires, d'origine tumorale ou non tumorale. Depuis 2008, son fondateur assure aussi la direction générale d'Atlanchim Pharma. Avec un effectif total de onze personnes, ce laboratoire de synthèse chimique de molécules (quelques milligrammes à quelques centaines de grammes) sous-traite pour les centres de recherche des industries pharmaceutique, cosmétique et agroalimentaire.
Depuis 2009, Ronan Le Bot porte une troisième casquette professionnelle : président de la société Atlanthéra, spécialisée en R&D dans le cancer de l'os.

ATLANTIC BONE SCREEN - 3 RUE ARONNAX - 44821 SAINT-HERBLAIN CEDEX • TÉL. 02 51 78 98 76

ENSEIGNEMENT SUPÉRIEUR

Laurence **LE COQ**

DIRECTRICE DE LA DIRECTION DE LA RECHERCHE ET DE L'INNOVATION D'IMT ATLANTIQUE

FORMATION ingénieur en génie des procédés (UTC COmpiègne) ; doctorat en génie des procédés (Institut national polytechnique de Grenoble)

PUBLICATIONS environ 150 (publications internationales dans journaux avec comité de lecture, ouvrages et actes de congrès)

A la fin de ses études, Laurence Le Coq choisit de s'engager dans la voie publique et trouve sa place au Laboratoire de Génie des Procédés (LGP). Là, elle peut mixer recherche et enseignement au sein de l'IUT Génie Chimique de Saint-Nazaire. En 1998, elle postule parallèlement comme maître assistant puis professeur à l'Ecole des Mines de Nantes. Elle y met à profit son expertise sur la réduction des impacts des émissions industrielles au sein du département Systèmes énergétique et environnement et s'investit dans les débuts du GEPEA, laboratoire en génie des procédés pour les écotechnologies et bioressources. Battante, passionnée par son métier, Laurence Le Coq prend la direction du Département Systèmes Energétiques et Environnement de l'Ecole pendant 8 ans et la direction adjointe du laboratoire GEPEA dès 2012. Elle s'attache surtout à transférer les résultats de la recherche dans la formation ingénieur de l'école. Elle s'implique aussi dans la formation des docteurs notamment en tant que directrice adjointe de l'école doctorale SPIGA (2010-2015). Nommée directrice de la recherche des 4 départements de l'Ecole des Mines de Nantes en 2015, elle prend le titre de directrice déléguée de la direction de la recherche et de l'innovation d'IMT Atlantique en 2017. Sans négliger sa carrière de chercheur afin de poursuivre sa contribution à la réduction des polluants de l'air (thématique d'importance tant pour la chercheuse que la citoyenne).
Elle est nommé directrice de la recherche et de l'innovation d'IMT Atlantique en janvier 2020. Elle supervise dès lors l'ensemble des activités de l'école.

IMT ATLANTIQUE - 4 RUE ALFRED KASTLER - CS 20722 - 44307 NANTES CEDEX 3 • TÉL. 02 51 85 81 00

ASSOCIATIONS ET RÉSEAUX

Christian **LE CORNEC**

PRÉSIDENT DE NAPF (NANTES ATLANTIQUE PLACE FINANCIÈRE) - PRÉSIDENT DE L'IAE DE NANTES

FORMATION École alsacienne à Paris - DEA physique du solide (1978) ; ingénieur général des Mines, lycée Saint-Louis, Ecole normale supérieure (ENS, 1976) et Ecole nationale supérieure des télécommunications (ENST, 1982) de Paris

PASSIONS la voile en loisirs ou compétition sur tout type de bateau, l'équitation, la lecture et la musique (opéra, classique, rock…).

A l'issue de son cycle de formation à l'ENST, Christian Le Cornec intègre France Télécom comme responsable du département Lignes transmission. Il gravira peu à peu les échelons. En 1995, il est nommé directeur régional de Martinique Guyane. Retour en métropole en 1997 comme directeur du pôle soutien au réseau commercial. Deux ans plus tard, il retrouve une direction régionale en Bretagne. Toujours en poste à Rennes, il est nommé directeur territorial Ouest en 2006. Une responsabilité qu'il n'exercera que quelques mois puisqu'il décide de quitter l'entreprise de télécommunications, où il a effectué jusque-là toute sa carrière, pour prendre en charge la direction de la Chambre de commerce et d'industrie (CCI) de Nantes Saint-Nazaire. Il prend sa retraite en janvier 2020 et devient consultant en stratégie. Président de l'IAE de Nantes depuis 2010, il est élu, en juin 2021, président de NAPF (Nantes Atlantique place Financière).

NAPF - PLACE FINANCIÈRE DU GRAND OUEST - MCTE - 8 RUE BISSON - 44100 NANTES • TÉL. 02 40 44 60 41

TRANSPORT ET LOGISTIQUE

Ronan **LE CORRE**

DIRECTEUR GÉNÉRAL DE U LOG

FORMATION autodidacte - Brevet d'études professionnelles commerce et vente

PASSIONS la course à pied (marathon) et la lecture.

En 1981, Ronan Le Corre démarre sa carrière chez Pomona où il occupera pendant dix ans diverses fonctions logistiques et commerciales dans la région Ouest. En 1991, il rejoint le groupe logistique en pleine expansion, Hays Logistique, où il exercera plusieurs postes : directeur de site, compte client GMS, directeur Métiers France. Ce dernier poste consistera à piloter l'ouverture de nouveaux sites logistiques (opérations logistiques, systèmes d'information, immobilier) et l'intégration des nouveaux contrats majeurs. Dans ce cadre, il a travaillé pour des clients tels que Carrefour, Auchan, Monoprix, Reckitt Benckiser, Danone, Nestlé, etc). En 2002, il rejoint le groupe Système U au sein de la région Ouest. Il est tout d'abord directeur Logistique, puis directeur Supply Chain, directeur des Opérations (mise en oeuvre de la politique commerciale définie et de l'adaptation des moyens logistiques) en 2010 et, en décembre 2012, il est nommé directeur général délégué de Système U Ouest (renommé Coopérative U enseigne établissement Ouest). Ronan Le Corre prend la direction générale de la filiale logistique créée au niveau national, U Log, en mars 2016.

U LOGISTIQUE - PL. DES PLÉÏADES - Z.I. BELLE ETOILE - BP 40306 - 44473 CARQUEFOU CEDEX • TÉL. 02 40 68 59 59

BIENS D'ÉQUIPEMENT

Daniel **LE COËNT**

PRÉSIDENT DE WIRQUIN

FORMATION lycée Jules Verne - études de physique chimie à l'université de Nantes

PASSIONS le sport et la peinture.

A 24 ans, Daniel Le Coënt crée Wirquin Plastiques. Nous sommes alors en 1970 et le tout jeune entrepreneur quitte à peine les bancs de l'université nantaise où il a acquis des compétences en physique-chimie. Spécialisé dans l'accessoire plastique sanitaire, il voit ses activités se développer de façon exponentielle. Avec désormais un effectif global de 1400 personnes, le Groupe Wirquin bénéficie aujourd'hui d'une implantation internationale et réalise désormais 70 % de son chiffre d'affaires hors de France. Daniel le Coënt laisse, en janvier 2014, la direction opérationnelle du groupe à ses fils mais conserve au sein du groupe un rôle lié à l'innovation : Anthony gère la holding immobilière depuis la Suisse, Gwenhaël pilote le développement du groupe en Angleterre et Grégory pilote le comité exécutif du groupe. Ces deux derniers se partagent également la vice-présidence.

WIRQUIN - ZI - 11 RUE DU CHÂTEAU DE BEL AIR - 44482 CARQUEFOU CEDEX • TÉL. 02 40 30 31 25

HÔTELLERIE-RESTAURATION

Édith **LE HORS**

DIRECTRICE DE L'HÔTEL DE FRANCE OCEANIA (4*)

FORMATION BTS hôtellerie (Rennes, 1989)

PASSIONS Les voyages, la lecture et la natation en mer.

Rien ne prédestinait Édith Le Hors à exercer dans le domaine de l'hôtellerie. C'est finalement sa passion pour les relations humaines et les langues étrangères qui l'emmènent vers ce secteur d'activité. Souhaitant évoluer au cours de sa carrière, elle sait que les perspectives ne manqueront pas. Elle entame des études d'hôtellerie à Rennes et effectue en 1988-89 un premier stage chez Oceania qui la conforte dans son choix. Elle est très vite conquise par le groupe breton, appréciant son dynamisme et son management familial. Elle y est embauchée en tant que réceptionniste en 1989 et gravit peu à peu les échelons. En 1992, elle devient responsable hébergement de l'hôtel Escale Oceania à Vannes. Six ans plus tard, elle accepte de prendre la direction de l'hôtel Escale Oceania à Quimper. Elle se passionne rapidement pour le management. « J'aime travailler en équipe et développer des projets », affirme-t-elle. Lorsque le groupe Oceania rachète l'hôtel de France de Nantes en 2006, Édith Le Hors se voit proposer la direction. Elle accepte de relever ce nouveau défi. Son métier lui plaît plus que jamais. « J'aime accueillir la clientèle et veiller à son bien-être », reconnait-elle. « C'est une profession enrichissante humainement où l'on continue d'apprendre chaque jour. » Impliquée, Édith Le Hors est aussi membre des Dirigeants commerciaux de France et du Club affaires du Stade de rugby nantais.

OCEANIA - HÔTEL DE FRANCE - 24 RUE CRÉBILLON - 44000 NANTES • TÉL. 02 40 73 57 91

ASSOCIATIONS ET RÉSEAUX

Ludovic **LE MERRER**

VICE-PRÉSIDENT CROIX-ROUGE PAYS DE LA LOIRE

FORMATION maîtrise de Droit social (Université de Rennes, 1997) ; magistère Gestion des établissements sanitaires et médicaux sociaux (CNAM Paris, 2008)

PASSIONS le théâtre, le piano

La carrière de Ludovic Le Merrer commence, paradoxalement au vu de son parcours, sur une base aérienne à Creil où il est nommé responsable de la formation continue du personnel en 2000. 18 mois plus tard, il réussit le

concours d'inspecteur de l'action sanitaire et sociale et intègre l'École des Hautes Études en Santé Publique. En 2004, il est affecté à la DDASS de l'Eure en tant que responsable de l'administration générale puis responsable du pôle Santé. Il prend la direction d'un établissement de santé à l'Ugecam de Normandie en 2007 puis est missionné par la Fondation Partage et Vie en 2009. D'abord pour diriger et reconstruire deux EHPAD à Saint-Nazaire et ensuite prendre la direction de l'hôpital de Dinard. En 2015, Ludovic Le Merrer devient directeur général de l'association départementale Les Eaux Vives (17 établissements sociaux et médico-sociaux). Il pilote alors le projet social innovant «5 Ponts» à Nantes, tourné vers l'inclusion sociale et professionnelle des SDF.
Les «5 Ponts» lancés, c'est en septembre 2018 que l'ancien conseiller municipal et communautaire de Saint-Nazaire est nommé directeur régional Grand Ouest de la Croix-Rouge française (Bretagne, Pays de la Loire, Centre Val de Loire). Ses missions se concentrent alors sur le développement du réseau Croix-Rouge, son rayonnement local et le management et suivi financier des établissements avec 8100 bénévoles et salariés. En 2022, il devient vice-président de la Croix-rouge Pays de la Loire et sera directeur national adjoint du développement jusqu'en 2023. Inspecteur hors classe depuis 2021, il est par ailleurs magistrat assesseur au tribunal interregional de la tarification sanitaire et sociale à Nantes.

CROIX-ROUGE FRANÇAISE
- DIRECTION RÉGIONALE GRAND OUEST
- 42 BD GABRIEL GUIST'HAU - 44000 NANTES
• TÉL. 06.72.30.61.64

MÉDIAS

Florence **LE NEVÉ**

RÉDACTRICE EN CHEF EN CHARGE DES ENJEUX SPÉCIAUX CHEZ API

FORMATION maitrise droit public (université de Nantes, 1986); DEA droit européen (universite de Rennes, 1987); master en gestion et management (IAE de Nantes en formation continue, 2002)

PASSIONS la course à pied (marathon, semi-marathon, trail), la cuisine, la lecture, les voyages, passer du temps en famille et avec ses amis

Du plus loin qu'elle se souvienne, Florence Le Nevé a toujours voulu être journaliste. Dès le collège, en regardant Christine Ockrent et Anne Sinclair, elle savait, comme une évidence, qu'elle suivrait cette voie. Aimant apprendre, curieuse de nature et animée par le besoin d'être utile, elle y voit le moyen de concilier tout cela. Après le bac, elle choisit la faculté de Droit, le temps de se préparer aux concours des écoles de journalisme. Elle est recalée au CFJ à Paris, mais qu'importe. Ce sera finalement la Fondation communication demain alors qu'elle vient de décrocher son DEA en droit européen. Si elle n'avait pas été journaliste, elle aurait d'ailleurs pu être juge ou avocate... Dès ses premiers stages, à RTL, Radio France puis Presse Océan, à l'époque d'un certain... Dominique Luneau, elle sait qu'elle est dans son élément. Ne reste plus qu'à vaincre sa timidité. Elle y arrivera avec le regard bienveillant de ses premiers rédacteurs en chef.
Elle décroche son premier poste au sein du groupe Sud-Ouest à La Rochelle. Au bout d'un an, elle part à Paris pour travailler avec Philippe Bouvard dans la presse professionnelle. Puis direction Lyon où elle fait des remplacements au Progrès, tout en continuant à faire des piges à Paris, avant de rejoindre le Dauphiné Libéré à Grenoble, à la création du service économique. Elle y reste 5 ans avant de revenir à Nantes. Elle travaille alors comme pigiste pour L'Argus de l'assurance, Le Moci, Les Echos (supplément management), La France agricole. Tout en suivant simultanément un master en gestion et management. Puis elle rejoint API en 2007, comme journaliste, puis comme rédactrice en chef adjointe au moment du rachat par le groupe Ouest-France en 2019. Elle est rédactrice en chef en charge des enjeux spéciaux depuis 2023.

AGENCE API - 5 PASSAGE DOUARD - BP 10323 - 44003 NANTES CEDEX 1 • TÉL. 02 40 35 65 37

BANQUE ET ASSURANCE

Christophe **LE ROY**

DIRECTEUR DU MARCHÉ GRAND PUBLIC DE CIC OUEST

FORMATION Maîtrise de Sciences (Nantes, 1988); ESSEC (Cergy, 1991)

PASSIONS La musique, les sciences, les voyages

Christophe Le Roy réalise un début de carrière, de 4 ans, tourné vers le conseil et la Finance au sein du cabinet d'Audit KPMG. Il rejoint la banque CIO en 1995 sur une fonction de contrôle de gestion pour évoluer ensuite dans le département marketing et tarification dont il prend la direction en 1997. Grâce à une expérience de 5 ans dans le réseau en direction d'agence puis direction de secteur, il acquiert une connaissance opérationnelle des métiers de la banque et de la relation clients sur différents marchés. Il est nommé directeur du marché des Entreprises en 2005, en charge de l'animation du réseau d'agences entreprises et de l'encadrement des équipes d'expertise. En 2009, il devient l'adjoint du directeur de l'Exploitation sur l'ensemble des marchés et accompagne les projets de transformation et de digitalisation de la banque aux côtés de la direction générale de CIC Ouest. Il est ensuite nommé, en 2018, directeur du marché Grand Public. Ce marché représente pour la Banque près de 300 points de ventes, 1800 collaborateurs et 750 000 clients particuliers, professionnels et TPE sur 22 départements des régions Pays de la Loire, Bretagne, Aquitaine et Centre.
Très engagé pour le développement de CIC Ouest, la réussite de ses équipes et des projets de ses clients, Christophe Le Roy est particulièrement impliqué avec l'ensemble de la direction générale dans les choix stratégiques de l'entreprise et le pilotage de sa transformation.

CIC OUEST - 2 AV. JEAN-CLAUDE BONDUELLE - BP 84001 - 44040 NANTES CEDEX 1 • TÉL. 02 40 12 91 91

ENSEIGNEMENT SUPÉRIEUR

Jean **LE TRAON**

DIRECTEUR DU CAMPUS DE RENNES D'IMT ATLANTIQUE

FORMATION lycée Félix Le Dantec à Lannion - statisticien économiste option mathématiques (1984) ; DEA en mathématiques appliquées et sciences sociales (1984) ; MBA management général (1993) à l'Université Bordeaux 1, l'Ensae, l'Université Paris IX Dauphine et à l'ESSEC IMD

PASSIONS la photographie et la voile.

En 1984, Jean Le Traon débute comme ingénieur R&D dans la société Sword, puis chez Thalès services (1988-1989). Il se tourne ensuite vers l'entrepreneuriat en fondant et dirigeant Antéval, société de services en propriété intellectuelle. Ingénieur statisticien-consultant (1993-1994), il intègre l'ENST Bretagne (devenue Télécom Bretagne, puis IMT Atlantique). Il y est ingénieur d'études en économie, directeur d'études en charge de la création d'entreprises (1994-2003) puis directeur Entreprises (2004-2012). En parallèle, Jean Le Traon exerce comme coordinateur du Réseau régional de la recherche en télécommunications pour la région Bretagne (1999-2003) et préside le pôle STIC de la technopole Brest Iroise (2004-2010). Depuis 2010, il est directeur du campus de Rennes d'IMT Atlantique (issue de la fusion de Télécom Bretagne et Mines Nantes), une des écoles de l'Institut Mines-Télécom. D'avril 2012 à juin 2014, il est directeur régional adjoint à la Recherche et à la Technologie en Bretagne, tout en conservant ses missions de directeur du campus de Rennes. Il a été nommé vice-président Innovation et développement économique de l'Université Bretagne Loire (dissoute en 2019) en mai 2016.

Investi dans la vie publique, il a aussi été, de 1995 à 2001, 1er adjoint au maire de Locmaria-Plouzané en charge de l'Economie, des finances et du personnel.

Par ailleurs, Jean Le Traon est administrateur de l'Institut de Recherche Technologique BCOM et membre du bureau du Pôle d'Excellence Cyber (PEC). Il a été vice-président du Pôle Images et Réseaux et membre du Ceser Bretagne.

IMT ATLANTIQUE - 4 RUE ALFRED KASTLER - CS 20722 - 44307 NANTES CEDEX 3 • TÉL. 02 99 12 70 22

BIOTECHNOLOGIES

Françoise **LE VACON**

DIRECTRICE DE LA RECHERCHE CHEZ BIOFORTIS

FORMATION DEA de biologie cellulaire et moléculaire (1985) ; thèse de doctorat (1990) aux universités de Rennes et de Nantes, au National institute of health de Bethesda (USA), à Johns Hopkins hospital de Baltimore (USA), à l'hôpital Cochin et à l'Institut Pasteur à Paris

DISTINCTIONS chevalier dans l'Ordre national du Mérite

PASSIONS la voile et la musique.

Ingénieur de recherche au Centre anti-cancéreux de Nantes de 1988 à 1990, Françoise Le Vacon intègre le Centre de transfusion sanguine de Grenoble comme cadre scientifique. En 1994, retour à Nantes, où elle exerce les mêmes fonctions au sein de l'association Atlangene. En 1996, elle devient l'une des premières femmes créatrices d'entreprise de biotech à Nantes en fondant la société Atlangene applications et prend la direction de ce laboratoire de recherche et d'analyses génétiques qui est désormais intégré aux activités analytiques de Biofortis. Françoise Le Vacon est désormais Chief Scientific Officer de Biofortis - dont le siège est basé à Saint-Herblain - une CRO (contract research organisation) qui propose aux professionnels de la santé, des essais cliniques, des prestations analytiques et de l'analyse de données. Elle y développe depuis 15 ans l'expertise dans le domaine du microbiome.

Elle a par ailleurs participé à la rédaction de nombreuses publications.

BIOFORTIS - 3 RTE DE LA CHATTERIE - 44800 SAINT-HERBLAIN • TÉL. 02 40 20 57 99

BÂTIMENT ET TRAVAUX PUBLICS

Xavier **LEBOT**

PDG DE MACORETZ

FORMATION Defa (École d'architecture de Nantes, 1995) ; master d'État Management de la PME (IFG, Université de Lyon 2, 2014)

PASSIONS Les grands voyages, la voile

Xavier Lebot a longtemps hésité entre des études de philosophie, de cinéma ou d'architecture… C'est finalement dans ce domaine qu'il se lance et obtient son diplôme. Objecteur de conscience, il interrompt ses études et ce grand passionné de voile se met à naviguer. Après avoir été animateur, gestionnaire de gîtes, il devient skipper professionnel en 1997 et s'installe en Polynésie. Il revient en France 2 ans plus tard et contacte Macoretz, chez qui il avait suivi son stage d'ouvrier lors de sa première année d'études. Fervent militant du système coopératif par atavisme – sa mère a fondé une des premières scop nantaises – il se forme au métier de dessinateur métreur en 2000. Il devient sociétaire, responsable technique et développement de la construction bois, puis entre au conseil d'administration en 2003. Il est nommé commercial en 2005 et quitte le CA en 2011 pour prendre en charge la direction de l'activité Construction Bois. Afin de nourrir son besoin de transmettre et d'échanger, Xavier Lebot devient en parallèle formateur : pour adultes en construction bois au CNDB dès 2008 et à l'IFG dès 2016. Sollicité pour prendre la direction adjointe de Macoretz en 2017, il conduit la transition jusqu'à son élection en tant que Pdg en mars 2019. Ce grand indépendant au tempérament fonceur, qui s'épanouit dans le collectif, prend cette opportunité comme une belle aventure à co-construire. Il se donne comme mission prioritaire la poursuite de la structuration de l'entreprise pour « la rendre plus efficiente » et positionnée sur les marchés de demain. Une vive ambition qu'il veut conduire en maintenant toujours l'équilibre entre « le bien-être des équipes » et la « satisfaction des clients ».

MACORETZ SCOP - LA HURLINE - 4 RTE DE NANTES - 44320 SAINT-PÈRE-EN-RETZ • TÉL. 02 40 21 82 90

HÔTELLERIE-RESTAURATION

Teddy **LEBOUCHER**

DIRECTEUR D'OKKO HÔTELS NANTES CHÂTEAU

FORMATION BTS gestion mercatique (lycée Nicolas Appert, 2006) ; licence professionnelle Hôtellerie restauration internationale (université de Nantes-La Roche-sur-Yon, 2004)

PASSIONS La natation, les animaux

Encouragé par un atavisme familial, Teddy Leboucher effectue un premier parcours dans la restauration puis s'oriente vers l'hôtellerie. En 2007, il a l'opportunité d'effectuer un stage à l'Hôtel Intercontinental en tant que chef concierge à... Bora-Bora. Il rejoint l'Espagne en 2009 pour quelque mois avant de démarrer véritablement sa carrière au Radisson Blu Le Dokhans à Paris comme réceptionniste. Huit mois plus tard, il est embauché à l'Hôtel de Crillon et y reste jusqu'à sa rénovation en 2013. Il intègre ensuite le groupe Paris Inn et gravit les échelons en peu de temps : chef de réception au Best Western Plus Paris-Velizy en 2013, il est nommé directeur-adjoint de l'Hôtel Beauchamps en 2014. Il quitte le groupe pour rejoindre le jeune groupe indépendant Hôtels en ville, gestionnaire d'hôtels-boutiques haut de gamme, et prend la direction de l'Hôtel Edmond en 2017.
Mais Teddy Leboucher souhaite depuis toujours se réinstaller en Pays de la Loire, près de sa famille. Il s'intéresse alors à la jeune chaine hôtelière Okko, envoie sa candidature et sera recruté comme directeur mi-2019. Son souhait est bien évidemment de maintenir « une qualité de service optimum », développer les techniques de commercialisation, faire rayonner la marque dans l'Ouest. Lui, qui aime travailler en équipe, adore la transmission, le partage des savoir-faire hôteliers, le management. Il vise également à faire monter en compétence ses collaborateurs en s'attachant à travailler un élément clé à ses yeux : la motivation.
Il est élu à la présidence du club hôtelier de Nantes et son agglomération en février 2023 pour 3 ans.

OKKO HÔTELS NANTES-CHÂTEAU
- 15 BIS RUE DE STRASBOURG - 44000 NANTES
• TÉL. 02 52 20 00 70

ENSEIGNEMENT SUPÉRIEUR

Gilles **LECLAIR**

PRÉSIDENT DE L'OGEC SAINT-FÉLIX LA SALLE

FORMATION lycée Saint-Stanislas à Nantes - maîtrise de sciences économiques (UER sciences économiques, 1974) ; CAAE (1975) ; expert-comptable (1980) à l'Institut d'administration des entreprises (IAE) de Nantes

PASSIONS la famille, le sport, la musique et les voyages.

Après ses études, Gilles Leclair intègre KPMG Nantes en 1976. Quelques années plus tard, il devient un des associés du cabinet puis directeur associé. En 1987, il quitte KPMG pour le cabinet Secovec. L'audit, le conseil, l'expertise-comptable et le commissariat aux comptes constituent ses activités. En décembre 2014, Secovec (Nantes) et Acorex (Laval) fusionnent pour former RSM Ouest, cabinet dont le Nantais est gérant et associé jusqu'en 2017. Chargé d'études pour le Réseau Entreprendre, il prend la direction de l'Ogec (Organismes de gestion de l'Enseignement catholique) de Saint-Félix La Salle en janvier 2018.
Gilles Leclair a par ailleurs exercé de nombreuses responsabilités extra-professionnelles. Il a notamment été président régional du syndicat IFEC (de 1991 à 1993), président de la Compagnie régionale des commissaires aux comptes (1999 et 2000) et membre du bureau national de la Compagnie nationale des commissaires aux comptes. Ancien finaliste des championnats de France d'aviron (1967, 1968, 1969), il a gravi plusieurs sommets dont le Mont-Blanc en 1989, le Kilimandjaro en 2002 et le Kala Pattar au Népal en 2011.

ENSEMBLE SAINT FÉLIX-LA SALLE
- 27 RUE DU BALLET - BP 60105
- 44001 NANTES CEDEX 01 • TÉL. 02 44 76 35 00

NUMÉRIQUE ET INFORMATIQUE

Dave **LECOMTE**

PDG DU GROUPE VFLIT

FORMATION Master en administration des entreprises (université de Northampton, 1998) ; diplômé de Rennes School of Business (1999)

PASSIONS Le kitesurf, les voyages

A peine diplômé de l'IUT de Quimper, Dave Lecomte décide de s'inscrire en école de commerce, porté par son vif intérêt pour la gestion des PME. Lorsqu'il sort de l'ESC Rennes, il entre comme ingénieur commercial chez Informatique Bretagne Logiciels à Larmor-Plage et vend des applications de gestion aux PME de l'agroalimentaire. Deux ans plus tard, en 2001, il intègre OMR, spécialisé dans la bureautique et l'informatique. Il prend des participations en 2008 et devient directeur associé salarié aux côtés de Jean-Emmanuel Urien et Marc Sevestre (le PDG de l'époque). Puis il crée OMR Infogérance, société dédiée aux solutions et services informatiques. En 2014, il co-crée la société Dactyl-Buro Infogérance, élargissant ensuite l'offre de services avec le rachat de plusieurs sociétés : Medis, CTV en 2017, Siren Télécoms en 2019. Le groupe VFLIT comprend désormais un réseau de 12 agences et 240 collaborateurs dans les régions Bretagne, Pays de la Loire et Centre-Val de Loire.
A la tête de ce groupe, Dave Lecomte a l'ambition de continuer à « construire durablement », porté par la qualité de ses relations et la complémentarité vécue avec ses deux associés. Son besoin d'entreprendre est intact et même décuplé par les diverses missions qui lui incombent : la gestion de l'humain, la définition et l'application des orientations stratégiques, le développement d'une organisation porteuse d'enjeux et pérenne.

OMR INFOGÉRANCE - ZA DES GRÉSILLÈRES
- AV. JULES VERNE - CS 13431
- 44234 SAINT-SÉBASTIEN-SUR-LOIRE CEDEX
• TÉL. 08 26 46 60 67

ENSEIGNEMENT SUPÉRIEUR

Catherine **LEFAIX-CHAUVEL**

DIRECTRICE GÉNÉRALE DU PONT SUPÉRIEUR

FORMATION Conservatoire de Rennes ; Deug de biologie (faculté de Rennes, 1994) ; diplôme d'état professeur de flûte traversière (Cefedem Poitiers, 1996) ; certificat d'aptitude aux fonctions de directrice d'établissement d'enseignement artistique (2010) ; inspectrice et conseillère de la création artistique (2016)

DISTINCTIONS 1er prix de musique de chambre au concours international Castelfidardo (Italie, 2003) ; Chevalier des Arts et Lettres 2020

PASSIONS La nature, la randonnée, la lecture

Passionnée par la musique et l'action de transmettre, Catherine Lefaix-Chauvel devient tout naturellement professeure de musique et enseigne pendant 10 ans dans différents conservatoires, de Rennes à Dijon. En parallèle, elle s'occupe d'action culturelle et artistique de 2000 à 2010. Elle joue également dans différents orchestres. Après avoir obtenu son CA (Certificat d'Aptitude) de directrice de conservatoire, elle prend la direction de celui de Fougères en 2010. Elle passe ensuite le concours d'inspectrice et conseillère de la création artistique en 2015 pour entrer au ministère de la Culture. Elle rejoint la Drac Normandie à Caen en tant que conseillère danse et en musiques actuelles et élargit ainsi son champ de compétences au secteur chorégraphique. Elle découvre le domaine du spectacle vivant, le fonctionnement de compagnies en création et engage activement le projet de labellisation en CDCN de Chorège à Falaise.

Mais elle désire renouer avec l'enseignement artistique et candidate pour être directrice générale du Pont Supérieur, pôle supérieur spectacle vivant Bretagne Pays de Loire. Un poste qu'elle juge représenter un « continuum » par rapport à son parcours et ses connaissances, et pour lequel elle est choisie en septembre 2018. Enthousiaste et curieuse, investie auprès des étudiantes et étudiants, Catherine Lefaix-Chauvel se pose en garante « d'une articulation entre le projet artistique, pédagogique, administratif, la gestion des ressources humaines et la stratégie budgétaire ». Elle qualifie son engagement dans le service public de quasi « militant », plaçant les questions de la relation et du vivant au cœur de sa fonction. Elle aime d'ailleurs à souligner que, dans son établissement, « l'étudiant est au centre, le Pont Supérieur autour ».

LE PONT SUPÉRIEUR
- 4 BIS RUE GAËTAN RONDEAU
- 44200 NANTES • TÉL. 02 40 89 90 50

ENSEIGNEMENT SUPÉRIEUR

Jack **LEGRAND**

PROFESSEUR ÉMÉRITE DE L'UNIVERSITÉ DE NANTES - RESPONSABLE D'ACTION À L'AGENCE NATIONALE DE LA RECHERCHE (ANR)

FORMATION lycée Henri IV à Poitiers - ingénieur (1976) ; DEA de mécanique des fluides (1978) ; thèse de docteur-ingénieur en génie électrochimique (1980) ; doctorat ès sciences (1983) ; HDR (1988), à la faculté des sciences à Poitiers et à l'Ecole nationale supérieure d'ingénieurs de génie chimique de Toulouse

PUBLICATIONS nombreux colloques, publications et brevets.

Jack Legrand est Monsieur Microalgues ! Créateur du Laboratoire de Génie des procédés, environnement, agroalimentaire (Gepea), unité mixte de recherche associée au CNRS, il le dirige jusqu'en 2016. Ses recherches portent sur les potentialités de ces micro-organismes marins. Et ce, autant pour la bio-production d'hydrogène que pour leur faculté à produire des lipides, matières premières de biocarburants notamment, dont le rendement pourrait être de 30 à 100 fois supérieur à celui du colza. Auteur de plusieurs decouvertes brevetées, il a participé à la création d'AlgoSourceTechnologies, une start-up de l'université de Nantes, spécialisée dans l'ingénierie de production de micro-organismes photosynthétiques. Il est à ce titre conseiller de ladite société.

Jack Legrand a commencé sa carrière en 1981 à l'IUT de Saint-Nazaire. Son expertise reconnue internationalement lui a valu notamment d'être co-animateur du groupe programmatique « Energies issues de la biomasse », mais aussi membre du « steering committee » de l'European Algae Biomass Association et représentant CNRS dans le groupe Bioénergie de l'European Energy Research Alliance. En 2016, il lance avec des architectes un projet d'implantation de micro-algues sur des bâtiments (bio façades), unique au monde. Président du Conseil Scientifique et Technique de la Société Française de Génie des Procédés de 2015 à 2021, il est désormais professeur émérite de l'Université de Nantes et responsable d'action à l'Agence Nationale de la Recherche (ANR).

GEPEA-UMR CNRS 6144 - 37 BD DE L'UNIVERSITÉ
- BP 406 - 44600 SAINT-NAZAIRE
• TÉL. 02 49 14 20 24

ASSOCIATIONS ET RÉSEAUX

Pierre-Yves **LEGRAND**

DIRECTEUR DE NOVABUILD

FORMATION licence et maîtrise de droit public (Panthéon Sorbonne) ; IEP Paris (section Politique, Economique et Sociale)

PASSIONS les révolutions numériques, écologiques et démocratiques

Pierre-Yves Legrand exerce professionnellement depuis plus d'une vingtaine d'années à l'interface des mondes de l'entreprise et des collectivités. Il a eu plusieurs fois l'occasion de participer à la création de projets structurants comme le Pays de Cornouaille (Quimper) au début des années 2000 ou, de 2002 à 2005, la Galerie européenne de la forêt et du bois en Bourgogne. Dans les années 90, il dirige l'association Atlanbois, assure le développement du Carrefour International du Bois et crée le salon Maison Bois d'Angers. Responsable du Comité régional du tourisme des Pays de la Loire à partir de 2005, il a participé activement à l'ensemble des réalisations régionales, dont notamment la création de l'Académie e-Tourisme. De 2005 à 2007, il a dirigé le Groupement d'Intérêt Public Atlantech et son Université virtuelle. En 2006, il se voit confier la direction des activités de promotion et de marketing territorial de la Société

Publique Régionale. A ce poste, il pilote notamment l'organisation de stands collectifs dans des salons internationaux ou des campagnes de communication territoriale (la Diversivie). Depuis septembre 2011, il est directeur du pôle Génie Civil Ecoconstruction devenu Novabuild en 2012 (cluster du BTP en Pays de la Loire). Ce dernier est devenu une référence dans l'accompagnement des entreprises dans la mutation de leur activité.

NOVABUILD - 16 QUAI ERNEST RENAUD - BP 90517 - 44105 NANTES CEDEX 4 • TÉL. 02 72 56 80 51

NUMÉRIQUE ET INFORMATIQUE

Xavier **LELEU**

DIRECTEUR EXÉCUTIF FRANCE RÉGION SERVICES ET DIRECTEUR OPÉRATIONS SERVICES RÉGIONS FRANCE DE INETUM

FORMATION Skema Lille (ESC Lille) ; diplôme d'études supérieures commerciales, administratives et financières (Descaf)

PASSIONS les sports de glisse, le kitesurf, le surf et le snowboard.

Diplômé de l'Ecole de commerce de Lille, Xavier Leleu entre dans la vie active en 1990 chez IBM comme ingénieur commercial. Quatre ans plus tard, il est nommé directeur de IBM Antilles et Guyane puis, en 1998, de la région centre ouest. La direction d'Emea Services (1999-2001) sera son dernier poste chez IBM. Il prend en effet la direction de la région Centre Ouest de Gfi Informatique de 2001 à 2006. Puis il se voit confier en 2006 la direction des opérations régions et intègre le comité exécutif. Depuis 2013, il occupe le poste de directeur des Opérations France, depuis 2016, de directeur exécutif France Région Services et de directeur Opérations Services Régions France depuis 2019. Gfi est devenu Inetum en 2020 et emploie plus de 1500 personnes dans l'Ouest en accompagnant les grands clients et organisation dans leur transformation digitale.

INETUM DIRECTION RÉGIONALE OUEST - 64 RUE DU LEINSTER - 44240 LA CHAPELLE-SUR-ERDRE • TÉL. 02 40 32 18 18

RECHERCHE MÉDICALE

Patricia **LEMARCHAND**

PROFESSEUR DES UNIVERSITÉS - PRATICIEN HOSPITALIER EN PNEUMOLOGIE - DIRECTEUR SFR SANTÉ FRANÇOIS BONAMY

FORMATION lycée Corneille à Rouen - doctorat en médecine (1988) ; DES de pneumologie (1988) ; doctorat en sciences de la vie et de la santé (1995) ; habilitation à diriger les recherches (1996) aux universités de Rouen et de Paris V

DISTINCTIONS Victoire de la médecine 2005

PASSIONS le jardinage.

Chef de clinique-assistant des hôpitaux à Rouen en 1990, Patricia Lemarchand effectue son stage post-doctoral aux USA, à Bethesda, (1990-1993) avant de rejoindre, comme maître de conférences des Universités et praticien hospitalier, le centre hospitalier universitaire Necker à Paris (1997-2002). Professeur des universités et praticien spécialisé dans la biologie cellulaire, Patricia Lemarchand travaille depuis 2002 au sein du Pôle cardiovasculaire du CHU de Nantes, devenu l'Institut du thorax en 2004. L'institut conforte la renommée de la cardiologie à Nantes à laquelle Patricia Lemarchand a participé. C'est elle qui a coordonné l'approche thérapeutique visant à réparer le muscle cardiaque et à reconstituer le tissu cardiaque après un infarctus par l'injection de cellules de moelle osseuse. Ce qui lui valut de recevoir une Victoire de la médecine en 2005. Parallèlement à ses activités de recherche, elle enseigne la biologie cellulaire à la faculté de médecine de Nantes et participe aux activités de consultation en pneumologie au CHU de Nantes.

SFR SANTÉ FRANÇOIS BONAMY - IRS - UN - 8 QUAI MONCOUSU - BP 70721 - 44007 NANTES CEDEX 01 • TÉL. 02 28 08 01 01

BIENS D'ÉQUIPEMENT

Pierre-Marie **LEMER**

PDG DE LEMER PAX

FORMATION études supérieures à l'Université de Columbia (USA)

PASSIONS la voile

Pierre-Marie Lemer, arrière-arrière petit-fils du fondateur de la fonderie de plomb familiale, rejoint le groupe Lemer à Nantes en 1982. Il prend en 1995 la direction générale de Lemer Pax, entreprise créée en 1970, puis la présidence en 2005. PME industrielle et technologique, classée entreprise stratégique par le gouvernement français, Lemer Pax imagine, conçoit et fabrique des solutions innovantes de radioprotection destinées à l'univers médical, la recherche, l'industrie et la protection nucléaire. Sous l'impulsion de son président, elle est devenue leader mondial de l'innovation dans le domaine de la radioprotection. A ce titre Lemer Pax a été distingué par le prix Siemens en 2011 et par le trophée INPI de l'innovation en 2013. En 2018, le dirigeant co-fonde la société Global Morpho Pharma, dont il est le président. Elle a pour objectif de développer et de distribuer des radionucléides et des radiopharmaceutiques dans le respect des bonnes pratiques de fabrication au profit des patients atteints de cancer et du secteur de la thérapie ciblée
Océanographe dans l'âme, passionné par la vitesse et la mer, Pierre-Marie Lemer est le propriétaire d'un trimaran de course de 19 mètres, My Way, vainqueur du Bol D'or en 1997. Avec son partenaire Sea Proven, Lemer Pax participe depuis 2018 aux missions Sphyrna Odyssey soutenues par la fondation Prince Albert II de Monaco. Ces missions ont pour objectif l'écoute et le suivi des populations de cétacés grands plongeurs. Lemer Pax investit dans l'avenir des océans et s'inscrit dans le programme UN Decade (2021-2030) des Nations Unies pour développer les sciences océaniques au service du climat, de la vie sur terre et du bien être humain.

LEMER PAX - 72 RUE DE LORRAINE - 44240 LA CHAPELLE-SUR-ERDRE • TÉL. 02 40 25 25 26

DÉVELOPPEMENT ÉCONOMIQUE

Yves-Olivier **LENORMAND**

DÉLÉGUÉ RÉGIONAL D'AIRBUS DÉVELOPPEMENT ET RESPONSABLE RELATIONS INSTITUTIONNELLES AIRBUS ATLANTIC

FORMATION D.E.S.S. en « Droit et Gestion du Personnel » (Université de Nantes (1997)

PASSIONS les voyages, l'oenologie, le sport et la bande-dessinée

Après quelques missions d'intérim, Yves-Olivier Lenormand passe son bac avec le CNED et poursuit ses études au CNAM de Paris. Il intègre en parallèle Eurocopter à La Courneuve en 1990 à la fonction de responsable du pré-recrutement puis comme chargé de communication. Il rejoint l'établissement d'Aérospatiale Espace et Défense aux Mureaux en 1994 en tant que juriste avant de rejoindre l'Armée de l'air à Rochefort en 1995. Officier chargé de la communication pendant près un an, il décide ensuite de passer son DESS à Nantes. Après l'obtention de son diplôme, il occupe plusieurs postes, toujours dans les ressources humaines, sur les sites de Nantes, Saint-Nazaire et Toulouse, avant de devenir le spécialiste Emploi-formation d'Airbus pour la France de 2017 à 2018.

C'est en septembre 2018 qu'il est nommé délégué régional Airbus développement et responsable des relations extérieures pour Nantes et Saint-Nazaire. Dans ce cadre, son rôle consiste à faire du développement économique sur le territoire notamment en accompagnant les start-up, grâce à des prêts, et à s'occuper des relations externes. Sensibilisé au handicap pendant ses études au Cnam, Yves-Olivier Lenormand est président du GIRPEH Pays de la Loire (CAP Emploi de Loire-Atlantique) depuis 2016 et président de la commission Handicap et emploi du Medef 44 depuis 2012. Cet homme d'action, « plutôt créatif » et qui a « besoin de mener de front plusieurs projets », s'épanouit dans le collaboratif et s'implique dans le domaine de la RSE et de l'enseignement. Il préside le conseil d'institut de l'IUT de Nantes depuis 2015. Il est par ailleurs membre du conseil d'orientation « Les entreprises s'engagent » depuis 2022.

AIRBUS DÉVELOPPEMENT - RTE DE L'AVIATION - BPA15-1 - 44340 BOUGUENAIS • TÉL. 06 74 72 02 31

BIOTECHNOLOGIES

Olivier **LEPINE**

CO-FONDATEUR ET DIRECTEUR SCIENTIFIQUE ET TECHNIQUE D'ALGOSOURCE

FORMATION Ecole supérieure de Physique et de Chimie industrielles de la Ville de Paris (ESPCI 1996) ; Ecole nationale Supérieure du Pétrole et des Moteurs (Rueil Malmaison 1995/1996)

PASSIONS la découverte et le voyage

Des énergies fossiles au développement durable, Olivier Lépine a tracé une route professionnelle atypique mais en phase avec ses valeurs. Elle commence chez ELF à Londres en 1996, où il effectue des études d'ingénierie pour la production pétrolière dans le cadre du service national volontaire en entreprise. Il intègre ensuite le centre d'étude de Shell aux Pays-Bas en 1998, toujours en tant qu'ingénieur gisement. Il rajoute un volet économique à son expérience en rejoignant une filiale du pétrolier à Bangkok pendant 3 ans. Engagé depuis ses débuts dans le développement durable et la RSE - il a été bénévole pour Amnesty International-, il décide de prendre un risque en 2004, lors de la vente de cette filiale, en changeant de secteur puisqu'il rejoint la petite société créée par son frère : Alpha Biotech, qui valorise le plancton végétal. Avec trois autres fondateurs, Olivier Lépine crée ensuite AlgoSource Technologies en 2008 en partenariat avec le laboratoire Gepea de Saint-Nazaire. En 2012, ils choisissent d'intégrer l'ensemble de la chaine de valeur au sein d'AlgoSource : de la recherche à la fourniture de produits en passant par l'ingénierie. Il prend la direction générale du groupe ainsi formé et la gardera jusqu'en 2022. Il devient ensuite directeur scientifique et technique.

Conscient d'œuvrer au service du développement durable, de la valorisation des ressources locales et de la collectivité, il veut continuer à faire progresser l'innovation autour des microalgues avec ses équipes. Que ce soit la spiruline, le bio-bitume (brevet mondial) ou la recherche sur le biocarburant algal, ces innovations sont les énergies quotidiennes qui font « carburer » ce basketteur amateur, au service du bien-être de la planète.

ALGOSOURCE - 3 RUE DES SOURCES - 44350 GUÉRANDE • TÉL. 02 40 17 26 79

RÉGION

Isabelle **LEROY**

4E VICE-PRÉSIDENTE DU CONSEIL RÉGIONAL DES PAYS DE LA LOIRE

FORMATION Deug de biologie cellulaire (Faculté de biologie de Bobigny, 1989) ; licence de physiologie et biologie animale (Faculté des Sciences de Jussieu, 1990)

Conseillère municipale dès 2001 à Cholet, Isabelle Leroy devient adjointe au maire, en charge de la Coordination Solidarités Petite Enfance Seniors – Santé en 2015. Elle devient également vice-présidente de la communauté d'agglomération du choletais et préside Sèvre Loire Habitat. Membre de l'UDI, elle est élue en 2015 au conseil régional des Pays de la Loire sur les listes de Bruno Retailleau. Nommée 8e vice-présidente, en charge des lycées, elle devient 6e vice-présidente en octobre 2017. Puis, réélue aux régionales de juin 2021, elle est nommée 4e vice-présidente de la Région, présidente de la commission Culture, sports, vie associative, bénévolat, solidarités, civisme et égalité hommes femmes. Elle redevient conseillère municipale un an plus tard afin d'éviter le cumul des fonctions.

Professionnellement, Isabelle Leroy a fait sa carrière dans la formation et le conseil en micro-informatique.

RÉGION PAYS DE LA LOIRE - HÔTEL DE RÉGION - 1 RUE DE LA LOIRE - 44966 NANTES CEDEX 9 • TÉL. 02 28 20 50 00

SERVICES AUX ENTREPRISES

Tony **LESAFFRE**

DIRECTEUR GÉNÉRAL D'EUROPCAR ATLANTIQUE - PRÉSIDENT D'HONNEUR D'EXPONANTES

FORMATION études en agriculture à Hazebrouck

PASSIONS le travail, la famille et les voitures anciennes.

Après une expérience de dix ans dans le domaine agroalimentaire au sein du Groupe Duquesne-Purina, Tony Lesaffre rejoint le secteur automobile à la tête de la concession Europcar en Loire-Atlantique, Vendée, Vienne, Charente, Charente-Maritime et Deux-Sèvres. L'entreprise a ensuite diversifié son activité à travers le transport de voitures (Atlantique camion), la carrosserie (Carenove), l'expertise automobile (Atlantique expertise) et l'autopartage (Marguerite). Il est président de la holding Europcar Atlantique (Sepamat) jusqu'en juillet 2018 avant d'en prendre la direction générale. Il crée la société Jellej en septembre de la même année pour reprendre la société Toys'R'Us France avec d'autres partenaires.

De 2011 à février 2022, Tony Lesaffre préside Exponantes Le Parc, qui assure la gestion du parc des expositions de la Beaujoire ainsi que l'organisation et l'accueil des manifestations et salons professionnels et grand public. Il en est désormais président d'honneur. Il est par ailleurs membre de l'International Ouest Club, association animée par la CCI Nantes Saint-Nazaire et pilotée par des chefs d'entreprise.

SEPAMAT - FORUM D'ORVAULT
- 310 ROUTE DE VANNES - BP 90315
- 44703 ORVAULT CEDEX 3 • TÉL. 02 40 63 87 25

COMMUNICATION ET MARKETING

Pierre-Yves **LOAËC**

FONDATEUR-DIRIGEANT DE L'AGENCE NOBILITO

FORMATION DUT Information et communication (IUT de Lannion, 1996) ; Sciences Com'Audencia (Nantes, 1998)

PASSIONS la voile, le ski

Enfant, Pierre-Yves Loaëc rêvait de devenir journaliste mais il découvre le marketing et la communication pendant ses études et prend alors cette nouvelle voie. Après avoir fondé une radio étudiante (TTU, qui existe toujours), il débute en tant que consultant communication junior dans un cabinet conseil spécialisé dans l'énergie, Ideactor, en 1999. Il y travaille sur des problématiques de conduite de changement, de gestion des relations clients. Il intègre ensuite Business & Decision, société de conseil en informatique, en 2001. Sa mission consiste à monter des projets en e-business et toujours en gestion des relations clients. Mais, lui qui a toujours eu le goût de l'action et d'entreprendre, retourne chez Ideactor 4 ans plus tard pour y créer la filiale « communication » Ediactor. L'expérience lui donne envie de plus d'autonomie et Pierre-Yves Loaëc fonde Nobilito en 2007, agence de conseil en stratégie marketing et en communication. Parti de rien à 29 ans, il dirige désormais une équipe de 20 collaborateurs et porte avec eux des projets de développement, après avoir créé en 2014 une application d'aide à la vente en face à face, Sweet show.

Ancien lauréat du réseau Entreprendre, il est actuellement membre de la commission communication. Dans la logique de cette implication entrepreneuriale, il entre au CJD en 2013. Quatre ans plus tard il est choisi pour prendre la présidence des 130 membres de la section nantaise du Centre des jeunes dirigeants, de juillet 2018 à 2020. Il s'investit ensuite à la CCI de Nantes-Saint-Nazaire dont il devient l'un des secrétaires en novembre 2021.

NOBILITO - 96 BD DE LA PRAIRIE AU DUC
- 44200 NANTES • TÉL. 02 53 35 40 00

COMMUNICATION ET MARKETING

Olivier **LOMBARD**

DIRECTEUR ASSOCIÉ DU GROUPE OPA

FORMATION Collège et lycée Saint-Gabriel à Saint-Laurent-sur-Sèvre - Ipag (Paris, 1991) ; 3e cycle de communication (Sciences com'Nantes, 1993)

PASSIONS La voile (6e au championnat d'Europe de Hobie Cat 18 en 1992) et notamment les régates.

PUBLICATIONS « Le livre blanc des web tv » (2008) ; « Communication transmedia ou l'entreprise nano-émettrice » (2011)

Il est une des références de l'audiovisuel. Cofondateur de la Compagnie française des producteurs (1997-2004), créateur du Festival Think Forward, think tank créatif dédié aux décideurs, Olivier Lombard est directeur associé de OPA depuis 1994. Implanté sur trois sites (Nantes, le siège social, Rennes et Paris) où travaillent 50 personnes, le groupe fédère trois métiers : le brand content (OPA Media), la communication événementielle (OPA Events), l'incentive et les voyages d'entreprises (OPA Turquoise). En 2021 Groupe OPA crée POLA, agence « Premium » qui travaille pour les marques du luxe de l'agence.

GROUPE OPA - 15 RUE ALAIN BARBE TORTE
- 44200 NANTES • TÉL. 02 51 84 27 27

SANTÉ

Patrice **LOPÈS**

PROFESSEUR ÉMÉRITE DE L'UNIVERSITÉ DE NANTES - PRÉSIDENT DU GEMVI

FORMATION lycée à Douai - doctorat en médecine (1976) ; interne des hôpitaux de Lille (1973) ; chef de clinique à la faculté de médecine de Nantes (1979) ; CES de gynécologie-obstétrique (1980) ; professeur des Universités (1986)

PASSIONS la médecine, le cyclisme, le cinéma, la lecture, le golf et les voyages.

PUBLICATIONS « Guide pratique de ménopause » (2007) ; « Manuel de sexologie » (2008)

Ancien chef de service de gynécologie-obstétrique, Patrice Lopès a développé l'unité de fécondation in vitro du CHU de Nantes, le centre d'accueil des victimes d'abus sexuels ainsi que la chirurgie endoscopique. Il est désormais professeur émérite à l'université de Nantes et exerce une activité de gynécologie médicale et chirurgicale à la polyclinique Atlantique à Saint-Herblain. Auteur de fascicules de gynécologie destinés aux étudiants en quatrième année de médecine de second cycle (DCEM IV), de films vidéo sur le laser, la coelioscopie opératoire, le dépistage du cancer du col et la fécondation in vitro, il a été le premier à développer en France la stérilisation tubaire par système Essure en 2002.
Très investi dans sa spécialité, Patrice Lopès est par ailleurs président du Groupe d'étude sur la ménopause et le vieillissement hormonal (Gemvi). Il est membre de l'American college of obstetrics and gynecology, membre du comité de rédaction du « European menopause journal » et de « Maturitas », publication périodique consacrée à la ménopause. Il est également membre du board de l'EMAS (European Menopause and andropause society).

SANTÉ ATLANTIQUE - AV. CLAUDE BERNARD - BP 419 - 44819 SAINT-HERBLAIN CEDEX • TÉL. 02 40 95 93 93

TRANSPORT ET LOGISTIQUE

Xavier **LORTAT-JACOB**

PRÉSIDENT AÉROPORTS DU GRAND OUEST - DIRECTEUR GÉNÉRAL DES AÉROPORTS NANTES ATLANTIQUE ET SAINT-NAZAIRE-MONTOIR – VINCI AIRPORTS

FORMATION ingénieur des Ponts et chaussées (1991) ; SciencesPo Paris (1991)

PASSIONS la musique classique (violoncelle), le ski, la montagne, le tennis, l'aviation (brevet US de pilote VFR)

Après avoir travaillé dans une filiale de la Générale des eaux à Chicago - USA dans le cadre du CSNE, Xavier Lortat-Jacob entre chez Bouygues comme ingénieur travaux en 1994 pour la réalisation d´opérations de logements. Il rejoint Cegetel/SFR en 1999 en tant que directeur technique en charge du développement des réseaux 3G et UMTS en Ile de France. Il intègre VINCI Networks fin 2003 pour diriger le développement de 15 concessions d'aménagement numérique en France puis VINCI Concessions en 2010 pour diriger l'amélioration des pratiques de maîtrise d´ouvrage des projets en financements structurés des branches construction et concession du groupe. En 2011 il prend la présidence de la société Nice Eco Stadium chez VINCI Concessions pour la construction, l'exploitation et le développement du nouveau stade de Nice. De 2016 à 2019 il dirige, au sein de VINCI Airports, la maîtrise d'ouvrage de la construction du nouveau terminal de l'aéroport de Santiago au Chili (un investissement de 1 Md$), et prend la direction générale de l'aéroport jusqu'en juin 2022.
Xavier Lortat-Jacob est nommé président de la société aéroports du Grand Ouest pour la direction des aéroports Nantes Atlantique et Saint-Nazaire-Montoir le 18 juillet 2022. Cette société assure l'exploitation et la maintenance des infrastructures, la sécurité, la sûreté ainsi que le développement de la connectivité du territoire. Le dirigeant veille à la bonne coopération entre les différents acteurs de la plateforme : quelque 3 000 salariés répartis dans plus de 80 entités (services de l'Etat, commerces, agents de fret, compagnies aériennes...). Il est également président de la société d'exploitation de l'aéroport du pays d'Ancenis (SEAPA).

AÉROPORTS DU GRAND OUEST - AÉROPORT NANTES ATLANTIQUE - 44346 BOUGUENAIS CEDEX • TÉL. 02 40 84 97 97

MÉDIAS

Thierry **LOUNAS**

PRODUCTEUR, DISTRIBUTEUR ET ÉDITEUR DE CINÉMA À CAPRICCI - DIRECTEUR DE LA RÉDACTION DU MAGAZINE SO FILM

FORMATION lycée Guist'hau à Nantes - math sup/math spé au lycée Saint-Stanislas de Nantes ; faculté de médecine Necker à Paris

PUBLICATIONS co-auteur du film « Où gît votre sourire enfoui ? » de Pedro Costa (2001)

Après avoir été rédacteur aux Cahiers du cinéma, puis rédacteur en chef de www.cahiersducinema.com, Thierry Lounas a occupé la fonction de directeur adjoint de Centre Images. Il est devenu producteur et distributeur de films en créant Capricci en 1999 à Nantes. « Capricci accompagne la création cinématographique française et internationale de la production à la diffusion et édite, depuis 2006, de nombreux ouvrages qui lui sont dédiés », commente le producteur. Co-gérant de la société belge de distribution Numéro zéro depuis 2012, il dirige aussi depuis cette même année le mensuel de cinéma So Film, associé au magazine So Foot. Il crée le So Film Summer Camp à Nantes en 2015, « festival de toutes les cinéphilies » sans compétition.
Vice-président par ailleurs de l'Organisation des professionnels du cinéma et de l'audiovisuel ligériens (Opcal), Thierry Lounas est aussi administrateur du Syndicat des distributeurs indépendants (Sdi). Il produit 4 longs-métrages en 2015-2016 et le film « La mort du roi Louis XIV » est sélectionné au festival de Cannes 2016. Il a produit depuis plus d'une dizaine de courts et longs métrages.

CAPRICCI - 3 RUE DE CLERMONT - 44000 NANTES • TÉL. 02 40 89 20 59

CHIMIE-PHARMACIE

Anthony **LOUSSOUARN**

PDG DE CHELATEC

FORMATION collège Saint-Joseph à Concarneau et lycée Sainte-Anne à Quimper - doctorat en sciences de la vie et de la santé (spécialité radiopharmacie) (1998), à la faculté des sciences de Brest et à la faculté de pharmacie de Nantes

DISTINCTIONS un brevet

PASSIONS la famille, la cuisine et les voyages.

PUBLICATIONS des articles scientifiques

Anthony Loussouarn est de ceux qui font avancer la santé. Après son doctorat, le Finistérien s'est expatrié en Australie. De

1999 à 2000, il y exerce comme chercheur postdoctoral à l'hôpital Fremantle de l'université de Murdoch avant de revenir poser ses fioles dans l'Ouest de la France, près de Nantes. De 2000 à 2004, il est le directeur scientifique de Chelatec, qu'il a co-fondée, puis en devient le PDG en 2005. Entreprise de services en R&D, spécialisée dans les domaines du marquage radioactif à façon et dans la recherche préclinique, Chelatec offre à ses clients l'évaluation prédictive du potentiel médicamenteux de molécules via des études notamment de pharmacocinétique chez le petit animal. Hébergée au départ dans les locaux du CHU et de l'Inserm, Chelatec a relocalisé en 2010 l'ensemble de son activité sur le site du cyclotron Arronax, équipement médical majeur pour la lutte contre le cancer. L'ambition d'Anthony Loussouarn pour sa société? «Evoluer vers la recherche clinique afin de contribuer au développement de nouveaux médicaments radioactifs pour des applications en imagerie et en thérapie».

CHELATEC SAS - 1 RUE ARONNAX - 44821 SAINT-HERBLAIN CEDEX • TÉL. 02 51 86 19 59

COMMUNE

Franck **LOUVRIER**

VICE-PRÉSIDENT DE LA RÉGION PAYS DE LA LOIRE, PRÉSIDENT DE LA COMMISSION ENTREPRISES - MAIRE DE LA BAULE

FORMATION Externat des Enfants Nantais à Nantes - Deug de droit et sciences politiques (université de Nantes); Ecole supérieure de gestion et de commerce international de Paris

PASSIONS le jogging et le tennis.

Après avoir travaillé comme assistant parlementaire auprès d'Elisabeth Hubert, députée de Loire-Atlantique, (1994-1995), Franck Louvrier la rejoint au ministère de la Santé et de l'Assurance maladie où il est en charge des relations avec la presse. Fin 1995, il exerce les mêmes fonctions auprès de Dominique Perben, ministre de la Fonction publique. Un an plus tard, il est nommé chef du service de presse du RPR. Il côtoie Nicolas Sarkozy qui, alors député-maire de Neuilly-sur-Seine, l'appelle auprès de lui comme chef de cabinet (1999-2002). Il le suivra en tant que conseiller communication au ministère de l'Intérieur (2002-2004 et 2005-2007) et de l'Economie (2004). Il sera également directeur de la communication de l'UMP en 2004 et en charge de la communication à l'Elysée (2007-2012). Président de Publicis Events de 2012 à 2018, il prend la fonction de directeur de la communication et des relations institutionnelles de la Maison de la Métropole Nice Côte d'Azur à Paris. Mais Franck Louvrier a toujours gardé des attaches dans la région nantaise. Il est élu à la présidence de la fédération des Républicains de Loire-Atlantique en octobre de la même année, réélu en 2021 il cède la place en 2023.
Il est nommé président du Comité régional du tourisme des Pays de la Loire début 2016, réélu en 2021. Conseiller municipal de La Baule, il se présente aux élections municipales de 2020 et est élu maire de la ville en juillet. Élu depuis 2010 conseiller régional des Pays de la Loire, il devient 2e vice-président en juillet 2021, et président de la commission chargé du développement économique et du tourisme. Il intègre en novembre 2021 la société de relations publiques et de conseil américaine Teneo, rattaché au bureau parisien comme senior advisor.

VILLE DE LA BAULE-ESCOUBLAC - 7 AV. OLIVIER GUICHARD - BP 172 - 44504 LA BAULE CEDEX • TÉL. 02 51 75 75 75

MÉDIAS

Dominique **LUNEAU**

FONDATEUR D'API

FORMATION lycée Saint-Stanislas à Nantes - faculté de droit de Nantes

PASSIONS L'information, les territoires, l'histoire

PUBLICATIONS «Nantes, l'avenir d'une ville» (2004); «Estuaire, l'art et le fleuve» (2007); «Nantes Saint-Nazaire petite planète» (catalogue et commissariat de l'exposition) (2009)

Après dix années de journalisme à Presse Océan en Loire-Atlantique et Vendée, Dominique Luneau a créée en 1990 l'agence Atlantique Presse Information (API)* à Nantes, spécialisée dans l'information économique régionale et vendue au groupe Ouest-France en 2019. Il a été correspondant du Monde à Nantes (1996-2006) et a dirigé la télévision locale Télénantes (2004-2006) lors de sa création. Rédacteur en chef et directeur général délégué de Presse Océan (2006-2009), à la suite du rachat du quotidien nantais par le Groupe Ouest France, il a piloté la création de sa nouvelle formule et son passage au format tabloïd. En 2013, Dominique Luneau a repris la direction générale de Télénantes et en est devenu président en juin 2016. Il part en retraite 6 ans après.
*L'agence API assure la correspondance à Nantes des Échos, de L'Usine nouvelle et de l'Usine digitale. Elle édite des supports d'information sur l'actualité économique et les acteurs des Pays de la Loire et de la Bretagne : le Fil API, la Lettre API, le Guide éco API, Les Têtes, Enjeux éco. L'agence API organise également des événements économiques, dont Social Change, Talents à l'Ouest.

AGENCE API - 5 PASSAGE DOUARD - BP 10323 - 44003 NANTES CEDEX 1 • TÉL. 02 40 35 65 37

CULTURE

Sophie **LÉVY**

DIRECTRICE-CONSERVATRICE DU MUSÉE D'ARTS DE NANTES

FORMATION HEC (Jouy-en-Josas, 1990); maîtrise d'Histoire de l'Art (université Panthéon-Sorbonne, 1992); conservatrice territoriale du patrimoine (École nationale du Patrimoine, spécialité musées, 1995)

DISTINCTIONS Officier de l'ordre national du Mérite (2021)

PASSIONS son métier, les arts, le cinéma et la poésie en particulier

PUBLICATIONS 13 publications (articles dans des revues d'art, textes pour catalogues d'exposition et ouvrages)

Ses années d'étude à HEC lui permettent surtout de définir sa vocation : Sophie Lévy sera conservatrice. Après sa maîtrise, elle réussit le concours et se spécialise dans l'art moderne et contemporain. Elle occupe son 1er poste de conservatrice du patrimoine au musée de Dijon en 1995. Elle entre en 2000 au Musée d'Art américain de Giverny (l'actuel Musée des Impressionnismes), dirigée par une fondation américaine. Ayant l'opportunité de devenir directrice par intérim, elle découvre qu'elle aime prendre des responsabilités. Elle y reste 8 ans et le quitte pour rejoindre la même fondation, Terra Foundation for American Art, et y développer ses activités en Europe. Mais le désir de diriger un musée s'impose à elle et elle postule en 2009 au LaM - Lille Métropole Musée d'art moderne, d'art contemporain et d'art brut - à Villeneuve d'Ascq. L'aventure est passionnante, puisqu'il faut rouvrir le musée après 5 ans de travaux, et transformer l'établissement de fond en comble. Après 7 années, Sophie Lévy a besoin de se «réinventer», d'attaquer un nouveau challenge. Nommée à la tête du Musée d'arts de Nantes, dans une région qu'elle ne connaît pas, elle prend ses fonctions en juillet 2016. Son défi est là aussi de taille : rendre sa notoriété à cet établissement « extraordinaire», fortement connecté à son territoire et son public. Pour le faire rayonner, elle compte s'appuyer sur son expérience, qui lui permet de saisir rapidement l'ADN d'un lieu, et sur l'énergie de la ville. Sans oublier ses équipes, qu'elle souhaite accompagner tout en leur proposant des axes de développement.

MUSÉE D'ARTS DE NANTES - 2 COURS DU CHAMP DE MARS - 44923 NANTES CEDEX 9 • TÉL. 02 51 17 45 01

COMMUNICATION ET MARKETING

Hugues **MALHERE**

DIRIGEANT D'AD'HOC MÉDIA

FORMATION Ecole supérieure de commerce de Marseille, option management du sport (1993)

DISTINCTIONS Trophée national du développement durable ; prix Ethique entreprises du Rotary Club

PASSIONS La voile et le futsal.

Dès la fin de ses études, Hugues Malhere caresse le projet de se lancer à son compte. Après une expérience de quatre ans dans la communication chez Giraudy à Tours, il se décide à créer sa propre entreprise. Passionné par la communication et la publicité, il fonde en 1999 Ad'hoc Média, société spécialisée dans la communication hors format. L'intérêt pour ce type de communication lui vient en découvrant les affichages sur des bâtiments et des toiles tendues lors de la Coupe du monde de football en 1998. En 2004, il met sur pied Magic Print, entreprise exerçant dans le secteur de l'impression numérique. Il fusionne les deux entités en 2007.
Au sein de son entreprise, ce diplômé en management du sport, prône des valeurs proches de celles du sport comme l'excellence et l'esprit d'équipe. Il a d'ailleurs créé et présidé Nantes Erdre Futsal, à la Chapelle-sur-Erdre en 2017, devenu ensuite Nantes Métropole Futsal. En 2011, il trouve un nouvel emplacement pour sa société et découvre l'association Nant'Est Entreprises. Membre du CJD (Centre des Jeunes Dirigeants) de 2004 à 2015 et de DRO (Dirigeant Responsable de l'Ouest) depuis 2012, Hugues Malhere contribue à améliorer les conditions de travail des collaborateurs et des entrepreneurs, tout en défendant les valeurs d'écologie et de préservation de l'environnement. En 2017, il crée, avec plusieurs présidents de réseaux territoriaux de l'agglomération nantaise, l'association Grand Nantes Entreprises (fédération des 19 clubs d'entreprises territoriaux sur la métropole de Nantes), dont il assure la présidence jusqu'en juillet 2022. Il est par ailleurs président de la commission Environnement d'E-Visions, le syndicat national de la communication Visuelle, depuis 2021.

AD'HOC MÉDIA - 8 RUE DES SASSAFRAS - CS 20125 - 44300 NANTES • TÉL. 02 51 13 47 47

ENERGIE

Stéphane **MAMOU**

DÉLÉGUÉ RÉGIONAL ENGIE PAYS DE LA LOIRE

FORMATION Ingénieur généraliste (ENSIEG Grenoble, 1998)

PASSIONS Le sport, la guitare (musicien amateur)

Attiré plutôt par les sciences et la physique, Stéphane Mamou entame sa carrière dans le conseil, un peu par hasard, chez KPMG en 1999. Le monde de l'entreprise s'ouvre à l'ingénieur en 2001 lorsqu'il rejoint 2 anciens collègues dans une start-up, Hubwoo-Avisium, une place de marché dédiée aux achats hors production des entreprises. Féru de nouveauté et d'action, il décide de faire le tour du monde de 2003 à 2004, avant d'entrer chez Capgemini à Paris en tant que consultant senior. Il accepte l'offre de Gaz de France en 2006, intéressé par la possibilité éventuelle d'obtenir un poste à l'international. L'opportunité ne se présente pas mais il reste dans la société, devenue Engie en 2015, pour pouvoir changer de fonctions fréquemment. Ce qu'il fait à partir de 2010, acquérant des compétences variées en travaillant pour les marchés de l'énergie ou s'occupant de stratégie et de finances.
Son parcours atypique conduit ce polyglotte à Nantes en 2014, nommé responsable commercial pour l'ouest de la France pour les particuliers. Habitué de la région, où il passait ses vacances enfant, Stéphane Mamou devient délégué régional Pays de La Loire en juin 2020. Au cœur de la stratégie de l'entreprise et des enjeux de transition énergétique, l'aspect concret de ses tâches, le travail en équipe et la diversité de ses interlocuteurs lui convient parfaitement. Conscient de ses responsabilités, il continue à «éviter la routine» tout en allant de l'avant. Son programme de vie depuis toujours...

ENGIE - DÉLÉGATION PAYS DE LA LOIRE - 15 RUE NINA SIMONE - CS 39601 - 44096 NANTES • TÉL. 02 51 86 70 02

DÉVELOPPEMENT ÉCONOMIQUE

Laurent **MANACH**

DIRECTEUR GÉNÉRAL DU PÔLE DE COMPÉTITIVITÉ EMC2 - DIRECTEUR DE L'ASSOCIATION FRANÇAISE DU TITANE

FORMATION lycée C. de Foucauld à Brest - prépa (lycée Kérichen), ingénieur généraliste (Ensieta de Brest, 1991) ; master d'administration des entreprises (IAE de Nantes, 1998)

PASSIONS la vie familiale, la voile et la course à pied.

Laurent Manach débute en 1991 à la Direction des constructions navales comme responsable des études télécommunications V/UHF pour les bâtiments de surface de la Marine nationale. De 1995 à 1999, il est chargé de mission au sein du Commissariat à l'Industrialisation de la Datar à Nantes. En 1999, il intègre EDF comme consultant interne à la délégation aux implantations industrielles, puis comme représentant du groupe au Japon (2003-2004). Son immersion asiatique se prolonge à l'Agence française pour les investissements internationaux, comme directeur adjoint du réseau Asie à Tokyo (2003), puis à la Délégation générale pour l'armement (2006-2009). Il est alors chef du bureau Extrême - Orient de la direction du Développement international. Depuis 2009, il dirige le Pôle de compétitivité EMC2 (Ensembles métalliques et composites complexes). A ce titre, il a été l'initiateur puis le porteur du projet IRT Jules Verne dont il est le directeur adjoint depuis sa création en 2012. Passionné d'Open Innovation, il porte l'initiative «Jules Verne Manufacturing Valley» depuis 2014. Il est également le directeur de l'Association française du titane depuis février 2015.

PÔLE EMC2 - ZI LE CHAFFAULT - CHEMIN DU CHAFFAULT - 44340 BOUGUENAIS • TÉL. 02 28 44 36 00

COMMUNICATION ET MARKETING

Gildas **MAQUAIRE**

DIRECTEUR CONSEIL, CO-FONDATEUR DE SCOPIC

FORMATION
Master 2 développement économique et management participatif (université Paris-Dauphine, 2014)

PASSIONS
Son travail, l'innovation sous toutes ses formes, les voyages, la photo, jardiner, cuisiner en famille

Faire projet, donner du sens, expérimenter, entreprendre... Quelques verbes d'action qui jalonnent le parcours de Gildas Maquaire comme une évidence. Communiquant par nature, il a d'abord suivi un parcours professionnel dans le secteur culturel de 1995 à 1998. Formé en gestion et administration des entreprises culturelles au CAGEC à Nantes, il crée en 1999 l'association Pick Up Production qu'il dirigera pendant 5 ans et, en 2003, le festival Hip Opsession (qui a acquis depuis une notoriété mondiale). Entre temps il aura également participé en 2000 à la création de POL'N, pôle de compétences culturelles et premier tiers-lieu nantais dédié à la création et aux échanges artistiques.
En 2004, Gildas Maquaire décide, avec 2 associés, de fonder SCOPIC. L'agence, spécialisée en stratégie de communication, est aujourd'hui composée de 15 salariés. Elle intègre également deux autres pôles de compétences qui interviennent pour le premier sur les questions de concertation et de participation citoyenne et pour le second sur l'innovation collaborative et le design de service. La société, créée en SCOP dès le départ, a vu la majorité des ses salariés devenir associés. Un concept cher au Nantais, qui se voit en «chef d'orchestre» d'une équipe de spécialistes heureux au travail, engagés pour leurs projets et acteurs de leur entreprise. Le pugnace entrepreneur, gérant et directeur conseil, spécialiste en matière d'innovation sociale, continue à nourrir l'aspect «laboratoire» de SCOPIC en restant créatif même lorsqu'il accompagne les entreprises dans leur évolution ou l'innovation sur les territoires. Avec toujours une vision d'avance...

SCOPIC - 11 PASSAGE DOUARD - 44000 NANTES • TÉL. 02 40 08 24 77

MÉDIAS

Nicolas **MARC**

EDITEUR

DISTINCTIONS
chevalier dans l'ordre des Arts et Lettres (2017)

PASSIONS
le pilotage d'avion privé, le nautisme, les voyages et la gastronomie.

PUBLICATIONS
aux Editions Millénaire Presse : « Le Guide des intermittents du spectacle » (2003) ; « Employeurs et intermittents du spectacle » (2004) ; « Visuels saisons culturelles » ; « 800 logos spectacle vivant » (2009) ; « Gérer l'association culturelle » (2009) ; « Visuels festivals » (2009) ; « Nantes Mômes» (Editions d'Orbestier-2013)

Nicolas Marc débute sa carrière en 1994 comme chargé de production, puis organisateur de concerts de musiques actuelles. Pendant trois ans, il a également en charge les critiques de spectacle vivant pour Ouest France (édition Caen/Basse-Normandie). La première vraie marche de sa carrière professionnelle, Nicolas Marc la monte deux ans plus tard en créant le magazine professionnel La Scène. Ce premier titre ne va pas rester longtemps seul. Il lance entre autres, Le Jurisculture (1997), La Lettre du spectacle (1999), CultureMédias (2002), Le Piccolo (2008) et Le Juriscène (2012). Nicolas Marc est également le directeur-fondateur, en 2004, des Biennales internationales du spectacle (BIS), et le codirecteur du festival jeune public Petits et Grands, fondé en 2011. Afin de compléter l'offre print et événement de son groupe Millénaire presse, Nicolas Marc a fondé l'organisme de formation Art culture transmission (ACT) destiné aux acteurs de la vie culturelle. Débordant d'idées, il édite Brief, le magazine de la communication publique en 2012 et lance en 2016 ComPol.

M MÉDIAS - 11 RUE DES OLIVETTES - CS 41805 - 44018 NANTES CEDEX 1 • TÉL. 02 40 20 60 20

BANQUE ET ASSURANCE

Olivier **MARCELIN**

DIRECTEUR MARCHÉ DES GRANDES ENTREPRISES CIC OUEST

Ingénieur de formation, Olivier Marcelin présente une expérience complète au service des entreprises et de leurs dirigeants, ayant notamment piloté depuis 2001 l'agence Entreprises CIC Ouest de Poitiers, puis pris en 2008 la direction de l'Ingénierie Financière de la banque, spécialisée dans les thématiques de «haut de bilan». Il est nommé directeur des Grandes Entreprises de CIC Ouest en juin 2015. Avec 2500 collaborateurs et plus de 300 points de vente,

CIC Ouest intervient sur les 22 départements du Grand Ouest et du Centre.

CIC OUEST - 2 AV. JEAN-CLAUDE BONDUELLE - BP 84001 - 44040 NANTES CEDEX 1 • TÉL. 02 40 12 91 91

DÉVELOPPEMENT ÉCONOMIQUE

Patrick **MARESCHAL**

PRÉSIDENT HONORAIRE DU CONSEIL DÉPARTEMENTAL - PRÉSIDENT DU CONSEIL DE DÉVELOPPEMENT DE LOIRE-ATLANTIQUE

FORMATION licence et DES de sciences éco à l'ESCNA (aujourd'hui Audencia), aux Facultés de droit de Nantes et de Paris et à l'IEP Paris

DISTINCTIONS chevalier de la Légion d'honneur, de l'Ordre national du Mérite et des Palmes académiques ; décoré du collier de l'Hermine

PASSIONS la justice, la liberté et la devise « Homme libre toujours tu chériras la mer ».

Un engagement marqué pour l'économie. C'est ce qui caractérise le parcours de Patrick Mareschal. Après des études dans ce domaine, le responsable a exercé au BIPE, au commissariat général au plan, puis a dirigé pendant 22 ans l'Observatoire économique de l'Ouest (INSEE). Il s'est aussi investi sur ce terrain via ses mandats d'adjoint au maire de Nantes, aux côtés d'Alain Chénard (1977-1983), et de premier adjoint de Jean-Marc Ayrault (1989-2001). Longtemps présent au sein de l'Opac, d'Atlanpole et de Nantes la bleue, il a présidé l'Agence de développement économique de Nantes-Atlantique. Après trois mandats municipaux, il se consacre à de nouvelles responsabilités. En 2004, il fait basculer le Département à gauche, devenant le premier président socialiste du Conseil général en Loire-Atlantique. Il exercera cette fonction jusqu'en 2011. Parmi les performances dont il est le plus fier : l'organisation, en 1975, d'une manifestation rassemblant 5 000 personnes en faveur de l'unité administrative de la Bretagne. En 2001, le Conseil général procède à son initiative au vote à la quasi unanimité d'un voeu pour la reconnaissance institutionnelle de l'identité bretonne en Loire-Atlantique. Depuis 2011, il préside le Conseil de développement de Loire-Atlantique.

IMAGINE LA - 21 BD GASTON DOUMERGUE - 44200 NANTES • TÉL. 02 40 99 60 70

INSERTION

Marc **MARHADOUR**

PRÉSIDENT DU CONSEIL D'ADMINISTRATION DE LA SAPRENA - VICE-PRÉSIDENT DU CESER PAYS DE LA LOIRE

FORMATION maîtrise ès sciences économiques (1980) ; DESS économie des besoins sociaux et gestion des activités à but non lucratif (1981) ; DECS (1985) à l'UER de Nantes et à l'UBO de Brest

PASSIONS le FCNA, l'opéra, le théâtre, le jazz, la bonne musique en général, le cinéma, la lecture.

Délégué régional de l'Union des fédérations et syndicats nationaux d'employeurs sans but lucratif du secteur sanitaire, médico-social et social (Unifed), Marc Marhadour a commencé sa carrière aux Mutuelles du Mans. Il l'a poursuivie à l'association Les Papillons blancs du Finistère où il a été tour à tour, entre 1989 et 1995, directeur financier et directeur général adjoint. De 1995 à octobre 2020, il dirige l'Adapei de Loire-Atlantique (Association départementale des amis et parents de personnes handicapées mentales) qu'il a contribué à développer. Ancien membre du Centre des jeunes dirigeants (CJD), Marc Marhadour a été trésorier du Groupement national des directeurs d'associations (GNDA) et trésorier adjoint de l'Uriopss des Pays de la Loire (Union qui fédère les organismes à but non lucratif de la solidarité). Il est vice-président du Conseil économique social environnemental régional (Ceser) des Pays de la Loire de 2002 à 2013, puis de nouveau en 2018. Il est actuellement président du conseil d'administration de la Saprena, entreprise à but social, depuis 1987.

SAPRENA - 8 RUE DES COTEAUX DE GRANDLIEU - CS 9112 - 44830 BOUAYE • TÉL. 02 40 32 52 22

ASSOCIATIONS ET RÉSEAUX

Alain **MARION**

CO-PRÉSIDENT DE 60 000 REBONDS GRAND-OUEST

FORMATION Lycée Saint-Vincent à Rennes - maîtrise de Science de gestion (IGR, Rennes) ; Ifhi (Institut de haute finance, Paris)

PASSIONS La chasse, le vélo et les sports mécaniques

D'origine auvergnate, Alain Marion s'est lié à l'Anjou dès son début de carrière. Elle se fera entièrement dans le domaine de la construction. Il entre à 23 ans chez Larrivière (1978), à l'époque filiale des Ardoisières d'Angers, société industrielle de la région. Président de la Jeune chambre économique (1984-1985), il parfait parallèlement sa découverte de l'univers économique. Il quitte Larrivière en 1987, interpellé par une campagne de recrutement de VM matériaux. Il répond alors à une annonce pour un poste de responsable du contrôle de gestion et est engagé comme… directeur administratif et financier par Jean-François Caillaud qui souhaitait se concentrer sur la direction générale. Alain Marion occupera ce poste 27 ans, jusqu'en janvier 2015, et partagera son expérience à la présidence des DFCG (club des directeurs financiers) de 1991 à 1992. En 1996, il prend en sus les fonctions de directeur général adjoint de VM matériaux avant d'endosser celle de directeur général en 1998. De mai 2014 à septembre 2020, il est président du directoire du groupe vendéen aujourd'hui fort de 2 400 salariés. Il est ensuite nommé censeur du conseil de surveillance.
Engagé par ailleurs dans l'association 60 000 Rebonds Grand-Ouest en qualité de parrain, il en est administrateur dès 2020. Il est élu coprésident en juin 2022.

60 000 REBONDS GRAND OUEST - MCTE - 8 RUE BISSON - 44100 NANTES • TÉL. 02 72 56 80 84

ORGANISATIONS PROFESSIONNELLES

Philippe **MARTIAL**

PRÉSIDENT DU CONSEIL RÉGIONAL DE L'ORDRE DES ARCHITECTES

FORMATION BTS en architecture intérieure (Angoulême, 1990); diplôme d'architecte DPLG de l'École d'architecture de Nantes (1995); formation qualifiante à l'Institut régional du Patrimoine (Rennes, 2002); Urbaniste qualifié par l'OPQU (2004).

PASSIONS L'architecture, la plongée, la navigation.

PUBLICATIONS en collaboration : «Bâtir avec le bois»; «Bâtir avec l'architecte, extensions-rénovation, intérieurs- extérieurs»; DVD «Rencontres avec 30 architectes».

Dès le collège, Philippe Martial s'intéresse à l'acte de construire. Quelques années plus tard, il se tourne donc vers des études d'architecture. Durant cette période, il collabore avec plusieurs agences et gagne des concours, ce qui lui permet de créer rapidement son agence. C'est ainsi que, diplômé en 1995, il ouvre le cabinet Martial architecte en avril 1996. Cette même année, il s'implique dans un premier temps en tant qu'Architecte- urbaniste au Conseil architecture urbanisme et environnement (CAUE) de Maine-et-Loire. Il intègre très vite le CAUE de Loire-Atlantique en tant qu'Architecte-conseiller. Appréciant de transmettre ses connaissances, Philippe Martial devient enseignant à l'Ecole supérieure d'architecture de Nantes de 2007 à 2012, puis à l'École de design en 2013. «Grâce aux échanges avec les étudiants, on est amené à faire évoluer sa pratique», remarque-t-il. Mais il porte également un autre projet : celui de démontrer que le recours à un architecte est accessible à tous. Il est l'un des membres fondateurs de l'association Bâtir avec l'architecte, est élu vice-président (1998-2004), puis président (2004-2009). Porté par sa passion pour son métier, Philippe Martial se lance dans un nouveau défi en 2013 : celui de représenter les architectes en remplissant la fonction de président de l'Ordre des Pays de la Loire.

ORDRE DES ARCHITECTES DES PAYS DE LA LOIRE
- 17 RUE LA NOUE BRAS DE FER
- BÂTIMENT L'ILE ROUGE
- 44200 NANTES • TÉL. 02 28 20 04 00

CULTURE

Bernard et Brigitte **MARTIN**

EDITEURS

Le hasard, qui fait parfois bien les choses, les voit naître tous les deux la même année. Bernard, pourtant, sera toujours le plus âgé. Le hasard, encore, les fait naître dans le même département. Ici le hasard fait une pause et c'est chacun de leur côté qu'ils font des études primaires, secondaires et supérieures. L'un étudiant la psychologie et l'autre l'anglais, c'est en 1976 qu'ils se rencontrent à Nantes. Ils poursuivent leurs études à Paris (Nanterre pour l'un, Sorbonne pour l'autre) et se marient en 1980, année au cours de laquelle naît leur fils Jérémy. En 1983, ce sera Alice et en 1991, ils donnent naissance aux éditions Joca Seria. Non contents d'éditer désormais plus de 400 livres (dans les collections d'art et de littérature), ils assurent la direction artistique de festivals à Nantes : Futur antérieur en 1998, dédié aux rapports entre l'art et l'histoire, aux guerres de religion; Femmes en Europe en 1999 à la Cité des Congrès et Le livre et l'art de 2001 à 2004 au Lieu unique.
En 1998, ils créent également les rencontres littéraires Ecrivains en bord de mer à La Baule pour lesquelles ils accueillent des auteurs qui, selon eux, «comptent» : de Philippe Forest à Michel Houellebecq, de Pierre Michon à Jean Echenoz en passant par Marie Nimier, Mathias Enard ou Maylis de Kerangal. Leurs passions? L'un pour l'autre et réciproquement, ceci depuis 40 ans, l'art et la littérature (en reconnaissant la chance d'avoir pu en faire leur métier), mais aussi leurs enfants, chien, chats, colombes, et la mer au bord de laquelle ils s'échappent dès qu'ils le peuvent. Et à la question «Distinction»? Brigitte répond : «naturelle!»

EDITIONS JOCA SERIA
- 72 RUE DE LA BOURDONNAIS - 44100 NANTES
• TÉL. 02 40 69 51 94

INTÉRIM, PORTAGE SALARIAL ET GROUPEMENTS D'EMPLOYEURS

Patrice **MARTIN**

PRÉSIDENT DE LA FÉDÉRATION FRANÇAISE DE SKI NAUTIQUE - PRÉSIDENT IWWF EUROPE

FORMATION collège et lycée Jules Verne à Nantes (bac D, 1983)

DISTINCTIONS chevalier de la Légion d'honneur; chevalier de l'Ordre national du Mérite; médaille d'or de la Jeunesse et des sports

PASSIONS bien-être en famille, le bricolage et le golf.

PUBLICATIONS «Dessine-moi une victoire» (Ed. du Cherche-Midi, 2004)

Salué comme l'un des sportifs français les plus titrés de tous les temps, Patrice Martin a skié sur l'onde du succès dès 1979. Son palmarès est tout simplement exceptionnel : 12 titres de champion du monde (4 en figures, 6 en combiné, 2 en équipe), 4 fois vice-champion du monde, 5 médailles d'or aux Jeux mondiaux et 34 titres de champion d'Europe et 26 records du monde. Champion du monde à 15 ans et le rester à 35 ans, ce record de précocité et de longévité en dit long sur le caractère de ce champion hors normes. Homme de défi, il a relevé celui de devenir un skieur complet en pratiquant à haut niveau les trois disciplines : figures, slalom et saut.
Parallèlement à sa carrière sportive, le Nantais a travaillé à la Banque de France et au conseil régional des Pays de la Loire. Depuis 2007, il est responsable des relations publiques et du suivi des partenariats sportifs au sein du Groupe Synergie.
Patrice Martin s'implique dans les instances professionnelles du sport et est élu en 2009 président de la Fédération française de ski nautique. Puis, en mai de la même année, il entre au sein du Comité national olympique et sportif français (CNOSF). En 2017, il rejoint la Confédération Europe et Afrique de ski nautique et de wakeboard en tant que vice-président délégué en février. En mars, il est réélu pour 4 ans à la tête de la Fédération. Toujours en 20217, il devient vice-président en charge des partenariats médias du CNOSF et le restera jusqu'en 2021. Il est toujours membre du conseil d'administration. Président IWWF Europe depuis 2020, il est également membre du

conseil d'administration de l'Agence du Sport depuis 2021.

SYNERGIE - 10 RUE DES GENÊTS - 44700 ORVAULT • TÉL. 06 15 45 93 93

BANQUE ET ASSURANCE

Pierre-Yves **MARTIN**

DIRECTEUR DU RÉSEAU OUEST LCL

FORMATION Inseec Bordeaux (1991) ; Bachelor of Arts université de San José (1991) ; Executive Programme à l'université de Stanford puis CEIBS à Shanghai (2008/2009)

PASSIONS La voile, l'œnologie, le cinéma, la haute-montagne

Dans sa famille, on fait plutôt carrière dans la médecine mais Pierre-Yves Martin a, lui, choisi la banque. Il entre chez LCL en septembre 1991 à Lyon en tant que chargé d'affaires Grandes Entreprises. Cinq ans plus tard, il retrouve Annecy, ville qu'il connaît bien, pour prendre la fonction de directeur du groupe des agences Particuliers Professionnels de Haute-Savoie. Il rejoint Paris en 1999 en tant que responsable marketing Clientèle haut de gamme, pendant une période d'importante restructuration de la banque. En 2002, on lui propose la direction des agences Particuliers Ain-Beaujolais à Bourg-en-Bresse. Puis il est promu directeur de la région Lyon Centre Est, une des plus grandes du groupe, en 2005. Il effectue son MBA en Chine en 2008 avant d'évoluer à Bordeaux comme directeur du réseau Sud-Ouest et pilote les agences LCL sur 12 départements. Il quitte à nouveau l'opérationnel en 2015 pour retrouver le siège social de la banque et prendre en charge la direction des marchés retail. Nommé directeur de la distribution et de l'animation des réseaux LCL en janvier 2017, Pierre-Yves Martin définit la stratégie et la met en œuvre, conduit la transformation.
Ce sportif aguerri qui « aime prendre des risques », saisit l'opportunité de devenir directeur du Réseau Ouest en janvier 2019. Il a désormais 1 300 collaborateurs sous sa responsabilité dans 4 régions : Basse-Normandie, Bretagne, Centre Val de Loire et Pays de Loire. Il y accomplit ses missions avec les valeurs qui lui sont chères et qu'il partage avec ses équipes : « rigueur, engagement et confiance ».

LCL GRAND OUEST - 2 RUE DU MARCHIX - CS 60613 - 44006 NANTES CEDEX 1

CULTURE

René **MARTIN**

DIRECTEUR ARTISTIQUE DE LA FOLLE JOURNÉE

FORMATION collège St-Laurent de Blain - IAE ; Conservatoire national de région

DISTINCTIONS officier de l'Ordre national du Mérite ; commandeur des Arts et des lettres ; commandeur de l'Ordre de l'Infante Henrique ; chevalier de la Légion d'honneur ; "Gloria Artists" (distinction décernée par le Ministre de la Culture polonaise)

PASSIONS le cinéma, les disques et vidéodisques, et le bon vin.

Comme La Folle Journée à laquelle il peut s'identifier, René Martin est hors normes par ses connaissances encyclopédiques de la musique classique, jazz et rock. Son vaisseau amiral, c'est le CRÉA, qui lui permet d'organiser dès 1979 une série de concerts de musique de chambre dans la région. Deux ans plus tard, il crée le festival de La Roque d'Anthéron devenu le plus grand festival de piano du monde. Puis ce seront Les Moments Musicaux de l'Hermitage-Barrière à La Baule (1986), le festival de La Grange de Meslay près de Tours en 1988, année où il devient conseiller musical à l'Abbaye royale de Fontevraud.
L'addition de ces expériences l'amène à imaginer un événement original qui va bouleverser l'image des concerts classiques en France. C'est la naissance de La Folle Journée en 1995 qui réunit désormais 200 000 mélomanes à Nantes et dans les Pays de la Loire. Une réussite qui prouve la capacité de René Martin à donner chair à des projets apparemment irréalistes, même loin de ses bases : Musika Música enthousiasme les Espagnols depuis 2002 et La Folle Journée de Varsovie a lieu depuis 2010. Créée au Japon en 2005 et implantée dans cinq villes japonaises, elle enchante chaque année environ deux millions de spectateurs. Suivant le même concept, René Martin crée parallèlement les "Folles Nuits", qui se déroulent le temps d'une week-end à Marseille, Nîmes, Grenoble et Noirmoutier. L'année 2015 a vu la première édition de la Folle Journée en Russie, et la création à Saint-Florent-le-Vieil du "Rivage des Voix". De 2016 à 2018, il est président de l'Institut technologique européen des métiers de la musique (Itemm).

LA FOLLE JOURNÉE - 44 RUE DE STRASBOURG - 44000 NANTES • TÉL. 02 85 52 88 99

ORGANISATIONS PROFESSIONNELLES

Alain **MARTINEAU**

PRÉSIDENT DE L'UNEP PAYS DE LA LOIRE

FORMATION Brevet de technicien agricole (Les Établières, La Roche-sur-Yon, 1984)

PASSIONS Les voyages, la randonnée, le jardinage

Fils d'agriculteur, Alain Martineau découvre le secteur du paysage en 1989, lorsqu'il participe à un aménagement paysager d'envergure à l'occasion de la construction d'un golf sur la côte vendéenne. Salarié pendant 16 ans, il fonde son entreprise, M Paysage à la Motte-Achard, en février 2005. Elle compte aujourd'hui 18 salariés et se spécialise essentiellement dans l'aménagement de jardins pour les particuliers et les entreprises privées, notamment pour la promotion immobilière.
Passionné par le végétal, Alain Martineau s'implique dès 2010 dans l'univers syndical de son métier. Il intègre cette année-là le bureau de l'Unep Pays de la Loire en tant que président départemental Vendée. En 2016, il devient vice-président de l'Unep Pays de la Loire et membre du conseil d'administration national. Attaché à la question de l'avenir technique du secteur, il intègre la commission nationale Innovation puis Prospective de l'Unep. Quatre ans plus tard, il est élu à la tête de l'Unep Pays de la Loire pour trois ans. Quatrième région en nombre d'adhérents, l'Unep régionale compte près de 1 810 entreprises pour 7 250 actifs et 410 millions d'euros de chiffre d'affaires. Motivé par le « partage d'expériences entre professionnels » et la « force du

réseau», son président s'efforcera durant son mandat de développer l'attractivité du secteur du paysage, de valoriser la profession et d'anticiper les métiers de demain. Des tâches qu'il poursuivra après sa réélection en janvier 2023.

UNEP PAYS DE LA LOIRE
- MAISON DE L'AGRICULTURE
- RUE PIERRE-ADOLPHE BOBIERRE
- 44939 NANTES CEDEX 9 • TÉL. 02 40 16 36 47

CULTURE

Pilar **MARTÍNEZ-VASSEUR**

DIRECTRICE ET FONDATRICE DU FESTIVAL DU CINÉMA ESPAGNOL DE NANTES

FORMATION lycée Domingo Miral à Jaca (Espagne) - licence d'histoire et géographie (1973) et langue et littérature françaises (1974); maîtrise de lettres modernes (1977); DEA d'analyse comparative des systèmes politiques (1979); doctorat de sciences politiques (1983) aux facultés de lettres et sciences humaines de Saragosse et de Nantes et à l'université de Paris-I Panthéon-Sorbonne (sciences politiques)

DISTINCTIONS officier des Palmes académiques

PASSIONS «J'ai pour activités professionnelles l'objet de mes passions (ou l'inverse?)».

PUBLICATIONS nombreux articles, publications et ouvrages sur l'histoire de l'Espagne (XIXe-XXIe siècles)

Lectrice d'espagnol à l'université de Nantes (1974-1987), tout en étant chargée de cours à la faculté des lettres d'Angers (1974-1981), puis à l'Ecole Normale de La Roche-sur-Yon et de Nantes, Pilar Martinez-Vasseur est alors nommée maître de conférences à l'université de Nantes. De 2000 à 2009, elle prend la direction de l'équipe de recherche du Centre de recherche sur les identités nationales et l'interculturalité (Crini). Aujourd'hui, elle est professeur des universités en histoire et civilisation de l'Espagne. Mais sa notoriété locale vient de son esprit d'initiative et sa pugnacité pour créer en 1990, puis faire vivre depuis, le Festival du Cinéma Espagnol de Nantes. Il est devenu, en près de 30 ans, le rendez-vous majeur du cinéma espagnol en France. C'est sa fierté d'avoir ainsi fait «partager un regard interculturel, pluriel, européen et citoyen, mettant la culture, toutes les cultures, au centre de mes activités professionnelles.»

FESTIVAL DU CINÉMA ESPAGNOL
- 22 RUE RACINE - 44000 NANTES
• TÉL. 02 40 20 55 84

ENERGIE

Amaury **MAZON**

DÉLÉGUÉ TERRITORIAL CENTRE ATLANTIQUE GRTGAZ

FORMATION DESS intelligence économique et Développement des entreprises (Icomtech Université de Poitiers 1999)

PASSIONS passer du temps avec sa famille, la lecture

Recruté pendant son stage de fin d'études à Toulouse, Amaury Mazon entre chez Gaz de France à Nancy en 1999. La période est stratégique pour l'entreprise, sur le point de se restructurer. Il est alors chargé de la représenter auprès des institutions locales et met en place un outil de veille régionale. Attiré par le management des équipes, il devient chef d'agence commerciale à Saint-Dizier en 2001 sur le marché des particuliers et des collectivités locales de Haute Marne et de la Meuse. Il rejoint GRDF en 2004 comme chef d'agence commerciale dans la région de Reims puis en régions Pays de Loire et Poitou-Charentes à partir de 2006. Il a la responsabilité d'équipes de plus en plus importantes, engagées comme lui dans la transition énergétique qui se met en place. Un challenge aux dimensions sociétales qui correspond tout à fait aux valeurs d'Amaury Mazon et au sens qu'il donne à son métier. Celui-ci décide d'explorer un nouveau domaine d'intérêt public en rejoignant GRTgaz en 2011 comme ingénieur d'affaires. Sa nouvelle mission se déroule là aussi dans une ère de transition qui stimule son sens de l'innovation. Il accompagne alors les clients industriels, producteurs de biométhane et les collectivités territoriales. Il prend en 2015 la responsabilité de délégué territorial Centre Atlantique. Cet homme de réseaux qui aime jouer collectif s'investit avec passion dans son rôle de «passeur» et de médiateur. Il travaille à coordonner les différentes directions de son territoire (Bretagne, Pays de la Loire, Centre-Val-de-Loire et Nouvelle-Aquitaine), tout en veillant à mieux faire connaître son entreprise. Ça tombe bien, cet homme convaincu adore convaincre...

GRTGAZ TERRITOIRE CENTRE-ATLANTIQUE
- 10 QUAI ÉMILE CORMERAIS - BP 70252
- 44818 SAINT-HERBLAIN CEDEX
• TÉL. 02 40 38 87 07

ENSEIGNEMENT SUPÉRIEUR

Laurent **METRAL**

PRÉSIDENT D'AUDENCIA BUSINESS SCHOOL

FORMATION maîtrise de droit (Université Lyon III, 1988); DESS gestion des entreprises (Université Lyon III, 1989)

PASSIONS La montagne, le sport dans différentes disciplines

Laurent Métral se définit comme un pur produit du CIC. Il intègre, en mars 1991, CIC Lyonnaise de Banque où il occupe des fonctions d'exploitation dans le réseau d'agences, puis de responsable des ressources humaines. Il rejoint en 2002 la Banque Régionale de l'Ouest (appartenant au groupe CIC), à Blois, en tant que directeur des ressources humaines. En 2005, il est responsable des opérations de fusion entre le CIO et la BRO pour construire la banque CIC Ouest d'aujourd'hui. En 2007, il est nommé directeur général adjoint en charge des activités liées au secrétariat général et aux ressources humaines. Il prend, fin 2013, la responsabilité du réseau d'agences, de la direction de l'exploitation et du pôle finances. Il est ensuite nommé président directeur général en mai 2014. Ce parcours complet, aux fonctions diverses, permet à Laurent Métral d'avoir une connaissance globale et opérationnelle de la banque. Il apprécie ainsi tout particulièrement le fait de piloter l'entreprise et de prendre des décisions stratégiques, tout en restant proche de ses équipes et de ses clients, ce qui est toujours une de ses priorités. En mai 2016, il prend la fonction de directeur général de CIC Ouest, assumant

la direction exécutive et opérationnelle de CIC Ouest. Depuis très longtemps investi dans le monde de l'enseignement supérieur, ancien administrateur de l'Institut d'économie et de management Nantes, il est élu président d'Audencia Business School en septembre 2016.
Le 1er janvier 2021, il rejoint, à Paris, le Comité de Direction de son groupe Crédit Mutuel Alliance Fédérale en tant que DRH Groupe puis directeur Groupe des Ressources Humaines et de la Communication.

AUDENCIA - 8 ROUTE DE LA JONELIÈRE - BP 31222 - 44312 NANTES CEDEX 3 • TÉL. 02 40 37 34 34

TEXTILE

Arnaud **MEYNIAL**

PRÉSIDENT DU DIRECTOIRE DU GROUPE BHD

FORMATION diplôme d'ingénieur de l'école des Mines de Paris (1988) ; MBA de l'Insead (Institut européen d'administration des affaires - 1992)

PASSIONS la course à pied (marathons de Paris, Nantes, etc...)

À la fin de ses études, Arnaud Meynial ne perd pas une seconde et enchaîne les expériences professionnelles au sein de grands groupes. Il travaille notamment pour Otis, ou encore la Générale des eaux (aujourd'hui Dalkia). Fort de nouvelles compétences, il devient ensuite chef de projet à Nantes pour la société Arlux en 1996. Petit à petit, il y gravit les échelons et prend la direction de l'entreprise le 1er janvier 2000. Il part ensuite en 2010 pour présider le groupe Bretèche Industrie, basé alors en région parisienne. Pendant quatre ans, il tient le gouvernail de ce navire de 800 salariés, spécialisé dans l'équipement pour l'industrie agroalimentaire (principalement la boulangerie - VMI, Esteve, Diosna - et la fromagerie - Technal, Chalon, Megard, Simon). C'est, pour lui, l'une des plus belles périodes de sa carrière. A la suite d'un changement d'actionnaire majoritaire, il quitte le groupe et rachète le groupe Sabe, concepteur de process et d'usines clés en main pour les industries du vrac. Il est désormais président du directoire du groupe BHD, qui fédère 20 filiales spécialisées dans la transformation de textiles techniques.
Arnaud Meynial est actuellement membre du réseau Entreprendre de Nantes, dont il fut l'un des administrateurs à la fin des années 2000. Ce féru de sport profite par ailleurs de son temps libre pour courir et réaliser des marathons.

GROUPE BHD - ZI DE LA SANGLE - RUE DE L'ATLANTIQUE - 44390 NORT-SUR-ERDRE • TÉL. 02 51 12 68 68

COMMUNE

Michel **MEZARD**

MAIRE DE SAVENAY

FORMATION Bac technologique en hôtellerie (Bourges) ; DUT Gestion des entreprises et administrations à Clermont Ferrand (1986) ; Cefac (école de commerce) à Paris (1992)

PASSIONS natation, basketball, cuisine, amateur de whisky, l'île de Houat

Après son DUT, Michel Mezard se lance dans les métiers de l'hôtellerie à Paris et Deauville. Il décide ensuite de mettre son expérience au profit des jeunes et devient enseignant dans un centre de formation d'apprentis à Vannes de 1987 à 1992. Après un passage au Cefac pour perfectionner son savoir dans le domaine de la gestion, il entre à la CCI de La Rochelle, comme conseiller en entreprise hôtellerie et restauration. Peu de temps après, l'aéroport de La Rochelle fait appel à lui pour prendre le poste de directeur. Durant ses 2 ans de mandat, il tisse des liens avec la direction de la compagnie aérienne TAT. Celle-ci lui propose alors le poste de directeur régional à Nantes. Après la fusion avec Air Liberté un an plus tard, Michel Mezard devient directeur régional à Bordeaux. A la fin des années 1990, il choisit de quitter le secteur aérien. Après trois ans au PMU de Brest comme directeur régional, il intègre la CCI de Nantes-Saint-Nazaire en tant que responsable de département commerce et tourisme, puis comme directeur de cabinet du président. En 2010, il se voit confier la direction générale de la Snat, une Scop de 130 salariés, spécialisée dans le transport et le stockage. Devenu Pdg en décembre 2014, il est directeur général d'Idea Transport, après la fusion, de 2018 à février 2021. Il est actuellement pilote de projets pour le groupe Idea.
Très investi sur son territoire, il se présente aux élections municipales de Savenay en mars 2020 et est élu au 1er tour. Il devient en outre vice-président de la communauté de commune Estuaire et Sillon en charge du développement économique et vice-président du pôle métropolitain Nantes-Saint-Nazaire.

VILLE DE SAVENAY - 2 RUE DU PARC DES SPORTS - 44260 SAVENAY • TÉL. 02 40 58 39 39

COMMUNICATION ET MARKETING

Emmanuel **MIANI**

CO-PRÉSIDENT DE LMWR

FORMATION lycée Saint-Félix à Nantes - diplômé de l'EDC

DISTINCTIONS les dernières en date : Prix du meilleur impact presse Prisma 2014 ; Oscar de l'emballage 2014 ; Prix de la meilleure communication agricole 2015 ; Grand prix du public « meilleure communication touristique » 2015 ; Trophée de la communication 2016

PASSIONS l'architecture contemporaine, la mer en solitaire, le journalisme, le rock fort et les rhums vieux AOC de Martinique

En 1990, Emmanuel Miani démarre sa carrière dans le Sud de la France. Mais très vite, il met le cap plein Nord, rejoint Euro RSCG en 1990 et arbitre entre Nantes et Paris pour choisir un retour définitif dans sa région Ouest natale. Il rejoint Young et Rubicam (1991), où il fait ses armes en tant que chef de publicité, chef de groupe puis directeur de clientèle et prend la responsabilité du développement de l'agence. En 1998, il rencontre Frédéric Chaigne avec lequel il dessine l'avenir de l'agence. Ensemble, ils décident du renouvellement des dirigeants de l'agence, acquièrent la majorité du capital et deviennent directeurs associés. Dans la traversée de la crise et la conquête de nouveaux marchés, l'histoire s'écrit à deux avec une complémentarité et une complicité totale qui se révèlent pertinentes.

Ils inventent ce qu'ils nomment le Work n'Roll, « mode de pensées stratégiques et créatives exclusives ». Ils optent aussi pour un management d'entreprise collaboratif et s'emploient à fédérer avec eux les nouvelles générations de communicants. Co-dirigeants de l'agence LM Y&R dès 2009, ils deviennent co-présidents en 2017 lorsqu'elle est re-baptisée LMWR. Une agence « d'idées stratégiques, publicitaires, digitales, design, graphiques, technologiques et produits ».

LMWR - 4 RUE DOBRÉE - 44100 NANTES
• TÉL. 02 40 12 29 50

ENERGIE

Bruno **MICHEL**

DIRECTEUR DU TERMINAL MÉTHANIER DE MONTOIR DE BRETAGNE (ELENGY) - PRÉSIDENT DU CONSEIL DE DÉVELOPPEMENT DU PORT DE NANTES SAINT-NAZAIRE

FORMATION ingénieur électricien (INPG - Institut national polytechnique de Grenoble, 1995) ; Mastère en ingénierie gazière (Ecole des Mines de Paris, 1996)

PASSIONS la géopolitique ; joueur assidu de badminton

Ingénieur doublement spécialisé en électricité et gaz, c'est finalement ce dernier domaine que Bruno Michel va choisir pour dérouler sa carrière après une première expérience chez EDF-GDF, à la tête d'une équipe de 40 personnes spécialisées dans la maintenance et le dépannage des réseaux de distribution. Il supervise ensuite la maintenance et l'exploitation des stations de bus au gaz chez GNVert : il découvrira à cette occasion les Pays de la Loire en mettant en service la station du dépôt de Saint-Herblain. Après un retour aux métiers de la distribution chez Gaz de France en 2002, il prend, fin 2004, la direction de BOG GmBH, société de transport qui assure le transit du gaz russe à travers l'Autriche. Il revient en France pour gérer les grands comptes européens de GRTgaz. Puis il intègre GDF-Suez en 2009 où on lui confie la responsabilité du portefeuille européen de capacités de transport du groupe. C'est en 2014 qu'il intègre la filière d'exploration production de GDF-Suez (devenu ENGIE), en charge du lancement du champ gazier d'Absheron en Azerbaïdjan.
Bruno Michel tente le challenge du GNL en prenant la direction du terminal de Montoir en août 2017. Cet homme de projets, qui se définit comme rigoureux et impliqué, trouve dans la fonction qui lui est confiée une grande source de motivation. Foncièrement attaché au management, aimant impliquer ses équipes, il doit aussi veiller à la sécurité du site. Au cœur d'enjeux économiques stratégiques pour le terminal, son expérience des métiers du gaz lui permet de relever le défi avec vigueur. Il prend la tête du conseil de développement du Port de Nantes Saint-Nazaire en février 2022.

ELENGY - ZONE PORTUAIRE - BP 35
- 44550 MONTOIR-DE-BRETAGNE
• TÉL. 02 40 17 53 03

RÉGION

Christelle **MORANCAIS**

PRÉSIDENTE DE LA RÉGION PAYS DE LA LOIRE

FORMATION études supérieures de commerce au Mans

DISTINCTIONS Chevalier de la Légion d'honneur 2021

Christelle Morançais débute sa carrière en tant que négociatrice, puis responsable Développement Grand Ouest pour le réseau ERA France (franchise immobilière). En poste dans l'immobilier résidentiel pendant 7 ans, elle rejoint CB Richard Ellis (ex Insigna-Bourdais) leader de l'immobilier d'entreprise, en tant que chargée d'affaires à Paris. Elle fait ensuite le choix de privilégier l'éducation de ses enfants puis décide de créer sa propre société. Elle co-fonde l'Immobilière Morançais sur la côte basque et la revend en 2010 pour lancer le projet megAgence. Elle y occupera la fonction de directeur général jusqu'en 2017.
Elle se lance par ailleurs dans la vie publique et, tête de liste de l'opposition au Mans en mars 2014, elle entre au conseil municipal. En 2015, elle est choisie pour conduire la liste d'union de la Sarthe Les Républicains et Centre aux élections régionales des Pays de la Loire. Elue, elle est nommée 2e vice-présidente du conseil régional des Pays de la Loire, en charge de la formation professionnelle et de l'apprentissage. Puis, en octobre 2017, Christelle Morançais est élue à la présidence du conseil régional, où elle succède à Bruno Retailleau. Deux ans plus tard, elle est choisie comme vice-présidente des Républicains. La même année, elle est élue à la tête du conseil de surveillance du port de Saint-Nazaire, organe chargé des orientations stratégiques de cet établissement public.
Elle est réélue à la tête de la Région des Pays de la Loire en juin 2021. Un peu plus d'un an plus tard, elle quitte les Républicains. En mai 2023, elle est élue présidente du comité national d'orientation de Bpifrance.

RÉGION PAYS DE LA LOIRE - HÔTEL DE RÉGION
- 1 RUE DE LA LOIRE - 44966 NANTES CEDEX 9
• TÉL. 02 28 20 50 00

ENERGIE

Bruno **MORAS**

DIRECTEUR RÉGIONAL DE DALKIA CENTRE OUEST

FORMATION Ecole centrale de Paris (1985)

PASSIONS le hand-ball, le rugby, la pêche et l'oenologie

Bruno Moras a effectué l'ensemble de sa carrière au sein du Groupe EDF depuis 1986. Après avoir occupé différentes fonctions, il devient directeur commercial et marketing d'Electricité de Strasbourg de 2001 à 2005. Dans le même temps il est nommé PDG d'Ecotral, spécialisé dans les services énergétiques. De 2005 à 2011, il dirige EDF Entreprises et Collectivités locales Ouest et devient directeur régional d'EDF Commerce Ouest en 2012. Il prend ensuite en charge la direction des services énergétiques du Groupe EDF à Paris.
En 2015, il rejoint Dalkia, filiale du groupe EDF, en tant que membre du comité exécutif, en charge des filiales de spécialité (Dalkia Smart Building, Dalkia Biogaz, Dalkia Froid Solutions, Dalkia Wastenergy...). Dalkia accompagne la transformation

énergétique de ses clients Entreprises et Collectivités à travers le développement des énergies renouvelables et de récupération thermiques locales, et les économies d'énergie. En mai 2018, Bruno Moras a été nommé directeur régional de Dalkia Centre Ouest, qui couvre les régions Bretagne, Pays-de-la-Loire et Centre-Val de Loire.

DALKIA DIRECTION RÉGIONALE CENTRE-OUEST - 5 CHEMIN DE LA CHATTERIE - CS 40 - 44800 SAINT-HERBLAIN • TÉL. 02 28 09 27 52

CULTURE

Mathilde **MOREAU**

DIRECTRICE ASSOCIÉE DE LA COMPAGNIE DU CAFÉ-THÉÂTRE

FORMATION licence Infocom à l'Université de Nantes (2004)

PASSIONS L'humour, le théâtre, la voile, le cinéma.

PUBLICATIONS « Les Pensionnaires » , « L'Effet Yoyo » , « Le One Game Show » , « Merci, fallait pas » , « Mystère à la ferme » , « Dans le jardin de mon papy » , « Gourmandine » , « Le cadeau magique ».

Mathilde Moreau crée L'école du rire à l'âge de 20 ans. Elle enseigne le café-théâtre, met en scène, s'essaie à l'écriture et très vite s'entoure de 9 professeurs de théâtre pour diriger les 300 élèves. Son amie, Anne Roumanoff, devient la marraine en 2001. En 2006, elle crée une société de Production, Diffusion et d'Événementiel avec son mari Erwan Guynot de Boismenu. Spécialisée depuis ses débuts dans l'humour, elle reçoit les plus grandes stars du rire en création de leur nouveau spectacle (Kev Adams, Anne Roumanoff, Jamel Debbouze, Bérengère Krief, Jérémy Ferrari, François-Xavier Demaison, Patrick Timsit, Anthony Kavanagh, Pierre Palmade...). Passionnée depuis une vingtaine d'années, Mathilde Moreau continue de mettre en avant les nouveaux talents du rire et se surprend même à dire qu'elle voit plus de 350 spectacles par an !

COMPAGNIE DU CAFÉ-THÉÂTRE - 6 RUE DES CARMÉLITES - 44000 NANTES • TÉL. 02 40 89 65 01

ORGANISATIONS PROFESSIONNELLES

Olivier **MORIN**

PRÉSIDENT DE LA CPME PAYS DE LA LOIRE

FORMATION DUT gestion (IUT de Nantes-La Roche-sur-Yon, 2000) ; CNAM (La Roche-sur-Yon, 2003)

PASSIONS pilote amateur

Formé en gestion et en ressources humaines, Olivier Morin entame sa carrière dans un cabinet comptable en tant que collaborateur. Un an après, il rejoint le groupe Akena. Chargé des ressources humaines jusqu'en 2006, il y « attrape » l'amour du bâtiment et de l'entreprenariat grâce à son Pdg, Christophe Chabot. Il reprend ainsi une petite entreprise qui, rebaptisée Néo Bâti, deviendra un cabinet d'études et d'architecture : H-O-M-E. En 2010, il rachète Serge Ratouit SARL, entreprise de maçonnerie générale employant 21 salariés qu'il revend fin 2020. Il développe depuis une nouvelle activité de promotion immobilière.
Homme de conviction, Olivier Morin a envie de « changer les choses ». Il entre à la Fédération du bâtiment de Vendée dès 2007, intègre le conseil d'administration en 2008 et découvre les enjeux de la représentation patronale. Chargé d'organiser les élections, il s'investit de plus en plus, passionné par les enjeux politiques et économiques. Il entre ensuite au bureau de la Fédération et devient vice-président en 2012. Il s'intéresse par ailleurs à la défense du RSI et devient mandataire en 2013 pour les Pays de la Loire. Tête de liste lors des élections à la Chambre des Métiers et de l'Artisanat en 2016, son profil attire la CPME qui lui demande de devenir vice-président. Elu président régional en mars 2017, lui et son équipe se fixent 3 objectifs forts : proposer des services aux PME-TPE, créer des synergies, représenter et défendre les entreprises pour que « leur avenir soit plus serein ». Le dirigeant, qui se dit « besogneux », veillera à l'indépendance de la CPME tout en continuant à assurer ses différents mandats. Il est réélu pour un dernier mandat de trois ans en mai 2023.

CPME PAYS DE LA LOIRE - 8 RUE JEAN ROUXEL - 44700 ORVAULT • TÉL. 02 40 52 12 12

ASSOCIATIONS ET RÉSEAUX

François-Xavier **MOUTEL**

FONDATEUR DU GROUPE ABALONE - MEMBRE FONDATEUR DE LA MISSION HYDROGÈNE

FORMATION bac technique commercial

DISTINCTIONS nombreux prix pour la démarche environnementale d'Abalone

PASSIONS la peinture, la sculpture, la musique, les amitiés longues et multiculturelles, et la Femme.

François-Xavier Moutel est un acteur de l'emploi. Il fait ses débuts professionnels chez Ecco, une entreprise de travail temporaire, où il est successivement chef d'agence, responsable du centre de profits, puis en charge des secteurs Nettoyage et Sous-traitance. Il poursuit sa carrière comme dirigeant de deux sociétés de services avant de piloter la direction régionale d'un grand groupe de travail temporaire. Aujourd'hui, il est PDG du groupe Abalone, basé à Saint-Herblain et implanté dans différents pays d'Europe, en Pologne et en Asie. Spécialisé dans le travail temporaire, le groupe a diversifié ses activités dans les ressources humaines, le développement durable, l'hôtellerie. En 2018, il lance sa fondation : elle s'attachera à soutenir des actions favorisant l'égalité des chances et la promotion sociale des individus.
François-Xavier Moutel s'est par ailleurs investi au service de la filière hydrogène énergie en Pays de la Loire, et de ses applications maritimes et fluviales, dans le cadre de la Mission Hydrogène dont il est le cofondateur. Il est membre du conseil d'administration du collège « Fondateur ».

MISSION HYDROGÈNE - 43 RUE BOBBY SANDS - BP 80095 - 44814 SAINT-HERBLAIN CEDEX • TÉL. 02 44 76 03 12

DÉVELOPPEMENT ÉCONOMIQUE

Philippe **MUSSET**

DIRECTEUR DÉPARTEMENTAL MAINE-ET-LOIRE DE SOLUTIONS&CO

FORMATION lycée Notre-Dame de Bonnes Nouvelles à Beaupréau - ESSCA d'Angers (1986)

PASSIONS l'histoire et le golf

Délégué commercial chez Rank Xerox à Angers (1986-1988), Philippe Musset poursuit sa carrière chez L'Aiglon comme responsable commercial (1988-1990) avant d'intégrer le Comité d'expansion économique du Maine-et-Loire. Il en devient le délégué général en 2001. Après la dissolution du Comité, il prend la fonction de directeur départemental Maine-et-Loire Entreprises et territoires chez Solutions&co (ex Agence regionale des Pays de la Loire) en 2017.

SOLUTIONS&CO - 7 RUE DU GÉNÉRAL BOLLADIÈRE - CS 80221 - 44202 NANTES CEDEX 2 • TÉL. 02 40 89 89 89

COMMERCE ET DISTRIBUTION

Alain **MUSTIERE**

GÉRANT DE SOFIMUSTIÈRE - PRÉSIDENT DE LA CROISIÈRE PEN-BON ARZAL

FORMATION BEC comptable - Institut national d'études supérieures du commerce et de la réparation automobile (Inescra)

DISTINCTIONS officier de la Légion d'honneur; chevalier de l'Ordre national du Mérite et des Palmes académiques

PASSIONS la famille et les voyages.

Double parcours pour Alain Mustière. Sur le plan professionnel, il a donné une dimension régionale à l'affaire familiale qu'il a reprise en 1983. Aujourd'hui le groupe Mustière est implanté sur quatorze sites dans l'Ouest pour un effectif global de 450 salariés. Son CA illustre le formidable développement qu'a connu l'entreprise en 30 ans. Ce dynamisme entrepreneurial n'a pas empêché Alain Mustière de prendre des engagements extraprofessionnels. Après avoir occupé la présidence du CJD Nantes (1981-1982), il est élu à la CCI de Nantes, dont il devient un des vice-présidents (1983) puis le président (1989). En 1998, il est à la tête de la CRCI, mandat qui le destine à intégrer le Conseil économique et social régional. Il y fait ses premières armes à la tête de la commission Finances et Plan jusqu'en novembre 2001, où il est élu à la tête de cette assemblée, mandat qu'il exercera jusqu'en 2010. Il reste président honoraire de la CCI et de la CRCI.
Attaché aux investissements structurants porteurs de développement économique, cet ancien vice-président d'Ouest Atlantique a présidé l'Association citoyenne pour la réalisation d'un aéroport international à Notre-Dame-des-Landes de 2012 à mai 2018. Président du réseau FAIR Pays de la Loire, il a été le président de l'association Interconnexion Sud TGV en Ile-de-France. Par ailleurs, il est à la tête de l'association «des Pieds et des Mains», qui oeuvre en faveur de l'insertion des handicapés dans les sports nautiques. Il est aussi président de l'association La croisière Pen-Bon Arzal, qui fait naviguer valides et handicapés, depuis juin 2021.

SOFIMUSTIÈRE - 22 RUE DU CHÊNE AUX LOUPS - 44880 SAUTRON • TÉL. 02 51 78 85 84

DÉPARTEMENT

Michel **MÉNARD**

PRÉSIDENT DU DÉPARTEMENT DE LOIRE-ATLANTIQUE

FORMATION Lycée Ambroise Paré à Laval - Deug enseignement du 1er degré; certificat d'aptitude pédagogique (Ecole normale de Nantes)

DISTINCTIONS Médaille de bronze Jeunesse et sports

PASSIONS Les voyages, le ski alpin.

Fils d'agriculteurs, Michel Ménard s'engage à 18 ans dans les mouvements de jeunesse et d'éducation populaire. Après ses études, il effectue son service civil dans une fédération d'éducation populaire. Il y reste comme salarié jusqu'en 2007, y exerçant diverses responsabilités liées à l'économie sociale et solidaire. Adhérent du Parti socialiste depuis 1986 et exerçant des fonctions électives depuis 1995, son action politique est un engagement de longue durée. De 1995 à 2007, il est conseiller municipal et président de Nantes Habitat (2001-2007). Elu conseiller général de Loire-Atlantique du canton de Nantes 8 en 2001, il est vice-président du Département de 2004 à 2011, en charge de la Jeunesse, des sports et de l'éducation populaire puis, de 2011 à mars 2015, vice-président en charge de l'Education. Il est réélu en binôme avec Catherine Touchefeu sur le nouveau canton de Nantes 7 comme conseiller départemental de Loire-Atlantique en 2015 puis avec Chloé Girardot-Moitié en juin 2021. Député de la 5e circonscription de Loire-Atlantique de 2007 à 2017, il a fait partie de la mission d'information sur la gouvernance et le financement des structures associatives et a participé aux travaux de groupes d'études sur la vie associative, le sport ou encore le logement. Au sein de l'Assemblée Nationale, il a été vice-président de la Commission des affaires culturelles et de l'éducation et président du groupe d'amitié France-Tunisie.
Michel Ménard est élu président du conseil départemental de Loire-Atlantique en juillet 2021. Président par ailleurs d'Habitat 44 dès juin 2011, il cède sa place en septembre 2021 mais reste membre du conseil d'administration.

CONSEIL DÉPARTEMENTAL DE LOIRE-ATLANTIQUE - HÔTEL DU DÉPARTEMENT - 3 QUAI CEINERAY - CS 94109 - 44041 NANTES CEDEX 1 • TÉL. 02 40 99 10 00

RÉGION

Constance **NEBBULA**

13E VICE-PRÉSIDENTE DE LA RÉGION PAYS DE LA LOIRE

FORMATION BTS communication des entreprises (Sup de com Nantes, 2010) ; bachelor en communication stratégique 2011 et master 1 communication institutionnelle 2012 (Sup de pub Paris) ; master 2 communication politique et publique (université Paris Est Créteil, 2013)

PASSIONS le violon, le karaté

Passionnée d'Histoire, Constance Nebbula s'oriente finalement vers la communication et son éventail de possibilités. Après ses diplômes et un tour de l'Europe en sac à dos, elle se pose à Angers en 2013. Militante à l'UMP dès 2010, elle décide de s'impliquer sur le terrain politique. Avec le tempérament audacieux qui est le sien, elle contacte Christophe Béchu, alors candidat à la mairie d'Angers... et est élue conseillère municipale en mars 2014, déléguée à l'économie numérique. Elle est aussi recrutée comme collaboratrice parlementaire auprès du sénateur-maire pour s'occuper de sa communication. L'Angevine quitte ses fonctions peu avant les élections sénatoriales de 2017 pour fonder son entreprise dans le e-commerce. Elle « apprend sur le tas », apprécie l'exercice de l'entreprenariat et se lance dans un nouveau projet en 2020, abouti en 2021 : la création d'un espace de co-living rural dans son département.

En parallèle, Constance Nebbula poursuit son engagement politique local et est à nouveau élue aux municipales en 2020, déléguée à la transition numérique et au territoire intelligent. Elle, qui se dit guidée par « la valeur liberté » et le besoin d'agir, est élue présidente d'Angers technopole en septembre 2020 et le restera jusqu'à décembre 2022. En 2020 également, elle est nommée vice-présidente de l'agence de développement économique Aldev. Impliquée dans les problématiques de réduction des déchets, elle a aussi co-créé l'association Zero Déchet Angers. Et cette personnalité singulière, violoniste depuis l'âge de 5 ans, trouve encore le temps de jouer dans un orchestre...

Élue à la Région Pays de la Loire depuis juin 2021, elle est 13e vice-présidente et préside le groupe Les Républicains.

RÉGION PAYS DE LA LOIRE - HÔTEL DE RÉGION - 1 RUE DE LA LOIRE - 44966 NANTES CEDEX 9 • TÉL. 02 28 20 50 00

INDUSTRIE ÉLECTRIQUE ET ÉLECTRONIQUE

Philippe **NOVELLI**

DIRECTEUR GÉNÉRAL DÉLÉGUÉ D'ECA ROBOTICS - PRÉSIDENT DU CONSEIL DE POLYTECH NANTES

FORMATION classes préparatoires scientifiques à Paris - diplôme d'architecte naval Ensieta (Brest, 1985) ; accession dans le corps des ingénieurs de l'armement (1990) ; STEGE ESCP (1995) ; auditeur de la 41e session du Centre des Hautes Etudes de l'Armement

DISTINCTIONS chevalier de l'Ordre national du Mérite

Philippe Novelli a effectué la grande majorité de sa carrière au sein de DCN devenue depuis Naval Group. Elle débute en 1985 à DCN Saint-Tropez où il occupe les postes de responsable d'une unité de production de 110 personnes (usinage, fonderie prototype) et de responsable d'études dans l'équipe de développement d'une nouvelle torpille légère. Il poursuit ensuite sa carrière à DCN Toulon où il est en charge de l'entretien des sous-marins nucléaires d'attaque. En 1997, il s'installe une première fois dans la région Pays de Loire, à DCN Indret, pour prendre en charge un bureau d'études avant de se voir confier un département d'affaires. Il rejoint en 2002 Armaris, joint-venture entre DCN et Thales, pour diriger la maîtrise d'œuvre d'ensemble du programme de sous-marins pour la Malaisie. En 2008, Philippe Novelli devient directeur général d'ECA EN, société spécialisée dans l'étude et la fourniture de solutions dans le domaine de l'électronique de puissance, des moteurs électriques et des systèmes de conduite. Puis, en 2018, ECA EN est absorbé par fusion par ECA Robotics, société spécialisée dans le domaine de la robotique, de l'automatisme et des systèmes télé-opérés opérant en milieu hostile. Philippe Novelli en devient alors le directeur général délégué.

Élu au Comité directeur de l'Union des industries et métiers 44 et membre du bureau depuis 2008, il en est le président de septembre 2012 à juin 2018. Il devient ensuite président de Codifor, dispositif de l'UIMM pour l'accompagnement en matière de formation des entreprises de la métallurgie à l'export. Par ailleurs, en 2016, il est élu président du Conseil de Polytech Nantes.

ECA ROBOTICS - ZAC DES HAUTS DE COUËRON - 24 RUE JAN PALACH - 44220 COUËRON • TÉL. 02 40 92 39 19

NUMÉRIQUE ET INFORMATIQUE

Philippe **OLÉRON**

PRÉSIDENT DU GROUPE SIGMA

FORMATION École La Menais à Ploërmel - maîtrise de sciences de gestion à la faculté de sciences économiques et à l'Institut de gestion de Rennes

PASSIONS le sport (course à pied, randonnées, vélo...), les voyages-découvertes, la généalogie, la lecture, les relations humaines et la psychologie, la permaculture, l'innovation managériale

Après un début de carrière chez Saint-Gobain et quelques années au sein de l'entreprise, Philippe Oléron prend la direction générale de Sigma Informatique en 1999. Sous son impulsion, cette société créée en 1972 se développe rapidement. Il prend la présidence en 2002 et devient actionnaire majoritaire en 2006. Avec ses 3 métiers principaux, l'édition de logiciels, l'intégration et l'infogérance de solutions, Sigma accompagne ses clients sur un spectre de services étendus. Son développement est basé sur la proximité clients et c'est donc naturellement qu'elle s'est tournée vers l'accompagnement des clients dans leur transformation digitale en se basant sur l'expérience utilisateur. L'entreprise possède des datacenters en propre qui lui permettent de proposer des solutions d'hébergement performant. En 2019, c'est sur le registre social que Sigma innove avec l'ouverture du capital de l'entreprise à l'actionnariat salariés. L'opération rencontre un vif succès avec 51 % des salariés souscripteurs. Quatre ans plus tard, Sigma devient une entreprise à mission.

Engagé dans la vie du territoire, Philippe Oléron participe à la création en 2009 de l'Association des Entreprises de La Chapelle-sur-Erdre qu'il préside de 2011 à 2014. Membre de Réseau Entreprendre Atlantique et de Dirigeants Responsables de l'Ouest, il prend la présidence de cette association de septembre 2015 à 2018 et en restera vice-président jusqu'à fin 2022.

SIGMA - ZI LA GESVRINE - 8 RUE NEWTON - CS 84533 - 44240 LA CHAPELLE-SUR-ERDRE CEDEX • TÉL. 02 40 37 14 00

ENERGIE

Santa **ORSINI**

DIRECTRICE GROUPEMENT INEO TERRITOIRE INTELLIGENT ALM ENGIE SOLUTIONS PAYS DE LA LOIRE

FORMATION classe préparatoire HEC (Lycée Saint-Michel de Picpus, Paris - 1993) ; DEUG Mass (Université de Paris XII La Varenne - 1994) ; Ecole Supérieure de Commerce de Reims (1997)

PASSIONS randonnées pédestres, voyages, peinture

Santa Orsini a effectué l'ensemble de sa carrière dans le monde de l'énergie. Cadre marketing à EDF-GDF Services à Reims de 1997 à 1999, elle devient responsable de l'équipe de conseillers clientèle et second d'agence jusqu'en 2000. De 2001 à 2004, elle prend les fonctions de chef d'agence clientèle, toujours à Reims, tout en assurant une mission d'auditeur qualité. Elle rejoint l'Ouest en 2004 à la création de GRD Atlantique, où elle met en place le système de pilotage de la Délégation Développement Ouest. S'épanouissant dans la mise en place de nouvelles entités, on lui confie, en 2007, la création du pôle marketing au sein de GrDF Ouest, avant de la nommer début 2011, déléguée Marché d'affaires. De juin 2014 à juillet 2020, Santa Orsini est déléguée régionale Pays de la Loire pour le Groupe Engie (anciennement GDF Suez). Elle rejoint ensuite Engie solutions pour prendre la direction du groupement Engie « territoire intelligent » Angers Loire Métropole.

Impliquée et passionnée, Santa Orsini exerce par ailleurs le rôle de secrétaire de l'AFG Ouest (Association Française du Gaz). Elle est membre de l'Atee Ouest (Association Technique Energie et Environnement), conseillère technique Energie auprès de la CCI de Nantes Saint-Nazaire et siège au conseil d'administration du club Face Vendée.

ENGIE - DÉLÉGATION PAYS DE LA LOIRE - 15 RUE NINA SIMONE - CS 39601 - 44096 NANTES • TÉL. 02 51 86 70 02

MÉDIAS

Stéphane **PAJOT**

JOURNALISTE À PRESSE OCÉAN - AUTEUR

FORMATION école Bagatz à Rennes, lycée La Perverie à Nantes puis « quitte l'école pour le rock »

DISTINCTIONS prix de l'Académie littéraire de Bretagne et des Pays de la Loire pour l'ouvrage « Les Nantais » (Ed. D'Orbestier-2007)

PASSIONS « Chasseur de dahus » et lecteur de polars

PUBLICATIONS Plus de 25 ouvrages sur Nantes et des romans : « Nantes Bang Bang » (2020) ; « Cuba à en mourir » (2019) ; (« Le rêve armoricain » (2018) ; « Nantes, en quête d'histoires » (2018) ; « Petit lexique du Nantais pur beurre » (2017) ; « Nantes, Histoires d'eau » (2016) ; « Nantes est un zoo » (2015) ; « Nantes et la photographie, histoires croisées » aux Editions d'Orbestier ; « Anomalie P. » (Ed. de l'Atalante)

Stéphane Pajot est une figure nantaise. Peut-être rentrera-t-il dans une future galerie de personnages marquants de la vie sociale de la Cité des Ducs, telles celles qu'affectionne ce journaliste au parcours singulier. C'est guitare à la main qu'il entre dans la vie active au sein du groupe rock Les Paresseux (1985-1987) avant de créer avec Marc Caillaud le fanzine punk-rock PQ (1985-1989). Mais dès 1986, il met un pied dans la presse quotidienne régionale, en franchissant la porte de Presse Océan. Il y découvre toutes les arcanes du métier et les « joies » des tournées des commissariats. Sa connaissance du monde musical nantais lui permet déjà de rendre compte de l'actualité des groupes émergents. En 1994, il écrit son premier ouvrage « La tchatche ou le tour de Nantes en 80 pastagas ». Suivront d'autres livres dans lesquels ce nyctalope fait revivre le monde détonant des bars, « où se noient les regrets, où se croisent les destins ». Dénicheur de clichés inédits mais aussi d'histoires étranges, aimant l'envers du décor, Stéphane Pajot est plus connu du grand public pour ses ouvrages (une quarantaine) traitant de l'histoire de Nantes. Auteur du Poulpe « Aztèques Freak » (Baleine Editions), il publie également des nouvelles noires dans des livres dédiés aux groupes de rock mythiques, dont Little Bob Story, Bérurier Noir, La Souris Déglinguée, The Cramps et Gun Club. En 2021, il souffle ses 35 bougies au sein de Presse Océan.

PRESSE-OCÉAN - 2 QUAI FRANÇOIS MITTERRAND - 44200 NANTES • TÉL. 02 40 44 24 00

INTERCOMMUNALITÉ

Olivier **PARCOT**

DIRECTEUR GÉNÉRAL DES SERVICES NANTES ET NANTES MÉTROPOLE

FORMATION Diplôme de l'Institut d'études politiques de Lyon (1989) ; DESS en Aménagement, urbanisme et développement local (IEP Paris, 1990) ; administrateur territorial (1992)

PASSIONS La montagne, les déserts

A peine diplômé de l'IEP, Olivier Parcot travaille en tant qu'expert en finances locales pour le compte de Mairie Conseil (service de la Caisse des Dépôts). Il prépare en parallèle le concours d'administrateur territorial qu'il réussira en 1992. Entre temps, il saisit l'opportunité de travailler pour le Crédit Local de France (Dexia) et la Caisse des Dépôts et Consignations qui cherchent un analyste financier pour la Guadeloupe. Assistant puis directeur départemental, il y reste deux ans avant de revenir en métropole. A seulement 25 ans il devient alors directeur des finances de Saint-Etienne puis directeur général adjoint en 1997. Mais il aspire à prendre d'avantage de responsabilités, ayant le sentiment d'avoir contribué à redresser les finances de la commune. C'est alors qu'il arrive à Nantes en 1999, choisi comme directeur général adjoint des Finances, de la Commande publique et du Patrimoine de la Ville. Les dimensions élargies de ce poste, l'environnement global lui correspondent tout à fait. Il prend plaisir à effectuer cette première mission aux facettes multiples, puis dans celle de directeur général adjoint Projets Proximité, et dans celle de directeur général adjoint à la Vie sociale en 2005 (puis de directeur général délégué en 2008). La même année, le nouveau maire de Saint-Etienne le sollicite pour devenir directeur général des services de la métropole (400 000 habitants). Il ne peut refuser le challenge et repart en Rhône-Alpes... Mais Olivier Parcot est décidément un expert du territoire très recherché et Johanna Rolland lui propose le poste de directeur général délégué de Nantes Métropole et la Ville de Nantes en charge de la Cohésion sociale en 2014. Lui qui revendique d'être avant tout au service des habitants est nommé directeur général des services Nantes et Nantes Métropole en septembre 2015.

NANTES MÉTROPOLE - 2 COURS DU CHAMP DE MARS - 44923 NANTES CEDEX 9 • TÉL. 02 40 99 48 48

HABITAT SOCIAL

Marc **PATAY**

DIRECTEUR GÉNÉRAL DE NANTES MÉTROPOLE HABITAT

FORMATION DESS Urbanisme et Aménagement (Institut d'urbanisme de Grenoble, 2000) ; Diplôme d'état Architecte – HMONP (école nationale supérieure d'architecture de Lyon)

PASSIONS le sport en général, la course à pied, le vélo et l'œnologie

Intéressé très tôt par l'aménagement du territoire, les métiers de la ville en général, Marc Patay se spécialise donc en urbanisme et architecture. Après quelques stages, il entre chez le promoteur dijonnais Espace 2 en 1999 et devient directeur d'agence à Dijon. Mais ses valeurs le portent vers une dimension plus sociale. Il choisit ainsi de rejoindre l'OPAC de Saône-et-Loire un an plus tard. Il y occupe successivement les postes de responsable de programmes, directeur des Grands projets de ville - ANRU en 2002 puis directeur du service conception et réalisation des projets en 2004. Il prend alors en charge la direction de l'aménagement et du développement. Il a ensuite l'opportunité de poursuivre sa carrière en 2007 à Opheor, l'OPH de l'agglomération roannaise, en tant que directeur général. Largement investi dans la vie du mouvement professionnel, il devient en 2016 président de l'Association des Maîtres d'Ouvrage Sociaux du département de la Loire : il anime le réseau et représente le département auprès des instances de la région Rhône-Alpes-Auvergne.
C'est en 2017 que Marc Patay accède à la fonction de directeur général de Nantes Métropole Habitat (25 000 logements). Déterminé et à l'écoute, il met son expérience au profit de l'action de l'Office sur un territoire en mutation, projetant l'établissement public dans le futur. Toujours porté par des valeurs de partage et d'engagement au service du plus grand nombre avec ses équipes, il trouve exaltant « d'apporter sa contribution aux politiques de cohésion sociale et de développement des territoires ».

NANTES MÉTROPOLE HABITAT - 26 PLACE ROSA PARKS - BP 83618 - 44036 NANTES CEDEX 1 • TÉL. 02 40 67 09 09

ENERGIE

Arnaud **PATHIAUX**

DIRECTEUR RÉGIONAL TOTALENERGIES PAYS DE LA LOIRE

FORMATION Edhec (Lille, Promotion 1993) ; diplôme d'expert-comptable (1995)

PASSIONS le rugby, le handball

Arnaud Pathiaux commence son parcours chez Ernst&Young (devenu EY) en 1993 en tant qu'auditeur. A Lille puis en Guinéee Conakry et à Paris. Il fait ensuite le choix familial de rejoindre le Nord-Ouest et intègre AS24 à Saint-Herblain, filiale de TotalEnergies et siège qui pilote l'ensemble des filiales européennes. Il est d'abord contrôleur gestion, en 2000, puis directeur financier pour la France et l'Europe en 2006. Il devient successivement directeur financier en 2014, secrétaire général Grand-Ouest en 2018 pour une autre filiale de TotalEnergies, CPO, à Nantes. Quatre ans plus tard, il est nommé directeur régional des Pays de la Loire pour TotalEnergies, en charge des relations avec les parties prenantes ainsi que des dispositifs de soutien à l'emploi de l'Association TotalEnergies Développement Régional, et relais territorial de la Fondation TotalEnergies pour la Jeunesse.
Animé par son goût de la performance, celui du jeu collectif mais également par sa curiosité, Arnaud Pathiaux assure depuis lors trois missions principales. Il est le référent territorial du Groupe et adresse les parties prenantes d'ordre politique et consulaire. Pour TotalEnergies Développement Régional, il soutient l'emploi en aidant les porteurs de projets (octroi de prêts à taux zéro, hébergement de VIE, etc..), qu'il prend toujours plaisir à rencontrer. Il est aussi le relais territorial de la Fondation TotalEnergies pour la Jeunesse qui accompagne notamment la création d'école de « production » et des projets en lien avec la Fondation du Patrimoine. Passionné par son métier, il aime dialoguer, mettre en relation, « ouvrir les portes » et assume la communication de la stratégie de TotalEnergies avec « pédagogie » : accélérer sur le développement des énergies renouvelables sans renoncer aux énergies fossiles.

TOTALENERGIES MARKETING SERVICES - DIRECTION RÉGIONALE - 5 IMP. DE L'ESPÉRANTO - BP 80179 - 44802 SAINT-HERBLAIN CEDEX • TÉL. 02 40 67 46 00

MÉDIAS

Sébastien **PAYONNE**

RÉDACTEUR EN CHEF EN CHARGE DU PÔLE ACTUALITÉS D'API

FORMATION licence d'anglais (université de Nantes) ; Sciences Com (1999)

PASSIONS les voyages, la pop anglaise, le jazz et la musique soul, le FC Nantes, la course à pied, le football américain

Sébastien Payonne a effectué l'intégralité de sa carrière dans le journalisme économique b-to-b. Après des études de langues et de communication à Nantes, il rejoint en 1999 comme journaliste stagiaire l'agence de presse parisienne Digital Business, spécialisée dans la couverture de la net-économie. Il en deviendra chef de rubrique, puis rédacteur en chef adjoint avant de retrouver Nantes en 2002. D'abord indépendant, il devient journaliste pour l'édition Loire-Atlantique du Journal des entreprises, alors propriété du groupe breton Télégramme. Il en devient progressivement responsable des pages nationales puis rédacteur en chef adjoint. A ce titre, il pilotera notamment le lancement de la Radio des Entreprises et plusieurs chantiers numériques. Il quitte le titre en 2016 et travaille quelques mois plus tard dans le cadre d'une mission sur les contenus éditoriaux de Digital Change, événement b-to-b porté par l'agence API. Il intègre pleinement la structure en 2018, d'abord comme journaliste, puis comme rédacteur en chef adjoint. Il est nommé rédacteur en chef du pôle actualités en septembre 2023.

AGENCE API - 5 PASSAGE DOUARD - BP 10323 - 44003 NANTES CEDEX 1 • TÉL. 02 40 35 65 37

COMMUNE

Jean-Claude **PELLETEUR**

MAIRE DE PORNICHET

FORMATION
Diplôme d'ingénieur du CESI (Paris, 1983)

DISTINCTIONS
Chevalier de la légion d'honneur 2015

PASSIONS
Le sport en général.

Le Nazairien Jean-Claude Pelleteur débute aux Chantiers de l'Atlantique en 1969 en tant qu'apprenti chaudronnier. Chemin faisant, il évolue et occupe d'autres postes, toujours aux Chantiers. Dans les années 80, il reprend des études d'ingénieur puis rachète le groupe SMC, sous-traitant des Chantiers, d'Airbus et de DCNS. Se concrétise alors son envie de devenir chef d'entreprise. En 1998, il intègre le Pôle marine créé par la CCI, qui est destiné à promouvoir le savoir-faire d'entreprises à l'étranger dans le domaine de la construction de paquebots de croisière. Ce qu'aime Jean-Claude Pelleteur, c'est le montage de projets. Aussi, en 2001, il décide avec d'autres de transformer Pôle Marine en association de chefs d'entreprises, ce qui leur permettra d'accéder plus facilement à des marchés. Néopolia est née. Il en occupe la présidence de 2001 à 2013.
Bien connu dans la région, installé à Pornichet, il est ensuite sollicité par des Pornichétins qui souhaitent le voir s'impliquer dans la vie communale. Il se lance, voulant rassembler sans étiquette politique, et est élu maire de Pornichet en mars 2014. Il devient la même année vice-président de la Carene, chargé du développement économique et du tourisme. Depuis, il mise sur la proximité avec la population et le travail en équipe. Deux valeurs plus qu'importantes à ses yeux.
Il est réélu au premier tour des municipales de 2020.

VILLE DE PORNICHET - 120 AV. DU GÉNÉRAL DE GAULLE - 44380 PORNICHET • TÉL. 02 40 11 55 55

SPORT PROFESSIONNEL

Gaël **PELLETIER**

PRÉSIDENT DU HANDBALL CLUB NANTAIS (HBC NANTES)

FORMATION
Diplôme d'État Infirmier (1988); directeur d'établissement médico-social (1994); CAFDES – École des Hautes Études en Santé Publique (2018)

Gaël Pelletier porte pour la première fois les couleurs du «H» à l'âge de 11 ans. Il ne quittera plus jamais le maillot aux 3 hermines durant sa carrière sportive dans ce club. Il y prend des responsabilités de trésorier (1998-2008), puis de président délégué à la performance (2005-2008) et enfin de président du HBCN depuis 2008, année du titre de champion de France de D2 et de l'accession du club en 1re division (LNH). Le Nantais va s'atteler à structurer le club pour lui donner une assise solide, en créant un centre de formation en 2009. Il fixe l'objectif qu'un joueur par an intègre le groupe professionnel. L'engouement populaire est au rendez-vous : meilleure affluence d'un club de Handball en France avec plus de 145 000 spectateurs en 2019 et record d'affluence pour un match de championnat, tous sports collectifs de salles confondus avec 10 957 spectateurs au Hall XXL. Le HBC Nantes est le seul club de l'élite Française à exploiter sa salle : la H Arena. La progression du club est également constante dans ses résultats, avec pour la première fois de son histoire, une qualification pour une coupe d'Europe en 2011. Double finaliste de la Ligue des Champions (2018 et 2021) et de l'EHF Cup (2013 et 2016) le club évolue à l'échelle européenne depuis 11 saisons consécutives. Tous ces efforts portent leurs fruits en mai 2017 lorsque le H remporte la Coupe de France pour la 1re fois de son histoire, la Coupe de la Ligue en 2015 et le Trophée des Champions en 2017.
Gaël Pelletier est également élu à la Fédération Européenne de Handball au sein de la commission d'organisation des compétitions. Il est par ailleurs directeur de la Résidence Le Verger depuis 2003 et président de GAMAtlantic depuis 2011.

HANDBALL CLUB DE NANTES - 3 RUE ANDRÉ TARDIEU - 44200 NANTES • TÉL. 02 40 48 79 72

TEXTILE

Sandrine **PELLETIER**

DIRECTEUR GÉNÉRAL D'APLIX

FORMATION
maîtrise Droit des Affaires et Fiscalité et diplôme de l'Institut de Droit des Affaires (Paris II-Assas, 1986); diplôme d'HEC (1988)

DISTINCTIONS
Chevalier de la Légion d'honneur 2021

PASSIONS la musique classique et baroque

Pas facile d'échapper à son destin quand on est la petite-fille de Jean Billarant, fondateur de Velcro France (devenu Aplix)... Sandrine Pelletier commence par choisir de faire sa propre expérience et débute comme ingénieur-conseil en organisation chez Arthur Andersen en 1988. Elle répond à l'offre d'un chasseur de têtes en 1993 et entre au Club Méditerranée pour mettre en place le contrôle budgétaire. Devenue directrice adjointe du contrôle de gestion Groupe de 1995 à 2000, elle est promue au poste de directrice financière dans une filiale du Club, OYYO. Mais elle souhaite évoluer vers d'autres domaines que la finance et contacte un cabinet de recrutement qui lui propose en 2002 le poste de secrétaire général chez... Aplix! Recrutée, elle devient directeur général délégué en 2010 puis, nommée directeur général en 2012, elle juge nécessaire d'être plus proche du terrain et rejoint le siège au Cellier. Le

partenariat familial se passe depuis très bien avec son cousin, directeur général délégué marketing et ventes, sous l'oeil bienveillant de son père et de son oncle.
Sandrine Pelletier se définit comme une «cheffe d'entreprise heureuse» qui adore son métier, sa diversité et sa perpétuelle évolution. Membre des Dirigeants Responsables de l'Ouest, elle fait partie du conseil d'administration du CIC Ouest et de l'IMT Atlantique. Elle participe également à Impulsion ETI, un forum de dirigeants d'entreprises régionales. Et, si elle envisage bien de perpétuer l'héritage familial, elle veille aussi à préserver son équilibre personnel en gardant du temps pour elle et ses enfants (la 4e génération ?).

APLIX - ZA LES RELANDIÈRES - RD 723 - 44850 LE CELLIER • TÉL. 02 28 22 00 00

FINANCES

Thomas **PENGUILLY**

DÉLÉGUÉ INTERNATIONAL BPIFRANCE PAYS DE LA LOIRE

FORMATION lycée de l'Harteloire à Brest - maîtrise LEA (1999) ; DESS négociateur trilingue en commerce international (2000) aux universités de Brest et d'Angers

DISTINCTIONS médaille de la Jeunesse et des sports

PASSIONS le basket-ball, le surf, le windsurf, le cinéma et la musique.

Consultant en développement international chez Pramex International (2000-2005), Thomas Penguilly entre chez Ubifrance en 2005 en tant que responsable commercial à Paris pour les sociétés de la filière agroalimentaire. Deux ans plus tard, il évolue vers un poste de délégué régional en Pays de la Loire pour appuyer le développement export des PME. En mars 2013, dans le cadre du partenariat national avec Bpifrance (ex-OSEO) et du label Bpifrance Export (Ubifrance / Coface / Bpifrance), il devient chargé d'affaires international Pays de la Loire. Il intervient alors auprès de PME et ETI à fort potentiel de la région pour accélérer et optimiser leur développement international.
En septembre 2014, il est nommé responsable du réseau Ouest, pour manager et animer l'équipe des chargés d'affaires internationaux (Bretagne, Pays de la Loire, Aquitaine, Poitou-Charentes, Limousin). L'action de Thomas Penguilly s'est ainsi traduite depuis 2013, par la mise en place de programmes spécifiques d'accompagnement personnalisé labellisés Bpifrance Export visant à développer l'activité internationale d'une cinquantaine de sociétés de la région Pays de la Loire. Il prend les fonctions de délégué International Bpifrance Pays de la Loire en octobre 2016. Il a été par ailleurs responsable du réseau ouest Business France de 2016 à 2018.

BPIFRANCE - DÉLÉGATION RÉGIONALE OUEST - 2 RUE ANDRÉ TARDIEU - CS 54789 - 44265 NANTES CEDEX 2 • TÉL. 01 40 73 30 59

COMMUNICATION ET MARKETING

Yannick **PERRIGOT**

DIRECTEUR DE L'AGENCE DISOBEY

FORMATION DUT Tech de co (Ecole de commerce de La Rochelle) ; Sciences com'Nantes

PASSIONS les gens, les vins et les sports aquatiques.

Yannick Perrigot a fait ses armes professionnelles dans les médias. Rédacteur en chef de Radio Force 7 (1994-1998), il pige pour France 2, Canal +, France Inter, France Info, RTL, Europe 1, AFP et Reuters entre 1997 et 2000. Associé des agences Symaps à La Rochelle et Nitroglycérine à Bordeaux, il dirige l'agence Disobey (ex-Windreport') depuis 1999. Agence de communication, brand content, sponsoring et événements, Disobey emploie 17 salariés. «Comme créateur et repreneur d'entreprise, je travaille essentiellement pour des grandes marques françaises et des événements internationaux, que nous accompagnons sur des sujets de communication responsable, de valorisation de leur ADN et de story telling», précise Yannick Perrigot. «La partie visible de l'iceberg Disobey est le sponsoring voile, avec l'accompagnement des skippers et de leurs sponsors. La partie cachée est le conseil des entreprises sur leur stratégie et les moyens d'activation en communication interne, externe, relation presse, événements, production audiovisuelle et exploitation digitale».
Le Nantais est, par ailleurs, membre associé de l'Imoca (Association internationale des monocoques 60 pieds). Rompu au montage de projets collaboratifs entre public et privé, très inspiré par les start up de la Silicon Valley, le dirigeant a une forte culture digitale (administrateur de la Cantine numérique à Nantes depuis sa création). Co-fondateur de Nina, l'association nantaise d'entreprises du nautisme et du numérique, il crée en 2016 le cluster The Green Place To Be.

DISOBEY - 2 TER RUE DE LA TOUR D'AUVERGNE - 44200 NANTES • TÉL. 02 40 84 30 00

INTERCOMMUNALITÉ

Maurice **PERRION**

MAIRE DE LIGNÉ - PRÉSIDENT DE LA COMPA

PASSIONS Le sport, en spectateur...

Voilà près de 30 ans que Maurice Perrion s'engage dans la vie publique. Conseiller municipal de Ligné à partir de 1992, il est devenu le premier magistrat de la ville en 1995. Il a été conseiller général du canton de Ligné de 2004 à 2015 et 2e vice-président de la Communauté de communes du Pays d'Ancenis (COMPA), en charge de la commission développement et aménagement de 2008 à 2015. En 2001, l'élu est nommé président de l'association des maires du Pays d'Ancenis puis, en 2014, de l'association des maires de Loire-Atlantique. Professionnellement, Maurice Perrion a été le gérant du bureau d'études BEP Ingénierie (topographie, cartographie) qui emploie une cinquantaine de salariés.
Elu aux régionales de 2015, il est nommé 7e vice-président du conseil régional des Pays de la Loire, en charge des territoires, de la ruralité, la santé, l'environnement, la transition énergétique, la croissance verte et le logement. Puis il devient 3e vice-président en octobre 2017. En avril 2016, il prend la présidence tournante

de la Fédération régionale des maires des Pays de la Loire, nouvellement créée. Il la reprend en avril 2022. Il est réélu maire lors du premier tour des élections municipales de 2020 puis est élu président de la Compa en juillet. Réélu aux régionales en juin 2021, il devient secrétaire du conseil régional des Pays de la Loire mais démissionne en novembre 2022.

CC DU PAYS D'ANCENIS - COMPA - CENTRE ADMINISTRATIF LES URSULINES - CS 50201 - 44156 ANCENIS CEDEX • TÉL. 02 40 96 31 89

SERVICES À LA PERSONNE

Yann **PERSON**

CO-FONDATEUR D'EP - PRÉSIDENT DE LA CANTINE NANTES

FORMATION master en conseil et développement stratégique à Audencia Nantes ; diplômé de l'Ecole de management de Normandie (Caen) ; B.A. Honours in Business Studies

DISTINCTIONS lauréat de Réseau Entreprendre.

D'abord consultant Energie chez Mount Vernon Consulting à Paris (2002), Yann Person intègre ensuite, comme consultant, Energie & Utilities Logica (2003-2005), puis Sollis à Paris (2005-2007). Il crée Energie Perspective en 2007, entreprise qui propose des solutions digitales innovantes et technologiques pour accélérer la rénovation énergétique. Il s'agit de la première structure collective indépendante disposant d'un Plan d'Actions d'Economies d'Energie (PAEE) agréé par l'Etat. Il pilote désormais EP (anciennement Energie Perspective) avec son associé Pierre Leroy. La société a reçu en 2014 le Pass French Tech et, en 2015, le prix EY de la start-up de l'année. EP a été élue 3e PME de France en terme de croissance (tout secteur confondu) en 2014. Elle se concentre actuellement sur deux pôles : la gestion et l'entretien du logement ainsi que la mise en relation entre propriétaires et artisans (plateforme Izigloo, lancée fin 2016) et la vente de données, en cours de développement. Les co-dirigeants ambitionnent de devenir le leader français de la PropTech (technologies au service de l'immobilier). En 2021, il cofonde une plateforme digitale intelligente dans le secteur du bâtiment, Maxeem puis Heero, qui finance les projets de rénovation énergétique des propriétaires, en 2022.
Yann Person devient administrateur de la Cantine en 2016, avant d'en être élu président en décembre 2018.

EP - 11 RUE DE LA NOUE BRAS DE FER - 44200 NANTES • TÉL. 02 44 77 01 21

JURIDIQUE

Régis **PETETIN**

CO-DIRECTEUR RÉGIONAL DE FIDAL VAL DE LOIRE OCÉAN

FORMATION Master en droit fiscal et DJCE (Lyon 3, 1986)

PASSIONS Sa famille et le golf

C'est après son service militaire dans l'armée de l'Air que Régis Petetin entre chez Fidal, en octobre 1987. Une société à laquelle il est resté fidèle jusqu'à aujourd'hui. Il commence sa carrière comme conseil juridique à Besançon puis avocat, après le changement de statut en 1992. Il prend ensuite la direction du bureau du Havre et contribue à le développer jusqu'en 2003. Il est alors nommé directeur de la région Haute-Normandie à Rouen et rejoint celle de la partie Est-Val de Loire au Mans en 2010. Après la fusion des directions du Mans et de Nantes, il devient co-directeur de la nouvelle direction Val de Loire Océan. Le périmètre de cette entité part de l'ouest de la banlieue parisienne à l'océan Atlantique.
Complémentaire avec son binôme Nicolas Feraud, Régis Petetin s'occupe plus particulièrement de la dimension financière (comptabilité, paye, relations humaines, trésorerie). S'appuyant sur un effectif de 210 personnes, il continue d'accompagner ses clients en se fixant trois principaux objectifs : la satisfaction de la clientèle, le développement de l'activité et l'épanouissement des équipes. Il trouve d'ailleurs très important pour ces dernières – comme son exemple le prouve – d'être assuré de pouvoir continuer à évoluer au sein du cabinet. Porté par son goût pour l'organisation et l'efficacité, le dirigeant se veut plus que jamais « à l'écoute ». Membre du conseil de surveillance de Fidal, il est par ailleurs impliqué au Medef et aux EDC.

FIDAL NANTES - IMM. DELTA GREEN - 6 IMP. SERGE REGGIANI - 44800 SAINT-HERBLAIN • TÉL. 02 40 14 26 00

HÔTELLERIE-RESTAURATION

Jean-Pascal **PHÉLIPPEAU**

PRÉSIDENT DE LA HOLDING PHÉLIPPEAU

FORMATION diplôme de l'Institut Supérieur de Gestion et MBA (Paris, 1988)

PASSIONS les voyages, les belles voitures, découvrir de nouveaux hôtels...

La belle histoire familiale commence à la fin des années 80 sur un coin de bureau, à Meudon. Jean-Pascal Phélippeau crée avec son père Daniel une entreprise d'études de marchés pour les centres de thalassothérapie, les stations thermales, etc... En parallèle, il forme des adjoints de direction dans ce même domaine à l'Infath à Nogent-sur-Marne. Juillet 1991 : le grand pas est franchi avec le rachat du centre de thalasso de La Baule. Désormais directeur de l'établissement, il développe l'entreprise avec la reprise de résidences locatives, toujours à La Baule, dans le but d'offrir d'autres hébergements aux clients de la thalasso. En 1998, le périmètre s'agrandit en Bretagne Sud avec le rachat du centre de thalasso de Bénodet et d'un hôtel à proximité. Sur leur lancée, les Phélippeau reprennent également l'établissement de l'île de Ré en 2000. L'hexagone ne suffit plus et, en 2003, ce sera Santander en Espagne (conception et location gérance).
La même année, pour répondre à une demande de la clientèle, le Nantais invente une ligne de cosmétiques marins sous le nom de Labiomer. En 2007 il décide d'acquérir le baulois Château de Tourelles qui, après quelques années de travaux, renaît en août 2013. Passionné et infatigable, il ouvre sous contrat de franchise un Relais Thalasso aux Sables d'Olonne en 2012 puis un autre en Turquie en 2015. La saga de cette famille d'entrepreneurs ne risque pas

de s'éteindre avec Anne, sa sœur (partie communication), Stéphanie son épouse (partie artistique-architecture) et son neveu Aymeric (partie juridique-financière). L'univers du bien-être n'a qu'à bien se tenir !

MAISON PHÉLIPPEAU - LES RELAIS THALASSO - 3 ALLÉE DES TULIPES - 44500 LA BAULE • TÉL. 02 28 56 72 00

EXPERTISE COMPTABLE ET AUDIT

Jean-Michel **PICAUD**

VICE-PRÉSIDENT DU RÉSEAU RSM EN FRANCE

FORMATION DUT gestion et administration des entreprises ; maîtrise de sciences et techniques comptables et financières (Institut de Gestion de Rennes) ; diplôme expert-comptable et commissaire aux comptes

PASSIONS Le cinéma, la photographie, l'art, les voyages, le football et surtout… la vie en général.

PUBLICATIONS Participation à la rédaction du Code de Gouvernement d'Entreprise pour les valeurs moyennes et petites de MiddleNext (2009)

Jean-Michel Picaud a débuté son parcours chez KPMG pour devenir ensuite directeur en charge du secteur Banques Finances pour le grand Ouest (1985-2001). Associé du cabinet d'audit, d'expertise comptable et de conseil RSM dans l'Ouest, en charge du département Audit depuis 2002. Il devient président de RSM France en 2008, jusqu'en 2020, et en est actuellement vice-président. Il est également membre du Board Mondial et du Board Européen de RSM International depuis 2009 et s'implique fortement dans différents groupes de travail au sein de RSM International en tant qu'« International Contact Partner ». RSM France est le représentant français de RSM International, 7e réseau mondial d'audit, de conseil et tax. Par ailleurs membre du conseil d'administration de NAPF Place Financière, Jean-Michel Picaud est administrateur du Fonds Métropolitain pour la Culture à Nantes, membre de MiddleNext, de l'IFA et de l'Ifaci, Il a participé activement à la création de la Fondation RSM France et aux différents partenariats signés par RSM, notamment en lien avec le mécénat auprès de musées (Musée d'art de Nantes).

RSM OUEST - 18 AV. JACQUES CARTIER - BP 60277 - 44800 SAINT-HERBLAIN • TÉL. 02 51 83 30 30

BANQUE ET ASSURANCE

Christophe **PINAULT**

PRÉSIDENT DU DIRECTOIRE DE LA CAISSE D'EPARGNE BRETAGNE PAYS DE LOIRE - PRÉSIDENT DE LA FBF PAYS DE LA LOIRE

FORMATION Classe préparatoire au lycée Saint-Vincent-de-Rennes ; diplômé de l'ISC Paris (1984), de l'ITB (Institut Technique Bancaire) et de l'ICG IFG (Institut Français de Gestion)

PASSIONS Les sports mécaniques

Christophe Pinault commence sa carrière à la Banque Populaire Anjou-Vendée à la direction des engagements comme analyste crédits. Il intègre ensuite le Crédit Agricole de la Mayenne comme chargé d'affaires PME/PMI. Entre 1989 et 2002, il exerce plusieurs postes au Crédit Mutuel d'Anjou : directeur des agences de Saumur, responsable des engagements risques et contentieux, directeur commercial et des réseaux et directeur du développement.
Il rejoint en 2002 la Caisse d'Epargne des Pays de Loire où il prend la fonction de membre du directoire, chargé du développement et du réseau commercial. Puis il entre au Crédit Foncier en 2007 en qualité de directeur général délégué, en charge des métiers des particuliers du Crédit Foncier. C'est en 2013 que Christophe Pinault est nommé président du Directoire de la Caisse d'Epargne Côte d'Azur et c'est en mai 2018 qu'il prend la même responsabilité au sein de la Caisse d'Epargne Bretagne Pays de Loire. Il est élu à la tête de la Fédération Bancaire Française Pays de la Loire en juin 2022 pour un mandat de 2 ans.

CAISSE D'EPARGNE BRETAGNE PAYS DE LOIRE - 2 PLACE GRASLIN - CS 10305 - 44003 NANTES CEDEX1 • TÉL. 02 40 67 05 00

BIOTECHNOLOGIES

Bruno **PITARD**

DIRECTEUR DE RECHERCHE CNRS ET CO-FONDATEUR DE IN-CELL-ART

FORMATION Lycée des Bourdonnières à Nantes - ingénieur (1991) ; DEA (1992) ; doctorat (1995) ; HDR (2003) à l'université de Technologie de Compiègne, à l'université de Paris et à l'université de Nantes

PUBLICATIONS Nombreuses conférences, publications scientifiques et brevets sur la thérapie génique et la vaccination ; éditeur associé du journal international « Current Gene Therapy »

Bruno Pitard a débuté sa carrière en 1995 chez Sanofi. Il est responsable alors de la conception de vecteurs synthétiques pour la thérapie génique au sein du département GenCell de Vitry-sur-Seine. En charge d'un programme de vaccination à base d'ADN chez Sanofi-Pasteur à Lyon de 1999 à 2000, il devient ensuite chercheur au CNRS en 2000 puis directeur de recherche à Nantes. Il a été pionnier dans le développement de nouveaux vecteurs synthétiques qui permettent aujourd'hui de lever certains verrous technologiques du transfert d'acides nucléiques in vivo. Un de ses vecteurs fait actuellement l'objet de test pour le développement de vaccins prophylactiques et thérapeutiques chez l'Homme. Il a dirigé plusieurs équipes à Nantes au sein de l'Institut du Thorax et du Centre de Recherche en Cancérologie et Immunologie Nantes Angers.
Il est par ailleurs fondateur de la société In-Cell-Art avec une équipe de chercheurs incluant un lauréat du prix Nobel. Bruno Pitard est inventeur de nouveaux concepts de vectorisation et est reconnu internationalement pour son expertise et sa contribution dans le domaine de la vectorisation intracellulaire de macromolécules biologiques (acides nucléiques et protéines). Il a été pendant 13 ans membre du conseil scientifique de l'association française Vaincre la Mucoviscidose.

IN-CELL-ART - 22 MAIL PABLO PICASSO - 44000 NANTES • TÉL. 06 73 19 12 02

ENERGIE

Carole **PITOU-AGUDO**

DÉLÉGUÉE RTE RÉGION OUEST

FORMATION ingénieure Supelec (Paris, 1991)

PASSIONS la randonnée, la Nature, la découverte des pays en marchant

Carole Pitou-Agudo est une «électricienne» pur jus, ayant déroulé toute sa carrière depuis le début chez EDF. Attirée par le service public et le secteur de l'énergie, en pleine mutation, elle débute au sein du Centre National d'Expertise du Système en tant qu'ingénieure études. Après l'ouverture de l'électricité à la concurrence en 1996, elle prépare dès 1998 la création de RTE en constituant les équipes du service d'interface entre les producteurs et RTE. Elle élabore également les premières études de prospectives. Par choix familial, elle rejoint Nantes en 2004 et prend la responsabilité du service commercial RTE Ouest jusqu'en 2009. Elle intègre alors le Centre Exploitation de Nantes, qui assure la conduite du réseau en temps réel, et dont elle devient directrice adjointe en 2013. Un poste technique qui lui permet d'interagir avec le secteur industriel. Elle est ensuite chargée de piloter le projet de construction du siège de RTE pour l'Ouest de la France à la Chapelle-sur-Erdre. Une importante mission qui aboutit en 2017, date à laquelle elle est promue comme déléguée de RTE dans l'Ouest.
Elle représente ainsi désormais le directoire, à l'interne et à l'externe dans les régions Centre-Val de Loire, Pays de la Loire et Bretagne, Poitou Charente. Au service des clients et du territoire, cette adepte de la co-construction s'attache également à remplir son rôle de conseil auprès des pouvoirs publics avec enthousiasme. La dirigeante agit consciencieusement au service de l'amélioration de la société. Très concernée par la transition énergétique, tenace, passionnée par ces enjeux stratégiques, Carole Pitou-Agudo est fière d'en être une actrice à part entière avec ses équipes.

RTE OUEST - ZAC GESVRINE - 6 RUE KEPLER - BP 4105 - 44241 LA CHAPELLE-SUR-ERDRE CEDEX • TÉL. 02 40 67 38 00

NUMÉRIQUE ET INFORMATIQUE

Jean **PLANET**

PRÉSIDENT DE KOSMOS ET NFRANCE

FORMATION Ecole internationale des Sciences du Traitement de l'Information (Cergy-Pontoise, 1993) ; master en computer sciences (Florida Institute of Technology, Melbourne, 1993) ; executive MBA (HEC Paris, 2014)

PASSIONS sa famille, l'Histoire, les randonnées

Diplômé de l'EISTI et d'HEC, Jean Planet a une expérience de plus de vingt-cinq ans dans le secteur informatique auprès de SSII, d'éditeurs de logiciels et de sociétés utilisatrices (SQLI, Lafarge Augeo Software). Il y a occupé des fonctions techniques - comme chef de projet, directeur de développement produit - commerciales et de management dans un contexte international. En 2005, il rejoint la société Kosmos et en devient directeur général adjoint puis président en 2007. Un an plus tard, l'entreprise lui est transmise. Il initie dès lors un repositionnement stratégique de celle-ci sur le secteur de l'éducation en proposant une approche pragmatique des nouvelles technologies adaptées aux organismes scolaires, supérieurs et de la formation professionnelle et continue. En 2015, il acquiert NFrance, une société spécialisée dans l'hébergement, l'infogérance de services numériques critiques. Aujourd'hui, le groupe est implanté à Nantes, Paris, Toulouse, Lyon, Metz et Montréal et compte 130 collaborateurs.
Passionné par le «projet industriel» et «l'entrepreneuriat», Jean Planet participe à plusieurs réseaux d'entrepreneurs du territoire ligérien. En tant que président, mais surtout manager, il se réjouit de travailler avec ses collaborateurs pour une mission qui a du sens : la formation. Très attaché aux valeurs de partage, de solidarité, de liberté, ce fils de militaire aime la «dynamique humaine et le collectif». Et apprécie tous les jours d'avoir réussi à faire de son métier une passion.

KOSMOS - 8 RUE KERVÉGAN - 44000 NANTES • TÉL. 02 40 20 47 95

NUMÉRIQUE ET INFORMATIQUE

Philippe **PLANTIVE**

PRÉSIDENT DU CONSEIL D'ADMINISTRATION DE PROGINOV

FORMATION BTS Action commerciale (La Joliverie, Nantes, 1993) ; Sup'achat (École Atlantique de Commerce, Nantes, 1994)

PASSIONS curieux de tout et adepte du bénévolat

Issu d'une famille d'entrepreneurs, il se destinait à reprendre l'abattoir de volaille familial, mais la vie en a décidé autrement... À 17 ans, Philippe Plantive effectue un stage chez l'éditeur de logiciels ProgiOuest, repéré par Michel Martin, l'un des fondateurs. Lui qui n'a pas de formation informatique fait ses preuves puis entreprend d'autres stages dans d'autres domaines. Il est embauché en 1994 mais les premières années sont difficiles car la technicité du métier nécessite un long apprentissage. Il approfondit ses connaissances commerciales et son goût pour le contact humain. En 1996, M. Martin crée Proginov et en 1998 Philippe Plantive rejoint la société pour suivre l'homme qui lui a fait confiance. Petit à petit, l'entreprise grandit tout en restant indépendante.
Directeur commercial, directeur général délégué puis directeur général en 2012, Philippe Plantive devient président en 2016, élu par les actionnaires et les salariés. Il perpétue la démarche démocratique développée par son prédécesseur, privilégiant l'intergénérationnel et le collaboratif, portant un modèle social «extraterrestre» mais auquel il tient beaucoup. Modeste et engagé, le dirigeant se dit serein pour l'avenir, entouré d'une équipe soudée et complémentaire. Son ambition : renforcer les services offerts aux clients. Son leitmotiv : faire passer le collectif avant l'individuel. Dans la logique de son engagement humaniste, il a par ailleurs été conseiller municipal («par envie et curiosité») sans étiquette à Pont-Saint-Martin de 2015 à 2020.
En 2022, il fonde avec l'ex-gardien Mickael Landreau l'association du Collectif nantais ayant pour but de rassembler des fonds pour racheter le FC Nantes. En 2023, il passe

le relais de la présidence à Marc Jegaden, dirigeant de Vestal Group.

PROGINOV - PA DE TOURNEBRIDE
- 36 RUE DE LA GUILLAUDERIE
- 44118 LA CHEVROLIÈRE • TÉL. 02 51 70 93 93

BIENS D'ÉQUIPEMENT

Bertrand **PLOQUIN**

PRÉSIDENT DU DIRECTOIRE DE VISOTEC

FORMATION lycée Jules Verne à Nantes - Descaf (1988) Ecole de management Audencia de Nantes et à l'Ohio state university (USA)

PASSIONS la plongée sous-marine, les voyages lointains et l'automobile.

La carrière de Bertrand Ploquin prend d'abord une orientation internationale. Il débute comme auditeur financier pour le cabinet Ernst and Young (1988-1992) en France et en Côte d'Ivoire. Puis, il poursuit son parcours chez Lydall Axohm au poste de directeur financier (1992-1997) avant de s'envoler pour les Etats-Unis, direction la société Lydall Inc. Pendant deux ans, il y occupe le poste de chef de projet en recherche stratégique (1997-1999). A son retour, il préside Lydall Automotive Europe, entreprise de sous-traitance automobile (2000-2009). Cette expérience est notamment marquée par l'implantation en 2003 d'une usine de fabrication à Saint-Nazaire et la création d'une centaine d'emplois.
En 2010, Bertrand Ploquin accède à la présidence du directoire du groupe Visotec, un des leaders de la signalétique. Visotec intervient dans la conception, la fabrication et l'installation d'enseignes et compte deux entités, Visotec Arlux implantée près de Nantes et Visotec Socha située en Pologne. Parallèlement à ses activités professionnelles, Bertrand Ploquin a été trésorier de Ouest Atlantique, l'agence de promotion des investissements dans l'Ouest (2006-2008).

VISOTEC - ZA LA PENTECÔTE - BP 109
- 44703 ORVAULT CEDEX • TÉL. 02 40 67 00 00

INTERCOMMUNALITÉ

Jean-Yves **PLOTEAU**

VICE-PRÉSIDENT DE LA COMPA - MAIRE DE VALLONS-DE-L'ERDRE

FORMATION Maison familiale rurale de Riaillé - Institut rural du Petit-Auverné

PASSIONS les sports (football, vélo...) et les spectacles divers.

Cet exploitant agricole spécialisé dans la production laitière, retraité à présent, prend des engagements publics très jeune en devenant à 27 ans conseiller municipal de la commune de Bonnoeuvre (1983). Jean-Yves Ploteau sera réélu à chaque élection municipale, prenant peu à peu de nouvelles responsabilités : adjoint au maire (1995) et maire depuis 2001. De 2008 à 2015, il est élu au sein du conseil départemental de Loire-Atlantique. Il a présidé la commission Développement et aménagement des territoires (2011-2012) et a été vice-président délégué aux mobilités de 2012 à 2015. Il est 4e vice-président de la communauté de communes du Pays d'Ancenis (Compa), en charge de la commission Moyens généraux. Jean-Yves Ploteau est également 2e vice-président du SDIS 44.
En janvier 2018, il est élu maire de la commune nouvelle Vallons-de-l'Erdre qui rassemble Bonnoeuvre, Saint-Mars-la-Jaille, Maumusson, Vritz, Freigné et Saint-Sulpice-des-Landes. Il est réélu au premier tour des municipales de 2020.

CC DU PAYS D'ANCENIS - COMPA
- CENTRE ADMINISTRATIF LES URSULINES
- CS 50201 - 44156 ANCENIS CEDEX
• TÉL. 02 40 96 31 89

ASSOCIATIONS ET RÉSEAUX

Adrien **POGGETTI**

DIRECTEUR DE LA CANTINE NUMÉRIQUE - DIRECTEUR DÉLÉGUÉ FRENCH TECH NANTES

FORMATION Lycée Grand Air à La Baule - maîtrise de droit privé (2002) et master de management international spécialisation marketing (2004) à la faculté de Droit et à Audencia Nantes

PASSIONS Le sport « grand supporter des Canaris devant l'éternel », la musique rock et électronique, le cinéma et le web.

Un master de management international en poche, Adrien Poggetti fait ses premiers pas dans le monde professionnel comme assistant marketing opérationnel chez BNP Paribas Lease Group à Paris (2004-2006). Guidé par sa passion pour le web, il intègre ensuite une agence de création de sites et référencement en tant qu'ingénieur commercial (2006-2007). Il a 28 ans lorsqu'il affirme ses ambitions entrepreneuriales avec la création en 2007 d'Ozibao, une boutique en ligne spécialisée dans la confection de tee-shirts inspirés par l'univers du sport, son autre centre d'intérêt. Tout en assurant la gestion de cette jeune entreprise, il intègre en 2008 Atlantic 2.0 et s'occupe du lancement de ce réseau des acteurs du web et de l'innovation numérique implantés en Pays de la Loire. Il est nommé délégué général de cette association puis directeur général. Atlantic 2.0 est notamment à l'origine de la Cantine numérique, ouverte à Nantes début 2011. Le but ? Favoriser l'échange d'idées, le travail collaboratif et l'expérimentation.
Depuis décembre 2012, Adrien Poggetti préside le réseau national des cantines numériques et, en 2014, il est choisi comme directeur délégué de Nantes Tech, devenu French Tech Nantes en 2019.

LA CANTINE - 42 RUE DE LA TOUR D'AUVERGNE
- 44200 NANTES • TÉL. 02 40 75 96 22

ASSOCIATIONS ET RÉSEAUX

Laetitia **POILVET**

PRÉSIDENTE DE LA DFCG BRETAGNE - PAYS DE LOIRE

FORMATION DUT Gestion des entreprises et des administrations (université Paris-Descartes, 2004); MSTCF (Paris-Dauphine, 2005); DESCF (2005)

PASSIONS Les chevaux, la campagne

Laetitia Poilvet commence son parcours chez KPMG en 2005, pour effectuer son stage de fin d'études en expertise-comptable. Elle y exerce en tant que manager en commissariat aux comptes auprès de grandes sociétés. Elle s'installe en 2011 à Vannes avec sa famille et rejoint Suez Valorisation pour diriger un CSP (centre de services partagés) comptable. Elle devient ensuite directrice du contrôle interne puis intègre en 2015 Winpharma-Everys comme directrice administrative et financière. Un an plus tard, elle décide de se mettre à son compte, souhaitant «éviter la routine» et se consacrer vraiment à ses domaines de compétences pour les proposer aux PME, plus particulièrement dans les fonctions supports. Laetitia Poilvet fonde donc Effitia et adhère dans la foulée à la DFCG.

Convaincue et impliquée, elle crée un groupe dédié au temps partagé pour l'Ouest en 2018 afin d'informer les DAF en place, promouvoir le temps partagé et co-construire des outils et méthodologies. Elle entre au bureau régional avant de proposer sa candidature à la présidence en 2020. Élue en septembre, elle se donne pour principal objectif de développer l'association sur le territoire. Il s'agit de multiplier les initiatives, en s'appuyant sur les 350 membres et les pôles départementaux, dans le but d'assurer un maillage solide et une plus forte notoriété. La présidente fait également entendre la voix des régions au sein du conseil d'administration de la DFCG nationale, en tant que membre du bureau exécutif. En juin 2021 elle s'associe avec deux consœurs au sein d'une nouvelle société, Voltyge. Tout un programme!

DFCG BRETAGNE PAYS DE LA LOIRE - 4 RUE DE LA MOTTE PICQUET - 44000 NANTES • TÉL. 06 45 65 34 39

AMÉNAGEMENT ET URBANISME

Pascal **PRAS**

VICE-PRÉSIDENT DE NANTES MÉTROPOLE - PRÉSIDENT DE L'AURAN - MAIRE DE SAINT-JEAN-DE-BOISEAU

FORMATION lycée Jean-Perrin à Rezé - licence de sociologie (UER sciences humaines de l'Université de Nantes)

PASSIONS la musique et la lecture

Façonner la ville de demain pour que chacun y trouve sa place: le thème de prédilection de Pascal Pras. Avant d'être élu maire de Saint-Jean-de-Boiseau en 2008, il a exercé le mandat d'adjoint au maire à l'urbanisme (1989-2008). Vice-président de Nantes Métropole depuis 2008, il est en charge, de juillet 2012 à mars 2014, de l'urbanisme, de la propreté et du nettoiement des espaces publics. Il occupe la fonction de vice-président en charge de l'urbanisme, de l'action foncière et de l'habitat depuis. Attaché à lutter contre l'étalement urbain, Pascal Pras aspire, selon ses termes, à «faire vivre un projet cohérent de développement entre le centre urbain de l'agglomération et les communes plus éloignées.» Depuis l'âge de 20 ans, il s'investit par ailleurs au sein des Francas, mouvement de jeunesse et d'Education populaire. De 1982 à 1994, il a été délégué Francas. Professionnellement, le Boiséen a exercé comme professeur des écoles puis comme directeur de l'école élémentaire publique de l'Hermitage au Pellerin.

Vice-président de l'association Loire-Atlantique des maires de France dès 2018, il participe en septembre 2019 à la création de l'organisme de foncier solidaire Atlantique accession solidaire dont il a assuré la présidence. Il est par ailleurs vice-président de la SEM Loire Océan Développement après en avoir été le président. Très attaché à sa commune, où il habite toujours dans la maison de famille - celle de ses grands-parents acquise en 1926 - il est réélu maire au 1er tour des municipales de 2020. Il devient ensuite président de l'Auran en septembre.

AURAN - 2 COURS DU CHAMP DE MARS - BP 60827 - 44008 NANTES CEDEX 1 • TÉL. 02 40 84 14 18

SERVICES AUX ENTREPRISES

Audrey **PROU**

DIRECTRICE GÉNÉRALE DÉLÉGUÉE GROUPE SERIS

FORMATION DUT en techniques de commercialisation (Saint-Nazaire, 2000); master en Management à Audencia (Nantes, 2013).

PASSIONS Le sport, le fitness, le ski et la convivialité en famille et entre amis.

Ayant une prédilection pour le secteur immobilier, Audrey Prou effectue pendant ses études un stage en tant que négociatrice chez Laforêt immobilier à la Baule. Elle est embauchée en 2000 et évolue progressivement jusqu'à devenir responsable en gestion locative. Après cette expérience de trois ans, elle entre chez Mobalpa Richard Le Droff en tant que concepteur et décorateur. Elle suit des formations en architecture et accède au métier d'architecte d'intérieur. Puis, l'envie d'entreprendre se fait impérieuse. En 2006, elle se met à son compte à Pornichet, tout en restant VRP indépendant pour Mobalpa. Au bout de deux ans, elle redevient salariée de l'entreprise en évoluant comme directrice de magasin jusqu'en 2012.

En quête de nouveaux défis, Audrey Prou décide d'accepter la proposition de son père, Guy Tempereau, en rejoignant le groupe familial Seris en tant que chargée de mission. Elle s'inscrit parallèlement à une formation de management pour les dirigeants d'entreprise. En mars 2015, elle se voit nommée Directrice Générale Déléguée du Groupe Seris, 1er groupe français indépendant de sécurité privée, employant 15 000 collaborateurs à travers le monde. Elle est chargée notamment de la communication, de la RSE et du patrimoine du Groupe. Elle est par ailleurs membre du Centre des Jeunes Dirigeants d'entreprise de Saint-Nazaire depuis 2015. Une façon pour elle de pratiquer l'entraide entre chefs d'entreprise, de s'ouvrir aux innovations managériales et à l'entreprise de demain.

GROUPE SERIS - AVENUE BARBARA - BÂTIMENT LE TRIPÔLE - 44570 TRIGNAC • TÉL. 02 51 10 19 50

HÔTELLERIE-RESTAURATION

Loïc **PÉROU**

PROPRIÉTAIRE ET FONDATEUR DU MANOIR DE LA RÉGATE

FORMATION CAP ET BEP option cuisine (1981)

PASSIONS le football.

Nés dans une famille rennaise où la gourmandise est loin d'être un péché, où une grand-mère et une tante gèrent un restaurant ouvrier, Loïc et Pascal Pérou voient dans la cuisine un itinéraire professionnel à emprunter. Après avoir suivi tous deux le même lycée hôtelier près de Rennes, Pascal Pérou poursuit son apprentissage chez Le Doyen et au Lucas Carton (Paris) puis au Dorchester à Londres alors que Loïc suit son chemin, notamment au «Paddock» à Magny-Cours. Ils se retrouvent à Nantes pour ouvrir en 1995 le manoir de la Régate, restaurant gastronomique qui se voit attribuer en 2007 un Gault&Millau d'or Bretagne Pays de la Loire. Suivront le Bistrot de l'écrivain en 2000, aujourd'hui revendu, puis le Square en 2007. En 2009, ils construisent l'Hôtel de la Régate, conçu sur un concept écologique. Il est situé à proximité immédiate du restaurant. Tandis que Pascal s'installe au Square (puis au M à La Baule en 2016), Loïc reprend les rênes du manoir de la Régate. Le restaurant est entièrement redécoré en 2014 et propose depuis une carte revendiquant la simplicité, la générosité et la qualité. C'est désormais son fils Mathieu qui a repris le flambeau à la cuisine. Loïc Pérou, lui, ouvre en avril 2022 une brasserie à Nantes, le Café des expos.

LE MANOIR DE LA RÉGATE - MANOIR DE LA RÉGATE - 155 RTE DE GACHET - 44300 NANTES • TÉL. 02 40 18 02 97

ORGANISATIONS PROFESSIONNELLES

Catherine **QUERARD**

PRÉSIDENTE DU GHR - GROUPEMENT DES HÔTELLERIES ET RESTAURATIONS DE FRANCE

FORMATION DUT de gestion (Nantes, 1988)

PASSIONS Son métier, sa famille, et ses copains.

Fille de chefs d'entreprise, Catherine Querard se familiarise tôt avec le monde de l'entreprise. Après avoir effectué un stage de fin d'études aux Etats-Unis, elle débute dans l'entreprise de transport de ses parents en 1989. Elle occupe différents postes au service achats, à l'exploitation, en passant par la comptabilité et se passionne pour les ressources humaines. Elle apprécie «l'aspect organisationnel, les négociations, le contrôle des horaires «et souligne que ce domaine est «essentiel dans l'évolution des carrières «Mais elle veut voler de ses propres ailes et décide de reprendre en 2003, avec son mari, le restaurant La Guinguette à Rezé. «Je voulais exercer un métier riche en relations humaines avec les clients et les collaborateurs, mais aussi en partage et en idées «précise-t-elle. Le début d'une belle et longue aventure. Durant près de neuf ans, les époux Querard achètent un établissement par an. Ils sont notamment propriétaires de Bistrot Océan à Rezé, d'un Amour de pomme de terre à Nantes, de l'hôtel l'Abreuvoir à Héric. Très attachée à la singularité, Catherine Querard veille à ne diriger que des établissements indépendants, avec une identité forte. Son objectif? «Faire plaisir avant tout aux clients».
Vice-Présidente du GNI (Groupement National des Indépendants) de l'Hôtellerie Restauration, présidente du GNI Grand-Ouest, la Nantaise est élue fin 2023 présidente nationale du Groupement des hôtelleries et restaurations de France, entité rassemblant le GNI, le SNRTC et le SNRPO. Elle est aussi l'une des 3 secrétaires de la CCI Nantes Saint-Nazaire. Toujours actrice de la mutation de son secteur d'activité, «loin des dogmes et s'affranchissant le plus possible des contingences politiques».

GHR GRAND OUEST - 10 RD-PT DE LA CORBINERIE - 44400 REZÉ • TÉL. 02 40 29 25 64

NUMÉRIQUE ET INFORMATIQUE

Jean-Lou **RACINE**

DIRECTEUR GÉNÉRAL ASSOCIÉ DU PHARE - ASSOCIÉ BOSS TO BOSS

FORMATION Lycée Saint-Jean Baptiste de la Salle à Nantes - Ipac de Nantes (Audencia Business School)

PASSIONS La vie simple

Jean Lou Racine débute sa carrière à 22 ans comme responsable marketing chez Williamson Electronique à Sainte-Luce-sur-Loire en 1988. Puis il intègre l'agence de publicité nantaise Sterne & Associés en tant que directeur de clientèle (1989-1995) et passe les quatre années suivantes à la direction commerciale de l'agence multimédia L'Image Nouvelle, à Carquefou. En 2000, il co-fonde Le Phare, une agence digitale spécialiste de la création et de l'animation de sites internet / extranet pour les enseignes à réseaux (franchises, concessions de marques, coopératives, distributeurs ou installateurs), le E-Business, le E-Commerce et les grands événements sportifs. La société est devenue depuis un acteur de référence en marketing Internet orienté BtoB, BtoC et solutions métiers.
Actuel directeur de l'agence, Jean Lou Racine a présidé le Réseau Entreprendre Pays de la Loire jusqu'en 2014. Il est initiateur du BoosterCamp, un challenge qui vise à enfermer pendant 24h00 100 chefs d'entreprise pour «phosphorer» sur 10 modèles économiques innovants. Passionné de design thinking, il est membre de Design-IN Pays de la Loire. En mars 2015, il lance les Datamaniaques, un manifeste qui vise à sensibiliser les décideurs et les influenceurs sur l'importance du capital data pour les marques et les organisations, et l'urgence de fédérer les énergies autour de la constitution de données, un levier qu'il juge essentiel pour dynamiser l'économie française.

Depuis 2018, Jean Lou Racine est l'un des 4 associés repreneurs de Boss to Boss, collectif d'entrepreneurs visant à challenger les chefs d'entreprise et accélérer leurs décisions stratégiques.

LE PHARE - 14 RUE DES MARTYRS - 44100 NANTES • TÉL. 02 51 84 11 90

PROMOTION ET GESTION IMMOBILIÈRE

Alain **RAGUIDEAU**

DIRIGEANT-FONDATEUR DU GROUPE SOFIRA

FORMATION Saint-Joseph du Loquidy à Nantes - ingénieur DPE (Insa de Rennes, 1993) ; IAE (Nantes, 1993)

PASSIONS le design, l'architecture, la photographie, les arts et la peinture ; la course à pied (marathon, trekking) ; la mer et la navigation

Alain Raguideau exerce en bureau des méthodes chez Bouygues pendant 2 ans, puis entre dans l'entreprise herblinoise Grossin - devenue Sogea - avant de s'impliquer à l'aube de ses 31 ans dans l'entrepreneuriat. La création de la société Delta Industrie (1984) sera la première d'une longue série, avec le soutien ou non de partenaires : Sofira (1995), la reprise des sociétés First Engineering à Cholet (2001), Galeo (2002), Delta Environnement et Bamboo (2005), Palmeo au Maroc (2008), Arado (2011), Aceria (ingénierie alimentaire) à Carquefou, Ceriam à Casablanca (2010). C'est pas-à-pas qu'il construit le groupe Delta qui regroupe sous une même enseigne les métiers de l'ingénierie, de l'architecture et du montage d'opération, soit plus de 80 personnes. Il le cède au groupe DPG (devenu Essor group) en 2016 et en est membre du comité stratégique depuis lors. Depuis 2016, le groupe Sofira s'est beaucoup développé, dans la promotion-habitat, tertiaire et locaux activités (au sein de Galeo) et dans l'exploitation de lieux d'hébergement (hôtellerie, résidences gérées) à travers la création de Somewhere to meet en 2020, l'acquisition d'hôtels, la création d'un concept original Hôtycoon (hébergement partagé géré).

Engagé sur son territoire, au sein de la Jeune Chambre Economique pendant deux ans, du Centre des Jeunes Dirigeants de Nantes pendant huit ans, Alain Raguideau est membre du Réseau Entreprendre depuis sa création en 1999. Cet adhérent du Medef a été membre élu à la CCI régionale et territoriale de 2004 à 2016, et vice-président en charge de la compétitivité et attractivité du territoire, trésorier du bureau. Membre depuis sa création en 1992, puis administrateur du Club immobilier Nantes Atlantique (CINA), il en prend la présidence de mars 2017 à septembre 2020.

GALEO - PARC AR MOR TERTIAIRE - 1 RUE JACQUES BREL - BP 30382 - 44819 SAINT-HERBLAIN CEDEX • TÉL. 02 40 85 00 00

AGRICULTURE ET HORTICULTURE

Marie-Christine **RALET**

DIRECTRICE DE RECHERCHE INRAE NANTES

FORMATION école européenne de Luxembourg - Deug (Metz) ; doctorat en Sciences et Techniques des productions végétales et alimentaires (université de Nantes, 1992)

DISTINCTIONS chevalier de la Légion d'honneur 2014

PASSIONS la danse modern jazz ; cuisiner et jardiner

PUBLICATIONS plus de 100 publications et chapitres d'ouvrages

Après une enfance passée au Luxembourg et des études à Metz, Marie-Christine Ralet choisit d'effectuer son doctorat à Nantes. Elle est en effet attirée par le domaine de la production végétale et alimentaire. Confortée dans son idée de travailler dans la recherche - elle apprécie, entre autres, la liberté du statut de chercheuse – elle a l'opportunité de rejoindre l'Institute of Food Research à Norwich (Grande-Bretagne) en post-doc. Elle passe ensuite le concours de maître de conférence, «un peu par hasard», en juin 1993 puis est nommée en tant que telle à AgroParisTech en chaire de biochimie. Elle mène alors des activités de recherche en biochimie et agroalimentaire. Elle suit son mari, chercheur également à Nantes et Marie-Christine Ralet intègre rapidement une start-up qui cherche à valoriser la pomme de terre, de 1997 à 1998. Son activité de recherche se fait à l'Inra de Nantes, qu'elle rejoint en 1999 après la fermeture de sa société et diverses missions. Directrice de recherche à l'enthousiasme et au dynamisme communicatif au sein de l'Unité Biopolymères Interactions Assemblages (UR BIA), elle assure également la mission de chef de Département adjointe du département scientifique de l'Inra CEPIA depuis juin 2016. Dans cette activité qui lie aspects stratégiques et politiques, elle cherche à mettre en avant les recherches du service, soutenir les 500 chercheurs dans leurs projets et représente l'institution.

INRAE DE NANTES - RUE DE LA GÉRAUDIÈRE - 44316 NANTES CEDEX 3 • TÉL. 02 40 67 51 96

DÉVELOPPEMENT ÉCONOMIQUE

Jean-Michel **RENAUDEAU**

VICE-PRÉSIDENT CCI NANTES ST-NAZAIRE, « FILIÈRES ÉMERGENTES ET DE TRANSFORMATION ».

FORMATION Licence d'allemand (1984) ; Certificat de maîtrise d'allemand économique à l'Université catholique d'Angers (1985) ; Diplôme de traduction et d'interprétariat Allemand-Anglais (1985) ; MBA Sup de Co Reims (1987)

DISTINCTIONS prix de l'entreprise internationale de l'année 2013 (EY-L'Express) ; prix de l'avance technologique 2014 (Faurecia) ; prix de l'entreprise globale EY 2017

PASSIONS le sport ; la culture allemande et japonaise

Pendant toute son adolescence, Jean-Michel Renaudeau fait du judo. Ceinture noire à 15 ans, il multiplie les compétitions, organise tournois et stages pour des judokas du monde entier. A 23 ans, il fait venir le célèbre Yasuhiro Yamashita à la Roche-sur-Yon. Il s'ouvre aussi au monde en devenant, à 22 ans, professeur d'allemand à l'Ecole Supérieure de Guerre et traducteur au ministère de la Défense. En 1988, il entre chez Rank Xerox pour faire son école de vente, puis chez Sepro-robotique en 1990 comme directeur commercial

adjoint. Il gravit les échelons petit à petit, «à l'allemande», souligne-t-il et devient directeur général de l'entreprise en 2006. Son aisance en langues étrangères et son attirance pour l'international lui ont permis de développer une dizaine de filiales et des partenariats avec des fabricants de presses japonais, allemands, américains et chinois. Le groupe est désormais le deuxième fabricant mondial de robots pour presses d'injection plastique.
Vice-président de Proxinnov (plateforme régionale d'innovation dédiée à la robotique), Jean-Michel Renaudeau est élu président en juin 2015. Membre Associé de la CCI Pays de Loire et membre du Comité de direction du Symop (Syndicat des machines et technologies de production), il est nommé à la tête du pôle EMC2 en avril 2018. Il y sera en charge principalement du pilotage du plan Spirit 2025.
Il quitte Sepro Robotique et la présidence de Proxinnov et du pôle EMC2 en juin 2019. Il est aujourd'hui président de Renaissance, une société de conseil en stratégie et gouvernance en France et dans le monde.

CCI NANTES SAINT-NAZAIRE - 16 QUAI ERNEST RENAUD - 44105 NANTES • TÉL. 02 40 44 60 00

DÉVELOPPEMENT ÉCONOMIQUE

Jean-François **REYNOUARD**

PRÉSIDENT DE LA CCI DES PAYS DE LA LOIRE

FORMATION BTS informatique industrielle (ECE, Paris, 1987); EPITA (Paris, 1990)

PASSIONS La voile, le vin, la culture

Ingénieur en informatique industrielle et intelligence artificielle, Jean-François Reynouard démarre sa carrière en 1990, chez Atos. Très rapidement, il s'oriente vers le développement commercial. En 1997, il devient directeur commercial et stratégique pour la start-up Apogée Communication, leader de la cybersécurité en France. Pendant 6 ans, il va contribuer à l'essor de l'entreprise en augmentant fortement le chiffre d'affaires pour in fine la revendre au groupe Devoteam. Il rejoint en 2003 Stonesoft comme directeur général Europe du Sud. La société revendue, il intègre NTT en 2004 en tant que directeur ventes et marketing. Après ces expériences variées, l'heure est à la remise en question et il décide de revenir dans sa région natale pour se lancer dans l'entreprenariat. En mai 2007, il crée IP Focus, intégrateur technologique des bâtiments communicants, qu'il cède en 2018 pour fonder à Angers son cabinet de conseil, Ophrys. Il accompagne les dirigeants de PME dans leurs évolutions stratégiques et managériales et dans l'adoption de nouvelles technologies.
De tempérament curieux et volontaire, Jean-François Reynouard est engagé depuis longtemps dans des clubs de réflexion et d'échanges. En 2011, il est élu à la CCI du Maine-et-Loire pour s'impliquer dans l'accompagnement à la création et à la transmission d'entreprise. Il devient vice-président en charge de l'axe Mutations des entreprises en 2016 puis devient secrétaire du bureau en novembre 2021 afin d'être élu président de la CCI des Pays de la Loire en décembre. Durant ce mandat, il s'attachera à continuer d'harmoniser les l'offres à l'échelle régionale avec une proximité territoriale forte et ainsi contribuer au développement d'une économie «solide, responsable et tournée vers l'avenir».

CCI PAYS DE LA LOIRE - 16 QUAI ERNEST RENAUD - CS 70515 - 44105 NANTES CEDEX 4 • TÉL. 02 40 44 63 00

ORGANISATIONS PROFESSIONNELLES

Fanny **REYRE MÉNARD**

PRÉSIDENTE DE L'U2P DES PAYS DE LA LOIRE

FORMATION Diplôme de lutherie (The welsh school of violin making and repair, Newark, 1985)

DISTINCTIONS Chevalier de la Légion d'honneur 2009; officier de l'Ordre du mérite 2019

Née dans une famille mélomane de la bonne société parisienne, Fanny Reyre-Menard tombe amoureuse du violon à 9 ans. Elle ne se projette toutefois pas en tant que musicienne car c'est l'instrument avant tout qui lui plait. Comme elle aime «faire les choses à fond», la rebelle décide de devenir luthière. Elle apprend tout d'abord le travail du bois avant d'intégrer une école internationale au Pays de Galles. Diplômée 3 ans plus tard, en 1985, elle retourne en France et s'installe à Nantes. Dès 1988, elle y reprend l'atelier dans lequel elle exerce toujours, l'Atelier du quatuor.
Depuis les années 2000, elle s'implique par ailleurs dans une vie de représentation professionnelle. A la Chambre des métiers des Pays de la Loire, organisme auquel elle voue une forte reconnaissance pour l'avoir «formée en tant qu'artisane», et au Ceser. Mais aussi à la Chambre syndicale de la facture instrumentale, où elle est membre du bureau après en avoir été la vice-présidente. Cette chambre faisant partie de la CNAMS, composante de l'U2P, c'est elle qui désigne Fanny Reyre Menard pour prendre la présidence de l'U2P Pays de la Loire en novembre 2020 pour 4 ans. Afin de porter, avec l'implication qui la caractérise, la voix des chefs d'entreprises des 125000 TPE représentant l'économie de proximité, elle pourra utiliser son expérience de lobbyiste. En effet, de 2016 à 2019, elle a été porte-parole de l'industrie des instruments de musique au niveau européen et international. La présidente se saisira d'autres sujets qui lui tiennent à cœur : la RSE, la transition écologique, l'égalité femmes-hommes. Il s'agit, pour elle et ceux qu'elle représente, d'être aussi acteurs du changement afin de «transformer la crise en atout».

U2P PAYS DE LA LOIRE - 6 RUE MARCEL DASSAULT - 44980 SAINTE-LUCE-SUR-LOIRE CEDEX • TÉL. 02 51 13 31 40

ETAT

Fabrice **RIGOULET-ROZE**

PRÉFET DE LOIRE-ATLANTIQUE ET DES PAYS DE LA LOIRE

FORMATION Institut d'études politiques de Paris; École supérieure des sciences économiques et commerciales (Essec); ENA (Promotion Victor Schoelcher, 1994-1995)

DISTINCTIONS Chevalier de l'Ordre national du Mérite

Le préfet de Loire-Atlantique et des Pays de la Loire Fabrice Rigoulet-Roze possède une grande expérience des territoires, où il a servi à plusieurs titres. Notamment comme directeur de cabinet des préfets de l'Ain (1996) puis de Haute-Normandie (1997). Comme préfet, ensuite, dans deux postes en Martinique et en Charente-Maritime, respectivement en 2014 et 2017. Il a occupé également les fonctions de secrétaire général pour les affaires économiques de la Guyane (1999). Mais aussi comme directeur général des services dans les conseils départementaux du Doubs (2005-2008) et du Pas-de-Calais (2011-2012). Selon Ouest-France, son réseau à Paris « est musclé ». Il y a « servi », comme il aime à le dire, en qualité de conseiller technique chargé des affaires budgétaires, économiques et financières et de la réforme de l'État au cabinet du ministère des Outre-Mer, de Victorin Lurel et George Pau-Langevin. Puis au ministère délégué chargé de la Ville et du Logement avec le ministre Julien Denormandie (2018-2020), et, enfin, au ministère de l'Agriculture et de l'Alimentation (2020-2022). Son profil se complète d'une incursion dans le privé : pendant trois ans, il a occupé le poste de directeur général de la stratégie du groupe Roullier (2008-2011) à Saint-Malo. Arrivé à Nantes le 30 janvier 2023, Fabrice Rigoulet-Roze se définit lui-même comme un homme « au contact des gens ». Lors de son passage en Charente-Maritime, il a ainsi ouvert un Facebook live pour mieux communiquer avec la population.

PRÉFECTURE DE LA RÉGION DES PAYS DE LA LOIRE - 6 QUAI CEINERAY - BP 33515 - 44035 NANTES CEDEX 1 • TÉL. 02 40 41 20 20

INSERTION

Alain **RIGUIDEL**

PRÉSIDENT DE L'ASSOCIATION TRAJET

FORMATION Maitrise de géographie (université de Nantes)

PASSIONS La voile, la peinture

Après l'obtention de son diplôme, Alain Riguidel entre chez le bailleur social Atlantique Habitations en tant que responsable de l'accession sociale. Il y restera dix ans. Attiré par l'aménagement du territoire et l'urbanisme, il décide ensuite de s'orienter vers la promotion immobilière et prend la direction du développement d'Eiffage Immobilier Ouest (dont les Pays de la Loire). Dix ans plus tard, il part assurer la direction immobilière d'Eiffage en Normandie à laquelle viendra se rajouter la région Centre. Après sept ans passés entre Rouen et Tours, il profite d'une opportunité pour rejoindre Nantes, sa ville de cœur, et prend la tête de la direction régionale Eiffage Immobilier Grand Ouest en 2013. Le Breton manage alors 35 personnes travaillant dans les Pays de la Loire, la Bretagne, la Basse Normandie et le Centre. Très actif par ailleurs au sein de la Fédération de la Promotion Immobilière dès le début de sa carrière, Alain Riguidel fait rapidement partie du bureau. Il est élu président en 2017 et se voue à ses multiples missions, jusqu'à la fin de son mandat en 2020 : représenter l'activité immobilière pour les Pays de Loire, faire évoluer l'image de la FPI, promouvoir le métier de promoteur, mettre en place des évènements. Passionné par son métier et les relations humaines, le dirigeant s'applique à assurer « le bien-être et l'évolution » de ses collaborateurs. Il se retrouve d'ailleurs tout à fait dans les valeurs prônées par son employeur : transparence, respect, solidarité, confiance, exemplarité, rigueur, pugnacité. Des principes de vie que, désormais à la retraite, il met au service de l'association d'insertion Trajet… comme il se l'était toujours promis.

ASSOCIATION TRAJET - 3 RUE ROBERT SCHUMAN - 44400 REZÉ • TÉL. 02 51 11 00 00

ORGANISATIONS PROFESSIONNELLES

Jean-Étienne **RIME**

PRÉSIDENT DE LA FONDATION FRANSYLVA FORÊT DE FRANCE PAYS DE LA LOIRE

FORMATION Maitrise de sciences économiques (1980)

DISTINCTIONS Officier du Mérite agricole (2009)

PASSIONS La forêt, l'agriculture et la peinture.

PUBLICATIONS « Petit traité de logistique du vin » (Ed. Dunod)

Fils d'agriculteurs, Jean-Etienne Rime découvre la communication un peu par hasard, en faisant un stage dans ce domaine à Londres. Il débute en tant que chargé de projets dans l'agence de communication Idées/Dialogue Conseil (Publicis) à Paris de 1982 à 1985. Cette même année, il crée à Nantes Alphacoms, une agence de conseil en communication qu'il cèdera en 2012 à deux collaboratrices. Entre-temps, en 1995, il fonde Giotto, société spécialisée dans le conseil en communication corporate. Mais, durant toutes ces années, il mène une d'autres activités en parallèle. Il est en effet éleveur de chevaux et de bovins Maine-Anjou et développe une activité forestière et agricole dans le Maine et Loire. Il est élu président de Fransylva Pays de la Loire (les propriétaires forestiers) puis président de la Fondation Fransylva Forêt de France en 2014 et administrateur de Fransylva national. Si Jean-Etienne Rime accorde tant d'importance à la forêt, c'est que, pour lui, elle change le rapport au temps. « Dans la communication, il faut faire tout, tout de suite, alors que dans le domaine forestier les choix sont à long terme. En forêt, la réflexion engage pour des années. » explique-t-il.

Responsable dans sa région de la communauté Sarepta, chargée du financement du Diocèse d'Angers, il publie « Petit traité de logistique du vin » et expose comme artiste animalier au salon d'Auteuil en 2019.

FRANSYLVA DES PAYS DE LA LOIRE - 15 BOULEVARD LÉON BUREAU - 44000 NANTES • TÉL. 02 41 45 92 24

ENERGIE

Hervé **RIVOALEN**

DIRECTEUR À L'ACTION RÉGIONALE EDF PAYS DE LOIRE

FORMATION ingénieur Arts et Métiers (Rennes, Angers, Paris, 1989)

PASSIONS passionné de voile

Désireux d'acquérir des savoir-faire à la fois théoriques et pratiques, Hervé Rivoalen obtient son diplôme des Arts et Métiers. Il effectue ensuite son service en coopération

au Sénégal en tant que professeur de maths. À son retour, il intègre en 1991 EDF Recherche et Développement à Moret-sur-Loing comme ingénieur-chercheur. Il rejoint la Direction des comptes-clés à La Défense en 2002, au début de l'ouverture des marchés de l'électricité. Puis il est nommé en 2007 au sein de la Direction des systèmes énergétiques insulaires, délégué métier responsable de la maîtrise de l'énergie et des tarifs, de la Corse aux DROM COM. Trois ans plus tard, il devient directeur adjoint marketing BtoB afin de préparer l'ouverture du tarif vert et du tarif jaune à la concurrence. Après avoir pris en 2010 la direction déléguée d'EDF Commerce à Nancy pour les régions Grand Est et Bourgogne-Franche-Comté, il revient à Paris en 2019 lors de la création de la Direction de la mobilité électrique groupe. Il occupe alors la fonction de directeur stratégique.
C'est en janvier 2022 qu'Hervé Rivoalen rejoint les Pays de la Loire en tant que directeur à l'action régionale d'EDF. Avec une trentaine d'entités (5 000 personnes) sur le territoire, il représente le groupe en Pays de la Loire auprès des acteurs institutionnels, politiques et économiques. Il accompagne les grands projets de son entreprise sur la transition énergétique, la décarbonation, le mix électrique dans la région et accompagne les métiers dans la mise en œuvre d'actions transverses. Parmi ses nombreuses missions figurent également la représentation de la Fondation EDF (projets sur l'éducation, l'inclusion, l'environnement). Engagé également dans les questions de la RSE, son principal leitmotiv reste « la mise en avant de solutions ».

EDF - DÉLÉGATION RÉGIONALE
PAYS DE LA LOIRE - 65 RUE DE LA PERVERIE
- 44000 NANTES • TÉL. 02 51 85 76 10

BANQUE ET ASSURANCE

Frédéric **ROBIN**

DIRECTEUR DU MARCHÉ BANQUE PRIVÉE DE CIC OUEST

FORMATION Institut Techniques de Banque (1991) ; Audencia Nantes (1996)

PASSIONS La course à pied, le golf, l'oenologie

Frédéric Robin a réalisé toute sa carrière au sein de CIC Ouest. Il a été successivement responsable du Contrôle Comptable, chargé d'affaires Professionnel en 1994, directeur d'agence à Saint-Malo en 1997, responsable du développement à Rennes en 2001, où il a eu en charge l'ouverture de 12 agences bancaires. En 2003, il devient directeur de groupe adjoint en Ille-et-Vilaine puis animateur de Secteur Loire-Atlantique en 2005, avant de prendre la responsabilité du marché banque privée en 2007. Il a été nommé directeur du marché Banque Privée en novembre 2018, et a intégré le Comité Exécutif de CIC Ouest.
Tout au long de son parcours, Frédéric Robin est resté très engagé dans les réseaux économiques comme la Jeune Chambre Economique de Saint-Malo et la Plateforme initiative Locale à Rennes puis à Nantes en tant que trésorier. Il anime actuellement la commission Transmission à NAPF. Par ailleurs, il a lancé en 2015 le parcours Futur Dirigeant d'Entreprise Familiale avec Audencia Executive Education. Avec 2 500 collaborateurs et plus de 300 points de vente, CIC Ouest intervient sur les 22 départements du Grand Ouest et du Centre.

CIC OUEST - 2 AV. JEAN-CLAUDE BONDUELLE
- BP 84001 - 44040 NANTES CEDEX 1
• TÉL. 02 40 12 91 91

COMMUNICATION ET MARKETING

Olivier **ROBÉ**

DIRECTEUR ASSOCIÉ IMAGES CRÉATIONS

FORMATION Prépa HEC (Montpellier, 1989) ; diplômé DESCAF option Marketing (Audencia, 1993) ; 3e cycle en communication multimédia (Sciences-Com, 1994)

PASSIONS l'océan, la pêche en mer, le digital et l'innovation

Olivier Robé quitte l'Afrique à 17 ans pour entrer en classe prépa HEC à Montpellier. Il réussit ensuite le concours d'entrée à Audencia Nantes (Grandes Écoles), où il aura l'opportunité d'effectuer un cycle de 6 mois à l'Ohio State University « Finance & Entrepreneurship ». Cette expérience américaine contribue à révéler le goût d'entreprendre et d'innover qu'il porte en lui. À peine diplômé, il est recruté par G&A Links en tant que responsable projet en marketing. Pendant deux ans, il apprend les bases du métier et vit une belle aventure professionnelle. Après une courte expérience dans le monde balbutiant du web, il crée en 1995 l'agence Images Créations, spécialisée dans le digital web & mobile, avec Thomas Georgelin. Intuitif et fonceur, il forme avec ce dernier un tandem très complémentaire, arrimé à un socle de valeurs communes. Olivier Robé reconnaît avoir un cerveau plus « technologique que politique » et, tout comme son associé et ami de 20 ans, une ouverture au monde très aiguisée. Les deux associés ont plus d'un projet dans leur sac, dont l'application ShareMySea, à qui l'agence donne naissance mi-2016. Rien d'étonnant quand on connaît la grande passion de ce dirigeant féru de pêche au bar : la mer.
Il est par ailleurs membre de l'UCC, syndicat professionnel des agences conseil en communication et d'Atlantic 2.0, l'association qui rassemble les acteurs de l'innovation numérique en Pays de la Loire. Partisan de l'agilité, dans tous les sens du terme, il est prêt à aborder les 20 prochaines années avec une multitude de projets...

IMAGES CRÉATIONS - 67 RUE NICOLAS APPERT
- 44000 NANTES • TÉL. 02 40 50 77 66

COMMUNICATION ET MARKETING

Vincent **ROIRAND**

DIRIGEANT DE MAZEDIA

FORMATION lycée St Jean-Baptiste de la Salle à Nantes (1978-1980)

PASSIONS sa famille, son métier et la culture sous toutes ses formes

Autodidacte et féru de photo, Vincent Roirand crée Pro Color Labo (un laboratoire photo travaillant pour de grandes entreprises) à 18 ans, avec son épouse. Le concept d'entreprise familiale est une évidence pour lui dont la famille est d'origine vendéenne... Ils fondent en 1994 Mediacd, devenu Mazedia. L'agence connaît un début de développement fort à partir de 2000. Le dirigeant devient membre du

CJD et cet investissement marque pour lui un tournant d'importance. Il y rencontre d'autres chefs d'entreprise, suit des formations (notamment dans le domaine de la gestion financière et le management), et améliore ainsi sa propre structure d'entreprise. Dès 2007, il oriente son cœur de métier vers les musées, utilisant les nouvelles formes d'interactivité pour proposer des prestations originales. Mazedia est désormais impliqué dans des projets de recherche dans ce domaine.
Ouvert, curieux, toujours en quête d'échanges, Vincent Roirand intègre le réseau Entreprendre (2008-2011) puis le Pôle Images et Réseaux. Administrateur dès 2011, il est vice-président de 2017 à 2021. Ambassadeur Nantes Tech depuis 2014, il est élu président d'Atlanpole Entreprises en septembre 2015. Se plaisant à côtoyer start-up et entreprises familiales, ce mandat, qu'il assure jusqu'en janvier 2019, marque sa volonté d'engagement toujours plus forte dans le domaine de l'innovation. Tourné aussi vers l'international, le Nantais voyage dans les musées du monde entier et participe à des conférences d'envergure mondiale comme « Museums and the web ». Il fait décidément partie de ces heureux « veinards » qui mêlent avec bonheur passion et profession !

MAZEDIA - PARC D'AFFAIRES DES MOULINETS - 16 BD CHARLES DE GAULLE - 44800 SAINT-HERBLAIN • TÉL. 02 28 03 04 04

COMMUNE

Johanna **ROLLAND**

MAIRE DE NANTES - PRÉSIDENTE DE NANTES MÉTROPOLE

FORMATION
Lycée des Bourdonnières à Nantes - Institut d'Etudes Politiques de Lille (2001)

Le sens de l'engagement, Johanna Rolland le développe jeune. Notamment sur le terrain associatif. Entraîneur d'une équipe de jeunes joueurs de basket, elle réalise aussi des missions humanitaires en Bosnie (1998) et en Afrique du Sud (2000). Professionnellement, elle débute comme chargée de mission, puis comme responsable Politique de la Ville au Creusot avant de revenir à Nantes en 2004 en tant qu'attachée parlementaire de Jean-Marc Ayrault. Elle devient adjointe à l'éducation et à la jeunesse à la Ville de Nantes en 2008. Conseillère générale de Loire- Atlantique de 2011 à 2014, Johanna Rolland devient 1re adjointe au maire de Nantes et vice-présidente de Nantes métropole en juin 2012. En avril 2014, elle est la première femme élue maire de Nantes puis présidente de la métropole et du Pôle métropolitain Nantes-Saint-Nazaire. Elle intègre également le conseil national du Parti Socialiste. Présidente du réseau Eurocities de novembre 2014 à 2016, elle a été présidente du Pôle Métropolitain Loire-Bretagne de 2016 à 2018.
Elle est réélue maire puis présidente de Nantes métropole en 2020. Elle est élue présidente de l'association France urbaine en septembre de la même année pour un mandat de 6 ans.

VILLE DE NANTES - 2 RUE DE L'HÔTEL DE VILLE - 44094 NANTES CEDEX 1 • TÉL. 02 40 41 90 00

BÂTIMENT ET TRAVAUX PUBLICS

Cyrille **ROSE**

PRÉSIDENT DE SOLOC

FORMATION
BTS Action Commerciale (CFAI La Chapelle Saint-Mesmin, 1997)

PASSIONS
Faire de la moto et du VTT

Son BTS en poche, Cyrille Rose démarre son chemin professionnel à Orléans en tant que conducteur d'engins puis opérateur sur machine chez STBR, l'entreprise familiale. Celle-ci vendue à Soloc, il devient dispatcheur à l'agence de Salon-de-Provence en mars 1999. Sa mission est alors de développer le secteur avec l'objectif de créer un centre de profit en Languedoc-Roussillon. Ce qu'il réussit en 2001, en lançant l'agence de Béziers. Sept ans plus tard, il est temps pour lui d'évoluer et il part en région lyonnaise, chargé de diriger l'agence multi-sites de Chassieu-Clermont-Ferrand. Il y double le chiffre d'affaires puis le PDG de Soloc, Michel Chauvet, lui propose en 2015 un plan de carrière pour lui succéder.
Cyrille Rose complète donc ses compétences en prenant la fonction de directeur opérationnel pour la partie Nord de la France, de 2015 à 2017. Puis il prend la responsabilité de toutes les agences et des filiales avant d'être promu directeur général en 2019. Une année après, il reprend en douceur les rênes de la société, mesurant sa chance d'avoir pu évoluer progressivement en son sein, saisissant les opportunités et maîtrisant au fur et à mesure son métier. Fier par ailleurs d'être le manager du leader français du fraisage routier. Prenant désormais ses marques en Loire-Atlantique, le dirigeant a fixé sa feuille de route : garant auprès des actionnaires, il reste à l'écoute de ses salariés et du marché avec l'ambition de poursuivre la croissance externe exponentielle de son entreprise.

GROUPE SOLOC - ZA DE LA BILIAIS DENIAUD - 3 IMP. MARIUS BERLIET - 44360 VIGNEUX-DE-BRETAGNE • TÉL. 02 40 57 42 70

SPORT PROFESSIONNEL

Thierry **ROSE**

PRÉSIDENT DE NANTES REZÉ MÉTROPOLE VOLLEY

FORMATION
lycée Europe à Cholet - maîtrise de sciences économiques (1990) ; 3e cycle de management (1991) à l'ISMA (Audencia) à Nantes

PASSIONS
les activités sportives de ses enfants, les découvertes culturelles et les voyages en famille.

Thierry Rose fait bonne impression ! C'est en effet au sein de la société Axes concession Xerox (solution d'impression, solution informatique, solution GED, offre d'impression gérée) qu'il effectue jusqu'à ce jour sa carrière professionnelle. D'abord ingénieur commercial bureautique (1993-1998), il devient ensuite chef des ventes puis directeur commercial avant de se voir proposer le poste de directeur associé. Mais le Nantais a aussi un hobby, le volley. C'est au sein de l'ASB Rezé Volley (Club du CE Airbus) qu'il prend des responsabilités de dirigeant, notamment comme président de 2001 à 2006. Il est un des artisans de la création, en 2006 et avec Pierre Belleil (membre de

Léo Lagrange), d'une Union Groupement Sportive entre les clubs de l'ASBR et de Léo Lagrange. Ainsi naît le Nantes Rezé Métropole Volley (le NRMV) qui va peu à peu se hisser dans l'élite du volley français. Une progression à laquelle Thierry Rose a pris une part prépondérante, en tant que vice-président (2006-2013) puis aujourd'hui en tant que président. En 2014, le NRMV a atteint les ½ finales de la coupe d'Europe Challenge Cup pour sa première participation. Trois ans plus tard, il dispute sa 1re finale de la Coupe de France.

NANTES REZÉ MÉTROPOLE VOLLEY - NMRV - 22 RUE DE L'OLIVRAIE - 44200 NANTES • TÉL. 09 81 17 39 66

ARCHITECTURE

Laurent **ROSSEZ**

DIRECTEUR GÉNÉRAL ADJOINT D'AIA LIFE DESIGNERS

FORMATION DESS structure ; ingénieur Polytech Paris-UPMC et Chebap

DISTINCTIONS lauréat français de l'innovation bâtiment du PUCA (2000)

PASSIONS l'architecture, la montagne et l'équitation (cavalier propriétaire depuis 20 ans).

PUBLICATIONS brevet INPI : Systèmes constructifs mixtes bois-béton

Laurent ROSSEZ intègre AIA en 1993 comme ingénieur structure. Devenu Directeur d'agence et associé AIA en 1999, il fait évoluer l'activité du bureau d'études en développant des synergies avec des agences d'architectes extérieures au groupe AIA. De 2005 à 2010, il élargit le positionnement de l'agence d'Angers via la création de 3 filiales (structure CER3i à Paris, Structure Cer3i à Bordeaux, ICM Structure à Angers). En 2011, les agences d'ingénierie du Groupe AIA fusionnent en une seule entité : AIA Ingénierie (250 collaborateurs) et Laurent Rossez est nommé vice-président d'AIA Ingénierie. En 2014, il devient directeur Stratégie et Innovation AIA Life Designers (650 collaborateurs) et membre du directoire. Dans une approche transverse et globale architecte et ingénieur, il met en place une politique de mutualisation généralisée et d'innovation participative au sein des 12 agences du Groupe.
Parallèlement, il défend les intérêts du secteur de la construction. Vice-président de Cobaty (2008-2010), il préside Novabuild de 2012 à avril 2021. Créée en 2003, l'association qui regroupe les entreprises de la construction vise à « renforcer économiquement les acteurs de la construction en Pays de la Loire pour leur permettre d'aborder ensemble la mutation vers l'éco-construction ».

AIA LIFE DESIGNERS - 7 BD DE CHANTENAY - CS 80525 - 44105 NANTES CEDEX 4 • TÉL. 02 40 38 13 13

ORGANISATIONS PROFESSIONNELLES

Jérôme **ROUET**

PRÉSIDENT DE LA FÉDÉRATION RÉGIONALE DES TRAVAUX PUBLICS DES PAYS DE LA LOIRE

FORMATION ingénieur travaux (ESEM/ Polytech Orléans, 1999)

PASSIONS la famille et le rugby

Jérôme Rouet occupe le premier poste de sa carrière dès 1999 en tant qu'ingénieur-chef de chantier à Orléans. Conducteur de travaux de 2001 à 2005, il apprend le management et la gestion, notamment en Touraine. Il devient ensuite chef d'exploitation chez Colas puis chef d'agence en 2007 chez Eurovia dans le Cher. Il continue de gravir les échelons en étant nommé directeur d'agence à Bourges et Châteauroux. Lui, qui apprécie le travail en équipe, commence une nouvelle aventure chez Charier en 2016 au poste de directeur du pôle métier Routes nord. Avant d'accéder à celui de directeur des pôles métiers Routes et travaux urbains - métiers Espaces verts et paysage. Il assure donc désormais la bonne mise en œuvre de la politique générale, participe au développement de l'entreprise et prend part à sa transformation globale.
Cette « force tranquille » adore son métier, qu'il trouve utile et nécessaire, et exerce son leadership naturel dans les représentations professionnelles de son domaine. Après plusieurs mandats en tant que président de la Fédération départementale des TP du Cher dans les années 2010, il devient président de la Fédération de Loire-Atlantique en 2019. C'est en septembre 2022 que Jérôme Rouet est élu président de la Fédération Régionale des Travaux Publics des Pays de la Loire (18 000 personnes, 1 000 entreprises, 2 milliards de CA). Là aussi il s'investit en défendant toutes les entreprises, particulièrement les TPE, et s'ingénie à rendre plus attrayant la filière, surtout auprès des jeunes. Accompagner et former, transmettre sa passion et fédérer sont les enjeux qu'il s'impose dans le cadre d'une vision globale et à long terme : tout simplement travailler dans une société « où il fait bon vivre ».

FRTP PAYS DE LA LOIRE - ZAC DE LA CHANTRERIE - RUE EDMÉ MARIOTTE - CP 40769 - 44307 NANTES CEDEX 3 • TÉL. 02 28 01 00 60

HÔTELLERIE-RESTAURATION

Christophe **ROUSSEL**

CHOCOLATIER - PÂTISSIER

FORMATION CAP en pâtisserie

DISTINCTIONS Gault et Millau 2012 (chocolaterie) et 2013 (pâtisserie) ; 5e tablette dans le guide du Club des croqueurs de chocolat (2012) ; Award au Salon du chocolat de Paris, prix Stars & Métiers (2014)

PASSIONS les voyages et la gastronomie.

Après son apprentissage, Christophe Roussel multiplie les expériences : en Uruguay dans un Relais & Château (1986-1987), puis en Suisse au Casino de Berne (1988-1989) et à Saint Barth'chez Jean-Marie Rivière (Alcazar, Paradis Latin) de 1989 à 1992. Il s'installe à La Baule en 2004, où il reçoit un accueil gourmand de ses clients et des professionnels : il se voit décerner le Prix Goût et Santé, catégorie sucré dès 2005. A partir de 2008, il ouvre de nouvelles boutiques à Guérande (2008), à Paris (« Duo créatif avec Julie » à Montmartre en 2011), un autre point de vente à La Baule en 2013 (Halles du Marché), puis Pornichet. Le fruit d'une notoriété croissante, confortée par de nombreuses distinctions élogieuses pour ce

membre de l'association «Relais Desserts International». Le Gault et Millau le classera d'ailleurs parmi les 101 meilleurs pâtissiers de France. En 2011, il figure dans le jury des «Meilleurs Ouvriers de France Pâtissier». Créateur de corners évènementiels pour la Saint-Valentin au Japon dès 2012, il lance la première édition du Défi Pâtissier Christophe Roussel, concours national pour les pâtissiers amateurs, en 2015.
Christophe Roussel est désormais reconnu pour sa très grande créativité, autant dans l'esthétisme des pâtisseries et chocolats que dans les mariages surprenants voire audacieux.

CHRISTOPHE ROUSSEL - 6 ALLÉE DES CAMÉLIAS - 44500 LA BAULE • TÉL. 02 40 60 65 04

COMMUNE

Fabrice **ROUSSEL**

MAIRE DE LA CHAPELLE-SUR-ERDRE - 1ER VICE-PRÉSIDENT DE NANTES MÉTROPOLE

FORMATION lycée Carcouët à Nantes - DUT gestion des entreprises et des administrations (1993); licence AES (1994); certificat d'aptitude professionnelle en lycée professionnel vente (1996) à l'IUT, à l'université et à l'IUFM de Nantes

PASSIONS la lecture et le jogging

Professeur dans un lycée professionnel d'Ancenis où il enseigne l'économie et le commerce (1997-2004), Fabrice Roussel prend concomitamment des engagements politiques. En 1995, il est aux côtés de Gérard Potiron dans la bataille municipale qui sera gagnée par la Gauche à la Chapelle-sur-Erdre. Elu conseiller municipal, il devient adjoint à l'Action sociale et à l'emploi trois ans plus tard. En 2001, il se voit confier la responsabilité d'adjoint aux Sports. En 2008, les électeurs le placent à la tête de la commune. Il sera réélu maire en 2014 et prend la première vice-présidence de Nantes Métropole. Secrétaire général du groupe socialiste à la Région (2004-2008), Fabrice Roussel a été conseiller régional de 2010 à octobre 2012, date à laquelle il a démissionné. Cette même année, il est élu secrétaire fédéral du Parti socialiste de Loire-Atlantique. Réélu en 2015, il cède sa place en 2018 et devient président de l'union régionale du PS la même année. Il est réélu maire lors du 1er tour des municipales de 2020.

VILLE DE LA CHAPELLE-SUR-ERDRE - RUE OLIVIER DE SESMAISONS - BP 4409 - 44244 LA CHAPELLE-SUR-ERDRE CEDEX • TÉL. 02 51 81 87 10

FORMATION PROFESSIONNELLE

Emmanuelle **ROUX**

DIRIGEANTE DU CHAUDRON.IO ET SC21 - PRÉSIDENTE DU CINOV NUMÉRIQUE

FORMATION Licence en cinéma (Paris 3), niveau maitrise des sciences et techniques en photographie et multimédias (Paris 8)

PASSIONS La fabrique numérique personnelle, la pédagogie et les objets connectés.

À 10 ans, Emmanuelle Roux découvre l'ordinateur et se passionne pour le code. A 20 ans, elle s'enthousiasme pour le web. Elle quitte ses études en cinéma et en photo en 1999 pour créer une agence de communication interactive. L'étudiante devenue chef d'entreprise connaît quelques revers et dépose le bilan en 2002. Passionnée de pédagogie, elle veut «transformer la formation de l'informatique en France et réinventer l'école». Dès 2006, elle enseigne en licence professionnelle le développement web et web mobile à l'université de Cergy-Pontoise. Installée en Vendée, elle met sur pied en 2008 Les Clefs du Net à la Roche-sur-Yon avec pour objectif d'aider les entreprises à s'approprier les outils du web. En 2010, elle rencontre Laurent Ricard. Passionnés par le numérique, la pédagogie et les objets connectés, ils s'intéressent tous deux aux fablabs. «Un espace physique qui permet l'apprentissage du numérique par l'expérience», résume-t-elle. Ils créent en 2011 le fablab La Forge des possibles à la Roche-sur-Yon puis le FacLab en 2012 pour l'université de Cergy-Pontoise. Depuis, Emmanuelle Roux multiplie les conférences et les projets. En 2013, elle fonde Sc21 à La Chaize-le-Vicomte, «un élément de transition vers le 21e siècle» et revend Les Clefs du Net. Un an plus tard, elle ouvre zBis, fablab conçu à la croisée «d'une salle de gym de la créativité et d'une micro-usine locale et partagée». Il fermera en 2019.
En 2016, l'entrepreneuse fonde un nouveau fablab : le Chaudron i.o. Ex-membre du Conseil national du Numérique, elle est élue présidente du syndicat CINOV Numérique, regroupant les entreprises dont le cœur de métier relève du domaine des Technologies de l'Information et de la Communication, en novembre 2021.

LE CHAUDRON.IO - 44000 NANTES • TÉL. 07 69 38 08 02

SANTÉ

Vincent **ROUX**

CO-FONDATEUR D'O°CODE ET D'IMAGINATION MACHINE - FONDATEUR DE GOODSANTÉ

FORMATION Bac STMG à La Baronnerie à Angers - DUT en Gestion des Entreprises et des Administrations à Nantes (1998) ; Bachelor European Management à Cardiff ; Master spécialisation Dirigeants et Entrepreneurs (2004)

PASSIONS Le numérique, les sciences liées à la santé, les sciences humaines, les bonnes tables, le golf (index 13)

En 2002, en 2e année d'Audencia, Vincent Roux crée l'agence web Artiss, faisant de lui à 24 ans le premier entrepreneur incubé de l'histoire de l'Ecole. En 2009, Artiss fusionne avec Intuiti webmarketing, donnant le jour à Intuiti - Digital for your Business, filiale d'une holding détenue à parts égales par Arnaud Chaigneau, Séverine Pirault et lui-même. Il en devient directeur général fin 2012. Administrateur de la Cantine numérique de 2012 à 2018, il co-fonde, avec Julien Hervouet, Adrien Poggetti et Rob Spiro le Startup Studio Imagination Machine, et met en place le programme Startups au sein de Réseau Entreprendre Atlantique dont il prend la Présidence d'avril 2019 à 2022.
Fin 2016, Il met un terme à ses fonctions opérationnelles chez Intuiti (qui sera vendue en 2021), pour s'engager dans le développement de Fifty truck, une startup d'optimisation du transport de marchandises. Elle a vocation à participer à la transformation numérique d'Idea groupe (spécialisée dans

la logistique industrielle), en participant à réduire l'impact économique et écologique du transport. Vendue en 2018, Fifty Truck continuera sa course auprès de la bourse de Fret B2PWeb. A l'issu de cette aventure, Vincent Roux co-fonde, avec entre autres Jean-Baptiste Pondevy, O°Code, société vendéenne de protection des objets de valeur via un marquage physique inaliénable et une blockchain, dont il reste aujourd'hui actionnaire et administrateur.
Depuis début 2023, Vincent Roux se consacre à 100 % à son projet (GOUD) Santé, un centre de santé qui accompagne les dirigeants et managers à prendre soin de leur condition physique et mentale. L'ambition est d'ouvrir le premier à Nantes et d'essaimer partout en France dans les prochaines années.

(GOUD) SANTÉ - 8 AV. JACQUES CARTIER - 44800 SAINT HERBLAIN • TÉL. 02 85 95 94 63

MÉDIAS

Georges **SAMPEUR**

PRÉSIDENT DE MANCHE ATLANTIQUE PRESSE - ADMINISTRATEUR DE B&B HÔTELS

FORMATION scolarité à Lorient (bac)

PASSIONS la famille, les voyages, la découverte de cultures différentes à travers l'art, les voitures anciennes

C'est à Brest en 1976 que Georges Sampeur démarre sa carrière comme attaché commercial pour le réseau Avis. Trente ans plus tard, après avoir été notamment directeur commercial France, directeur marketing/ventes Europe et directeur général d'Avis Grande-Bretagne, il a franchi les strates hiérarchiques tout en cultivant sa fibre entrepreneuriale. La belle aventure commence en 2003 lorsque François Branellec, fondateur du groupe hôtelier B&B Hôtels, cède ses titres au fonds Duke Street Capital. Celui-ci fait alors appel à Georges Sampeur, PDG de Carlson Wagonlit Travel de 1999 à 2003, pour présider le directoire du groupe. En 2006, le président mène de front le rachat de l'Alterego de l'Est, Village Hôtels et un important programme de rénovation des établissements ainsi qu'un ambitieux développement européen. Des années plus tard, il se dit fier d'avoir pu tout au long de sa carrière, identifier et révéler des talents pour s'entourer dans ses aventures professionnelles et sans lesquels « rien n'aurait été possible ».
En avril 2017, le patron breton prend le contrôle du mensuel d'information économique Le Journal des entreprises. En 2018, il devient président du conseil d'administration de B&B Hôtels en février pour préparer son départ « en douceur ». Il en est désormais administrateur et continue à s'occuper de ses investissements personnels à travers sa holding Financière Gaspard. Il se lance un nouveau défi fin 2020 : accompagner l'équipe dirigeante du Cep Lorient Basket-ball (pensionnaire de NM1) pour accéder au plus haut niveau du basket français.

JOURNAL DES ENTREPRISES LOIRE-ATLANTIQUE/VENDÉE - 1 ALLÉE BACO - BP 73207 - 44032 NANTES CEDEX 1 • TÉL. 02 40 35 82 40

COMMUNE

David **SAMZUN**

MAIRE DE SAINT-NAZAIRE - PRÉSIDENT DE LA COMMUNAUTÉ D'AGGLOMÉRATION DE LA RÉGION NAZAIRIENNE ET DE L'ESTUAIRE (CARENE)

FORMATION École Pierre et Marie Curie, collège Manon Roland de Saint-Nazaire et Lycée de Saint-Gildas des Bois - BTS Commerce (Nantes)

A l'âge de la majorité, un des premiers engagements de David Samzun fut politique. En 1988, il devient membre du Parti socialiste, puis s'implique sous cette couleur en tant que conseiller municipal de Saint-Nazaire à partir de 1995. Maire-adjoint de la ville, il a eu en charge le Développement urbain et l'habitat (aménagements, infrastructures, espaces publics, déplacements, transports, circulation, stationnement, patrimoine, énergie…). Un terrain qu'il arpente également à travers d'autres responsabilités. Président depuis 2008 de Silène, office public de l'habitat gérant 8 500 logements locatifs à Saint-Nazaire et ses alentours, il devient maire de Saint-Nazaire en mai 2014. David Samzun est également président de la Communauté d'agglomération de la région nazairienne et de l'estuaire (Carene).
En 2020, il est réélu à la mairie de Saint-Nazaire et à la Carene. Il prend la présidence de l'Etablissement Public Foncier de Loire-Atlantique en mai 2021.

VILLE DE SAINT-NAZAIRE - PL. FRANÇOIS BLANCHO - CS 40416 - 44606 SAINT-NAZAIRE CEDEX • TÉL. 02 40 00 40 00

ASSOCIATIONS ET RÉSEAUX

Aymeric **SEASSAU**

SECRÉTAIRE DÉPARTEMENTAL DU PCF DE LOIRE-ATLANTIQUE - ADJOINT AU MAIRE DE NANTES

FORMATION licence d'histoire aux Universités de Nice et de Rennes 2 ; concours de rédacteur territorial

PASSIONS Neil Young, la guitare et l'Italie.

Né d'un père niçois et d'une mère bretonne, Aymeric Seassau quitte les Alpes-Maritimes en 2000 pour terminer ses études à Rennes. Quatre ans plus tard, ses activités politiques et professionnelles le conduisent à s'installer à Nantes. Chargé de mission à la mairie de Nantes (2004-2008), il exerce les fonctions de rédacteur en chef des Nouvelles de Loire-Atlantique entre 2006 et 2010. Un parcours marqué d'un engagement constant. Adhérent, dès l'âge de 16 ans, au Mouvement des jeunes communistes de France (MJCF), dans le prolongement des manifestations contre le Contrat d'insertion professionnelle (CIP), il le quitte en 2006 après la mobilisation contre le Contrat première embauche (CPE). Secrétaire départemental du PCF en Loire-Atlantique depuis 2010, Aymeric Seassau siège à l'assemblée régionale de 2010 à 2015, en charge de la vie étudiante, référent du bassin d'emploi de Saint-Nazaire. En 2014, il fait partie de la nouvelle équipe qui s'engage à Nantes avec Johanna Rolland dont il devient adjoint. Il le reste après les élections municipales de 2020, en charge de la culture. Il est également conseiller du Pôle métropolitain Nantes Saint-Nazaire et conseiller de Nantes Métropole, membre de la commission enseignement supérieur et recherche, innovation, numérique, international, rayonnement (tourisme, sport, culture).

PCF 44 - 41 RUE DES OLIVETTES - 44000 NANTES • TÉL. 02 28 20 61 07

BANQUE ET ASSURANCE

Philippe **SEGUIN**

PRÉSIDENT DU CONSEIL D'ORIENTATION ET DE SURVEILLANCE DE LA CAISSE D'ÉPARGNE BRETAGNE PAYS DE LOIRE

Philippe Seguin a débuté sa carrière professionnelle en 1982 en tant qu'enseignant en gestion puis chef des services administratifs et chef de cabinet à la Mairie de Chambray-Lès-Tours (Indre-et-Loire). En 1990, il accède au poste de secrétaire général adjoint à la Chambre des métiers de Vendée avant d'en devenir le directeur en 1996. Parallèlement à sa carrière professionnelle, Philippe Seguin est élu conseiller municipal du Poiré-sur-Vie puis devient premier adjoint en 2020, délégué aux Finances et Moyens Généraux. Au sein de la Caisse d'Epargne, il est président de la Société Locale d'Epargne (SLE) de Vendée depuis juillet 2000, président du comité d'audit du Conseil d'Orientation et de Surveillance depuis 2009. Il est nommé président du Conseil d'orientation et de surveillance de la Caisse d'Epargne Bretagne Pays de Loire en avril 2016. Il est réélu en mai 2021.

CAISSE D'EPARGNE BRETAGNE PAYS DE LOIRE - 2 PLACE GRASLIN - CS 10305 - 44003 NANTES CEDEX1 • TÉL. 02 40 67 05 00

MÉDIAS

Guénolé **SEILER**

RÉDACTEUR EN CHEF DE FRANCE 3 PAYS DE LA LOIRE

FORMATION
Licence de géographie (université de Bordeaux 3, 1989) ; diplômé du CUEJ - Centre universitaire d'enseignement du journalisme (Strasbourg, 1991)

PASSIONS
La course à pied, les voyages, la lecture (BD, romans), le bricolage, la cuisine

Après son bac scientifique, obtenu à La Rochelle, Guénolé Seiler décide d'étudier la géographie pour « découvrir le monde ». Curieux de connaitre la société et ce qui la fait bouger, il choisit finalement le journalisme. A sa sortie du CUEJ, il intègre l'antenne locale d'Europe 2 à Dijon. Entre fin 1992 et 1996, il effectue des piges pour Radio France Auxerre et France 3 Bourgogne et s'occupe essentiellement de sport. Il est ensuite recruté par le bureau de France 3 Auxerre en tant que journaliste-reporter avant de présenter le journal des sports à France 3 Bourgogne. Il retourne à Dijon en 1998 pour réaliser des reportages et présenter le journal régional de France 3 Bourgogne. Il rejoint France 3 Poitou Charentes en 2001 pour présenter le journal et l'émission de débats politiques La voix est libre. Puis, de 2006 à 2010, Guénolé Seiler se porte volontaire pour des missions d'intérim de rédacteur en chef adjoint dans le réseau régional de France Télévisions.
C'est en 2010 qu'il est nommé rédacteur en chef adjoint de France 3 Champagne-Ardenne, dont il prend la rédaction en chef en 2014. Cultivant un goût certain pour l'innovation, il prend la fonction de délégué numérique pour France 3 Pays de la Loire en 2017. Trois ans plus tard, il devient rédacteur en chef par intérim en janvier puis rédacteur en chef en octobre. Toujours attaché à faire refléter dans les émissions de la chaine toute la diversité de la région, il s'efforce également de développer le site web, porté par le « beau collectif » des 40 journalistes qu'il encadre. Son prochain challenge ? Accompagner la montée en puissance des antennes TV et numérique de France 3 Pays de la Loire, dans le cadre de la régionalisation voulue par France Télévisions.

FRANCE 3 PAYS DE LA LOIRE - 2 RUE GAËTAN RONDEAU - 44200 NANTES • TÉL. 02 40 99 44 44

CULTURE

Ambra **SENATORE**

CHORÉGRAPHE - DIRECTRICE DU CCN DE NANTES

FORMATION
doctorat sur la danse contemporaine (2004)

PUBLICATIONS
« La danza d'autore. Vent'anni di danza contemporanea in Italia » (Ed. UTET Turin 2007)

Chorégraphe et performeuse Ambra Senatore se forme avec différents chorégraphes puis collabore avec Jean-Claude Gallotta, Giorgio Rossi, Raffaella Giordano, Georges Lavaudant, Roberto Castello, Antonio Tagliarini. A la fin des années 90, elle commence à créer des pièces en collaboration avec d'autres auteurs (Reminda-remoda, Un po'io un po'tu, Silenzio) puis termine un doctorat sur la danse contemporaine avant d'enseigner l'histoire de la danse à Milan. Entre 2004 et 2009, elle poursuit ses recherches chorégraphiques sur des soli qu'elle interprète : EDA-solo, Merce, Informazioni Utili, Altro piccolo progetto domestico, Maglie, avant de passer à des pièces de groupes comme Passo (2010), A Posto (2011) et John (2012). 2012 marque l'année de création de sa compagnie EDA, basée à Besançon. « Nos amours bêtes » (2013), sa première pièce jeune public produite par le théâtre Am Stram Gram, est suivie d'Aringa Rossa » (2014), le solo « In Piccolo » (2014) et sa série performative « Petites briques » (2015). Dernièrement, Ambra Senatore a créé une nouvelle pièce jeune public « Quante Storie » en miroir avec Loïc Touzé.
En janvier 2016, elle prend la direction du Centre Chorégraphique National de Nantes, imaginant un « havre de danse ». Elle travaille sur la dynamique du mouvement dansé nourri d'éléments de théâtralité, d'actions et de gestes quotidiens, en explorant la construction d'une dramaturgie qui passe par l'action et la présence des corps. Une danse pour « rapprocher, vibrer,

décaler». En 2017, elle joue sa création «Scena Madre» au In du Festival d'Avignon.

CENTRE CHORÉGRAPHIQUE NATIONAL DE NANTES - 23 RUE NOIRE - 44000 NANTES • TÉL. 02 40 93 30 97

PROMOTION ET GESTION IMMOBILIÈRE

Christine **SERRA**

DIRECTRICE RÉGIONALE CENTRE OUEST DE BNP PARIBAS REAL ESTATE TRANSACTION - PRÉSIDENTE DU CINA

FORMATION
DUT techniques de commercialisation

Diplôme en poche, Christine Serra commence sa carrière chez Rank Xerox comme négociateur (1989) avant d'intégrer Keops comme consultante (1991). Un court passage puisqu'un an plus tard, elle se voit proposer le poste de chargée d'études dans la société ISM SA, spécialisée dans l'investissement en immobilier d'entreprise. Une expertise qu'elle met à profit en rejoignant en 1998 BNP Paribas Real Estate à Nantes, où elle exerce son activité de consultante Bureaux avant de devenir directrice adjointe chargée du département Bureaux en 2008. Début 2012, elle est nommée directrice régionale Centre Ouest BNP Paribas Real Estate Transaction, qui couvre les agences de Nantes Rouen Rennes Orléans et Tours. Vice-présidente du CINA (Club Immobilier de Nantes Atlantique), en charge de l'immobilier d'entreprise, elle en prend la présidence en septembre 2020.

BNP PARIBAS REAL ESTATE TRANSACTION - 14 MAIL PABLO PICASSO - BP 61611 - 44016 NANTES CEDEX 1 • TÉL. 02 40 20 20 20

ORGANISATIONS PROFESSIONNELLES

Valérie **SFARTZ**

DIRECTRICE DU SALON ARTIBAT - DÉLÉGUÉE RÉGIONALE DE LA CAPEB DES PAYS DE LA LOIRE

FORMATION
ISEG (Lille, 1998)

PASSIONS
la pratique du sport, les voyages

Sortie Major de sa promotion, Valérie Sfartz intègre très vite la direction marketing de Vinci Energies, avec pour mission la recherche de nouveaux territoires de développement pour les entreprises du groupe. En 2000, pressentant l'intérêt d'Internet, elle demande à créer le département Web et met en place le 1er annuaire digital Groupe. Elle rejoint la direction des Systèmes d'information en 2005 et crée le service communication, visant à porter les enjeux IT auprès des décideurs et utilisateurs du groupe. Elle accroit sa capacité à croiser les besoins Métier et opportunités IT en conduisant les projets internationaux. En 2007, elle prend en charge des projets stratégiques en collaboration directe avec la direction générale. Deux ans plus tard, elle choisit de s'installer à Nantes. Elle propose alors à l'ISEG de construire 2 cours et d'animer des séminaires en enseignement transversal d'informatique et marketing. En 2011, la CAPEB des Pays de la Loire recherche un directeur de la BU évènementielle, un poste qui correspond à sa polyvalence. Challengée par la partie commerciale, Valérie Sfartz s'attache pendant 8 ans à la transformation du salon Artibat, qui devient le plus grand salon de la construction en région. Toujours pleine d'envie et enthousiaste, elle conduit la stratégie globale de ce salon, accentuant sa visibilité et sa rentabilité. En marge de cette activité, sensible à la thématique du handicap, elle adhère au Collectif accessibilité qui rassemble les acteurs majeurs de l'accessibilité en France. Cette leader-née, habitée par la «positive attitude», n'a de cesse d'appliquer sa devise : «rendre l'impossible possible».
Elle est nommée déléguée régionale de la CAPEB des Pays de la Loire le 1er janvier 2022.

CAPEB - PAYS DE LA LOIRE / ARTIBAT - 1 RUE LOUIS MARIN - BP 56313 - 44000 NANTES • TÉL. 02 40 89 54 81

AÉRONAUTIQUE

Emmanuel **SIEBERT**

DÉLÉGUÉ PAYS DE LA LOIRE DE L'AVIATION CIVILE OUEST

FORMATION
lycée français de New York et au lycée Blaise Pascal à Orsay - prépa scientifique au lycée Fénelon à Paris; ingénieur (1992)

PASSIONS
la chorale, la musique et sa famille.

Emmanuel Siebert débute sa carrière dans le service technique de la Navigation aérienne de Roissy/Le Bourget, où il participe aussi aux permanences de commandement des deux aéroports (1992-2009). Il intègre ensuite le siège de la direction générale de l'Aviation Civile à Paris au bureau de la Réglementation et de l'Espace aérien, au sein de la Mission Ciel unique européen de la direction du Transport aérien (2009-2012). Depuis le 7 janvier 2013, il est délégué Pays de la Loire auprès de la direction de la Sécurité de l'Aviation civile Ouest. Il aura ainsi travaillé au sein des trois directions qui forment la DGAC. La Direction générale de l'Aviation civile (DGAC), rattachée au Ministère de l'Ecologie, du Développement durable et de l'Energie, regroupe l'ensemble des services de l'Etat chargés de réglementer et de superviser la sécurité aérienne, le transport aérien et les activités de l'aviation civile en général. La Délégation Pays de la Loire couvre 17 aérodromes dont l'aéroport international de Nantes Atlantique, 110 plates-formes aéronautiques et 36 aéro-clubs.

DGAC OUEST - AÉROPORT NANTES ATLANTIQUE - BP 4309 - 44343 BOUGUENAIS CEDEX • TÉL. 02 28 00 24 61

SANTÉ

Willy **SIRET**

DIRECTEUR GÉNÉRAL DE LNA SANTÉ

FORMATION Lycée Saint-Stanislas (Nantes), Externat des Enfants Nantais - EM Lyon business school (1998)

PASSIONS Le sport (course à pied, football)

Très tôt attiré par le collectif, le management, Willy Siret effectue ses études dans l'optique de devenir un «généraliste» plutôt qu'un «expert». Il décide de faire ses premières armes chez Unibail, le géant de l'immobilier commercial, et y entre en tant que contrôleur financier en 1998 à Paris. Un an plus tard, il a l'opportunité de rejoindre le Noble Âge, l'entreprise spécialisée alors dans les EHPAD créée par son père, Jean-Paul. Tous deux se donnent la liberté de ne pas réussir... mais cela fonctionne très bien. Il devient donc directeur d'exploitation pour superviser 5, puis une dizaine d'établissements, les accompagner sur différents sujets et faire le lien avec le siège. En 2010, il prend le poste de directeur général délégué aux opérations et supervise l'ensemble des établissements ainsi que les services supports (médical, RH, exploitation, etc.). En 2017, les services développement et immobilier s'ajoutent à ses responsabilités au sein du groupe devenu LNA Santé.
C'est à l'été 2021 que Willy Siret est nommé directeur général. Ses missions sont désormais liées aux 83 établissements (EHPAD, cliniques, HAD, crèches) dont le cœur de métier est : soigner et prendre soin des personnes fragilisées. Il continue donc de garder le contact avec le terrain, pour comprendre les équipes (8 000 professionnels), capter les bonnes idées et les bonnes pratiques afin de les diffuser. Plus que jamais adepte de «l'exigence bienveillante», y compris avec lui-même, le dirigeant s'implique également dans les réseaux professionnels : il est membre du Gerontopôle des Pays de la Loire et accompagne des créateurs d'entreprise grâce au Réseau Entreprendre Atlantique.

LNA SANTÉ - 7 BD AUGUSTE PRIOU - 44120 VERTOU • TÉL. 02 40 16 01 61

CONSEIL

Annie **SOREL**

PRÉSIDENTE FONDATRICE DE ASEA - VICE-PRÉSIDENTE DE L'OBSAR - FONDATRICE DE BUSINESS AU FÉMININ

FORMATION lycée de Joigny - Ecole supérieure de commerce de Paris (ESCP, 1980)

DISTINCTIONS Chevalier de l'ordre national du Mérite

PASSIONS les voyages autour du monde, les manifestations culturelles et les fêtes populaires, le yoga et les massages ayurvédiques

PUBLICATIONS «Guide pratique pour réussir ses achats professionnels équitables»; «Comprendre les achats responsables, guide pratique à destination des PME»

Annie Sorel débute sa carrière chez Accenture en tant que consultante en organisation (1980-1983), puis entre à Radio France comme chargée des systèmes d'information (1983-1987). Sa carrière prend ensuite une orientation commerciale. Chef de produit chez Prisunic (1987-1993), elle est nommée directrice des achats pour les opticiens Krys (1993-2000), puis rejoint la direction du groupe Kiabi, chargée de l'offre et des achats (2000-2004). S'ensuit une expérience comme manager de transition et formatrice en achats (2005-2007). 2008 marque un tournant dans son parcours puisqu'elle fonde l'agence d'Eco achats Asea, basée à Nantes et spécialisée dans les achats responsables. Depuis cette date, Annie Sorel accompagne les entreprises et les institutions dans leur démarche d'achats responsables, participe activement au think tank de l'Observatoire des Achats Responsables et à l'élaboration de la norme internationale ISO achats responsables. Elle est également spécialiste du commerce équitable et des achats solidaires auprès des personnes éloignées de l'emploi. Elle s'attache par ailleurs à soutenir et promouvoir la place des femmes dans les entreprises et organisations. Fondatrice et présidente d'honneur du réseau Business au Féminin à Nantes, co-fondatrice des Fameuses et du Printemps des Fameuses, co-conceptrice du Programme innovant de négociation salariale #Négotraining, elle est engagée dans de nombreuses associations liées aux achats ou à la RSE.

AGENCE ASEA - 25 RUE DE LA CHÉZINE - 44100 NANTES • TÉL. 06 23 22 42 13

RÉGION

Samia **SOULTANI-VIGNERON**

14E VICE-PRÉSIDENTE DU CONSEIL RÉGIONAL DES PAYS DE LA LOIRE

FORMATION lycée Dar Essalam à Rabat (Maroc) - ingénieur (1996) ; DEA (1997) ; doctorat (2001) à l'école supérieure des industries alimentaires de Tunis et à l'Institut national polytechnique de Lorraine (INPL) de Nancy

PASSIONS la lecture, le cinéma et la natation.

PUBLICATIONS Nombreuses publications scientifiques

Arrivée en France en 1996, à l'âge de 24 ans, Samia Soultani-Vigneron poursuit ses études supérieures. En 2001, elle devient attachée temporaire d'enseignement et de recherche à l'Ecole nationale supérieure d'agronomie et d'industries alimentaires puis complète son parcours par un post-doctorat à l'Ecole centrale de Lyon. Son choix professionnel se porte naturellement sur l'enseignement et la recherche au sein de l'IUT de Laval, établissement où elle occupe aussi le poste de directrice-adjointe.
Elle rejoint la scène politique en 2008 en tant que conseillère municipale, chef de file de l'opposition lavalloise, nommée la même année secrétaire départementale UMP de la Mayenne. En 2009, elle est nommée secrétaire nationale, en charge de la parité et de l'égalité professionnelle, puis en charge de l'enseignement technique supérieur jusqu'en 2011. En 2013, Samia Soultani-Vigneron devient première adjointe de la ville de Laval et vice-présidente de Laval-agglomération. Elle préside également Laval Mayenne Aménagements. Conseillère régionale depuis 2014, réélue sur les listes de Bruno Retailleau en 2015, elle est nommée 10e vice-présidente du conseil régional des Pays de la Loire, déléguée à la simplification. Elle démissionne en 2017 de son mandat d'adjoint au maire. Réélue aux régionales en juin 2021, elle est nommée 14e vice-présidente. Ancienne

présidente de la Fédération des Républicains de la Mayenne, elle quitte le parti en 2022.

RÉGION PAYS DE LA LOIRE - HÔTEL DE RÉGION - 1 RUE DE LA LOIRE - 44966 NANTES CEDEX 9 • TÉL. 02 28 20 50 00

HÔTELLERIE-RESTAURATION

Laurent **STROZYK**

DIRECTEUR DU MERCURE NANTES CENTRE GRAND HÔTEL

FORMATION Lycée hôtelier (Le Touquet, 1993) ; MST Hôtellerie, tourisme, marketing (université de Lille 3, 1994)

PASSIONS Faire de la course à pied et du vélo, les voyages en famille

Intéressé par le monde du service, Laurent Strozyk décide d'intégrer le lycée hôtelier situé près de chez lui. Après son master, il effectue son service militaire dans les cuisines de Matignon, au service du 1er Ministre. Il entre ensuite au prestigieux hôtel Lutetia, dans le service banquets, en 1995. Un an plus tard, il participe à l'ouverture de la chaine hôtelière Marriott en tant que responsable banquets dans l'établissement des Champs-Élysées. Puis, un client fidèle vient lui proposer un nouveau challenge : aider le restaurant du Sofitel Paris Porte de Sèvres à récupérer son étoile Michelin. Après avoir réussi, il prend la responsabilité de la brasserie de 500 couverts. Mais sa région lui manque et il saisit l'opportunité de devenir responsable de la restauration du Sofitel de Lille en 2000. Il effectue ensuite un cursus de formation à l'Essec pour pouvoir diriger un hôtel. Projet qu'il atteint en 2002, au Mercure Mulhouse Centre. Il prend successivement les manettes du Novotel Mulhouse Sausheim en 2004 et du Novotel Metz Hauconcourt en 2009. Et c'est en 2015 que Laurent Strozyk devient directeur général du Mercure Nantes Centre, qui vient de subir un an de travaux. Il y assume les missions inhérentes à sa fonction – dont il apprécie la variété - avec toujours la même « passion du client », transmettant à ses équipes sa devise : offrir le service que l'on aimerait recevoir.

Ex-président du Groupement National des Chaines Hôtelières Grand Est, il s'implique de nouveau sur le territoire et dans sa branche professionnelle. Il est ainsi président du Club hôtelier de Nantes et son agglomération de septembre 2020 à février 2023.

MERCURE NANTES CENTRE GRAND HÔTEL - 4 RUE DU COUËDIC - 44000 NANTES • TÉL. 02 51 82 10 00

CULTURE

Alain **SURRANS**

DIRECTEUR DE NANTES ANGERS OPÉRA

FORMATION licence d'Histoire de l'Art et Prix de chant (Lille - 1980)

DISTINCTIONS officier des Arts et Lettres ; chevalier de l'ordre national du Mérite (2004)

PASSIONS musique, cinéma et littérature

PUBLICATIONS Jeux de massacre (Bernard Coutaz, 1988), Le Regard du musicien (Plume, 1993), Mauricio Kagel, parcours avec l'orchestre (L'Arche, 1993), Musiciens en voyage (Orchestre Philharmonique de Liège, 2001), L'Abécédaire de l'Orchestre (Association Française des Orchestres, 2009).

C'est un parcours placé sous le signe des arts du spectacle et de l'action culturelle qui singularise Alain Surrans. Collaborateur de Maurice Fleuret au Festival de Lille puis au ministère de la Culture, de 1980 à 1987, il dirige ensuite le Festival de Lille (1988), l'association Ile-de-France Opéra et Ballet (1989-1993) et la programmation de l'Auditorium et de l'Orchestre National de Lyon (1994-1998). De retour au ministère de la Culture, où il occupe les fonctions de conseiller pour la musique à la direction de la Musique, de la Danse, du Théâtre et des Spectacles (1998-2001), il devient directeur artistique des éditions Salabert et, à l'Opéra de Paris, conseiller d'Hugues Gall. Il est nommé directeur de l'Opéra de Rennes en janvier 2005 puis prend la tête de Nantes Angers Opéra fin 2017. Dans les années 1980, Alain Surrans a été parallèlement journaliste et chroniqueur pour Le Nouvel Observateur et Diapason. Il a signé plusieurs ouvrages sur la musique et a été le commissaire de nombreuses expositions monographiques, de 1989 à 2002 : Gustav Mahler, Béla Bartok, Maurice Ravel, Edgar Varèse, Anton Webern et Alexandre Zemlinsky. Il continue à écrire des notes de programmes et des présentations de spectacles, tout en suivant le fil rouge de sa passion : « la transmission et le partage avec le plus grand nombre et de toutes les manières possibles ».

ANGERS NANTES OPÉRA - 1 RUE MOLIÈRE - BP 10929 - 44009 NANTES CEDEX 1 • TÉL. 02 40 89 84 00

SERVICES AUX ENTREPRISES

Guy **TEMPEREAU**

FONDATEUR DU GROUPE SERIS - PRÉSIDENT DU CONSEIL DE GOUVERNANCE ET D'ANIMATION

FORMATION diplôme de comptabilité

PASSIONS le sport, la lecture et les voyages.

Guy Tempereau intègre une société de sécurité à Saint Nazaire comptant 25 salariés à 17 ans en tant qu'employé administratif. Il en devient l'actionnaire et président en 1976, à l'âge de 23 ans. Après avoir redressé l'entreprise, il développe de nouvelles activités et la positionne progressivement sur tout le territoire. La croissance se poursuit via de nombreuses acquisitions à l'international à partir de 2006 en Belgique, aux Pays-Bas, au Luxembourg et plus récemment en Pologne et en Afrique. En 50 ans, Guy Tempereau a imposé le Groupe Seris comme premier groupe français indépendant et parmi le top 10 mondial des acteurs de la sécurité.

GROUPE SERIS - AVENUE BARBARA - BÂTIMENT LE TRIPÔLE - 44570 TRIGNAC • TÉL. 02 51 84 81 50

TRAITEMENT DES DÉCHETS

Anne **THEVENOT**

DIRECTRICE RÉGIONALE CENTRE OUEST VEOLIA, ACTIVITÉ RECYCLAGE & VALORISATION DES DÉCHETS

FORMATION IEA - Ecole supérieure de Management Européen, option droit (1993) : DESS Environnement (université Cergy Pontoise, 1994) ; Executive MBA – Entrepreneurship (MD Business School, 2011)

PASSIONS Piloter (elle a un brevet de pilote d'avion monomoteur) ; le ski alpin ; la lecture, voyager

Intéressée par les questions liées au climat et à l'environnement, Anne Thévenot effectue ses stages dans des grands groupes et administrations européens. Le recyclage et la valorisation des déchets lui paraissent déjà être un domaine crucial et elle décide d'y consacrer sa carrière. Elle entre, à la fin de ses études, chez CGECP (filiale du Groupe Veolia) en tant qu'adjointe au directeur d'exploitation. Elle devient ensuite adjointe au directeur de l'agence régionale Ouest Ile-de-France en 2001 et cette expérience lui vaut d'être nommée directrice d'un centre de traitement des déchets en 2003. Repérée grâce à ses expertises, notamment dans la création de centres de traitement des déchets, elle rejoint la direction générale Ile-de-France en 2006. Elle accède au poste de directrice grands projets clients collectivités pour cette même région en 2010. Elle affirme ainsi progressivement son appétence pour le management d'équipes, le travail en mode projet. Enrichie d'une vision stratégique aiguisée, elle prend la fonction transitoire de directrice incubation avant de prendre celle de directrice technique, performance et QHSE France de RVD (Veolia Recyclage & valorisation des déchets) en 2015. Un poste à la fois en lien avec les enjeux commerciaux et opérationnels des régions et l'expertise digitale.
En août 2019, Anne Thévenot est promue directrice régionale centre-ouest de RVD à Nantes. « Patronne » opérationnelle, elle gère 16 entités juridiques, 550 millions de CA et 2500 collaborateurs en Bretagne, Pays de la Loire et Centre-Val de Loire. Leur objectif commun, porté par le groupe, est de devenir l'entreprise de référence de la transformation écologique. Le cap défini est clair : rendre leurs services d'eau et de déchets, en France, autonomes en énergie d'ici 2027.

VEOLIA RVD - RECYCLAGE ET VALORISATION DE DÉCHETS - 6 RUE NATHALIE SARRAUTE - TSA 70505 - 44205 NANTES CEDEX 2 • TÉL. 02 51 72 72 00

MÉDIAS

Patrick **THIBAULT**

DIRECTEUR-ÉDITEUR DE KOSTAR ET WIK

FORMATION lycée François Rabelais à Fontenay-le-Comte - Deug de droit (faculté de droit de Nantes, 1987)

PASSIONS l'art contemporain, le tourisme urbain, la gastronomie et le whisky.

PUBLICATIONS « La belle histoire de LU » (CMD-1998)

Aux côtés de Vincent Braud, Patrick Thibault a été un des moteurs de l'édition de supports culturels à Nantes ces vingt dernières années. Au sein de la Sarl Médias Côte Ouest (MCO) créée en 1995, on lui doit la cocréation de Talents 44 puis de Pil'auquel a succédé le bimensuel Wik, magazine des sorties (édition Nantes et édition Rennes), ainsi que leurs déclinaisons internet et applications smartphone. Autres événements majeurs de l'histoire de cette société d'édition : le lancement en 2006 de Kostar, bimestriel « cultures et tendances » diffusé dans les Pays de la Loire et la Bretagne (depuis 2006) et la création de Comme au Cinéma - Le Mag, le premier magazine cinéma gratuit national diffusé en dehors des salles et tiré à 300 000 exemplaires (depuis 2009).
Refusant de s'enfermer dans des réseaux, Patrick Thibault n'en défend pas moins avec acharnement les professionnels de l'information au sein du Syndicat National de la Presse gratuite dans lequel il s'implique beaucoup.

MÉDIAS CÔTE OUEST - 2 TER RUE DES OLIVETTES - CS 33221 - 44032 NANTES CEDEX 1 • TÉL. 02 40 47 74 75

SERVICES AUX ENTREPRISES

Grégory **THIBORD**

DIRECTEUR GÉNÉRAL D'-ICILUNDI - FONDATEUR DE SWPL - SWIMMING-POOL

FORMATION lycée René Descartes à Rennes - BTS action commerciale (Isefac de Nantes, 2001)

PASSIONS les voyages et le cinéma.

Après avoir exercé comme ingénieur commercial au sein du Groupe CIS à Nantes de 1999 à 2002, Grégory Thibord occupe durant trois ans le poste de responsable commercial chez Alternative Group à Paris. En 2005, il fonde l'agence Actance à Nantes. Agence marketing et communication dédiée au secteur high-tech, Actance accompagne les entreprises et les marques high-tech dans la définition et la mise en oeuvre de dispositifs marketing on et offline. On doit par ailleurs à Grégory Thibord la conception et l'organisation de l'événement So Chik 2be Geek, la soirée des talents et décideurs du Numérique. En septembre 2014, il crée Swimming-Pool, une agence conseil en marketing et publicité. Trois ans plus tard, Actance change de nom et devient l'agence Swimmingpool / SWPL. Il la revend en septembre 2018 au groupe GD Communication mais reste quelques temps dirigeant-salarié.
Grégory Thibord devient directeur et associé du Palace, espace qui « mélange startup, équipes d'innovation de grands groupes ou investisseurs en résidence » à Nantes fin 2019. Celui-ci intègre le réseau -icilundi en 2021 qui fédère 500 entrepreneurs et acteurs de l'innovation autour de lieux nantais (Le Palace, Le François Deux, Le Madeleine coworking & café, la Chapelle) ainsi qu'un restaurant (Maison Bagarre), des événements, 4 programmes d'accompagnement (La Piscine, Boing Boing, French Tech Tremplin, Corponation) et 1 entrepreneur studio.

-ICILUNDI - 4 RUE VOLTAIRE - 44000 NANTES • TÉL. 02 85 52 43 74

MÉCANIQUE ET MÉTALLURGIE

Richard **THIRIET**

PRÉSIDENT DU GROUPE CNI

FORMATION ESTP (1994) ; HEC Entrepreneurs (1995) ; auditeur de l'IHEE - Institut des Hautes études de l'Entreprise (2018/2019)

PASSIONS Sports, voyages, famille, bonnes tables et vins

Entrepreneur depuis 2003, Richard Thiriet préside le Groupe CNI, composé de trois sociétés (CNI, MetalMade et SMIB) et employant plus de 100 personnes. Spécialisées dans la métallurgie de produits pour l'industrie et le bâtiment, elles réalisent du sur-mesure métallique et mettent en mouvement le métal dans l'espace.

Richard Thiriet s'est aussi engagé en 2004 au Centre des Jeunes Dirigeants d'Entreprises (CJD) à Saint-Nazaire puis à Nantes, et a été notamment président du CJD France de 2014 à 2016. Il est par ailleurs membre de Bamboo, fonds d'investissement dont l'objectif est l'accompagnement de porteurs de projet entrepreneurial dans la conduite de leur entreprise. En avril 2017, il co-crée un espace de coworking de 500 m² à Saint-Herblain. Il est élu sur la liste de Laurence Garnier, Mieux Vivre à Nantes, en 2020. Il est désormais conseiller municipal de Nantes et conseiller métropolitain.

CNI - 31 BD DES APPRENTIS
- 44550 MONTOIR-DE-BRETAGNE
• TÉL. 02 40 90 08 80

CAPITAL-INVESTISSEMENT

Pierre **TIERS**

PRÉSIDENT DE NOVAPULS

FORMATION lycée privé de Passy-Buzenval à Rueil-Malmaison - classes préparatoires commerce à Lille, certificats du DECF et diplôme de l'Ecole supérieure libre des sciences commerciales appliquées (ESLSCA Paris, option finance, 1976)

PASSIONS la natation, la marche, la lecture d'oeuvres contemporaines et le cinéma.

Chargé d'enquêtes à la Sofres à Paris en 1976, Pierre Tiers intègre la Sodero en 1977 en qualité de chargé de mission. C'est le début d'une carrière vouée à la finance. Il est successivement délégué régional, responsable financier et comptable, directeur financier, directeur général adjoint et enfin directeur général de Batiroc. Il intègre, en 1999, la Caisse d'Epargne des Pays de la Loire en tant que membre du Directoire. En 2005, il est nommé directeur général, puis PDG d'IPO. Il devient membre du Directoire de CM-CIC Investissement, qui regroupe depuis 2011 les trois principales sociétés de capital-investissement du groupe Crédit Mutuel Alliance Fédérale.

Pierre Tiers est administrateur de Nantes Atlantique Place Financière (NAPF), en charge de Start West, l'événement annuel de rencontres entre porteurs de projets innovants et investisseurs dont il est co-fondateur. Il est nommé président de Novapuls, l'incubateur et pré-accélérateur de Sodero Gestion, spécialisé dans l'accompagnement de projets innovants, en avril 2018.

NOVAPULS - 13 RUE LA PÉROUSE
- 44000 NANTES • TÉL. 06 17 27 00 76

DÉVELOPPEMENT ÉCONOMIQUE

Yann **TRICHARD**

PRÉSIDENT DE LA CCI NANTES-SAINT-NAZAIRE - DIRIGEANT DE SYD

FORMATION collège-lycée Passy-Buzenval à Rueil-Malmaison, lycées Saint-Stanislas à Nantes et Saint-Joseph à La Roche-sur-Yon - Ecole de commerce européenne de Bordeaux

PASSIONS la voile

Après une carrière débutée en 1994 à Toulouse comme acheteur chez Airbus Industrie et continuée dans l'ingénierie de formation informatique, Yann Trichard a notamment été directeur commercial de Synetis (Groupe Tibco) de 1995 à 1999. Il cofonde Syd en 1999, entreprise spécialisée dans le pilotage de projets (AMOA et AMOE) et la mise en oeuvre ERP et CRM (anciennement AX, aujourd'hui devenu Microsoft Dynamics Finance et opérations, Microsoft dynamics CRM, Business central, AZURE et IA). Le dirigeant est désormais à la tête du groupe Syd qui réunit plus de 400 personnes à ce jour.

Ancien administrateur de Cinov-IT, Yann Trichard fait partie du conseil d'administration du Medef. Membre du Centre des jeunes dirigeants (CJD) dès 2003, il a été le président de la section Nantes Atlantique de 2012 à 2014 et est membre du bureau du CJD National. Choisi comme chef de file de la liste commune Medef-Cgpme-UPA pour les élections à la CCI Nantes Saint-Nazaire, il est élu président en novembre 2016. Il est réélu cinq ans plus tard. En juin 2022, il prend la présidence de l'association des CCI métropolitaines (ACCIM) et est réélu en 2023. Il est également membre du bureau de CCI France.

CCI PAYS DE LA LOIRE
- 16 QUAI ERNEST RENAUD - CS 70515
- 44105 NANTES CEDEX 4 • TÉL. 02 40 44 63 00

ENSEIGNEMENT SUPÉRIEUR

Francky **TRICHET**

VICE-PRÉSIDENT DE NANTES MÉTROPOLE EN CHARGE DE L'INNOVATION, NUMÉRIQUE ET INTERNATIONAL - VICE-PRÉSIDENT DE L'UNIVERSITÉ DE NANTES -

FORMATION DUT Informatique (IUT, Nantes) ; Miage - maîtrise d'informatique appliquée à la gestion d'entreprises (Polytech' Nantes) ; DEA option intelligence artificielle puis soutenance de thèse (LINA - Laboratoire Informatique de Nantes Atlantique, 1998)

PASSIONS surf, sports de glisse

PUBLICATIONS Depuis 2005 : une trentaine d'articles publiés (6 revues internationales)

Spécialisé dans le numérique et l'intelligence artificielle, Francky Trichet est recruté à la fin de sa thèse en 1998 comme maître de conférence à l'Université de Nantes. En 10 ans, il encadrera 3 thésards qui traitent ce sujet. Aux alentours de 2010, il se consacre pleinement à la recherche et l'innovation et crée une cellule de compétence, nommée Iréalité, avec un ancien étudiant. Ensemble, ils développent des innovations technologiques sur la réalité augmentée, comme les casques neuronaux. Francky Trichet s'attache tout particulièrement à faire découvrir cette technologie au grand public, notamment avec le Neurokiff, un casque qui mesure les sensations procurées par une dégustation d'aliments ou de vins par exemple. Cette cellule est une fierté pour l'universitaire. « En cinq ans, j'ai réussi à pérenniser sept postes dont des ingénieurs en innovation et une infographiste », explique-t-il.
Une rencontre décisive en mai 2013, avec Johanna Rolland, le fait entrer en politique. Devenue maire de Nantes en 2014, elle le choisira comme adjoint, chargé du pôle numérique et de l'innovation. Il devient également vice-président l'Université de Nantes en charge du Numérique. Promoteur infatigable et enthousiaste de nouvelles technologies, son ambition est de contribuer à faire de Nantes une grande place du numérique à l'échelle européenne. En 2020, il devient vice-président de Nantes Métropole en charge de l'Innovation, Numérique et International et conseiller municipal de Nantes pour les Pratiques Sportives Libres et Francophonie.

NANTES UNIVERSITÉ - 1 QUAI DE TOURVILLE - BP 13522 - 44035 NANTES CEDEX 1 • TÉL. 02 72 64 88 45

AGROALIMENTAIRE

Alain **TÊTEDOIE**

PRÉSIDENT DU CRÉDIT MUTUEL DE LOIRE-ATLANTIQUE ET DU CENTRE OUEST - PDG DE LA FRAISERAIE

FORMATION autodidacte.

En 1984, Alain Têtedoie prend en main l'exploitation familiale. Déjà spécialisé dans la mâche, le poireau et le radis, il lance ses premières barquettes de mâche lavée en 1987. En 1989, il crée Nanteurop qui se renforce grâce à l'association de plusieurs producteurs au capital de l'entreprise. « Ce partage d'objectifs commerciaux et cette mise en commun de moyens ont permis d'organiser une production répondant quantitativement et qualitativement aux clients, commente-t-il. Cette démarche a eu pour effets de développer significativement les exploitations et de positionner Nanteurop parmi les leaders du Bassin Val de Loire. » Basée à Saint-Julien-de-Concelles, l'entreprise qu'il cède en 2014 est devenue un fleuron du maraîchage.
Alain Têtedoie est aussi le président du Crédit Mutuel de Loire-Atlantique et du Centre Ouest depuis 2006. En 2015, il reprend avec deux de ses enfants la Fraiseraie, institution de Pornic fabriquant des glaces artisanales. Ils ont créé depuis plusieurs boutiques en Loire-Atlantique, pérennes ou saisonnières.

LA FRAISERAIE - ZONE DE L'EUROPE - 44210 PORNIC • TÉL. 02 40 82 08 21

ASSOCIATIONS ET RÉSEAUX

Cécile **VACHER**

PRÉSIDENTE RÉGIONALE DE L'IFA – ADMINISTRATRICES ET ADMINISTRATEURS ENGAGÉS – GRAND OUEST

FORMATION Ingénieure généraliste systèmes électroniques embarqués (Ecole des Mines - IMT Atlantique, 1996) ; DEA Systèmes embarqués (Ecole Centrale, 1996) ; Master 2 d'administration des entreprises (IAE - Paris-Sorbonne, 2002)

PASSIONS La culture et la littérature ; marcher et observer la nature

Ingénieure Système de formation, Cécile Vacher entame son parcours professionnel chez PSA Peugeot Citroën en 1996. Elle travaille alors en R&D dans le secteur des systèmes électriques électroniques de véhicules hybrides. En 2000, elle reprend des études et passe son MBA, en cours du soir, convaincue que les solutions techniques aux grands enjeux environnementaux existent, mais que leur diffusion rencontre des freins stratégiques. En fin de cursus, le sujet de l'éthique des entreprises à l'international devient majeur pour elle. Elle rejoint donc la direction stratégie, chargée de mission Chine en intelligence économique et RSE, traitant notamment d'environnement et de droits de l'Homme. En 2006, elle devient responsable développement durable du groupe. Puis, persuadée de l'importance d'accompagner les entreprises en stratégie RSE et gouvernance associée, elle décide de s'y consacrer en créant son cabinet de conseil, Vertuel, en 2008.
Cécile Vacher, qui a passé son enfance à Angers, revient dans l'Ouest en 2010. Adhérente de l'IFA dès 2012, elle est membre du bureau Grand Ouest en 2015, et fait partie de la 3e promotion du parcours de certification Administrateur d'ETI IFA - Audencia executive en 2016, en vue de porter la compétence ESG dans les conseils. Administratrice indépendante des sociétés Largo et Audencia EESC, elle est nommée présidente de l'IFA Grand Ouest en novembre 2020, tout en continuant son activité de conseil en RSE. Son rôle est de fédérer les administrateurs de l'Ouest en portant localement la raison d'être de l'IFA :

«Promouvoir une gouvernance responsable créatrice de valeur durable en veillant au bien commun, portée par des administratrices et administrateurs engagés dans toutes formes d'organisations».

IFA GRAND OUEST - 3 RUE DE CLERMONT - 44000 NANTES • TÉL. 01 80 05 62 32

JURIDIQUE

Philippe **VAILHEN**

DIRECTEUR RÉGIONAL EY OUEST - AVOCAT ASSOCIÉ

FORMATION Maitrise de droit des affaires (Université de Rennes, 1987); DESS de droit fiscal (Université de Rennes, 1989)

PASSIONS L'art.

PUBLICATIONS «Construire pour durer - Les entreprises familiales montrent la voie de la croissance durable» (étude réalisée en 2013 en collaboration avec le Family Business Network International, www.ey.com)

Diplômé en droit des affaires et en droit fiscal, Philippe Vailhen intègre en 1989 le cabinet Arthur Young à Paris (rebaptisé Ernst & Young la même année). Il monte rapidement les échelons au sein de l'entreprise. D'un tempérament passionné, il a le désir d'exercer une activité de conseil plus affirmée. Fin 1991, le cabinet lui propose de rejoindre un de ses premiers bureaux régionaux, situé à Nantes, pour y lancer l'activité juridique et fiscale. Natif de l'Ouest, Philippe Vailhen alors âgé de 28 ans, saisit cette opportunité. Le bureau se développe bien et le jeune avocat d'affaires apprécie la liberté d'entreprendre dont il bénéficie. Une vraie chance, selon lui. Sans compter qu'à ce poste, il a tout le loisir de travailler pour un réseau international, tout en prodiguant des conseils adaptés à la réalité de l'Ouest. Quelques années plus tard, en 1999, il devient avocat associé au cabinet. Nouveau défi en 2004 : il est promu co-directeur des bureaux régionaux de la société (dénommée à présent EY), en France. Depuis 2011, il est en charge des actions nationales d'EY destinées aux entreprises familiales puis, en juillet 2015, il prend la direction de l'ensemble des activités d'EY dans l'Ouest. Il est nommé gérant d'EY Ventury en 2017 et directeur général d'EY Société d'Avocats en 2019.

EY SOCIÉTÉ D'AVOCATS NANTES - 3 RUE ÉMILE MASSON - CS 11918 - 44019 NANTES CEDEX 1 • TÉL. 02 51 17 50 00

NUMÉRIQUE ET INFORMATIQUE

Patrick **VALLÉE**

PRÉSIDENT DU DIRECTOIRE DE TIBCO - PRÉSIDENT DU RÉSEAU ENTREPRENDRE PAYS DE LA LOIRE

FORMATION Baccalauréat électrotechnique (Rennes, 1973)

PASSIONS Les randonnées de haute montagne, l'ULM et la photo.

C'est dans le secteur de la sidérurgie à Dunkerque que Patrick Vallée, diplômé en électrotechnique, fait ses premières armes. En 1976, il entre chez Alcatel en tant que technicien en téléphonie. Au sein de l'entreprise, il bascule dans le domaine numérique. Il gravit les échelons et finit par occuper un poste de responsable technique. En 1985, à 30 ans, il est l'un des co-fondateurs de Tibco, une entreprise de services numériques, aux côtés de Gérard Le Calvé. Pour Patrick Vallée, commence alors «une fabuleuse aventure humaine où il peut être maître de son destin». L'entreprise progresse très rapidement et il pilote le département des télécommunications dès 1990. Après la restructuration juridique du groupe en 2000, il dirige la branche Télécom en France avant de prendre la direction de la principale filiale du groupe en 2001. Il devient directeur général du groupe en 2004 puis président du directoire en 2010. Patrick Vallée est toujours porté par la volonté d'assurer la pérennité de son groupe (près de 1000 collaborateurs). «Il faut anticiper, être agile, être à la recherche de l'efficience», dit-il. Son expérience de terrain, il la partage avec d'autres entrepreneurs du réseau Entreprendre Atlantique où il y apprécie de «donner autant que de recevoir»...Il en est élu président en septembre 2020.

TIBCO - LE BOIS CHOLET - BP 9 - 44860 SAINT-AIGNAN-DE-GRAND-LIEU • TÉL. 02 40 32 28 00

FORMATION PROFESSIONNELLE

Laurence **VAN ASTEN**

DIRECTRICE DU CNAM PAYS DE LA LOIRE

FORMATION DESS de sociologie (université de Nantes, 2001)

PASSIONS La randonnée, la nature, l'escalade

Très attirée par les métiers à vocation sociale, Laurence Van Asten commence à construire son expérience en dirigeant des centres de loisirs. Désireuse de comprendre le monde du travail, elle entreprend ses études en sociologie et se passionne pour la sociologie du travail. Son envie de se lancer dans la vie active lui fait renoncer de poursuivre en thèse. C'est en 2001 qu'elle entre dans la réalité du monde du travail et dans le conseil comme consultante chez Cap Gemini puis Ernst&Young. Elle y développe son appétence pour la conduite du changement avant d'intégrer un organisme de formation consulaire en Picardie, Interfor-SIA. Elle y occupe les postes de responsable Ressources humaines en 2003 puis celui de responsable Conseils, département orienté sur la gestion des compétences et la formation, qu'elle crée en 2007. Elle gère en parallèle une formation Bac+4 en alternance. Fin 2008, elle est débauchée par le groupe La Poste pour accompagner la création de son école de managers (20000 cadres) et en prendre la responsabilité nationale. La mission est de taille mais «passionnante».

Un autre challenge attend Laurence Van Asten, qui quitte Paris en 2014 pour rejoindre le Cnam des Pays de la Loire en tant que directrice des formations et de l'innovation. Elle y déploie ses compétences en innovation pédagogique puis postule comme directrice régionale en 2020. Choisie, elle prend ses fonctions en juillet et gère désormais l'établissement qui accueille 11000 personnes sur 7 sites. Elle propose une orientation stratégique, mettant en perspective l'innovation pédagogique, travaillant sur de nouvelles formes. Enthousiasmée plus que jamais par l'idée que «l'accès à la connaissance génère l'émancipation» et permet une société plus «éclairée».

CNAM PAYS DE LA LOIRE - 25 BD GUY MOLLET - BP 31115 - 44311 NANTES CEDEX 3 • TÉL. 02 40 16 10 10

AGROALIMENTAIRE

Benoît **VAN OSSEL**

PDG DES COTEAUX NANTAIS

FORMATION collège de jésuites Notre-Dame à Antwerpen - Institut Don Bosco de Hoboken ; Institut Saint-Eligius de Deurne (Belgique) ; Institut français de gestion de Lyon (1988)

PASSIONS le golf, la randonnée en montagne, les voyages en rapport avec la nature et les civilisations anciennes, la musique, la découverte des bières trappistes et de la vie des abbayes.

Ingénieur technico-commercial chez Plastiflex (1978-1980) en Belgique, Benoît Van Ossel s'installe en France et travaille pour les échafaudages Comabi comme directeur commercial à l'international (1980-1984), puis pilote la direction commerciale et marketing de Rivory et Joanny (1984-1989). Il prend alors la direction générale de Pilote (1989-1992), constructeur français de camping-cars, puis tient la gérance de la société Exowindows à Saint-Herblain (1992-1995). Il y reviendra dès 1999 avant de se lancer dans le conseil au sein du cabinet KPMG.
Benoît Van Ossel prend un tournant professionnel et devient associé majoritaire des Coteaux Nantais en 1999. Un pari gagnant. Aujourd'hui, la petite exploitation agricole est devenue le n° 1 français de l'arboriculture biologique et biodynamique. Il complète son activité en reprenant en 2008 Provinces bio, un distributeur régional de produits bio, et la gérance de la société Kerbio dédiée aux paniers bio (2010). Parallèlement, il a présidé l'International Ouest Club jusqu'en 2020, est consul de Belgique à Nantes et siège à la CCI ainsi qu'à la CCIR.

LES CÔTEAUX NANTAIS - 18 RUE DE L'ARTISANAT - 44140 REMOUILLÉ • TÉL. 02 40 75 20 20

INTÉRIM, PORTAGE SALARIAL ET GROUPEMENTS D'EMPLOYEURS

Jean **VERNEYRE**

PRÉSIDENT DU DIRECTOIRE D'ABALONE FRANCE ET SES FILIALES

FORMATION Maîtrise de Sciences-économiques (université Lumière, Lyon III, 1986)

PASSIONS L'AS Saint-Etienne, la course à pied (pratique le marathon)

Après ses études d'économie à Lyon, Jean Verneyre débute sa carrière professionnelle chez Paribas à New-York en 1986. Revenu en France en 1988 pour effectuer son service militaire comme aspirant-officier en Allemagne, il rejoint Xerox en 1989 comme commercial, puis tour à tour responsable Grands Comptes, chef de produit et entrepreneur (concessionnaire). Il s'investira pour ce groupe américain pendant 9 ans. Passionné de voile et de voyages, il choisit de prendre un virage dans sa carrière et commence par faire un break et s'engage alors dans un vieux rêve et se voit confier le projet de convoyer en équipe un voilier de la Whitbread, de Marseille à La Rochelle. En 1998, il intègre le groupe Apple France pour lancer sa filiale de financement des ventes. Ce retour dans la finance n'est qu'une transition. Il découvre alors le métier de l'intérim en 1999 lorsqu'il rejoint le groupe Adecco comme directeur régional Auvergne. Il est vite séduit par cette mission qui consiste à aider concrètement les femmes et hommes à trouver du travail et bâtir leur carrière d'une part, d'autre part, de participer à faire avancer les entreprises en leur trouvant la plus grande richesse que sont les hommes.
Faire avancer les Hommes, c'est l'ambition que partage également François-Xavier Moutel, fondateur du Groupe Abalone, qu'il rencontre en 2016. Tout d'abord directeur régional, Jean Verneyre est nommé directeur général en 2017, président du directoire six mois plus tard. Conseil RH, intérim, CDD-CDI et formation sont les activités de ce groupe qui prône l'Humain, la proximité avec ses clients et intérimaires, qui défend l'esprit de «Tribu «et la protection de l'environnement. Le dirigeant a désormais comme objectif de faire grandir l'entreprise en gardant cet ADN.

ABALONE FRANCE - 43 RUE BOBBY SANDS - ZAC DE LA LORIE - BP 80095 - 44814 SAINT-HERBLAIN CEDEX • TÉL. 02 40 69 09 83

PROMOTION ET GESTION IMMOBILIÈRE

Nicolas **VERPEAUX**

PRÉSIDENT DE LA FÉDÉRATION DES PROMOTEURS IMMOBILIERS (FPI) DE BRETAGNE - DIRECTEUR RÉGIONAL BRETAGNE - PAYS DE LA LOIRE - CENTRE DE BOUYGUES IMMOBILIER

FORMATION DUT génie civil (IUT de Nîmes, 1993)

PASSIONS Le golf, la chasse et la pêche

Plutôt doué en maths au départ, Nicolas Verpeaux choisit d'obtenir un diplôme très opérationnel, pour pouvoir entrer rapidement sur le marché du travail. Après ses études, il part effectuer son service national civil à La Réunion en 1995 puis commence à travailler pour une régie départementale d'aménagement. Seize mois plus tard, il rencontre sa future femme – bretonne – et trouve un emploi dans un bureau d'études. Il entre ensuite dans une SEM départementale d'aménagement comme responsable technique du patrimoine en 1998. Il y devient chargé d'opérations et développe des projets de construction de logements sociaux et d'équipements. Cette expérience dans la maîtrise d'ouvrage, «riche et diverse», le convainc et il rentre en métropole en 2002 pour prendre le poste de chargé d'opération en logement chez Aiguillon Construction. Puis Bouygues Immobilier le recrute en tant que directeur du développement en 2005 pour l'Ille-et-Vilaine et les Côtes d'Armor. Après un intermède de 4 ans à Orléans comme directeur d'agence, Nicolas Verpeaux retrouve sa chère Bretagne pour prendre la direction de l'agence de Rennes en 2013. En charge des 4 départements bretons dès 2016, il est nommé à la direction régionale Bretagne - Pays de la Loire - Centre en 2019.

Il est par ailleurs depuis 2018 président de la Fédération des promoteurs immobiliers (FPI) de Bretagne, où il est entré en 2013. Attaché aux valeurs de partage et de solidarité qu'il retrouve sur le territoire du Grand Ouest, il se voue depuis à représenter et défendre sa profession, tout en cherchant à proposer une vision «sur d'autres problématiques».

BOUYGUES IMMOBILIER BRETAGNE - PAYS DE LA LOIRE - CENTRE - 32 PLACE VIARME - BP 69025 - 44090 NANTES CEDEX 1 • TÉL. 02 40 12 13 13

BÂTIMENT ET TRAVAUX PUBLICS

Jean **VIDAL**

PRÉSIDENT DU DIRECTOIRE DE CHARIER

FORMATION Ingénieur (IMT Mines Alès); diplôme de l'école de coaching d'HEC Paris

PASSIONS L'humain, le yoga, la course à pied, la randonnée

De 1988 à 2022, Jean Vidal a forgé sa carrière au sein de différentes entités du Groupe Colas, en France et à l'international, en passant par Nantes, de 2011 à 2013, au poste de PDG de Colas Centre Ouest. Il devient ensuite CEO de Colas USA en 2013 puis directeur général Europe en 2020. En septembre 2022, il rejoint l'Entreprise Charier en tant que directeur général délégué aux côtés de Paul Bazireau. S'ensuit une passation de huit mois pour assurer le relais «dans les meilleures conditions». Ce laps de temps permet au dirigeant d'acquérir une connaissance fine de l'Entreprise, tant sur ses différents secteurs d'activité que sur le fonctionnement et les valeurs de cette société familiale, ainsi que les objectifs qui en découlent. Il prend également le temps d'aller à la rencontre des salariés. Il remarque d'ailleurs dès son arrivée «le fort attachement des 1700 collaborateurs à leur entreprise et leur investissement réel». Il ressent autant fortement la culture de la bienveillance, du long terme et l'esprit d'entreprise et aime à souligner que «les personnes viennent ici pour servir une cause, faire grandir des projets. Jean Vidal est nommé président du directoire de l'Entreprise Charier le 17 mai 2023.

CHARIER - 2 BIS RUE DES MEUNIERS - 44220 COUËRON • TÉL. 02 40 17 14 14

BIOTECHNOLOGIES

François **VIGNEAU**

SENIOR VICE-PRÉSIDENT D'EUROFINS

FORMATION lycée Jules Verne à Nantes - Deug de sciences économiques (1988); ingénieur agronome (Institut national agronomique Paris Grignon (Ina PG, 1989)

Responsable qualité sur différents sites du groupe LU (1990-1996), François Vigneau met un pied sur le marché de la bioanalyse, recruté par Eurofins Scientific. Directeur du laboratoire à Nantes (1996-2003), il prend ensuite la direction générale d'Eurofins Food et médico-légale France, spécialiste de l'analyse alimentaire. Cette division compte 800 collaborateurs (dont 500 à Nantes). Il devient, début 2013, directeur général de la division Food et médico-légale d'Eurofins pour l'Europe du sud (1100 collaborateurs). Puis il prend le poste de Senior vice-president Food & Feed testing pour l'Europe de l'Ouest et Benelux en 2018.
Eurofins Scientific est un groupe présent dans 42 pays, spécialisé dans la prestation de services analytiques pour l'industrie pharmaceutique, alimentaire et l'environnement. Il compte plus de 30000 collaborateurs.

EUROFINS - RUE PIERRE ADOLPHE BOBIERRE - 44300 NANTES • TÉL. 02 52 83 21 00

AGROALIMENTAIRE

Bertrand **VIGNON**

PDG DE KEENDOO

FORMATION collège-lycée à Alençon, Roanne et Saint-Etienne - prépa HEC (lycée Stanislas à Paris); HEC Paris; diplôme d'expert-comptable; ingénieur CGI informatique

PASSIONS le sport, la culture et l'entreprise comme «lieu de responsabilisation des personnes et de conquête du monde».

Contrôleur de gestion puis responsable informatique chez Montalev, ingénieur puis ingénieur en chef à la Compagnie générale d'informatique, expert-comptable stagiaire en cabinet... Après une quinzaine d'années d' «apprentissage» en tant que salarié, Bertrand Vignon fonde la société Vignon Informatique France (VIF) en 1981 à Paris puis Nantes, avec un capital de départ de 10000 francs (subvention reçue pour la naissance de son troisième enfant). Son credo : la conception, la réalisation, la mise en place et la maintenance de progiciels informatiques à destination principalement des entreprises de l'industrie agroalimentaire. Plus de trente après, VIF emploie près de 200 personnes.
En décembre 2014, Bertrand Vignon finalise la transmission de sa société à ses deux fils, Gaël et Antoine, puis se lance dans la création d'une nouvelle entreprise, Keendoo. Avec Christophe Mahé, ingénieur INSA Rennes, leur but est d'apporter aux industriels agro les outils logiciels capables de doper leurs capacités de recherche et développement, et de rassembler toutes les informations hétérogènes portant sur la vie des produits.

KEENDOO - HUB CRÉATIC - 6 RUE ROSE DIENG-KUNTZ - 44300 NANTES • TÉL. 02 40 50 01 00

ORGANISATIONS PROFESSIONNELLES

Nicolas **VISIER**

DÉLÉGUÉ GÉNÉRAL DE FIBOIS - VICE-PRÉSIDENT DES RENDEZ-VOUS DE L'ERDRE

FORMATION ingénieur de l'Ecole Nationale Supérieure Agronomique (Rennes, 1988) ; DESS Commerce international - IAE Lyon - Turin (1992)

PASSIONS La musique et le jazz.

PUBLICATIONS Participation à la rédaction d'ouvrages sur le vin jaune, la construction bois et la maison bois.

Ce qui fait « vibrer » Nicolas Visier, ce sont les matériaux vivants. Et ce sera d'abord le lait ! En 1988, il exerce chez Unicopa Lait, union de coopératives laitières, à Guingamp où il est chargé de la gestion des quotas laitiers. Désireux de s'ouvrir à d'autres secteurs d'activité, il reprend en 1991 des études en commerce international. Une fois diplômé, il met le cap sur le Jura. Il travaille alors sur une autre matière vivante, le vin, au sein de l'Institut des vins du Jura à Arbois. Cette petite structure lui offre bien des défis : monter des projets, travailler collectivement. Nicolas Visier, qui chérit le travail en équipe, organise l'événement « La Percée du vin jaune ».
Après huit années passées dans ce domaine, il est à la cherche de nouvelles opportunités. Il postule à une annonce d'Atlanbois (devenue depuis Fibois), représentant de la filière bois dans les Pays de la Loire, et est recruté en juin 2001 comme délégué général à Nantes. Encore un nouveau matériau, le bois, qu'il apprend à apprécier « pour les multiples utilisations qu'on en fait », dit-il. Côté vie privée, il est passionné de jazz, joue depuis plusieurs années de la contrebasse. C'est en côtoyant le milieu musical nantais qu'il se rapproche de l'association culturelle de l'Été et en devient le président en décembre 2014 puis le vice-président en 2021. Cette association organise Les rendez-vous de l'Erdre et Aux heures d'été. Du vivant toujours...

FIBOIS PAYS DE LA LOIRE - 15 BD LÉON BUREAU - CS 66206 - 44200 NANTES • TÉL. 02 40 73 73 30

NUMÉRIQUE ET INFORMATIQUE

Anaïs **VIVION**

DIRIGEANTE DE L'AGENCE BEAPP - PRÉSIDENTE DE LA FRENCH TECH NANTES

FORMATION Master 2 management et stratégie d'entreprise (Formasup Bordeaux, 2011)

DISTINCTIONS Prix de l'Entrepreneuse du Digital de l'Ouest 2015 (Femmes du Digital Ouest) ; Prix de la Femme dans les Nouvelles Technologies de l'Ouest 2014 (Les Femmes de l'économie) ; Prix du Jeune Entrepreneur de l'Ouest catégorie numérique 2013 (La Tribune)

PASSIONS La course à pied, l'équitation

Très tôt, dès le lycée, Anaïs Vivion manifeste le désir d'entreprendre. Effectuant son master 2 dans le cadre de l'alternance, elle rejoint 8motions en 2009, une startup évoluant dans la tech et le mobile. Elle découvre alors ces 2 univers et se passionne rapidement pour eux. Puis elle se lance et crée sa propre société en 2011 à la sortie de ses études, Beapp, en s'associant avec un ingénieur et un designer. Elle pose ses valises à Nantes, où sa société est incubée chez Atlanpole. Après un an de R&D, l'entreprise lance sa plateforme, dédiée aux entreprises souhaitant créer leur application mobile. Beapp pivote en agence en 2013, Anaïs Vivion ayant réalisé que les clients avaient besoin d'une prestation sur-mesure et d'un accompagnement plus global sur la création d'outils numériques. Beapp accompagne aujourd'hui les PME et ETI dans leur transformation digitale et a travaillé avec plus de 150 entreprises comme 20Minutes, Quo Vadis, Lefeuvre Immobilier, Enedis... Avec son équipe, la dirigeante prévoit de continuer à se développer, renforçant l'ADN de l'agence : l'expertise avant tout.
En 2017, le tempérament créatif de la jeune femme la pousse à fonder Képhyre, une startup commercialisant un boitier connecté pour la sécurité des cavaliers et des chevaux, qui détecte les chutes, géolocalise le cheval et prévient les fugues. Par ailleurs, dans un esprit d'entraide qui lui est cher sur le territoire, elle est membre du conseil d'administration de La Cantine depuis 2016 et présidente de la French Tech Nantes depuis janvier 2020. En collaboration avec les équipes opérationnelles, elle s'attèle depuis à réaliser la feuille de route nationale au niveau local, veillant plus que jamais à « servir les besoins des acteurs du numérique nantais ».

BEAPP - 11 RUE LA NOUE BRAS DE FER - 44200 NANTES

FINANCES

Frédéric **VOLLÉ**

DIRECTEUR TERRITORIAL VENDÉE CAISSE DES DÉPÔTS PAYS DE LA LOIRE

FORMATION Master international marketing and business development (Inseec Business School, Paris, 2003) ; programme court Executive education Direction commerciale (HEC, 2019)

PASSIONS Le sport (course à pied), l'œnologie, la musique

Après son master et une Summer session de 2 mois à l'université de Wilmington aux Etats-Unis, Frédéric Vollé devient chargé d'études marketing en 2003 chez Manchette Publicité (groupe Amaury) à Saint-Ouen. Un an plus tard, il rejoint la direction des services bancaires du groupe Caisse des dépôts à Paris en tant que responsable de projets européens. Il s'occupe alors du programme-cadre de recherche et développement de la Commission européenne. Toujours au sein du groupe, il prend le poste d'adjoint du responsable de l'agence bancaire à la direction des services bancaires en 2009. Il intègre ensuite, en 2014, la direction régionale Ile-de-France comme chargé de développement territorial. Il est en charge du pilotage des projets complexes sur le territoire de Grand Paris Sud (Evry) et de Paris, jusqu'en 2017. On le nomme cette année-là responsable de la stratégie commerciale omnicanale à la direction du réseau pour la Banque des Territoires.
Frédéric Vollé arrive dans les Pays de la Loire en 2020, lorsqu'il prend la fonction de directeur territorial à la direction régionale Pays de la Loire. Il a désormais la responsabilité de la direction commerciale multi-métiers pour la Vendée. Il manage ainsi l'équipe de chargés de développement territorial et pilote l'activité commerciale de la plaque vendéenne. Il est également responsable des relations institutionnelles sur le territoire, responsable commercial Grands

comptes, administrateur de Vendée Énergie et Vendée expansion, tout en pilotant l'action commerciale sur les programmes nationaux (ACV, TI et PVD).

CAISSE DES DÉPÔTS - BANQUE DES TERRITOIRES PAYS DE LA LOIRE
- 2 AV. CARNOT - CS 94118
- 44041 NANTES CEDEX 1

MÉDIAS

Arnaud **WAJDZIK**

PRÉSIDENT ET DIRECTEUR DE LA PUBLICATION DE L'AGENCE API

FORMATION lycée Jeanne d'Arc à Caen (bac A2) - BTS communication et actions publicitaires à la faculté de lettres et au groupe Eudine de Caen ; Ecole supérieure de journalisme (ESJ, Paris)

PASSIONS la musique, le high-tech et le tennis.

PUBLICATIONS auteur d'un livre d'entretiens sur Roselyne Bachelot aux éditions Ouest-France sorti en mai 2023 ; coauteur, avec l'avocat Antoine Béguin, de « Sexe et addictions sur ordonnance » (Ed. L'Apart - 2011), ouvrage sur un médicament qui rend accroc au sexe et au jeu.

Diplôme de l'ESJ de Paris, Arnaud Wajdzik débute son parcours à Ouest-France par la correspondance locale, dans des quartiers de Caen. C'est en 1998, à la locale de Saint-Lô, qu'il sera titularisé. En 2003, il rejoint Vannes en tant qu'adjoint au chef de rédaction. De 2006 à 2012, nommé à Angers, il occupe le poste de chef de rédaction et adjoint au directeur départemental. Il est l'un des acteurs de la future formule mise en place pour renouveler la présentation des informations locales dans Ouest-France. Fier d'avoir réussi, avec son équipe, « à conquérir de nouveaux lecteurs à Angers, en privilégiant l'enquête et les dossiers dans les efforts rédactionnels. Plutôt que de n'être que le porte-voix des élus, l'édition angevine de Ouest-France s'efforce de présenter l'action des collectivités de manière pédagogique et illustrée ».
Arnaud Wajdzik devient directeur départemental de Ouest-France en Maine-et-Loire en septembre 2012. Parallèlement, il intervient à l'IUT de Tours auprès des étudiants en journalisme et co-écrit trois ouvrages. Il est ensuite nommé à la même fonction en Loire-Atlantique en septembre 2016, à la tête d'un effectif de 70 personnes dont 60 journalistes, présents dans les rédactions de Nantes, Saint-Nazaire, Ancenis, Chateaubriant et La Baule. Après avoir notamment accompagné le développement du « web first » et de la monétisation avec les équipes de Loire-Atlantique, ainsi que les rapprochements avec Télénantes, il privilégie les enquêtes et sujets originaux pour le contenu éditorial.
Il devient le 1er septembre 2022 président et directeur de la publication de l'agence API, filiale du groupe Ouest-France.

AGENCE API - 5 PASSAGE DOUARD - BP 10323
- 44003 NANTES CEDEX 1 • TÉL. 02 40 35 65 37

BIENS DE CONSOMMATION

Pierre **WODA**

DIRECTEUR GÉNÉRAL DE LA FAÏENCERIE DE PORNIC

FORMATION lycée Fabert à Metz - ingénieur en informatique (1985) ; DEA en mathématiques appliquées (1985) ; MBA (1992) à l'ENSEEIHT de Toulouse et à la London Business School

PASSIONS l'éducation de ses enfants, la musique et le développement d'Internet.

Ingénieur à la direction des études et de la recherche d'EDF en 1985, Pierre Woda a alors en charge le service informatique et mathématiques appliquées. En 1988, il crée le laboratoire de l'Intelligence artificielle au Centre d'études et de recherche de Lorraine de TDF, à Metz. Il part ensuite en Russie comme directeur adjoint du bureau de Moscou de Cannon Associates, société américaine de consultants. En 1994, il rejoint à Luxembourg l'opérateur cellulaire international Millicom International afin de prendre les fonctions de directeur pour l'Europe de l'Est. Il devient ensuite directeur du second opérateur GMS lituanien (1996). En 2003, changement de cap radical dans sa carrière puisqu'il prend la tête de la Faïencerie de Pornic. Cette PME familiale est réputée pour son célèbre bol-prénom « Le petit Breton » vendu à plus de 17 millions d'exemplaires depuis les années 50.
Pierre Woda est par ailleurs un élu de la CCI Nantes-Saint-Nazaire et a présidé la plateforme d'initiative locale Initiative Pays de Retz Atlantique. Il est vice-président de Force 8 Entreprises, association de chefs d'entreprises de la communauté de communes de Pornic.

FAÏENCERIE DE PORNIC
- RUE DE LA FAÏENCERIE - 44210 PORNIC
• TÉL. 02 40 82 01 73

ETUDES ET INGÉNIERIE BTP

Hedy **ZOUAOUI**

VICE-PRÉSIDENT CCI NANTES ST-NAZAIRE EN CHARGE DU DIGITAL ET DE L'INNOVATION

Co-fondateur de Batiprint3d, une spin-off issue du monde académique créée en 2019 spécialisée dans l'impression 3D robotique XXL pour le secteur du bâtiment, Hedy Zouaoui est également associé à la société Fabrik, constructeur de bâtiments d'entreprises clé en main pour les secteurs du tertiaire et de l'industrie créé en 2017.
Vice-président à la CCI de Nantes Saint-Nazaire en charge du Digital et Innovation, il a été vice-président à l'Animation des Réseaux et des Territoires dans le précédent mandat. Il a pu découvrir ainsi « l'étendue des services de la CCI et la vitalité de l'économie ».

BATIPRINT3D - HALLE 6 OUEST - QUARTIER DE LA CRÉATION - 42 RUE DE LA TOUR D'AUVERGNE - 44200 NANTES

NOS ENGAGEMENTS POUR L'ENVIRONNEMENT

PROTÉGER LES RESSOURCES NATURELLES

À l'aéroport Nantes Atlantique, où les espaces naturels s'étendent sur 160 hectares, nous n'utilisons aucun produit phytosanitaire et pratiquons l'éco-pâturage.

VALORISER LES DÉCHETS

100 % des déchets produits sur notre aéroport sont valorisés, soit par recyclage, soit par incinération. Ainsi, la combustion obtenue permet d'alimenter une partie de la ville de Nantes en eau chaude.

DIVISER PAR 2 NOTRE EMPREINTE CARBONE

Tous nos éclairages sont remplacés par des LEDs : feux de balisage, parkings avions, parkings voitures, aérogare. Nous renouvelons la flotte de bus de piste en choisissant des bus au gaz naturel, moins émissifs.

LES RECRUTEURS de l'année

Frédéric **de Gombert**

COFONDATEUR D'AKENEO

Paul **Martin-Lalande**

GÉRANT DE FEMILUX ET DE BRÛLON MAROQUINERIE

Karim **Vincent-Viry**

FONDATEUR DE FINISTERESTES29

Frédéric de Gombert

COFONDATEUR D'AKENEO

LA PUISSANCE DU E-COMMERCE POUR VOIR GRAND

Fournissant les solutions pour l'identité numérique des objets, Akeneo recrute à travers le monde.

En 10 ans, Akeneo est devenu le leader mondial du PIM (Product infirmation management). Kezaco ? C'est l'identité numérique d'un objet. « Cela existait déjà en 2003 quand nous avons décidé de créer Akeneo, se rappelle Frédéric, dit Fred, de Gombert, l'un des cofondateurs, mais seulement comme un outil très technique, pas du tout du côté marketing avec le besoin d'informations qui va avec. » Le dirigeant est alors salarié chez Smile, qui gère ces fiches produits pour de grandes marques (Nestlé, North face). Benoit Jacquemont et Nicolas Dupont y travaillent aussi. « Nous avons décidé de nous lancer depuis Nantes avec ce pari : le faire en open source. Un gain de temps précieux. » Fred de Gombert, qui a grandi entre Annecy et Lille, s'est toujours vu geek. « Je pensais vraiment que j'allais travailler dans les jeux vidéo. » Après sa formation comme ingénieur informatique à l'Epita à Paris, il découvre l'autre grand potentiel de l'e-commerce. Depuis 2003, Akeneo fait un parcours exemplaire. « Pas sans fautes mais c'est comme cela qu'on apprend. » Arrimée dans l'hôtel particulier de la Marine à Nantes, la société va tout coconstruire avec un grand nom du luxe français. « Avec lui, nous avons appris l'exigence des produits comme le développement international. » Les deux piliers qui conduisent Akeneo à embaucher aujourd'hui 450 salariés, avec la R&D de 200 personnes à Nantes, 75 à Boston, 50 à Londres et 35 en Allemagne.... Pour un chiffre d'affaires qui va frôler les 100 millions d'euros dans un très court terme. Avec de prestigieux clients comme Tiffany, Canon, John Deere, Auchan mais aussi les tongs Havaianas® « Ils en vendent quand même 250 millions de paires par an dans le monde. » Fred de Gombert a ouvert, en personne, la filiale américaine en 2017. « Nous avons mis du temps à comprendre ce marché. Comprendre qu'il fallait des actionnaires américains avec nous pour avancer et surtout recruter des talents américains. » Saleforces, le géant de la relation clients est arrivé en 2018 au capital d'Akeneo. Cette année, la croissance aux États-Unis sera de 100 %. Pour les dix prochaines années, Akeneo vise toujours le « PIM » avec le « PXM », l'expérience client liée à l'Intelligence artificielle. Le récent rachat de la start-up Unifai va dans ce sens. D'autres croissances externes sont en vue pour continuer à faire d'Akeneo le référent mondial incontournable. Le tout avec une gouvernance internationale où les 3 fondateurs sont entourés de 4 nouveaux associés dont une Américaine, une Suisse allemand et une Canadienne.

PROPOS RECUEILLIS PAR
ÉLISABETH MONTAUFRAY-BUREAU

Né en 1981
FORMATION Epita (Paris)
RÉSEAUX PROFESSIONNELS Galion project, Think tank d'entrepreneurs innovants créé par Jean-Baptiste Rudelle, créateur de Critéo, Réseau entreprendre Atlantique

AKENEO - 2 PL. DU GÉNÉRAL MELLINET
44100 NANTES • TÉL. 02 55 59 00 00

Pourquoi lui ?

- ✔ Il a compris la puissance du produit dans le e-commerce
- ✔ Il ouvre des filiales dans le monde et embauche localement
- ✔ Il a formé une gouvernance internationale

Sa devise

« Fais ce que dois, advienne que pourra »

Ses dates clé

2013 création Akeneo
2016 siège social à l'Hôtel de la Marine à Nantes
2017 création de la filiale de Boston
2022 acquisition de la start-up Unifai

Paul Martin-Lalande

GÉRANT DE FEMILUX ET DE BRÛLON MAROQUINERIE

RECONSTRUIRE **L'ÉCOSYSTÈME DU PRÊT-À-PORTER** EN FRANCE

En 10 ans, le dirigeant a transformé son entreprise de 50 salariés en un sous-traitant pour les grandes maisons de luxe employant 350 personnes. 400 embauches supplémentaires sont prévues sous 4 ans.

En juin 2024, les équipes de Femilux et de Brûlon maroquinerie s'installeront dans leur nouvel atelier de Brûlon. Une usine de 10000 m² qui nécessite un investissement de 14 M€ pour répondre à la croissance des deux entreprises de sous-traitance en prêt-à-porter féminin et maroquinerie pour de grandes maisons de luxe françaises. Leur effectif cumulé de 350 salariés devrait ainsi être renforcé sous 4 ans avec 400 recrutements. « Face à la demande de nos donneurs d'ordre, nous avons besoin de nous étendre et de recruter sur l'ensemble des métiers des deux sociétés », commente Paul Martin-Lalande. Un développement débuté en 2013 avec la reprise d'Albéa, à Brûlon. Une entreprise de confection spécialisée dans le prêt à porter féminin haut de gamme qui comptait alors une cinquantaine de salariés. « Elle avait perdu ses clients du luxe et se dirigeait vers un redressement judiciaire. Le cédant nous a retenu car nous conservions l'ensemble de l'effectif. Un savoir-faire que nous voulons préserver », appuie l'entrepreneur. À l'époque, ce Breton d'origine travaille au Luxembourg pour le cabinet Ernst & Young. « J'avais une belle carrière mais l'envie de me rapprocher de ma famille en Sarthe. J'étais également intéressé par l'entrepreneuriat. Mon père et mon frère aîné ayant chacun une entreprise de confection dans le secteur du luxe, j'ai pu bénéficier de leurs contacts. » Trois années seront nécessaires pour qu'Albéa reconquiert les faveurs des maisons de luxe et renoue avec la croissance. Renommée Femilux, elle est complétée en 2018 d'une société sœur dédiée à la sous-traitance en maroquinerie de luxe, Brûlon maroquinerie. Avec l'objectif d'atteindre les 800 salariés à Brûlon, le recrutement est un challenge permanent pour Paul Martin-Lalande. « Nous proposons des formations en interne, travaillons avec Pôle emploi et allons aussi à la rencontre des scolaires. Mais ça ne suffit pas. » Pour répondre aux demandes de ses clients, Paul Martin-Lalande a ainsi créé des ateliers au Mans et à Chartres et repris plusieurs sociétés de confection dans l'Ouest et en région lyonnaise. Des entreprises fédérées au sein du réseau des Ateliers FIM (France Inter Mode) qui réunit l'ensemble des sociétés de la famille Martin-Lalande, soit 1600 salariés. « Ces reprises permettent de conserver des savoir-faire en France. Le prêt à porter de luxe est un écosystème fragile que nous devons reconstruire. Sinon, il disparaîtra. »

PROPOS RECUEILLIS PAR
CÉDRIC MENUET

Né en 1980
FORMATION IHECF Rennes
RÉSEAU PROFESSIONNEL membre de Mode Grand Ouest

FEMILUX - 2 RUE LÉONCE BESNARDEAU 72350 BRÛLON • TÉL. 02 43 95 21 33

Pourquoi lui ?

- ✔ En 10 ans, il a créé 300 emplois dans la commune sarthoise de Brûlon
- ✔ Il projette d'atteindre les 800 salariés sur place sous 4 ans
- ✔ Il contribue au maintien de savoir-faire dans le domaine de la confection de luxe

Sa devise

“ Qualité, efficacité et savoir-être ”

Ses dates clé

2013 reprise d'Albéa à Brûlon qui deviendra Femilux

2018 création de Brûlon maroquinerie

2023 création de Confection mancelle de luxe au Mans

2024 livraison du nouvel atelier de Brûlon

Karim Vincent-Viry

FONDATEUR DE FINISTERESTES29

IL NE MANQUE PAS D'IDÉES POUR **LUTTER CONTRE LE GASPILLAGE ALIMENTAIRE**

Ce n'est pas de l'ambition personnelle qui anime le quotidien de Karim Vincent-Viry. Mais sa détermination à lutter contre le gaspillage alimentaire.

Son objectif ? Trouver des débouchés aux tonnes de légumes jetés quotidiennement par les producteurs bretons. « Ils sont écartés des circuits traditionnels en raison de leur calibre. Pour être accepté dans la GMS, il faut avoir la taille mannequin », s'agace celui qui a grandi au rayon fruits et légumes d'un Intermarché, ses parents étant adhérents de l'enseigne dans l'Est. Après un début de carrière en tant qu'acheteur dans la GMS et l'agroalimentaire, en France et à l'étranger, il intègre Prince de Bretagne à Saint-Pol-de-Léon. C'est là qu'il imagine Finistèrestes29, un soir de novembre 2021, en plein confinement. Son idée ? Acheter aux producteurs, plutôt sceptiques au départ, leurs écarts de tris et les proposer en cagettes variées de 5 à 10 kilos de légumes et de fruits, à un tarif défiant toute concurrence. « Une offre bonne pour la planète et le pouvoir d'achat, alors qu'il baisse pour de nombreux Français », explique Karim Vincent-Viry, engagé pour le « bien-manger pour tous ». S'appuyant sur l'application Too Good To Go, il en vendra 50 le 1er jour à Saint-Pol, 150 le lendemain. Sa fille de 14 ans lui crée des pages Facebook et Instagram. « Tout est allé très vite. J'ai reçu jusqu'à 5000 messages par jour. On m'a sollicité pour ouvrir d'autres points de collecte dans le Finistère, et plus loin... », raconte l'entrepreneur qui a dû rapidement structurer sa logistique : une équipe d'aujourd'hui 60 salariés en CDI, pour beaucoup des personnes éloignées de l'emploi... Deux ans plus tard, Finistèrestes29 approche les 1,5 million de paniers vendus. « Il y a sûrement un facteur chance, mais on est arrivés au bon moment. »

De Paris à Bordeaux, Finisterestes29 (5 M€ de CA en 2023) compte plus d'une cinquantaine de points relais chez des commerçants de proximité. S'ajoutent 10 points de vente en propre où l'on retrouve aussi du poisson, de la viande ou des fromages, tous déclassés. Ce concept, Karim Vincent-Viry le déploie depuis 2024 en franchise en France. « Des franchises solidaires, avec un droit d'entrée très faible pour être accessible à tous. » Il vise un réseau de 1000 supérettes anti-gaspi. « Cela permettrait d'écouler les 200 000 tonnes de légumes que l'on jette en Bretagne par an. En 2023, on a pu revendre 10 000 tonnes. » Pour aller encore plus vite, Karim Vincent-Viry propose depuis peu ses produits déclassés à des restaurants, afin qu'ils proposent un menu unique anti-gaspi à 11,99 €. « On veut rendre accessible à tous un repas au restaurant, et aider les restaurateurs, touchés eux aussi par la baisse du pouvoir d'achat. »

PROPOS RECUEILLIS PAR
MAUREEN LE MAO

Né le 25 décembre 1971 à Laxou (54). Un enfant

FORMATION Licence en gestion européenne des PME

PASSIONS le sport et le ski-nautique pratiqué à haut niveau plus jeune

FINISTERESTES2 - ZI DE KERRANOU
29250 SAINT-POL-DE-LÉON
• TÉL. 06 46 69 75 31

Pourquoi lui ?

- Parce qu'il cherche à lutter contre le gaspillage alimentaire en redonnant du pouvoir d'achat aux consommateurs, tout en soutenant les producteurs et restaurateurs dans leurs activités
- Parce qu'il emploie des personnes isolées de l'emploi

Sa devise

“ Carpe Diem ”

Ses dates clé

2021 lancement de l'activité à Saint-Pol-de-Léon avec 50 paniers vendus

2022 1500 paniers vendus à Brest en une journée

2023 Déploiement d'un menu anti-gaspi au Quai Ouest à Saint-Pol-de-Léon

XXL

LES TÊTES DU MAINE-ET-LOIRE

TRANSPORT ET LOGISTIQUE

Philippe **ANTOINE**

PRÉSIDENT DU GROUPE ANTOINE

FORMATION Institution Saint-Joseph à Fontenay-Le-Comte, établissements Le Porteau à Poitiers - brevet de technicien transports (1980); diplôme de l'Ecole supérieure de direction des transports (1982)

PASSIONS la chasse.

Philippe Antoine a débuté sa carrière en 1983 comme chef du service Contrôle Qualité chez TFE. Arrivé chez Antoine et Cie en tant que responsable du service commercial en 1984, il prend la direction générale de la SA Antoine Distribution cinq ans plus tard, puis celle du directoire de la SA holding Antoine & Cie en 1995. Fondé à Pouzauges en 1971 par Franck Antoine et son épouse, le Groupe Antoine s'est spécialisé dans le transport frigorifique agroalimentaire des produits traiteurs en groupage et en flux tendus. Philippe Antoine est par ailleurs vice-président de l'Union Nationale du Transport Frigorifique depuis 2021, après en avoir été le président.

GROUPE ANTOINE - ZI DU CORMIER
- 6 SQUARE NICOLAS APPERT
- 49301 CHOLET CEDEX • TÉL. 02 41 49 50 50

ENSEIGNEMENT SUPÉRIEUR

Michel **AUBINAIS**

PRÉSIDENT DE L'ESA - ECOLE SUPÉRIEURE D'AGRICULTURES

FORMATION Ingénieur en agriculture et DESS agro-alimentaire à l'Ecole supérieure d'agriculture (Esa) à Angers; Institut de Contrôle de Gestion (université de Nantes)

PASSIONS Le sport et la lecture

Originaire du Pays Nantais, Michel Aubinais est diplômé de l'ESA et de l'Institut de Contrôle de Gestion de Nantes. Il débute sa carrière en 1980 comme chargé d'études dans un cabinet conseil puis à la confédération française des coopératives agricoles. Il intègre ensuite la chambre d'agriculture des Pays de la Loire dont il assurera la direction à partir de 1996 et jusqu'à fin 2017. Depuis cette date, il est consultant en stratégie et organisation.
Michel Aubinais entre en 2018 au conseil d'administration de l'ESA en tant que membre du Bureau puis devient vice-président. Il est élu président en février 2021.

ESA - ECOLE SUPÉRIEURE DES AGRICULTURES -
55 RUE RABELAIS - BP 30748
- 49007 ANGERS CEDEX 1 • TÉL. 02 41 23 55 55

MÉDIAS

Frédéric **BARILLÉ**

RÉDACTEUR EN CHEF DU COURRIER DE L'OUEST

FORMATION licence d'Histoire au Mans; CFPJ Paris

PASSIONS le sport à haute dose : course à pied, vélo et chasse sous-marine

«Monsieur 100 000 volts» c'est lui. Alors qu'il est en première année à l'université, Frédéric Barillé rédige des articles pour le Maine Libre, y effectue des remplacements tout en travaillant la nuit sur minitel pour relater les courses moto du circuit des 24 heures pour l'ACO! Quand il est embauché au Maine-Libre en 1994, il collabore aussi à la radio du quotidien pour les directs sportifs du week-end. Il alterne pendant deux ans ses fonctions de rédacteur dans les rédactions locales et ses périodes de formation.
Sportif invétéré, il sera aussi correspondant pour l'Equipe, suivant les événements du circuit du Mans. En 1996, il part à Sarajevo pour effectuer son service militaire à Azur-FM, la radio de l'armée. En 1997, Frédéric Barillé revient en France, où il participe au lancement des «Nouvelles de Corbie», hebdo éphémère créé par deux anciens du Courrier Picard. Ce sera ensuite l'Est Républicain à Nancy et Epinal. La même année, il est engagé à la rédaction du service des sports de Ouest-France à Quimper pendant un an. Suivra celle de Brest (1 ans), puis celle de Saint-Brieuc (4 ans) avant de réintégrer la rédaction de Brest à la faveur d'une promotion. Chef de la rédaction de Quimperlé puis de celle de Saint-Brieuc, il est promu en septembre 2014, directeur départemental des Côtes d'Armor. Il retrouve la Sarthe en février 2016, nommé rédacteur en chef du Maine Libre. En septembre 2023, il devient rédacteur en chef du Courrier de l'Ouest.

LE COURRIER DE L'OUEST
- SERVICE COMPTABILITÉ - BP 10728
- 49007 ANGERS CEDEX 1 • TÉL. 02 41 68 86 88

HÔTELLERIE-RESTAURATION

Bertrand **BAUDAIRE**

PDG DU GROUPE LA BOUCHERIE

FORMATION école hôtelière de Saint-Nazaire

DISTINCTIONS Prix excellence en 2001; les Rubans d'argent de la franchise en 2005 et 2011; palme des Palmes de la restauration 2012

PASSIONS les vins, les automobiles et le football.

Après avoir exercé des «petits boulots» à l'étranger, Bertrand Baudaire ouvre avec son épouse en 1982 une crêperie à Annemasse en Haute-Savoie. Il y fait alors une rencontre professionnelle déterminante: Jacques Salmon, ancien boucher qui gère un restaurant traditionnel, dont la salle est décorée dans le style... boucherie. Le concept le séduit et en 1986 il s'associe avec lui pour créer «La Boucherie» qui peu à peu va se développer, notamment à partir de 1996 quand l'enseigne est franchisée. La croissance exige une régularité et une qualité des produits carnés d'où la création, en 1999, d'un atelier de découpe de viande à Brive-La-Gaillarde dans le Limousin. L'apport de Naxicap Partners, entré en 2008 dans le capital de la société, a permis d'accélérer le développement du Groupe qui continue à croître. Aujourd'hui l'enseigne compte plus de 200 restaurants en France et à l'étranger (La Boucherie, Bistrot du Boucher, Assiette au Boeuf, Poivre rouge et Kiosque du boucher).

Passionné de sport et de football, Bertrand Baudaire a été le vice-président du SCO d'Angers de 2011 à 2020. La Boucherie a également sponsorisé le SCA (Sporting Club Angevin) de 2017 à 2020.

GROUPE LA BOUCHERIE - ZI DE LA ROMANERIE NORD - RUE DU PAON - 49124 SAINT-BARTHÉLÉMY-D'ANJOU • TÉL. 02 41 96 99 69

ORGANISATIONS PROFESSIONNELLES

François **BEAUPERE**

PRÉSIDENT DE LA CHAMBRE D'AGRICULTURE DES PAYS DE LA LOIRE

FORMATION CCTAR (Certificat de capacité technique agricole et rurale)

Depuis 1984, François Beaupère est un exploitant agricole (production laitière, volaille label et céréales), en Gaec à trois associés. Très engagé dans le syndicalisme agricole, il est un spécialiste des questions foncières. Après les Jeunes Agriculteurs, il a siégé, pendant plus de dix ans, à la Commission Départementale d'Orientation Agricole (CDOA), où il a dénoncé «la disparition des outils de contrôle de transfert du foncier». Elu à la Chambre d'agriculture de Maine-et-Loire en 2008, il a été au cours de son premier mandat l'interlocuteur des collectivités, via les Scot, en particulier celles de l'agglomération angevine. Il a défendu avec conviction la charte Agriculture et Urbanisme. En février 2013, François Beaupère succède à Jean-François Cesbron à la tête de la Chambre d'agriculture du Maine-et-Loire. Il est réélu en 2019 puis est élu président de la chambre d'agriculture des Pays de la Loire en janvier 2020. Il cède sa place à la Chambre d'agriculture du Maine-et-Loire en juillet 2020 pour se consacrer à son mandat régional.

CHAMBRE D'AGRICULTURE DES PAYS DE LA LOIRE - 9 RUE ANDRÉ-BROUARD - CS 70510 - 49105 ANGERS CEDEX 02 • TÉL. 02 41 18 60 00

COMMERCE ET DISTRIBUTION

Nicolas **BECAM**

CO-DIRIGEANT DES BOULANGERIES MAISON BÉCAM

FORMATION Bac STT Comptabilité et Gestion (lycée Sacré Cœur, Angers, 1996) ; brevets de Maîtrise Boulanger et de Maîtrise Pâtissier (CFA d'Angers, 2002)

PASSIONS le bénévolat, qui lui permet de «prendre de la hauteur et du plaisir»

Malgré son hérédité de fils de boulanger, ses parents ne souhaitaient pas que Nicolas Becam exerce ce métier et reprenne l'affaire familiale. Il joue donc la prudence en se formant en gestion, «au cas où», mais, ce qu'il veut, c'est faire sa propre place et ne pas simplement prendre la suite. Ambitieux et exigeant, il devient donc responsable pâtissier à Angers en 2002 et commence à visiter des boulangeries à acheter dès 2004. Partageant ce projet avec son épouse Cécile, il acquiert une boulangerie au centre-ville d'Angers, obtient le matériel aux enchères et ouvre Le jardin des saveurs en janvier 2005. Tous deux embauchent rapidement des apprentis, l'apprentissage faisant partie de leur ADN. Ils achètent une 2e affaire en 2007, toujours à Angers, et, depuis, le réseau de boulangeries Becam grandit, avec une accélération en 2020. Aujourd'hui, le réseau est constitué de 20 boulangeries, 350 salariés et une centaine d'apprentis, avec un siège social et un atelier de pâtisserie. L'ambition du dirigeant est d'atteindre le chiffre de 50 d'ici 2028. Nicolas Becam s'occupe donc toujours du développement de l'entreprise, trouve les prospects, travaille la stratégie, règle les problèmes... Il investit «pour durer», cultivant l'authenticité et l'intégrité, visant toujours le «20/20».
Ce président de club de football amateur a par ailleurs été vice-président de la Chambre des métiers du Maine et Loire de 2011 à 2012. Homme de réseau, il approfondit son envie d'agir, mais aussi d'apprendre, en rencontrant des entrepreneurs d'autres filières pour croiser des problématiques : il est ainsi membre du réseau Entreprendre Maine et Loire depuis 2020, de l'APM depuis 2021 et, en mars 2023, il entre au conseil d'administration de la Fédération des Entreprises de Boulangerie (FEB).

MAISON BÉCAM - 8 RUE DU PAON - 49124 SAINT-BARTHÉLEMY-D'ANJOU • TÉL. 02 41 18 20 96

AGROALIMENTAIRE

Anne-Françoise **BENOIT**

CHOCOLATIER

FORMATION Collège-lycée à Angers - maîtrise de sciences économiques (Paris, 1992)

DISTINCTIONS Chevalier de l'ordre du Mérite 2016 ; award de «la chocolatière» 2014 (Salon du Chocolat, Paris) ; award meilleur chocolatier de France 2010 ;

PASSIONS Le chocolat, la gastronomie et le sport.

Tout commence en 1975 avec l'ouverture par M. et Mme Gilbert Benoit d'une chocolaterie-confiserie rue des Lices à Angers. Les chocolats sont fabriqués juste au-dessus du magasin. Dès leur plus jeune âge, les trois enfants Benoit évoluent dans ce milieu «succulent». Alors que le fils aîné apprend d'emblée le métier de chocolatier (il officie désormais à Lille), ses deux soeurs s'éloignent un temps pour poursuivre des études supérieures. Anne-Françoise Benoit, qui se destine à une carrière dans les Ressources humaines, revient en 1997 pour reprendre l'entreprise familiale à son compte. Non contente d'en prendre la direction, la jeune femme veut aussi maîtriser la production des chocolats.
Après quelques stages auprès de chocolatiers parisiens, elle se lance dans l'aventure, secondée au départ par son père. En 2004, elle ouvre un deuxième magasin dédié aux macarons et aux chocolats à croquer. Pour faire face à la croissance de sa société, elle investit en 2007 dans un laboratoire de 300 m2 qu'elle installe à la périphérie de la ville. Avec sa soeur aînée Véronique, elle implante également la société Benoit à Paris (au 75 rue Saint-Antoine en 2011). Avec une préoccupation constante : la qualité et l'excellence de ses chocolats. Seule femme, jusqu'à présent, à intégrer l'élite des chocolatiers français, Anne-Françoise Benoit

est élue parmi les 12 meilleurs chocolatiers de France par le Guide des Croqueurs de chocolats 2010. Son talent reconnu, elle continue d'innover, notamment avec sa spécialité «le Caramandes®», chocolats aujourd'hui vendus au Japon et en France en épicerie fine.
En mai 2023, Benoît Chocolat se rapproche de la société Notus Technologies (Levallois-Perret). Anne Benoît reste à la tête de la production et continuera à s'assurer de la qualité des produits.

BENOIT CHOCOLATS - 1 RUE DES LICES - 49100 ANGERS • TÉL. 02 41 88 94 52

SANTÉ

Jean-Pierre **BENOIT**

PRÉSIDENT DU COMITÉ DÉPARTEMENTAL 49 DE LA LIGUE CONTRE LE CANCER

FORMATION Faculté de Pharmacie de Tours; DEA et thèse chimie organique macromoléculaire (Faculté de Sciences du Mans); thèse d'état Pharmacie galénique (Faculté de Pharmacie de Paris-Sud, 1983)

DISTINCTIONS Prix de notoriété de l'Académie Nationale de Pharmacie (2011); chevalier de la Légion d'honneur (2014)

PASSIONS golf, randonnée en montagne, vélo (ascension du Mont Ventoux en 2014), Histoire et oenologie.

PUBLICATIONS entre 250 et 300 articles publiés

C'est à l'Université de Washington, où il bénéficie d'un contrat CNRS pour étudier la micro encapsulation, que Jean-Pierre Benoit découvre son axe de travail, le fer de lance de sa future carrière. De retour en France, il passe sa thèse d'Etat, obtient un poste d'assistant, puis de maître de conférence à la Faculté de Pharmacie de Chatenay Malabry. Tout s'enchaîne. Son concours d'agrégation en poche, il devient professeur de pharmacie galénique à la Faculté de Pharmacie d'Angers en 1988, puis praticien au CHU d'Angers en 1989. Il oriente alors sa carrière sur la recherche mais aussi la transmission du savoir, qu'il ressent comme une véritable nécessité. Il crée donc en 1992 un laboratoire de recherche labellisé par le ministère de la Recherche, qui devient en 2001, unité Inserm, une véritable fierté pour ce chercheur passionné qui cesse d'enseigner en 2022.
En parallèle, Jean-Pierre Benoit reçoit de nombreuses sollicitations des industriels. Afin de valoriser son travail de recherche, il crée donc un Critt (Centre régional d'innovation et de transfert de technologie) en 1992, spécialisé dans son domaine, la micro encapsulation. Ce Critt donne naissance à une start-up, Mainelab SA en 1999. Le laboratoire ferme en 2005 mais il ne se décourage pas et crée une nouvelle start-up en 2010, Carlina Technologies. Celle-ci, spécialisée dans la promotion des nano médicaments (nano encapsulation), pour lutter principalement contre le diabète et le cancer, ferme en 2022. Membre correspondant de l'Académie Nationale de Pharmacie, il est nommé président du Comité départemental de Maine et Loire de la Ligue contre le cancer en 2016.

LIGUE CONTRE LE CANCER 49 - U1066 - CHU - 4 RUE LARREY - 49033 ANGERS CEDEX 9 • TÉL. 02 44 68 85 45

ORGANISATIONS PROFESSIONNELLES

Virginie **BEURTON - LE MIGNON**

PRÉSIDENTE DU MEDEF MAINE-ET-LOIRE - PRÉSIDENTE DE FEMMES DIGITAL OUEST

FORMATION DESS droit immobilier (université Paris-Panthéon-Assas, 2000)

PASSIONS l'art contemporain, faire du vélo

Virginie Beurton - Le Mignon quitte le Maine-et-Loire pour faire ses études de droit et entre chez BNP Paribas Real Estate Property Management à Paris en 2000. Elle évolue dans différents postes durant 8 ans et prend goût au domaine informatique, jusqu'à prendre en main l'harmonisation des outils du système d'information pour les équipes de 6 pays. Décidée à revenir avec sa famille en Anjou, elle entre chez le bailleur social Soclova à Angers en 2008 pour s'occuper de l'équipe de gestion locative, attributions, ventes et des systèmes d'information. Elle découvre un nouvel environnement et revient avec plaisir au management opérationnel. Huit ans plus tard, elle se sent enfin prête pour créer son entreprise, Yellow-Br1cks, spécialisée dans la gestion de projets dans un environnement de transformation numérique. Elle décide avec son associé, en 2021, de la faire pivoter vers le no-code (développement visuel des applications, des sites e-commerce et des logiciels internes).
Très portée sur la coopération et désireuse de contribuer à l'animation du territoire, Virginie Beurton - Le Mignon s'investit dès 2016 au Medef Anjou. Elle prend de nombreux mandats, entre au bureau en 2017, participe aux réflexions sur le futur projet du syndicat patronal en 2021 et est élue présidente en juin 2023. Déterminée à défendre la voix des entrepreneurs, elle s'efforcera de rendre le travail en interne «plus collaboratif» et «ira plus loin dans les priorités». La dirigeante est par ailleurs présidente de Femmes du Digital Ouest depuis mars 2023. Mandatée pour redynamiser l'association, elle est animée par l'enjeu majeur de la mixité dans l'informatique. Des projets variés aux objectifs croisés : tout pour enthousiasmer cette femme discrète qui n'aime rien tant que de relever des challenges...

MEDEF ANJOU - 227 RUE DU DOCTEUR GUICHARD - BP 40945 - 49009 ANGERS CEDEX 01 • TÉL. 02 41 24 14 70

DÉVELOPPEMENT ÉCONOMIQUE

Matthieu **BILLIARD**

PRÉSIDENT DE LA CCI DE MAINE-ET-LOIRE

FORMATION ESSCA (Angers, 2005)

PASSIONS La pêche en version «no kill»; le rugby

Être au service des autres est une des principales motivations qui a animé le parcours de Matthieu Billiard... et qui l'anime encore. Très tôt décidé à entreprendre et à créer, il co-fonde son entreprise 2 ans après avoir obtenu son diplôme. Le temps de mettre au point un logiciel qui favorise la vente d'entreprises entre professionnels, puis un second dédié aux notaires, Soqrate nait en 2007. Après plusieurs années à développer

la société, l'Angevin en co-crée une autre en 2017 à Beaucouzé, AppCell, porté par son besoin de « production tangible ». Avec aussi l'envie de relocaliser et remettre au goût du jour les savoir-faire du territoire. AppCell est spécialisé dans la transformation et l'assemblage de matières et son axe d'avenir, soutenu par ses dirigeants, est de rendre les produits et les métiers « plus propres », plus écologiques.
Lui qui voulait au départ s'investir dans l'humanitaire, a le désir de s'impliquer davantage dans sa région : Matthieu Billiard se présente donc sur la liste d'Eric Grelier aux élections de la CCI du Maine-et-Loire en 2016. Élu, il est membre de la commission du numérique et de celle des finances. Cette expérience réussie le pousse à se présenter avec une liste renouvelée en 2021. Élu président, sa volonté est d'avoir une présence forte sur le terrain, au plus près des entreprises. Avec ses vice-présidents, il s'est fixé plusieurs objectifs dont notamment la création de partenariats avec les Epci, un travail accru de réflexion sur le sujet des mutations et transitions diverses (travail, environnement), l'accélération sur les programmes de formations. Aidé de son enthousiasme, de ses convictions et bien sûr de ses équipes, le jeune président ne craint pas de s'ennuyer !

CCI DE MAINE ET LOIRE - 8 BD DU ROI RENÉ - CS 60626 - 49006 ANGERS CEDEX 01 • TÉL. 02 41 20 49 00

CUIR ET HABILLEMENT

Xavier **BIOTTEAU**

PRÉSIDENT DU CONSEIL D'ADMINISTRATION DU GROUPE ERAM

DISTINCTIONS Prix de l'Entrepreneur EY 2022 catégorie Entreprise familiale

Xavier Biotteau représente la 3e génération de la dynastie Biotteau, fondateurs du groupe Eram. Après Albert-René (le créateur de l'entreprise en 1927) et son fils Gérard, qui prend la succession en 1971, c'est donc Xavier qui prend le relais en 1998, à 36 ans. Comme toute sa famille, il cultive la discrétion. Très attaché à la culture d'entreprise et son terroir angevin, il promeut « l'innovation dans le respect d'autrui ». Il est actuellement président du conseil d'administration du groupe.
En octobre 2022, il est lauréat national pour la région grand Ouest catégorie Entreprise familiale dans le cadre de la 30e édition du prix de l'Entrepreneur de l'année 2022 organisée par EY.

GROUPE ERAM - RTE DE CHAUDRON EN MAUGES - 49111 SAINT-PIERRE-MONTLIMART • TÉL. 02 41 75 32 00

ASSOCIATIONS ET RÉSEAUX

Laurent **BIZIEN**

CO-PRÉSIDENT DE DIRIGEANTS RESPONSABLES ANJOU MAINE – DIRECTEUR GÉNÉRAL DE MARTIN TECHNOLOGIES

FORMATION diplôme d'ingénieur (Arts et Métiers Paris Tech -ENSAM, 1998)

PASSIONS le sport en général, le football et le padel en particulier

Attiré par la technique dès l'enfance, Laurent Bizien devient ingénieur. Il effectue ensuite son service militaire au Shom, à Brest, où il a l'opportunité de travailler sur de vrais projets techniques, et commence sa carrière en 1999, grâce à cette expérience, dans un bureau d'études en automobile en région parisienne. Il crée le service CAO et en devient responsable. Mais il lui manque la partie « production » pour parfaire ses connaissances et il entre en 2004 dans la société francilienne PMS (mélangeurs industriels) en tant que responsable technique. Un an et demi plus tard, il est nommé directeur de cette entreprise et il suit alors en 2006 la formation « Diriger un centre de profits » d'HEC. En 2011, il rejoint le groupe Boccard à Villeurbanne et prend la direction de la business unit qui fabrique des mélangeurs et des cuves. Mais l'ingénieur préfère les PME et prend en 2013 les fonctions de directeur général - le premier qui n'est pas de la famille fondatrice - chez Martin Technologies. Attaché à la pérennité de l'entreprise, il opère des transformations majeures et fait en sorte de la projeter au mieux dans l'avenir. Avec la conviction que « le résultat est un moyen pour aller vers un monde meilleur et plus juste ».
C'est justement son mode de fonctionnement managérial, tourné vers le collaboratif et la responsabilisation, qui pousse Dirigeants Responsables à le solliciter pour intégrer l'association en 2019. Puis, Laurent Bizien est élu co-président pour l'Anjou-Maine en 2022. Il s'emploie depuis à dérouler sa feuille de route : embarquer tout type d'organisations vers la RSE, les faire grandir au travers d'ateliers, ouvrir au public et agrandir le réseau afin d'avoir un impact le plus fort possible sur le tout le territoire.

DIRIGEANTS RESPONSABLES - ANJOU MAINE - 4 RUE FERNAND FOREST - 49000 ANGERS • TÉL. 02 41 21 41 20

INDUSTRIE ÉLECTRIQUE ET ÉLECTRONIQUE

Jean-Pierre **BODET**

PRÉSIDENT DU CONSEIL D'ADMINISTRATION DE BODET - PDG DE KELIO

FORMATION ingénieur (ENI-EDHEC /IEFSI)

DISTINCTIONS chevalier de la Légion d'honneur.

Fils de Pierre Bodet, petit-fils de Paul, créateur de l'entreprise Bodet en 1869, Jean-Pierre Bodet, entre dans l'entreprise familiale en 1970. Il parcourt le monde pour faire connaître les horloges Bodet et créer un réseau de distributeurs. L'avènement de la micro-informatique, dans les années 1980, incite Jean-Pierre Bodet à se lancer dans les solutions logicielles de gestion du temps. C'est en 1990 qu'il est nommé à la tête de la société. Passionné de nouvelles technologies, il apporte à l'entreprise un nouveau souffle en plaçant l'innovation au cœur de son métier, tout en perpétuant les traditions et les origines du métier de campaniste. La production est toujours maintenu sur son site à Trémentines dans le Maine-et-Loire. Les années 2000 marquent l'arrivée de la cinquième génération avec ses fils Pascal et Sylvain.

En septembre 2022, Bodet software prend le nom de Kelio «pour affirmer ses ambitions internationales».

BODET SA - ZA COMMERCIALE DU CORMIER - 15 RUE ARMAND MAYER - 49300 CHOLET • TÉL. 02 41 71 72 00

AGRICULTURE ET HORTICULTURE

Gino **BOISMORIN**

DIRECTEUR DE VÉGÉPOLYS VALLEY

FORMATION lycée des Etablières à La Roche-sur-Yon (bac D, 1982) - ingénieur en agriculture (groupe Esa, Angers, 1986)

DISTINCTIONS prix de l'Académie d'agriculture de France

PASSIONS le végétal et le développement territorial

Ingénieur en agriculture, Gino Boismorin est nommé en 1987 directeur de la société Agrifutur jusqu'en 1996 alors que la Fondation Xavier Bernard vient de lui attribuer le prix de l'Académie d'agriculture de France. Puis, il rejoint la Chambre régionale d'agriculture des Pays de la Loire comme chargé de mission économie (1996-1998), chef de service (1998-2000) puis directeur adjoint (2001-2020). Il est, depuis 2008, directeur de Végépolys Valley, pôle de compétitivité à vocation mondiale dans le domaine du végétal.
Parallèlement à ces activités, Gino Boismorin a cultivé des mandats électifs. Elu maire d'Andard en 2001, il est président de la communauté de communes de la Vallée-Loire Authion de 2008 jusqu'à sa dissolution en 2016. Il prend alors la tête de la commune nouvelle Loire-Authion qui fédère 7 communes jusqu'aux élections de 2020. Il a par ailleurs été vice-président de la communauté urbaine Angers Loire Métropole de 2018 à 2020.

VEGEPOLYS VALLEY - MAISON DU VÉGÉTAL - 26 RUE JEAN DIXMERAS - 49066 ANGERS CEDEX 01 • TÉL. 02 41 72 17 37

SANTÉ

Mario **CAMPONE**

DIRECTEUR GÉNÉRAL DE L'INSTITUT DE CANCÉROLOGIE DE L'OUEST

FORMATION études secondaires à Lyon - doctorat de médecine (1998) ; LBA en biologie cellulaire (1999) ; doctorat en sciences de la vie et de la santé (2010) à l'université de Nantes

PASSIONS l'histoire, l'archéologie, la lecture d'essais

PUBLICATIONS auteur ou co-auteur de plus de 344 publications dans des revues à comité de lecture, dans le domaine du cancer et de la biologie moléculaire

Directeur général de l'Institut de Cancérologie de l'Ouest (ICO) Pays de Loire depuis juin 2016, reconduit pour 5 ans en 2021, Mario Campone est directeur scientifique du Cancéropôle Grand Ouest (Bretagne Pays de la Loire et Région Centre) depuis novembre 2015. Il a été reconduit à la présidence du Registre du Cancer Loire Atlantique-Vendée, et devenu vice-président en 2021 de l'Observatoire de la Santé des Pays de la Loire. Après avoir effectué une partie de sa formation au Beatson Institute à Glasgow, il est actuellement praticien spécialiste en oncologie médicale à l'ICO et professeur d'oncologie médicale à l'Université d'Angers. Il fait partie de l'équipe-8 du Centre de recherche sur le cancer et l'immunologie Nantes-Angers (UMR-1232) Inserm du Dr Juin. Il est impliqué dans la recherche clinique depuis 2003 en tant que coordinateur et investigateur principal dans de nombreuses études cliniques portant sur l'expertise thérapeutique de nouveaux agents en pathologie du sein. Il a obtenu deux programmes nationaux d'hôpitaux de recherche clinique et une subvention Inca en recherche translationnelle.
Président de la Commission médicale d'établissement (CME) du centre de cancérologie René Gauducheau de 2005 à 2012, il a été, au niveau national, président du groupe d'étude précoce (2012-2016) et vice-président du groupe de médecine personnalisée de Unicancer (2015-2019). Ancien expert auprès de l'Agence nationale pour la sécurité des médicaments (2007-2017), il assure, jusqu'en 2018, la vice-présidence d'Iliad SIRIC (Sites de recherche intégrée sur le cancer).
Mario Campone est expert auprès de l'Inca et, depuis 2016, porte-parole de la Conférence des Cancéropôles. Membre du bureau Unicancer depuis octobre 2016, il en est devenu président délégué en octobre 2019.

ICO - SITE D'ANGERS - 15 RUE ANDRÉ BOQUEL - 49055 ANGERS CEDEX 2 • TÉL. 02 41 35 27 00

BANQUE ET ASSURANCE

Laurence **CARDE**

DIRECTRICE GÉNÉRALE DE LA CAISSE RÉGIONALE ET DE LA FÉDÉRATION DU CRÉDIT MUTUEL D'ANJOU

FORMATION Ingénieure en agriculture (ISAB/Institut Lassalle, Beauvais, 1997)

PASSIONS Voyager (Europe du Nord), lire, jouer du piano, faire de la couture

Après une enfance passée dans les Bouches-du-Rhône et l'obtention d'un DUT à Nancy, Laurence Carde devient responsable fabrication dans des usines agro-alimentaires. Mais le secteur ne lui convient pas et elle reprend ses études en 1994. Elle effectue son stage dans un centre de gestion et intègre le Crédit Mutuel de Bretagne dans le Finistère en 1997 comme chargée de clientèle professionnelle et agricole. L'ingénieure agricole retrouve ses valeurs dans ce métier où les relations humaines sont primordiales. Deux ans plus tard, elle prend la direction d'une Caisse du Finistère Nord puis, en 2002, rejoint la confédération nationale du Crédit Mutuel en tant qu'adjointe au responsable du marché de l'agriculture. Elle devient responsable elle-même en 2006 avant de partir occuper le poste de responsable des marchés au Crédit Mutuel Océan à la Roche-sur-Yon en 2007. Elle s'installe alors à Montaigu. Désireuse d'élargir ses compétences, elle prend la responsabilité du développement au siège du Crédit Mutuel Océan, jusqu'à la mi 2014. Elle évolue comme directrice de la Caisse de Carquefou au Crédit Mutuel Loire Atlantique Centre Ouest puis est nommée successivement responsable du marché des professionnels au sein du Crédit Mutuel Alliance Fédérale en 2018 et responsable

de secteur au sein du CIC Est, en Seine-et-Marne, en 2021.
C'est en mai 2022 qu'elle est promue directrice générale de la Caisse Régionale et de la Fédération du Crédit Mutuel d'Anjou. Un poste qu'elle trouve « passionnant » car regroupant tous les métiers du groupe. Proactive, Laurence Carde est bien déterminée à embarquer les équipes pour se développer, notamment sur le marché professionnel. En s'appuyant sur les valeurs du groupe : le mutualisme, le service aux clients et la proximité relationnelle.

CRÉDIT MUTUEL ANJOU - 1 PL. MOLIÈRE - BP 10648 - 49006 ANGERS CEDEX 1 • TÉL. 02 41 23 24 25

BIOTECHNOLOGIES

Bruno **CAROFF**

DIRECTEUR GÉNÉRAL D'INOVALYS

FORMATION lycée Pierre Mendès France à La Roche-sur-Yon - doctorat de pharmacie (1990) ; DEA de parasitologie (1992) aux facultés de pharmacie de Nantes et de Paris V ; interne des Hôpitaux de Paris (1995) ; DES de biologie médicale (1995)

PASSIONS l'histoire, le tennis, le football et le cinéma.

Dès la fin de ses études, Bruno Caroff intègre l'Institut départemental d'analyse et de conseil (Idac) à Nantes, où il exerce diverses responsabilités : directeur adjoint du laboratoire d'hygiène (1995-1997), directeur du laboratoire de biologie médicale (1997-2000) et directeur général adjoint de l'Idac (2000-2005). Depuis 2005, il dirige ce laboratoire dépendant du conseil départemental de Loire-Atlantique devenu Inovalys en avril 2014. Le GIP Inovalys regroupe désormais les laboratoires de la Loire-Atlantique, du Maine-et-Loire, de la Sarthe, de l'Indre-et Loire et du Morbihan, soit au total environ 520 collaborateurs. Ses activités concernent l'environnement, l'agro-alimentaire et la santé animale.
Bruno Caroff a par ailleurs présidé l'Association nationale des directeurs et cadres des laboratoires vétérinaires publics d'analyses (Adilva) de 2012 à 2016. Il en est désormais président d'honneur.

INOVALYS ANGERS - 18 BD DE LAVOISIER - SQUARE EMILE ROUX - 49009 ANGERS CEDEX 01 • TÉL. 02 51 85 44 44

INTERCOMMUNALITÉ

Philippe **CHALOPIN**

VICE-PRÉSIDENT DU CONSEIL DÉPARTEMENTAL DE MAINE-ET-LOIRE - MAIRE DE BAUGÉ-EN-ANJOU - PRÉSIDENT DE LA COMMUNAUTÉ DE COMMUNES BEAUGEOIS-VALLÉE

FORMATION Lycée de Bouchevreau à La Flèche - Universités de droit d'Angers et de Poitiers

PASSIONS Les promenades à pied et la musique

Après avoir suivi des études dans le domaine juridique, Philippe Chalopin a rejoint le cabinet d'avocats Atlantic-Juris et intervient en droit des affaires économiques et des sociétés. Il est par ailleurs maire de Baugé depuis 2008 et participe activement au renouveau économique local. Premier vice-président de la Communauté de communes du canton de Baugé (devenue Baugeois-Vallée) il en est élu président en 2014. Il devient membre du comité national de l'AMF la même année. Initiateur du programme « Baugé Renaissance », il permet à sa commune de s'engager dans le développement touristique grâce à la mise en valeur de son patrimoine historique.
Philippe Chalopin valorise également les ressources économiques locales en créant le club d'entreprises Baugeois Entreprendre en 2004 et s'implique dans l'économie sociale. En 2011, il se présente avec succès aux élections cantonales, puis, en 2015, il est nommé vice-président du département, rapporteur du budget, et en charge de l'habitat, du tourisme. Il est également élu président du 1er syndicat départemental du numérique (SMO Anjou Numérique). Fort de son expérience dans le cadre de la constitution de communes nouvelles, il anime un grand nombre de réunions à destination des élus pour leur présenter la procédure de constitution. Il est par ailleurs président de l'Adil 49 et président-directeur général de la Sem Anjou Développement économique. Président d'Anjou tourisme, il est élu en 2020 président du Gip Anjou tourisme en janvier, réélu maire en mars puis président de la communauté de communes en juillet. Il est également élu président de l'association des maires de Maine-et-Loire.
Réélu en 2021, il devient 1er vice-président du département de Maine-et-Loire.

COMMUNAUTÉ DE COMMUNES BAUGEOIS-VALLÉE - 15 AV. LEGOULZ DE LA BOULAIE - BP 79 - 49150 BAUGÉ • TÉL. 02 41 89 83 89

ASSOCIATIONS ET RÉSEAUX

Gérard **CHARBONNIER**

DÉLÉGUÉ RÉGIONAL D'ECTI PAYS DE LA LOIRE

FORMATION ingénieur en agriculture (Cnam)

PASSIONS l'action sociale et le développement associatif

Longtemps responsable du pôle régional de Développement et Marketing à Syngenta Agro (un des leaders mondiaux sur le marché de la protection des plantes et des semences), Gérard Charbonnier est aujourd'hui un retraité actif. Membre du Ceser des Pays de la Loire, vice-président de la commission Économie - Emploi - Recherche - Innovation jusqu'en 2015, il se consacre à plein temps à ses activités de l'économie sociale et solidaire. Il préside l'Ecocyclerie des Mauges et les Structures d'Insertion par l'Activité Economique Alise Ateliers et Travail plus qui salarient plus de 75 ETP. Par ailleurs, il s'investit aux côtés de deux ONG : l'AFDI et l'ECTI. La première est une association de solidarité internationale, ancrée dans le milieu agricole français, qui intervient à ce titre en Tunisie et au Burkina Faso. La seconde ONG est une association de seniors actifs bénévoles qui intervient en France et à l'international. Il en est le délégué régional.

ECTI PAYS DE LA LOIRE - 82 RUE DE LA LOIRE - 49620 LA POMMERAYE • TÉL. 06 07 43 30 85

SERVICES À LA PERSONNE

Didier **CHATEAU**

DIRIGEANT ET CO-FONDATEUR DU GROUPE GÉNÉRALE DES SERVICES - ADMINISTRATEUR NATIONAL DE LA FEDESAP

FORMATION Master 2 Management Projet (Science Po Rennes, 2022) ; BTS Action commerciale (lycée Joachim du Bellay, Angers, 1992) ; Diplôme de Technologie Approfondie en tourisme-hôtellerie-restauration (université d'Evry, 1994)

DISTINCTIONS Chevalier de l'ordre national du mérite 2022 ; Médaille de bronze de la Défense Nationale ; entrepreneur de l'année 2020 (Courrier de l'Ouest et Crédit mutuel) ; Ruban d'Or Franchiseur 2021 (Fédération Française de la Franchise)

PASSIONS Le nautisme et les voyages

Avant de co-fonder Générale des Services en 1999, Didier Chateau teste différents métiers, toujours porté par son envie « d'aider les autres » et son goût du contact. Adjoint de direction dans une cafétéria en 1995 puis chef de rayon dans un hypermarché, il finit par intégrer une agence du Crédit Agricole à Angers. Il y retrouve les activités de conseil, d'accompagnement et de vente qui font partie de son ADN. Et c'est sur le terrain, en zone rurale, que va germer l'idée qui lui fait créer son entreprise, avec un associé : rassembler les services d'aides à domicile au sein d'une même structure. Précurseurs en la matière, Générale des services (la société) et France Services (l'association) obtiennent leur agrément dès 1999 et seront même citées en exemple dans le plan Borloo. Les associés décident ensuite se développer en franchise dès 2008.
Egalement PDG co-fondateur de la SAS Domus Prévention (dans le domaine de l'ergothérapie) en 2014, Didier Chateau est fortement investi sur son territoire. Persuadé de l'intérêt du partage d'expériences, il est délégué consulaire à la CCI 49, référent national CCI France pour la Silver économie. L'ancien chef d'équipe de combat - durant son service militaire - est également administrateur et référent du Gérontopôle Pays de Loire, administrateur national de la Fedesap et président national de la commission formation. Il est élu vice-président du Club des Franchiseurs de l'Anjou en juillet 2023.
Depuis 2020, il intervient à l'Inseec Paris dans le master 2 directeur d'établissement de santé. Loin de « se reposer sur ses lauriers », le dirigeant se dit heureux d'avoir les moyens d'agir et « voit toujours devant ». Une première page a été tournée, restent des perspectives et des envies !

GÉNÉRALE DES SERVICES
- 43 AVENUE DU GRÉSILLÉ - 49000 ANGERS
• TÉL. 02 41 34 13 43

AGRICULTURE ET HORTICULTURE

Sébastien **CHAUFFAUT**

DIRECTEUR GÉNÉRAL DE LA COOPÉRATIVE AGRICOLE ET DU GROUPE LIMAGRAIN

FORMATION DESCF (dplôme d'études supérieures comptables et financières) de l'Institut de Gestion de Rennes (2001) ; diplôme d'Expert-Comptable (2004)

Sébastien Chauffaut commence son parcours en juin 2002 en tant qu'expert-comptable, stagiaire dans un premier temps puis titulaire après l'obtention de son diplôme, chez In Extenso - Groupe Deloitte. Il intègre le Groupe Roullier en 2006 comme responsable comptable de la branche Agrochimie dont il prend la direction administrative et financière un an plus tard. En janvier 2010, toujours au sein du groupe, il est nommé directeur général de la société Sofiac (Société Financière de l'Agrochimie) qui gère les services support de la branche Agrochimie (Direction Administrative et Financière, Administration des Ventes, Logistique, Hygiène - Sécurité - Environnement, informatique, Crédit Management et Achats Biens et Services). Il exerce cette fonction jusqu'en mai 2015 puis prend la direction des affaires corporate au sein de CFPR, la holding du groupe. Il devient président du directoire en janvier 2018. Il quitte le groupe Roullier en septembre 2021 pour devenir directeur général de la Coopérative Agricole et du Groupe Limagrain.

LIMAGRAIN EUROPE - ZI RUE DE LA VILAINE
- 49250 LOIRE-AUTHION • TÉL. 02 41 79 61 61

AGRICULTURE ET HORTICULTURE

Emmanuelle **CHEVASSUS-LOZZA**

PRÉSIDENTE DE L'INRAE PAYS DE LA LOIRE

FORMATION ingénieur agronome (Institut national agronomique de Paris-Grignon, 1984) ; DEA (1986) et doctorat d'économie internationale (Paris X, 1989)

Chercheur à l'Inra au centre Nantes-Angers pendant une quinzaine d'années (1996-2010), Emmanuelle Chevassus-Lozza exerce ensuite la responsabilité de directrice générale adjointe d'Agrocampus Ouest et de directrice du campus d'Angers. Elle assure la direction de la recherche à Agrocampus Ouest, implanté sur trois sites (Angers, Rennes et Beg-Meil), mène des recherches académiques et finalisées, en partenariat étroit avec l'Inra notamment, et des activités de transfert et de développement en lien avec trois pôles de compétitivité (Mer Bretagne, Végépolys et Valorial). Elle reçoit en 2013, avec la chercheuse Karine Latouche, le prix du meilleur article, décerné par l'Association européenne des économistes agricoles pour leur article publié dans la revue European Review of Agricultural Economics (ERAE). Le thème : « À quel coût un exportateur français doit-il faire face pour accéder aux différents marchés alimentaires européens ? »
En janvier 2018, Emmanuelle Chevassus-Lozza est nommée présidente de l'Inra (devenu Inrae en janvier 2020) Pays de la Loire pour 4 ans et prend ses fonctions en mai. Elle devient vice-présidente de Vegepolys Valley en juin 2019, en charge de la recherche.

INRAE D'ANGERS - 42 RUE GEORGES MOREL
- CS 60057 - 49071 BEAUCOUZÉ CEDEX
• TÉL. 02 41 22 56 00

ETAT

Philippe **CHOPIN**

PRÉFET DE MAINE ET LOIRE

FORMATION
maîtrise de droit public

Très ancré sur la sécurité, Philippe Chopin a été rattaché au ministère de l'Intérieur où il a été chef de bureau du cabinet du ministre sous Charles Pasqua et aussi chef de cabinet adjoint sous les ministères de Nicolas Sarkozy et de Dominique de Villepin. Il a commencé sa carrière en 1986 en qualité d'attaché d'administration centrale au ministère de l'Intérieur et a été nommé sous-préfet de Vire dans le Calvados en 1999. Après divers postes dans la haute fonction publique, il est nommé préfet de la Creuse en 2015 puis quitte le département en 2018 pour prendre la tête de la préfecture des Pyrénées-Orientales. En 2020, il est nommé préfet du Puy-de-Dôme avant de devenir, en septembre 2023, préfet du Maine-et-Loire.

PRÉFECTURE DE MAINE-ET-LOIRE - PLACE MICHEL DEBRÉ - 49934 ANGERS CEDEX 9 • TÉL. 02 41 81 81 81

ENSEIGNEMENT SUPÉRIEUR

Pierre **COLLIGNON**

DIRECTEUR GÉNÉRAL DE L'IRCOM

FORMATION
Saint-François Xavier à Vannes - études de Droit à Paris II; Institut d'études politiques (IEP) de Paris

DISTINCTIONS
chevalier des Arts et des Lettres

PASSIONS
l'équitation et la lecture d'ouvrages historiques, littéraires, philosophiques et politiques.

Après trois ans passés au sein de la Ville de Saumur où il est chargé de la communication (1984-1987), Pierre Collignon intègre l'Ircom, établissement d'enseignement supérieur privé, alors dédié aux métiers de la communication. Il a en charge la direction des études et épaule le créateur de l'Institut. Il lui succède en 2003 à la direction générale de l'établissement, regroupant désormais cinq activités : l'institut Mac Luhan (Bac +5 en « management de la communication »), l'institut Albert Le Grand (Bac +3 en Humanités et sciences politiques), l'institut Pedro de Bethencourt (Bac +5 en « Management de la solidarité internationale et de l'action sociale »), Ircom Conseil (formation et conseil en communication - management) et le laboratoire de recherche Laborem avec 2 chaires d'entreprise.
Pierre Collignon est également le président de la Commission Repères des Entrepreneurs et dirigeants chrétiens (EDC) au niveau national.

IRCOM - 23 RUE ÉDOUARD GUINEL - 49130 LES PONTS-DE-CÉ • TÉL. 02 41 79 64 64

HABITAT SOCIAL

Laurent **COLOBERT**

DIRECTEUR GÉNÉRAL DE MAINE-ET-LOIRE HABITAT - DIRECTEUR DE MELDOMYS

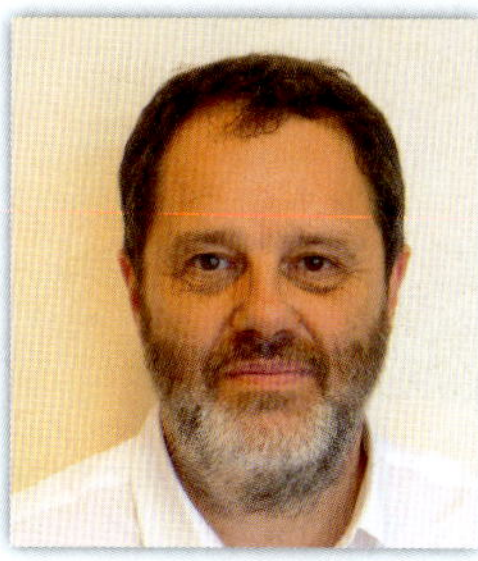

FORMATION
B.T.S.A. option Protection de la Nature (lycée agricole H. Queuille, 1984, Neuvic d'Ussel); maîtrise Sciences et Techniques Aménagement et Mise en Valeur des Régions (université de Rennes I, 1986); D.E.S.S Aménagement et Développement Local (Centre d'Etudes Supérieures d'Aménagement, Tours, 1988)

PASSIONS la nature, les randonnées, la lecture et la musique

Laurent Colobert a réalisé tout son parcours professionnel dans le domaine de l'habitat. Il entre en 1988 au Comité départemental d'habitat et d'aménagement rural (CDHAR) de Haute-Savoie à Annecy en tant que chargé d'études principal, responsable du service Logement. Il devient directeur du CDHAR en 1991 puis prend la direction des collectivités locales au sein d'ACT-Habitat, l'organisme regroupant le CDHAR et le Pact-Arim, en 1993. Il assure en parallèle des missions pour l'Union régionale des CDHAR de Rhône-Alpes. En 1994, il rejoint Habitat et Développement 58 à Nevers en tant que directeur. Cinq ans plus tard, il retrouve les Côtes d'Armor, et Saint-Brieuc, pour s'occuper de la direction d'Habitat et Développement Bretagne. De 2002 à 2008, il dirige une de ses filiales, l'agence d'architecture Sica Région Ouest et, de 2006 à 2008, il sera délégué inter-régional Grand-Ouest (Bretagne, Pays de Loire et Poitou-Charentes) du réseau Habitat et Développement.
C'est en mars 2008 que Laurent Colobert intègre le Département de Maine-et-Loire comme chef du service Habitat et Cohésion Sociale à Angers. Directeur de l'ingénierie et de l'accompagnement des territoires de 2015 à 2017, il est nommé directeur de l'insertion, de l'ingénierie et de l'aménagement du territoire du Département en juin 2017. Il accède au poste de directeur général de Maine-et-Loire Habitat un an après. Au service de la cohésion sociale et territoriale, il poursuit désormais un objectif principal : répondre aux besoins des territoires et des populations de conditions modestes dans un contexte règlementaire et financier en pleine évolution pour les OPH.
Il est également depuis 2023 le directeur de Meldomys, qui regroupe Maine-et-Loire Habitat et Jaxed, filiale dédiée à l'accession à la propriété.

MAINE-ET-LOIRE HABITAT - 11 RUE DU CLON - CS 70146 - 49001 ANGERS CEDEX • TÉL. 02 41 81 68 00

TOURISME ET LOISIRS

Charles-André **DE COSSÉ-BRISSAC**

PROPRIÉTAIRE GÉRANT DU CHÂTEAU DE BRISSAC

FORMATION
collège Passy-Buzenval à Rueil-Malmaison - Ecole supérieure de commerce d'Angers (Essca)

PASSIONS
la lecture, la littérature, le jardinage et la famille.

En 1989, Charles-André de Cossé-Brissac, quitte sa situation parisienne et s'installe à Brissac pour développer les activités créées par ses parents autour du château familial. Dans la famille Cossé depuis le 16e siècle, il est classé Monument Historique. Le marquis est notamment à l'origine de l'ouverture de l'activité de chambres d'hôtes, de la restauration du parc, de la création d'un jardin et de l'ouverture d'une boutique de souvenirs. Le domaine accueille également des tournages de films et d'événements : un festival floral international et un marché de Noël.
Charles-André de Cossé-Brissac a été par ailleurs conseiller municipal de Brissac-Quincé (3 000 habitants).

CHÂTEAU DE BRISSAC - -
- 49320 BRISSAC-QUINCÉ • TÉL. 02 41 91 22 21

BIENS D'ÉQUIPEMENT

Olivier **CROIX**

FONDATEUR ET DIRECTEUR DE COCON

FORMATION
Icam de Nantes, 1996

PASSIONS
l'humain et l'entreprise, la famille, la course à pied

Ingénieur dans l'âme, Olivier Croix choisit tout naturellement le chemin des Arts et Métiers après son bac. Il y découvre toute l'attention portée à la formation humaine et en fera l'objectif de ses premières années d'entreprise. Il se dirige très vite vers le management en rejoignant le groupe Vinci au Tchad pour y faire son VIE comme adjoint du service matériel. De retour en France, il devient responsable du service maintenance d'une cimenterie du groupe Holcim en Lorraine. Trois ans plus tard, son beau-père Patrick Monvoisin, lui propose de prendre la direction de l'usine familiale de fabrication d'essieux Monroc. Olivier Croix saisit cette occasion rêvée de «se frotter au commerce et à la stratégie». Il explore également l'international et crée Qingdao Monroc en Chine : une vraie réussite au sein du groupe Ker Pro, dont il devient directeur général en 2010. Le dirigeant fonde également My-Optimo, dédié aux objets connectés. Il quitte le groupe en septembre 2021 et s'associe avec son frère Laurent pour fabriquer un poêle à granulés produit sous la marque Cocon en Vendée.
Désireux de nourrir ses réflexions et de structurer encore et toujours sa stratégie, l'Angevin rejoint le CDM (Comité de Développement des industries de la Métallurgie) dès 2011 et en prend la présidence de 2017 à 2021. Le thème de son mandat ? Disruption et Intelligence Collective. Après une prise de conscience de la responsabilité de l'industrie sur les évolutions climatiques, l'infatigable entrepreneur lance avec 6 amis, en 2020, l'association missionchange.org qui accompagne les PME dans leur transition énergétique et économique. Et il s'implique dans la Convention des entreprises pour le climat dès 2021. Depuis 2022, il développe le groupe Ambiances Flammes qui rassemble les marques Ambiances Flammes, Brisach, Soluflam, Cocon et Flammes Services.

COCON - 2 RUE JOSEPH CUGNOT
- 49130 LES PONTS-DE-CÉ • TÉL. 02 85 52 42 55

DÉPARTEMENT

Florence **DABIN**

PRÉSIDENTE DU DÉPARTEMENT DE MAINE-ET-LOIRE

PASSIONS
la lecture, le sport, la décoration

Professeure des écoles dès 2002, Florence Dabin s'implique très tôt en politique puisqu'elle elle est élue à seulement 21 ans à la mairie de Cholet. De 2001 à 2008, elle est adjointe au maire en charge de la jeunesse et conseillère communautaire, puis de 2008 à 2014 en charge des sports et de la jeunesse et, enfin, adjointe au sport de 2014 à 2020. Elle démissionne de ces mandats en mai 2023.
Élue au conseil départemental du Maine-et-Loire en 2008, Florence Dabin est nommée vice-présidente en charge des ressources et de la gestion dynamique du patrimoine et présidente de la commission d'appel d'offres en 2015. En juillet 2021, à seulement 42 ans, elle est élue présidente du Département et devient ainsi la première femme à occuper cette fonction en Maine-et-Loire. Elle est par ailleurs actuellement vice-présidente de l'Assemblée des départements de France, en charge de l'enfance, depuis septembre 2021. Depuis novembre de la même année, elle est également présidente de 119-Allô Enfance en Danger / Giped.

CONSEIL DÉPARTEMENTAL DE MAINE-ET-LOIRE - HÔTEL DU DÉPARTEMENT - 48B BD FOCH - CS 94104 - 49941 ANGERS CEDEX 9
• TÉL. 02 41 81 49 49

ORGANISATIONS PROFESSIONNELLES

Philippe **DE PONTHON**

DIRECTEUR RÉGIONAL DE LA CHAMBRE D'AGRICULTURE DES PAYS DE LA LOIRE

FORMATION
lycée Victor Hugo à Poitiers - ingénieur en agriculture (ESA d'Angers, 1990)

Après plusieurs années à l'étranger comme coopérant (1990-1993), notamment à Haïti, au Brésil et au Burkina Faso, Philippe de Ponthon intègre la Fédération départementale des syndicats d'exploitants agricoles de la Vendée (FDSEA 85). Il y exercera comme chargé d'études (1994-2000), puis en assurera la direction de 2001 à 2007. En 2008, il devient le directeur général de la Chambre d'agriculture de la Vendée, établissement public administratif consulaire. Lors de la création de la nouvelle chambre d'agriculture régionale en janvier 2018, il en prend la direction (650 salariés).

CHAMBRE D'AGRICULTURE
DES PAYS DE LA LOIRE - 9 RUE ANDRÉ-BROUARD
- CS 70510 - 49105 ANGERS CEDEX 02
• TÉL. 02 41 18 60 00

MÉDIAS

Marc **DEJEAN**

DIRECTEUR GÉNÉRAL ET DIRECTEUR DE LA PUBLICATION DES JOURNAUX DE LOIRE (LE COURRIER DE L'OUEST, LE MAINE LIBRE ET PRESSE OCÉAN)

FORMATION collège-lycée à Joigny et Avallon - faculté de droit et sciences-politiques de Montpellier

PASSIONS la lecture, la musique, la marche, l'océan, nager et le cinéma.

Marc Dejean est un pur «produit» de la PQR. Après des débuts à L'Yonne Républicaine (1986-1988) puis au Pays d'Auge (1988-1990), il rejoint la Dépêche du Midi en 1990, à Agen (Lot-et-Garonne). Ses premières responsabilités éditoriales, il les prend au sein de la Dépêche du Midi comme chef d'agence adjoint à Carcassonne (1995-1996), puis chef d'agence adjoint et chef d'agence à Rodez pour les éditions de l'Aveyron (1996-2003). Il poursuit sa carrière au sein du même quotidien comme chef d'agence à Auch, de l'édition du Gers (2004-2005). De 2000 à 2005, il assurera la correspondance locale de l'AFP (Agence France Presse). Il se voit confier ensuite de nouvelles responsabilités au sein d'un autre titre important de la PQR française, La Nouvelle République du Centre Ouest, où il prend en charge la direction départementale des éditions de la Vienne (2005-2007). Nouveau changement en 2008 quand il intègre l'équipe du Maine Libre au Mans, en tant que rédacteur en chef. Un bail de deux ans seulement avant de se voir proposer la même responsabilité à Presse Océan, filiale de Sipa Ouest France. Puis, le 1er octobre 2015, il prend en charge les rédactions de Presse Océan, Le Maine Libre et le Courrier de l'Ouest. Il est nommé directeur général délégué des Journaux de Loire en juillet 2017 tout en conservant ses fonctions de directeur des rédactions.
MArc Dejean devient directeur général et directeur de la publication des Journaux de Loire en septembre 2023.

JOURNAUX DE LOIRE - 4 BD ALBERT BLANCHOIN - BP 10728 - 49007 ANGERS CEDEX 1 • TÉL. 02 41 68 86 88

TRANSPORT ET LOGISTIQUE

Marc **DELAYER**

DIRECTEUR GÉNÉRAL DES TRANSPORTS PUBLICS DU CHOLETAIS - PRÉSIDENT DU GIE OBJECTIF TRANSPORT PUBLIC

FORMATION lycée de La Plata à Tarare - DEA économie des transports (Ecole supérieure des transports - EST, 1986); master ICG (université de Lyon II)

DISTINCTIONS chevalier dans l'ordre national du Mérite

PASSIONS le rugby.

Un parcours placé sous le triple signe du transport, de l'évènementiel et du ballon ovale. Après avoir dirigé différents établissements à Cholet, Calais et La Rochelle pour Veolia Transports (1992-2001), Marc Delayer assure depuis 2003 la direction générale des Transports publics du Choletais. Parallèlement, il exerce les responsabilités de vice-président de l'Union des transports publics et ferroviaires (UTP) et a présidé la Centrale d'achat du transport public jusqu'en juin 2021. Depuis cette date, il est président du GIE Objectif Transport Public, qui a pour mission de faire la promotion du transport collectif et de sensibiliser les professionnels du secteur et le grand public aux enjeux de la mobilité durable. Il a exercé par ailleurs la fonction de directeur général du Parc des expositions de la Meilleraie de 2009 à 2019.
Marc Delayer a également pris des responsabilités en «terre d'ovalie». Vice-président du Stade rochelais de 1999 à 2004, il a présidé le Rugby olympique choletais de 2007 à juin 2017.

TPC - TRANSPORTS PUBLICS DU CHOLETAIS - 24, RUE DE LA JOMINIÈRE - CS21974 - 49319 CHOLET CEDEX • TÉL. 02 41 62 65 65

INDUSTRIE ÉLECTRIQU ET ÉLECTRONIQUE

Pascal **DENOEL**

PDG DU GROUPE ZEKAT

FORMATION Arts et métiers (Angers, 1983); executive MBA HEC (1995)

PASSIONS Les sports, les Sciences, l'exploration

PUBLICATIONS «Conférence sur le dépassement de soi» (essai publié fin 2017)

Entrepreneur atypique et engagé, explorateur insatiable, contributeur social et philosophique, Pascal Denoël se définit avant tout comme un homme libre, acteur de la cité. Le moteur qui fit décoller sa vie et sa carrière est un fort besoin d'indépendance, qu'il a toujours cultivé avec détermination. Parfois même en se mettant physiquement en danger. Cet «actif-affectif-inventif» commence son parcours comme commercial chez Digital Equipment en 1987, attiré par l'informatique alors en devenir. Il crée rapidement une startup high-tech et connait le succès jusqu'en 1991. Crise oblige, il choisit d'intégrer MC2 à Grenoble comme responsable commercial et marketing.
Mais l'envie d'entreprendre est tenace et il décide de se former grâce à un MBA. Il accepte ensuite la direction générale de Sapelem à Angers. Deux ans plus tard, il rachète l'entreprise, puis une 2e et s'associe. En 2003, il est contraint de céder son groupe et reprend son poste chez Sapelem... qu'il rachète en 2005 avant de reprendre Cequad. L'ancien aspirant officier donne de son temps tous azimuts, en particulier aux Arts et Métiers Angers qu'il préside. Il rachète Ercogener en 2014, lance ADN OPTIS en 2015, crée Azkedia fin 2016 pour créer un groupe intégré dans la mécatronique, partageant des valeurs fortes: «collectif - audace - engagement – performance - humilité». Rien n'arrête le volontaire Pascal Denoël, dont la stratégie pour ZeKat (tel l'animal qui retombe toujours sur ses pattes) suit une ligne claire: poursuivre leur leadership en conservant leur âme. Tout en gardant du temps pour ses expéditions... En 2021, il relève le défi de l'ascension sans assistance en oxygène de

l'Everest mais doit renoncer face à la mauvaise météo.

ZEKAT - ZI ANGERS BEAUCOUZÉ
- 4 RUE DES AJONCS - 49070 BEAUCOUZÉ
• TÉL. 02 41 72 15 20

COMMUNE

Christophe **DOUGÉ**

MAIRE DE MONTREVAULT-SUR-ÈVRE

FORMATION lycée agricole Le Fresne à Angers - brevet de technicien agricole (lycée agricole de La Roche-sur-Yon, 1985)

PASSIONS les randonnées, l'ornithologie, les voyages et le tennis de table, qu'il a pratiqué au niveau régional.

La protection de l'environnement, de l'eau et des rivières, Christophe Dougé en a fait sa priorité. Chargé de mission sur la réserve naturelle du lac de Grand-Lieu (1994-1996), ce passionné d'ornithologie reste dix ans à la direction de la Ligue pour la protection des oiseaux (LPO) en Loire-Atlantique (1997-2007). Il a rejoint comme délégué régional l'association Loire Vivante (2007-2010), dont la vocation est la préservation du bassin de la Loire et la protection des fleuves et des rivières.

Maire de La-Boissière-sur-Èvre dès 2008, puis, en 2016, maire délégué à la création de la commune nouvelle de Montrevault sur Èvre, Christophe Dougé devient maire de cette nouvelle commune en 2020. Conseiller communautaire de Mauges Communauté, il est conseiller régional, délégué à la Loire jusqu'en 2015, et membre de la commission agriculture-agro-alimentaire-pêche jusqu'en 2021. Il ne se représente pas cette année-là. Il a été président du Syndicat mixte Èvre - Thau - (SMIB) Saint-Denis - Robinets - Haie d'Allot de 2014 à 2021.

VILLE DE MONTREVAULT-SUR ÈVRE
- 2 RUE ARTHUR GIBOUIN
- BP 10024 MONTREVAULT
- 49117 MONTREVAULT-SUR-ÈVRE CEDEX
• TÉL. 02 41 30 02 65

ENSEIGNEMENT SUPÉRIEUR

Rachid **EL GUERJOUMA**

PRÉSIDENT DE LA COMUE ANGERS-LE MANS

FORMATION lycée Lyautey de Casablanca - DEA en génie mécanique ; doctorat en acoustique-physique (1989) ; HDR (2002) à l'INSA de Lyon, l'Université Claude Bernard Lyon 1 et à l'Université de Bordeaux 1

PUBLICATIONS nombreuses publications scientifiques en physique, acoustique et mécanique.

Rachid El Guerjouma commence à enseigner la physique comme maître de conférences à l'INSA de Lyon en 1990, rattaché au laboratoire LTSU (Laboratoire Traitement du Signal et Ultrasons), puis au laboratoire Mateis (Matériaux Ingénierie et Sciences UMR CNRS). Après avoir été co-responsable des enseignements de physique de 2e année du 1er cycle de l'Insa de Lyon et d'acoustique du master Mécanique, Energétique, Génie Civil & Acoustique, il est élu au conseil d'administration de cet établissement (1999-2003). En 2004, il devient professeur des Universités au Laboratoire d'acoustique de l'Université du Maine. Au Mans, il a assuré la co-responsabilité de l'équipe Acoustique et Mécanique des Matériaux du LAUM et celle du master Acoustique et Mécanique de l'Université du Maine jusqu'en 2008. Il devient ensuite directeur-adjoint du LAUM jusqu'en 2012. De 2008 à 2012, Rachid El Guerjouma assure aussi la vice-présidence du conseil d'administration de l'Université du Maine.

Très impliqué en recherche dans les domaines de l'acoustique et mécanique des matériaux (directeur de plus de 20 thèses, responsable du pôle de recherche en Contrôle non destructif à l'échelle des Pays de la Loire, responsable de nombreux contrats de recherche), il est aussi membre actif de la Société Française d'Acoustique. Ancien premier vice-président de Le Mans développement et président de l'Université du Mans de 2012 à 2021, il préside l'Itemm, Institut Technologique Européen des Métiers de la Musique, de 2018 à juin 2021. En juillet 2021, il est élu à la présidence de la Communautés d'universités et d'établissements (Comue) expérimentale Angers-Le Mans.

COMUE ANGERS - LE MANS - 40 RUE DE RENNES
- BP 73532 - 49035 ANGERS CEDEX
• TÉL. 02 41 96 23 23

CULTURE

Anne **ESNAULT**

DIRECTRICE-CONSERVATRICE DES MUSÉES D'ANGERS

FORMATION Ecole du Louvre, spécialité muséologie (Paris, 1994) ; DEA Histoire de l'art (Paris 4 Sorbonne, 1998) ; diplôme de conservateur du patrimoine (INP Paris, 2011)

PASSIONS la lecture, chiner dans les brocantes

PUBLICATIONS articles pour catalogues d'exposition

D'origine bretonne, Anne Esnault passe son enfance à Metz. Elle y développe un intérêt pour l'Histoire et pour l'Art… et décide d'étudier l'Histoire de l'art. Durant ses études, elle se spécialise dans la peinture de la 1re partie du 19e S. Diplômée, elle effectue des stages et des vacations au musée de la Vie romantique de la ville de Paris et au musée national du château de Versailles. Elle passe des concours et devient attachée de conservation du patrimoine en 2001 au musée du château de la ville de Flers. Elle y organise des expositions, noue des partenariats avec d'autres musées. Ayant réussi le concours de conservateur du patrimoine en 2010, Anne Esnault se forme à l'Institut National du Patrimoine à Paris pendant 1 an. Elle est recrutée en septembre 2011 pour le poste de directrice du musée des Beaux-Arts d'Arras, au sein de l'abbaye Saint-Vaast. Elle mène pendant 5 ans plusieurs projets (pôle culturel) et propose des expositions d'envergure. Puis, poussée par la volonté de revenir dans l'Ouest et attirée par le dynamisme de la politique culturelle d'Angers, elle est recrutée en février 2016 en tant que directrice des musées d'Angers. Curieuse et passionnée, elle compte continuer à « proposer une programmation de qualité tout en prenant en compte les attentes des publics ». S'appuyant sur ses équipes, en partenariat avec les autres acteurs culturels, elle vise à «trouver un équilibre pour que chaque forme soit mise en valeur».

DIRECTION DES MUSÉES D'ANGERS - 14 RUE DU MUSÉE - 49100 ANGERS • TÉL. 02 41 05 38 01

Bouillonnant d'idées, toujours débordé mais abordable, l'homme d'affaires qui n'aime rien tant que partager son expérience est sûr d'une chose : un jour, il écrira.

INWEST GROUP - 5 BIS BD FOCH - 49100 ANGERS • TÉL. 02 52 35 02 45

dans les entités (Ile de France, PACA et Pays de Loire) ainsi qu'au siège social, à Cholet. Et la transmission de pouvoir se sera faite toute en douceur...

GROUPE GAMBETTA - 44 AV. GAMBETTA - BP 40327 - 49303 CHOLET CEDEX • TÉL. 02 41 71 33 59

CAPITAL-INVESTISSEMENT

Mickaël **ESNAULT**

FONDATEUR ET CO-GÉRANT INWEST

FORMATION autodidacte

PASSIONS les bonnes choses de la vie

Si on voulait utiliser une banalité pour parler de Mickaël Esnault, on pourrait le qualifier de «serial entrepreneur». Mais le personnage n'a rien de banal et ce qui le porte, à travers toutes ses créations d'entreprise, c'est son intérêt pour les hommes et les dirigeants. Il apprécie les relations humaines et, surtout, les personnes entreprenantes, qui osent et vont de l'avant. S'ennuyant à l'école, il trouve sa voie en créant sa première société à 23 ans, Créacom. Il la revend quelques années plus tard et fonde le réseau Promocadeaux en 2000, qu'il cède en 2013. Son moteur? Donner naissance à des sociétés pour répondre à des besoins. Il croit à la complémentarité de compétences, aux collaborations, à la co-construction... mais pas au partenariat. Acteur pour le développement du digital, son métier est de prendre des participations dans des entreprises du numérique. Mickaël Esnault fonde en 2012 la holding Inwest, qui cherche à valoriser ces sociétés et regroupe certaines d'entre elles (Hegyd, Net Concept, 1789.fr, etc..). Lui qui se «dit libéral de culture californienne» est amené à passer plusieurs mois de l'année dans cet état américain : il a en effet co-fondé avec Dominique Plotet «Silicon-Valley.fr», société organisatrice de voyages professionnels à San Francisco pour chefs d'entreprise. Il confonde en 2020 «Ma grande forêt» : l'idée est de parrainer une forêt en contribuant à la plantation et à son entretien pour compenser l'empreinte carbone de son entreprise.

PROMOTION ET GESTION IMMOBILIÈRE

Norbert **FANCHON**

PRÉSIDENT DU DIRECTOIRE DU GROUPE GAMBETTA

FORMATION Ingénieur en Génie Civil (INSA Lyon, 1996) ; Mastère en marketing Industriel (EM Lyon, 1997) ; Executive MBA (HEC Paris, 2009)

Après l'Insa, Norbert Fanchon se découvre une attirance pour le domaine commercial. Il reprend des études en marketing et effectue un stage dans ce domaine chez Spie Batignolles à Lille en 1997. Puis il est embauché comme responsable travaux. Mais il ne se sent vraiment pas à sa place et, dans le but de devenir maître d'ouvrage, intègre Bouygues Immobilier à Nice en tant que responsable de programme. Il y fera son apprentissage (2000-2004) dans un métier, un monde qu'il ne connaît pas mais où les compétences qu'il a acquises lui sont utiles : gérer un chantier, prendre des décisions rapides, etc. Norbert Fanchon ne veut toutefois pas d'un avenir tout tracé et prend le pari d'une nouvelle aventure avec une société immobilière atypique, le Groupe Gambetta. Motivé par le challenge, il prend peu à peu autonomie, indépendance et poids au sein du groupe qui se constitue. Directeur puis directeur général, il reprend alors des études, porté par la confiance du P-dg Daniel Chabod qui entrevoit en lui un digne successeur. Le groupe qu'il a développé a une culture spécifique d'entreprise, ses salariés «en font la valeur avant tout». Partageant cette vision, Norbert Fanchon accède au poste de directeur immobilier national et norme les procédés du groupe en 2011, lui donnant une «colonne vertébrale» pour qu'il acquière une image nationale. Devenu président du directoire en 2014, il continue à se déplacer

EXPERTISE COMPTABLE ET AUDIT

Christian **FOUCHARD**

PRÉSIDENT DE TGS FRANCE

FORMATION formation en gestion des administrations et des entreprises (IUT de Nantes, 1980) ; maîtrise de sciences et techniques comptables et financières (université du Maine, 1984) ; diplôme d'expert-comptable (1993)

PASSIONS s'adonne à l'apiculture depuis 2010

Après un début de carrière chez KPMG à La Rochelle en 1984, Christian Fouchard entre chez Soregor en 1988 à Nantes. Embauché comme conseiller, il obtient son diplôme en 1993 puis prend la responsabilité du cabinet. Il contribue à l'ouverture des bureaux d'Ancenis, La Roche-Bernard et Savenay - dont il prendra ensuite la direction - et devient associé en 1994. Appréciant de mener des projets en équipe, il s'occupe du métier Social pendant une dizaine d'années et contribue à en faire une spécialité du groupe. Il intègre le comité stratégique de Soregor en 2011 et accepte une nouvelle mission d'importance : prendre en charge et transformer le métier Comptable-Conseil. En février 2016, le Nantais est élu Pdg du groupe et propose un projet d'entreprise à 5 axes : construire une couverture nationale, proposer une expérience client réussie, maîtriser la data, construire de nouvelles offres sectorisées, développer la partie Relations Humaines pour accompagner les équipes et leurs talents (école du conseiller, du manager). L'ambition que Christian Fouchard désire partager est de «mettre en valeur la pluridisciplinarité de l'entreprise et de ses 1400 salariés». Dans ce but, et afin de créer également une passerelle pour l'international, Soregor devient TGS France en septembre 2019. Son Pdg prévoit que ce changement de nom lui permettra de perdurer bien au-delà de ses 50 ans, tout en gardant ce qui reste pour lui le pivot essentiel : la relation avec le conseiller.

TGS FRANCE - PA ANGERS-BEAUCOUZÉ
- 1 RUE DU TERTRE - 49072 BEAUCOUZÉ
• TÉL. 02 41 57 66 00

INDUSTRIE ÉLECTRIQUE ET ÉLECTRONIQUE

Anne-Charlotte **FREDENUCCI**

PRÉSIDENTE DU GROUPE AMETRA

FORMATION Université de Sydney / Essec (1998)

PASSIONS Sa famille ; le kite-surf, le ski, la plongée ; la culture

Bien avant d'entreprendre ses études, Anne-Charlotte Fredenucci sait qu'elle a en elle l'envie d'entrainer et de motiver des personnes autour d'un projet. Cela devient évident à sa sortie de l'Essec. Elle décide donc dans un premier temps de renforcer ses connaissances de l'entreprise, de façon accélérée, en intégrant le cabinet de conseil Bain & Company en 1998. Trois ans plus tard, son père, Pdg de l'entreprise Deroure (devenu Ametra en 2017) la convainc de reprendre le flambeau pour éviter la vente de cette réalisation familiale. Elle se trouve encore un peu trop jeune, pas légitime mais relève le défi et intègre le groupe en tant que directrice du développement – chef de projet « transformation ». Et elle va petit à petit moderniser la PME. En 2009, elle organise un « putsch » et reprend le contrôle d'Ametra intégration, en difficulté, et de ses filiales. Elle, qui a toujours préféré les voitures et les trains aux poupées, se sent enfin à sa place, libre de se réaliser dans ce qui lui plaît. Anne-Charlotte Fredenucci mène ensuite la stratégie de repositionnement du groupe pendant 10 ans, le faisant évoluer de la catégorie sous-traitant à ingénieriste-intégrateur.
Passionnée par son métier, l'objet technique, l'industrie, la dirigeante veille principalement à donner une vision et à fédérer une équipe. Attentive à comprendre les marchés et les clients, elle assure avec implication sa mission de représentation de l'entreprise et de ses 700 collaborateurs. Il lui tient aussi à cœur de transmettre, de « rendre la chance » qu'elle a eu en agissant bénévolement auprès des jeunes pour l'association 100 000 entrepreneurs. Elle est par ailleurs depuis 2021 membre du YPO (Young Presidents' Organization), réseau international de dirigeants et de mandataires sociaux.

AMETRA INTEGRATION - ZI DE LA MÉTAIRIE
- 49160 LONGUÉ-JUMELLES • TÉL. 02 41 83 43 60

ORGANISATIONS PROFESSIONNELLES

Zohra **GALLARD**

PRÉSIDENTE DES ACTEURS DE LA COMPÉTENCE PAYS DE LA LOIRE

FORMATION lycée Joachim du Bellay à Angers - diplôme commerce IFV (Institut des forces de vente) de la CCI de Maine-et-Loire

DISTINCTIONS chevalier de la Légion d'honneur

PASSIONS sa famille, ses enfants, le cinéma, la cuisine, le sport d'entretien, beaucoup de lecture et de musique.

Zohra Gallard est sans conteste une figure de l'économie angevine. Son goût de l'entreprise a été couronné par la réussite de Softec Avenir Formation. Fondée en 1989 à Avrillé, cette entreprise familiale propose des formations professionnelle et continue dans les domaines allant de la finance à la réglementation sociale, en passant par la négociation et les techniques commerciales. En 2000, la dirigeante rejoint le Conseil économique social environnemental régional (Ceser) des Pays de la Loire où elle s'implique dans la Commission Education Formation comme vice-présidente. Un domaine qui lui tient particulièrement à coeur. Elle se félicite, via son entreprise, « d'oeuvrer tous les jours pour permettre à chacun de trouver sa voie professionnelle quels que soient son parcours et ses origines ». Son autre fierté est d'avoir été promue chevalier dans l'ordre de la Légion d'honneur et ainsi « de représenter la nation qui m'a permis, alors que je suis issue de la seconde génération d'immigrés d'Afrique du Nord, d'avoir une éducation et une ascension sociale. »
Présidente de la CGPME de Maine et Loire de 2004 à février 2016, Zohra Gallard est élue présidente des Acteurs de la Compétence Pays de la Loire en mars 2022. Quelques mois plus tard, son époux et elle revendent Softec au groupe de presse Groupe revue fiduciaire (GRF).

LES ACTEURS DE LA COMPÉTENCE
PAYS DE LA LOIRE - SOFTEC
- CHEMIN DU BOCAGE - 49000 ANGERS
• TÉL. 02 41 43 38 22

AGROALIMENTAIRE

Michel **GALLOYER**

FONDATEUR DU GRENIER À PAIN

FORMATION Ecole de Meslay-du-Maine - CAP boulanger-pâtissier (Ecole Lenôtre, 1963)

DISTINCTIONS meilleur apprenti du département de la Mayenne ; chevalier de la Légion d'honneur et des Palmes académiques

PASSIONS les voitures anglaises et de collection

PUBLICATIONS « 60 recettes du savoir-faire boulanger » (Editions de La Martinière-2015) ; « Pourquoi pas moi ? » (Thoba's éditions-2007) ; « Chocolat et gourmandises » (Les éditions de l'If-2005)

Depuis 1968, date de sa première installation, Michel Galloyer n'a pas cessé d'être au four et au moulin. Son parcours est rythmé par la reprise de la pâtisserie Le Trianon à Angers (1976), l'ouverture d'une boulangerie-pâtisserie « Canelle » au Liban (1992) puis la création du groupe Le Grenier à Pain. Une boutique s'installe en 1998 dans le 13e arrondissement parisien. La première d'une longue série. La recette du succès ? Un savoureux équilibre entre tradition et savoir-faire artisanal. Car chez Le Grenier à Pain, la transmission n'est pas un vain mot. A ses côtés, tous reçoivent le goût du pain en héritage. L'entrepreneur opère aussi des choix stratégiques et crée en 2010 la Sarl Communication Michel Galloyer. Il part alors à la conquête du monde : du Japon jusqu'au Proche-Orient, en passant par la Russie, la Chine et le Moyen-Orient. Toujours

gourmand de nouveautés, il rachète la moitié des parts de La Petite Marquise, (devenue la Maison du Quernon d'ardoise), lance un concept de restauration rapide «Casser la croûte» puis l'enseigne «Ma petite Boulangerie».
Il «passe la main» en novembre 2018 mais continue à œuvrer pour le développement du Grenier à Pain à l'international. Ce féru de voitures de prestige propose par ailleurs la location des siennes (Ferrari, Porsche, Mercedes AMG, AstonMartin, Jaguar, Alpine).

LE GRENIER À PAIN - 12 RUE DE LA GARE - 49100 ANGERS • TÉL. 02 41 20 85 10

PROTECTION DE L'ENVIRONNEMENT

Jean-Christophe **GAVALLET**

PRÉSIDENT DE FRANCE NATURE ENVIRONNEMENT PAYS DE LA LOIRE

FORMATION École normale du Mans (1978); formation d'instituteur spécialisé (CAEI Limoges, 1981)

DISTINCTIONS chevalier de la Légion d'honneur 2023

PASSIONS La botanique et l'ornithologie

Jean-Christophe Gavallet a mené plus d'un combat dans sa vie. Dans les années 70, il fait partie des mouvements lycéens et s'engage pour la protection de la nature. Il choisit l'enseignement par vocation mais aussi par tradition familiale. Il exerce ainsi dès 1978 en tant qu'instituteur en instituts médico-éducatif (IME) puis en Segpa. Un choix qui permet à ce passionné, originaire des Charentes, de vivre dans la campagne sarthoise. Dans les années 80, il poursuit son militantisme à la fois associatif et syndical, notamment auprès de la CFDT. À la suite d'une inondation survenue en 1989, Jean-Christophe Gavallet, qui fait de la sensibilisation à l'environnement en IME, rejoint SNE, la fédération départementale de France Nature Environnement. Il prend rapidement «du galon» au sein de l'organisation. Il devient membre de son bureau en 1990, trésorier en 1992, puis président en 1993. Il prend aussi des responsabilités nationales sur la question des déchets et participe à ce titre à la commission consultative chargée du suivi des Eco organismes (Eco-emballages, Adelphe). Il siège par ailleurs au Ceser depuis 2013.
Conseiller municipal de la commune sarthoise de Surfonds de 1995 à 2001, puis maire de 2001 à 2014, il se préoccupe de la gestion des rivières et des traitements des déchets. Au cours de son mandat d'élu local, il a ainsi exprimé son intérêt pour les problématiques environnementales et trouvé de nouveaux outils de développement local.

FRANCE NATURE ENVIRONNEMENT PAYS DE LA LOIRE - 76 TER RUE LIONNAISE - 49100 ANGERS • TÉL. 02 41 19 54 18

TOURISME ET LOISIRS

Pierre **GAY**

PRÉSIDENT DE BIOPARC CONSERVATION

FORMATION études de droit à Angers

DISTINCTIONS award de l'EAZA (2006)

PASSIONS la nature et ceux qui la défende

PUBLICATIONS «Des zoos pour quoi faire?» (2005); «Une promesse de Nature» (2016)

Pierre Gay, reconnaissable à sa chevelure en bataille, son bermuda multipoches et son look baroudeur, devient directeur du Bioparc de Doué-la-Fontaine en 1972. Dès son arrivée, il se consacre à conjuguer «le bien-être animal avec le plaisir des visiteurs» et s'investit dans la sauvegarde d'espèces menacées. Précurseur dans son domaine, il évite au maximum les barrières et grillages dans les installations. Il sera le premier à installer les primates sur des îles… Il voyage, fait de multiples rencontres et certaines seront déterminantes pour l'avenir du zoo : les frères Terrasse pour les vautours dans les Cévennes, Omer Dovi pour la sauvegarde des girafes au Niger, Helen Freeman pour sa vision de la conservation des espèces via l'appui aux communautés locales, Heinz Plenge, célèbre photographe péruvien, pour la protection de la forêt sèche du Nord Pérou, et tant d'autres.
Depuis 2001, Pierre Gay s'implique aussi sur le terrain en soutenant notamment des projets de protection de la biodiversité. En 2002, il est élu co-président du Comité conservation de l'Association européenne des zoos et aquariums et organise, avec la ville d'Angers, trois forums internationaux (2002-2006). En 2009, il crée avec son fils François (désormais directeur de Bioparc) la Grande Volière sud-américaine. Pour son 50e anniversaire, en 2011, le zoo de Doué-la-Fontaine est officiellement rebaptisé Bioparc, «parc de la vie». Et l'aventure ne s'arrête pas là puisque le Bioparc accueille désormais 1500 animaux et 130 espèces différentes, dont 40% sont classés «en danger» par l'UICN. Pierre Gay est aujourd'hui président de Bioparc Conservation, le fonds de dotation du Bioparc, qui lui permet de financer des projets de conservation d'espèces menacées dans le monde entier.

BIOPARC - 103 RUE DE CHOLET - DOUÉ-LA-FONTAINE - 49700 DOUÉ-EN-ANJOU • TÉL. 02 41 59 18 58

AGROALIMENTAIRE

Bruno **GIFFARD**

PDG DE GIFFARD

FORMATION ingénieur des travaux publics (1981); MS Construction Management (1982), à l'Ecole des travaux publics de Paris, à l'Université de Stanford et à l'ICG de Paris

Au début de sa carrière, Bruno Giffard ne se destinait pas au secteur des spiritueux. Ingénieur de formation, il fait ses premiers pas professionnels dans le quartier de la Défense à Paris, où il travaille sur la construction de nouvelles tours. En 1987, l'envie de changer de cap le prend. Il revient sur ses terres natales et intègre l'affaire familiale en 1989, alors que son père s'apprête à prendre sa retraite. Trois ans plus tard, la transmission est effective et ce sont désormais Bruno et Edith Giffard, frère et soeur, qui tiennent les rênes de l'entreprise du même nom. Bruno Giffard est par ailleurs président de Réseau Entreprendre Maine-et-Loire jusqu'en juillet 2020.
L'aventure familiale des Giffard remonte à l'été très chaud de 1885. Inventif et fin gourmet, le pharmacien angevin Emile Giffard effectue des recherches sur les vertus

digestives et rafraîchissantes de la menthe. Il met au point une liqueur de menthe blanche qu'il teste auprès des clients du Grand Hôtel pour les soulager de la chaleur. Le succès est immédiat. Emile transforme alors sa pharmacie en distillerie et baptise sa liqueur Menthe Pastille. Quatre générations plus tard, la société Giffard fabrique, autour de la Menthe Pastille, des crèmes de fruits, liqueurs, des sirops et exporte dans une cinquantaine de pays.

GIFFARD - RUE RENÉ HERSEN
- 49241 AVRILLÉ CEDEX • TÉL. 02 41 18 85 00

AGRICULTURE ET HORTICULTURE

Ronan **GORIN**

PDG DE TECHNISEM ET NOVALLIANCE

FORMATION Ingénieur agronome (ENSAIA) ; DEA en génie de systèmes industriels (ENSGSI de Nancy)

PASSIONS Les voyages et le speed sail (planche à voile à roulettes)

En 1994, Ronan Gorin rejoint Technisem, l'entreprise familiale créée en 1985 par son père Emile Gorin, qui avait été directeur export de Vilmorin pendant 20 ans. L'activité de l'entreprise consiste en la sélection, la production et la distribution de semences potagères adaptées aux pays tropicaux et à destination du monde professionnel. En 2000, l'ingénieur choisit d'acquérir une expérience internationale et part travailler pendant sept ans dans les Antilles françaises, en Guyane et en Floride. Rentré en France en 2007 pour assurer la succession familiale, il remplace son père à son décès et occupe actuellement le poste de PDG de Technisem. En 2009, la société basée dans l'Essonne déménage en Anjou, région référente en termes d'innovation végétale, où elle noue des partenariats avec le Geves, l'INHP, l'ESA ou encore Végépolys. Ronan Gorin aujourd'hui veille à assurer la première mission de l'entreprise : permettre aux paysans des zones tropicales d'avoir accès à des semences de qualité à des prix accessibles. Il participe ainsi, à son échelle, au développement économique de l'agriculture tropicale. En 2015, après plusieurs années de réflexion, le dirigeant officialise la création du groupe Novalliance qui rassemble plusieurs marques et distributeurs dans le monde et regroupe plus de 630 collaborateurs. La même année, Technisem est sélectionnée par Bpifrance et fait partie de la première promotion « Accélérateur PME ». En 2019 elle intègre le programme « Accélérateur international » pour favoriser la conquête de nouveau marchés.

TECHNISEM - ZONE ACTIPARC DE JUMELLES
- RUE PIÈCE BEURRE
- 49160 LONGUÉ-JUMELLES • TÉL. 02 41 38 39 39

AGRICULTURE ET HORTICULTURE

Frédéric **GRIMAUD**

PDG DU GROUPE GRIMAUD - PRÉSIDENT DU CONSEIL DE SURVEILLANCE DE VALNEVA

FORMATION Lycée Saint-Gabriel à Saint-Laurent-sur-Sèvre - UEREPS (devenue UFR Staps) de Poitiers.

DISTINCTIONS chevalier du Mérite agricole (2014)

PASSIONS les sports d'endurance, l'aviation de loisir, les voyages, la moto, la famille, les amis et l'écriture

PUBLICATIONS « Clair de Terre », roman publié en 2021 aux éditions Sydney Laurent; Blog de voyage : https : carnets-de-voyages-fred-grimaud.blogspot.com

Entrepreneur autodidacte, Frédéric Grimaud crée en 1985 une agence conseil en animation-motivation des ressources humaines puis rejoint, quatre ans plus tard, le groupe familial Grimaud pour y exercer des fonctions commerciales puis de développement international. En 2000, il prend la direction générale du groupe Grimaud qui, en 10 ans, quadruple sa taille par un redéploiement stratégique à l'international. Implanté en Europe, Chine, Inde, Vietnam, Brésil, Mexique, USA et basé à Roussay (49), l'un des leaders mondiaux de la génétique animale est également un acteur émergent très innovant dans l'univers de la biopharmacie. En 2021, Valneva, dont le groupe Grimaud est l'actionnaire principal, intègre le SBF120 et est coté au Nasdaq.

GROUPE GRIMAUD - 3 LA CORBIÈRE
- ROUSSAY - 49450 SÈVREMOINE
• TÉL. 02 41 70 36 90

INTERCOMMUNALITÉ

Gilles **GRIMAUD**

PRÉSIDENT D'ANJOU BLEU COMMUNAUTÉ - PRÉSIDENT D'ALTER ÉCO

FORMATION Le Likès (Quimper) - masseur-kinésithérapeute (Ecole de masso-kinésithérapie de Bourg-la-Reine, 1970)

PASSIONS le football et la voile.

Originaire du Morbihan, Gilles Grimaud s'installe dans la région de Segré au début des années 70. C'est à travers le sport d'abord que ce masseur kinésithérapeute s'investit dans la vie locale, notamment comme président de l'Office municipal des sports (1984-2000). Passionné de football, il est un président de l'ES Segré (1982-1999) heureux d'avoir contribué à sa montée en Championnat de France amateur (CFA). En 1995, il devient conseiller municipal et prend en 1997 la responsabilité de la communauté de communes du canton de Segré.

Gilles Grimaud est conseiller départemental depuis 2004. Il a été 2e vice-président, en charge de l'attractivité des territoires jusqu'en juin 2021. Président du comité d'expansion économique de Maine-et-Loire de 2015 à 2016, il est élu maire de de la commune nouvelle Segré-en-Anjou-bleu fin 2016 et prend la présidence de la nouvelle intercommunalité Anjou Bleu Communauté en janvier 2017. Il est réélu président en 2020 et devient 1er adjoint au nouveau maire de Segré-en-Anjou-Bleu. En octobre 2021, il est élu président d'Alter éco, Sem spécialisée dans le portage et le financement d'immobilier d'entreprises afin d'aider leur développement ou leur installation.

ANJOU BLEU COMMUNAUTÉ
- PLACE DU PORT - BP 50148
- 49501 SEGRÉ-EN-ANJOU BLEU CEDEX
• TÉL. 02 41 26 51 27

TRAITEMENT DES DÉCHETS

Laurent **GÉRAULT**

DIRECTEUR DU SIVERT EST-ANJOU

FORMATION Lycée Saint-Stanislas à Paris - ingénieur agro spécialisé en environnement (1990) ; officier de réserve spécialistes d'état-major Orsem (1997) ; Collège des hautes études de l'environnement CHEEDD (2010)

PASSIONS la montagne et le théâtre.

PUBLICATIONS « 100 mots pour comprendre ? l'environnement » et « 100 mots pour comprendre ? l'énergie » (com&co) ; « La ville à bout de souffle : pollution urbaine et santé publique » (Plon)

Sur le plan des idées, Laurent Gérault est un centriste de conviction, resté fidèle à sa famille de pensée. Engagé dans les instances nationales de l'UDF puis du Modem et de l'Alliance Centriste, il soutient la candidature d'Emmanuel Macron dès 2017. Il est élu conseiller municipal d'Angers en 1995 et le restera jusqu'en 2014. De 2010 à 2021, il siège au conseil régional des Pays de la Loire, vice-président de commission délégué à l'Environnement, la transition énergétique, la croissance verte et le logement dès 2016. La même année, il est nommé premier vice-président de l'Établissement public Loire. Il est également désigné vice-président de la Mission Val-de-Loire, autre syndicat chargé de valoriser et gérer le label « Patrimoine mondial » de l'Unesco, ainsi que du Parc Naturel Régional Loire Anjou Touraine. Son engagement dans la transition écologique et ses réseaux dans ce secteur lui permettent de prendre de nouvelles responsabilités : administrateur de l'Ademe, Laurent Gérault a été président de la commission programme et budget au conseil d'administration de l'Agence de l'Eau Loire Bretagne et a présidé Air Pays de la Loire. Il a été désigné par le bureau de l'association des Régions de France comme président délégué « Climat-Air-Energie » de la commission Environnement en 2018. Deux ans plus tard, il est élu représentant au sein de la fédération nationale Atmo France.
Sur le plan professionnel, cet ingénieur a été chargé de mission à l'Enee (1990), puis au conseil général (1993), avant de devenir directeur du Sivert de l'Est Anjou (1999).

SIVERT - UVE SALAMANDRE - RTE DE MOULIHERNE À CLEFS - 49490 LASSE • TÉL. 02 41 82 70 03

COMMUNE

Caroline **HOUSSIN-SALVETAT**

MAIRE D'AVRILLÉ - VICE-PRÉSIDENTE D'ANGERS LOIRE MÉTROPOLE CHARGÉE DE LA BIODIVERSITÉ ET DES PARCS ET JARDINS

FORMATION Essca (Angers, 1987)

PASSIONS Cultiver son jardin

Caroline Houssin-Salvetat a toujours cultivé un lien fort avec la terre. Petite-fille d'agriculteurs, elle grandit en Anjou, où elle fait ses études. Elle rejoint le monde de l'entreprise et le groupe Accor sur des fonctions de contrôle de gestion. Elle prend alors en charge la communication du groupe Elior qu'elle accompagne dans sa première entrée au CAC40. Douze ans plus tard, elle retrouve l'Anjou pour un projet familial et cofonde la société Cent et Plus, spécialisée dans le conseil dédié aux professionnels de santé. A la même époque, elle entre au conseil municipal d'Avrillé en tant qu'adjointe chargée du social. La politique n'est pas une inconnue pour elle : plusieurs hommes de sa famille ont été élus, dont son père, qui fut maire de Baugé. Elle est elle-même élue successivement adjointe chargée des solidarités en 2008 ; des finances, de l'économie et de l'emploi en 2014. En 2017, elle assume les 2 portefeuilles. L'Angevine démissionne en 2019 pour réintégrer son entreprise. Cependant, sollicitée par des élus pour faire campagne, elle relève le défi, désireuse de donner un second souffle à Avrillé tout en lui conservant son ADN de « ville-parc «. Son programme séduit les habitants qui l'élisent maire en 2020.
Désormais en responsabilité, et avec toute l'énergie qui la caractérise, elle a pour objectif d'assurer le développement nécessaire d'Avrillé tout en menant des actions de proximité et en préservant la qualité de vie des Avrillais. Vice-présidente de la communauté urbaine Angers Loire Métropole chargée de la biodiversité et des parcs et jardins depuis septembre 2022, Caroline Houssin-Salvetat entend permettre que la biodiversité soit un marqueur fort de la transition écologique qui se met en place sur le territoire angevin.

VILLE D'AVRILLÉ - 1 ESPL. DE L'HÔTEL DE VILLE - BP 109 - 49243 AVRILLÉ CEDEX • TÉL. 02 41 37 41 00

SANTÉ

Cécile **JAGLIN-GRIMONPREZ**

DIRECTRICE GÉNÉRALE DU CHU D'ANGERS

FORMATION Institut d'études politiques de Bordeaux (1990) ; diplôme de l'École des Hautes Etudes en Santé Publique (EHESP, 1995) ; master de sociologie de l'action organisée (École doctorale de Sciences Po Paris, 1998) ; diplôme Hôpital Plus (EHESP, 2013)

DISTINCTIONS Chevalier de la Légion d'honneur 2021

PASSIONS la lecture, les sports de voile

PUBLICATIONS plusieurs ouvrages dont « Architecture pour la psychiatrie de demain » (Presses de l'EHESP, 2017).

C'est un cours sur le droit de la santé qui fait découvrir à Cécile Jaglin-Grimonprez le domaine dans lequel elle va finalement construire sa carrière. Après sa formation à l'EHESP, elle entre en stage au CHU de Nantes. Elle y fait l'apprentissage de tout ce qui continue à la passionner : être au service des projets médicaux, de la recherche et répondre aux besoins de la population tout en étant en contact avec les entreprises. Elle approfondira par la suite son goût pour le management et l'innovation. Elle prend le poste de directrice de la recherche clinique au CHU de Rouen en 1995. Quatre ans plus tard on lui propose d'entrer au ministère de la Santé. Elle rejoint ensuite le centre hospitalier de Versailles en 2001 en tant que directrice de la qualité, de la sécurité et de la gestion des risques. C'est en 2004 qu'elle retrouve le CHU nantais

comme directrice du Plan. A ce titre, elle conduira l'important projet de reconstruction de celui-ci sur l'Ile de Nantes. Cécile Jaglin-Grimonprez fait le choix de partir en 2014 pour prendre le poste de déléguée générale du Groupement de Coopération Sanitaire HUGO, auquel elle donnera une visibilité nationale. En 2017, elle devient la directrice générale du Centre Hospitalier Universitaire d'Angers et de ses 6400 professionnels. Opiniâtre et optimiste, la plus jeune femme directrice générale française de CHU a une feuille de route bien remplie : conforter le bon positionnement national de son établissement, y encourager le développement de la recherche et poursuivre la coopération avec les entreprises privées.
Membre du bureau de la conférence des directeurs généraux de CHU, elle préside sa commission stratégie. Elle est aussi présidente du comité stratégique du Groupement Hospitalier du Maine et Loire, déléguée régionale de la Fédération Hospitalière de France et présidente du GCS HUGO.

CHU D'ANGERS - 4 RUE LARREY - 49933 ANGERS CEDEX 9 • TÉL. 02 41 35 36 37

ASSOCIATIONS ET RÉSEAUX

Paul **JEANNETEAU**

PRÉSIDENT D'INITIATIVE ANJOU - PRÉSIDENT D'IPOLAÏS MÉDICO-SOCIAL

FORMATION collège et lycée Saint-Martin à Angers - pharmacien (faculté de pharmacie d'Angers, 1980)

PASSIONS la course à pied, avec la participation à plusieurs marathons

Pharmacien avec son épouse à Champigné dès 1982, Paul Jeanneteau est élu « premier magistrat » de cette commune en 1995. Ce premier échelon municipal l'incite à se présenter aux élections cantonales de 2001, à l'issue desquelles il est élu conseiller général du canton de Châteauneuf-sur-Sarthe. Toujours présent à l'Assemblée départementale, il en sera pendant quatre ans (2004-2008) un des vice-présidents, en charge de l'aménagement du territoire, du développement économique et du tourisme. Il a d'ailleurs été le président du Comité d'expansion économique de Maine-et-Loire (2004-2015). Suppléant de Roselyne Bachelot-Narquin, Paul Jeanneteau a siégé à l'Assemblée nationale (2007-2012) quand celle-ci fut nommée au ministère de la Santé et des Sports. Au Palais Bourbon, il a été membre de la commission des Affaires sociales et vice-président de la commission spéciale chargée d'examiner le projet de loi relatif à la bioéthique.
Paul Jeanneteau est élu sur les listes de Bruno Retailleau en décembre 2015 et nommé 5e vice-président du conseil régional des Pays de la Loire. Il préside la commission Entreprise, développement international, tourisme, innovation, enseignement supérieur et recherche. Il ne se représente pas aux municipales de 2020 pour se consacrer à la Région puis met un terme à sa carrière politique après les régionales de 2021. Mais, toujours désireux de s'investir dans la vie économique régionale et locale, il est élu président d'Initiative Anjou en décembre de la même année. Puis il prend également la présidence de l'association qui gère plusieurs établissements médico-sociaux sur la commune des Hauts d'Anjou et d'Angers, Ipolaïs Médico-Social.

INITIATIVE ANJOU - 122 RUE DU CHÂTEAU D'ORGEMONT - IMMEUBLE AROBASE 1 - 49000 ANGERS CEDEX 1 • TÉL. 02 41 25 32 00

AGRICULTURE ET HORTICULTURE

Nicolas **JOLY**

VITICULTEUR - GÉRANT DU VIGNOBLE DE LA COULÉE DE SERRANT

FORMATION lycée David d'Angers à Angers - Institut supérieur de commerce à Paris; MBA à l'université de Colombia à New-York (1970)

PASSIONS l'anthroposophie (dont la biodynamie est un des éléments).

PUBLICATIONS « Le Vin du ciel à la Terre » ; « Le vin, la vigne et la biodynamie » (Ed. Sang de la terre)

Nicolas Joly débute sa carrière professionnelle au sein de la Banque Morgan Garanty à New York (1972-1974), puis à Londres (1974-1976). Il abandonne la banque pour la viticulture et gère le vignoble de la Coulée de Serrant depuis 1977. L'Angevin est le président-fondateur de deux associations s'intéressant à la géobiologie et à l'anthroposophie. Le vignoble de la Coulée de Serrant, qui est cultivé en biodynamie depuis 1985, produit trois vins d'appellations différentes dont La Coulée de Serrant (sur 7 ha où sont plantées des vignes issues du cépage chenin) exportée dans une quinzaine de pays. La propriété produit également deux appellations Savennières : Le Clos de la Bergerie appelée aussi Savennières Roche aux Moines et Les Vieux Clos.
« La notoriété du vignoble crédibilise l'agriculture biodynamique qui vise, avec des quantités presque homéopathiques, à vivifier le sol, dit-il. La biodynamique s'emploie, par d'autres traitements spécifiques naturels, à mieux permettre la photosynthèse ». Nicolas Joly est d'ailleurs le créateur en 2000 et l'actuel responsable du groupe Renaissance des appellations / return to terroir qui regroupe 180 viticulteurs en biodynamie de 12 pays « et qui bénéficie d'une image qualitative quasiment unique dans le monde ».

VIGNOBLE DE LA COULÉE DE SERRANT - CHÂTEAU DE LA ROCHE AUX MOINES - 49170 SAVENNIÈRES • TÉL. 02 41 72 22 32

COMMERCE ET DISTRIBUTION

Frédéric **JUMENTIER**

PRÉSIDENT DE FINDIS

FORMATION Ecole Polytechnique (X 1982) ; Corps des Ponts et Chaussées (1988) ; MBA Collège des ingénieurs (1988) ; DEA d'Economie et finances internationales (Université Paris Dauphine 1987)

PASSIONS le tennis; joue du piano jazz et variétés

Destiné à une carrière dans la haute-fonction publique, Frédéric Jumentier choisit d'y renoncer. Sa grande curiosité et sa forte « envie de faire » le porte plus naturellement vers l'entreprise. En 1991, il entre comme consultant dans le cabinet de conseil McKinsey puis devient chef de projet senior. Il rejoint en 1997 le groupe de communication Bertelsmann, comme

directeur des opérations, du multimedia et des systèmes d'information de France Loisirs. Il est ensuite nommé directeur général puis directeur Internet Europe à la division Livres du groupe en 1999. C'est en 2000, qu'il décide de se jeter à l'eau en créant 2 start-up de commerce en ligne (magnumvinum.fr et cavadeos.com). Précurseur dans le monde du web, il les développe puis les revend.
Fort de son expérience dans la distribution, Frédéric Jumentier rejoint le groupe PPR et devient directeur général de Conforama en 2001. A la tête d'un effectif de plus de 10000 personnes, il se passionne pour le management. Il est approché en 2004 par le PDG de France Telecom, intéressé par son savoir-faire dans la distribution. Il devient ainsi en 2005 directeur de la transformation de la division Ventes et services. Mais il se rend vite compte qu'il souhaite plus que jamais mettre son énergie au service d'une entreprise à développer. La belle rencontre se produit avec Findis, dont il prend la présidence et qu'il rachète en 2007 avec des partenaires financiers. Spécialisé dans la distribution de produits d'électroménager, bricolage et arts de la cuisine à destination des magasins de proximité indépendants, le groupe est désormais n° 1 français avec une croissance de plus de 10% par an depuis 2008. Et son dirigeant, heureux d'être à la tête d'une société «aux pieds agiles», ne compte pas s'arrêter là...

FINDIS - 7 RUE DU TERTRE - 49070 BEAUCOUZÉ • TÉL. 02 41 96 68 60

FINANCES

Philippe **JUSSERAND**

DIRECTEUR RÉGIONAL PAYS DE LA LOIRE BANQUE DES TERRITOIRES CAISSE DES DÉPÔTS ET CONSIGNATIONS

FORMATION prépa HEC à Bordeaux; Institut Supérieur de Gestion de Paris (promotion 1987)

PASSIONS rugbyman amateur, le sport en général, les voyages

C'est au Crédit Agricole de Manosque que la carrière bancaire de Philippe Jusserand débute en 1987. Il y exerce comme organisateur et coordinateur informatique avant de retourner à Paris en 1989. Il saisit alors l'occasion d'entrer à la direction du développement local de la Caisse des Dépôts. Adjoint au responsable de l'unité Maîtrise d'ouvrage informatique et organisation, il pilote ensuite l'unité Gestion des prêts, le service Gestion des prêts puis le département Gestion et comptabilité des prêts. Il découvre alors la mission d'encadrement, avec 80 collaborateurs, et y prend goût. Mais il aspire à être en prise avec le terrain et prend en 2006 la fonction de directeur interrégional adjoint en charge des Financements et des participations (politique de la ville et financement du logement social) à la direction régionale Ile-de-France. Cinq ans plus tard, il a l'opportunité de repartir en PACA en tant que directeur interrégional adjoint Méditerranée et directeur régional adjoint Provence-Alpes-Côte d'Azur. Basé à Marseille, il s'occupe des investissements et du secrétariat général de la direction régionale. Nommé directeur régional en Auvergne en 2015, il devient directeur délégué en charge de l'Auvergne de la Loire, de la Drôme et de l'Ardèche après la fusion des régions. C'est en mars 2019 que Philippe Jusserand découvre les Pays de la Loire en prenant la responsabilité de la direction régionale. Il assure désormais des missions variées qui lui permettent de cultiver son appétence pour «le service de l'intérêt général et du développement des territoires». Toujours à l'écoute, cet «apporteur de solutions» répond plus que jamais présent pour faire émerger des projets et aider à leur réalisation.

CAISSE DES DÉPÔTS - BANQUE DES TERRITOIRES - DIRECTION RÉGIONALE PAYS DE LA LOIRE - 9 RUE AUGUSTE GAUTHIER - CS 30605 - 49006 ANGERS CEDEX 1 • TÉL. 02 41 20 23 99

DÉVELOPPEMENT ÉCONOMIQUE

Rénald **LAFARGE**

DIRECTEUR GÉNÉRAL NOVA CHILD

FORMATION DEUG Administration Economique et Sociale (Centre Universitaire de la Charente, 1999); maîtrise de Sciences et Techniques Marketing des Produits de l'Enfant (Centre européen des produits de l'enfant d'Angoulême, 2001)

PASSIONS la culture en général; la pratique du trail

Etre né à Angoulême, ville de la BD et de l'Image, a contribué à sensibiliser assez tôt Rénald Lafarge à ces domaines. Il obtient sa maîtrise dans une structure, unique en Europe, qui forme des marketeurs au marché de l'enfant. Puis, passionné de jeux vidéo, il acquiert une première expérience du marketing dédié à l'enfant lors d'un stage en 2001. Après un bref passage en tant que chef de rayon jouets, il devient en 2002 chef de produit pour développer des jeux vidéo à licences enfants chez LSP. Installé à Marseille, il prend la direction de Netbuzz, créateur d'un site web formant au Code de la route, jusqu'en 2004. Son envie d'apprendre le pousse vers le secteur du web mobile qu'il intègre comme chef de produit chez Mobivillage. En 2007, il saisit l'opportunité de prendre le poste de chargé d'animation au Pôle Enfant (devenu Nova Child en 2010). Il monte ensuite et prend en charge l'Observatoire, proposant des rencontres, des formations, une veille internationale pour anticiper les tendances. Avec Patrick Blondeau, il crée le Living Lab en 2012, outil d'écoute des consommateurs au service des adhérents.
Rénald Lafarge est nommé directeur général de Nova Child en juillet 2017 et se fixe une feuille de route exigeante pour redynamiser la structure. Parmi ses priorités : gagner en autonomie, agrandir le potentiel de l'équipe vers l'innovation, recruter de nouveaux adhérents et notamment dans l'univers des start-up, développer le Living Lab. Lui qui n'aime pas la routine et aime se dépasser, a trouvé à employer son énergie de belle manière, au profit d'une cause motivante.

NOVA CHILD - 34 RUE NATIONALE - CS 22116 - 49321 CHOLET CEDEX • TÉL. 02 41 49 57 23

DÉVELOPPEMENT ÉCONOMIQUE

Cyrille **LAHEURTE**

DIRECTEUR GÉNÉRAL DE LA CCI DE MAINE-ET-LOIRE ET DE MAYENNE

FORMATION lycée Fustel de Coulanges à Strasbourg - maîtrise de droit privé (1995) ; DEA de droit des affaires (1996), à l'université Robert Schuman à Strasbourg

PASSIONS les sports (course à pied, VTT) et la lecture (romans historiques avec une affection particulière pour le 18e siècle).

Cyrille Laheurte effectue son service national comme officier juriste pour le ministère de la Défense à l'EAT de Tours (37) puis au 34e RG d'Epernay (51). Il a commencé sa carrière comme assistant parlementaire du député de la Marne Charles de Courson (1997-2000) avant d'intégrer le cabinet du président de la CCI d'Angers (2000-2001) De 2000 à 2007, il évolue vers le poste de directeur général adjoint. Il occupe ensuite la même fonction à la CCI de Maine-et-Loire jusqu'en 2009 avant d'en devenir le directeur général. C'est à partir de mai 2016 qu'il assure également cette même fonction au sein de la CCI de Mayenne.

CCI DE MAINE ET LOIRE - 8 BD DU ROI RENÉ - CS 60626 - 49006 ANGERS CEDEX 01 • TÉL. 02 41 20 49 00

INTERCOMMUNALITÉ

Laurent **LE SAGER**

DIRECTEUR GÉNÉRAL DES SERVICES D'ANGERS ET D'ANGERS LOIRE MÉTROPOLE

FORMATION Lycée Sainte-Agnès à Angers - Institut d'études politiques de Grenoble

PASSIONS la Bretagne, le football et les voyages.

Diplômé de Sciences Po, Laurent Le Sager débute en 1986 comme attaché parlementaire de la députée socialiste Ginette Leroux. Très vite, il devient une pièce maîtresse de l'équipe conduite par Jean Monnier, maire d'Angers de 1977 à 1998. Il dirige alors le cabinet de l'élu durant près de dix ans (1989-1998), jusqu'à l'arrivée de Jean-Claude Antonini à la tête de la ville. Parmi les dossiers les plus lourds qu'il ait eu à gérer figurait la création de l'aéroport d'Angers-Marcé. Laurent Le Sager se voit ensuite vu confier la direction du Centre des congrès avant de prendre, en 2002, la direction de l'ensemble Angers expo congrès (direction du parc expo et du centre des congrès). En 2006, il part exercer des responsabilités dans l'Est de la France comme directeur général délégué de Strasbourg Evénements où il a contribué à l'organisation du Sommet de l'OTAN. Mais ses attaches angevines sont plus fortes. Laurent Le Sager est nommé à la direction générale des services du Conseil général de Maine-et-Loire en 2009. Il assure celle de la Ville d'Angers et d'Angers Loire Métropole depuis juillet 2014.

ANGERS LOIRE MÉTROPOLE - 83 RUE DU MAIL - BP 80011 - 49020 ANGERS CEDEX 02 • TÉL. 02 41 05 50 00

ORGANISATIONS PROFESSIONNELLES

Fanny **LEMAIRE**

PRÉSIDENTE D'INTERBIO – DIRIGEANTE DE PRESTAFORM

FORMATION formation en Force de ventes (CCI d'Angers, 1983)

PASSIONS la course à pied, la cuisine

Après sa formation à la CCI d'Angers, Fanny Lemaire commence à travailler sur l'exploitation de ses parents arboriculteurs, installés à Verrie, près de Saumur. Très vite, elle devient salariée du groupement de producteurs en lien avec le comité économique, service de la chambre régionale d'agriculture, avant d'être nommée responsable France du GIE Vergers des Pays de La Loire en 1989. Trois ans plus tard, elle décide de parfaire son expérience chez un importateur anglais, en Irlande et en Angleterre. Puis, quelques producteurs viennent la solliciter pour créer la structure d'arboriculteurs Valdipom en 1992 dont elle devient directrice et actionnaire. Installée à Angers, elle gère la commercialisation des pommes sur le marché français et européen et manage l'équipe. Un tournant s'opère pour elle en 1995 lorsqu'elle rencontre l'agriculture bio à travers son mari et sa famille, précurseurs dans ce domaine. Ils créent une structure commerciale pionnière avec les maraîchers des Pays de la Loire, Bio Sélection, qui s'arrête 3 ans plus tard, faute de subventions promises par l'Etat. C'est en 1999 que Fanny Lemaire co-fonde Prestaform pour proposer des formations et des informations en agriculture biologique. Le magazine Bio Linéaires vient ensuite compléter cette offre. Depuis, l'enthousiaste et dynamique dirigeante sillonne la France pour former les vendeurs en réseaux spécialisés.

Femme engagée, elle rejoint Interbio en 2016 et est élue présidente en 2019. Parmi ses principaux objectifs figure la réinvention de la structure pour la faire perdurer, notamment en faisant venir les jeunes. Et, bien sûr, poursuivre le travail de transmission puisque pour elle « les connaissances n'ont de valeur que si elles sont partagées ». Elle est réélue en 2022.

INTERBIO PAYS DE LA LOIRE - 9 RUE ANDRÉ BROUARD - CS 70510 - 49105 ANGERS CEDEX 02 • TÉL. 02 41 18 61 50

CULTURE

Stéphane **MARTINEZ**

PRÉSIDENT DU PÔLE MÉCÉNAT DES PAYS DE LA LOIRE

FORMATION Lycée Chevrollier à Angers (bac G3, 1983)

DISTINCTIONS Chevalier des Arts et Lettres (2011)

PASSIONS les activités culturelles, le sport avec ses proches et les voyages en famille.

Stéphane Martinez n'a que 22 ans lorsqu'il intègre l'entreprise familiale Marty Sports, en 1982, pour y assurer la direction en collaboration avec son frère jumeau, Laurent.

Fondée en 1979, l'entreprise est spécialisée dans la commercialisation d'équipements sportifs pour les clubs et les collectivités. Dès le début, les deux cogérants affichent leur ambition : proposer de nouveaux produits innovants. L'entreprise développe alors ses activités dans la conception et la fabrication. Les résultats sont à la hauteur des efforts entrepris. Si la structure se déploie à l'échelle hexagonale, elle saisit aussi des opportunités de développement à l'étranger. Marty Sports connaît la consécration en Afrique du Sud lors de la Coupe du monde de football de 2010. Stéphane Martinez quitte ses fonctions de président en février 2019 puis devient vice-président de la Conférence Régionale du Sport en Pays de la Loire en janvier 2023.
Le dirigeant est par ailleurs fier d'avoir contribué à la création de Mécène et Loire, une fondation d'entreprise de Maine-et-Loire dédiée à la promotion et au développement du territoire dans les domaines de la culture, de la solidarité, du sport, du patrimoine, de la science et de l'environnement. Il en est le président jusqu'en février 2019. A cette même date, cet homme de réseau, membre de l'UIMM 49, quitte la vice-présidence du fonds de dotation Mecen'élite Anjou et le comité directeur de l'équipe de hockey-sur-glace des Ducs d'Angers pour fonder sa structure Mécèn'ET. Président du Pôle mécénat des Pays de la Loire de 2014 à 2016, il en reprend la présidence en janvier 2023.

PÔLE MÉCÉNAT PAYS DE LA LOIRE - 8 BD DU ROI RENÉ - BP 60626 - 49006 ANGERS CEDEX 01 • TÉL. 02 41 20 49 27

SERVICES AUX ENTREPRISES

Laurent **MAUREL**

GÉRANT D'ARÈNIS

FORMATION
DUT Génie civil (La Rochelle) ; DUT gestion (Rennes, 1994)

PASSIONS
sport en général (golf, squash)

Laurent Maurel entre comme chef d'équipe pour un job d'été en 1994 chez Abilis, une société nettoyage industrielle à Nantes. Bien vite, on lui propose un poste à Angers en tant que responsable clients. Trois ans après, il devient le plus jeune chef d'agence en prenant la direction de celle d'Angers. Il sera aux manettes pendant neuf ans. Entre temps, on lui confiera les agences du Mans et de Laval. Issu d'une famille d'entrepreneurs - ses grands-parents et ses parents étaient patrons d'entreprise de maçonnerie -, il lui vient bientôt l'envie de voler de ses propres ailes. En 2007, il rejoint Fabrice Anger qui a créé Arènis fin 2005. Ensemble, ils créeront une filiale à Nantes puis à Limoges. Après son départ, Laurent Maurel en développera une au Mans, avec un autre associé. De fait, il aime porter ces projets et accompagner des personnes qui n'osent aller jusqu'au bout tout seuls. Pratiquer l'esprit d'équipe, éviter l'isolement lui tiennent à cœur. C'est dans ce même cadre qu'il adhère au CJD d'Angers en 2008. Il lui paraît essentiel de se former, d'échanger, de «continuer à apprendre par le regard des autres». Il est élu président en juillet 2015 et son programme est celui qu'il met en place pour son entreprise dans une démarche de labellisation. De bon augure, puisqu'il ouvre une autre filiale en 2016 à Tours… Pour un dirigeant qui, souligne-t-il, est «heureux d'aller travailler tous les matins avec des équipes extraordinaires», l'avenir s'annonce plutôt radieux.

ARÈNIS - 19 RUE DE LA PROVIDENCE - 49700 DOUÉ-LA-FONTAINE • TÉL. 02 41 51 69 65

SPORT PROFESSIONNEL

Jérôme **MERIGNAC**

PRÉSIDENT DU CLUB CHOLET BASKET

FORMATION
BTS action commerciale (Ensec, Nantes, 1989)

PASSIONS
La famille et les amis, les voyages aux USA, les spectacles sportifs, le tennis

Jérôme Merignac débute son parcours en tant que représentant chez le fabricant de jeans Mustang pour tous les départements normands. Mais, désireux de revenir dans sa région, ce sont les collants Well qu'il se charge de vendre dès 1991 dans les grandes surfaces de Maine-et-Loire, Deux-Sèvres et Vendée. En 1992, il a l'opportunité d'entrer dans un cabinet d'assurance GAN dont l'activité, tournée vers l'industrie, l'intéresse. Salarié à Cholet puis Nantes, il décide de rejoindre le constructeur automobile Audi en 2000 comme commercial. Sept mois plus tard, sollicité pour racheter le cabinet GAN de Cholet, il y revient comme agent général avant de le reprendre sous son nom. Le cabinet Mérignac-Boisdron (son associé depuis 2016) est spécialisé dans les risques industriels, cybercriminalité et régimes sociaux.
Mais cet homme de contact, au caractère «communicant» et enthousiaste, porte une seconde casquette et non des moindres pour ce Choletais pur jus. Jérôme Merignac est en effet depuis juin 2019 président bénévole du Cholet Basket, équipe évoluant en JEEP Elite depuis 1987. Lui, qui allait voir tous les matches dans sa jeunesse, était déjà sponsor du club depuis 2001, membre du conseil d'administration depuis 2014. À travers le club, il est fier de porter haut ses valeurs - et celles de sa ville - comme la rigueur et l'amour du travail bien fait. Appréciant plus que jamais la compétition et le fait «d'apporter du bonheur». Investi à tous les niveaux, cet ancien DCF est membre du réseau Entreprendre 49, depuis sa création en 2010, et du Medef choletais. Il a par ailleurs fondé en 2019 le Club Affaires de Cholet Basket.

CHOLET BASKET - 3 AV. MARCEL PRAT - BP 10752 - 49307 CHOLET CEDEX • TÉL. 02 41 58 50 58

CULTURE

Christophe **MILLET**

DIRECTEUR DU CONSERVATOIRE D'ANGERS

FORMATION
1er Prix du conservatoire national supérieur de musique et danse (Paris, 1990)

PASSIONS
Le vélo et la course à pied, les vins naturels d'Anjou

Baignant dans un univers musical dès l'adolescence, Christophe Millet entre au conservatoire de Châteauroux en 1976. Il s'intéresse à l'écriture musicale, l'histoire de la musique, l'orchestration. Il fonde un orchestre de jeunes professionnels, Tempo primo, qui se produira de 1990 à 2007. A la fois interprète, organisateur, employeur, il acquiert une grande connaissance des relations humaines : une voie royale pour sa future carrière de directeur de conservatoire. Poste auquel il accède en 2001 au conservatoire à rayonnement départemental de Montluçon dans l'Allier. Il retourne en 2002 à Châteauroux, près de sa famille, pour s'occuper du conservatoire à rayonnement départemental de la ville. Il le développe, élargit le nombre d'élèves, l'ouvre sur les quartiers. Il choisit ensuite de rejoindre Angers, dont il connaissait le dynamisme culturel, en 2016. A la tête du conservatoire à rayonnement régional, Christophe Millet s'attache à remplir plusieurs missions : rendre le conservatoire accessible au plus grand nombre, aller au devant du public, favoriser les pratiques sur le territoire. Il travaille d'ailleurs de manière très croisée avec ses collègues de la région et multiplie les partenariats. Très sensible à la cause de la pratique amateur, il mettra prochainement en place le dispositif Demos, qui permet aux enfants de quartiers prioritaires de jouer en orchestre. Fédérateur et positif, il reconnait aimer « faire éclore la créativité des gens », écouter et faire des choix. Il trouve son équilibre en jonglant avec ses casquettes de pédagogue et manager, tout en conservant précieusement une pratique artistique de chef d'orchestre.

CONSERVATOIRE À RAYONNEMENT RÉGIONAL - ESPLANADE HENRI-DUTILLEUX - 49100 ANGERS • TÉL. 02 41 24 14 50

CULTURE

Martin **MORILLON**

DIRECTEUR GÉNÉRAL DE L'ABBAYE ROYALE DE FONTEVRAUD

FORMATION Maitrise de finances (université de Nantes, 1995) ; DESS gestion des affaires culturelles (Paris 4 Sorbonne, 1996)

PASSIONS Féru d'aviron

Amoureux du patrimoine, Martin Morillon baigne depuis son enfance dans l'univers de l'art. Il apprend le violon dès 5 ans et entre au conservatoire de Cholet tout en suivant des études en finances, parachevé par un DESS. Son itinéraire professionnel démarre dans l'univers du disque, chez Musisoft, où il est embauché comme commercial pour la région parisienne. Pendant 2 ans, il y représentera des labels de musique classique et jazz. Puis il devient chef de service au sein de la direction de la culture de la Région Pays de la Loire en 2000. Il développe le dispositif Pass Culture Sport à destination des lycéens et apprentis. Il crée également un site web collaboratif pour présenter des offres de spectacles vivants aux salles de spectacles. En 2003, il contribue à la création de la Folle Journée en Pays de la Loire, aux côtés de René Martin. Deux ans plus tard, Martin Morillon rejoint le conseil départemental de Vendée afin de s'occuper de la politique du spectacle vivant. Il développe le label discographique Musique à La Chabotterie avant de prendre en charge le projet du Vendéspace en 2008. La salle de spectacles ouvre en 2012 et il prend en main son exploitation jusqu'en 2016. Le Choletais a l'opportunité cette année-là de prendre la tête de la direction de la culture et du patrimoine du Maine-et-Loire et de l'EPCC Anjou Théâtre. Enfin, c'est en février 2020 qu'il est retenu pour diriger l'abbaye royale de Fontevraud. Les projets ambitieux ne manquent pas pour ce site d'exception et il les porte avec, toujours chevillée au corps, « l'envie folle de partager notre culture ». Une envie qui lui vaut également de présider l'association de musique sacrée de la Cathédrale de Nantes.

FONTEVRAUD - RUE SAINT JEAN DE L'HABIT - BP 24 - 49590 FONTEVRAUD-L'ABBAYE • TÉL. 02 41 51 73 52

COMMERCE ET DISTRIBUTION

Pierre-Yves **PASQUIER**

CO-FONDATEUR ET PRÉSIDENT DE COMERSO

FORMATION HEC executive (2009)

PASSIONS Sa famille, ses amis, les sports collectifs

Ne le traitez surtout pas de Robin des Bois, Pierre-Yves Pasquier préfère se définir comme un entrepreneur pragmatique, porté par des valeurs de solidarité et d'engagement. Et intrinsèquement fait pour le commerce. Son parcours débute d'ailleurs chez Danone en 2009 en tant que chef de marché à Paris puis à Toulouse. Il devient ensuite formateur pour les commerciaux de la moitié Sud, de Bordeaux à Lyon, le côté pédagogue de la fonction convenant tout à fait à cet ancien coach de hand. Un an plus tard, en 2012, il est nommé chef des ventes régional à Angers pour les Pays de la Loire et le Centre. Entretemps, il a fait la connaissance de Rémi Gilbert, consultant en création d'entreprise, à qui il confie l'idée originale qui lui trotte dans la tête après une expérience vécue lors de ses débuts de commercial : valoriser des invendus de grandes surfaces en organisant le don à des associations. Ils se lancent en 2013 en fondant Comerso, avec un client, puis ils développent un système de déstockage. Aujourd'hui devenue plateforme digitale et logistique, créatrice de connexions quotidiennes, la société s'appuie sur trois leviers : le déstockage, le don et la valorisation des déchets. Elle emploie 38 salariés pour une activité globale de plus de 100 personnes et est présente sur six cents sites industriels. Heureux de contribuer à faire reculer le gaspillage et la précarité, Pierre-Yves Pasquier est motivé à faire « prospérer les entreprises ». Le dirigeant reste attentif au bien-être et à la motivation de ses salariés, espérant « faire plus et mieux » en se développant en France puis en Europe. Toujours avec la volonté et l'exigence constantes de dégager « de la performance sociétale ».

COMERSO - 16 RUE DU CLOS - 49000 ANGERS • TÉL. 01 84 250 225

MÉCANIQUE ET MÉTALLURGIE

Bruno **PATRON**

PRÉSIDENT DE FIXATOR

FORMATION Master de droit européen des affaires (Paris, 1979) ; Diplôme d'avocat (Paris, 1979)

DISTINCTIONS chevalier de la Légion d'honneur (2013)

Après avoir effectué son service national au titre de la coopération en Côte d'Ivoire, Bruno Patron revient en France en 1980. Il exerce au Barreau de Paris pendant douze ans, en tant qu'avocat spécialisé dans les droits africains et les matières premières agricoles. En 1992, il retourne en Afrique où il assure la direction d'un groupe d'entreprises de Côte d'Ivoire, Comafrique Entreprises. À son retour en France en 1999, il rachète la société Fixator, dont il occupe la présidence depuis lors. Parallèlement à ses activités de chef d'entreprise, Bruno Patron prend le temps de s'investir dans d'autres organisations. Président de l'UIMM Anjou de 2005 à 2008, il est actuellement Conseiller du commerce extérieur de la France depuis 1998. Il est aussi vice-président du SMIA (service médical inter entreprises d'Anjou). En qualité de membre élu de la Chambre de Commerce et d'Industrie de Maine et Loire, dont il est le secrétaire, il assure la présidence de la commission de l'international. Début 2015, il a également pris ses fonctions de juge au tribunal de commerce d'Angers.

FIXATOR - 8 RUE DU BOIS RINIER - 49124 SAINT-BARTHÉLÉMY D'ANJOU • TÉL. 02 41 31 17 11

MÉDIAS

Olivier **PAULY**

DIRECTEUR DÉPARTEMENTAL DE OUEST-FRANCE MAINE-ET-LOIRE

FORMATION études de Droit (université de Bretagne occidentale-UBO, Brest)

Après des études de Droit à l'UBO, Olivier Pauly commence à travailler à la rédaction de Ouest-France Brest en 2000. Il fait un court passage à l'agence de Caen, de 2003 à 2005, avant de prendre la tête de la rédaction de l'agence de Laval jusqu'en 2008. Puis il retourne à l'agence de Brest, toujours comme chef de rédaction. Et cela jusqu'en septembre 2021, date à laquelle il est nommé directeur départemental de Ouest-France en Maine-et-Loire.
Un département dans lequel le quotidien Ouest-France imprime, en 2023, 20 000 exemplaires par jour, répartis entre ses deux éditions angevine et choletaise. Sur le web, Ouest-France dépasse les 4 millions de visites par mois sur la plateforme mutualisée avec les Journaux de Loire. Le journal emploie en Anjou une quarantaine de salariés, dont 30 journalistes.

OUEST-FRANCE MAINE ET LOIRE - 5 BIS RUE THIERS - BP 65117 - 49051 ANGERS CEDEX 2 • TÉL. 02 41 25 62 00

DÉVELOPPEMENT ÉCONOMIQUE

Michel **PERRINET**

PRÉSIDENT D'ANGERS FRENCH TECH

FORMATION Ingénieur génie civil (Enise, 1992-1997) ; DESS Système d'information géographique (université de Saint-Etienne, 1995-1997)

PASSIONS La voile, l'éducation de ses filles

Bâtisseur et explorateur dans l'âme, Michel Perrinet décide de devenir ingénieur en génie civil, puis se forme en informatique. Ses diplômes en poche, il choisit l'aventure entrepreneuriale en rejoignant son frère Christophe en 1996. Ils créent Microtop informatique à Segré et se spécialisent dans l'activité d'assemblage informatique afin de financer le projet de développement d'un logiciel de devis pour artisans. Après avoir décroché quelques contrats clés, ils choisissent de vendre l'activité d'assemblage en 2001 et déménagent à Angers, avec 3 personnes, en ne gardant que le périmètre logiciel dont ils prennent le nom : Octave. Dès 2004, ils étendent le logiciel à la gestion de caisse et développent des sites web destinés aux librairies pour finir par se spécialiser dans la chaine du livre. En 2008, ils deviennent pionniers de l'édition logicielle dans le cloud. Octave édite aujourd'hui une suite logicielle complète dédiée aux magasins, réseaux d'enseignes et au e-commerce, employant 100 personnes. Afin de renforcer sa présence en Europe et à l'international, la société est intégrée au groupe canadien Valsoft Corporation en 2023.
« Utopiste revendiqué », Michel Perrinet s'investit par ailleurs sur son territoire. Il participe à la naissance d'un programme d'accélération pour start-up avec la métropole (devenue Opération Renard) en 2014 et devient la même année administrateur d'Aldev. En 2015, il est sollicité par le maire d'Angers pour porter le dossier de candidature French Tech. Le label obtenu, il est nommé délégué territorial puis élu président en 2018 de la coopérative Angers French Tech. Il y passe désormais tout son temps, avec des activités multiples de soutien à l'écosystème tech angevin.

ANGERS FRENCH TECH - 8 PLACE MGR RUMEAU - 49100 ANGERS • TÉL. 06 12 52 64 98

INDUSTRIE ÉLECTRIQUE ET

Emmanuel **PICOT**

DIRECTEUR GÉNÉRAL DE EVOLIS

FORMATION ingénieur spécialisé en robotique (ESIEE Engineering, Paris)

DISTINCTIONS Prix 2016 de l'Entreprise Globale (EY-L'Express)

Emmanuel Picot débute sa carrière chez Chemco Graphics France en tant qu'ingénieur système, puis s'oriente vers le marketing produit de systèmes de traitement d'images. En 1989, il revêt l'habit de commercial pour un intégrateur de solutions à base de solution Microsystems. Deux ans plus tard, il participe à la création de l'entreprise Image In France, filiale d'une société de logiciels de traitement d'images. Durant cette période, il assure la responsabilité commerciale et marketing et se charge de créer et développer un réseau de vente indirecte. Fort de cette première expérience, il s'engage sur un nouveau projet à dimension industrielle en 1994 : Privilège Card. Cofondateur, il assure le développement commercial et marketing pour l'Europe jusqu'en 1997. Le moment de parfaire ses expériences à l'étranger. Il s'envole pour l'Angleterre et prend en charge la direction marketing Europe d'Eltron.
En 1999, il est de retour chez lui. Evolis voit le jour en 2000 avec pour activités la fabrication et la commercialisation de solutions de personnalisation pour cartes plastiques. Un rayonnement international qui ne doit pas faire oublier son implication dans Angers Loire Développement : il en est aujourd'hui administrateur après en avoir

été vice-président. En 2013, le dirigeant décide de faire un break : il part avec sa famille pour un tour du monde de 9 mois. Il en revient très motivé pour que sa société ne perde pas sa position de leader mondial. Emmanuel Picot a par ailleurs été élu à la CCI de Maine et Loire en tant que Secrétaire de 2016 à 2021.
Il cède Evolis en septembre 2023 au groupe suédois Assa Bloy tout en restant directeur général.

EVOLIS - ZI ANGERS-BEAUCOUZÉ - 14 AV. DE LA FONTAINE - 49070 BEAUCOUZÉ • TÉL. 02 41 36 76 06

CULTURE

Claude-Eric **POIROUX**

FONDATEUR ET DÉLÉGUÉ GÉNÉRAL DU FESTIVAL PREMIERS PLANS D'ANGERS - PDG DES CINÉMAS LES 400 COUPS - DIRECTEUR GÉNÉRAL D'EUROPA CINÉMAS

FORMATION collège-lycée aux Sables-d'Olonne - licence de lettres modernes à Angers et Poitiers ; maîtrise de cinéma à Paris III-Sorbonne

DISTINCTIONS chevalier de la Légion d'honneur ; officier des Arts et des lettres et des Palmes académiques.

Après avoir été chargé de cours à l'Ecole des Beaux-arts d'Angers et à l'université Paris III-Sorbonne Nouvelle, Claude-Eric Poiroux a créé plusieurs salles de cinéma à Paris, Chartres et Angers, où il est PDG du complexe cinématographique « Les 400 coups ». Producteur et distributeur de films pendant douze ans à la tête de la société Forum, il donne vie en 1989 au festival Premiers Plans d'Angers, dédié aux premiers films européens et dont il assure la direction. En 1992, il fonde Europa Cinémas, organisme de soutien aux salles de cinéma à programmation majoritairement européenne qui est actuellement implanté dans une soixantaine de pays et regroupe plus de 3 000 écrans en Europe, en Asie, en Amérique latine et sur le pourtour méditerranéen. Il en est le directeur général. Puis, aux côtés de Jeanne Moreau, il crée en 2005 les Ateliers d'Angers.
En 2019, le Festival Premiers Plans a fêté ses 30 ans. « Depuis 1989, une centaine de jeunes réalisateurs viennent chaque année à Angers présenter leur premier film à un public toujours plus nombreux. Les réalisateurs Fatih Akin, Nuri Bilge Ceylan, Arnaud Desplechin, Matteo Garrone, Xavier Beauvois, Nick Park, Cristi Puiu, Paolo Sorrentino ou encore Thomas Vinterberg sont ainsi venus présenter leurs premières oeuvres avant de connaître la renommée que l'on sait », souligne ce cinéphile passionné. Qui ne poursuit qu'un but : partager et transmettre le cinéma.

FESTIVAL PREMIERS PLANS - 9 RUE CLAVEAU - BP 82214 - 49022 ANGERS CEDEX 02 • TÉL. 02 41 88 92 94

SANTÉ

Guy **RAIMBEAU**

DIRECTEUR DU CENTRE DE LA MAIN

FORMATION lycée David d'Angers à Angers - internat des hôpitaux (1971) ; lauréat de la faculté de médecine et prix de thèse (1977) ; maîtrise de biologie humaine (1978) à la faculté de médecine d'Angers

PASSIONS s'éloigner pour retrouver le calme, de préférence en famille et dans un cadre naturel.

PUBLICATIONS livre blanc sur la chirurgie de la main en France (1998)

Ancien chef de clinique à la faculté de médecine d'Angers et assistant des hôpitaux en 1977, Guy Raimbeau a contribué en précurseur à la naissance de la microchirurgie au CHRU d'Angers puis a orienté, dès 1980, son activité vers la chirurgie de la main. Il exerce à la Clinique Saint-Léonard, qu'il a présidée de 1995 à 2010, et au Centre de la Main. Fondé par lui-même en 1987, ce centre est devenu une référence sur le plan national. Il est, en France, un des six centres de chirurgie ambulatoire indépendants offrant une offre de soins reconnue en partenariat avec le CHU, la clinique Saint-Léonard et d'autres établissements de la région.
Guy Raimbeau coordonne Angers Assistance Main, membre de la Fédération des services urgences main (Fesum), qui est une unité opérationnelle constituée de sept chirurgiens et de trois structures hospitalières. L'Angevin a marqué sa ville dans le domaine de l'organisation de la santé en favorisant la création du Village santé Angers Loire à Trélazé en 2003. Il a été président de la Société française de chirurgie de la main (2007) et de la Société d'orthopédie et de traumatologie de l'Ouest (2010). Enseignant bénévole de microchirurgie, il est membre du Collège français des enseignants en chirurgie de la main pour les huit facultés du grand Ouest. Membre de l'Académie Nationale de Chirurgie depuis 2014, il préside la Fesum jusqu'en décembre 2017.

CENTRE DE LA MAIN - 47, RUE DE LA FOUCAUDIÈRE - VILLAGE SANTÉ ANGERS LOIRE - 49800 TRÉLAZÉ • TÉL. 02 41 86 86 41

ORGANISATIONS PROFESSIONNELLES

Marie-Françoise **RATRON - GALET**

PRÉSIDENTE DU SYNDICAT DES VINS DE SAUMUR

FORMATION BTS secrétariat de direction (lycée Sacré-Coeur d'Angers, 1989) ; brevet professionnel de responsable d'exploitation agricole (lycée Edgard Pisani de Montreuil Bellay, 2011)

PASSIONS privilégie sa vie de maman, s'initie au golf

Après avoir travaillé dans une agence immobilière (1990-1994), Marie-Françoise Ratron-Galet rejoint le secteur du matériel médical au sein du groupe Carpenter (1995-2000). Deux ans plus tard, elle intègre le groupe Harmonie Médical Service, toujours pour vendre du matériel. Licenciée en 2010, cette passionnée de gestion passe alors son brevet professionnel de responsable d'exploitation agricole pour accompagner son mari, vigneron. Elle devient son assistante administrative et commerciale en 2011. Au décès de celui-ci, en 2017, sans se poser de question elle reprend le domaine familial Ratron - Clos des Cordeliers à Souzay-Champigny (23 hectares). Opiniâtre et résiliente, Marie-Françoise Ratron-Galet se forme sur le tas, privilégiant la vente directe, et produit son propre vin avec l'aide de son équipe et son précieux œnologue.

La dirigeante a entre-temps complété son aventure entrepreneuriale d'un engagement dans des réseaux professionnels, qui a débuté à la Jeune Chambre Économique (dont elle est membre à vie). Pour cette Angevine qui cultive l'authenticité, « servir est noble et se tourner vers les autres enrichit ». Elle entre au conseil d'administration du syndicat des producteurs de Saumur Champigny en 2018 et devient présidente de l'appellation Saumur rosé en 2020. Candidate à la présidence du syndicat des Vins de Saumur, elle est élue en juin 2023. Sur sa feuille de route figurent bien sûr la prise en compte des enjeux de la filière : adapter les vins aux tendances de consommation, économiser l'eau, l'emploi (ex : recherche de vendangeurs pour l'ensemble des appellations Saumur), communiquer autour de la région Saumur. Avec le goût du partage qui la caractérise, elle s'attachera également à fédérer et rassembler les 380 producteurs du syndicat des vins de Saumur.

SYNDICAT DES VINS DE SAUMUR - 49 RUE DU MARÉCHAL LECLERC - 49400 SAUMUR • TÉL. 02 41 51 16 40

TRANSPORT ET LOGISTIQUE

Daniel **RICHOU**

PRÉSIDENT DU GROUPE RICHOU

FORMATION CAP ; CRM ; BEP et BP agent du transport et activités auxiliaires.

En 2017, le Groupe Richou a fêté ses 65 ans. Au départ, les parents de Daniel Richou avaient racheté une entreprise à Yzernay dans le Maine-et-Loire et ne possédaient qu'un seul autocar. En 1956, ils commencent à proposer des voyages par autocar, principalement des pèlerinages, et passent la vitesse supérieure. Aujourd'hui, le Groupe Richou, présidé par Daniel et dirigé par ses deux fils, reste une entreprise familiale et possède une flotte de 130 véhicules, dont 30 minibus et 50 autocars de grand tourisme. Richou Voyages représente 30 agences de voyages dans le Grand Ouest, réparties sur onze départements et un à Paris depuis 2019. Son siège social est installé à Cholet avec trois services spécialisés dans les voyages scolaires et linguistiques, le réceptif et les évènements d'entreprise.

Après avoir entamé sa carrière professionnelle comme guide touristique puis conducteur grand tourisme, Daniel Richou a occupé successivement les postes de directeur commercial puis gérant de Richou Voyages. Depuis 1991, il préside le Groupe Richou. Officiellement à la retraite, il a bien préparé sa succession : son fils Jean-François dirige la branche du voyagiste et des agences de voyages et Stéphane dirige la branche transport et autocars du groupe.

RICHOU VOYAGES - 26 RUE SADI CARNOT - BP 60445 - 49304 CHOLET CEDEX • TÉL. 02 41 65 40 22

ENSEIGNEMENT SUPÉRIEUR

Christian **ROBLEDO**

PRÉSIDENT DE L'UNIVERSITÉ D'ANGERS - PRÉSIDENT DE L'AUREF

FORMATION lycée Jules Supervielle à Oloron Sainte-Marie - maîtrise de sciences économiques (1988) ; DEA en sciences de gestion (1990) ; doctorat en sciences de gestion (1995), à l'université de Pau et des Pays de l'Adour, l'université de Bretagne Occidentale à Brest et à l'université de Rennes I

DISTINCTIONS Officier des Palmes académiques

PASSIONS le rugby, le tennis, la famille et la lecture d'ouvrages traitant de l'histoire des 19e et 20e siècles.

PUBLICATIONS nombreuses articles scientifiques dans des revues à comité de lecture comme « International Journal of Quality Engineering and Technology », « Advanced Materials Research » ou « Applied Mechanics and Materials »

Après avoir obtenu son doctorat en Sciences de gestion Christian Robledo intègre comme maître de conférences l'Université d'Angers (ISTIA) en 1996. Une mission qu'il exerce toujours. De 2002 à 2012, il prend en sus la direction de l'Istia qui forme des ingénieurs sur cinq ans en Génie des systèmes industriels et qui accueille 600 étudiants en formation sur les différents cycles de formation (de la prépa intégrée au doctorat). L'Istia abrite également un laboratoire de recherche, le Laboratoire de Recherche en Ingénierie des Systèmes (LARIS) dont il fait partie.

En 2012, Christian Robledo devient 1er Vice-Président de l'Université d'Angers. Il est ou a été par ailleurs membre de nombreuses instances comme le CCRRDT de la région des Pays de Loire au titre de l'Université d'Angers, le Conseil de développement de la région d'Angers, le Comité d'expansion Economique, la Chambre de Commerce et d'Industrie du Maine et Loire. Il est également membre de différents comités scientifiques internationaux. C'est en février 2016 qu'il est élu président de l'Université d'Angers au 1er tour de scrutin et pour un mandat de 4 ans. Il est réélu pour un 2e mandat en février 2020. En décembre de la même année, il est nommé président de l'AUREF (Alliance des Universités de Recherche et de Formation).

UNIVERSITÉ D'ANGERS - 40 RUE DE RENNES - BP 73532 - 49035 ANGERS CEDEX 1 • TÉL. 02 41 96 23 23

ARCHITECTURE

Frédéric **ROLLAND**

ARCHITECTE - PDG DE L'ATELIER ROLLAND & ASSOCIÉS

FORMATION architecte DPLG (Ecole nationale supérieure des beaux-arts de Paris, 1983) ; master en architecture urbaine (université américaine de Colombia, 1987)

DISTINCTIONS chevalier de la Légion d'honneur ; lauréat de l'Institut de France

PASSIONS la mer, les courses croisières au large et les régates.

Architecte diplômé par le gouvernement, Frédéric Rolland a été le lauréat du grand prix national d'architecture de l'Académie des Beaux-Arts de Paris (1981), des bourses d'études des fondations Deglane et Trocher de l'Académie des Beaux-Arts et de la bourse d'études Richard Lounsbery de l'Académie d'Architecture de Paris. L'Académie lui permet d'ailleurs de partir étudier à l'université de Columbia à New York. De

retour à Angers, son père, lui-même architecte, lui transmet les clés de son agence.
L'atelier Rolland & Associés emploie 30 collaborateurs en France, répartis en deux agences (Paris et Angers), et 25 collaborateurs en Chine à Shanghai. L'Essca d'Angers, l'Institut national d'horticulture, l'Ecole supérieure d'électronique de l'Ouest et le centre de maintenance du tramway à Angers, la Maison internationale du séjour à Paris, le Centre d'activités du conseil départemental et de la préfecture à Angers figurent parmi ses réalisations. Membre fondateur de la fondation Mécène et Loire, Frédéric Rolland préside le fond de dotation « Cercle des mécènes des musées d'Angers ».

ROLLAND & ASSOCIÉS - 53 RUE TOUSSAINT - BP 22431 - 49024 ANGERS CEDEX 02 • TÉL. 02 41 88 15 34

SOCIAL

Jean **ROUSSEAU**

RESPONSABLE D'EMMAÜS ANGERS - PRÉSIDENT DE L'ASSOCIATION CENTRE ABBÉ PIERRE-EMMAÜS

FORMATION collège-lycée au Mans - diplôme Audencia Nantes

PASSIONS la botanique et la menuiserie.

PUBLICATIONS « Abbé Pierre - Pensées inédites pour un monde plus juste » (Editions du Cherche-Midi, 2014)

Jean Rousseau n'est pas né lorsque l'abbé Pierre lance son cri de révolte contre la misère. Mais près de 60 ans après, il est de ceux qui ont suivi ses pas. Diplômé d'une école de commerce, et après avoir effectué deux ans de coopération au Centrafrique (1977-1979), Jean Rousseau intègre Emmaüs en 1980. Trois ans plus tard, il prend la responsabilité d'Emmaüs Angers, qui fait vivre aujourd'hui une cinquantaine d'hommes et de femmes grâce à son activité de recyclerie. A la tête d'Emmaüs France de 1996 à 2002, il assure la présidence d'Emmaüs International de 2007 à 2016. Fondée en 1971, cette organisation compte 316 groupes répartis dans 36 pays sur 4 continents. « Notre mouvement se montre soucieux, depuis le début, de défendre des droits fondamentaux à l'échelle mondiale. L'accès aux soins et à l'eau, l'éducation, les droits des migrants font partie de nos actions prioritaires », précise-t-il.
Il est par ailleurs président de l'association Centre abbé Pierre-Emmaüs, près de Rouen, depuis 2012 et président d'Emmaüs du Cher depuis 2020.

EMMAUS ANGERS - LE SAULOUP - 49070 SAINT-JEAN-DE-LINIÈRES • TÉL. 02 41 39 73 39

BÂTIMENT ET TRAVAUX PUBLICS

Régis **ROUSSEAU**

PRÉSIDENT DE ROUSSEAU SAS

FORMATION lycée Chevrollier à Angers - BTS informatique ; DUT de gestion ; CAP charpentier

PASSIONS l'équitation (CSO), le football et la course à pied.

Après un début de carrière au service informatique de l'Urssaf de Paris (1981-1985), Régis Rousseau revient au sein de l'entreprise familiale de charpente pour mettre en place un service informatique. Il ne quittera plus la SAS Rousseau, succédant à son père Alain en 1995. En une quinzaine d'années, il va plus que doubler les effectifs (plus de 100 salariés actuellement) et réaliser une opération de croissance externe en rachetant une miroiterie d'Avrillé. En 2006, il commence à développer la construction bois. Aujourd'hui, Rousseau SAS intervient dans trois domaines : la construction bois, la menuiserie extérieure (bois PVC alu ou mixte) et intérieure et la réalisation d'escaliers.
De 2011 à 2017, Régis Rousseau effectue 2 mandats en tant que président de la FFB de Maine-et-Loire puis prend celui de président de la fédération régionale. Il garde ce mandat jusqu'en juillet 2023.

ROUSSEAU SAS - 9 CHEMIN DU TOUR DU BOIS - BP 20005 - 49770 LE PLESSIS-MACÉ • TÉL. 02 41 31 12 20

ENSEIGNEMENT SUPÉRIEUR

Christophe **ROUVRAIS**

DIRECTEUR GÉNÉRAL DE L'ESAIP, ECOLE D'INGÉNIEURS D'ANGERS

FORMATION ingénieur de l'Ecole Centrale d'Electronique (ECE Paris, 2001)

PASSIONS Les voyages, la gymnastique aux agrès et ses enfants.

Né en Afrique du Sud d'une famille française, Christophe Rouvrais a une double nationalité, mais aussi une double culture. Il conserve de cet héritage un goût pour la diversité. C'est ce goût qui a orienté sa carrière : intéressé par les sciences, il décroche un diplôme d'ingénieur à l'ECE, puis un premier emploi chez Alcatel. Où il se découvre une fibre pédagogique. En effet, outre sa fonction d'ingénieur, il forme également des collaborateurs en réorientation. En 2002, l'ECE, qui avait su détecter son attirance pour l'enseignement, lui propose un poste d'enseignant chercheur. Christophe Rouvrais l'accepte. À ce poste, il apprécie l'échange avec les étudiants qui ont soif d'apprendre. Il gravit rapidement les échelons, devenant successivement adjoint au responsable des télécommunications et réseaux de l'ECE, puis directeur des études. Ouvert sur le monde, il lance les premiers programmes d'échange de l'école à l'international en Chine, aux Etats-Unis ou encore au Canada. Sollicité par l'Epita, il rejoint cette école d'informatique parisienne en 2007, à titre de directeur chargé du développement et des relations internationales. Enfin, en 2014, il prend la direction générale de l'Esaip à Angers.
L'ancien entraineur de gymnastique aux agrès concilie ainsi opportunité professionnelle et qualité de vie. Il est membre de la Conférence des grandes écoles des Pays de la Loire, de la Conférence des directeurs des écoles françaises d'ingénieurs et de l'Association internationale La Salle.

ESAIP - 18 RUE DU 8 MAI 1945 - CS 80022 - 49180 SAINT-BARTHÉLEMY-D'ANJOU • TÉL. 02 41 96 65 10

HÔTELLERIE-RESTAURATION

Thibaut **RUGGERI**

DIRECTEUR EXÉCUTIF ET CHEF DES CUISINES DE FONTEVRAUD RESORT

FORMATION BTS Hôtellerie-restauration (école hôtelière Lesdiguière à Grenoble, 2000)

DISTINCTIONS Bocuse d'Or monde 2013 ; Techniques d'Excellence Loire 2022 Gault & Millau

PASSIONS la photo, la musique

Thibaut Ruggeri découvre sa vocation de cuisinier pendant sa scolarité en Suisse, alors qu'il n'a qu'une dizaine d'années. Attiré par le prestige de la gastronomie française, fasciné par Paul Bocuse, il a l'envie d'exceller lui aussi. Il apprend sur le tas, effectuant des stages chez des amis restaurateurs hôteliers, avant de commencer l'école hôtelière. Il fait ensuite des extras en parallèle de ses études puis débute son apprentissage chez les plus grands chefs français. Il travaille d'abord chez Michel Guérard aux Prés d'Eugénie en 2001 à Eugénie-les-bains. Un an plus tard, il participe à l'ouverture de la brasserie de Georges Blanc à Lyon, expérience «enrichissante et rude» qui confirme que pour lui «l'essentiel c'est d'apprendre». L'année suivante, il rejoint Michel Kayser à l'Alexandre près de Nîmes, une petite structure où il expérimente encore d'autres pratiques. Dans sa volonté de pouvoir être multicartes, il continue son parcours exigeant avec Jean-Claude Vrinat et Alain Solivérès chez Taillevent à Paris en 2003. Il y officie comme sous-chef en pâtisserie lorsqu'il a l'opportunité de rentrer chez Lenôtre à la mi 2007. Il se perfectionne et prépare dès 2010 le Bocuse d'or, qu'il remporte en 2013. Lui qui ne cherchait pas forcément la notoriété, voit son nom sortir de l'anonymat. Et un nouveau challenge – comme il les aime – à relever en 2014 : préparer l'ouverture du restaurant de l'Abbaye de Fontevraud en devenant chef de cuisine et directeur exécutif. Thibaut Ruggeri développe depuis le resort, fait évoluer la cuisine, donne une direction et une vision, crée une identité. Cet énergique touche-à-tout, créatif par essence, poursuit le même objectif : rendre les gens heureux.

FONTEVRAUD RESORT
- 38 RUE SAINT-JEAN-DE-L'HABIT
- 49590 FONTEVRAUD L'ABBAYE
• TÉL. 02 46 46 10 10

INTÉRIM, PORTAGE SALARIAL ET GROUPEMENTS D'EMPLOYEURS

Éric **SCAON**

DIRECTEUR DE L'ASSOCIATION DE GROUPEMENTS D'EMPLOYEURS AGE

FORMATION lycée Charles de Foucauld à Brest - maîtrise de gestion (1991) ; 3e cycle de management (1992) à l'UBO de Brest

PASSIONS le marathon, le semi-marathon, la planche à voile, le jardinage, le bricolage et la famille.

Eric Scaon achève en 1993 son dernier cycle de management dans le Groupe Anjou, un groupement d'employeurs qui emploie des personnes saisonnières. Il crée alors le groupement d'employeurs Groupe Frigo, spécialisé dans la chaîne du froid, qui permet à des salariés de travailler toute l'année pour des entreprises différentes. En 2006, il prend la direction de l'Association de groupements d'employeurs (AGE). AGE représente 3 groupements d'employeurs, Groupe Evolutys, Groupe Anjou et Cénotis sur la Sarthe, près de 180 entreprises adhérentes et 250 salariés ETP. Elle permet aux entreprises adhérentes de créer un plein emploi pour un salarié mais sur plusieurs entreprises. Depuis 2010, le Brestois en est le directeur régional.
Eric Scaon a été par ailleurs, de 1999 à 2007, gérant de Horizons Partagés, société qui gère un bateau dans le Sud de la France. Après avoir pris en charge la formation au Centre des jeunes dirigeants d'Angers, il assure la présidence de la section d'Angers de 2005 à 2007. De 2010 à 2012, il prend celle du CJD Pays de la Loire. Toujours très investi, il est trésorier depuis 2012 de l'association Entreprendre pour Apprendre (EPA) Pays de la Loire qui a pour vocation d'aider les collégiens à créer des mini-entreprises.

ASOCIATION DE GROUPEMENTS D'EMPLOYEURS - AGE - 38 AV. PATTON - BP 32017 - 49016 ANGERS CEDEX 01 • TÉL. 02 41 36 83 20

HABITAT SOCIAL

Bertrand **SCHAUPP**

PRÉSIDENT DE PODELIHA - GÉRANT DU CABINET D'ASSURANCES SCHAUPP & HARDY

FORMATION Deug de droit (faculté de droit à Nantes et Angers, 1976)

Cet alsacien de souche est étudiant lorsqu'il crée en 1975 son cabinet d'assurances à Angers pour financer ses études. Agent général de Zurich - qui deviendra Générali -, l'affaire prend d'emblée de l'envergure. Bertrand Schaupp avait en effet judicieusement choisi de s'occuper des risques d'entreprises, marché en plein développement à l'époque. En 1997, il intègre le cabinet Yann Hardy, ancien conseiller bancaire du cabinet, en tant qu'associé. L'entreprise est alors renommée «Schaupp & Hardy». Un client significatif l'amène à ouvrir en 2010 (après rachat d'un confrère) à Colmar, dans sa région d'origine, un second cabinet aujourd'hui géré par son fils (5 salariés). Très impliqué dans la vie des entreprises du territoire angevin, Bertrand Schaupp a présidé le centre de gestion du Maine-et-Loire de 2007 à 2013. Il crée aussi l'AAPL, association délivrant le visa fiscal aux professions libérales dont il sera président jusqu'en 2012. Il est élu président de Podeliha, filiale du Groupe Action Logement Immobilier, en juillet 2020.
Adhérent au Medef Anjou depuis 2000, il collabore sur différents dossiers dont la majoration de la TPU. En 2013, il entre au bureau comme vice-président du syndicat patronal avant d'en prendre la présidence en septembre 2014. Parmi ses sujets prioritaires : l'appui aux jeunes entreprises et à l'innovation et la promotion des entreprises du territoire. Il est renouvelé dans son mandat en 2016, 2019 et 2022. Il cède la place en juillet 2023.

PODELIHA - 12 BVD YVONNE POIREL - CS 10906 - 49009 ANGERS CEDEX 01 • TÉL. 02 41 68 77 00

MÉDIAS

Stéphanie **SEJOURNÉ**

DIRECTRICE DES RÉDACTIONS DES JOURNAUX DE LOIRE

PASSIONS elle pratique la course de fond et aime les sports d'extérieur de façon générale (randonnée pédestre et équestre, notamment); lectrice assidue, amatrice de bons mots et de bons mets

Depuis septembre 2023, Stéphanie Séjourné est directrice des rédactions des Journaux de Loire. Originaire de l'ouest de la France, elle fut directrice régionale de Ouest-France en Normandie et responsable des informations régionales de 2015 à 2023. «J'ai pris la tête du service au moment du redécoupage des régions, qui a permis la réunification de la Normandie, précise-t-elle. Une étape passionnante, qui s'est accompagnée de travail sur les organisations, les fonctionnements pour ajouter au champ d'action deux départements dans lesquels le journal n'était pas présent, et en développant fortement les usages numériques».
Stéphanie Séjourné a été embauchée à Ouest-France en 2000, à l'agence de Flers, dans l'Orne. Elle a ensuite été localière en agences et rédactions multiples entre 2000 et 2010 (Trouville, Argentan...). De 2004 à 2007, elle a été secrétaire d'édition au Mans en charge des pages départementales, du Dimanche Ouest-France et de l'animation des correspondants avant d'être nommée cheffe de la rédaction d'Alençon de 2011 à 2013.

JOURNAUX DE LOIRE - 4 BD ALBERT BLANCHOIN - BP 10728 - 49007 ANGERS CEDEX 1 • TÉL. 02 41 68 86 88

ENSEIGNEMENT SUPÉRIEUR

René **SIRET**

DIRECTEUR GÉNÉRAL DE L'ECOLE SUPÉRIEURE D'AGRICULTURES ANGERS LOIRE

FORMATION maîtrise de biochimie structurale et analytique (Université de Toulouse, 1996); DEA Sciences des Aliments (1997), Doctorat en Viticulture et Œnologie (2001) et Diplôme National d'Œnologue (2006) à l'Université de Montpellier; Habilitation à Diriger des Recherches (HDR, 2015) à l'Université d'Angers

DISTINCTIONS Lauréat du Grand Prix 2001 de l'Académie Amorim (grâce à ses travaux de thèse)

PASSIONS sa famille, le sport, la montagne

Quand il pensait à sa future carrière, René Siret oscillait entre deux pôles d'intérêt: l'enseignement (sa mère enseignait l'anglais et son oncle était instituteur) et le secteur agro-alimentaire. Son stage de DEA en bromatologie à la faculté de pharmacie de Montpellier le fera entrer de plain-pied dans le domaine de la vigne et du vin. Plus tard, dans le cadre de son doctorat, il participe à plusieurs projets innovants concernant de nouvelles technologies en œnologie et viticulture. Et décide de devenir œnologue après un stage dans un laboratoire supportant le diplôme national. On lui propose un poste de maître de conférences assistant puis de chargé d'enseignement et de recherche à l'université de Montpellier en 2001. Trois ans plus tard, il intègre l'École Supérieure d'Agricultures Angers Loire (ESA) en tant qu'enseignant-chercheur en viticulture-œnologie. Il continue à se former en découvrant cette école d'ingénieur, acquérant au fil du temps une précieuse polyvalence. Il y prend la responsabilité du département viticulture et œnologie en 2008 puis, en 2017, est nommé directeur général de l'ESA.
Cet homme de dialogue, à l'aise aussi bien dans la conception de projets que dans le développement ou le management, se sent exactement à sa place dans ses fonctions. Déterminé et impliqué, il réécrit la future stratégie de l'école tout en étant le garant de ses valeurs, son histoire et de son ouverture sur le monde. Dans son rôle de dirigeant, c'est surtout «la dimension sociale et humaine» qui le porte, veillant à l'intégration de ses étudiants dans le tissu socio-économique. Et toujours soucieux de respecter l'équilibre entre deux notions essentielles à ses yeux: être acteur et être «au service de».

ESA - ECOLE SUPÉRIEURE DES AGRICULTURES - 55 RUE RABELAIS - BP 30748 - 49007 ANGERS CEDEX 1 • TÉL. 02 41 23 55 55

INTÉRIM, PORTAGE SALARIAL ET GROUPEMENTS D'EMPLOYEURS

Jean-Charles **TAUGOURDEAU**

PRÉSIDENT DE FORVAL

FORMATION collège Saint-Pierre à Dreux - ingénieur horticole (IESHE de Gembloux, Belgique, 1977)

DISTINCTIONS chevalier du Mérite agricole

PASSIONS le ski, le jogging (semi et marathon), la cuisine et la peinture.

Créateur et dirigeant d'une entreprise horticole de 1981 à 2010, Jean-Charles Taugourdeau l'accompagne jusqu'en juin 2011 après l'avoir transmise à la coopérative Fleuron d'Anjou fin 2010. Il préside par ailleurs le groupement d'employeurs Forval, qu'il a créé en 1998.
Sur le plan politique, Jean-Charles Taugourdeau est élu maire de sa commune Beaufort-en-Vallée (où il s'est installé à l'âge de 27 ans) dès 1991. Elle devient en 2016, une commune déléguée de la commune nouvelle de Beaufort-en-Anjou et le maire doit céder sa place en 2017 pour ne pas cumuler les mandats. Ancien conseiller général (1991-2002) et président de la communauté de communes de Beaufort-en-Anjou jusqu'en avril 2014, il est élu député de la 3e circonscription de Maine-et-Loire en 2002. Réélu en 2007, 2012 et 2017, il est membre de la commission des affaires économiques et à l'initiative de 12 textes législatifs dont le rapport «C'est le travail qui crée l'emploi» en 2011. Réélu maire en 2020, il abandonne son mandat à l'Assemblée nationale et devient le suppléant de la nouvelle députée, Anne-Laure Blin. Lors des nouvelles élections municipales de

2023 il n'est pas réélu et doit céder sa place de maire.

FORVAL - 2 AV. DES TILLEULS
- 49250 BEAUFORT-EN-ANJOU
• TÉL. 02 41 54 86 76

FINANCES

Olivier **VARIOT**

DIRECTEUR TERRITORIAL PRÊT À LA CAISSE DES DÉPÔTS

FORMATION DUT de gestion des entreprises option fiscalité (université de Paris V Descartes, 1988)

PASSIONS la course à pied, l'oenologie et les voyages.

Olivier Variot travaille pour le groupe de la Caisse des Dépôts (CDC) depuis près de 30 ans. Entré en 1982, il occupe successivement à Paris les postes de responsable d'équipe à Comepargne - Centre de traitement des chèques (1982-1988) et d'organisateur du nouveau système d'information (interface entre les utilisateurs et l'informatique de la CDC) au Fonds d'épargne (1989-1991). A partir de 1992, il est directeur départemental en charge des financements des collectivités locales au Crédit local de France Dexia à Dijon. De 1994 à 2005, dans la même ville, il dirige les activités bancaires (1994-2000), puis est promu directeur territorial Prêteur et investisseur à la direction régionale Bourgogne de la Caisse des Dépôts. Depuis 2005, Olivier Variot exerce la fonction de directeur territorial Prêt à la direction régionale Pays de la Loire à Angers. Il est en charge du financement du logement social et des collectivités locales.

CAISSE DES DÉPÔTS
- BANQUE DES TERRITOIRES
- DIRECTION RÉGIONALE PAYS DE LA LOIRE
- 9 RUE AUGUSTE GAUTHIER - CS 30605
- 49006 ANGERS CEDEX 1 • TÉL. 02 41 20 23 80

COMMUNE

Jean-Marc **VERCHERE**

MAIRE D'ANGERS

Jean-Marc Verchère débute sa carrière en 1970, en tant qu'ingénieur auxiliaire aux Etudes générales et travaux, en charge de la voirie. Il occupe ensuite, dès 1976, des postes de direction au sein de services municipaux. Il s'implique en politique et il est élu en 1989 maire de Saint-Mathurin-sur-Loire, après avoir occupé la fonction d'adjoint au maire. En 1996, il devient président de la communauté de communes Loire-Authion. Une fonction qu'il occupera durant 12 années. En 2007, il devient directeur général adjoint pour 4 ans de l'agglomération.
Lors des élections municipales de 2014, Jean-Marc Verchère se présente sur la liste de Christophe Béchu sous l'étiquette du Modem. Elu, il devient premier adjoint puis maire, en juillet 2022, à la suite de la nomination de Christophe Béchu au gouvernement.

VILLE D'ANGERS - BD DE LA RÉSISTANCE
ET DE LA DÉPORTATION - BP 80011
- 49020 ANGERS CEDEX 2 • TÉL. 02 41 05 40 00

JURIDIQUE

Laurence **VERNAY**

AVOCATE - PRÉSIDENTE DE RÉGION FEMMES CHEFS D'ENTREPRISES

FORMATION DESS droit des entreprises agroalimentaires (Université de Nantes - 1997)

PASSIONS les voyages et surtout l'Espagne

Laurence Vernay commence par faire ses armes dans une banque puis dans une entreprise agro-alimentaire régionale. Elle entre en 1999 chez Saje (devenue TGS Avocats) à Nantes. Devenue associée, elle prend la direction de la Vendée et du Choletais en 2008 et la co-gérance en 2011. Experte dans le domaine des contrats commerciaux et du développement des réseaux de franchise, elle travaille pour de nombreux clients dans toute la France.
Dans le cadre de l'activité de son cabinet, l'avocate rejoint le Medef et la Cgpme. Femme entrepreneuse et entreprenante, elle adhère à Entreprendre au féminin et crée l'antenne vendéenne en 2013. Puis elle découvre Femmes Chefs d'Entreprises (FCE), qui n'existe pas encore dans les Pays de la Loire. Elle y trouve ce qu'elle recherchait : un réseau qui incite les femmes à prendre leur place dans les institutions économiques. Elle rejoint donc FCE, dans le but de « rendre visible des modèles féminins d'entrepreneuses » grâce aux diverses actions menées : intégration de jurys, témoignages, parrainages, accords locaux avec des associations (Femmes pionnières, 100 000 entrepreneurs, Trophées femmes de l'économie...). Fin 2013, elle rencontre les membres du FCE national, crée un bureau à Nantes en 2014 et lance la délégation des Pays de la Loire, qui compte actuellement 50 Nantaises et Vendéennes. Son ambition est d'en ouvrir dans les autres départements ligériens. Et quand on est dynamique et engagée, nul doute que le pari est gagné d'avance... En avril 2015, l'association adhère au Medef 44 et Laurence Vernay y est nommée au conseil d'administration. Chargée de la commission formation emploi compétences au sein de la CCI Nantes Saint-Nazaire, elle en est élue première vice-présidente en 2021.

TGS FRANCE AVOCATS
- 18 RUE BOUCHÉ THOMAS - 49000 ANGERS
• TÉL. 02 41 66 25 15

TOURISME ET LOISIRS

Hervé **YANNOU**

ADMINISTRATEUR DU DOMAINE NATIONAL DU CHÂTEAU D'ANGERS

FORMATION LUISS Business School (Italie, 1999), Ecole française de Rome (2002), auditeur agrégatif (Ecole normale supérieure, 2000), master histoire contemporaine (Université Paris X Nanterre, 2003)

PASSIONS voyages, spectacle vivant, musique, littérature, la gastronomie et le vin

PUBLICATIONS plusieurs études et ouvrages dont le dernier en date La table des Nantais, co-écrit avec Aude Cassayre (Ed. d'Orbestier, 2013)

Fasciné par l'Histoire dès son jeune âge, Hervé Yannou quitte la Bretagne pour faires ses classes préparatoires à Paris puis rejoint Rome dans le cadre d'un échange universitaire. C'est au cours de ses études qu'il va s'intéresser à l'histoire de la papauté, dont il deviendra un spécialiste : il a en effet alors accès aux archives du Vatican dans le cadre de son mémoire. Boursier de l'Ecole française de Rome, il vit quelque temps entre la capitale italienne et Paris, où il est auditeur agrégatif à l'Ecole Normale Supérieure. Il devient ensuite chargé de cours à l'université de Marne-la-Vallée puis rejoint le cabinet du directeur de l'ENS. C'est en 2004 que l'historien-chercheur devient journaliste, sa connaissance des arcanes du Vatican étant très recherchée dans le cadre de la succession de Jean-Paul II. Il retourne donc à Rome pour l'agence I. Media et le Figaro, tout en étant correspondant d'autres journaux et consultant pour l'AFP. De retour en France, Hervé Yannou s'installe à Nantes en 2008 pour devenir plume et conseiller culture, tourisme et patrimoine du maire Jean-Marc Ayrault. Celui devenant Premier Ministre en 2012, le finistérien décide de postuler au Centre des monuments nationaux. Il prend la fonction d'administrateur dans les Yvelines, au château de Maisons à Maisons-Laffitte et à la Villa Savoye à Poissy. S'épanouissant dans ce métier qui allie ouverture au public et conservation, il est nommé au Château d'Angers en avril 2016. Doté d'un humour pince-sans-rire, il est très sérieux lorsqu'il évoque ses nouvelles missions dont le classement de la tapisserie de l'Apocalypse au patrimoine mondial de l'Unesco.

DOMAINE NATIONAL DU CHÂTEAU D'ANGERS - 2 PROMENADE DU BOUT DU MONDE - 49100 ANGERS • TÉL. 02 41 86 48 77

LES COUPS DE CŒUR
de l'année

Chiara **Danieli**

DG DE GROUPE BOUHYER

Caroline **Hilliet Le Branchu**

PDG DE LA CONSERVERIE LA BELLE- ÎLOISE

Philippe **Roguedas**

DIRECTEUR GÉNÉRAL D'OSO-AI

Chiara Danieli

DG DE GROUPE BOUHYER

DU PÔ À LA LOIRE, ITINÉRAIRE D'UNE TURINOISE

La dirigeante conduit d'une main de fonte l'entreprise, n° 2 européen du contrepoids derrière sa rivale FMGC.

Bouhyer diffère plusieurs investissements majeurs programmés sur son site d'Ancenis, entre Nantes et Angers. Outre un manque récurrent de main d'œuvre, le spécialiste du contrepoids en fonte invoque des incertitudes tant au niveau de la conjoncture que de l'évolution réglementaire sur le plan environnemental. « L'Europe va voter l'année prochaine (Ndlr : 2024) une série de nouvelles normes d'émissions industrielles qui s'appliqueront aux secteurs de la forge et de la fonderie, et qui nécessiteront de faire évoluer certaines installations », souligne Chiara Danieli, directrice générale. De la même façon, les objectifs de décarbonation incitent la société à surseoir à son plan de modernisation. Chiffres et industrie guident la carrière de la dirigeante depuis sa sortie de l'université. Sans doute faut-il y voir là le résultat d'un syncrétisme familial avec une mère enseignante de mathématiques et un père ingénieur en production et gestionnaire de sociétés. Diplôme d'économie et de commerce en poche, la jeune femme débute sa vie professionnelle dans le secteur automobile : difficile d'échapper à Fiat quand, à la fin des années 1980, native de Turin, votre appétence vous pousse à accompagner les entreprises au-delà des frontières de la Botte. Pendant une quinzaine d'années, Chiara Danieli parcourt le monde en exerçant différentes fonctions, de l'audit interne à la direction financière, au sein du constructeur qui incarne alors l'excellence manufacturière italienne. Animée par le désir d'autres challenges et d'une nouvelle vie, la dirigeante s'installe ensuite à Paris. Alors qu'elle se prépare à intégrer l'allemand Siemens, se présente l'opportunité, début 2007, de s'associer comme actionnaire minoritaire à Alain Mimouni, ancien cadre d'Iveco, filiale de Fiat, pour le rachat de la fonderie familiale Bouhyer. Mais avec ses 300 salariés, et le site de Revin dans les Ardennes, la PME n'en est pas moins tournée vers l'international. Depuis plus de quinze ans donc, l'Européenne de cœur et de raison qu'est Chiara Danieli, naturalisée française, partage sans compter avec ses équipes la vision et la stratégie qui l'animent pour Bouhyer. Mais elle garde aussi le contact avec l'extérieur pour percevoir les défis à venir. En attestent ses différents mandats et responsabilités au Medef, à la chambre de commerce ou encore au syndicat professionnel. Au point de ressentir un fort sentiment d'appartenance à l'Hexagone. « Mon réseau à Nantes, une ville ouverte et agréable, est aujourd'hui plus important qu'à Turin. C'est ici que se trouve la meilleure cuisine italienne ! »

PROPOS RECUEILLIS PAR
JACQUES LE BRIGAND

FORMATION diplôme d'économie et commerce de l'université de Turin

PASSIONS plongée sous-marine, lecture, voyages, cuisine

DISTINCTION chevalier de l'Ordre national du mérite

RÉSEAUX PROFESSIONNELS
vice-présidente du Medef 44, vice-présidente d'International Ouest club (IOC), vice-présidente de la Fédération des industries mécaniques (Fim), membre du conseil d'administration de la Fédération forge et fonderie, présidente du CAEF – the European Foundry Association, référente internationale à la CCI Nantes Saint-Nazaire et Pays de la Loire

GROUPE BOUHYER - 358 RUE DE LA FONDERIE - 44152 ANCENIS SAINT-GÉRÉON CEDEX • TÉL. 02 40 09 19 00

Pourquoi elle ?

- ✔ Elle est une des rares femmes dirigeantes dans le monde de la fonderie
- ✔ Elle est à la tête de la 2ᵉ fonderie d'Europe

Sa devise

« La fortune sourit aux audacieux »

Sa date clé

2007 association avec Alain Mimouni pour le rachat de la fonderie familiale Bouhyer

Caroline Hilliet Le Branchu

PDG DE LA CONSERVERIE LA BELLE- ÎLOISE

CAP VERS **LA DIVERSIFICATION ET LA RSE**

Caroline Hilliet Le Branchu ne se projetait pas au départ à la tête de l'entreprise familiale.

Née et élevée au cœur des ateliers de la Conserverie de la belle-îloise, créée par son grand-père en 1932, Caroline Hilliet Le Branchu ne se projetait pourtant pas à la tête de l'entreprise. C'est à l'âge de 32 ans, après la naissance de son premier enfant, que vient l'envie de revenir s'ancrer en Bretagne. Elle travaillait alors depuis 8 ans à Lille dans l'informatique, au sein d'IBM. «On n'en avait jamais vraiment parlé avec mon père. Un jour je lui ai dit que j'aimerais bien faire partie de l'aventure familiale», se rappelle-t-elle. L'ainée de la famille entre dans l'entreprise en 2006 et entame un process de transmission qui durera 5 ans. Aux côtés de son père Bernard, elle apprend les différents rouages, jusqu'à sa prise de poste en janvier 2011. Elle ouvre 40 magasins en l'espace de 10 ans, surtout en centre-ville, où la conserverie n'était pas initialement implantée. Une expansion que Caroline Hilliet Le Branchu compte désormais ralentir. «On veut continuer de grandir, mais à un rythme modéré», souligne la dirigeante de l'ETI tout juste labellisée entreprise à mission et enseigne responsable. La Conserverie la belle-îloise assume désormais un cap qui l'amène à «agir en conscience». «Cela nous contraint à faire des arbitrages, à renoncer à certaines choses», explique la cheffe d'entreprise. Parmi ses engagements : ne pas se fournir en poissons d'élevage, ne pas prendre les plus petits calibres afin de protéger la croissance des maquereaux, thons, sardines avec lesquels elle conçoit ses tartinables, rillettes, apéritifs. «C'est un choix difficile qui aurait pu nous mettre en danger», explique-t-elle. La dirigeante a également engagé un programme de diversification vers des recettes vegan avec des légumes ou des algues. Côté management aussi, elle imprime son style et une nouvelle gouvernance «pour organiser la transversalité». Elle s'interroge sur les réponses à apporter à ce qui représente aujourd'hui le plus gros défi de l'entreprise qui emploie jusqu'à 650 salariés en haute saison (300 saisonniers) : le recrutement. «On n'arrive plus à recruter. Il y a une nette évolution du rapport au travail depuis le covid. Il faut que l'on pense le travail différemment», explique-t-elle. Elle envisage pour cela d'innover dans la mécanisation de son outil de production. Ces questionnements, elle les partage avec d'autres dirigeants d'ETI bretonnes au sein du Club ETI Bretagne qu'elle préside. Créé en 2021, il réunit 50 sociétés. C'est là que la dirigeante puise des idées pour accélérer autour notamment des sujets de croissance et décarbonation, prochains thèmes qui rythmeront la vie du réseau en 2024.

PROPOS RECUEILLIS PAR
AMANDINE DUBIEZ

Née le 28 août 1974, à Vannes. Mariée. Trois enfants

FORMATION lycée Saint-Paul à Vannes ; licence en sciences économiques (Université de Rennes I), master ESC Clermont-Ferrand

PASSIONS la famille, le cinéma et la pratique de la course à pied

RÉSEAUX PROFESSIONNELS présidente du Club ETI Bretagne, membre d'APM et de BDI

DISTINCTIONS Prix Femme d'affaires Veuve Cliquot 2016 ; chevalière de l'Ordre national du mérite 2020, officier de l'Ordre du mérite agricole en 2022

LA BELLE ÎLOISE - ZA PLEIN OUEST
56170 QUIBERON • TÉL. 02 97 50 08 77

Pourquoi elle ?

- ✔ Elle est la 3ᵉ génération à diriger l'entreprise familiale presque centenaire
- ✔ Elle impulse une dynamique RSE
- ✔ Elle préside le club ETI Bretagne qui rassemble 50 ETI bretonnes.

Sa devise

“ L'impossible n'est que temporaire ”

Ses dates clé

2006 elle intègre l'ETI et s'installe à Quiberon

2011 elle devient PDG de La Conserverie La Belle Îloise

2021 elle devient présidente du Club ETI

2023 la Conserverie La Belle Îloise devient entreprise à mission

Philippe Roguedas

DIRECTEUR GÉNÉRAL D'OSO-AI

LEUR OREILLE AUGMENTÉE SÉCURISE PATIENTS ET SOIGNANTS

Créée en 2018, OSO-AI a depuis démontré son intérêt auprès des établissements de soins.

Ils sont une cinquantaine en France à utiliser l'oreille augmentée que 4 associés ont imaginée pour venir en aide à des soignants débordés. À Brest, Philippe Roguedas dirige un effectif qui a doublé en 2023. OSO-AI, c'est l'histoire de 3 copains brestois, et d'un 4e homme venu se greffer en chemin. Mais il a fallu du temps avant que cette amitié ne donne vie à un boîtier intelligent, capable de détecter un bruit indiquant un problème dans une chambre d'établissement médicalisé. Chacun a d'abord écrit un premier – long – chapitre de sa vie professionnelle. Le hasard a voulu que les camarades de lycée travaillent, tous, un temps aux États-Unis. « La fibre entrepreneuriale a commencé à nous gratter là-bas », raconte Philippe Roguedas, qui exerce à l'époque dans la vente d'extraits de plantes pour l'industrie alimentaire. Celui qui co-dirige aujourd'hui OSO-AI (avec Olivier Menut, le président, basé à Grenoble), a longtemps vécu à l'étranger. Aux États-Unis, mais aussi en Europe, il découvre « la force des réseaux bretons ». C'est ce qui décide les 3 amis d'alors 45 ans, à l'heure de créer leur entreprise, d'installer les locaux à Brest, plutôt qu'ailleurs en France, où les 2 autres associés sont basés (le 3e, Gilles Debunne, vit lui à Toulouse). Chacun est complémentaire dans l'aventure, Philippe Roguedas étant le commercial de la bande.

C'est la rencontre avec Claude Berrou, enseignant chercheur à l'IMT Atlantique, qui sera déterminante. « Il a apporté ses travaux de recherche sur l'IA et les sons, et c'est avec lui qu'on a réalisé qu'on pouvait créer un nouveau service : l'oreille augmentée des soignants. » Un boîtier vissé au mur d'une chambre d'établissement médical, relié au wifi et capable d'analyser les sons entendus. Des sons qui, habituellement, poussent les infirmiers et aides-soignants à intervenir. Depuis les premiers tests, en 2019, leur « oreille » a trouvé son public. L'appareil est aujourd'hui utilisé par une cinquantaine de d'établissement, Ehpad et structures en lien avec le handicap. 2023 est l'année de toutes les accélérations pour OSO-AI, qui a atteint le million d'euros de CA. « D'ici l'année prochaine, on sera présents dans 200 à 300 établissements. » L'effectif est passé de 25 à 50 salariés, permettant un déploiement à l'international en 2024, au Japon notamment. Et le champ d'action de l'oreille augmentée n'a pas fini de grossir. Des travaux de recherche visent à détecter les premiers symptômes de la BPCO. La prévention de la mort subite du nourrisson est une autre application à l'étude. « Nous, ce qui nous intéresse, c'est d'être utiles à toute personne fragile », conclut Philippe Roguedas.

PROPOS RECUEILLIS PAR
DELPHINE VAN HAUWERT

Né à Brest le 2 mars 1975
FORMATION Éicence de chimie à l'UBO (1998) ; diplômé de l'ESC Brest (2000)

OSO-AI - LE GRAND LARGE - QUAI DE LA DOUANE 2ÈME ÉPERON - 29200 BREST • TÉL. 06 49 81 02 88

Pourquoi lui ?

- Entrepreneur pour la première fois à 45 ans, il est là à la tête, 3 ans plus tard (avec Olivier Menut), d'une entreprise en forte croissance et déjà mûre pour l'international.
- Leur invention (ils sont 4 associés mais Philippe Roguedas est le seul à Brest, où est située l'entreprise) a récolté de nombreux trophées et distinctions (en 2022 et 2023)
- L'oreille augmentée des soignants est disponible dans une cinquantaine d'établissements en France

Sa devise

“ Tout comprendre avec le son ”

Ses dates clé

2018 création d'OSO-AI

2019 l'oreille augmentée des soignants est testée au CHU de Brest

2020 première levée de fonds (4 M€)

2021 début de la commercialisation

2023 deuxième levée de fonds (10 M€) et doublement de l'effectif

LES TÊTES DE LA MAYENNE

EMBALLAGE

Benjamin **BARBEROT**

PRÉSIDENT DU GROUPE EUROPLASTIQUES

FORMATION classes préparatoires au lycée des métiers Chevrollier d'Angers ; ingénieur (Ecole nationale supérieure des métiers d'Angers, 1999)

PASSIONS la famille et les amis, le jardinage, la chasse, les voyages

Son diplôme d'ingénieur obtenu, Benjamin Barberot commence sa carrière professionnelle dans une entreprise de Dordogne, spécialisée dans la transformation de matières plastiques. Il est envoyé ensuite au sein de sa filiale au Maroc, dans le cadre de son CSNE. Durant 1 an et demi, il fait l'apprentissage de l'autonomie et des responsabilités, manageant les 12 personnes de l'unité de production. Puis il revient en France en 2001 pour prendre le poste d'adjoint à la direction technique de SBECM, au nord d'Agen. La société de 40 salariés est spécialisée dans la confection de bouchons pour bouteilles minérales (toujours les matières plastiques...). En 2006, son père, qui n'est autre que le PDG d'Europlastiques - créée par son propre père - lui indique qu'un poste de responsable de bureau d'études est disponible. Benjamin Barberot postule dans les règles et est embauché en janvier 2006. L'expérience acquise dans la plasturgie lui permet de monter les échelons : responsable du pôle industriel, directeur général, il accède à la présidence en 2012. L'avenir se situe désormais à l'international et dans le développement des différentes structures du groupe. Il s'installe d'ailleurs en 2018 au Canada et poursuit depuis le déploiement de l'entité québécoise Elips Plastics, ainsi que la diversification du Groupe (Europlastiques, Elips Plastics Decostyl).

Cet épicurien, amateur de plaisirs simples, aime se retrouver au milieu de la nature. Ce qui ne l'empêche pas de s'impliquer dans plusieurs réseaux professionnels. Ancien membre de la JCE Laval, il fait partie du réseau APM et Entreprendre. Il est également membre du conseil d'administration du syndicat Plasti Ouest et président de la plateforme Ligépack depuis 2015.

EUROPLASTIQUES - 5 RUE JEAN DAUSSET - CS 40727 - 53810 CHANGÉ • TÉL. 02 43 49 56 56

PROMOTION ET GESTION IMMOBILIÈRE

Daniel **BELLANGER**

PRÉSIDENT DE OMC LAVAL

FORMATION Immaculée conception à Laval, école Saint-Joseph à Evron et Institut Lemonnier à Caen - DUT gestion (IUT du Mans)

DISTINCTIONS chevalier de l'Ordre national du Mérite

PASSIONS la lecture, les livres anciens et la chasse.

Pendant plus de vingt ans aux commandes de la société qui a longtemps porté son nom avant de devenir Walker France en 1990, et après avoir exercé de 1997 à 1999 la fonction de managing director Europe Afrique Moyen Orient de Tenneco Automotive Europe pour les produits de rechange automobile, Daniel Bellanger a décidé de quitter le Groupe Tenneco pour reprendre la direction des sociétés de négoce Buron et Charpentier, qu'il a cédées en 2008. Le Groupe OMC qu'il dirige désormais possède des participations dans l'industrie : emboutissage, tôlerie, aéraulique et immobilier.

Ancien président de la Chambre syndicale de la métallurgie (1981-2000), Daniel Bellanger a été élu président du Medef de la Mayenne en 2000. Il a abandonné cette fonction en 2001 quand il a accédé à la présidence de la CCI de la Mayenne, mandat qu'il a assumé jusqu'en 2010.

OMC SAS - 82 BD DENIS PAPIN - 53000 LAVAL • TÉL. 02 43 59 78 88

COMMUNE

Florian **BERCAULT**

MAIRE DE LAVAL

FORMATION Sciences Po Paris ; HEC

Né d'une mère éducatrice et d'un père journaliste à France 3 Pays de la Loire, Florian Bercault intègre après le bac Sciences Po Paris puis HEC, dont il sort avec un double-diplôme. En 2017, il fonde à Paris l'entreprise Estimeo, spécialisée dans la notation de start-up. Mais ses premiers pas en politique se font néanmoins en Mayenne. En 2012, il s'engage en effet aux côtés de Marie-Noëlle Tribondeau, maire de Bierné, en devenant son assistant en vue de l'élection législative dans la 2e circonscription de la Mayenne. La candidate est finalement battue au second tour mais le chef d'entreprise se décide à se lancer lui-même en campagne à Laval, peu avant le désistement de François Zocchetto en 2019. Épaulé par l'ancien maire et député de Mayenne Guillaume Garot, Florian Bercault est élu en juin 2020.

VILLE DE LAVAL - PLACE DU 11 NOVEMBRE - CS 71327 - 53013 LAVAL CEDEX • TÉL. 02 43 49 43 00

AGROALIMENTAIRE

Emmanuel **BESNIER**

PRÉSIDENT DU DIRECTOIRE DE LACTALIS

FORMATION Institut supérieur de gestion de Paris

PASSIONS le football

Très discret, l'industriel laitier et milliardaire français Emmanuel Besnier est né «dans un bidon de lait », avait-il raconté à Capital. Il est le principal actionnaire et le président du conseil de surveillance du groupe laitier et fromager Lactalis, fondé par son grand-père André Besnier, et qui fête ses 90 ans en 2023. Sa fortune personnelle est estimée à 20,9 milliards de dollars par Forbes au 28 février 2023, faisant de lui l'un des hommes les plus riches de France. Il possède le château du Vallon à Entrammes, une maison à l'île de Ré et un chalet à Courchevel.

LACTALIS - 10 RUE ADOLPHE BECK - 53089 LAVAL CEDEX 9 • TÉL. 02 43 59 42 59

BÂTIMENT ET TRAVAUX PUBLICS

Erwan **BIHEL**

PDG DU GROUPE BAGE

FORMATION lycée Jean Guehenno à Flers - ingénieur en travaux de la construction (Ecole supérieure d'ingénieurs en travaux de la construction - ESITC, Caen)

PASSIONS les sports mécaniques (karting) et le football

Ingénieur chez Vinci Energies de 1999 à 2010, Erwan Bihel crée ensuite le Groupe Bage, dont il est actuellement le PDG. La société holding est composée de plusieurs filiales spécialisées notamment dans la réalisation d'infrastructures énergies et télécommunication, et services associés, à savoir : Elitel Réseaux (Mayenne), Telelec Réseaux (Maine-et-Loire et Sarthe), Bage TP services (Mayenne), Dufour Frères, ESTR (Charente-Maritime), Team réseaux (Eure) et TTPI (Deux-Sèvres). Elle regroupe ainsi 650 salariés.
Investi dans son domaine professionnel, Erwan Bihel a présidé la Fédération départementale des travaux publics de 2011 à 2014. Passionné par le sport, il est par ailleurs pilote au sein de l'équipe de course automobile Yvan Muller Racing et a été membre du directoire du Stade Lavalllois de 2012 à 2014.

BAGE - ZA DE LA MAÎTRIE - BP 10 - 53410 SAINT-OUEN-DES-TOITS • TÉL. 02 43 01 29 34

BÂTIMENT ET TRAVAUX PUBLICS

Luc **BOISNARD**

PDG DE OUEST ACRO

FORMATION lycée Douanier Rousseau à Laval (bac D)

DISTINCTIONS Everest summiter

PASSIONS les sports extrêmes, l'alpinisme, « l'himalayisme » et le canoë-kayak.

PUBLICATIONS film documentaire « La face cachée de l'Everest » (52 min) et livre « La face cachée de l'Everest et La face cachée du dirigeant » (2016), en librairie ou en ligne

Un parcours professionnel et personnel à donner le vertige... Passionné d'activités de pleine nature (canoë-kayak, escalade, alpinisme...), en pleine préparation du diplôme de guide de haute montagne, Luc Boisnard réoriente sa carrière et fonde à 22 ans, en 1992, l'entreprise Ouest Acro spécialisée dans les travaux d'accès difficiles sur cordes et la sécurité des hommes en hauteur. L'homme devient vite une référence en matière d'entreprise respectueuse de l'environnement et de l'humain. Dirigeant atypique, conférencier, auteur, c'est aussi un explorateur social qui s'efforce « d'interagir en permanence avec les autres, en les incitant à aller au bout de leurs rêves ». Présidant l'association Everest 2010, il est à l'initiative de la première expédition française de dépollution du Toit du monde, atteint le 5 mai 2010 à 5 h 45. Six ans plus tard, il en tire un livre, « La face cachée de l'Everest et La face cachée du dirigeant ». Celui-ci retrace le parcours du Mayennais, le récit de l'expédition, sa genèse et sa vision d'un management « moderne et atypique ».
Et les projets de Luc Boisnard ne s'arrêtent pas là... Il se lance en avril 2023 dans le projet « Himalayan Clean-up », et collecte, avec son équipe, 3,7 tonnes de déchets sur l'Annapurna et le Makalu.

OUEST ACRO - PA DE L'OCÉANE - 53950 LOUVERNÉ • TÉL. 02 43 37 66 66

MÉCANIQUE ET MÉTALLURGIE

Éric **BOITTIN**

PDG DU GROUPE SERAP

FORMATION ISEP - Institut supérieur d'électronique de Paris (1984) ; école des managers de Laval (1998)

DISTINCTIONS chevalier du mérite agricole 2013

PASSIONS faire de la voile, la randonnée en montagne, le ski, les voyages

Après son service militaire en tant qu'officier de marine de réserve, Eric Boittin entre chez Altran Technologies en 1986 comme ingénieur électronique. Il y effectue des missions pour Dassault puis chez Thomson CSF (Thalès) qui finira par l'embaucher en 1991. Chef de projet pour des calculateurs de systèmes lance missile anti-aérien, il manage une vingtaine d'ingénieurs pendant 3 ans. En 1994, alors qu'il ne s'y attend pas, son père l'appelle pour prendre la relève au sein de l'entreprise SERAP, spécialisé dans la chaudronnerie inox et les échanges thermiques. Il commence par travailler pour le service qualité puis est nommé responsable du bureau d'études. Il devient directeur technique en 1998 et prend également en charge la direction commerciale en janvier 2000, après s'être formé en gestion. Il est ainsi prêt à assumer la direction générale à partir de septembre 2000, lors du départ en retraite de son père.
Il s'attelle depuis à développer la société familiale, créant une filiale en Inde, au Mexique, en Allemagne et rachetant une société au Brésil puis une autre dans l'Ain, Robert BAS. Il avoue être fier d'avoir réussi avec ses équipes - 35 % du capital appartient aux salariés - à devenir le 1er constructeur mondial de refroidisseurs de lait, en inventant au passage une machine frigorifique intelligente à puissance variable. SERAP poursuit sa stratégie de diversification et fabrique des cuves pour des grands noms du vin français et étranger. Le groupe emploie désormais 500 salariés et affiche un C.A. annuel de 50 M€.
Impliqué dans les réseaux professionnels, Eric Boittin est administrateur de Medef international. Il a été président de l'UIMM

(Union des industries et des métiers de la métallurgie) de la Mayenne de 2015 à 2017.

SERAP INDUSTRIES - RTE DE FOUGÈRES - 53120 GORRON • TÉL. 02 43 08 49 49

HABITAT SOCIAL

Yannick **BORDE**

DIRECTEUR GÉNÉRAL GROUPE PROCIVIS OUEST IMMOBILIER - MAIRE DE SAINT-BERTHEVIN

FORMATION Lycée Guist'hau à Nantes - maîtrise de sciences économiques (1988) ; 3e cycle en management immobilier à l'Université de sciences économiques de Nantes et à l'Essec/IAE Poitiers

PASSIONS tintinophile.

Professionnellement, Yannick Borde dirige depuis 1993 la Sacicap Procivis Mayenne (ex-Crédit immobilier de la Mayenne) et, depuis 2008, le Groupe Procivis Ouest Immobilier, implanté en Maine-et-Loire, Vendée, Mayenne et Sarthe. Président de l'Union Economique et Sociale pour l'Accession à la Propriété (UES-AP), organe de gouvernance des Sacicap, et membre de l'Union Sociale pour l'Habitat (USH), il est à ce titre vice-président de l'USH. Il préside également le Crédit immobilier de France depuis 2013.
Dès le début des années 2000, il s'implique en politique. Maire de Saint-Berthevin depuis 2003, il a été à ce titre vice-président de Laval Agglomération où, après avoir eu en charge le développement social (2003-2008), l'Emploi et le développement économique, il s'est occupé de la transition économique de 2020 à 2021. Yannick Borde est élu conseiller départemental du canton de Saint-Berthevin en 2011. Membre des commissions « Développement des Territoires » et « Culture », il assure la vice-présidence de la commission « Economie et emploi ». Il ne se représente pas en 2015. Il a par ailleurs présidé l'Association départementale Danse et Musique (devenue Mayenne Culture) ainsi que le festival de théâtre Les Nuits de la Mayenne de 2011 à 2015.

PROCIVIS OUEST IMMOBILIER - PARC TECHNOPOLE - RUE ALBERT EINSTEIN - CS 20627 - CHANGÉ - 53006 LAVAL CEDEX • TÉL. 02 43 67 80 80

DÉVELOPPEMENT ÉCONOMIQUE

Alexandre **BOUCHET**

DIRECTEUR DE CLARTE ET DE LAVAL VIRTUAL

FORMATION master technologies du virtuel (Arts et Métiers Laval, 2004) ; master Administration des entreprises (IAE Caen, 2011)

PASSIONS les automobiles sportives anciennes

PUBLICATIONS brevet « Dispositif transportable de visualisation en relief possédant deux écrans » (2012)

Jeune étudiant très intéressé par le domaine des jeux vidéo, Alexandre Bouchet se rend compte que le milieu est en pleine crise en France et finalement assez déceptif. C'est alors qu'il découvre le salon Laval Virtual et les technologies innovantes et « futuristes » qu'il présente (interaction, 3D) et fait le choix d'y consacrer son master. Cette révélation va devenir une passion qui conduit depuis sa carrière. Il rejoint Clarte dès 2005 en tant qu'ingénieur spécialiste de la réalité virtuelle et augmentée. Il y développe ses premiers projets comme des applications pour DCNS ou Renault. L'équipe R&D s'agrandit jusqu'à 12 personnes et il en prend la direction en 2008. Désireux d'acquérir une dimension managériale, Alexandre Bouchet reprend ses études et obtient un master à l'IAE de Caen, choisi pour ses spécificités dans le domaine du management de l'innovation. Il avoue en tirer aujourd'hui tous les jours les bénéfices puisqu'il devient directeur de Clarte en février 2017. A la tête de la structure, il pilote l'ensemble des équipes et veut continuer à « accélérer » en s'appuyant sur des bases solides. Son ambition est de faire des Pays de la Loire un leader sur les thématiques de la réalité virtuelle et augmentée, au niveau national et international. Il devient également directeur de Laval virtual, association organisatrice du salon du même nom, en septembre 2022.
Depuis juillet 2022, il est au conseil d'administration du CNXR (Conseil National de la XR), la fédération des associations françaises de Réalités Virtuelle, Augmentée & Mixte.

CLARTE - BÂTIMENT LAVAL VIRTUAL CENTER - RUE MARIE CURIE - 53810 CHANGÉ • TÉL. 02 43 59 46 20

DÉPARTEMENT

Nicole **BOUILLON**

1RE VICE-PRÉSIDENTE DU CONSEIL DÉPARTEMENTAL DE MAYENNE - 2E VICE-PRÉSIDENTE DE LAVAL AGGLOMÉRATION

DISTINCTIONS Chevalier dans l'Ordre national du Mérite

Professionnellement, Nicole Bouillon a été chef d'entreprise, dans le domaine du conseil en entreprises. En 2008, elle a cessé son activité pour se consacrer à ses mandats électifs. Conseillère départementale de Mayenne élue dans le canton de Loiron depuis 2004, elle est membre de la commission permanente, 1re vice-présidente. Elle préside la commission administration générale, finances et ressources humaines et est membre de la commission enfance, famille et insertion. Présidente de l'Agence de développement du tourisme de la Mayenne jusqu'en juin 2015, elle est restée fidèle à sa commune du Genest-Saint-Isle où elle est élue maire depuis 2001.
Nicole Bouillon est par ailleurs 2e vice-présidente de Laval Agglomération, en charge du développement des entreprises et de l'économie sociale et solidaire. Elle est également présidente de Laval économie, l'agence de développement économique de l'agglomération lavalloise, depuis 2021. Réélue cette même année au conseil

départemental, elle en reste première vice-présidente.

CONSEIL DÉPARTEMENTAL DE LA MAYENNE
- 39 RUE MAZAGRAN - CS 21429
- 53014 LAVAL CEDEX • TÉL. 02 43 66 53 53

MÉDIAS

Guillaume **BOUNIOL**

DIRECTEUR DÉPARTEMENTAL OUEST-FRANCE MAYENNE

FORMATION maîtrise de droit international (université d'Auvergne, 1999); École de journalisme de Toulouse (2002)

Guillaume Bounio est directeur départemental du journal Ouest-France en Mayenne depuis août 2022. Auvergnat d'origine, il entre chez Ouest-France en 2002, à Quimper. Rédacteur en chef délégué adjoint de Dimanche Ouest-France pendant trois ans, puis chef du service économique de Ouest-France de 2012 à 2022, il a notamment travaillé à Lamballe, Lisieux et Concarneau.
Il découvre petit à petit la Mayenne avec enthousiasme : «J'ai tout à apprendre du département, mais c'est aussi un retour aux sources. Après treize années passionnantes au siège du journal, à Rennes, j'avais une grande envie de retrouver le terrain. Être au plus près des lecteurs et de tous ceux qui font vivre les territoires, c'est le sel de notre métier», confiait-il à Ouest-France.

OUEST-FRANCE MAYENNE
- 92 AV. ROBERT BURON - 53000 LAVAL
• TÉL. 02 43 59 15 59

INDUSTRIE ÉLECTRIQUE ET ÉLECTRONIQUE

Bruno **BOUYGUES**

PRÉSIDENT-DIRECTEUR GÉNÉRAL DE GYS

FORMATION lycée Stanislas à Paris - ingénieur ESTP (1999); master of sciences (1999); MBA (2002) au MIT et à l'Insead

DISTINCTIONS Manager de l'année en Mayenne 2020 (Dirigeants commerciaux de France)

PASSIONS la famille, le squash, le kite surf et «perfectionner un coréen malheureusement toujours balbutiant».

Après avoir commencé sa carrière dans des banques d'affaires, chez Merril Lynch à Londres et la Société générale à New York, Bruno Bouygues intègre le cabinet Oliver Wyman à Paris. En 2003, il rejoint comme directeur général la société Gys, rachetée en 1997 par son père. A son arrivée, il développe l'export de l'entreprise, en particulier en Allemagne, puis s'investit dans le commercial, la R&D et le développement des filiales. L'entreprise conçoit et fabrique des postes de soudure, des chargeurs de batteries et de l'équipement de réparation automobile. Gys a d'ailleurs obtenu de nombreux prix dont celui de l'innovation dans le Grand-Ouest, décerné par L'Entreprise et Ernst & Young en 2009, et Territoire Innovation en 2010 (Lettre API et CCO). Le développement rapide de la société est à l'image de ce jeune dirigeant, aujourd'hui administrateur de l'UIMM Mayenne et membre de l'association «Parrainer la croissance». Lui, qui fit l'ascension du Kilimandjaro et participa à un raid en motoneige dans l'Arctique, veut convaincre les futurs entrepreneurs que les défis sont faits pour être relevés.

SAS GYS - 1 RUE DE LA CROIX DES LANDES
- 53940 SAINT-BERTHEVIN • TÉL. 02 43 01 23 60

EXPERTISE COMPTABLE ET AUDIT

Didier **CAPLAN**

PRÉSIDENT-FONDATEUR DU GROUPE COMPTACOM

FORMATION expert-comptable; commissaire aux comptes; DUT GEA (IUT d'Angers)

DISTINCTIONS prix de l'Innovation 2000

Didier Caplan exerce la profession d'expert dans le cabinet lavallois qu'il a créé en 1988 : ComptaCom. Devenu un des cabinets les plus dynamiques de France, il compte 50 bureaux principalement dans l'Ouest et en région parisienne. S'appuyant sur un effectif de près de 500 personnes, dont 32 associés, il comptabilise plus de 28000 clients. Un appel à projet lancé par la Datar l'incite à créer, en 1993, le concept de télécomptabilité «Comptacom» et à fonder la société éponyme. Fort de l'expérience acquise en reprise de cabinet d'expertise comptable il lance en 2015 la 1re franchise en expertise comptable. Les principes de dématérialisation de la comptabilité l'on également incité dès 1993 à fonder la société d'archivage électronique Archimaine qui est devenu l'un des acteurs les plus important en France dans la numérisation et hébergement d'archives publiques.
Président de la Jeune chambre économique de Laval de 1992 à 1993, il a représenté l'association des Dirigeants commerciaux de France (DCF) de la Mayenne (2000-2001), fut conseiller municipal de Laval (1995-2001) et a présidé le club Lions «Guy de Laval».

COMPTACOM - 162 AV. DES FRANÇAIS LIBRES
- CS 71015 - 53010 LAVAL CEDEX
• TÉL. 02 43 64 17 17

NUMÉRIQUE ET INFORMATIQUE

Laurent **CHRETIEN**

DIRECTEUR DE KOMODAL

FORMATION
Ecole polytechnique de Palaiseau ; ENPC Paris ; Escuela de Caminos à Madrid

PASSIONS
le tennis (ex 15/2), le squash, le kayak, les voyages, le piano et les volcans.

Après des débuts chez Dumez International, dans une équipe chargée de réaliser une centrale hydro-électrique en Indonésie, Laurent Chrétien crée la société Art'Kan pionnière dans les jeux de piste et autres chasses aux trésors à vocation culturelle et touristique. En 2000, il poursuit comme responsable des services au sein de Nouvelles entreprises du territoire avant d'intégrer Unibail pour diriger Coeur Défense. Il y exercera comme directeur des services, puis directeur d'exploitation à partir de 2003. Il dirige alors de nombreux actifs : le Forum des Halles, la Porte de Versailles, Les 4 Temps… Nouveau virage en 2008, avec un retour vers les technologies d'information : il préside memoRee, réseau social communautaire sur Internet permettant à chacun de collecter, partager et transmettre ses mémoires individuelles et collectives. Il dirige le projet de Laval Virtual Center pour le compte de Laval Agglomération depuis 2011. En janvier 2013, il a été choisi comme directeur de Laval Virtual, salon dédié aux innovations dans le domaine de la réalité virtuelle et des technologies convergentes. L'événement, ne cessant de gagner en notoriété internationale, regroupe un salon professionnel sur 3 jours, des conférences scientifiques et professionnelles, des compétitions étudiantes et une ouverture au grand public le week-end.
À partir de la rentrée 2022, il se consacre à l'activité de Komodal, opérateur d'événements virtuels créé par Laval Virtual en 2020.

KOMODAL - RUE MARIE CURIE - 53810 CHANGÉ

PLASTURGIE ET CAOUTCHOUC

Loïc **DE POIX**

PRÉSIDENT DE MPO INTERNATIONAL

FORMATION
Ecole des dirigeants et créateurs d'entreprise (EDC) , Insead (Advanced management program)

DISTINCTIONS
Chevalier de l'Ordre national du Mérite

Doublement diplômé, Loïc de Poix travaille pendant quatre ans dans un cabinet d'expertise-comptable. En 1979, il rejoint l'entreprise familiale MPO fondée par ses parents. Il se consacre avec son frère Serge à la création d'une unité de pressage de disques compacts et fera de MPO un leader européen dans la fabrication de ce support. Sous leur impulsion, MPO devient un groupe international avec six usines et une vingtaine de bureaux commerciaux dans le monde. En 1998, Loïc de Poix est nommé président du directoire de la holding Moulage plastique de l'Ouest (renommée MPO International en 2002). Il pousse l'entreprise sur la voie des technologies de pointe (CD enregistrables, MD-MO, DVD) et crée sa propre marque « Hi-space ». En 2008 il lance une nouvelle unité de fabrication d'emballages dédiée au marché de la cosmétique et de la beauté. Depuis septembre 2012, il est président du conseil de surveillance du groupe familial.
Loïc de Poix est aussi maire de Crennes-sur-Fraubée et vice président de la communauté du Mont des avaloirs, en charge de l'économie, de l'emploi et du tourisme.

MPO - DOMAINE DE L'ORGERIE
- 53700 AVERTON • TÉL. 02 43 08 36 00

SERVICES AUX ENTREPRISES

Patrice **DENIAU**

VICE-PRÉSIDENT DU COMITÉ DE FILIÈRE DES SERVICES À LA PERSONNE - PDG D'APROLLIANCE

FORMATION
CAP et BEP de comptabilité

DISTINCTIONS
Manager de l'année en Mayenne (DCF de la Mayenne, 2009)

PASSIONS
la chasse, la sylviculture et le VTC.

PUBLICATIONS
« Dictionnaire illustré de la propreté »

Après avoir été salarié d'une entreprise mayennaise de nettoyage, où il gravit les échelons de secrétaire à directeur, et avoir pris en charge la direction commerciale de Séché environnement (1994-1997), Patrice Deniau crée sa propre entreprise Spid, puis se développe dans tout l'ouest via le réseau régional Aprolliance qui regroupe 30 sociétés de prestations de service propreté, hygiène et sécurité. Parallèlement, il fonde en 1999 le réseau national Maison et services, dont il est le président, puis Maintien ADOM et Nounou ADOM. L'ensemble représente aujourd'hui plus de 4 000 collaborateurs et 150 agences indépendantes.
Président de la Jeune chambre économique de Laval (1996-1997), Patrice Deniau poursuivra son engagement extra-professionnel au sein de la Chambre de commerce et d'industrie de la Mayenne au début des années 2000. Elu en 2011 nouveau président de cette CCI, et vice-président de la CCI régionale des Pays de la Loire, il est réélu en 2016 et le restera jusqu'en 2021. Il a été référent national dans le champ des services à la personne et de la Silver Economie pour la CCI France.
Le Mayennais est aussi membre du groupe de travail de la Commission Nationale de la Consommation relatif aux services à la personne depuis 2010 et membre actif de l'Agence Nationale des Services à la Personne depuis sa création. En octobre 2017, il est nommé par le ministre de l'économie Bruno Lemaire, vice-président du comité de filière des services à la personne.

APROLLIANCE - 6 IMP. DES TAILLEURS
- 53810 CHANGÉ • TÉL. 02 43 49 56 26

COMMERCE ET DISTRIBUTION

Jean-Pierre **DEROUET**

DIRECTEUR GÉNÉRAL ET CO-FONDATEUR DE V AND B

Jean-Pierre Derouet a quitté l'école en 4e alors qu'il avait 14 ans et c'est lors d'une rencontre avec un vigneron que sa passion pour le vin va le dévorer. En 2001, il crée avec Emmanuel Bouvet le concept V&B à Chateau-Gontier. V&B déploie un concept de points de vente regroupant dans un même espace un bar et une cave. La société mayennaise compte 249 magasins, dont deux à l'étranger en Suisse et au Royaume-Uni. Elle développe également en franchise les Levrette Café, concept de bars de centre-ville situés dans un lieu original et atypique. En Mayenne, le site de Château-Gontier abrite le siège de V&B, sa centrale d'achat, son pôle logistique mais aussi sa propre brasserie, la Brasserie du Mont Hardis.

V AND B - ZI BELLITOURNE
- 2 RUE DE LA ROBERDERIE
- 53200 CHÂTEAU-GONTIER • TÉL. 02 43 07 22 67

ETAT

Marie-Aimée **GASPARI**

PRÉFÈTE DE LA MAYENNE

FORMATION maîtrise de droit privé ; Institut d'études politiques de Strasbourg ; École nationale de la magistrature (ENM)

DISTINCTIONS chevalier dans l'ordre national du Mérite

Auditrice de justice à l'École nationale de la magistrature de 1997 à 1999, Marie-Aimée Gaspari a exercé les fonctions de substitute du procureur de la République, successivement au parquet de Marseille, puis de Nanterre de 1999 à 2002. Elle rejoint ensuite le bureau du droit économique et financier à la direction des affaires criminelles et des grâces du ministère de la Justice. Substitute du procureur de la République au pôle économique et financier du parquet de Paris entre 2004 et 2007, la haute-fonctionnaire est nommée vice-procureure en 2007, cheffe de la division économique et financière du parquet de Nanterre. À partir de 2012, elle rejoint, en position de détachement, le parquet général de la Cour des comptes en qualité de chargée de mission. Le 15 mars 2015, elle intègre le corps des conseillers référendaires de la Cour des comptes et est affectée à la 4e chambre. En 2021, elle est nommée présidente de la chambre régionale des comptes d'Occitanie, première femme à ce poste. Enfin, Marie-Aimée Gaspari est nommée préfète de la Mayenne au conseil des ministres du 11 janvier 2023. Elle prend ses fonctions le 6 février 2023.

PRÉFECTURE DE LA MAYENNE
- 46 RUE MAZAGRAN - CS 91507
- 53015 LAVAL CEDEX • TÉL. 02 43 01 50 00

AUTOMOBILE

Patrick **GRUAU**

PRÉSIDENT DU GROUPE GRUAU

FORMATION DUT Gestion GEA à l'Estaca de Paris et à l'IUT du Mans

DISTINCTIONS chevalier de la Légion d'honneur, de l'Ordre national du Mérite, et de l'Ordre de Lafayette

PASSIONS les voyages, la photographie, le sport automobile et le golf.

Responsable commercial de 1980 à 1984, Patrick Gruau est, depuis 1985, président du directoire du Groupe Gruau. Créé en 1889, le groupe familial est aujourd'hui le numéro un européen de la carrosserie sur Véhicule Utilitaire Léger. Le PDG est par ailleurs membre du comité directeur de la Fédération Française des Constructeurs-Carrossiers (FFCC), du Medef Mayenne, et de la chambre de commerce et d'industrie de la Mayenne. Il est également président adjoint de l'Automobile Club de l'Ouest (ACO). En septembre 2016, Patrick Gruau est élu Entrepreneur de l'année pour la région Ouest par EY et le magazine l'Express.

GROUPE GRUAU
- 9 BD MARIUS ET RENÉ GRUAU - CS 24219 - 53942 SAINT-BERTHEVIN CEDEX
• TÉL. 02 43 66 38 77

DÉVELOPPEMENT ÉCONOMIQUE

Éric **HUNAUT**

PRÉSIDENT DE LA CCI DE MAYENNE - PRÉSIDENT DE CHAPLAIN

FORMATION IUT Génie Mécanique et Productique à l'université du Mans (1992) ; École de Commerce IFAG à Auxerre (1995)

DISTINCTIONS manager de l'année 2013 (Directeur des commerciaux de France de la Mayenne)

PASSIONS La famille, les amis, l'entreprise, la plongée sous-marine

C'est aux États-Unis qu'Eric Hunaut commence son parcours dans la vie active comme chef de produit chez un équipementier automobile. Revenu en France, il entre en 1996 chez KS Motorac, un autre équipementier automobile. Sollicité par son père et son oncle, il quitte Paris un an plus tard pour rejoindre l'entreprise familiale Faral à Laval. L'objectif est d'accompagner sa redynamisation sur le plan marketing et commercial. Il s'attache très vite au projet, pris au jeu du développement humain et économique. Puis il franchit le pas en 2002 en rachetant l'ensemble des parts familiales. Attaché aux valeurs des PME familiales, il rachète la société Chaplain en 2008. Il reprend petit à petit plusieurs autres sociétés en Mayenne pour acquérir de nouvelles compétences.
Homme engagé sur son territoire et dans le collectif. Eric Hunaut s'investit par ailleurs dans plusieurs instances économiques professionnelles. Ancien président de la JCE de Laval en 2006, il est également membre du bureau de l'UIMM depuis 2011, président de la commission paritaire depuis 2017. Membre du bureau du Medef départemental dès 2014, il en devient vice-président

puis président en mars 2019. Le Mayennais, au tempérament décidé, s'est fixé quelques missions prioritaires pour son mandat : s'ouvrir d'avantage à la mixité ainsi qu'à à la diversité et orienter le Medef sur un « axe de bienveillance » envers les plus petites entreprises. Son caractère optimiste et enjoué l'aide, entre autres, à relever le défi. Vice-président de la CCI de Mayenne depuis 2010, il en est élu président en novembre 2021 et cède la place au Medef en avril 2022.

CCI DE MAYENNE - 12 RUE DE VERDUN - CS 60239 - 53002 LAVAL CEDEX • TÉL. 02 43 49 50 00

COMMERCE ET DISTRIBUTION

Philippe **JAN**

PRÉSIDENT DU GROUPE BLEU BLANC

Philippe Jan débute sa carrière entrepreneuriale à 32 ans, en devenant propriétaire de l'entreprise familiale spécialisée dans les prestations de service pour les métiers de l'eau et de l'environnement. En 2002, il devient le propriétaire et le président d'un des opérateurs majeurs de la location de matériel BTP en France sous la marque « Bleu Blanc-Planète location ». Cette opération permet la même année au groupe de multiplier par 20 son chiffre d'affaires consolidé. Présent sur le grand Ouest, il dirige une trentaine de sites qui proposent 12 000 matériels au service des professionnels du bâtiment, des travaux publics et de l'industrie. Philippe Jan intègre aux activités traditionnelles de ses agences une branche de distribution/négoce de matériel et équipements pour les chantiers.
Passionné de sport et de football en particulier, il a été par ailleurs président du directoire du Stade Lavallois Mayenne FC de 2007 à mai 2014, puis de nouveau de mai 2017 à mai 2021.

BLEU BLANC PLANÈTE LOCATION - BÂT F TECHNOPOLIS - 3 RUE LOUIS DE BROGLIE - 53810 CHANGÉ • TÉL. 0299551509

ASSOCIATIONS ET RÉSEAUX

Bruno **JEZEQUEL**

DIRECTEUR DE L'ASSOCIATION DES MAIRES, ADJOINTS ET PRÉSIDENTS DE COMMUNAUTÉS DE LA MAYENNE

FORMATION DESS en aménagement et développement local ; maîtrise de géographie (université de Rennes) ; IEP (Paris, 1989)

PASSIONS le tennis, le running et les marathons.

Après des débuts professionnels comme chargé d'études au sein du groupe Rhône-Poulenc puis de la Datar, Bruno Jézéquel a intégré le Comité d'expansion économique de la Mayenne en 1990 en qualité de chargé de mission. De 1999 à 2014, il assure la fonction de directeur de cabinet de Jean Arthuis, président du Conseil général de la Mayenne. En 2014, il devient directeur de cabinet et de la communication au sein du Conseil départemental de la Mayenne puis, en 2018, directeur de cabinet de son président Olivier Richefou.
Il est par ailleurs membre de l'Association des anciens élèves de Sciences Po, du Rotary club de Laval et ancien président de la Jeune chambre économique de Laval (1994-1995). Il est également membre de l'Association nationale des responsables de cabinet des collectivités locales et de l'Association pour la communication des institutions publiques. Son ancrage territorial s'affirme dans l'Association pour la renaissance d'un vignoble en Mayenne (ARVEM), dont il est un des fondateurs.
C'est à la fin janvier 2021 que Bruno Jézéquel devient directeur de l'Association des Maires, Adjoints et Présidents de communautés de la Mayenne.

AMF 53 - ASSOCIATION DES MAIRES, ADJOINTS ET PRÉSIDENTS DE COMMUNAUTÉS DE LA MAYENNE - MAISON DES COLLECTIVITÉS - PARC TERTIA - BÂTIMENT F - 53810 CHANGÉ • TÉL. 02 43 59 09 00

COMMUNICATION ET MARKETING

Laurent **LACHAZE**

PRÉSIDENT D'EASYCOM - PDG DE PROJEVIA

FORMATION lycée d'Avesnières à Laval - European business school (EBS) de Paris Major de promotion (1995) ; master marketing Essec (2002) ; master finances HEC (2007)

PASSIONS la course à pied et le golf.

PUBLICATIONS « Transmettre un patrimoine professionnel, ça se prépare » (2005) ; « Compte à rebours pour réussir votre catalogue » (2006)

Laurent Lachaze entre chez Projevia (ex Agir Graphic) en 1995 pour créer Easycom Solutions, l'agence de communication du groupe qu'il développe commercialement avant d'en être nommé président en 2001. Avec une présence à Nantes, Laval et Paris, l'agence est spécialisée dans le développement des ventes multicanal et se positionne parmi les toutes premières agences du grand Ouest. A son tour, il contribue aux côtés de son frère aîné Philippe à la réussite de l'entreprise familiale en tant que président du conseil d'administration (2012) et directeur général (2021). Des responsabilités qui n'ont pas entravé son implication au sein de la Jeune chambre économique de Laval dont il a été président en 2010. Il est également membre associé à la CCI de la Mayenne et membre du club APM Mayenne depuis 2012. Il a co-créé le club Projective ouest en 2013 et en est un des présidents.
Après son rachat par Easycom en février 2019, il prend la présidence de l'agence parisienne Slap Digital, experte en acquisition de trafic et en optimisation de la conversion.

EASYCOM - ZI DES TOUCHES - 90 BD HENRI BECQUEREL - BP 52207 - 53022 LAVAL CEDEX 9 • TÉL. 02 43 67 86 66

IMPRIMERIE

Philippe **LACHAZE**

DIRECTEUR GÉNÉRAL DÉLÉGUÉ DE PROJEVIA - DIRECTEUR GÉNÉRAL D'EASYCOM

FORMATION lycée d'Avesnières à Laval - European business school (EBS, 1988) de Paris, Londres et Francfort, spécialisation finance

PASSIONS la photo, la marche et l'opéra.

Après des études supérieures à Paris, Philippe Lachaze intègre pendant un an Wunderman Worldwide, une agence de marketing direct (1988-1989). Il rejoint ensuite le groupe Agir Graphic d'abord en tant que responsable du marketing, puis au sein du service commercial d'Imaye (1990-2009). Depuis 2010, il a repris le flambeau de cette entreprise familiale qui fait partie des cinq premiers imprimeurs offset français. Le groupe comprend les sociétés Imaye (imprimerie rotative), Etic (imprimerie feuilles) et le brocheur-routeur Brio. La même année, Philippe Lachaze est nommé au poste de directeur général d'Easycom, filiale du groupe. L'agence de communication implantée à Paris, Nantes et Laval, spécialisée dans le marketing-vente, est dirigée par son frère Laurent. Il est directeur général délégué de Projevia, qui englobe Agir Graphic et Easycom. Parallèlement, Philippe Lachaze est conseiller consultatif auprès de l'une des succursales de la Banque de France.

PROJEVIA - ZI DES TOUCHES - 96 BD HENRI BECQUEREL - BP 52207 - 53022 LAVAL CEDEX 9 • TÉL. 02 43 67 86 78

SPORT PROFESSIONNEL

Laurent **LAIRY**

PRÉSIDENT DU STADE LAVALLOIS - FONDATEUR DE PROTECT'HOMS

FORMATION collège le Sacré-Coeur à Pouancé - CAP ; brevet professionnel ; brevet de maîtrise en menuiserie charpente ébénisterie (1985) au lycée Le Moulin à Saint-Georges-de-Noisné

DISTINCTIONS Meilleur manager de l'année 2010 (DCF)

PASSIONS le golf, la randonnée, la musique classique et le football.

Après une première expérience dans la menuiserie-ébénisterie, Laurent Lairy devient en 1987 responsable commercial pour le groupe Descours & Cabaud, spécialisé dans la distribution de fournitures pour l'industrie et le bâtiment. En 1989, il est un des acteurs de la création et du développement commercial de la marque de vêtements techniques norvégienne Helly Hansen, pour la France. En 1993, il crée Protecthoms à Château-Gontier et devient expert en équipements pour la protection, l'hygiène, la sécurité, avec des services associés Premium, pour les personnes sur le lieu de travail. Devenu président en 2000, il considère que son métier et son projet d'entreprise « contribuent largement au-delà de la sécurité, à la performance au bien-être et à l'ergonomie des collaborateurs au travail ». Il fait en sorte que ses actions contribuent au lien social, partie intégrants de la marque employeur des entreprises qu'il accompagne. Le dirigeant décide de s'adosser au groupe Grand Comptoir en juin 2021, « privilégiant l'intérêt général et patrimonial » et cède ses parts à cette ETI familiale. Il accompagne la transition jusqu'en décembre 2021.
Elu à la CCI 53, président en exercice et membre de l'APM depuis 2004, membre élu au Conseil d'Administration du Global Compact France de l'ONU, Laurent Lairy est également président d'honneur du Medef Mayenne dont il fut président entre 2007 et 2013. Il est resté membre de son Bureau. Impliqué dans différentes actions pour le mécénat culturel et sportif, il anime des sujets d'intérêt général pour le développement des territoires. Il a ainsi fondé l'association « Made in Mayenne » en 2007, dont il a été président jusqu'en 2018. Membre par ailleurs du directoire du Stade Lavallois Mayenne FC, depuis juin 2011, il en est élu président en 2021.

STADE LAVALLOIS MAYENNE FC - PLAINE DES GANDONNIÈRES - RUE GEORGES COUPEAU - 53000 LAVAL • TÉL. 02 43 53 97 05

COMMUNE

Jean-Pierre **LE SCORNET**

MAIRE DE MAYENNE - PRÉSIDENT DE MAYENNE COMMUNAUTÉ

FORMATION lycée Notre-Dame du Mur à Morlaix - maîtrise AES ; DEA études politiques (Université de Rennes)

PASSIONS le football et le cinéma.

Ancien journaliste au Télégramme de Brest, Jean-Pierre Le Scornet a travaillé aux côtés du maire de Mayenne comme directeur de cabinet de 1992 à 2010. Il obtient son premier mandat électoral en devenant, en 2004, vice-président du Conseil régional des Pays de la Loire. Une place qu'il conforte de 2010 à 2015 puisque, au sein de l'assemblée régionale, il présidera la commission Aménagement du territoire et de l'environnement. Réélu conseiller régional en 2015, il est membre de la commission permanente. Premier secrétaire fédéral du Parti socialiste de la Mayenne jusqu'en 2016, Jean-Pierre Le Scornet est adjoint au maire de Mayenne, en charge du développement durable et vice-président de Mayenne communauté, chargé de la culture jusqu'en juin 2020. Il est élu maire en juillet de la même année puis président de Mayenne communauté.

VILLE DE MAYENNE - 10 RUE DE VERDUN - BP 111 - 53103 MAYENNE CEDEX • TÉL. 02 43 30 21 21

BÂTIMENT ET TRAVAUX PUBLICS

Bruno **LUCAS**

PRÉSIDENT DU DIRECTOIRE DU GROUPE LUCAS - PRÉSIDENT DU MEDEF 53

FORMATION Sacré-Coeur à Mayenne - DUT de gestion (IUT d'Angers, 1979) ; Ecole de commerce ISG (Paris, 1983)

DISTINCTIONS Officier dans l'Ordre national du Mérite ; chevalier des Palmes académiques

Bruno Lucas est président du directoire de la société Bal, holding du Groupe Lucas, depuis 1992. Le Groupe Lucas rassemble 20 sociétés du bâtiment, oeuvrant dans le grand Ouest de la France dans les activités de peinture, revêtement de sols, carrelage, menuiserie aluminium, génie climatique et électrique, énergies renouvelables et gros oeuvre.
Président de la Foncière logement de 2009 à juin 2017, le Lavallois est membre du comité exécutif de la Fédération Française du Bâtiment et président de la Commission économique. Il est également vice-président de l'Union professionnelle des métiers de la finition et administrateur de la fédération régionale du bâtiment des Pays de la Loire. En décembre 2017, Bruno Lucas est élu à la présidence de 3F, satellite du groupe Action Logement. Cette entreprise sociale pour l'habitat gère en France 250 000 logements sociaux, foyers d'hébergements et commerces, dont 100 000 sont situés en régions. Ancien président du Medef de Mayenne de 2001 à 2007 puis du Medef régional de 2007 à avril 2013, il est de nouveau élu président départemental en avril 2022.
Dans un tout autre domaine, il est vice-président du conseil d'administration du Stade lavallois Mayenne football club après avoir présidé son conseil de surveillance.

GROUPE LUCAS - 174 AV. DE MAYENNE - BP 1239 - 53012 LAVAL CEDEX • TÉL. 02 43 49 58 58

COMMERCE ET DISTRIBUTION

Jean **MONNIER**

PRÉSIDENT DU DIRECTOIRE DE LA HOLDING MEUBLES MONNIER DISTRIBUTION

FORMATION lycée privé d'Asvesnières à Laval (bac B, 1971) - Essca d'Angers (1975)

PASSIONS le football, le ski et les voyages.

Entré dans le groupe Meubles Monnier, entreprise familiale, en 1976, Jean Monnier est devenu PDG des « Ets des Fils de J. Monnier » (SA) en 1986, puis PDG du holding Meubles Monnier Distribution en 1992, dont le siège social se situe à Saint-Berthevin près de Laval. Ce holding a quatre filiales implantées en Mayenne, Orne et Ille-et-Vilaine et regroupe six points de ventes. Jean Monnier a été par ailleurs président de la Jeune chambre économique de Laval en 1988, vice-président de la CCI de la Mayenne (1997-2010) et président de l'Ifag Laval. Il est désormais président du directoire de la holding mayennaise.

MEUBLES MONNIER DISTRIBUTION - 51 AVENUE DE PARIS - BP 4107 - 53941 SAINT-BERTHEVIN • TÉL. 02 43 69 30 40

BÂTIMENT ET TRAVAUX PUBLICS

Pauline **MOQUET**

DIRECTRICE GÉNÉRALE DU RÉSEAU DANIEL MOQUET

FORMATION BTS aménagement paysager (Ecole d'horticulture de Langueux, 2001) spécialisation CAO DAO (Lycée horticole de Lomme, 2002)

PASSIONS sa famille

Pauline Moquet a beau être la fille de l'entrepreneur Daniel Moquet, sa voie professionnelle n'était pas toute tracée… D'abord intéressée par le métier de géomètre, elle se dirige vers l'aménagement extérieur. Après ses études et quelques stages, son père lui suggère de créer sa propre société, connaissant son esprit indépendant. Elle devient donc à son tour cheffe d'entreprise en 2003, à 22 ans. Elle reconnaît qu'en tant que jeune, femme, et avec peu d'expérience, les débuts furent difficiles. Mais elle gagne son pari et l'Entreprise Pauline Moquet devient en 2004 la première duplication du système de réseau de franchise Daniel Moquet. Elle la revend en 2012 et prend le poste de formatrice au sein de la PME familiale. Elle s'occupe alors du recrutement des franchisés, de leur formation et de la communication nationale. Ayant fait plus que ses preuves, elle devient directrice générale en 2016. Elle travaille désormais avec son père et sa sœur Camille, directrice des affaires financières et du développement à l'international. Avec 250 franchisés actuellement en France, en Belgique, en Allemagne, les objectifs sont définis : développer le nombre de franchisés, notamment en Europe et au Royaume-Uni. Discrète mais décidée, Pauline Moquet (que l'on a pu voir dans l'émission Patron incognito en 2017) fait désormais partie du CJD et travaille avec ses équipes sur un projet qui lui tient à cœur : créer des produits de marque, des revêtements exclusifs au réseau.

DANIEL MOQUET SIGNE VOS ALLÉES - LA COUTURE - 53100 PARIGNÉ-SUR-BRAYE • TÉL. 02 43 00 67 28

INTERCOMMUNALITÉ

Marie-Cécile **MORICE**

VICE-PRÉSIDENTE DE LA COMMUNAUTÉ DE COMMUNES DES COËVRONS

FORMATION collège-lycée à Saint-Louis de Gonzague à Mayenne et à Saint-Etienne à Laval - brevet technicien secrétariat

DISTINCTIONS chevalier des Palmes académiques ; chevalier de l'ordre national du Mérite

Professionnellement, Marie-Cécile Morice a exercé comme assistante parlementaire (1989-1995) et assistante du maire de Laval (1995-2008). Mais elle est surtout connue pour ses engagements publics. Adjointe au maire de Bais (2001-2008) elle en est élue

maire en 2014. En 2007, elle se présente avec succès aux élections cantonales en remportant le canton de Bais et est élue en 2015 dans le canton d'Evron. Vice-présidente du conseil départemental de la Mayenne, membre de la commission permanente, elle préside la commission Autonomie et santé de proximité. Elle participe aussi aux travaux de la commission Jeunesse, Sport, Tourisme, Culture et Patrimoine. Marie-Cécile Morice est également 1re vice-présidente de Mayenne Culture, vice-présidente du service départemental d'incendie et de secours 53 et vice-présidente de la communauté de communes des Coëvrons, en charge de la cohésion sociale.
Elle ne se représente pas aux départementales de 2021, se consacrant à ses autres mandats.

CC DES COËVRONS - ESPACE COËVRONS - 2 AV. RAOUL-VADEPIED - 53601 ÉVRON • TÉL. 02 43 66 32 00

HÔTELLERIE-RESTAURATION

Nicolas et Isabelle **NOBIS**

PROPRIÉTAIRES ET CHEF DE CUISINE DE L'EVEIL DES SENS

FORMATION BEP cuisine

DISTINCTIONS Une étoile au Michelin (2011) ; Deux toques au Gault et Millau

PASSIONS la moto

C'est dans l'Orne, au Bon Accueil, que Nicolas et Isabelle, alors au début de leur apprentissage du métier, se rencontrent. Ils ne vont plus se quitter et faire le tour de quelques grandes tables françaises avant de s'installer. Nicolas et Isabelle Nobis entrent au Relais Bernard Loiseau en 2002, peu de temps avant la disparition du chef dans des circonstances dramatiques. Ils quittent Saulieu un an plus tard, et travaillent chez le chef triplement étoilé Georges Blanc où Nicolas est second de cuisine. En 2007, ils retournent en Normandie au Manoir du Lys à Bagnoles-de-l'Orne. En avril 2010, ils réalisent enfin leur rêve : créer leur propre restaurant à Mayenne. Tout de suite, les critiques gastronomiques repèrent L'Eveil des sens. Le guide GaultMillau lui décerne le titre de « Jeune Talent 2011 de la région des Pays de la Loire » et deux toques. Et le guide Michelin lui accorde une première étoile, quelle a conservé jusqu'à aujourd'hui ! La seule en Mayenne...

RESTAURANT L'ÉVEIL DES SENS - 429 BOULEVARD PAUL LINTIER - 53100 MAYENNE • TÉL. 02 43 30 42 17

INTÉRIM, PORTAGE SALARIAL ET GROUPEMENTS D'EMPLOYEURS

François **PINTE**

SECRÉTAIRE GÉNÉRAL D'ACTUAL LEADER GROUP

FORMATION Saint-Jean de Béthune à Versailles - licence de droit (Paris XI) ; diplômé de Georgetown University Washington DC et de la Chambre de commerce et d'industrie de Londres

DISTINCTIONS chevalier Bretvin

PASSIONS la lecture, la pêche et le footing

François Pinte commence à fréquenter les coulisses du pouvoir en 1992. Collaborateur de Philippe Séguin, il est ensuite chargé de mission auprès de lui à la présidence de l'Assemblée nationale (1993-1997). Nommé chef de cabinet du président du RPR (1997-1998), il dirige successivement les cabinets de François Fillon et de Jean-Luc Harousseau (successivement présidents de la Région Pays de la Loire de 1998 à 2003). En 2004, il entre en politique en étant élu conseiller régional puis, en 2008, président de la fédération des Républicains de Loire-Atlantique. En 2015, il est élu sur les listes de Bruno Retailleau. Nommé 1er vice-président du conseil régional, il est en charge des finances, des ressources humaines, de la coopération interrégionale et internationale, ainsi que des fonds européens. Il démissionne de cette fonction en octobre 2017, ainsi que de la présidence des Républicains 44, pour se consacrer à sa vie professionnelle.
Professionnellement, François Pinte devient en 2003 secrétaire général du Groupe Synergie et coordonne dès 2012 sa politique RSE en tant que directeur Conformité (Ethique-RGPD-RSE). Membre du conseil d'administration du syndicat du travail temporaire (Prism'Emploi), il a présidé, dans ce cadre, le Fonds d'action sociale du travail temporaire (FASTT) de 2009 à 2011. Il a également présidé l'Observatoire de l'Intérim et du Recrutement (OIR) de 2017 à 2020. Il intègre le groupe mayennais d'emploi et d'intérim Actual Leader en novembre 2022 en tant que secrétaire général en charge du déploiement du projet stratégique et de la coordination des opérations de convergence entre les réseaux Groupe actual, Groupe leader intérim, Recrutement et CDI et Ergalis. Il est également chargé des relations publiques.

ACTUAL LEADER GROUP - 11 RUE EMILE BRAULT - CS 50327 - 53003 LAVAL CEDEX • TÉL. 02 43 01 20 34

HÔTELLERIE-RESTAURATION

Jacques et Evelyne **POTTIER**

PROPRIÉTAIRES ET CHEF DE CUISINE DE L'AMPHITRYON

DISTINCTIONS deux toques au GaultMillau ; trophée Accueil ouest 2017 du Gault&Millau Tour

En 1982, Jacques Pottier trouve son premier poste de commis de cuisine au relais Clemenceau à Pontorson (Manche). Pendant huit ans, il va progresser au fil des saisons et des « maisons » où il travaille, essentiellement des restaurants normands et bretons. « La Valise gourmande » à Cresserons (Calvados) sera sa dernière escale dans ce parcours. Lui et sa toute jeune épouse Evelyne décident alors de s'installer à leur compte. C'est le 5 avril 1991 qu'ils reprennent L'Amphitryon un ancien relais de poste transformé en restaurant trois ans plus tôt et qui a connu déjà deux propriétaires. Avec eux, l'établissement va connaître la stabilité. Huit ans plus tard, Jacques et Evelyne Pottier acquièrent la maison mitoyenne pour ouvrir de nouvelles salles puis, en 2008, ouvrent un hôtel de six chambres. Salué par la critique pour sa cuisine de caractère, L'Amphitryon s'est vu attribuer deux toques au Gault&Millau.

Devenus des références gastronomiques de la Mayenne, Evelyne et Jacques Pottier s'évadent de temps en temps et déploient d'autres cartes pour découvrir à cheval ou à moto de nouveaux espaces.

L'AMPHITRYON - 2 RUE DE DAON - 53200 COUDRAY • TÉL. 02 43 70 46 46

ASSOCIATIONS ET RÉSEAUX

Jean-Yves **RENARD**

PRÉSIDENT DE LA FÉDÉRATION NATIONALE DES CONCOURS D'ANIMAUX DE BOUCHERIE - PRÉSIDENT DU FESTIVAL DE LA VIANDE D'EVRON

FORMATION niveau CAP agricole

DISTINCTIONS commandeur de l'Ordre du Mérite agricole ; chevalier de la Confrérie de l'entrecôte ; Confrérie de l'ambassade du charolais ; Confrérie du vin de Montmartre ; Académie du Châteaubriant ; Confrérie rochelaise de la tête de veau

PASSIONS la philatélie (le timbre de France).

Ouvrier agricole de 1979 à 1981, Jean-Yves Renard est chauffeur bétaillère pour la société Socopa depuis 1982. Mais, c'est depuis son plus jeune âge que l'homme sillonne la France pour assister aux concours d'animaux de boucherie. Il n'a que treize ans, mais déjà un palais bien aiguisé, quand il rejoint l'association des producteurs de la Vallée de l'Erve. Trente-cinq ans après, le voilà à la tête de l'organisation qui organise tous les ans le Festival de la viande d'Evron. En 2016, la manifestation a attiré plus de 20 000 visiteurs.

Depuis 2006, Jean-Yves Renard préside également la Fédération nationale des concours d'animaux de boucherie. Pas moins de 34 manifestations sont comptabilisées sur le territoire français. Il est nommé académicien de l'Académie de la Viande en mars 2017.

FESTIVAL DE LA VIANDE D'EVRON - ESPACE COËVRONS - AVENUE RAOUL VADEPIE - BP 0130 - 53601 EVRON CEDEX • TÉL. 02 43 01 79 76

DÉPARTEMENT

Olivier **RICHEFOU**

PRÉSIDENT DU CONSEIL DÉPARTEMENTAL DE LA MAYENNE

FORMATION Lycée Ambroise Paré à Laval - maîtrise de droit (faculté de droit de Rennes, 1983) ; Essec IMD (1986)

Après avoir occupé diverses responsabilités au Crédit Agricole de la Mayenne, Olivier Richefou a exercé le métier d'avocat, spécialisé dans le droit des affaires et l'accompagnement juridique des entreprises. Entré en 1989 dans l'équipe municipale de Changé, il en devient adjoint à 29 ans avant d'être élu maire en 2008, fonction qu'il occupera pendant 2 mandats. Il sera ensuite 1er adjoint, en charge des Finances et siègera au conseil communautaire de Laval Agglomération. Il est actuellement conseiller municipal. Conseiller général du canton de Laval Nord Est, de 2001 à 2004 puis de nouveau élu en 2011, le Lavallois a occupé les fonctions de 1er secrétaire de la Commission permanente et de rapporteur général du budget jusqu'en juin 2014. Vice-président du conseil général de la Mayenne à partir de 2008, il est élu à sa présidence en juin 2014. En avril 2015, il est élu président du 1er Conseil départemental de la Mayenne. Il est réélu en juillet 2021.

Olivier Richefou est par ailleurs vice-président de l'Assemblée des Départements de France, membre du bureau et du comité exécutif. Il préside le groupe de travail sur le Grand Âge et est membre de la Caisse nationale de solidarité pour l'autonomie (CNSA). Il préside le SDIS de la Mayenne depuis 2014 et la Conférence Nationale des services d'incendie et de secours (CNSIS) depuis 2015. A ce titre, il a été nommé expert au sein d'une mission dédiée au volontariat des sapeurs-pompiers. Il a présidé, de 2008 à 2014, le Centre de gestion de la fonction publique territoriale (CDG) de la Mayenne, avant d'en être le 1er vice-président, en charge du Pôle Ressources et Projets, de 2014 à 2018. Il en réélu président en 2020. Secrétaire général adjoint de l'UDI, il préside la Fédération de la Mayenne depuis 2013.

CONSEIL DÉPARTEMENTAL DE LA MAYENNE - 39 RUE MAZAGRAN - CS 21429 - 53014 LAVAL CEDEX • TÉL. 02 43 66 53 53

ASSOCIATIONS ET RÉSEAUX

Simon **RICHIR**

COFONDATEUR ET DIRECTEUR SCIENTIFIQUE DE LAVAL VIRTUAL - DIRECTEUR DE L'INSTITUT ARTS ET MÉTIERS DE LAVAL

FORMATION lycée Edouard Branly à Amiens - maths sup-maths spé à Armentières ; ingénieur des Arts et Métiers (1987) ; thèse de doctorat Ensam (1994) ; HDR (2003)

PASSIONS Les nouvelles technologies et le théâtre d'improvisation

PUBLICATIONS co-auteur notamment de : « Les technologies immersives pour l'idéation » (ISTE-2022) ; « L'Innovation à l'ère des réseaux » (Hermès Sciences-2004) ; « Les Cybertechnologies dans les entreprises industrielles » (Hermès Sciences-2003)

Si Laval surfe sur la réalité virtuelle, c'est en partie grâce à lui. Simon Richir imagine et organise en 1999 le lancement du salon Laval Virtual, qui connaît aujourd'hui une renommée internationale. Spécialiste en génie industriel et innovation, cet ingénieur des Arts et Métiers a mis son expertise au service des pôles universitaires de la région (1995-2005) comme directeur du laboratoire Conception de produits nouveaux et innovation (CPNI) et du département Innovation de Polytech Angers. Aujourd'hui, il chapeaute la direction scientifique de Laval Virtual. Professeur à Arts et Métiers ParisTech depuis 2005, il a mis en place le master « Management des Technologies Interactives 3D » au sein de l'Institut de Laval et dirige depuis 2008 l'équipe de recherche « Présence & innovation » du laboratoire Lampa. Il est également titulaire de la Chaire Time to Concept qu'il a créée en 2017 et membre du réseau des managers Germe.

Simon Richir trouve encore le temps de s'adonner à sa passion de la scène au sein de la Troupe d'Improvisation de LAval, la « TILA » (Tila tribu sur Facebook). Il crée d'ailleurs en 2019 la Compagnie des Imposteurs, au service des entreprises ligériennes.

LAVAL VIRTUAL - RUE MARIE CURIE - 53810 CHANGÉ • TÉL. 02 43 49 75 57

AUTOMOBILE

Pierre **ROUSSEAU**

PDG DU GROUPE RAPIDO - PRÉSIDENT DE L'UNIVDL

FORMATION lycée Joliot Curie à Rennes - BTS (Institut de gestion de Rennes)

PASSIONS le pilotage sur son propre avion.

Constant Rousseau crée son entreprise d'ébénisterie dans laquelle est née la marque Rapido dès 1948. Pierre Rousseau a construit sa carrière du sein du groupe familial. Tout d'abord responsable de l'export (1976-1981), il rejoint la direction générale jusqu'en 1985 avant de prendre définitivement les commandes de l'entreprise. Situé dans la commune de Mayenne, le constructeur de camping-cars a, au fil des années, pris de l'ampleur et su se positionner parmi les leaders européens du marché. Le groupe, qui emploie désormais 750 personnes, se déploie sur quatre sites de production, en Vendée, en Mayenne, dans le Lot-et-Garonne mais aussi en Allemagne. Désormais, son portefeuille de marques comprend Rapido, Fleurette, Itineo, Campérêve, Dreamer, Rapidhome et Westfalia. Au cours de sa vie professionnelle, Pierre Rousseau a également siégé comme juge au Tribunal de commerce.
En juin 2021, Pierre Rousseau est élu président de l'UNIVDL, le syndicat des Véhicules de Loisirs, pour un mandat de deux ans.

RAPIDO CAMPING CAR
- 414 RUE DES PERROUINS - CS 20019
- 53101 MAYENNE CEDEX • TÉL. 02 43 30 10 70

TRAITEMENT DES DÉCHETS

Joël **SÉCHÉ**

PRÉSIDENT DU GROUPE SÉCHÉ ENVIRONNEMENT

FORMATION lycée Ambroise Paré à Laval - faculté des Sciences de Rennes

DISTINCTIONS Officier de la Légion d'honneur et de l'Ordre national du Mérite ; manager des 30 dernières années par les Dirigeants commerciaux de France (2017)

PASSIONS les sports et les courses hippiques.

En 1984, Joël Séché reprend la petite entreprise familiale de travaux publics, après le décès de son père. Son obstination et ses qualités de visionnaire vont positionner progressivement la société comme un des leaders des entreprises des métiers de l'environnement. Dès 1985, il ouvre un centre de stockage de classe 2 à Changé, puis un second en 1994 pour les déchets industriels. En 1996, il fait obtenir à son entreprise la certification environnementale ISO 14001, la première décernée au monde dans ce domaine d'activité. En octobre 2001, Séché Environnement absorbe Alcor, filiale environnement de la Caisse des dépôts et consignation et rachète en juillet 2002, Trédi Environnement. Sous l'impulsion de Joël Séché, l'entreprise remporte le Trophée régional du développement durable Pays de la Loire 2011.
Spécialiste de la valorisation, le groupe gère actuellement une quarantaine de sites en France et une dizaine à l'internationale, emploie 2500 salariés et continue son développement, notamment sur le marché de l'énergie renouvelable. Son PDG a par ailleurs présidé le groupe Biodiversité dans le cadre du Grenelle de l'Environnement et a participé aux travaux du Grenelle de la Mer. Ce passionné de sport a fait le choix en 2012 de co-sponsoriser une équipe cycliste : Bretagne-Séché Environnement. Depuis novembre 2019, Joël Séché est président du groupe tandis que son fils, Maxime, est directeur général.

SÉCHÉ ENVIRONNEMENT - LES HÊTRES
- BP 20 - 53811 CHANGÉ CEDEX
• TÉL. 02 43 59 60 60

DÉVELOPPEMENT ÉCONOMIQUE

Christian **TRAVIER**

DIRECTEUR DE LAVAL MAYENNE TECHNOPOLE

FORMATION ingénieur Supélec (Gif-sur-Yvette, 1986) ; docteur en physique (Université Paris XI, 1995)

DISTINCTIONS prix Jean-Louis Laclare de la Société française de physique (2000)

Au cours de sa carrière, Christian Travier a exercé tous les métiers de l'innovation : recherche dans un laboratoire de Taiwan, transfert de technologie dans une ingénierie nucléaire (SGN), conduite de projet au CNRS (1989-1996) et au CEA (1997-2001), financement à l'Anvar et enfin incubation, marketing, projets collaboratifs à Laval Mayenne Technopole (depuis 2005). Il dirige cette structure depuis 2006. En 2004, il crée la Mission Hydrogène des Pays de la Loire, en 2007 le premier accélérateur de startups français (Idenergie) et, en 2013, Neoshop, la première boutique de l'innovation européenne pour accompagner les startups dans le lancement commercial de leur produit.

LAVAL MAYENNE TECHNOPOLE
- MAISON DE LA TECHNOPOLE
- 6 RUE LÉONARD DE VINCI - CS 20119
- 53001 LAVAL CEDEX • TÉL. 02 43 49 75 00

INTÉRIM, PORTAGE SALARIAL ET GROUPEMENTS D'EMPLOYEURS

Samuel **TUAL**

PRÉSIDENT D'ACTUAL LEADER GROUP - PRÉSIDENT DU MEDEF PAYS DE LA LOIRE

FORMATION lycée Avesnières à Laval - faculté des sciences économiques d'Angers, Ecole de commerce Edep à Paris

DISTINCTIONS Prix 2016 de la vision stratégique Ouest (EY - L'Express) ; Prix du manager de l'année 2016 (Dirigeants Commerciaux de France)

PASSIONS le cheval, la chasse, la voile

PUBLICATIONS « Le Travail pour tous » (Le Duc.s Editions, collection Alisio - 2015)

A 23 ans, Samuel Tual crée la société d'éditions Média Sup (Grandes Ecoles et Entreprises) qui, en 1999, se rapproche de Jeunes Editions pour donner naissance à Studyrama (presse étudiante, salons Internet). en 1998, il se lance parallèlement dans la création de la première société de travail temporaire spécialisée dans les call centers, Call Interim. En 2001, il se rapproche de son père Gérard Tual qui anime alors un réseau de 10 agences d'interim. Ainsi naît Actual dont il devient alors le directeur général, puis le président du Directoire en 2011 et président en 2018. Actual prend le nom d'Actual Leader Group en 2019 après son rapprochement avec le groupe Leader. C'est désormais l'une des plus importantes entreprises mayennaises, avec plus de 2900 salariés.

Elu de la CCI de la Mayenne depuis 2011, Samuel Tual a par ailleurs présidé le Service de Santé au travail en Mayenne (SATM) de 2009 à 2017. Il fut président de la Fédération régionale des services de santé des Pays de la Loire de 2011 à 2014. Il est également administrateur du Prism'emploi depuis septembre 2017. Une de ses plus grandes fiertés est son combat quotidien pour l'emploi. Membre du conseil d'administration du Medef de la Mayenne dès 2006, il est élu président en juin 2014 et réélu en 2017. Il démissionne de la présidence en mars 2019 pour se consacrer au développement de sa société puis se présente à la présidence du Medef Pays de la Loire. Il est élu en octobre de la même année. Dans le but d'aider les chefs d'entreprises, il crée la compagnie aérienne Air Mayenne en mars 2022. Il est réélu président du Medef en juin de la même année pour 3 ans. En 2023, il est élu vice-président - trésorier du Medef national.

ACTUAL LEADER GROUP
- 11 RUE EMILE BRAULT - CS 50327
- 53003 LAVAL CEDEX • TÉL. 02 43 01 20 34

LES TÊTES DU MORBIHAN

EVÉNEMENTIEL ET CONGRÈS

Eric **AVRY**

DIRECTEUR GÉNÉRAL DE LA SEGEPEX

FORMATION collège-lycée à Lorient - DUT de gestion (IUT de Quimper, 1978) ; maîtrise de sciences économiques (faculté de sciences économiques, 1981) ; DESS de gestion (Institut de gestion de Rennes, 1982)

PASSIONS la guitare sous toutes ses formes, jouer de la musique avec les amis et écouter celle des maîtres, la lecture, l'histoire, le bateau.

Eric Avry obtient le premier poste de sa carrière à la Caisse centrale de la mutualité agricole comme auditeur interne (1983-1985), puis poursuit comme consultant en organisation et marketing à la Fiduciaire de France puis à Capfor Nantes (1985-1987). Responsable marketing à l'Union mutualiste de l'Atlantique, il devient directeur de la Segepex (société de gestion du Parc des expositions du Pays de Lorient et du Palais des Congrès de Lorient) en 1988. La Segepex est une société d'économie mixte qui a fêté ses 25 ans en 2014 et dont le capital est détenu principalement par la communauté d'agglomération du Pays de Lorient.

SEGEPEX - 286 RUE ROUGET DE L'ISLE - BP 56602 - 56602 LANESTER CEDEX • TÉL. 02 97 76 88 99

AGRICULTURE ET HORTICULTURE

Hervé **BALUSSON**

PRÉSIDENT DU CONSEIL DE SURVEILLANCE D'OLMIX

Diplômé en management agricole, Hervé Balusson fonde la société Olmix en 1995, avec 4 personnes, au cœur de la Bretagne. Avec la volonté de trouver des alternatives naturelles aux additifs utilisés dans l'agriculture. Depuis, la PME est devenue ETI avec 36 filiales et 14 sites de production couvrant plus de 100 pays sur les cinq continents. Le groupe Olmix est impliqué depuis plus de 20 ans dans la valorisation des algues et sa philosophie est basée sur la croyance que celles-ci représentent le nouvel « Or vert ». Le logo d'Olmix est d'ailleurs constitué d'algues, plus qu'un symbole, pour une vie meilleure ! En juin 2016, Hervé Balusson devient administrateur de France Biotech, qui regroupe les principales entreprises des sciences de la vie et ses partenaires.
Après l'arrivée en novembre 2020 du fonds Motion Equity Partners, désormais actionnaire à parité du groupe, Hervé Balusson devient président du conseil de surveillance.

OLMIX - ZA DU HAUT DU BOIS - 56580 BRÉHAN • TÉL. 02 97 38 81 03

DÉVELOPPEMENT ÉCONOMIQUE

Loïc **BARDIN**

DIRECTEUR GÉNÉRAL DE LA CCI DU MORBIHAN

FORMATION Maîtrise de Sciences et Techniques économie d'entreprises (Rennes I, 1991) ; DESS audit et ingénierie d'affaires financières (Institut de gestion de Rennes, Rennes I, 1992) ; CESA Achats (HEC, 2004) ; Certification en Droits des Affaires (CNAM, 2020)

PASSIONS Sa famille, la lecture, l'écriture, la course à pied, le surf

Loïc Bardin débute son parcours chez Geirec à Rennes en 1992 et se prépare à être expert-comptable. Il ne s'épanouit pas dans ce métier et entre comme responsable administratif et financier à Vitré chez Création Technique. Mais la partie commerciale lui manque et il rejoint Décathlon à Rennes puis Caen en 1994 où il pilote l'ouverture du 1er magasin de 5 000 m² normand. Après avoir fait ses armes sur le terrain, il est engagé comme directeur-adjoint chez Connexion en 1996 à Vannes et Lorient. Là, il parfait ses connaissances en management, avant d'entrer chez Gitem 2 ans plus tard. Responsable puis directeur des achats électronique grand public, il effectue alors le tour du monde pour rencontrer les fabricants. Il a ensuite l'opportunité de devenir directeur des achats brun chez Selectis à Toulouse en 2006. Il franchit un cap en 2007 en créant sa société dans le but de restructurer des sociétés en difficulté. Il s'investit en parallèle dans la vie publique en Sarthe. La crise passant par-là, Loïc Bardin prend un nouveau virage en intégrant CCI France à Paris en 2014. Mais lui, qui a découvert la Bretagne à 6 ans, a très envie d'y revenir. Sollicité par le président de la CCI du Morbihan en 2016, il prend la fonction de directeur général, à laquelle viendra s'adjoindre celle de DRH, puis de directeur de l'aéroport de Lorient de 2019 à 2020.
L'ancien chef scout, membre d'EDC et parrain de l'antenne parisienne de 60 000 Rebonds, assouvit désormais son appétit pour les projets, la création de synergies. Ce « boulimique de travail » s'active avec ses collaborateurs au profit du développement économique du territoire. Tout en passant une certification en droit des Affaires au CNAM et en écrivant un livre pour partager son expérience d'entrepreneur sur le « rebond ».

CCI DU MORBIHAN - 21 QUAI DES INDES - CS 30362 - 56323 LORIENT CEDEX • TÉL. 02 97 02 40 07

TOURISME ET LOISIRS

Jean-Marc **BEAUMIER**

DIRECTEUR DES SITES MUSÉOGRAPHIQUES DE LA SELLOR - DIRECTEUR DU SYNDICAT MIXTE DU HARAS NATIONAL D'HENNEBONT

FORMATION collège-lycée à Antibes - diplômé de l'Ecole Business Administration et Marketing International (Montréal)

Arrivé en Bretagne en 2003 après avoir fait ses armes dans le sud notamment dans l'organisation de festivals à Cannes, et à la direction d'une PME régionale, Jean-Marc Beaumier entre à la Sellor en 2004 pour prendre la responsabilité de l'Espace

découverte du Cheval au Haras national d'Hennebont. Il y développe une programmation de qualité en matière de spectacles équestres. Il prend la direction du Syndicat mixte du Haras national en 2007, structure qui gère et développe le domaine et ses activités en lieu et place de l'Etat. En 2008, la Sellor lui confie en outre la direction de la Cité de la Voile Eric Tabarly, équipement phare de Lorient. Mission qu'il assumera jusqu'en 2016.
Jean-Marc Beaumier occupe depuis la fin 2011 la direction de l'ensemble des sites muséographiques de la Sellor : le sous-marin Flore ouvert en 2010, l'Odyssaum à Pont-Scorff, la Tisserie à Brandérion, la Maison de l'île Kerner à Riantec et le Haras national à Hennebont. Sa direction emploie une soixantaine de collaborateurs, une centaine en pleine saison touristique.

SELLOR - DIRECTION GÉNÉRALE
- VILLA MARGARET - BP 60
- 56260 LARMOR-PLAGE • TÉL. 02 97 65 43 21

CONSEIL

Pierre **BERTHOU**

DIRIGEANT DE LA MARQUE BLANCHE

FORMATION DUT Electronique (Rennes, 1983)

Pierre Berthou n'a jamais eu de plan de carrière et entend bien continuer… Il arrête ses études pour devenir maître auxiliaire puis, tout en travaillant, poursuit des études en informatique. Il décide de créer en 1990 son entreprise, à Rennes et Saint-Brieuc. Avec 3 associés, il fonde Antalis, spécialisée dans la formation en bureautique et informatique. Il s'intéresse de plus en plus à la formation à distance et aux opportunités liées au développement du web. Il cofonde donc en 2001, avec Laurent Raison, Syfadis, spécialisée dans l'édition de logiciels e-learning et en gestion des compétences. Il développe la société qui rejoint ManpowerGroup en 2010. Pierre Berthou devient le directeur général de FuturSkill Digital et le restera jusqu'en 2016. Très à l'écoute du changement, être dans l'innovation lui paraît évident. Il crée alors la société La marque blanche dont l'activité s'articule autour du conseil stratégique en formation, de la stratégie digitale et d'innovation, du pilotage de projets et du marketing de la formation. Parallèlement, il devient actionnaire et sera co-dirigeant d'une entreprise rennaise, Farsight, spécialisée dans le développement d'applications de réalité virtuelle et augmentée, jusqu'en 2020.
Ancien président de la section du CJD de Rennes, il a été membre du bureau national pendant 4 ans. Il a aussi présidé la French Tech Rennes Saint-Malo de 2015 à 2017. Cette même année, le Costarmoricain d'origine crée le Learning Show, qui donnera naissance en 2018 à Rennes à un évènement à dimension internationale autour des innovations pédagogiques et technologiques, qui perdure. Un an plus tard, il lance, avec 2 autres associés, le projet immobilier Cyber Place, bâtiment de 8 000 m^2 dédié à l'accueil des entreprises de la cyber sécurité à Rennes : livraison en octobre 2023.

LA MARQUE BLANCHE - 4 ALLÉE DU HÉCHÉNO
- 56000 VANNES • TÉL. 06 81 74 55 82

HÔTELLERIE-RESTAURATION

Olivier **BEURNÉ**

CHEF DU RESTAURANT L'AMPHITRYON

FORMATION lycée professionnel Les Franchises à Langres

DISTINCTIONS nombreux concours culinaires (Prosper Montagné, Toque d'or, Trophée Coq St Honoré…)

PASSIONS tout ce qui touche de près ou de loin à la gastronomie et les Arts martiaux.

L'homme de l'Est a fait le traditionnel Tour de France de tout candidat au haut niveau en cuisine. Ses maîtres furent entre autres Marc Meneau (L'Espérance à Vezelay) et Marc Daniel (Lasserre). Lui, qui fut un ancien du Château de Locguénolé, fit une escapade chez Devos à Mons en Belgique, en Suisse, au Luxembourg, puis à Paris avant de revenir par la grande porte dans le Morbihan en 2009 « pour faire une cuisine ouverte sur le monde et centrée sur le produit ». Il arrive au château de Locguénolé, entre Hennebont et Port-Louis. Un lieu magnifique avec son parc boisé, en surplomb du Blavet. Voilà qui inspire la cuisine tonique d'Olivier Beurné, et lui fait obtenir une étoile.
En 2017, il rejoint le restaurant l'Amphitryon à Lorient, doublement étoilé, et réussit le tour de force de lui faire conserver une étoile… jusqu'en mars 2022.

RESTAURANT L'AMPHITRYON
- 127 RUE DU COLONEL JEAN MÜLLER
- 56100 LORIENT • TÉL. 02 97 83 34 04

SPORT PROFESSIONNEL

Jérémie **BEYOU**

SKIPPER - PRÉSIDENT DE BE YOU RACING

FORMATION diplôme de l'ESC (Ecole supérieure de commerce de Brest)

DISTINCTIONS désigné sportif breton de l'année 2011 par le Conseil régional de Bretagne et par Le Télégramme

PASSIONS la voile et le sport en général.

Jérémie Beyou fait partie des skippers de référence dans le monde de la course au large en solitaire. Ce travailleur pugnace est, en mer, un véritable « killer ». À terre, en revanche, il est humble, souriant, à l'écoute et toujours engagé. La 1re fois qu'il se retrouve sous les projecteurs de la course au large, c'est en 2005. Il réalise alors une performance inédite : le grand chelem ! Il remporte toutes les épreuves de la saison du circuit Figaro Bénéteau (dont la Solitaire du Figaro), décroché un 2e titre de champion de France de course au large en solitaire (après celui de 2002) et, dans la foulée, s'adjuge le titre de champion du monde Orma, sur Banque Populaire. 2011 fut une nouvelle saison en or pour le skipper de la baie de Morlaix : il signe une 2e victoire dans la Solitaire du Figaro et, 3 mois plus tard, remporte la Transat Jacques Vabre aux côtés de Jean-Pierre Dick (sur Virbac Paprec) en Imoca. En 2013, Jérémie Beyou s'octroie la 3e place de cette Transat sur son monocoque Imoca Maître CoQ. En 2014, il entre dans l'histoire en devenant le 4e triple vainqueur de la Solitaire du Figaro en juillet et, en novembre, 2e de la Route du Rhum. Vainqueur de la Transat New York-Vendée en 2016, toujours en Imoca, le

Finistérien boucle pour la première fois le Vendée Globe en janvier 2017 et remporte la 3e place. 2018 marquera sa victoire dans la Volvo Ocean Race avec Dongfeng, .
Partenaire de la société Charal, il remporte la Rolex Fastnet Race en 2019, la Vendée – Arctique – Les Sables d'Olonne en 2020. Leur projet commun inclut le Vendée Globe 2020 (13e), la Transat Jacques-Vabre (3e en 2021, avec Christopher Pratt), la Route du Rhum 2022 (3e dans la catégorie Imoca), la Guyader Bermudes 1000 Race (2e en 2023, avec Franck Cammas).

BEYOU RACING
- 4 RUE LIEUTENANT DE VAISSEAU BOURELY
- 56100 LORIENT • TÉL. 02 97 83 92 59

ENSEIGNEMENT SUPÉRIEUR

Jean-Marc **BIENVENU**

PRÉSIDENT DE LA FONDATION DE L'UNIVERSITÉ BRETAGNE-SUD - PRÉSIDENT DE L'ASSOCIATION PAYS DE VANNES TERRITOIRE APPRENANT

FORMATION maitrise d'économie (université de Rennes, 1979)

DISTINCTIONS officier des palmes académiques

PASSIONS le territoire, l'entreprise, la création

Arrivé en Bretagne pour y effectuer ses études, Jean-Marc Bienvenu ne l'a plus quittée… Il est embauché en 1980 par l'agence d'urbanisme de Rennes et entre un an plus tard à la SCET. Il y est chargé d'études en finances publiques, son domaine d'expertise. Il a ensuite l'opportunité de participer en 1983 à la création d'une société d'économie mixte dans le cadre de l'informatisation du département du Morbihan. Il y intervient dans l'informatique de gestion et le conseil en finances locales. Puis la Sem développe une compétence d'éditeur informatique dans les années 90. En avance dans ce domaine, elle vend des solutions au national et il prend alors la direction d'un cabinet de conseil en filiale. En 1997, il rachète la structure lors de sa privatisation, avec 9 autres cadres. Après une transition difficile, il prend la tête de la SA en 1999 avec Frank Mosser. Ils redressent la situation, rebaptisent la société MGDIS en 2000 et s'orientent vers une activité d'éditeur national. Jean-Marc Bienvenu prend sa retraite en juillet 2017 mais reste administrateur.
L'ex-PDG continue de s'investir par ailleurs dans un domaine qui lui tient à cœur : les formations. Il entre au CA de l'IUT de Vannes en 1999 avant d'en prendre la présidence en 2003. Puis il est approché pour relancer la Fondation de l'UBS. Lui qui avoue avoir « la création dans le sang » travaille sur ce projet, et est élu en 2015 président de l'organisme. Avec désormais 6 salariés embauchés, 6 chaires créées et des réalisations concrètes à son actif, il a déjà réalisé une grande partie de sa mission. Il participe par ailleurs à la création de l'association « Printemps de l'entreprise – pays de Vannes territoire apprenant », dont il prend la présidence en 2020.

FONDATION UNIVERSITAIRE DE BRETAGNE-SUD
- RUE ANDRÉ LWOFF - BP573 - 56017 VANNES
• TÉL. 02 97 01 26 81

INTERCOMMUNALITÉ

Jean-Luc **BLÉHER**

MAIRE DE GUER-COËTQUIDAN - PRÉSIDENT DE L'OUST À BROCÉLIANDE COMMUNAUTÉ

FORMATION lycée Lamennais de Ploërmel - EN juridique de Vannes ; ENSP de Rennes

DISTINCTIONS chevalier de l'Ordre national du Mérite ; chevalier des Palmes académiques

PASSIONS la mer, la course à pied et la lecture

Jean-Luc Bléher débute sa carrière professionnelle en 1978 comme secrétaire de la Cotorep d'Ille-et-Vilaine. En 1982, il devient directeur du personnel de Bretagne Ateliers avant d'en être le directeur adjoint durant quatre ans (1984-1988). De 1988 à 2004, il exerce différentes responsabilités au sein du Conseil général d'Ille-et-Vilaine : chargé de mission aux Affaires sociales auprès du président (1988-1991), directeur des Ressources humaines (1991-1999), puis directeur général adjoint (1999-2004). De 2005 à 2008, Jean-Luc Bléher assure la direction du Groupement d'intérêt public du Pays de Vannes et de la Maison de l'emploi du Pays de Vannes. De 2008 à 2017, il est le directeur général de l'Association pour l'accompagnement et l'hébergement des personnes handicapées (ALAPH) à Rennes.
Ancien vice-Président de l'UDI 56, Jean-Luc Bléher est engagé dans la vie publique depuis 1995. Premier adjoint au maire de Guer de 1995 à 2001, il est suppléant du député Loïc Bouvard de 2002 à 2007. Il exerce depuis 2001 les mandats de maire de Guer-Coëtquidan. Président de Guer Communauté de 2001 à 2016, il est élu président de la nouvelle communauté de communes De l'Oust à Brocéliande communauté en janvier 2017 (26 communes et 39 062 habitants). Il est réélu en juillet 2020.

DE L'OUST À BROCÉLIANDE COMMUNAUTÉ
- PA TIRPEN-LA PAVIOTAIE - CS 80055
- 56140 MALESTROIT • TÉL. 02 97 75 01 02

ETAT

Pascal **BOLOT**

PRÉFET DU MORBIHAN

FORMATION licence d'Histoire : IEP de Rennnes ; École spéciale militaire de Saint-Cyr Coëtquidan ; ENA (promotion René Char, 1993-1995)

DISTINCTIONS chevalier de la Légion d'honneur ; chevalier de l'Ordre national du Mérite

Originaire du Tarn, Pascal Bolot n'arrive pas en terre inconnue en Bretagne puisqu'il y a fait une partie de ses études. L'énarque a ensuite officié dix ans dans l'Armée de Terre avant de devenir sous-préfet en 1995. Après plusieurs missions et postes, en métropole et dans les territoires d'Outre-mer, il effectue ses premiers pas de préfet en 2012 en tant qu'administrateur supérieur des Terres australes et antarctiques françaises. En 2016, Pascal Bolot bascule à la direction de la protection et de la sécurité de l'État au secrétariat général de la Défense et de la Sécurité nationale. Avant d'être nommé préfet de Savoie en août 2020 puis du Morbihan en août 2022.

PRÉFECTURE DU MORBIHAN
- 10 BIS PL. DU GÉNÉRAL DE GAULLE - BP 501
- 56019 VANNES CEDEX • TÉL. 02 97 54 84 00

RECHERCHE

Nathalie **BOURGOGNON**

DIRECTRICE DU LABORATOIRE DE BIOTECHNOLOGIE ET CHIMIE MARINES (LBCM)

FORMATION Doctorat Sciences de la Vie et de la Santé, spécialité biochimie Marine (Faculté de Pharmacie, Université de Nantes, Institut de Recherche sur les Substances et Organismes de la Mer ISOMer, 1994) ; Habilitation à Diriger des Recherches – HDR (université de La Rochelle, 2000)

DISTINCTIONS (dans le cadre de sa thèse) Premier prix scientifique Yves Rocher (1995) ; Prix de recherche scientifique Novatlante du conseil général de Loire-Atlantique (1996)

PASSIONS la cuisine et la photo

PUBLICATIONS plus de 70 publications internationales et « La cuisine des marins - carnet de recettes à bord » (co-écrit avec Jean-Jacques Durand, Ed. Iles majuscules, 2014)

La personnalité intense de Nathalie Bourgougnon fait voler en éclats tout cliché dont on pourrait l'affubler au vu de son CV : docteur en Biochimie marine, Professeur Classe exceptionnelle, directrice de laboratoire, etc.. La passion qui l'anime, sa curiosité, son indépendance ont façonné son parcours sans faute, de l'Auvergne à la Bretagne. C'est la météo marine, écoutée à la radio, qui lui donne l'envie d'étudier le monde marin. En licence à Brest, elle est sensibilisée au domaine des algues et a le coup de foudre. Elle s'intéresse alors aux végétaux, puis à la biochimie. Devenue Maître de Conférence à l'université de La Rochelle en 1995, Nathalie Bourgougnon arrive à l'UBS en 2001 comme professeur et intègre le LBCM. Mais elle trouve la tâche « trop tranquille » et prend la direction de l'Ecole doctorale pluridisciplinaire de l'UBS en 2004. Elle prend un véritable plaisir à travailler avec les jeunes chercheurs et sera directrice adjointe de l'ED SICMA jusqu'en 2012. En parallèle, elle assume la vice-présidence de la formation doctorale au niveau du PRES Université européenne Bretagne puis de la ComUE Université Bretagne Loire (pendant 9 ans). En 2012, elle est nommée vice-présidente en charge de la Recherche et du volet international de la recherche pour un mandat de 4 ans.
Elle poursuit aujourd'hui ses missions d'enseignement et de recherche. Pour elle, qui privilégie la liberté et l'autonomie, « travailler à l'université est un cadeau ». Engagée dans la diffusion du savoir, elle s'investit tout particulièrement pour mettre en avant les femmes et la science.

LBCM - 27 RUE ARMAND GUILLEMOT - BP 92116 - 56100 LORIENT • TÉL. 02 97 87 66 66

COMMUNE

Marc **BOUTRUCHE**

MAIRE DE QUÉVEN - VICE-PRÉSIDENT DE LORIENT AGGLOMÉRATION

FORMATION DUT en gestion des entreprises et administration (Brest, 1999) ; Brest Business School (2002)

PASSIONS le bricolage, les relations humaines

De tempérament curieux, Marc Boutruche est un touche-à-tout. Après avoir débuté des études de maths et de physique, il se rend compte qu'il préfère gagner sa vie rapidement. Il décide alors de travailler dans la grande distribution. Mais lorsqu'il entame des études de gestion des entreprises et administration à Brest en 1997, c'est la révélation. Il poursuit son cursus à Brest Business School, tout en devenant footballeur semi-professionnel. Le foot est alors son job étudiant. Il est ensuite recruté par le FC Lorient pour lequel il joue durant 7 ans. Nouveau tournant en 2008 : Marc Boutruche se blesse et met un terme à sa carrière sportive un an plus tard. Après avoir suivi des formations dans les domaines immobilier et financier, il ouvre en 2009 son cabinet de gestion de patrimoine à Quéven (Tyglad Conseil et Courtage). Il y exerce à titre de conseiller financier.
Le Lorientais sert ses clients, mais il aime aussi servir l'intérêt général. Pragmatique et désireux de comprendre le fonctionnement d'une commune, il devient conseiller municipal à Guidel en 2008. Il déménage à Quéven en 2009 et commence à s'intéresser à la vie de sa commune. Il s'y implique tellement qu'il devient tête de liste aux élections municipales de 2014… qu'il remporte. Il est réélu largement au 1er tour des municipales de 2020 puis est élu vice-président de Lorient Agglomération, chargé de l'habitat, du logement et du projet territorial.

VILLE DE QUÉVEN - PL. PIERRE QUINIO - CS 30010 - 56531 QUÉVEN • TÉL. 02 97 80 14 13

COMMUNE

Gilles **CARRÉRIC**

MAIRE DE LANESTER

FORMATION Licence de droit (université de Rennes, 1983)

PASSIONS Les voyages (il a parcouru le monde sac à dos) , les livres (sa collection est composée de 4 000 ouvrages)

Gilles Carréric pensait s'orienter vers la fonction publique. Mais, après avoir été conseiller juridique pendant son service militaire, il est recruté comme gestionnaire d'assurance par Groupama en 1985. Il y fait toute sa carrière, à Vannes, jusqu'à devenir directeur départemental en 2013.
Par ailleurs très attaché à son territoire – il vit dans la maison qui appartenait à ses grands-parents – et issu du milieu associatif sportif, il s'engage pour sa ville. Il y est élu en 2001 et devient adjoint à la jeunesse et aux sports. En 2004, la maire le sollicite pour qu'il prenne la charge de 1er adjoint. Délégué au sport, à la vie associative et aux finances, il devient vice-président de Lorient agglomération. En 2008, il préside la Sellor au sein de l'agglomération tout en restant 1er adjoint, prenant la responsabilité des finances et de l'urbanisme. Il gardera en fin de mandat l'urbanisme, le sport et le développement économique. Il fait ensuite le choix en 2014 de privilégier son activité professionnelle mais reste adhérent de l'association Lanester nouvelle citoyenneté, créée en 1998. Quatre ans plus tard, sollicité par des Lanestériens pour conduire une liste de gauche. Gilles Carréric met en place un groupe de réflexion fin 2018. Sa liste citoyenne, écologiste et solidaire comprend des militants de Lanester Nouvelle Citoyenneté, des Verts, du Parti Socialiste, de l'Union Démocratique Bretonne, du Parti Communiste et de Génération(s). « Le collectif porte ses fruits » et il est élu en mars 2020 au 1er tour. Ce maire atypique, au tempérament indépendant et curieux,

s'appliquera à relever 5 défis pour Lanester : une ville/village, une ville en transition, une ville de liens, une ville de services publics, une ville dans l'agglomération.

VILLE DE LANESTER - RUE LOUIS ARAGON - BP 779 - 56607 LANESTER CEDEX • TÉL. 02 97 76 81 81

SPORT PROFESSIONNEL

Jean-Philippe **CAU**

PRÉSIDENT DE LORIENT GRAND LARGE

FORMATION Ingénieur (Arts et Métiers de Cluny et Bordeaux, 1980)

PASSIONS Les courses de bateaux, dont Cap-Martinique qu'il co-organise

Passionné de voile, Jean-Philippe Cau commence son parcours professionnel par un stage chez Beneteau en 1978. Mais il est embauché par Elf Aquitaine et part travailler au Cameroun en 1982. Il y reste 17 ans avant de rejoindre Perenco en tant que directeur projets de toutes les filiales. La liberté liée au poste lui plait et il y reste jusqu'en 2001. Habitant à Carnac, l'envie de monter une écurie de course au large le taraude mais il renonce et entre chez SPTMI puis Ponticelli en 2004 à Bordeaux comme chef de projets. Il monte d'importantes opérations et va exercer son métier de nouveau en Afrique, responsable des grands comptes. En 2015, il intègre Endel Engie à Paris pour développer l'activité à l'international mais le PDG est licencié et lui aussi... Il décide de stopper sa carrière en 2017 et peut enfin se consacrer à son domaine de prédilection : la navigation en mode régate.
Entré à l'UNCL (Union nationale pour la course au large) en 1987, Jean-Philippe Cau en est président de 2015 à 2020, développant des actions pour rénover le club. Installé depuis 2012 à Riec-sur-Belon, il entre comme administrateur à Lorient Grand Large avant d'en prendre la présidence en 2021. La volonté de cet homme de projets est de permettre à ce site unique au monde d'exercer une pleine attractivité sur le territoire, de fédérer autour d'évènements nautiques et de courses au large. Collaborant avec les collectivités locales investies dans le projet, il conçoit avec les équipes un programme événementiel sur 4 ans. Très engagé, le président bénévole revendique d'être motivé par le fait « d'apporter quelque chose au territoire », de faire découvrir le grand potentiel de Lorient. Pour lui, la boucle est bouclée : il a enfin concrétisé son rêve d'être au cœur du système.

LORIENT GRAND LARGE - 6 BIS RUE FRANÇOIS TOULLEC - 1ER ÉTAGE - 56100 LORIENT • TÉL. 02 97 32 80 05

AGROALIMENTAIRE

Laurent **CAVARD**

PRÉSIDENT DIRECTEUR GÉNÉRAL D'ALTHO

FORMATION lycée Vaugelas à Chambéry ; classe préparatoire HEC (lycée Berthollet, Annecy) ; HEC Paris (licence d'histoire) promotion 93

PASSIONS l'Histoire, la littérature, le snowboard, la course à pied et la plongée.

Après avoir effectué son service national comme CSNE (Coopération du Service national à l'étranger) en 1993-1994 au Canada, à Montréal, pour Hachette distribution services, Laurent Cavard intègre en 1995 le groupe Michelin pour lequel il va travailler pendant 14 ans. En 2007, il en devient directeur des opérations pour le marché européen des constructeurs automobiles en charge de la finance, du pricing et de la supply-chain. En 2009, il quitte l'industrie du pneumatique pour celle de l'agro-alimentaire en prenant la direction générale d'Altho. La société, appartenant à la famille d'Alain Glon, est spécialisée dans la fabrication de chips. Créée en 1994, Altho occupe une place de leader en marques de distributeurs.
La grande fierté de Laurent Cavard, désormais PDG, est d'avoir créé plus de 65 emplois depuis son arrivée. Société plusieurs fois récompensée, Altho est un membre actif de « Produit en Bretagne » depuis 1994.

ALTHO BRETS - ROUTE DE SAINT-CARADEC - 56920 SAINT-GÉRAND • TÉL. 02 97 25 96 96

ETAT

Jean-Michel **CHAPPRON**

DIRECTEUR DÉPARTEMENTAL DE LA PROTECTION DES POPULATIONS DU MORBIHAN

FORMATION Ecole nationale vétérinaire de Maisons-Alfort (1985)

DISTINCTIONS Officier du mérite agricole

PASSIONS Voile et randonnée

Originaire de Port-Saint-Jean, Jean-Michel Chappron fait ses premières armes comme inspecteur vétérinaire stagiaire à l'abattoir SVA (Société vitréenne d'abattage). Mais ce passionné de voile va devoir quitter la Bretagne, au gré de ses promotions. Il intègre en 1986 la direction des services vétérinaires de Tours. Fin 1991, il suit son épouse à Paris et entre au secrétariat général du ministère de l'Agriculture. A son expérience technique s'ajoute celle de gestionnaire de personnel qui lui permet d'accéder en 1993 au poste de directeur des services vétérinaires des Ardennes. En décembre 1998 il choisira la Corse, un poste à enjeu important après l'assassinat du préfet Erignac. Il y passera trois ans avant de revenir exercer une mission à Paris. Nommé chef du service régional vétérinaire de Loire-Atlantique en 2002, il dirige la DDSV de Maine-et-Loire en 2006. En 2010, il prend la tête de la nouvelle direction départementale de la protection des populations (DDPP) du Maine-et-Loire, rassemblant également la concurrence, consommation et répression des fraudes.
En 2013, retour sur ses terres natales. Il devient directeur départemental de la DDPP des Côtes d'Armor, le plus gros département de France, au cœur des laboratoires de recherche et des entreprises de production animale, où il gère 240 personnes. Puis il est nommé au même poste à la DDPP du Morbihan en octobre 2018.

DDPP DU MORBIHAN - 32 BD DE LA RÉSISTANCE – - CS 92526 - 56019 VANNES CEDEX • TÉL. 02 97 63 29 45

CONSTRUCTION NAVALE

Emmanuel **CHOL**

DIRECTEUR DU SITE NAVAL GROUP DE LORIENT

FORMATION Ecole Polytechnique (1991) ; SupAéro (Isae, 1993) ; auditeur de l'IHEDN (2012-2013)

PASSIONS Sa famille, le golf

Passionné par la technique, Emmanuel Chol a une révélation en découvrant les SNLE (sous-marins nucléaires lanceurs d'engins) sur le site Naval Group de Cherbourg. Devenu ingénieur au sein de l'entreprise, il embarque sur l'un d'entre eux, l'Indomptable, en 1993. Un an plus tard, il devient responsable d'installations du système de combat du Triomphant à Cherbourg, puis chef de projet études en 1996, et enfin, responsable des essais du Téméraire. A ce poste, il copilote, avec la Marine Nationale et l'équipage, les essais à quai et à la mer du SNLE. Il rejoint ensuite Brest en 1999 comme directeur de programme de l'entretien courant des SNLE. En 2006, il saisit l'opportunité de changer de spécialité en prenant la direction Achats et supply chain sur le site Naval Group d'Angoulême-Ruelle.
Enrichi de nouvelles compétences, Emmanuel Chol part en 2009 diriger le département puis la direction Architectures sous-marins et Dissuasion sur le site de Lorient. Une grande mission qu'il assume avec son engagement habituel jusqu'en 2014. On lui confie alors la direction de l'Ingénierie services (répartie sur Cherbourg, Brest, Lorient et Toulon) à Brest. Trois ans plus tard, un autre poste prestigieux lui est proposé : la responsabilité de l'ensemble des équipes de production en charge des activités d'entretien courant des SNLE, des infrastructures associées (dont nucléaires) et des activités pyro-nucléaires sur les missiles stratégiques sur le site de l'Ile Longue. Directeur de ce site, il prend la direction de Naval Group Nantes-Indret (1500 personnes). Quatre ans plus tard, il prend la même responsabilité à Lorient, le centre de conception et de production des navires de surface de Naval Group, avec 2600 personnes sous sa responsabilité.

NAVAL GROUP LORIENT - AVENUE DE CHOISEUL
- CS 80001 - 56311 LORIENT CEDEX
• TÉL. 02 97 12 10 00

INDUSTRIE NAUTIQUE

Pascal **CONQ**

ARCHITECTE NAVAL - GÉRANT DE FINOT-CONQ ARCHITECTES

FORMATION collège-lycée à Morlaix - architecte DPLG (Rennes, 1985)

PASSIONS la mer

Une enfance à Roscoff et le « bain » quotidien dans l'univers marin détermineront très tôt son destin. A l'âge de 20 ans, Pascal Conq conçoit et construit son premier voilier de régate et invente la quille inclinable. Il saura s'en servir ! A son palmarès, une victoire dans le Tour de France à la voile en 1985. Cette année est à marquer d'une pierre blanche puisqu'il rencontre Jean-Marie Finot et le rejoint dans son cabinet d'architecture navale. Trois ans plus tard, il devient son associé et le couple Finot-Conq va très vite devenir un acteur incontournable du nautisme. Pascal Conq s'occupe plus particulièrement des bateaux de course. Ensemble, ils voient leurs conceptions remporter 4 Vendée Globe et 5 Transats 6.50. Mais c'est avec des chantiers comme Bénéteau ou Structures qu'ils mettent leur travail à la disposition du plus grand nombre en dessinant des voiliers construits, pour certains, à plus de 1500 exemplaires. En 2008, il succède à Jean-Marie Finot en créant Finot-Conq architectes. Début 2012, deux de ses conceptions sont consacrées « European Yacht of The Year » par la presse européenne. En 2013, pour la sixième fois, un de ses bateaux gagne la Mini-transat. En 2014 il reçoit deux awards internationaux pour l'incroyable voilier Nomad IV. Le bilan impressionne : en 40 ans d'existence, environ 15000 dessins ont été créés et 35000 voiliers ont été mis à l'eau.

FINOT-CONQ ARCHITECTES
- 1 ALLÉE LOÏC CARADEC
- PARC DU GOLFE - 56000 VANNES
• TÉL. 02 97 40 81 81

DÉVELOPPEMENT ÉCONOMIQUE

Anne-Marie **CUESTA**

DÉLÉGUÉE GÉNÉRALE DE BRETAGNE PÔLE NAVAL

FORMATION diplôme de droit notarial (Toulouse, 1984) ; clerc de notaire (Montauban, 1984)

DISTINCTIONS médaille du travail ; chevalier de l'Ordre du Mérite maritime 2021

PASSIONS « la bonne cuisine, l'île de Ré et... les Autres »

Dans son premier poste, clerc de notaire, Anne-Marie Cuesta s'ennuie bien vite... Elle part alors aux Comores, en mission économique et humanitaire, pendant 2 ans. En 1988, elle découvre avec enthousiasme la Bretagne et entre chez Plastimo à Lorient en tant que responsable des entrepôts. Tombée amoureuse de l'univers naval, elle est recrutée en 1991 chez Lorient Naval et Industrie en qualité d'adjoint de direction. Devenu Alstom Leroux Naval en 1998, le groupe connaît une évolution importante des effectifs et Anne-Marie Cuesta assume alors pour la première fois la direction des ressources humaines... tout en assurant l'intérim sur l'ensemble des aspects liés à la direction du chantier. Un nouveau challenge (elle adore ça) l'attend en 2001 : elle intègre Sofresid Engineering en tant que DRH et membre du comité de direction puis devient DRH de l'ensemble des établissements français. Une grande responsabilité et une réussite qui lui vaut d'être promue à la direction de l'établissement de Lorient en 2007. D'un caractère dynamique et empathique, elle avoue « ne pas savoir dire non ». Membre du Syntec Ingénierie, elle y assume les fonctions de déléguée régionale de 2010 à 2012 pour la Bretagne-Pays de la Loire.
C'est en 2012 qu'elle est recrutée comme Déléguée Générale de Bretagne Pôle

Naval. Elle trouve dans ce poste, et plus généralement en Bretagne, les points forts qui lui ressemblent : l'entraide et l'esprit d'équipe pour aboutir à des résultats concrets. Elle est élue présidente de l'association du Campus des Métiers et des Qualifications (CMQ) des industries de la mer en novembre 2016. Elle s'investit aussi dans le salon de l'emploi et de la formation PRO&MER et dans la Mission Locale de Lorient comme administratrice.

BPN - BRETAGNE PÔLE NAVAL
- 6 BIS RUE FRANÇOIS TOULLEC
- 56100 LORIENT CEDEX • TÉL. 02 97 32 77 69

HÔTELLERIE-RESTAURATION

Vincent **DAVID**

PROPRIÉTAIRE ET CHEF DE CUISINE DU RESTAURANT LE PRESSOIR

FORMATION lycée hôtelier de Saint-Méen-le-Grand BEP cuisine (1991)

DISTINCTIONS 1 étoile au Guide Michelin ; 3 toques au Gault et Millau.

Succéder à Bernard Rambaud, qui a tenu Le Pressoir pendant trois décennies, n'était pas une tâche aisée. Vincent David a pourtant relevé le défi, fort d'une expérience dans de grandes maisons. Et de quelques succès étoilés. A peine sorti de sa formation de cuisinier, il peaufine son savoir-faire au « Château d'Audrieu », 1 * Michelin, en Normandie. En 1997, Dominique Bouchet, l'ancien chef de « La Tour d'Argent », lui confie la fonction de chef de cuisine du « Moulin de Marcouze », 2 * Michelin, devenu depuis le « Moulin du Val de Seugne » à Mosnac-sur-Seugne en Charente-Maritime. Nouvelle étape à partir de 1999, aux côtés de Marc Meneau, à « L'Espérance », 3 * Michelin, à Saint-Père-sous-Vézelay dans l'Yonne, comme chef de cuisine exécutif. En 2004, il prend la direction de la cuisine des « Roches Fleuries » à Cordon en Haute-Savoie, où il décrochera une étoile Michelin en 9 mois. En 2010, l'enfant prodige revient au pays. Ou presque : c'est à Vannes au « Pressoir » que Vincent David et sa compagne Katia s'installent. Les critiques gastronomiques ne l'ont pas perdu de vue : l'établissement est référencé « Table remarquable » dans le guide Châteaux et Hôtels Collection et le Guide Michelin lui a déjà attribué une étoile.

RESTAURANT LE PRESSOIR
- 7 RUE DE L'HÔPITAL - 56890 SAINT-AVÉ
• TÉL. 02 97 60 87 63

HÔTELLERIE-RESTAURATION

Baptiste **DENIEUL**

CHEF ÉTOILÉ DE MAISON TIEGEZH

FORMATION BEP cuisine (lycée hôtelier Louis Guillou, Rennes), bac en alternance dans 2 maisons étoilées (2009 à 2011)

DISTINCTIONS 1 étoile Michelin depuis 2017 ; Meilleur jeune chef de France 2016 (Champérard) ; Meilleur jeune chef de Bretagne 2014 et Jeune talent 2015 (Gault et Millau)

PASSIONS l'Art (il peint et fait de la musique), le sport automobile

Baptiste Denieul est un de ces jeunes passionnés de cuisine qui n'a pas cherché bien longtemps sa vocation… Après s'être formé chez de grands chefs bretons – Jean-Marie Baudic et Jérémie Le Calvez – il rejoint Paris, avide d'apprendre et de progresser. Avec son bac en poche, le titre de meilleur apprenti de Bretagne 2009 et grâce à une rencontre avec Alain Ducasse, il décroche un emploi chez Lasserre avec Christophe Moret. Il tourne dans la brigade pendant 1 an, une période « merveilleuse » qu'il interrompt pour entrer au Bristol. Motivée par l'envie de travailler avec Eric Fréchon, il repart en bas de l'échelle mais grimpe vite les échelons. L'heure d'écrire sa propre histoire se présente en 2012, lorsque ses parents décident de vendre leur crêperie-bar-restaurant à Guer. L'occasion rêvée également pour Baptiste Denieul de revenir dans sa chère Bretagne. Il rachète le fond de commerce avec son épouse Marion puis ils donnent naissance à l'auberge Tiegezh en 2013, avec un restaurant gastronomique et son annexe, le Bistrot.
Lui, qui avoue avoir « beaucoup de choses à raconter dans ses plats », accumule ensuite les récompenses et met la barre de plus en plus haut. L'apothéose arrive en 2017, année où il est le plus jeune chef à recevoir une première étoile Michelin. A 27 ans, il rachète les murs de son établissement. Face à une si belle réussite, il garde la tête sur les épaules, entouré de sa famille et de son équipe de 10 salariés. Toujours à la recherche de l'excellence mais aussi du partage. En 2019, il réalise un autre de ses rêves : l'ouverture d'un hôtel 4 étoiles. Et le Bistrot devient crêperie de luxe en 2020.

RESTAURANT MAISON TIEGEZH
- 7 PLACE DE LA GARE - 56380 GUER
• TÉL. 02 97 22 00 26

INDUSTRIE NAUTIQUE

Jean-Pierre **DICK**

NAVIGATEUR

FORMATION lycée d'Estienne d'Orves à Nice - vétérinaire (Ecole nationale vétérinaire de Maisons-Alfort, 1991) ; HEC Paris (1997)

DISTINCTIONS marin de l'année 2011 ; chevalier de l'Ordre du Mérite

PASSIONS la mer et les voyages.

PUBLICATIONS « Gagner le large avec Jean-Pierre Dick » et « Mon Incroyable Vendée Globe » (Editions Voiles Gallimard)

La culture scientifique et entrepreneuriale de sa famille (son père est fondateur des laboratoires Virbac) ne prédestinait pas Jean-Pierre Dick à parcourir les mers et sa formation en atteste. Mais sa passion fut plus forte que tout. Depuis 2002, il est un des navigateurs majeurs des courses au large. On le dit méticuleux, travailleur acharné, perfectionniste. Et ça paie. Son palmarès le prouve : vainqueur du Tour de France à la Voile (2001), de la Transat Jacques Vabre (2003, 2005 et 2011), de la Barcelona World Race (2008 et 2011), sans oublier les places d'honneur dans La Route du Rhum (3e en 2006, 4e en 2010) et le Vendée Globe (6e en 2005 et 4e en 2013 après avoir parcouru 2650 milles sans quille !). « Jipé » est un homme de défi : il participe de nouveau au Vendée Globe et arrive à la 4e place en janvier 2017. En novembre de la même année il remporte la Transat Jacques Vabre avec le skipper Yann Eliès. Il est le premier à gagner quatre fois cette course et s'offre le luxe de battre son propre record. Il tourne la page de sa carrière de

compétiteur solitaire et confie la barre de son monocoque à Yann Eliès pour le Vendée Globe 2020.
Le skipper reste dans la course avec son écurie Absolute Dreamer, qui porte et développe un projet de catamaran à foil de 8 mètres, « Easy to fly », déjà vendu à plusieurs exemplaires. Et il bat le record sur l'Atlantique Nord qu'avait réalisé Éric Tabarly en 1987 entre Saint-Pierre-et-Miquelon et Lorient, avec une équipe d'amateurs. Il fera une 4e Route du Rhum à bord de son JP 54 en novembre 2022.

ABSOLUTE DREAMER - LA BASE
- 7 RUE D'ESTIENNE D'ORVES - 56100 LORIENT
• TÉL. 02 97 87 86 05

DÉPARTEMENT

Gilles **DUFEIGNEUX**

VICE-PRÉSIDENT DU CONSEIL DÉPARTEMENTAL DU MORBIHAN

FORMATION Lycée Lesage à Vannes - Ecole Nationale d'Administration (ENA, Promotion Nelson Mandela, 2001)

PASSIONS Le rugby et la voile

Attaché commercial à l'ambassade de France en République dominicaine (1990-1992), puis en Afrique du Sud (1992-1997), Gilles Dufeigneux intègre l'ENA. Diplômé, il rejoint la préfectorale comme sous-préfet, directeur de cabinet du préfet du Morbihan (2001-2003), puis comme directeur de cabinet du préfet de La Réunion jusqu'en 2004. Chef de cabinet des ministres déléguées aux Affaires européennes (2004-2007), il exerce ensuite en tant que chef adjoint de cabinet du Premier ministre François Fillon, conseiller technique chargé des Sports et de la politique sportive (2007-2010). En 2010, il est nommé délégué interministériel aux grands événements sportifs et rejoint ensuite le secrétariat général du ministère de l'Intérieur comme chargé de mission (2013-2015). Des responsabilités au sommet de l'Etat, qui vont de pair avec ses engagements locaux.
Conseiller municipal de Vannes (2008-2015), conseiller régional (2010-2015), Gilles Dufeigneux est conseiller départemental de Vannes 3 depuis 2015. Membre de la commission Finances, ressources humaines et sécurité, il est nommé président du conseil d'administration du Service Départemental d'Incendie et de Secours du Morbihan la même année. De février 2017 à 2019, il est directeur général du groupement d'intérêt public (GIP) chargé de mettre en oeuvre et de promouvoir le « Grand Prix de France - Le Castellet ». Il devient 12e nouveau vice-président du conseil départemental du Morbihan, délégué à l'attractivité et aux grands événements en juillet 2021. Depuis septembre de la même année, il est président-directeur de GD Conseil, société spécialisée en gestion des affaires.

CONSEIL DÉPARTEMENTAL DU MORBIHAN
- 2 RUE DE SAINT-TROPEZ
- 56009 VANNES CEDEX • TÉL. 02 97 54 80 00

ENSEIGNEMENT SUPÉRIEUR

Virginie **DUPONT**

PRÉSIDENTE DE L'UNIVERSITÉ DE BRETAGNE SUD

FORMATION collège Parc aux Charrettes à Pontoise ; collège et lycée Saint Sébastien à Landerneau - licence de chimie (UBO Brest, 1986) ; DEA de chimie fine et chimie marine (Laboratoire de Chimie Hétéro-organique, 1989) ; doctorat de l'Institut national polytechnique de Lorraine et ENSIC (1993)

Directeur d'études du Deug STI1 (1994) puis du Deug SV1 à l'Université Bretagne Sud à Lorient (1995), Virginie Dupont occupe ensuite différentes responsabilités au sein de l'UBS : membre de la commission de spécialistes en biologie (1996-1997) et en chimie (1997-2001), elle est ensuite nommée directeur d'études de la licence de biologie. Nouvelle promotion en 2006 avec le poste de directrice-adjointe de l'UFR de Sciences et Sciences de l'ingénieur (2006-2008). Vice-présidente de la Société française de chimie Bretagne et Pays de la Loire et co-organisatrice du congrès régional bisannuel de la section depuis 2004, Virginie Dupont a été doyen de la Faculté de Sciences et Sciences de l'ingénieur (UFR SSI) de 2008 à 2012. Ses compétences lui ont valu d'être également expert Aeres (Agence d'évaluation de la recherche et de l'enseignement supérieur), sur les volets recherche/valorisation et formation (2009-2010). Et son expérience l'a amenée à être élue secrétaire de la Conférence des Doyens d'Université en Sciences (2008-2011, puis 2011-2013). Vice-présidente du conseil d'administration de l'UBS dès 2012, elle est nommée vice-présidente déléguée à la Cohésion de l'Université Bretagne Loire en mai 2016.
C'est en juin 2020 qu'elle est élue présidente de l'Université de Bretagne Sud.

UNIVERSITÉ DE BRETAGNE SUD
- 27 RUE ARMAND GUILLEMOT - BP 92116
- 56321 LORIENT CEDEX • TÉL. 02 97 87 66 66

SPORT PROFESSIONNEL

Loïc **FERY**

PRÉSIDENT DU FOOTBALL CLUB DE LORIENT

FORMATION lycée Alain Borne à Montélimar - lycée du Parc à Lyon (classe préparatoire) et majeure entrepreneurs d'HEC Paris (1997)

PASSIONS le football et le tennis.

A sa sortie d'HEC, Loïc Fery intègre le monde de la finance où il effectuera toute sa carrière. Il commence sur les marchés obligataires en Asie, à Hong Kong, où il vit pendant quatre ans, travaillant à la Société Générale en tant que responsable des activités de trading obligataire (1997-2001). Il rejoint alors le groupe Crédit Agricole pour y devenir responsable de la banque d'investissement du groupe Calyon. En 2006, il est promu responsable mondial des marchés de crédit, responsabilité qu'il exercera jusqu'à l'été 2007. Il crée alors le groupe entrepreneurial Chenavari Financial Group à Londres, société dont il est toujours le PDG. Passionné de football, qu'il pratiqua notamment à Hong-Kong, il souhaite s'impliquer dans le championnat de France de Ligue 1. C'est le FC Lorient qui retiendra son attention et il succède à Alain Le Roch en 2009, devenant ainsi, à 35 ans, le plus jeune président des clubs de Ligue 1. Il donne un nouvel élan au club des « Merlus » - redescendus en 2017 en Ligue 2 - sur le plan

sportif et économique, notamment avec la construction en 2013 d'un centre d'entraînement : l'Espace FCL. Le club remonte en Ligue 1 en 2020.
Loïc Féry, qui vit à Londres, est par ailleurs membre du conseil d'administration de la Ligue de Football Professionnel (LFP).

FOOTBALL CLUB DE LORIENT
- 11 RUE JEAN LE COUTALLER - 56100 LORIENT
• TÉL. 02 97 35 15 00

ENSEIGNEMENT SUPÉRIEUR

Éric **FILIOL**

EXPERT EN SÉCURITÉ INFORMATIQUE

FORMATION lycée Charlemagne à Paris - ingénieur en cryptologie (1996) ; DEA algorithmique (1997) ; doctorat de mathématiques appliquées et informatique (2001) ; HDR en informatique (2007), à l'université Paris VI, à la DCSSI, à l'Ecole polytechnique et à l'université de Rennes. Certifications OTAN dans le domaine du renseignement

DISTINCTIONS chevalier dans l'Ordre national du Mérite

PASSIONS la course à pied et la guitare basse.

PUBLICATIONS « Partition-based Trapdoor Ciphers » (co-écrit avec Arnaud Bannier, InTech editions, 2017) ; rapport 2541 pour l'Assemblée Nationale et 271 pour le Sénat, de l'Office Parlementaire d'Évaluation des Choix Scientifiques et Technologiques - OPECST (tome II, pp. 181--188, 02/02/2015) ; « Les virus informatiques : théorie, pratique et applications » (Springer Verlag, 2009) ; « Techniques virales avancées » (2008)

Eric Filiol est considéré comme l'un des meilleurs experts français en matière de sécurité informatique. Bardé de diplômes, l'homme est un ancien militaire : chef de section infanterie au 92e RI, au 21e et 4e Rima, il devient chargé d'études cryptologiques au ministère de la Défense, puis instructeur-chercheur à Saint-Cyr Coëtquidan. Il crée et dirige le laboratoire de cryptologie et de virologie de l'École Supérieure et d'Application des Transmissions de Rennes jusqu'en 2008. Il quitte le monde militaire en 2009 et met ses compétences au profit de l'école d'ingénieurs Esiea à Laval. Il y est directeur de la recherche et du développement industriel, directeur du laboratoire de cryptologie et virologie opérationnelles jusqu'en juin 2019. Sa mission ? Garantir la sécurité des systèmes d'information en adoptant la posture et la vision de l'attaquant. Depuis juin 2019, il est professeur associé à l'ENSIBS de Vannes, au CNAM de Paris et à la High School of Economics de Moscou dans le domaine de la cybersécurité. Il est également consultant dans le domaine industriel en technologies de la protection de l'information et des systèmes.
Depuis 2004, Eric Filiol est éditeur en chef de la revue internationale de recherche « Journal in Computer Virology and Hacking Techniques » qu'il a créé chez Springer. Sa fierté est d'avoir contribué à la naissance d'une école française de virolage informatique et créé l'antivirus souverain Davfi. Il a par ailleurs été auditionné par la commission parlementaire « Sécurité numérique et risques : enjeux et chances pour les entreprises » en 2015. Il dirige plusieurs projets libres de sécurité et intervient régulièrement dans les plus grandes conférences internationales de hacking.

ENSIBS - 17 BD FLANDRES-DUNKERQUE
- BP 92116 - 56321 LORIENT CEDEX
• TÉL. 02 97 88 05 59

ASSOCIATIONS ET RÉSEAUX

Georges **FOURNOL**

PRÉSIDENT D'INITIATIVE VANNES ET DE BREIZH ANGELS

FORMATION collège-lycée à Vannes - Ecole centrale de Paris (1964) ; CPA

DISTINCTIONS Chevalier de l'Ordre du mérite 2019

PASSIONS ses amis d'enfance, la danse classique, les ballets, le théâtre, la voile, les mots croisés et la restauration de maisons.

Il est le « monsieur business angels » du Morbihan. Avec le souhait, après 40 ans de carrière, de faire profiter les jeunes chefs d'entreprise de son expérience. Son service militaire effectué dans l'Armée de l'air à Saintes, Georges Fournol intègre l'entreprise parisienne de BTP Devars-Naudo en 1966, puis en devient le directeur général deux ans plus tard. Il rejoint en 1984, pour deux ans, le groupe Fougerolles-SAE (devenu depuis Eiffage Construction) avant d'être recruté par BEG comme directeur général du bureau d'ingénierie à Orléans et actionnaire du groupe. Avec ses associés, Simon Property Group et la banque JP Morgan, ils créent la holding Ere, promoteur investisseur européen de centre commerciaux dont il devient gérant de 1998 à 2005. En 2005, il prend sa retraite mais rachète au groupe Ere la société Beg ingénierie avec trois autres cadres, et devient le président du conseil de surveillance.
Installé depuis 2005 à Arradon, Georges Fournol s'investit désormais au service du développement économique local. Président de Pays de Vannes Initiative Réseau depuis 2007, il a lancé l'association Bretagne Sud Angels en 2009. Administrateur de France Angels depuis 2012, il préside actuellement Breizh Angels.

INITIATIVE VANNES
- PARC INNOVATION BRETAGNE SUD
- LE PRISME CP 1 - PLACE ALBERT EINSTEIN
- PLACE ALBERT EINSTEIN - 56038 VANNES
• TÉL. 02 97 68 14 04

BIENS D'ÉQUIPEMENT

Clémentine **GALLET-HAMLYN**

PRÉSIDENTE DE CORIOLIS GROUP

FORMATION IUT génie mécanique (GMP) de Lyon (1994) ; bachelor Fachhochschule Esslingen (université de Sciences Appliquées, 1997)

PASSIONS la mer et la montagne, la natation, la musique

Avec un grand-père fondateur de l'IUT de Génie mécanique de Lyon, le goût pour l'industrie semble bien faire partie de l'ADN de Clémentine Gallet-Hamlyn. Mais pas les chemins balisés… Elle rencontre son futur époux à l'IUT et tous deux décident de se lancer dans un projet fou : participer à la Mini-transat de 1999 et fabriquer une coque de bateau grâce à une nouvelle technologie robotisée. Ils n'ont jamais traversé l'Atlantique mais ce défi finira par donner naissance à leur entreprise. Chacun dans leur rôle : Clémentine trouve les financements

et les partenaires, Alexandre, son « génie de mari », les idées. Ensemble, ils remportent le i-LAB, le concours national pour la création d'entreprises de technologie innovante, en 1999. Après s'être formée à l'Ecole de management de Lyon, la future dirigeante peaufine son business plan et ils remportent une 2e fois le concours i-LAB. Mais les banques sont frileuses. Le couple choisit alors de rejoindre la Bretagne, gagne le concours Start West, crée Coriolis et obtient enfin les financements pour développer leur technologie en 2002. Trois ans plus tard, elle fonctionne et attire les grands noms de l'aéronautique. Depuis 2007, la société affiche toujours un fort taux de croissance. Aujourd'hui, l'énergique présidente continue de se battre pour sa société et ses projets, adorant « motiver, convaincre et partager ». Année après année, son implication et son optimisme continuent à faire voguer son navire encore plus loin.
Investie par ailleurs dans le réseau French Fab, Clémentine Gallet-Hamlyn fait aussi partie du du Gifas (Groupement des industries françaises aéronautiques et spatiales). Elle en est nommée trésorière et présidente de son Comité Aero-PME en juillet 2022.

CORIOLIS GROUP - ZA DU MOURILLON - RUE CONDORCET - 56530 QUÉVEN • TÉL. 02 97 59 94 98

AGROALIMENTAIRE

Alain **GLON**

PRÉSIDENT D'AGH - PRÉSIDENT DE ALTHO

FORMATION autodidacte

DISTINCTIONS chevalier de la Légion d'honneur

PASSIONS la Bretagne et le vélo

Fondé par André Glon dans l'immédiate après-guerre, le groupe Glon a ensuite été repris par ses trois fils dont Alain Glon. En 1947, la minoterie se spécialise dans la nutrition animale puis la société étend ses activités dans les métiers de l'agro-alimentaire. Le groupe Glon prend une dimension supplémentaire après le rachat en 1998 du groupe Louis Sanders, devenant ainsi le n° 1 français du secteur de la nutrition animale. En 1998, il crée également avec d'autres industriels Qualimat (association pour le contrôle de la qualité des matières premières de l'alimentation animale). En 2007, les trois frères cèdent la majorité du groupe à Sofiproteol et Alain Glon crée AGH en 2008. Au sein de cette holding se développent des activités conduites par ses enfants et leurs conjoints : Altho (marque Brets), Ecofeutre (papier feutré) et Socofag, en France et en Asie (Benoît Glon est établi au Vietnam). Alain Glon a exercé de nombreuses responsabilités extra-professionnelles au sein des chambres de commerce, tribunal de commerce, syndicats professionnels ou comme conseiller au commerce extérieur. Il s'est intéressé également à la recherche en xénotransplantation à travers la fondation ProGreffe. Il a été président du think tank l'Institut de Locarn jusqu'en 2019 et fait partie du conseil d'administration du fonds Nominoë-CHU de Rennes.

ALAIN GLON HOLDING - 2 RUE DU COLONEL FÉLIX ROBO - 56300 PONTIVY

RÉGION

Thierry **GOYET**

CHERCHEUR À L'INVENTAIRE DU PATRIMOINE CULTUREL À LA RÉGION BRETAGNE

FORMATION lycée Colbert à Lorient (bac en 1987) - DEA en Histoire (Université Rennes 2, 1993)

PUBLICATIONS « Groix, un écomusée dans l'île » (L'Harmattan -1997) ; « Le secteur sauvegardé de Rennes » (Actes du colloque « L'esprit des lieux. Le patrimoine et la cité »-1997) ; « Si Lorientais et pourtant si Français... Les lycées de la Reconstruction à Lorient », (In Situ, n° 44, 2021)

Thierry Goyet a développé un goût précoce pour l'Histoire et l'engagement. Dès l'âge de 18 ans, il se mobilise sur ce dernier terrain lors des grèves lycéennes au lycée Colbert de Lorient, puis prolonge son action dans diverses sphères. Ainsi, il est responsable de la Fête de l'Huma Bretagne de 1999 à 2010 et responsable morbihannais du PCF de 2004 à 2010. Conseiller municipal de Lorient de 2008 à 2014, vice-président de Lorient agglomération, chargé des transports collectifs urbains, il a piloté le lancement de la deuxième phase du projet de Bus à haut-niveau de service (Triskell 2). Cet historien de formation a également inscrit son action sur le plan associatif. Dès 1996, il prend des responsabilités variées (Diwan, PLL, Ufolep) en mettant l'accent sur le sport, l'éducation populaire et la promotion de la culture bretonne. Il a d'ailleurs participé à la représentation de la ville auprès du Festival interceltique, dans le droit fil de son engagement pour la culture et la langue bretonne.
Aujourd'hui au Conseil régional de Bretagne, Thierry Goyet est chercheur au Service de l'Inventaire du patrimoine culturel. Il publie régulièrement dans patrimoine.bzh ses études sur l'architecture ainsi que sur les œuvres d'art des lycées et donne régulièrement des conférences sur cette thématique.

ESPACE TERRITORIAL BRETAGNE SUD - 2 BOULEVARD ADOLPHE PIERRE - 56100 LORIENT • TÉL. 06 33 32 62 26

EVÉNEMENTIEL ET CONGRÈS

Damien **GRIMONT**

NAVIGATEUR ET ORGANISATEUR D'ÉVÉNEMENTS NAUTIQUES

FORMATION ingénieur en travaux publics (ESTP Paris, 1990) ; IAE (Paris, 1991)

DISTINCTIONS Prix Partage et mer 2018 (centre européen de formation continue maritime)

PASSIONS la mer

Qui est Damien Grimont ? Marin, entrepreneur, inventeur, aventurier, amoureux des défis impossibles ? Son histoire est avant tout celle d'un homme qui ose rêver, aime apprendre et « penser à côté ». Il se définit d'ailleurs ainsi : « La tête dans les étoiles, les pieds sur terre ».
Jeune ingénieur, il décide de se mettre à l'épreuve. Muni de sa courte expérience de moniteur de voile et des conseils de marins expérimentés, il se lance dans la course à voile et... remporte la Mini-Transat en 1991. C'est pour lui un vrai déclencheur car il comprend que tout est question d'ouverture et de créativité. L'idée et l'énergie de l'idée. Tout en travaillant chez Solétanche-Bachy

en Suisse puis en France, il négocie de pouvoir continuer les courses, en «amateur éclairé». Entre 1992 et 2003, il enchaîne 5 Solitaire du Figaro, 3 Transat AG2R et 1 Trophée BPE. Devenu responsable de l'antenne Ouest de Soletanche-Bachy en 1999, il y développe les travaux maritimes. Et trouve le temps de créer le Record SNSM en 2005. Il participe à la Route du Rhum (2006 et 2010) et à la Transat Jacques Vabre en 2007. C'est alors qu'il se lance en tant que chef d'entreprise dans Blue Ring, un procédé de construction permettant de créer un espace événementiel en surface et d'enterrer des bateaux, sur le modèle d'un parking souterrain. Mais le projet nécessite du temps... Damien Grimont donne alors naissance à la Solidaire du Chocolat (2009 et 2012). En 2014 commence à germer une idée improbable qui se réalisera en juin 2017 : The Bridge. Un symbole de fraternité pour une course qui a opposé le Queen Mary 2 aux plus grands voiliers multicoques de la planète. Il prépare un tour de l'Europe en cargo à voile pour expliquer l'urgence des enjeux de la transition écologique, The Arch, du 17 mars au 8 juin 2023.

PROFIL GRAND LARGE
- 16 BIS ALLÉE LOÏC CARADEC - 56000 VANNES
• TÉL. 02 97 63 08 81

COMMUNE

Emmanuel **GROS**

DIRECTEUR GÉNÉRAL DES SERVICES DE VANNES

FORMATION Master 2 en développement local à l'Institut d'études politiques de Paris (1992)

DISTINCTIONS Grand prix du management du territoire public (2011)

PASSIONS Le service public

PUBLICATIONS Publications dans Les cahiers de la fonction publique et dans la Gazette des Communes.

Emmanuel Gros débute sa carrière en tant que consultant chez Philippe Laurent consultants. Très attaché au service public, il se rapproche des collectivités territoriales. En 1992, il devient secrétaire général adjoint de la commune de Triel-sur-Seine (78), puis secrétaire général du Syndicat intercommunal pour la valorisation et le traitement des déchets. Il participe ainsi à la mise en place d'un des plus grands centres de tri en France. Il est ensuite nommé directeur général des services (DGS) de la commune de Vernouillet (28) en 1998, directeur général adjoint délégué aux moyens et aux ressources à La Roche-sur-Yon en 2005, puis DGS de Blois en 2008. Il décroche ainsi le Grand prix de management du territoire public en 2011. Pour lui, le management permet «d'accompagner le changement et de faire progresser les équipes.» En 2011, il retourne à la mairie de La Roche-sur-Yon en qualité de DGS. Toujours animé par la volonté de rendre le service public plus efficace, il rejoint la mairie de Saint-Nazaire pour le même poste en mai 2015. Puis ce sera Vannes fin 2020.
En parallèle, Emmanuel Gros s'investit au sein du Syndicat national des directeurs généraux des collectivités territoriales. Après avoir été président départemental en Eure-et-Loir et en Vendée dans les années 2000, puis membre du Bureau national, il est actuellement vice-président national « fonctions de direction générale et management». Il est aussi membre du comité d'experts en management public à l'INEP à Strasbourg.

VILLE DE VANNES - PLACE MAURICE MARCHAIS
- BP 509 - 56019 VANNES CEDEX
• TÉL. 02 97 01 60 00

SPORT PROFESSIONNEL

Yann **GUICHARD**

NAVIGATEUR - PRÉSIDENT DE SPINDRIFT RACING

FORMATION licence STAPS

Originaire de l'île aux Moines, Yann Guichard est un des marins les plus talentueux de sa génération. Il possède déjà une solide expérience de la voile et, plus précisément, des multicoques. Sa carrière commence en 1998, où il devient premier au classement mondial ISAF de Tornado. Issu du redoutable haut niveau de la Voile Olympique (4ᵉ aux JO de Sydney en 2000), synonyme de discipline, de rigueur et d'organisation, il a réussi à concrétiser ses aspirations à force de travail et de persévérance. Sa passion des multicoques l'a amené à conduire plusieurs projets d'envergure. Polyvalent, il accumule les performances et les victoires sur divers circuits, tant en courses océaniques qu'en régates inshore (Route du Rhum, Transat Jacques Vabre, Extreme Sailing Series, America's Cup World Series, Vulcain Trophy...). Avec son caractère bien trempé, c'est aussi un meneur d'hommes qui sait s'entourer d'équipiers prêts à relever de nouveaux défis. Il crée donc l'écurie Spindrift racing en 2011, avec sa compagne Dona Bertarelli. Ils accumulent assez vite une quantité de records avec le Maxi Trimaran Spindrift 2. Passionné par la météo et ses phénomènes parfois complexes, il ajoute ainsi à toutes ses compétences celle d'être le plus à même d'affronter les conditions qui peuvent survenir au cours d'un tour du monde ou de choisir la stratégie pour un sprint décisif lors d'une régate. En 2016, il établit le 3ᵉ temps du Trophée Jules Verne avec ses 13 équipiers. Il doit renoncer en janvier 2018 à sa tentative de record du tour du monde en équipage mais ils battent le record du tronçon Ouessant-Equateur en 2019 sur le parcours du Trophée Jules Verne.

SPINDRIFT RACING - 37 RUE DE L'OCÉAN
- 56470 SAINT-PHILIBERT • TÉL. 02 97 85 50 75

SPORT PROFESSIONNEL

Marc **GUILLEMOT**

SKIPPER

FORMATION bac (1979)

DISTINCTIONS chevalier dans l'Ordre du Mérite national (2009)

PASSIONS la voile, la peinture, le sport et la musique

PUBLICATIONS «Vrai Faux Solitaire», avec Christine Vannier (Ed. Glénat-2009), préface de «Tempêtes - Témoignages de marins» écrit par Grégoire Laville (Ed. Laville-2022)

Marc Guillemot est un habitué des pontons... et des victoires. Il grandit dans un milieu de marins où il attrape très tôt le virus de la course au large. En 1979, il dispute sa première course en solitaire. En 1981, il remporte la Twostar avec B. de Broc en Classe V. Il rencontre alors Patrick Morvan qui lui propose de participer à la construction de Jet Services II. Il forma alors avec Jean Le Cam et Serge Madec un trio redoutable qui enchaîne victoires et records de 1983 à 1988 : La Baule-Dakar, record de l'Atlantique, Québec Saint-Malo. Il rejoint en 1990 les équipes de Mike Birch, puis de Loïck Peyron sur Fujicolor et devient le skipper de La Trinitaine en 1997. Les podiums se succèdent avec Québec-Saint-Malo, la Route du Rhum, la Transat Anglaise. 2009 sera très positive : champion du monde Imoca, vainqueur de la Transat Jacques Vabre avec Charles Caudrelier-Benac, 1er du Record SNSM et 3e du Vendée Globe. En 2010, il termine 3e de La Route du Rhum et 1er du Tour d'Espagne à la Voile en équipage. En 2011, il améliore le record autour des îles Britanniques avec d'autres skippers. Marc Guillemot enchaîne les bons résultats en 2013 en battant le record de la traversée de l'Atlantique en solitaire, avant de terminer 2e de la Transat Jacques Vabre avec Pascal Bidégorry. En 2014, il arrive 3e de la Route du Rhum.

En avril 2018, Marc Guillemot et son équipage gagnent le Spi Ouest France. En août de la même année, il relance le Trophée des Multicoques puis il crée le projet « Duo Mixte » sur La Solitaire du Figaro. Il se lance en 2020 dans la construction d'un catamaran innovant, le MG5, équipé de pièces recyclées issues de bateaux de course. Il propose désormais séminaires d'entreprise et courses.

SAILING ORGANISATION GUILLEMOT
- 37 ROUTE DE L'OCÉAN
- 56470 SAINT-PHILIBERT • TÉL. 06 20 46 69 81

AGROALIMENTAIRE

Laurent **GUILLET**

DIRECTEUR DE MARQUES BRASSERIE LANCELOT

FORMATION Bac commercial G3 - CCI Nantes Cefotec (1991)

PASSIONS La pêche

Après avoir envisagé une carrière militaire, Laurent Guillet décide finalement de faire une formation commerciale. Il enchaîne ensuite des stages chez Décathlon Paridis et les garages Mustière, avant de faire le choix de l'enseigne sportive. A 21 ans, il devient donc chef du rayon pêche – domaine qui est sa passion - et y restera 3 ans. Il prend la responsabilité du service après-vente ensuite durant 1 an, manageant une équipe de 8 personnes. Mais, l'énergique Nantais en a bientôt « marre de la moquette » ! Son père en profite pour lui proposer de rejoindre l'entreprise familiale en 1996. Il saisit l'opportunité avec joie, désireux de perpétuer l'histoire des établissements Guillet, fondés par son arrière grand-père. Il connaît déjà la société par cœur, ayant testé un certain nombre de postes de la chaine de conditionnement. Laurent Guillet fait donc sa place avec modestie et sincérité, deux traits de caractère qu'il cultive toujours... A ses compétences de directeur commercial, il ajoute celle de responsable des relations publiques. Une fonction qui convient parfaitement à ce bosseur enjoué qui revendique son amour « des gens et du partage ».

Il devient directeur des marques régionales Kerisac/Lancelot/Breizh Cola pour la Brasserie Lancelot en janvier 2021 lors du rachat de l'entreprise morbihannaise Phare Ouest par Eclor, branche Boissons de la coopérative agricole Agrial. Puis, en mai, il est élu 1er vice-président de la Maison cidricole de Bretagne.

BRASSERIE LANCELOT - LA MINE D'OR
- 56460 LE ROC-SAINT-ANDRÉ
• TÉL. 02 97 74 74 74

MÉDIAS

Benoît **GUÉRIN**

DIRECTEUR DÉPARTEMENTAL DE OUEST-FRANCE MORBIHAN

FORMATION licence d'histoire (UBS Lorient, 1999) ; maitrise Infocom (Université Rennes 2, 2002)

PASSIONS la musique (il joue de la batterie et de la guitare), le rock et le metal (il suit le Hellfest depuis 2007 pour Ouest-France), le cinéma

Benoît Guérin est devenu, le 1er septembre 2020, directeur départemental de Ouest-France dans le Morbihan. Il arrivait alors d'Angers, où il occupait le même poste de direction depuis quatre ans, à la tête des rédactions du Maine-et-Loire. Cette arrivée dans le département breton, avec sa compagne et sa fille, est une forme de retour aux sources pour ce natif d'Auray, qui a vécu toute son enfance à Mériadec, et fait une partie de ses études à Lorient et Rennes. « La Bretagne reste ma terre de cœur. C'est viscéral. J'y ai aussi fait mes premières armes dans le journalisme, à la rédaction de Lorient, en 2001 », déclarait-il à Ouest-France. Ce passionné de musique - il couvre le festival Hellfest depuis 2006 - est aussi passé par Saint-Malo, Trouville-Deauville, Les Sables-d'Olonne, avant de piloter les rédactions de Challans, des Herbiers, puis celles du Maine-et-Loire.

Il est désormais à la tête d'une équipe de 70 personnes, dont 53 journalistes, au sein des rédactions de Vannes, Lorient, Auray, Pontivy et Ploërmel, épaulés par huit secrétaires et près de 200 correspondants.

OUEST-FRANCE MORBIHAN
- 4/6 BOULEVARD DE LA PAIX - 56000 VANNES
• TÉL. 02 97 47 42 05

AGROALIMENTAIRE

Caroline **HILLIET - LE BRANCHU**

PDG DE LA CONSERVERIE LA BELLE-ILOISE

FORMATION lycée Saint-Paul à Vannes ; licence en sciences économiques (Université de Rennes I), master ESC Clermont-Ferrand

DISTINCTIONS Prix Femme d'affaires Veuve Cliquot 2016 ; chevalière de l'Ordre national du mérite 2020

PASSIONS la famille, le cinéma et la pratique de la course à pied.

Peut-on échapper à une histoire familiale forte ? Pas si sûr lorsqu'on a baigné depuis toujours, comme les Hilliet, dans l'univers de la mer. Georges Hilliet crée la conserverie en 1932, puis ses fils Georges et Bernard poursuivirent le développement. Caroline Le Branchu représente la troisième génération. Après un début de carrière au sein d'une société informatique, celle qui a passé son enfance à suivre son père dans l'usine (« l'été surtout, lorsqu'il fallait préparer des marchandises ou appeler les sardinières, lorsque le poisson se faisait rare », se souvient-elle), exprime au début des années 2000 le désir d'intégrer la conserverie familiale. Ce sera fait début 2006. Pendant cinq ans, Caroline Le Branchu se prépare à prendre la suite de son père Bernard, en occupant différentes responsabilités. Aujourd'hui PDG de la belle-iloise, elle poursuit l'oeuvre de son grand-père : « Au début des années 60, alors que toutes les conserveries remettent en cause leurs techniques de production pour baisser les coûts, mon grand-père fit le choix de maintenir la qualité. Et pour vendre ses produits devenus trop chers pour la grande distribution, il ouvre son premier magasin de vente directe en 1967. Il nous a donné les moyens de nous affranchir des réseaux de distribution classiques ». Et la belle histoire continue… Si bien qu'en mars 2021, la dirigeante prend la présidence du nouveau club des Entreprises de taille intermédiaire de Bretagne.

LA BELLE-ILOISE - ZA PLEIN OUEST - 56170 QUIBERON • TÉL. 02 97 50 08 77

TOURISME ET LOISIRS

Frédéric **JAYOT**

DIRECTEUR GÉNÉRAL DU PARC ANIMALIER ET BOTANIQUE DE BRANFÉRÉ

FORMATION lycée Moissan à Meaux - classes préparatoires (HEC Paris et Sup. de Co. Reims) ; Sup. de Co. Reims (1984)

PASSIONS le football, l'économie durable et solidaire et la Bretagne.

Spécialisé dans le tourisme et les loisirs, Frédéric Jayot s'occupe de la gestion et la commercialisation de complexes touristiques dès le milieu des années 80. En 1989, il devient directeur du tourisme de la ville de Figeac, dans le Lot. Il y reste quatre ans avant de rejoindre l'Isère pour diriger la société d'économie mixte de la Vallée bleue et assurer la gestion de sites de loisirs, d'un parc aquatique, d'un train touristique… En 1998, il intègre le groupe de loisirs Durand-Alizé en Touraine comme directeur (Aquarium de Touraine, Parc des mini-châteaux, Parc Le fou de l'âne) puis prend, un an plus tard, la direction du Parc de Branféré. Ce parc animalier et botanique est un site de loisirs écologique, propriété de la Fondation de France et site d'implantation de l'École de la nature (anciennement École Nicolas Hulot) depuis sa création en 2004. Sa mission est d'éduquer et de sensibiliser à la protection de la biodiversité et au développement durable. Le pôle Branféré emploie aujourd'hui 130 salariés en saison, 80 à l'année et accueille 300 000 visiteurs par an. Frédéric Jayot peut être fier du travail accompli. Cet ancien membre du CJD a d'ailleurs reçu au nom de sa structure le diplôme de « Gazelle de l'économie française » en 2006.

PARC ANIMALIER ET BOTANIQUE DE BRANFÉRÉ - BRANFÉRÉ - 56190 LE GUERNO • TÉL. 02 97 42 94 66

BOIS ET AMEUBLEMENT

Bénédicte **JEZEQUEL**

CO-DIRIGEANTE DE SILVADEC

FORMATION École nationale supérieure de chimie de Rennes (1991)

DISTINCTIONS Prix de la « femme entrepreneur » 2018 (Trophées des femmes de l'industrie L'Usine Nouvelle)

PASSIONS les voyages

Fille d'un entrepreneur et d'une professeure, Bénédicte Jézéquel développe très tôt une appétence pour les sciences « dures », les langues étrangères et l'international. Volontaire et optimiste, elle a envie d'être rapidement dans le concret et commence à travailler dès l'obtention de son diplôme en 1991. Chez Lexmark, près d'Orléans, elle est chargée de la fabrication de toner puis du transfert des procédés des USA vers la France. Elle se rend compte qu'elle n'est pas vraiment faite pour travailler dans les multinationales, a son 1er enfant puis suit en 1995 son mari à Aix-en-Provence. Après son 2e enfant, elle décide de prend le poste de responsable qualité dans une usine de plastique dans le Rhône en 1997 et y rencontre son futur associé. Mais sa Bretagne natale lui manque et elle trouve un emploi de responsable qualité dans une grosse usine à Boussay. C'est alors que Philippe Crez lui propose de créer une entreprise avec lui, s'appuyant sur un procédé exclusif qu'elle connaît bien. N'écoutant que son goût pour l'innovation et les challenges, Bénédicte Jézéquel accepte. Ils montent le projet dès 2001 à Arzal et un an après, l'usine de fabrication de bois composite voit le jour. Après une médaille d'or en innovation en 2003 tout s'accélère et les commandes explosent. Ils construisent en 2014 une usine de fabrication de farine de bois pour s'auto-fournir. Aujourd'hui, Silvadec emploie 100 personnes, dispose d'une force commerciale en Europe et représente 35 m€ de chiffre d'affaires. A la grande fierté de sa co-présidente.

SILVADEC - PARC ACTIVITÉS ESTUAIRE - 56190 ARZAL • TÉL. 02 97 45 09 00

TOURISME ET LOISIRS

Frédéric **JOUET**

DIRECTEUR DE GOLFE DU MORBIHAN VANNES TOURISME

FORMATION Deug sciences économiques (université de Tolbiac-Paris XIII)

DISTINCTIONS lauréat des prix Unimev 2014

PASSIONS le jogging et la pêche sportive.

Frédéric Jouët a débuté sa carrière au sein de la Scapa, centrale d'achat du groupe Accor, où il était responsable du développement (1987-1992). Il rejoint ensuite l'agence conseil en communication Parole Publique comme responsable des événements outdoor (1994-2001), puis devient directeur des opérations et gérant de l'agence nantaise Ici Com Ailleurs (2003-2006). En 2007, la Coupe du monde de rugby qui se déroule en France lui offre l'opportunité de prendre la direction du Grand Ouest pour les matchs se disputant à La Beaujoire. Fin 2007, il prend la direction de la SAFI, filiale de la CCI Nantes St-Nazaire, devenue Exponantes en 2012. Exponantes a d'ailleurs obtenu en 2012 le prix Entreprise & Environnement de l'Ademe et du Ministère de l'Ecologie. Administrateur d'Unimev - qui regroupe des organisateurs et gestionnaires de sites d'accueil d'événements - Frédéric Jouët y a présidé de 2010 à 2014 la commission Développement Durable Ethique et RSE. Il en a été le président de 2016 à 2019.

Il prend en juillet 2022 le poste de directeur de Golfe du Morbihan Vannes Tourisme, une nouvelle société publique locale associant Golfe du Morbihan Vannes agglomération et la Ville de Vannes.

SPL GOLFE DU MORBIHAN VANNES TOURISME - 30 RUE ALFRED KASTLER - 56000 VANNES

INDUSTRIE NAUTIQUE

Jean-Pierre **KELBERT**

GÉRANT DE JPK COMPOSITES

PASSIONS la voile.

Membre de l'équipe de France de planche à voile olympique (1981-1990), Jean-Pierre Kelbert remporte deux fois le titre de champion d'Europe dans cette discipline (1988-1989). C'est donc fort logiquement que ce sportif de haut niveau crée en 1992 JPK Composites, entreprise de fabrication d'une gamme de flotteurs de funboard. Mais la concurrence, notamment asiatique, est sévère et la diversification du chantier devient une nécessité. Jean-Pierre Kelbert travaille pour Multiplast, Groupama ou encore CDK. En 2003, il rencontre l'architecte Jacques Valer. La société JPK est alors créée et ce duo très complémentaire va développer une gamme complète de voiliers orientés course et, aujourd'hui, croisière rapide. D'abord le JPK 960 - avec lequel Jean-Pierre Kelbert sera vainqueur de la Transquadra en solitaire en 2008/2009 -, puis en 2010 le JPK 1010 qui a remporté le championnat anglais UK 2012, le 1er Trophée atlantique 2012 et la Transquadra 2012 en solo et en double. Suivra le JPK 998, construit comme un pur bateau de course. Leur premier voilier à vocation 100 % croisière, le JPK 38 Fast Cruiser, est couronné « bateau de l'année 2013 ». Le JPK 10.80, sorti en 2014, a remporté la 1re étape de la Transquadra 2014 devant son « petit frère » le JPK 1010. Pour l'édition 2017/2018 de la Transquadra - à laquelle le dirigeant a participé - le chantier place 5 bateaux sur les 6 places des podiums... La haute couture de la voile se porte bien !

JPK COMPOSITES - 7 RUE DE BRETAGNE - 56260 LARMOR-PLAGE • TÉL. 02 97 83 89 07

AGROALIMENTAIRE

Stéphane **KERDODÉ**

DIRIGEANT DE LA DISTILLERIE DE LA MINE D'OR

FORMATION lycée de Suscinio à Morlaix (bac D) - ESCAAB (Ecole supérieure de commerce option agro-alimentaire et biotechnologie de Niort, 1995)

DISTINCTIONS élu Morbihannais de l'année catégorie « Entreprise » 2012

PASSIONS le football et l'art contemporain

Après un premier emploi chez Bacardi Martini comme chef de secteur, Stéphane Kerdodé quitte le groupe belge pour Inbev, le numéro un mondial de la bière. Il devient chef des ventes pour la Bretagne mais l'expérience est de courte durée. En 2000, il intègre la petite brasserie Lancelot, qui vient alors tout juste de déménager au Roc-Saint-André. Fondée en 1990 par Bernard Lancelot, la brasserie va accélérer son développement en multipliant les produits, des bières dont le marketing s'inspire directement de l'histoire et des légendes celtes (Duchesse Anne, Blanche Hermine, Telenn Du, Bonnets Rouges, etc...). Mais le grand succès de la Brasserie est incontestablement le Breizh Cola, lancé en 2002. Une réelle fierté pour Stéphane Kerdodé qui rachète la brasserie Lancelot en 2003, via la société Phare Ouest créée en 2002 avec Eric Ollive. Co-dirigeants, le premier est PDG, le second directeur général. Il décide de revendre Phare Ouest fin 2020 à la grande coopérative normande Agrial pour se « consacrer pleinement à un nouveau challenge » : le développement de sa distillerie familiale et indépendante, La distillerie de la Mine d'Or, dédiée aux alcools forts et à la marque de whisky Galaad. Dans ce but, il fait aussi l'acquisition de l'ancienne ferme de Ronsouze à Ploërmel pour y établir cette activité. Transfert terminé à l'été 2022...

N'ayant pas oublié sa passion d'enfance, l'ancien footballeur du Stade Morlaisien a été le président du Vannes Olympique club (VOC) de 2013 à 2018.

LA DISTILLERIE DE LA MINE D'OR - LA MINE D'OR - DOMAINE DE RONSOUZE - 56800 PLOËRMEL • TÉL. 02 97 75 74 90

ORGANISATIONS PROFESSIONNELLES

Laurent **KERLIR**

PRÉSIDENT DE LA CHAMBRE D'AGRICULTURE DU MORBIHAN - VICE-PRÉSIDENT DU CESER DE BRETAGNE

FORMATION lycée agricole La Touche à Poërmel - BT agricole (1982) ; BTS agricole option productions animales, au lycée professionnel Le Nivot Loperec à Pont-de-Buis

Conseiller Lait à Coopagri pendant un an, Laurent Kerlir s'est ensuite installé comme exploitant agricole à Ploemeur en 1990. Il a pris très rapidement des responsabilités syndicales et a été élu président du Centre départemental des jeunes agriculteurs (CDJA) du Morbihan en 1999. Il a également présidé le Centre régional des jeunes agriculteurs (CRJA). Après avoir présidé durant onze ans la Fédération départementale des syndicats d'exploitants agricoles (FDSEA), le Lorientais assure la présidence de la Chambre d'agriculture du Morbihan dès février 2013. Président de la FRSEA de 2007 à 2013, Laurent Kerlir a été l'un des fondateurs de l'association Cap 2.000, visant à rapprocher les trois productions primaires du département : agriculture, pêche et conchyliculture.

En 2017, il est élu au Ceser de Bretagne comme vice-président, membre de la commission Économie et innovation.

Laurent Kerlir est réélu à la tête de la chambre d'agriculture départementale en février 2019 pour un mandat de 6 ans. Il devient également vice-président de la chambre d'agriculture de Bretagne.

CHAMBRE D'AGRICULTURE DU MORBIHAN - AV. BORGNIS DESBORDES - BP 398 - 56009 VANNES CEDEX • TÉL. 02 97 46 22 00

MENUISERIE INDUSTRIELLE

Dominique **LAMBALLE**

PRÉSIDENT DE FENÊTRÉA

FORMATION collège-lycée à Vannes - ingénieur en gestion de production (Angers)

PASSIONS le tennis, la voile et les voyages

Attiré par le commerce international, Dominique Lamballe commence sa carrière par une mission effectuée pour Soviba aux Etats-Unis. Cette société agro-alimentaire du groupe Terrena l'embauche pour gérer l'ordonnancement et l'informatique, avant de lui confier la direction administrative et financière (il a 27 ans) puis la direction générale de sa filière volaille. En 2006, il saisit l'occasion de reprendre la FMPB (devenue FenêtréA en 2009) avec son épouse Christelle. Renouant ainsi avec le métier historique de sa famille - son père dirigeait une menuiserie et il connaît bien le métier de menuisier - et avec sa région d'origine. Attentif à cet ancrage dans le terroir, il a d'ailleurs co-créé Route 24 (ancienne Nationale Rennes/Lorient) pour fédérer les clubs de chefs d'entreprises locaux. Il est aussi membre du conseil d'administration du SNFA et du Club d'entreprises du Parc d'activités du Chênot.
Fin connaisseur des vins français, Dominique Lamballe est aussi féru de voyages, passion qu'il cultive en famille. Amoureux de la mer, en bon Breton ce sont les valeurs de la voile qui ont dicté son choix de sponsoring. C'est en effet un bateau, et son skipper, qui ont porté haut les couleurs de FenêtréA et 2 sociétés bretonnes, Cardinal et Mix Buffet. Ils gagnent la transat Jacques Vabre 2015 et leur partenariat durera jusqu'en 2018.

FENÊTRÉA - ZI DU CHENOT - BP 4 - 56380 BEIGNON • TÉL. 02 97 75 70 70

CONSTRUCTION NAVALE

Gilles **LANGLOIS**

DIRECTEUR DU DÉPARTEMENT ARCHITECTURE DES SYSTÈMES NAVALS DE SURFACE NAVAL GROUP

FORMATION Ensta, Génie maritime (1993) ; DEA « instabilité, systèmes non linéaires et turbulence » (Université Pierre et Marie Curie, Paris VI-1993) ; Master of Sciences in Ocean Engineering (Massachusetts Institute of Technology-1994)

DISTINCTIONS Ordre national du Mérite

PASSIONS photographie, jogging

Petit-fils d'un ouvrier de l'Arsenal de Cherbourg, fils d'un technicien de la Cogema, Gilles Langlois entre chez DCNS dès 14 ans, dans un lycée spécialisé. Féru de génie maritime, il décide de parachever sa formation parmi les meilleures au monde, au MIT, aux Etats-Unis. En 1994, il obtient son « Master of Sciences » et débute sa carrière au sein du groupe DCNS comme responsable de structure puis comme architecte. Après avoir démontré de grandes qualités de travail, il contribue au succès du contrat de frégates furtives (RSS Formidable) pour Singapour. Installé à Lorient, il conduit le développement du projet en collaboration avec une équipe singapourienne et dispose d'un peu plus de cinq ans pour livrer la première frégate. « Cela peut paraître beaucoup, mais pour du matériel aussi sophistiqué, c'est peu », explique-t-il. En 2005, à la fin du projet, il est architecte d'ensemble d'un nouveau projet de frégates : Fremm. Mais cette fois-ci, la responsabilité est plus importante puisque l'enjeu est de développer un système de combat très performant et d'améliorer la furtivité de la frégate.
En 2010, Gilles Langlois devient directeur de la Préparation de l'avenir en charge du marketing, de la R&D et d'offres majeures pour les bâtiments de surface de DCNS. Puis, à la demande du directeur technique de DCNS, il prend la direction de DCNS Research (devenue Naval Research) en mars 2014. Il sera également le Pdg de Sirehna (une PME qui prototype des systèmes complexes). En septembre 2017 il rejoint Naval Group à Lorient en tant que directeur du département Architecture des systèmes navals de surface.

NAVAL GROUP LORIENT - AVENUE DE CHOISEUL - CS 80001 - 56311 LORIENT CEDEX • TÉL. 02 97 12 10 00

DÉPARTEMENT

David **LAPPARTIENT**

PRÉSIDENT DU CONSEIL DÉPARTEMENTAL DU MORBIHAN - PRÉSIDENT DE L'UNION CYCLISTE INTERNATIONALE

FORMATION Lycées Lesage à Vannes et Dupuy-de-Lôme à Lorient - Ingénieur de l'Ecole spéciale des travaux publics (ESTP, 1998) ; DESS d'urbaniste (Institut de géoarchitecture - Université de Brest, 2000)

DISTINCTIONS Médaille d'or de la Jeunesse et des Sports

PASSIONS Le cyclisme et la mer

Géomètre expert de formation, David Lappartient a fondé le cabinet Géo Bretagne Sud qu'il a dirigé jusqu'en 2007. Sa vie professionnelle a alors pris une autre voie puisque l'année suivante, il mène avec succès une liste aux élections municipales de Sarzeau. Il est également conseiller départemental dès 2011, réélu en 2015. Nommé en 2012 président du Syndicat Intercommunal d'Aménagement du Golfe du Morbihan (SIAGM), qui porte le projet de Parc Naturel Régional, il est élu président du Parc Naturel Régional du Golfe en 2015. Il est réélu maire de Sarzeau en 2014 et président de la communauté de communes de la presqu'île de Rhuys. Réélu de nouveau maire au 1er tour en mars 2020, il se présente aux départementales de juin 2021 puis est élu président du conseil départemental du Morbihan en juillet. Il cède alors sa place de premier édile. Avec ses activités publiques, David Lappartient a souvent « le nez dans le guidon », d'autant que ce cycliste amateur a pris également des responsabilités dans ce sport-passion. D'abord comme président du Vélo sport de Rhuys (1997-2007), puis comme organisateur du célèbre Grand prix du Morbihan. Arbitre international de cyclisme, il préside dès 2009 la Fédération française de cyclisme mais ne se représente pas en 2017. Il préside par ailleurs

l'Union européenne de cyclisme, depuis 2013, et le Conseil du cyclisme professionnel. En septembre 2017, il est élu à la présidence de l'Union Cycliste Internationale (UCI) dont il était jusqu'alors vice-président, membre du comité directeur depuis 2005.
Le Morbihannais est élu président du comité national olympique et sportif français (CNOSF) en juin 2023 : une élection qui devra être confirmée par un vote d'une assemblée générale programmé le 13 septembre.

CONSEIL DÉPARTEMENTAL DU MORBIHAN - 2 RUE DE SAINT-TROPEZ - 56009 VANNES CEDEX • TÉL. 02 97 54 80 00

INDUSTRIE NAUTIQUE

Vincent **LAURIOT-PREVOST**

ARCHITECTE NAVAL - COFONDATEUR DU CABINET VPLP

FORMATION collège-lycée à Paris - Southampton Institute of naval architecture

C'est dans le quartier d'Endoume à Marseille que débute, en 1983, l'aventure de VPLP. Dans un cabanon de jardin prêté par des amis, Marc Van Peteghem et Vincent Lauriot-Prévost conçoivent leur premier bateau, Gérard Lambert, un trimaran pour faire la Route du Rhum 1986, et qui a pour parrain… le chanteur Renaud, auteur de la célèbre chanson éponyme. Depuis 1986, le duo d'amis est cogérant du cabinet VPLP. Dès lors ils ne vont cesser de concevoir des voiliers de course performants parmi lesquels le multicoque Pierre Ier (1990), RMO/ Primagaz d'Yvan Bourgnon (1994 et 1998), Géant de Michel Desjoyeaux (2002), Gitana XI de Lionel Lemonchois, Franck Cammas Groupama 3 et Maxi Banque Populaire V, les derniers détenteurs du Trophée Jules Verne, l'Hydroptère et BMW Oracle, vainqueur de la 33e coupe de l'America en 2010. Le cabinet VPLP emploie désormais 35 personnes, réparties sur deux sites (Paris et Vannes). Il travaille sur les marchés de la course mais aussi de la croisière. Dans le cadre de cette activité portant sur la croisière, leur travail a été marqué par la mise à l'eau en 2011 d'Hémisphère, le plus grand catamaran à voile de croisière jamais construit.
Le cabinet d'architectes continue à travailler sur plusieurs projets d'envergure, nationaux et internationaux. Vincent Lauriot-Prévost et son partenaire cèdent la main à un nouveau comité exécutif en février 2021 mais ne quittent pas le navire. La retraite n'est pas à l'ordre du jour…

VPLP DESIGN - 18 ALLÉE LOIC CARADEC - 56000 VANNES • TÉL. 02 97 44 74 19

MÉDIAS

Didier **LE CORRE**

RÉDACTEUR EN CHEF DE BRETONS

FORMATION lycée Notre-Dame de Sainte-Croix au Mans - licence en sciences-économiques (université du Mans et de Tours)

PUBLICATIONS « Le basket » (1995), « La légende du basket « (1996), « Paroles de Bretons » (2012), « C'est quoi la Bretagne » (2013).

Le basket et la Bretagne, deux passions, une même initiale pour Didier Le Corre… En lançant le magazine Bretons en 2004, le journaliste n'en est pas à son coup d'essai. Mais il s'était concentré sur le sport, avec la création de cinq titres à son actif, dont Maxi-Basket, Basket News et Basket Hebdo. Chef de rubrique au quotidien Le Sport, il est aussi intervenu à la télévision, en tant que consultant basket. « Et puis un jour, on s'aperçoit qu'on a fait le tour d'un sujet. Et d'autres questions se posent… » : qu'est-ce que cela veut dire d'être Breton ? C'est à cette interrogation que veut répondre Didier Le Corre à travers le magazine Bretons. Car s'il a vécu au Mans et à Paris, le journaliste n'a jamais oublié ses racines. Il se souvient enfant d'entendre son père et sa grand-mère parler dans une langue inconnue. Un instant de vie qui le marque encore aujourd'hui. « Le sentiment d'être Breton, cela nous rattrape un jour, qu'on vive en Bretagne ou ailleurs. » C'est à Vannes qu'il se lance dans l'aventure, avec une idée précise : « Mettre les gens en lumière, leur donner le temps de s'exprimer. Connus ou non, tous ont un regard intéressant. On ne se pose aucune limite. » Plus de 170 numéros plus tard, de nombreuses personnalités ont dévoilé leurs origines dans le magazine et elles continuent encore…

EDITIONS BLANC ET NOIR - MAGAZINE BRETONS - 2 PL. DE LA RÉPUBLIQUE - BP 43950 - 56039 VANNES CEDEX • TÉL. 02 97 47 22 30

INTERCOMMUNALITÉ

Patrick **LE DIFFON**

PRÉSIDENT DE PLOËRMEL COMMUNAUTÉ - MAIRE DE PLOËRMEL

FORMATION lycée Saint-Louis à Lorient - DUT en biologie (IUT de Brest)

DISTINCTIONS Ordre national du Mérite

PASSIONS la chasse et la pêche en mer

Cadre administratif dans un laboratoire d'analyses médicales pendant 35 ans, Patrick Le Diffon s'est investi dans la vie associative en tant que responsable d'associations de pêche, de chasse mais aussi du karaté-club de Ploërmel. C'est cet investissement qui le pousse à s'engager dans la vie publique. Il préside ainsi depuis 2012 l'association « Pays de Ploërmel en mouvement ». En 2010, il devient conseiller départemental du Morbihan. Premier adjoint au maire de Ploërmel jusqu'en 2008, puis conseiller municipal dans l'opposition sous étiquette UMP, il est élu maire en mars 2014. Il devient également président de Ploërmel communauté et du Pays de Ploërmel Coeur de Bretagne, réélu jusqu'en 2020. Président de la commission jeunesse, éducation, sport et culture au sein du conseil départemental du Morbihan, il est élu au conseil régional de Bretagne en décembre 2015 sur les listes des Républicains.
Il est réélu maire au 1er tour lors des municipales de 2020 puis président de Ploërmel communauté en juillet de la même année.

PLOËRMEL COMMUNAUTÉ - PLACE DE LA MAIRIE - BP 133 - 56804 PLOËRMEL CEDEX • TÉL. 02 97 73 20 73

ASSOCIATIONS ET RÉSEAUX

Jean-Yves **LE DRIAN**

PRÉSIDENT DU BREIZH LAB DES PROGRESSISTES BRETONS - EX-MINISTRE DE L'EUROPE ET DES AFFAIRES ÉTRANGÈRES

FORMATION institut Saint-Louis de Lorient - agrégation d'Histoire (Université de Rennes, 1971)

DISTINCTIONS commandeur du Mérite maritime ; chevalier des Palmes académiques

PASSIONS la lecture, le vélo et le football.

Ancien militant de la Jeunesse ouvrière chrétienne (JOC), ce jeune maître assistant adhère en 1974 au PS puis entame sa carrière d'élu en 1977 comme adjoint au maire de Lorient. Quatre ans plus tard, il est élu maire de cette ville, mandat qu'il conservera jusqu'en 1998. De 1983 à 2004, il sera président du Sivom du Pays de Lorient, du District du Pays de Lorient puis de la communauté d'agglomération du Pays de Lorient. Cet ancrage local se double de responsabilités nationales. Comme député (1978-1991 et 1997-2007) mais aussi comme membre de gouvernement : il fut secrétaire d'Etat à la Mer auprès du ministre de l'Equipement, du Logement, des Transports et de l'Espace, Paul Quilès, de 1991 à 1992. En 1998, Jean-Yves Le Drian est élu conseiller régional de Bretagne. Six ans plus tard, il conduit la liste de gauche à la victoire et fait basculer la région Bretagne. Ancien vice-président de l'Association des Régions de France, il a été également à la tête de la commission Europe. Cet européen convaincu a été président de la Conférence des régions périphériques maritimes d'Europe (CRPM) de 2010 à 2013.
En mai 2012, Jean-Yves Le Drian se voit confier le poste de ministre de la Défense. Resté conseiller régional, il décide en 2015 de se présenter aux élections régionales et les remporte de nouveau. Il est nommé ministre de l'Europe et des affaires étrangères du nouveau gouvernement Macron en mai 2017... et doit renoncer à la présidence de la Région Bretagne. Il reste conseiller régional et lance fin 2018 le mouvement Les Progressistes bretons pour « réfléchir à l'avenir de la Bretagne ».
Il quitte le gouvernement en mai 2022.

BREIZH LAB DES PROGRESSISTES BRETONS - 12 RUE COLBERT - 56100 LORIENT

ORGANISATIONS PROFESSIONNELLES

Philippe **LE GAL**

PRÉSIDENT DU COMITÉ NATIONAL DE LA CONCHYLICULTURE ET DU COMITÉ RÉGIONAL DE CONCHYLICULTURE BRETAGNE SUD

FORMATION BTS comptabilité (Concarneau, 1987)

DISTINCTIONS chevalier de l'ordre du Mérite agricole 2014 et du Mérite maritime 2016

PASSIONS la voile, les loisirs nautiques, la randonnée

Chez les Le Gal, on est ostréiculteurs depuis 3 générations. Voici ce qui explique sans doute la vraie passion de Philippe Le Gal pour son métier... Il reconnaît lui-même avoir la chance d'évoluer dans un cadre de vie « de rêve », au contact des éléments naturels. Appréciant la liberté que ses activités lui apportent, il commence par travailler avec son père en 1989. Trois ans plus tard, il s'installe à son compte, toujours à Port Groix, près de ses parents. 1995 marque le début de son implication dans son réseau professionnel à travers la création d'une association, la Penerf. En effet, dans le cadre de la mise en place du classement sanitaire, il prend vraiment conscience alors de l'importance de la préservation de la qualité de l'eau. Il s'engage ensuite au comité régional de la conchyliculture Bretagne Sud. Titulaire, il continue à œuvrer pour la préservation de l'eau puis est désigné pour siéger au comité national en 2002. Il est élu vice-président régional en 2004 avant de devenir président en 2014. Réélu en 2018, Philippe Le Gal est également élu président national le 4 juin de la même année. Il s'est fixé quelques axes principaux pour ses mandats : continuer à protéger le littoral et son environnement, aider au développement des entreprises du secteur et construire pour elles des outils « plus flexibles ». Et défendre, encore et plus que jamais, les zones ostréicoles bretonnes auprès des instances européennes. Un challenge qui ne rebute pas cet homme de dialogue, tenace et doué pour la négociation. À tel point qu'il est réélu à la tête du comité régional en mars 2022 et du comité national en mai.

COMITÉ RÉGIONAL DE LA CONCHYLICULTURE BRETAGNE SUD - 7 RUE DU DANEMARK - 56400 AURAY • TÉL. 02 97 24 00 24

ASSOCIATIONS ET RÉSEAUX

Raphaëla **LE GOUVELLO**

NAVIGATRICE ET SCIENTIFIQUE - DIRECTRICE DE STERMOR - PRÉSIDENTE D'HONNEUR DE RESPECTOCEAN

FORMATION docteur vétérinaire (Ecole nationale vétérinaire de Nantes, 1985) ; master of Sciences in natural resources (Université de California State University, 1986)

DISTINCTIONS Chevalier de l'ordre du Mérite maritime (2014), chevalier de l'Ordre national du Mérite (2006) ; Bretonne de l'année (2004) ; Vétérinaire de l'année (2000 et 2003) ; Femmes en or (2007)

PASSIONS la planche à voile, la pratique de la voile et la mer.

PUBLICATIONS « Vent Debout » avec G. Saillard et H. André (2001) ; « Au coeur du Pacifique » (2004) ; « Dialogues avec la mer : retour en Bretagne » en 2008. De nombreux rapports et publications scientifiques.

Son diplôme vétérinaire en poche, Raphaëla Le Gouvello se forme en sciences aquatiques et aquaculture aux Etats-Unis. De retour en France, elle rejoint l'entreprise Aqualim (devenue Biomar), puis Sanofi santé et nutrition animale (maintenant Ceva), où elle dirige la section aquaculture. En 1994, elle créé Stermor à Pénestin. Depuis 2006, elle oriente ses missions vers le développement durable : elle participe avec l'UICN à l'élaboration d'un guide pour une salmoniculture durable, rédige un rapport sur la qualité des eaux littorales avec l'association Estuaires Loire Vilaine et s'engage comme administratrice auprès de la Fondation GDF Suez. Passionnée par la mer, l'ancienne compétitrice réalise 4 traversées qui seront 4 records mondiaux en planche à voile en solitaire : l'Atlantique (2000), la Méditerranée (2002), le Pacifique (2003) et l'océan Indien (2006). Raphaëla Le Gouvello participe à la Minitransat 2013 sur RespectOcean.com, réseau qu'elle a fondé et qu'elle anime destiné à réunir des entreprises de l'économie maritime engagée dans des bonnes pratiques vis à vis des océans. Ce réseau a été retenu comme projet lauréat de l'appel d'offre 2013 de la région Bretagne pour une meilleure gestion intégrée de la mer et du littoral. Elle en est présidente de 2018 à janvier 2022 et conserve un rôle de présidente d'honneur. Citoyenne engagée dans la vie locale de son village, elle a été candidate aux 2 dernières municipales.

RESPECTOCEAN - 5 ALL DE POUDRANTAIS - 56760 PÉNESTIN

INTERCOMMUNALITÉ

Philippe **LE RAY**

PRÉSIDENT DE LA COMMUNAUTÉ DE COMMUNES D'AURAY QUIBERON TERRE ATLANTIQUE

FORMATION collège de Sainte-Anne d'Auray et lycée La Touche de Ploërmel - ingénieur en agriculture (Institut polytechnique Lasalle, Beauvais)

PASSIONS le patrimoine, l'architecture et le sport.

Ancien cadre bancaire puis agriculteur, Philippe Le Ray devient adjoint à Plumergat puis conseiller général du canton d'Auray avant d'être élu député du Morbihan en 2012. Il le restera jusqu'en 2017. Il a siégé, à ce titre, au sein de la commission permanente des Affaires économiques de l'Assemblée Nationale. Le Vannetais a pu mettre ainsi à profit son expérience du terrain pour les questions liées au tourisme, aux filières agricoles et agroalimentaires, à la pêche et l'ostréiculture. Ces mêmes problématiques qu'il rencontre dans sa circonscription d'Auray Quiberon, où il est fortement impliqué. En effet, en 2013, Philippe Le Ray mène à bien la création de la communauté de communes d'Auray Quiberon Terre Atlantique (85000 habitants l'hiver, plus de 200000 l'été) et en devient le président en mars 2014. Il y défend, en parallèle de l'aménagement de la ligne à grande vitesse, la mise en place d'un plan global de déplacement, d'un pôle multimodal ambitieux, d'un schéma de développement touristique et d'un vaste programme d'amélioration de l'habitat à l'échelle de 24 communes.
Il est réélu en juillet 2020.

AURAY QUIBERON TERRE-ATLANTIQUE - AQTA - 40 RUE DU DANEMARK - PORTE OCÉANE - CS 70447 - 56404 AURAY CEDEX • TÉL. 02 97 29 18 69

COMMUNE

Christine **LE STRAT**

MAIRE DE PONTIVY - PREMIÈRE VICE-PRÉSIDENTE DE PONTIVY COMMUNAUTÉ

FORMATION Lycée du Sacré-Coeur à Ploërmel - faculté de Droit; attachée territoriale (1974)

PASSIONS la lecture

Christine Le Strat débute sa carrière en 1975 à la mairie de Pontivy (déjà) comme responsable du service des finances, jusqu'en 1985. Elle prend ensuite la direction d'un nouveau service qui rassemble plusieurs syndicats intercommunaux s'occupant des thèmes qui lui tiennent à coeur, l'économie et le tourisme : Syndicat d'expansion économique de la région de Pontivy, Syndicat d'aménagement touristique du canton, Syndicat intercommunal d'aménagement de l'anse de Sordan-Guerlédan, Sittom-mi, le Pays d'accueil touristique. A la fin de l'année 1991, elle rejoint la mairie de Noyal-Pontivy en tant que Directrice générale des services. Elle prend sa retraite anticipée en 2010 car un autre combat l'appelle... Attachée à sa région, la Bretagne centrale, et à son développement, Christine Le Strat mène une liste d'ouverture (composée de personnes de sensibilité du centre et de droite et de citoyens attachés à servir leur cité) lors des élections municipales de 2008. Elle est élue conseillère municipale et se représente en 2014. Elle devient maire de Pontivy avec plus de 54 % des voix. Elle est ensuite élue à la présidence de Pontivy Communauté ainsi qu'au conseil de surveillance du Centre Hospitalier du Centre Bretagne (CHCB). En 2015, elle est élue conseillère régionale de Bretagne mais ne se représente pas en 2021. Elle est réélue maire en 2020 et devient 1re vice-présidente de Pontivy Communauté, chargée du développement économique, de l'enseignement supérieur, de la recherche et de l'agriculture.

VILLE DE PONTIVY - 8 RUE FRANÇOIS MITTERRAND - 56300 PONTIVY • TÉL. 02 97 25 00 33

INSERTION

Anne-Claude **LEFEBVRE**

DIRECTRICE DU CENTRE D'INNOVATION COWORK'HIT

FORMATION Ingénieur en nutrition santé (IAAL Polytech Lille, 1986); formation d'Investigateur d'essais cliniques (université de Nantes, 2003)

PASSIONS La musique classique et les randonnées en montagne

Jusqu'à aujourd'hui, Anne-Claude Lefebvre a conduit sa carrière autour de la nutrition et la santé, la recherche & développement et l'innovation. Tout commence aux Grands Moulins de Paris puis à Roussel Uclaf où elle exerce comme ingénieure R&D pendant 1 an. Elle rejoint ensuite l'Adria Développement à Quimper, jusqu'en 2000. Elle y assure des prestations de R&D et le pilotage de projets dans le domaine de la fonctionnalité des ingrédients. Attirée par l'innovation et les technologies, elle entre à Nantes Métropole Développement (ADEAN) en 2001. Elle se consacre alors au soutien à la recherche et aux projets structurants de territoires en tant que cheffe de projet. Elle devient conseillère technologique nutrition en 2003 au CRITT Santé Bretagne (devenu ID2Santé en 2014). En 2006, l'ingénieure devient directrice de ce centre d'innovation technologique, et met en œuvre la stratégie pour fédérer les acteurs, accompagner le développement d'innovations en santé et animer la filière santé stratégique. Elle prend en janvier 2020 la direction du Biotech Santé Bretagne, Centre d'Innovation Technologique au service des filières Biotech et Santé qui résulte du rapprochement entre CBB Capbiotek et ID2Santé
Anne-Claude Lefebvre, qui apprécie de relever des défis et de « progresser avec les autres », toujours en veille et prospective,

est force de proposition pour le plan d'action stratégique auprès de son conseil d'administration. Cette femme de réseau prend ensuite la direction du centre d'innovation sur le handicap « Cowork'HIT », à Lorient, en septembre 2021.

COWORK'HIT - CENTRE DE KERPAPE - BP 78 - 56275 PLOEMEUR

CHIMIE-PHARMACIE

Frédéric **LESCURE**

PDG DU GROUPE SOCOMORE

FORMATION Collège-lycée à Dijon - Desem (Neoma) ; CSS Havard University (1991)

Après son service militaire en tant que sous-lieutenant à Fribourg, en 1985, Frédéric Lescure intègre comme commercial Vetrotex Saint-Gobain à Chambéry. Trois ans plus tard, il se voit confier la responsabilité des marchés du Québec et de la Nouvelle Angleterre. En 1992, il prend la direction de la cartonnerie de Maurepas (Socar) à Rennes (branche Papier/Bois groupe Saint-Gobain). Trois ans après la vente de la cartonnerie, en 1997, il quitte l'entreprise avec l'idée de relever un nouveau défi. Avec le soutien de fonds d'investissement, il crée le Groupe Socomore. Spécialisée dans la mise au point, la formulation, la production et la commercialisation de spécialités chimiques pour le traitement et l'entretien des surfaces, la société a reçu le prix de l'entreprise internationale de l'année pour le grand Ouest (EY/L'Express) en 2014. Le groupe compte 19 sociétés et 6 usines. Frédéric Lescure a été président du GFI - Groupe des Fédérations Industrielles - Bretagne de 2002 à 2012. Membre du Bureau Aéro PME du Gifas depuis 2010, il est ambassadeur du Gifas en Bretagne. Il est par ailleurs le président de l'association des entreprises de la ZI du Prat et de la crèche inter-entreprise. En octobre 2014, il a créé le concept et l'association Breizh Lab : il s'agit, pour ses adhérents industriels, de mettre à disposition gratuitement leurs espaces pour des start-up et/ou porteurs de projets industriels.

SOCOMORE - ZI DU PRAT - AV. PAUL DUPLEIX - CS 23707 - 56030 VANNES • TÉL. 02 97 54 51 71

HABITAT SOCIAL

Guy **LEZIER**

PRÉSIDENT DU GROUPE LORIENT BREST HABITAT

FORMATION collège-lycée à Boulogne-sur-Mer - licence en droit (faculté de droit et d'économie de Paris II-Assas, 1971) ; diplôme d'études supérieures de doctorat en droit des affaires (1972) ; maître ès arts juridiques (faculté autonome de droit et d'économie de Paris/FACO, 1972) ; HEC (1995)

DISTINCTIONS chevalier de la Légion d'honneur (2015)

PASSIONS la littérature, l'aventure maritime et les sports (voile et golf).

Directeur administratif chez Transmatic à Paris (1973-1975), puis expert fiscal (FIDAL), Guy Lézier devient responsable des enseignements juridiques à l'European Business School de Paris avant d'en prendre la direction pendant deux ans. Après avoir été directeur général de l'Institut Européen des Affaires (1979-1981), il intègre le Crédit Mutuel de Loire-Atlantique Centre Ouest comme secrétaire général. Il prend ensuite la direction générale du Crédit immobilier de Loire-Atlantique (Cila) et du groupe Habitat et Tradition (1988-1996) puis, en 1991, il crée et dirige la Foncière et immobilière du Crédit mutuel (FICM), société holding des activités immobilières du groupe Crédit mutuel Laco, qui deviendra le Groupe Ataraxia en 2002. En 2010, il devient président du Groupe HLM Lorient Brest Habitat. Il est membre du comité exécutif et trésorier de l'Union sociale pour l'Habitat (USH).
Juge, puis président de Chambre au Tribunal dès 2002, Guy Lézier est élu président du Tribunal de commerce de Nantes en janvier 2012. Il le reste jusqu'en janvier 2020.

GROUPR LB HABITAT - 21 R JULES LEGRAND - CS 70735 - 56107 LORIENT • TÉL. 02 97 64 59 96

DÉPARTEMENT

Ronan **LOAS**

MAIRE DE PLOEMEUR - VICE-PRÉSIDENT DU DÉPARTEMENT DU MORBIHAN - VICE-PRÉSIDENT DE LORIENT AGGLOMÉRATION

FORMATION diplômé de l'École supérieure de commerce Bretagne (Brest, 2006)

DISTINCTIONS maire le plus actif sur Twitter 2014 et 2015

PASSIONS la culture bretonne, le monde arabe et le Liban

Ronan Loas a attendu 2014 pour se lancer dans la bataille électorale mais il a été sensibiliséà la politique par son père dès son adolescence. Il commence sa carrière professionnelle chez Allianz Global Investors à Paris (2006-2007) en tant que contrôleur de gestion. Il prend ensuite les fonctions de directeur financier dans la banque privée Sal. Oppenheim. Lorsque le groupe est racheté, en 2010, il choisit de retourner sur ses terres natales. Il crée en 2011 à Auray un bureau d'études spécialisé dans l'industrie alimentaire, EPB Technology puis se lance en tant que consultant free-lance. Il apportera ses conseils en gestion à des TPE et PME jusqu'en 2014. Profitant de ce statut qui le laisse assez libre, il se présente aux élections municipales de Ploemeur et l'outsider devient maire… L'écart de voix étant faible, Ronan Loas décide de se présenter aux cantonales, qu'il remporte haut la main. En avril 2015, il devient vice-président du conseil départemental du Morbihan, chargé du développement économique et de l'innovation puis de l'enseignement supérieur recherche et numérique en janvier 2016.
Communicant, spécialiste du numérique, le Ploemeurois s'intéresse aussi au développement durable, à l'innovation sociale et à « l'économie positive ». Il nourrit sa pratique de maire de son héritage familial militant, bretonnant et modéré, empreint d'humanisme. Et ouvert sur d'autres cultures puisque, l'autre passion de sa vie hormis la Bretagne, est le Liban.
Il est réélu maire dès le 1er tour des municipales en 2020 puis devient 2e vice-président de Lorient Agglomération, chargé du tourisme, de la culture, du sport et des muséographies. Réélu également au Département en 2021, il est nommé

2e vice-président délégué à la culture, à l'enseignement supérieur et à la recherche.

CONSEIL DÉPARTEMENTAL DU MORBIHAN
- 2 RUE DE SAINT-TROPEZ
- 56009 VANNES CEDEX • TÉL. 02 97 54 80 00

COMMUNE

Fabrice **LOHER**

MAIRE DE LORIENT - PRÉSIDENT DE LORIENT AGGLOMÉRATION

Fabrice Loher a remporté les élections municipales du 28 juin 2020 et est élu maire lors de la séance du conseil municipal du 5 juillet 2020. Père de deux enfants, il était, avant son élection, directeur général des services de la commune de Ville d'Avray dans les Hauts-de-Seine. Auparavant, il était conseiller municipal de Lorient jusqu'en 2001 et a été conseiller régional de Bretagne de 2004 à 2010.

VILLE DE LORIENT - 2 BD. LECLERC- - CS 30010 - 56135 LORIENT CEDEX • TÉL. 02 97 02 22 00

MÉCANIQUE ET MÉTALLURGIE

Claudia **NETODEA**

DIRECTRICE DU SITE MICHELIN DE VANNES - DIRECTION MANUFACTURING MATÉRIAUX - RENFORTS MÉTALLIQUES GROUPE MICHELIN

FORMATION Ingénieure économique (University of Kaiserslautern, 1999)

PASSIONS La marche, les randonnées, la nature, la lecture (le management en particulier), le ski, le jardinage

C'est son père, son mentor, qui a donné l'envie à Claudia Netodea de devenir ingénieure. Elle quitte la Roumanie pour effectuer ses études et commence sa carrière, dès 1999, chez Michelin. Le début d'un parcours riche et varié qui l'emmène tout d'abord à Hombourg, dans une usine de poids lourds. Elle y est chargée de l'optimisation de la production. Trois ans plus tard, elle rejoint une usine de camionnettes à Cholet et devient responsable de la maintenance préventive et de la qualité. Retour en Allemagne, après cette mission de 3 ans également, en tant que responsable qualité. Puis, en 2008, elle prend la responsabilité d'une unité de composants pour les pneus dans une des plus grandes usines du groupe, en Pologne. Elle, qui adore « sortir de sa zone de confort », prend en charge l'activité mélangeage en 2010 et, de 2013 à 2016, celle des renforts textiles. Claudia Netodea intègre le siège du groupe à Clermont-Ferrand ensuite pour une mission qui correspond à son goût pour le management : coacher la responsabilisation industrielle dans le monde entier. Cette tâche accomplie - après avoir visité 60 usines sur 67! – elle est nommée responsable d'un programme de transformation d'une usine en Roumanie.
En mars 2023, il est l'heure de continuer son « aventure humaine » de façon plus stable : elle est promue à la tête du site Michelin vannetais. Toujours pionnière en tant que femme dans ce monde très masculin et qui l'assume sereinement. Installée dans cette Bretagne qu'elle aime, cette « auto-challengeuse » continuera à assurer la pérennité de l'usine en développant la compétence des équipes et en veillant sur le « business ». Avec toute sa passion pour son métier, son optimisme et ses capacités mobilisatrices.

MICHELIN VANNES - ZI DU PRAT
- AV. EDOUARD MICHELIN - BP 3713
- 56037 VANNES • TÉL. 02 97 01 87 00

COMMUNE

Pierrick **NEVANNEN**

MAIRE DE PONT-SCORFF - CONSEILLER DÉPARTEMENTAL HONORAIRE

Pierrik Névannen est conseiller municipal de Pont-Scorff depuis 1983 et maire de cette commune depuis 1989. De 1994 à 2015, le Morbihannais est conseiller général du Morbihan, vice-président de cette assemblée dès 1998. Un mandat auquel sera adjointe une délégation à la culture, au tourisme et à l'Agenda 21 départemental. Ancien vice-président de Lorient Agglomération, il est président du Comité départemental du tourisme du Morbihan de 2004 à 2015. Pierrik Névannen a été nommé conseiller départemental honoraire par le Préfet du Morbihan en février 2016 en récompense « de son dévouement et de son sens du service public ».
Il est réélu maire dès le 1er tour des municipales de 2020.

VILLE DE PONT-SCORFF
- 4 PLACE DE LA MAISON DES PRINCES
- 56620 PONT-SCORFF • TÉL. 02 97 32 60 37

AGROALIMENTAIRE

Jean-Yves **PARISOT**

PRÉSIDENT DU GROUPE DIANA

FORMATION Doctorat Vétérinaire (École nationale vétérinaire de Lyon, 1987) ; MBA en management (HEC-ISA, 1989)

PASSIONS La transmission du savoir, le sport et la musique

PUBLICATIONS « Tectonic Management : de la gestion internationale au management global par le géographique », (Diatope Management, 2014)

Jean-Yves Parisot débute sa carrière dans l'industrie pharmaceutique. En 1989, il intègre Pfizer en tant que chef de produit, puis, en 1991, il rejoint Mérial en tant que responsable de gamme, puis responsable export et enfin coordinateur pour la zone Europe. Il se tourne vers le groupe Rhône Poulenc en 1996 et en devient le directeur général et délégué Pays pour la Pologne. Quatre ans plus tard, il décide d'exercer pour Rhodia où il est directeur de marché Prepared food, puis directeur général Europe Rhodia Food. En 2004, il est nommé directeur global marketing et développement des ventes chez Danisco, basé au Danemark. C'est en 2006 que Jean-Yves Parisot choisit de travailler pour Air liquide. Il dirige d'abord les marchés agro-alimentaire et pharmaceutique puis prend en charge la direction générale pour l'Algérie. Au cours de l'année 2009, il rejoint Diana et y occupe le poste de président de la division Food jusqu'en 2014. Cette même année, il accède à la présidence de Diana, à la suite du rachat de cette dernière par le groupe allemand Symrise. Il entre au comité de direction de Symrise en 2016. Si Jean-Yves Parisot a rempli des fonctions différentes au sein de plusieurs organisations, il a toujours été animé par une même passion : l'entrepreneuriat. Selon lui, on peut créer des projets et fédérer des équipes autour d'initiatives innovantes, même si on appartient à un grand groupe. Il entend bien continuer d'œuvrer en ce sens.

GROUPE DIANA
- 10 RUE DE LA FERME DE TALHOUËT
- 56250 SAINT-NOLFF • TÉL. 02 97 48 49 00

COMPOSITE

Yann **PENFORNIS**

DIRECTEUR GÉNÉRAL DE MULTIPLAST

FORMATION lycée Saint-François Xavier à Vannes - diplôme d'architecture navale (Southampton Institute of Higher Education)

PASSIONS la course au large et l'histoire des 19e et 20e siècles

PUBLICATIONS participation au livre de Daniel Charles « Repousser les limites/30 ans de composite chez Multiplast »

Faire naître les bateaux qui rafleront les prix de compétitions prestigieuses : tel est le « métier passion » de Yann Penfornis depuis plusieurs décennies. Architecte naval pour le syndicat français de Coupe America France Cup (1989-1990), il occupe ce même poste chez Multiplast avant de devenir responsable de projet (1993-2009), puis directeur général de l'entreprise en 2009. Spécialiste de la fabrication de grands multicoques et monocoques de compétition, Multiplast emploie 110 personnes. L'entreprise vannetaise s'est diversifiée dans le domaine industriel et conçoit des radars, des antennes satellites, des démonstrateurs composites, des écrans de simulateurs de vols ou encore, dans le secteur du luxe, des lustres et appliques en carbone.
Yann Penfornis a par ailleurs participé, en tant qu'architecte ou constructeur, à 6 victoires dans le Trophée Jules Verne avec un record du tour du monde à la voile. Il a été aussi responsable de projet des 3 bateaux vainqueurs de The Race (2000), des 5 bateaux de Coupe America et de Groupama 4, vainqueur de la Volvo Ocean Race à 3 reprises et des 4 dernières Route du Rhum (Groupama, Banque Populaire, Idec et Gitana17). Le Chantier Multiplast a été ou est également impliqué sur les projets des 5 dômes de la cathédrale Orthodoxe de Paris, ainsi que les mats et voiles du projet Solidsail pour les Chantiers de l'Atlantique. Il réalise actuellement son 7e bateau de Coupe America pour l'épreuve de 2024.

MULTIPLAST - 24 ALLÉE LOÏC CARADEC
- 56000 VANNES • TÉL. 02 97 40 98 44

INDUSTRIE NAUTIQUE

Loïck **PEYRON**

PRÉSIDENT DU CONSEIL STRATÉGIQUE DE CDK TECHNOLOGIES - NAVIGATEUR

FORMATION Lycée de Grand Air à La Baule, collège Saint-François-Xavier à Vannes et Externat des enfants nantais à Nantes

DISTINCTIONS Officier de la Légion d'honneur et de l'Ordre national du Mérite ; prix de l'Académie des sports ; prix « Henri Deutsch de la Meurthe » ; Mérite maritime ; grande médaille d'or du Mérite et dévouement français (1997)

PASSIONS Le wingfoil, le kite surf, l'architecture et le design, l'aviation et les autogyres.

PUBLICATIONS « Petit tour du monde illustré » (Denoël-1990) ; « Course au large » (Arthaud Flammarion-1993) ; « La légende de la mer » (Flammarion-2003) ; « Dictionnaire amoureux de la voile » (Plon-2020)

La mer est un milieu naturel pour la famille Peyron. Loïck est le cadet, ce qui ne l'empêche pas d'avoir un palmarès impressionnant. Depuis sa 4e place dans La Baule-Dakar en 1983 (il n'a alors que 24 ans), il est de toutes les grandes compétitions. Il gagne notamment La Baule-Dakar (1987), La Transat en solitaire anglaise (1992, 1996 et 2008), Lorient-Saint-Barth-Lorient (1989), le Tour de l'Europe (1993, 1995, 1997 et 1999), les Trophées Clairefontaine (8 victoires), Québec Saint-Malo (1996), le championnat du monde Fico (1998 et 1999), la Fastnet Race (1999 et 2012), la transat Jacques Vabre (1999 et 2005), la transat Ecover BtoB (2007) et la Barcelona World Race avec Jean-Pierre Dick sur Virbac-Paprec 3 (2011). Co-barreur d'Alinghi dans l'America CUP en 2010, détenteur du trophée Jules Verne en 2012 sur le plus grand trimaran du monde Banque Populaire V, ce manager high-tech et créatif se lance de nouveaux challenges. Co-barreur d'Artemis sur la 34e Coupe de l'America en 2013, il gagne la Route du Rhum (record de l'épreuve) à bord du maxi-trimaran Banque Populaire VII en novembre 2014, élu Marin de l'année en décembre. En mai 2016, il prend le départ de la Transat anglaise sur le mythique voilier d'Eric Tabarly, Pen Duick II, mais doit faire demi-tour après des incidents techniques. En novembre 2018, il prend la 4e place dans la catégorie Rhum Multi de la Route du Rhum en ayant navigué dans les conditions de navigation des années 80. Il termine 24e de la course du Figaro en juin 2019, 3e de la Rolex Fastnet Race en juillet 2023.
Désormais engagé avec la Fondation Action France, le Nantais est également conseiller du groupe de construction navale Grand Large Yachting. En janvier 2023, il est nommé président du conseil stratégique de CDK Technologies.

CDK TECHNOLOGIES - RUE INGÉNIEUR VERRIÈRE
- 56000 LORIENT • TÉL. 02 97 87 87 37

AGROALIMENTAIRE

Jacques **PIDOUX**

PRÉSIDENT DE BCF LIFE SCIENCES - PRÉSIDENT DE FRANCE CHIMIE OUEST ATLANTIQUE

FORMATION Licence en Droit Public (Paris VII, 1985) ; Sciences-Po section économie finances (Lyon, 1987)

PASSIONS Passionné par l'Histoire, la géopolitique, le Japon, le sport

Jacques Pidoux se destinait plutôt au journalisme, mais le virus de l'entreprise le saisit dès son premier emploi. Entré en 1987 comme ingénieur commercial chez NCR Corporation, au département finances, il devient chef de produit marketing dans le domaine des premières bornes interactives. Il rejoint en 1990 Thomson Electroménager au poste de directeur régional des ventes pour Sauter avant de prendre la direction marketing de Brandt. Il évolue en 1996 chez Royal Canin, d'abord en tant que directeur marketing France, directeur général Royaume-Uni ensuite puis directeur communication et, enfin, directeur marketing du groupe. 2008 marque une rupture décisive : il se lance avec Renaud Sergheraert dans un projet de reprise d'entreprises. C'est finalement dans BCF Life Sciences qu'ils investissent en avril 2009 pour en prendre la majorité du capital quelques années plus tard. La société dispose en effet d'un savoir-faire unique en Europe – l'extraction d'acides aminés à partir de kératine – qui va leur permettre de la positionner sur des marchés de niche à forte valeur ajoutée. La stratégie qu'ils adoptent fera passer l'entreprise de 15 à 43 millions de CA en 2021.
Mais l'objectif des 2 dirigeants est aussi de construire un projet collectif dans lequel « chacun des 200 salariés peut s'accomplir ». Ambitieux pour son entreprise, Jacques Pidoux s'assure en permanence que ses équipes aient des moyens, convaincu que le « comment détermine le combien ». Très attaché à la vertu du courage et aux valeurs humanistes, il est par ailleurs membre de l'APM (Association pour le Progrès du Management). Il est aussi président de France Chimie Ouest Atlantique depuis 2017, membre du conseil d'administration national de France Chimie, référent PME.

BCF LIFE SCIENCES - LIEU-DIT BOISEL - 56140 PLEUCADEUC • TÉL. 02 97 26 91 21

SERVICES AUX ENTREPRISES

Alban **RAGANI**

PRÉSIDENT DU MEDEF MORBIHAN - PRÉSIDENT DE SECURITEAM

Alban Ragani grandit dans une famille modeste en banlieue parisienne, avant de créer l'entreprise Securiteam, avec son frère Cédric, à Lorient, en août 2003. Le groupe Sécuriteam compte aujourd'hui 400 salariés et se situe dans le top 50 des entreprises de sécurité privée en France.
En 2009, il fait ses premiers pas au Medef Morbihan et s'investit également en tant que juge au tribunal des prud'hommes en 2010. Elu président du Medef 56 en 2017, il est par ailleurs président du Boxing Club Lorientais depuis 2020 et vice-président de la Conférence Régionale du Sport de Bretagne depuis 2021.

SECURITEAM - 5 RUE SIMONE SIGNORET - BÂTIMENT LE TRANSAT - 56100 LORIENT • TÉL. 02 97 85 93 37

HABITAT SOCIAL

Erwan **ROBERT**

DIRECTEUR GÉNÉRAL DE BRETAGNE SUD HABITAT

FORMATION Collège des Ormeaux et lycée de La Poterie à Rennes - DEA en droit public (faculté de droit et de sciences politiques de Rennes) ; formation Inset ; cycle supérieur de management de l'Inet

PASSIONS L'équitation, la littérature, les voyages, la navigation sous toutes ses formes

Diplômé de droit public, Erwan Robert trace sa trajectoire professionnelle au sein de la fonction publique territoriale. Directeur adjoint à la mairie de Pacé en Ille-et-Vilaine de 1999 à 2005, il rejoint le Conseil départemental du Morbihan où il occupe successivement divers postes. D'abord chargé de mission auprès du directeur général des services (2005-2006), il exerce ensuite comme directeur des territoires (2006-2011) puis de 2011 à 2013, comme directeur en charge du développement des Territoires et de l'économie. En mars 2013, il intègre Bretagne Sud Habitat (premier bailleur du Morbihan avec plus de 13 800 logements et 2 500 places d'hébergement) au poste de directeur général.
Erwan Robert est par ailleurs président du directoire de la Société de Coordination Morbihan Habitat et membre notamment du comité fédéral d'autocontrôle de la fédération des OPH. Il est aussi membre des conseils d'administration de l'ADO du Morbihan, de l'ARO Bretagne, du CREHA, de la Socicad du Morbihan et de la SA Les Ajoncs. Attaché au développement du Morbihan et à l'implication des donneurs d'ordre publics dans l'économie et la vie locale, il participe notamment aux travaux de l'APM, du conseil de développement du pays d'Auray ainsi qu'à la fondation d'entreprises de l'UBS.

BRETAGNE SUD HABITAT - 6 AV. EDGAR DEGAS - BP 291 - 56008 VANNES CEDEX • TÉL. 02 97 43 82 00

COMMUNE

David **ROBO**

MAIRE DE VANNES - PRÉSIDENT DE GOLFE DU MORBIHAN - VANNES AGGLOMÉRATION - CONSEILLER RÉGIONAL

FORMATION Deug de communication et sciences du langage (Université catholique de l'Ouest à Arradon, 1993) ; diplôme d'État d'assistant social (Angers, 1996)

PASSIONS Le sport, la lecture et sa ville

Jeune assistant social, David Robo connaît sa première expérience professionnelle dans le quartier de Ménimur à Vannes. Des années plus tard, en 2001, il occupe le poste de directeur de cabinet de François Goulard et le suit au secrétariat d'État aux Transports et à la Mer, puis au ministère de l'Enseignement supérieur et de la recherche en 2005. Fort de ces expériences, il devient par la suite adjoint au maire de Vannes en charge des affaires sociales. Des thématiques qu'il connaît bien de par son parcours professionnel. Homme de terrain, ce Morbihannais de souche aime aller au contact des Vannetais et «être au plus près de leurs préoccupations».
En avril 2011, David Robo est élu maire de Vannes par le conseil municipal, alors que François Goulard accède à la présidence du conseil général. Il est réélu maire en mars 2014, dès le premier tour des élections municipales, et devient conseiller régional de Bretagne en décembre 2015. Il remplit par ailleurs les fonctions de président du conseil de surveillance de centre hospitalier de Bretagne Atlantique. En 2020, il est de nouveau réélu maire au premier tour en mars et désigné comme président de Golfe du Morbihan - Vannes Agglomération en juillet.

VILLE DE VANNES - PLACE MAURICE MARCHAIS - BP 509 - 56019 VANNES CEDEX • TÉL. 02 97 01 60 00

DÉVELOPPEMENT ÉCONOMIQUE

Philippe **ROUAULT**

PRÉSIDENT DE LA CHAMBRE DE COMMERCE ET D'INDUSTRIE DU MORBIHAN

FORMATION Lycée Chateaubriand Tennis études de Rennes - DEUG Sciences-économiques (université de Lorient/UBO, 1979) ; diplôme d'État enseignant professionnel spécialité tennis (DDJS Vannes, 1985) ; DU stratégie patrimoniale dirigeant d'entreprises (IGR de Rennes/ISFEC, 2020)

DISTINCTIONS Jouer au golf, faire du vélo, chanter

Passionné depuis tout petit par le tennis, Philippe Rouault devient professeur dans cette discipline à Lorient puis entraîneur régional, jusqu'en 1989. Un accident du travail interrompt sa carrière et il découvre le monde de l'assurance en raison de son immobilisation forcée. Convaincu, il entre comme commercial à l'UAP et, deux ans plus tard, créé une société de conseil en gestion de patrimoine, DBR conseil. Il développe le cabinet par une activité d'assurances pour les entreprises avant de le vendre à Gras Savoye en 2007. Il reste associé minoritaire mais quitte le groupe en 2016 lorsque celui-ci est vendu. Dirigeant dans l'âme (son père était déjà chef d'entreprise), il crée ensuite la société Rouault Patrimoine avec son fils Tanguy, en rachetant le portefeuille clients en assurance vie de Gras Savoye France. Son fils Quentin les rejoint en 2022 dans l'entreprise, installée à Lorient et Paris.
D'origine léonarde et belliloise, Philippe Rouault affiche par ailleurs un long parcours d'engagement collectif sur son territoire. Ancien président du CJD de Lorient et du Medef du Morbihan, il a été vice-président du Medef de Bretagne, membre de l'APM et membre fondateur de la Fondation de l'UBS. Et c'est désormais à la CCI du Morbihan, où il est élu président en novembre 2021, qu'il est déterminé à faire travailler ensemble et mieux les différents acteurs du développement économique du Morbihan, «trop souvent isolés dans des silos qui ne communiquent pas» . Du coût des matières premières à l'aéroport en passant par les ports ou le recrutement, il ne doute pas que leur énergie et leur implication conjuguées seront essentielles dans le traitement de ces sujets.

CCI DU MORBIHAN - 21 QUAI DES INDES - CS 30362 - 56323 LORIENT CEDEX • TÉL. 02 97 02 40 00

HÔTELLERIE-RESTAURATION

Olivier **SAMSON**

CHEF DU RESTAURANT LA GOURMANDIÈRE

FORMATION BEP cuisinier (Lycée hôtelier de Dinard, 1990) ; Baccalauréat professionnel de restauration, option cuisine (Lycée Bonne Nouvelle de Brest, 1992)

DISTINCTIONS Une étoile au Michelin (2012) ; Prix de l'innovation Gault et Millau 2013 ; 3 Toques au Gault et Millau (2014)

PASSIONS La pêche en mer pour aller taquiner le bar ou le lieu.

PUBLICATIONS «Trop bons les fromages de Suisse» (Editions Ouest France, 2013)

Olivier Samson a «roulé sa bosse» dans de nombreux établissements de renom. Dans les années 90, il effectue un stage au restaurant étoilé de Patrick Jeffroy à Plounerin. Puis, il travaille au Club de cavalière au Lavandou, à l'hôtel Le Grand cœur de Méribel, à l'hôtel Byblos de Saint-Tropez et au Bateau ivre à Courchevel aux cotés de Jean-Pierre Jacob. En 1995, il s'élève au rang de chef de partie à l'hôtel Ombremont du Bourget-du-lac. Il poursuit sur sa lancée et décroche le même poste à l'hôtel L'Antares à Méribel puis au grand hôtel Cala Rossa à Porto-Vecchio. De 2000 à 2003, il exerce comme sous chef d'Anne-Sophie Pic à Valence. En 2006, il obtient son premier poste de chef au restaurant du Parc des eaux vives à Genève. Dès 2009, il devient chef à La Réserve de Beaulieu à Beaulieu-sur-mer. Mais Olivier Samson a un projet qui lui tient à cœur. Il veut ouvrir son propre restaurant avant l'âge de 40 ans pour pouvoir affirmer sa liberté d'expression. Pari réussi ! En 2011, alors qu'il a 39 ans, il prend les rênes de la Gourmandière à Vannes et revient vivre dans sa région natale. Passionné par son métier, il aime faire plaisir à ses clients et transmettre son savoir. Son restaurant ne tarde pas à se distinguer. Il décroche un macaron au Guide Michelin en 2012 et les 3 toques au Gault et Millau en 2014. Un parcours sans faute…

RESTAURANT LA GOURMANDIÈRE - RUE DE POIGNANT - 56000 VANNES • TÉL. 02 97 47 16 13

HÔTELLERIE-RESTAURATION

Thierry **SEYCHELLES**

CHEF CUISINIER ET GÉRANT DU ROSCANVEC

FORMATION Diplômé de l'École hôtelière de Pontivy

DISTINCTIONS « Jeune talent de moins de 32 ans » Gault et Millau 2006, Bib Gourmand Guide Michelin 2007, « Meilleur jeune chef de Bretagne » Guide Champérard 2008

PASSIONS la nature, la mer, la pêche et la forêt.

Dans les années 90, Thierry Seychelles fait ses premières armes aux côtés de Georges Paineau, chef précurseur de la cuisine bretonne. Puis il est formé durant des années par des chefs de restaurants étoilés : Gilbert Isaac de la Fermette Marboeuf, Alain Passard de l'Arpège à Paris et Alain Ducasse du Louis XV à Monaco. Le jeune homme débute bien souvent à un poste de commis et évolue au sein de la brigade. Chef de partie à Paris chez Pierre Gagnaire, son métier l'emmène ensuite au Domaine de Rochevilaine à Billiers où il travaille en tant que sous-chef de cuisine avec Patrice Caillault. Puis il s'envole pour Shangaï afin de participer à l'ouverture d'un restaurant des Frères Pourcel. Il décide de retourner vivre en France et devient chef de La Seigneurie à Calvi.

En 2006, Thierry Seychelles relève un défi de taille en rachetant le restaurant Le Roscanvec à Vannes, sa ville natale. Avec son associée Sarah Kaczorowski, il mijote des plats inspirés de la Bretagne et de ses voyages. Il met en avant les produits de la région tout en y apportant une touche insolite. Dans sa vie personnelle comme professionnelle, il cherche sans cesse à progresser. Pour se faire plaisir et pour faire plaisir à ses clients. En 2014, le Guide Michelin reconnaît ce savoir-faire et lui attribue une étoile. Il s'attaque à un nouveau projet en 2018, qu'il achèvera en 2021 : l'emménagement de son restaurant et la création de chambres d'hôtes dans un bâtiment historique, l'hôtel de Roscanvec. Il perd malgré tout son étoile Michelin en mars 2022.

LE ROSCANVEC - 17 RUE DES HALLES - 56000 VANNES • TÉL. 02 97 47 15 96

ENSEIGNEMENT SUPÉRIEUR

Olivier **SIRE**

PROFESSEUR DE BIOPHYSIQUE À L'UNIVERSITÉ DE BRETAGNE-SUD

FORMATION collège Massillon à Paris - doctorat d'Etat en biochimie fondamentale (1986) aux universités de Paris 7 et Paris 6

DISTINCTIONS officier des Palmes académiques ; chevalier de l'Ordre national du Mérite ; médaille d'Or du rayonnement culturel de la Renaissance Française

PASSIONS l'astronomie amateur, l'écoute radio en ondes courtes et la navigation en mer.

Olivier Sire connaît bien les valeurs ajoutées de l'université pour y avoir effectué toute sa carrière. Débutant en 1980 comme attaché-assistant à la faculté de médecine de Paris V René Descartes, il exerce en tant que maître de conférences à l'Université Paris 7 de 1986 à 1995. Professeur de biophysique à l'Université de Bretagne-Sud (UBS) depuis 1996, il en a assuré la présidence de 2010 à 2012. « Université de territoire », un concept qu'Olivier Sire a contribué à faire émerger au niveau national. Ancien vice-président du Conseil économique, social et environnemental régional de Bretagne (Ceser), représentant les universités de Bretagne, il a participé aux travaux de la commission Formations et enseignements supérieurs. Travaillant au plus près des technopoles, il analyse de manière systémique les réseaux sociaux recherche-entreprises liés au développement économique régional (projet Vortex) pour concevoir des stratégies de développement local basées sur l'intelligence territoriale.

FACULTÉ SSI - UBS - CAMPUS DE TOHANNIC - 1 RUE DE LA LOI - 56000 VANNES • TÉL. 02 97 27 67 70

HÔTELLERIE-RESTAURATION

Sergio **TOSATI**

DIRECTEUR GÉNÉRAL DU MIRAMAR LA CIGALE

FORMATION Istituto alberghiero Colombatto Torino (bac hôtelier)

PASSIONS Le golf

Passionné de cuisine au départ, Sergio Tosati se tourne finalement vers l'hôtellerie, les activités de réception et de conciergerie. A 16 ans il commence à faire des « saisons » en Angleterre puis enchaîne plusieurs postes en Italie. Après Turin, Milan, Trieste et Rome, il arrive en 1996 à Paris pour diriger l'hôtel 4 étoiles Lotti, près des Tuileries et de la place Vendôme. Il y suivra l'agrandissement de l'établissement et la construction d'une extension puis le quittera dix ans plus tard lorsqu'il est racheté par la chaîne espagnole NH Hoteles. Il prend en 2006 la direction de la Villa Modigliani, toujours à Paris, avant de prendre celle du château de Montvillargenne à Chantilly en 2008. Au sein de ce grand hôtel 4 étoiles, il développe ses compétences sur les parties séminaires ou conventions mais aussi sur la clientèle de loisirs. Puis, à 50 ans, chassé par un cabinet de recrutement, Sergio Tosati décide de relever un nouveau challenge. Il prend donc en charge le Miramar La Cigale en 2015, alors en rénovation, et découvre un nouveau domaine : celui du bien-être et de la santé. A la tête de cet ensemble prestigieux, il travaille avec ses équipes à l'ancrer régionalement mais aussi à développer la clientèle du nord de l'Europe. Il fait monter l'établissement en gamme et en prestations, réalise un bâtiment de résidences hôtelières, tout en gérant 148 salariés. Appréciant la qualité de vie dans cet environnement « agréable », le directeur général veille à manœuvrer au mieux son « paquebot » pour le mener à bon port et honorer sa feuille de route avec brio.

MIRAMAR LA CIGALE - PORT CROUESTY - 56640 ARZON • TÉL. 02 97 53 49 00

INDUSTRIE NAUTIQUE

Thierry **VERNEUIL**

PRÉSIDENT DE TAHE OUTDOORS

FORMATION classes préparatoires ; ingénieur mécanicien Ecole polytechnique suisse (1981) ; HEC Paris EMBA (1998)

DISTINCTIONS Mérite maritime

PASSIONS les sports nautiques.

Après un début de carrière chez Schlumberger « Wireline » comme Field ingénieur de 1981 à 1984, Thierry Verneuil a repris les rênes de l'entreprise familiale, la Voilerie Verneuil. Il entre dans le groupe Bic en 1986 au poste de directeur général de la société filiale Bic Sport. Onze ans plus tard, il est nommé président. Créée en 1979, Bic Sport devient un des leaders mondiaux des sports de glisse sur eau. Connue pour son activité originale, la fabrication de planche à voile, il s'est depuis diversifiée avec succès dans les principaux sports de glisse comme le surf, le kayak et le stand up paddle. Bic Sport rejoint Tahe Outdoors en décembre 2018.

Membre du conseil d'administration de la Fédération des industries nautiques, Thierry Verneuil en a été le trésorier de 1994 à 1998, puis le président de 2004 à 2008. Le dirigeant a présidé l'APV (Association des professionnels de planche) de 1997 à 2001 ainsi que le Medef 56. Il préside actuellement le conseil d'administration de l'École nationale de voile et des sports nautiques depuis 2014. Il est élu président de la Team France en 2018.

TAHE OUTDOORS - ZI DE PRAT - 58 RUE ALAIN GERBAULT - CP 3716 - 56037 VANNES CEDEX • TÉL. 02 97 43 75 00

LES TÊTES DE LA SARTHE

ETAT

Emmanuel **AUBRY**

PRÉFET DE LA SARTHE

FORMATION doctorat en pharmacie ; diplôme du centre de formation aux affaires ; D.E.A de droit économique international communautaire ; ENA (promotion Nelson Mandela, 1999)

DISTINCTIONS Chevalier de la Légion d'honneur, chevalier de l'Ordre National du Mérite

Emmanuel Aubry a pris ses fonctions de préfet de la Sarthe le 7 mars 2022. Ce pharmacien de formation, originaire des Ardennes, a déjà un long parcours de fonctionnaire derrière lui. Il a travaillé pour le ministère de la Santé, à Lille, puis en Corse pendant 4 ans. Puis, après ses études à l'ENA, il devient administrateur civil de 2e classe en 2001, affecté au ministère de l'Intérieur. Il sera ensuite directeur de cabinet du préfet de la Côte-d'Or, sous-préfet et secrétaire général de la préfecture d'Indre-et-Loire à Châteauroux et de Loire-Atlantique à Nantes, préfet et secrétaire général de la préfecture du Rhône, préfet délégué pour l'égalité des chances en 2017 puis préfet des Deux-Sèvres.

PRÉFECTURE DE LA SARTHE - PLACE ARISTIDE BRIAND - 72041 LE MANS CEDEX 9 • TÉL. 02 43 39 72 72

COMMERCE ET DISTRIBUTION

Vianney **BELLANGER**

CHOCOLATIER - DIRIGEANT DE LA CHOCOLATERIE BELLANGER

FORMATION DUT en chimie organique (université du Maine-Le Mans-Laval, 2002) ; ingénieur chimiste (université de technologie de Compiègne, 2005) ; CAP en chocolaterie (CFA du Mans, 2009)

PASSIONS jardiner, les rosiers

Vianney Bellanger découvre l'univers du chocolat à travers les œuvres de son père Jacques, maître chocolatier, et « l'odeur de ses mains ». Il développe son goût et son palais avec lui puis, passionné de chimie minérale et organique, il tente plusieurs concours après son DUT. Entré en 2002 à l'Isipca – la très renommée école des « nez » - il choisit finalement de devenir ingénieur avant d'obtenir un diplôme en management de projets innovants. Embauché chez Technip à Paris en 2005 après son stage de fin d'études, il intervient comme ingénieur chimiste dans le domaine de la sécurité industrielle. Mais rester dans sa zone de confort n'est pas le mode de vie recherché par ce passionné de liberté.
Porté par une soif de créativité, il donne sa démission et commence à travailler chez Béline, la chocolaterie de son père, en 2008. D'abord à la plonge et à l'aide en pâtisserie, il passe son CAP, se perfectionne, et devient, en 2011, responsable d'exploitation du laboratoire. Trois ans plus tard, il prend la co-direction de la société et crée une boutique Bellanger à Tours avec son beau-frère Arnaud Longchambon. Il rachète la chocolaterie familiale (renommée Bellanger) en 2017 et ouvre une grande boutique au centre-ville du Mans. L'infatigable dirigeant ouvre en 2018 une pâtisserie au Mans, l'Instant B. Après avoir doublé la taille de l'entreprise en 5 ans, Vianney Bellanger a trouvé sa voie dans un management intermédiaire qu'il souhaite encore plus participatif. Heureux dans un métier qui le « nourrit et l'épanouit », il continue à créer des pièces de chocolaterie aux concepts décalés. Membre actif depuis 2012 de la prestigieuse association Relais Dessert, l'entrepreneur-artisan s'implique par ailleurs dans le réseau CJD du Mans : il est président du CJD Sarthe de 2020 à 2021.

CHOCOLATERIE BELLANGER - 1 RUE JACQUES OFFENBACH - 72000 LE MANS • TÉL. 02 43 87 62 22

BIENS D'ÉQUIPEMENT

Jérôme **BOBET**

PRÉSIDENT DU GROUPE BOBET

FORMATION Ecole de Gestion et de Commerce du Maine (Le Mans, 1996)

PASSIONS la pêche, la chasse, la course à pieds

Après sa dernière année d'école de commerce passée en Irlande, Jérôme Bobet intègre en 1996 la société familiale en tant que commercial. Il effectue sa mission pendant 2 mois en Lorraine puis rejoint Posson Packaging à Louailles. L'entreprise connaissant une période difficile, il retourne chez Bobet Matériel, toujours en tant que commercial. Il s'occupe alors du secteur Ile de France, épanoui dans une activité qui convient à son goût du contact humain. Mais il a aussi de l'ambition et envie de faire ses preuves. Il choisit d'intégrer en 2001 Maulde et Renou, société parisienne spécialisée dans l'édition et l'imprimerie. L'expérience se déroule bien… jusqu'à son redressement judiciaire. C'est alors que son père, Jacques, fondateur de Bobet et pensant à sa succession, lui propose de réintégrer le groupe. Jérôme Bobet accepte bien volontiers et devient donc directeur marketing en 2002 puis directeur commercial avant de prendre la présidence en 2009.
Président du groupe, actuellement leader international dans la fourniture de produits pour l'industrie agroalimentaire, il assume également le rôle opérationnel de directeur de Bobet matériel. Il chapeaute ainsi l'existant tout en étant « à l'affût » des opportunités d'acquisition. Au-delà de ses fonctions de dirigeant, le Sarthois cherche également à être à l'écoute de ses salariés, sensible aux valeurs de fidélité, de gestion humaine et sociale. Fier du peu de turn-over de ses équipes, toujours prêt à déléguer si besoin, il se dit à la fois confiant, ouvert et exigeant. Et lorsqu'il se projette dans l'avenir, il verrait bien une 3e génération de Bobet reprendre les rênes…

GROUPE BOBET - LE POTEAU - RN 23 - 72470 CHAMPAGNÉ • TÉL. 02 43 74 33 74

BANQUE ET ASSURANCE

Hugues **BRASSEUR**

DIRECTEUR GÉNÉRAL DE LA CAISSE RÉGIONALE DU CRÉDIT AGRICOLE MUTUEL DE L'ANJOU ET DU MAINE

FORMATION Diplôme d'Etudes Comptables et Financières et diplôme d'Etudes Supérieures Spécialisées de finance et fiscalité internationale (Université Lille II, 1991)

PASSIONS la lecture, pratique le vélo et la natation, aime le rugby

A peine diplômé, Hugues Brasseur devient contrôleur comptable chez Athéna PFA Assurances à Paris. Un an plus tard, en 1992, il intègre la Banque Populaire en tant qu'inspecteur-auditeur puis KPMG Peat Marwick en 1995 comme manager. C'est en 2000 que sa carrière au Crédit Agricole démarre. Il quitte Paris pour prendre la direction du développement des services bancaires au Crédit Agricole Val de France à Chartres. Il est ensuite promu directeur du marché des particuliers du pôle Caisses régionales au siège parisien en 2005. Sa mission est alors de proposer des plans de développement commerciaux et de définir la stratégie multicanale. Il rejoint une première fois le Crédit Agricole de l'Anjou et du Maine en 2008, nommé directeur général adjoint, et y reste jusqu'en 2012. Après un passage par l'Italie, où il est directeur général délégué de la filiale Crédit Agricole Cariparma, il revient en Anjou en janvier 2017. Désormais Directeur général du Crédit Agricole Mutuel de l'Anjou et du Maine, il a sous sa responsabilité près de 2000 salariés répartis dans le Maine-et-Loire, la Sarthe et la Mayenne.

CRÉDIT AGRICOLE ANJOU-MAINE
- 77 AV. OLIVIER MESSIAEN
- 72083 LE MANS CEDEX 9 • TÉL. 02 43 76 33 33

MÉDIAS

Pascal **BRULON**

PRÉSIDENT DE LMTV SARTHE

FORMATION lycées Notre-Dame à La Flèche et Sainte-Croix au Mans - Institut supérieur d'animation (IPSA) de Paris

PASSIONS « Ma passion, ce sont les autres, leurs originalités, leurs prouesses, leur humanité... J'aime le spectacle vivant, le cinéma, rire, la vie. Enfin, j'ai un attachement tenace pour l'automobile, notamment électrique avec un petit faible pour l'histoire Citroën ».

Pascal Brulon, qui fait partie des pionniers de Radio Mayenne (1980), poursuit sa découverte du métier dans les montagnes alpines au micro de Radio Avoriaz les deux années suivantes, puis organise des événements notamment pour Ouest France (1983-1984). Il retrouve en 1985 les studios d'une station locale, Radio Maine, dont il devient le directeur deux ans plus tard. En 1990, il crée l'agence événementielle Arcomm tout en assurant une prestation journalistique pour Radio classique Le Mans (1990-1993). Pascal Brulon prend ensuite la responsabilité du développement sur l'ouest pour Mobi Maine, filiale de Giraudy (1994-2001). En parallèle, il anime des émissions sur Canal 8 Le Mans Télévision. PDG de LMtv Sarthe, ex-Le Mans Télévision (après en avoir été gérant dès 2002), Pascal Brulon est très impliqué dans le développement des télés locales et a présidé le GIE Grand Ouest Régie Télévisions de 2005 jusqu'à sa dissolution en 2021.
Pascal Brulon s'est également engagé dans la vie publique. Avec succès puisqu'il fut maire adjoint (1995-2002), puis maire (2002-2008) de Pontvallain.

LMTV SARTHE - 21 RUE PASTEUR
- 72000 LE MANS • TÉL. 02 43 83 43 88

DÉVELOPPEMENT ÉCONOMIQUE

Philippe **BRUNET**

DIRECTEUR GÉNÉRAL DE LA CCI DU MANS ET DE LA SARTHE

FORMATION Maitrise de droit public (Université Paris I Panthéon-Sorbonne, 1989)

PASSIONS La lecture, la musique, les randonnées et les voyages.

Philippe Brunet aime être de ceux qui avancent. Il préfère agir que subir. Attiré très tôt par le développement économique, il compte bien participer à celui de sa région la Champagne-Ardenne. Il entame sa carrière en 1990 au sein du Conseil général des Ardennes. Il y occupe le poste de chargé de mission pour la mise en œuvre du volet économique du RMI durant trois ans. Il rejoint ensuite l'Union européenne à titre de responsable du premier programme interrégional entre la Wallonie et la Champagne-Ardenne. Puis, en 1995, Philippe Brunet exerce au sein du cabinet du président du Conseil général des Ardennes en tant que chargé de mission des affaires économiques. Nouveau défi en 2004 : il pilote pendant un an le projet de création de la caDev, agence régionale de développement économique du conseil régional de Champagne Ardenne. En 2005, il en devient le directeur général adjoint, puis le directeur général en 2010. Qu'il participe au sauvetage d'une entreprise ou qu'il contribue au développement industriel, il est toujours animé par la volonté de servir le développement des territoires.
Enfin en 2015, nouveau défi. Philippe Brunet accède au poste de directeur général de la CCI du Mans et de la Sarthe. C'est une opportunité professionnelle, mais aussi une occasion pour lui, de s'installer dans une région qu'il apprécie. « Et qui a le vent dans le dos », souligne-t-il.

CCI LE MANS SARTHE - 1 BD RENÉ LEVASSEUR
- CS 91435 - 72014 LE MANS CEDEX 2
• TÉL. 02 43 21 00 00

AUTOMOBILE

Christophe **BUCHET**

PDG DE SARR

FORMATION
IUT de gestion du Mans ; EGC du Maine ; Institut Tralee-Irlande (bachelor in business) ; Iscam (2005)

PASSIONS
l'automobile, les sports mécaniques et le golf.

Après avoir débuté chez Valeo comme contrôleur de gestion en 2005, Christophe Buchet a pris en 2009 la tête de la société familiale Sarr, créée par son grand-père Jacques Buchet en 1947 et reprise par son père Claude en 1975. Sarr est équipementier pour véhicules spécifiques en matière de signalisation, d'éclairage et de sécurité. L'entreprise est le distributeur français de Mobileye, un produit unique pour la prévention du risque routier : système anti-collision et anti-franchissement de ligne, il permet de lutter contre l'endormissement au volant.
En juin 2012, Christophe Buchet accède à la présidence de l'Union des industries et métiers de la métallurgie de la Sarthe et la gardera jusqu'à fin 2021. Vice-président de l'UIMM des Pays de la Loire de 2013 à 2014, le Manceau en a été président. Il devient chef de file France Industrie Pays de La Loire en 2020 puis est élu trésorier-adjoint à la CCI du Mans en novembre 2021.

SARR - 170 AVENUE DU PANORAMA - 72100 LE MANS • TÉL. 02 43 50 14 14

MÉDIAS

Nicolas **CARNEC**

DIRECTEUR DÉPARTEMENTAL OUEST-FRANCE SARTHE

Âgé de 55 ans, originaire des Côtes-d'Armor, Nicolas Carnec a fait ses débuts de journaliste chez Ouest-France en 1993, comme correspondant de ville, à Saint-Brieuc. Nicolas Carnec était alors, en parallèle, le gardien de but du Stade Briochin (source : Ouest-France). Footballeur professionnel pendant quatre saisons (1993-1997), il a évolué à Saint-Brieuc et Brest en Ligue 2 et en National.
Reprenant ses études, au CFPJ à Paris, Nicolas Carnec occupe ensuite différents postes de journaliste localier à Landerneau, Morlaix, Carhaix et Lorient, avant de devenir responsable des sports du Morbihan, en 2002, puis d'Ille-et-Vilaine de 2005 à 2015. Il a ensuite été chef de la rédaction de Saint-Malo, son dernier poste avant son arrivée dans la Sarthe.

OUEST-FRANCE SARTHE - 35 RUE GAMBETTA - 72000 LE MANS • TÉL. 02 43 21 76 76

MÉDIAS

Patricia **CHARTON**

PRÉSIDENTE DE TÉLÉZAPPING - VICE-PRÉSIDENTE DE LE MANS MÉTROPOLE - PRÉSIDENTE DE LE MANS DÉVELOPPEMENT

FORMATION
lycée Kléber à Strasbourg

PASSIONS
les gens et plus particulièrement les entrepreneurs, leur histoire, leur parcours ; les biographies et… faire la cuisine.

Début de carrière « classique » pour Patricia Charton en tant que responsable du service formation au sein de la société AAPL à Annecy, puis comme commerciale chez SFR (1998-2002). Mais en 2003 au Mans, elle décide de créer son entreprise, sur un concept alors innovant : un support gratuit mixant programme télé et agenda local. Pour cela, elle dépose auprès de l'INPI ce qui sera la marque commerciale de son produit de presse : Télézapping. Succès immédiat qui incite l'Angevine à dupliquer, sous forme de franchise, le produit existant aujourd'hui dans neuf départements. Le groupe est structuré en deux unités : Auphaline pour l'édition sarthoise (2003) et Pacha (2005) pour la promotion de Télézapping au national. Ce parcours de chef d'entreprise, parfois ardu, Patricia Charton aime le faire partager dans des salons ou auprès d'étudiants, notamment de l'Université du Maine. Elle fait partie des Fameuses, qui promeut « le talent et la compétence au féminin dans l'Ouest » et adhère à Solidea, la coopérative solidaire entre entreprises.
Entrepreneuse investie, elle est élue en avril 2014 conseillère municipale à la mairie du Mans. Membre du comité de direction de Le Mans Développement, pour le développement économique du Mans Métropole, et conseillère communautaire, elle est nommée Déléguée à l'attractivité économique du territoire en 2017. En juillet 2018, elle est élue 4e vice-présidente de Le Mans Développement dont elle prend la présidence deux ans plus tard. Elle est également vice-présidente de Le Mans Métropole, en charge du développement économique et commercial.

TÉLÉZAPPING - 2 AV. D'HAOUZA - 72100 LE MANS • TÉL. 02 43 75 99 16

MÉCANIQUE ET MÉTALLURGIE

Jean-Guy **COCAIGN**

PRÉSIDENT DE SOCAB - DIRECTEUR GÉNÉRAL DE LA SOCIÉTÉ BUISARD

FORMATION
lycée La Croix rouge à Brest - ingénieur Estaca (Levallois Perret, 1991) ; DESS CAAE (IAE de Nantes, 2002)

PASSIONS les sports mécaniques (moto, auto, aéronautique…).

Fan de sports mécaniques, Jean-Guy Cocaign évolue dans l'industrie automobile. Il intègre le département R&D de la société Webasto. Chef de projet en France, il s'expatrie aux Etats-Unis en 2003 en tant que responsable innovation, directeur études, puis vice-président R&D. De retour sur le sol français en 2007, il prend la direction de l'entreprise familiale Buisard rachetée l'année précédente par le groupe BGI. Implantée à Sablé-sur-Sarthe, l'entreprise est spécialisée dans la conception et la production de postes de conduite pour engins automoteurs ainsi que dans la distribution de pièces et de composants dans les secteurs agricoles et BTP. Jean-Guy Cocaign est également directeur général de la société Arland, marque de matériel agricole de pulvérisation basée à Ménéac (56) et filiale de Buisard. Une expérience entrepreneuriale qu'il peut notamment partager au sein du Club de développement du Pays sabolien, dont il a été le président de 2013 à fin 2021.

BUISARD - LA TUILERIE - RTE DU MANS - 72301 SABLÉ-SUR-SARTHE CEDEX • TÉL. 02 43 62 72 72

CHIMIE-PHARMACIE

Thierry **COLLOT**

DIRECTEUR GÉNÉRAL DE COLART INTERNATIONAL

FORMATION ESC Rouen

Thierry Collot effectue toute sa carrière au sein de ColArt International. Arrivé dans l'entreprise (qui s'appelait encore Lefranc & Bourgeois) en 1985, il gravira peu à peu les échelons qui le verront prendre des responsabilités au sein des services Vente, Marketing avant de se voir confier la direction commerciale pour la France et l'export. Depuis 2008, Thierry Collot est le directeur général de ColArt International au Mans. Le site manceau est l'un des deux principaux sites industriels et logistiques du Groupe ColArt, leader sur le marché mondial des couleurs et matériels pour artistes. Il gère également la commercialisation sur le marché français.

COLART - ZI NORD - 5 RUE RENÉ PANHARD - 72021 LE MANS CEDEX 2 • TÉL. 02 43 83 83 00

MÉDIAS

Serge **DANILO**

RÉDACTEUR EN CHEF DU MAINE LIBRE

FORMATION École supérieure de journalisme de Paris (1985)

Le Morbihannais Serge Danilo a été nommé rédacteur en chef du Maine Libre, en poste au Mans, en septembre 2023. Cet amateur de sport commence sa vie journalistique en 1987 au quotidien Le Sport (desk foot) puis au magazine Golf amateur (1988-1991). En 1992, il entre au Maine Libre où il sera successivement secrétaire de rédaction et rédacteur à la locale du Mans puis de Mamers, rédacteur à Alençon (1995-2000) et au Mans (2000-2002), secrétaire de rédaction-adjoint au chef de service (2002-2006), chef de la locale du Mans (2006-2010) et rédacteur en chef adjoint au Maine Libre ensuite.

LE MAINE LIBRE - 28 PL. DE L'ÉPERON - 72013 LE MANS CEDEX 2 • TÉL. 02 43 83 72 30

AGROALIMENTAIRE

Yves **DE LA FOUCHARDIÈRE**

DIRECTEUR DE LA COOPÉRATIVE DES FERMIERS DE LOUÉ - PRÉSIDENT DU CONSEIL D'ADMINISTRATION D'ONIRIS

FORMATION collège-lycée à Pierrefond - BTSPA (Rambouillet, 1982) ; ICG (1989)

PASSIONS sa famille, le rugby, le basket et son jardin.

Yves de la Fouchardière travaille depuis plus de 30 ans avec les éleveurs de volailles sarthois. Il est directeur de Sasso et de Seplam de 1984 à 1996. Depuis 1996, il est directeur général des Fermiers de Loué (créé en 1958), et exerce différents mandats de président ou d'administrateur dans des entreprises liées à l'activité du groupe. Le Groupe Fermiers de Loué réunit cinq entreprises et plus de mille éleveurs spécialisés dans la production de volailles et d'oeufs Label Rouge et biologiques.
Véritable homme de communication, Yves de la Fouchardière sait parfois subtilement distiller des messages un tantinet décalés pour faire parler sans grands frais de ces chers Poulets de Loué… Ce supporter du MSB (Mans Sarthe Basket) en devient le président du conseil de surveillance en novembre 2018. Il prend la présidence du conseil d'administration d'Oniris, Ecole Nationale Vétérinaire, Agroalimentaire et de l'Alimentation Nantes Atlantique, en mars 2021.

LES FERMIERS DE LOUÉ - LA COUR DU BOIS - 72550 COULANS-SUR-GÉE • TÉL. 02 43 39 93 13

BIOTECHNOLOGIES

Serge **DE POIX**

PRÉSIDENT DU CONSEIL DE SURVEILLANCE DE MVO

FORMATION Ecole Saint-Louis au Mans - diplôme de gestion financière et informatique (EDC de Paris)

DISTINCTIONS Chevalier de l'Ordre national du Mérite; chevalier de l'Ordre national du Mérite agricole; manager de l'année 1996 du département de la Mayenne

PASSIONS le tennis et la vènerie.

Pour la famille Tyrel de Poix, l'innovation est l'essence même de l'entreprise. En pleine terre mayennaise, Monique et Pierre avaient osé créer une société de production de vinyles. Dès 1982, l'entreprise sera la première à fabriquer en Europe ce qui est alors un tout nouveau support optique : le CD. Suivront le DVD (1996) et le Blu-Ray. A cette volonté permanente d'anticiper les révolutions technologiques et les marchés émergents s'ajoute une stratégie internationale. Leurs fils, Loïc et Serge de Poix, ne dérogeront pas à cet «esprit pionnier». En 1990, Serge de Poix crée et préside la filiale espagnole MPO Iberia. Il administre les nouvelles usines de Thaïlande (1994) et d'Irlande (1996). Nommé en 1998 directeur général de MPO International, il devient le président de la société MPO France en 2002 et le reste jusqu'en 2015. Il prend ensuite la présidence de MVO, société mancelle spécialisée dans la stérilisation des dispositifs médicaux réutilisables, puis celle de son conseil de surveillance.
Président de Fransylva Mayenne depuis 2011 et vice-président du CRPF des Pays de la Loire depuis 2015, Serge de Poix est membre titulaire de la CCI de Laval et de la Mayenne depuis 1997. Il est par ailleurs gérant d'exploitation forestière «la Gestion Forestière du Rochard» depuis 2014 et a été administrateur du Medef de la Mayenne de 1990 à 2015.

MVO - 11 PLACE DES COMTES DU MAINE - 72000 LE MANS • TÉL. 09 70 71 18 65

DÉPARTEMENT

Olivier **DUBOSC**

DIRECTEUR GÉNÉRAL DES SERVICES DU CONSEIL DÉPARTEMENTAL DE LA SARTHE

FORMATION Sciences-Po Paris (2001); Institut national des études territoriales - INET (Strasbourg, 2005)

Après avoir suivi les classes préparatoires littéraires Hypokhâgne puis Khâgne à Bordeaux, Olivier Dubosc effectue une maîtrise d'histoire en Allemagne. Désireux de travailler pour le service public, il poursuit ses études à l'INET après Sciences-Po. Il rejoint en 2005 la communauté d'agglomération de Cergy-Pontoise pour s'occuper du développement et de l'attractivité économiques, ainsi que de l'enseignement supérieur et de l'emploi. Il intègre en 2011 l'établissement public de gestion du quartier de la Défense à Paris, De Facto, en tant que directeur du développement des services aux entreprises. Ses fonctions l'amènent alors à travailler dans les domaines du marketing territorial, du tourisme, de l'enseignement supérieur et du commerce. C'est en 2014 qu'Olivier Dubosc a l'opportunité de prendre le poste de directeur général adjoint Ressources au conseil départemental de la Sarthe. Quatre ans plus tard, son président lui propose de prendre la direction générale des services. En charge de la mise en œuvre du projet de mandat, il s'attache à déterminer des modes d'organisation collective les plus performants en privilégiant l'écoute et la pédagogie. Il aime à se définir comme un manager au service de ses collaborateurs, eux-mêmes au service du territoire et des habitants. Pour lui, la «performance du conseil départemental est forcément lié à la qualité de vie des agents». D'un tempérament engagé et optimiste, il s'investit par ailleurs dans une association de jeunesse mancelle depuis 2017.

CONSEIL DÉPARTEMENTAL DE LA SARTHE - HÔTEL DU DÉPARTEMENT - 72072 LE MANS CEDEX 9 • TÉL. 02 43 54 72 72

ASSOCIATIONS ET RÉSEAUX

Jean-Pierre **FABRE**

PRÉSIDENT DU CLUB BUSINESS SARTHE

FORMATION lycée Paul Langevin à La Seyne-sur-Mer - DUT de génie électrique (1980); maîtrise en sciences et techniques (1982); DESS de marketing appliqué (1983); DEA en sciences de gestion (1994) à l'IUT de Toulon et aux universités d'Aix-Marseille et de Poitiers

PASSIONS la peinture.

Jean-Pierre Fabre débute sa carrière en 1983 comme chargé d'études en planification stratégique au Crédit agricole de l'Oise, puis intègre Schlumberger Technologies à Aix-en-Provence comme ingénieur technico-commercial (1984-1988). A partir de 1988, il exerce des responsabilités au sein d'organismes consulaires : il est successivement responsable marketing-ventes à l'Institut de régulation et automation de la CCI d'Arles (1988-1991) et conseiller auprès des entreprises industrielles à la CCI de Tours (1991-1994). Il rejoint ensuite les terres sarthoises où, après avoir été chargé de mission pour l'Agence de développement économique et touristique de la Sarthe, il en est le directeur adjoint de 2006 à 2016. De 2011 à fin 2019, il dirige la Société d'économie mixte de la Sarthe (Secos), qui réalise des opérations de construction et de portage immobilier au bénéfice des collectivités et entreprises sarthoises ainsi que des aménagements de zones d'activités. Il est désormais conseiller en immobilier d'entreprise.
Impliqué dans le Club Business Sarthe, Jean-Pierre Fabre en devient le président en mai 2019. Il est par ailleurs bénévole à la Cravate solidaire depuis 2021.

CLUB BUSINESS SARTHE - 1 BD LEVASSEUR - 72000 LE MANS

ASSOCIATIONS ET RÉSEAUX

Pierre **FILLON**

PRÉSIDENT DE L'AUTOMOBILE CLUB DE L'OUEST

FORMATION doctorat en médecine ; CES d'ophtalmologie (faculté de médecine de Tours)

PASSIONS l'automobile et la course à pied.

En 1988, Pierre Fillon s'installe comme ophtalmologue au Mans et opère au Pôle Santé Sud. De 2002 à 2011, il préside la CME du centre médico-chirurgical du Mans et le conseil de surveillance du pôle Médico-chirurgical du Mans jusqu'à fin 2019. Dans un tout autre domaine, avec son frère François, ancien premier ministre, il partage une passion commune pour les sports mécaniques et les 24 heures du Mans. Leur grand-père, pilote amateur confirmé, aurait dû participer comme pilote à la première édition de 1923 mais des raisons familiales l'en empêchèrent. Depuis 1966, Pierre Fillon n'a pas manqué une seule édition de la prestigieuse épreuve mancelle. Logiquement, il rejoint l'Automobile Club de l'Ouest (ACO) en tant que membre en 1995, puis administrateur en 2003. Elu au comité directeur (2006), créateur du comité Sport (2009), il encadre les créations successives de l'Intercontinental Le Mans Cup (2010 et 2011), puis du Championnat du monde d'endurance de la FIA, en partenariat avec la Fédération internationale de l'automobile. 2010 : Jean-Claude Plassart lui propose de devenir président-adjoint. Parallèlement, grand pratiquant de karting, il devient président de l'ASK ACO (2009) : il travaille activement à sa fusion au sein de l'Automobile Club de l'Ouest et à la construction d'une nouvelle piste internationale de karting. Grand amateur de pilotage, Pierre Fillon suit, en Formule Renault, les cours de l'école de pilotage Pierre Petit sur les circuits du Mas du Clos et du Mans, et sur celui de La Châtre en Formule 3. Il participe à Le Mans Classic (2004, 2006, 2010 et 2012) et à plusieurs courses du Championnat de V de V en GT (Porsche) et proto (Norma).
En 2022, il devient le parrain de la Chaire Neutralité Carbone 2040 du Mans université.

ACO - AUTOMOBILE CLUB DE L'OUEST
- CS 21928 - CIRCUIT DES 24 HEURES DU MANS
- 72019 LE MANS CEDEX 2 • TÉL. 02 43 40 24 24

TOURISME ET LOISIRS

Jean-Jacques **FOIGNET**

DIRECTEUR DE SARTHE TOURISME

FORMATION collège-lycée à Flers - DESS en aménagement du territoire et développement économique ; doctorat en sciences de gestion ; master of Science College of Engineering (Georgia Tech) à Cherbourg, Dublin, Paris, Atlanta et Caen

PASSIONS la peinture à l'huile et le VTT.

En 1998, Jean-Jacques Foignet débute sa carrière en intégrant France Initiative, où il est chargé du développement du réseau national. Deux ans plus tard, il est nommé responsable national du Programme Qualité puis, en 2002, responsable de la mission d'industrialisation auprès du sous-préfet du Havre. Il met alors en place une politique de développement industriel, s'appuyant sur la prospection d'investisseurs étrangers, l'accompagnement et l'implantation, l'ingénierie financière de projets industriels complexes et la valorisation des filières logistique et pétrochimie à l'international. Trois ans plus tard, la direction internationale de Normandie Développement lui est confiée avec notamment pour missions de prospecter et de coordonner l'attractivité de la Normandie auprès des investisseurs étrangers. En 2010, Jean-Jacques Foignet prend la direction générale de cette structure.
Depuis septembre 2011, il est le directeur de Sarthe Tourisme (ex-Sarthe Développement), l'agence de développement touristique et d'attractivité de la Sarthe.

SARTHE TOURISME
- 46 AV. FRANÇOIS MITTERRAND
- 72000 LE MANS • TÉL. 02 72 88 18 81

COMMERCE ET DISTRIBUTION

Dominique **FOUSSIER**

PRÉSIDENT DE FOUSSIER QUINCAILLERIE

FORMATION collège Sainte-Croix au Mans - Sup de Co (1979) ; DECS (1980) ; Audencia Nantes

PASSIONS son entreprise et sa famille.

Foussier. Un patronyme bien connu sur la Sarthe, mais aussi une marque, une entreprise. A la suite de son père, qui avait créé une première entreprise dédiée à la distribution du bois, Dominique Foussier donne naissance en 1984 à la société Foussier quincaillerie, spécialisée dans la distribution de quincaillerie et d'outillage aux professionnels du bâtiment. Accentuant le développement de l'entreprise à partir de 1998, il s'y consacre à part entière depuis 2003. Cet établissement, basé à Allonnes, connaît alors une forte croissance. De 2007 à 2017, Foussier quincaillerie a multiplié par 10 le nombre de ses magasins. Toujours en croissance, son effectif atteint aujourd'hui plus de 1450 personnes (contre 25 en 1998).

FOUSSIER - ZA LE MONNÉ - 19 RUE DU CHÂTELET
- 72700 ALLONNES • TÉL. 02 50 82 18 21

INTERCOMMUNALITÉ

Emmanuel **FRANCO**

VICE-PRÉSIDENT DU CONSEIL DÉPARTEMENTAL DE LA SARTHE - PRÉSIDENT DE LA CC DU VAL DE SARTHE - MAIRE D'ETIVAL-SUR-SARTHE

FORMATION Bac G2

DISTINCTIONS intronisé « sam naaba » (chef des étrangers) au Burkina Faso (association GESTM - Groupe Etival Solidarité Tiers Monde)

PASSIONS la course à pied, la lecture

Après une classe préparatoire à HEC de Valence, Emmanuel Franco décide

d'effectuer son service militaire en volontaire service long. Il s'installe en Sarthe et occupe divers emplois. Sa carrière professionnelle dans les assurances commence à Sablé en 1994. Puis il entre en 1995 à la Maaf où il restera jusqu'en 2003, après avoir gravi tous les échelons, de conseiller en clientèle à directeur d'agence. Il intègre MMA comme inspecteur général (audit et contrôle) de 2003 à 2012, et devient inspecteur du développement, jusqu'en 2016. Il quitte la société en 2018.
Animé par le souhait de «servir l'intérêt général, en cohérence avec le territoire», Emmanuel Franco se présente aux municipales d'Etival en 1997 et en 2001. Après deux échecs, sa persévérance l'emporte il est élu maire en 2008 et vice-président de la communauté de communes du Val de Sarthe. Il en deviendra le président en 2014. En 2015, il brigue avec succès plusieurs mandats: conseiller départemental, vice-président au conseil départemental de la Sarthe et président du CAUE 72. Il est réélu maire et président de la CC du Val de Sarthe en juin 2020. La même année il est élu à la tête du Pays Vallée de la Sarthe en septembre et président de l'Association des Maires adjoints et Présidents des Intercommunalités de la Sarthe.

CC VAL DE SARTHE - 27 RUE DU 11 NOVEMBRE - BP 26 - 72210 LA SUZE-SUR-SARTHE • TÉL. 02 43 83 51 12

INTERCOMMUNALITÉ

Stéphane **GALIBERT**

PRÉSIDENT DU CONSEIL DE DÉVELOPPEMENT DU PAYS DU MANS - PRÉSIDENT DE YESWIMMO

FORMATION lycée G. Touchard au Mans - maîtrise de sciences économiques (faculté de sciences économiques de Paris)

Entré à la Foncière Lelièvre en 1989, Stéphane Galibert a exercé d'abord comme négociateur, puis occupé rapidement des postes à responsabilité. A partir de 1990, il a été directeur d'agence au Mans, puis à la tête de l'ensemble des agences Foncière Lelièvre. Il est directeur général délégué du groupe manceau de 2006 à 2014 puis crée sa propre société, Yeswimmo (réseau d'Agents Mandataires en Immobilier et activité de conseil et promoteur immobilier) la même année. En parallèle, il s'investit au sein du Medef Sarthe. Administrateur de l'organisation patronale durant six ans (2006-2012), il a effectué 2 mandats en tant que président de mai 2012 à mai 2018. En juin 2018, il est élu président de FACE Le Mans Métropole, réseau qui agit contre l'exclusion et les discriminations dans le monde du travail et mène des actions d'accompagnement au retour à l'emploi. Il est désormais président de FACE Pays de la Loire depuis juillet 2020, membre titulaire du CESER en qualité de personne qualifiée au collège 4.
Stéphane Galibert a été par ailleurs 2e vice-président de la CCI de la Sarthe, en charge des questions d'infrastructure et d'aménagement du territoire, de 2010 à 2016. Il est nommé président du Conseil de Développement du Pays du Mans et de la Métropole en 2017.

CONSEIL DE DÉVELOPPEMENT DU PAYS DU MANS ET DE SON AGGLOMÉRATION - 15-17 RUE GOUGEARD - 72000 LE MANS • TÉL. 02 43 51 23 23

COMMUNE

Nadine **GRELET-CERTENAIS**

MAIRE DE LA FLÈCHE - PRÉSIDENTE DE LA COMMUNAUTÉ DE COMMUNES DU PAYS FLÉCHOIS

FORMATION lycée Joachim du Bellay à Angers - éducateur spécialisé (Ecole d'éducateurs spécialisés d'Angers)

Nadine Grelet-Certenais a exercé professionnellement comme éducatrice spécialisée (1983-1990 et 2001-2008) et déléguée à la tutelle (1990-2001). En parallèle, elle a pris des engagements dans la vie publique et s'y consacre aujourd'hui à plein temps. Conseillère municipale à compter de 2001, elle est devenue adjointe au maire chargée des affaires sociales en 2002 puis première adjointe au maire de La Flèche en 2008. Elue au conseil départemental de la Sarthe dès 2012, elle y participe aux travaux des commissions Environnement et Solidarité. Elle est également vice-présidente de la communauté de communes du Pays fléchois (26000 habitants), en charge de la petite enfance. En 2017, elle prend la succession de Jean-Claude Boulard, maire du Mans et devient sénatrice de la Sarthe. Elle quitte alors ses autres mandats pour se consacrer à sa nouvelle fonction. Au Sénat elle fait partie du groupe socialiste et républicain et est membre de la commission des affaires sociales.
Nadine Grelet-Certenais se présente aux élections municipales de La Flèche en 2020 et est élue maire au premier tour. Elle est ensuite élue présidente de la communauté de communes du Pays fléchois.

VILLE DE LA FLÈCHE - ESPACE PIERRE MENDÈS-FRANCE - 72205 LA FLÈCHE • TÉL. 02 43 48 53 53

RECHERCHE

Jean-Marc **GRENÈCHE**

DIRECTEUR DE RECHERCHE EMÉRITE AU CNRS

FORMATION DEA (Pierre et Marie Curie, 1979); doctorat 3e cycle (1981) et doctorat d'état (1987) à l'Université du Maine

PASSIONS le vélo, la peinture, le sport

PUBLICATIONS environ 600 publications scientifiques, articles et chapitres

Son service national actif effectué au Pérou donne à Jean-Marc Grenèche le goût des collaborations internationales. Il intègre le CNRS en 1983 comme chargé de recherche au Laboratoire de Physique de l'Etat Condensé à l'Université du Maine, au Mans. Après son post-doc comme boursier de la fondation Alexander von Humboldt à Karlsruhe, il initie les nanosciences en 1990-1991 au Mans puis établit de nombreuses collaborations principalement en Europe. Son désir d'approfondir et de monter des activités de recherche l'amène à multiplier les échanges avec l'Amérique du Sud, l'Asie et l'Afrique. Il établit des collaborations bilatérales très fortes avec des laboratoires étrangers et co-encadre ainsi de nombreux

thésards. Ses préoccupations scientifiques sont la «compréhension de la nature et le rôle des surface et interfaces sur les propriétés structurales et magnétiques des nanoarchitectures magnétiques dont les applications sont le stockage d'information, la médecine, les sciences de la terre et l'environnement».
Jean-Marc Grenèche devient directeur du Laboratoire Physique de l'Etat Condensé en 2008. Il est ensuite en charge, en tant que directeur, de la structuration de l'Institut des Molécules et Matériaux du Mans (IMMM UMR CNRS 6283) en 2012 pour 5 ans. Durant son mandat, il s'efforce surtout d'approfondir la «mixité physiciens et chimistes». Vice-président de l'International Board on Applications of Mössbauer Effect de 2007 à 2021, il est chargé de mission à l'Institut National de Physique (INP) du CNRS de 2016 à 2021. Correspondant INP au CNES, il a assuré le suivi des activités des groupements de recherches nationaux relevant de l'INP (GDR) et des fédérations de recherche de l'INP. Il est désormais directeur de recherche émérite au CNRS.

INSTITUT DES MOLÉCULES ET DES MATÉRIAUX DU MANS - UMR CNRS 6283
- FACULTÉ DES SCIENCES ET TECHNIQUES
- LE MANS UNIVERSITÉ
- AVENUE OLIVIER MESSIAEN
- 72085 LE MANS CEDEX 9 • TÉL. 02 43 83 26 27

ORGANISATIONS PROFESSIONNELLES

Karel **HENRY**

PRÉSIDENTE DU MEDEF SARTHE

Élue en juin 2019, réélue en septembre 2021 pour trois ans, Karel Henry est la première femme à diriger le Medef en Sarthe. La dirigeante est arrivée dans ce département en 2005, après une expérience parisienne en tant que chasseuse de têtes. Co-gérante du cabinet de conseil en relations humaines Variant consultants depuis 2008, elle devient membre puis présidente du CJD (Centre des jeunes dirigeants) jusqu'en 2017. Elle est actuellement juge au tribunal des prud'hommes depuis juillet 2018 pour le compte du Medef et a intégré le comité exécutif du mouvement patronal en 2020.

MEDEF SARTHE - 40 RUE DE LA GALÈRE - 72000 LE MANS • TÉL. 02 43 23 20 80

COMMERCE ET DISTRIBUTION

Claude **HERVÉ**

GÉRANT DE LA SOCIÉTÉ BENERMANS

FORMATION CAP d'électricien

Claude Hervé est une des grandes figures de la région des Pays de la Loire, un des hommes marquants de la Sarthe et du Mans. Entré comme électricien chez Carel et Fouché, il intègre la régie Renault puis, à 25 ans, crée une société d'installation d'antennes. La télévision est en phase d'émergence et le marché offre un fort potentiel. Cette première réussite l'incite à voir plus grand et, à la fin des années 60, il ouvre un supermarché Leclerc à Saint-Pavace, suivi d'un hypermarché à Allonnes en 1972. Ce sera ensuite la construction d'une centrale d'achat à Champagné, pour le compte de la Socmaine, qui ne cessera de se développer pour atteindre aujourd'hui 100 000 m2 d'entrepôts couverts. En 1996, ce patron dynamique et ambitieux, décide de transférer aux Fontenelles le Leclerc de Saint-Pavace. Il ouvre un Drive Leclerc en 2012 au Mans, puis un second en 2013 et crée un supermarché Aldi.
Reconnu comme un excellent gestionnaire, c'est à Claude Hervé que Le Mans Sarthe Basket fait appel pour redresser sa situation financière à la fin des années 90. Il y est président du conseil de surveillance de 2000 à 2016. Depuis 2013, ce manager hors pair se consacre au comité d'accompagnement pour la reconstruction du Mans FC.

DIRECT DISTRIBUTION - RTE DE BONNÉTABLE - 72016 LE MANS CEDEX 2 • TÉL. 02 43 74 60 00

DÉPARTEMENT

Fabienne **LABRETTE-MÉNAGER**

VICE-PRÉSIDENTE DU CONSEIL DÉPARTEMENTAL DE LA SARTHE - MAIRE DE FRESNAY-SUR-SARTHE

FORMATION établissement scolaire Bossuet à Lannion (bac A4, 1979) - DESS de marketing, à l'Ecole des cadres à Neuilly-sur-Seine et à l'Institut de gestion de Rennes

DISTINCTIONS chevalier des Palmes académiques ; chevalier de l'ordre national du Mérite

PASSIONS les véhicules anciens de collection, la peinture et la sculpture.

Après avoir été responsable export dans une entreprise agro-alimentaire de 1985 à 1990, puis responsable de formation et cofondatrice d'un organisme de formation (1990-1996), Fabienne Labrette-Ménager crée et dirige une entreprise d'insertion par l'intérim au Mans (1996-2002). Elle ouvre ensuite une société de commercialisation de produits du terroir jusqu'en 2006 puis devient consultante en marketing politique en 2012. Entretemps, sa carrière politique prend le pas sur ses activités professionnelles lorsqu'elle gagne les élections législatives en 2007, dans la 1re circonscription de la Sarthe. Ancienne adjointe au maire de Fresnay-sur-Sarthe (2001-2004), conseillère régionale des Pays de la Loire (2004-2007), présidente du Conseil national des déchets (2009-2013), elle est vice-présidente de la commission du Développement durable et de l'aménagement du territoire à l'Assemblée nationale jusqu'aux élections législatives de juin 2012. Elue conseillère générale du canton de Fresnay-sur-Sarthe en 2001, elle préside la commission Développement durable au sein de l'Assemblée départementale puis est nommée vice-présidente en 2014. La même année, elle devient maire de Fresnay-sur-Sarthe.
Fabienne Labrette-Ménager est aussi, depuis 2011, présidente de l'organisme départemental de logement social Sarthe Habitat et conseillère communautaire de la communauté de communes des Alpes Mancelles. Elle est nommée présidente de l'U.S.H. des Pays de la Loire en juin 2016,

reconduite dans son mandat en 2019 pour 3 années.

CONSEIL DÉPARTEMENTAL DE LA SARTHE - HÔTEL DU DÉPARTEMENT - 72072 LE MANS CEDEX 9 • TÉL. 02 43 54 72 72

AGROALIMENTAIRE

Denis **LAMBERT**

PRÉSIDENT DU CONSEIL DE SURVEILLANCE DU GROUPE LDC

FORMATION Diplôme universitaire de technologie (Le Mans, 1981), diplômé du Centre de perfectionnement aux affaires (Groupe HEC, Jouy-en-josas, 1998)

DISTINCTIONS prix national de l'entreprise familiale du Prix de l'Entrepreneur EY 2016 ; chevalier de la Légion d'honneur 2017

PASSIONS Le sport, la course à pied et la gastronomie

Une fois son diplôme en poche, Denis Lambert n'a qu'une seule idée : travailler pour LDC, l'entreprise familiale de volailles qu'a créée son père. Il débute en tant que responsable logistique et production en 1981 à LDC Sablé. À l'époque, l'entreprise ne compte que cinq commerciaux contre plus de 500 aujourd'hui. En 1984, le père de Denis Lambert décède brutalement. Ce dernier prend alors les fonctions de directeur commercial à Sablé et poursuit peu à peu son ascension. En 1990, il devient directeur commercial et marketing du groupe LDC avant d'en assumer la direction générale en 1997. En 2001, il est nommé à la présidence du directoire. Aux commandes de l'entreprise, Denis Lambert joue la carte de la simplicité, une valeur plus que chère à ses yeux. Il accorde aussi beaucoup d'importance au management. Il veille à se rendre disponible pour les salariés et que ceux-ci soient à la bonne place, qu'ils travaillent dans un climat serein. « C'est une tâche extrêmement complexe », reconnait-il. S'il a évidemment peu de temps libre, il se ressource en pratiquant la course. Un sport qu'il recommande aux personnes stressées ou à court d'idées. Quant à lui, chaque année depuis plus de vingt ans, il participe à un marathon… Il s'investit par ailleurs sur son territoire : en décembre 2021, il est élu président du Club de développement du pays sabolien pour trois ans, mais « n'ira pas au-delà ».

Il laisse la présidence du directoire du groupe à compter de mai 2023 pour intégrer, en août, la direction du conseil de surveillance du groupe LDC.

SOCIÉTÉ LDC - ZI SAINT-LAURENT - BP 88 - 72302 SABLÉ-SUR-SARTHE CEDEX • TÉL. 02 43 62 70 00

INTERCOMMUNALITÉ

Béatrice **LATOUCHE**

MAIRE DU LUDE – PRÉSIDENTE DU PETR PAYS VALLÉE DU LOIR - SECRÉTAIRE DU CONSEIL RÉGIONAL DES PAYS DE LA LOIRE

FORMATION Deug Aménagement et gestion/développement du territoire (université de Rennes, 1993) ; BTS Assistante de direction commerciale bilingue (lycée de Ploërmel, 1995) ; Master 2 Ifuno – Ingénierie de formation et usage du numérique dans les organisations (université du Maine, 2016)

PASSIONS La lecture, le cinéma, jardiner

Après avoir travaillé de 1993 à 2001 dans le secteur privé, Béatrice Latouche devient enseignante en communication et bureautique dans un lycée professionnel sarthois. C'est à cette occasion qu'elle fait la rencontre de Louis-Jean de Nicolaÿ, qui lui demande de devenir sa suppléante au conseil général de la Sarthe. Elle, qui fonctionne « aux projets et aux objectifs », relève le défi et sera ensuite élue conseillère générale en 2014. Mission qu'elle clôturera en 2015 pour se présenter au conseil régional. Entre temps, elle est désignée 3e adjointe, en charge de l'enfance, la jeunesse, les affaires scolaires et la citoyenneté à la mairie du Lude en 2014. Son maire et mentor choisit ensuite le Sénat et c'est elle qui est élue en 2018 à la tête de la commune nouvelle. Elle se met alors en détachement de son poste de principale du collège de Mayet, qu'elle occupait depuis 2010. Au conseil régional, elle devient vice-présidente en charge des transports scolaires régionaux fin 2019. Réélue maire du Lude en mars 2020, elle est également choisie comme vice-présidente de la communauté de communes Sud Sarthe, chargée de la famille, de l'enfance, de la jeunesse et de la petite enfance. Béatrice Latouche est ensuite élue présidente du PETR de la Vallée du Loir. Réélue à la Région en 2021, elle devient secrétaire du conseil régional, conseillère déléguée à la mobilité et aux transports scolaires.

Cette Bretonne d'origine apprécie de mettre son énergie au service de cette « belle région ». Impliquée, elle a à cœur de participer à la dynamique de son territoire grâce à la réalisation de projets. Indépendante, non encartée, elle n'a pas de volonté politique au national mais n'écarte rien pour l'avenir. Elle peut tout aussi bien retrouver son « adoré » métier de principale…

PAYS VALLÉE DU LOIR - RUE ANATOLE CARRÉ - HÔTEL DE VILLE - 72500 VAAS • TÉL. 02 43 38 16 62

SANTÉ

Guillaume **LAURENT**

DIRECTEUR GÉNÉRAL DU CENTRE HOSPITALIER DU MANS

FORMATION Sciences Po Rennes (2001) ; École des Hautes Études en Santé Publique (EHESP Rennes, 2004)

PASSIONS la Nature, la course à pied

Porté par l'idée de travailler pour le service public, Guillaume Laurent découvre à Sciences Po Rennes le métier de directeur d'hôpital en suivant des cours de droit hospitalier. Après son année Erasmus à l'université d'Edimbourg, il effectue un stage au CHU de Rennes en 2000, puis réussit le concours de l'EHESP. Il commence son parcours professionnel en tant qu'élève directeur au CH de Blois. Diplômé de l'EHESP en 2004, il devient directeur financier adjoint au CHU de Tours, puis directeur du système d'information et directeur délégué du pôle de chirurgie au CHR d'Orléans de 2007 à 2010. Il rejoint le CHU de Rennes ensuite pour prendre la direction du système d'information, puis des ressources médicales et des coopérations. En 2015, il est nommé

directeur général adjoint du CHU de Rouen, avant d'être choisi pour assurer la direction générale du CH du Mans en août 2021. Il assure également la direction de 3 autres centres hospitaliers sarthois et préside le comité stratégique du Groupement Hospitalier de Territoire 72.
Il fédère et anime désormais un collectif de 8000 professionnels de santé des hôpitaux publics de Sarthe, toujours dans la recherche du dialogue. Pour Guillaume Laurent, le sens de sa mission est d'aider à soigner les patients sarthois, en développant une « offre de soins diversifiée et de qualité ». C'est ainsi que le dirigeant s'immerge dans les services de soins, chaque mois, « pour mieux comprendre les fonctionnements, écouter les équipes et les patients ». Mandaté pour 4 ans renouvelables, garant du bon usage des fonds publics alloués aux établissements, il veille à remplir ses objectifs concernant la modernisation organisationnelle et immobilière de l'établissement, l'amélioration de l'attractivité pour les professionnels de santé, le renforcement de la dimension universitaire, et l'engagement dans la transition écologique.

CENTRE HOSPITALIER DU MANS - 194 AV. RUBILLARD - 72000 LE MANS • TÉL. 02 43 43 25 81

SPORT PROFESSIONNEL

Christophe **LE BOUILLE**

PRÉSIDENT DU DIRECTOIRE ET MANAGER GÉNÉRAL DE LE MANS SARTHE BASKET

FORMATION lycée Montesquieu au Mans - maîtrise de droit privé (1993) ; DESS formation juridique et économique aux métiers du sport (1995) aux universités du Mans et de Limoges

PASSIONS « Mon activité est également une passion ! »

Fidélité totale au basket et au MSB. Christophe Le Bouille a commencé sa carrière comme responsable administratif au club Le Mans Sarthe Basket (MSB) en 1995. Trois ans plus tard, il occupe le poste de directeur administratif et financier. En 2003, il devient manager général, responsabilité qu'il cumulera avec celle de président du directoire à partir de 2008. C'est aussi à partir de 2003 que le club retrouve des couleurs après une descente aux enfers à la fin des années 80. Le MSB gagne la coupe de France en 2004. 2006 est l'année du sacre avec un titre de champion de France (le 4e) et la victoire de la Semaine des As. Le palmarès s'enrichit en 2009 avec une 3e coupe de France et la Semaine des As. En 2012 le MSB est vice-champion de France et champion de France Espoirs et, en 2014, vainqueur de la Leaders Cup. Quatre ans plus tard il redevient champion de France puis participe à la finale de la Coupe de France 2019.
En 2016, Christophe Le Bouille s'est lancé un défi personnel et a bouclé son premier marathon à Londres en moins de 4 heures.

LE MANS SARTHE BASKET - RUE JUAN MANUEL FANGIO - 72100 LE MANS • TÉL. 02 43 50 21 80

COMMUNE

Stéphane **LE FOLL**

PRÉSIDENT DE LE MANS MÉTROPOLE - MAIRE DU MANS - EX MINISTRE DE L'AGRICULTURE

FORMATION Collège à Loué et lycée Colbert de Torcy à Sablé - BTS agricole (1984) ; DEA en économie ; diplôme supérieur du Cnam (1988), aux universités du Maine et de Nantes

DISTINCTIONS Chevalier du Mérite agricole

PASSIONS Le sport (football, vélo...).

Professionnellement, Stéphane Le Foll a été enseignant au lycée agricole de Rouillon, puis professeur en économie au lycée de la Ferté-Bernard et chargé de travaux dirigés à l'université de Nantes (1988-1999). Son activité politique commence alors qu'il n'a que 23 ans. Il apprend la gestion d'une commune au sein du conseil municipal de Longnes (1983-1995). En 1997, il est nommé conseiller technique auprès de Louis Le Pensec, ministre de l'Agriculture, puis est directeur de cabinet pendant 11 ans de François Hollande, alors premier secrétaire du Parti socialiste. Il est resté son proche bras droit en étant cadre du PS : membre du Conseil national (2001) et du Bureau national (2007). Il a été 1er secrétaire de la Fédération de la Sarthe du PS de 2008 à 2012. En 2004, il est élu député européen et membre de la commission de l'Agriculture et du développement rural et de la commission sur les défis politiques. En 2009, il est vice-président du groupe parlementaire « Socialistes et Démocrates » du Parlement européen, en charge des questions agricoles et du budget et des perspectives budgétaires.
Le 16 mai 2012, Stéphane Le Foll est nommé ministre de l'Agriculture, de l'Agroalimentaire et de la Forêt. En juin de la même année, il est élu député de la 4e circonscription de la Sarthe mais c'est sa suppléante Sylvie Tolmont qui siègera à l'Assemblée nationale. Il est également porte-parole du Gouvernement, de 2014 à 2017. Investi par le PS pour les législatives de juin 2017, il redevient député puis, après le décès de Jean-Claude Boulard, il est élu maire du Mans et président de Le Mans Métropole en juin 2018. Il est réélu maire en 2020.

VILLE DU MANS - PLACE SAINT-PIERRE - 72039 LE MANS CEDEX 9 • TÉL. 02 43 47 37 37

DÉPARTEMENT

Dominique **LE MÈNER**

PRÉSIDENT DU CONSEIL DÉPARTEMENTAL DE LA SARTHE

FORMATION Maîtrise de droit privé

Assistant parlementaire de Jacques Chaumont au Sénat de 1983 à 1992, Dominique Le Mèner se soumet au suffrage universel en 1989 et devient conseiller municipal et communautaire du Mans. Il le restera jusqu'en 2001. Il sera par ailleurs secrétaire départemental du RPR de 1987 à 2001. En 1992, ce juriste de profession intègre le Conseil régional des Pays de la Loire dont il sera vice-président durant deux mandats successifs (1992-1998 et 1998-2002). Conseiller général du canton de Montmirail entre 2008 et 2015, il est premier vice-président du Conseil général de la Sarthe dès 2008, membre de la commission des Affaires

culturelles et de l'éducation, président de la commission de l'Aménagement numérique des territoires, des infrastructures et des routes.
Dominique Le Mèner est élu député en 2002 dans la 5e circonscription de la Sarthe. Réélu en 2007 et en 2012, il ne se représente pas en 2017. Président du conseil départemental de la Sarthe depuis 2015, réélu en 2021, il est président du SDIS depuis octobre 2017. Il est réélu président du Syndicat mixte de la Sarthe en charge de l'aménagement numérique, Sarthe numérique, en septembre 2020. Il est également réélu président du laboratoire interdépartemental Inovalys en novembre 2022.

CONSEIL DÉPARTEMENTAL DE LA SARTHE - HÔTEL DU DÉPARTEMENT - 72072 LE MANS CEDEX 9 • TÉL. 02 43 54 70 16/70 24

PROMOTION ET GESTION IMMOBILIÈRE

Philippe **LEBOUCHER**

DIRECTEUR GÉNÉRAL DE LELIÈVRE IMMOBILIER - VICE-PRÉSIDENT DU CJD PAYS DE LA LOIRE

FORMATION maîtrise en économie (1990) ; DESS gestion export (1991), à l'Université du Maine, à ICH (1993) et ESPI de Paris

PASSIONS la cuisine, l'automobile et les sports de raquettes.

Sur le plan professionnel, Philippe Leboucher dirige la SAS Foncière Lelièvre (dont le siège administratif est au Mans) depuis 2006. Aujourd'hui, le pôle Immobilier du Groupe Lelièvre rayonne à Paris et Ile-de-France, en Basse-Normandie, en Bretagne, dans les Pays de la Loire et le Centre.
Par ailleurs, depuis 2007, Philippe Leboucher préside le Club immobilier du Maine et s'investit au sein de l'association Magie à l'hôpital comme trésorier depuis 2012. Il est également vice-président du CJD Pays de la Loire depuis 2014.

LELIÈVRE IMMOBILIER - 1 RUE CHARLES FABRY - 72013 LE MANS CEDEX 2 • TÉL. 02 43 43 79 79

PROMOTION ET GESTION IMMOBILIÈRE

Xavier **LELIEVRE**

PRÉSIDENT DU GROUPE LELIÈVRE

FORMATION classes préparatoires scientifiques (Lycée Montesquieu au Mans, 2008) ; ISG (Paris, 2011) ; formation d'expertise comptable DSCG

PASSIONS le karaté (depuis ses 12 ans), la chasse

Fils de Michel, petit-fils d'Henri, Xavier Lelièvre s'est toujours destiné à intégrer le groupe familial créé en 1947. Désireux d'acquérir une formation généraliste, intéressé par le fonctionnement des entreprises, il intègre l'ISG. Il entreprend ensuite une formation d'expert-comptable, dans l'optique de se perfectionner dans le domaine financier. Il réalise alors une première mission d'audit chez Sofial, filiale du groupe Lelièvre et s'occupe rapidement de la réorganisation de la société d'aménagement foncier. Il est ensuite nommé directeur général de Sofil, filiale spécialisée dans l'assistance à maîtrise d'ouvrage. Le jeune homme fait ses preuves petit à petit, jusqu'à se voir confier la direction générale du Groupe Lelièvre en janvier 2017. Xavier Lelièvre ne s'attendait pas à un timing aussi rapide mais il est heureux de perpétuer la tradition. Sans pression – être ceinture noire de karaté l'aide beaucoup, constate-t-il – il se trouve à son aise avec des équipes qu'il connaît bien. Désormais président, il se consacre à développer les métiers en place dans le secteur de l'immobilier et de la communication sur le grand Ouest et la région parisienne. De beaux projets et de beaux enjeux pour le Manceau qui s'avoue très attaché au territoire et fier des valeurs de l'entreprenariat familial.

GROUPE LELIÈVRE - 1 RUE CHARLES FABRY - 72013 LE MANS • TÉL. 02 43 43 79 79

COMMUNE

Gilles **LEPROUST**

MAIRE D'ALLONNES - VICE-PRÉSIDENT DE LE MANS MÉTROPOLE - PRÉSIDENT DE VILLE & BANLIEUE DE FRANCE

FORMATION lycée technique G. Touchard au Mans, niveau bac F1 - BEPS (1973)

PASSIONS la course à pied (deux marathons à son actif) et le jazz.

Après avoir exercé une carrière professionnelle à Le Mans Métropole Habitat dès 1978, Gilles Leproust est en retraite depuis le 1er juillet 2018. Son engagement syndical s'exprime au sein de la CGT : de 1997 à 2005, il est membre du bureau national de la Fédération CGT des services publics. Il côtoie la politique en 1980 au sein de la Jeunesse communiste de la Sarthe comme secrétaire départemental et membre du Conseil national jusqu'en 1987. Aujourd'hui, il exerce plusieurs mandats de façon concomitante. Conseiller général de la Sarthe jusqu'en 2015, il retrouve son poste de conseiller départemental aux côtés de Elen Debost en juin 2016 en remportant les élections dans le canton du Mans 7. Il est maire d'Allonnes depuis 2008 et vice-président de Le Mans Métropole. En 2006, il devient membre du bureau national de l'association des élus communistes et républicains dont il est à ce jour secrétaire national.
Gilles Leproust est également membre du Conseil National des Villes (CNV) depuis mai 2019, vice-président de l'Association des Maires de France (AMF) depuis décembre 2021. Secrétaire général depuis 2015 de l'association des Maires Ville & Banlieue de France - qui compte 70 villes adhérentes et œuvre pour favoriser le développement des quartiers populaires - le Manceau en est nommé président en juin 2022.

VILLE D'ALLONNES
- ESPLANADE NELSON MANDELA
- 72700 ALLONNES • TÉL. 02 43 83 84 95

ENSEIGNEMENT SUPÉRIEUR

Pascal **LEROUX**

PRÉSIDENT DE L'UNIVERSITÉ DU MANS

FORMATION Collège à Mayet et lycée Gabriel Touchard au Mans - BTS informatique industrielle (1987) ; maîtrise micro-informatique micro-électronique (1989) ; DEA Intelligence artificielle, reconnaissance des formes et applications (1990) ; doctorat en informatique (1995) ; HDR (2002), aux universités du Mans et de Paris VI

PASSIONS La course à pied, le tennis et le cyclisme.

PUBLICATIONS Plus de 80 publications de recherche

Pascal Leroux a commencé sa carrière comme maître de conférences (1996-2003), puis professeur des universités à partir de 2003, tout en étant chercheur au Laboratoire d'informatique de l'université du Maine (Lium) de 1996 à 2010. Il exerce ensuite les fonctions de directeur et chercheur dans le domaine des Environnements informatiques pour l'apprentissage humain (EIAH) au Centre de recherche en éducation de Nantes (CREN) et de co-responsable de l'équipe innovation en éducation de l'université du Maine. Il dirige l'Ecole nationale supérieure d'ingénieurs du Mans (Ensim), qui accueille 200 élèves ingénieurs dans deux spécialités, vibrations/acoustique/capteurs et informatique de 2007 à 2017. En tant que tel, il a été responsable des « Têtes des cordées de la réussite » sarthoises. Il est également très souvent associé à des manifestations liées à la robotique comme le festival Artec à La Ferté-Bernard. Pascal Leroux a par ailleurs été président de Maine Sciences, un Centre de Culture Scientifique Technique et Industrielle, de 2013 à 2016. Il est à l'origine, en 2003, du développement et de la diffusion d'un logiciel d'apprentissage de l'informatique et de la technologie (Roboteach), reconnu d'intérêt public par le ministère de l'Education nationale et de la Recherche. En avril 2021, il est élu président de l'université du Mans.

LE MANS UNIVERSITÉ - AV. OLIVIER MESSIAEN - 72085 LE MANS CEDEX 9 • TÉL. 02 43 83 30 00

INDUSTRIE ÉLECTRIQUE ET ÉLECTRONIQUE

Arnaud **LESCHEMELLE**

PRÉSIDENT DE CRÉATIVE SHOW INDUSTRY - PRÉSIDENT D'ALLIANCE APESA

FORMATION BEP Électronique (lycée Les Lombards, Troyes) ; BEP Administration, comptabilité et commerce (lycée Doctrine chrétienne, Saint-Dizier 1987) ; 1re G (lycée Saint-Vincent-de-Paul, Chalons en Champagne 1988) ; Bac Professionnel Force de Vente (1991)

PASSIONS fan de ski

Passionné dès l'enfance par la sonorisation et la lumière, Arnaud Leschemelle commence par faire des animations, achète du matériel et se construit une petite renommée locale. Il entre ensuite dans la vie professionnelle par la voie de l'alternance en 1989 dans une société d'emballages plastiques, Rapinat puis chez Mégahertz. Après son service militaire, il devient commercial en 1993 pour le Nord de la France chez J. Collyns, fabricant d'éclairage de spectacle et de matériel audiovisuel. Il prend la direction commerciale de la société - rachetée en 1995 et renommée Concept Spectacle Industrie – en 1998. Il part trois ans plus tard, ayant à cœur de se prouver qu'il est capable de « faire autre chose ». Il saisit l'opportunité d'intégrer la centrale d'achat Univert mais reste 8 mois chez ce spécialiste du matériel de jardin. L'envie de monter son entreprise le titille de plus en plus. Il décide de faire un break, s'informe sur le marché de l'audiovisuel... puis retourne en mai 2002 en tant que directeur général chez Concept Spectacle Industrie. Qui dépose le bilan en juillet. Arnaud Leschemelle présente alors un projet de reprise, qui est validé début 2003 et la société est rebaptisée Commerce Spectacle Industry. C'est en 2006 que le dirigeant rencontre ceux de Leblanc Illumination. Petit à petit le groupe va grossir au sein de la holding Creative Show Industry. Après cette phase de construction, l'énergique président se projette désormais sur le développement, notamment à l'export, à la fois dans l'illumination et l'audiovisuel. Avec un objectif ambitieux pour ses équipes et lui : dépasser les 100 millions de chiffre d'affaire.

En 2020, il devient président du syndicat Alliance Apesa, en charge de défendre les fabricants, les distributeurs de l'audiovisuel.

LEBLANC ILLUMINATIONS - 6 ET 8 RUE MICHAËL FARADAY - 72027 LE MANS • TÉL. 02 43 61 43 61

AGROALIMENTAIRE

Amélie **LORET-SCHERRER**

PDG DE LA SABLÉSIENNE

FORMATION lycée François Ier à Fontainebleau - maîtrise de droit privé (université de Paris II Panthéon-Assas)

DISTINCTIONS trophée d'argent Les femmes de l'économie 2014

PASSIONS les grandes randonnées, les voyages et la recherche de tendances, la botanique et les plantes médicinales en particulier

Après avoir débuté sa carrière en tant que juriste au sein de la Fédération française des sociétés d'assurances (1996-2000), Amélie Loret-Scherrer découvre le monde de l'agro-alimentaire en prenant le poste de directrice administrative et commerciale de la biscuiterie La Sablésienne (2003-2006). Sensibilisée à la biscuiterie par son père, lui-même à la tête de la Biscuiterie Gringoire-Brossard pendant plus de vingt ans, elle est directrice gérante jusqu'en 2010. Puis elle devient présidente de cette biscuiterie fondée en 1962. La Sablésienne fabrique les célèbres sablés, des meringues mais aussi des biscuits bio. « Nos biscuits sont sans arôme artificiel, sans conservateur et sans colorant », aime répéter Amélie Loret-Scherrer. La qualité est au rendez-vous puisque La Sablésienne a reçu le Prix du meilleur biscuit 2009 par l'Ordre culinaire international.
Représentante des pays de la Loire au concours national « les Femmes de l'économie » en 2014, l'entrepreneuse angevine a remporté le trophée d'argent. Elle est par ailleurs administratrice du Club de développement de Sablé et adhérente de l'Alliance 7 (fédération du secteur des produits de l'épicerie et de la nutrition spécialisée). Adhérente à Cosmebio et à l'Association pour le Renouveau de l'Herboristerie,

membre de la guilde des herboristes du Canada, elle a fondé en 2018 une entreprise dans ce domaine : La Secourable. Celle-ci favorise l'accès aux plantes médicinales en les mettant « au cœur des gestes du quotidien » et formule des produits de cosmétologie végétale et biologique. La dirigeante a également créé Natea, entreprise conseil sur la stratégie, l'identité et le positionnement des marques et des concepts.

LA SABLÉSIENNE - 1 AV. JEAN MONNET - ZA LA DENISIÈRE - 72300 SABLÉ-SUR-SARTHE • TÉL. 02 43 95 04 53

ENSEIGNEMENT SUPÉRIEUR

Pierre-Grégoire **MARLY**

PROFESSEUR AGRÉGÉ DES FACULTÉS DE DROIT - PRÉSIDENT DU FORUM DU DROIT DES ASSURANCES (FDA)

FORMATION doctorat (2002) ; agrégation de droit privé et de sciences criminelles.

Après avoir soutenu une thèse de doctorat consacrée à la fongibilité et au rôle de la volonté dans la qualification des biens, Pierre-Grégoire Marly est nommé en 2003 maître de conférences à l'Université de Paris I Panthéon-Sorbonne. Il rejoint ensuite, en qualité de professeur des Universités, la faculté de Droit et d'Economie de Guadeloupe avant d'être muté à l'Université du Maine. Doyen de la faculté de Droit et d'Economie de 2012 à 2017, il dirige actuellement le master 2 Assurance-Banque.
Il consacre la majorité de ses travaux scientifiques au droit des assurances et plus spécialement aux relations qu'entretient cette matière avec d'autres disciplines juridiques (droits bancaire et financier notamment) et extra-juridiques (économie et comptabilité en particulier). Auteur de nombreuses publications, dont un ouvrage de référence sur le droit des entreprises d'assurance, il est directeur scientifique de la revue « L'Essentiel du droit des assurances » et de « LexisNexis Compliance Assurance ». En outre, il a créé et dirige la chronique « Bancassurance » à la revue Banque et Droit, la chronique « Finance et Assurance » au sein de la Revue trimestrielle de droit financier (RTDF) et dirige la chronique « Assurance » à la Semaine juridique édition économique (JCP E). Universitaire reconnu pour son approche transverse des droits de l'assurance, de la banque et de la finance, Pierre-Grégoire Marly a été nommé en 2010 à la Commission consultative de l'ACP sur les pratiques commerciales et au Conseil scientifique de l'Université de l'assurance. Il a été médiateur auprès de l'Association française des établissements de paiement et de monnaie électronique (Afepame) de 2014 à 2018.

LE MANS UNIVERSITÉ - AV. OLIVIER MESSIAEN - 72085 LE MANS CEDEX 9 • TÉL. 02 43 83 30 00

COMMUNE

Marcel **MORTREAU**

MAIRE DE SARGÉ-LÈS-LE MANS - VICE-PRÉSIDENT DE LE MANS MÉTROPOLE

FORMATION DES marketing à l'université de Paris-Dauphine

PASSIONS le vélo, le footing et la chasse

Carrière professionnelle linéaire pour Marcel Mortreau qui a successivement exercé les fonctions, au sein de La Poste sarthoise, de directeur commercial, directeur des ressources humaines et directeur du management général. En 1998, il prend la direction d'établissement principal postal à Angers, puis retrouve la Sarthe comme directeur du groupement postal, ce qui sera son dernier poste. Sa retraite est toutefois active puisque, depuis 2010, il est le maire de Sargé-lès-Le Mans. Située en périphérie du Mans, elle fait partie des quatorze communes qui composent Le Mans Métropole. A ce titre, Marcel Mortreau est devenu conseiller communautaire puis vice-président en 2014, délégué à la Gestion des rivières et aux risques industriels.
Il est réélu au premier tour des municipales de 2020.

VILLE DE SARGÉ-LÈS-LE-MANS - 34 RUE PRINCIPALE - 72190 SARGÉ-LÈS-LE-MANS • TÉL. 02 43 76 51 00

CONSEIL

Dominique **PAYEN**

PRÉSIDENT D'OPTI FINANCE

FORMATION Brevet Supérieur du Crédit Agricole (1987)

PASSIONS Le sport, l'interprofessionnalité, la gestion de patrimoine

Attiré par le domaine bancaire, Dominique Payen intègre le Crédit Agricole en 1981 et suit le cursus universitaire proposé par la banque. Il y occupe plusieurs postes jusqu'en 1987, dont la responsabilité du service formation. Repéré par un chasseur de têtes, il intègre le groupe Worms (W Finance) en tant que conseiller en gestion de patrimoine et animateur. Il a pour mission de développer les activités sur le grand Ouest et crée le service avec 70 personnes sous sa responsabilité. La fonction lui plaît mais « l'indépendance l'interpelle ». Il se lance dans la création de sa société de courtage financier et de gestion du patrimoine Opti Finance en janvier 1990. Olivier Lhermitte le rejoint en tant qu'associé et s'occupe de la partie immobilière (100 personnes). Dominique Payen, lui, a la responsabilité de la branche gestion de patrimoine (60 personnes). Il revendique l'indépendance de sa structure, gérant désormais plus de 1,3 Mds € de patrimoine financier.
Mais l'ancien footballeur amateur a une autre corde à son arc : mordu de sport, il entre en 2000 au sein du MSB en tant que sponsor puis rejoint le conseil de surveillance. Il en sera président en novembre 2016 avec le titre de champion de France en 2018. Intéressé par le fait de « rapprocher le monde de l'entreprise et celui du sport », il est à l'initiative de Sarthe Objectif 24, dont le but est de faire courir des pilotes sarthois semi-professionnels. Il a par ailleurs participé à la création en 2006 du Cercle des Mécènes, afin de fédérer les entreprises en faveur de la culture. Des aventures humaines qu'il partage toujours avec les équipes d'Opti Finance et leurs clients.

OPTI FINANCE - 15 BD RENÉ LEVASSEUR - CS 41311 - 72013 LE MANS CEDEX 2 • TÉL. 02 43 23 51 00

AGROALIMENTAIRE

Léonard **PRUNIER**

PRÉSIDENT DE LA MAISON PRUNIER - PRÉSIDENT DE LA FÉDÉRATION DES ENTREPRISES ET ENTREPRENEURS DE FRANCE (FEEF)

FORMATION DEUG Sciences éco (université du Mans, 1997) ; maitrise de Sciences de gestion (Paris Dauphine, 2000)

PASSIONS la lecture

Son diplôme de Sciences de gestion en poche, Léonard Prunier commence à travailler en audit interne à Paris en 1998. Quatre ans plus tard il rejoint Rexel en tant que contrôleur de gestion pendant 2 ans, puis responsable commercial dans une agence pour en reprendre la direction. 2005 marque son arrivée dans l'entreprise familiale où son père lui propose de reprendre le poste de responsable financier. Il prend la direction commerciale en 2012 puis, en 2017, la direction générale avec son frère et devient président. Fier de représenter la 4e génération au sein de Maison Prunier (200 salariés), qui réalise des spécialités charcutières haut de gamme, son objectif est de la pérenniser et de saisir les opportunités pour « créer des produits de qualité ».

Engagé dans son secteur professionnel, Léonard Prunier prend la suite de son père au CA de la FEEF en 2017 dont il devient vice-président en 2020 puis président en 2022. Il est réélu pour 3 ans en juin 2023, bien décidé à poursuivre ses actions pour aider les PME-ETI à se développer. Fédérateur par tempérament, il aime « mettre en relation » afin que les uns et les autres travaillent « en harmonie, avec sincérité, et créent de la valeur ». Il s'investit également au sein de la commission économique de la FICT (industries des charcuteries traiteur), pour maintenir les savoir-faire, la diversité et par contrecoup préserver le milieu agricole. N'hésitant pas à se remettre en question chaque année en tant que dirigeant, il pense que l'avenir passe par les entreprises indépendantes, « un capitalisme humain où les salariés sont écoutés et valorisés ». Un fonctionnement qu'il applique avec succès dans sa société puisqu'elle a remporté 57 médailles au Concours Général Agricole depuis 2008…

PRUNIER - 23-25 RUE DE LA JATTERIE - 72160 CONNERRÉ • TÉL. 02 43 76 30 00

TOURISME ET LOISIRS

Bruno **RAY**

DIRECTEUR DU PALAIS DES CONGRÈS ET DE LA CULTURE - DIRECTEUR DE L'OFFICE DU TOURISME DU MANS

FORMATION collège Albert Camus et lycée Bellevue au Mans - maîtrise de langues étrangères (université de Haute-Bretagne-Rennes 2, 1986) ; diplôme de la Chambre de commerce internationale en russe des affaires (1986) ; BTS de commerce international (1987)

PASSIONS la découverte du monde

Diplômé en langues étrangères et commerce international, Bruno Ray aurait pu opter pour une carrière à l'étranger mais, ce natif du Mans est resté fidèle à ses terres natales. Il intègre d'abord l'Office de tourisme de la ville comme chargé de mission au développement du tourisme d'affaires (1988-1992). Puis il s'envole vers une autre destination professionnelle : la direction du Palais des congrès et de la culture du Mans. Il est également directeur de l'Office du Tourisme de la ville.

OFFICE DE TOURISME - HÔTEL DES URSULINES - 16 RUE DE L'ÉTOILE - 72000 LE MANS • TÉL. 02 43 28 17 22

SERVICES À LA PERSONNE

Guillaume **RICHARD**

PDG DU GROUPE OUI CARE

FORMATION Lycée français de Londres - classes préparatoires à la Tour d'Auvergne à Paris et à l'Ecole des hautes études commerciales du Nord (Edhec) de Lille (1996)

DISTINCTIONS Prix EY-L'Express de la vision stratégique 2015 ; prix de l'Entrepreneur Edhec de l'année 2010 ; prix Image entreprise 2010 ; lauréat Création entreprises master 2005 et 2006

PASSIONS La famille, les amis, le VTT, le football, les vins et la BD.

Guillaume Richard a démarré sa carrière comme contrôleur de gestion, puis contrôleur de projet pour La Française des Jeux (1996-1999). Habité depuis l'enfance par une vocation d'entrepreneur, il travaille en 1999 et 2000 à la conception générale d'une plateforme internet de services à domicile appelée O2. Le projet séduit mais les débuts sont lents. Il reprend alors une activité salariée comme directeur de l'assistance au réseau chez Relay, tout en travaillant le soir et les week-ends sur la société émergente O2 qui se concentre sur les services à la personne (ménage, repassage, garde d'enfants, accompagnement de la personne âgée ou handicapée). En 2004, le modèle est éprouvé et duplicable et Guillaume Richard en devient le PDG. Suite à diverses levées de fonds, O2 grandit rapidement et atteint 89M€ de CA en 2012. A partir de 2013, la société se lance en franchise. Et en 2016, suite au rachat de la société Apef, une holding appelée Oui Care vient chapeauter le Groupe. Aujourd'hui, le Groupe Oui Care comprend 11 marques, compte plus de 550 agences de proximité, emploie plus de 18000 salariés et réalise un volume d'affaires d'environ 350 millions d'euros. Présente en France, en Espagne, au Portugal et au Mexique, l'objectif est désormais d'être le leader mondial d'ici 2035.

Engagé par ailleurs dans des organisations professionnelles, Guillaume Richard est membre du Medef et du comité directeur de Croissance Plus. Il est aussi administrateur et Secrétaire national de la Fédération française des services à la personne et de proximité (Fédésap).

OUI CARE - 85 BOULEVARD MARIE ET ALEXANDRE OYON - CS 85533 - 72000 LE MANS CEDEX 2 • TÉL. 02 43 72 02 02

TOURISME ET LOISIRS

Véronique **RIVRON**

1RE VICE-PRÉSIDENTE DU CONSEIL DÉPARTEMENTAL DE LA SARTHE - PRÉSIDENTE DE SARTHE TOURISME

FORMATION collège Nazareth à Voisenon - BTS attachée de direction (1970), gestion de personnel (1972), méthode de management (1973) aux Cours Morin et au Cegos

PASSIONS le vélo, le golf et le ski

Durant son parcours professionnel, Véronique Rivron a travaillé dans une entreprise industrielle agro-alimentaire comme attachée de direction (1970-1976) puis en tant que responsable du personnel et relations du travail (1977-1981). Elle donne ensuite un nouvel élan à sa carrière en prenant la direction d'un centre médico-social précoce (CAMSP) de 1982 à 2010 au Mans. Véronique Rivron a pris par ailleurs des engagements politiques locaux. Elue d'opposition au conseil municipal du Mans et conseillère communautaire de Le Mans Métropole depuis 2001, elle est depuis 2004 une des élues du Département, représentant le canton de Le Mans 3. Elle est y est vice-présidente, présidente de la commission Culture, Jeunesse et Sports jusqu'en juin 2021. Elle est ensuite nommée première vice-présidente. Elle préside également Sarthe Tourisme (ex-Sarthe Développement) depuis janvier 2015 et le Centre culturel de la Sarthe.

SARTHE TOURISME
- 46 AV. FRANÇOIS MITTERRAND
- 72000 LE MANS • TÉL. 02 72 88 18 81

COMMUNE

Christophe **ROUILLON**

2E VICE-PRÉSIDENT DE LE MANS MÉTROPOLE - MAIRE DE COULAINES - VICE-PRÉSIDENT DE L'ASSOCIATION DES MAIRES DE FRANCE (AMF)

FORMATION lycée Bellevue au Mans, collège Gaston Serpette et lycée Jules Verne à Nantes - DEA de droit public (faculté de droit de l'université du Maine au Mans, 1991) ; DEA de sciences politiques (Institut régional d'administration de Nantes, 1992) ; attaché d'administration centrale des finances; diplômé d'ASPEN cycle jeunes leaders politiques et du cycle des hautes études européennes de l'ENA

PASSIONS le football, l'histoire, la littérature, le cinéma et les voyages

C'est à 15 ans que Christophe Rouillon adhère pour la première fois au Mouvement des jeunes socialistes. Il y prendra des responsabilités puisqu'il sera membre de la direction nationale pendant dix ans. Après avoir été chargé de mission au cabinet de Michel Vauzelle, Garde des Sceaux, ministre de la Justice, il est élu conseiller municipal du Mans. En 1998, il poursuit son ancrage local en remportant l'élection cantonale sur Le Mans-Nord-Campagne (et toujours réélu depuis). Maire de Coulaines depuis 2001, il est 2e vice-président de Le Mans Métropole en charge de l'enseignement supérieur, de la recherche et de la mobilisation des subventions européennes puis, en 2020, des Finances et fonds européens. Aujourd'hui, il est également vice-président de l'Association des maires de France (AMF), chargé de l'Europe, et coordinateur pour le groupe socialiste de la Commission Économique et sociale (Ecos) du Comité des Régions de l'UE. Il a été rapporteur d'avis européens sur l'aide au développement des collectivités locales, la lutte contre le crime organisé, les aides d'Etat au sauvetage des entreprises en difficulté et « Reconnecter l'Europe avec les citoyens ».

VILLE DE COULAINES - SQUARE WEYHE
- BP 77 - 72190 COULAINES • TÉL. 02 43 74 35 35

COMMUNICATION ET MARKETING

Mathilde **ROUX**

CO-PRÉSIDENTE DE LA SOCIÉTÉ AMEGA

FORMATION lycée Montesquieu (Le Mans) – BTS communication-marketing (CCI Nantes, Nantes, 1999)

PASSIONS la danse classique, le yoga, la course à pied

Mathilde Roux pensait devenir orthodentiste mais elle a finalement choisi d'offrir une pérennité à la société fondée par ses parents en 1991, Mégapub. Elle les rejoint après ses études dans l'objectif de se former, de « faire ses preuves » pour ensuite prendre la relève. Elle apprend donc toutes les facettes du métier puis, aguerrie, elle décide de racheter l'entreprise avec son mari Frédéric en 2003. Tous deux prennent le temps d'observer, d'examiner les potentiels et font le choix de renoncer à certaines activités pour se concentrer sur leur cœur de métier. Ils mettent l'accent sur le déploiement de la branche signalétique pour la grande distribution au niveau national et partent à la conquête de grandes enseignes. Ils rachètent une entreprise, créent une filiale, se spécialisant de plus en plus, finissant par gagner leur pari.
Finalement, Mathilde Roux n'a connu que l'entrepreneuriat et son parcours lui convient, elle qui cherche à éviter la routine et a le goût du challenge. Organisée et sachant anticiper, elle jongle entre sa famille et son travail, bénéficiant d'un caractère « endurant et posé ». Elle aime aussi apprendre, se nourrir d'autres visions et fait partie du réseau APM, après avoir été membre du bureau d'Initiative Sarthe. Cette passionnée de danse classique - ses deux filles sont d'ailleurs au Conservatoire – reconnaît qu'elle a besoin de compétition pour avancer. Jusqu'ici ça lui a plutôt bien réussi !

FAIRE VALOIR - ZA DE LA CHENARDIÈRE
- 10 RUE DE LA SAPINIÈRE - 72560 CHANGÉ
• TÉL. 02 43 40 17 61

PLASTURGIE ET CAOUTCHOUC

Louis **RUSTIN**

DIRECTEUR DES ETABLISSEMENTS RUSTIN

FORMATION collège-lycée Jeanne d'Arc Notre-Dame à La Flèche (graduation diploma USA en 1985 et bac B en 1987) - Institut européen des affaires (IEA Paris, 1992)

PASSIONS la plongée sous-marine pratiquée comme moniteur.

Plus besoin de présenter l'entreprise Rustin tant ce nom, à travers la rustine, est passé dans le langage courant. Depuis 1903, date à laquelle la manufacture voit le jour à La Chartre-sur-le-Loir, l'histoire perdure encore et reste dans le giron de la famille. Louis-Alain Rustin, 4e du nom, participe aujourd'hui à son tour à cette belle épopée. Ainsi, après avoir fait ses armes chez South Western Company-TN (USA) et E. Leclerc, il devient responsable du pôle Nouveau projet jusqu'à prendre les rênes de cette institution régionale. L'entreprise fabriquent toujours des rustines mais elle s'est diversifiée dans le nucléaire, le bâtiment, le frigorifique et le ferroviaire.

SOCIÉTÉ RUSTIN - 102 RUE PERCHERON
- LIEU-DIT CROUSILLES
- 72340 LA CHARTRE-SUR-LE-LOIR
• TÉL. 02 43 44 42 56

HÔTELLERIE-RESTAURATION

Xavier **SOUFFRONT**

CHEF ET DIRECTEUR DU RESTAURANT L'AUBERGE DES MATFEUX

FORMATION école Maupertuis au Mans - BEPC (1979) ; CAP de serveur (1980) ; CAP et BEP de cuisinier (1981) au LTH de Dinard

DISTINCTIONS Deux toques au Gault et Millau, deux étoiles au Bottin gourmand

PASSIONS le ski, le squash et le tennis.

La pérennité de l'entreprise est assurée : en 1994, en succédant à son père qui avait créé « L'Auberge des Matfeux », Xavier Souffront assure la continuité du célèbre restaurant. Il est vrai que le chef cuisinier avait déjà quelques expériences, et non des moindres, dans ce domaine. On le voit successivement de 1982 à 1987 accéder aux « grades » suivants : commis de cuisine au « Lion d'Or » à Liffré ; premier commis de cuisine au « Georges V » à Paris ; chef de partie cuisine au « Château de Marcay » (Maine-et-Loire), au « Pressoir » à Paris, à « La Poutrière » puis à « La Crémaillère » à Orléans. Entre temps, en 1985, il avait été second de cuisine à « L'Auberge des Matfeux », dirigée alors par son père. Et, comme il l'indique lui-même, sa carte « suit le rythme des saisons »

RESTAURANT L'AUBERGE DES MATFEUX
- 289 AVENUE NATIONALE - 72230 ARNAGE
• TÉL. 02 43 21 10 71

DÉPARTEMENT

Régis **VALLIENNE**

VICE-PRÉSIDENT DU CONSEIL DÉPARTEMENTAL DE LA SARTHE

Vice-président du conseil départemental de la Sarthe, élu du canton de Château du Loir depuis 2004, Régis Vallienne préside la commission Ressources humaines, Finances et Administration générale au Département. Ce maître d'oeuvre en bâtiment, qui a créé son cabinet en 1978, a été maire de Pruillé-L'Eguillé (823 habitants) et le président de la communauté de communes de Lucé (8 communes). Il a aussi été président du Pays Vallée du Loir, représentant près de 80 000 habitants, mais ne se représente pas en 2020.

CONSEIL DÉPARTEMENTAL DE LA SARTHE
- HÔTEL DU DÉPARTEMENT
- 72072 LE MANS CEDEX 9 • TÉL. 02 43 54 72 72

MÉDIAS

Bruno **VANDESTICK**

SPEAKER DE COMPÉTITIONS SPORTIVES SUR LE CIRCUIT DU MANS - ANIMATEUR RADIO

FORMATION lycée du Mans-Sud (bac B, 1988) - LEA anglais/allemand

PASSIONS « Passion n° 1 : servir autrui », le sport (vélo, musculation), le tourisme de proximité, les évocations historiques des guerres 14/18 et 39/45.

Il est la voix des 24 heures du Mans ! Et cette figure emblématique des sports motorisés a suscité bien des vocations, dont celle de Vincent Cerutti, chez bon nombre de jeunes aficionados des compétitions automobiles. Entré au service presse de l'Automobile club de l'Ouest en 1991, Bruno Vandestick devient, seulement deux ans plus tard, speaker officiel de grands événements : Grand Prix de France de F1, Bol d'Or, Super Série FFSA, championnat de France et le championnat du monde de Superbike. Il intervient sur les circuits de Nevers Magny-Cours, de Nogaro, de Pau, de Dijon et Paul-Ricard. Bruno Vandestick élargit son spectre sportif en intervenant comme speaker officiel au stade du Mans, lors des matches à domicile du Mans FC (2006-2009), tout en faisant quelques apparitions ponctuelles sur W9, Eurosport, AB Moteurs et NT1. Les auditeurs de France Bleu Maine ont également l'occasion d'entendre régulièrement le Sarthois qui, en parallèle de toutes ces activités, a créé l'association Saint-Saturnin Classic British Welcome. Son objet est d'accueillir les spectateurs anglais sur le circuit des 24 heures du Mans.

FRANCE BLEU MAINE - 17 AV. PIERRE MENDÈS FRANCE - 72000 LE MANS • TÉL. 02 43 29 72 72

TÉLÉCOMMUNICATIONS

Damien **WATINE**

DIRIGEANT FONDATEUR D'UNYC

FORMATION
Bachelor of Business Administration (BBA) Marketing, Ventes, Finance (American Business School Paris, 1997)

PASSIONS
le tennis, les voyages

Après une enfance passée à Sablé-sur-Sarthe, Damien Watine saisit l'opportunité de finir sa dernière année de lycée aux Etats-Unis, en Arizona. Une expérience qui lui permet de devenir bilingue et lui servira énormément par la suite. Ayant le goût de l'entreprise par culture familiale – son père était chef d'entreprise, sa mère exerçait une profession libérale – il intègre l'American Business School en 1994. Son diplôme en poche, il voyage beaucoup ensuite, vendant entre autres du vin à Hong-Kong, puis travaillant dans le marketing pour Renault à Londres. Il entre en 2001 dans une startup, Right Vision, spécialisée dans les serveurs Internet et logiciels associés. Responsable des ventes Europe, en charge de la distribution pour l'Espagne, la Belgique et les Pays-Bas, il est fasciné par les nouvelles technologies qu'il découvre alors. Et trouve enfin sa voie. En 2004, il décide de créer sa propre société, Sarthe Telecom, premier opérateur départemental de France. Quelques années après sa création, le groupe Serveurcom est devenu un opérateur d'envergure national et propose ses solutions aux entreprises grâce à près de 300 partenaires répartis sur tout le territoire national.
Entre Le Mans et Paris, Damien Watine savoure les bons résultats de son entreprise, reconnaissant envers ses «collaborateurs compétents et fidèles». Tout en restant vigilant sur l'organisation sociale de son groupe dont l'évolution est plus que jamais essentielle à ses yeux. Fier de son parcours, passionné par son domaine d'activité, son esprit d'entrepreneur des premiers jours est toujours intact. Il adosse son groupe à l'opérateur nancéen Adista en septembre 2021 et rentre au capital du nouvel ensemble.

UNYC - 52 BD ROBERT JARRY - 72000 LE MANS • TÉL. 01 75 00 02 20

LES TÊTES DE LA VENDÉE

PÊCHE ET AQUACULTURE

Stéphane **ANGERI**

PRÉSIDENT DE FRANCE NAISSAIN

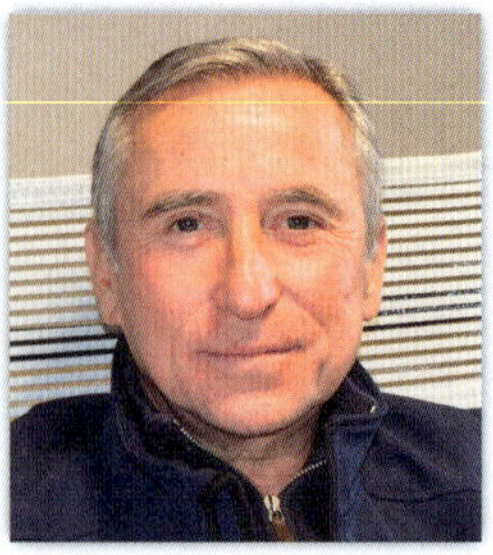

FORMATION BEP comptable (lycée Albert Camus, Nantes, 1981)

PASSIONS Le foot, le ski, le bateau

Doué pour les chiffres, Stéphane Angeri obtient son BEP comptable puis part faire son service militaire dans l'Armée de l'air. De retour à la vie civile, il se lance dans la vente d'aspirateurs et se découvre une véritable appétence pour le commerce. En réflexion sur sa carrière, sa route croise celle d'un ostréiculteur proche de la retraite qui l'embauche pour l'été en 1982. Il se prend au jeu, découvre le métier côté production et commercialisation, se forme petit à petit. A la retraite du dirigeant, en 1990, il crée avec son fils un GAEC : les Ferranges. Ensemble, ils innovent et créent une micro-nurserie puis une écloserie d'huîtres. Le Nantais se forme à l'Ifremer et, pendant une dizaine d'années, le tandem fait découvrir ses produits auprès des ostréiculteurs. Puis Stéphane Angeri rachète les parts de son associé, fonde en 1999 Vendée Naissain et décide de se tourner définitivement vers l'écloserie. Au vu du succès de la société, il crée France Naissain en 2004, qui devient leader à l'international dès 2010.
Représentant des écloseries au Comité National de la Conchyliculture et président du Syndicat des Ecloseries et Nurseries de Coquillages (SENC), le dirigeant revendique une vision et une ambition pour son entreprise afin qu'elle puisse « faire perdurer ses compétences, évoluer et rester pérenne ». Il continue ainsi à la structurer, vigilant face aux diverses problématiques du secteur (aléas climatiques, maladies) et attentif à la bonne transmission des savoirs comme à la préservation de l'environnement.

FRANCE NAISSAIN - POLDER DES CHAMPS - 85230 BOUIN • TÉL. 02 51 49 74 07

CULTURE

Benjamin **BARBAUD**

PRÉSIDENT DE L'ASSOCIATION LE HELLFEST - CRÉATEUR DU FESTIVAL LE HELLFEST

FORMATION BTS actions commerciales, spécialisation boissons, vins, spiritueux à Gorges (44)

PASSIONS oenologie, musique

Passionné par le vin, Benjamin Barbaud se lance dans des études commerciales, avec un poste de responsable de rayon à la clé. En parallèle de ses études, ce passionné de punk et de hardcore organise des petits concerts à Clisson regroupés sous le nom du festival Furyfest. Il est diplômé en 2002 mais, le festival ayant un franc succès la même année, il se détourner des vins et se concentre entièrement à la musique. En 2005, il décide de léguer le festival à une société parisienne et devient alors salarié. Furyfest disparaît, à la suite de problèmes financiers. Mais Benjamin Barbaud ne se décourage pas. Avec un autre salarié de Furyfest, Yohann Le Nevé, le clissonnais monte une nouvelle association, le Hellfest et un nouveau projet, le festival de musique du même nom en 2006. En 2002, Furyfest représentait 400 personnes. Aujourd'hui, le Hellfest est l'un des seuls festivals à ne recevoir que très peu de subventions (1% du budget). En 2019, il accueillait 180 000 personnes pour 27 millions d'euros de budget, dans la petite ville de Loire-Atlantique, Clisson. Désormais plus grand festival métal de France et l'un des plus grands d'Europe, il s'agit avant tout pour Benjamin Barbaud, d'un « festival de fans pour d'autres fans ».

HELLFEST PRODUCTIONS - 4 LA FEUILLÉE - 85610 CUGAND • TÉL. 02 51 88 79 50

AGROALIMENTAIRE

André **BARRETEAU**

PDG DE LA SAS MONTS FOURNIL (LA MIE CALINE)

FORMATION CAP de boulanger

PUBLICATIONS « Les petits cailloux blancs » (2011) ; « Dans le silence de mon père » (Ed. La Geste, 2021)

André Barreteau est issu d'une lignée de meunier et boulangers vendéens. Artisan boulanger pendant dix ans, il crée la société Monts Fournil en 1986, accompagné de son épouse Michelle et de sa soeur Catherine. Le 1er magasin, La Croissanterine, ouvre à Challans. Sa détermination et sa volonté de faire prospérer l'activité paieront puisque, en 1994, le réseau compte 22 magasins et change de nom pour devenir « La Mie Câline ». Le concept de terminaux de cuisson est développé aujourd'hui à travers plus de 240 magasins (90 % franchisés), proposant pain, viennoiserie, pâtisserie et restauration rapide. Ancien président de la Fédération des Entreprises de Boulangeries et Pâtisseries Françaises, André Barreteau a à coeur de transmettre ce qu'il a construit.
Il publie « Dans le silence de mon père » en décembre 2021, le récit d'une vie.

LA MIE CÂLINE - ZAC DU CLOUSIS - 18 RUE DES EPESSES - 85167 SAINT-JEAN-DE-MONTS CEDEX • TÉL. 02 51 59 19 19

BÂTIMENT ET TRAVAUX PUBLICS

Philippe **BELLANTE**

PRÉSIDENT DU GROUPE MERCERON

FORMATION Ecole de commerce international (ESLA, Paris)

PASSIONS le bateau.

Philippe Bellante a effectué la première partie de sa carrière en tant que technicien consultant – systèmes de production auprès Metra Proudfoot International à Bruxelles et ensuite en tant que Ingénieur consultant – systèmes de production auprès de Specialised Productivity System à Paris. Depuis 1988, il dirige à Challans le groupe de travaux publics Merceron (créé en 1955 par Henri et Huguette Merceron), présent dans 4 secteurs d'activité : Travaux Maritimes et Fluviaux, Génie Civil, Environnement et Industrie Minérale.
Philippe Bellante a été président de la Fédération des Travaux Publics de Vendée (1998-2006) et du groupement des Entrepreneurs de Challans pendant 4 ans. Il est président et fondateur du comité de jumelage Challans-Saronno et administrateur du CDEFQ (Cercle des dirigeants d'entreprise franco-québécois). Il a présidé le Medef de Vendée d'octobre 2010 à 2016.

MERCERON - 180 RTE DU BEAUVOIR - BP 579 - 85300 SALLERTAINE • TÉL. 02 51 93 05 87

SPORT PROFESSIONNEL

Jean-René **BERNAUDEAU**

MANAGER D'ÉQUIPE CYCLISTE

FORMATION collège à La Châtaigneraie en Vendée - brevet d'Etat 1er degré cyclisme (1988)

PASSIONS les Antilles.

Grande figure du peloton dans les années 80, Jean-René Bernaudeau a porté les couleurs de Renault-Gitane (1978-1980), Peugeot (1981-1982), Wolber (1983), Système U (1984), puis Fagor (1985-1988). Il a collectionné les places d'honneur dans les grands tours et aux championnats du monde (3e en 1979). Le Vendéen a notamment remporté quatre Midi Libre et a participé à dix Tours de France (une 5e place et deux 6e place), à quatre Giro et deux Vuelta (avec une 3e place).
Au terme de sa carrière, Jean-René Bernaudeau est resté fidèle à la petite reine, en créant le Vendée U en 1991 pour les cyclistes amateurs et la structure SA Vendée Cyclisme pour les cyclistes professionnels avec pour leader le charismatique Thomas Voeckler. Cette structure a été sponsorisée par Bouygues Telecom (2005-2010), Brioches la Boulangère (2003-2004), Bonjour (2000-2002), Europcar (jusqu'à fin 2015) et désormais Total Direct Energie. Avec son tempérament de gagneur et une conception très précise de l'éthique sportive, son manager continue indéniablement d'apporter un bol d'air frais dans le peloton cycliste international.

TEAM TOTAL DIRECT ENERGIE - LE MANOIR SAINT-MICHEL - 19 RUE DU DR ARSÈNE MIGNEN - 85140 LES ESSARTS • TÉL. 02 51 48 49 49

MATÉRIAUX POUR LE BÂTIMENT

Julien **BLANCHARD**

PRÉSIDENT ET CO-FONDATEUR D'HOFFMANN GREEN

FORMATION école de commerce EGC (Le Mans, 2000) ; America business school (Canada et USA, 2005)

PASSIONS le jardinage

Julien Blanchard se définit comme un « serial entrepreneur » dans le secteur des matériaux de construction. En 2006, à 25 ans, il reprend l'entreprise Gillaizeau, une briqueterie vendéenne. Trois ans plus tard, il poursuit le développement de l'activité autour de l'argile et crée la société Argilus, aujourd'hui 1er fabricant français d'enduits et de produits à base d'argile. Porté par son envie de créer de nouveaux produits et surtout de participer à la transition écologique et environnementale, c'est en 2016 qu'il co-créé avec David Hoffmann la société Hoffmann Green Ciment Technologies. Celle-ci élabore et commercialise des ciments sans clinker et sans cuisson activés à froid, dont l'impact carbone est divisé par six par rapport à un ciment traditionnel.
Après la construction d'une 1re usine en Vendée en 2018, la société s'introduit en bourse sur Euronext Growth en 2019 et lève plus de 100 millions d'euros. Hoffmann Green a intégré la promotion 2022 des 20 pépites vertes Françaises dans le cadre du programme French Tech Green20. En juin 2023, la société a été sélectionnée dans la French Tech 2030. La 2e unité de production H2, la première cimenterie verticale au monde, a été inaugurée en mai 2023. Une 3e usine verra le jour sur le grand port de Dunkerque en 2024-2025 pour porter la capacité de production totale à 550 000 tonnes par an, soit 3 % du marché Français. La société poursuit son développement à l'international et pour Julien Blanchard la feuille de route est claire : une production de 550 000 tonnes reste à acquérir pour atteindre les objectifs à l'horizon 2026, et il faut exporter à l'international. Le dirigeant se dit fier de se battre pour ces enjeux cruciaux qui concernent « l'avenir de tout le monde ».

HOFFMANN GREEN CIMENT TECHNOLOGIES - 6 RUE DE LA BRETAUDIÈRE - CHAILLÉ SOUS LES ORMEAUX - 85310 RIVES-DE-L'YON • TÉL. 02 51 46 06 00

CUIR ET HABILLEMENT

Alexandra **BOIS-AUBOUIN**

PRÉSIDENTE DE LA HOLDING MOVH

FORMATION maîtrise et DEA de Finances (université de Paris 10-Nanterre, 1996)

PASSIONS la lecture, la boxe française, le ski

Alexandra Bois-Aubouin pensait devenir professeur d'économie mais son chemin professionnel bifurque après son entrée en stage aux Galeries Lafayettes. Embauchée en 1997, elle est chargée du contrôle de gestion au sein du groupe, notamment sur l'activité de commerce électronique. Elle rejoint en 2001 le groupe d'audit, d'expertise conseil et de conseil financier Grant Thornton. Elle se spécialise alors dans le conseil en fusion-acquisition, jusqu'en 2013. Elle entre ensuite chez PWC, toujours à Paris. Puis sa vie prend un nouveau tournant avec sa rencontre avec le groupe Rautureau et la marque de chaussures pour enfants Pom d'Api. Chargée du mandat de vente, l'envie de ne pas voir partir ce savoir-faire français à l'étranger la décide à sauter le pas. Elle reprend donc RASKids en 2016 avec Arnaud Bayeux, devenu directeur général.
Désormais rebaptisé ShoeMakers, le groupe spécialisé dans la fabrication et la

distribution de chaussures pour enfants comprend les marques Pom d'Api, 10 IS, Shoo Pom, Adolie, et Clotaire. La dernière créée, en 2018, s'appelle Patriotic et s'adresse cette fois-ci aux femmes. Se partageant entre la Vendée et Paris, Alexandra Bois-Aubouin est fière de travailler avec des équipes expertes pour des chaussures de qualité, reconnues par l'Union française pour la santé du pied. Enjouée, ne se prenant pas au sérieux, elle est très attachée à la notion d'entraide et avoue «faire les choses tranquillement». Tout en ayant la volonté d'améliorer constamment les produits du groupe, faire évoluer ses salariés et faire perdurer «ce beau métier». Elle prend la présidence de la holding MOVH en janvier 2021.

SHOEMAKERS - 9 RUE DES CHOUANS
- CHAMBRETAUD - 85500 CHANVERRIE
• TÉL. 02 52 61 02 52

BIOTECHNOLOGIES

Olivier **BOISTEAU**

VICE-PRÉSIDENT STRATÉGIE DE CLEAN BIOLOGICS - CO-FONDATEUR DE CLEAN CELLS

FORMATION Ingénieur en pharmacologie cellulaire à l'Ecole pratique des hautes études (EPHE, Paris) et à l'Université Paris IV Panthéon Sorbonne (1995)

Dans le cadre de ses études à la Sorbonne, Olivier Boisteau intègre l'Inserm en 1993 pour y effectuer des recherches liées à sa thèse sur la vaccination anticancéreuse du colon. Il rencontre alors deux autres chercheurs, Frédéric Henry et Marc Meichenin, avec lesquels il partage un projet commun : mettre au point une technique de décontamination des cellules infectées par les mycoplasmes (bactéries responsables de multiples infections, notamment pulmonaires et urogénitales). De cette volonté naît Clean Cells en 2000. La société vendéenne de biotechnologies est spécialisée dans la réalisation de tests de biosécurité et la caractérisation des produits biopharmaceutiques ainsi que la production des banques de cellules eucaryotes et des banques virales en conditions BPF. Depuis 2014, Clean Cells est certifié établissement pharmaceutique pour la production de médicaments expérimentaux de produits issus des biotechnologies (thérapie cellulaire, phages thérapeutiques...). Il fait partie du groupe Clean Biologics créé en 2018 et qui comprend également la société Naobios. Olivier Boisteau en est le président de 2007 à 2021. Pdg de Clean Biologics de 2018 à 2021, il en est désormais le directeur de la stratégie, membre du comité de direction. En 2022, il devient membre fondateur de France Biolead, l'association qui fédère l'ensemble des acteurs de la filière bioproduction française.
Président du pôle Atlanpole Biothérapies de 2009 à début 2012, l'ingénieur en est le vice-président, référent pour le domaine de la médecine régénérative. Il est aussi président d'APM - Association Progrès du Management de Nantes depuis 2022.

CLEAN CELLS (CLEAN BIOLOGICS)
- PARC D'ACTIVITÉ VENDÉE SUD-LOIRE 1
- RUE MARIE CURIE - 85600 MONTAIGU-VENDÉE
• TÉL. 02 51 09 27 57

DÉVELOPPEMENT ÉCONOMIQUE

Sébastien **BONNET**

DIRECTEUR GÉNÉRAL DE LA SAEM ORYON

FORMATION lycée Jules Verne à Nantes - licence de gestion d'entreprises (faculté de Sciences économiques de Nantes)

PASSIONS le bricolage, la mer et toutes les activités ludiques qui s'y rattachent.

Depuis 1998, Sébastien Bonnet déroule son parcours professionnel au sein de la SEM Oryon. Cette année-là, il intègre l'organisme comme chargé d'études économiques, puis y exerce les fonctions de chargé de développement (2003-2005) et de responsable développement. Co-directeur en 2012 avec Teddy Vezin, il est désormais le directeur général et décrit ainsi la structure : «Sur un territoire en plein essor, Oryon mène une action cohérente pour aujourd'hui et pour le futur, s'appuyant sur des réseaux et les compétences d'experts».

ORYON - 92 BD GASTON DEFFERRE - BP 737
- CS 30737 - 85018 LA ROCHE-SUR-YON CEDEX
• TÉL. 02 51 37 23 08

COMMUNE

Luc **BOUARD**

MAIRE DE LA ROCHE-SUR-YON - PRÉSIDENT DE LA ROCHE-SUR-YON AGGLOMÉRATION

FORMATION Collège Richelieu à la Roche-sur-Yon - BTA technicien agricole (lycée Agricole1980) ; licence professionnelle assurances (1993)

PASSIONS Théâtre, lecture, cinéma et Histoire

Né de parents agriculteurs, Luc Bouard est exploitant à Olonne-sur-Mer jusqu'en 1990. Dans le but de promouvoir sa profession il s'engage au sein du centre départemental des jeunes agriculteurs de Vendée (CDJA) dont il est le vice-président de 1986 à 1989. En 1990, il décide de reprendre ses études et de se former aux métiers de l'assurance. Diplômé major de promotion, il assure les fonctions d'agent général d'assurances du Groupe AXA à la Roche-sur-Yon pendant 20 ans puis créé son cabinet en 1993. Il s'engage dans le syndicat des Agents Généraux Ouest Réussir dont il devient vice-président en 2004 (en charge des commissions entreprises) avant d'en prendre la présidence en 2008. Il est élu en 2013 vice président de Réussir France. Passionné de politique, il s'investit parallèlement à Olonne-sur-Mer puis aux Clouzeaux. En mars 2014, il conduit une liste d'Union et de Rassemblement rassemblant sous la même étiquette Modem, UDI, et UMP et remporte les élections. Il est élu vice-président de Vendée Eau (service public de l'eau) en 2018. Il est réélu maire et président de la Roche-sur-Yon agglomération en 2020.
Côté loisirs, cet amoureux du théâtre est membre fondateur de la troupe «Les troubadours du rire» puis, en 1987, du spectacle son et lumière «Cette nuit Pierre Levée».

VILLE DE LA ROCHE-SUR-YON
- PLACE DU THÉÂTRE - BP 829
- 85021 LA ROCHE-SUR-YON CEDEX
• TÉL. 02 51 47 47 47

AGROALIMENTAIRE

Jacques **BOURGEAIS**

DIRECTEUR GÉNÉRAL DU GROUPE CAVAC

FORMATION
Ingénieur ESA Angers ; 3e cycle en management à l'IAE de Poitiers

Jacques Bourgeais a intégré la Cavac comme directeur financier et DRH, après plusieurs expériences dans l'agriculture et l'agroalimentaire (coopération céréalière, abattage bovin et porcin) de 1985 à 1996. Il occupe la fonction de directeur général du groupe depuis 2006. Groupe coopératif agricole polyvalent, la Cavac intervient en Vendée et Deux-Sèvres dans tous les métiers agricoles. Dans un autre registre, le groupe est également présent dans le métier de la jardinerie (Gamm Vert), la fabrication d'isolants biosourcés (Biofib') pour le bâtiment, le compostage, la méthanisation mais compte également un pôle agroalimentaire intégrant des sociétés en filiales comme Biofournil, Bioporc, Olvac, Atlantique Alimentaire, Les P'tits Amoureux... Le groupe travaille avec quelques 10 000 agriculteurs (représentant 5 000 exploitations agricoles) et emploie un peu plus de 1600 salariés.

CAVAC - 12 BD RÉAUMUR - BP 27
- 85001 LA ROCHE-SUR-YON CEDEX
• TÉL. 02 51 36 51 51

ASSOCIATIONS ET RÉSEAUX

Yves **BROCHARD**

PRÉSIDENT D'APIA GRAND OUEST - PRÉSIDENT D'INITIATIVE VENDÉE BOCAGE

FORMATION
lycée des Etablières à La Roche-sur-Yon - DUT (IUT de La Rochelle, 1973) ; ingénieur professionnel agroalimentaire (1990) ; ICG (1996) ; stratégie et croissance externe Audencia (2010)

PASSIONS la chasse, le vélo et le bricolage.

Professionnellement, Yves Brochard a été PDG de Sabe de 1999 à 2015, après avoir exercé diverses responsabilités au sein d'Arrivé (1974-1999) dont celle de directeur industriel groupe. Mais, en Vendée, il est avant tout un acteur reconnu de l'innovation et de la recherche. Il a présidé l'école d'ingénieurs Enitiaa (devenue Oniris) à Nantes de 1998 à 2003 et également Parinov (devenu Proxinnov) de 2008 à 2011. Cette PRI (Plateforme Régionale d'Innovation) regroupe des industriels, universitaires et écoles de formation. Elle est dédiée à l'innovation et la recherche dans les univers de la robotique. Il a également assuré la présidence de Tecaliman, centre de recherche et d'innovation dans le domaine des techniques de fabrication d'aliments pour animaux, de 2010 à 2018. Il a par ailleurs été président de l'association Vendée International de 2015 à 2022.
En 2018, Yves Brochard est élu président de l'association Apia (Administrateurs professionnels indépendants associés) en mars et d'IVB plateforme initiative Vendée Bocage en avril. Puis il devient membre du conseil d'administration d'International Ouest Club en octobre.

INITIATIVE VENDÉE BOCAGE
- 2 RUE JULES VERNE - 85250 SAINT-FULGENT
• TÉL. 02 51 43 87 25

MATÉRIAUX POUR LE BÂTIMENT

Bruno **CADUDAL**

PRÉSIDENT D'ATLANTEM

FORMATION
Maîtrise de biochimie (Faculté de Rennes) ; ingénieur agroalimentaire (Ensaia de Nancy, 1987) ; ICG Nantes

PASSIONS
L'oenologie, les voyages à grande échelle, le golf

D'origine morbihanaise (Auray), Bruno Cadudal, jeune ingénieur en agroalimentaire, fait son service militaire en coopération en Nouvelle Zélande. Objectif : construire une usine de production de caséine de lait pour le compte du cabinet d'ingénierie Pillet, filiale de Triballat. Une expérience humaine et professionnelle de 18 mois « inoubliable » qui lance sa carrière. Quand il rentre en France, il a l'embarras du choix parmi plusieurs sociétés : Besnier, Bonduel, BSN... A 26 ans, il choisit de rejoindre Bridel comme directeur d'une fromagerie, dans le Wisconsin, fabriquant des camemberts, bries et cheddars pour le marché américain (1989/1991). Rachetée par Bridel Lactalis, l'usine est fermée. Il est alors nommé dans la filiale du groupe dédiée aux produits carnés, responsable d'exploitation d'un abattoir de veaux à Châteaubriant (44). Après huit ans de collaboration, il quitte le groupe et intègre la Biscuiterie nantaise comme directeur des deux usines nantaises (1996-2001). Co-fondateur de la troisième antenne nantaise de l'APM, un club d'entrepreneurs, il y croise Philippe Audureau, alors président de VM matériaux (Herige). Avec la perspective d'un nouveau challenge à relever, il rejoint le groupe vendéen en 2002 comme directeur général d'Atlantem, pour développer la branche menuiserie. Il en devient le dirigeant en juin 2014.
En juin 2020, Bruno Cadudal est élu président de l'Union des Fabricants de Menuiseries Extérieures (UFME) pour un mandat d'un an renouvelable sans limite. Il prend la présidence d'Atlantem en mai 2023.

HERIGE - RTE DE LA ROCHE-SUR-YON - BP 7
- 85260 L'HERBERGEMENT • TÉL. 02 51 08 08 08

AGROALIMENTAIRE

Jérôme **CALLEAU**

PRÉSIDENT DU GROUPE CAVAC - PRÉSIDENT D'INVIVO

FORMATION
BEPA (école des Etablières de La Roche-sur-Yon, 1980)

PASSIONS
le sport et la moto.

Héritier d'une tradition familiale agricole mutualiste, Jérôme Calleau gère en GAEC une exploitation de 200 ha, spécialisée dans le lait, les jeunes bovins et les céréales. Dans le métier depuis ses 19 ans, il a gravi peu à peu les responsabilités au sein de la Cavac, coopérative agricole de Vendée. Secrétaire de section (1989), membre du conseil d'administration (1991), puis du bureau (1996), il a été nommé vice-président en 1997. Deux ans plus tard, il prend la présidence de la

coopérative. Groupe coopératif agricole polyvalent, Cavac intervient en Vendée et Deux-Sèvres dans la collecte de céréales et de productions végétales spécialisées (semences et légumes), la vente d'approvisionnements aux agriculteurs, la production bovine, porcine, ovine, cunicole et de volailles, la nutrition animale. Gamm Vert et Biofib' en font également partie.
Jérôme Calleau est par ailleurs président de Be Api, structure créée par InVivo pour asseoir le développement de l'agriculture de précision et qui réunit 31 coopératives françaises. Président délégué d'InVivo, Union nationale de coopératives agricoles basée à Paris qui regroupe 6730 collaborateurs dans 60 pays, depuis 2011, il en est élu président en janvier 2023.

CAVAC - 12 BD RÉAUMUR - BP 27
- 85001 LA ROCHE-SUR-YON CEDEX
• TÉL. 02 51 36 51 51

MENUISERIE INDUSTRIELLE

Christophe **CHABOT**

PDG DE AKENA VÉRANDAS - PRÉSIDENT DE LA ROCHE VENDÉE FOOTBALL

FORMATION collège d'enseignement technique à Challans

PASSIONS le football, la vie associative sous toutes ses formes.

En 1979, Christophe Chabot vend des maisons à l'Aiguillon-sur-Mer mais, deux ans plus tard, sa vie va prendre un nouveau tournant quand il intègre les Verandas de l'Ouest. Rachetée par Pechiney, la société est rebaptisée Akena en 1987. En désaccord avec la direction, le bouillant vendéen s'en va pour créer Soko mais rachètera Akena, son « bébé », en 1998. Il ne cesse depuis de développer cette entreprise spécialisée dans la fabrication, la pose et la vente de vérandas en aluminium et en bois aux particuliers. Pdg, il reprend la direction opérationnelle en novembre 2015.
Sur un tout autre terrain, celui du ballon rond, Christophe Chabot préside le club de La Roche Vendée Football de 2011 à 2016 puis à partir de 2021. Son père avait d'ailleurs créé un club à La Chapelle-Hermier et lui-même a pas mal pratiqué…

Il s'est aussi investi en politique : élu maire de Brétignolles-sur-Mer dès 2001, il ne se représente pas en 2020. Il préside ainsi la communauté de communes du Pays de Saint-Gilles-Croix-de-Vie de 2010 à 2020.

AKENA VÉRANDAS - ZAC DE L'ERAUDIÈRE
- 25 ET 31 RUE ERIC TABARLY
- 85170 DOMPIERRE-SUR-YON
• TÉL. 02 51 34 13 50

MÉCANIQUE ET MÉTALLURGIE

Jacques **CLOCHARD**

PRÉSIDENT DU GROUPE FIDEIP

FORMATION Ingénieur (école des Arts et Métiers, Paris, 1988) ; 3e cycle économie et gestion (école des Pétroles et Moteurs, Rueil-Malmaison, 1989)

PASSIONS La musique, la moto, le ski, la marche

Attiré depuis toujours par le domaine de l'entreprise, Jacques Clochard démarre sa carrière dans l'industrie automobile. Après avoir travaillé dans le domaine des achats pour Heuliez, il devient consultant en organisation-gestion dans un cabinet parisien, SVGM. Il rejoint ensuite l'Adepa, où il intervient auprès d'un grand nombre de chefs d'entreprise de PMI et PME entre Rennes, Nantes et Poitiers. A 37 ans, il décide de se jeter lui-même à l'eau, avec l'envie d'avoir ses propres projets de développement. Il reprend donc la société Altema, fabricant de tambours et poulies pour convoyeurs à bandes employant 12 personnes. Désireux de créer un groupe industriel dans le domaine de la mécanique, il rachète au fil des années plusieurs entreprises très diversifiées. Elles sont aujourd'hui 11 au sein de Fideip, représentant 330 personnes et 50 millions de chiffre d'affaire. Fier de participer à la French Fab, Jacques Clochard veille par ailleurs à multiplier les partenariats. Pugnace et créatif, il délègue tout en travaillant en étroite collaboration avec les dirigeants de ses sociétés. Cultivant la discrétion et la rigueur, il souhaite poursuivre le développement régulier de son groupe, notamment à l'export. Investi dans les réseaux professionnels comme APM ou Réseau Entreprendre, le point clé reste pour lui l'humain. Le dirigeant considère que sa principale responsabilité est d'offrir à ses équipes « un cadre qui leur permette de s'épanouir » au sein d'une entreprise en développement régulier et pérenne

FIDEIP - ZI DU MOULINIER
- 12 RUE DU MOULINIER
- 85390 MOUILLERON-SUR-SAINT-GERMAIN
• TÉL. 02 51 87 39 24

MÉCANIQUE ET MÉTALLURGIE

Cyrille **CLÉMENT**

PRÉSIDENT DE SERTA GROUP

FORMATION DUT Génie mécanique (IUT de Metz, 1993) ; Esidec- École supérieure internationale de commerce, option logistique (Metz, 1996)

DISTINCTIONS Quality award (2002), certification Green Belt (université du Michigan, 2004), manager de l'année (CEME de Moselle, 2013)

PASSIONS Le football, le bricolage

Cyrille Clément entre en 1991 chez Viessmann (construction et vente de chaudières de chauffage central), en tant qu'ordonnanceur au service logistique et SAV. Ses diplômes obtenus, en cours du soir, il intègre en 1998 ITT (sous-traitance automobile) à Creutzwald comme responsable du service logistique. Un véritable challenge lui est alors confié : la création complète d'une usine. Celle-ci lancée, on lui propose la direction logistique du groupe en Allemagne en 2002. Il met en place la supply chain pour le groupe et ses 5 usines en Europe. Il restructure et réorganise les flux et la logistique et effectue des missions à l'international. Puis ITT est racheté par Cooper Standard et il est nommé en 2006 directeur général de l'usine… qu'il avait ouvert à Creutzwald. Quatre ans plus tard, il relève un autre défi en partant s'occuper de la direction générale d'une société en besoin de réorganisation, TMD Friction (fabrication de plaquettes de frein), toujours à Creutzwald. Cyrille Clément devient en 2013 directeur exécutif des opérations pour la division « after market », à Leverkusen. Cette fois-ci ce sont 7 sites dans le monde qui sont sous sa responsabilité. Il est choisi ensuite pour assurer la vice-présidence en

2014 mais aussi la direction générale en France, en Allemagne et en Afrique du Sud. C'est à la demande de Steve Wang, actionnaire majoritaire de Serta, qu'il quitte le secteur automobile pour prendre la présidence du fabricant vendéen de vérins hydrauliques pour engins de manutentions, agricoles et de travaux publics en 2018. Cet ancien joueur de foot de CFA, expert dans la conduite de projets industriels, réalise peu à peu les objectifs de sa feuille de route avec ses outils habituels : l'opiniâtreté et l'exemplarité.

SERTA - ZA DE LA RIBOTIÈRE
- 29 RUE DES CHAMPS
- 85170 LE POIRÉ-SUR-VIE • TÉL. 02 51 47 76 61

INDUSTRIE ÉLECTRIQUE ET ÉLECTRONIQUE

Patrick **COLLET**

DIRECTEUR GÉNÉRAL DE TRONICO

FORMATION Ingénieur (Institut Supérieur d'Electronique de Paris, 1983)

PASSIONS Le ski, la moto et le squash, la philosophie et la littérature

Après ses études, Patrick Collet effectue son service militaire comme officier de marine et enseigne les sciences aux pilotes de l'aéronavale à Saint-Raphaël puis Rochefort. Sa carrière commence dans un des centres techniques de recherche de Schlumberger en 1984 à Vaux-le-Penil. Tout d'abord ingénieur électronique, il devient chef de service de la division électronique de recherche des outils de mesures dans les puits de pétrole. Repéré par Tekelec, groupe français d'électronique et de télécommunications, il est embauché comme chef de projet des systèmes de géolocalisation pour les sous-marins nucléaires aux Ulis. De 1989 à 1990, il travaille à l'international puis prend la direction technique de CQE à Troyes. Il fait une formation complémentaire à l'Insead avant de prendre la direction générale de la société et la gère jusqu'en 2002, multipliant le chiffre d'affaires par 8. En désaccord avec les orientations de la nouvelle direction, il retrouve tout de suite un poste de directeur général chez Tronico, qui vient d'être rachetée. Tronico est une société spécialisée dans la conception et l'intégration de systèmes électroniques pour les équipements à forte valeur ajoutée. Cet amoureux de la technique au caractère bien trempé supervise et met en cohérence depuis les services et pilote en direct l'équipe innovation. Ce qui intéresse ce fils de paysan, à la positivité chevillée au corps, c'est « d'améliorer le monde ». Présent dans plusieurs réseaux professionnels comme EMC2 ou We Network, il aime confronter les idées pour faire avancer la société. Lui, qui a frôlé la mort en 2010, se projette avec passion dans l'avenir. Et reste attentif à transmettre ses valeurs à ses salariés et ses pairs.

TRONICO - 26 RUE DU BOCAGE
- 85660 SAINT-PHILBERT-DE-BOUAINE
• TÉL. 02 51 24 41 73

HÔTELLERIE-RESTAURATION

Alexandre et Céline **COUILLON**

CHEF ÉTOILÉ DE LA MARINE ET DE LA TABLE D'ELISE

FORMATION collège-lycée à Noirmoutier

DISTINCTIONS 3 étoiles Michelin

PASSIONS la cuisine et la photo.

On peut être prophète en son pays : Alexandre Couillon et son épouse Céline ont réussi à faire de La Marine, restaurant qu'ils avaient pris en gérance en 1999, un établissement étoilé. Cela ne doit rien au hasard. Le Noirmoutrin a fait son parcours de cuisinier chez Michel Guérard à Eugénie-les-Bains, Georges Paineau à Questembert, Thierry Marx à Cordeillan-Bages et enfin chez Pierre Lecoutre à Nantes. Les premières années de La Marine ne furent pas simples, mais la critique gastronomique s'intéresse vite à la cuisine inventive d'Alexandre. Espoir du Jeune chef en 2005, il séduit alors une clientèle régionale qui découvre le site de L'Herbaudière. En 2007, il se voit attribuer une première étoile au guide Michelin, puis le titre de grand chef de demain par Gault et Millau. Des lauriers qui récompensent aussi un investissement : les époux Couillon rachètent La Marine et refont tout de fond en comble, en créant à côté du restaurant gastronomique la Table d'Elise, bistrot qui obtiendra en 2010 un « bib gourmand » Michelin. Avec toujours le choix du produit authentique rehaussé de saveurs et d'épices qui donnent toute son originalité à cette cuisine « terre et mer ».
Dès février 2013, La Marine, déjà propriétaire de 4 toques au Gault et Millau, brille d'une 2e étoile. En 2016, le chef apparaît dans une série américaine consacrée aux chefs cuisiniers français. Céline Couillon est désignée Femme de chef de l'année par l'association Générations cuisines et cultures en 2017 avant que La Marine reçoive une 5e toque. Le restaurant étoilé intègre le club prestigieux des 180 meilleures tables du monde en 2019... Deux ans plus tard, le couple ouvre une petite épicerie, Le petit Couillon, à Noirmoutier-en-l'Île. C'est en mars 2023 qu'advient la consécration suprême : la 3e étoile.

RESTAURANTS LA MARINE ET LA TABLE D'ELISE
- 3 RUE MARIE LEMONNIER
- 85330 NOIRMOUTIER-EN-L'ÎLE
• TÉL. 02 51 39 23 09

EVÉNEMENTIEL ET CONGRÈS

Jacques **COUTURIER**

PRÉSIDENT DE JACQUES COUTURIER ORGANISATION (JCO) - CONCEPTEUR DE SPECTACLES PYROTECHNIQUES

FORMATION collège-lycée à Poitiers (bac)

DISTINCTIONS 1er prix du Festival international de pyrotechnie de Da Nang au Vietnam (2010), du Concours international de feux d'artifice pyromélodiques de la Principauté de Monaco (2009), du Festival pyrotechnique des 5 continents à Macau (2007) et du Concours international de feux d'artifice de Liuyang (2007)

PASSIONS les spectacles pyrotechniques, la pisciculture et les espaces verts.

Jacques Couturier quitte son métier d'instituteur, l'année de ses 40 ans, et fonde un an plus tard (1988), Jacques Couturier Organisation, société de spectacles pyrotechniques. Cet autodidacte y développe son propre langage du feu. Il aime le mariage de la poésie et de l'artifice, à la recherche de l'émotion et du spectaculaire. Il innove dans la création et la réalisation de spectacles Son, lumières et effets spéciaux et met au point sa propre gamme de produits pyrotechniques. Pour lui, la spécificité de son entreprise réside dans «la conception de spectacles originaux créés sur mesure où l'artifice est mis en scène comme un langage au service de l'émotion, de la poésie et de la fête... C'est l'art de l'artifice!». Et JCO conquiert le monde: on le retrouve pour la Coupe du monde de football en France (1998), au Brésil à Copacabana et Sao Paulo (2000), pour le Nouvel An chinois à Pékin (2009) et le 14 juillet à Paris (2010). Il est de tous les grands événements français (Vendée Globe, Carnaval de Nice, Festival de Cannes, Fête des Lumières à Lyon). Entouré de ses enfants qui l'ont rejoint en 2000 (Soizic à la direction de la production et Joseph à la direction artistique), il fait «vibrer le ciel pour voir briller les yeux des enfants que nous sommes restés!».

JACQUES COUTURIER ORGANISATION - JCO - LIEU-DIT LES HAUTES CRÈCHES - 85310 SAINT-FLORENT-DES-BOIS • TÉL. 02 51 46 72 72

EVÉNEMENTIEL ET CONGRÈS

Joseph **COUTURIER**

DIRECTEUR ARTISTIQUE DE JACQUES COUTURIER ORGANISATION (JCO) - CONCEPTEUR DE SPECTACLES PYROTECHNIQUES

FORMATION BTS audiovisuel, option montage; formation en Ecriture scénaristique (Groupe Ouest)

DISTINCTIONS Chevalier de l'ordre des arts et des lettres

PASSIONS Le cinéma, la musique, les arts martiaux, les clowns

Joseph Couturier a grandi dans le monde du spectacle et parcourt le monde du cinéma, de la musique, du théâtre, du cirque et de l'artifice. Il jongle entre différents arts suivant toujours un même fil conducteur: l'émotion et la poésie. De cette alchimie d'expériences naissent aujourd'hui des spectacles nocturnes qui fusionnent artifice, jeux de lumières, multimédia, effets spéciaux et arts vivants. En témoignent ses créations comme Le Petit Prince à La Défense en 2011, Pierrot le feu pour la Fête des Lumières de Lyon en 2013, ou dans un autre registre, les concerts pyrotechniques en live avec l'Orchestre National du Capitole de Toulouse en 2013, le jazzman Maceo Parker en 2014, le groupe The Scorpions et les 10 ans du festival Hellfest en 2015. Sa société a obtenu plusieurs 1ers prix: concours international de feux d'artifice pyromélodiques (Principauté de Monaco, 2009), festival pyrotechnique des 5 continents (Macau, 2007) et concours international de feux d'artifice de Liuyang (Chine). Elle a aussi obtenu une Vestale d'argent au Festival international pyrotechnie à Montreal 2015.
Depuis 2019, Joseph Couturier se concentre également à nouveau sur les métiers du cinema en tant que scénariste et réalisateur. Il est co-référent du bureau des auteurs au sein de l'association la Plateforme à Nantes et prépare un projet de court et long métrage.

JACQUES COUTURIER ORGANISATION - JCO - LIEU-DIT LES HAUTES CRÈCHES - 85310 SAINT-FLORENT-DES-BOIS • TÉL. 02 51 46 72 72

INTERCOMMUNALITÉ

Yannick **DAVID**

VICE-PRÉSIDENT DE LA ROCHE-SUR-YON AGGLOMÉRATION - MAIRE DE LA CHAIZE-LE-VICOMTE

FORMATION lycée Sainte-Marie à Cholet - DEA histoire du droit et des institutions (faculté de droit de Paris II Assas, 1994)

PASSIONS la chasse et la pêche.

Après l'obtention d'un DEA, Yannick David intègre l'Institut catholique d'études supérieures (Ices) à la Roche-sur-Yon. Maître de conférence, il dirige de 1998 à 2021 le département Droit dans cette université privée habilitée à délivrer des diplômes d'Etat.
Conseiller régional des Pays de la Loire de 2008 à fin 2015, Yannick David est le maire de La Chaize-le-Vicomte depuis 2008. Après avoir été 10e vice-président de la Roche-sur-Yon agglomération (91200 habitants), en charge du tourisme, il est actuellement premier vice-président en charge du Développement économique et commercial, emploi et tourisme. Il est également président de l'Office de Tourisme de la Roche-sur-Yon Agglomération depuis 2014 et vice-président de Vendée Eau depuis 2021.

LA ROCHE-SUR-YON AGGLOMÉRATION - PLACE DU THÉÂTRE - BP 829 - 85021 LA ROCHE-SUR-YON CEDEX • TÉL. 02 51 47 47 47

MENUISERIE INDUSTRIELLE

Olivier **DE LONGEAUX**

DIRECTEUR GÉNÉRAL DE K. LINE

FORMATION Ingénieur agronome (UniLaSalle Beauvais, 1996); MBA spécialité Finances et stratégie d'entreprises (université de l'Illinois, USA, 1996)

PASSIONS Le jogging, la nature, le bricolage, les jeux de sociétés, la gastronomie

Dans l'objectif de travailler dans l'agro-alimentaire, Olivier de Longeaux complète sa formation d'ingénieur par un MBA aux Etats-Unis. Après un stage ouvrier chez Danone, il postule pour y effectuer son VIE mais l'opportunité viendra de Saint-Gobain. Il entre dans l'un de ses sites américains en 1997, section des abrasifs agglomérés, pour prendre la responsabilité d'une entité de 25 personnes. Il achève son VIE en 1998 et intègre la section abrasifs appliqués, devenant chef de projet dans la planification de la demande et l'amélioration des taux de service. Puis il est chargé de la responsabilité du département de prévision pendant 1 an, avant d'être promu directeur de la supply chain Amérique du Nord de la même entité. Il retourne dans les abrasifs agglomérés en 2002, nommé à la tête d'une usine importante. Le poste lui plait, car il apprécie l'opérationnel. En 2004, on lui propose de prendre la direction de la stratégie Monde des abrasifs appliqués. Deux ans plus tard il prend la fonction de directeur des opérations pour l'Amérique du Nord (7 usines).
Olivier de Longeaux est de retour en Europe, en 2011, en tant que directeur général Europe des abrasifs appliqués. Avec son équipe, il redresse l'entreprise en grande

difficulté puis rejoint Zirpro à Avignon, entreprise avec une présence mondiale fabriquant de la poudre et des billes de céramique. Il est recruté fin 2018 chez Lapeyre Industries en tant que directeur général, dans un contexte difficile. La suite de sa carrière se déroule chez K-LINE (400M€, 1600 emplois), où il est directeur général depuis janvier 2021 à la suite de Bruno Léger (DG du groupe Liebot). Le dirigeant et son équipe vont mener un nouveau projet d'entreprise pour définir les orientations de K-LINE pour les 5 ans à venir.

K-LINE - 24 AV. DES SABLES - CS 40129 - 85501 LES HERBIERS CEDEX • TÉL. 02 51 66 70 00

MÉDIAS

Bertrand **DE VILLIERS**

PRÉSIDENT DE RADIO ALOUETTE

FORMATION
Prytanée militaire de La Flèche - ESM de Saint-Cyr (1973-1975)

DISTINCTIONS
Chevalier de la Légion d'honneur

PASSIONS
Le football, l'équitation et la musique.

Après une courte carrière militaire, Bertrand de Villiers a changé son fusil d'épaule en prenant en charge, en 1983, la direction générale d'Alouette FM, station née dans la fièvre de l'émergence des radios libres. Le format de « radio locale » est aujourd'hui à ranger dans les albums souvenirs. Rebaptisée Alouette, la radio couvre un bassin de 10 millions d'habitants sur vingt départements et quatre régions (Pays de la Loire, Bretagne, Centre et Nouvelle Aquitaine) et est devenue la première radio régionale de France. Bertrand de Villiers est également administrateur du Grand Parc du Puy du Fou et premier vice-président des Indés Radios (GIE qui regroupe 130 radios indépendantes). Comme ses frères, c'est un fan de ballon rond et ce « footballeur du dimanche » aime à rappeler qu'il a passé avec succès le diplôme d'initiateur de football en 1979.

ALOUETTE - AV. DE LA MAINE - CS 50219 - 85502 LES HERBIERS CEDEX • TÉL. 02 51 91 21 21

AUTOMOBILE

Paul-Henri **DUBREUIL**

PDG DU GROUPE DUBREUIL

FORMATION
lycée Saint-Joseph à La Roche-sur-Yon - prépa HEC (La Roche-sur-Yon) ; Descaf option finance (ESC de Rennes)

PASSIONS
le golf et le bateau.

Née en 1924, l'entreprise familiale Dubreuil n'est alors qu'une entreprise d'épicerie en gros. Près de 100 ans plus tard, les générations de dirigeants de la famille ont considérablement développé la société. Aujourd'hui, le groupe Dubreuil a pour activités la distribution automobile, la distribution de produits pétroliers, la distribution et la location de matériels BTP et industrie, la distribution de matériel agricole, les énergies nouvelles, la distribution alimentaire, l'immobilier et l'hôtellerie, le transport aérien (Air caraïbes). Paul-Henri Dubreuil est la nouvelle génération qui dirige ce groupe. Il a auparavant dirigé les filiales du groupe (produits pétroliers et alimentaires) de 1994 à 1998 avant de prendre la direction générale (1998-2009). Il est actuellement le PDG du groupe, président du pôle distribution et prend la présidence du pôle aérien en juillet 2023.
Il a par ailleurs été juge au tribunal de commerce de La Roche-sur-Yon (2004-2010). Président du Réseau Entreprendre Vendée de 2010 à 2014, il a présidé le Réseau Entreprendre Pays de la Loire de novembre 2014 à avril 2017. Il a été par ailleurs co-président de Ruptur, association d'entrepreneurs de Loire-Atlantique et de Vendée, dans la volonté d'agir dans le domaine de « l'économie bleue ».

GROUPE DUBREUIL - 27 RUE JACQUELINE AURIOL - BP 42 - ACTIPÔLE 85 - 85170 BELLEVIGNY • TÉL. 02 51 47 77 90

MÉCANIQUE ET MÉTALLURGIE

Nicolas **DUCEPT**

DIRECTEUR GÉNÉRAL DE MECAPACK

FORMATION
lycée Saint-Gabriel à Saint-Laurent-sur-Sèvre - Ecole d'ingénieurs en génie des systèmes industriels (EIGSI) de La Rochelle (1995)

PASSIONS
la famille, les amis, l'entreprise, le football et le jogging

Nicolas Ducept fait ses armes chez Serta comme chef de projets clients (1996-2000), avant d'intégrer une unité Valeo du Maine-et-Loire comme chef de projets productivités (2000-2004). Toujours dans cette entreprise, il est chargé de la supervision de la production (2004-2005) et en devient responsable (2005-2008). Puis il prend en main la direction du site Valeo Systèmes Electriques à Angers, spécialisé dans la rénovation d'alternateurs et de démarreurs pour l'industrie automobile. C'est en janvier 2014 qu'il rejoint Mecapack en tant que directeur des opérations avant d'en devenir le directeur général en septembre 2018. Il reprend l'entreprise à sa maison-mère, Proplast, avec l'équipe de management en octobre 2019.
Il préside par ailleurs le Club des Entreprises du Pays de Pouzauges.

MECAPACK - ZI DE MONTIFAUT - 85700 POUZAUGES • TÉL. 02 51 57 07 94

MÉDIAS

Jean-Claude **FORCONI**

PRÉSIDENT DE LA SAEM VENDÉE IMAGE

FORMATION
Institution Saint-Jean à Douai - ingénieur en agriculture (Institut supérieur d'agriculture de Lille, 1981)

DISTINCTIONS
officier du Mérite agricole ; chevalier des Palmes académiques

PASSIONS la nature, l'histoire et la famille.

Jean-Claude Forconi est président de la Saem Vendée Images, la société propriétaire de TV Vendée. Il a fondé lui-même cette télévision locale, première en termes d'audience sur le département. Il a par ailleurs dirigé jusqu'en 2019 le Groupe des Etablières, qui se structure en trois associations ayant chacune leur spécificité : l'Ecole des Etablières, les Etablières Agropolis (logements) et les Etablières Armonia (activités sportives et de centre de vacances).

TV VENDÉE - ZA LE SÉJOUR - 85170 DOMPIERRE-SUR-YON • TÉL. 02 51 08 06 06

ETAT

Gérard **GAVORY**

PRÉFET DE VENDÉE

FORMATION DEA de droit public (I.R.A. de Lille)

DISTINCTIONS Chevalier de la Légion d'honneur, chevalier de l'Ordre National du Mérite, chevalier du Mérite agricole

PASSIONS le cyclotourisme

Gérard Gavory est le préfet de Vendée depuis novembre 2021. Il a débuté en 1982 comme attaché de préfecture et a effectué l'essentiel de sa carrière dans le Sud-Est, avec un passage dans les sous-préfectures du Val-d'Oise et de Calais, entre 2004 et 2010. Il a été, entre autres, préfet délégué pour la défense et la sécurité auprès du préfet de la région Rhône-Alpes de 2015 à 2016. Titularisé préfet en 2016, il est nommé préfet de Haute-Corse, avant de prendre la tête de la préfecture de la Manche en 2019. Quand Ouest-France l'interroge, Gérard Gavory se présente comme « un homme de terrain, car avoir un rôle de proximité est essentiel. Rencontrer les élus et les associations, accompagner tous ceux qui ont besoin de l'État, comme les entreprises, les agriculteurs… »

PRÉFECTURE DE LA VENDÉE - 29 RUE DELILLE - 85922 LA ROCHE-SUR-YON CEDEX 9 • TÉL. 02 51 36 70 85

ORGANISATIONS PROFESSIONNELLES

Sophie **GEORGER-MÉNEREAU**

PRÉSIDENTE DU MEDEF VENDÉE – PRÉSIDENTE DE PRAMAC SAS

FORMATION Maîtrise de Langues Etrangères Appliquées au commerce international (Nantes, 1991)

DISTINCTIONS Chevalière de l'ordre national du Mérite (2011) ; nominée Femme de l'Économie Pays de Loire (2013)

PASSIONS son métier ; les différentes associations dans lesquelles elle s'investit

Le monde de l'entreprise, Sophie Georger-Ménereau l'a dans le sang. Douée en langues étrangères, les hasards de la vie l'amènent à reprendre la société de son père au décès de celui-ci en 1992. À 23 ans, avec juste l'expérience d'un stage en marketing international et l'aide de sa mère (elle aussi novice), elle la restructure et « apprend sur le tas » à la diriger. Pramac, spécialisé dans les accessoires pour câbles et chaînes, emploie aujourd'hui 30 salariés. Sa présidente se bat toujours pour la faire progresser dans l'innovation, l'expérimentation, tout en restant fidèle à sa soif personnelle de partage et de transmission. Elle puise sans relâche dans sa force de caractère et son enthousiasme, que cette « vendéo-vendéenne » met au service de son territoire adoré et de sa singularité.
Désireuse de s'impliquer d'avantage, elle se forme au CJD, de 1996 à 2004 et co-fonde le réseau Entreprendre Vendée en 2000. Le Medef vient la solliciter en 2002 et elle entre chez Opcalia (mandataire Medef), toujours très intéressée par la formation continue. Elle intervient alors dans les écoles, puis devient successivement administratrice pour la CAF 85 et Action Logement. C'est en juillet 2020 que son investissement sans faille vaut à Sophie Georger-Ménereau d'être portée à la présidence du Medef de Vendée. Très motivée et cultivant sa curiosité naturelle, elle y travaille à remplir deux missions prioritaires : informer plus que jamais les chefs d'entreprise et les sensibiliser aux nouvelles demandes des salariés. Ce qui ne l'empêchera pas de continuer à investir pour ses clients et à s'occuper de sa famille puisque « savoir déléguer » fait partie de ses qualités…
Elle est nommée au conseil exécutif du Medef national en juillet 2023.

MEDEF VENDÉE - 16 RUE OLIVIER DE CLISSON - BP 49 - 85002 LA ROCHE-SUR-YON CEDEX • TÉL. 02 51 05 06 06

HÔTELLERIE-RESTAURATION

Xavier **GIRAUDET**

CHEF ÉTOILÉ ET PROPRIÉTAIRE DU RESTAURANT LA ROBE

FORMATION CAP-BEP Bac professionnel (lycée Edouard Branly à la Roche-sur-Yon, 1998)

DISTINCTIONS 1 étoile au Guide Michelin 2017

PASSIONS cultiver lui-même les herbes de son jardin, les érables japonais et les azalées, les arbres d'ornement et le vin

Sa mère était cuisinière, son père passionné de jardin : Xavier Giraudet a fait de cet héritage un atout en devenant chef étoilé, visant à magnifier le goût des produits locaux et oubliés. Après son école hôtelière, il prend le chemin exigeant de l'excellence auprès des grandes maisons parisiennes. Il commence à la Marée, avec Bernard Pineau, en 1998 puis rejoint Ledoyen en 2000 où il vivra l'expérience électrisante du passage à la 3e étoile. Après un bref passage chez Pierre Gagnaire en 2003, il retrouve Bernard Pineau à la brasserie de luxe Marius et Jeannette. Devenu chef de partie, il cherche sans cesse à apprendre, « travailler l'assiette » : c'est dans son ADN. Il entre donc au Chiberta en 2004, un restaurant que Guy Savoy vient d'ouvrir. Il progresse, se perfectionne, et se voit proposer d'intégrer le restaurant 3 étoiles de Guy Savoy en 2008. Il y reste quelques mois puis suit Christian Le Squer et… Bernard Pineau dans la création d'un nouveau restaurant.
Mais, pour Xavier Giraudet, l'avenir s'écrit en Vendée. D'abord à la Chabotterie, comme pâtissier, puis au Cayola et, enfin, à La Robe en 2012. Tout est à faire, les conditions sont difficiles, mais il persévère. Jusqu'à racheter le fond de commerce avec sa femme en 2015. La récompense arrive en 2017, avec une étoile Michelin. Rigoureux mais sensible, modeste et parfois impulsif, le Vendéen aime faire découvrir des nouveautés

à sa clientèle. Qu'elles concernent la technique ou le produit comme la truffe ou le pigeon de Vendée, la livèche, les algues du Croisic... Ses projets? Ils s'inscrivent plus que jamais dans l'innovation avec la création d'une petite brasserie à côté du restaurant, toujours à Montaigu.

RESTAURANT LA ROBE - 3 PLACE DE LA REVEILLÈRE LEPEAUX - 85600 MONTAIGU • TÉL. 02 51 47 79 27

AGROALIMENTAIRE

Grégoire **GONNORD**

PRÉSIDENT DU CONSEIL D'ADMINISTRATION DE FLEURY MICHON

FORMATION diplômé de Sciences-Po Paris (1987), de l'Essec (MS Marketing, 1989) et de l'Université Paris-Dauphine (DEA Stratégie d'entreprise, 1998).

Grégoire Gonnord débute sa carrière dans le marketing et la vente de produits de grande consommation. D'abord chez Procter & Gamble de 1989 à 1993, puis chez Danone, de 1993 à 1998. Après un passage dans le conseil, la recherche et l'enseignement, il rejoint Fleury Michon en 2001 comme vice-président en charge de la stratégie du Groupe. Président du conseil d'administration depuis 2009, il est également gérant de la holding familiale qui contrôle Fleury Michon. Il représente la sixième génération de dirigeant familial.

FLEURY MICHON - RTE DE LA GARE - BP 1 - 85707 POUZAUGES CEDEX • TÉL. 02 51 66 32 32

MATÉRIAUX POUR LE BÂTIMENT

Benoît **HENNAUT**

PRÉSIDENT DU DIRECTOIRE DU GROUPE HERIGE

FORMATION École supérieure industrielle de Bruxelles (1983) ; diplôme d'administration et de gestion des entreprises, Université catholique de Louvain (Belgique - 1985)

DISTINCTIONS Prix 2010 du meilleur entrepreneur en Asie Pacifique décerné par l'Apea (Asia Pacific Entrepreneurship Awards)

PASSIONS la montagne (ascension du Kinabalu), sa famille et les voyages

Ingénieur nucléaire de formation, Benoît Hennaut se passionne pour son métier. Il débute sa carrière en Belgique, au sein du groupe italien Ariston Thermo Group. Il dirige alors les comptes clés de l'Europe de l'Ouest. Il rejoint Paris en 1992 pour prendre la tête de la direction commerciale de la filiale et, trois ans plus tard, prend le contrôle du marketing stratégique des opérations européennes. Le déménagement en Allemagne marque un tournant décisif dans sa carrière. C'est en effet en 2000 que le Groupe Lafarge lui propose de prendre la vice-présidence marketing de la branche toiture pour l'Europe, l'Asie et l'Amérique. Après Francfort, direction l'Asie du sud-est et la Malaisie en tant que PDG en 2006. Installé à Kuala Lumpur avec sa famille, Benoît Hennaut accède au poste de président de toute l'Asie Pacifique (dont la Chine et l'Inde) en 2010. Cette belle ascension professionnelle est d'ailleurs récompensée puisqu'il reçoit le prix du meilleur entrepreneur en Asie Pacifique la même année, décerné par l'Apea. De retour en France en 2010, il se voit confier la présidence de Monier France (LBO ex-Lafarge) avant de rejoindre un des leaders mondiaux de la plasturgie, le groupe Aliaxis, comme vice-président de Nicoll International et directeur général de Nicoll en 2013. Président du Syndicat des tubes et raccords en PVC (STR-PVC), réélu en 2017, il est élu président de la Fédération française de la plasturgie et des composites en avril 2018. Il quitte le groupe Aliaxis en juin 2020 pour prendre la présidence du directoire du groupe Herige en septembre.

A ses heures perdues, inspiré par tout ce qu'il a vécu, il écrit sur l'éthique du travail en Asie.

HERIGE - RTE DE LA ROCHE-SUR-YON - BP 7 - 85260 L'HERBERGEMENT • TÉL. 02 51 08 08 08

DÉPARTEMENT

Guillaume **JEAN**

PRÉSIDENT DU SYNDICAT MIXTE DU PAYS DU BOCAGE VENDÉEN ET DE LA CC DU PAYS DE MORTAGNE - VICE-PRÉSIDENT DU CONSEIL DÉPARTEMENTAL DE VENDÉE

FORMATION Maitrise de droit (université de Nantes, 1998) ; Sciences Po (Paris, 2000)

PASSIONS La vie de famille

Né en banlieue parisienne, Guillaume Jean s'installe très jeune en Vendée avec sa famille. Après ses diplômes et une expérience dans une banque française à Houston, en volontariat international en entreprise (VIE), il intègre PWC en 2001 à Paris. C'est à Libreville au Gabon qu'il exerce ensuite, spécialisé dans l'audit pour le secteur bancaire. Puis il rejoint le Luxembourg en 2005 en tant que consultant en capital markets avant de partir à Londres, jusqu'en janvier 2007. Toujours attiré par l'international, il décide de donner plus de sens à sa carrière en prenant le poste d'inspecteur au sein de l'inspection générale de l'Agence Française du Développement à Paris. Il continue de se déplacer à l'étranger dans des missions d'audit puis fait le choix familial d'un retour aux sources en 2009. Recruté pour créer l'EPF de Vendée, il devient par la suite son directeur général. Désireux d'apporter des «solutions concrètes et efficaces» sur son territoire, Guillaume Jean saisit l'opportunité de devenir conseiller municipal de Mallièvre en 2010. Adjoint puis maire en 2014, il est élu conseiller départemental en 2015. Cinq ans plus tard, réélu maire, il est élu président du syndicat mixte du Pays du Bocage vendéen et de la communauté de communes du Pays de Mortagne. Sachant gérer ses multiples fonctions, il travaille sur plusieurs axes pour «faire rayonner» le territoire : l'animation touristique, le développement et l'attractivité économique, tout en préservant l'écosystème naturel. Il préside également depuis 2021 une association d'élus passionnés, « Pour un dynamisme partagé ». Tout est dit ! En 2021, il devient 1er vice-président du conseil départemental de Vendée puis prend la présidence de Vendée Expansion et du comité départemental du tourisme.

CONSEIL DÉPARTEMENTAL DE LA VENDÉE
- 40 RUE DU MARÉCHAL FOCH
- 85923 LA ROCHE-SUR-YON CEDEX 9
• TÉL. 02 28 85 85 85

AMÉNAGEMENT ET URBANISME

Valentin **JOSSE**

PRÉSIDENT DE L'EPF DE VENDÉE - VICE-PRÉSIDENT DU CONSEIL DÉPARTEMENTAL DE VENDÉE - MAIRE DE MOUILLERON-EN-PAREDS

FORMATION Collège Saint-Paul et au lycée Notre-Dame de Rezé - Deug d'histoire (2002) ; licence et maîtrise de sciences politiques (2003 et 2004), au séminaire interdiocésain des Pays de La Loire et à la faculté d'histoire et de sciences humaines de Nantes, à l'Institut catholique d'études supérieures (Ices) de La Roche-sur-Yon et à l'université DWC de Dubuque (Etats-Unis)

DISTINCTIONS Médaille de la Défense nationale ; médaille des services militaires volontaires

PASSIONS Le football et la pêche.

Après avoir été chargé de mission au cabinet du président du Conseil général de Vendée (2004-2006), Valentin Josse accède à la direction du cabinet du président de la communauté de communes du Pays de La Châtaigneraie (2007-2011). Il se présente alors devant les électeurs du canton de La Châtaigneraie. Avec succès. Valentin Josse est élu conseiller général et intègre la commission Finances et Ressources. Il a été président de l'ADMR de 2008 à 2012 (secteur de Mouilleron-en-Pareds), association du service à domicile cofinancée par le Département. Conseiller municipal de Mouilleron-en-Pareds dès 2008, il en devient le maire en 2013, à la suite de la démission de l'édile en place. En 2014, il sera élu maire en mars (au premier tour), puis 1er vice-président de la communauté de communes du Pays de La Châtaigneraie et président du Syndicat Mixte Fontenay Sud Vendée Développement (fonds européens, SCOT et NCR du Sud-Est Vendéen). En juillet, il est élu président de l'Etablissement Public Foncier de Vendée et, en octobre, président de RCF Vendée. Réélu conseiller départemental de Vendée au 1er tour en mars 2015, il en est vice-président, en charge de l'aménagement durable du territoire. Il est de nouveau réélu en 2021.

EPF DE VENDÉE - 123 BD LOUIS BLANC
- 85000 LA ROCHE-SUR-YON
• TÉL. 02 51 05 66 33

DÉVELOPPEMENT ÉCONOMIQUE

Daniel **LAIDIN**

PRÉSIDENT DE LA CHAMBRE DE MÉTIERS ET DE L'ARTISANAT DE VENDÉE

FORMATION collège-lycée à Challans - CAP boulangerie (1978) ; CAP pâtissier confiseur glacier (1979) au CFA de La Roche-sur-Yon ; formation DESM Chambre de métiers

DISTINCTIONS chevalier des Palmes académiques ; médaille d'argent départementale

PASSIONS la chasse, la pétanque et le football (joueur et arbitre officiel durant dix ans).

Un parcours pétri de titres et d'expériences. Avec un CAP en poche, Daniel Laidin débute en 1978 comme ouvrier boulanger-pâtissier à Saint-Gervais en Vendée, puis crée son propre commerce (1984). Cogérant de la boulangerie pâtisserie artisanale « Monts Pain » à Notre-Dame-de-Monts, il explore un autre terrain professionnel : l'hôtellerie de plein air. En 1998, il est devenu le PDG de la société Montséjour avec l'ouverture du camping « L'Albizia » à Notre-Dame-de-Monts.
Son goût du métier, et de l'artisanat, l'incite à s'investir auprès d'organismes professionnels. Président de la Fédération de la boulangerie-pâtisserie artisanale au niveau régional de 1998 à 2020, et départemental de 1993 à 2021, il est vice-président de la Confédération nationale de la boulangerie-pâtisserie artisanale depuis 2006. Daniel Laidin a siégé comme représentant de l'artisanat au Ceser de 2006 à juin 2020 et a été président de l'UPA Pays de la Loire de 2014 à 2016. Trésorier (1995-2005), administrateur (dès 2005) puis 1er vice-président de la Chambre de métiers et de l'artisanat de Vendée, il est nommé président en novembre 2016. Ancien Secrétaire du Bureau de la Chambre de métiers et de l'artisanat des Pays de la Loire, il est nommé 4e vice-président à cette occasion. Réélu président de la CMA Vendée en novembre 2021, il devient également 1er vice-président régional.

CHAMBRE DE MÉTIERS ET DE L'ARTISANAT DE VENDÉE - 35 RUE SARAH BERNHARDT
- CS 90075 - 85002 LA ROCHE-SUR-YON CEDEX
• TÉL. 02 51 44 35 22

SPORT PROFESSIONNEL

Laura **LE GOFF**

DIRECTRICE GÉNÉRALE DU VENDÉE GLOBE

FORMATION master 1 (Ices La Roche Sur Yon) ; master 2 Droit et management des collectivités locales (faculté De Droit, Economie et Sciences Sociales de Tours, 2004)

PASSIONS la course à pied ; la voile ; pianiste amateur

Entrée dans la SAEM Vendée expansion comme étudiante en 2004, Laura Le Goff y devient chargée d'études juridiques puis, en 2007, directrice juridique. Son expertise l'a conduite à s'occuper de la création de structures juridiques diverses et variées dont des filiales de promotion immobilière, une SPL d'aménagement, l'« Agence de services aux collectivités locales de Vendée », ainsi que d'un GIE. Des opérations complexes pouvant demander plusieurs années de travail. C'est en 2016 qu'elle est nommée directrice générale du Vendée Globe au sein de la SAEM Vendée. En toute logique, puisque la structure juridique est la même et qu'elle la connaît bien. Elle prend donc les rênes avec aisance mais le défi est de taille, la course partant 6 mois après sa prise de poste...
Comparant son rôle à celui de chef d'orchestre, elle gère plus d'une quarantaine de prestataires et représente l'événement envers les institutionnels, les partenaires,

les « teams » et les skippers. Une activité intense l'occupe l'année de la course mais également avant et après. Fière d'avoir été choisie à ce poste à haute responsabilité en tant que femme, Laura Le Goff sait qu'elle l'a été aussi pour ses compétences humaines. Elle se doit d'être à la fois excellent manager, bonne gestionnaire, à l'écoute mais aussi ferme, capable de trancher et avec un sang-froid à toute épreuve. Des qualités qui l'aident à relever ce défi avec énergie. Car elle aime les valeurs que véhicule cet « événement phare et populaire », partageant aux côtés d'autres passionnés les sensations et émotions qui accompagnent cette incroyable aventure humaine et sportive.

VENDÉE GLOBE - 45 BD DES ETATS-UNIS - BP 233 - 85006 LA ROCHE-SUR-YON • TÉL. 02 51 44 91 07

DÉVELOPPEMENT ÉCONOMIQUE

Jade **LE MAÎTRE**

DIRECTRICE GÉNÉRALE DE PROXINNOV

FORMATION École d'ingénieurs EPF (Sceaux, 2010) ; Munich University of Applied Sciences (2010)

PASSIONS La cuisine, les travaux manuels, faire du cerf-volant, s'occuper de son jardin et de ses poules

Jade Le Maître a toujours eu le rêve de s'incarner dans une héroïne de Jules Verne, férue d'ingénierie et de sciences. Bilingue franco-allemande, elle effectue des stages puis travaille rapidement dans des industries outre-Rhin. Elle décide ensuite de faire une thèse sur la robotique, domaine qu'elle découvre chez des sous-traitants automobiles. Elle réalise bien vite qu'elle veut être proche du terrain et « apporter des solutions concrètes ». L'envie de créer son entreprise est déjà présente mais elle trouve plus raisonnable de faire son réseau pour trouver des associés. Elle entre donc chez Innorobo, à Lyon, pour s'occuper du marketing et de l'événementiel en 2012. Elle y acquiert une belle « vision du marché » et rencontre son futur associé avec lequel elle fonde Hease Robotics en 2016. Elle s'épanouit dans cette aventure entrepreneuriale qui rencontre un succès fulgurant. Un incendie vient mettre fin à cette ascension en 2019.

Mais Jade Le Maître n'est pas du genre à se laisser aller : elle rebondit en prenant la direction d'une business unit Innovation chez CGI et complète ses compétences en management et en technique logicielle. En mars 2022, elle rejoint Proxinnov, centre technique dédié à la robotique industrielle à La Roche-sur-Yon, en tant que directrice générale. Elle, dont la famille a travaillé aux Chantiers de l'Atlantique, retrouve un territoire qu'elle connaît. Tout en assurant ses missions de dirigeante, elle en effectue d'autres, ponctuelles, en tant qu'experte auprès de la Commission européenne. Attachée aux valeurs d'inclusion et de solidarité, elle s'investit par ailleurs auprès de jeunes filles pour leur faire connaître le monde de la robotique. Car, comme elle l'affirme, « il faut avoir une haute considération des humains » pour y travailler…

PROXINNOV - 15 RUE JEAN ESSWEIN - 85000 LA ROCHE-SUR-YON • TÉL. 02 51 24 12 40

MÉDIAS

Hervé **LE ROCH**

DIRECTEUR GÉNÉRAL DE TV VENDÉE

FORMATION DUT option gestion petites et moyennes organisations (IUT de gestion de Saint-Malo, 1995) ; maîtrise Science et technique de gestion de la production audiovisuelle et multimédia (Audencia-Sciences-Com Nantes, 1997)

PASSIONS critique de cinéma (Union des Journalistes de cinéma carte n° 197) ; la plongée en apnée ; les solex (qu'il retape et utilise)

PUBLICATIONS CUJAS – Centre de recherche Hannah Arendt « comment la logique médiatique peut être un frein à l'intérêt général »

Etudiant à Londres, Hervé le Roch ramène de son séjour une expérience que Ouest-France lui propose de transcrire en articles. Il s'intéresse ensuite à la radio et crée divers programmes et émissions. Puis, il décide de compléter sa formation en audiovisuel et s'installe ensuite à Paris en 1997 pour travailler chez VM Productions. Il sera assistant de production pour l'émission « E = M6 » puis chargé de production. Il intègre en 1999 Radio Notre-Dame où il anime le 9 h-10 h « Le bistrot de la vie ». Mais l'envie de retrouver l'Ouest, et de progresser professionnellement, se fait sentir. Il postule chez RCF Vendée en 2000 et devient son directeur et rédacteur en chef. Il développe la radio, la réorganisant administrativement et informatiquement, augmentant le nombre de bénévoles. Il gère RCF Charentes Maritime en parallèle puis, en 2008, se lance dans l'aventure de TV Vendée. Il devient chroniqueur cinéma tout en restant directeur de RCF.

C'est en 2011 qu'Hervé Le Roch devient directeur des programmes et en juin 2017 qu'il est nommé par le conseil d'administration au poste de directeur général. Lui qui reconnaît être un « grand curieux de la vie » est attaché à faire de la chaine vendéenne un outil de promotion du « beau et du positif ». Sans recherche du scoop et de la polémique mais avec la bienveillance comme devise.

TV VENDÉE - ZA LE SÉJOUR - 85170 DOMPIERRE-SUR-YON • TÉL. 02 51 08 06 06

TRANSPORT ET LOGISTIQUE

Frédéric **LEBLANC**

PRÉSIDENT DU DIRECTOIRE DU GROUPE MOUSSET - JETRANSPORTE

FORMATION études secondaires à Sainte-Croix et BEP Métallurgie à Cambrai

DISTINCTIONS nomination 2019 et 2021 au prix EY d'Entrepreneur de l'Année

PASSIONS sa famille, la mécanique, le sport

Désireux de découvrir le monde, Frédéric Leblanc devance l'appel et s'engage dans l'armée. Cinq ans plus tard, en 1989, il intègre une entreprise spécialisée dans l'abattage de volailles en tant que conducteur. Peu de temps après, en 1992, Jean-Michel Mousset l'engage chez Avilog (spécialiste du transport en cour de ferme) et lui confie le management d'une équipe. Il s'acquitte si bien de la mission qu'il est nommé directeur régional Nord-Sud-Auvergne. Développant l'entreprise par le biais d'externalisations, il devient directeur général d'Avilog en 2000. En 2008, il ajoute une corde à son arc en devenant le patron de la branche logistique du Groupe. A ce moment là, il s'oriente vers l'international en localisant en Pologne le savoir faire du Groupe. Il reprend alors la succession de Jean-Michel Mousset, épilogue logique de cette véritable histoire d'hommes, la rencontre entre deux entrepreneurs qui aiment prendre des risques.

Frédéric Leblanc devient PDG en 2011 et gère l'ensemble du Groupe ainsi que les activités à l'international. Il prend bientôt la fonction de président du directoire et choisit un comité de direction composé de ses plus proches collaborateurs. Dans la continuité de ce qu'avait entrepris son mentor, il appuie son mode de management sur l'autonomie décisionnelle, une hiérarchie non pyramidale. Fier de la belle réussite du Groupe, il sait qu'elle est aussi liée à l'épanouissement des salariés : « mon étoile c'est que chaque personne puisse exprimer son talent », dit-il. Toujours entraîné par sa soif d'apprendre et ambitieux pour son entreprise, il compte doubler la taille de celle-ci dans les 10 prochaines années. Lui qui regrette la rapidité avec laquelle le temps passe, ne va sûrement pas ralentir le mouvement...

GROUPE MOUSSET - RD 160 - SAINTE-FLORENCE - 85140 ESSARTS-EN-BOCAGE • TÉL. 02 51 66 01 13

DÉPARTEMENT

Alain **LEBOEUF**

PRÉSIDENT DU CONSEIL DÉPARTEMENTAL DE LA VENDÉE

FORMATION lycée Jean XXIII aux Herbiers - maîtrise Sciences de la Vie et de la Terre (1986) ; Ifucom (1989) ; Capes de SVT (1991) aux universités des sciences d'Angers et de Poitiers et à l'Institut de formation de l'UCO aux métiers de l'enseignement

DISTINCTIONS Palmes académiques

PASSIONS la vie de famille, les randonnées pédestres et le jardinage.

Alain Leboeuf enseigne les sciences de la vie et de la terre (1987-1996) et l'informatique (1989-1996) au lycée de Montaigu avant de s'asseoir sur le siège de directeur au collège Saint-Sauveur de Rocheservière. Outre l'enseignement, l'associatif fait aussi partie de son quotidien. Après dix années à la présidence de Familles rurales (1990-2000), il est élu en 2008 président du Fonds départemental d'action sociale (FDAS) en Vendée et, deux ans plus tard, président de RCF Vendée et enfin président de l'Etablissement public foncier de Vendée (2011-2014).

Malgré un emploi du temps déjà bien rempli, il s'implique dans la vie municipale en tant que maire de la commune de Rocheservière. Et s'investit par ailleurs au sein du conseil départemental de Vendée en tant que vice-président. En 2012, il est élu député de la 1re circonscription de la Vendée en juin. Alain Leboeuf démissionne donc en octobre de son mandat de maire, mais demeure conseiller municipal de Rocheservière jusqu'en 2014. Il restera député jusqu'en 2017. Vice-président du Sydev (Syndicat départemental d'énergie et d'équipement de la Vendée), il en est le président de 2014 à 2020. Depuis juin 2015, il préside le GIP Vendée Numérique. Il est élu président du conseil départemental de la Vendéee en juillet 2021.

CONSEIL DÉPARTEMENTAL DE LA VENDÉE - 40 RUE DU MARÉCHAL FOCH - 85923 LA ROCHE-SUR-YON CEDEX 9 • TÉL. 02 28 85 85 85

AGROALIMENTAIRE

Etienne **LECOMTE**

PRÉSIDENT DU GROUPE EUROPE SNACKS

FORMATION ESLSCA (1989)

PASSIONS Sa famille, le sport (voile, marathon et triathlon), les voyages

Etienne Lecomte débute chez le britannique Reckitt Benckiser, où il fait ses armes dans le marketing. Fasciné par l'innovation, il décroche un emploi chez le géant de l'agro-alimentaire Bel en 1992 comme chef de produit. Il occupera ensuite plusieurs fonctions marketing et commerciales : directeur général Bel Grande-Bretagne en 2006 puis directeur général Bel France en 2010. Il accède à la vice-présidence du Groupe, directeur général Europe de l'Ouest en 2012 puis à la vice-présidence exécutive, directeur général Europe (Ouest et Est) deux ans plus tard. Pendant ce parcours « sur la marque », il s'implique déjà sur la qualité nutritionnelle des produits.

Mais le dirigeant éprouve le besoin de retrouver un projet entrepreneurial et prend, fin 2019, la présidence d'Europe Snacks, spécialiste de la fabrication de biscuits apéritifs distribués sous marques de distributeurs. Sa principale mission consiste à créer un seul groupe avec les 3 entités, française, anglaise et espagnole. Tout en travaillant sur l'exemplarité des produits pour répondre aux besoins des consommateurs. Très présent sur le terrain, Etienne Lecomte prend plaisir « à partager la force collective », à motiver les équipes pour « performer ». Attaché à la diversité, l'authenticité des relations, ce féru de sport a par ailleurs présidé l'Union des marques de 2014 à 2019 et été administrateur et vice-président de l'ANIA (Association Nationale des Industries Alimentaires). Un engagement qui correspond à des convictions fortes chez ce « capitaine de bateau » - ancien moniteur de voile - prêt à donner le cap vers « l'innovation d'excellence ».

EUROPE SNACKS - ZI SAINT-DENIS-LES-LUCS - 85170 SAINT-DENIS-LA-CHEVASSE • TÉL. 02 51 41 24 97

BÂTIMENT ET TRAVAUX PUBLICS

Antoine **LOISEAU**

DIRECTEUR GÉNÉRAL DÉLÉGUÉ DE COUGNAUD

FORMATION ECE Lyon (2001)

PASSIONS La lecture (sciences humaines, littérature) ; la marche

Passionné de construction, Antoine Loiseau entame son parcours professionnel dans le groupe d'ingénierie et de construction canadien SNC Lavalin en 2001. Une « école extraordinaire » où il va occuper successivement plusieurs postes : contrôleur de gestion à Reims, contrôleur financier en Pologne et en Belgique, responsable administratif et financier de la société Boplan ingénierie puis de la division Bâtiment et

Aménagement Europe, à Nantes. L'envie de découvrir le secteur des matériaux de construction l'emmène de 2014 à 2016 chez Garandeau à Cognac, où il devient directeur administratif et financier. Il prend ce même poste ensuite chez le constructeur et loueur vendéen de bâtiments modulaires Cougnaud puis est promu, en septembre 2022, directeur général délégué. Il s'agit désormais d'installer une nouvelle structure opérationnelle, dans un « beau challenge de succession de transition » avec la 3e génération de la famille Cougnaud.
Antoine Loiseau s'applique à mettre en place le plan stratégique 2023/2027 autour de la transition environnementale, la gestion humaine et sociale, la couverture des nouveaux besoins à travers la rénovation, le réemploi, les services, etc.. Contribuer à accompagner les mutations en cours, perceptibles au travers de tous les débouchés du groupe (construction, éducation, énergie, transport, défense), et à l'amélioration des process et produits, toujours à l'écoute des besoins clients, le motive au plus haut point. Il s'agit pour le dirigeant de travailler « en confiance », grâce à des valeurs partagées de fidélité et d'engagement, dans un cadre familial. Lui qui « pense en grand », tout en gardant les pieds sur terre, se dit entièrement mobilisé dans cette aventure humaine qui engage l'avenir du groupe et de tous ses collaborateurs.

GROUPE COUGNAUD - PARC D'ACTIVITÉS BEAUPUY 2 - CS 40028 - MOUILLERON-LE-CAPTIF - 85035 LA ROCHE-SUR-YON CEDEX • TÉL. 02 51 05 85 85

EVÉNEMENTIEL ET CONGRÈS

Philippe **MAINDRON**

PRÉSIDENT DU FESTIVAL DE POUPET - DIRIGEANT DE MAINDRON PRODUCTIONS

FORMATION BTA (CFPA de Meslay-La Guyonnière, 1982)

N'ayant pas pu travailler dans l'exploitation agricole familiale, Philippe Maindron a commencé sa carrière comme technicien agricole à la Société coopérative agricole des producteurs de l'Est vendéen (Gapev) à Pouzauges, puis chez Porcial à Beaupréau. Il donne une nouvelle impulsion à sa carrière en occupant un poste de commercial chez Maison Bleue pendant dix ans. Début 2000, affecté par le dépôt de bilan de l'entreprise, il décide de la racheter avec un associé et c'est le début d'un renouveau pour la société. Mais la réussite professionnelle du Vendéen tient sans doute à son désir de toujours aller de l'avant, de sortir des sentiers battus. C'est comme cela qu'est né en 1986 le Festival de Poupet à Saint-Malo-des-Bois. Il en est le moteur, très bien entouré par 450 bénévoles. Et le succès est là chaque année.
Philippe Maindron déteste la routine. C'est à lui que l'on doit des « Jeux olympiques de nains de jardin » en 2008 et la création d'un « Front d'opposition à la nouvelle année ». Pour les 14 ans de Maison Bleue, en 2014, il est l'instigateur d'un « remède anti-crise » à travers le Grand Prix Meule Bleue. D'abord événement départemental (avec 150 chefs d'entreprise à mobylette) puis régional en 2015, les participants défilent sur les Champs-Elysées en 2016. Il décide alors la même année de quitter Maison Bleue pour fonder sa société de productions, Maindron Productions, et se consacrer totalement à la création d'évènements. Deux ans plus tard, il crée le 1er « Championnat du monde de cheval à 2 pattes » aux Herbiers. En 2021, sa société est choisie par l'émission « La France a un incroyable talent » afin d'effectuer le casting des candidats pour l'ouest de la France.

MAINDRON PRODUCTION - ZAE DE L'HORIZON - 12 RUE DE L'AVENIR - 85130 LA GAUBRETIÈRE • TÉL. 02 51 57 03 04

INTERCOMMUNALITÉ

Yannick **MOREAU**

PRÉSIDENT DES SABLES D'OLONNES AGGLOMÉRATION - MAIRE DES SABLES D'OLONNE

FORMATION Lycée Saint François-Xavier à Vannes - maîtrise de droit des affaires (1997) ; DESS droit de l'agroalimentaire (1998) à l'Institut catholique d'études supérieures (Ices) de La Roche-sur-Yon et à la faculté de droit de Nantes

PASSIONS La voile et la Roumanie

Professionnellement, Yannick Moreau a exercé jusqu'en 2011 au Conseil départemental de Vendée. Chargé de mission littoral, ce « voileux » passionné a également occupé le poste de chargé de projet Vendée Globe. Il est par ailleurs membre du bureau de Vendée habitat et administrateur de l'Office public. Mais le natif de Pornic connaît aussi et surtout les collectivités territoriales pour s'y investir en tant qu'élu. Vice-président puis président de la Communauté de communes des Olonnes, il a été conseiller régional jusqu'en juin 2012, date de son élection en tant que député de Vendée. Elu maire d'Olonne-sur-Mer en 2008 et réélu en 2014, Yannick Moreau démissionne de son mandat en septembre 2015 pour devenir 1er adjoint et ainsi ne pas cumuler les mandats. Dans la même démarche, il ne se représente pas aux législatives de 2017 pour se consacrer à la communauté d'agglomération.
En janvier 2019, il est élu maire de la ville nouvelle issue de la fusion des Sables-d'Olonne, d'Olonne-sur-Mer et du Château-d'Olonne. Il est réélu maire en 2020 puis président de la Communauté de communes. Deux ans plus tard, en octobre, il est élu à la tête de l'Association Nationale des Élus du Littoral (A.N.E.L.), métropolitain et ultra-marin.

LES SABLES D'OLONNE AGGLOMÉRATION - 3 AV. CARNOT - BP 80391 - 85108 LES SABLES-D'OLONNE CEDEX • TÉL. 02 51 23 84 40

TRANSPORT ET LOGISTIQUE

Jean-Michel **MOUSSET**

PRÉSIDENT DU CONSEIL DE SURVEILLANCE DU GROUPE MOUSSET - PRÉSIDENT DU CERA

FORMATION St-Gabriel à St-Laurent-sur-Sèvre - Deug de droit (faculté de droit de Nantes, 1977) et à l'ESJ de Lille (1979)

PASSIONS entreprendre, ses enfants, le tennis de table, la marche à pied, la méditation, la musique, la photographie et l'information.

Jean-Michel Mousset, diplômé de l'Ecole de Journalisme de Lille en 1979, débute sa carrière dans les médias. Directeur de la radio française d'Abou-Dhabi, puis journaliste et rédacteur en chef à Alouette FM (1981-1984), l'homme révèle ensuite sa fibre d'entrepreneur. Directeur commercial, puis directeur général, il prend les rênes du groupe de transport familial en 1993 et obtient le prix du transporteur de l'année en 2000. En 20 ans, le groupe Mousset devient le leader en France du transport en cour de ferme (volailles vivantes et collecte de lait).

Président du CJD Vendée-Choletais (1990), président fondateur de l'association Pays des Essarts entreprises (1994-1998), Jean-Michel Mousset est membre d'APM (Association pour le progrès du management) depuis 1993. Ancien administrateur national du réseau Germe (2010-2017), du réseau APM (2011-2017) et de la Banque Populaire Atlantique (2000-2016), il préside depuis 2007 le CERA (Centre d'Echanges et de Réflexion pour l'Avenir). Il est également administrateur du Medef Vendée depuis 2011 et membre élu de la CCI de Vendée depuis 1998.

Le Vendéen a acheté en 2005 le Château-Boisniard, dirigé par son épouse Louisanne Le Corfec, pour en faire le 1er hôtel 5 étoiles de Vendée Il a laissé les rênes du groupe Mousset en 2013 mais reste président du conseil de surveillance. Et les idées ne lui manquent pas... Il crée en 2018 le LudyLab : 1er living lab technologique au monde en milieu rural à Chambretaud. Son thème : « apprendre par le jeu ».

GROUPE MOUSSET - RD 160 - SAINTE-FLORENCE - 85140 ESSARTS-EN-BOCAGE • TÉL. 02 51 66 01 13

BIOTECHNOLOGIES

Philippe **NICOLLET**

DIRECTEUR DU LABORATOIRE DE L'ENVIRONNEMENT ET DE L'ALIMENTATION DE VENDÉE

FORMATION Doctorat vétérinaire (École nationale vétérinaire de Nantes, 1989) ; Master 2 Management des Entreprises (ESC La Rochelle, 2011)

PASSIONS Plongée sous-marine, course à pied

PUBLICATIONS Plusieurs articles et publications dans des revues à comité de lecture

Chez Philippe Nicollet, issu d'une famille exerçant en milieu médical libéral, la vocation est née très tôt. Il débute comme maître assistant dans une clinique vétérinaire à Nantes puis tente l'aventure en Nouvelle-Calédonie. Après une expérience en tant que vétérinaire de brousse, il rentre en France et rejoint en 1993 son futur associé dans le Nord. Celui-ci y a en effet créé la clinique Saint-Maur, à La Madeleine. Directeur associé pendant 11 ans, il s'implique aussi dans une association nationale de formation continue des vétérinaire praticiens dès 1995. Puis, désireux de trouver une qualité de vie moins urbaine, il candidate au poste de directeur du Pôle Santé Animale du laboratoire d'analyses Sèvres Atlantique en 2002 à Niort. Il devient expert de la santé animale, se spécialisant dans celle des gros animaux et devient membre du Comité d'Experts en Santé Animale de l'ANSES. Riche de ses expériences, Philippe Nicollet manifeste l'envie d'aller plus loin, de prendre des responsabilités en direction d'entreprises et, surtout, de mener des projets. Il se forme alors à Sup de Co et postule en 2012 comme directeur du Laboratoire de l'Environnement et de l'Alimentation de Vendée. Recruté, il s'investit la même année dans l'Adilva (Association française des directeurs et cadres des laboratoires vétérinaires publics d'analyses) dont il est élu président quatre ans plus tard.

Véritable chef d'entreprise, il poursuit ses missions avec « enthousiasme et curiosité ». Il intervient toujours par ailleurs dans différentes manifestations scientifiques professionnelles, porté par son goût pour la biologie et la science du vivant.

LABORATOIRE DE L'ENVIRONNEMENT ET DE L'ALIMENTATION DE VENDÉE - ROND-POINT GEORGES DUVAL - CS 80802 - 85021 LA ROCHE-SUR-YON • TÉL. 02 51 24 51 51

HÔTELLERIE-RESTAURATION

Jean-Marc **PEROCHON**

CHEF DU RESTAURANT LES BRISANTS

FORMATION CAP, BEP cuisine au Lycée Hôtelier de La Roche-sur-Yon (1977)

DISTINCTIONS 1 étoile au guide Michelin (2014)

PASSIONS les voyages

À l'âge de 14 ans, Jean-Marc Pérochon travaille comme plongeur dans le restaurant d'un ami de son père pour s'acheter une mobylette. C'est là qu'il découvre le métier de cuisinier. Après sa formation, il commence par voyager (Écosse, Allemagne, Maroc, Espagne) et se perfectionne au contact de nombreux professionnels. Il décroche son premier poste de chef, à seulement 19 ans, dans un hôtel 3 étoiles de Courchevel où, après avoir été embauché comme second, il se voit propulser à la tête de la brigade. Jusqu'en 1984, il enchaîne les saisons entre Courchevel et la Vendée. En effet, malgré une naissance en région parisienne, Jean-Marc Pérochon est vendéen depuis l'âge d'un mois... Chef à La Borderie à La Roche-sur-Yon pendant deux ans, il s'envole pour le Colorado et le restaurant emblématique de Telluride, La Marmotte. Pendant son séjour, il fait la connaissance du second de Freddy Girardet (un des plus célèbres noms de la gastronomie mondiale), qui lui fait découvrir la très grande cuisine. Après une halte sur l'île d'Antigua pendant environ 3 ans, le chef globe-trotter revient en France, à Saint-Pol-de-Léon où il restera 10 ans. Mais sa terre de prédilection reste la Vendée où il reprend l'hôtel-restaurant Les Brisants avec son épouse. Le talentueux tandem est gagnant puisqu'il obtient une étoile au Guide Michelin en 2014, concrétisation d'un rêve devenu réalité.

HÔTEL-RESTAURANT LES BRISANTS - 63, AV. DE LA GRAND'ROCHE - 85470 BRETIGNOLLES-SUR-MER • TÉL. 02 51 33 65 53

FORMATION PROFESSIONNELLE

Hervé **PILLAUD**

PRÉSIDENT DU GROUPE DES ETABLIÈRES - PRÉSIDENT ET CRÉATEUR DE TECH ELEVAGE

FORMATION école des Etablières (bac D)

DISTINCTIONS chevalier de la Légion d'honneur 2019 ; chevalier des Palmes académiques

PASSIONS la communication digitale et les réseaux sociaux.

PUBLICATIONS « Cultivons l'avenir ensemble « (2021) ; « Agroéconomicus » (2017) ; « L'Agronuméricus : internet est dans le pré » (2015) aux Ed. France Agricole.

L'agriculture et le digital : deux stimulants dans la vie d'Hervé Pillaud. « Agriculteur depuis toujours », comme il aime à se présenter, l'homme est très investi sur le terrain - son troupeau de race Montbéliarde n'a pas loupé un salon de l'agriculture depuis 1992 ! - et au sein de sa profession. Secrétaire général de la Chambre d'agriculture de Vendée jusqu'en 2019, responsable professionnel à la FNSEA, il a siégé à ce titre au Conseil économique social environnemental régional (Ceser) des Pays de la Loire. Il préside actuellement le Groupe des Etablières.
Parallèlement à ces engagements, Hervé Pillaud s'emploie entre autres à parfaire la communication professionnelle agricole. Et ce, à travers notamment les réseaux sociaux. Membre de Médiaaces, il est aussi le co-fondateur de VendéeRS, dont il a été le président. Comme le dit lui-même l'auteur-conférencier, « à l'écoute des Hommes et des bruissements de la nature et du monde, il essaie de se projeter dans la société du futur ». Membre du Conseil national du numérique de 2018 à 2020, il a créé son cabinet de conseils Agronumericus Conseil en 2019. Il est également président et créateur de Tech Elevage.

ÉCOLE DES ETABLIÈRES - ROUTE DE NANTES - BP 609 - 85015 LA ROCHE-SUR-YON CEDEX • TÉL. 09 70 80 82 21

BIENS D'ÉQUIPEMENT

Jean-Pierre **PUBERT**

PRÉSIDENT DES ETABLISSEMENTS PUBERT

FORMATION institution Saint-Gabriel à Saint-Laurent-sur-Sèvre (bac E, 1980) - ingénieur commercial (Essca d'Angers, 1984)

PASSIONS le tennis, le handball et la chasse à la bécasse.

Responsable commercial (1984), directeur général (1986) puis président-directeur général des Ets Pubert depuis 1989, Jean-Pierre Pubert ne manque pas d'idées pour faire parler de sa société. Représentant de la 6e génération, il établit ainsi en 1987 un nouveau record du monde d'endurance du travail de la terre 24 heures non stop, homologué par le Guiness. Lauréate de l'Euro-challenge en 1991, l'entreprise s'est vue décerner le trophée Avenir-Export et le trophée BPAV Export en 1993. En 2005, Pubert SAS est devenu 1er constructeur mondial de motobineuses et de motoculteurs. Son dirigeant lui aussi fut mis en lumière à plusieurs reprises. En 1995, Jean-Pierre Pubert est élu l'acteur le plus dynamique de la profession par les médias et réseaux de distribution. En 2009, il est élu Entrepreneur de l'année à l'international pour le grand Ouest de la France par le journal L'Entreprise, la banque Rothschild et Ernst & Young. En 2012, c'est le trophée de l'Entreprise Familiale par les Chênes du Grand Ouest qui est remporté par la société vendéenne et son président.

ÉTABLISSEMENT PUBERT - ZI DE PIERRE BRUNE - AV. JACQUES BERREAU - 85110 CHANTONNAY • TÉL. 02 51 45 81 81

AGROALIMENTAIRE

Tugdual **RABREAU**

PRÉSIDENT D'ATOM FOOD - FONDATEUR DE PASO

FORMATION BTS Action commerciale ; Inseec de Bordeaux

PASSIONS le sport automobile, le golf et les voyages.

Son début de carrière, Tugdual Rabreau l'a effectué comme technico-commercial au sein du Groupe Lesaffre (1996-1998). En 2003, après avoir été responsable de site de production de la maison Rabreau, il retourne à ses racines familiales traditionnellement ancrées dans la boulangerie. Associé au cuisinier Olivier Vallée, il crée la société Paso Traiteur à Olonne-sur-Mer. S'appuyant sur la fabrication du préfou, l'entreprise vendéenne a depuis élargi sa gamme, proposant plus de 70 références de produits apéritifs frais. Paso compte deux segments d'activité : la GMS, à travers Paso Traiteur Grande distribution, et la restauration, dans le cadre évènementiel, avec Paso Traiteur Réception. Le Vendéen revend Paso en mars 2018 au groupe Fleury-Michon et reste dirigeant de la partie traiteur du groupe pour un accompagnement à la reprise jusqu'en mai 2020.
Il crée en parallèle un nouveau holding, Atom Food, avec 2 associés. L'idée est de reprendre « des spécialités régionales ayant un potentiel de développement national », en commençant par le rachat de Gofrino, spécialisée dans la gaufre de Liège, puis le broyé du Poitou de la maison Goulibeur (revendu en 2023). Les dirigeants gèrent par ailleurs la franchise O'Tacos (sous la dénomination juridique TAO) et Pitaya, chaîne de cuisine thaïlandaise.
Tugdual Rabreau est par ailleurs le propriétaire de six boulangeries vendéennes (La Boulangery). Administrateur du Gerbopa, groupement d'achats agroalimentaire, il fait partie du comité de direction de la Fédération des entreprises de boulangerie et pâtisserie française (FEBPF).

ATOM GROUP - PARC D'ACTIVITÉ LSO SUD - 5 RUE ELISA DEROCHE - 85180 LES SABLES D'OLONNE • TÉL. 02 55 89 00 90

MENUISERIE INDUSTRIELLE

Gustave **RIDEAU**

PRÉSIDENT DU CONSEIL DE SURVEILLANCE DU GROUPE GUSTAVE RIDEAU

FORMATION CAP menuisier (1968) ; CAP ébéniste (1969) ; brevet de maîtrise en menuiserie (1971) ; BTS gros oeuvre (1974)

DISTINCTIONS nominé pour le Prix de l'Entrepreneur de l'année 2014 (EY)

PASSIONS le cyclisme et tous les sports de compétition.

Très tôt, Gustave Rideau se passionne pour le travail du bois. Ebéniste-menuisier de formation, il débute sa carrière à l'âge de 20 ans comme dessinateur industriel au sein de l'entreprise Ridoret à La Rochelle (1971). Puis, il sculpte la matière au sein de la société vendéenne Péchereau. Une expérience de trois mois qui le conduit à exercer la fonction de contremaître à La Baule, de 1972 à 1973. Il affine ensuite son savoir-faire comme menuisier poseur au sein d'une entreprise de Saint-Gilles-Croix-de-Vie. En 1974, il opère toujours sur les chantiers mais cette fois-ci en tant que métreur. L'année suivante, il développe une approche nouvelle de son métier avec la création de l'entreprise SAS Aluminium Rideau. Implanté depuis 1975

à La Roche-sur-Yon, le groupe intègre le site de production Véranda Rideau dont l'activité se concentre sur la conception et la fabrication de vérandas et extensions en aluminium. Une activité complétée avec une gamme d'abris de piscine commercialisés sous la marque « Abri de piscine Rideau », par des pergolas et des abris de terrasse et par une collection de mobil-homes sous la marque Mobil-home Rideau.
En 2005, Gustave Rideau se lance dans l'Hôtellerie de Plein Air (HPA) pour créer une offre de vacances au sein du groupe. Puis, au fil du temps, il acquiert d'autres sites et la filiale HPA est baptisée Cybèle Vacances en 2010. L'aventure Gustave Rideau se perpétue avec un savoir-faire de près de 50 ans et une nouvelle acquisition en 2021 : la société deux-sévrienne BGN, spécialiste de la métallerie industrielle.
Le dirigeant confie la direction de l'entreprise familiale de façon progressive à partir de septembre 2023 à ses deux fils, Stanley et Steven.

GROUPE GUSTAVE RIDEAU - ACTI EST - PARC ÉCO 85 - 1 ROUTE DE BEAUTOUR - 85036 LA ROCHE-SUR-YON CEDEX • TÉL. 02 51 36 62 62

DÉVELOPPEMENT ÉCONOMIQUE

Arnaud **RINGEARD**

PRÉSIDENT DE LA CCI VENDÉE - PRÉSIDENT DU GROUPE FAST

FORMATION lycée Saint-Joseph à La Roche-sur-Yon - DPECF (1993) ; DECF (1996) ; diplôme ICS Bégué (1996) ; DESCF (1997) à l'Institut commercial supérieur Bégué de Paris

PASSIONS l'entreprenariat, la voile et la plongée sous-marine.

Tout d'abord contrôleur de gestion chez Maury Transports BSA (1997-1999), Arnaud Ringeard choisit de perpétrer la tradition familiale, 4e génération d'entrepreneurs à la tête du groupe FAST implanté à La Roche-sur-Yon. En charge de différentes filiales à ses débuts dans le groupe, il poursuit le développement de celui-ci en prenant la direction générale dans les années suivantes, renforçant ainsi son dynamisme. En 2006, il accède à la Présidence de ce groupe familial, diversifié dans le transport de voyageurs, le touristique sur l'Ouest de la France, la distribution de cars et bus ainsi que le négoce de pièces détachées. Le groupe compte environ 2 500 collaborateurs. Très impliqué dans le développement économique, Arnaud Ringeard est par ailleurs Président de la CCI Vendée depuis novembre 2016. Il est également 1er vice-président de la CCI Pays de la Loire. Il est réélu à la tête de la CCI en novembre 2021.

CCI VENDÉE - 16 RUE OLIVIER DE CLISSON - CS 10049 - 85002 LA ROCHE-SUR-YON • TÉL. 02 51 45 32 32

MATÉRIAUX POUR LE BÂTIMENT

Daniel **ROBIN**

PRÉSIDENT DU CONSEIL DE SURVEILLANCE D'HERIGE - CO-PRÉSIDENT D'IFA (INSTITUT FRANÇAIS DES ADMINISTRATEURS) GRAND OUEST

FORMATION IUT en Ressources Humaines (Nantes, 1973)

PASSIONS la voile

Une carrière dédiée à l'entreprise en général et à Herige en particulier… Daniel Robin commence à travailler dans cette entreprise familiale, spécialisée dans l'univers du bâtiment, en 1978. Tout d'abord directeur du personnel, jusqu'en 1986, il prend ensuite la direction générale de l'activité béton et ne cessera de la développer pendant 30 ans. Il est désormais à la retraite mais reste consultant pour Herige, en charge des relations extérieures dès 2017. Il est nommé président du conseil de surveillance en mai 2019.
Mais le Vendéen est également un homme de réseaux, attaché à défendre le monde de l'entreprise et à favoriser la dynamique locale. Il entre dans le réseau Entreprendre Vendée en 2010, intéressé par son activité d'accompagnement qu'il trouve « vertueuse » et en sera son président de 2013 à 2016. Adhérent à l'Unicem, il en est le président des Pays de la Loire de 2001 à 2007. Daniel Robin est également résident de l'OESTV (observatoire économique et social du territoire vendéen), membre fondateur du réseau Ruptur - qui œuvre en faveur d'une économie durable et responsable - et membre du Cobaty Vendée. Son implication dans ces différents organismes va l'inciter à postuler à la présidence du Medef de Vendée. Il le préside d'octobre 2016 à juin 2020. En mars 2023, nouveau challenge : il devient co-président d'IFA (Institut français des administrateurs) grand ouest.
Par ailleurs passionné par les courses à la voile, il a relevé un autre défi en se lançant dans la Trans-quadra 2017-2018. Défi lié pour lui à l'entrepreneuriat : gérer au mieux des projets et des personnes…

HERIGE - RTE DE LA ROCHE-SUR-YON - BP 7 - 85260 L'HERBERGEMENT • TÉL. 02 51 08 08 08

NUMÉRIQUE ET INFORMATIQUE

Vincent **ROUX**

CO-FONDATEUR D'O°CODE ET D'IMAGINATION MACHINE

FORMATION Notre-Dame du Grandchamps à Versailles et La Baronnerie à Angers - DUT en gestion des entreprises et des administrations (1998) ; master spécialisation Dirigeants et Entrepreneurs (2004), à l'IUT de Nantes, à l'UWIC de Cardiff (Pays de Galles) et à Audencia

PASSIONS le Design Thinking, l'innovation, les sciences humaines, le golf (index 13), les vins de Bourgogne, le rire et une « passion formidable » pour San Francisco (où il essaie de se rendre régulièrement)

En 2002, en 2e année d'Audencia, Vincent Roux crée l'agence web Artiss, faisant de lui le premier entrepreneur incubé par l'Espace commun des entrepreneurs, créé par l'établissement. En 2009, Artiss fusionne avec Intuiti webmarketing, donnant le jour à Intuiti - Digital for your Business, filiale d'une holding détenue à parts égales par Arnaud Chaigneau, Séverine Pirault et lui-même. Il devient directeur général fin 2012 de cette agence conseil en tactique digitale, fier de contribuer « à de nouvelles mises en réseau et à dynamiser l'écosystème nantais ». Administrateur de la Cantine numérique et à l'initiative du Club

Open Innovation, Vincent Roux met en place le programme Startups au sein de Réseau Entreprendre Atlantique dont il est alors administrateur. Il en sera président d'avril 2019 à 2022.
En 2017, Il met un terme à son mandat à la direction opérationnelle d'Intuiti car il tente une nouvelle aventure… Il s'engage dans le développement de Fifty truck, une startup d'optimisation du transport de marchandises. Elle a vocation à participer à la transformation numérique d'Idea groupe (spécialisée dans la logistique industrielle), en participant à réduire l'impact économique et écologique du transport. L'application, dédiée aux transporteurs, naît en janvier 2017 avec Vincent Roux pour directeur général jusqu'à fin 2019. Il co-fonde par ailleurs O°Code fin 2018, société vendéenne déployant une technologie de marquage de produits utilisant la blockchain. Vice-président, en charge du marketing, il quitte ses fonctions opérationnelles tout en restant actionnaire et membre du conseil d'administration, pour se consacrer à un nouveau projet : la création d'un club privé sport-santé exclusivement réservé aux dirigeants d'entreprises fin 2023.

O°CODE - 322 B RTE DU PUY-CHARPENTREAU - 85000 LA ROCHE-SUR-YON • TÉL. 0 967 273 452

COMMUNICATION ET MARKETING

Gilles **SALLÉ**

PDG D'AMP VISUAL TV

FORMATION Ecole supérieure de réalisation audiovisuelle de Paris (Esra-1986)

DISTINCTIONS Prix de la personnalité de l'année (salon Satis, 2014)

PASSIONS les voyages, le vélo et le modélisme ferroviaire.

Tout jeune technicien, Gilles Sallé créé Atlantic Média Production (AMP) en 1986. Il développe son premier car régie en 1992, après sa rencontre avec Georges Pernoud (producteur présentateur de l'émission Thalassa sur France 3) et crée une activité de prestation technique pour la télévision sous le nom d'AMP tandis que l'activité d'agence audiovisuelle pour les entreprises et les collectivités se développera sous le nom d'AMP interactive. Il devient PDG d'AMP Visual TV et actionnaire majoritaire lors du rachat de Visual TV en 2007. Multipliant les innovations, les reprises de studios (dont le célèbre Studio Gabriel en association avec Michel Drucker) et les ouvertures d'agences régionales, il implante AMP Visual TV sur tous les continents (plus de 60 pays en 2014). Ces prises de risque calculées aboutissent aujourd'hui à une belle réussite qui vaudra à Gilles Sallé le prix de la personnalité de l'année 2014 dans le cadre du Satis (Salon des technologies et des solutions audiovisuelles). Aujourd'hui, AMP Visual TV est devenu l'un des principaux prestataires européens. Il emploie 400 salariés permanents et recourt chaque mois à environ 3 000 intermittents (soit 280 ETP).

AMP VISUAL TV - 7 ALL. TITOUAN LAMAZOU - BP 40010 - 85341 LES SABLES D'OLONNE CEDEX • TÉL. 02 51 21 11 12

MÉDIAS

Thomas **SAVAGE**

DIRECTEUR DÉPARTEMENTAL OUEST-FRANCE VENDÉE

FORMATION École supérieure de journalisme de Paris

Thomas Savage est le directeur départemental du journal Ouest-France en Vendée depuis le 1er septembre 2023. Il débute à Nantes et contribue ensuite à la réalisation de documentaires de télévision à Paris. De 2015 à 2019, il travaille au Maroc pour l'hebdomadaire francophone TelQuel dont il a notamment été rédacteur en chef. Il rejoint Ouest-France en juin 2021 comme journaliste à Saint-Gilles-Croix-de-Vie. Il occupe ensuite le poste de chef de rédaction de la Roche-sur-Yon, adjoint au directeur départemental, en octobre 2022.

OUEST-FRANCE VENDÉE - 4 RUE RAYMOND POINCARÉ - 85000 LA ROCHE-SUR-YON • TÉL. 02 51 47 62 00

AGROALIMENTAIRE

Véronique **SICARD**

PDG DU GROUPE SICARD

FORMATION lycée Atlantique à Luçon - BTS action commerciale (lycée Mendès France, La Roche-sur-yon, 1989) ; diplôme de spécialisation en marketing communication (Ecole supérieure des Pays de la Loire ESPL, Angers, 1990)

PASSIONS les voyages.

Sa trajectoire professionnelle, Véronique Sicard la trace au sein de l'entreprise familiale Sicard, connue pour ses fameuses brioches vendéennes et ses points de vente de boulangerie à l'enseigne Sicard. Après avoir exercé comme chargée de marketing et communication (1990), elle occupe successivement les postes de responsable commerciale réseau (1995), directrice commerciale réseau (2000), directrice générale réseau (2005) et devient PDG de la société Le Fournil Vendéen en 2008. Depuis avril 2013, elle assure la présidence du groupe Sicard qui regroupe le réseau de points de vente et la société Boulangerie Sicard.

SICARD - 12 RTE DES MOTTES - 85210 SAINT-JEAN-DE-BEUGNÉ • TÉL. 02 51 27 30 12

BOIS ET AMEUBLEMENT

David **SOULARD**

DIRECTEUR GÉNÉRAL DE GAUTIER FRANCE

FORMATION Ingénieur agronome (ESA - Ecole Supérieure d'Agriculture Angers, 1993) ; formation achat et supply chain à Nantes.

PASSIONS la mer et la plongée et les voyages à l'étranger qui mêlent mer, plongée et rencontres des peuples.

C'est un conseil de famille qui a décidé de l'avenir professionnel de David Soulard. En 1999, Dominique Soulard, alors directeur général de l'entreprise familiale Gautier, nourrit le projet de son rachat pour la transmettre à la génération suivante. Ses quatre enfants suivent leur père dans ce pari fou et intègrent l'entreprise à ses côtés. David était alors directeur des achats de Sodebo, autre entreprise familiale vendéenne, où il fait ses premières armes. Entré comme stagiaire au service R&D en 1994, il en gravit les échelons à mesure que la société grossit : ingénieur R&D, responsable des achats et des approvisionnements puis directeur des achats. Bercé par l'entreprenariat familial - son grand-père Ernest est fondateur de la société Ernest Soulard, producteur de canards - David Soulard débute en 2000 chez Gautier comme chef de projet supply chain. A ce poste, il acquiert une vision globale de l'entreprise puis prend en 2009 la suite de Pierre Cornu à la direction générale, aux côtés de son père. Il insuffle un vent nouveau dans la société et des méthodes venues de l'industrie agroalimentaire dont le « time to market ». Il investit dans des outils informatiques et repense le management pour favoriser la transversalité des compétences de ses collaborateurs. « Ce qui me motive ce n'est pas l'argent mais que les gens progressent dans leur travail » aime à dire ce boulimique de projets.
Président de Novachild, David Soulard est ambassadeur de la French Fab Vendée, mouvement qui vise à fédérer les acteurs du tissu industriel vendéen autour de la transformation de l'industrie française. Il trouve aussi le temps de s'investir depuis près de 20 ans dans le club de foot de Montaigu.

MEUBLES GAUTIER - 19 RUE GEORGES CLÉMENCEAU - BP 10 - 85510 LE BOUPÈRE • TÉL. 02 51 61 40 00

DÉVELOPPEMENT ÉCONOMIQUE

Bruno **SOULLARD**

DIRECTEUR GÉNÉRAL DES SERVICES DE LA CCI DE VENDÉE

FORMATION lycée Saint-Gabriel à Saint-Laurent-sur-Sèvre (bac E, 1988) - ingénieur Icam (Nantes, 1993)

PASSIONS la compétition automobile.

Bruno Soullard intègre le Groupe Atlantic, tout d'abord comme ingénieur méthodes production chez Atlantic Industrie à La Roche-sur-Yon en 1993. Un an plus tard, il devient responsable fabrication dans la société CEET, basée à Saint-Jean de la Ruelle, jusqu'en 1998. Il s'ensuit une expérience de quatre ans en tant que chargé des projets au sein du groupe Jouve en Mayenne. Puis il entre à l'Institut catholique d'arts et métiers (Icam) de Vendée en 2003 comme directeur des études, avant d'en prendre les commandes de 2006 à début 2017. Nommé directeur adjoint, il devient directeur des 3 sites de l'Icam de l'Ouest (Nantes, Vannes, La Roche-sur-Yon) en septembre de la même année. Le Vendéen part diriger l'Icam de Lille en août 2022 puis, en octobre 2023, il rejoint la CCI de Vendée en tant que directeur général des services.
Bruno Soullard a par ailleurs été membre du conseil d'administration de la Plateforme Régionale d'Innovation Proxinnov (interface entre les PME, les intégrateurs et les fabricants de robots).

CCI VENDÉE - 16 RUE OLIVIER DE CLISSON - CS 10049 - 85002 LA ROCHE-SUR-YON • TÉL. 02 51 45 32 32

TOURISME ET LOISIRS

Michaël **THIBAUD**

PRÉSIDENT DU GROUPE OCEANO LOISIRS O'GLISS PARK ET O'FUN PARK

FORMATION Brevet d'état d'éducateur sportif aux Activités Natation - Beesan (Creps Poitiers, 1999)

PASSIONS le sport en général

Vendéen pure souche, entrepreneur dans l'âme, grand sportif, Michaël Thibaud fait partie de ces hommes d'action qui réfléchissent toujours « au projet d'après ». Son aventure entrepreneuriale commence en 1999, après l'obtention de son diplôme. Il devient maître-nageur-sauveteur indépendant et loue une piscine, pour la période d'hiver, à Jard-sur-mer. Puis il crée un club de plage en 2000 sur la plage du Rocher à Longeville-sur-mer. Un an plus tard, il fonde sa propre société, Océano Loisirs, et achète un portique à élastiques qu'il installe sur le port de Jard. C'est en 2002 qu'il décide de créer le concept de parc d'accrobranches d'Indian Forest et ouvre le 1er parc de la région à Jard. Fort d'un succès immédiat, le dirigeant va s'employer à développer l'attractivité du parc en proposant de multiples activités. Mais l'espace manque. Le nouveau parc d'aventures Indian Forest Atlantique Vendée ouvre donc au Bernard en 2005 et grandit peu à peu, se réinventant sans cesse. Michaël Thibaud n'a toutefois pas oublié son attrait pour l'univers aquatique et conçoit le principe d'O'Gliss Park dès 2010. Il donne vie au projet en 2016 et le « jardin aquatique » a pris depuis un bel essor. Fin 2019, Indian Forest est rebaptisé O'Fun Park. Son fondateur est bien déterminé à améliorer encore et toujours la qualité de ses parcs.
Fourmillant d'idées, curieux de tout, ce battant-né avoue « ne pas supporter l'imperfection ». Pour prendre un peu de recul et échanger avec ses pairs, il adhère depuis peu au Réseau Entreprendre et à l'association Ruptur. L'occasion aussi, qui sait, de réfléchir à de nouvelles réalisations...

O'FUN PARK - LE BOIS LAMBERT - 85540 MOUTIERS-LES-MAUXFAITS • TÉL. 02 51 48 12 12

INDUSTRIE NAUTIQUE

Bruno **THIVOYON**

DIRECTEUR GÉNÉRAL DU GROUPE BÉNÉTEAU

FORMATION Ingénieur Génie des Systèmes Industriels (1997) ; IAE (Tours, 1998)

PASSIONS Le sport, l'île d'Oléron, les voyages, les concerts

Avec un père banquier, Bruno Thivoyon grandit à Tours, Limoges, Toulon puis Montpellier. Titulaire d'une double formation, ingénieur et gestion, il est embauché en contrôle de gestion au siège de Valeo à Paris en 1998. Le début d'une carrière où il se partagera entre gestion de la performance financière et support aux opérations, passionné avant tout par les projets de transformation. Montant en compétences au fur et à mesure, il s'engage sur

divers projets en France, aux États-Unis ou au Japon. Et ce sont les rôles d'intégrateur, de pilote, de coordinateur et de fédérateur qui seront au cœur de ses missions. À force d'écouter les équipes, pour comprendre ce qui marche et ne marche pas, et de les faire adhérer aux projets, le dirigeant est devenu un spécialiste du «problem solving». Des qualités qui lui valent d'intégrer en janvier 2020 le groupe Beneteau en tant que directeur financier Groupe, son «premier emploi après un très bon stage de 22 ans» comme le souligne malicieusement ce pince-sans-rire...
Bruno Thivoyon devient ensuite directeur général délégué du Groupe en charge des finances, du juridique et des systèmes d'information, de janvier à juin 2022, puis directeur général. Il est désormais bien décidé à instiller une nouvelle culture pour que le groupe continue de grandir, en étant «toujours plus ambitieux que l'objectif qu'il s'est fixé». Lui-même travaille en binôme avec Gianguido Girotti à l'accélération de la transformation de Beneteau, suivant une feuille de route à 2025. Celle-ci concerne la poursuite de la montée en gamme des différentes marques, ainsi que le développement d'une offre produit éco-responsable, contribuant au développement de la marque employeur. Tout en essayant, à titre plus personnel, de trouver plus de temps pour ses proches...

GROUPE BENETEAU - LES EMBRUNS - 16 BD DE LA MER - CS 43319 - 85803 SAINT-GILLES-CROIX-DE-VIE CEDEX • TÉL. 02 51 26 88 50

ORGANISATIONS PROFESSIONNELLES

Pascal **VRIGNAUD**

SECRÉTAIRE GÉNÉRAL DE L'UNION DÉPARTEMENTALE CFDT VENDÉE

FORMATION Lycée Pierre Mendès France à La Roche-sur-Yon - Deug de sociologie (Université de Nantes, 1985)

PASSIONS Le cyclo sportif

Vendeur meuble et électroménager chez Conforama à La Roche-sur-Yon de 1988 à 2007, Pascal Vrignaud se consacre à ses engagements syndicaux depuis 2008. D'abord permanent syndical au sein de la CFDT Vendée, il en est devenu le secrétaire général en novembre 2012.

UD CFDT 85 - 16 BD LOUIS BLANC - BP 129 - 85004 LA ROCHE-SUR-YON CEDEX • TÉL. 02 51 37 01 34

BIENS D'ÉQUIPEMENT

Guillaume **ZANLORENZI**

PRÉSIDENT DU RÉSEAU ENTREPRENDRE VENDÉE - PRÉSIDENT D'OCF

FORMATION CAP et BEP électricité, électromécanique, dessin industriel (1986, Parthenay et Bressuire) ; diplôme avant bac machines à coudre industrielles (1989, Bressuire) ; master Centres de profit (Audencia, 2013)

PASSIONS Tout ce qui est technique ; la géopolitique ; la F1

Passionné de technique et d'innovation, Guillaume Zanlorenzi trouve son premier emploi dans l'habillement chez la Méniloise de confection en Mayenne. Il poursuit cette expérience en Pologne pendant 2 ans puis met à profit son diplôme en machines à coudre industrielles dans ce domaine. C'est en 1993 qu'il arrive dans le bocage vendéen pour prendre la direction puis la présidence de JMJ, fabricant de vêtements haut de gamme pour de grandes marques françaises. Des responsabilités qui lui font sillonner l'Europe centrale. JMJ revendue, il cherche à se réinventer, à découvrir de nouveaux secteurs et achète OCF en 2006. Fabricant de vitrines réfrigérées sur mesure, la société emploie alors 26 salariés. Son nouveau dirigeant la fait progresser, développe sa présence dans la pâtisserie et la haute-pâtisserie, avec l'aide d'une «équipe très motivée». Une équipe composée aujourd'hui de 100 personnes.
Lauréat du réseau Entreprendre Vendée en 2006, Guillaume Zanlorenzi s'y investit, goûtant à l'esprit de partage, la collaboration entre chefs d'entreprises. Il entre au CA en 2011, est élu vice-président en 2016 puis président en juin 2022, «un honneur qu'il ne pouvait refuser». Désormais à la tête de l'association, il apprécie tous les jours l'engagement de ses membres dirigeants, généreux dans leurs heures de bénévolat. Durant son mandat, il cherchera à mettre en avant la RSE dans toute sa dimension, à accueillir de jeunes chefs d'entreprises, plus actifs dans le numérique, et à intégrer davantage de membres dans chaque secteur tout en «élargissant les champs d'accompagnement». Tenace, curieux, il fait partie par ailleurs des membres fondateurs de Vendée international, structure de développement à l'export des entreprises du département.

OCF - 2 RUE DU BOIS - LA BARBIÈRE - 85110 SIGOURNAIS • TÉL. 02 51 48 55 00

LES TÊTES HORS RÉGION

TRANSPORT ET LOGISTIQUE

Idir **AIT-ARKOUB**

DIRECTEUR RÉGIONAL GEODIS D&E TOURAINE - ANJOU

Né le 26 novembre 1965 à Saint-Denis. Vie maritale. Deux enfants

DUSOLIER CALBERSON - 310 RUE MORANE-SAULNIER - 37210 PARÇAY-MESLAY • TÉL. 02 47 40 50 50

ETAT

Hervé **BERVILLE**

SECRÉTAIRE D'ÉTAT À LA MER

FORMATION Les Cordeliers à Dinan ; hypokhâgne à Ernest Renan (Saint-Brieuc), Sciences-Po (Lille, 2013) ; master économie politique du développement (London School of Economics, 2013)

DISTINCTIONS «30 Under 30 Europe 2018» (classement Forbes)

PASSIONS le cinéma, la littérature, passer du temps avec sa famille et ses amis

Il est de ceux dont on dit spontanément qu'il ira loin... Né au Rwanda, Hervé Berville est adopté à 4 ans par une famille bretonne qui lui apprend, entre autres, la valeur du mot « travail ». Adolescent passionné par l'histoire et l'architecture, il entre finalement à Sciences-Po dont la pluridisciplinarité l'attire. Durant ces années, le jeune Breton se confronte à un brassage culturel et social qui le pousse à s'intéresser aux questions économiques internationales. Puis il part un an étudier au Mexique, où il finira par effectuer un stage à l'ambassade de France. C'est à partir de là que l'idée de faire de la politique commence à mûrir. Il décide de compléter sa formation à Londres avant de travailler pendant 2 ans à l'Agence Française de Développement au Mozambique. Il est alors chargé de rédiger des notes sur la situation macro-économique.
Mais il réfléchit toujours à son avenir, hésitant entre la diplomatie, l'économie ou les services de l'Etat. C'est en 2014 qu'il découvre Emmanuel Macron et se met à suivre son parcours. Il rejoint à l'automne 2015 le collectif «Les Jeunes avec Macron». Après une année passée au Kenya pour l'université Stanford, il devient le référent départemental des Côtes-d'Armor pour la présidentielle 2017. Energique, enthousiaste, le futur député veut se battre « pour changer les choses » et sa franchise convainc les électeurs. Porte-parole du groupe à l'Assemblée, président du groupe d'études sur la régulation de la mondialisation, il est actuellement membre de la commission des Affaires étrangères. En février 2018, le président de la République lui a confié une mission sur la modernisation de la politique d'aide au développement de la France.
Il est réélu député en juin 2022 puis nommé secrétaire d'état à la Mer en juillet.

SECRÉTARIAT D'ÉTAT CHARGÉ DE LA MER - 20 AVENUE DE SÉGUR - 75007 PARIS • TÉL. 01 40 81 21 22

RECHERCHE MÉDICALE

Daniel **BOUJARD**

DIRECTEUR ADJOINT SCIENTIFIQUE DE L'INSTITUT DES SCIENCES BIOLOGIQUES (INSB) DU CNRS - PROFESSEUR DE BIOLOGIE À L'UNIVERSITÉ DE RENNES

FORMATION doctorat de biologie cellulaire et moléculaire ; habilitation à diriger des recherches

PASSIONS la biologie, la lecture, le cyclisme et l'oenologie.

PUBLICATIONS « Manuel de biologie pour psychologues » (Dunod) ; direction de l'ouvrage « Manuel de biologie cellulaire et moléculaire » (2012) ; nombreuses publications scientifiques

Recruté comme maître assistant puis professeur par l'Université de Rennes1, Daniel Boujard a fait toute sa carrière dans des structures associées au CNRS. Directeur de l'Unité mixte de recherches « Interactions cellulaires et moléculaires» de 2000 à 2007, il a également été directeur de l'Ecole doctorale Vie agro santé, commune à l'Université de Rennes 1 et Agrocampus, de 2001 à 2008. Fortement impliqué dans le développement de plateformes de recherches mutualisées, il a participé à la création d'Ouest Génopole (devenue Biogenouest). Membre de son conseil scientifique et de son conseil de groupement pendant de nombreuses années, il en a été le président en 2010-2011. Il continue à diriger la plateforme qu'il a créée en 2000 mais s'occupe essentiellement, à la direction de l'INSB, de l'ensemble des infrastructures nationales de recherches portées ou co-portées par le CNRS.
Daniel Boujard enseigne la biologie cellulaire dans tous les cycles universitaires et est actuellement responsable de la préparation aux concours Capes-Agrégation. Militant actif de l'économie sociale et solidaire, il a été président de l'entreprise d'insertion Envie 2E et est actuellement président de l'association Ressources T qui regroupe trois entreprises d'insertion par l'activité économique (159 personnes).

INSB - INSTITUT DES SCIENCES BIOLOGIQUES - 3 RUE MICHEL-ANGE - 75794 PARIS CEDEX 16 • TÉL. 02 23 23 63 76

ETAT

Christophe **BÉCHU**

MINISTRE DE LA TRANSITION ÉCOLOGIQUE ET DE LA COHÉSION DES TERRITOIRES

FORMATION Lycée David d'Angers à Angers (bac A1, 1992) - hypokhâgne au lycée Bergson à Angers ; IEP Paris, section service public (1996) ; DEA de droit public (1998) ; DESS en droit des interventions sanitaires et sociales (2003) à Paris X

DISTINCTIONS Chevalier de l'ordre national du Mérite ; chevalier de la Légion d'honneur 2021

PASSIONS Le jeu d'échecs, le sport en général, la lecture et sa famille

Christophe Béchu commence sa carrière professionnelle au CNFPT en tant que chargé de cours en finances publiques. Son entrée dans l'action politique se fait très tôt.

Et son ascension est fulgurante. Il n'a que 21 ans lorsqu'il est élu conseiller municipal d'Avrillé et 23 ans quand il devient adjoint au maire, en charge de la communication. Elu conseiller général du canton d'Angers Nord-Ouest en 2001, il prend trois ans plus tard la présidence du Département. Agé de 29 ans, il est à l'époque le plus jeune président de conseil général en France. En 2008, Christophe Béchu mène la bataille des municipales à Angers et échoue de justesse face au maire sortant. Député européen de 2009 à 2011, il a été conseiller régional des Pays de la Loire de 2010 à 2011. Outre ses engagements politiques, l'Angevin a présidé le SDIS 49 ainsi que le Groupement d'intérêt public national (GIP) « Enfance en danger ».
Elu maire d'Angers en 2014, Christophe Béchu devient également président d'Angers Loire métropole. Devenu sénateur en 2011, il renonce à se présenter aux sénatoriales de 2017 pour continuer à s'occuper de sa ville. Il est réélu maire en mars 2020, président d'Angers Loire métropole en juillet puis président du Pôle métropolitain Loire Angers en août. En mai 2022, il est nommé ministre délégué en charge des collectivités territoriales dans le nouveau gouvernement Macron puis ministre de la transition écologique et de la cohésion des territoires en juillet. Il cède alors son écharpe de maire pour devenir premier adjoint, puis la présidence de la métropole et du Pôle métropolitain. Il a par ailleurs été président de l'Agence de financement des infrastructures de transport de France (AFITF) de 2018 à 2022.

MINISTÈRE DE LA TRANSITION ÉCOLOGIQUE ET DE LA COHÉSION DES TERRITOIRES - 246, BOULEVARD SAINT GERMAIN - 75007 PARIS • TÉL. 01 40 81 21 22

PROMOTION ET GESTION IMMOBILIÈRE

Loïc **CANTIN**

PRÉSIDENT DE LA FNAIM

FORMATION lycée Brequigny à Rennes - licence de sciences économiques à la faculté de sciences économiques de Nantes et au Centre d'études et de recherche sur l'urbanisme, la construction et le logement (Cercol) de Paris II

PASSIONS la pêche à la mouche, les voitures anciennes et le jardinage.

Son expertise de l'immobilier, Loïc Cantin la montre sur le terrain mais aussi au sein des grandes écoles et des tribunaux. Sur le plan professionnel, il exerce les activités d'agent immobilier, d'administrateur de biens et de conseil en immobilier d'entreprise sous l'enseigne Cantin immobilier depuis 1980. Administrateur et cofondateur du Club immobilier Nantes Atlantique (Cina) en 1992, il en a été le président de 1998 à 2008. Il est élu président de la FNAIM de Loire-Atlantique en 2005 et candidate à la présidence nationale de la FNAIM en 2012. C'est en juin 2017 qu'il accède à la présidence de la FNAIM des Pays de la Loire et le restera jusqu'en 2020. Cette même année, il prend la présidence de l'École Supérieure de l'Immobilier (ESI). Président adjoint de la FNAIM depuis 2018, il se présente à l'élection nationale en octobre 2022 et est élu président. Il prend ses fonctions le 1er janvier 2023.
Loïc Cantin transmet également les ficelles du métier et sa connaissance de l'immobilier à différents publics. Depuis 1996, il est professeur à l'Institut d'études juridiques et économiques appliquées à la construction et à l'habitation (ICH Ouest-Cnam) en charge de plusieurs enseignements (immobilier d'entreprise, économie immobilière, fiscalité). Depuis 2008, il est également chargé de cours à la faculté de droit de l'université de Nantes (Droit des opérations immobilières). Il apporte aussi son expertise dans le milieu de la Justice. Après une première mission en qualité d'expert judiciaire non inscrit en 1998, il est expert agréé près la Cour d'appel de Rennes depuis 2007. Il entre au conseil exécutif du Medef national en juillet 2023.

FNAIM - 129 RUE DU FAUBOURG SAINT-HONORÉ - 75407 PARIS CEDEX • TÉL. 01 44 20 77 00

CULTURE

William L. **CHRISTIE**

FONDATEUR ET DIRECTEUR MUSICAL DES ARTS FLORISSANTS

FORMATION diplôme d'histoire de l'art ; MA Yale University à New Haven (USA) et Harvard

DISTINCTIONS Grand officier de l'ordre national du Mérite ; commandeur de la Légion d'honneur ; officier des Arts et des lettres ; docteur honoris causa de the State University of NY ; prix Grand siècle (1997) ; membre de l'Académie des Beaux-arts (2008)

PASSIONS la défense du patrimoine culturel de la Vendée et la préservation de l'environnement.

Claveciniste, chef d'orchestre, musicologue et enseignant, William Christie marque le paysage musical contemporain : pionnier de la redécouverte de la musique baroque en France, il a révélé à un large public le répertoire des XVIIe et XVIIIe siècles. Sa carrière en France, depuis 1971, a pris un tournant décisif quand il a fondé Les Arts Florissants (1979). A la tête de l'ensemble instrumental et vocal, il a imposé une griffe très personnelle de musicien/homme de théâtre, renouvelant l'interprétation du répertoire. En 1987, il connaît la consécration publique avec la création d'Atys de Lully à l'Opéra-Comique, puis sur de nombreuses scènes internationales. Sa production lyrique se poursuit sur un rythme soutenu, sous le signe des collaborations avec de grands noms de la mise en scène de théâtre et d'opéra. Comme chef invité, William Christie répond régulièrement aux sollicitations de festivals d'art lyrique comme Glyndebourne ou de maisons d'opéra (l'Opernhaus de Zurich, le Metropolitan opéra de New York...). Soucieux de transmettre, il a fondé en 2002 Le Jardin des Voix, une Académie biennale pour les jeunes chanteurs.
Très attaché à la Vendée, il a créé le festival « Dans les jardins de William Christie » à Thiré, où il réside depuis 1985 dans un domaine classé à l'Inventaire supplémentaire des Monuments Historiques. Il y a d'ailleurs aménagé des jardins qui ont reçu le label « Jardin remarquable » en 2004. Il décide en 2017 de léguer son patrimoine et son association culturelle à une fondation qu'il va créer. Mais, précise-t-il, « ce n'est pas encore la retraite » !

LES ARTS FLORISSANTS - 221 AVENUE JEAN JAURÈS - 75019 PARIS • TÉL. 01 43 87 98 88

PROTECTION DE L'ENVIRONNEMENT

Antoine **DE PONTON D'AMÉCOURT**

PRÉSIDENT DE FRANSYLVA FORESTIERS PRIVÉS DE FRANCE - CONSEILLER RÉGIONAL DES PAYS DE LA LOIRE

FORMATION Ecole d'Agriculture de Sablé-sur-Sarthe

DISTINCTIONS Chevalier du Mérite agricole 2002 ; chevalier de la Légion d'honneur 2020

PASSIONS Le contact humain, la chasse, la forêt, la nature et l'observation de la nature, la ruralité

Passionné par la nature, Antoine d'Amécourt reprend en 1985 une exploitation agricole. Le Sarthois, issu d'une famille de sylviculteurs, se charge en 1993 de la gestion de la forêt familiale. La forêt lui permet de voir loin et l'apaise. « Aujourd'hui, nous profitons du travail des générations précédentes et devons gérer la forêt pour les générations suivantes », dit-il. Celui qui se dit « né au milieu de la forêt » prend très vite des responsabilités dans ce domaine. Dès 1988, il est élu administrateur du Syndicat de propriétaires forestiers de la Sarthe. Il se rapproche du Centre technique des études forestières de la Sarthe (CETEF) et en devient président en 2000. Ancien président du Centre régional de la propriété forestière (CRPF) pour les Pays de la Loire de 2011 à 2021, il a également présidé l'entité nationale (CNPF) de 2014 à 2021. Il est actuellement président de Fransylva Forestiers Privés de France depuis novembre 2014 et administrateur de l'Office Français de la Biodiversité (OFB).
Outre ses mandats forestiers, Antoine d'Amécourt a le sens de l'intérêt collectif. Un sens sans doute hérité de sa famille qui compte de nombreux élus. « Enraciné » comme ses arbres, à Avoise (GFR de Pescheseul), il s'implique dans sa commune. Devenu conseiller municipal en 1995, il est premier adjoint en 2001, puis maire en 2008. S'ajoute à cela, sa fonction de vice-président puis président, depuis janvier 2020, de la commission Laval de l'eau Sage Aval. Membre du Cese, il est élu conseiller régional des Pays de la Loire en 2021.

FRANSYLVA - 6 RUE DE LA TRÉMOILLE - 75008 PARIS • TÉL. 01 47 20 36 32

BANQUE ET ASSURANCE

Joseph **DENIAUD**

PRÉSIDENT DU GROUPE VYV

FORMATION CAP mécanique (1971)

Un CAP de mécanique en poche, Joseph Deniaud commence sa carrière professionnelle en 1971 chez Tréfimétaux à Couëron. Deux ans plus tard, il est embauché chez Alsthom mécanique à Saint-Nazaire, où il est responsable syndical CFDT (1974-1979). Permanent de l'union locale CFDT à Saint-Nazaire à partir de 1979, il devient secrétaire de l'UD CFDT (1984-1994). Il quitte ensuite ses responsabilités syndicales pour poursuivre son parcours professionnel à la tête du Plan local pour l'insertion et l'emploi (PLIE) du Sud Loire. Début 2000, il intègre la Communauté urbaine de Nantes au sein de la mission Politique de la Ville, puis de la direction du Développement économique, en charge de l'emploi et de l'insertion professionnelle. Entré au conseil d'administration de Loire-Atlantique Mutualité en 1993, il en devient vice-président puis président quelques années après.
En juin 2002, il est élu à la présidence des Mutuelles de Loire-Atlantique, puis prend en 2007 la présidence de Harmonie Mutualité. Président de l'Union des services de soins et d'accompagnement mutualiste, il est élu président du Groupe Harmonie Mutuelle en juin 2013. Joseph Deniaud est également administrateur de l'Union régionale de la mutualité française en Pays de la Loire et membre du Bureau de la Fédération Nationale de la Mutualité Française (FNMF). Il prend la tête de l'entité UMG Harmonie mutuelle - MGEN - Istya (futur groupe Vyv) en 2016. Il est également président du comité de surveillance d'Hospi Grand Ouest.

HARMONIE MUTUELLE - SIÈGE - 143 RUE BLOMET - 75015 PARIS • TÉL. 08 05 50 00 16

ETAT

Sarah **EL HAÏRY**

SECRÉTAIRE D'ÉTAT À LA BIODIVERSITÉ

FORMATION Prépa normale Sup (Lycée Carcouët), licence de Droit (faculté de droit de Nantes, 2010)

PASSIONS Le pilotage d'avion, les voyages, l'économie sociale, la décoration

Sarah El Hairy a fait partie de ces députés élus en 2017 qui ont insufflé un vent de fraîcheur à l'Assemblée nationale. Après un premier emploi au ministère du tourisme québécois, elle s'implique dans l'organisation d'une ONG puis entre chez UP Chèque-déjeuners. Passionnée par l'action publique, ses études de Droit ont été pour elle « une grille de lecture du fonctionnement de la société ». Et il n'est pas question pour la jeune femme de ne pas faire les choses à fond. C'est son caractère ! Son engagement politique commence en 2007 et s'est poursuivi en 2014, lorsqu'elle est choisie comme numéro 2 sur la liste Modem lors des municipales de Nantes. Elle adhère ensuite au parti, et devient la présidente par intérim pour la Loire-Atlantique. Sarah El Hairy gagne l'investiture LREM dans la 5e circonscription Nantes-Nort-sur-Edre en 2017 et remporte l'élection. En novembre de la même année, elle est élue présidente du Modem 44. En 2018 elle devient membre du bureau exécutif du MoDem et porte-parole nationale du Mouvement Démocrate. Consciente de ses responsabilités, la députée se met au service des Français au sein d'une commission stratégique à l'Assemblée Nationale, celle des Finances. Elle est nommée co-présidente du groupe d'études Economie sociale et solidaire en avril 2018. Missionnée en 2019 sur l'évolution du cadre de la philanthropie en France, elle est nommée secrétaire d'État chargée de la Jeunesse et de l'Engagement en juillet 2020. Poste qu'elle quitte en mai 2022.
Conseillère municipale de la ville de Nantes et conseillère de Nantes Métropole depuis juin 2020, elle est réélue députée en juin 2022. Puis retrouve son poste de secrétaire d'État en juillet, chargée de la Jeunesse et du Service national universel.

Un an plus tard, elle est nommée secrétaire d'État à la biodiversité.

MINISTÈRE DE LA TRANSITION ÉCOLOGIQUE ET DE LA COHÉSION DES TERRITOIRES - 246, BOULEVARD SAINT GERMAIN - 75007 PARIS • TÉL. 01 40 81 21 22

ASSOCIATIONS ET RÉSEAUX

Jean-François **GENDRON**

PRÉSIDENT DE FRENCH HEALTHCARE

FORMATION externat des Enfants nantais - DT d'oenologie aux facultés d'oenologie de Montpellier et Dijon (1980)

DISTINCTIONS chevalier de la Légion d'honneur

PASSIONS la voile, la gastronomie et les cigares.

Jean-François Gendron voulait faire de l'oenologie son métier. Diplômé de cette noble discipline, il change pourtant de voie en prenant la direction de l'entreprise familiale Gendron Industrie, fonction qu'il assumera pendant 20 ans. En 2001, il donne une nouvelle orientation à sa carrière en reprenant Sotec médical, alors en redressement judiciaire. Très rapidement, il dynamise l'entreprise spécialisée dans la conception et la fabrication de matériel médical. Elle emploie aujourd'hui plus de 70 personnes et fait partie du groupe HAcare, dont il est vice-président.

La réussite professionnelle de Jean-François Gendron se double d'une volonté de s'impliquer dans le développement régional. Membre du conseil de surveillance du Grand Port Maritime Nantes-Saint-Nazaire, il préside Audencia de 2015 à 2016. Devenu vice-président de la CCI de Nantes en 2000, il en prend la présidence en 2005. Elu président de la CCI Nantes St-Nazaire début 2011, ce passionné de jazz fait «monter crescendo» le rôle de cette nouvelle CCI unique dans la dynamique économique de la métropole. Il passe le relais en novembre 2016 et est élu président de la CCI des Pays de la Loire. Il le restera jusqu'en décembre 2021.

Depuis janvier 2018, il est président du conseil d'administration de l'association French Healthcare, dont l'ambition est de «mettre en cohérence l'écosystème de la santé, le monde de la recherche, de la formation, et des entreprises pour se déployer à l'international». Il est aussi conseiller du Commerce extérieur au ministère de l'Europe et des Affaires étrangères depuis cette année-là. En 2022, il devient administrateur de DMS Imaging, société cotée, spécialisée dans la haute technologie au service du diagnostic médical.

FRENCH HEALTHCARE - 77, BOULEVARD SAINT-JACQUES - 75014 PARIS

ORGANISATIONS PROFESSIONNELLES

Lionel **GOSSEAUME**

PRÉSIDENT D'INTERLOIRE

FORMATION Ingénieur en agriculture (ESA Toulouse, 1992)

DISTINCTIONS médaille de l'ordre du Mérite agricole 2023

PASSIONS La lecture, le cinéma, la musique

Né dans une famille de viticulteurs implantée depuis plusieurs générations en Touraine, Lionel Gosseaume devient, de façon naturelle, ingénieur en agriculture. Il commence par travailler comme commercial pour la société Baron Philippe de Rothschild. Puis il entre en 1994 à la chambre d'agriculture du Maine-et-Loire en tant que conseiller d'entreprise, afin d'aider les jeunes vignerons à s'installer. Il rejoint en 1997 le Centre national des jeunes agriculteurs pour diriger le service syndical. Il y anime le réseau départemental et régional des jeunes cadres du mouvement syndical. Après une mission de 2001 à 2005 à la direction de la FDSEA du Vaucluse à Avignon, il prend la tête de la Fédération régionale des syndicats d'exploitants agricoles du Centre.

Mais Lionel Gosseaume, homme de contacts et de projets, a envie de créer sa propre société. Tout en restant directeur, il se lance en 2007 et crée, avec l'aide de son frère vigneron, un vignoble de 9 ha à Choussy. Il s'appuie sur les conseils d'un œnologue et sort son 1er millésime cette même année. Il devient vigneron à plein temps en 2010, enseignant en parallèle la gestion au lycée viticole d'Amboise de 2014 à 2016. Heureux d'avoir suivi la tradition familiale, fier d'avoir créé 7 emplois et agrandi son domaine à 35 ha, il continue à s'investir pour sa profession. En décembre 2020, il est en effet élu président d'InterLoire, où il évolue depuis 2011, et ce pour 3 ans. Il aura la responsabilité, avec le conseil d'orientation stratégique, de coordonner la mise en œuvre du plan de filière « Val de Loire 2030 ». Avec plusieurs objectifs majeurs : la création de valeurs pour la filière viticole, l'engagement environnemental, social et sanitaire, et une plus grande présence à l'export.

INTERLOIRE - 62 RUE BLAISE PASCAL - 37540 TOURS • TÉL. 02 47 60 55 00

ORGANISATIONS PROFESSIONNELLES

Jean-François **GUIHARD**

PRÉSIDENT DE LA CONFÉDÉRATION FRANÇAISE DE LA BOUCHERIE, BOUCHERIE-CHARCUTERIE, TRAITEURS (CFBCT) - PRÉSIDENT D'INTERBEV

FORMATION CAP/BEP boucher (1979) et charcuterie (1980) ; brevet de maîtrise boucherie (1983)

PASSIONS le cyclotourisme

Jean-François Guihard débute son parcours professionnel en 1979 comme artisan-boucher à Muzillac et s'installe à Malestroit huit ans plus tard. En 1991, il prend un emplacement sous les halles de Redon puis poursuit son développement en ouvrant un second magasin à Ploërmel en 2001 et en créant une activité de conserves en 2010. Actuellement, les établissements Guihard comptent 10 salariés et 3 apprentis. Depuis la fin des années 1990, Jean-François Guihard exerce différentes responsabilités. Notamment pour représenter et défendre les intérêts de sa branche professionnelle. Président des artisans-bouchers du Morbihan depuis 1999, il est le créateur en 2002 et l'actuel président de la fédération bretonne de cette profession et le représentant de la Bretagne au conseil d'administration de la confédération française. Jean-François Guihard siège depuis 2010 à la Chambre de métiers et de l'artisanat du Morbihan, dont il a été 2e vice-président, ainsi qu'à la Chambre régionale de métiers. Président

de l'Union professionnelle des artisans (devenue U2P) du Morbihan de 2011 à 2015, il en est désormais administrateur. Il est, depuis le 1er janvier 2017, président de la Confédération Française de la Boucherie, Boucherie-Charcuterie, Traiteurs. En 2021, il est élu président d'Interbev, l'interprofession du bétail et de la viande et siège depuis au Cese.
Par ailleurs, il est créateur et président de la cyclo-sportive « le Coeur de Bretagne » au profit des personnes autistes.

INTERBEV - 207 RUE DE BERCY - 75587 PARIS CEDEX 12 • TÉL. 01 44 87 44 60

ASSOCIATIONS ET RÉSEAUX

Jean-Luc **HAROUSSEAU**

PRÉSIDENT DE LA FONDATION DES ENTREPRISES DU MÉDICAMENT

FORMATION internat des hôpitaux de Nantes et de Paris ; maîtrise de biologie humaine en hématologie ; doctorat en médecine ; agrégation en hématologie clinique

PASSIONS le sport et la musique classique.

Carrière fulgurante que celle de Jean-Luc Harousseau. Elève des Pr Debray et Jean Bernard à Paris (1976-1980), il devient à 32 ans le plus jeune professeur français dans sa spécialité. Quatre ans plus tard, il est nommé chef du service d'hématologie clinique et d'oncologie pédiatrique au CHR de Nantes. Outre le développement du service, on lui doit la création de l'unité de greffes de moëlle osseuse (1983) et d'un laboratoire de recherche sur la biologie du myélome multiple (1992). Créateur de l'Intergroupe francophone du myélome, leader mondial de la recherche clinique dans ce domaine, Jean-Luc Harousseau reçoit en 2005 le Waldenstrôm Award, récompense majeure de la spécialité et en 2009 le prix Robert Kyle décerné par la « International Myeloma Foundation ». Début 2011, il devient président de la Haute autorité de santé (HAS), en laissant alors la direction générale du Centre René Gauducheau (devenu l'Institut de cancérologie de l'Ouest en 2010) qu'il exerçait depuis 2008. Autorité publique indépendante, la HAS est chargée d'évaluer des produits de santé et de promouvoir la qualité et la sécurité des soins. Il en démissionne fin 2015. Ce spécialiste du cancer du sang est élu président de la Fondation des Entreprises du médicament en février 2019. Il prend la même année la présidence de la clinique urologique de Nantes.
Sa seconde passion a longtemps été la politique. Battu aux élections municipales de Nantes en 2001, il présidera le Conseil régional de 2002 à 2004, à la suite de la démission de François Fillon.

FONDATION DES ENTREPRISES DU MÉDICAMENT POUR L'ACCÈS AUX SOINS - 58 BD GOUVION-SAINT-CYR - 75017 PARIS

PROTECTION DE L'ENVIRONNEMENT

Denez **L'HOSTIS**

PRÉSIDENT D'HONNEUR DE FRANCE NATURE ENVIRONNEMENT - VICE-PRÉSIDENT DE FÉDÉRATION BRETAGNE NATURE ENVIRONNEMENT

FORMATION lycée de Kerichen de Brest (en math sup) - lycée Henri IV à Paris (prépa HEC) ; ESSEC (Paris, 1970) ; doctorat en gestion (Paris Dauphine, 1977) ; Université de Haute-Bretagne

PASSIONS la mer, l'écologie, l'énergie et les affiches politiques depuis mai 1968 (collectionneur).

Préserver la richesse naturelle : un fil conducteur dans le parcours de Denez L'Hostis. Après avoir débuté sa carrière comme chercheur en Economie des pêches à l'Inra, puis à l'Ifremer à Nantes et Concarneau (1983-1986), il dirige l'Organisation des pêcheries de l'Ouest Bretagne (OPOB) au Guilvinec. Directeur du Port Musée de Douarnenez (1994-1995), il est ensuite directeur général de La Cité de la Mer à Cherbourg entre 1998 et 2007. Impliqué dans les vie publique et associative, il est vice-président de Quimper Communauté en charge du Développement durable et des énergies de 2008 à 2014. Dans ce cadre, il a contribué à la mise en oeuvre d'un agenda 21 et de deux Plan Climat Energie Territorial. Engagé dans la protection du littoral et de la mer, Denez L'Hostis exerce de nombreuses autres responsabilités dans ce domaine. Membre du Comité national de la mer et des littoraux, le Finistérien a piloté le réseau Mer et Littoral de France Nature Environnement (FNE). Une trajectoire ponctuée de moments phare tels que l'invention en 1992, avec une poignée de passionnés, d'un nouveau bateau du patrimoine, la Yole de l'Odet. Il est élu président de la Fédération française des associations de protection de la nature et de l'environnement, FNE, en avril 2014. Réélu en 2016, il passe le relais en 2017 mais en devient président d'honneur. Il est par ailleurs administrateur de Bretagne Vivante et de l'Ademe, vice-président de FBNE (Fédération Bretagne Nature Environnement) et membre du Comité National de la Biodiversité.

FRANCE NATURE ENVIRONNEMENT - 2 RUE DU DESSOUS DES BERGES - 75013 PARIS • TÉL. 01 44 08 02 50

ORGANISATIONS PROFESSIONNELLES

Christiane **LAMBERT**

PRÉSIDENTE DU SYNDICAT AGRICOLE EUROPÉEN COPA - COGECA

FORMATION Institut Saint-Dominique du Puy-en-Velay - BTS techniques agricoles et gestion d'entreprise (1980)

DISTINCTIONS chevalier de l'Ordre national du Mérite et de la Légion d'honneur ; commandeur du Mérite agricole ; médaille d'or de l'Académie d'agriculture de France

PASSIONS la famille, la convivialité, le sport (marche à pied), la nature, la musique et la gastronomie.

Christiane Lambert est agricultrice à Chabannes, commune de Massiac (1980-1989), puis à Bouillé-Ménard, avec son mari, depuis. Après avoir occupé de nombreuses responsabilités dans le monde agricole, elle est la première femme élue à la présidence nationale d'un organisme professionnel agricole en 1994 : le Centre national des jeunes agriculteurs (CNJA). Vice-présidente de la Chambre d'agriculture du Maine-et-Loire depuis 1995, elle est aussi 1er secrétaire adjoint de la Chambre régionale d'agriculture des Pays de Loire depuis 2019, après en avoir été vice-présidente. Ancien membre du Cese (2010-2015), elle est vice-présidente nationale du Forum de l'agriculture

raisonnée et respectueuse de l'environnement (Farre), dont elle fut la présidente de 1999 à 2005. Elle est également vice-présidente du bureau de l'association internationale AEI (Agriculture Ecologiquement Intensive), présidente de Vivea (fonds de formation continue des agriculteurs) et vice-présidente de l'Ifocap (Institut de Formation des Cadres Paysans). Présidente de la FDSEA de Maine-et-Loire (2001-2011), Christiane Lambert est 1re vice-présidente de la Fédération nationale des syndicats d'exploitants agricoles (FNSEA) dès 2010, en charge notamment de la croissance durable et des dossiers «chaîne alimentaire et société». Secrétaire générale de la FRSEA des Pays de la Loire en 2014, elle en est aujourd'hui toujours membre.
Elle devient la première femme présidente de la FNSEA en 2017 après un interim de 2 mois. Elle est réélue en juillet 2020 puis, en septembre, est élue à la tête de la principale organisation européenne d'agriculteurs, le Copa. Là encore elle est la première femme à occuper ce poste. Elle le conservera jusqu'en 2024 mais ne se représente pas à la tête de la FNSEA en 2023.

COPA - COGECA - RUE DE TRÈVES 61 - 1040 BRUXELLES • TÉL. 02 287 27 11

CONSTRUCTION NAVALE

Eric **PAPIN**

DIRECTEUR TECHNIQUE ET INNOVATION DE NAVAL GROUP

FORMATION classes préparatoires au lycée Clémenceau (Nantes) ; Ensta Paris Tech (génie maritime, 1990) ; DEA de mécanique (université de Paris VI, 1990) ; master Audencia (2007)

DISTINCTIONS chevalier de l'ordre national du Mérite ; titulaire de l'insigne de sous-marinier supérieur frappé d'un glaive

PASSIONS le golf, la chanson française, l'astronomie

Fidèle d'entre les fidèles, Eric Papin a déroulé toute sa carrière au sein du groupe naval. Il entre en qualité de stagiaire en 1990 à DCNS Indret et sera ensuite chargé de l'architecture des systèmes de propulsion des sous-marins nucléaires lanceurs d'engins. Ce grand féru de technologie y découvre la vie de sous-marinier à bord du Triomphant, à l'occasion de ses essais à la mer. Cinq ans plus tard, il rejoint l'ingénierie parisienne comme architecte d'ensemble des sous-marins destinés à l'international. Il portera plusieurs projets à l'export dans un environnement de compétition acharnée et de négociations serrées. En 2000, il prend les mêmes fonctions au sein de l'ingénierie sur le site DCNS de Lorient. Il est choisi comme responsable du département des architectes sous-marins en 2004 et dirigera, en 2009, la direction Architecture d'ensemble et dissuasion pour les sous-marins. Il retourne à Nantes fin 2011 pour diriger la partie industrielle puis ingénierie, membre du comité de direction du site DCNS de Nantes-Indret. Il continue à se former en parallèle à l'Institut des hautes études de Défense nationale (session Armement et Economie de défense) entre 2014 et 2015. Choisi pour sa grande connaissance du groupe, son expérience et ses compétences variées, Eric Papin est nommé directeur de l'Innovation et de la maîtrise technologique du groupe DCNS (devenu Naval Group en 2017) en octobre 2015. Puis directeur Technique et Innovation et membre permanent du Comité exécutif de Naval Group en mars 2021.

NAVAL GROUP - 40-42 RUE DU DOCTEUR FINLAY - 75732 PARIS CEDEX 15 • TÉL. 01 40 59 50 00

CAPITAL-INVESTISSEMENT

Antoine **PUGET**

TURENNE GROUPE

FORMATION Externat des Enfants nantais et Saint-François Xavier à Vannes - ESSCA d'Angers ; EM Lyon

PASSIONS les activités sportives, notamment le tennis, la voile et le golf.

Un expert sur le terrain du financement. En 1987, Antoine Puget débute à la BNP à Paris avant d'intervenir en financement d'entreprise au sein de la Sorefi, puis à la Caisse d'Epargne des Pays de la Loire (1987-1993). En 1994, il intègre le Groupe Siparex et développe un bureau à Nantes, où il exerce comme chargé d'affaires, puis directeur de participations. En 2010, il devient membre du directoire de Siparex Proximité Innovation (ex UFG Siparex issue de la reprise d'UFG-Private Equity par le Groupe Siparex), dont l'activité principale consiste en la gestion et l'investissement de fonds fiscaux (FIP et FCPI). Dès 2015, le Nantais pilote, au sein du pôle France Rebond Industrie Gestion de Siparex, le fonds public-privé régional Pays de la Loire Croissance qui finance en fonds propres des PME/ETI, notamment industrielles, en phase de rebond ou en situation complexe. Le Groupe Siparex, créé en 1977, a en effet pour vocation de financer et de soutenir les PME en croissance par des investissements en fonds propres. Turenne groupe reprenant la gestion des fonds Pays de la Loire croissance et Pays de la Loire participations historiquement gérés par Siparex en novembre 2023, Antoine Puget prend la même fonction de directeur d'investissements, toujours à Nantes.
Parallèlement, il s'investit comme membre actif au sein du Réseau Entreprendre Atlantique.

TURENNE GROUPE - 9 RUE DE TÉHÉRAN - 75008 PARIS • TÉL. 01 53 43 03 07

TABLE

INDEX SECTORIEL

INDEX

INDEX

CRÉDITS PHOTOGRAPHIQUES

© 2014 Eric Frotier de Bagneux / Asia Zoom : 369
© A.Goulard : 97
© A.Roiné - ecpad : 143
© ABEA : 14
© ACF Caumartin : 318
© ADN Ouest : 206
© agence API : 255
© Alexandre Courjas Photographe : 379
© Alexis Courcoux : 69
© Alice Gregoire : 175
© ALPIAN-Images : 310
© aMole : 88
© Annaïck Le Mignon : 308
© API : 71, 104, 183, 255, 268, 296, 424
© Artiste Associé Photographes : 111
© Atypix : 244, 249
© Aude Sirvain : 380
© Aurore Marechal : 410
© bain de lumiere : 229
© Benjamin Deroche : 34
© Benjamin Lachenal : 418
© Bertrand Béchard : 311
© Biogenouest : 189
© C.Verrier : 241
© Caroline Ablain : 162
© Catherine Péron : 102
© Cheick Saidou/agriculture.gouv.fr : 278
© Chris Lewis : 364
© Christiane Blanchard - Conseil départemental 44 : 265
© CIC Ouest : 247
© Clotilde Audroing Philippe : 128
© Cnam Pays de la Loire : 292
© Copyrighted : 379
© Creative Common CC BY-NC-ND 3.0 FR : 180
© Cyrille Dupont : 273
© David Ferrière : 160
© David Leforestier : 119
© David Piole : 392
© DePortzamparc : 208
© Destination Rennes - Priscilla Gout : 109
© EMC2 : 256
© Emmanuel Pain - Région Bretagne : 49, 95, 99, 104, 155
© Emmatitia : 288
© ENIB : 64
© Etienne Lizambard : 325
© Fabrice Rault : 278, 321, 412
© Francis Guillard : 54
© Franck Bétermin - Brest métropole : 42, 49, 52, 75
© Franck Gallen / Pix Machine : 271, 413
© Fred Pieau : 117
© G. Ayer : 141
© Gérald Angibaud : 328
© Géraldine Fur : 213
© Giboire : 90, 118
© Guillaume Ayer : 90
© Guillaume Satre : 229
© Guillon Photographies : 360
© Gwenaël Saliou : 48, 108
© Hervé Boutet : 128
© Hervé Cohonner : 361
© InterLoire/Stevens Frémont : 425
© Inwest : 317
© IRT Jules Verne : 195
© Jean Le Guillou : 75
© Jean-Christophe Leroux : 110
© Jean-Dominique Billaud.Nantes : 36
© Jean-Louis Carli/Alea : 412
© Jean Piel : 133
© Jeremie Sangare : 414
© Jérémy Fiori : 279, 307
© Jérôme Mondière : 381
© JFC : 253
© Joël Le Gall : 137
© Julien Mignot / Rennes : 85
© Klaxoon : 90
© Laurent Rannou : 370
© Le Mans université : 395
© Le Pochat photographe : 364
© Le Télégramme : 67
© les Sables d'Olonne : 415
© Martial Ruaud : 281
© Martin Launay/ville de Saint-Nazaire : 284
© Matthieu Engelen : 411
© Michel Jamoneau : 371
© Michel Ogier : 123
© MV Group : 142
© Nathalie Oundjian : 362
© Olivier Dupont-Delestraint : 320
© Olivier Marie - goutsdouest.fr : 56, 136, 381
© Ouest Valorisation : 130
© Ouest-France : 13, 16, 22, 32, 43, 45, 59, 113, 114, 115, 120, 123, 177, 216, 313, 327, 333, 344, 349, 384, 391, 410
© Ouest-France - Thierry Creux : 360, 377
© Ouest-France - Franck Dubray : 243
© pedroloustau2018 : 199
© Philippe Noisette : 321
© Pierre Chabot : 319
© pixoevents : 420
© Regine Lemarchand : 308
© Région Pays de la Loire - Ouest Médias : 177
© Ronan Rocher : 177
© S. Audran : 409
© S.Bellanger : 184
© S.d'Halloy : 192
© Sacha Drouart : 55
© Saint Thomas TV : 151
© Samuel Bigot - Andia : 56
© Sapristi - Emmanuelle Tranlé : 228
© Sébastien Hervé / UBO. : 73
© Serge Verglas Productions : 156
© Simon Cohen : 39
© simonbourcier.com : 99
© Société Générale : 109
© Stelia : 194
© Stephane Audran : 184
© Studio Regards d'émoi : 113
© The Links : 232
© Thomas Heng : 236
© UBS : 365
© UE35 : 98
© Valery Joncheray : 254
© Vincent Jacques : 175, 272
© William Jezequel - OHE : 174
© WTJ : 59
© www.tonyguillou.com : 275
© Xavier Popy/REA : 222
© Yannick Billioux : 96
© Yvan Breton : 74
© Yvan Zedda : 359
© DR : 12, 13, 14, 15, 16, 17, 18, 19, 20, 21, 22, 23, 32, 33, 34, 35, 36, 37, 38, 39, 40, 41, 42, 43, 44, 45, 46, 47, 48, 49, 50, 51, 52, 53, 54, 55, 56, 57, 58, 59, 60, 62, 63, 64, 65, 66, 67, 68, 69, 70, 71, 72, 73, 74, 84, 85, 86, 87, 88, 89, 91, 92, 93, 94, 95, 96, 97, 98, 99, 100, 101, 102, 103, 104, 105, 106, 107, 108, 109, 110, 111, 112, 113, 114, 115, 116, 117, 118, 119, 120, 121, 122, 123, 124, 125, 126, 127, 128, 129, 130, 131, 132, 133, 134, 135, 136, 138, 139, 140, 141, 142, 143, 144, 145, 146, 147, 148, 149, 150, 151, 152, 153, 154, 155, 156, 157, 158, 159, 160, 161, 162, 163, 172, 173, 174, 175, 176, 177, 178, 179, 180, 181, 182, 183, 184, 185, 186, 187, 188, 189, 190, 191, 192, 193, 194, 195, 196, 197, 198, 199, 200, 201, 202, 203, 204, 205, 206, 207, 208, 209, 210, 211, 212, 213, 214, 215, 216, 217, 218, 219, 220, 221, 222, 223, 224, 225, 226, 227, 228, 229, 230, 231, 232, 233, 234, 235, 236, 237, 238, 239, 240, 241, 242, 243, 244, 245, 246, 248, 249, 250, 251, 252, 253, 254, 255, 256, 257, 258, 259, 260, 261, 262, 263, 264, 265, 266, 267, 268, 269, 270, 271, 272, 273, 274, 275, 276, 277, 278, 279, 280, 281, 282, 283, 284, 285, 286, 287, 288, 289, 290, 291, 292, 293, 294, 295, 296, 306, 307, 308, 309, 310, 311, 312, 313, 314, 315, 316, 317, 318, 319, 320, 321, 322, 323, 324, 325, 326, 327, 328, 329, 330, 331, 332, 333, 334, 344, 345, 346, 347, 348, 349, 350, 351, 352, 353, 354, 355, 356, 358, 359, 360, 361, 362, 363, 364, 365, 366, 367, 368, 369, 370, 371, 372, 373, 374, 375, 376, 377, 378, 379, 380, 381, 382, 384, 385, 386, 387, 388, 389, 390, 391, 392, 393, 394, 395, 396, 397, 398, 399, 400, 402, 403, 404, 405, 406, 407, 408, 409, 410, 411, 412, 413, 414, 415, 416, 417, 418, 419, 420, 421, 422, 423, 424, 425, 426, 427

NOS PARTENAIRES

Éditions **OUEST-FRANCE**

DOCS

ÉDITIONS OUEST-FRANCE

DIRECTEUR EXÉCUTIF Vincent Lorant

DIRECTEUR DE LA PRODUCTION Yann Mahé

COLLABORATION ÉDITORIALE Alice Norasingh-Ertaud

AGENCE API

PRÉSIDENT ET DIRECTEUR DE LA PUBLICATION Arnaud Wajdzik

DIRECTRICE ADMINISTRATIVE ET FINANCIÈRE Catherine Grégoire

CHARGÉE DE PROJET LES TÊTES ET COORDINATION ÉDITORIALE
Aurore Quémard (aquemard@agence-api.fr)

RÉDACTION PORTRAITS PALMARÈS
Pour Ouest-France : Elisabeth Bureau, Benjamin Chauviré, Mathilde Golla, Charlotte Heymelot, Isabelle Lê, Agnès Métayer, Jean-Philippe Nicolleau, Delphine Van Hauwaert
Pour API : Amandine Dubiez, Emmanuel Guimard, Jacques Le Brigand, Maureen Le Mao, Florence Le Nevé, Cédric Menuet, Sébastien Payonne

MAQUETTE ET MISE EN PAGE Cécile You

DOCUMENTATION Aurélie Foucher, Aurélie Morillon

RÉGIE PUBLICITAIRE Gwenaël Odie, directeur commercial services et collectivités Additi – gwenael.odie@additi.fr

MARKETING Gaëlle Quénet

DIFFUSION Chérazade Ouahab

COMMANDES GROUPÉES Maud Le Menn - 02 40 35 04 98

MISE EN PAGE DE L'ANNUAIRE Nord Compo, Villeneuve-d'Ascq (59)

IMPRESSION PPO, Palaiseau (91)

ISBN 978-2-7373-8966-5 · N° d'éditeur 11061.01.1,1.01.24
Achevé d'imprimer en France en janvier 2024
DÉPÔT LÉGAL : février 2024
editions.ouest-france.fr